성경66권 원문강독 시리즈 32

사도행전 원문강독

Reading ACTS

[원문, 번역]

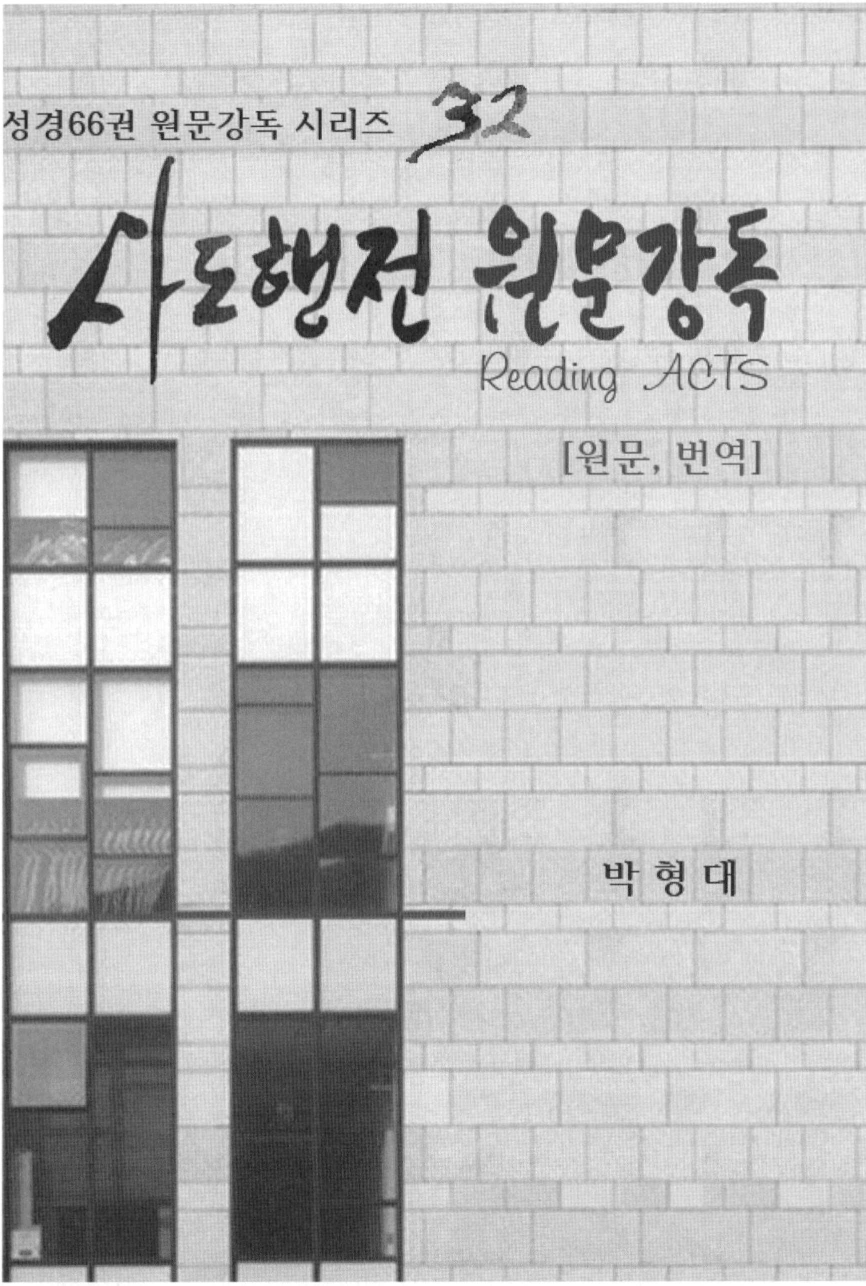

박 형 대

그리심

Reading Acts

by Hyung Dae Park

성경66권 원문강독 시리즈

사도행전 원문강독(No.32)

등록번호 / 제 7-258호(1998. 4. 23)

2015년 4월 25일 1판 1쇄 인쇄
2015년 4월 30일 1판 1쇄 발행

저 자 : 박 형 대
발행인 : 조 경 혜
발행처 : 도서출판 그리심

도서출판 그리심

(156-879) 서울 동작구 사당로2길 72. 인정 B(b-01호)
Tel 02-523-7589(출판), Fax 02-523-7590(출판)
• Home : grisim.biz • E-mail: grisimcho@hanmail.net

ISBN 978-89-5799-352-1 94230
ISBN 978-89-5799-351-4 (세트)

Reading the Bible 66 Original Texts Series 32
Projected by
Hyung Dae Park

Published by
Grisim Publishing Company,
Seoul, Korea

2015

축하의 글

박형대 목사님의 사도행전 원문강독의 출간을 축하합니다.
수고하셨습니다. 그 긴 긴 시간 저술의 고통을 감내하며 한 문장 한 문장에 심혈을 기우렸을 모습을 생각하면 감사하고 이 책의 무게감과 내용이 주는 감동은 그대로 가슴에 전달됩니다.
앞으로 마흔 두권의 원문강독이 우리 앞에 펼쳐질 때, 교회는 큰 빛으로 그 존재감을 보여 줄 것을 생각하면 이 일이 완성되는 그날까지 목사님을 위하여 기도해야겠다는 결심이 섭니다.
그 누가 교회의 지도자들을 위하여 요단강을 건너는 것 같은 이 일을 해낼까 내심 기다렸는데, 먼저 박목사님이 선뜻 요단강 물에 한발 내디뎠습니다. 목사님의 그 용기, 그 도전이 자랑스럽습니다.
한국교회가 1세기를 넘기면서 지도자들의 지적영성의 성숙을 위하여 노력을 기우려야 했는데, 외적인 행사에 치우쳐 내적 성숙과는 거리가 먼 오늘의 현실을 보여주고 있는 가운데, 신학적 배려가 미흡했다는 자성 보여주며, 내면의 공백은 그대로 불신세계의 평가와 질타의 타겐이 되고있는데, 이때 박목사님의 수고가 결실을 맺기 시작하여 정말 자랑스럽습니다.
이는 개인의 기쁨 이전에 교회의 자랑이요 쾌거이며 또한 동반성장을 이룰 것은 자명한 일입니다. 그러므로 지도자들은 말씀에 대한 새로운 열정을 가져야 하며 하나님 지식이 세상 끝까지 전파되는 새역사를 위하여 준비되어야 할 것입니다.
이제는 서울 한국 넘어 아시아로, 아시아를 넘어 세계로 더 멀리 더 깊게 전달되기를 힘써야 합니다. 박목사님의 열정이 이런 결실 맺기를 바랍니다.
감사합니다. 박형대 목사님,

2015. 3. 15
한마음교회 담임
문 용 길 목사

한낮에 길을 가는데 내가 보았습니다, 임금님.
하늘에서 빛살 세기가 태양보다 강한 빛이 내리쬐는 것을요.
그 빛이 나를 내리비췄습니다. 나와 함께 가던 이들도요.
그래서 우리 모두가 땅에 고꾸라졌고,
나는 히브리 언어로 내게 말씀하시는 소리를 들었습니다.

"사울아, 사울아, 네가 왜 나를 핍박하느냐?
작대기에 발길질하는 것이 너에게는 고된 일이다."
(사도행전 26장 13-14절)

머리말

이 책 한 권이면 사도행전을 원문으로 독파할 수 있습니다.

믿는 이라면 누구라도 성경을 원문으로 읽고 이해하고 적용하는 것을 바라겠지만, 원어로 말씀을 묵상하는 경지에 도달하기란 무척 어렵습니다. 원문이해에 도움이 되는 자료들이 많이 있지만 대개 외국어 자료들이라 외국어에 능숙하지 않으면 실제적인 도움을 받을 수 없습니다. 이에 우리말에 기반을 둔 '원문강독' 자료를 준비하게 되었습니다.

신대원 시절 '말씀을 맡았으니 원어성경을 잘 알아야 한다'고 생각하고 매일 틈나는 대로, 방학 때는 하루에 열 시간 이상씩 성경을 원문으로 읽었습니다. 구약은 2학년 때 통독했고, 신약은 신대원 시절에 두 번 하고 절반 정도 통독했습니다. 유학시절, 공부에 쫓길 때에도 원어성경을 먼저 읽고 공부했고, 그로 인해 학사경고를 받기도 했습니다. 그러나 원문을 지속적으로 읽은 까닭에 박사학위 논문은 2년 8개월만에 쓸 수 있었습니다. 구약 히브리어 성경, 구약 헬라어 성경, 구약외경, 구약위경, 사해문헌, 요세푸스, 필로, 신약 헬라어 성경 등의 원문을 읽고 분석하는 데 시간이 많이 걸리지 않았기 때문입니다.

원문으로 성경을 통독하는 것은 나름 의미 있는, 어쩌면 사역자에게는 꼭 필요한 일상일 수도 있다는 생각을 해봅니다. 그런데 지난 9년간 신학교에서 원문강독을 위해 문법을 가르치고 원문을 함께 읽어 가면서 원문강독을 위한 자료의 필요성을 절감하게 되었습니다. 동시에, 원문을 집중해서 읽는 '독경회', '성경66권 원문강독주해', '본문분석 워크숍' 등 원문관련 행사와 '어깨동무' 동아리에서 여러 해 동안 원문강독 모임을 가지면서 원문을 의미단위를 끊어 읽으면서 우리말로 해석하고 단어를 꼼꼼히 연구하는 것이 원어실력향상뿐 아니라 영적인 부분에도 매우 유익하다는 것을 확인하였습니다.

그간 몇 번에 걸쳐 시험적으로 만들어 보았던 경험을 살려서 사도행전 원문강독을 위한 자료를 만들고, 여러 번의 수정을 거쳐 이번에 책으로 묶게 되었습니다. 시간이 정말 많이 걸렸지만, 그리고 '철저히' 한다고 했지만, 다시 보면 또 고칠 곳이 발견되기도 합니다. 하지만 일단 책 한 권으로 마침표를 찍을 때 원문 연구에 기여도 하고 자료집에 대한 평가도 공개적으로 받을 수 있을 것 같아 출판합니다. 성경 66권 전 권에 대해 이런 식의 자료를 만들 작정으로 '성경 66권 원문강독 시리즈'라는 시리즈 제목을 붙였습니다. 이 시리즈는 모두 42권으로 출판될 예정이고, 사도행전은 그 가운데 서른두 번째 책입니다.

이 책은 크게 네 부분, 즉 (사도행전) 원문과 (우리말) 번역, 그리고 단어장과 어근 사전으로 구성되어 있습니다. 저자로서 사용에 도움이 될 만한 여덟 가지 제언을 드린다면, 다음과 같습니다.

1. 원문과 번역을 한 줄 한 줄 비교해 봅니다.
2. 번역문만을 따로 읽어봅니다.
3. 원문을 큰 소리로 읽으며 의미를 생각합니다. 이때 꺾쇠묶음([]) 안에 제시된 동사 문법정보만을 가지고 원문을 이해해봅니다.

   저자가 사도행전 헬라어 본문을 소리 내어 읽은 것을 녹음한 파일은 총신대학교 블로그 홈페이지 Reading Greek에 있습니다. 홈페이지 주소는 http://blog.chongshin.ac.kr/ReadingGreek 입니다. 회원가입을 하면 누구라도 이용 가능합니다.녹음파일을 http:// cafe.daum.net/readingTheBible에도 올려놓았으니 많은 이용바랍니다.

4. 원문을 읽다가 모르는 단어가 나오면 단어장에서 찾아봅니다.
5. 단어장에서 찾은 단어 위 아래를 보며, 그 단어의 다른 변화형

이나 그 단어와 유사한 단어들을 살펴봅니다.
6. 같은 형태를 가진 변화형의 다른 용례들을 원문에서 찾아봅니다. 용례들은 단어장에 제시되어 있습니다.
7. 어근이 제시된 단어는 어근 사전에서 어근의 의미를 확인합니다.
8. 어근 사전을 볼 때는, 같은 어근을 가진 다른 단어들의 의미도 생각해봅니다.

이 책의 성경원문과 단어목록은 Nota Bene 9.0의 성경본문(Biblical Text)을 통해 얻었습니다. 성경원문은 세계성서공회에서 출간된 Greek New Testament (UBS) 3판으로, 본문은 UBS 4판 및 Nestle-Aland 27 및 28판과 같습니다. 헬라어 폰트는 SPIonic를 사용했습니다.

이 책을 집필하고 출판하는 과정에서 도움을 준 분들이 많습니다. 수업과 '어깨동무' 동아리 모임 때 함께 해준 분들께 먼저 감사를 드립니다. 저의 집필을 위해 늘 기도해주시는 분들, '표준국어대사전 CD' 를 주셔서 집필에 도움을 주신 부모님, 교정을 위해 수고해주신 이인옥 전도사님과 하신영 집사님께 진심으로 감사 드립니다. 멋진 표지를 디자인해 주신 김민수 전도사님과 정형석 강도사님께 감사를 드립니다. 또한, 축하의 글을 써 주신 한마음교회 문용길 목사님과 편집을 위해 수고해주신 장종길 장로님, 출판을 허락해주신 도서출판 그리심의 조경혜 권사님, 함께 수고하시는 차인숙 집사님과 서모은 자매님께 깊은 감사를 드립니다. 무엇보다도, 아빠가 사도행전 책을 쓰는 것을 자랑스럽게 생각하며 나름 자신들도 하나씩 맡아 써 보겠다고 얘기하는 주은, 주성, 주희, 주연, 주하, 사랑하는 오 남매에게 사랑을 전합니다. 이 책을 지난 20년간 신학을 공부하는 남편과 인애로 동행해준, 사랑하는 아내 조선녀님께 헌정합니다.

2015년 3월 6일

[양지 연구실에서]

저자 박 형 대

목 차

성경 66권 원문강독 시리즈 32

사도행전 원문강독

제 I 부

서 론

내지 디자인: 박주은

1. 문장분석 원칙

1. 신약성경을 읽다 보면 어디에서 끊어 읽느냐가 매우 중요하다는 것을 알 수 있다. "아버지가방에들어가신다."와 같은 예를 통해서도 알 수 있듯, 의미단위로 문장을 끊어 읽어야 의사전달이 잘된다. 따라서 구문 분석된 원문은 내용뿐 아니라 독경[성경을 원문으로 죽 읽는 것]에도 도움이 되도록 매 줄에 한 번에 읽을 수 있을 만큼의 분량을 넣었다. 의미단위로 문장을 끊은 것이다. 구문 분석된 원문을 한 줄씩 읽으면, 내용을 이해하는 데 도움이 될 것이다. 구문 분석을 할 때 문법사항도 고려했기 때문에, 때로는 한 줄 분량이 너무 짧다고 느껴질 수도 있다. 그런 경우 사건이나 대화 진행 속도가 빠른 부분이라 여겨도 되겠다.

2. 절 구분과 관계없이 문장이 끝나면 한 줄 띄웠다. 가끔 세계성서공회 3판의 구두점 표기 상 마침표가 없는 곳에서 문장이 나뉘기도 하는데, 그것은 저자가 문장을 그곳에서 종결하는 것이 좋겠다고 판단하여 임의로 나눈 것이다. 이런 경우 마침표를 보충하거나 쉼표를 마침표로 바꿨다.

3. 사본학 기호 중 하나인 꺾쇠묶음([ ]: 원문에 있는 표현일 가능성이 더 높기는 하지만, 위원회조차도 결정하기 어려운 경우)은 괄호로 대체했다. 동사분해정보와 구분하기 위해서이다.

4. 본 자료에 사용된 들여쓰기 원칙은 다음과 같다.

(1) 각 단어가 문장 내에서 차지하는 위치를 고려하여 들여 쓴다. 주어와 동사는 맨 좌측에, 목적어와 보어는 그 다음에, 전치사구와 부사구 등은 그 다음에 놓는다. 문장 길이를 고려하여 주어와 동사, 목적어와 보어를 가급적 한 줄에 둔다.

- 동사의 경우, 단어의 의미[개념]와 동사가 상황 속에서 표현하는 시간을 고려하여, 동사 여러 개를 한 줄에 나란히 나열하기도 하고 줄을 바꿔 배열하기도 한다.
- 주절이 없고 종속절만으로 문장이 구성된 경우 종속절의 동사를 주동사로 취급한다. 또한 본동사 특히, '에이미' 동사가 생략되었다고 볼 수 있는 문

장도 완결된 문장으로 취급한다.

(2) 관계대명사의 경우, 대부분 줄을 바꿔 내려쓴다. 이때, 윗줄의 선행사가 관사나 전치사 외의 다른 단어들과 결합되어 있으면 선행사보다 한 칸 들여 쓰고, 선행사 앞에 관사나 전치사만 있을 때에는 선행사와 나란히 둔다. 그러나 문장 흐름 상 관계대명사 절을 선행사와 나란히 한 줄에 두어도 되는 경우는 줄을 바꿔 내려쓰지 않는다.

• 선행사를 설명하는 관계대명사 절이 등위접속사 앞에 오는 경우에는 관계대명사 절을 한 칸 들여 써서 등위접속사로 연결된 요소가 같은 줄에 놓이도록 한다. 예. 1:23.
• 등위접속사가 종속접속사와 밀접하게 연결되어 사용된 경우에는 한 칸 들여쓰기도 한다. 예. 4:17.
• 문장 내에서 동일한 위치를 갖더라도 문맥에서 강조되는 바를 고려하여 한 칸 더 들여쓰기도 한다.
• 전치사의 목적어를 설명하는 구를 아랫줄로 내리는 경우 전치사구와 나란히 둔다.

(3) 주격 분사가 주어와 함께 쓰인 경우, 분사의 주어인지 아니면 본 절의 주어인지를 들여쓰기를 통해 구분한다. 대부분, 분사 앞에 주어가 있으면 분사의 주어로, 분사 뒤에 주어가 있으면 본동사의 주어로 간주한다. 예. 8:5.

• 다만, 주격 관계대명사 뒤에 주격 분사가 나오고 본동사가 나오면 관계대명사의 기능을 고려하여 본동사와 나란히 둔다. 예. 8:15.
• 주격 분사 구문 내에 주어가 있는 경우, 그 주어는 분사의 주어로 본다. 예. 8:35.
• 분사구문이 하나의 단어로 이뤄지고 본동사와 분사가 하나의 동작이나 하나의 장면을 가리키는 경우에는 본동사와 분사를 한 줄에 두었다.
• 분사가 동사의 이유나 시간적 간격이 필요한 선행동작을 가리키는 경우에는 분사 구를 한 칸 들여 쓴 뒤, 주절의 동사는 줄을 바꿔 제시했다.

(4) 글이나 말이 직접 인용된 절은 한 칸 안으로 들여 쓴다.

• 접속사는 인접한 단어에 붙인다. 한 줄에 접속사만 홀로 두지 않지만 문맥을 고려하여 드물게 홀로 두기도 한다. 예. 1:20; 8:18, 19(문장 위치를 잡아주기 위해). 종종 접속사 다음에 탭 하나만 띄워서 구나 절을 배치하여

구나 절의 문장 내 기능을 부각시킨다. 직접인용의 경우 '호티'(o#ti)를 인용된 내용 윗줄에 둔다. 예. 3:22.

- 전치사의 목적어가 두 개 이상이고 목적어를 줄을 바꿔 배치할 때는 전치사와 목적어를 연결하는 전치사를 나란히 둔다. 예. 8:12.
- 동사분해에 도움을 주고자 동사마다 분해정보를 꺾쇠묶음([ ]) 안에 약어로 첨가하였다. 직설법은 법에 대한 표기를 따로 하지 않고 **pres**(present, 현재), **impf**(imperfect, 미완료), **aor**(aorist, 부정과거), **fut**(future, 미래), **pf**(perfect, 현재완료), **plpf**(pluperfect, 과거완료)와 같이 시제만 표기하고, 직설법 외의 법은 **subj**(subjunctive, 가정법), **impv**(imperative, 명령법), **opt**(optative, 희구법), **inf**(infinitive, 부정사), **ptc**(participle, 분사)와 같이 표기한다.
- 중간태(middle; **mid**)와 수동태(passive; **pass**) 형태가 같은 경우, 판단에 도움을 주고자 태를 표기하였다. 중간태와 수동태의 형태가 같은 경우인데도 중간태나 수동태 표시가 없다면 이태(디포넌트, **deponent**) 동사이다.
- 아주 드물게 분사나 형용사의 성과 격을 표시하기도 한다. 이때 성은 남성(masculine; **masc**), 여성(feminine; **fem**), 중성(neuter; **neut**)으로, 격은 주격(nominative; **nom**), 속격(genitive; **gen**), 여격(dative; **dat**), 대격(accusative; **acc**), 호격(vocative; **voc**)으로 표기한다. 예. 25:24, 27. '소유격'(possessive)이 아니라 '속격'을 쓰는 이유는 '속격'이 보다 일반적으로 사용되는 용어이고, '소유격'은 속격의 기능 가운데 한 가지만을 표현하기 때문이다. 유사한 이유로 '목적격'(objective)이 아니라 '대격'이라는 용어를 쓴다.
- 또한 매우 드물게 인칭과 수를 표시해 줄 때가 있다. 동사의 인칭과 수를 파악하기 어려운 경우이다. 이때 인칭은 숫자(1, 2, 3)로, 단수는 **sg**(singular)로 복수는 **pl**(plural)로 표기한다. 예. 3:11.
- 판단이 어려운 경우는 더 가능하다 여겨지는 내용을 앞에 표기하였다. 예로, '페미'(fhmi/)동사가 있다. 예. 17:22. 이 경우 미완료과거일 가능성이 더 높다고 판단하여 **impf**(미완료)를 **aor**(부정과거)보다 앞세웠다.
- 동사분해정보를 영어 약어로 표기한 이유는 외국어주석과 외국에서 제작된 성경프로그램과의 연계를 고려해서이다. 모든 단어의 우리말 분해정보는 뒤에 있는 단어장에 자세히 제시되어있다.

2. 번역 원칙

1. 표기와 관련된 사항

(1) 구절을 알려주는 숫자는 첫 단어 바로 앞에 붙인다.

(2) 관용구의 경우 우리말로 자연스럽게 표현하고자 우리말 어법에 맞는 표현으로 바꾸고 원문의 직역은 꺾쇠묶음([ ]) 안에 넣는다. "셀 수 있는 명사나 대명사 뒤에 붙어 '복수(複數)'의 뜻을 더하는 접미사"인 '들'의 경우 원문이 복수이기는 하지만 우리말 어법 상 빼는 것이 더 자연스러운 경우에는 꺾쇠묶음([ ]) 안에 넣는다. 예. 1:7, "기간[들]이나 시기[들]".

(3) 대체번역은 꺾쇠묶음([ ]) 안에 빗금(/)을 하고 덧붙인다.
예. 1:9, "이어[/그러자]".

(4) 흐름을 자연스럽게 만들기 위한 첨가어는 중괄호({ }) 안에 보충한다.

(5) 구약성경 등으로부터 인용된 표현이 있으면, 인용어구 등 관련된 표현 끝에 꺾쇠묶음([ ]) 표시를 하고 인용된 구절을 넣는다. 인용된 곳에는 인용부호를 했으나, 간접인용처럼 인용 외 표현이 섞인 경우에는 인용부호는 하지 않는다. 그리고 중요한 관련구절이 있으면 낱말이나 문장 끝에 괄호를 하고 관련구절을 넣는다.

(6) 도량형이나 시간은 우리가 현재 사용하는 단위로 환산해서 꺾쇠묶음([ ]) 안에 보충한다.

- 통치자들의 경우 통치기간을 꺾쇠묶음 안에 보충했다. 예. 11:28, 글라우디오[클라우디오][41-54년].

(7) 사도행전의 특성상 이동이 많기 때문에 이동이 언급된 경우에는 문장 끝에 이동거리를 m(미터)나 km(킬로미터)로 표기한다. 이때 지명은 개역개정의 것만 표기한다. 지도 상의 직선거리인 경우 괄호 안에 '직'이라 쓴다. 직선거리에 1.5 혹은 2를 곱하면 실제거리가 되는 경우가 많다. 거리측정을 위해서 ESV Bible Atlas, 주석, NET notes, Accordance map 등을 참고했다. 예. 8:5, [예루살렘-사마리아: 약 57km(직)]는 예루살렘에서 사마리아까지 직선거리가 약 57 km라는 의미이다. 그러므로 실제 이동거리는 85에서 110 km쯤 된다고 생각하면 맞겠다. 하루에 40 km 이동한다고 보면 이틀에서 이틀

반 거리이다.

• 육로는 '육'이라 쓰고, 뱃길은 '뱃'이라 쓴다. 육로와 뱃길을 함께 지나는 경우에는 더하기(+) 표시를 하였다. 예. 13:13, [바보-버가: 265km(뱃)+15km(육)]은 바보[파포스]에서 버가까지는 뱃길로 265km를 가서 육로로 15km를 더 가야 한다는 의미이다. [바보-예루살렘: 346km(뱃; 가이사랴)+88km(육/직)]은 바보[파포스]에서 예루살렘까지 가려면, 가이사랴까지 뱃길로 346km 가서 육로로 88km를 더 가야 한다는 의미이다.

2. 번역 일반원칙

(1) 의미단위로 끊어 나눈 줄 단위로 번역한다. 그러다 보니 문장을 중간중간에서 끊고, 종종 '-이다[체언 뒤에 붙어 주어가 지시하는 대상의 속성이나 부류를 지정하는 뜻을 나타내는 서술격 조사]', '요[요17: 청자에게 존대의 뜻을 나타내는 보조사; IV. 1. (6) 부분을 참조하라]', '말입니다' 등 적절한 단어를 보충하여 문장을 완결한다.

예. 1:8.
"거룩한 영이 너희 위에 임하신 뒤이다."
예. 1:21.
"(그분이 우리 가운데 드나드신[/내왕하시던] 기간입니다.
주님 예수님께서 말입니다.)"

(2) 그러나 의미가 잘 전달되는 경우에는 조사만으로 문장을 종결하기도 한다. 이 경우 문장구분을 위해 문장종결어미('다') 다음에는 쉼표(,)를 하고 문장 끝에 마침표(.)를 한다.

예. 1:7.
"너희가 알 바가 아니다[/아는 것은 너희에게 속하지 않았다],
기간[들]이나 시기[들]은."

(3) 문맥을 고려하여 우리 문화에 걸맞은 존대법(혹은 높임법이나 격식체)을 사용한다. 성경기자[혹은 화자]의 말도 존대법을 고려하여 번역한다.

(4) 필요한 경우 문장부호를 삽입한다. 직접인용으로 볼 수 있는 경우에는 인용부호(" ")도 삽입한다.

3. 직설법 번역원칙

(1) 직설법 현재나 미완료과거 가운데 현장감을 살리기 위한 장치로 보이는 것들은 '-한다'와 같이 번역한다.

(2) 직설법 부정과거는, 전체적인 모습을 그리는 경우에 '하다/한다'와 같이 번역한다.

(3) 이어지는 동작이 두 개의 본동사로 표현된 경우, 앞 동사를 분사처럼 번역한 경우도 있다.

예. 5:10.
그러자 그녀가 즉시 그의 발치로 쓰러지더니
숨을 거두었다.

4. 분사 번역원칙

(1) 분사가 연속되는 동작의 이전 동작을 가리키는 경우에는 부정과거분사는 '-한 뒤/후[에]', '-다가'['이다'의 어간, 용언의 어간 또는 어미 '으시', '었', '겠' 뒤에 붙어 어떤 동작이나 상태 따위가 중단되고 다른 동작이나 상태로 바뀜을 나타내는 연결 어미]로, 현재분사는 '더니'['이다'의 어간, 용언의 어간 또는 어미 '으시', '었', '겠' 뒤에 붙어 과거의 사태나 행동에 뒤이어 일어난 상황을 이어 주는 연결 어미. 주로 앞 절의 내용이 뒤 절의 원인이 된다]로 번역한다.

(2) 줄 단위로 번역하다 보니, 동시동작을 의미하는 현재분사구문을 '그러면서/그러더니 -한다'와 같이 번역하기도 한다.

예. 4:2. 긴 분사구문 뒤에 본동사를 번역할 때, 문맥을 고려하여 {그러기에}와 같은 내용을 보충하기도 했다.

예. 8:18.
{그러기에} 그가 그들에게 돈[들]을 가져다 바치며

(3) 특히, '말하다'와 관련된 동사가 '말하다'와 관련된 분사와 함께 쓰인 경우, '말로 요청하다, 말로 대답하다, 대꾸하여 말하다' 등으로 번역했다.

5. 직설법과 분사가 함께 쓰인 경우의 번역원칙

(1) 동작동사와 분사의 경우, 분사는 '하면서'로, 동작동사는 '하다'로 번역한다.

(2) 동사와 분사가 하나의 상황을 묘사하는 경우에는 '동사+분사'를 '-하여 -한다'와 같이 번역한다.

예. 2:7

"그 바람에 깜짝 놀라고 당황하여 말한다."

본래 '당황하다'에 해당하는 단어가 본동사이고, '말한다'에 해당하는 단어가 분사이지만 우리말로 자연스럽게 표현하고자 '당황하여 말한다'와 같이 번역한다.

6. 관계대명사 번역원칙

(1) 관계대명사는 '대명사' 혹은 '접속사와 대명사' 혹은 '접속사와 [대명사가 가리키는] 명사'로 번역한다. 때로 관계대명사 절이 부연설명을 위해 사용된 경우는 관계대명사 절을 괄호 안에 넣는다.

(2) 관계대명사가 줄 나눔 때문에 다음 줄에서 번역되기도 한다. 예. 4:28.

7. 관사 번역원칙

(1) 관사 번역은 박형대, "헬라어 관사 번역에 대한 교육적 제안," 「성경원문연구」 24 (2009): 93-109쪽에서 제안된 내용을 고려하여, '거, 거시기, 그, 바로 그, [다름 아닌 바로] 그분, 자, 분, 바, 것, 일, 곧, 거리'와 같이 번역한다. 여기서 '거'는 '그거'의 준말로 '그거 있잖아'를 뜻하고, '거시기'는 논문에서 밝힌 대로 "지시, 대용, 한정의 기능을 하는 대명사"이다. 단, 우리말로 자연스럽게 표현하고자 모든 관사를 이와 같이 번역하지 않고 특별한 경우에만 번역하되, '거'의 경우에는 꺾쇠묶음([거]) 안에 넣어 번역한다.

(2) 문맥으로 인해 관사를 다음 줄에서 번역하기도 한다. 예. 4:25; 8:25.

8. 접속사 번역원칙

(1) 직접 인용된 문장 앞의 '호티'(o#ti)는 '다음과 같이'나 '이렇게'로 번역한다. 예. 3:22.

(2) 가끔 '카이'(kai/)는 '고/와/과'와 같이 앞 줄에서 미리 번역되기도 한다. 예.

4:6; 8:28.

(3) '호티'(o#ti)나 '가르'(ga&r)와 같은 접속사가 줄 나눔 때문에 다음 줄에서 번역되기도 한다. 예. 8:21.

9. 고유명사 음역원칙

고유명사 음역은 『개역개정』을 따르고, 다른 역본에서 사용된 음역 가운데 중요한 것은 괄호 안에 첨가한다.

3. '단어장'의 단어정리 원칙

1. 일반원칙

(1) 사도행전에 나오는 모든 단어를 형태별로 정리하되, 알파벳 순으로 나열한다. 그러므로 본문을 읽다가 어떤 단어의 기본형, 사용빈도, 문법사항, 의미 등이 궁금하면 본문에 있는 단어를 단어장에서 찾아보면 된다.

(2) 각각의 단어는 '단어, 빈도수, 문법사항, 의미' 순으로 배열한다.

(3) '단어'는 '변화형; 사전 표제어; 어근' 순으로 나열한다. '변화형'을 알파벳순으로 배열할 때, 대문자는 소문자보다 앞서고 악센트는 애큐트(acute), 그레이브(grave), 써컴플렉스(circumflex) 순으로 한다. 어근은 대체로 Accordance 프로그램을 따른다.

(4) '빈도수'는 형태 '변화형 빈도수/사도행전 내 전체 빈도수' 순으로 나열한다. 빈도수도 대체로 Accordance 프로그램을 따른다.

(5) '문법사항'에는 '[품사] 단어 분해(용례)' 순으로 배열한다. 동사를 제외한 모든 단어는 품사가 제시되어있다. 단어를 분해할 경우, **법**(직설법, 가정법, 명령법, 희구법, 부정사, 분사), **시제**(현재, 미완료, 부정과거, 미래, 완료, 과거완료), **태**(능동태, 중간태, 수동태), **인칭**(1인칭, 2인칭, 3인칭), **성**(남성, 여성, 중성), **수**(단수, 복수), **격**(주격, 속격, 여격, 대격, 호격) 순으로 정보를 제공한다.

- 한 가지 형태가 여러 가지 격으로 사용될 때는, 일반적인 문법책의 순서를 따라 '남성, 여성, 중성' 및 '주격, 속격, 여격, 대격, 호격' 순으로 제시하고

용례를 괄호 안에 넣는다. 같은 절에 어떤 단어의 용례가 여러 개 있을 때는 문장 내의 위치에 따라 영어 알파벳 a, b, c 등으로 구분하여 제시한다. 색인사전(concordance)을 통해 쉽게 알 수 있는 용례의 경우에는 용례를 제시하지 않고 횟수로 용례를 대신한다.

(6) '의미'에는 표제어의 의미를 '사도행전에서 사용된 용례에 바탕을 둔 의미'들을 모두 나열한다. 문맥이 고려된 의미를 유형별로 구분하여 의미를 제시하고 용례를 덧붙이되, 우리말 의미를 보다 명료하게 제시될 필요가 있는 경우에는 꺾쇠묶음([]) 안에 국립국어연구원에서 발행한 『표준국어대사전』에 있는 적당한 표현[우리말 풀이 혹은 관계되는 낱말 풀이]을 추가한다. 이때 등장하는 숫자는 『표준국어대사전』에 정렬되어 나타나는 순서이다. 『표준국어대사전』에서 의미를 '인용'하더라도 인용부호는 첨가하지 않았다. 인용부호가 너무 많이 들어가기 때문이다. 다만, 인용된 표현이라는 것을 표현하기 위해 문장종결어미 다음에 마침표를 찍지 않았다. 간혹, 여러 개의 문장을 인용하는 경우가 있는데, 이런 경우에는 마침표를 찍었다.

- 『개역개정』에서 사용하는 고유명사음역과 다른 음역을 제시할 때는 꺾쇠묶음 안에 넣어 제시하되, 꺾쇠묶음 안에 제시할 때는 빗금(/)을 긋고 제시한다.
- 지명에 필요한 설명을 달되, 설명에 나오는 지명은 『개역개정』의 것만 제시한다. 표제어가 같은 단어가 연이어 배열될 때는 앞서 제시된 변화형에만 의미를 기입한다. 인명과 관련하여 **BC**[before Christ, 주전]와 **AD**[Anno Domini, 주후]와 **c.**[circa, 대략]를 사용한다.

(7) 관용구는 중심 되는 단어 아래에 대시(−) 기호를 하고 기입한다. 다음에, 괄호 안에 관계된 구절을 넣고, 세미콜론 다음에 의미를 넣는다.

2. 단어장의 용어정리

(1) 동사 관련 용어
우리말 동사와 관련된 용어로, '피동사'와 '사동사'가 있다. 피동사는 "남의 행동을 입어서 행하여지는 동작을 나타내는 동사"로 "'보이다', '물리다', '잡히다', '안기다', '업히다' 따위"가 있는데, "수동사, 입음움직씨"라고 불리기도 한다. 사동사는 "문장의 주체가 자기 스스로 행하지 않고 남에게 그 행동이나 동작을 하게 함을 나타내는 동사"로 "대개 대응하는 주동문의 동사에 사동 접미사 '이, 히, 리, 기' 따위가 결합되어 나타난다". "사역 동사, 하임움직씨"라고도 불린다.

- 헬라어 동사에는 여섯 가지 법(mood)이 있는데, '직설법'은 사건을 기술하거나 대상을 묘사할 때, '가정법'은 '개연[개연8: 확실하게 단정할 수는 없지만 대개 그럴 것이라고 생각되는 상태]성'을 표현할 때, '명령법'은 방향을 제시할 때, '희구법'은 '바람2[어떤 일이 이루어지기를 기다리는 간절한 마음]'을 표현할 때, '부정사'는 동사를 명사처럼 사용할 때, '분사'는 동사를 형용사처럼 사용할 때 사용한다.
- 헬라어의 태에는 능동태, 중간태, 수동태가 있는데, 능동태는 주어가 동작의 주체가 될 때, 중간태는 주어가 동작의 주체이자 대상이 될 때, 수동태는 주어가 동작의 대상이 될 때 사용한다. 형태는 수동태를 가지지만 수동의 의미가 없는 태를 이태(異態)라고 부른다. 이 책에서는 디포넌트(deponent) 동사를 '이태 동사'로 지칭하고 형태에 따라 '이태중간', '이태수동'으로 표기한다. 어떤 단어가 이태동사인지의 여부는 BDAG(Walter Bauer, *A Greek-English Lexicon of the New Testament and Other Early Christian Literature*, Frederick William Danker, rev. and ed., 3rd ed., Chicago/London: University of Chicago, 2000)와 LSJ(Liddell, Henry George, and Robert Scott, revised and augmented by Henry Stuart Jones, *A Greek-English Lexicon*, 9th ed., Oxford: Oxford University Press, 1940)를 고려하여 결정하였다.
- 헬라어의 시제는 '현재, 미완료, 부정과거, 미래, 현재완료, 과거완료'가 있다. 각각의 시제는 시상도 표현한다고 여겨지기도 한다. 현재는 내부적이거나 진행적인 근접 상황을, 미완료는 내부적이거나 진행적인 근접 과거를, 부정과거는 외부적이거나 요약적인 보편 상황을, 완료는 완결적이고 상태적인 상황을, 미래는 기대되는 상황을 의미할 수 있다.
- 헬라어의 인칭은 1인칭, 2인칭, 3인칭이 있다. 시각적인 효과를 주기 위해 '일인칭, 이인칭, 삼인칭'이 아니라 '1인칭, 2인칭, 3인칭'으로 기재한다.
- 헬라어의 수[수 26: 셀 수 있는 사물의 크기를 나타내는 값]에는 단수와 복수가 있다.

(2) 명사 관련 용어

명사의 성에는 남성, 여성, 중성이 있는데, 이는 문법적인 성이다. 수는 동사와 같이 단수와 복수가 있다. '문장 내의 다른 말에 대해서 갖는 구문론적 관계'를 표시하는 격에는 주격, 속격[소유격], 여격, 대격[목적격], 호격이 있다.

- 명사3(名詞): 사물의 이름을 나타내는 품사. 특정한 사람이나 물건에 쓰이는 이름이냐 일반적인 사물에 두루 쓰이는 이름이냐에 따라 고유명사와 보통 명사로, 자립적으로 쓰이느냐 그 앞에 반드시 꾸미는 말이 있어야 하느냐에 따라 자립 명사와 의존 명사로 나뉜다. ≒이름씨, 임씨.
- 헬라이에는 자립 명사와 의존 멍사의 구분이 없다. 대문자로 시작된 명시는 고유명사이고, 나머지는 보통명사이다.
- 고유 명사(固有名詞): 낱낱의 특정한 사물이나 사람을 다른 것들과 구별하여 부르기 위하여 고유의 기호를 붙인 이름. 문법에서는 명사의 하나이며, 영어에서는 첫 글자를 대문자로 쓴다. 세상에서 유일하게 존재하는 '해, 달' 따위는 다른 것과 구별할 필요가 없기 때문에 고유 명사에 속하지 않는 반면, '홍길동'과 같은 인명은 동명이인(同名異人)이 있는 경우라도 고유 명사에 속한다. 한편 '홍길동'이 신비한 능력이 있는 사람을 의미하게 되는 경우라면 고유 명사가 아니라 보통 명사화한 것으로 간주되기도 한다. ≒특립 명사, 특별 명사, 홀로이름씨, 홀이름씨, 홑이름씨.
- 보통 명사1(普通名詞): 같은 종류의 모든 사물에 두루 쓰이는 명사. ≒두루이름씨, 통칭 명사.

(3) 대명사 관련 용어

- 대명사2(代名詞): 사람이나 사물의 이름을 대신 나타내는 말. 또는 그런 말들을 지칭하는 품사. 인칭 대명사와 지시 대명사로 나뉘는데, 인칭 대명사는 '저', '너', '우리', '너희', '저네', '누구' 따위이고, 지시 대명사는 '거기', '무엇', '그것', '이것', '아무것', '저기' 따위이다. ≒대이름씨.
- 인칭 대명사(人稱代名詞): 사람을 가리키는 대명사. 제일 인칭에 '나', '저', '우리', 제이 인칭에 '너', '너희', '저네', 제삼 인칭에 '이', '그', '저', '이이들', '저이들', '그이들', 미지칭에 '누구', '누구들', 부정칭에 '아무', '아무들' 따위가 있다. ≒사람대이름씨, 인대명사.
- 인칭 대명사 가운데 '부정칭'에 해당하는 대명사를 헬라어에서는 '부정대명사'로 부른다.
- 부정 대명사(不定代名詞): =부정칭 대명사.
- 부정칭 대명사(不定稱代名詞): 정해지지 아니한 사람, 물건, 방향, 장소 따위를 가리키는 대명사. '아무', '아무개' 따위가 있다. ≒부정 대명사, 부정

칭, 어림대이름씨.

- 의문 대명사(疑問代名詞): 의문의 뜻을 나타내는 대명사. '누구', '무엇', '어디' 따위가 있다. ≒물음대이름씨.
- 지시 대명사(指示代名詞): 어떤 사물이나 처소 따위를 이르는 대명사. '그', '이것', '어디', '무엇' 따위가 있다. ≒가리킴 대이름씨, 물대명사, 사물 대명사.
- 상호 대명사(reciprocal pronoun; 相互代名詞): 『표준국어대사전』에는 정의가 없지만, 언어학사전에는 사용되는 개념이다. "상대가 되는 이쪽과 저쪽 모두, 상대가 되는 이쪽과 저쪽이 함께"라는 의미를 가진 상호4(相互)와 '대명사'를 결합하여 '상호 대명사'라고 부를 수 있겠다.
- 관계 대명사(關係代名詞): 앞에 오는 명사를 대신하는 동시에 뒤에 오는 절을 선행사에 연결하여 주는 대명사. 접속사 구실을 하며, 영어 따위의 일부 외국어에서 볼 수 있다. ≒걸림대이름씨.
- 상호 관계 혹은 상관 대명사(correlatives; 相互關係代名詞, 相關代名詞): 우리말 사전에는 거의 사용되지 않는 개념이지만, 헬라어에서는 자주 사용되는 개념이다. "상대가 되는 이쪽과 저쪽 모두, 상대가 되는 이쪽과 저쪽이 함께"라는 의미를 가진 상호4(相互)와 '관계 대명사'를 결합하여 '상호 관계 대명사'로 부를 수도 있고, "서로 관련을 가짐. 또는 그런 관계."를 의미하는 상관3(相關)에 '대명사'를 결합하여 '상관 대명사'로 부를 수 있겠다.
- 소유 대명사(所有代名詞): 영어 따위의 서구어에서 소유를 나타내는 인칭 대명사. 영어의 'mine', 'yours', 'his', 'hers', 'theirs' 따위가 있다. ≒가진 대이름씨.
- 재귀 대명사(再歸代名詞): 선행(先行) 체언을 도로 나타내는 삼인칭 대명사. '저', '자기', '당신' 따위가 있다. ≒돌이킴대이름씨. 헬라어에는 일인칭과 이인칭 재귀 대명사도 있다.

(4) 형용사와 부사 관련 용어

형용사는 명사와 명사 상당어구를, 부사는 동사를 수식한다.

- 형용사(形容詞): 사물의 성질이나 상태를 나타내는 품사. 활용할 수 있어 동사와 함께 용언에 속한다. ≒그림씨, 어떻씨, 얻씨.
- 소유형용사: 러시아 어 따위에서, 한 대상이 다른 대상에 소속됨을 나타내는 형용사.

- 수사25(數詞): 사물의 수량이나 순서를 나타내는 품사. 양수사와 서수사가 있다. ≒셈씨, 수 대명사, 수량 대명사. 헬라어에서는 형용사로 분류한다.
- 부사7(副詞): 용언 또는 다른 말 앞에 놓여 그 뜻을 분명하게 하는 품사. 활용하지 못하며 성분 부사와 문장 부사로 나뉜다. '매우', '가장', '과연', '그리고' 따위가 있다. ≒어찌씨, 억씨.

(5) 접속사 관련 용어

접속사(接續詞): =접속 부사, =접속어.

- 접속 부사(接續副詞): 앞의 체언이나 문장의 뜻을 뒤의 체언이나 문장에 이어 주면서 뒤의 말을 꾸며 주는 부사. '그러나', '즉', '또는', '및' 따위가 있다. ≒이음부사, 이음어찌시, 접속사.
- 접속어(接續語): 단어와 단어, 구절과 구절, 문장과 문장을 이어 주는 구실을 하는 문장 성분. 국어에서는 주로 접속 부사가 이 역할을 한다. ≒이음말, 이음씨, 잇씨, 접속사.
- 등위 접속사(等位接續詞): 서양 언어에서, 단어와 단어 또는 절과 절, 문장과 문장을 대등하게 잇는 접속사. 영어의 'and', 'but', 'or' 따위이다.
- 이접적(disjunctive): 문장이나 구에서 'A 그리고 B' 또는 'A 혹은 B'라는 의미를 나타내는 데 사용되는 접속사를 '이접적'이라고 부른다.
- 종위 접속사(從位接續詞): 서구어 문법에서, 어떤 절(節)을 다른 절에 접속하는 작용을 하면서, 실은 절을 인도하는 전치사의 하나. 영어의 'since', 'because' 따위이다. ≒종속 접속사.

(6) 불변화사, 전치사, 감탄사, 접두사 관련 용어

전치사(前置詞): 명사나 대명사 앞에 놓여 다른 명사나 대명사와의 관계를 나타내는 품사. 영어의 'in', 'on' 따위가 있다. ≒앞토씨.

- 비본래적인 전치사(improper preposition): 부사적 전치사(adverbial preposition)나 시간 부사(temporal adverb)로 불리기도 한다. 부사나 명사가 전치사로 사용되는 경우이다.
- 불변화사(不變化詞): 인도 유럽 어에서 어형 변화를 하지 않는 단어를 통틀어 이르는 말. 부사, 전치사, 접속사, 관사 따위가 있다. ≒소사(小辭 혹은 小詞)10. 헬라어에서는 '부사, 전치사, 접속사, 관사'를 뺀 나머지 불변화사만 '불변화사'로 부른다.

• 감탄사(感歎詞): 품사의 하나. 말하는 이의 본능적인 놀람이나 느낌, 부름, 응답 따위를 나타내는 말의 부류이다. ≒간투사, 감동사, 느낌씨, 늑씨.
• 접두사: 파생어를 만드는 접사로, 어떤 단어의 앞에 붙어 새로운 단어가 되게 하는 말. ≒머리가지, 앞가지2, 접두어.

4. 어근 사전 작성원칙

1. 사도행전에 쓰인 단어들의 어근을 알파벳 순으로 나열한다.

2. '어근; 관계되는 단어들 [탭] 사도행전 내에서의 의미; 그 외의 의미'로 제시한다.

3. 어근이 사도행전에서 사용되었으면 '단어장'에 정리된 의미를 가져와 사용한다. 어근이 사도행전에서 사용되지 않는 단어인 경우, 의미의 근거를 약어로 제시한다. 약어가 제시된 사용된 사전은 세 개로, LSJ(Liddell, Henry George, and Robert Scott, revised and augmented by Henry Stuart Jones, *A Greek-English Lexicon*, 9th ed., Oxford: Oxford University Press, 1940)와 BDAG(Walter Bauer, *A Greek-English Lexicon of the New Testament and Other Early Christian Literature*, Frederick William Danker, rev. and ed., 3rd ed., Chicago/London: University of Chicago, 2000)와GELS(Muraoka, T., *A Greek-English Lexicon of the Septuagint,* Louvain/Paris/Walpole: Peeters, 2009)이다. 문법책 약어도 하나가 사용되었다. BDF(Blass, F., and A. Debrunner, *A Greek Grammar of the New Testament and Other Early Christian Literature: A Translation and Revision of the ninth-tenth German edition incorporating supplementary notes of A. Debrunner by Robert W. Funk*, Chicago and London: University of Chicago, 1961)이다.

4. 사도행전에서 사용된 단어의 의미가 '어근의 의미'를 충분히 제시하지 못한다고 여겨질 때는, 사도행전 내의 의미를 먼저 기재하고 '(행)'이라 쓴 다음, 연이어 사전에 있는 다른 의미를 제시한다.

성경66권 원문강독 시리즈 32

사도행전 원문강독

제Ⅱ부

원문과 번역

Acts of the Apostles

Chapter 1

1:1 Τὸν μὲν πρῶτον λόγον
ἐποιησάμην [aor] περὶ πάντων,
ὦ Θεόφιλε,
ὧν ἤρξατο [aor] ὁ Ἰησοῦς ποιεῖν [inf pres] τε καὶ διδάσκειν [inf pres]
2 ἄχρι ἧς ἡμέρας
ἐντειλάμενος [ptc aor] τοῖς ἀποστόλοις διὰ πνεύματος ἁγίου
οὓς ἐξελέξατο [aor]
ἀνελήμφθη [aor]·

3 οἷς καὶ παρέστησεν [aor] ἑαυτὸν ζῶντα [ptc pres]
μετὰ τὸ παθεῖν [inf aor] αὐτὸν
ἐν πολλοῖς τεκμηρίοις,
δι᾽ ἡμερῶν τεσσεράκοντα
ὀπτανόμενος [ptc pres] αὐτοῖς
καὶ λέγων [ptc pres] τὰ περὶ τῆς βασιλείας τοῦ θεοῦ·

4 καὶ συναλιζόμενος [ptc pres pass or mid] παρήγγειλεν[aor] αὐτοῖς
ἀπὸ Ἱεροσολύμων μὴ χωρίζεσθαι [inf pres pass],
ἀλλὰ περιμένειν [inf pres] τὴν ἐπαγγελίαν τοῦ πατρός,
ἣν ἠκούσατέ [aor] μου,
5 ὅτι Ἰωάννης μὲν ἐβάπτισεν [aor] ὕδατι,
ὑμεῖς δὲ ἐν πνεύματι βαπτισθήσεσθε [fut] ἁγίῳ
οὐ μετὰ πολλὰς ταύτας ἡμέρας.

6 Οἱ μὲν οὖν συνελθόντες [ptc aor]
ἠρώτων [impf] αὐτὸν λέγοντες [ptc pres],
Κύριε,
εἰ ἐν τῷ χρόνῳ τούτῳ
ἀποκαθιστάνεις [pres] τὴν βασιλείαν τῷ Ἰσραήλ;

7 εἶπεν [aor] δὲ πρὸς αὐτούς,
Οὐχ ὑμῶν ἐστιν γνῶναι [inf aor]
χρόνους ἢ καιροὺς
οὓς ὁ πατὴρ ἔθετο [aor] ἐν τῇ ἰδίᾳ ἐξουσίᾳ,
8 ἀλλὰ λήμψεσθε [fut] δύναμιν
ἐπελθόντος [ptc aor] τοῦ ἁγίου πνεύματος ἐφ᾽ ὑμᾶς

사도행전

1장

1:1 한편 [게] 지난번 이야기는
제가 모든 것들에 관해 썼습니다[/지었습니다].
오, 데오빌로님!
예수님께서 이루실 뿐 아니라 가르치기 시작하신 것들입니다.
2 어느 날까지의 일이냐 하면,
사도들에게 성령을 통해 명하시다가
(그들은 그분이 선택하셨죠.)
올려지신 날까지의 일입니다.

3 그들에게는 자신이 살아 있다는 것을 보여 주셨는데,
그분이 고난을 겪으신 뒤에
많은 증거들로 하셨습니다.
그러면서 40일 동안
그들에게 나타나셔서
하나님 나라에 관한 일들을 말씀하십니다.

4 또한 모일 때면[/모여서는][/함께 식사하실 때마다] 그들에게 지시하셨습니다.
예루살렘에서 떠나지[/떠나 있지] 말 것과,
도리어 아버지의 약속을 기다리라는 것이었습니다.
"그것은 너희가 내게 들은 것이다.
5 사실, 요한은 물로 세례를 베풀었으나
너희는 거룩한 영으로 세례를 받을 것이다.
이제 얼마 남지 않았다[이제 많은 날 이후가 아니다]."

6 그래서 모인 자들이 말로 요청합니다.
"주님,
[혹여] 이참에
이스라엘에게 그 나라[/하나님 나라]를 되돌려 주시렵니까?"

7 하니 그들에게 말씀하셨습니다.
"너희가 알 바가 아니다[/아는 것은 너희에게 속하지 않았다],
기간[들]이나 시기[들]는.
그것들은 아버지께서 당신 권세 안에 두셨다.
8 도리어 너희는 권능을 받아 가질 것이다.
거룩한 영이 너희 위에 임하신 뒤이다.

καὶ ἔσεσθέ [fut] μου μάρτυρες
ἔν τε Ἰερουσαλὴμ
καὶ (ἐν) πάσῃ τῇ Ἰουδαίᾳ καὶ Σαμαρείᾳ
καὶ ἕως ἐσχάτου τῆς γῆς.

9 καὶ ταῦτα εἰπὼν [ptc aor]
βλεπόντων [ptc pres] αὐτῶν
ἐπήρθη [aor],
καὶ νεφέλη ὑπέλαβεν [aor] αὐτὸν
ἀπὸ τῶν ὀφθαλμῶν αὐτῶν.

10 καὶ ὡς ἀτενίζοντες [ptc pres] ἦσαν εἰς τὸν οὐρανὸν
πορευομένου [ptc pres] αὐτοῦ,
καὶ ἰδοὺ ἄνδρες δύο
παρειστήκεισαν [plpf] αὐτοῖς
ἐν ἐσθήσεσι λευκαῖς.

11 οἳ καὶ εἶπαν [aor],
Ἄνδρες Γαλιλαῖοι,
τί ἑστήκατε [pf] (ἐμ)βλέποντες [ptc pres] εἰς τὸν οὐρανόν;

οὗτος ὁ Ἰησοῦς
ὁ ἀναλημφθεὶς [ptc aor] ἀφ᾽ ὑμῶν εἰς τὸν οὐρανὸν
οὕτως ἐλεύσεται [fut]
ὃν τρόπον ἐθεάσασθε [aor]
αὐτὸν πορευόμενον [ptc pres] εἰς τὸν οὐρανόν.

12 Τότε ὑπέστρεψαν [aor] εἰς Ἰερουσαλὴμ
ἀπὸ ὄρους τοῦ καλουμένου [ptc pres pass] Ἐλαιῶνος,
ὅ ἐστιν [pres] ἐγγὺς Ἰερουσαλὴμ
σαββάτου ἔχον [ptc pres] ὁδόν.

13 καὶ ὅτε εἰσῆλθον [aor],
εἰς τὸ ὑπερῷον ἀνέβησαν [aor]
οὗ ἦσαν [impf] καταμένοντες [ptc pres],
ὅ τε Πέτρος καὶ Ἰωάννης καὶ Ἰάκωβος καὶ Ἀνδρέας,
Φίλιππος καὶ Θωμᾶς,
Βαρθολομαῖος καὶ Μαθθαῖος,
Ἰάκωβος Ἁλφαίου καὶ Σίμων ὁ ζηλωτὴς καὶ Ἰούδας Ἰακώβου.

또한 너희는 나의 증인이 될 것이다.
예루살렘뿐 아니라
유대와 사마리아 전 지역과
땅 끝(행 13:47)까지에서도이다."

9 그리고는 이것들을 말씀하신 뒤에
그들이 볼 때
들려 올라가셨습니다.
이어[/그러자] 구름이 그분을 영접하였습니다.
그들이 보는 데에서요[그들의 눈들로부터요][/그들의 눈 앞에서요].

10 그런데 그들이 하늘을 주목하고 있을 때였습니다.
그분이 가시기 때문입니다.
그런데[/그 때였습니다.] 보십시오. 두 남자가
그들 옆에 서 있습니다.
흰옷을 두르고요.

11 그들이 말도 했습니다.
"갈릴리 남자들,
왜 하늘을 집중하여 보고 서 있습니까?

이분 예수님,
여러분에게서 하늘로 올려지신 분은
그렇게 오실 것입니다.
여러분이 눈여겨본 방식 그대로요[/방식을 좇아 그대로요].
그분이 하늘로 가신 것을요."

12 그제야 그들이 예루살렘으로 되돌아갔습니다.
감람원이라 불리는 산에서요.
그곳은 예루살렘에서 가깝습니다.
안식일 길[1,120m]만큼 됩니다[/안식일에 다닐 수 있는 거리입니다].

13 그리고 그들은 들어서자[/예루살렘에 들어서자]
윗다락으로[/위층 방으로] 올라갔습니다.
(그곳은 그들이 묵고 있던 곳이었습니다.)
결과적으로 베드로와 요한과 야고보와 안드레,
빌립과 도마,
바돌로매와 마태,
알패오의 아들 야고보와 열성분자[/열혈 동지] 유다와 야고보의 아들 유다가 있습니다(눅 6:13-16).

14 οὗτοι πάντες ἦσαν [impf] προσκαρτεροῦντες [ptc pres]
ὁμοθυμαδὸν τῇ προσευχῇ
σὺν γυναιξὶν καὶ Μαριὰμ τῇ μητρὶ τοῦ Ἰησοῦ καὶ τοῖς ἀδελφοῖς αὐτοῦ.

15 Καὶ ἐν ταῖς ἡμέραις ταύταις
ἀναστὰς [ptc aor] Πέτρος ἐν μέσῳ τῶν ἀδελφῶν εἶπεν [aor].

ἦν [impf] τε ὄχλος ὀνομάτων ἐπὶ τὸ αὐτὸ
ὡσεὶ ἑκατὸν εἴκοσι·

16 Ἄνδρες ἀδελφοί,
ἔδει [impf] πληρωθῆναι [inf aor] τὴν γραφὴν
ἣν προεῖπεν [aor] τὸ πνεῦμα τὸ ἅγιον
διὰ στόματος Δαυὶδ
περὶ Ἰούδα
τοῦ γενομένου [ptc aor] ὁδηγοῦ τοῖς συλλαβοῦσιν [ptc aor] Ἰησοῦν.

17 ὅτι κατηριθμημένος [ptc pf pass] ἦν [impf] ἐν ἡμῖν
καὶ ἔλαχεν [aor] τὸν κλῆρον τῆς διακονίας ταύτης.

18 Οὗτος μὲν οὖν ἐκτήσατο [aor] χωρίον
ἐκ μισθοῦ τῆς ἀδικίας
καὶ πρηνὴς γενόμενος [ptc aor]
ἐλάκησεν [aor] μέσος
καὶ ἐξεχύθη [aor pass] πάντα τὰ σπλάγχνα αὐτοῦ·

19 καὶ γνωστὸν ἐγένετο [aor]
πᾶσι τοῖς κατοικοῦσιν [ptc pres] Ἰερουσαλήμ,
ὥστε κληθῆναι [inf aor] τὸ χωρίον ἐκεῖνο
τῇ ἰδίᾳ διαλέκτῳ αὐτῶν Ἁκελδαμάχ,
τοῦτ᾽ ἔστιν [pres] Χωρίον Αἵματος.

20 Γέγραπται [pf pass] γὰρ ἐν βίβλῳ ψαλμῶν,
Γενηθήτω [impv aor] ἡ ἔπαυλις αὐτοῦ ἔρημος
καὶ μὴ ἔστω [impv pres] κατοικῶν [ptc pres] ἐν αὐτῇ,
καί,
Τὴν ἐπισκοπὴν αὐτοῦ λαβέτω [impv aor] ἕτερος.

21 δεῖ [pres] οὖν
τῶν συνελθόντων [ptc aor] ἡμῖν ἀνδρῶν

14 이들 모두 전념했습니다.
일치된 마음으로, 기도에요.
여자들과 예수님의 어머니 마리아와 그분의 형제들과 함께요.

15 그러던 중에[그런데 이 날들에]
베드로가 형제들 가운데에서 일어나 말했습니다.

마침내 무리는 한번에 호명된 사람만
120명 정도였습니다[/정도나 되었습니다].

16 "남자 형제들,
성경은 이뤄져야 합니다.
이는 거룩한 영이 미리 말씀하신 것입니다.
다윗의 입을 통해서,
유다에 대해서요.
그는 예수님을 붙들려 하던 자들의 길라잡이가 되었죠.

17 사실 그는 우리 가운데 하나로 {이름이} 열거되었습니다.
또한 이 임무의 한 부분을 몫으로 받았습니다.

18 그럼에도 이자는 토지를[/농지를] 얻어 가졌습니다.
불의의 값으로요.
이어 곤두박질하여[/거꾸로 내리박혀]
배가 찢어졌습니다.
또한 그의 모든 내장이 쏟아졌습니다.

19 또한 이 일은 알려졌습니다.
예루살렘에 거주하는 모든 이들에게요.
그리하여 그[저] 토지는 불립니다.
그들 자신의 언어로 아겔다마라고요.
이는 '피의 토지'입니다.

20 시편 책[/두루마리]에 기록되어 있기 때문입니다.
'그의 처소는 광야가[/황량한 곳이] 되고
그 안에 사는 자가 없어져라.' 했고[시 69:25]
또한
'그의 자리는[/직위는] 다른 이가 가져가라.' 했습니다[시 109:8].

21 그러니 할 일이 있습니다.
우리와 함께 다니던 남자들 가운데에서,

ἐν παντὶ χρόνῳ
ᾧ εἰσῆλθεν [aor] καὶ ἐξῆλθεν [aor] ἐφ᾽ ἡμᾶς
ὁ κύριος ᾽Ιησοῦς,
22 ἀρξάμενος [ptc aor] ἀπὸ τοῦ βαπτίσματος ᾽Ιωάννου
ἕως τῆς ἡμέρας ἧς ἀνελήμφθη [aor] ἀφ᾽ ἡμῶν,
μάρτυρα τῆς ἀναστάσεως αὐτοῦ σὺν ἡμῖν
γενέσθαι [inf aor]
ἕνα τούτων.

23 καὶ ἔστησαν [aor] δύο,
᾽Ιωσὴφ τὸν καλούμενον [ptc pres pass] Βαρσαββᾶν,
ὃς ἐπεκλήθη [aor pass] ᾽Ιοῦστος,
καὶ Μαθθίαν.

24 καὶ προσευξάμενοι [ptc aor] εἶπαν [aor],
Σὺ κύριε καρδιογνῶστα πάντων,
ἀνάδειξον [impv aor]
ὃν ἐξελέξω [aor] ἐκ τούτων τῶν δύο ἕνα
25 λαβεῖν [inf aor] τὸν τόπον τῆς διακονίας ταύτης καὶ ἀποστολῆς,
ἀφ᾽ ἧς παρέβη [aor] ᾽Ιούδας
πορευθῆναι [inf aor] εἰς τὸν τόπον τὸν ἴδιον.

26 καὶ ἔδωκαν [aor] κλήρους αὐτοῖς
καὶ ἔπεσεν [aor] ὁ κλῆρος ἐπὶ Μαθθίαν
καὶ συγκατεψηφίσθη [aor] μετὰ τῶν ἕνδεκα ἀποστόλων.

Chapter 2

2:1 Καὶ ἐν τῷ συμπληροῦσθαι [inf pres pass]
τὴν ἡμέραν τῆς πεντηκοστῆς
ἦσαν [impf] πάντες ὁμοῦ ἐπὶ τὸ αὐτό.

2 καὶ ἐγένετο [aor] ἄφνω ἐκ τοῦ οὐρανοῦ ἦχος
ὥσπερ φερομένης [ptc pres mid or pass] πνοῆς βιαίας
καὶ ἐπλήρωσεν [aor] ὅλον τὸν οἶκον
οὗ ἦσαν [impf] καθήμενοι [ptc pres]·

3 καὶ ὤφθησαν [aor] αὐτοῖς
διαμεριζόμεναι [ptc pres pass] γλῶσσαι ὡσεὶ πυρὸς

(모든 기간입니다.
그분이 우리 가운데 드나드신[/오가시던, 내왕하시던] 기간입니다.
주님 예수님께서 말입니다.
22 요한의 세례부터 시작하여
그분이 우리에게서 올려지신 날까지의 기간입니다.)
우리와 함께 그분 부활의 증인이
되게 하는 것입니다.
이들 가운데 하나여야 합니다."

23 그러자 그들이 둘을 세웠습니다.
바사바[바르삽바]라 불리던 요셉,
(이는 유스도[유스투스]라고도 일컫습니다[/이름 지어 불렀습니다].)
그리고 맛디아입니다.

24 이어 기도하다가 말했습니다.
"모든 이들의 마음을 아시는 주님, 당신께서
보여 주십시오.
이 둘 가운데 누구를[어느 하나를] 선택하셨는지를요.
25 이 사도[사도직] 직무의 기회를 받아 가지도록 하기 위함입니다.
유다는 이 직무로부터[이것으로부터] 벗어나
본디 자기 자리로 갔습니다."

26 그리고 그들이 둘에게[그들에게] 제비를 나눠 주었고,
제비가 맛디아에게 떨어져
그가 열한 사도들에 포함되었습니다[/공동체의 구성원이 되었습니다].

2장 [오순절 성령 강림: 30 혹은 33년 5월]

2:1 그러면서 다 되었을[/다 찼을] 때였습니다.
오순절이요[/오십 일이요].
그들 모두가 한자리에 함께 있었습니다.

2 그러자 갑자기 하늘에서 요란한 소리가[/굉음이] 났습니다.
거칠게 내뱉은 숨소리[거친 숨을 내뱉는 것] 같았죠.
이어 그것이[/그 굉음이] 집 전체에 찼습니다[집 전체를 채웠습니다].
그들이 앉아 있던 곳을요.

3 또한 그것들이 그들에게 보였습니다.
불 같이 갈라진 혀들이요.

καὶ ἐκάθισεν [aor] ἐφ᾽ ἕνα ἕκαστον αὐτῶν.

4 καὶ ἐπλήσθησαν [aor] πάντες πνεύματος ἁγίου
καὶ ἤρξαντο [aor] λαλεῖν [inf pres] ἑτέραις γλώσσαις
καθὼς τὸ πνεῦμα ἐδίδου [impf] ἀποφθέγγεσθαι [inf pres] αὐτοῖς.

5 Ἦσαν [impf] δὲ εἰς Ἰερουσαλὴμ κατοικοῦντες [ptc pres] Ἰουδαῖοι,
ἄνδρες εὐλαβεῖς
ἀπὸ παντὸς ἔθνους τῶν ὑπὸ τὸν οὐρανόν.

6 γενομένης [ptc aor] δὲ τῆς φωνῆς ταύτης
συνῆλθεν [aor] τὸ πλῆθος
καὶ συνεχύθη [aor],
ὅτι ἤκουον [impf] εἷς ἕκαστος τῇ ἰδίᾳ διαλέκτῳ
λαλούντων [ptc pres] αὐτῶν.

7 ἐξίσταντο [impf] δὲ καὶ ἐθαύμαζον [impf] λέγοντες [ptc pres],
Οὐχ ἰδοὺ
ἅπαντες οὗτοί εἰσιν [pres] οἱ λαλοῦντες [ptc pres]
Γαλιλαῖοι;

8 καὶ πῶς ἡμεῖς ἀκούομεν [pres] ἕκαστος
τῇ ἰδίᾳ διαλέκτῳ ἡμῶν
ἐν ᾗ ἐγεννήθημεν [aor];

9 Πάρθοι καὶ Μῆδοι καὶ Ἐλαμῖται
καὶ οἱ κατοικοῦντες [ptc pres]
τὴν Μεσοποταμίαν,
Ἰουδαίαν τε καὶ Καππαδοκίαν,
Πόντον καὶ τὴν Ἀσίαν,
10 Φρυγίαν τε καὶ Παμφυλίαν,
Αἴγυπτον καὶ τὰ μέρη τῆς Λιβύης τῆς κατὰ Κυρήνην.

καὶ οἱ ἐπιδημοῦντες [ptc pres] Ῥωμαῖοι,
11 Ἰουδαῖοί τε καὶ προσήλυτοι,
Κρῆτες καὶ Ἄραβες,
ἀκούομεν [pres]
λαλούντων [ptc pres] αὐτῶν ταῖς ἡμετέραις γλώσσαις
τὰ μεγαλεῖα τοῦ θεοῦ.

그러더니 그들 각각 위에 앉았습니다.

4 그러자 그들 모두가 거룩한 영으로 가득 찼습니다[/모두에게 성령이 충만했습니다].
그러자 그들은 다른 언어들로 얘기하기 시작했습니다.
그[거] 영이 그들로 소리 내게 나눠 주신 것을 따라서요.

5 한데 예루살렘에 머무는 유대인들이 있었습니다.
경건하게 사는 남자들입니다.
하늘 아래 모든 민족으로부터 {온 남자들}입니다.

6 하여 이 소리가 나자
회중이[/그 모인 사람이] 함께 왔습니다.
또한 혼란스러웠습니다.
제각기 자기 언어로 들었기 때문입니다.
그들이 얘기할 때요.

7 그 바람에 깜짝 놀라고 당황하여 말합니다.
"보아라,
얘기하는 이들 모두
갈릴리 사람들 아닌가?

8 그런데 어떻게 우리가 제각기 듣는가,
우리 자신의 {지방} 언어로,
우리가 태어난 곳의[/지방의]?

9 {우리 가운데에는} 바대 사람들과 메대 사람들과 엘람 사람들이 있다.
또한 거주하는 사람들이 있다,
메소보다미아[메소포타미아]에,
유대뿐 아니라 갑바도기아[카파도키아]에,
본도와 아시아에,
10 브루기아[프리기아]뿐 아니라 밤빌리아에,
애굽[이집트]와 구레네[키레네] 아랫녘[/남쪽] 리비야[리비아]에 속한 지역들에.

또한 방문한 로마 사람들로
11 유대인뿐만 아니라 개종자들과,
그레데[크레타] 사람들과 아라비아 사람들이다.
{이러한} 우리가 듣는다,
그들이 우리 언어들로 얘기하는 것을,
하나님의 위대한 일들을."

12 ἐξίσταντο [impf] δὲ πάντες καὶ διηπόρουν [impf],
ἄλλος πρὸς ἄλλον λέγοντες [ptc pres],
Τί θέλει [pres] τοῦτο εἶναι [inf pres];

13 ἕτεροι δὲ διαχλευάζοντες [ptc pres] ἔλεγον [impf] ὅτι
Γλεύκους μεμεστωμένοι [ptc pf pass] εἰσίν [pres].

14 Σταθεὶς [ptc aor] δὲ ὁ Πέτρος
σὺν τοῖς ἕνδεκα
ἐπῆρεν [aor] τὴν φωνὴν αὐτοῦ
καὶ ἀπεφθέγξατο [aor] αὐτοῖς,
Ἄνδρες Ἰουδαῖοι
καὶ οἱ κατοικοῦντες [ptc pres] Ἰερουσαλὴμ πάντες,
τοῦτο ὑμῖν γνωστὸν ἔστω [impv]
καὶ ἐνωτίσασθε [impv aor] τὰ ῥήματά μου.

15 οὐ γὰρ
ὡς ὑμεῖς ὑπολαμβάνετε [pres]
οὗτοι μεθύουσιν [pres].

ἔστιν [pres] γὰρ ὥρα τρίτη τῆς ἡμέρας.

16 ἀλλὰ τοῦτό ἐστιν [pres]
τὸ εἰρημένον [ptc pf pass] διὰ τοῦ προφήτου Ἰωήλ·

17 Καὶ ἔσται [fut] ἐν ταῖς ἐσχάταις ἡμέραις,
λέγει [pres] ὁ θεός,
ἐκχεῶ [fut] ἀπὸ τοῦ πνεύματός μου ἐπὶ πᾶσαν σάρκα,
καὶ προφητεύσουσιν [fut] οἱ υἱοὶ ὑμῶν καὶ αἱ θυγατέρες ὑμῶν
καὶ οἱ νεανίσκοι ὑμῶν ὁράσεις ὄψονται [fut]
καὶ οἱ πρεσβύτεροι ὑμῶν ἐνυπνίοις ἐνυπνιασθήσονται [fut]·

18 καί γε ἐπὶ τοὺς δούλους μου καὶ ἐπὶ τὰς δούλας μου
ἐν ταῖς ἡμέραις ἐκείναις
ἐκχεῶ [fut] ἀπὸ τοῦ πνεύματός μου,
καὶ προφητεύσουσιν.

19 καὶ δώσω [fut]
τέρατα ἐν τῷ οὐρανῷ ἄνω
καὶ σημεῖα ἐπὶ τῆς γῆς κάτω,
αἷμα καὶ πῦρ καὶ ἀτμίδα καπνοῦ·

12 해서 모두가 깜짝 놀라고 미심쩍이 생각되어
서로서로[/서로서로 저마다] 말합니다.
"이게 무슨 일인가[이것이 무엇이 되고 싶은가]?"

13 한편 다른 이들은 빈정대며 다음과 같이 말합니다.
"그들이 새 포도주에 만취해 있다."

14 하니 베드로가 일어서더니,
그 열하나와 함께,
그의 목소리를 높여
그들에게 털어놓았습니다[/숨김없이 말하였습니다].
"유대 남자들,
그리고 예루살렘에 거주하는 여러분 모두[모든 이들],
이 점을 명심하십시오[이것이 여러분에게 알려지게 하십시오].
그리고 내 얘기[들]에 귀를[/주의를] 기울이십시오.

15 아니기 때문입니다,
여러분이 간주하는[/그렇다고 여기는] 것처럼,
이들이 취한 것이.

낮의 세 번째 시간[오전 9시]이기 때문입니다.

16 도리어 이것은[/이 상황은]
선지자 요엘을 통해 언급된 바{입니다}.

17 '또한 마지막 날[들]에 이일이 있을 것이다'
하나님께서 말씀하십니다.
'내가 내 영을[영으로부터] 모든 육체에게 내리부을 것이다.
그러면 너희 아들들과 너희의 딸들이 예언을 할 것이다.
또한 너희의 젊은이들은 비전을[/이상을] 볼 것이고,
너희의 노인네들은[/늙은이들은] 꿈을 꿀 것이다[꿈들이 꾸일 것이다].

18 그러니 적어도 내 종들 위에 또한 내 여종들 위에,
그날에[저날들에는],
나는 내 영을[영으로부터] 내리부을 것이고,
그들은 예언을 할 것이다.

19 또한 내가 줄 것이다,
위로 하늘에는 기이한 현상들을,
또한 아래로 땅 위에는 표적들을.
피와 불과 연기 기둥이다.

20 ὁ ἥλιος μεταστραφήσεται [fut] εἰς σκότος
καὶ ἡ σελήνη εἰς αἷμα,
πρὶν ἐλθεῖν [inf aor] ἡμέραν κυρίου
τὴν μεγάλην καὶ ἐπιφανῆ.

21 καὶ ἔσται [fut]
πᾶς ὃς ἂν ἐπικαλέσηται [subj aor mid] τὸ ὄνομα κυρίου
σωθήσεται [fut].

22 Ἄνδρες Ἰσραηλῖται,
ἀκούσατε [impv aor] τοὺς λόγους τούτους·

Ἰησοῦν τὸν Ναζωραῖον,
ἄνδρα ἀποδεδειγμένον [ptc pf pass] ἀπὸ τοῦ θεοῦ εἰς ὑμᾶς
δυνάμεσι καὶ τέρασι καὶ σημείοις
οἷς ἐποίησεν [aor] δι᾽ αὐτοῦ
ὁ θεὸς ἐν μέσῳ ὑμῶν
καθὼς αὐτοὶ οἴδατε [pf],
23 τοῦτον τῇ ὡρισμένῃ [ptc pf pass] βουλῇ καὶ προγνώσει τοῦ θεοῦ ἔκδοτον
διὰ χειρὸς ἀνόμων προσπήξαντες [ptc aor] ἀνείλατε [aor],
24 ὃν ὁ θεὸς ἀνέστησεν [aor]
λύσας [ptc aor] τὰς ὠδῖνας τοῦ θανάτου,
καθότι οὐκ ἦν [impf] δυνατὸν
κρατεῖσθαι [inf pres mid] αὐτὸν ὑπ᾽ αὐτοῦ·

25 Δαυὶδ γὰρ λέγει [pres] εἰς αὐτόν,
Προορώμην [impf mid] τὸν κύριον ἐνώπιόν μου διὰ παντός,
ὅτι ἐκ δεξιῶν μού ἐστιν [pres]
ἵνα μὴ σαλευθῶ [subj aor].

26 διὰ τοῦτο
ηὐφράνθη [aor] ἡ καρδία μου
καὶ ἠγαλλιάσατο [aor] ἡ γλῶσσά μου,
ἔτι δὲ καὶ ἡ σάρξ μου κατασκηνώσει [fut] ἐπ᾽ ἐλπίδι,
27 ὅτι οὐκ ἐγκαταλείψεις [fut]
τὴν ψυχήν μου εἰς ᾅδην
οὐδὲ δώσεις [fut] τὸν ὅσιόν σου
ἰδεῖν [inf aor] διαφθοράν.

28 ἐγνώρισάς [aor] μοι ὁδοὺς ζωῆς,

20 태양이 어두움으로 변할 것이다.
달도 피로 {변할 것이다}.
주님의 날이 다다르기 전이다,
크고 멋진 {날이}.

21 그러니 이 일이 있을 것이다,
주님의 이름을 부르는 자는 모두,
구원을 받는 {일이}.' [욜 2:28-32]

22 이스라엘 남자들,
이 말씀[들]을 경청하세요.

나사렛 사람 예수님은[예수님을]
하나님께서[하나님으로부터] 여러분에게 내세우신[내세워진] 남자입니다.
권능[들]과 기사[들]와 표적[들]으로요[/표적으로 {입증하셨죠}].
이것들을[/권능과 기사와 표적을] 그분을 통해 시행하셨습니다.
하나님께서 여러분 가운데에서요.
여러분 자신이 아는 바와 같습니다.
23 하나님께서[하나님의] 정하신 경륜과 예지를[/미리 아심을] 따라 넘겨진 이분을
여러분이 무법한[/율법과 상관없이 사는] 자들의 손을 통해 못을 박아 처단했습니다.
24 하지만 하나님께서는 그분을 일으키셔서,
사망의 고통을 풀어 주셨습니다.
그것이[/사망이] 할 수 없었던 까닭입니다.
자기 밑에[그에 의해] 그분을 억류하는 것을요.

25 이로 인하여 다윗이 자신에 대해 말합니다.
'저는 항상 제 앞에 {계신} 주님을 뵙습니다.
저의 오른쪽에 계시기 때문입니다.
제가 흔들리지 않도록요.

26 이것 때문에
제 마음이 기뻐합니다.
그리고 제 혀가 몹시 기뻐 날뜁니다.
하여 제 육체도 아직 바라볼 것이 있습니다[소망 위에 깃들 것입니다].
27 당신이 내버리지 않으실 것이기 때문입니다,
제 목숨을 음부에[/하데스에, 스올에].
당신의 경건한 자를 내버려 두지도 않으실 것입니다.
썩는 상태에 이르도록[썩는 상태를 보도록]요.

28 당신은 제게 생명의 길[들]을 알려 주셨습니다.

πληρώσεις [fut] με εὐφροσύνης
μετὰ τοῦ προσώπου σου.

29 Ἄνδρες ἀδελφοί,
ἐξὸν [ptc pres] εἰπεῖν [inf aor]
μετὰ παρρησίας πρὸς ὑμᾶς
περὶ τοῦ πατριάρχου Δαυὶδ
ὅτι καὶ ἐτελεύτησεν [aor] καὶ ἐτάφη [aor],
καὶ τὸ μνῆμα αὐτοῦ ἔστιν [pres] ἐν ἡμῖν
ἄχρι τῆς ἡμέρας ταύτης.

30 προφήτης οὖν ὑπάρχων [ptc pres],
καὶ εἰδὼς [ptc pf]
ὅτι ὅρκῳ ὤμοσεν [aor] αὐτῷ ὁ θεὸς
ἐκ καρποῦ τῆς ὀσφύος αὐτοῦ
καθίσαι [inf aor] ἐπὶ τὸν θρόνον αὐτοῦ,
31 προϊδὼν [ptc aor] ἐλάλησεν [aor] περὶ τῆς ἀναστάσεως τοῦ Χριστοῦ
ὅτι οὔτε ἐγκατελείφθη [aor] εἰς ᾅδην
οὔτε ἡ σὰρξ αὐτοῦ εἶδεν [aor] διαφθοράν.

32 τοῦτον τὸν Ἰησοῦν
ἀνέστησεν [aor] ὁ θεός,
οὗ πάντες ἡμεῖς ἐσμεν [pres] μάρτυρες·

33 τῇ δεξιᾷ οὖν τοῦ θεοῦ ὑψωθείς [ptc aor],
τήν τε ἐπαγγελίαν τοῦ πνεύματος τοῦ ἁγίου λαβὼν [ptc aor] παρὰ τοῦ πατρός,
ἐξέχεεν [aor] τοῦτο
ὃ ὑμεῖς (καὶ) βλέπετε [pres] καὶ ἀκούετε [pres].

34 οὐ γὰρ Δαυὶδ ἀνέβη [aor] εἰς τοὺς οὐρανούς,
λέγει [pres] δὲ αὐτός,
Εἶπεν [aor] (ὁ) κύριος τῷ κυρίῳ μου,
Κάθου [impv pres] ἐκ δεξιῶν μου
35 ἕως ἂν θῶ [subj aor] τοὺς ἐχθρούς σου
ὑποπόδιον τῶν ποδῶν σου.

36 ἀσφαλῶς οὖν γινωσκέτω [impv pres] πᾶς οἶκος Ἰσραὴλ
ὅτι καὶ κύριον αὐτὸν καὶ Χριστὸν ἐποίησεν [aor] ὁ θεός,
τοῦτον τὸν Ἰησοῦν
ὃν ὑμεῖς ἐσταυρώσατε [aor].

당신은 저를 즐거움으로 채우실 것입니다.
오셔서요[당신의 얼굴과 함께요].' [시 16:8-11]

29 남자 형제 {여러분},
{다음과 같이} 말해도 합당할 것입니다.
담대히 여러분에게요.
우리 조상 다윗에 대해서요.
그가 {일생을} 끝마치고 묻혔다고요.
또한 그의 묘가 우리 가운데 있다고요.
이날까지요.

30 그러니[/죽은 걸 보니] 그는 선지자입니다.
또한 알고 있었습니다.
하나님께서 자신에게 맹세로 서약하신 것을요.
'자신의 핏줄 가운데 하나를[그의 허리의 열매 가운데에서]
그의 왕좌에 앉게 하시겠다'[시 132:11; 삼하 7:12-13]는 것이죠.
31 그래서 그리스도의 부활에 관하여 미리 보고 {다음과 같이} 얘기한 것입니다.
'그분이 음부에 버려지지도 않을 것이다.
그분의 육체가 썩는 상태에 이르지도 않을 것이다.' [시 16:10] 라고요.

32 이 예수님을
하나님께서 일으키셨습니다.
이에 대해 우리 모두가 증인[들]입니다.

33 그러니 하나님의 오른쪽에까지 높아지셔서
거룩한 영의 약속을 아버지께로부터 받아
이것을 내려부어 주셨습니다.
이것을 여러분이 보고 듣는 것입니다.

34 다윗은[/하나 다윗은] 하늘[들]에 올라가지 않았습니다.
다만 스스로 말합니다. (마 22:44; 막 12:36; 눅 20:42-43; 고전 15:25; 히 1:13)
'주님께서 내 주님께 말씀하셨다.
너는 내 오른쪽에 앉으라,
35 내가 네 원수들을 둘 때까지,
네 [발들의] 발판으로[시 110:1].'

36 그러므로 이스라엘의 모든 가정은 분명히 아십시오,
하나님께서 그분을 주님과 그리스도로 삼으셨다는[삼으시기까지 하셨다는] 것을요.
이분 예수님을,
여러분이 십자가에 매단 그분을요."

37 Ἀκούσαντες [ptc aor] δὲ κατενύγησαν [aor] τὴν καρδίαν
εἶπόν [aor] τε πρὸς τὸν Πέτρον καὶ τοὺς λοιποὺς ἀποστόλους,
Τί ποιήσωμεν [subj aor],
ἄνδρες ἀδελφοί;

38 Πέτρος δὲ πρὸς αὐτούς,
Μετανοήσατε [impv aor].

(φησίν [pres],)
καὶ βαπτισθήτω [impv aor] ἕκαστος ὑμῶν
ἐπὶ τῷ ὀνόματι Ἰησοῦ Χριστοῦ
εἰς ἄφεσιν τῶν ἁμαρτιῶν ὑμῶν
καὶ λήμψεσθε [fut] τὴν δωρεὰν τοῦ ἁγίου πνεύματος.

39 ὑμῖν γάρ ἐστιν [pres] ἡ ἐπαγγελία
καὶ τοῖς τέκνοις ὑμῶν καὶ πᾶσιν τοῖς εἰς μακράν,
ὅσους ἂν προσκαλέσηται [subj aor] κύριος ὁ θεὸς ἡμῶν.

40 ἑτέροις τε λόγοις πλείοσιν διεμαρτύρατο [aor]
καὶ παρεκάλει [impf] αὐτοὺς λέγων [ptc pres],
Σώθητε [impv aor] ἀπὸ τῆς γενεᾶς τῆς σκολιᾶς ταύτης.

41 οἱ μὲν οὖν ἀποδεξάμενοι [ptc aor] τὸν λόγον αὐτοῦ ἐβαπτίσθησαν [aor]
καὶ προσετέθησαν [aor] ἐν τῇ ἡμέρᾳ ἐκείνῃ
ψυχαὶ ὡσεὶ τρισχίλιαι.

42 ἦσαν [impf] δὲ προσκαρτεροῦντες [ptc pres]
τῇ διδαχῇ τῶν ἀποστόλων καὶ τῇ κοινωνίᾳ,
τῇ κλάσει τοῦ ἄρτου καὶ ταῖς προσευχαῖς.

43 Ἐγίνετο [impf] δὲ πάσῃ ψυχῇ φόβος,
πολλά τε τέρατα καὶ σημεῖα
διὰ τῶν ἀποστόλων ἐγίνετο [impf].

44 πάντες δὲ οἱ πιστεύοντες [ptc pres] ἦσαν [impf] ἐπὶ τὸ αὐτὸ
καὶ εἶχον [impf] ἅπαντα κοινὰ
45 καὶ τὰ κτήματα καὶ τὰς ὑπάρξεις ἐπίπρασκον [impf]
καὶ διεμέριζον [impf] αὐτὰ πᾶσιν
καθότι ἄν τις χρείαν εἶχεν [impf]·

37 하니 그들이 듣고 마음이 찔렸습니다.
마침내 그들이 베드로와 그 밖의 다른 사도들에게 말했습니다.
“우리가 무엇을 해야 합니까,
남자 형제들?”

38 하여 베드로가 그들에게 {이릅니다}.
“회개하십시오.”

그가 이릅니다.
“그리고 여러분 각자가 세례를 받으십시오,
예수 그리스도의 이름에 근거하여,
여러분의 죄[죄들의] 사함을 위해.
그러면 거룩한 영이란[영의] 선물을 여러분이 받을 것입니다.

39 여러분에게 [게] 약속이 있기 때문입니다.
여러분의 자녀들과 멀리 있는 모든 이들에게도요.
주 우리 하나님께서 부르실 이들에게는 예외 없이 다 있습니다.”

40 그뿐 아니라 그밖에 다른 추가적인 말[들]로 증언했습니다.
그리고 그들에게 촉구하며 말합니다.
“이 왜곡된[/왜뚤삐뚤한, 패역한] 세대에서 구원을 받으십시오.”

41 그래서 그의 말을 반가워하며 그들이 세례를 받았습니다.
그러니 그[제]날에 {이 무리에} 함께하게 되었습니다[/합류되었습니다].
어림잡아[/대략] 삼천 명이요.

42 이에 그들이 집중했습니다.
사도들의 가르침과 교제[/사귀는 일]와,
떡을 떼는 것과[/성찬과] 기도[들]에요.

43 하니 모든 사람에게 두려움이 생깁니다.
뿐만 아니라[/결과적으로] 많은 기사[들]와 표적[들]이
사도들을 통해 이뤄집니다.

44 해서 모든 믿는 자들이 함께합니다.
그리고 모든 것[들]을 공유합니다.
45 또한 소유[들]와 생계 수단[들]을 팝니다.
그리고 그것들을 모두에게 나눠 줍니다.
필요에 따라서요[누군가 필요를 가진 대로요].

46 καθ᾽ ἡμέραν τε προσκαρτεροῦντες [ptc pres] ὁμοθυμαδὸν ἐν τῷ ἱερῷ,
κλῶντές [ptc pres] τε κατ᾽ οἶκον ἄρτον,
μετελάμβανον [impf] τροφῆς ἐν ἀγαλλιάσει καὶ ἀφελότητι καρδίας,
47 αἰνοῦντες [ptc pres] τὸν θεὸν
καὶ ἔχοντες [ptc pres] χάριν πρὸς ὅλον τὸν λαόν.

ὁ δὲ κύριος προσετίθει [impf] τοὺς σῳζομένους [ptc pres pass]
καθ᾽ ἡμέραν ἐπὶ τὸ αὐτό.

Chapter 3

3:1 Πέτρος δὲ καὶ Ἰωάννης ἀνέβαινον [impf]
εἰς τὸ ἱερὸν
ἐπὶ τὴν ὥραν τῆς προσευχῆς τὴν ἐνάτην.

2 καί τις ἀνὴρ
χωλὸς ἐκ κοιλίας μητρὸς αὐτοῦ ὑπάρχων [ptc pres]
ἐβαστάζετο [impf pass].

ὃν ἐτίθουν [impf]
καθ᾽ ἡμέραν
πρὸς τὴν θύραν τοῦ ἱεροῦ τὴν λεγομένην [ptc pres pass] Ὡραίαν
τοῦ αἰτεῖν [inf pres] ἐλεημοσύνην
παρὰ τῶν εἰσπορευομένων [ptc pres] εἰς τὸ ἱερόν·

3 ὃς ἰδὼν [ptc aor] Πέτρον καὶ Ἰωάννην
μέλλοντας [ptc pres] εἰσιέναι [inf pres] εἰς τὸ ἱερόν,
ἠρώτα [impf] ἐλεημοσύνην λαβεῖν [inf aor].

4 ἀτενίσας [ptc aor] δὲ Πέτρος εἰς αὐτὸν σὺν τῷ Ἰωάννῃ
εἶπεν [aor],
Βλέψον [impv aor] εἰς ἡμᾶς.

5 ὁ δὲ ἐπεῖχεν [impf] αὐτοῖς
προσδοκῶν [ptc pres] τι παρ᾽ αὐτῶν λαβεῖν [inf aor].

6 εἶπεν [aor] δὲ Πέτρος,
Ἀργύριον καὶ χρυσίον οὐχ ὑπάρχει [pres] μοι,
ὃ δὲ ἔχω [pres] τοῦτό σοι δίδωμι [pres]·

46 결국 날마다 성전에서 일치된 마음으로 지냅니다[/시간을 보냅니다].
그리고 집집마다 {돌면서} 떡을 뗍니다.
{그러니} 마음이 환희에 차서 천진난만하게 음식을 함께 먹습니다.
47 {그러면서} 하나님을 찬송합니다.
또한 백성 전체에게 은혜를 끼칩니다.

하니 주님께서 구원 받는 자들을 더하십니다.
날이[날마다] 갈수록요.

3장

3:1 하여 베드로와 요한이 올라갑니다.
성전으로요.
기도하는 제 구 시[오후 3시]에요[구 시 기도시간에요].

2 어떤 남자도,
자기 어머니 태에서 나올 때부터 못 걷던 이가
떠메어 옮겨집니다.

사람들은[그들은] 그를 둡니다.
날마다,
호라이아[/아름다운 것, 미문이라]라 불리는 성전 문에,
구걸하도록요[구제를 요청하도록요].
성전으로 들어가는 이들에게요.

3 그가 베드로와 요한을 봅니다.
그들이 성전으로 접어드는[접어들려는] 것을요.
그가 구제를 받으려고 요청합니다.

4 이에 베드로가 요한과 함께 그를 주의 깊게 살피고
말했습니다.
"우리를 보십시오!"

5 하여 그가 그들을 쳐다봅니다.
그들에게서 무엇을 받을 것으로 예상하고서요.

6 그런데 베드로가 말했습니다.
"은과 금이 내게는 없습니다.
하나 내가 가진[내가 가진 것] 이것을 당신에게 드립니다.

ἐν τῷ ὀνόματι Ἰησοῦ Χριστοῦ τοῦ Ναζωραίου
(ἔγειρε [impv pres] καὶ) περιπάτει [impv pres].

7 καὶ πιάσας [ptc aor] αὐτὸν τῆς δεξιᾶς χειρὸς
ἤγειρεν [aor] αὐτόν·
παραχρῆμα δὲ ἐστερεώθησαν [aor]
αἱ βάσεις αὐτοῦ καὶ τὰ σφυδρά.

8 καὶ ἐξαλλόμενος [ptc pres] ἔστη [aor]
καὶ περιεπάτει [impf]
καὶ εἰσῆλθεν [aor] σὺν αὐτοῖς εἰς τὸ ἱερὸν
περιπατῶν [ptc pres] καὶ ἁλλόμενος [ptc pres mid] καὶ αἰνῶν [ptc pres] τὸν θεόν.

9 καὶ εἶδεν [aor] πᾶς ὁ λαὸς
αὐτὸν περιπατοῦντα [ptc pres] αἰνοῦντα [ptc pres] τὸν θεόν·

10 ἐπεγίνωσκον [impf] δὲ αὐτὸν
ὅτι αὐτὸς ἦν [impf]
ὁ πρὸς τὴν ἐλεημοσύνην καθήμενος [ptc pres]
ἐπὶ τῇ Ὡραίᾳ Πύλῃ τοῦ ἱεροῦ.

καὶ ἐπλήσθησαν [aor] θάμβους καὶ ἐκστάσεως
ἐπὶ τῷ συμβεβηκότι [ptc pf] αὐτῷ.

11 Κρατοῦντος [ptc pres] δὲ αὐτοῦ τὸν Πέτρον καὶ τὸν Ἰωάννην
συνέδραμεν [aor 3 sg] πᾶς ὁ λαὸς πρὸς αὐτοὺς
ἐπὶ τῇ στοᾷ τῇ καλουμένῃ [ptc pres pass] Σολομῶντος
ἔκθαμβοι.

12 ἰδὼν [ptc aor] δὲ ὁ Πέτρος
ἀπεκρίνατο [aor] πρὸς τὸν λαόν,
Ἄνδρες Ἰσραηλῖται,
τί θαυμάζετε [pres] ἐπὶ τούτῳ
ἢ ἡμῖν τί ἀτενίζετε [pres]
ὡς ἰδίᾳ δυνάμει ἢ εὐσεβείᾳ πεποιηκόσιν [ptc pf]
τοῦ περιπατεῖν [inf pres] αὐτόν;

13 ὁ θεὸς Ἀβραὰμ καὶ (ὁ θεὸς) Ἰσαὰκ και (ὁ θεὸς) Ἰακώβ,
ὁ θεὸς τῶν πατέρων ἡμῶν,
ἐδόξασεν [aor] τὸν παῖδα αὐτοῦ Ἰησοῦν
ὃν ὑμεῖς μὲν παρεδώκατε [aor]

나사렛 사람 예수 그리스도의 이름으로
일어나서 걸으십시오."

7 이어 그의 오른손을 붙잡고
그를 일으켰습니다.
하니 즉시로 견고해졌습니다,
그의 발[들]과 발목[들]이.

8 그러자 그가 껑충대며 일어서더니
걷습니다.
이어 그들과 함께 성전으로 들어가는데,
걷기도 하고 깡충거리기도 하며 하나님을 찬송합니다.

9 그러자 모든 백성이 지켜보았습니다.
그가 걸으며 하나님을 찬송하는 것을요.

10 그러다가 그들이 알아봅니다.
그가 바로 그 사람이라는 것을요.
구걸하러 앉아 있던 이요.
성전의 아름다운[/호라이아] 들머리에요.

그리고 그들이 소스라치게 놀랐습니다[놀람과 당황으로 가득 찼습니다].
그에게 생긴 일로 인해서요.

11 한데 그가 베드로와 요한을 움켜잡으니
모든 백성이 그들에게 몰려갔습니다.
솔로몬이라 불리는 행각 쪽으로요.
깜짝 놀랐거든요.

12 하니 베드로가 보고
백성에게 대답했습니다.
"이스라엘 남자들,
왜 이 일로 놀라십니까?
아니면, 왜 우리를 주목하십니까?
마치 {우리} 자신의 권능과 경건으로 이룬 것처럼요.
그가 걷도록요.

13 '아브라함의 하나님과 이삭의 하나님과 야곱의 하나님이신
우리 조상[들]의 하나님께서는' [출 3:6, 15] (마 22:32; 막 12:26; 행 7:32)
그분의 친종[/그분이 아끼는 종] 예수님을 영화롭게 하였습니다.
그럼에도 여러분은 그분을 내주었습니다.

καὶ ἠρνήσασθε [aor] κατὰ πρόσωπον Πιλάτου,
κρίναντος [ptc aor] ἐκείνου ἀπολύειν [inf pres]·

14 ὑμεῖς δὲ
τὸν ἅγιον καὶ δίκαιον
ἠρνήσασθε [aor],
καὶ ᾐτήσασθε [aor]
ἄνδρα φονέα χαρισθῆναι [inf aor] ὑμῖν.

15 τὸν δὲ ἀρχηγὸν τῆς ζωῆς
ἀπεκτείνατε [aor],
ὃν ὁ θεὸς ἤγειρεν [aor] ἐκ νεκρῶν,
οὗ ἡμεῖς μάρτυρές ἐσμεν [pres].

16 καὶ ἐπὶ τῇ πίστει τοῦ ὀνόματος αὐτοῦ
τοῦτον ὃν θεωρεῖτε [pres] καὶ οἴδατε [pf],
ἐστερέωσεν [aor] τὸ ὄνομα αὐτοῦ,
καὶ ἡ πίστις ἡ δι᾽ αὐτοῦ
ἔδωκεν [aor] αὐτῷ τὴν ὁλοκληρίαν ταύτην
ἀπέναντι πάντων ὑμῶν.

17 καὶ νῦν, ἀδελφοί, οἶδα [pf]
ὅτι κατὰ ἄγνοιαν ἐπράξατε [aor],
ὥσπερ καὶ οἱ ἄρχοντες ὑμῶν·

18 ὁ δὲ θεὸς
ἃ προκατήγγειλεν [aor] διὰ στόματος πάντων τῶν προφητῶν
παθεῖν [inf aor] τὸν Χριστὸν αὐτοῦ
ἐπλήρωσεν [aor] οὕτως.

19 μετανοήσατε [impv aor] οὖν καὶ ἐπιστρέψατε [impv aor]
εἰς τὸ ἐξαλειφθῆναι [inf aor] ὑμῶν τὰς ἁμαρτίας,
20 ὅπως ἂν ἔλθωσιν [subj aor] καιροὶ ἀναψύξεως
ἀπὸ προσώπου τοῦ κυρίου
καὶ ἀποστείλῃ [subj aor]
τὸν προκεχειρισμένον [ptc pf pass] ὑμῖν Χριστόν, Ἰησοῦν,
21 ὃν δεῖ [pres] οὐρανὸν μὲν δέξασθαι [inf aor]
ἄχρι χρόνων ἀποκαταστάσεως πάντων
ὧν ἐλάλησεν [aor] ὁ θεὸς
διὰ στόματος τῶν ἁγίων ἀπ᾽ αἰῶνος αὐτοῦ προφητῶν.

그리고 빌라도의 면전에서[/빌라도 앞에서] 부인하였습니다.
저가 풀어 주려 마음먹었을 때에요.

14 그 바람에 여러분은
거룩하고 의로운 분을
부인하였습니다.
그리고 요청하였습니다.
살인한 남자를[남자가] 여러분에게 내놓으라고요[호의로 주어지도록요].

15 하여 생명의 조물주를[/조물자를]
여러분이 죽였습니다.
하지만 그분을 하나님께서는 죽은 자들 가운데에서 일으키셨습니다.
우리가 이에 대한 증인들입니다.

16 [또한] 그분의 이름에 대한 믿음에 근거하여,
여러분이 목도하고 아는 이분을[/이 사람을]
그분의 이름이 튼튼하게 만들어 주셨습니다.
또한 그분을 통해 {난} 믿음이
그에게 이런 실함을[/튼튼함] 주셨습니다.
여러분 모두가 보는 데에서요.

17 그러니 이제, 형제 여러분, 나는 알겠습니다.
여러분이 모르고[무지를 따라] 행동한 것을요.
여러분의 관원들과도 마찬가지로요.

18 하나 하나님께서는
모든 선지자들의 입을 통해 예고하신 것들을,
그분의 그리스도가 고난을 겪으리라는 {예고죠},
이처럼 이루셨습니다.

19 그러므로 회개하고 돌이키십시오.
여러분의 죄[들]가 지워지도록요.
20 그렇게 하면 상쾌한 때[들]가[/새로워지는 기간이] 올 것입니다.
주님으로부터요[주님의 면전으로부터요].
또한 그분이[/하나님께서] 보내실 것입니다.
선택되신 분 그리스도 예수님을 여러분에게로요.
21 그런데 하늘이 이분을 모시고 있어야 합니다.
만물이 회복될 시간[들]까지요.
그것들에[/그 시간들에] 대해 하나님께서는 얘기하셨습니다.
그분의 거룩한 선지자들의 입을 통해 오래전부터요.

22 Μωϋσῆς μὲν εἶπεν [aor] ὅτι
Προφήτην ὑμῖν ἀναστήσει [fut]
κύριος ὁ θεὸς ὑμῶν
ἐκ τῶν ἀδελφῶν ὑμῶν
ὡς ἐμέ·

αὐτοῦ ἀκούσεσθε [fut] κατὰ πάντα
ὅσα ἂν λαλήσῃ [subj aor] πρὸς ὑμᾶς.

23 ἔσται [fut] δὲ πᾶσα ψυχὴ
ἥτις ἐὰν μὴ ἀκούσῃ [subj aor] τοῦ προφήτου ἐκείνου
ἐξολεθρευθήσεται [fut] ἐκ τοῦ λαοῦ.

24 καὶ πάντες δὲ οἱ προφῆται
ἀπὸ Σαμουὴλ καὶ τῶν καθεξῆς
ὅσοι ἐλάλησαν [aor] καὶ κατήγγειλαν [aor] τὰς ἡμέρας ταύτας.

25 ὑμεῖς ἐστε [pres] οἱ υἱοὶ τῶν προφητῶν καὶ τῆς διαθήκης
ἧς διέθετο [aor] ὁ θεὸς πρὸς τοὺς πατέρας ὑμῶν
λέγων [ptc pres] πρὸς Ἀβραάμ,
Καὶ ἐν τῷ σπέρματί σου (ἐν)ευλογηθήσονται [fut]
πᾶσαι αἱ πατριαὶ τῆς γῆς.

26 ὑμῖν πρῶτον ἀναστήσας [ptc aor] ὁ θεὸς τὸν παῖδα αὐτοῦ
ἀπέστειλεν [aor] αὐτὸν
εὐλογοῦντα [ptc pres] ὑμᾶς
ἐν τῷ ἀποστρέφειν [inf pres] ἕκαστον
ἀπὸ τῶν πονηριῶν ὑμῶν.

Chapter 4

4:1 Λαλούντων [ptc pres] δὲ αὐτῶν πρὸς τὸν λαὸν
ἐπέστησαν [aor] αὐτοῖς
οἱ ἱερεῖς καὶ ὁ στρατηγὸς τοῦ ἱεροῦ καὶ οἱ Σαδδουκαῖοι,
2 διαπονούμενοι [ptc pres mid]
διὰ τὸ διδάσκειν [inf pres] αὐτοὺς τὸν λαὸν
καὶ καταγγέλλειν [inf pres] ἐν τῷ Ἰησοῦ
τὴν ἀνάστασιν τὴν ἐκ νεκρῶν.

22 일단 모세가 다음과 같이 말했습니다.
'선지자를 여러분에게 일으키실 것입니다.
주님{이신} 여러분의 하나님께서요.
여러분의 형제들 가운데에서요.
나와 같은 자를요.

여러분은 모든 일에 그분의 말을[그분을] 경청해야 할 것입니다.
그분이 여러분에게 얘기하시는 것을 빠짐없이 모두요.

23 하니 모든 사람에게 이런 일이 있을 것입니다.
누구라도 그[저] 선지자의 말을 경청하지 않으면
백성 가운데에서 멸망할[/진멸될] 것입니다.' [신 18:15, 18; 레 23:29]

24 그리고 모든 선지자들도,
사무엘과 그 뒤를 이은 이들로부터요,
한결같이 이날에 관해[이날들을] 얘기하고 선포했습니다.

25 여러분은 선지자들과 [게] 언약의 자손들입니다.
하나님께서 여러분의 조상들과 맺은 것이죠[/언약이죠].
아브라함에게 말씀하셨죠.
'또한 네 씨 안에서[/네 씨로 인해] 축복을 받을 것이다,
땅의 모든 겨레붙이들이[/족속들이].' [창 22:18; 26:4]

26 하나님께서는 자신의 친종을[/아끼는 종을] 일으키신 뒤 여러분에게 먼저
그분을 보내셨습니다.
{그분은} 여러분을 축복하셨습니다.
{여러분} 각자가 돌아서도록요.
여러분의 불의한 짓들로부터요."

4장

4:1 한데 그들이 백성에게 얘기할 때,
그들에게 들이닥쳤습니다,
제사장들과 성전 치안 경찰과 사두개인들이.
2 그러더니 난처해합니다.
그들이[/베드로와 요한이] 백성을 가르치며
예수님으로 인해[예수님 안에서] 선포하는 것 때문에요.
죽은 자들로부터의 부활을 말이죠.

3 καὶ ἐπέβαλον [aor] αὐτοῖς τὰς χεῖρας
καὶ ἔθεντο [aor] εἰς τήρησιν εἰς τὴν αὔριον·

ἦν [impf] γὰρ ἑσπέρα ἤδη.

4 πολλοὶ δὲ τῶν ἀκουσάντων [ptc aor] τὸν λόγον ἐπίστευσαν [aor],
καὶ ἐγενήθη [aor] (ὁ) ἀριθμὸς τῶν ἀνδρῶν (ὡς) χιλιάδες πέντε.

5 Ἐγένετο [aor] δὲ ἐπὶ τὴν αὔριον
συναχθῆναι [inf aor]
αὐτῶν τοὺς ἄρχοντας καὶ τοὺς πρεσβυτέρους καὶ τοὺς γραμματεῖς
ἐν Ἰερουσαλήμ.

6 καὶ Ἅννας ὁ ἀρχιερεὺς
καὶ Καϊάφας καὶ Ἰωάννης καὶ Ἀλέξανδρος
καὶ ὅσοι ἦσαν [impf] ἐκ γένους ἀρχιερατικοῦ.

7 καὶ στήσαντες [ptc aor] αὐτοὺς ἐν τῷ μέσῳ ἐπυνθάνοντο [impf],
Ἐν ποίᾳ δυνάμει ἢ ἐν ποίῳ ὀνόματι
ἐποιήσατε [aor] τοῦτο ὑμεῖς;

8 τότε Πέτρος πλησθεὶς [ptc aor] πνεύματος ἁγίου
εἶπεν [aor] πρὸς αὐτούς,
Ἄρχοντες τοῦ λαοῦ καὶ πρεσβύτεροι,
9 εἰ ἡμεῖς σήμερον ἀνακρινόμεθα [pres pass]
ἐπὶ εὐεργεσίᾳ ἀνθρώπου ἀσθενοῦς
ἐν τίνι οὗτος σέσωται [pf pass],
10 γνωστὸν ἔστω [impv pres]
πᾶσιν ὑμῖν καὶ παντὶ τῷ λαῷ Ἰσραὴλ
ὅτι ἐν τῷ ὀνόματι Ἰησοῦ Χριστοῦ τοῦ Ναζωραίου
ὃν ὑμεῖς ἐσταυρώσατε [aor],
ὃν ὁ θεὸς ἤγειρεν [aor] ἐκ νεκρῶν,
ἐν τούτῳ
οὗτος παρέστηκεν [pf] ἐνώπιον ὑμῶν ὑγιής.

11 οὗτός ἐστιν [pres] ὁ λίθος,
ὁ ἐξουθενηθεὶς [ptc aor] ὑφ᾽ ὑμῶν τῶν οἰκοδόμων,
ὁ γενόμενος [ptc aor] εἰς κεφαλὴν γωνίας.

12 καὶ οὐκ ἔστιν [pres] ἐν ἄλλῳ οὐδενὶ ἡ σωτηρία.

3 그러면서도 그들을 붙잡았습니다[그들에게 손들을 뻗었습니다]
그리고 이튿날까지 구치소에 처넣어 두었습니다.

이미 저녁 무렵이었기 때문입니다.

4 하나 그 말씀을 들은 자들 가운데 많은 이들이 믿었습니다.
그러자 형제들의 수효가 오천 명쯤 되었습니다.

5 그러다가 이튿날이 되어
소집되었습니다,
그들의 관원들과 장로들과 서기관들이,
예루살렘에요.

6 그래서 대제사장 안나스와
가야바와 요한과 알렉산더
및 대제사장 혈통은 빠짐없이 모두 있었습니다.

7 이어 그들을 한가운데 세우고 심문합니다[/자세히 따져서 묻습니다].
"무슨 권능과 누구의 이름으로
너희가 이를 행하느냐?"

8 그때에 베드로가 거룩한 영이 충만하여
그들에게 말했습니다.
"백성의 관원들과 장로[들] 여러분,
9 우리가 오늘 조사를 받는다면,
약해진 사람에게 {베푼} 착한 행동 때문에요,
어떻게 이가[/이 사람이] 회복되었는지에 대해서요,
10 명심하십시오[그것이 알려지게 하십시오].
여러분 모두와 이스라엘 모든 백성은요[백성에게요].
[실은] 나사렛 사람 예수 그리스도의 이름으로,
여러분이 십자가에 매단 분이죠,
하지만 하나님께서 죽은 자들 가운데에서 일으키신 분이죠,
이것 때문에[/이 이름 때문에],
이가[/이 사람이] 건강한 모습으로 여러분 앞에 나란히 섰습니다.

11 그분은[이분은] '돌입니다.
건축자들인 여러분에 의해 업신여김을 받은 그것입니다[/돌입니다].
모퉁이의 머릿돌이 된 그것입니다.' [시 118:32](마 21:42; 막 12:10; 눅 20:17; 벧전 2:4, 7)

12 그러니 다른 어떤 이 안에도 구원은 없습니다.

οὐδὲ γὰρ ὄνομά ἐστιν [pres] ἕτερον ὑπὸ τὸν οὐρανὸν
τὸ δεδομένον [ptc pf pass] ἐν ἀνθρώποις
ἐν ᾧ δεῖ [pres] σωθῆναι [inf aor] ἡμᾶς.

13 Θεωροῦντες [ptc pres] δὲ τὴν τοῦ Πέτρου παρρησίαν καὶ Ἰωάννου
καὶ καταλαβόμενοι [ptc aor] ὅτι ἄνθρωποι ἀγράμματοί εἰσιν [pres] καὶ ἰδιῶται,
ἐθαύμαζον [impf]
ἐπεγίνωσκόν [impf] τε αὐτοὺς
ὅτι σὺν τῷ Ἰησοῦ ἦσαν [impf].

14 τόν τε ἄνθρωπον βλέποντες [ptc pres] σὺν αὐτοῖς ἑστῶτα [ptc pf]
τὸν τεθεραπευμένον [ptc pf pass]
οὐδὲν εἶχον [impf] ἀντειπεῖν [inf aor].

15 κελεύσαντες [ptc aor] δὲ αὐτοὺς
ἔξω τοῦ συνεδρίου ἀπελθεῖν [inf aor]
συνέβαλλον [impf] πρὸς ἀλλήλους 16 λέγοντες [ptc pres],
Τί ποιήσωμεν [subj aor] τοῖς ἀνθρώποις τούτοις;

ὅτι μὲν γὰρ γνωστὸν σημεῖον γέγονεν [pf] δι᾽ αὐτῶν
πᾶσιν τοῖς κατοικοῦσιν [ptc pres] Ἰερουσαλὴμ φανερὸν
καὶ οὐ δυνάμεθα [pres] ἀρνεῖσθαι [inf pres]·

17 ἀλλ᾽ ἵνα μὴ ἐπὶ πλεῖον διανεμηθῇ [subj aor] εἰς τὸν λαὸν
ἀπειλησώμεθα [subj aor] αὐτοῖς
μηκέτι λαλεῖν [inf pres] ἐπὶ τῷ ὀνόματι τούτῳ μηδενὶ ἀνθρώπων.

18 καὶ καλέσαντες [ptc aor] αὐτοὺς παρήγγειλαν [aor]
τὸ καθόλου μὴ φθέγγεσθαι [inf pres] μηδὲ διδάσκειν [inf pres]
ἐπὶ τῷ ὀνόματι τοῦ Ἰησοῦ.

19 ὁ δὲ Πέτρος καὶ Ἰωάννης
ἀποκριθέντες [ptc aor] εἶπον [aor] πρὸς αὐτούς,
Εἰ δίκαιόν ἐστιν [pres] ἐνώπιον τοῦ θεοῦ
ὑμῶν ἀκούειν [inf pres] μᾶλλον ἢ τοῦ θεοῦ,
κρίνατε [impv aor].

20 οὐ δυνάμεθα [pres] γὰρ ἡμεῖς
ἃ εἴδαμεν [aor] καὶ ἠκούσαμεν [aor] μὴ λαλεῖν [inf pres].
21 οἱ δὲ προσαπειλησάμενοι [ptc aor] ἀπέλυσαν [aor] αὐτούς,

[전혀] 다른 이름이 하늘 아래에 없기 때문입니다.
사람들에게[사람들 안에] 주어진 것이요.
우리가 그 안에서 구원 받도록요."

13 하니 베드로와 요한의 담대함을 목도하고
그들이 배운 것이 없는 사람들이며 직분이 없다는[/평신도들이라는] 것을 확인하고는 당황해합니다.
그러다가 그들을 알아보았습니다[/그들에 대해 알아챘습니다].
예수님과 함께 있었다는[/있었던] 것을요.

14 결과적으로 [거] 사람이 그들과 함께 서 있는 것을 보니,
고침을 받은 자가요,
그들이 따질 게 하나도 없습니다.

15 하여 그들에게 명합니다.
{산헤드린} 공회 밖으로 나가라고요.
그들이 서로 토론하다가 16 말합니다.
"우리가 이 사람들에게 무슨 조치를 취해야 하는가?

그들을 통해 {이뤄진} 표적이 알려져 버렸기 때문이다,
예루살렘 주변에 사는 모든 이들에게 있는 그대로.
그러니 우리가 부인할 수가 없기 {때문이다}.

17 하지만 백성에게 더 많이 퍼지지 않도록,
[우리가] 그들을 위협하자,
더 이상 이 이름으로는 사람들 중 아무에게도 얘기하지 말라고."

18 그리고 그들을 불러와서 지시했습니다.
발화하거나[/소리 내어 말하거나] 가르치는 것을 철저히 금하라고요.
예수님의 이름에 근거해서요.

19 하니 베드로와 요한이
그들에게 말로 대꾸하여 말했습니다[/대답했습니다].
"하나님 앞에서 올바른지,
하나님보다 오히려 여러분의 말을 듣는 것이,
판단하십시오.

20 우리는 할 수 없습니다.
우리가 보고 들은 것들을 얘기하지 않는 것은요.
21 하니 그자들이 으름장을 놓고 그들을 보내주었습니다.

μηδὲν εὑρίσκοντες [ptc pres]
τὸ πῶς κολάσωνται [subj aor] αὐτούς,
διὰ τὸν λαόν,
ὅτι πάντες ἐδόξαζον [impf] τὸν θεὸν
ἐπὶ τῷ γεγονότι [ptc pf]·

22 ἐτῶν γὰρ ἦν [impf] πλειόνων τεσσεράκοντα ὁ ἄνθρωπος
ἐφʼ ὃν γεγόνει [plpf] τὸ σημεῖον τοῦτο τῆς ἰάσεως.

23 Ἀπολυθέντες [ptc aor] δὲ ἦλθον [aor] πρὸς τοὺς ἰδίους
καὶ ἀπήγγειλαν [aor]
ὅσα πρὸς αὐτοὺς οἱ ἀρχιερεῖς καὶ οἱ πρεσβύτεροι εἶπαν [aor].

24 οἱ δὲ ἀκούσαντες [ptc aor]
ὁμοθυμαδὸν ἦραν [aor] φωνὴν πρὸς τὸν θεὸν
καὶ εἶπαν [aor],
Δέσποτα,
σὺ ὁ ποιήσας [ptc aor]
τὸν οὐρανὸν καὶ τὴν γῆν καὶ τὴν θάλασσαν
καὶ πάντα τὰ ἐν αὐτοῖς,
25 ὁ τοῦ πατρὸς ἡμῶν διὰ πνεύματος ἁγίου
στόματος Δαυὶδ παιδός σου εἰπών [ptc aor],
Ἱνατί ἐφρύαξαν [aor] ἔθνη
καὶ λαοὶ ἐμελέτησαν [aor] κενά;

26 παρέστησαν [aor] οἱ βασιλεῖς τῆς γῆς
καὶ οἱ ἄρχοντες συνήχθησαν [aor] ἐπὶ τὸ αὐτὸ
κατὰ τοῦ κυρίου
καὶ κατὰ τοῦ Χριστοῦ αὐτοῦ.

27 συνήχθησαν [aor] γὰρ ἐπʼ ἀληθείας
ἐν τῇ πόλει ταύτῃ
ἐπὶ τὸν ἅγιον παῖδά σου Ἰησοῦν
ὃν ἔχρισας [aor],
Ἡρῴδης τε καὶ Πόντιος Πιλᾶτος
σὺν ἔθνεσιν καὶ λαοῖς Ἰσραήλ,
28 ποιῆσαι [inf aor]
ὅσα ἡ χείρ σου καὶ ἡ βουλή (σου)
προώρισεν [aor] γενέσθαι [inf aor].
29 καὶ τὰ νῦν, κύριε, ἔπιδε [impv aor]

하나도 찾지 못했기 때문입니다.
그들을 처벌할 거리를요[그들을 어떻게 처벌해야 할지를요].
백성 때문에{도}요.
{백성} 모두가 하나님께 영광을 돌리기 때문입니다.
일어난 일로 인해서요.

22 [거] 사람이 사십여 세나 되었기 때문입니다.
이 치유 표적이 이뤄진[/표적으로 나은] 사람이요.

23 이에 그들이[/베드로와 요한이] 풀려난 뒤에 자기네 {사람들}에게로[/동료들에게로] 갔습니다.
그리고 전했습니다.
대제사장들과 장로들이 그들에게 말한 것들을 빠짐없이 모두요.

24 하니 들은 자들이
일치된 마음으로 하나님께 목소리를 높여
말했습니다.
"최고 통치자님[/대주재여],
당신은 지으신 분입니다.
하늘과 땅과 바다와
그 안에 있는 모든 것들을요.
25 당신은[그분은], 거룩한 영을 통해 우리 조상인,
당신의 아끼는 종[/친밀한 종, 친종] 다윗의 입으로 말씀하신 분입니다.
'무슨 까닭에 다른 민족들이 코웃음을 치고,
백성들은 헛된 일들을 꾸미는가[/도모하는가]?

26 땅 위의 왕들이 나란히 섰다.
또한 관원들이 일제히 소집되었다[/함께 모였다],
주님께 맞서,
또한 그분의 그리스도께 맞서서.' [시 2:1-2]

27 그들이 진실로 모였기 때문입니다.
이 성에요.
당신이 아끼는 종인[/친종인, 친밀한 종인] 거룩한 예수님께 덤비려고요.
당신이 기름 부은 분이죠.
헤롯뿐 아니라 본디오 빌라도도요.
다른 민족들 및 이스라엘 백성들과 함께요.
28 시행하기 위함입니다.
당신의 손길과 경륜이
이뤄지도록 뜻하신 일들을 빠짐없이 모두요.
29 또한 현재, 주님, 자세히 살펴보십시오.

ἐπὶ τὰς ἀπειλὰς αὐτῶν
καὶ δὸς [impv aor] τοῖς δούλοις σου
μετὰ παρρησίας πάσης λαλεῖν [inf pres] τὸν λόγον σου,
30 ἐν τῷ τὴν χεῖρά (σου) ἐκτείνειν [inf pres] σε
εἰς ἴασιν καὶ σημεῖα καὶ τέρατα γίνεσθαι [inf pres]
διὰ τοῦ ὀνόματος τοῦ ἁγίου παιδός σου Ἰησοῦ.

31 καὶ δεηθέντων [ptc aor] αὐτῶν
ἐσαλεύθη [aor] ὁ τόπος
ἐν ᾧ ἦσαν [impf] συνηγμένοι [ptc pf pass],
καὶ ἐπλήσθησαν [aor] ἅπαντες τοῦ ἁγίου πνεύματος.

καὶ ἐλάλουν [impf] τὸν λόγον τοῦ θεοῦ μετὰ παρρησίας.

32 Τοῦ δὲ πλήθους τῶν πιστευσάντων [ptc aor]
ἦν [impf] καρδία καὶ ψυχὴ μία,
καὶ οὐδὲ εἷς
τι τῶν ὑπαρχόντων [ptc pres] αὐτῷ
ἔλεγεν [impf] ἴδιον εἶναι [inf pres]
ἀλλ' ἦν [impf] αὐτοῖς ἅπαντα κοινά.

33 καὶ δυνάμει μεγάλῃ
ἀπεδίδουν [impf] τὸ μαρτύριον οἱ ἀπόστολοι
τῆς ἀναστάσεως τοῦ κυρίου Ἰησοῦ,
χάρις τε μεγάλη ἦν ἐπὶ πάντας αὐτούς.

34 οὐδὲ γὰρ ἐνδεής τις ἦν ἐν αὐτοῖς·

ὅσοι γὰρ κτήτορες χωρίων ἢ οἰκιῶν ὑπῆρχον [impf],
πωλοῦντες [ptc pres] ἔφερον [impf]
τὰς τιμὰς τῶν πιπρασκομένων [ptc pres pass]
35 καὶ ἐτίθουν [impf] παρὰ τοὺς πόδας τῶν ἀποστόλων.

διεδίδετο [impf pass] δὲ ἑκάστῳ
καθότι ἄν τις χρείαν εἶχεν [impf].

36 Ἰωσὴφ δὲ
ὁ ἐπικληθεὶς [ptc aor] Βαρναβᾶς ἀπὸ τῶν ἀποστόλων,
ὅ ἐστιν [pres] μεθερμηνευόμενον [ptc pres pass] υἱὸς παρακλήσεως,
Λευίτης,

그들의 으름장[들]을요[/위협하는 짓들을요].
그리고 당신의 종들에게 허락해 주십시오.
당신의 말씀을 매우 담대하게[모든 담대함을 가지고 (행 28:31)] 얘기하도록요.
30 당신이 당신의 손길을 내뻗어,
치유와 표적들과 기사들이 이뤄지게 하십시오.
당신의 친종인[/당신이 아끼는 종인] 거룩한 예수님의 이름을 통해서요."

31 그리고 그들이 구했을 때
[거] 자리가 흔들렸습니다.
그들이 모여 있던 곳 안이요.
그리고 전체가 거룩한 영으로 충만해 있었습니다.

이어 그들이 하나님의 말씀을 담대하게 얘기합니다.

32 하여 믿은 회중의
마음과 내면이 하나가 되었습니다.
그러자 누구 하나
자신에게 속한 어느 것도
자기 것이라고 말하지 않았습니다.
오히려 모든 것[들]을 함께 씁니다[그들에게는 모든 것들이 공용입니다].

33 그러면서도 큰 권능으로
사도들이 증거하며 갚아 줍니다[증거를 되돌려줍니다].
주님 예수님의 부활 {증거}를요.
결과적으로 그들 모두에게 큰 은혜가 있습니다.

34 그들 가운데 무엇이 모자란 자가 하나도 없기 때문입니다.

이는 토지[들]나 주택[들]을 {여럿} 소유한 이들이[/사람들이] 한결같이
{일부를} 처분하고 가져오기 때문입니다.
판 값을요[팔린 것들의 값들을요].
35 그리고 사도들의 발치에[발들의 곁에] 갖다 놓기 {때문입니다}.

하면 각각 배분됩니다.
필요를 따라서요[/누구든지 필요한 만큼요][누구든지 필요를 가진 바 만큼요].

36 한편 요셉이 {있습니다}.
사도들이 바나바로 일컫는[사도들로부터 바나바로 일컬어지는] 분입니다.
그것은 '위로의 아들'로 번역됩니다[/바나바를 번역하면 '위로의 아들'입니다].
레위인이죠[/레위 사람이죠].

Κύπριος τῷ γένει,
37 ὑπάρχοντος [ptc pres] αὐτῷ ἀγροῦ
πωλήσας [ptc aor] ἤνεγκεν [aor] τὸ χρῆμα
καὶ ἔθηκεν [aor] πρὸς τοὺς πόδας τῶν ἀποστόλων.

Chapter 5

5:1 Ἀνὴρ δέ τις Ἁνανίας ὀνόματι
σὺν Σαπφίρῃ τῇ γυναικὶ αὐτοῦ
ἐπώλησεν [aor] κτῆμα.

2 καὶ ἐνοσφίσατο [aor] ἀπὸ τῆς τιμῆς,
συνειδυίης [ptc pf] καὶ τῆς γυναικός.

καὶ ἐνέγκας [ptc aor] μέρος τι
παρὰ τοὺς πόδας τῶν ἀποστόλων ἔθηκεν [aor].

3 εἶπεν [aor] δὲ ὁ Πέτρος,
Ἁνανία,
διὰ τί ἐπλήρωσεν [aor] ὁ Σατανᾶς τὴν καρδίαν σου,
ψεύσασθαί [inf aor] σε τὸ πνεῦμα τὸ ἅγιον
καὶ νοσφίσασθαι [inf aor] ἀπὸ τῆς τιμῆς τοῦ χωρίου;

4 οὐχὶ μένον [ptc pres] σοὶ ἔμενεν [impf]
καὶ πραθὲν [ptc aor] ἐν τῇ σῇ ἐξουσίᾳ ὑπῆρχεν [impf];

τί ὅτι ἔθου [aor] ἐν τῇ καρδίᾳ σου
τὸ πρᾶγμα τοῦτο;

οὐκ ἐψεύσω [aor] ἀνθρώποις ἀλλὰ τῷ θεῷ.

5 ἀκούων [ptc pres] δὲ ὁ Ἁνανίας τοὺς λόγους τούτους
πεσὼν [ptc aor] ἐξέψυξεν [aor].

καὶ ἐγένετο [aor] φόβος μέγας
ἐπὶ πάντας τοὺς ἀκούοντας [ptc pres].

6 ἀναστάντες [ptc aor] δὲ οἱ νεώτεροι
συνέστειλαν [aor] αὐτὸν

구브로[키프로스] 태생입니다.
37 그에게 경작지가 있는데,
처분한 뒤 돈을 가져왔습니다.
그리고 사도들의 발치에[발들 곁에] 두었습니다.

5장

5:1 다른 한편으로 어떤 남자가 있는데 이름이 아나니아입니다
그의 아내 삽비라와 함께
그가 소유를 처분했습니다.

2 그리고 그가 판 값 일부를[그 값으로부터 얼마간을] 감추었는데,
부인도 느낌으로 알고 있었습니다.

이어 얼마를 가져와서
사도들의 발치에[발들 곁에] 두었습니다.

3 하니 베드로가 말했습니다.
"아나니아 씨,
어찌하여 [거] 사탄이[/대항자가, 대적하는 자가] 당신 마음에 가득하게 되어,
당신이 [거] 거룩한 영을 속이고
토지 값의 일부를 감추었습니까?

4 점유하고[/가지고] 있을 때에 당신 차지가 아니었습니까?
팔린 다음에도 당신 관할 밑에[/권한 내에] 있지 {않았습니까?}

왜 당신 마음에 둔 것입니까,
이 짓을?

당신은 사람들이 아니라 하나님께 거짓말하였습니다."

5 하니 아나니아가 이 말[들]을 듣고
쓰러지더니 숨을 거두었습니다.

그러자 크게 두려워했습니다[큰 두려움이 생겼습니다].
듣는 이들마다요[듣는 이들 모두에게요].

6 하여 청년들이[새내기들이, 신참들이, 새로운 자들이] 일어나서
시신을 싸고[그를 둘러싸고],

καὶ ἐξενέγκαντες [ptc aor] ἔθαψαν [aor].

7 Ἐγένετο [aor] δὲ ὡς ὡρῶν τριῶν διάστημα
καὶ ἡ γυνὴ αὐτοῦ
μὴ εἰδυῖα [ptc pf] τὸ γεγονὸς [ptc pf] εἰσῆλθεν [aor].

8 ἀπεκρίθη [aor] δὲ πρὸς αὐτὴν Πέτρος,
        Εἰπέ [impv aor] μοι,
                εἰ τοσούτου τὸ χωρίον ἀπέδοσθε [aor mid];

ἡ δὲ εἶπεν [aor],
        Ναί, τοσούτου.

9 ὁ δὲ Πέτρος πρὸς αὐτήν,
        Τί ὅτι συνεφωνήθη [aor] ὑμῖν
                πειράσαι [inf aor] τὸ πνεῦμα κυρίου;

        ἰδοὺ οἱ πόδες τῶν θαψάντων [ptc aor] τὸν ἄνδρα σου
                ἐπὶ τῇ θύρᾳ
        καὶ ἐξοίσουσίν [fut] σε.

10 ἔπεσεν [aor] δὲ παραχρῆμα πρὸς τοὺς πόδας αὐτοῦ
καὶ ἐξέψυξεν [aor]·

        εἰσελθόντες [ptc aor] δὲ οἱ νεανίσκοι
εὗρον [aor] αὐτὴν νεκρὰν
καὶ ἐξενέγκαντες [ptc aor] ἔθαψαν [aor]
        πρὸς τὸν ἄνδρα αὐτῆς.

11 καὶ ἐγένετο [aor] φόβος μέγας
        ἐφʼ ὅλην τὴν ἐκκλησίαν
        καὶ ἐπὶ πάντας τοὺς ἀκούοντας [ptc pres] ταῦτα.

        12 Διὰ δὲ τῶν χειρῶν τῶν ἀποστόλων
ἐγίνετο [impf] σημεῖα καὶ τέρατα πολλὰ ἐν τῷ λαῷ·

καὶ ἦσαν [impf] ὁμοθυμαδὸν
ἅπαντες ἐν τῇ Στοᾷ Σολομῶντος.

13 τῶν δὲ λοιπῶν οὐδεὶς

떠메다가 묻었습니다.

7 한데 세 시간쯤 틈이[/겨를이, 간격이] 지나고,
그의 아내가
이뤄진 일을 알지 못한 채 들어왔습니다.

8 이에 베드로가 그녀에게 되물었습니다.
“내게 말하십시오.
여러분이 토지를 이만큼 받고 팔았는지요?”

하니 그녀가 말했습니다.
“맞습니다. 이만큼입니다.”

9 하여 베드로가 그녀에게 {말했습니다.}
“왜 여러분이 작당한[/서로 하나가 된] 것입니까,
주님의 영을 떠보는[/시험하는] 일에?

보십시오! 당신의 남편을 묻은 이들의 발[들]이
문간에 {있습니다.}
이어 그들이 당신을 떠멜 것입니다.”

10 그러자 [그녀가] 즉시 그의 발치로 쓰러지더니
숨을 거두었습니다.

하여 그 젊은이들이 들어와서
[그녀가] 죽은 것을 발견하고
떠메다가 묻었습니다.
[그녀의] 남편 곁에요.

11 그러자 큰 두려움이 생겼습니다[/크게 두려워했습니다].
교회 전체와
이 일[들]을 듣는 이들 모두에게요[/듣는 이들 마다요].

12 그 바람에 사도들의 손길[들]을 통해
[많은] 표적[들]과 기사[들]가 백성 가운데에서 {많이} 이뤄집니다.

그러니 그들이 일치된 마음으로 있습니다.
모두가 솔로몬 행각[/한쪽 벽이 트이고 바닥은 포장된 솔로몬 주랑] 안에요.

13 그런데 남은[/그 밖의 다른] 이들 가운데 어느 누구도

ἐτόλμα [impf] κολλᾶσθαι [inf pres mid] αὐτοῖς,
ἀλλ᾽ ἐμεγάλυνεν [impf] αὐτοὺς ὁ λαός·

14 μᾶλλον δὲ προσετίθεντο [impf pass]
πιστεύοντες [ptc pres] τῷ κυρίῳ,
πλήθη ἀνδρῶν τε καὶ γυναικῶν,
15 ὥστε καὶ εἰς τὰς πλατείας
ἐκφέρειν [inf pres] τοὺς ἀσθενεῖς
καὶ τιθέναι [inf pres] ἐπὶ κλιναρίων, καὶ κραβάττων,
ἵνα ἐρχομένου [ptc pres] Πέτρου
κἂν ἡ σκιὰ ἐπισκιάσῃ [subj aor] τινὶ αὐτῶν.

16 συνήρχετο [impf] δὲ
καὶ τὸ πλῆθος τῶν πέριξ πόλεων Ἰερουσαλὴμ
φέροντες [ptc pres]
ἀσθενεῖς καὶ ὀχλουμένους [ptc pres pass] ὑπὸ πνευμάτων ἀκαθάρτων.

οἵτινες ἐθεραπεύοντο [impf pass] ἅπαντες.

17 Ἀναστὰς [ptc aor] δὲ ὁ ἀρχιερεὺς καὶ πάντες οἱ σὺν αὐτῷ,
ἡ οὖσα [ptc pres] αἵρεσις τῶν Σαδδουκαίων,
ἐπλήσθησαν [aor] ζήλου.

18 καὶ ἐπέβαλον [aor] τὰς χεῖρας ἐπὶ τοὺς ἀποστόλους
καὶ ἔθεντο [aor] αὐτοὺς ἐν τηρήσει δημοσίᾳ.

19 ἄγγελος δὲ κυρίου
διὰ νυκτὸς
ἀνοίξας [ptc aor] τὰς θύρας τῆς φυλακῆς
ἐξαγαγών [ptc aor] τε αὐτοὺς εἶπεν [aor],
20 Πορεύεσθε [impv pres]
καὶ σταθέντες [ptc aor] λαλεῖτε [impv pres]
ἐν τῷ ἱερῷ τῷ λαῷ
πάντα τὰ ῥήματα τῆς ζωῆς ταύτης.

21 ἀκούσαντες [ptc aor] δὲ εἰσῆλθον [aor]
ὑπὸ τὸν ὄρθρον εἰς τὸ ἱερὸν
καὶ ἐδίδασκον [impf].

Παραγενόμενος [ptc aor] δὲ ὁ ἀρχιερεὺς καὶ οἱ σὺν αὐτῷ

감히 그들에게 가까이 다가가지 못합니다.
오히려 백성은 그들을 존중합니다[/귀하게 생각합니다].

14 그 바람에 [그들이] 더욱 더해집니다[보태집니다].
주님을 믿어서요.
뭇 남자들뿐 아니라 여자들이 {그렇습니다.}
15 그리하여 넓은 거리에도
약해진 자들을 떠메어 와
간이침대[들]와 돗자리[들]에 둡니다.
이는 베드로가 올 때
그림자라도 그들 가운데 누군가에게 드리우게 하기 위함입니다.

16 한편 함께 옵니다.
예루살렘 부근[/가까운 곳] 성[들]의[/도시들의] 군중{들}도요.
데리고서요.
약해진 자들과 더러운 영들에 의해 시달리는 자들을요.

그들 모두 고침을 받습니다.

17 하여 대제사장 및 그와 함께한 이들이 모두 일어나더니
(이는 사두개인들의 분파입니다.)
시샘으로 가득 찼습니다.

18 그래서 사도들에게 손을 써서[사도들 위에 손들을 뻗어서]
그들을 공공 구치소에[/헤롯 궁에 있던 감옥에] 처넣었습니다.

19 한데 주님의 천사가
밤을 틈타
감옥 문들을 열어
마침내 그들을 끌어내며 말했습니다.
20 "가시오.
그리고 서서 말하시오,
성전에서 백성에게
이 생명의 이야기를 모두."

21 그러자 그들이 듣고[/시키는 대로] 들어갑니다.
새벽녘에 성전으로요.
그리고 가르칩니다.

한편 대제사장과 그와 함께한 자들이 도착하더니

συνεκάλεσαν [aor] τὸ συνέδριον
καὶ πᾶσαν τὴν γερουσίαν τῶν υἱῶν Ἰσραὴλ
καὶ ἀπέστειλαν [aor] εἰς τὸ δεσμωτήριον
ἀχθῆναι [inf aor] αὐτούς.

22 οἱ δὲ παραγενόμενοι [ptc aor] ὑπηρέται
οὐχ εὗρον [aor] αὐτοὺς ἐν τῇ φυλακῇ·

ἀναστρέψαντες [ptc aor] δὲ ἀπήγγειλαν [aor] 23 λέγοντες [ptc pres] ὅτι
Τὸ δεσμωτήριον εὕρομεν [aor]
κεκλεισμένον [ptc pf pass] ἐν πάσῃ ἀσφαλείᾳ
καὶ τοὺς φύλακας ἑστῶτας [ptc pf] ἐπὶ τῶν θυρῶν,
ἀνοίξαντες [ptc aor] δὲ ἔσω οὐδένα εὕρομεν [aor].

24 ὡς δὲ ἤκουσαν [aor] τοὺς λόγους τούτους
ὅ τε στρατηγὸς τοῦ ἱεροῦ καὶ οἱ ἀρχιερεῖς,
διηπόρουν [impf] περὶ αὐτῶν
τί ἂν γένοιτο [opt aor] τοῦτο.

25 παραγενόμενος [ptc aor] δέ τις ἀπήγγειλεν [aor] αὐτοῖς ὅτι
Ἰδοὺ
οἱ ἄνδρες οὓς ἔθεσθε [aor] ἐν τῇ φυλακῇ
εἰσὶν [pres] ἐν τῷ ἱερῷ
ἑστῶτες [ptc pf] καὶ διδάσκοντες [ptc pres] τὸν λαόν.

26 τότε ἀπελθὼν [ptc aor] ὁ στρατηγὸς
σὺν τοῖς ὑπηρέταις
ἦγεν [impf] αὐτοὺς οὐ μετὰ βίας,
ἐφοβοῦντο [impf mid] γὰρ τὸν λαὸν
μὴ λιθασθῶσιν [subj aor].

27 Ἀγαγόντες [ptc aor] δὲ αὐτοὺς
ἔστησαν [aor] ἐν τῷ συνεδρίῳ,
καὶ ἐπηρώτησεν [aor] αὐτοὺς ὁ ἀρχιερεὺς 28 λέγων [ptc pres],
(Οὐ) παραγγελίᾳ παρηγγείλαμεν [aor] ὑμῖν
μὴ διδάσκειν [inf pres] ἐπὶ τῷ ὀνόματι τούτῳ,
καὶ ἰδοὺ
πεπληρώκατε [pf] τὴν Ἰερουσαλὴμ τῆς διδαχῆς ὑμῶν
καὶ βούλεσθε [pres] ἐπαγαγεῖν [inf aor] ἐφ᾽ ἡμᾶς
τὸ αἷμα τοῦ ἀνθρώπου τούτου.
29 ἀποκριθεὶς [ptc aor] δὲ Πέτρος καὶ οἱ ἀπόστολοι εἶπαν [aor],

{산헤드린} 공회를 불러 모았습니다.
또한[/즉] 이스라엘 자손들의 장로회를요[/모든 지도급 연장자를요].
그리고 {사람들을} 옥으로 보냈습니다.
그들을[/사도들을] 끌어 오도록요[그들이 끌려 오도록요].

22 하나 도착한 부하들은
감방에서 그들을 발견하지 못했습니다.

하니 되돌아와서 다음과 같은 말로[다음과 같이 말하며] 전했습니다.
"우리가 옥에 {가서} 발견한 것은[옥을 발견했습니다]
아주 든든하게 닫혀 있다는 것과[{옥이} 닫혀 있다는 것을]
옥졸들이[/옥사쟁이들이] 문[들]마다 배치되어[문들에 세워져] 있다는 것입니다.
그런데 열어 보니 안에서 아무도 찾아내지 못했습니다."

24 하여 [그들이] 이 말[들]을 들을 때,
성전 치안 경찰뿐 아니라 대제사장들이요,
[그들이] 이 보고에[이것들에] 대해 미심쩍이 생각합니다.
'이것이 어찌 된 셈인가?'

25 한데 어떤 사람이 오더니 다음과 같이 보고했습니다.
"보십시오!
나리께서 [너희들이] 감옥에 둔 남자들이
성전에 있습니다.
서서 백성을 가르치고 {있습니다.}"

26 그제야 치안 경찰이 떠납니다.
부하들과 함께요.
그들을 데려오되 억지로 하지[/우격다짐하지] 않습니다.
[그들이] 백성을 두려워했기 때문입니다.
돌팔매를 맞지 않으려고요.

27 하여 그들을 데려오더니
{산헤드린} 공회에 세웠습니다.
그러자 대제사장이 그들에게 물으며 28 말합니다[/말로 물었습니다].
"우리가 너희에게 지시를 내리지 않았느냐,
'이 이름으로 가르치지 말라'고.
그런데 보라.
너희가 예루살렘을 너희의 가르침으로 채운다.
또한 우리에게 돌리려고 한다,
이 사람의 피를."
29 하니 베드로와 사도들이 말로 대꾸하였습니다[/대답했습니다].

Πειθαρχεῖν [inf pres] δεῖ [pres] θεῷ
μᾶλλον ἢ ἀνθρώποις.

30 ὁ θεὸς τῶν πατέρων ἡμῶν
ἤγειρεν [aor] Ἰησοῦν
ὃν ὑμεῖς διεχειρίσασθε [aor]
κρεμάσαντες [ptc aor] ἐπὶ ξύλου·

31 τοῦτον
ὁ θεὸς ἀρχηγὸν καὶ σωτῆρα ὕψωσεν [aor]
τῇ δεξιᾷ αὐτοῦ
(τοῦ) δοῦναι [inf aor] μετάνοιαν τῷ Ἰσραὴλ καὶ ἄφεσιν ἁμαρτιῶν.

32 καὶ ἡμεῖς ἐσμεν [pres] μάρτυρες τῶν ῥημάτων τούτων
καὶ τὸ πνεῦμα τὸ ἅγιον
ὃ ἔδωκεν [aor] ὁ θεὸς
τοῖς πειθαρχοῦσιν [ptc pres] αὐτῷ.

33 Οἱ δὲ ἀκούσαντες [ptc aor] διεπρίοντο [impf pass]
καὶ ἐβούλοντο [impf] ἀνελεῖν [inf aor] αὐτούς.

34 ἀναστὰς [ptc aor] δέ τις ἐν τῷ συνεδρίῳ
Φαρισαῖος ὀνόματι Γαμαλιήλ,
νομοδιδάσκαλος τίμιος παντὶ τῷ λαῷ,
ἐκέλευσεν [aor]
ἔξω βραχὺ τοὺς ἀνθρώπους ποιῆσαι [inf aor]
35 εἶπέν [aor] τε πρὸς αὐτούς,
Ἄνδρες Ἰσραηλῖται,
προσέχετε [impv pres] ἑαυτοῖς
ἐπὶ τοῖς ἀνθρώποις τούτοις
τί μέλλετε [pres] πράσσειν [inf pres].

36 πρὸ γὰρ τούτων τῶν ἡμερῶν
ἀνέστη [aor] Θευδᾶς λέγων [ptc pres]
εἶναί [inf] τινα ἑαυτόν.

ᾧ προσεκλίθη [aor]
ἀνδρῶν ἀριθμὸς ὡς τετρακοσίων·

ὃς ἀνῃρέθη [aor],

"하나님께 순종해야 합니다.
오히려 사람들보다요.

30 우리 조상들의 하나님께서는
예수님을 일으키셨습니다.
여러분이 처치한 분입니다.
나무에 매달아서요.

31 이분을
하나님께서는 조물주와 구원자로 높이셨습니다.
자신의[/당신의] 오른쪽에까지요.
이스라엘에게 회개와 죄[들] 사함을 주시기 위함입니다.

32 우리도 이 이야기[들]의 증인[들]입니다.
또한 [게] 거룩한 영도 {그렇습니다.}
하나님께서 주신 분입니다.
그분께 순종하는 자들에게요."

33 이에 그들이 듣고 노발대발하여
그들을 없애버리고 싶어합니다.

34 하나 {산헤드린} 공회 가운데 한 사람이[/하나가] 일어서는데,
바리새인으로 이름은 가말리엘입니다.
모든 백성에게 존경을 받는 율법교사입니다.
그가 명령했습니다.
그가 그 사람들을 잠시 밖으로 나가게 하라고요.
35 그뿐 아니라 그들에게 말했습니다.
"이스라엘 남자들,
여러분 스스로 주의를 기울이십시오.
이 사람들에 대해
장차 무슨 행동을 할지를요.

36 이전에[이날들 전에]
드다[튜대]가 말하며 일어났습니다.
스스로를 대단한 인물이라고요.

그를 좇았습니다.
수효가 사백쯤 되는 남자들이요.

하지만 그는 처단되었고,

καὶ πάντες ὅσοι ἐπείθοντο [impf pass] αὐτῷ
διελύθησαν [aor]
καὶ ἐγένοντο [aor] εἰς οὐδέν.

37 μετὰ τοῦτον
ἀνέστη [aor] Ἰούδας ὁ Γαλιλαῖος
ἐν ταῖς ἡμέραις τῆς ἀπογραφῆς
καὶ ἀπέστησεν [aor] λαὸν ὀπίσω αὐτοῦ·

κἀκεῖνος ἀπώλετο [aor]
καὶ πάντες ὅσοι ἐπείθοντο [impf] αὐτῷ
διεσκορπίσθησαν [aor].

38 καὶ τὰ νῦν λέγω [pres] ὑμῖν,
ἀπόστητε [impv aor] ἀπὸ τῶν ἀνθρώπων τούτων
καὶ ἄφετε [impv aor] αὐτούς·

ὅτι ἐὰν ᾖ [subj pres] ἐξ ἀνθρώπων
ἡ βουλὴ αὕτη ἢ τὸ ἔργον τοῦτο,
καταλυθήσεται [fut].

39 εἰ δὲ ἐκ θεοῦ ἐστιν [pres],
οὐ δυνήσεσθε [fut] καταλῦσαι [inf aor] αὐτούς
- μήποτε καὶ θεομάχοι εὑρεθῆτε [subj aor].

ἐπείσθησαν [aor] δὲ αὐτῷ.

40 καὶ προσκαλεσάμενοι [ptc aor] τοὺς ἀποστόλους
δείραντες [ptc aor] παρήγγειλαν [aor]
μὴ λαλεῖν [inf pres] ἐπὶ τῷ ὀνόματι τοῦ Ἰησοῦ
καὶ ἀπέλυσαν [aor].

41 Οἱ μὲν οὖν ἐπορεύοντο [impf] χαίροντες [pres]
ἀπὸ προσώπου τοῦ συνεδρίου
ὅτι κατηξιώθησαν [aor]
ὑπὲρ τοῦ ὀνόματος ἀτιμασθῆναι [inf aor].

42 πᾶσάν τε ἡμέραν
ἐν τῷ ἱερῷ καὶ κατ᾽ οἶκον
οὐκ ἐπαύοντο [impf mid]

그에게 넘어간 자들도 모두 한결같이
산산조각이 나서
하나도 남지 않았습니다.

37 이 자[/이 사람] 뒤에
갈릴리 사람 유다가 일어났습니다.
인구[/호구] 조사할 때죠[인구 조사의 날들에]
그러자 백성이 그를 따라 떠났습니다[그가 백성으로 그를 따라 떠나게 했습니다].

저 사람도 끝장이 났고,
그에게 넘어간 자들 모두 한결같이
뿔뿔이 흩어졌습니다.

38 그러니 제가 여러분에게 현재 일[들]에 대해 말하겠습니다.
이 사람들에게서 떠나[/떨어져] 계시고,
그들을 그냥 내버려 두십시오.

만일 사람들에게서 비롯되었으면,
그 뜻이나 일이요[이 뜻이나 이 일이요],
{그 뜻이나 일이} [그것이] 깨어질 것입니다.

39 하나 만일 {그 뜻이나 일이}[그것이] 하나님에게서 비롯되었으면
여러분이 그들을 깨뜨릴 수 없을 것입니다.
여러분이 하나님과 다투는 자들로 귀결되면[/발견되면] 안 되기 때문입니다."

하여 그들이 그에게 설득되었습니다.

40 그래서 사도들을 불러
매질하며 지시했습니다.
'예수의 이름으로 얘기하지 말라'고요.
그리고 [그들이] 풀어 주었습니다.

41 그럼에도 그들이 못내 기뻐하며 나갑니다.
{산헤드린} 공회가 보는 앞에서요[공회 면전으로부터요].
그들이 생각되었기 때문입니다.
그 이름을 위하여 망신을 당할 만하다고요.

42 결국 매일[모든 날을]
성전과 가정 모임에서[집집마다에서]
그들은 멈추지 않습니다.

διδάσκοντες [ptc pres] καὶ εὐαγγελιζόμενοι [ptc pres mid]
τὸν Χριστὸν Ἰησοῦν.

Chapter 6

6:1 Ἐν δὲ ταῖς ἡμέραις ταύταις
πληθυνόντων [ptc pres] τῶν μαθητῶν
ἐγένετο [aor] γογγυσμὸς τῶν Ἑλληνιστῶν
πρὸς τοὺς Ἑβραίους,
ὅτι παρεθεωροῦντο [impf pass] ἐν τῇ διακονίᾳ τῇ καθημερινῇ
αἱ χῆραι αὐτῶν.

2 προσκαλεσάμενοι [ptc aor] δὲ οἱ δώδεκα
τὸ πλῆθος τῶν μαθητῶν
εἶπαν [aor],
Οὐκ ἀρεστόν ἐστιν [pres]
ἡμᾶς
καταλείψαντας [ptc aor] τὸν λόγον τοῦ θεοῦ
διακονεῖν [inf pres] τραπέζαις.

3 ἐπισκέψασθε [impv aor] δέ, ἀδελφοί,
ἄνδρας ἐξ ὑμῶν,
μαρτυρουμένους [ptc pres pass] ἑπτά,
πλήρεις πνεύματος καὶ σοφίας,
οὓς καταστήσομεν ἐπὶ τῆς χρείας ταύτης.

4 ἡμεῖς δὲ
τῇ προσευχῇ
καὶ τῇ διακονίᾳ τοῦ λόγου
προσκαρτερήσομεν [fut].

5 καὶ ἤρεσεν [aor] ὁ λόγος
ἐνώπιον παντὸς τοῦ πλήθους
καὶ ἐξελέξαντο [aor]
Στέφανον, ἄνδρα πλήρης πίστεως καὶ πνεύματος ἁγίου,
καὶ Φίλιππον καὶ Πρόχορον καὶ Νικάνορα καὶ Τίμωνα καὶ Παρμενᾶν
καὶ Νικόλαον προσήλυτον Ἀντιοχέα.

6 οὓς ἔστησαν [aor] ἐνώπιον τῶν ἀποστόλων,

가르치기와 전하기를요.
'거 그리스도가 예수님'이라고요.

6장

6:1 이때에[이 날들에][/그 당시에]
제자들의 수가 많아지는데[/제자들이 늘어서],
헬라파 사람들이 불평했습니다[헬라파 사람들의 불평이 일어났습니다].
히브리파 사람들에 대해서요[향해서요].
하루하루마다의 섬김에서 무시된다는[/간과된다는] 것이었습니다.
자신들의 과부들이요.

2 하여 열두 사도가[열둘이] 기별을 했습니다.
전체 제자들에게요[제자들의 회중에게요].
{그 뒤에} 말했습니다.
"바람직하지 않습니다.
우리가
하나님의 말씀을 제쳐두고
식탁[들]에서 섬기는 것이요.

3 하니 형제들, 살펴보십시오.
여러분 가운데 남자들을요.
좋은 평가를 받는 일곱을요.
성령과[영과] 지혜가 충만한 이들을요.
그러면 그들에게 우리가 이 업무를[필요를] 맡기겠습니다.

4 하면 우리는
기도와
말씀 섬김에
몰두하겠습니다."

5 그리고 그 말이 마음에 들었습니다[호감을 샀습니다].
전체 회중의 마음에요[전체 회중 앞에서요].
그래서 그들이 선택했습니다.
믿음과 성령이 충만한 남자 스데반과
빌립과 브로고로와 니가노르[니카노르]와 디몬[티몬]과 바메나와
개종자인 안디옥[안티오키아] 사람 니골라를요.

6 그들을 사도들 앞에 세우자,

καὶ προσευξάμενοι [ptc aor]
ἐπέθηκαν [aor] αὐτοῖς τὰς χεῖρας.

7 Καὶ ὁ λόγος τοῦ θεοῦ ηὔξανεν [impf]
καὶ ἐπληθύνετο [impf pass] ὁ ἀριθμὸς
τῶν μαθητῶν ἐν Ἰερουσαλὴμ σφόδρα.

πολύς τε ὄχλος τῶν ἱερέων
ὑπήκουον [impf] τῇ πίστει.

8 Στέφανος δὲ πλήρης χάριτος καὶ δυνάμεως
ἐποίει [impf] τέρατα καὶ σημεῖα μεγάλα
ἐν τῷ λαῷ.

9 ἀνέστησαν [aor] δέ
τινες τῶν ἐκ τῆς συναγωγῆς
τῆς λεγομένης [ptc pres pass]
Λιβερτίνων καὶ Κυρηναίων καὶ Ἀλεξανδρέων
καὶ τῶν ἀπὸ Κιλικίας καὶ Ἀσίας.

συζητοῦντες [ptc pres] τῷ Στεφάνῳ,
10 καὶ οὐκ ἴσχυον [impf] ἀντιστῆναι [inf aor]
τῇ σοφίᾳ καὶ τῷ πνεύματι
ᾧ ἐλάλει [impf].

11 τότε ὑπέβαλον [aor] ἄνδρας λέγοντας [ptc pres] ὅτι
Ἀκηκόαμεν [pf]
αὐτοῦ λαλοῦντος [ptc pres] ῥήματα βλάσφημα
εἰς Μωϋσῆν καὶ τὸν θεόν·

12 συνεκίνησάν [aor] τε τὸν λαὸν καὶ τοὺς πρεσβυτέρους καὶ τοὺς γραμματεῖς,
καὶ ἐπιστάντες [ptc aor] συνήρπασαν [aor] αὐτὸν
καὶ ἤγαγον [aor] εἰς τὸ συνέδριον.

13 ἔστησάν [aor] τε μάρτυρας ψευδεῖς λέγοντας [ptc pres],
Ὁ ἄνθρωπος οὗτος οὐ παύεται [pres mid]
λαλῶν [pres] ῥήματα
κατὰ τοῦ τόπου τοῦ ἁγίου (τούτου) καὶ τοῦ νόμου·
14 ἀκηκόαμεν [pf] γὰρ αὐτοῦ λέγοντος [ptc pres] ὅτι
Ἰησοῦς ὁ Ναζωραῖος οὗτος

사도들이[그들이] 기도하고
그들에게 안수했습니다[손들을 얹었습니다].

7 그러면서 하나님의 말씀은 자라가고,
수효가 많아집니다.
예루살렘에 있는[예루살렘 내의] 제자들의 {수효가} 심히요.

그뿐 아니라 제사장들의 큰 무리가
그 믿음을 따릅니다[/그 믿음에 복종합니다].

8 한편 은혜와 권능이 충만한 스데반이
대단한 기사[들]와 표적[들]을 행합니다.
백성 가운데에서요.

9 하니 일어났습니다.
회당 출신 몇몇이요.
{회당은} 불립니다[/부르기는].
자유민[들]과 구레네[키레네] 사람[들]과 알렉산드리아 사람[들]의 것으로요.
또한 길리기아와 아시아에서 온 {몇몇이요.}

{그들이} 스데반과 논쟁하지만
10 맞서지도 못합니다.
거 지혜와 영에요.
그것으로[/그 지혜와 영으로] 그가 얘기하죠.

11 그때에 남자들이 다음과 같이 말하며 부추겼습니다.
"우리는 들었습니다.
그가 모독하는 얘기들 지껄이는 것을요.
모세와 하나님에 대해서요."

12 결국 그들이 백성과 장로들과 서기관들을 선동하여
몰려가 그를 붙들어다가
{산헤드린} 공회에 끌고 갔습니다.

13 마침내 그들이 거짓 증인들을 세우니 그들이 말했습니다[거짓 증인들이 말하도록 세웠습니다].
"이 사람은 그치지 않습니다.
얘기들 지껄이는 것을요.
이 거룩한 곳과 율법에 맞서서요.
14 우리는 그가 다음과 같이 말하는 것을 들었습니다.
'나사렛 사람인 예수님 그분이[이분이]

καταλύσει [fut] τὸν τόπον τοῦτον
καὶ ἀλλάξει [fut] τὰ ἔθη
ἃ παρέδωκεν [aor] ἡμῖν Μωϋσῆς.

15 καὶ ἀτενίσαντες [ptc aor] εἰς αὐτὸν
πάντες οἱ καθεζόμενοι [ptc pres] ἐν τῷ συνεδρίῳ
εἶδον [aor] τὸ πρόσωπον αὐτοῦ
ὡσεὶ πρόσωπον ἀγγέλου.

Chapter 7

7:1 Εἶπεν [aor] δὲ ὁ ἀρχιερεύς,
Εἰ ταῦτα οὕτως ἔχει [pres];

2 ὁ δὲ ἔφη [impf],
Ἄνδρες ἀδελφοὶ καὶ πατέρες,
ἀκούσατε [impv aor].

Ὁ θεὸς τῆς δόξης ὤφθη [aor]
τῷ πατρὶ ἡμῶν Ἀβραὰμ
ὄντι [ptc pres] ἐν τῇ Μεσοποταμίᾳ
πρὶν ἢ κατοικῆσαι [inf aor] αὐτὸν ἐν Χαρράν.

3 καὶ εἶπεν [aor] πρὸς αὐτόν,
Ἔξελθε [impv aor]
ἐκ τῆς γῆς σου
καὶ (ἐκ) τῆς συγγενείας σου,
καὶ δεῦρο εἰς τὴν γῆν
ἣν ἄν σοι δείξω [subj aor].

4 τότε ἐξελθὼν [ptc aor] ἐκ γῆς Χαλδαίων
κατῴκησεν [aor] ἐν Χαρράν.

κἀκεῖθεν μετὰ τὸ ἀποθανεῖν [inf aor] τὸν πατέρα αὐτοῦ
μετῴκισεν [aor] αὐτὸν
εἰς τὴν γῆν ταύτην
εἰς ἣν ὑμεῖς νῦν κατοικεῖτε [pres].

5 καὶ οὐκ ἔδωκεν [aor] αὐτῷ

이곳을 부수고
관행[들]을[/관습을] 고치실 것입니다.
모세가 우리에게 맡긴 관행들을요[것들을요].'

15 그래서 그를 주의 깊게 살피는데,
{산헤드린} 공회에 참석한[착석한] 모든 이들이요,
그의 얼굴이 보였습니다[그들이 그의 얼굴을 봤습니다].
천사의 얼굴같이요[/천사의 얼굴 같은 {얼굴을요}].

7장

7:1 하여 대제사장이 말했습니다.
"이것들이 참으로[/과연, 정말] 그러한가[/그러하단 말인가]?"

2 하니 그가 이릅니다.
"남자 형제들과 아버지들,
들어보세요.

영광의 하나님께서는 나타나셨습니다.
우리 조상 아브라함에게요.
{그때 그는} 메소보다미아[메소포타미아]에 있었죠.
그가 하란에 거주하기 이전입니다.

3 이어 그에게 말씀하셨습니다.
'떠나가라.
네 땅에서[/활동 영역에서],
또한 네 혈족에게서[/친척에게서].
그리고 땅으로 오너라.
내가 네게 보여 줄 {땅}이다.' [창 12:1]

4 그제야 갈대아 사람들의 땅에서 나와
그가 하란에 거주하였습니다.

그의 아버지께서 돌아가신 뒤에 그곳으로부터
하나님께서는[그분이] 그를 옮기셨습니다.
이 땅으로요.
{곧} 여러분이 지금 거주하는 곳으로요.

5 그러면서도 그에게 허락하시지 않았습니다.

κληρονομίαν ἐν αὐτῇ οὐδὲ βῆμα ποδὸς
καὶ ἐπηγγείλατο [aor] δοῦναι [inf aor]
αὐτῷ εἰς κατάσχεσιν αὐτὴν
καὶ τῷ σπέρματι αὐτοῦ μετ᾽ αὐτόν,
οὐκ ὄντος [ptc pres] αὐτῷ τέκνου.

6 ἐλάλησεν [aor] δὲ οὕτως ὁ θεὸς
ὅτι ἔσται [fut] τὸ σπέρμα αὐτοῦ
πάροικον ἐν γῇ ἀλλοτρίᾳ
καὶ δουλώσουσιν [fut] αὐτὸ
καὶ κακώσουσιν [fut] ἔτη τετρακόσια·

7 καὶ τὸ ἔθνος ᾧ ἐὰν δουλεύσουσιν [fut]
κρινῶ [fut] ἐγώ,
ὁ θεὸς εἶπεν [aor],
καὶ μετὰ ταῦτα ἐξελεύσονται [fut]
καὶ λατρεύσουσίν [fut] μοι ἐν τῷ τόπῳ τούτῳ.

8 καὶ ἔδωκεν [aor] αὐτῷ διαθήκην περιτομῆς·

καὶ οὕτως ἐγέννησεν [aor] τὸν Ἰσαὰκ
καὶ περιέτεμεν [aor] αὐτὸν
τῇ ἡμέρᾳ τῇ ὀγδόῃ,
καὶ Ἰσαὰκ τὸν Ἰακώβ,
καὶ Ἰακὼβ τοὺς δώδεκα πατριάρχας.

9 Καὶ οἱ πατριάρχαι ζηλώσαντες [ptc aor]
τὸν Ἰωσὴφ ἀπέδοντο [aor] εἰς Αἴγυπτον·

καὶ ἦν [impf] ὁ θεὸς μετ᾽ αὐτοῦ
10 καὶ ἐξείλατο [aor] αὐτὸν
ἐκ πασῶν τῶν θλίψεων αὐτοῦ
καὶ ἔδωκεν [aor] αὐτῷ
χάριν καὶ σοφίαν
ἐναντίον Φαραὼ βασιλέως Αἰγύπτου
καὶ κατέστησεν [aor] αὐτὸν ἡγούμενον [ptc pres]
ἐπ᾽ Αἴγυπτον καὶ (ἐφ᾽) ὅλον τὸν οἶκον αὐτοῦ.

11 ἦλθεν [aor] δὲ λιμὸς
ἐφ᾽ ὅλην τὴν Αἴγυπτον καὶ Χανάαν

한 발자국 거리의[발자국의] 기업도 그 땅 내에요[그 안에요].
그러고도 그분은 주겠다고 약속하셨습니다.
그에게 그 땅을[그것을] 영토로요[/영지로요, 봉토로요].
뒷날[그 다음에] 그의 씨에게도요. [창 17:8; 48:4]
그에게 자식이 없을 때였습니다.

6 당시 하나님께서는 이렇게 얘기하셨습니다.
그의 씨가 될 것이라고요.
낯선 땅에서 나그네가요.
또한 사람들이[그들이] 그를 종으로 삼을 것이라고요.
그리고 400년 동안 해를 끼칠 것이라고요. [창 15:13]

7 '또한 누구라도 그들이 섬긴[/그들을 종으로 삼는] 민족을
내가 심판할 것이다.' [창 15:14]
하나님께서 말씀하셨습니다.
'그러면 그 뒤에 그들이 나와서
이곳에서 나를 예배할[/섬길] 것이다.' [출 3:12]

8 또한 그에게 할례의 언약을 주셨습니다.

그리고 과연 그가 이삭을 낳았습니다.
그리고 할례를 행했습니다.
여드렛날에요.
이어 이삭은 야곱에게,
야곱은 열두 조상들에게 {행했습니다.}

9 그런데 그 조상들이 시샘을 내더니
요셉을 애굽[이집트]으로 {값을} 받고 팔았습니다.

그런데도 하나님께서는 그와 함께 하시고
10 그를 보호하셨습니다[구출하셨습니다].
그의 모든 환란[들]에서요.
또한 그에게 주셨습니다.
은혜와 지혜를요.
애굽[이집트] 왕 바로[파라오] 앞에서요[/앞에 설 만하도록요].
그래서 왕이[그가] 요셉이[그에게] 주도하도록 일을[주도하는 일을] 맡겼습니다.
애굽[이집트]과 그의 집 전체를요[전체 위에서요].

11 그러다가 흉년이 들었습니다.
애굽[이집트]과 가나안 전체에요.

καὶ θλῖψις μεγάλη,
καὶ οὐχ ηὕρισκον [impf] χορτάσματα
οἱ πατέρες ἡμῶν.

        12 ἀκούσας [ptc aor] δὲ Ἰακὼβ
                ὄντα [ptc pres] σιτία εἰς Αἴγυπτον
ἐξαπέστειλεν [aor] τοὺς πατέρας ἡμῶν πρῶτον·

        13 καὶ ἐν τῷ δευτέρῳ
ἀνεγνωρίσθη [aor] Ἰωσὴφ τοῖς ἀδελφοῖς αὐτοῦ
καὶ φανερὸν ἐγένετο [aor] τῷ Φαραὼ
τὸ γένος (τοῦ) Ἰωσήφ.

14 ἀποστείλας [ptc aor] δὲ Ἰωσὴφ μετεκαλέσατο [aor]
        Ἰακὼβ τὸν πατέρα αὐτοῦ
        καὶ πᾶσαν τὴν συγγένειαν
                ἐν ψυχαῖς ἑβδομήκοντα πέντε·

15 καὶ κατέβη [aor] Ἰακὼβ εἰς Αἴγυπτον.

καὶ ἐτελεύτησεν [aor] αὐτὸς καὶ οἱ πατέρες ἡμῶν
16 καὶ μετετέθησαν [aor] εἰς Συχὲμ
καὶ ἐτέθησαν [aor] ἐν τῷ μνήματι
        ᾧ ὠνήσατο [aor] Ἀβραὰμ τιμῆς ἀργυρίου
                παρὰ τῶν υἱῶν Ἑμμὼρ ἐν Συχέμ.

        17 Καθὼς δὲ ἤγγιζεν [impf] ὁ χρόνος τῆς ἐπαγγελίας
                ἧς ὡμολόγησεν [aor] ὁ θεὸς τῷ Ἀβραάμ,
ηὔξησεν [aor] ὁ λαὸς
καὶ ἐπληθύνθη [aor] ἐν Αἰγύπτῳ
        18 ἄχρι οὗ ἀνέστη [aor]
        βασιλεὺς ἕτερος (ἐπ᾽ Αἴγυπτον)
        ὃς οὐκ ᾔδει [plpf] τὸν Ἰωσήφ.

        19 οὗτος κατασοφισάμενος [ptc aor] τὸ γένος ἡμῶν
ἐκάκωσεν [aor] τοὺς πατέρας (ἡμῶν)
        τοῦ ποιεῖν [inf pres] τὰ βρέφη ἔκθετα αὐτῶν
                εἰς τὸ μὴ ζῳογονεῖσθαι [inf pres pass].

20 ἐν ᾧ καιρῷ ἐγεννήθη [aor] Μωϋσῆς,

큰 환란도요.
그래서 [그들이] 먹을거리[들]를 찾지 못합니다.
우리 조상들이요.

12 한데 야곱이 듣습니다.
애굽[이집트]에 곡식[들]이 있다고요.
우리 조상들에게 임무를 주어 먼저 보냈습니다[/우리 조상들을 먼저 파견했습니다].

13 그리고 두번째 해에[두번째에]
요셉이 {누구인지} 그의 형제들에게 드러났습니다.
그리고 바로[파라오]에게 사실대로 밝혀졌습니다.
요셉의 혈통이요.

14 하여 요셉이 {전갈을}[/소식을, 사람을] 보내 청하였습니다.
그의 아버지 야곱과
[모든] 혈족,
{모두} 75명입니다.

15 그래서 야곱이 애굽[이집트]으로 내려갔습니다.

그리고 그와[그 자신과] 우리 조상들이 {거기서} 일생을 끝마쳤습니다.
16 그리고 그들은 세겜으로 옮겨졌고,
묘에 묻혔습니다.
아브라함이 은으로 값 주고[은 값으로] 매입한 묘입니다[것입니다].
세겜에 {사는} 하몰의 아들들에게서 {매입했습니다.}

17 그러다가 [게] 약속 시간이 다가올수록,
하나님께서 아브라함에게 터놓고 얘기하신 약속이죠[것이죠].
백성이 늘었습니다.
그러더니 애굽[이집트]에 가득 찼습니다.
18 그러다가 일어났습니다[일어날 때까지입니다].
애굽[이집트]에 전혀 다른 왕이요.
요셉을 알지 못하는 왕입니다[자입니다].

19 이 왕이[이가] 우리 겨레를 등쳐 먹으며
우리 조상들을 해쳤습니다.
그들의 젖먹이들이 내다 버려지도록[/유기되도록] 조치를 취한 것입니다.
살아남지 못하도록요.

20 그런 때에 모세가 태어났습니다.

καὶ ἦν [impf] ἀστεῖος τῷ θεῷ·
ὃς ἀνετράφη [aor] μῆνας τρεῖς
ἐν τῷ οἴκῳ τοῦ πατρός.

21 ἐκτεθέντος [ptc aor] δὲ αὐτοῦ
ἀνείλατο [aor] αὐτὸν ἡ θυγάτηρ Φαραὼ
καὶ ἀνεθρέψατο [aor] αὐτὸν ἑαυτῇ εἰς υἱόν.

22 καὶ ἐπαιδεύθη [aor] Μωϋσῆς
(ἐν) πάσῃ σοφίᾳ Αἰγυπτίων,
ἦν δὲ δυνατὸς
ἐν λόγοις καὶ ἔργοις αὐτοῦ.

23 Ὡς δὲ ἐπληροῦτο [impf pass] αὐτῷ τεσσερακονταετὴς χρόνος,
ἀνέβη [aor] ἐπὶ τὴν καρδίαν αὐτοῦ
ἐπισκέψασθαι [inf aor] τοὺς ἀδελφοὺς αὐτοῦ τοὺς υἱοὺς Ἰσραήλ.

24 καὶ ἰδών [ptc aor] τινα ἀδικούμενον [ptc pres pass]
ἠμύνατο [aor] καὶ ἐποίησεν [aor] ἐκδίκησιν τῷ καταπονουμένῳ [ptc pres pass]
πατάξας [ptc aor] τὸν Αἰγύπτιον.

25 ἐνόμιζεν [impf] δὲ συνιέναι [inf pres] τοὺς ἀδελφοὺς (αὐτοῦ)
ὅτι ὁ θεὸς διὰ χειρὸς αὐτοῦ
δίδωσιν [pres] σωτηρίαν αὐτοῖς·
οἱ δὲ οὐ συνῆκαν [aor].

26 τῇ τε ἐπιούσῃ [ptc pres] ἡμέρᾳ
ὤφθη [aor] αὐτοῖς μαχομένοις [ptc pres]
καὶ συνήλλασσεν [impf] αὐτοὺς εἰς εἰρήνην εἰπών [ptc aor],
Ἄνδρες,
ἀδελφοί ἐστε [pres]·
ἱνατί ἀδικεῖτε [pres] ἀλλήλους;

27 ὁ δὲ ἀδικῶν [ptc pres] τὸν πλησίον
ἀπώσατο [aor] αὐτὸν εἰπών [ptc aor],
Τίς σε κατέστησεν [aor]
ἄρχοντα καὶ δικαστὴν ἐφ᾽ ἡμῶν;

28 μὴ ἀνελεῖν [inf aor] με σὺ θέλεις [pres]
ὃν τρόπον ἀνεῖλες [aor]

그리고 [그가] 하나님께 돋보였습니다.
그런데 그가 세 달 동안 양육되었습니다.
아버지 집에서요.

21 하나 그가 내맡겨진 뒤에
바로[파라오]의 딸이 그를 데려갔습니다.
그리고 자신의 아들로[그를 자신에게 아들로] 양육했습니다.

22 그러면서 모세는 훈련받았습니다.
애굽[이집트] 사람의 모든 지혜로요.
하여 능통했습니다.
말과 행동이요[그의 말들과 행동 면에서요][/문무를 겸비했습니다].

23 그러다가 마흔 살이 되자[그에게 40년 기한이 다 차서 끝났을 때],
그의 마음에 일어났습니다.
자기 형제들인 이스라엘 자손들을 보살피는 마음이요[것이요].

24 그래서 누군가가 당하는 것을 보고
막아서서, 짓밟히는 자를 위한 앙갚음을 했습니다.
애굽[이집트] 사람을 세게 쳐서요.

25 당시 그는 자기 형제들이 이해하리라고 생각했습니다.
'하나님께서 자신의 손길로
그들에게 구원을 허락하신다'는 것을요.
하나 그들은 이해하지 못했습니다.

26 그러다가 이튿날
그가 싸우는 이들에게[그들에게] 나타났습니다.
그리고 평강에 이르도록 말로 화해시킵니다.
'여러분[남자들],
여러분은 형제들입니다.
무슨 까닭에 서로 해칩니까?'

27 하나 이웃을 해치는 자가
그를 밀뜨리며 말합니다.
'누가 너를 골라내어 세웠느냐,
우리 위에 관원과 재판장으로?

28 네가 나를 없애려고 하는 것은 아니지?
네가 없앤 방식으로,

ἐχθὲς τὸν Αἰγύπτιον;

29 ἔφυγεν [aor] δὲ Μωϋσῆς ἐν τῷ λόγῳ τούτῳ
καὶ ἐγένετο [aor] πάροικος ἐν γῇ Μαδιάμ,
οὗ ἐγέννησεν [aor] υἱοὺς δύο.

30 Καὶ πληρωθέντων [ptc aor] ἐτῶν τεσσεράκοντα
ὤφθη [aor] αὐτῷ ἐν τῇ ἐρήμῳ τοῦ ὄρους Σινᾶ
ἄγγελος ἐν φλογὶ πυρὸς βάτου.

31 ὁ δὲ Μωϋσῆς ἰδὼν
ἐθαύμαζεν τὸ ὅραμα.

προσερχομένου [ptc pres] δὲ αὐτοῦ κατανοῆσαι [inf aor]
ἐγένετο [aor] φωνὴ κυρίου,
32 Ἐγὼ ὁ θεὸς τῶν πατέρων σου,
ὁ θεὸς Ἀβραὰμ καὶ Ἰσαὰκ καὶ Ἰακώβ.

ἔντρομος δὲ γενόμενος [ptc aor]
Μωϋσῆς οὐκ ἐτόλμα [impf] κατανοῆσαι [inf aor].

33 εἶπεν [aor] δὲ αὐτῷ ὁ κύριος,
Λῦσον [impv aor] τὸ ὑπόδημα τῶν ποδῶν σου,
ὁ γὰρ τόπος ἐφ᾽ ᾧ ἕστηκας [pf]
γῆ ἁγία ἐστίν [pres].

34 ἰδὼν [ptc aor] εἶδον [aor] τὴν κάκωσιν
τοῦ λαοῦ μου τοῦ ἐν Αἰγύπτῳ
καὶ τοῦ στεναγμοῦ αὐτῶν ἤκουσα [aor],
καὶ κατέβην [aor] ἐξελέσθαι [inf aor] αὐτούς·

καὶ νῦν δεῦρο
ἀποστείλω [subj aor] σε εἰς Αἴγυπτον.

35 Τοῦτον τὸν Μωϋσῆν,
ὃν ἠρνήσαντο [aor] εἰπόντες [ptc aor],
Τίς σε κατέστησεν [aor] ἄρχοντα καὶ δικαστήν;
τοῦτον
ὁ θεὸς (καὶ) ἄρχοντα καὶ λυτρωτὴν ἀπέσταλκεν [pf]
σὺν χειρὶ ἀγγέλου

어제 그 애굽[이집트] 사람을?' [출 2:14]

29 하니 이 말로 인해 모세가 달아나
미디안 땅에서 나그네가 되었습니다.
그리고 거기서 아들 둘을 낳았습니다.

30 이어 40년이 찼을 때,
시내[시나이] 산 광야에서 그에게 나타났습니다.
천사가 가시나무 떨기 불꽃 가운데에서요. [출 3:2]

31 이에 모세가 보고
그 모습에 당황해합니다.

하여 그가 주목하고자 가까이 가니
주님의 말소리가 났습니다.
32 '나는 네 조상들의 하나님,
[게] 아브라함과 이삭과 야곱의 하나님{이다.}' [출 3:6]

하니 떨려
모세가 감히 주목하지 못합니다.

33 그러자 주님께서 그에게 말씀하셨습니다.
'네 발에서[네 발들의] 신발을 벗어라.
네가 서 있는 자리는
거룩한 땅이다.

34 내가 [게] 혹사를 똑똑히 봤다,
애굽[이집트]에 있는 내 백성이[백성의] {당하는 혹사를.}
그리고 그들의 신음 소리를 들었다.
그리고 그들을 구출하러 내려왔다.

그러니 이제 오너라.
내가 너를 애굽[이집트]으로 보내려 한다.' [출 3:5, 7-10]

35 이 모세를,
{다음과 같이} 말하며 인정하지 않던 이를,
'누가 너를 관원과 재판장으로 골라내어 세웠느냐?'[출 3:2] 하고요,
이 사람을[이를]
하나님께서는 관원과 속량하는 자로 보내셨습니다.
천사의 손길과 더불어요.

τοῦ ὀφθέντος [ptc aor pass] αὐτῷ ἐν τῇ βάτῳ.

36 οὗτος ἐξήγαγεν [aor] αὐτοὺς
ποιήσας [ptc aor] τέρατα καὶ σημεῖα
ἐν γῇ Αἰγύπτῳ
καὶ ἐν Ἐρυθρᾷ Θαλάσσῃ
καὶ ἐν τῇ ἐρήμῳ
ἔτη τεσσεράκοντα.

37 οὗτός ἐστιν [pres] ὁ Μωϋσῆς
ὁ εἴπας [ptc aor] τοῖς υἱοῖς Ἰσραήλ,
Προφήτην ὑμῖν ἀναστήσει [fut] ὁ θεὸς
ἐκ τῶν ἀδελφῶν ὑμῶν ὡς ἐμέ.

38 οὗτός ἐστιν [pres]
ὁ γενόμενος [ptc aor]
ἐν τῇ ἐκκλησίᾳ ἐν τῇ ἐρήμῳ
μετὰ τοῦ ἀγγέλου τοῦ λαλοῦντος [ptc pres] αὐτῷ ἐν τῷ ὄρει Σινᾶ
καὶ τῶν πατέρων ἡμῶν.

ὃς ἐδέξατο [aor] λόγια ζῶντα [ptc pres]
δοῦναι [inf aor] ἡμῖν.

39 ᾧ οὐκ ἠθέλησαν [aor] ὑπήκοοι γενέσθαι [inf aor]
οἱ πατέρες ἡμῶν,
ἀλλὰ ἀπώσαντο [aor]
καὶ ἐστράφησαν [aor] ἐν ταῖς καρδίαις αὐτῶν εἰς Αἴγυπτον,
40 εἰπόντες [ptc aor] τῷ Ἀαρών,
Ποίησον [impv aor] ἡμῖν θεοὺς
οἳ προπορεύσονται [fut] ἡμῶν·
ὁ γὰρ Μωϋσῆς οὗτος,
ὃς ἐξήγαγεν [aor] ἡμᾶς ἐκ γῆς Αἰγύπτου,
οὐκ οἴδαμεν [pf]
τί ἐγένετο [aor] αὐτῷ.

41 καὶ ἐμοσχοποίησαν [aor] ἐν ταῖς ἡμέραις ἐκείναις
καὶ ἀνήγαγον [aor] θυσίαν τῷ εἰδώλῳ
καὶ εὐφραίνοντο [impf] ἐν τοῖς ἔργοις τῶν χειρῶν αὐτῶν.

42 ἔστρεψεν [aor] δὲ ὁ θεὸς

가시나무 떨기 가운데에서 그에게 나타난 천사죠[자죠].

36 이 사람이[이가] 그들을 빼내 주었습니다.
표적들과 기사들을 행하면서요.
애굽[이집트] 땅과
홍해와
광야에서요.
40년 동안에요.

37 이가 그 모세입니다.
이스라엘 자손들에게 말했던 이입니다.
'하나님께서 여러분에게 선지자를 일으키실 것입니다.
여러분의 형제들 가운데에서 나와 같은 이를요.'

38 이 사람이 바로[이가 ~입니다]
지낸 분입니다.
광야 교회에서
시내[시나이] 산에서 자신에게 얘기하던 천사와 함께요.
우리 조상들과도 {함께요.}

그가 살아 있는 신탁을 받았습니다.
우리에게 주려고요.

39 하지만 그에게 고분고분하지 않았습니다[/순종하지 않으려 했습니다].
우리 조상들이요.
도리어 밀뜨리고
그들의 마음을 애굽[이집트]으로 기울이며
40 아론에게 말했습니다.
'우리에게 신들을 만들어 주십시오.
그러면 그들이 우리보다 앞서 갈 것입니다.
왜냐하면 이 사람 모세는,
(그가 우리를 애굽[이집트] 땅에서 끌어냈죠.)
우리는 모릅니다.
그에게 무슨 일이 일어났는지를요.' [출 32:1, 23]

41 그러면서 그날[저 날들에] 그들이 송아지를 만들고
그 우상에게 제물을 바치며
그들의 손으로 만든 것을 기뻐했습니다.

42 하니 하나님께서 등지고

καὶ παρέδωκεν [aor] αὐτοὺς
λατρεύειν [inf pres] τῇ στρατιᾷ τοῦ οὐρανοῦ
καθὼς γέγραπται [pf pass] ἐν βίβλῳ τῶν προφητῶν,
Μὴ σφάγια καὶ θυσίας προσηνέγκατέ [aor] μοι
ἔτη τεσσεράκοντα ἐν τῇ ἐρήμῳ,
οἶκος Ἰσραήλ;

43 καὶ ἀνελάβετε [aor]
τὴν σκηνὴν τοῦ Μολὸχ
καὶ τὸ ἄστρον τοῦ θεοῦ (ὑμῶν) Ῥαιφάν,
τοὺς τύπους οὓς ἐποιήσατε [aor]
προσκυνεῖν [ptc pres] αὐτοῖς,

καὶ μετοικιῶ [fut] ὑμᾶς
ἐπέκεινα Βαβυλῶνος.

44 Ἡ σκηνὴ τοῦ μαρτυρίου
ἦν [impf] τοῖς πατράσιν ἡμῶν ἐν τῇ ἐρήμῳ
καθὼς διετάξατο [aor]
ὁ λαλῶν [ptc pres] τῷ Μωϋσῇ
ποιῆσαι [inf aor] αὐτὴν
κατὰ τὸν τύπον ὃν ἑωράκει [plpf]·

45 ἣν καὶ εἰσήγαγον [aor] διαδεξάμενοι [ptc aor]
οἱ πατέρες ἡμῶν
μετὰ Ἰησοῦ
ἐν τῇ κατασχέσει τῶν ἐθνῶν,
ὧν ἐξῶσεν [aor] ὁ θεὸς
ἀπὸ προσώπου τῶν πατέρων ἡμῶν
ἕως τῶν ἡμερῶν Δαυίδ.

46 ὃς εὗρεν [aor] χάριν ἐνώπιον τοῦ θεοῦ
καὶ ᾐτήσατο [aor]
εὑρεῖν [inf aor] σκήνωμα τῷ οἴκῳ Ἰακώβ.

47 Σολομῶν δὲ οἰκοδόμησεν [aor] αὐτῷ οἶκον.

48 ἀλλ᾽ οὐχ ὁ ὕψιστος ἐν χειροποιήτοις κατοικεῖ [pres],
καθὼς ὁ προφήτης λέγει [pres],
49 Ὁ οὐρανός μοι θρόνος,

그들을 내주셨습니다.
하늘 군대를 섬기도록요.
이는 선지자들의 두루마리에 적힌 것과 같습니다.
'너희가 내게 희생물과 제물을 가져다 바친 적이 있느냐,
광야 40년 동안?
이스라엘 집이여!

43 또한 너희는 가지고 다녔다,
몰록의 장막과
너희 신[/하나님] 레판의 별을.
너희가 만든 형상들이다,
그것들에게 제사 지내려고.

그러니 내가 너희들을 옮길 것이다,
바벨론[바빌론] 너머로.' [암 5:25-27]

44 증거의 장막이
광야에 있던 우리 조상들에게 있었습니다.
그분이 지시하신 그대로입니다.
모세에게 얘기하신 분입니다.
그것을 만들도록요.
그가 본 모양을 본떠서요.

45 한데 그것을 넘겨받아 들여왔습니다.
우리 조상들이요.
여호수아와 함께요.
다른 민족들의 영지로요.
그들을 하나님께서 쫓아내셨죠.
우리 조상들의 면전으로부터요.
{이것이} 다윗의 날까지 {지속됩니다.}

46 다윗은[그는] 하나님 앞에서 은혜를 깨달아[/발견하고],
요청하였습니다.
야곱 집에게 하나님께서 계시는 곳을[/어소를] 갖게[만나게] 해달라고요.

47 한데 솔로몬이 야곱에게[그에게] 집을 지어 주었습니다.

48 하지만 지극히 높은 분은 손으로 만든 것들 안에 머무시지 않습니다.
선지자가 말한 바와 같습니다.
49 '하늘은 내게 깔개이다.

ἡ δὲ γῆ ὑποπόδιον τῶν ποδῶν μου·
ποῖον οἶκον οἰκοδομήσετέ [fut] μοι,
λέγει [pres] κύριος,
ἢ τίς τόπος τῆς καταπαύσεώς μου;
50 οὐχὶ ἡ χείρ μου ἐποίησεν [aor] ταῦτα πάντα;

51 Σκληροτράχηλοι καὶ ἀπερίτμητοι καρδίαις καὶ τοῖς ὠσίν,
ὑμεῖς ἀεὶ τῷ πνεύματι τῷ ἁγίῳ ἀντιπίπτετε [pres]
ὡς οἱ πατέρες ὑμῶν καὶ ὑμεῖς.

52 τίνα τῶν προφητῶν
οὐκ ἐδίωξαν [aor] οἱ πατέρες ὑμῶν;

καὶ ἀπέκτειναν [aor]
τοὺς προκαταγγείλαντας [ptc aor]
περὶ τῆς ἐλεύσεως τοῦ δικαίου,
οὗ νῦν ὑμεῖς προδόται καὶ φονεῖς ἐγένεσθε [aor].

53 οἵτινες ἐλάβετε [aor] τὸν νόμον εἰς διαταγὰς ἀγγέλων
καὶ οὐκ ἐφυλάξατε [aor].

54 Ἀκούοντες [ptc pres] δὲ ταῦτα
διεπρίοντο [impf pass] ταῖς καρδίαις αὐτῶν
καὶ ἔβρυχον [impf] τοὺς ὀδόντας ἐπ᾽ αὐτόν.

55 ὑπάρχων [ptc pres] δὲ πλήρης πνεύματος ἁγίου
ἀτενίσας [ptc aor] εἰς τὸν οὐρανὸν
εἶδεν [aor] δόξαν θεοῦ
καὶ Ἰησοῦν ἑστῶτα [ptc pf] ἐκ δεξιῶν τοῦ θεοῦ
56 καὶ εἶπεν [aor],
Ἰδοὺ θεωρῶ [pres]
τοὺς οὐρανοὺς διηνοιγμένους [ptc pf pass]
καὶ τὸν υἱὸν τοῦ ἀνθρώπου ἐκ δεξιῶν ἑστῶτα [ptc pf] τοῦ θεοῦ.

57 κράξαντες [ptc aor] δὲ φωνῇ μεγάλῃ
συνέσχον [aor] τὰ ὦτα αὐτῶν
καὶ ὥρμησαν [aor] ὁμοθυμαδὸν ἐπ᾽ αὐτὸν
58 καὶ ἐκβαλόντες [ptc aor] ἔξω τῆς πόλεως
ἐλιθοβόλουν [impf].
καὶ οἱ μάρτυρες ἀπέθεντο [aor] τὰ ἱμάτια αὐτῶν

땅은 다만 내 발[들]의 발판이다.
너희가 내게 무슨 집을 지어 주겠느냐?
주님이 말씀하신다.
바꿔 말하면 무엇으로 내 쉼터를 삼겠느냐[무엇이 내 쉼터겠느냐]?
50 내 손으로[내 손이] 이 모든 것을 만들지 않았느냐?' [사 66:1-2]

51 목이 뻣뻣하고 마음과 귀에 할례 받지 못한 자들아!
너희는 항상 거룩한 영을 거스른다,
너희 조상들처럼 너희도.

52 선지자들 가운데 누구를
너희 조상들이 핍박하지 않았느냐?

또한 그들은 죽였다,
예고한 자들을,
의인이 오실 것에[의인의 출현에] 관해서.
그리고 이제 너희는 그 의인의[그분의] 배반자와 살인자가 되었다.

53 또한 너희는 율법을 천사[들]의 지시[들]로[/법령으로] 받고도[/간주하고도]
지키지 않았다."

54 이 말을[이것들을] 듣자
그들은 속이 부글거려[그들의 마음으로 노발대발하고]
그를 향해 이[들]를 갑니다.

55 하나 스데반은[그는] 거룩한 영이 충만한 상태로
하늘을 주목하여
하나님의 영광을 보았습니다.
하나님 오른쪽에 서 계신 예수님도요.
56 그래서 말했습니다.
"보십시오. 내가 목도합니다.
하늘[들]이 활짝 열린 것을요.
또한 인자가 하나님 오른쪽에 서 계신 것을요."

57 하니 그들이 크게 소리지르며[대단한 소리로 소리지르며]
그들의 귀[들]를 틀어막고
한꺼번에 그를 죄어치며
58 도시 바깥으로 내몰더니
돌질합니다.
그리고 증인들은 그들의 옷[들]을 벗어 놓았습니다.

παρὰ τοὺς πόδας νεανίου καλουμένου [ptc pres pass] Σαύλου,
59 καὶ ἐλιθοβόλουν [impf]
τὸν Στέφανον ἐπικαλούμενον [ptc pres mid] καὶ λέγοντα [ptc pres],
Κύριε Ἰησοῦ,
δέξαι [impv aor] τὸ πνεῦμά μου.

60 θεὶς [ptc aor] δὲ τὰ γόνατα
ἔκραξεν [aor] φωνῇ μεγάλῃ,
Κύριε,
μὴ στήσῃς [subj aor] αὐτοῖς ταύτην τὴν ἁμαρτίαν.

καὶ τοῦτο εἰπὼν [ptc aor] ἐκοιμήθη [aor].

Chapter 8

8:1 Σαῦλος δὲ ἦν [impf] συνευδοκῶν [ptc pres]
τῇ ἀναιρέσει αὐτοῦ.

Ἐγένετο [aor] δὲ ἐν ἐκείνῃ τῇ ἡμέρᾳ
διωγμὸς μέγας ἐπὶ τὴν ἐκκλησίαν τὴν ἐν Ἱεροσολύμοις.

πάντες δὲ διεσπάρησαν [aor]
κατὰ τὰς χώρας τῆς Ἰουδαίας καὶ Σαμαρείας
πλὴν τῶν ἀποστόλων.

2 συνεκόμισαν [aor] δὲ τὸν Στέφανον
ἄνδρες εὐλαβεῖς
καὶ ἐποίησαν [aor] κοπετὸν μέγαν ἐπ' αὐτῷ.

3 Σαῦλος δὲ ἐλυμαίνετο [impf mid] τὴν ἐκκλησίαν
κατὰ τοὺς οἴκους εἰσπορευόμενος [ptc pres],
σύρων [ptc pres] τε ἄνδρας καὶ γυναῖκας
παρεδίδου [impf] εἰς φυλακήν.

4 Οἱ μὲν οὖν διασπαρέντες [ptc aor] διῆλθον [aor]
εὐαγγελιζόμενοι [ptc pres mid] τὸν λόγον.

5 Φίλιππος δὲ κατελθὼν [ptc aor] εἰς (τὴν) πόλιν τῆς Σαμαρείας
ἐκήρυσσεν [impf] αὐτοῖς τὸν Χριστόν.

사울이라 불리는 청년의 발치에요.
59 그리고 돌질합니다.
호소하고 말하는 스데반에게요.
"주님 예수님,
제 영을 받아 주세요." 하고요.

60 한편 그는 무릎[들]을 꿇고
크게 소리지릅니다[대단한 소리로 소리지릅니다].
"주님,
그들에게 이 죄를 얹지 마세요."

이 말을 하고[이것을 말하고] 그가 잠들었습니다.

8장

8:1 한데 사울은 기껍게 받아들입니다.
그의 처단을요.

하여 그날에[저 날에]
대단한 핍박이 예루살렘[예루살렘에 있는] 교회에 있게 되었습니다.

그 바람에 모두가 흩어졌습니다.
유대와 사마리아 각처로요.
사도들 말고는요.

2 다만 스데반을 매장했습니다.
경건하게 사는 남자들이요.
그리고 그를 인해 통곡하였습니다.

3 하나 사울은 모임을 흩어지게 합니다.
집집마다 찾아다니면서요.
뿐만 아니라 남자들과 여자들을 끌어내
감옥에 넘겨줍니다.

4 그럼에도 흩어진 자들이 두루 다니며
말씀을 전합니다.

5 한편 빌립은 사마리아 성으로 내려와[예루살렘-사마리아: 약 57km(직)]
그들에게 그리스도를 전파합니다.

6 προσεῖχον [impf] δὲ οἱ ὄχλοι
τοῖς λεγομένοις [ptc pres pass] ὑπὸ τοῦ Φιλίππου ὁμοθυμαδὸν
ἐν τῷ ἀκούειν [inf pres] αὐτοὺς
καὶ βλέπειν [inf pres] τὰ σημεῖα ἃ ἐποίει [impf]·

7 πολλοὶ γὰρ τῶν ἐχόντων [ptc pres] πνεύματα ἀκάθαρτα
βοῶντα [ptc pres nom] φωνῇ μεγάλῃ
ἐξήρχοντο [impf],
πολλοὶ δὲ παραλελυμένοι [ptc pf pass] καὶ χωλοὶ
ἐθεραπεύθησαν [aor]·

8 ἐγένετο [aor] δὲ πολλὴ χαρὰ
ἐν τῇ πόλει ἐκείνῃ.

9 Ἀνὴρ δέ τις ὀνόματι Σίμων
προϋπῆρχεν [impf] ἐν τῇ πόλει
μαγεύων [ptc pres]
καὶ ἐξιστάνων [ptc pres] τὸ ἔθνος τῆς Σαμαρείας,
λέγων [ptc pres] εἶναί [inf pres] τινα ἑαυτὸν μέγαν.

10 ᾧ προσεῖχον [impf]
πάντες ἀπὸ μικροῦ ἕως μεγάλου
λέγοντες [ptc pres],
Οὗτός ἐστιν [pres] ἡ δύναμις τοῦ θεοῦ
ἡ καλουμένη [ptc pres pass] Μεγάλη.

11 προσεῖχον [impf] δὲ αὐτῷ
διὰ τὸ ἱκανῷ χρόνῳ ταῖς μαγείαις
ἐξεστακέναι [inf pf] αὐτούς.

12 ὅτε δὲ ἐπίστευσαν [aor]
τῷ Φιλίππῳ εὐαγγελιζομένῳ [ptc pres mid]
περὶ τῆς βασιλείας τοῦ θεοῦ
καὶ τοῦ ὀνόματος Ἰησοῦ Χριστοῦ,
ἐβαπτίζοντο [impf] ἄνδρες τε καὶ γυναῖκες.

13 ὁ δὲ Σίμων καὶ αὐτὸς ἐπίστευσεν [aor]
καὶ βαπτισθεὶς [ptc aor] ἦν [impf]
προσκαρτερῶν [ptc pres] τῷ Φιλίππῳ,

6 이에 무리들이 주의를 기울입니다.
빌립이 말하는 내용에요[빌립에 의해 언급된 바들에요].
그들이 들었을 뿐 아니라
그가 행하는 표적[들]을 보았기 때문입니다.

7 더러운 영들이 들린 많은 이들에게서는
큰 소리를[/고함을] 지르며
그것들이[/영들이] 떠나갑니다.
한편 중풍에 걸린 이들과 다리를 저는 이들은
고침을 받았습니다.

8 하여 큰 기쁨이 흘렀습니다.
그[제] 도시에요.

9 그런데 시몬이란 이름을 가진 남자가
그 성에 이전부터 있으면서
마술을 부리고
사마리아 민족을 깜짝 놀라게 했습니다.
스스로도 자신이 대단하다고 말합니다.

10 그래서 그에게 주의를 기울입니다.
하찮은 사람부터 지체 높은 사람까지[작은 자부터 큰 자까지] 모두가요.
그러면서 말합니다.
"이는 하나님의 권능이다.
대단하다고 평가할 만한[일컬을] 것이다."

11 그들은 다만 그에게 주의를 기울인 것입니다.
상당한 기간 동안
마술에 깜짝 놀랐기 때문에요.

12 그러다가 그들이 믿습니다.
빌립이 전하는 것을요.
하나님의 나라에 관해서요.
또한 예수 그리스도의 이름에 {관해서요.}
남자들뿐 아니라 여자들도 세례를 받습니다.

13 하여 시몬 자신도 믿었습니다.
그리고 세례를 받더니
빌립과 시간을 보냅니다.

θεωρῶν [ptc pres] τε σημεῖα καὶ δυνάμεις μεγάλας γινομένας [ptc pres]
ἐξίστατο [impf].

14 Ἀκούσαντες [ptc aor] δὲ οἱ ἐν Ἱεροσολύμοις ἀπόστολοι
ὅτι δέδεκται [pf] ἡ Σαμάρεια τὸν λόγον τοῦ θεοῦ,
ἀπέστειλαν [aor] πρὸς αὐτοὺς Πέτρον καὶ Ἰωάννην,
15 οἵτινες καταβάντες [ptc aor]
προσηύξαντο [aor] περὶ αὐτῶν
ὅπως λάβωσιν [subj aor] πνεῦμα ἅγιον·

16 οὐδέπω γὰρ ἦν [impf] ἐπ᾽ οὐδενὶ αὐτῶν ἐπιπεπτωκός [ptc pf],
μόνον δὲ βεβαπτισμένοι [ptc pf pass] ὑπῆρχον [impf]
εἰς τὸ ὄνομα τοῦ κυρίου Ἰησοῦ.

17 τότε ἐπετίθεσαν [impf] τὰς χεῖρας ἐπ᾽ αὐτοὺς
καὶ ἐλάμβανον [impf] πνεῦμα ἅγιον.

18 ἰδὼν [ptc aor] δὲ ὁ Σίμων
ὅτι διὰ τῆς ἐπιθέσεως τῶν χειρῶν τῶν ἀποστόλων
δίδοται [pres pass] τὸ πνεῦμα,
προσήνεγκεν [aor] αὐτοῖς χρήματα
19 λέγων [ptc pres],
Δότε [impv aor] κἀμοὶ τὴν ἐξουσίαν ταύτην
ἵνα ᾧ ἐὰν ἐπιθῶ [subj aor] τὰς χεῖρας
λαμβάνῃ [subj pres] πνεῦμα ἅγιον.

20 Πέτρος δὲ εἶπεν [aor] πρὸς αὐτόν,
Τὸ ἀργύριόν σου
σὺν σοὶ εἴη [opt pres] εἰς ἀπώλειαν
ὅτι τὴν δωρεὰν τοῦ θεοῦ ἐνόμισας [aor]
διὰ χρημάτων κτᾶσθαι [inf pres].
21 οὐκ ἔστιν [pres] σοι
μερὶς οὐδὲ κλῆρος ἐν τῷ λόγῳ τούτῳ,
ἡ γὰρ καρδία σου
οὐκ ἔστιν [pres] εὐθεῖα ἔναντι τοῦ θεοῦ.

22 μετανόησον [impv aor] οὖν ἀπὸ τῆς κακίας σου ταύτης
καὶ δεήθητι [impv aor] τοῦ κυρίου
εἰ ἄρα ἀφεθήσεταί [fut] σοι
ἡ ἐπίνοια τῆς καρδίας σου.

마침내 표적들과 대단한 권능들이 이뤄지는 것을 목도하더니
깜짝 놀랍니다.

14 한편 예루살렘에 있던 사도들이 들었습니다.
사마리아가 하나님의 말씀을 받았다고요.
{그러기에} 그들에게 베드로와 요한을 보냈습니다[/파견했습니다].
15 내려간 그들은
사마리아 사람들에[그들에] 관하여 기도했습니다.
그들이 거룩한 영을 받도록요.

16 아직 성령이[그것이] 그들 가운에 아무에게도 임하지 않았기 때문입니다.
다만 그들은 세례를 받았을 뿐이었습니다.
주님 예수님의 이름으로요.

17 그때에 그들이[/베드로와 요한이] 그들 위에 손[들]을 얹으니
그들이 거룩한 영을 받습니다.

18 하니 시몬이 봅니다.
다시 말해서 사도들의 안수를[손들의 얹음을] 통해
성령이 주어지는 것을요.
{그러기에} 그가 그들에게 돈[들]을 가져다 바치며
19 말합니다.
"내게도 이 권세를 나눠 주시오.
부디 내가 [그에게] 손[들]을 얹는 자는 누구라도
성령을 받도록 말이요."

20 하니 베드로가 그에게 말했습니다.
"당신의 은이
당신과 함께 보잘것없이 되기를 바랍니다.
당신이 하나님의 선물을 생각했기 때문입니다.
돈으로[돈들을 통해] 얻어 가지는 것으로요.
21 당신에게는 없습니다.
이 말씀 안에 구실도[/말을 것도], 몫도요[/받을 것도요].
당신의 마음이
하나님 앞에서 곧지 않기 때문입니다.

22 그러니 당신의 이 그릇된 점을 뉘우치십시오.
그리고 주님께 구하십시오.
아마도 당신에게서 벗겨질 수[/당신이 벗어 날 수] 있을 것입니다.
당신 마음의 본뜻이요[/당신이 당신 마음의 본뜻에서요].

23 εἰς γὰρ χολὴν πικρίας καὶ σύνδεσμον ἀδικίας
ὁρῶ [pres] σε ὄντα [ptc pres].

24 ἀποκριθεὶς [ptc aor] δὲ ὁ Σίμων εἶπεν [aor],
Δεήθητε [impv aor] ὑμεῖς ὑπὲρ ἐμοῦ πρὸς τὸν κύριον
ὅπως μηδὲν ἐπέλθῃ [subj aor] ἐπ᾽ ἐμὲ
ὧν εἰρήκατε [pf].

25 Οἱ μὲν οὖν
διαμαρτυράμενοι [ptc aor] καὶ λαλήσαντες [ptc aor] τὸν λόγον τοῦ κυρίου
ὑπέστρεφον [impf] εἰς Ἱεροσόλυμα,
πολλάς τε κώμας τῶν Σαμαριτῶν
εὐηγγελίζοντο [impf mid].

26 Ἄγγελος δὲ κυρίου ἐλάλησεν [aor] πρὸς Φίλιππον λέγων [ptc pres],
Ἀνάστηθι [impv aor] καὶ πορεύου [impv pres]
κατὰ μεσημβρίαν
ἐπὶ τὴν ὁδὸν τὴν καταβαίνουσαν [ptc pres] ἀπὸ Ἰερουσαλὴμ εἰς Γάζαν,
αὕτη ἐστὶν [pres] ἔρημος.

27 καὶ ἀναστὰς [ptc aor] ἐπορεύθη [aor]·

καὶ ἰδοὺ ἀνὴρ Αἰθίοψ
εὐνοῦχος δυνάστης Κανδάκης βασιλίσσης Αἰθιόπων,
ὃς ἦν [impf] ἐπὶ πάσης τῆς γάζης αὐτῆς,
ὃς ἐληλύθει [plpf] προσκυνήσων [ptc fut] εἰς Ἰερουσαλήμ.

28 ἦν [impf] τε ὑποστρέφων [ptc pres]
καὶ καθήμενος [ptc pres] ἐπὶ τοῦ ἅρματος αὐτοῦ
καὶ ἀνεγίνωσκεν [impf] τὸν προφήτην Ἠσαΐαν.

29 εἶπεν [aor] δὲ τὸ πνεῦμα τῷ Φιλίππῳ,
Πρόσελθε [impv aor]
καὶ κολλήθητι [impv aor] τῷ ἅρματι τούτῳ.

30 προσδραμὼν [ptc aor] δὲ ὁ Φίλιππος ἤκουσεν [aor]
αὐτοῦ ἀναγινώσκοντος [ptc pres] Ἠσαΐαν τὸν προφήτην
καὶ εἶπεν [aor],
Ἆρά γε γινώσκεις [pres]

23 신랄한 성미와 불의의 속박 안에[/신랄한 성미가 있고 불의에 묶여 있습니다]
당신이 있는 것을 나는 봅니다[/내가 보기에는요]."

24 하나 시몬이 반응하며 말했습니다[/대답했습니다].
"너희가 나를 위해 [게] 주님께 구하여라,
어느 것 하나 내게 닥치지 않도록,
너희가 말한 것들 가운데에서."

25 그래서
주님의 말씀을 증언하고 얘기한 자들이
예루살렘으로 되돌아갑니다.
그러다가 사마리아 사람들의 여러 마을에서
기쁜 소식을 전했습니다.

26 그런데 주님의 천사가 빌립에게 [말하며] 얘기했습니다.
"일어나서 가라,
남쪽으로 난[/정오에],
예루살렘에서 가사[가자]로 내려가는 길로[예루살렘-가사: 약 80km(직)].
그 길은[그것은] 광야이다."

27 그런데도 그가 일어나 갔습니다.

그런데 보십시오! 에디오피아[에티오피아] 남자가 있습니다.
에디오피아[에티오피아] 사람들의 여왕 간다게의 내시 벼슬아치{입니다.}
그는 그녀의 모든 귀중품을 맡고 있습니다.
그는 예배드리러 예루살렘에 와 있었습니다.

28 그러다가 돌아가고 있는데,
그의 마차에 앉아
선지자 이사야의 글을[이사야를] 읽습니다.

29 한데 [게] 영이 빌립에게 말씀하셨습니다.
"가까이 가서
이 병거에 딱 붙어라."

30 하여 빌립이 달려가서 들었습니다.
그가 이사야 선지자의 글을[선지자를] 읽는 것을요.
그래서 그가[/빌립이] 말했습니다.
"적어도 알겠습니까?

ἃ ἀναγινώσκεις [pres];

31 ὁ δὲ εἶπεν [aor],
Πῶς γὰρ ἂν δυναίμην [opt pres]
ἐὰν μή τις ὁδηγήσει [fut] με;

παρεκάλεσέν [aor] τε τὸν Φίλιππον
ἀναβάντα [ptc aor] καθίσαι [inf aor] σὺν αὐτῷ.

32 ἡ δὲ περιοχὴ τῆς γραφῆς ἣν ἀνεγίνωσκεν [impf]
ἦν [impf] αὕτη·
Ὡς πρόβατον ἐπὶ σφαγὴν ἤχθη [aor]
καὶ ὡς ἀμνὸς ἐναντίον τοῦ κείραντος [ptc aor] αὐτὸν ἄφωνος,
οὕτως οὐκ ἀνοίγει [pres] τὸ στόμα αὐτοῦ.

33 Ἐν τῇ ταπεινώσει (αὐτοῦ)
ἡ κρίσις αὐτοῦ ἤρθη [aor]·
τὴν γενεὰν αὐτοῦ τίς διηγήσεται [fut];
ὅτι αἴρεται [pres pass] ἀπὸ τῆς γῆς
ἡ ζωὴ αὐτοῦ.

34 Ἀποκριθεὶς [ptc aor] δὲ ὁ εὐνοῦχος τῷ Φιλίππῳ εἶπεν [aor],
Δέομαί [pres] σου,
περὶ τίνος ὁ προφήτης λέγει [pres] τοῦτο;

περὶ ἑαυτοῦ ἢ περὶ ἑτέρου τινός;

35 ἀνοίξας [ptc aor] δὲ ὁ Φίλιππος τὸ στόμα αὐτοῦ
καὶ ἀρξάμενος [ptc aor mid] ἀπὸ τῆς γραφῆς ταύτης
εὐηγγελίσατο [aor] αὐτῷ τὸν Ἰησοῦν.

36 ὡς δὲ ἐπορεύοντο [impf] κατὰ τὴν ὁδόν,
ἦλθον [aor] ἐπί τι ὕδωρ,
καί φησιν [pres] ὁ εὐνοῦχος,
Ἰδοὺ ὕδωρ·
τί κωλύει [pres] με βαπτισθῆναι [inf aor];

38 καὶ ἐκέλευσεν [aor] στῆναι [inf aor] τὸ ἅρμα,
καὶ κατέβησαν [aor] ἀμφότεροι εἰς τὸ ὕδωρ,
ὅ τε Φίλιππος καὶ ὁ εὐνοῦχος,

당신이 읽는 것들은요."

31 하니 그가 말했습니다.
"어떻게 내가 알기를[할 수 있기를] 바라겠습니까?
누군가가 나를 이끌지 않으니 말입니다."

마침내 그가 빌립에게 권했습니다.
올라와 그와 함께 앉으라고요.

32 한데 그가 읽는 성경 구절은
이러합니다.
"그가 도살하는 자에게 양처럼 왔다.
또한 자기 털을 깎는 자 앞에서 어린양처럼 잠잠히,
과연 자기 입을 열지 않는다.

33 그가 업신여김을 받을 때
공정함도 그에게는 적용되지 않았다.
그의 세대에 대하여 누가 자세히 얘기할[/진술할] 것인가?
지상에서 잘려 나갔기 때문이다,
그의 생명이." [사 53:7-8]

34 해서 내시가 빌립에게 반응하며 말했습니다[/대답했습니다].
"제가 당신에게 여쭙겠습니다.
이 선지자가 누구에 대하여 말하고 있습니까?

자신에 대해서{입니까}, 아니면 전혀 다른 누군가에 대해서{입니까}?"

35 하니 빌립이 그의 입을 열어
이 기록에서 출발하여
그에게 예수님을 전했습니다.

36 그런데 길을 따라 가다가
그들이 어느 물가에 닿았습니다.
그러자 내시가 이릅니다.
"보십시오. 물입니다.
무엇이 제가 세례 받지 못하게 막겠습니까?" [37절 없음]

38 이어 그가 병거를 세우라고 명령했고
둘 다 물로 내려왔습니다.
빌립뿐만 아니라 내시도요.

καὶ ἐβάπτισεν [aor] αὐτόν.

39 ὅτε δὲ ἀνέβησαν [aor] ἐκ τοῦ ὕδατος,
πνεῦμα κυρίου ἥρπασεν [aor] τὸν Φίλιππον
καὶ οὐκ εἶδεν [aor] αὐτὸν οὐκέτι ὁ εὐνοῦχος,
ἐπορεύετο [impf] γὰρ τὴν ὁδὸν αὐτοῦ χαίρων [ptc pres].

40 Φίλιππος δὲ εὑρέθη [aor] εἰς Ἄζωτον·
καὶ διερχόμενος [ptc pres] εὐηγγελίζετο [impf]
τὰς πόλεις πάσας
ἕως τοῦ ἐλθεῖν [inf aor] αὐτὸν εἰς Καισάρειαν.

Chapter 9

1 Ὁ δὲ Σαῦλος
ἔτι ἐμπνέων [ptc pres] ἀπειλῆς καὶ φόνου
εἰς τοὺς μαθητὰς τοῦ κυρίου,
προσελθὼν [ptc aor] τῷ ἀρχιερεῖ
2 ᾐτήσατο [aor] παρ᾽ αὐτοῦ
ἐπιστολὰς εἰς Δαμασκὸν πρὸς τὰς συναγωγάς,
ὅπως ἐάν τινας εὕρῃ [subj aor] τῆς ὁδοῦ ὄντας [ptc pres],
ἄνδρας τε καὶ γυναῖκας,
δεδεμένους [ptc pf pass] ἀγάγῃ [subj aor] εἰς Ἰερουσαλήμ.

3 ἐν δὲ τῷ πορεύεσθαι [inf pres]
ἐγένετο [aor] αὐτὸν ἐγγίζειν [inf pres] τῇ Δαμασκῷ,
ἐξαίφνης τε αὐτὸν περιήστραψεν [aor]
φῶς ἐκ τοῦ οὐρανοῦ.

4 καὶ πεσὼν [ptc aor] ἐπὶ τὴν γῆν
ἤκουσεν [aor] φωνὴν λέγουσαν [ptc pres] αὐτῷ,
Σαοὺλ Σαούλ,
τί με διώκεις [pres];

5 εἶπεν [aor] δέ,
Τίς εἶ, κύριε;

ὁ δέ,

그리고 빌립이[그가] 그에게 세례를 베풀었습니다[그를 잠갔습니다].

39 하여 그들이 물에서 올라오자
주님의 영이 빌립을 낚아채셔서,
내시는 더 이상 그를 보지 못했습니다.
기뻐하며 자신의 길을 갔기 때문입니다.

40 한편 빌립은 아소도[아스돗]에 모습을 드러냈습니다. [가사-아소도: 약 34km(직)].
또한 두루 다니며 복음을 전합니다.
도시마다에서요[/성마다에서요].
그가 가이사랴[카이사레아]에 닿을 때까지요. [아소도-가이사랴: 약 87km(직)].

9장 [사울의 회심: 34/35년; 갈 1:15-17]

9:1 한편 사울은
여전히 으름장과 살기를 쏟습니다.
주님의 제자들에 대해서요.
대제사장에게로 가서
2 그에게 요청했습니다.
다메섹[다마스쿠스] 회당들로 가져갈 서신을요[회당들로의 서신을요].
누구든지 그 {구원의} 길로 접어든 것을 발견하면,
남녀를[남자들과 여자들을] 불문하고요,
묶인 채로 예루살렘에 끌어 오기 위함입니다.

3 하여 길을 떠나
그가 다메섹[다마스쿠스] 가까이 왔을 때였습니다. [예루살렘-다메섹: 약 210km(직)]
결국 느닷없이 그에게 번쩍였습니다.
빛이 하늘로부터요.

4 그러자 그가 땅바닥에 주저앉아
그에게 말씀하시는 목소리를 들었습니다.
"사울아, 사울아,
너는 왜 나를 핍박하느냐?"

5 하여 그가 말했습니다.
"당신은 누구십니까, 주님?"

하니 그분이 {말씀하셨습니다.}

᾽Εγώ εἰμι [pres] ᾽Ιησοῦς
ὃν σὺ διώκεις [pres]·

6 ἀλλὰ ἀνάστηθι [impv aor]
καὶ εἴσελθε [impv aor] εἰς τὴν πόλιν,
καὶ λαληθήσεταί [fut] σοι
ὅ τί σε δεῖ [pres] ποιεῖν [inf pres].

7 οἱ δὲ ἄνδρες οἱ συνοδεύοντες [ptc pres] αὐτῷ
εἱστήκεισαν [plpf] ἐνεοί,
ἀκούοντες [ptc pres] μὲν τῆς φωνῆς
μηδένα δὲ θεωροῦντες [ptc pres].

8 ἠγέρθη [aor] δὲ Σαῦλος ἀπὸ τῆς γῆς,
ἀνεῳγμένων [ptc pf pass] δὲ τῶν ὀφθαλμῶν αὐτοῦ
οὐδὲν ἔβλεπεν [impf]·
χειραγωγοῦντες [ptc pres] δὲ αὐτὸν
εἰσήγαγον [aor] εἰς Δαμασκόν.

9 καὶ ἦν [impf] ἡμέρας τρεῖς μὴ βλέπων [ptc pres],
καὶ οὐκ ἔφαγεν [aor] οὐδὲ ἔπιεν [aor].

10 ῏Ην [impf] δέ τις μαθητὴς ἐν Δαμασκῷ
ὀνόματι ῾Ανανίας,
καὶ εἶπεν [aor] πρὸς αὐτὸν ἐν ὁράματι ὁ κύριος,
῾Ανανία.

ὁ δὲ εἶπεν [aor],
᾽Ιδοὺ ἐγώ, κύριε.

11 ὁ δὲ κύριος πρὸς αὐτόν,
᾽Αναστὰς [ptc aor] πορεύθητι [impv aor]
ἐπὶ τὴν ῥύμην τὴν καλουμένην [ptc pres pass] Εὐθεῖαν
καὶ ζήτησον [impv aor] ἐν οἰκίᾳ ᾽Ιούδα
Σαῦλον ὀνόματι Ταρσέα·

ἰδοὺ γὰρ προσεύχεται [pres]
12 καὶ εἶδεν [aor]
ἄνδρα (ἐν ὁράματι) ῾Ανανίαν ὀνόματι
εἰσελθόντα [ptc aor] καὶ ἐπιθέντα [ptc aor] αὐτῷ (τὰς) χεῖρας

"나는 예수이다.
네가 핍박하는 자이다.

6 하지만 일어서라.
그리고 그 성으로 들어가라.
그러면 네게 얘기될[/분부될, 분부가 내릴] 것이다.
네가 어떤 일을 행해야 할지 말이다."

7 하나 그와 동행하는[/같이 길을 가는] 남자들은
말을 못하고 서 있었습니다.
소리는 듣지만
아무도 보지 못해서요.

8 후에 사울이 땅바닥에서 일으켜 세워졌습니다.
한데 그의 눈[들]은 뜨였으나
아무 것도 보이지 않습니다.
하여 그를 잡아끌어
그들이 다메섹[다마스쿠스]으로 들였습니다.

9 이어 보이지 않은지 사흘입니다.
그래서 그가 먹지도, 마시지도 않았습니다.

10 한데 다메섹[다마스쿠스]에 제자 하나가 있습니다.
이름은 아나니아죠.
그런데 주님께서 환상 가운데에서 그에게 말씀하셨습니다.
"아나니아야!"

하니 그가 말했습니다.
"네, 저 여기 있습니다, 주님. [보십시오, 접니다, 주님]"

11 그러자 주님께서 그에게 {말씀하셨습니다.}
"일어나서 가라,
'큰길'[유쎄이아][/곧은 거리]이라 불리는 길거리로.
그리고 유다의 집에서 찾아라,
이름이 사울인 다소[타르수스] 사람을.

보아라, 그가 기도하며
12 지켜보았기 때문이다.
환상 가운데에서 이름이 아나니아라는 남자가
들어와서 {사울} 자신에게[그에게] 손[들]을 얹는 것을 말이다.

ὅπως ἀναβλέψῃ [subj aor].

13 ἀπεκρίθη [aor] δὲ Ἁνανίας,
Κύριε,
ἤκουσα [aor] ἀπὸ πολλῶν
περὶ τοῦ ἀνδρὸς τούτου
ὅσα κακὰ τοῖς ἁγίοις σου
ἐποίησεν [aor] ἐν Ἰερουσαλήμ·

14 καὶ ὧδε ἔχει [pres] ἐξουσίαν παρὰ τῶν ἀρχιερέων
δῆσαι [inf aor] πάντας τοὺς ἐπικαλουμένους [ptc pres mid] τὸ ὄνομά σου.

15 εἶπεν [aor] δὲ πρὸς αὐτὸν ὁ κύριος,
Πορεύου,
ὅτι σκεῦος ἐκλογῆς ἐστίν [pres] μοι οὗτος
τοῦ βαστάσαι [inf aor] τὸ ὄνομά μου
ἐνώπιον ἐθνῶν τε καὶ βασιλέων υἱῶν τε Ἰσραήλ·

16 ἐγὼ γὰρ ὑποδείξω [fut] αὐτῷ
ὅσα δεῖ [pres] αὐτὸν ὑπὲρ τοῦ ὀνόματός μου παθεῖν [inf aor].

17 Ἀπῆλθεν [aor] δὲ Ἁνανίας
καὶ εἰσῆλθεν [aor] εἰς τὴν οἰκίαν
καὶ ἐπιθεὶς [ptc aor] ἐπ᾽ αὐτὸν τὰς χεῖρας εἶπεν [aor],
Σαοὺλ ἀδελφέ,
ὁ κύριος ἀπέσταλκέν [pf] με,
Ἰησοῦς ὁ ὀφθείς [ptc aor] σοι ἐν τῇ ὁδῷ ᾗ ἤρχου [impf],
ὅπως ἀναβλέψῃς [subj aor]
καὶ πλησθῇς [subj aor] πνεύματος ἁγίου.

18 καὶ εὐθέως ἀπέπεσαν [aor]
αὐτοῦ ἀπὸ τῶν ὀφθαλμῶν
ὡς λεπίδες,
ἀνέβλεψέν [aor] τε
καὶ ἀναστὰς [ptc aor] ἐβαπτίσθη [aor].

19 καὶ λαβὼν [ptc aor] τροφὴν ἐνίσχυσεν [aor].

Ἐγένετο [aor] δὲ μετὰ τῶν ἐν Δαμασκῷ μαθητῶν
ἡμέρας τινὰς

{사울} 그가 다시 보도록 하기 위함이다."

13 하니 아나니아가 대답했습니다.
"주님,
제가 많은 이들로부터 들었습니다.
이 남자에 관해서요.
당신의 성도들에게 {행한} 해악을[해가 되는 나쁜 일들을] 빠짐없이 모두요.
그가 예루살렘에서 행한 것이죠.

14 여기서도 그는 권세를 대제사장들에게서 받아 가지고 있습니다.
당신의 이름에 호소하는 이들을 모두 동이어 묶을 {권세를요.}"

15 하니 주님께서 그에게 말씀하셨습니다.
"가라.
이가[/이 사람이] 내게는 훌륭한 그릇이다,
내 이름을 짊어질,
다른 여러 민족들뿐 아니라 왕들과 이스라엘 자손들 앞에서조차.

16 내가 그에게 보여 줄 것이다,
내 이름을 위하여 그가 겪어야 할 고난을 빠짐없이 모두."

17 하니 아나니아가 나가
그 집에 들어가서
그에게 손을 얹으며 말했습니다.
"사울 형제,
주님께서 나를 보내셨습니다.
당신이 오던 길에서 당신에게 보이셨던[/나타나셨던] 예수님이십니다.
당신이 다시 보고
당신에게 성령이 충만하기[당신이 성령으로 충만되기] 위함입니다."

18 그러자 곧바로 떨어졌습니다.
그의 눈[들]에서요.
딱지 같은 것들이요.
그 결과 그가 시력을 회복했고
일어나 세례를 받았습니다.

19 이어 음식을 받더니 기운이 났습니다.

후에 다메섹[다마스쿠스]에 있는 제자들과 함께 지냈습니다.
몇 날을요.

20 καὶ εὐθέως ἐν ταῖς συναγωγαῖς
ἐκήρυσσεν [impf] τὸν Ἰησοῦν
    ὅτι οὗτός ἐστιν [pres] ὁ υἱὸς τοῦ θεοῦ.

21 ἐξίσταντο [impf] δὲ πάντες οἱ ἀκούοντες [ptc pres] καὶ ἔλεγον [impf],
    Οὐχ οὗτός ἐστιν [pres]
    ὁ πορθήσας [ptc aor] εἰς Ἰερουσαλὴμ
        τοὺς ἐπικαλουμένους [ptc pres mid] τὸ ὄνομα τοῦτο;

    καὶ ὧδε εἰς τοῦτο ἐληλύθει [plpf]
        ἵνα δεδεμένους [ptc pf] αὐτοὺς
        ἀγάγῃ [subj aor] ἐπὶ τοὺς ἀρχιερεῖς.

22 Σαῦλος δὲ μᾶλλον ἐνεδυναμοῦτο [impf pass]
    καὶ συνέχυννεν [impf] (τοὺς) Ἰουδαίους τοὺς κατοικοῦντας [ptc pres] ἐν Δαμασκῷ
        συμβιβάζων [ptc pres]
            ὅτι οὗτός ἐστιν [pres] ὁ Χριστός.

23 Ὡς δὲ ἐπληροῦντο [impf pass] ἡμέραι ἱκαναί,
συνεβουλεύσαντο [aor] οἱ Ἰουδαῖοι
    ἀνελεῖν [inf aor] αὐτόν·

24 ἐγνώσθη [aor] δὲ τῷ Σαύλῳ
ἡ ἐπιβουλὴ αὐτῶν.

παρετηροῦντο [impf mid] δὲ καὶ τὰς πύλας ἡμέρας τε καὶ νυκτὸς
    ὅπως αὐτὸν ἀνέλωσιν [subj aor]·

25 λαβόντες [ptc aor] δὲ οἱ μαθηταὶ αὐτοῦ νυκτὸς
διὰ τοῦ τείχους καθῆκαν [aor] αὐτὸν
    χαλάσαντες [ptc aor] ἐν σπυρίδι.

26 Παραγενόμενος [ptc aor] δὲ εἰς Ἰερουσαλὴμ
ἐπείραζεν [impf] κολλᾶσθαι [inf pres mid] τοῖς μαθηταῖς,
καὶ πάντες ἐφοβοῦντο [impf mid] αὐτὸν
    μὴ πιστεύοντες [ptc pres]
        ὅτι ἐστὶν [pres] μαθητής.

27 Βαρναβᾶς δὲ ἐπιλαβόμενος [ptc aor] αὐτὸν
ἤγαγεν [aor] πρὸς τοὺς ἀποστόλους

20 그리고 곧바로 회당들에서
예수님을 전했습니다.
그분이[이분이] 하나님의 아들이라고요.

21 하니 듣는 이들 모두 깜짝 놀라며 말합니다.
"이는[/이 사람은] 아닌가,
예루살렘에서 짓밟던 자가,
이 이름에 호소하는 자들을?

여기에도 이를 위해[/이런 목적으로] 왔다,
어떻게든 그들을 묶어
대제사장들에게 끌고 가려고."

22 하나 사울은 더욱 확신을 가지고
다메섹[다마스쿠스]에 사는 유대인들을 충동합니다.
내세우면서요.
'이분이 그리스도라'고요.

23 그러다가 상당한 기간이[날들이] 지났을 때,
유대인들이 협의했습니다[/서로 의논했습니다].
그를 없애려고요.

24 한데 사울에게 알려졌습니다.
그들의 계략이요.

그런데 그들이 낮뿐 아니라 밤에도 성 들목[들]을 주시합니다[/집중하여 봅니다].
그를 없애려고요.

25 하니 그의 제자들이 밤에 {그를} 데려[/모시고] 와서
바깥벽으로 그를 아래로 내렸습니다.
광주리로 늘어뜨려서요.

26 후에 예루살렘에 도착해서는 [사울의 예루살렘 1차 방문: 35/37년; 갈 2:1-10]
그가[/사울이] 제자들과 가까이하려고 애를 씁니다.
그런데도 모두가 그를 무서워합니다.
믿지 않기 때문이죠.
그가 제자라는 것을요.

27 하나 바나바가 그를 붙들어다가
사도들에게 데려와서

καὶ διηγήσατο [aor] αὐτοῖς
        πῶς ἐν τῇ ὁδῷ εἶδεν [aor] τὸν κύριον
        καὶ ὅτι ἐλάλησεν [aor] αὐτῷ,
        καὶ πῶς ἐν Δαμασκῷ ἐπαρρησιάσατο [aor]
                ἐν τῷ ὀνόματι τοῦ Ἰησοῦ.

28 καὶ ἦν [impf] μετ᾽ αὐτῶν
        εἰσπορευόμενος [ptc pres] καὶ ἐκπορευόμενος [ptc pres] εἰς Ἰερουσαλήμ,
        παρρησιαζόμενος [ptc pres] ἐν τῷ ὀνόματι τοῦ κυρίου.

29 ἐλάλει [impf] τε καὶ συνεζήτει [impf]
        πρὸς τοὺς Ἑλληνιστάς,
οἱ δὲ ἐπεχείρουν [impf] ἀνελεῖν [inf aor] αὐτόν.

        30 ἐπιγνόντες [ptc aor] δὲ οἱ ἀδελφοὶ
κατήγαγον [aor] αὐτὸν εἰς Καισάρειαν
καὶ ἐξαπέστειλαν [aor] αὐτὸν εἰς Ταρσόν.

31 Ἡ μὲν οὖν ἐκκλησία
        καθ᾽ ὅλης τῆς Ἰουδαίας καὶ Γαλιλαίας καὶ Σαμαρείας
εἶχεν [impf] εἰρήνην.

        οἰκοδομουμένη [ptc pres pass] καὶ πορευομένη [ptc pres]
                τῷ φόβῳ τοῦ κυρίου
                καὶ τῇ παρακλήσει τοῦ ἁγίου πνεύματος
ἐπληθύνετο [impf pass].

32 Ἐγένετο [aor] δὲ
        Πέτρον διερχόμενον [ptc pres] διὰ πάντων κατελθεῖν [inf aor]
                καὶ πρὸς τοὺς ἁγίους τοὺς κατοικοῦντας [ptc pres] Λύδδα.

33 εὗρεν [aor] δὲ ἐκεῖ
        ἄνθρωπόν τινα ὀνόματι Αἰνέαν
        ἐξ ἐτῶν ὀκτὼ κατακείμενον [ptc pres] ἐπὶ κραβάττου,
                ὃς ἦν [impf] παραλελυμένος [ptc pf pass].

34 καὶ εἶπεν [aor] αὐτῷ ὁ Πέτρος,
        Αἰνέα,
        ἰᾶταί [pres] σε Ἰησοῦς Χριστός·

그들에게 자세히 얘기했습니다.
그가 길에서 어떻게 주님을 뵈었는지,
또한 주님이 그에게 얘기하신 바와
그가 다메섹[다마스쿠스]에서 얼마나 담대히 말했는지 {얘기했습니다.}
예수님의 이름으로요.

28 그래서 그가[/사울이] 그들과 함께 있으면서
예루살렘을 드나들며[/들어가고 나오며]
주님의 이름으로 담대히 말합니다.

29 그뿐 아니라 얘기하고 논쟁합니다.
헬라파 사람들과요.
하니 그들이 그를 없애려고 건드립니다.

30 하니 형제들이 알아채고
그를 데리고 가이사랴[카이사레아]로 내려가서
그를 다소[타르수스]로 떠나보냈습니다.

31 그래서 교회가
유대와 갈릴리와 사마리아 전체적으로
평안합니다[/평강합니다].

지어지고 진보합니다.
주님을 경외하며[주님을 경외함과]
거룩한 영의 북돋워 주는 말을 받아서요[성령의 격려로요].
{그들의} 수가 많아졌습니다.

32 한편 {이런} 일이 있게 되었습니다.
모든 곳을[/유대와 갈릴리와 사마리아를] 두루 다니던 베드로가 다다르게 된 일이요.
룻다에 거주하는 성도들에게까지도요.

33 한데 거기에서 그는 만났습니다.
이름이 애니아라는 사람 하나를요.
8년간 자리에[/돗자리에] 몸져누워 있네요.
그가 중풍에 걸려서요.

34 그런데 베드로가 그에게 말했습니다.
"애니아씨,
예수 그리스도께서 당신을 고치십니다.

ἀνάστηθι [impv aor] καὶ στρῶσον [impv aor] σεαυτῷ.

καὶ εὐθέως ἀνέστη [aor].

35 καὶ εἶδαν [aor] αὐτὸν
πάντες οἱ κατοικοῦντες [ptc pres] Λύδδα καὶ τὸν Σαρῶνα,
οἵτινες ἐπέστρεψαν [aor] ἐπὶ τὸν κύριον.

36 Ἐν Ἰόππῃ δέ
τις ἦν [impf] μαθήτρια ὀνόματι Ταβιθά,
ἣ διερμηνευομένη [ptc pres pass] λέγεται [pres pass] Δορκάς·

αὕτη ἦν [impf] πλήρης
ἔργων ἀγαθῶν καὶ ἐλεημοσυνῶν ὧν ἐποίει [impf].

37 ἐγένετο [aor] δὲ ἐν ταῖς ἡμέραις ἐκείναις
ἀσθενήσασαν [ptc aor] αὐτὴν ἀποθανεῖν [inf aor]·

λούσαντες [ptc aor] δὲ ἔθηκαν [aor] (αὐτὴν) ἐν ὑπερῴῳ.

38 ἐγγὺς δὲ οὔσης [ptc pres] Λύδδας τῇ Ἰόππῃ
οἱ μαθηταὶ ἀκούσαντες [ptc aor]
ὅτι Πέτρος ἐστὶν [pres] ἐν αὐτῇ
ἀπέστειλαν [aor] δύο ἄνδρας πρὸς αὐτὸν
παρακαλοῦντες [ptc pres],
Μὴ ὀκνήσῃς [subj aor] διελθεῖν [inf aor] ἕως ἡμῶν.

39 ἀναστὰς [ptc aor] δὲ Πέτρος συνῆλθεν [aor] αὐτοῖς·

ὃν παραγενόμενον [ptc aor]
ἀνήγαγον [aor] εἰς τὸ ὑπερῷον
καὶ παρέστησαν [aor] αὐτῷ πᾶσαι αἱ χῆραι
κλαίουσαι [ptc pres]
καὶ ἐπιδεικνύμεναι [ptc pres mid] χιτῶνας καὶ ἱμάτια
ὅσα ἐποίει [impf] μετʼ αὐτῶν οὖσα [ptc pres] ἡ Δορκάς.

40 ἐκβαλὼν [ptc aor] δὲ ἔξω πάντας ὁ Πέτρος
καὶ θεὶς [ptc aor] τὰ γόνατα προσηύξατο [aor]
καὶ ἐπιστρέψας [ptc aor] πρὸς τὸ σῶμα εἶπεν [aor],
Ταβιθά, ἀνάστηθι [impv aor].

스스로 일어나 가지런히 정리하십시오[/정돈하십시오]."

그러자 그가 곧바로 일어났습니다.

35 후에 그를 봤습니다[/그와 만났습니다].
룻다와 사론[샤론] 평야에 거주하는 모든 이들이요.
그래서 그들이 주님께로 돌이켰습니다.

36 한편 욥바에는
이름이 다비다라는 여제자[/여자 제자] 하나가 있는데,
그것은[/다비다는] 번역해서 도르가라고[/가젤이라고] 불립니다.

그녀는 열중했습니다[/정신을 쏟았습니다].
그녀가 행하는 선한 일[들]과 구제[들]에요.

37 그러다가 그 무렵에[저 날들에] 이르렀습니다.
그녀가 약해져서 죽기에요.

하니 사람들이[그들이][/여제자들이] 씻겨 그녀를 윗다락에 두었습니다.

38 한데 룻다가 욥바에서 가까워
제자들이 {소식을} 전해 듣습니다.
베드로가 거기에[그 안에] 있다고요.
남자 둘을 그에게 보냈습니다.
{보내서 이렇게} 기별합니다.
"머뭇거리지 말고 우리에게[까지] 건너오세요."

39 하니 베드로가 일어나서 그들과 함께 갔습니다.

도착하자 그를
그들이 윗다락으로 안내했습니다.
그러니 과부마다[모든 과부들이] 그 옆에 서서
울며,
[/입던] 속옷들과 겉옷들을 보여 주었습니다.
도르가가 그들과 함께 있으면서 지은 것들을 빠짐없이 모두요.

40 하나 베드로는 모두를 바깥으로 내몰고
무릎[들]을 꿇고 기도하더니
그 몸으로[/시체로] 고개를 돌려 보고 말했습니다.
"다비다 씨, 일어나세요."

ἡ δὲ ἤνοιξεν [aor] τοὺς ὀφθαλμοὺς αὐτῆς,
καὶ ἰδοῦσα [ptc aor] τὸν Πέτρον ἀνεκάθισεν [aor].

41 δοὺς [ptc aor] δὲ αὐτῇ χεῖρα
ἀνέστησεν [aor] αὐτήν·

φωνήσας [ptc aor] δὲ τοὺς ἁγίους καὶ τὰς χήρας
παρέστησεν [aor] αὐτὴν ζῶσαν [ptc pres].

42 γνωστὸν δὲ ἐγένετο [aor] καθʼ ὅλης τῆς Ἰόππης,
καὶ ἐπίστευσαν [aor] πολλοὶ ἐπὶ τὸν κύριον.

43 Ἐγένετο [aor] δὲ ἡμέρας ἱκανὰς μεῖναι [inf aor]
ἐν Ἰόππῃ
παρά τινι Σίμωνι βυρσεῖ.

Chapter 10

10:1 Ἀνὴρ δέ τις ἐν Καισαρείᾳ ὀνόματι Κορνήλιος,
ἑκατοντάρχης ἐκ σπείρης τῆς καλουμένης [ptc pres pass] Ἰταλικῆς,
2 εὐσεβὴς
καὶ φοβούμενος [ptc pres mid] τὸν θεὸν
σὺν παντὶ τῷ οἴκῳ αὐτοῦ,
ποιῶν [ptc pres] ἐλεημοσύνας πολλὰς τῷ λαῷ
καὶ δεόμενος [ptc pres] τοῦ θεοῦ διὰ παντός.

3 εἶδεν [aor] ἐν ὁράματι φανερῶς
ὡσεὶ περὶ ὥραν ἐνάτην τῆς ἡμέρας
ἄγγελον τοῦ θεοῦ
εἰσελθόντα [ptc aor] πρὸς αὐτὸν
καὶ εἰπόντα [ptc aor] αὐτῷ, Κορνήλιε.

4 ὁ δὲ ἀτενίσας [ptc aor] αὐτῷ
καὶ ἔμφοβος γενόμενος [ptc aor] εἶπεν [aor],
Τί ἐστιν [pres], κύριε;

εἶπεν [aor] δὲ αὐτῷ,
Αἱ προσευχαί σου καὶ αἱ ἐλεημοσύναι σου
ἀνέβησαν [aor] εἰς μνημόσυνον ἔμπροσθεν τοῦ θεοῦ.

하니 그녀가 [그녀의] 눈[들]을 떴습니다.
이어 베드로를 보더니 일어앉습니다[일어나 앉습니다].

41 해서 그녀에게 손을 내밀어
그녀를 일으켰습니다.

그러다가 성도들과 과부들을 불러
살아난 그녀를[그녀의 살아 있음을] 보여 주었습니다.

42 한데 이것이 욥바 전체에 알려지게 되어
모든 이들이 주님을 믿었습니다.

43 그 바람에 {베드로는} 상당한 기간 동안 머물게 되었습니다.
욥바에요.
무두장이 시몬이란 사람 곁에요.

10장

10:1 한편 가이사랴[카이사레아]에는 이름이 고넬료라는 남자 하나가 {있는데,}
이달리야[이탈리아]라고 불리는 군대의 백부장{입니다.}
2 경건하고
하나님을 두려워합니다.
온 집안 식구와 함께요.
백성에게 구제를 많이[많은 구제들을] 행하고
항상 하나님께 간구합니다.

3 그가 환상 가운데에서 똑똑히 봤습니다.
낮 제9시[오후 3시] 즈음해서요.
하나님의 천사가
그를 찾아와서
그에게 "고넬료야!" 하고 말하는 것을요.

4 하니 천사를[그를] 주의 깊게 살피다가
그가 두려워져서 말했습니다.
"무슨 일이십니까, 주님?"

그러자 천사가[그가] 그에게 말했습니다.
"너의 기도[들]와 [너의] 구제[들]가
올라와서 하나님께 기억되었다.

5 καὶ νῦν πέμψον [impv aor] ἄνδρας εἰς Ἰόππην
καὶ μετάπεμψαι [impv aor] Σίμωνά τινα
ὃς ἐπικαλεῖται [pres pass] Πέτρος·

6 οὗτος ξενίζεται [pres pass] παρά τινι Σίμωνι βυρσεῖ,
ᾧ ἐστιν [pres] οἰκία παρὰ θάλασσαν.

7 ὡς δὲ ἀπῆλθεν [aor] ὁ ἄγγελος ὁ λαλῶν [ptc pres] αὐτῷ,
φωνήσας [ptc aor]
δύο τῶν οἰκετῶν
καὶ στρατιώτην εὐσεβῆ
τῶν προσκαρτερούντων αὐτῷ
8 καὶ ἐξηγησάμενος [ptc aor] ἅπαντα αὐτοῖς
ἀπέστειλεν [aor] αὐτοὺς εἰς τὴν Ἰόππην.

9 Τῇ δὲ ἐπαύριον,
ὁδοιπορούντων [ptc pres] ἐκείνων
καὶ τῇ πόλει ἐγγιζόντων [ptc pres]
ἀνέβη [aor] Πέτρος ἐπὶ τὸ δῶμα
προσεύξασθαι [inf aor] περὶ ὥραν ἕκτην.

10 ἐγένετο [aor] δὲ πρόσπεινος
καὶ ἤθελεν [impf] γεύσασθαι [inf aor].

παρασκευαζόντων [ptc pres] δὲ αὐτῶν
ἐγένετο [aor] ἐπ᾽ αὐτὸν ἔκστασις
11 καὶ θεωρεῖ [pres]
τὸν οὐρανὸν ἀνεῳγμένον [ptc pf pass]
καὶ καταβαῖνον [ptc pres] σκεῦός τι
ὡς ὀθόνην μεγάλην
τέσσαρσιν ἀρχαῖς καθιέμενον [ptc pres pass] ἐπὶ τῆς γῆς,
12 ἐν ᾧ ὑπῆρχεν [impf]
πάντα τὰ τετράποδα καὶ ἑρπετὰ τῆς γῆς καὶ πετεινὰ τοῦ οὐρανοῦ.

13 καὶ ἐγένετο [aor] φωνὴ πρὸς αὐτόν,
Ἀναστάς [ptc aor], Πέτρε, θῦσον [impv aor] καὶ φάγε [impv aor].

14 ὁ δὲ Πέτρος εἶπεν [aor],
Μηδαμῶς, κύριε,
ὅτι οὐδέποτε ἔφαγον [aor]

5 그러니 지금 욥바로 급히 남자들을 보내서,
시몬이란 사람을 불러오너라.
그는 베드로라 일컬어진다.

6 그는[이는] 무두장이 시몬이란 사람[이의] 곁에 묵고 있다.
시몬의 주택은[그에게는 주택이] 바닷가에 있다."

7 하여 그에게 얘기하던 천사가 떠나자,
불렀습니다.
사내종 둘과
경건한 군인을요.
그와 시간을 보내는 이들입니다.
8 이어 그들에게 모든 것[들]을 알리고
그들을 욥바로 보냈습니다. [가이사랴-욥바: 약 50km(직)]

9 하니 이튿날
그들이[저들이] 이동하여
그 성 가까이에 있는데,
베드로가 지붕 위로 올라갔습니다.
제6시[정오]에 즈음하여 기도하려요.

10 한데 배가 고파
식사하기를 바랍니다.

마침 그들이 준비하는데
그가 무의식 상태가 되었습니다[그 위에 무의식 상태가 이르렀습니다].
11 그리고 그가 목도합니다.
하늘이 열리고
그릇 하나가 내려오는 것을요.
커다란 천 같은데
네 귀퉁이가[귀들로] 땅바닥까지 드리워져 있습니다.
12 그런데 그 안에는 있습니다.
온갖 종류의 네발짐승들과 지면의 길짐승들과 하늘의 새들이요.

13 이어 그에게 말소리가 났습니다.
"베드로야, 일어나 잡아서[/제물로 바치고] 먹어라."

14 하나 베드로가 말했습니다.
"안 됩니다, 주님.
저는 한번도 먹어본 적이 없습니다.

πᾶν κοινὸν καὶ ἀκάθαρτον.

15 καὶ φωνὴ πάλιν ἐκ δευτέρου πρὸς αὐτόν,
Ἃ ὁ θεὸς ἐκαθάρισεν [aor]
σὺ μὴ κοίνου [impv pres].

16 τοῦτο δὲ ἐγένετο [aor] ἐπὶ τρὶς
καὶ εὐθὺς ἀνελήμφθη [aor] τὸ σκεῦος εἰς τὸν οὐρανόν.

17 Ὡς δὲ ἐν ἑαυτῷ διηπόρει [impf] ὁ Πέτρος
τί ἂν εἴη [opt pres] τὸ ὅραμα ὃ εἶδεν [aor],
ἰδοὺ οἱ ἄνδρες οἱ ἀπεσταλμένοι [ptc pf pass] ὑπὸ τοῦ Κορνηλίου
διερωτήσαντες [ptc aor] τὴν οἰκίαν τοῦ Σίμωνος
ἐπέστησαν [aor] ἐπὶ τὸν πυλῶνα.

18 καὶ φωνήσαντες [ptc aor] ἐπυνθάνοντο [impf]
εἰ Σίμων ὁ ἐπικαλούμενος [ptc pres pass] Πέτρος ἐνθάδε ξενίζεται [pres, pass].

19 τοῦ δὲ Πέτρου
διενθυμουμένου [ptc pres] περὶ τοῦ ὁράματος
εἶπεν [aor] (αὐτῷ) τὸ πνεῦμα,
Ἰδοὺ ἄνδρες τρεῖς ζητοῦντές [ptc pres] σε,
20 ἀλλὰ ἀναστὰς [ptc aor] κατάβηθι [impv aor]
καὶ πορεύου [impv pres] σὺν αὐτοῖς
μηδὲν διακρινόμενος [ptc pres mid]
ὅτι ἐγὼ ἀπέσταλκα [pf] αὐτούς.

21 καταβὰς [ptc aor] δὲ Πέτρος
πρὸς τοὺς ἄνδρας εἶπεν [aor],
Ἰδοὺ ἐγώ εἰμι [pres] ὃν ζητεῖτε [pres]·
τίς ἡ αἰτία δι᾽ ἣν πάρεστε [pres];

22 οἱ δὲ εἶπαν [aor],
Κορνήλιος ἑκατοντάρχης,
ἀνὴρ δίκαιος καὶ φοβούμενος [ptc pres mid] τὸν θεὸν
μαρτυρούμενός [ptc pres pass] τε ὑπὸ ὅλου τοῦ ἔθνους τῶν Ἰουδαίων,
ἐχρηματίσθη [aor] ὑπὸ ἀγγέλου ἁγίου
μεταπέμψασθαί [inf aor] σε εἰς τὸν οἶκον αὐτοῦ
καὶ ἀκοῦσαι [inf aor] ῥήματα παρὰ σοῦ.

속되고 더러운 것은 어떤 것이든요."

15 그러자 두번째로 다시 말소리가 그에게 {났습니다.}
"하나님께서 깨끗이 하신 것들을
네가 더럽히지 마라."

16 이 일이 세 번 일어났습니다.
그리고 곧바로 그 그릇은 하늘로 올려졌습니다.

17 하여 베드로가 스스로 미심쩍이 생각할 때였습니다.
그가 본 환상이[/광경이] 무슨 의미를 지닐 것인지{에 대해서요.}
보십시오. 고넬료가 보낸[고넬료에 의해 파견된] 그 남자들이
시몬의 주택에 관하여 물으면서
어귀로 몰려왔습니다.

18 이어 부르더니, 자세히 따져서 묻습니다.
베드로라 일컬어지는 시몬이 거기에[여기에] 묵고 있는지{에 대해서요.}

19 한편 베드로는
그 환상에[/광경에] 대해 곰곰 생각하는데,
[거] 영이 말씀하셨습니다.
"보아라, 남자[들] 셋이 너를 찾고 있다.
20 하지만 일어나 내려가서,
그들과 함께 가라,
아무 차별도 두지 말고.
내가 그들을 보냈기 때문이다."

21 하니 베드로가 내려가서
그 남자들에게 말했습니다.
"보십시오. 내가 당신들이 찾는 사람입니다[이입니다].
당신들이 이른 이유가 무엇입니까?"

22 하니 그들이 말했습니다.
"백부장 고넬료는
올바르고 하나님을 경외할 뿐 아니라
유대 민족 전체로부터[유대인들 민족 전체에 의해] 좋은 평가를 받는 남자입니다.
그가 거룩한 천사로부터[천사에 의해] 지도를 받았습니다.
당신을 그의 집으로 모셔
당신에게서 한 말씀[얘기들을] 들으라고요."

23 εἰσκαλεσάμενος [ptc aor] οὖν αὐτοὺς ἐξένισεν [aor].

Τῇ δὲ ἐπαύριον
ἀναστὰς [ptc aor] ἐξῆλθεν [aor] σὺν αὐτοῖς
καί τινες τῶν ἀδελφῶν τῶν ἀπὸ Ἰόππης
συνῆλθον [aor] αὐτῷ.

24 τῇ δὲ ἐπαύριον
εἰσῆλθεν [aor] εἰς τὴν Καισάρειαν·

ὁ δὲ Κορνήλιος
ἦν [impf] προσδοκῶν [ptc pres] αὐτοὺς
συγκαλεσάμενος [ptc aor] τοὺς συγγενεῖς αὐτοῦ καὶ τοὺς ἀναγκαίους φίλους.

25 ὡς δὲ ἐγένετο [aor] τοῦ εἰσελθεῖν [inf aor] τὸν Πέτρον,
συναντήσας [ptc aor] αὐτῷ ὁ Κορνήλιος
πεσὼν [ptc aor] ἐπὶ τοὺς πόδας προσεκύνησεν [aor].

26 ὁ δὲ Πέτρος ἤγειρεν [aor] αὐτὸν λέγων [ptc pres],
Ἀνάστηθι [impv aor]·
καὶ ἐγὼ αὐτὸς ἄνθρωπός εἰμι [pres].

27 καὶ συνομιλῶν [ptc pres] αὐτῷ εἰσῆλθεν [aor]
καὶ εὑρίσκει [pres] συνεληλυθότας [ptc pf] πολλούς,
28 ἔφη [impf] τε πρὸς αὐτούς,
Ὑμεῖς ἐπίστασθε [pres mid]
ὡς ἀθέμιτόν ἐστιν [pres] ἀνδρὶ Ἰουδαίῳ
κολλᾶσθαι [inf pres mid] ἢ προσέρχεσθαι [inf pres] ἀλλοφύλῳ·

κἀμοὶ ὁ θεὸς ἔδειξεν [aor]
μηδένα κοινὸν ἢ ἀκάθαρτον λέγειν [inf pres] ἄνθρωπον·

29 διὸ καὶ ἀναντιρρήτως ἦλθον [aor] μεταπεμφθείς [ptc aor].

πυνθάνομαι [pres] οὖν τίνι λόγῳ μετεπέμψασθέ [aor] με;

30 καὶ ὁ Κορνήλιος ἔφη [impf],
Ἀπὸ τετάρτης ἡμέρας μέχρι ταύτης τῆς ὥρας
ἤμην [impf] τὴν ἐνάτην προσευχόμενος [ptc pres] ἐν τῷ οἴκῳ μου,
καὶ ἰδοὺ ἀνὴρ
ἔστη [aor] ἐνώπιόν μου ἐν ἐσθῆτι λαμπρᾷ

23 그러므로 베드로가[그가] 그들을 불러들여 대접했습니다.

그러다가 그 이튿날에
베드로가[그가] 일어나 그들과 함께 출발하는데,
욥바 출신 몇몇 형제들이
그와 함께 갔습니다.

24 해서 그 이튿날에
베드로가[그가] 가이사랴[카이사레아]로 들어섰습니다.

한편 고넬료는
그들을 기다리고 있었습니다.
그의 일가 친척들과 절친한 친구들을 불러 모은 뒤에요.

25 하여 베드로가 들어서자[/들어서게 되었을 때]
고넬료가 그를 맞이하더니
납작 엎드려 절을 올렸습니다.

26 하니 베드로가 그를 일으키며 말했습니다.
"일어나세요.
저도[저 자신도] 사람입니다."

27 그러면서 고넬료와[그와] 얘기를 주고받다가 들어가서
많은 이들이 모여 있는 것을 발견하고
28 그들에게 이릅니다.
"여러분도 알고 있습니다.
유대 남자에게 허용되지 않는다는 것쯤은요.
타민족에게 가까이하거나 다가가는[/접근하는] 것이요.

그런데도 제게 하나님께서 꼭 집어서 보여 주셨습니다.
어떤 사람도 속되거나 더럽다고 말하지 말 것을요.

29 그러므로 부름을 받자 군말 없이 오기조차 했습니다.

그러니 무슨 일로 나를 불러왔는지 여쭙겠습니다."

30 그러자 고넬료가 이릅니다.
"나흘 전부터 이 시간까지
저는 [저의] 집에서 제9시[오후 3시] 기도를 드리고 있습니다.
그런데 보십시오. {웬} 남자가
제 앞에 빛나는 옷을 걸치고[/걸치개를 입고] 서서

31 καὶ φησίν [pres],
Κορνήλιε,
εἰσηκούσθη [aor] σου ἡ προσευχὴ
καὶ αἱ ἐλεημοσύναι σου ἐμνήσθησαν [aor] ἐνώπιον τοῦ θεοῦ.

32 πέμψον [impv aor] οὖν εἰς Ἰόππην
καὶ μετακάλεσαι [impv aor] Σίμωνα
ὃς ἐπικαλεῖται [pres pass] Πέτρος.

οὗτος ξενίζεται [pres pass]
ἐν οἰκίᾳ Σίμωνος βυρσέως παρὰ θάλασσαν.

33 ἐξαυτῆς οὖν ἔπεμψα [aor] πρὸς σέ,
σύ τε καλῶς ἐποίησας [aor] παραγενόμενος [ptc aor].

νῦν οὖν πάντες ἡμεῖς ἐνώπιον τοῦ θεοῦ πάρεσμεν [pres]
ἀκοῦσαι [inf aor] πάντα τὰ προστεταγμένα [ptc pf pass] σοι ὑπὸ τοῦ κυρίου.

34 Ἀνοίξας [ptc aor] δὲ Πέτρος τὸ στόμα εἶπεν [aor],
Ἐπ᾽ ἀληθείας καταλαμβάνομαι [pres mid]
ὅτι οὐκ ἔστιν [pres] προσωπολήμπτης ὁ θεός.

35 ἀλλ᾽ ἐν παντὶ ἔθνει
ὁ φοβούμενος [ptc pres mid] αὐτὸν καὶ ἐργαζόμενος [ptc pres] δικαιοσύνην
δεκτὸς αὐτῷ ἐστιν [pres].

36 τὸν λόγον
(ὃν) ἀπέστειλεν [aor] τοῖς υἱοῖς Ἰσραὴλ
εὐαγγελιζόμενος [ptc pres mid] εἰρήνην διὰ Ἰησοῦ Χριστοῦ,
οὗτός ἐστιν [pres] πάντων κύριος,
37 ὑμεῖς οἴδατε [pf]
τὸ γενόμενον [ptc aor] ῥῆμα καθ᾽ ὅλης τῆς Ἰουδαίας,
ἀρξάμενος [ptc aor] ἀπὸ τῆς Γαλιλαίας
μετὰ τὸ βάπτισμα ὃ ἐκήρυξεν [aor] Ἰωάννης,
38 Ἰησοῦν τὸν ἀπὸ Ναζαρέθ,
ὡς ἔχρισεν [aor] αὐτὸν ὁ θεὸς πνεύματι ἁγίῳ καὶ δυνάμει,
ὃς διῆλθεν [aor]
εὐεργετῶν [ptc pres] καὶ ἰώμενος [ptc pres]
πάντας τοὺς καταδυναστευομένους [ptc pres pass]
ὑπὸ τοῦ διαβόλου,
ὅτι ὁ θεὸς ἦν [impf] μετ᾽ αὐτοῦ.

31 이릅니다.
'고넬료야,
너의 기도가 전해졌고[/상달되었고]
너의 구제[들]가 하나님 앞에 기억되었다.

32 그러니까 욥바로 {사람을} 급히 보내
시몬을 청하라[/불러오너라].
그는 베드로라 일컬어진다.

그는[이는] 묵고 있다,
바닷가 무두장이 시몬의 주택에서.'

33 그래서 제가 즉시 당신에게 급히 {사람들을} 보냈습니다.
그리하여 당신이 오셨으니 매우 잘 하신 것입니다.

그러니 이제 우리 모두는 하나님 앞에 이른 것입니다.
주님께서 당신에게 맡기신[주님에 의해 당신에게 부여된] 모든 것들을 들으려고요."

34 이에 베드로가 입을 열어 말했습니다.
"저는 진실로 인정합니다.
하나님께서 편애하지[/치우치게 사랑하지] 않으신다는 것을요.

35 도리어 모든 민족 가운데에서
그분을 두려워하고 의를 이루는 자는
그분이 기꺼이 받아들이신다는[그분께 기꺼이 받아들여진다는] 것입니다.

36 [거] 말씀을요,
하나님께서[그분이] 이스라엘 자손들에게 보내신 말씀이죠[것이죠],
예수 그리스도를 통해[/통한] 평강을 전하시면서요,
예수님은[이분은] 만물의[/만유의] 주님이시죠,
37 여러분도 알고 있습니다.
유대 지방 전체에 흘러간 이야기입니다.
갈릴리에서 출발했죠.
요한이 세례를 전한[요한이 전한 세례] 뒤에요.
38 {바로} 나사렛 출신 예수님입니다.
하나님께서 거룩한 영과 권능을 그분에게 들이부으시자
그분은 두루 다니며
돌보시고 고치셨습니다.
눌린 자들을 모두요.
마귀에게요
하나님께서 그분과 함께 하셨기 때문입니다.

39 καὶ ἡμεῖς μάρτυρες πάντων
ὧν ἐποίησεν [aor]
ἔν τε τῇ χώρᾳ τῶν Ἰουδαίων καὶ (ἐν) Ἰερουσαλήμ.

ὃν καὶ ἀνεῖλαν [aor]
κρεμάσαντες [ptc aor] ἐπὶ ξύλου,
40 τοῦτον ὁ θεὸς ἤγειρεν [aor]
(ἐν) τῇ τρίτῃ ἡμέρᾳ
καὶ ἔδωκεν [aor] αὐτὸν ἐμφανῆ γενέσθαι [inf aor],
41 οὐ παντὶ τῷ λαῷ
ἀλλὰ μάρτυσιν τοῖς προκεχειροτονημένοις [ptc pf pass] ὑπὸ τοῦ θεοῦ,
ἡμῖν,
οἵτινες συνεφάγομεν [aor] καὶ συνεπίομεν [aor] αὐτῷ
μετὰ τὸ ἀναστῆναι [inf aor] αὐτὸν ἐκ νεκρῶν·

42 καὶ παρήγγειλεν [aor] ἡμῖν
κηρύξαι [inf aor] τῷ λαῷ καὶ διαμαρτύρασθαι [inf aor]
ὅτι οὗτός ἐστιν [pres]
ὁ ὡρισμένος [ptc pf pass] ὑπὸ τοῦ θεοῦ
κριτὴς ζώντων καὶ νεκρῶν.

43 τούτῳ πάντες οἱ προφῆται μαρτυροῦσιν [pres]
ἄφεσιν ἁμαρτιῶν λαβεῖν [inf aor]
διὰ τοῦ ὀνόματος αὐτοῦ
πάντα τὸν πιστεύοντα [ptc pres] εἰς αὐτόν.

44 Ἔτι λαλοῦντος [ptc pres] τοῦ Πέτρου τὰ ῥήματα ταῦτα
ἐπέπεσεν [aor] τὸ πνεῦμα τὸ ἅγιον
ἐπὶ πάντας τοὺς ἀκούοντας [ptc pres] τὸν λόγον.

45 καὶ ἐξέστησαν [aor] οἱ ἐκ περιτομῆς πιστοὶ
ὅσοι συνῆλθαν [aor] τῷ Πέτρῳ,
ὅτι καὶ ἐπὶ τὰ ἔθνη
ἡ δωρεὰ τοῦ ἁγίου πνεύματος ἐκκέχυται [pf pass]·

46 ἤκουον [impf] γὰρ
αὐτῶν
λαλούντων [ptc pres] γλώσσαις
καὶ μεγαλυνόντων [ptc pres] τὸν θεόν.

39 우리까지도 모든 일들의 증인[들]{입니다.}
그분이 행하신 일들이죠.
유대[유대인들의] 지역뿐 아니라 예루살렘에서요.

그런데 그분을 그들이 없애기까지 한 것입니다.
나무에 매달아서요.
40 이분을 하나님께서 일으키셨죠.
3일째에요.
그리고 사람들이 그분 보는 것을[그분이 보이도록] 허락하셨습니다.
41 백성 모두가 아니라,
하나님께서 미리 선택하신[하나님에 의해 미리 선택된] 증인들인
우리에게 {하신 것입니다.}
우리는 그분과 함께 먹고 함께 마셨습니다.
그분이 죽은 자들 가운데에서 일어나신 뒤에요.

42 그러면서 우리에게 지시하셨습니다.
백성에게 전하고 증언하라고요[/전파하고 알려주라고요].
이분이 바로
하나님께서 정하신 분이라고요.
산 자[들]와 죽은 자들의 재판장{이시죠.}

43 모든 선지자들도 이분에 대해 증언합니다.
죄[들의] 사함을 받는다고요.
그분의 이름을 통해서요.
그분을 믿는 자마다요."

44 베드로가 이 말[들]을 아직 얘기하고 있는데,
거룩한 영이 임하셨습니다.
말씀을 듣는 모든 이들 위에요.

45 그래서 할례 받은[출신] 믿는 자들이 깜짝 놀랐습니다.
베드로와 함께 온 자들이 한결같이요.
사실 다른 민족들에게조차
거룩한 영의 선물이 부어내렸기 때문입니다.

46 그들이 듣기 때문입니다.
그들이
방언하고[혀로 얘기하고]
하나님 우러르는 것을요.

τότε ἀπεκρίθη [aor] Πέτρος,
47 Μήτι τὸ ὕδωρ δύναται [pres] κωλῦσαί [inf aor] τις
τοῦ μὴ βαπτισθῆναι [inf aor] τούτους,
οἵτινες τὸ πνεῦμα τὸ ἅγιον ἔλαβον [aor]
ὡς καὶ ἡμεῖς;

48 προσέταξεν [aor] δὲ αὐτοὺς
ἐν τῷ ὀνόματι Ἰησοῦ Χριστοῦ βαπτισθῆναι [inf aor].

τότε ἠρώτησαν [aor] αὐτὸν
ἐπιμεῖναι [inf aor] ἡμέρας τινάς.

Chapter 11

11:1 Ἤκουσαν [aor] δὲ οἱ ἀπόστολοι
καὶ οἱ ἀδελφοὶ οἱ ὄντες [ptc pres] κατὰ τὴν Ἰουδαίαν
ὅτι καὶ τὰ ἔθνη ἐδέξαντο [aor] τὸν λόγον τοῦ θεοῦ.

2 ὅτε δὲ ἀνέβη [aor] Πέτρος εἰς Ἰερουσαλήμ,
διεκρίνοντο [impf] πρὸς αὐτὸν οἱ ἐκ περιτομῆς
3 λέγοντες [ptc pres] ὅτι
Εἰσῆλθες [aor] πρὸς ἄνδρας ἀκροβυστίαν ἔχοντας [ptc pres]
καὶ συνέφαγες [aor] αὐτοῖς.

4 ἀρξάμενος [ptc aor] δὲ Πέτρος
ἐξετίθετο [impf] αὐτοῖς καθεξῆς λέγων [ptc pres].

5 Ἐγὼ ἤμην [impf] ἐν πόλει Ἰόππῃ προσευχόμενος [ptc pres]
καὶ εἶδον [aor] ἐν ἐκστάσει ὅραμα,
καταβαῖνον [ptc pres] σκεῦός τι
ὡς ὀθόνην μεγάλην
τέσσαρσιν ἀρχαῖς καθιεμένην [ptc pres pass]
ἐκ τοῦ οὐρανοῦ,
καὶ ἦλθεν [aor] ἄχρι ἐμοῦ·

6 εἰς ἣν ἀτενίσας [ptc aor]
κατενόουν [impf]
καὶ εἶδον [aor]
τὰ τετράποδα τῆς γῆς

그때에 베드로가 반응했습니다.
47 "누가 물을 금할 수 있겠습니까?
이들이 세례 받지 못하도록요.
이들은 거룩한 영을 받았습니다.
우리와도 같이요."

48 하여 베드로가[그가] 그들을 맡겼습니다.
예수 그리스도의 이름으로 세례를 받도록요.

그때에 그들이 간청했습니다[/간절히 청했습니다].
베드로에게[그에게] 며칠 지내 달라고요.

11장

11:1 그런데 사도들이 전해 들었습니다.
유대 지방에 흩어져 있던 형제들도요.
'다른 민족들도 하나님의 말씀을 받았다'고요.

2 하여 베드로가 예루살렘에 올라왔을 때,
할례 받은 신자들이[할례 출신 자들이] 그를 차별 대우하며
3 다음과 같이 말합니다.
"당신은 할례 받지 않은 남자들의 모임에[포피 가진 남자들에게] 들어가서
그들과 함께 먹었습니다."

4 하니 베드로가 말을 꺼내더니
그들에게 차례로 [말하며] 설명합니다.

5 "저는 욥바 성에서 기도하고 있었습니다.
그런데 무의식 상태에서 환상을 보았습니다.
그릇 하나가 내려오는 {환상을요.}
커다란 천 같았습니다.
네 귀퉁이가[귀들로] 드리워진 {천이죠.}
하늘에서요.
이어 그것이 제게 닿았습니다.

6 그 안을 주의 깊게 살펴
주목하니
보였습니다.
지면의 네발짐승들과

καὶ τὰ θηρία
καὶ τὰ ἑρπετὰ
καὶ τὰ πετεινὰ τοῦ οὐρανοῦ.

7 ἤκουσα [aor] δὲ καὶ φωνῆς λεγούσης [ptc pres] μοι,
Ἀναστάς [ptc aor], Πέτρε,
θῦσον [impv aor] καὶ φάγε [impv aor].

8 εἶπον [aor] δέ,
Μηδαμῶς, κύριε,
ὅτι κοινὸν ἢ ἀκάθαρτον
οὐδέποτε εἰσῆλθεν [aor] εἰς τὸ στόμα μου.

9 ἀπεκρίθη [aor] δὲ φωνὴ ἐκ δευτέρου
ἐκ τοῦ οὐρανοῦ,
Ἃ ὁ θεὸς ἐκαθάρισεν [aor]
σὺ μὴ κοίνου [impv pres].

10 τοῦτο δὲ ἐγένετο [aor] ἐπὶ τρίς,
καὶ ἀνεσπάσθη [aor] πάλιν ἅπαντα
εἰς τὸν οὐρανόν.

11 καὶ ἰδοὺ
ἐξαυτῆς τρεῖς ἄνδρες ἐπέστησαν [aor]
ἐπὶ τὴν οἰκίαν ἐν ᾗ ἦμεν [impf],
ἀπεσταλμένοι [ptc pf pass] ἀπὸ Καισαρείας πρός με.

12 εἶπεν [aor] δὲ τὸ πνεῦμά μοι
συνελθεῖν [inf aor] αὐτοῖς
μηδὲν διακρίναντα [ptc aor].

ἦλθον [aor] δὲ σὺν ἐμοὶ
καὶ οἱ ἓξ ἀδελφοὶ οὗτοι
καὶ εἰσήλθομεν [aor] εἰς τὸν οἶκον τοῦ ἀνδρός.

13 ἀπήγγειλεν [aor] δὲ ἡμῖν
πῶς εἶδεν [aor]
(τὸν) ἄγγελον ἐν τῷ οἴκῳ αὐτοῦ
σταθέντα [ptc aor] καὶ εἰπόντα [ptc aor],
Ἀπόστειλον [impv aor] εἰς Ἰόππην

야생동물들과
길짐승들과
하늘의 새들이요.

7 한데 제가 제게 말씀하시는 말소리도 들었습니다.
'베드로야, 일어나
잡아서[/제물로 바치고] 먹어라.'

8 하여 제가 말했습니다.
'안됩니다, 주님.
속되거나 더러운 것은
어떤 것이든 한번도 제 입으로 들어온 적이 없습니다.'

9 한데 말소리가 두번째로 반응하셨습니다.
하늘로부터요.
'하나님께서 깨끗이 하신 것들을
네가 더럽히지 마라.'

10 이 일이 세 번 일어났습니다.
그리고 전부 다시 잡아당겨졌습니다.
하늘로요.

11 또한 보십시오.
즉시 세 남자[들]가 몰려왔습니다.
제가 있던 주택으로요.
가이사랴[카이사레아]에서 제게로 파견된 {이들입니다.}

12 한데 [거] 영이 제게 말씀하셨습니다.
그들과 함께 갈 것을요.
아무 것도 차별하지 말고요.

하여 저와 함께 갔습니다.
이 여섯 형제도요.
그래서 우리가 그 남자의 집에 들어갔습니다.

13 한데 그가 우리에게 알려 주었습니다.
그가 어떻게 봤는지를요.
그의 집에서 천사를요.
{천사가} 들어서서 {이렇게} 말했답니다.
'욥바로 {사람을} 보내,

καὶ μετάπεμψαι [impv aor] Σίμωνα
τὸν ἐπικαλούμενον [ptc pres pass] Πέτρον,
14 ὃς λαλήσει [fut] ῥήματα πρὸς σὲ
ἐν οἷς σωθήσῃ [fut] σὺ
καὶ πᾶς ὁ οἶκός σου.

15 ἐν δὲ τῷ ἄρξασθαί [inf aor] με λαλεῖν [inf pres]
ἐπέπεσεν [aor] τὸ πνεῦμα τὸ ἅγιον ἐπ᾽ αὐτοὺς
ὥσπερ καὶ ἐφ᾽ ἡμᾶς ἐν ἀρχῇ.

16 ἐμνήσθην [aor] δὲ τοῦ ῥήματος τοῦ κυρίου
ὡς ἔλεγεν [impf],
Ἰωάννης μὲν ἐβάπτισεν [aor] ὕδατι,
ὑμεῖς δὲ βαπτισθήσεσθε [fut] ἐν πνεύματι ἁγίῳ.

17 εἰ οὖν τὴν ἴσην δωρεὰν ἔδωκεν [aor] αὐτοῖς ὁ θεὸς
ὡς καὶ ἡμῖν πιστεύσασιν [ptc aor]
ἐπὶ τὸν κύριον Ἰησοῦν Χριστόν,
ἐγὼ τίς
ἤμην [impf] δυνατὸς κωλῦσαι [inf aor] τὸν θεόν;

18 ἀκούσαντες [ptc aor] δὲ ταῦτα
ἡσύχασαν [aor] καὶ ἐδόξασαν [aor] τὸν θεὸν λέγοντες [ptc pres],
Ἄρα καὶ τοῖς ἔθνεσιν
ὁ θεὸς τὴν μετάνοιαν εἰς ζωὴν ἔδωκεν [aor].

19 Οἱ μὲν οὖν διασπαρέντες [ptc aor]
ἀπὸ τῆς θλίψεως τῆς γενομένης [ptc aor] ἐπὶ Στεφάνῳ
διῆλθον [aor] ἕως Φοινίκης καὶ Κύπρου καὶ Ἀντιοχείας
μηδενὶ λαλοῦντες [ptc pres] τὸν λόγον
εἰ μὴ μόνον Ἰουδαίοις.

20 ἦσαν [impf] δέ τινες ἐξ αὐτῶν
ἄνδρες Κύπριοι καὶ Κυρηναῖοι,
οἵτινες ἐλθόντες [ptc aor] εἰς Ἀντιόχειαν
ἐλάλουν [impf] καὶ πρὸς τοὺς Ἑλληνιστὰς
εὐαγγελιζόμενοι [ptc pres mid] τὸν κύριον Ἰησοῦν.

21 καὶ ἦν [impf] χεὶρ κυρίου μετ᾽ αὐτῶν,
πολύς τε ἀριθμὸς ὁ πιστεύσας [ptc aor]

시몬을 불러오너라.
베드로라 일컬어지는 자{이다.}
14 그가 이야기들을 네게 얘기해 줄 것이다.
그 안에서 네가 구원을 받을 {이야기들이다.}
네 집안 식구 모두도 {역시.}'

15 하여 제가 얘기[하기]를 시작하는데
거룩한 영이[/성령이] 그들 위에 임하셨습니다.
처음에 우리 위에 {임한 것}과 마찬가지로요.

16 마침 주님의 말씀이 기억났습니다.
그분이 {늘} 말씀하신 대로입니다.
'요한은 물로 세례를 베풀었으나[물에 잠갔지만]
너희는 거룩한 영으로 세례를 받을[거룩한 영에 잠길] 것이다.'

17 그러니 하나님께서 그들에게 동등한[/같은 등급의] 선물을 허락하셨다면,
믿은 우리에게 {주신 것과}도 같은 {선물을},
주 예수 그리스도를 {믿은},
내가 누구라고
하나님을 막을 수 있겠습니까?"

18 하니 이 말을[이것들을] 듣고
누그러들더니 하나님께 영광을 돌리며 말합니다.
"그렇다면 다른 민족들에게도
하나님께서 생명에 이르는 회개를 허락하신 것입니다[/허락하셨습니다]."

19 그럼에도 흩어진 자들이
스데반에게 생긴 환란 때문에
베니게[페니키아]와 구브로[키프로스]와 안디옥[안티오키아]까지 두루 다녔습니다.
{그러면서} 말씀을 아무에게도 얘기하지 않습니다.
다만 유대인들 외에는요.

20 한데 그들 가운데 몇몇이 있었습니다.
구브로[키프로스]와 구레네[키레네] 남자들이요.
그들이 안디옥[안티오키아]에 당도하더니
헬라 사람들에게도 얘기하며
주님 예수님을 전합니다.

21 그러니 주님의 손길이 그들과 함께 하였습니다.
결과적으로 많은 수의 믿는 자들이[믿는 자 많은 수가]

ἐπέστρεψεν [aor] ἐπὶ τὸν κύριον.

22 ἠκούσθη [aor] δὲ ὁ λόγος
εἰς τὰ ὦτα τῆς ἐκκλησίας
τῆς οὔσης [ptc pres] ἐν Ἰερουσαλὴμ
περὶ αὐτῶν
καὶ ἐξαπέστειλαν [aor] Βαρναβᾶν
(διελθεῖν [inf aor]) ἕως Ἀντιοχείας·

23 ὃς παραγενόμενος [ptc aor] καὶ ἰδὼν [ptc aor]
τὴν χάριν (τὴν) τοῦ θεοῦ,
ἐχάρη [aor]
καὶ παρεκάλει [impf] πάντας
τῇ προθέσει τῆς καρδίας προσμένειν [inf pres] τῷ κυρίῳ,
24 ὅτι ἦν [impf] ἀνὴρ ἀγαθὸς
καὶ πλήρης πνεύματος ἁγίου καὶ πίστεως.

καὶ προσετέθη [aor] ὄχλος ἱκανὸς τῷ κυρίῳ.

25 ἐξῆλθεν [aor] δὲ εἰς Ταρσὸν
ἀναζητῆσαι [inf aor] Σαῦλον,
26 καὶ εὑρὼν [ptc aor] ἤγαγεν [aor] εἰς Ἀντιόχειαν.

ἐγένετο [aor] δὲ αὐτοῖς
καὶ ἐνιαυτὸν ὅλον συναχθῆναι [inf aor] ἐν τῇ ἐκκλησίᾳ
καὶ διδάξαι [inf aor] ὄχλον ἱκανόν,
χρηματίσαι [inf aor] τε πρώτως ἐν Ἀντιοχείᾳ
τοὺς μαθητὰς Χριστιανούς.

27 Ἐν ταύταις δὲ ταῖς ἡμέραις
κατῆλθον [aor] ἀπὸ Ἱεροσολύμων
προφῆται εἰς Ἀντιόχειαν.

28 ἀναστὰς [ptc aor] δὲ εἷς ἐξ αὐτῶν ὀνόματι Ἅγαβος
ἐσήμανεν [aor] διὰ τοῦ πνεύματος
λιμὸν μεγάλην μέλλειν [inf pres] ἔσεσθαι [inf fut]
ἐφ᾽ ὅλην τὴν οἰκουμένην.

ἥτις ἐγένετο [aor] ἐπὶ Κλαυδίου.

주님께로 돌아왔습니다.

22 마침 소식이 전해졌습니다[들렸습니다].
교회에요[교회의 귀들에요].
예루살렘에 있는 {교회죠.}
그들에 관한 {소식이요.}
그래서 사람들이[그들이] 바나바를 파송하여
안디옥[안티오키아]까지 건너가게 했습니다.

23 그가 도착해서 헤아려 보았습니다.
하나님의 은혜를요.
{그러더니} 못내 기뻐했습니다.
이어 모두에게 권합니다.
마음의 뜻한 바를 주님께 두라고요.
24 그가 선한 남자이고
거룩한 영과 믿음이 충만하기 때문입니다.

그래서 꽤 많은 무리가 주님께 보태졌습니다.

25 그러자 그가 다소[타르수스]로 출발하여
사울을 찾아 나섰는데,
26 찾으니 안디옥[안티오키아]으로 데려왔습니다. [다소-안디옥: 약 220km(육로)]

해서 그들에게 생겼습니다.
일 년 내내 교회에 모여 [사울의 안디옥 사역: 45-46년경]
꽤 많은 무리를 가르치는 일이요.
마침내 처음으로 안디옥[안티오키아]에서 인정되었습니다.
제자들이 그리스도인들로요[그리스도와 연합한 자들로요].

27 이 무렵[이 날들에]
예루살렘에서 내려왔습니다.
선지자들이 안디옥[안티오키아]으로요. [예루살렘-안디옥: 약 490km(직)]

28 한데 그들 가운데 하나로 이름이 아가보인 자가 일어나서
[게] 영을 통해 드러내 보였습니다.
장차 대단한 기근이 있게 될 것을요.
거주지 전체에요.

그 일은 글라우디오[클라우디오][41-54년] 때에 이뤄졌습니다. [유대기근: 45-48년, 특히 45/46년경]

29 τῶν δὲ μαθητῶν,
καθὼς εὐπορεῖτό [impf mid] τις
ὥρισαν [aor] ἕκαστος αὐτῶν εἰς διακονίαν
πέμψαι [inf aor] τοῖς κατοικοῦσιν [ptc pres] ἐν τῇ Ἰουδαίᾳ ἀδελφοῖς·

30 ὃ καὶ ἐποίησαν [aor] ἀποστείλαντες [ptc aor]
πρὸς τοὺς πρεσβυτέρους
διὰ χειρὸς Βαρναβᾶ καὶ Σαύλου.

Chapter 12

12:1 Κατ᾽ ἐκεῖνον δὲ τὸν καιρὸν
ἐπέβαλεν [aor] Ἡρῴδης ὁ βασιλεὺς τὰς χεῖρας
κακῶσαί [inf aor] τινας τῶν ἀπὸ τῆς ἐκκλησίας.

2 ἀνεῖλεν [aor] δὲ Ἰάκωβον
τὸν ἀδελφὸν Ἰωάννου μαχαίρῃ.

3 ἰδὼν [ptc aor] δὲ
ὅτι ἀρεστόν ἐστιν [pres] τοῖς Ἰουδαίοις,
προσέθετο [aor] συλλαβεῖν [inf aor] καὶ Πέτρον.

ἦσαν [impf] δὲ (αἱ) ἡμέραι τῶν ἀζύμων.

4 ὃν καὶ πιάσας [ptc aor] ἔθετο [aor] εἰς φυλακήν,
παραδοὺς [ptc aor] τέσσαρσιν τετραδίοις στρατιωτῶν
φυλάσσειν [inf pres] αὐτόν,
βουλόμενος [ptc pres] μετὰ τὸ πάσχα
ἀναγαγεῖν [inf aor] αὐτὸν τῷ λαῷ.

5 ὁ μὲν οὖν Πέτρος ἐτηρεῖτο [impf pass]
ἐν τῇ φυλακῇ·

προσευχὴ δὲ ἦν [impf] ἐκτενῶς γινομένη [ptc pres]
ὑπὸ τῆς ἐκκλησίας
πρὸς τὸν θεὸν
περὶ αὐτοῦ.

6 Ὅτε δὲ ἤμελλεν [impf] προαγαγεῖν [inf aor] αὐτὸν ὁ Ἡρῴδης,

29 하니 제자들이[제자들 가운데에서]
각자 넉넉한 만큼
저마다 분량을 정해서
유대 지방에 거주하는 형제들에게 급히 보냈습니다.

30 제자들은[그들은] 이 일도 보냄으로써 시행했습니다.
장로들에게요.
바나바와 사울 편에요. [사울의 예루살렘 2차 방문: 46년경; 갈 2:1-10]

12장 [세베대의 아들 야고보의 죽음, 베드로의 투옥과 탈출: 43년경]

12:1 이때쯤 해서[저 때쯤]
헤롯 왕이[/헤롯 아그립바 1세가] 손[들]을 썼습니다.
교회에 속한[교회 출신] 몇몇을 해치려고요.

2 하여 야고보를 처단했습니다.
요한의 형제를 칼로요.

3 그런데 {헤롯 왕이} 보고요.
그 일이 유대인들에게 기쁨을 주는 것을요.
베드로도 붙들려고 그가 착수했습니다[/일을 시작했습니다].

때는 바야흐로 무교절이었습니다[무교병들의 날들이었습니다].

4 그도 붙잡아 감옥에 처넣으며,
군인 4인 1조 네 패에게 맡겼습니다.
그를 지키라고요.
유월절이 {지난} 뒤에 {하고} 싶었습니다.
그를 백성에게 선보이는 일을요.

5 그래서 베드로가 구금된 것입니다.
감옥에요.

한편 기도가 한창 무르익고 있었습니다.
교회에 의해
하나님께
그에 대해서요.

6 한편 헤롯이 그를 끌어내려는

τῇ νυκτὶ ἐκείνῃ ἦν [impf] ὁ Πέτρος
κοιμώμενος [ptc pres mid] μεταξὺ δύο στρατιωτῶν
δεδεμένος [ptc pf pass] ἁλύσεσιν δυσὶν
φύλακές τε πρὸ τῆς θύρας
ἐτήρουν [impf] τὴν φυλακήν.

7 καὶ ἰδοὺ ἄγγελος κυρίου ἐπέστη [aor]
καὶ φῶς ἔλαμψεν [aor] ἐν τῷ οἰκήματι·

πατάξας [ptc aor] δὲ τὴν πλευρὰν τοῦ Πέτρου
ἤγειρεν [aor] αὐτὸν λέγων [ptc pres],
Ἀνάστα [impv aor] ἐν τάχει.

καὶ ἐξέπεσαν [aor] αὐτοῦ αἱ ἁλύσεις ἐκ τῶν χειρῶν.

8 εἶπεν [aor] δὲ ὁ ἄγγελος πρὸς αὐτόν,
Ζῶσαι [impv aor] καὶ ὑπόδησαι [impv aor] τὰ σανδάλιά σου.

ἐποίησεν [aor] δὲ οὕτως.

καὶ λέγει [pres] αὐτῷ,
Περιβαλοῦ [impv aor] τὸ ἱμάτιόν σου
καὶ ἀκολούθει [impv pres] μοι.

9 καὶ ἐξελθὼν [ptc aor] ἠκολούθει [impf]
καὶ οὐκ ᾔδει [plpf]
ὅτι ἀληθές ἐστιν [pres]
τὸ γινόμενον [ptc pres] διὰ τοῦ ἀγγέλου·
ἐδόκει [impf] δὲ ὅραμα βλέπειν [inf pres].

10 διελθόντες [ptc aor] δὲ πρώτην φυλακὴν καὶ δευτέραν
ἦλθαν [aor] ἐπὶ τὴν πύλην τὴν σιδηρᾶν
τὴν φέρουσαν [ptc pres] εἰς τὴν πόλιν.

ἥτις αὐτομάτη ἠνοίγη [aor] αὐτοῖς.

καὶ ἐξελθόντες [ptc aor] προῆλθον [aor] ῥύμην μίαν,
καὶ εὐθέως ἀπέστη [aor] ὁ ἄγγελος ἀπ᾽ αὐτοῦ.

11 καὶ ὁ Πέτρος ἐν ἑαυτῷ γενόμενος [ptc aor] εἶπεν [aor],

그 밤에 베드로는
두 군인[들] 사이에서 잠자고 있는데,
사슬[들] 둘에 묶여 있습니다.
그뿐 아니라 옥졸들은 문 앞에서
감옥을[/수용실을] 지킵니다.

7 그런데 보십시오. 주님의 천사가 곁에 섰고
빛이 방 안을 비추었습니다.

한데 그가 베드로의 옆구리를 세게 치더니
그를 일으키며 말합니다.
"지체 없이 일어나라!"

그러자 사슬들이 그의 손[들]에서 떨어졌습니다.

8 하니 천사가 그에게 말했습니다.
"허리띠를 동이고 네 신발[들]의[/샌들의] 끈을 죄어라."

하니 그가 그렇게 했습니다.

그러자 천사가[그가] 그에게 말합니다.
"네 겉옷을 걸치고서
나를 따라오너라."

9 그러니 나와서 따르는데[/따르기는 하는데],
알지 못합니다.
현실이라는 것을요.
천사를 통해 생긴 일이요.
{모르는 채} 환상을 본다고 생각합니다.

10 하여 첫째와 둘째 감옥을 통과하여
쇠문에 당도했습니다.
도시로 이어지는 문이죠[것이죠].

그런데 그 문이[그것이] 그들에게 저절로 열렸습니다.

그러니 그들이 나와서 어느 길거리에 들어섰습니다.
이어 곧바로 천사가 그에게서 떠났습니다.

11 그러자 베드로가 정신을 [스스로] 차리고 말했습니다.

Νῦν οἶδα [pf] ἀληθῶς
ὅτι ἐξαπέστειλεν [aor] (ὁ) κύριος τὸν ἄγγελον αὐτοῦ
καὶ ἐξείλατό [aor] με
ἐκ χειρὸς Ἡρῴδου
καὶ πάσης τῆς προσδοκίας τοῦ λαοῦ τῶν Ἰουδαίων.

12 συνιδών ῾πτξ αορ͂ τε ἦλθεν [aor]
ἐπὶ τὴν οἰκίαν τῆς Μαρίας τῆς μητρὸς Ἰωάννου
τοῦ ἐπικαλουμένου [ptc pres pass] Μάρκου,
οὗ ἦσαν [impf] ἱκανοὶ
συνηθροισμένοι [ptc pf mid] καὶ προσευχόμενοι [ptc pres].

13 κρούσαντος [ptc aor] δὲ αὐτοῦ τὴν θύραν τοῦ πυλῶνος
προσῆλθεν [aor] παιδίσκη ὑπακοῦσαι [inf aor]
ὀνόματι Ῥόδη.

14 καὶ ἐπιγνοῦσα [ptc aor] τὴν φωνὴν τοῦ Πέτρου
ἀπὸ τῆς χαρᾶς οὐκ ἤνοιξεν [aor] τὸν πυλῶνα,
εἰσδραμοῦσα [ptc aor] δὲ ἀπήγγειλεν [aor]
ἑστάναι [inf pf] τὸν Πέτρον πρὸ τοῦ πυλῶνος.

15 οἱ δὲ πρὸς αὐτὴν εἶπαν [aor],
Μαίνῃ [pres].

ἡ δὲ διϊσχυρίζετο [impf]
οὕτως ἔχειν [inf pres].

οἱ δὲ ἔλεγον [impf],
Ὁ ἄγγελός ἐστιν [pres] αὐτοῦ.

16 ὁ δὲ Πέτρος ἐπέμενεν [impf] κρούων [ptc pres]·

ἀνοίξαντες [ptc aor] δὲ εἶδαν [aor] αὐτὸν
καὶ ἐξέστησαν [aor].

17 κατασείσας [ptc aor] δὲ αὐτοῖς τῇ χειρὶ σιγᾶν [inf pres]
διηγήσατο [aor] (αὐτοῖς)
πῶς ὁ κύριος αὐτὸν ἐξήγαγεν [aor]
ἐκ τῆς φυλακῆς
εἶπέν [aor] τε,

"이제야 내가 진실로 알겠다.
주님께서 그분의 천사를 파견하셔서
나를 구출하신 것이다,
헤롯의 손과
유대[인들의] 백성의 모든 기대에서."

12 마침내 {상황을} 알아차리고는 갔습니다.
요한의 어머니 마리아의 주택으로요.
마가라 일컬어지는 요한이죠[자이죠].
거기에서 상당히 많은 이들이 있었습니다.
집결하여 기도하면서요.

13 한편 베드로가[그가] 출입문을 두드리자,
아끼는 여종이 문을 열어 주려고[복종하려고] 다가왔습니다.
이름은 로데{였습니다.}

14 그리고는 베드로의 목소리를 알아보고
기뻐서 출입구를 열지도 않고
뛰어들어 알려 주었습니다.
베드로가 출입구 앞에 서 있다고요.

15 하니 사람들이[그들이] 그녀에게 말했습니다.
"너 실성했구나!"

하나 그녀는 버팁니다.
'참으로 그러하다'고요.

하니 그들이 말합니다.
"그의 천사이다."

16 그 바람에 베드로는 계속 두드립니다.

하여 사람들이[그들이] {문을} 열고는 그를 보고
깜짝 놀랐습니다.

17 하여 그들에게 잠잠하라고 손짓하고
그들에게 자세히 얘기했습니다.
주님께서 자신을 어떻게 빼내 주셨는지를요.
감옥에서요.
그러다가 말했습니다.

ʼΑπαγγείλατε [impv aor] ʼΙακώβῳ καὶ τοῖς ἀδελφοῖς ταῦτα.

καὶ ἐξελθὼν [ptc aor] ἐπορεύθη [aor]
εἰς ἕτερον τόπον.

18 Γενομένης [ptc aor] δὲ ἡμέρας
ἦν [impf] τάραχος οὐκ ὀλίγος
ἐν τοῖς στρατιώταις
τί ἄρα ὁ Πέτρος ἐγένετο [aor].

19 ʽΗρῴδης δὲ ἐπιζητήσας [ptc aor] αὐτὸν
καὶ μὴ εὑρών [ptc aor],
ἀνακρίνας [ptc aor] τοὺς φύλακας
ἐκέλευσεν [aor] ἀπαχθῆναι [inf aor].

καὶ κατελθὼν [ptc aor] ἀπὸ τῆς ʼΙουδαίας εἰς Καισάρειαν
διέτριβεν [impf].

20 ʼΗν [impf] δὲ θυμομαχῶν [ptc pres]
Τυρίοις καὶ Σιδωνίοις·
ὁμοθυμαδὸν δὲ παρῆσαν [impf] πρὸς αὐτὸν
καὶ πείσαντες [ptc aor] Βλάστον,
τὸν ἐπὶ τοῦ κοιτῶνος τοῦ βασιλέως,
ᾐτοῦντο [impf] εἰρήνην
διὰ τὸ τρέφεσθαι [inf pres pass] αὐτῶν τὴν χώραν
ἀπὸ τῆς βασιλικῆς.

21 τακτῇ δὲ ἡμέρᾳ
ὁ ʽΗρῴδης ἐνδυσάμενος [ptc aor] ἐσθῆτα βασιλικὴν
(καὶ) καθίσας [ptc aor] ἐπὶ τοῦ βήματος
ἐδημηγόρει [impf] πρὸς αὐτούς.

22 ὁ δὲ δῆμος ἐπεφώνει [impf],
Θεοῦ φωνὴ καὶ οὐκ ἀνθρώπου.

23 παραχρῆμα δὲ ἐπάταξεν [aor] αὐτὸν ἄγγελος κυρίου
ἀνθʼ ὧν οὐκ ἔδωκεν [aor] τὴν δόξαν τῷ θεῷ,
καὶ γενόμενος [ptc aor] σκωληκόβρωτος ἐξέψυξεν [aor].

24 ʽΟ δὲ λόγος τοῦ θεοῦ

"야고보와 형제들에게 이 사실을[이것들을] 알려 주세요."

그리고 떠나갔습니다.
전혀 다른 곳으로요.

18 그러다가 날이 새자,
작지 않은 소동이 났습니다.
군인들 내부에서요.
도대체 베드로가 어떻게 된[/베드로에게 무슨 일이 생긴] 것인지{에 대해서요.}

19 한편 헤롯은 그를 잡아내려다
찾아내지 못하고
옥졸들을 조사하더니
처형하라고[처형되도록] 명령했습니다.

그리고는 유대 지방에서 가이사랴[카이사레아]로 내려가서
머무릅니다.

20 그러다가 헤롯이[그가] 격노합니다.
두로 사람들과 시돈 사람들에게요.
하니 그들이 한꺼번에 그에게 이르러,
블라스도를 설득하여,
(왕의 침소를 맡은 자죠,)
화평을 청합니다.
그들 지역의 먹을거리가 장만되기 때문입니다.
왕실[/왕실이 소유한, 왕실 직속] 토지로부터요[왕실의 것으로부터요].

21 하여 정해진 날에
헤롯이 왕의 옷을 입고
재판석에 앉아
그들에게 연설합니다.

22 하니 대중이 소리칩니다.
"하나님의 소리요, 사람의 것이 아닙니다."

23 한데 주님의 천사가 그를 즉시로 세게 쳤습니다.
그 말에[그것들에] 반대하여[/대신하여] 하나님께 영광을 드리지 않았기 때문입니다.
그러자 기생충에게 먹혀 숨을 거뒀습니다.

24 하나 하나님의 말씀은

ηὔξανεν [impf] καὶ ἐπληθύνετο [impf pass].

25 Βαρναβᾶς δὲ καὶ Σαῦλος
ὑπέστρεψαν [aor] εἰς Ἰερουσαλὴμ
πληρώσαντες [ptc aor] τὴν διακονίαν,
συμπαραλαβόντες [ptc aor] Ἰωάννην
τὸν ἐπικληθέντα [ptc aor] Μᾶρκον.

Chapter 13

13:1 Ἦσαν [impf] δὲ ἐν Ἀντιοχείᾳ
κατὰ τὴν οὖσαν [ptc pres] ἐκκλησίαν
προφῆται καὶ διδάσκαλοι
ὅ τε Βαρναβᾶς
καὶ Συμεὼν ὁ καλούμενος [ptc pres pass] Νίγερ,
καὶ Λούκιος ὁ Κυρηναῖος,
Μαναήν τε Ἡρῴδου τοῦ τετραάρχου σύντροφος
καὶ Σαῦλος.

2 λειτουργούντων [ptc pres] δὲ αὐτῶν τῷ κυρίῳ
καὶ νηστευόντων [ptc pres]
εἶπεν [aor] τὸ πνεῦμα τὸ ἅγιον,
Ἀφορίσατε [impv aor] δή μοι
τὸν Βαρναβᾶν καὶ Σαῦλον
εἰς τὸ ἔργον ὃ προσκέκλημαι [pf mid] αὐτούς.

3 τότε νηστεύσαντες [ptc aor] καὶ προσευξάμενοι [ptc aor]
καὶ ἐπιθέντες [ptc aor] τὰς χεῖρας αὐτοῖς ἀπέλυσαν [aor].

4 Αὐτοὶ μὲν οὖν ἐκπεμφθέντες [ptc aor]
ὑπὸ τοῦ ἁγίου πνεύματος
κατῆλθον [aor] εἰς Σελεύκειαν,
ἐκεῖθέν τε ἀπέπλευσαν [aor] εἰς Κύπρον,
5 καὶ γενόμενοι [ptc aor] ἐν Σαλαμῖνι
κατήγγελλον [impf] τὸν λόγον τοῦ θεοῦ
ἐν ταῖς συναγωγαῖς τῶν Ἰουδαίων.

εἶχον [impf] δὲ καὶ Ἰωάννην ὑπηρέτην.

자라가고 뻗어 나갑니다[/확충됩니다].

25 한편 바나바와 사울은
예루살렘으로 되돌아가서
직임을 끝마치고,
요한을 데려갔습니다.
마가라고 일컬어지던 자를요.

13장 [바나바와 바울의 구브로와 남 갈라디아(1차) 전도여행: 46-47년 혹은 47-48년경]

13:1 한편 안디옥[안티오키아]에는 있었습니다.
당시 교회마다요[/모임마다요].
선지자들과 교사들이요.
곧 바나바뿐 아니라
니게르라 불리는 시므온과
구레네[키레네] 사람 루기오와,
분봉 왕 헤롯의 젖형제 마나엔과
사울{입니다.}

2 한데 그들이 주님을 예배하며
금식할 때에
거룩한 영이[성령께서] 말씀하셨습니다.
각설하고 나를 위해 따로 세워라,
바나바와 사울을.
내가 그들을 불러 맡길 일이 있다[일을 위해].

3 그때에 그들이 금식하며 기도하고
그들에게 손[들]을 얹은 후[/안수한 뒤에] 보내 주었습니다.

4 그래서 그들이 떠나보내심을 받았습니다[받아].
거룩한 영에 의해서요.
실루기아[셀류키아]로 내려왔습니다. [안디옥-실루기아: 약 23km(육)]
그뿐 아니라 그곳으로부터 구브로[키프로스]로 출항했습니다.
5 이어 살라미[살라미스]에 이르러 [실루기아 - 살라미: 약 209km(뱃)]
하나님의 말씀을 널리 전합니다.
유대인들의 회당들에서요.

한편 요한도 돕는 자로 둡니다.

6 διελθόντες [ptc aor] δὲ ὅλην τὴν νῆσον
ἄχρι Πάφου
εὗρον [aor] ἄνδρα τινὰ
μάγον ψευδοπροφήτην Ἰουδαῖον
ᾧ ὄνομα Βαριησοῦ.

7 ὃς ἦν [impf] σὺν τῷ ἀνθυπάτῳ
Σεργίῳ Παύλῳ,
ἀνδρὶ συνετῷ.

οὗτος προσκαλεσάμενος [ptc aor] Βαρναβᾶν καὶ Σαῦλον
ἐπεζήτησεν [aor] ἀκοῦσαι [inf aor] τὸν λόγον τοῦ θεοῦ·

8 ἀνθίστατο [impf] δὲ αὐτοῖς
Ἐλύμας ὁ μάγος,
οὕτως γὰρ μεθερμηνεύεται [pres pass] τὸ ὄνομα αὐτοῦ,
ζητῶν [ptc pres] διαστρέψαι [inf aor] τὸν ἀνθύπατον ἀπὸ τῆς πίστεως.

9 Σαῦλος δέ, ὁ καὶ Παῦλος,
πλησθεὶς [ptc aor] πνεύματος ἁγίου
ἀτενίσας [ptc aor] εἰς αὐτὸν 10 εἶπεν [aor],
Ὦ πλήρης παντὸς δόλου καὶ πάσης ῥᾳδιουργίας,
υἱὲ διαβόλου,
ἐχθρὲ πάσης δικαιοσύνης,
οὐ παύσῃ [fut] διαστρέφων [ptc pres]
τὰς ὁδοὺς (τοῦ) κυρίου τὰς εὐθείας;

11 καὶ νῦν ἰδοὺ
χεὶρ κυρίου ἐπὶ σὲ
καὶ ἔσῃ [fut] τυφλὸς
μὴ βλέπων [ptc pres] τὸν ἥλιον ἄχρι καιροῦ.

παραχρῆμά τε ἔπεσεν [aor] ἐπ' αὐτὸν
ἀχλὺς καὶ σκότος
καὶ περιάγων [ptc pres] ἐζήτει [impf] χειραγωγούς.

12 τότε ἰδὼν [ptc aor] ὁ ἀνθύπατος τὸ γεγονὸς [ptc pf]
ἐπίστευσεν [aor]
ἐκπλησσόμενος [ptc pres pass] ἐπὶ τῇ διδαχῇ τοῦ κυρίου.

6 후에 섬 전체를 두루 다닙니다[다니다가].
바보[파포스]까지요. [살라미-바보: 약 142km(직)]
{그러다가} 한 남자를 만났습니다.
유대인 거짓 선지자이자 점성술사로
이름이 바예수[바르예수]였습니다.

7 그는 총독과[/로마 원로원 파송 총독과] 함께 있었습니다.
서기오[세르기오] 바울{이죠.}
지적인 남성{입니다.}

이 사람이 바나바와 사울을 불러
하나님의 말씀을 듣고 싶어 했습니다.

8 한데 그들을 방해했습니다.
점성술사 엘루마가요.
그의 이름은 이렇게{도}[/엘루마로도] 번역됩니다.
총독을 꼬드겨 믿음에서 떠나게 할 작정입니다.

9 그러자 사울 곧 바울도
거룩한 영에 충만하여
그를 주목하고 10 말했습니다.
"오, 잔꾀가 많고 매우 천박한[모든 잔꾀와 모든 천박이 가득한]
마귀 자식아!
모든 의의 원수야!
곱새기기를 멈추지 않으려느냐,
주님의 곧은 길[들]을?

11 그러니 이제 보아라.
주님의 손이 네 위에 {있어}
네가 눈먼 사람이 되어
한동안 태양빛을 보지 못할 것이다."

그 결과 그[/점성술사] 위에 즉시로 내렸습니다.
안개와 어두움이요.
이에 그가 돌아다니며 손 잡아줄 사람을 찾습니다.

12 그제야 총독이 일어난 일을 보고
믿었습니다.
주님의 가르침에 깜짝 놀라면서요.

13 ᾿Αναχθέντες [ptc aor] δὲ ἀπὸ τῆς Πάφου
οἱ περὶ Παῦλον ἦλθον [aor] εἰς Πέργην τῆς Παμφυλίας·
᾿Ιωάννης δὲ ἀποχωρήσας [ptc aor] ἀπ᾿ αὐτῶν
ὑπέστρεψεν [aor] εἰς ῾Ιεροσόλυμα.

14 αὐτοὶ δὲ διελθόντες [ptc aor] ἀπὸ τῆς Πέργης
παρεγένοντο [aor] εἰς ᾿Αντιόχειαν τὴν Πισιδίαν,
καὶ (εἰσ)ελθόντες [ptc aor] εἰς τὴν συναγωγὴν τῇ ἡμέρᾳ τῶν σαββάτων
ἐκάθισαν [aor].

15 μετὰ δὲ τὴν ἀνάγνωσιν τοῦ νόμου καὶ τῶν προφητῶν
ἀπέστειλαν [aor] οἱ ἀρχισυνάγωγοι πρὸς αὐτοὺς λέγοντες [ptc pres],
῎Ανδρες ἀδελφοί,
εἴ τίς ἐστιν [pres] ἐν ὑμῖν
λόγος παρακλήσεως πρὸς τὸν λαόν,
λέγετε [impv pres].

16 ἀναστὰς [ptc aor] δὲ Παῦλος
καὶ κατασείσας [ptc aor] τῇ χειρὶ εἶπεν [aor]·
῎Ανδρες ᾿Ισραηλῖται
καὶ οἱ φοβούμενοι [ptc pres mid] τὸν θεόν,
ἀκούσατε [impv aor].

17 ὁ θεὸς τοῦ λαοῦ τούτου ᾿Ισραὴλ
ἐξελέξατο [aor] τοὺς πατέρας ἡμῶν,
καὶ τὸν λαὸν ὕψωσεν [aor]
ἐν τῇ παροικίᾳ ἐν γῇ Αἰγύπτου
καὶ μετὰ βραχίονος ὑψηλοῦ
ἐξήγαγεν [aor] αὐτοὺς ἐξ αὐτῆς.

18 καὶ ὡς τεσσερακονταετῆ χρόνον
ἐτροποφόρησεν [aor] αὐτοὺς ἐν τῇ ἐρήμῳ
19 καὶ καθελὼν [ptc aor] ἔθνη ἑπτὰ ἐν γῇ Χανάαν
κατεκληρονόμησεν [aor] τὴν γῆν αὐτῶν
20 ὡς ἔτεσιν τετρακοσίοις καὶ πεντήκοντα.

καὶ μετὰ ταῦτα
ἔδωκεν [aor] κριτὰς
ἕως Σαμουὴλ (τοῦ) προφήτου.

13 후에 바보[파포스]에서 출항한[/출항하여][떠나게 된 다음]
바울 일행은 밤빌리아의 버가로 갔습니다. [바보-버가: 265km(뱃)+15km(육)]
한데 요한은 그들에게서 이탈하여
예루살렘으로 돌아갔습니다. [바보-예루살렘: 346km(뱃; 가이사랴)+88km(직)]

14 하나 그들은 버가를 통과하여
비시디아의 안디옥[안티오키아]에 도착했습니다.
그리고 안식일에 회당에 들어가서
앉았습니다.

15 그러자 율법서와 선지서의[율법과 선지자들의] 봉독 후에
회당장들이 그들에게 {사람을} 보내 말했습니다.
"남자 형제들!
여러분 가운데 누군가에게 있다면,
백성에게 {줄} 위로의 말씀이요,
말씀하십시오."

16 이에 바울이 일어나서
손짓하며 말했습니다.
"이스라엘 남자들,
또한 하나님을 경외하는 이들은
들어보십시오.

17 이 백성 이스라엘의 하나님께서
우리 조상들을 선택하셨습니다.
또한 그 백성을 번창하게 하셨습니다.
애굽[이집트] 땅에서 머무를 때죠.
그리고 높이 치켜든 팔로
그들을 그곳에서 빼내셨습니다.

18 그리고 약 40년간
광야에서 그들을 받아 주시고,
19 가나안 땅의 7족속을 깔아뭉갠 뒤
그들의 땅을 제비 뽑아 나눠 주셨습니다.
20 약 450년 {걸렸습니다.} (창 15:13[400년]; 민 14:33-34[40년]; 수 14:1-5[10년])

그리고 그[이것들] 뒤에
사사들을 주셨습니다.
선지자 사무엘에 이르기까지요. (행 3:24)

21 κἀκεῖθεν ᾐτήσαντο [aor] βασιλέα
καὶ ἔδωκεν [aor] αὐτοῖς ὁ θεὸς
τὸν Σαοὺλ υἱὸν Κίς,
ἄνδρα ἐκ φυλῆς Βενιαμίν,
ἔτη τεσσεράκοντα.

22 καὶ μεταστήσας [ptc aor] αὐτὸν
ἤγειρεν [aor] τὸν Δαυὶδ αὐτοῖς εἰς βασιλέα
ᾧ καὶ εἶπεν [aor] μαρτυρήσας [ptc aor],
Εὗρον [aor] Δαυὶδ τὸν τοῦ Ἰεσσαί,
ἄνδρα κατὰ τὴν καρδίαν μου,
ὃς ποιήσει [fut] πάντα τὰ θελήματά μου.

23 τούτου ὁ θεὸς ἀπὸ τοῦ σπέρματος
κατ᾽ ἐπαγγελίαν
ἤγαγεν [aor] τῷ Ἰσραὴλ σωτῆρα Ἰησοῦν,
24 προκηρύξαντος [ptc aor] Ἰωάννου
πρὸ προσώπου τῆς εἰσόδου αὐτοῦ
βάπτισμα μετανοίας
παντὶ τῷ λαῷ Ἰσραήλ.

25 ὡς δὲ ἐπλήρου [impf] Ἰωάννης τὸν δρόμον,
ἔλεγεν [impf],
Τί ἐμὲ ὑπονοεῖτε [pres] εἶναι [inf pres];
οὐκ εἰμὶ [pres] ἐγώ·
ἀλλ᾽ ἰδοὺ
ἔρχεται [pres] μετ᾽ ἐμὲ
οὗ οὐκ εἰμὶ [pres] ἄξιος
τὸ ὑπόδημα τῶν ποδῶν λῦσαι [inf aor].

26 Ἄνδρες ἀδελφοί,
υἱοὶ γένους Ἀβραὰμ
καὶ οἱ ἐν ὑμῖν φοβούμενοι [ptc pres mid] τὸν θεόν,
ἡμῖν ὁ λόγος τῆς σωτηρίας ταύτης ἐξαπεστάλη [aor].

27 οἱ γὰρ κατοικοῦντες [ptc pres] ἐν Ἰερουσαλὴμ
καὶ οἱ ἄρχοντες αὐτῶν
τοῦτον ἀγνοήσαντες [ptc aor]
καὶ τὰς φωνὰς τῶν προφητῶν
τὰς κατὰ πᾶν σάββατον ἀναγινωσκομένας [ptc pres pass]

21 그때부터 그들은 왕을 요청했고,
하나님께서는 그들에게 주셨습니다.
기스의 아들 사울을요.
베냐민 지파 출신 장정이죠.
40년간요.

22 이어 그를 폐하시고
다윗을 뽑아 그들을 위한 왕으로 세우셨습니다.
또한 그에 대해 증언하여 말씀하셨습니다.
'내가 이새에게 속한 자 다윗을 만났다. [시 89:20]
내 마음을 따르는 장정{이다.} [삼상 13:14]
그가 내 모든 뜻을 이행할 것이다.'

23 하나님께서는 이 사람의[이의] 후손 가운데에서
약속대로
예수님을 이스라엘에게 구원자로 데려오셨습니다.
24 요한이 공개적으로 전한 뒤에요.
예수님의[그의] 등장보다 앞서
회개의 세례를
이스라엘 모든 백성에게 {전한 뒤죠.}

25 하여 요한이 달리기를 끝마칠 때
말합니다.
'왜 나라고 여깁니까?
나는 아닙니다.
그러나 보십시오.
그분이 내 뒤에 오십니다.
나는 그분께 쓸모가 없습니다.
그분 발[들]의 신발끈을 푸는 일에도요.'

26 남자 형제들!
아브라함 혈통의 아들들,
그리고 여러분 가운데 하나님을 경외하는 자들이여,
이 구원의 말씀이 우리에게 전달되었습니다.

27 예루살렘에 사는 자들과[/하나 예루살렘에 사는 자들과]
그들의 관원들이
이를[/이 구원의 말씀을] 묵살했습니다.
또한 선지자들의 말소리[들]를
매 안식일마다 읽혀 온 {말소리를}

κρίναντες [ptc aor] ἐπλήρωσαν [aor],
28 καὶ μηδεμίαν αἰτίαν θανάτου εὑρόντες [ptc aor]
ᾐτήσαντο [aor] Πιλᾶτον
ἀναιρεθῆναι [inf aor] αὐτόν.

29 ὡς δὲ ἐτέλεσαν [aor]
πάντα τὰ περὶ αὐτοῦ γεγραμμένα [ptc pf pass],
καθελόντες [ptc aor] ἀπὸ τοῦ ξύλου
ἔθηκαν [aor] εἰς μνημεῖον.

30 ὁ δὲ θεὸς ἤγειρεν [aor] αὐτὸν ἐκ νεκρῶν.

31 ὃς ὤφθη [aor] ἐπὶ ἡμέρας πλείους
τοῖς συναναβᾶσιν [ptc aor] αὐτῷ
ἀπὸ τῆς Γαλιλαίας εἰς Ἰερουσαλήμ,
οἵτινες (νῦν) εἰσιν [pres] μάρτυρες αὐτοῦ
πρὸς τὸν λαόν.

32 καὶ ἡμεῖς ὑμᾶς εὐαγγελιζόμεθα [pres mid]
τὴν πρὸς τοὺς πατέρας ἐπαγγελίαν γενομένην [ptc aor].

33 ὅτι ταύτην ὁ θεὸς ἐκπεπλήρωκεν [pf]
τοῖς τέκνοις (αὐτῶν) ἡμῖν
ἀναστήσας [ptc aor] Ἰησοῦν
ὡς καὶ ἐν τῷ ψαλμῷ γέγραπται [pf] τῷ δευτέρῳ,
Υἱός μου εἶ [pres] σύ,
ἐγὼ σήμερον γεγέννηκά [pf] σε.

34 ὅτι δὲ ἀνέστησεν [aor] αὐτὸν ἐκ νεκρῶν
μηκέτι μέλλοντα [ptc pres] ὑποστρέφειν [inf pres] εἰς διαφθοράν.

οὕτως εἴρηκεν [pf] ὅτι
Δώσω [fut] ὑμῖν τὰ ὅσια Δαυὶδ τὰ πιστά.

35 διότι καὶ ἐν ἑτέρῳ λέγει [pres],
Οὐ δώσεις [fut] τὸν ὅσιόν σου
ἰδεῖν [inf aor] διαφθοράν.

36 Δαυὶδ μὲν γὰρ ἰδίᾳ γενεᾷ
ὑπηρετήσας [ptc aor] τῇ τοῦ θεοῦ βουλῇ

{그분을} 정죄함으로써 이루었습니다.
28 또한 죽일 이유를 하나도 발견하지 못했지만
빌라도에게 요청했습니다.
그분을 없애달라고요.

29 하여 그들이 끝냈을 때,
그에 관해 기록된 모든 일[들]을요,
[게] 나무에서 내려
무덤에 두었습니다.

30 하나 하나님께서는 그분을 죽은 자들 가운데에서 일으키셨습니다.

31 그분은 한참 동안이나[더 많은 날 동안] 나타나셨습니다.
그분을[/당신을] 따라온 이들에게요.
갈릴리에서부터 예루살렘까지 {따라온 이들이죠.}
그들은 그분의 증인으로 있습니다.
백성 앞에요.

32 우리도 기쁜 소식을 여러분에게 전합니다.
조상들에게 {주어진} 약속이 이뤄졌다는 소식을요[것을요].

33 다시 말해서 하나님께서 그 약속이[이것이] 실현되게 하셨습니다.
자녀된 우리에게요.
예수님을 일으키셔서요.
시편 제2편에 기록된 것과도 같습니다.
'너는 내 아들이다.
내가 오늘 너를 낳았다.' [시 2:7] (히 1:5; 5:5)

34 하여 하나님께서[그가] 죽은 자들 가운데서 그분을 일으키셔서
더 이상 썩는 상태로 되돌아가지 않도록 하셨습니다.

그런 까닭에 그분이 다음과 같이 말씀하셨습니다.
'내가 너희에게 다윗의 신실한 경건성을 주겠다.' [사 55:3]

35 이래서 다른 데서도 말씀합니다.
'당신은 당신의 경건한 자를 내버려두지 않으십니다,
썩도록요[썩는 상태를 보도록요].' [시 16:10]

36 {이 점은 다음에서 확인할 수 있습니다.} 다윗은 자기 시대에
하나님의 뜻을 받들어 섬기다가

ἐκοιμήθη [aor]
καὶ προσετέθη [aor] πρὸς τοὺς πατέρας αὐτοῦ
καὶ εἶδεν [aor] διαφθοράν·

37 ὃν δὲ ὁ θεὸς ἤγειρεν [aor],
οὐκ εἶδεν [aor] διαφθοράν.

38 γνωστὸν οὖν ἔστω [impv pres] ὑμῖν,
ἄνδρες ἀδελφοί,
ὅτι διὰ τούτου ὑμῖν
ἄφεσις ἁμαρτιῶν καταγγέλλεται [pres pass].

(καὶ) ἀπὸ πάντων
ὧν οὐκ ἠδυνήθητε [aor]
ἐν νόμῳ Μωϋσέως δικαιωθῆναι [inf aor]
39 ἐν τούτῳ
πᾶς ὁ πιστεύων [ptc pres] δικαιοῦται [pres].

40 βλέπετε [pres] οὖν
μὴ ἐπέλθῃ [subj aor]
τὸ εἰρημένον [ptc pf pass] ἐν τοῖς προφήταις.

41 Ἴδετε [impv aor], οἱ καταφρονηταί,
καὶ θαυμάσατε [impv aor] καὶ ἀφανίσθητε [impv aor],
ὅτι ἔργον ἐργάζομαι [pres]
ἐγὼ ἐν ταῖς ἡμέραις ὑμῶν,
ἔργον ὃ οὐ μὴ πιστεύσητε [subj aor]
ἐάν τις ἐκδιηγῆται [subj pres] ὑμῖν.

42 Ἐξιόντων [ptc pres] δὲ αὐτῶν
παρεκάλουν [impf]
εἰς τὸ μεταξὺ σάββατον λαληθῆναι [inf aor] αὐτοῖς
τὰ ῥήματα ταῦτα.

43 λυθείσης [ptc aor] δὲ τῆς συναγωγῆς
ἠκολούθησαν [aor] πολλοὶ
τῶν Ἰουδαίων
καὶ τῶν σεβομένων [ptc pres mid] προσηλύτων
τῷ Παύλῳ καὶ τῷ Βαρναβᾷ.

잠들었습니다.
이어 그의 조상들에 합류되었고
몸은 부패되었습니다[그는 썩음을 보았습니다].

37 하나 하나님께서 일으키신 그분은
몸이 부패되지 않았습니다[그분은 썩음을 보지 않으셨기 때문입니다].

38 그러므로 여러분은 명심하십시오[그것이 여러분에게 알려지게 하십시오],
남자 형제들!
실은 이분을 통해 여러분에게
죄[들] 사함이 선포됩니다.

또한 모든 것들로부터,
여러분이 받을 수 없었던 것들이죠.
모세 율법 안에서 용서를[/의롭다 하심을] {받는 것} 말이에요.
39 {그러한 모든 것도} 이분 안에서
믿는 자 모두가 용서를[/의롭다 하심을] 받습니다.

40 그러므로 주의하십시오.
임하지 않도록요.
선지서에[선지자들로] 언급된 것이요.

41 '보아라, 깔보는 자들아!
너희는 놀라고 또한 사라져라.
내가 일을 이룰 것이기 때문이다,
내가 너희의 날[들]에.
너희가 믿지 못할 일이다,
누가 너희에게 설명한다해도.'" [합 1:5]

42 이에 그들이[/바울과 바나바가] 떠날 때,
사람들이[그들이] 촉구합니다.
다음 안식일에도 그들에게 얘기해 달라고요[분부되도록요].
이 이야기를요[이 이야기가요].

43 그러다가 회당 모임이 흩어지자
많은 이들이 좇았습니다.
유대인들 가운데서요.
또한 경건한 개종자들 가운데서요.
바울과 바나바를요[/바울과 바나바를 좇았습니다].

οἵτινες προσλαλοῦντες [ptc pres] αὐτοῖς
ἔπειθον [impf] αὐτοὺς
προσμένειν [inf pres] τῇ χάριτι τοῦ θεοῦ.

44 Τῷ δὲ ἐρχομένῳ [ptc pres] σαββάτῳ
σχεδὸν πᾶσα ἡ πόλις
συνήχθη [aor] ἀκοῦσαι [inf aor] τὸν λόγον τοῦ κυρίου.

45 ἰδόντες [ptc aor] δὲ οἱ Ἰουδαῖοι τοὺς ὄχλους
ἐπλήσθησαν [aor] ζήλου
καὶ ἀντέλεγον [impf]
τοῖς ὑπὸ Παύλου λαλουμένοις [ptc pres pass] βλασφημοῦντες [ptc pres].

46 παρρησιασάμενοί [ptc aor] τε ὁ Παῦλος καὶ ὁ Βαρναβᾶς εἶπαν [aor],
Ὑμῖν ἦν [impf] ἀναγκαῖον πρῶτον λαληθῆναι [inf aor]
τὸν λόγον τοῦ θεοῦ·

ἐπειδὴ ἀπωθεῖσθε [pres mid] αὐτὸν
καὶ οὐκ ἀξίους κρίνετε [pres] ἑαυτοὺς τῆς αἰωνίου ζωῆς,
ἰδοὺ στρεφόμεθα [pres, mid] εἰς τὰ ἔθνη.

47 οὕτως γὰρ ἐντέταλται [pf] ἡμῖν ὁ κύριος,
Τέθεικά [pf] σε εἰς φῶς ἐθνῶν
τοῦ εἶναί [inf pres] σε εἰς σωτηρίαν
ἕως ἐσχάτου τῆς γῆς.

48 ἀκούοντα [ptc pres] δὲ τὰ ἔθνη ἔχαιρον [impf]
καὶ ἐδόξαζον [impf] τὸν λόγον τοῦ κυρίου.

καὶ ἐπίστευσαν [aor]
ὅσοι ἦσαν [impf] τεταγμένοι [ptc pf pass] εἰς ζωὴν αἰώνιον·

49 διεφέρετο [impf pass] δὲ ὁ λόγος τοῦ κυρίου
δι᾽ ὅλης τῆς χώρας.

50 οἱ δὲ Ἰουδαῖοι παρώτρυναν [aor]
τὰς σεβομένας [ptc pres mid] γυναῖκας τὰς εὐσχήμονας
καὶ τοὺς πρώτους τῆς πόλεως
καὶ ἐπήγειραν [aor] διωγμὸν
ἐπὶ τὸν Παῦλον καὶ Βαρναβᾶν

그들은 따르는 자들과[그들과] 함께 이야기하며
그들을 설득합니다.
하나님의 은혜에 머물라고요.

44 한데 바로 이어지는 안식일에
거의 모든 성이[/성 주민이]
주님의 말씀을 듣고자 모였습니다.

45 이에 유대인들이 그 무리들을 보고
시샘이 가득 찼습니다.
그래서 배척합니다.
바울이 말한[바울에 의해 언급된] 바를 심히 멸시하면서요.

46 결국 바울과 바나바가 담대히 말했습니다.
"여러분에게 먼저 얘기되어야 합니다.
하나님의 말씀이요.

여러분이 말씀을[그것을] 밀어내고
스스로가 영생을 받을 만하지 않다고 판단하는 까닭에,
보십시오, 우리는 이방인들에게로[/다른 민족들에게로] 향합니다.

47 주님께서 우리에게 이처럼 명하셨기 때문입니다.
'내가 너를 이방인들의[/민족들의] 빛으로 삼았다,
네가 구원을 전하도록[구원을 위해 있도록],
땅 끝까지.'" [사 49:6]

48 하니 듣는 이방인들이[/다른 민족들이] 기뻐하고
주님의 말씀에 영광을 돌립니다.

또한 믿었습니다.
영생을 위해 정해진 자는 예외 없이 모두요.

49 하여 주님의 말씀이 퍼졌습니다.
그 지역 전체에요.

50 그러자 유대인들이 부추겼습니다.
신분이 높은 경건한 부인들과
도시의 지도자들을요.
그래서 핍박이 일어나게 했습니다[핍박을 야기했습니다/일으켰습니다].
바울과 바나바에 대한 {핍박이요.}

καὶ ἐξέβαλον [aor] αὐτοὺς
ἀπὸ τῶν ὁρίων αὐτῶν.

51 οἱ δὲ ἐκτιναξάμενοι [ptc aor]
τὸν κονιορτὸν τῶν ποδῶν ἐπ᾽ αὐτοὺς
ἦλθον [aor] εἰς Ἰκόνιον,
52 οἵ τε μαθηταὶ ἐπληροῦντο [impf pass]
χαρᾶς καὶ πνεύματος ἁγίου.

Chapter 14

14:1 Ἐγένετο [aor] δὲ ἐν Ἰκονίῳ κατὰ τὸ αὐτὸ
εἰσελθεῖν [inf aor] αὐτοὺς
εἰς τὴν συναγωγὴν τῶν Ἰουδαίων
καὶ λαλῆσαι [inf aor] οὕτως
ὥστε πιστεῦσαι [inf aor]
Ἰουδαίων τε καὶ Ἑλλήνων πολὺ πλῆθος.

2 οἱ δὲ ἀπειθήσαντες [ptc aor] Ἰουδαῖοι
ἐπήγειραν [aor] καὶ ἐκάκωσαν [aor]
τὰς ψυχὰς τῶν ἐθνῶν
κατὰ τῶν ἀδελφῶν.

3 ἱκανὸν μὲν οὖν χρόνον διέτριψαν [aor]
παρρησιαζόμενοι [ptc pres] ἐπὶ τῷ κυρίῳ
τῷ μαρτυροῦντι [ptc pres] (ἐπὶ) τῷ λόγῳ τῆς χάριτος αὐτοῦ,
διδόντι [ptc pres] σημεῖα καὶ τέρατα γίνεσθαι [inf pres]
διὰ τῶν χειρῶν αὐτῶν.

4 ἐσχίσθη [aor] δὲ τὸ πλῆθος τῆς πόλεως,
καὶ οἱ μὲν ἦσαν [impf] σὺν τοῖς Ἰουδαίοις,
οἱ δὲ σὺν τοῖς ἀποστόλοις.

5 ὡς δὲ ἐγένετο [aor]
ὁρμὴ τῶν ἐθνῶν τε καὶ Ἰουδαίων
σὺν τοῖς ἄρχουσιν αὐτῶν
ὑβρίσαι [inf aor] καὶ λιθοβολῆσαι [inf aor] αὐτούς,
6 συνιδόντες [ptc aor] κατέφυγον [aor]
εἰς τὰς πόλεις τῆς Λυκαονίας

이어 그들이 그들을[/바울과 바나바를] 내쫓았습니다.
그들 영역 밖으로요.

51 해서 그들은 떨어냅니다.
발[들]의 티끌을 자신들에게서요.
{그 뒤에} 이고니온으로 갔습니다. [비시디아 안디옥-이고니온: 약 145km(육)]
52 결과적으로 제자들은 충만합니다.
기쁨과 거룩한 영이요.

14장

14:1 한편 전과 마찬가지로 이고니온에서{도}
그들은 들어갔습니다.
유대인들의 회당에요.
그리고 전과 같이 얘기하여
믿게 되었습니다.
유대인들뿐 아니라 헬라 사람들의 많은 군중이요.

2 그러자 신뢰하지 않는 유대인들이
자극하고 해쳤습니다.
이방인들의[/다른 민족들의] 본성을요.
형제들을 대적하도록요.

3 그래서 그들은 상당한 기간을 머물렀습니다.
주님을 의지하여[/주님께 기반을 두고] 담대히 말하면서요.
{주님은} 그분의[/당신의] 은혜의 말씀을 증언하시는 분이죠.
표적[들]과 기이한 일[들]이 이뤄지도록 허락하시면서요.
그들의 손을 통해서요.

4 이에 성의 군중이 갈렸고,
한 무리는 유대인들과 함께 했고,
다른 무리는 파송된 자들과 함께 {했습니다.}

5 하니 차올랐을[/고여올랐을] 때였습니다.
이방인들뿐[/다른 민족들뿐] 아니라 유대인들의 열의가요.
그들의 관원들과 더불어요.
그들을 모욕하고 돌을 던지는 데까지요.
6 {그때 그것을} 알아차린 그들은 피했습니다.
루가오니아의 성들로요.

Λύστραν καὶ Δέρβην καὶ τὴν περίχωρον,
7 κἀκεῖ εὐαγγελιζόμενοι [ptc pres mid] ἦσαν [impf].

8 Καί τις ἀνὴρ ἀδύνατος ἐν Λύστροις τοῖς ποσὶν
ἐκάθητο [impf],
χωλὸς ἐκ κοιλίας μητρὸς αὐτοῦ,
ὃς οὐδέποτε περιεπάτησεν [aor].

9 οὗτος ἤκουσεν [aor] τοῦ Παύλου λαλοῦντος [ptc pres]·

ὃς ἀτενίσας [ptc aor] αὐτῷ
καὶ ἰδὼν [ptc aor] ὅτι ἔχει [pres] πίστιν τοῦ σωθῆναι [inf aor],
10 εἶπεν [aor] μεγάλῃ φωνῇ,
Ἀνάστηθι [impv aor] ἐπὶ τοὺς πόδας σου ὀρθός.

καὶ ἥλατο [aor] καὶ περιεπάτει [impf].

11 οἵ τε ὄχλοι
ἰδόντες [ptc aor] ὃ ἐποίησεν [aor] Παῦλος
ἐπῆραν [aor] τὴν φωνὴν αὐτῶν
Λυκαονιστὶ λέγοντες [ptc pres],
Οἱ θεοὶ ὁμοιωθέντες [ptc aor] ἀνθρώποις
κατέβησαν [aor] πρὸς ἡμᾶς.

12 ἐκάλουν [impf] τε τὸν Βαρναβᾶν Δία,
τὸν δὲ Παῦλον Ἑρμῆν,
ἐπειδὴ αὐτὸς ἦν [impf]
ὁ ἡγούμενος [ptc pres] τοῦ λόγου.

13 ὅ τε ἱερεὺς τοῦ Διὸς τοῦ ὄντος [ptc pres] πρὸ τῆς πόλεως
ταύρους καὶ στέμματα
ἐπὶ τοὺς πυλῶνας ἐνέγκας [ptc aor]
σὺν τοῖς ὄχλοις ἤθελεν [impf] θύειν [inf pres].

14 ἀκούσαντες [ptc aor] δὲ οἱ ἀπόστολοι Βαρναβᾶς καὶ Παῦλος,
διαρρήξαντες [ptc aor] τὰ ἱμάτια αὐτῶν
ἐξεπήδησαν [aor] εἰς τὸν ὄχλον
κράζοντες [ptc pres] 15 καὶ λέγοντες [ptc pres],

Ἄνδρες, τί ταῦτα ποιεῖτε [pres];

루스드라와 더베와 인근 지역{입니다.}
7 거기서도 그들은 복음을 전했습니다.

8 또한 루스드라에 발[들]을 쓰지 못하는 어떤 남자가
앉아 있습니다. [이고니온-루스드라: 약 30km(육)]
그는 태어날 때부터[그의 어머니 배로부터] 절뚝이더니
한번도 걸어 본 적이 없었습니다.

9 이가 바울이 얘기하는 것을 들었습니다.

바울이[그가] 그를 주의 깊게 살펴
구원 받을 믿음이 있는 것을 보고
10 큰 소리로 말했습니다.
"너의 발[들]로 똑바로 일어나라."

그러자 그가 깡충거리더니 걷습니다.

11 그 결과 무리[들]가
바울이 한 일을 보고
그들의 목소리를 높여
루가오니아어로 말합니다.
"신들이 사람같이 되어
우리에게 내려왔다."

12 마침내 그들은 바나바를 제우스로 부릅니다.
한편 바울은 헤르메스라 {부릅니다.}
그 자신이[그가 바로 ~이기 때문입니다]
이야기를 주도하는 자인 까닭입니다.

13 결과적으로 성 앞에 있는 제우스 {신전의} 제사장이
수소[들]와 꽃다발[들]을
길목마다[길목들에] 갖다 놓고
무리[들]와 함께 제물로 바치려 합니다.

14 그러자 파송된 자들인 바나바와 바울이 듣고
자신들의 옷[들]을 잡아 뜯고
무리 가운데로 뛰어들며
소리 질러 15 말합니다.

"남자들[/여러분], 왜 이런 일들을 하십니까?

καὶ ἡμεῖς ὁμοιοπαθεῖς ἐσμεν [pres] ὑμῖν ἄνθρωποι
        εὐαγγελιζόμενοι [ptc pres mid] ὑμᾶς
                        ἀπὸ τούτων τῶν ματαίων
                ἐπιστρέφειν [inf pres] ἐπὶ θεὸν ζῶντα [ptc pres],
                        ὃς ἐποίησεν [aor]
                                τὸν οὐρανὸν καὶ τὴν γῆν καὶ τὴν θάλασσαν
                                καὶ πάντα τὰ ἐν αὐτοῖς·
                        16 ὃς ἐν ταῖς παρῳχημέναις [ptc pf mid] γενεαῖς
                        εἴασεν [aor] πάντα τὰ ἔθνη
                                πορεύεσθαι [inf pres] ταῖς ὁδοῖς αὐτῶν·

17 καίτοι οὐκ ἀμάρτυρον αὐτὸν
ἀφῆκεν [aor]
        ἀγαθουργῶν [ptc pres],
        οὐρανόθεν ὑμῖν ὑετοὺς διδοὺς [ptc pres]
                καὶ καιροὺς καρποφόρους,
        ἐμπιπλῶν [ptc pres] τροφῆς καὶ εὐφροσύνης
                τὰς καρδίας ὑμῶν.

18 καὶ ταῦτα λέγοντες [ptc pres]
μόλις κατέπαυσαν [aor] τοὺς ὄχλους
        τοῦ μὴ θύειν [inf pres] αὐτοῖς.

19 Ἐπῆλθαν [aor] δὲ ἀπὸ Ἀντιοχείας καὶ Ἰκονίου Ἰουδαῖοι
        καὶ πείσαντες [ptc aor] τοὺς ὄχλους
        καὶ λιθάσαντες [ptc aor] τὸν Παῦλον
ἔσυρον [impf] ἔξω τῆς πόλεως,
        νομίζοντες [ptc pres] αὐτὸν τεθνηκέναι [inf pf].

20 κυκλωσάντων [ptc aor] δὲ τῶν μαθητῶν αὐτὸν
ἀναστὰς [ptc aor] εἰσῆλθεν [aor] εἰς τὴν πόλιν.

καὶ τῇ ἐπαύριον ἐξῆλθεν [aor]
        σὺν τῷ Βαρναβᾷ
        εἰς Δέρβην.

21 Εὐαγγελισάμενοί [ptc aor] τε τὴν πόλιν ἐκείνην
        καὶ μαθητεύσαντες [ptc aor] ἱκανοὺς
ὑπέστρεψαν [aor] εἰς τὴν Λύστραν
        καὶ εἰς Ἰκόνιον

우리도 여러분과 성정이 같은 사람들입니다.
복음을 여러분에게 전합니다[/전하는 사람들입니다].
이 헛된 것[/일]들로부터
살아 계신 하나님께로 돌이키라고요.
그분은 만드셨습니다,
하늘과 땅과 바다를요
그것들 안의 모든 것들도요.
16 그분이 지나간 시대[들]에는
모든 민족들에게 허락하셨습니다.
자기[그들의] 길[들]로 가는 것을요.

17 그럼에도 그분이 증것거리도 없이[자신이 증거 없도록][스스로를 증거하지 않고]
그냥 내버려 두지는[/가만히 계시지는] 않으셨습니다.
선한 일을 하시고,
여러분에게 하늘로부터 비[들]를 주시고,
열매[들]를 거두는 시기[들]도요,
음식과 즐거움으로 채우셨습니다.
여러분의 마음[들]을요."

18 이것들을 말하여
가까스로 무리[들]를 말려서
자신들에게 제물을 바치지 못하게 하였습니다.

19 한데 안디옥[안티오키아]과 이고니온으로부터 유대인들이 들이닥치더니,
무리[들]를 설득하여
바울에게 돌멩이질하고,
성 밖으로 끌어냅니다.
그가 죽었다고 여겨서요.

20 하니 제자들이 그를 에워쌌는데,
그가[/바울이] 일어나 성 안으로 들어갔습니다.

그리고 그는[/바울은] 이튿날 떠났습니다.
바나바와 함께
더베로요. [루스드라-더베: 약 60km(육)]

21 결과적으로 그[제] 성에서[/더베에서] 복음을 전하여
상당히 많은 이들을 제자로 삼고
루스드라로 되돌아갔습니다. [더베-루스드라: 약 60km(육)]
이고니온으로도요. [루스드라-이고니온: 약 30km(육)]

καὶ εἰς Ἀντιόχειαν
22 ἐπιστηρίζοντες [ptc pres] τὰς ψυχὰς τῶν μαθητῶν,
παρακαλοῦντες [ptc pres]
ἐμμένειν [inf pres] τῇ πίστει
καὶ ὅτι διὰ πολλῶν θλίψεων δεῖ [pres]
ἡμᾶς εἰσελθεῖν [inf aor]
εἰς τὴν βασιλείαν τοῦ θεοῦ.

23 χειροτονήσαντες [ptc aor] δὲ αὐτοῖς κατ᾽ ἐκκλησίαν πρεσβυτέρους,
προσευξάμενοι [ptc aor] μετὰ νηστειῶν
παρέθεντο [aor] αὐτοὺς τῷ κυρίῳ
εἰς ὃν πεπιστεύκεισαν [plpf].

24 καὶ διελθόντες [ptc aor] τὴν Πισιδίαν
ἦλθον [aor] εἰς τὴν Παμφυλίαν
25 καὶ λαλήσαντες [ptc aor] ἐν Πέργῃ τὸν λόγον
κατέβησαν [aor] εἰς Ἀττάλειαν·

26 κἀκεῖθεν ἀπέπλευσαν [aor] εἰς Ἀντιόχειαν,
ὅθεν ἦσαν [impf] παραδεδομένοι [ptc pf pass]
τῇ χάριτι τοῦ θεοῦ
εἰς τὸ ἔργον ὃ ἐπλήρωσαν [aor].

27 παραγενόμενοι [ptc aor] δὲ
καὶ συναγαγόντες [ptc aor] τὴν ἐκκλησίαν ἀνήγγελλον [impf]
ὅσα ἐποίησεν [aor] ὁ θεὸς μετ᾽ αὐτῶν
καὶ ὅτι ἤνοιξεν [aor] τοῖς ἔθνεσιν θύραν πίστεως.

28 διέτριβον [impf] δὲ χρόνον οὐκ ὀλίγον
σὺν τοῖς μαθηταῖς.

Chapter 15

15:1 Καί τινες κατελθόντες [ptc aor] ἀπὸ τῆς Ἰουδαίας
ἐδίδασκον [impf] τοὺς ἀδελφοὺς ὅτι,
Ἐὰν μὴ περιτμηθῆτε [subj aor] τῷ ἔθει τῷ Μωϋσέως,
οὐ δύνασθε [pres] σωθῆναι [inf aor].

2 γενομένης [ptc aor] δὲ στάσεως καὶ ζητήσεως οὐκ ὀλίγης

안디옥[안티오키아]으로도요. [이고니온-안디옥: 약 145km(육)]
22 {가면서} 제자들의 정신[들]을 굳건하게 세웠습니다.
{또한} 격려했습니다.
믿음 안에 계속 머물라고요.
또한 많은 환난[들]을
우리가 지나야 한다고요.
하나님 나라에 들어가기까지요.

23 하여 제자들을[그들을] 위해 교회마다 장로들을 임명하고[/장립하고]
금식일을 정해[금식일들과 함께] 기도하고
[그들이] 제자들을[그들을] 주님께 의탁하였습니다[/맡겼습니다].
그들이 믿는 분께요[/분인 {주님께요}].

24 이어 비시디아를 통과한 뒤
밤빌리아로 가서,
25 버가에서 말씀을 얘기하고 [비시디아 안디옥-버가: 약 150km(직)]
앗달리아[아탈리아]로 내려왔습니다. [버가-앗달리아: 약 20km(육)]

26 그곳으로부터 안디옥[안티오키아]으로 출항했는데,
거기에서 그들은 내준 바 되었었습니다.
하나님의 은혜에요.
그들이 끝마친 일을 위해서요.

27 하여 도착한 뒤 [앗달리아-수리아 안디옥: 약 500km(뱃; 실루기아)+약 23km(육)]
교회를 모은 다음, 전했습니다.
하나님께서 그들과 함께 행하신 일들을 예외 없이 모두요.
또한 다른 민족들에게[/이방인들에게] 믿음의 문이 열렸다고요.

28 그러다가 장기간[짧지 않은 기간] 머무릅니다.
제자들과 함께요. [갈라디아서: 48/49년, 수리아의 안디옥에서]

15장 [예루살렘 공회의: 49년경]

15:1 그런데 어떤 이들이 유대 {지역}으로부터 내려와서
다음과 같이 형제들을 가르칩니다.
"만일 너희가 모세의 관습대로 할례를 받지 않으면
너희는 구원될 수 없다."

2 하여 가볍지 않은 다툼과 논쟁거리가 생겼습니다.

τῷ Παύλῳ καὶ τῷ Βαρναβᾷ πρὸς αὐτοὺς
ἔταξαν [aor] ἀναβαίνειν [inf pres]
Παῦλον καὶ Βαρναβᾶν
καί τινας ἄλλους ἐξ αὐτῶν
πρὸς τοὺς ἀποστόλους καὶ πρεσβυτέρους
εἰς Ἰερουσαλὴμ
περὶ τοῦ ζητήματος τούτου.

3 Οἱ μὲν οὖν προπεμφθέντες [ptc aor]
ὑπὸ τῆς ἐκκλησίας
διήρχοντο [impf] τήν τε Φοινίκην καὶ Σαμάρειαν
ἐκδιηγούμενοι [ptc pres] τὴν ἐπιστροφὴν τῶν ἐθνῶν
καὶ ἐποίουν [impf] χαρὰν μεγάλην πᾶσιν τοῖς ἀδελφοῖς.

4 παραγενόμενοι [ptc aor] δὲ εἰς Ἰερουσαλὴμ
παρεδέχθησαν [aor] ἀπὸ τῆς ἐκκλησίας καὶ τῶν ἀποστόλων καὶ τῶν πρεσβυτέρων,
ἀνήγγειλάν [aor] τε
ὅσα ὁ θεὸς ἐποίησεν μετ᾽ αὐτῶν.

5 ἐξανέστησαν [aor] δέ
τινες τῶν ἀπὸ τῆς αἱρέσεως τῶν Φαρισαίων πεπιστευκότες [ptc pf]
λέγοντες [ptc pres]
ὅτι δεῖ [pres] περιτέμνειν [inf pres] αὐτοὺς
παραγγέλλειν [inf pres] τε τηρεῖν [inf pres] τὸν νόμον Μωϋσέως.

6 Συνήχθησάν [aor] τε οἱ ἀπόστολοι καὶ οἱ πρεσβύτεροι
ἰδεῖν [inf aor] περὶ τοῦ λόγου τούτου.

7 πολλῆς δὲ ζητήσεως γενομένης [ptc aor]
ἀναστὰς [ptc aor] Πέτρος εἶπεν [aor] πρὸς αὐτούς,
Ἄνδρες ἀδελφοί,
ὑμεῖς ἐπίστασθε [pres] ὅτι
ἀφ᾽ ἡμερῶν ἀρχαίων
ἐν ὑμῖν ἐξελέξατο [aor] ὁ θεὸς
διὰ τοῦ στόματός μου
ἀκοῦσαι [inf aor] τὰ ἔθνη τὸν λόγον τοῦ εὐαγγελίου
καὶ πιστεῦσαι [inf aor]·

8 καὶ ὁ καρδιογνώστης θεὸς ἐμαρτύρησεν [aor]
αὐτοῖς δοὺς [ptc aor] τὸ πνεῦμα τὸ ἅγιον
καθὼς καὶ ἡμῖν.

그들을 향해 바울과 바나바에게요.
제자들은[그들은] 올려 보내기로 결정했습니다.
바울과 바나바와
그들 가운데 다른 몇몇을
사도[들]와 장로들에게
예루살렘으로
이 논쟁거리와 관계하여서요.

3 그래서 배웅을 받은 이들이,
교회로부터요[교회에 의해서요],
베니게[페니키아]뿐 아니라 사마리아 {지역}을 통과합니다.
{그러면서} 다른 민족들이 돌이킨 것을[다른 민족들의 돌이킴을] 설명합니다.
또한 모든 형제들에게 큰 기쁨을 선사합니다.

4 그러다가 예루살렘에 도착해서는
교회와 사도들과 장로들로부터 환영을 받았습니다.
마침내 그들은 전했습니다.
하나님께서 그들과 함께 이루신 일[들]을 빠짐없이 모두요.

5 그러자 나섭니다.
바리새인들의 분파에 속한[분파 출신] 믿는 자 몇몇이요.
{나서며} 말합니다.
'그들에게 할례를 행할 뿐 아니라
모세의 율법을 준수하라고 지시해야 한다'고요.

6 결국 사도들과 장로들이 소집되었습니다.
이 안건에 대해 헤아리도록요.

7 하여 많은 논쟁이 이뤄진 뒤에
베드로가 일어나서 그들에게 말했습니다.
"남자 형제들!
여러분은 다음 내용을 알고 있습니다.
오래전에[옛날부터]
하나님께서 여러분 가운데에서 정하신 것을요.
제 입을 통해
다른 민족들이 복음의 말씀을 듣고
믿도록 {정하셨죠.}

8 그리고 마음을 아시는 하나님께서 증언하셨습니다.
그들에게 거룩한 영을 주셔서요.
우리에게와 같이요.

9 καὶ οὐθὲν διέκρινεν [aor]
μεταξὺ ἡμῶν τε καὶ αὐτῶν,
τῇ πίστει καθαρίσας [ptc aor] τὰς καρδίας αὐτῶν.

10 νῦν οὖν τί πειράζετε [pres] τὸν θεὸν
ἐπιθεῖναι [inf aor] ζυγὸν ἐπὶ τὸν τράχηλον τῶν μαθητῶν
ὃν οὔτε οἱ πατέρες ἡμῶν οὔτε ἡμεῖς
ἰσχύσαμεν [aor] βαστάσαι [inf aor];

11 ἀλλὰ διὰ τῆς χάριτος τοῦ κυρίου Ἰησοῦ
πιστεύομεν [pres] σωθῆναι [inf aor]
καθ᾽ ὃν τρόπον κἀκεῖνοι.

12 Ἐσίγησεν [aor] δὲ πᾶν τὸ πλῆθος,
καὶ ἤκουον [impf]
Βαρναβᾶ καὶ Παύλου ἐξηγουμένων [ptc pres]
ὅσα ἐποίησεν [aor] ὁ θεὸς σημεῖα καὶ τέρατα
ἐν τοῖς ἔθνεσιν δι᾽ αὐτῶν.

13 Μετὰ δὲ τὸ σιγῆσαι [inf aor] αὐτοὺς
ἀπεκρίθη [aor] Ἰάκωβος λέγων [ptc pres],
Ἄνδρες ἀδελφοί, ἀκούσατέ [impv aor] μου.

14 Συμεὼν ἐξηγήσατο [aor]
καθὼς πρῶτον ὁ θεὸς ἐπεσκέψατο [aor]
λαβεῖν [inf aor] ἐξ ἐθνῶν λαὸν τῷ ὀνόματι αὐτοῦ.

15 καὶ τούτῳ συμφωνοῦσιν [pres] οἱ λόγοι τῶν προφητῶν,
καθὼς γέγραπται [pf],
16 Μετὰ ταῦτα ἀναστρέψω [fut]
καὶ ἀνοικοδομήσω [fut]
τὴν σκηνὴν Δαυὶδ τὴν πεπτωκυῖαν [ptc pf]
καὶ τὰ κατεσκαμμένα [ptc pf pass] αὐτῆς
ἀνοικοδομήσω [fut]
καὶ ἀνορθώσω [fut] αὐτήν,
17 ὅπως ἂν ἐκζητήσωσιν [subj aor]
οἱ κατάλοιποι τῶν ἀνθρώπων τὸν κύριον
καὶ πάντα τὰ ἔθνη
ἐφ᾽ οὓς ἐπικέκληται [pf pass] τὸ ὄνομά μου
ἐπ᾽ αὐτούς,

9 또한 그분은 어떤 차별도 두지 않으셨습니다.
우리와 그들 사이에요.
믿음으로 그들의 마음[들]을 깨끗이 하셔서요.

10 그러니 이제 왜 하나님을 떠보십니까?
멍에를 제자들의 목에 메워서요.
[그런데 그것은] 우리 조상들과 우리마저도
견디지[/둘러메지] 못하던 멍에입니다[것입니다].

11 오히려 주 예수님의 은혜를 통해
구원을 받는다고 우리는 믿습니다.
저들과 같은 방식으로요."

12 하여 모인 사람 모두 잠잠했습니다.
이어 그들은 듣습니다.
바나바와 바울이 보고하는 것을요.
하나님께서 이루신 표적들과 기사들을 빠짐없이 모두요.
다른 민족들[/이방인들] 가운데에서 그들을 통해서요.

13 해서 그들이 조용해진 뒤에
야고보가 대꾸하며 말했습니다[/대답했습니다].
"남자 형제들, 내 말을[나를] 들으십시오.

14 시므온이 보고했습니다.
하나님께서 우선 어떻게 살피셨는지를요.
다른 민족들 가운데에서 자기 이름을 위한 백성을 얻으시려고요.

15 그런데 선지자들의 말씀[들]이 이것과 서로 꼭 맞습니다.
기록되기를,
16 '이 일[들] 뒤에 내가 되돌아와
다시 세울 것이다,
다윗의 쓰러진 장막을.
그러면서 그것의[/장막의] 파헤쳐진 곳들을
메우고[/다시 세우고]
그것을 곧추 세울 것이다.
17 그리하여 간절히 찾을 것이다,
남은 사람들이[사람들 가운데 남은 자들이] 주님을.
모든 민족들도 {그럴 것이다.}
내 이름이 그들 위에서 일컬어지는 이들도,
[그들 위에서].

λέγει [pres] κύριος ποιῶν [ptc pres] ταῦτα
18 γνωστὰ ἀπ' αἰῶνος.

19 διὸ ἐγὼ κρίνω [pres]
μὴ παρενοχλεῖν [inf pres]
τοῖς ἀπὸ τῶν ἐθνῶν ἐπιστρέφουσιν [ptc pres] ἐπὶ τὸν θεόν,
20 ἀλλὰ ἐπιστεῖλαι [inf aor] αὐτοῖς
τοῦ ἀπέχεσθαι [inf pres mid]
τῶν ἀλισγημάτων τῶν εἰδώλων
καὶ τῆς πορνείας
καὶ τοῦ πνικτοῦ
καὶ τοῦ αἵματος.

21 Μωϋσῆς γὰρ
ἐκ γενεῶν ἀρχαίων κατὰ πόλιν
τοὺς κηρύσσοντας [ptc pres] αὐτὸν ἔχει [pres]
ἐν ταῖς συναγωγαῖς κατὰ πᾶν σάββατον
ἀναγινωσκόμενος [ptc pres pass].

22 Τότε ἔδοξε [aor] τοῖς ἀποστόλοις καὶ τοῖς πρεσβυτέροις σὺν ὅλῃ τῇ ἐκκλησίᾳ
ἐκλεξαμένους [ptc aor] ἄνδρας ἐξ αὐτῶν
πέμψαι [inf aor] εἰς Ἀντιόχειαν σὺν τῷ Παύλῳ καὶ Βαρναβᾷ,
Ἰούδαν τὸν καλούμενον [ptc pres pass] Βαρσαββᾶν καὶ Σιλᾶν,
ἄνδρας ἡγουμένους [ptc pres] ἐν τοῖς ἀδελφοῖς,
23 γράψαντες [ptc aor] διὰ χειρὸς αὐτῶν.

Οἱ ἀπόστολοι καὶ οἱ πρεσβύτεροι ἀδελφοὶ
τοῖς κατὰ τὴν Ἀντιόχειαν καὶ Συρίαν καὶ Κιλικίαν ἀδελφοῖς
τοῖς ἐξ ἐθνῶν
χαίρειν [inf pres].

24 Ἐπειδὴ ἠκούσαμεν [aor]
ὅτι τινὲς ἐξ ἡμῶν
(ἐξελθόντες [ptc aor]) ἐτάραξαν [aor] ὑμᾶς
λόγοις
ἀνασκευάζοντες [ptc pres] τὰς ψυχὰς ὑμῶν
οἷς οὐ διεστειλάμεθα [aor],
25 ἔδοξεν [aor] ἡμῖν
γενομένοις [ptc aor] ὁμοθυμαδὸν ἐκλεξαμένοις [ptc aor] ἄνδρας
πέμψαι [inf aor] πρὸς ὑμᾶς

이 일들을 행하시는 주님께서 말씀하신다. [암 9:11-12]
18 오래전부터 알려진 {일들이다.} (사 45:21)'

19 그러므로 내 판단으로는,
부산스럽게 만들지 않았으면 합니다[부산스럽지 않게 되기를 바랍니다].
다른 민족[/이방인들] 가운데에서 하나님께로 돌이킨 이들을요.
20 오히려 그들에게 편지를[/서신을] 보냈으면 합니다.
금하라고요.
부정한 우상들과[우상들의 부정한 것들과]
음행과
목매단 것과
피를요.

21 왜냐하면 모세가
이전 세대[들]부터 성마다에서[/도시마다에서]
그를 전하는 자들을 가져서[/모세를 전하는 자들이 있어서]
안식일마다 회당[들]에서
{그의 글을} 읽기 때문입니다."

22 그때 교회 전체와 더불어 사도들과 장로들에게 한 가지 생각이 떠올랐습니다.
그들 가운데 남자들을 선택해서
바울 및 바나바와 함께 안디옥[안티오키아]으로 보내는 것이었습니다.
바사바[바르삽바]라 불리는 유다와 실라,
{즉} 형제들 가운데 주도적인 위치에 있는 남자들을 {보내되,}
23 그들 편에 {다음과 같은} 편지를 부치기로 했습니다.

"사도들과 나이 많은[/장로] 형제들이
안디옥[안티오키아]과 수리아[시리아]와 길리기아에 퍼져 있는
다른 민족 출신 형제들께.
안녕하시기를 {바랍니다.}

24 우리가 들었습니다[우리가 들은 까닭에].
우리 가운데 몇몇이
떠나가서 여러분의 마음을 흔들었다고요.
말[들]로 말입니다.
여러분의 정신[들]을 얼떨떨하게 만들어서요.
우리가 일러주지 않은 말[들]로[것들로] 말입니다.
25 {그런 까닭에} 우리로서는 생각하기에 이르렀습니다.
일치된 마음으로 남자들을 선택하기에 이른 {우리가요.}
여러분에게 급히 보내는 것을요.

σὺν τοῖς ἀγαπητοῖς ἡμῶν Βαρναβᾷ καὶ Παύλῳ,
26 ἀνθρώποις παραδεδωκόσι [ptc pf] τὰς ψυχὰς αὐτῶν
ὑπὲρ τοῦ ὀνόματος
τοῦ κυρίου ἡμῶν Ἰησοῦ Χριστοῦ.

27 ἀπεστάλκαμεν [pf] οὖν
Ἰούδαν καὶ Σιλᾶν
καὶ αὐτοὺς διὰ λόγου ἀπαγγέλλοντας [ptc pres] τὰ αὐτά.

28 ἔδοξεν [aor] γὰρ τῷ πνεύματι τῷ ἁγίῳ καὶ ἡμῖν
μηδὲν πλέον ἐπιτίθεσθαι [inf pres mid] ὑμῖν βάρος
πλὴν τούτων τῶν ἐπάναγκες,
29 ἀπέχεσθαι [inf pres] εἰδωλοθύτων καὶ αἵματος καὶ πνικτῶν καὶ πορνείας,
ἐξ ὧν διατηροῦντες [ptc pres] ἑαυτοὺς
εὖ πράξετε [fut].

Ἔρρωσθε [impv pf].

30 Οἱ μὲν οὖν ἀπολυθέντες [ptc aor]
κατῆλθον [aor] εἰς Ἀντιόχειαν,
καὶ συναγαγόντες [ptc aor] τὸ πλῆθος
ἐπέδωκαν [aor] τὴν ἐπιστολήν.

31 ἀναγνόντες [ptc aor] δὲ ἐχάρησαν [aor]
ἐπὶ τῇ παρακλήσει.

32 Ἰούδας τε καὶ Σιλᾶς
καὶ αὐτοὶ προφῆται ὄντες [ptc pres]
διὰ λόγου πολλοῦ
παρεκάλεσαν [aor] τοὺς ἀδελφοὺς καὶ ἐπεστήριξαν [aor].

33 ποιήσαντες [ptc aor] δὲ χρόνον
ἀπελύθησαν [aor] μετ᾽ εἰρήνης
ἀπὸ τῶν ἀδελφῶν
πρὸς τοὺς ἀποστείλαντας [ptc aor] αὐτούς.

35 Παῦλος δὲ καὶ Βαρναβᾶς
διέτριβον [impf] ἐν Ἀντιοχείᾳ
διδάσκοντες [ptc pres] καὶ εὐαγγελιζόμενοι [ptc pres mid]
μετὰ καὶ ἑτέρων πολλῶν

우리가[우리의] 사랑하는 바나바 및 바울과 함께요.
26 그들의 목숨[들]을 내놓은 사람들이죠.
이름을 위해서요.
우리 주 예수 그리스도의 {이름이죠.}

27 그러니 우리가 보냅니다.
유다와 실라를요.
[즉] 그들은 같은 것들을 말로[/마주 대하여 입으로] 전할 사람들입니다.

28 거룩한 영과 우리로서는 {다음이 적절하다고} 생각되기 때문입니다.
어떤 추가적인 짐도 여러분에게 지우지 않는 것이요.
이 긴요한 것들[/꼭 필요하고 중요한 것들] 외에는요.
29 우상제물들과 피와 목매단 것들과 음행을 그만두는 것이죠.
이것들을 멀리하여 자신[들]을 지키면
더할 나위 없이 좋겠습니다[여러분이 잘 하는 것입니다].

건강하세요[/안녕히 계십시오]."

30 그래서 떠난 자들이[/그들이 떠내]
안디옥[안티오키아]에 내려와서,
회중을 모으고
[게] 서신을 전달했습니다.

31 하여 그들이 읽고 못내 기뻐했습니다.
북돋워 주는 글에요[/위로에요, 격려에요].

32 유다와 실라도
그들 스스로가 선지자들이므로
많은 말로
형제들을 격려하고 굳건하게 세웠습니다.

33 그러다가 한동안 지낸 뒤에
평안히 떠났습니다.
형제들에게서
자신들을 보낸 이들에게로요.

35 하니 바울과 바나바는
안디옥[안티오키아]에 머뭅니다.
가르치고 전하면서요.
전혀 다른 많은 이들과도 함께,

τὸν λόγον τοῦ κυρίου.

36 Μετὰ δέ τινας ἡμέρας
εἶπεν [aor] πρὸς Βαρναβᾶν Παῦλος,
Ἐπιστρέψαντες [ptc aor] δὴ ἐπισκεψώμεθα [subj aor] τοὺς ἀδελφοὺς
κατὰ πόλιν πᾶσαν
ἐν αἷς κατηγγείλαμεν [aor] τὸν λόγον τοῦ κυρίου
πῶς ἔχουσιν [pres].

37 Βαρναβᾶς δὲ ἐβούλετο [impf]
συμπαραλαβεῖν [inf aor] καὶ τὸν Ἰωάννην τὸν καλούμενον [ptc pres pass] Μᾶρκον·

38 Παῦλος δὲ ἠξίου [impf],
τὸν ἀποστάντα [ptc aor] ἀπʼ αὐτῶν ἀπὸ Παμφυλίας
καὶ μὴ συνελθόντα [ptc aor] αὐτοῖς εἰς τὸ ἔργον
μὴ συμπαραλαμβάνειν [inf pres]
τοῦτον.

39 ἐγένετο [aor] δὲ παροξυσμὸς
ὥστε ἀποχωρισθῆναι [inf aor] αὐτοὺς ἀπʼ ἀλλήλων,
τόν τε Βαρναβᾶν
παραλαβόντα [ptc aor] τὸν Μᾶρκον
ἐκπλεῦσαι [inf aor] εἰς Κύπρον.

40 Παῦλος δὲ ἐπιλεξάμενος [ptc aor] Σιλᾶν ἐξῆλθεν [aor]
παραδοθεὶς [ptc aor] τῇ χάριτι τοῦ κυρίου
ὑπὸ τῶν ἀδελφῶν·

41 διήρχετο [impf] δὲ τὴν Συρίαν καὶ (τὴν) Κιλικίαν
ἐπιστηρίζων [ptc pres] τὰς ἐκκλησίας.

Chapter 16

16:1 Κατήντησεν [aor] δὲ
(καὶ) εἰς Δέρβην καὶ εἰς Λύστραν.

καὶ ἰδοὺ μαθητής τις
ἦν [impf] ἐκεῖ ὀνόματι Τιμόθεος,
υἱὸς γυναικὸς Ἰουδαίας πιστῆς,
πατρὸς δὲ Ἕλληνος.

주님의 말씀을 {가르치고 전하면서요.}

36 한데 몇 날 뒤에
바나바에게 바울이 말했습니다.
"정말이지, 돌아가서 우리가 형제들을 보살핍시다.
성마다에서요.
우리가 주님의 말씀을 전했던 곳들이죠.
그들이 어떻게 지내는지 {봅시다.}"

37 그러자 바나바가 원합니다.
마가라 불리는 요한도 데려가는 것을요.

38 하나 바울은 {다음이} 맞다고 여깁니다.
밤빌리아에서 그들을 떠나
그들과 함께 일을 마치지 않은 이를
데려가지 않는 것이요.
그런 사람을요[이를요].

39 하니 마찰이 생겨
그들이 서로 결별하고,
결국 바나바는
마가를 데리고
구브로[키프로스]로 출항했습니다.

40 그러자 실라를 뽑은[/선임한 뒤] 바울은 출발했습니다.
주님의 은혜에 내준 바 된 뒤에요[/맡겨진 다음에요].
형제들에 의해서요.

41 이에 그가[/바울이] 수리아[시리아]와 길리기아를 두루 다니며
교회들을 굳건하게 세웁니다.

16장 [바울, 실라, 디모데의 남 갈라디아와 마게도냐와 아가야(2차) 전도여행: 48/49-51년]

16:1 그러다가 그가[/바울이] 닿았습니다.
더베와 루스드라에요.

그런데 보십시오. 어떤 제자가
거기에 있는데 이름이 디모데입니다.
믿는 유대인 여자의 아들로,
아버지는 헬라인입니다[/헬라 사람입니다].

2 ὃς ἐμαρτυρεῖτο [impf pass]
ὑπὸ τῶν ἐν Λύστροις καὶ Ἰκονίῳ ἀδελφῶν.

3 τοῦτον ἠθέλησεν [aor] ὁ Παῦλος σὺν αὐτῷ ἐξελθεῖν [inf aor],
καὶ λαβὼν [ptc aor] περιέτεμεν [aor] αὐτὸν
διὰ τοὺς Ἰουδαίους τοὺς ὄντας [ptc pres] ἐν τοῖς τόποις ἐκείνοις·

ᾔδεισαν [plpf] γὰρ ἅπαντες
ὅτι Ἕλλην ὁ πατὴρ αὐτοῦ ὑπῆρχεν [impf].

4 ὡς δὲ διεπορεύοντο [impf] τὰς πόλεις,
παρεδίδοσαν [impf] αὐτοῖς φυλάσσειν [inf pres]
τὰ δόγματα τὰ κεκριμένα [ptc pf pass]
ὑπὸ τῶν ἀποστόλων καὶ πρεσβυτέρων τῶν ἐν Ἱεροσολύμοις.

5 αἱ μὲν οὖν ἐκκλησίαι
ἐστερεοῦντο [impf pass] τῇ πίστει
καὶ ἐπερίσσευον [impf] τῷ ἀριθμῷ καθ᾽ ἡμέραν.

6 Διῆλθον [aor] δὲ τὴν Φρυγίαν καὶ Γαλατικὴν χώραν
κωλυθέντες [ptc aor] ὑπὸ τοῦ ἁγίου πνεύματος
λαλῆσαι [inf aor] τὸν λόγον ἐν τῇ Ἀσίᾳ·

7 ἐλθόντες [ptc aor] δὲ κατὰ τὴν Μυσίαν
ἐπείραζον [impf] εἰς τὴν Βιθυνίαν πορευθῆναι [inf aor],
καὶ οὐκ εἴασεν [aor] αὐτοὺς
τὸ πνεῦμα Ἰησοῦ·

8 παρελθόντες [ptc aor] δὲ τὴν Μυσίαν
κατέβησαν [aor] εἰς Τρῳάδα.

9 καὶ ὅραμα διὰ (τῆς) νυκτὸς τῷ Παύλῳ ὤφθη [aor],
ἀνὴρ Μακεδών τις ἦν [impf] ἑστὼς [ptc pf]
καὶ παρακαλῶν [ptc pres] αὐτὸν καὶ λέγων [ptc pres],
Διαβὰς [ptc aor] εἰς Μακεδονίαν
βοήθησον [impv aor] ἡμῖν.

10 ὡς δὲ τὸ ὅραμα εἶδεν [aor],
εὐθέως ἐζητήσαμεν [aor] ἐξελθεῖν [inf aor] εἰς Μακεδονίαν

2 그는 좋은 평가를 받습니다[증거를 받습니다].
루스드라와 이고니온 형제들로부터요. [루스드라-이고니온: 약 33km(육)]

3 바울은 그가[이가] 자신과 함께 떠나기를 바랐습니다.
이에 우리가 그를 데려다가 할례를 행했습니다.
그곳[저곳들에 있는] 유대인들 때문에요.

모두가 알고 있었기 때문입니다.
그의 아버지가 헬라인이라는[/헬라 사람인] 것을요.

4 한데 그들이 성들을[/도시들을] 거쳐 갈 때,
지키도록 제자들에게[그들에게] 내놓습니다.
정해진 결정들을요.
예루살렘의 사도들과 장로들에 의해 {정해진 결정들이죠.}

5 그래서 교회들이
믿음 면에서 견고해지고,
수가[그들이 숫자 면에서] 날마다 늘어납니다.

6 한데 그들은[/바울과 실라는] 브루기아[프리기아](행 2:10)와 갈라디아 지역을 통과했습니다.
거룩한 영에 의해 막혀서요[/거룩한 영이 막으셔서요][/그런데 거룩한 영이 막으셨습니다].
아시아에서 말씀 얘기하는 것을요.

7 하여 무시아[미시아]에 당도하여
비두니아[비티니아]로 가려고 꾀하지만,
그분이 그들을 말리셨습니다[그들에게 허락하지 않으셨습니다].
예수님의 영이요.

8 하니 무시아[미시아]를 건너
드로아로 내려왔습니다. [이고니온-드로아: 약 580km(직)]

9 이어 밤새 바울에게 환상이 나타났습니다.
어떤 마게도냐[마케도니아] 남자가 서서
그를 설득하며 말합니다.
"마게도냐[마케도니아]로 건너와서
우리를 도와주시오!"

10 이에 그가 [게] 환상을 봤기 때문에
우리가 곧바로 마게도냐[마케도니아]로 떠날 채비를 했습니다.

συμβιβάζοντες [ptc pres] ὅτι
προσκέκληται [pf mid] ἡμᾶς ὁ θεὸς
εὐαγγελίσασθαι [inf aor] αὐτούς.

11 Ἀναχθέντες [ptc aor] δὲ ἀπὸ Τρῳάδος
εὐθυδρομήσαμεν [aor] εἰς Σαμοθρᾴκην,
τῇ δὲ ἐπιούσῃ [ptc pres] εἰς Νέαν Πόλιν
12 κἀκεῖθεν εἰς Φιλίππους,
ἥτις ἐστὶν [pres] πρώτη(ς) μερίδος τῆς Μακεδονίας πόλις,
κολωνία.

ἦμεν [impf] δὲ ἐν ταύτῃ τῇ πόλει
διατρίβοντες [ptc pres] ἡμέρας τινάς.

13 τῇ τε ἡμέρᾳ τῶν σαββάτων
ἐξήλθομεν [aor] ἔξω τῆς πύλης
παρὰ ποταμὸν
οὗ ἐνομίζομεν [impf] προσευχὴν εἶναι [inf pres],
καὶ καθίσαντες [ptc aor] ἐλαλοῦμεν [impf]
ταῖς συνελθούσαις [ptc aor] γυναιξίν.

14 καί τις γυνὴ ὀνόματι Λυδία,
πορφυρόπωλις πόλεως Θυατείρων
σεβομένη [ptc pres mid] τὸν θεόν,
ἤκουεν [impf].

ἧς ὁ κύριος διήνοιξεν [aor] τὴν καρδίαν
προσέχειν [inf pres] τοῖς λαλουμένοις [ptc pres pass]
ὑπὸ τοῦ Παύλου.

15 ὡς δὲ ἐβαπτίσθη [aor] καὶ ὁ οἶκος αὐτῆς,
παρεκάλεσεν [aor] λέγουσα [ptc pres],
Εἰ κεκρίκατέ [pf] με πιστὴν τῷ κυρίῳ εἶναι [inf pres],
εἰσελθόντες [ptc aor] εἰς τὸν οἶκόν μου μένετε [impv pres]·

καὶ παρεβιάσατο [aor] ἡμᾶς.

16 Ἐγένετο [aor] δὲ πορευομένων [ptc pres] ἡμῶν εἰς τὴν προσευχὴν
παιδίσκην τινὰ ἔχουσαν [ptc pres] πνεῦμα πύθωνα
ὑπαντῆσαι [inf aor] ἡμῖν,

다음과 같이 결론지었기 때문이죠.
하나님께서 우리를 촉구하신다고요.
그들에게 복음을 전하라고요.

11 하여 드로아에서 출항하여 [마게도냐 전도: 49-50년; 살전 1:2-2:2]
우리는 사모드라게[사모트라케]로 직행했습니다. [드로아-사모드라게: 약 160km(직)]
이튿날에는 네압볼리[네아폴리스]로, [사모드라게-네압볼리: 약 100km(뱃)]
12 거기서는 빌립보[필립포이]로 {곧장 갔습니다.} [네압볼리-빌립보: 약 16km(육)]
그곳은 마게도냐[마케도니아]에서 첫째가는 구역의 도시로[/성으로],
{로마의} 거점 도시입니다.

하여 우리는 이 성에서
몇 날 비비고 있었습니다.

13 그러다가 안식일이 되자[안식일에],
우리는 {도시[/성]} 들머리 밖으로 나갔습니다.
강가로요.
거기에 기도 모임이 있을 것 같았습니다[/기도할 곳이 있을 거라고 우리는 생각했습니다].
이어 우리는 앉아 얘기하기 시작했습니다.
모인 여자들과요.

14 그런데 루디아[리디아]라는 이름을 가진 한 부인이[/여자가],
두아디라(계 1:11; 2:18, 24) 성의 자주색 옷감 장수로
하나님을 경외하는 분이죠,
경청합니다[/귀 기울여 듣습니다].

이에 주님께서는 그녀의 마음을 여셔서
얘기되는 바에[/얘기하는 것에] 주의를 기울이게 하셨습니다.
바울에 의해서요[/바울이].

15 하여 그녀의 가정마저[/식솔마저, 집안식구마저] 세례를 받았을 때,
그녀가 {이렇게} 권했습니다[말하며 권했습니다].
"제가 주님께 신실하다고 판단하시면
저의 집에 들어와서 머무세요."

또한 그녀가 우리를 꺾었습니다.

16 한데 우리가 기도 모임에[/기도할 곳] 갈 때 이런 일이 생겼습니다.
점치는 영이 들린[/퓌쏜의 영을 가진] 여종이
우리와 맞닥뜨린 것입니다.

ἥτις ἐργασίαν πολλὴν παρεῖχεν [impf] τοῖς κυρίοις αὐτῆς
μαντευομένη [ptc pres].

17 αὕτη κατακολουθοῦσα [ptc pres] τῷ Παύλῳ καὶ ἡμῖν
ἔκραζεν [impf] λέγουσα [ptc pres],
Οὗτοι οἱ ἄνθρωποι
δοῦλοι τοῦ θεοῦ τοῦ ὑψίστου εἰσίν [pres],
οἵτινες καταγγέλλουσιν [pres] ὑμῖν ὁδὸν σωτηρίας.

18 τοῦτο δὲ ἐποίει [impf] ἐπὶ πολλὰς ἡμέρας.

διαπονηθεὶς [ptc aor] δὲ Παῦλος
καὶ ἐπιστρέψας [ptc aor] τῷ πνεύματι εἶπεν [aor],
Παραγγέλλω [pres] σοι ἐν ὀνόματι Ἰησοῦ Χριστοῦ
ἐξελθεῖν [inf aor] ἀπ' αὐτῆς·

καὶ ἐξῆλθεν [aor] αὐτῇ τῇ ὥρᾳ.

19 ἰδόντες [ptc aor] δὲ οἱ κύριοι αὐτῆς
ὅτι ἐξῆλθεν [aor] ἡ ἐλπὶς τῆς ἐργασίας αὐτῶν,
ἐπιλαβόμενοι [ptc aor] τὸν Παῦλον καὶ τὸν Σιλᾶν
εἵλκυσαν [aor] εἰς τὴν ἀγορὰν ἐπὶ τοὺς ἄρχοντας.

20 καὶ προσαγαγόντες [ptc aor] αὐτοὺς τοῖς στρατηγοῖς
εἶπαν [aor],
Οὗτοι οἱ ἄνθρωποι
ἐκταράσσουσιν [pres] ἡμῶν τὴν πόλιν,
Ἰουδαῖοι ὑπάρχοντες [ptc pres],
21 καὶ καταγγέλλουσιν [pres] ἔθη
ἃ οὐκ ἔξεστιν [pres] ἡμῖν
παραδέχεσθαι [inf pres] οὐδὲ ποιεῖν [inf pres]
Ῥωμαίοις οὖσιν [ptc pres].

22 καὶ συνεπέστη [aor] ὁ ὄχλος κατ' αὐτῶν
καὶ οἱ στρατηγοὶ περιρήξαντες [ptc aor] αὐτῶν τὰ ἱμάτια
ἐκέλευον [impf] ῥαβδίζειν [inf pres].

23 πολλάς τε ἐπιθέντες [ptc aor] αὐτοῖς πληγὰς
ἔβαλον [aor] εἰς φυλακὴν
παραγγείλαντες [ptc aor] τῷ δεσμοφύλακι

그녀는[/그 여종은] 자기 주인들에게 많은 일감을 갖다 주어 이바지하고 있었습니다.
점을 쳐서요.

17 이 여자가[/이가] 바울과 우리를 따라다니며
소리질러 말합니다.
"이 사람들은
지극히 높은 하나님의 종들로,
그들은 여러분에게 구원의 길을 알려줍니다."

18 후에 여러 날에 걸쳐 그가 이 일을 합니다.

그러자 바울이 괴롭기 짝이 없어[괴롭게 되어]
고개를 돌려 [거] 영을 보고[거 영에게 돌이켜] 말했습니다.
"내가 네게 예수 그리스도의 이름으로 지시한다,
그녀에게서 떠나갈 것을[/떠나가라고]."

그러자 바로 그 때 그 영이[그것이] 떠나갔습니다.

19 그녀의 주인들이 봅니다.
그들 일거리에 대한 소망이 떠나간 것을요.
{그래서} 바울과 실라를 붙들어다가
장터[장터로] 관원들에게 끌고 갔습니다.

20 그리고 그들을 치안 경찰들에게 데려가서
말했습니다.
"이 사람들이
우리 성에 문제를 일으킵니다.
유대인들인 주제에[유대인들인데],
21 풍습[들]을 퍼뜨리기까지 합니다.
우리에게 합당하지 않은 것들입니다.
받아들이기도, 이행하기도요[/받아들일 수도 없고 이행할 수도 없습니다].
로마사람들에게요[/로마사람들인 {우리에게요}]."

22 이에 무리가 그들과 맞서 떼 지어 일어났습니다.
그러자 치안 경찰들이 그들의 의복[들]을 찢어 벗기고
매로 때리라고 명합니다.

23 결국 그들에게 심한 상처[들]를 입히고서야
[그들이] {그들을} 감옥에 처넣었습니다.
{그러면서} 교도관에게 지시했습니다.

ἀσφαλῶς τηρεῖν [inf pres] αὐτούς.
24 ὃς παραγγελίαν τοιαύτην λαβὼν [ptc aor]
ἔβαλεν [aor] αὐτοὺς
εἰς τὴν ἐσωτέραν φυλακὴν
καὶ τοὺς πόδας ἠσφαλίσατο [aor] αὐτῶν
εἰς τὸ ξύλον.

25 Κατὰ δὲ τὸ μεσονύκτιον
Παῦλος καὶ Σιλᾶς προσευχόμενοι [ptc pres]
ὕμνουν [impf] τὸν θεόν,
ἐπηκροῶντο [impf] δὲ αὐτῶν
οἱ δέσμιοι·

26 ἄφνω δὲ σεισμὸς ἐγένετο [aor] μέγας
ὥστε σαλευθῆναι [inf aor]
τὰ θεμέλια τοῦ δεσμωτηρίου·

ἠνεῴχθησαν [aor] δὲ παραχρῆμα αἱ θύραι πᾶσαι
καὶ πάντων τὰ δεσμὰ ἀνέθη [aor].

27 ἔξυπνος δὲ γενόμενος [ptc aor] ὁ δεσμοφύλαξ
καὶ ἰδὼν [ptc aor] ἀνεῳγμένας [ptc pf pass] τὰς θύρας τῆς φυλακῆς,
σπασάμενος [ptc aor] (τὴν) μάχαιραν
ἤμελλεν [impf] ἑαυτὸν ἀναιρεῖν [inf pres]
νομίζων [ptc pres] ἐκπεφευγέναι [ptc pf] τοὺς δεσμίους.

28 ἐφώνησεν [aor] δὲ μεγάλῃ φωνῇ (ὁ) Παῦλος λέγων [ptc pres],
Μηδὲν πράξῃς [subj aor] σεαυτῷ κακόν,
ἅπαντες γάρ ἐσμεν [pres] ἐνθάδε.

29 αἰτήσας [ptc aor] δὲ φῶτα
εἰσεπήδησεν [aor]
καὶ ἔντρομος γενόμενος [ptc aor]
προσέπεσεν [aor] τῷ Παύλῳ καὶ (τῷ) Σιλᾷ,
30 καὶ προαγαγὼν [ptc aor] αὐτοὺς ἔξω
ἔφη [aor or impf],
Κύριοι,
τί με δεῖ [pres] ποιεῖν [inf pres]
ἵνα σωθῶ [subj aor];

그들을 야무지게 단속할 것을요[/단속하라고요, 가두라고요].
24 이러한 지시를 받은
교도관은[그는] 그들을 처넣습니다.
깊은[안쪽] 감방에요.
그리고 그들의 발[들]을 단단히 채웠습니다.
차꼬에요.

25 한데 밤중에
바울과 실라가 기도하다가
하나님을 찬송합니다.
하니 그들의 찬송소리를[그들을] 귀 기울여 듣습니다.
수감자들이요.

26 한데 갑자기 큰 지진이 일어나,
뒤흔들렸습니다.
교도소터가요.

하여 모든 문들이 즉시에 열리고
모두의[/모든 사람의] 결박이 헐거워졌습니다.

27 한편 잠에서 깨어난 교도관은
옥문들이 열린 것을 보고
칼을 빼어 들고
자결하려[스스로를 없애려] 합니다.
수감자들이 도망쳤다 여기고요.

28 하나 바울이 큰 소리로 부르고서 말합니다.
"당신 자신을 해치는[당신 자신에게 해로운] 아무 짓도 하지 마십시오.
우리 모두가 여기에 있기 때문입니다."

29 하니 {교도관이} 등불을 거머채어[/거머들고]
달려들더니
떨면서
바울과 실라 앞에 엎드렸습니다.
30 이어 그들을 모시고[/데리고] 밖으로 나가더니
이릅니다.
"주님들,
제가 무엇을 이행해야 합니까?
구원을 받으려면요."

31 οἱ δὲ εἶπαν [aor],
Πίστευσον [impv aor] ἐπὶ τὸν κύριον Ἰησοῦν
καὶ σωθήσῃ [fut] σὺ καὶ ὁ οἶκός σου.

32 καὶ ἐλάλησαν [aor] αὐτῷ τὸν λόγον τοῦ κυρίου
σὺν πᾶσιν τοῖς ἐν τῇ οἰκίᾳ αὐτοῦ.

33 καὶ παραλαβὼν [ptc aor] αὐτοὺς
ἐν ἐκείνῃ τῇ ὥρᾳ τῆς νυκτὸς
ἔλουσεν [aor] ἀπὸ τῶν πληγῶν,
καὶ ἐβαπτίσθη [aor] αὐτὸς καὶ οἱ αὐτοῦ πάντες παραχρῆμα,
34 ἀναγαγών [ptc aor] τε αὐτοὺς εἰς τὸν οἶκον
παρέθηκεν [aor] τράπεζαν,
καὶ ἠγαλλιάσατο [aor] πανοικεὶ
πεπιστευκὼς [ptc pf] τῷ θεῷ.

35 Ἡμέρας δὲ γενομένης [ptc aor]
ἀπέστειλαν [aor] οἱ στρατηγοὶ τοὺς ῥαβδούχους λέγοντες [ptc pres],
Ἀπόλυσον [ptc pres] τοὺς ἀνθρώπους ἐκείνους.

36 ἀπήγγειλεν [aor] δὲ ὁ δεσμοφύλαξ
τοὺς λόγους (τούτους) πρὸς τὸν Παῦλον ὅτι
Ἀπέσταλκαν [pf] οἱ στρατηγοὶ
ἵνα ἀπολυθῆτε [subj aor]·

νῦν οὖν ἐξελθόντες [ptc aor]
πορεύεσθε [impv pres] ἐν εἰρήνῃ.

37 ὁ δὲ Παῦλος ἔφη [impf or aor] πρὸς αὐτούς,
Δείραντες [ptc aor] ἡμᾶς δημοσίᾳ ἀκατακρίτους,
ἀνθρώπους Ῥωμαίους ὑπάρχοντας [ptc pres],
ἔβαλαν [aor] εἰς φυλακήν,
καὶ νῦν λάθρᾳ ἡμᾶς ἐκβάλλουσιν [pres];

οὐ γάρ,
ἀλλὰ ἐλθόντες [ptc aor] αὐτοὶ
ἡμᾶς ἐξαγαγέτωσαν [impv aor].

38 ἀπήγγειλαν [aor] δὲ τοῖς στρατηγοῖς
οἱ ῥαβδοῦχοι τὰ ῥήματα ταῦτα.

31 그러자 그들이 말했습니다.
"주님이신 예수님을 믿으십시오.
그러면 당신이 구원을 받을 것입니다. 당신 가정도 {구원을 받을 것입니다.}"

32 이어 그들이 교도관에게[그에게] 주님의 말씀을 얘기했습니다.
그의[/교도관의] 집에 있는 모든 이들과 더불어요.

33 그러니 {교도관이} 그들을 데려옵니다.
그 밤 그 시에요[그 밤의 저 시간에요].
그가 상처 난 곳들을 씻어 주었습니다.
또한 자신과 자신에게[/그와 그에게] 속한 모든 이들이 지체 없이 곧 세례를 받았습니다.
34 뿐만 아니라 그들을 집으로 안내한 뒤
밥상을 차려 주고,
집안 전체와 더불어 몹시 기뻐 날뛰었습니다[/매우 기뻐했습니다].
하나님을 믿기 때문이죠.

35 날이 밝자[낮이 되자]
치안 경찰들이 경관들을 보내 말했습니다.
"저 사람들을 풀어 주어라."

36 하니 교도관이 전했습니다.
바울에게 이 말[들]을 다음과 같이요.
"치안 경찰들이 {사람들을} 보내왔습니다.
두 분을 풀어 주라고요[여러분이 풀려나도록요].

그러니 이제는 나가서
평안히 가십시오."

37 하나 바울이 그들에게 말합니다.
"{그들은} 우리를 대중 앞에서 판결 없이 매질했습니다.
로마 사람들인 {우리를요.}
{그리고} 감옥에 처넣었습니다.
그런데 이제는 몰래 우리를 밖으로 내쫓는단 말입니까?

안 될 말입니다[/하나 안 될 말입니다].
오히려 그들이 몸소 와서
우리를 빼내도록 하십시오."

38 이에 치안 경찰들에게 전했습니다.
경관들이 이 얘기들을요.

ἐφοβήθησαν [aor] δὲ
        ἀκούσαντες [ptc aor] ὅτι Ῥωμαῖοί εἰσιν [pres],
39 καὶ ἐλθόντες [ptc aor] παρεκάλεσαν [aor] αὐτοὺς
καὶ ἐξαγαγόντες [ptc aor] ἠρώτων [impf]
        ἀπελθεῖν [inf aor] ἀπὸ τῆς πόλεως.

        40 ἐξελθόντες [ptc aor] δὲ ἀπὸ τῆς φυλακῆς
εἰσῆλθον [aor] πρὸς τὴν Λυδίαν
καὶ ἰδόντες [ptc aor] παρεκάλεσαν [aor] τοὺς ἀδελφοὺς
καὶ ἐξῆλθαν [aor].

Chapter 17

        17:1 Διοδεύσαντες [ptc aor] δὲ τὴν Ἀμφίπολιν
                καὶ τὴν Ἀπολλωνίαν
ἦλθον [aor] εἰς Θεσσαλονίκην
        ὅπου ἦν [impf] συναγωγὴ τῶν Ἰουδαίων.

        2 κατὰ δὲ τὸ εἰωθὸς [ptc pf] τῷ Παύλῳ
εἰσῆλθεν [aor] πρὸς αὐτοὺς
        καὶ ἐπὶ σάββατα τρία
διελέξατο [aor] αὐτοῖς ἀπὸ τῶν γραφῶν,
        3 διανοίγων [ptc pres] καὶ παρατιθέμενος [ptc pres mid]
                ὅτι τὸν Χριστὸν
                ἔδει [impf] παθεῖν [inf aor]
                        καὶ ἀναστῆναι [inf aor] ἐκ νεκρῶν
                καὶ ὅτι οὗτός ἐστιν [pres] ὁ Χριστὸς
                (ὁ) Ἰησοῦς ὃν ἐγὼ καταγγέλλω [pres] ὑμῖν.

4 καί τινες ἐξ αὐτῶν ἐπείσθησαν [aor]
καὶ προσεκληρώθησαν [aor] τῷ Παύλῳ καὶ τῷ Σιλᾷ,
        τῶν τε σεβομένων [ptc pres mid] Ἑλλήνων
πλῆθος πολύ,
        γυναικῶν τε τῶν πρώτων
οὐκ ὀλίγαι.

        5 Ζηλώσαντες [ptc aor] δὲ οἱ Ἰουδαῖοι
        καὶ προσλαβόμενοι [ptc aor] τῶν ἀγοραίων ἄνδρας τινὰς πονηροὺς

그러자 그들은[/치안 경찰들은] 두려웠습니다.
그들이 로마 사람들이라는 말을[사람들이라고] 듣고서요.
39 그러면서도 와서 그들을 위로하고
{감방에서} 빼낸 다음에는 요청합니다.
[거] 도시를[/성을] 떠나 달라고요[떠나는 것을요].

40 하니 그들이 감옥에서 나와
루디아[리디아]를 찾아와서
형제들을 만나 격려하고
떠나갔습니다.

17장

17:1 하여 암비볼리[암피폴리스]와 [빌립보-암비볼리: 약 50km(육)]
아볼로니아[아폴로니아]를 거쳐 [암비볼리-아볼로니아: 약 40km(육)]
데살로니가[테살로니카]에 왔습니다. [아볼로니아-데살로니가: 약 55km(육)]
거기에는 유대인들의 회당이 있습니다[/있기 때문입니다].

2 하여 자신에게[바울에게] 익숙한 대로
그가 그들에게 들어가서,
세 안식일에
그들과 성경에[기록된 것들에] 대해 이야기를 나눴습니다.
3 {그러면서} 드러내고 나타냅니다.
실은 "그리스도께서
고난을 겪으셔야 하고
죽은 자들 가운데서[자들로부터] 일어나셔야 {합니다.}" 하고요.
또한 사실 "이분이 그분 그리스도이십니다.
제가 여러분에게 선포하는 예수님께서요." 하고요.

4 그러자 그들 가운데 몇몇이 설득되었습니다.
이어 그들이 바울과 실라 {팀에} 합류되었는데[/합류했는데],
경건한 헬라 사람들로 {구성된}
큰 동아리가 {있었고,}
지도자들의 부인들도
적지 않았습니다.

5 하여 유대인들이 시샘이 나서
장터[들]의 몇몇 나쁜 남자들을 불러

καὶ ὀχλοποιήσαντες [ptc aor]
ἐθορύβουν [impf] τὴν πόλιν
καὶ ἐπιστάντες [ptc aor] τῇ οἰκίᾳ Ἰάσονος
ἐζήτουν [impf] αὐτοὺς
προαγαγεῖν [inf aor] εἰς τὸν δῆμον·

6 μὴ εὑρόντες [ptc aor] δὲ αὐτοὺς
ἔσυρον [impf] Ἰάσονα καί τινας ἀδελφοὺς ἐπὶ τοὺς πολιτάρχας
βοῶντες [ptc pres] ὅτι
Οἱ τὴν οἰκουμένην ἀναστατώσαντες [ptc aor]
οὗτοι καὶ ἐνθάδε πάρεισιν [pres],
7 οὓς ὑποδέδεκται [pf] Ἰάσων·
καὶ οὗτοι πάντες ἀπέναντι τῶν δογμάτων Καίσαρος πράσσουσιν [pres],
βασιλέα ἕτερον λέγοντες [ptc pres] εἶναι [inf pres] Ἰησοῦν.

8 ἐτάραξαν [aor] δὲ τὸν ὄχλον
καὶ τοὺς πολιτάρχας ἀκούοντας [ptc pres] ταῦτα.

9 καὶ λαβόντες [ptc aor] τὸ ἱκανὸν
παρὰ τοῦ Ἰάσονος καὶ τῶν λοιπῶν
ἀπέλυσαν [aor] αὐτούς.

10 Οἱ δὲ ἀδελφοὶ εὐθέως διὰ νυκτὸς
ἐξέπεμψαν [aor] τόν τε Παῦλον καὶ τὸν Σιλᾶν εἰς Βέροιαν,
οἵτινες παραγενόμενοι [ptc aor]
εἰς τὴν συναγωγὴν τῶν Ἰουδαίων ἀπῄεσαν [impf].

11 οὗτοι δὲ
ἦσαν [impf] εὐγενέστεροι τῶν ἐν Θεσσαλονίκῃ,
οἵτινες ἐδέξαντο [aor] τὸν λόγον μετὰ πάσης προθυμίας καθ᾽ ἡμέραν
ἀνακρίνοντες [ptc pres] τὰς γραφὰς
εἰ ἔχοι [opt pres] ταῦτα οὕτως.

12 πολλοὶ μὲν οὖν ἐξ αὐτῶν ἐπίστευσαν [aor]
καὶ τῶν Ἑλληνίδων γυναικῶν τῶν εὐσχημόνων καὶ ἀνδρῶν
οὐκ ὀλίγοι.

13 Ὡς δὲ ἔγνωσαν [aor]
οἱ ἀπὸ τῆς Θεσσαλονίκης Ἰουδαῖοι
ὅτι καὶ ἐν τῇ Βεροίᾳ κατηγγέλη [aor]

무리를 지어
성에 난리를 피웁니다.
이어 야손의 집에 몰아닥친 뒤,
그들을 찾습니다.
시위 군중에게[/데모대에게] 이끌어 내려고요.

6 하나 그들을 발견하지 못하자
야손과 몇몇 형제들을 도시 행정관들에게 끌어냅니다.
{그러면서} 다음과 같이 소리칩니다.
"온 세상을 선동하던 자들,
이자들이 여기까지 미쳤습니다[/도달했습니다].
7 그런데 그들을 야손이 받아들였습니다.
또한 이자들은 모두가 가이사[카이사르]의 왕명[들]을 거슬러 행동합니다.
'다른 임금 예수가 있다'고 말하면서요."

8 하여 그들이 무리의 마음을 흔들었습니다.
이를[이것들을] 듣던 도시 행정관들{의 마음}도요.

9 그러자 상당히 많은 액수를[것을] 받은 뒤에야,
야손과 남은 자들로부터요,
[그들이] 그들을 풀어 주었습니다.

10 하니 형제들이 밤을 틈타 곧바로
바울뿐 아니라 실라도 베뢰아로 떠나보냈습니다. [데살로니가-베뢰아: 약 75km(육), 63km(직)]
도착한 그들은[/그들은 도착하더니]
유대인들의 회당에 들어갑니다.

11 한데 이들은[/베뢰아의 유대인들은]
데살로니가[테살로니카]에 {있던} 자들보다 더 너그럽습니다[/고상합니다].
이들은 날마다 열정을 다해[/모든 열정을 기울여] 말씀을 받습니다.
성경을[기록된 것들을] 헤아려 보면서요.
실제로 그러한지요[이것들이 이러한지요].

12 그래서 그들[/베뢰아의 유대인들] 가운데 많은 이들이 믿었습니다.
신분이 높은 헬라 부인들과 남자들도
적지 않았습니다.

13 하여 그들이 알았습니다[그들이 알았을 때].
데살로니가[테살로니카]로부터 {내려온} 유대인들이요.
베뢰아에서도 선포된 것을요.

ὑπὸ τοῦ Παύλου
ὁ λόγος τοῦ θεοῦ,
ἦλθον [aor] κἀκεῖ
σαλεύοντες [ptc pres] καὶ ταράσσοντες [ptc pres] τοὺς ὄχλους.

14 εὐθέως δὲ τότε τὸν Παῦλον
ἐξαπέστειλαν [aor] οἱ ἀδελφοὶ
πορεύεσθαι [inf pres] ἕως ἐπὶ τὴν θάλασσαν,
ὑπέμεινάν [aor] τε ὅ τε Σιλᾶς καὶ ὁ Τιμόθεος ἐκεῖ.

15 οἱ δὲ καθιστάνοντες [ptc pres]
τὸν Παῦλον ἤγαγον [aor] ἕως Ἀθηνῶν,
καὶ λαβόντες [ptc aor] ἐντολὴν πρὸς τὸν Σιλᾶν καὶ τὸν Τιμόθεον
ἵνα ὡς τάχιστα ἔλθωσιν [subj aor] πρὸς αὐτὸν
ἐξῄεσαν [impf].

16 Ἐν δὲ ταῖς Ἀθήναις ἐκδεχομένου [ptc pres] αὐτοὺς
τοῦ Παύλου
παρωξύνετο [impf pass] τὸ πνεῦμα αὐτοῦ ἐν αὐτῷ
θεωροῦντος [ptc pres] κατείδωλον οὖσαν [ptc pres] τὴν πόλιν.

17 διελέγετο [impf] μὲν οὖν
ἐν τῇ συναγωγῇ
τοῖς Ἰουδαίοις καὶ τοῖς σεβομένοις [ptc pres mid]
καὶ ἐν τῇ ἀγορᾷ κατὰ πᾶσαν ἡμέραν
πρὸς τοὺς παρατυγχάνοντας [ptc pres].

18 τινὲς δὲ καὶ τῶν Ἐπικουρείων καὶ Στοϊκῶν φιλοσόφων
συνέβαλλον [impf] αὐτῷ.

καί τινες ἔλεγον [impf],
Τί ἂν θέλοι [opt pres 3sg]
ὁ σπερμολόγος οὗτος
λέγειν [inf pres];

οἱ δέ,
Ξένων δαιμονίων δοκεῖ [pres] καταγγελεὺς εἶναι [inf pres],
ὅτι τὸν Ἰησοῦν καὶ τὴν ἀνάστασιν εὐηγγελίζετο [impf mid].

19 ἐπιλαβόμενοί [ptc aor] τε αὐτοῦ

바울에 의해서요.
하나님의 말씀이요.
{그때} 그들은 거기에도 와서
무리들을 뒤흔들고 쥐어흔듭니다.

14 그러자 바로 그때에 바울을
형제들이 떠나보내
바닷가로 가게 했고, [힐리아크몬 강을 따라 가면 베뢰아에서 바닷가까지는 약 45km이다.]
[그 결과] 실라와 디모데는 거기에 남았습니다.

15 한데 안내하는 자들이
바울을 아덴[아테네]까지 인도했습니다. [베뢰아-아덴: 약 357km(육), 460km(뱃)]
이어 실라와 디모데에게 {전할} 전갈을 받아가지고,
'최대한 빨리 그에게 오라'는 {전갈이죠,}
[그들이] 떠납니다.

16 이에 아덴[아테네]에서 그들을[/실라와 디모데를] 기다립니다[기다리다가].
바울이요.
그의 심령이 속에서 [그의 안에서] 극도로 격동됩니다.
도시에[/성에] 우상이 꽉 들어찬 것을 보고요[/목도하고요].

17 그래서 그가 대화합니다.
회당에서는
유대인[들] 및 경건한 자들과[/자들에게],
그리고 장터에서는 매일
마주치는 자들과요[/자들에게요].

18 하여 에피쿠로스[에비구레오]와 스토아[스도이고] 학파 철학자들 몇몇도
그와 토론합니다.

그러자 어떤 이들은 말합니다.
"뭘 하려 하는가?
이 잔말쟁이가,
말하려 {하는가?}"

그러자 어떤 이들은 {이렇게 말합니다.}
"외국 귀신들을[/다이몬들을] 전하는 자인 것 같다."
그가 예수와 아나스타시스를[/부활을] 전했기 때문입니다.

19 결국 그를[/바울을] 붙들어

ἐπὶ τὸν Ἄρειον Πάγον ἤγαγον [aor]
λέγοντες [ptc pres],
Δυνάμεθα [pres] γνῶναι [inf aor]
τίς ἡ καινὴ αὕτη
ἡ ὑπὸ σοῦ λαλουμένη [ptc pres pass] διδαχή;

20 ξενίζοντα [ptc pres] γάρ τινα
εἰσφέρεις [pres] εἰς τὰς ἀκοὰς ἡμῶν·
βουλόμεθα [pres] οὖν γνῶναι [inf aor]
τίνα θέλει [pres] ταῦτα εἶναι [inf pres].

21 Ἀθηναῖοι δὲ πάντες καὶ οἱ ἐπιδημοῦντες [ptc pres] ξένοι
εἰς οὐδὲν ἕτερον ηὐκαίρουν [impf]
ἢ λέγειν [inf pres] τι ἢ ἀκούειν [inf pres] τι καινότερον.

22 Σταθεὶς [ptc aor] δὲ (ὁ) Παῦλος ἐν μέσῳ τοῦ Ἀρείου Πάγου
ἔφη [impf or aor],
Ἄνδρες Ἀθηναῖοι,
κατὰ πάντα
ὡς δεισιδαιμονεστέρους
ὑμᾶς θεωρῶ [pres].

23 διερχόμενος [ptc pres] γὰρ
καὶ ἀναθεωρῶν [ptc pres] τὰ σεβάσματα ὑμῶν
εὗρον [aor]
καὶ βωμὸν ἐν ᾧ ἐπεγέγραπτο [plpf],
Ἀγνώστῳ θεῷ.

ὃ οὖν ἀγνοοῦντες [ptc pres] εὐσεβεῖτε [pres],
τοῦτο ἐγὼ καταγγέλλω [pres] ὑμῖν.

24 ὁ θεὸς
ὁ ποιήσας [ptc aor] τὸν κόσμον καὶ πάντα τὰ ἐν αὐτῷ,
οὗτος
οὐρανοῦ καὶ γῆς ὑπάρχων [ptc pres] κύριος
οὐκ ἐν χειροποιήτοις ναοῖς κατοικεῖ [pres].

25 οὐδὲ ὑπὸ χειρῶν ἀνθρωπίνων θεραπεύεται [pres pass]
προσδεόμενός [ptc pres] τινος,
αὐτὸς διδοὺς [ptc pres] πᾶσι

아레오바고로[/아레스의 언덕으로, 최고 재판소로] 끌어 오더니
말합니다.
"우리가 배울 수 있겠습니까?
이 새로운 것이 무엇인지를요.
당신이 얘기하는[당신에 의해 얘기되는] 가르침이요.

20 낯선 것들을
우리로 듣게 하니[우리 귀에 가져오니],
[우리가] 알고 싶습니다.
이것들이[/예수와 아나스타시스가] 무엇을 뜻하는지를요."

21 당시 모든 아덴[아테네] 사람들과 방문객들은
다른 소일거리가 없었습니다[다른 아무 것도 소일거리 삼지 않았습니다].
무언가를 말하거나 [더][/가장] 새로운 어떤 것을 듣는 것 외에는요.

22 하여 바울이 아레오바고 한가운데에 서서
이릅니다.
"아덴[아테네] 시민 여러분[남자들],
모든 면에서
매우 종교적인
여러분을 목도했습니다[/여러분이 {매우 종교적인 것을} 보았습니다].

23 두루 다니며
여러분이[여러분의] 제사를 지내는 곳들을 눈여겨 둘러보다가,
[내가] 발견했습니다.
거기에 {이렇게} 적힌 제단도요.
'알려지지 않은 신에게'라고 {적힌 제단이죠.}

그러므로 여러분이 알지 못하고 숭배하는 바
그것을[이것을] 내가 여러분에게 알려 드립니다.

24 하나님,
세계와 그 안의 모든 것들을 지으신 분,
이분께서는
하늘과 땅의 주인이셔서
손으로 만든 신전들에서 살지 않으십니다.

25 사람들의 손길로[손들에 의해] 도움을 받는 분도 아닙니다[수선되시지도 않습니다].
뭔가를 고대하시면서요.
{도리어} 친히 모두에게 주십니다.

ζωὴν καὶ πνοὴν καὶ τὰ πάντα·
26 ἐποίησέν [aor] τε ἐξ ἑνὸς
πᾶν ἔθνος ἀνθρώπων
κατοικεῖν [inf pres] ἐπὶ παντὸς προσώπου τῆς γῆς,
ὁρίσας [ptc aor] προστεταγμένους [ptc pf pass] καιροὺς
καὶ τὰς ὁροθεσίας τῆς κατοικίας αὐτῶν
27 ζητεῖν [inf pres] τὸν θεόν,
εἰ ἄρα γε ψηλαφήσειαν [opt aor 3 pl] αὐτὸν
καὶ εὕροιεν [opt aor 3 pl],
καί γε οὐ μακρὰν ἀπὸ ἑνὸς ἑκάστου ἡμῶν ὑπάρχοντα [ptc pres].

28 Ἐν αὐτῷ γὰρ ζῶμεν [pres]
καὶ κινούμεθα [pres mid] καὶ ἐσμέν [pres],
ὡς καί τινες τῶν καθ᾽ ὑμᾶς ποιητῶν εἰρήκασιν [pf],
Τοῦ γὰρ καὶ γένος ἐσμέν [pres].

29 γένος οὖν ὑπάρχοντες [ptc pres] τοῦ θεοῦ
οὐκ ὀφείλομεν [pres] νομίζειν [inf pres]
χρυσῷ ἢ ἀργύρῳ ἢ λίθῳ,
χαράγματι τέχνης καὶ ἐνθυμήσεως ἀνθρώπου,
τὸ θεῖον εἶναι [inf pres] ὅμοιον.

30 τοὺς μὲν οὖν χρόνους τῆς ἀγνοίας ὑπεριδὼν [ptc aor] ὁ θεός,
τὰ νῦν παραγγέλλει [pres] τοῖς ἀνθρώποις
πάντας πανταχοῦ μετανοεῖν [inf pres],
31 καθότι ἔστησεν [aor] ἡμέραν
ἐν ᾗ μέλλει [pres] κρίνειν [inf pres] τὴν οἰκουμένην
ἐν δικαιοσύνῃ
ἐν ἀνδρὶ ᾧ ὥρισεν [aor],
πίστιν παρασχὼν [ptc aor] πᾶσιν
ἀναστήσας [ptc aor] αὐτὸν ἐκ νεκρῶν.

32 Ἀκούσαντες [ptc aor] δὲ ἀνάστασιν νεκρῶν
οἱ μὲν ἐχλεύαζον [impf],
οἱ δὲ εἶπαν [aor],
Ἀκουσόμεθά [fut] σου περὶ τούτου καὶ πάλιν.

33 οὕτως ὁ Παῦλος ἐξῆλθεν [aor] ἐκ μέσου αὐτῶν.

34 τινὲς δὲ ἄνδρες κολληθέντες [ptc aor] αὐτῷ ἐπίστευσαν [aor],

생명과 호흡과 모든 것들을요.
26 그뿐 아니라 한 사람으로부터[하나로부터] 지으셨습니다.
모든 인류를요[사람들의 모든 민족을요].
{그래서} 지표면에[땅의 모든 표면에] 퍼져 살게 하셨습니다.
{그러면서} 할당된 기간[들]을 몫으로 주셨습니다.
그들이[그들의] 거주할 범위[들]도요.
27 하나님을 찾게 하시려고요.
아마 적어도 그분을 살피어 찾고
만날 수는 있습니다.
또한 적어도 우리 각각으로부터 멀리 계시지는 않습니다.

28 그분 안에서 우리 숨이 붙어 있고[우리가 살아 있고]
우리가 돌아다니며 존재하기 때문입니다.
여러분 가운데 시인[들] 몇몇이 말한 바와도 같습니다.
'그분의[/거시기의] 핏줄도 우리는 지니고 있습니다.' [Aratus (ca. 310-245 BC), Phaenomena 5]

29 그러니까 하나님의 핏줄인[핏줄이면서, 핏줄이므로]
우리는 여기지 말아야 합니다.
금이나 은이나 돌을,
사람의 기술과 상상의 산물을[/표식을]
신과[신성한 것과] 마찬가지로 {여기는 것을요.}

30 모르던[무지의] 기간[들]은 하나님께서 문제시하지 않으셨지만
현재는 사람들에게 지시하십니다.
모두에게 어디에서나 회개하라고요.
31 날짜를 정하셨기 때문입니다.
그때 온 세상을 심판하실 것입니다.
의로,
정하신 남자로요.
모두에게 믿음을 나눠 주신 까닭입니다.
그분을 죽은 자들 가운데서 일으키셔서요."

32 하니 죽은 자들의 부활을 듣고,
몇몇은 업신여기고
몇몇은 말했습니다.
"우리가 이에 대해 너의 말을[너를] 또다시 들어볼 것이다."

33 이렇게 해서 바울이 그들 가운데에서 떠나갔습니다.

34 한데 남자[들] 몇이 그를 가까이하며 믿었습니다.

ἐν οἷς καὶ Διονύσιος ὁ Ἀρεοπαγίτης
καὶ γυνὴ ὀνόματι Δάμαρις
καὶ ἕτεροι σὺν αὐτοῖς.

Chapter 18

18:1 Μετὰ ταῦτα
χωρισθεὶς [ptc aor] ἐκ τῶν Ἀθηνῶν
ἦλθεν [aor] εἰς Κόρινθον.

2 καὶ εὑρών [ptc aor] τινα Ἰουδαῖον ὀνόματι Ἀκύλαν,
Ποντικὸν τῷ γένει,
προσφάτως ἐληλυθότα [ptc pf] ἀπὸ τῆς Ἰταλίας
καὶ Πρίσκιλλαν γυναῖκα αὐτοῦ
διὰ τὸ διατεταχέναι [inf pf] Κλαύδιον
χωρίζεσθαι [inf pres pass] πάντας τοὺς Ἰουδαίους
ἀπὸ τῆς Ῥώμης,
προσῆλθεν [aor] αὐτοῖς,
3 καὶ διὰ τὸ ὁμότεχνον εἶναι [inf pres]
ἔμενεν [impf] παρ᾽ αὐτοῖς
καὶ ἠργάζετο [impf]·
ἦσαν [impf] γὰρ σκηνοποιοὶ τῇ τέχνῃ.

4 διελέγετο [impf] δὲ ἐν τῇ συναγωγῇ
κατὰ πᾶν σάββατον,
ἔπειθέν [impf] τε Ἰουδαίους καὶ Ἕλληνας.

5 Ὡς δὲ κατῆλθον [aor] ἀπὸ τῆς Μακεδονίας
ὅ τε Σιλᾶς καὶ ὁ Τιμόθεος,
συνείχετο [impf pass] τῷ λόγῳ ὁ Παῦλος,
διαμαρτυρόμενος [ptc pres] τοῖς Ἰουδαίοις
εἶναι [inf pres] τὸν Χριστόν, Ἰησοῦν.

6 ἀντιτασσομένων [ptc pres mid] δὲ αὐτῶν καὶ βλασφημούντων [ptc pres]
ἐκτιναξάμενος [ptc aor] τὰ ἱμάτια εἶπεν [aor] πρὸς αὐτούς,
Τὸ αἷμα ὑμῶν
ἐπὶ τὴν κεφαλὴν ὑμῶν·
καθαρὸς ἐγώ·
ἀπὸ τοῦ νῦν

그들 가운데에는 아레오바고 의원[/아덴 최고 재판소 재판관] 디오누시오[디오니시오]와
이름이 다마리[다마리스]라는 여자와
그밖에 그들과 함께 한 [전혀 다른] 이들이 있습니다.

18장 [바울의 고린도 사역: 49년 봄-51년 가을 혹은 50년 가을-52년 봄; 고전 2:1-5]

18:1 이[이것들] 후에[/뒤에]
아덴[아테네]을 떠나
바울은[그는] 고린도[코린트]까지 갔습니다.

2 그리고 어떤 유대인을 만났는데 이름이 아굴라였습니다. (행 18:18, 26; 롬 16:3 등)
{그는} 본도 태생으로
최근에 이달리야[이탈리아]에서 왔습니다.
그의 아내 브리스길라도 {만났습니다.}
{둘은} 글라우디오[클라우디오]의 칙령[49년] 때문에 {고린도에 왔습니다.}
'모든 유대인들은 떠나라'는 칙령이었죠[것이었죠],
'로마를요[로마로부터요].'
{그들을 만난} 바울이[그가] 그들에게로 갔는데,
3 생업이[/기술이] 같아서
그들 곁에 머물며
일을 하였습니다.
그들에게 가죽 세공 기술이 있었기 때문입니다.

4 한편 바울은[그는] 회당에서 이야기를 나눕니다.
안식일마다요.
그러다가 유대인들과 헬라인들을[/헬라 사람들을] 설득합니다.

5 그런데 [그들이] 마게도냐[마케도니아]에서 내려왔을 때입니다.
실라뿐 아니라 디모데가요.
{그때} 바울이 말씀에 붙들립니다.
{그래서} 유대인들에게 증언을 하였습니다.
그[게] 그리스도가 예수님이라고요.

6 유대인들이[그들이] {바울에게} 대들며 심히 멸시하므로
바울이[그가] 의복에서 먼지를[의복들을] 떨어내며 그들에게 말했습니다.
"여러분의 피는[/여러분이 멸망당하는 것은]
여러분 머리 위에[/여러분의 탓이지 나는 책임이 없습니다] {있습니다}!
나는 깨끗합니다.
이제부터는

εἰς τὰ ἔθνη πορεύσομαι [fut].

7 καὶ μεταβὰς [ptc aor] ἐκεῖθεν
εἰσῆλθεν [aor] εἰς οἰκίαν
τινὸς ὀνόματι Τιτίου Ἰούστου
σεβομένου [ptc pres mid] τὸν θεόν,
οὗ ἡ οἰκία ἦν [impf] συνομοροῦσα [ptc pres] τῇ συναγωγῇ.

8 Κρίσπος δὲ ὁ ἀρχισυνάγωγος
ἐπίστευσεν [aor] τῷ κυρίῳ
σὺν ὅλῳ τῷ οἴκῳ αὐτοῦ,
καὶ πολλοὶ τῶν Κορινθίων ἀκούοντες [ptc pres] ἐπίστευον [impf]
καὶ ἐβαπτίζοντο [impf pass].

9 εἶπεν [aor] δὲ ὁ κύριος ἐν νυκτὶ δι᾽ ὁράματος τῷ Παύλῳ,
Μὴ φοβοῦ [impv pres mid],
ἀλλὰ λάλει [impv pres] καὶ μὴ σιωπήσῃς [subj aor],
10 διότι ἐγώ εἰμι [pres] μετὰ σοῦ
καὶ οὐδεὶς ἐπιθήσεταί [fut] σοι
τοῦ κακῶσαί [inf aor] σε,
διότι λαός ἐστί [pres] μοι πολὺς
ἐν τῇ πόλει ταύτῃ.

11 Ἐκάθισεν [aor] δὲ ἐνιαυτὸν καὶ μῆνας ἓξ
διδάσκων [ptc pres] ἐν αὐτοῖς τὸν λόγον τοῦ θεοῦ.

12 Γαλλίωνος δὲ ἀνθυπάτου ὄντος [ptc pres] τῆς Ἀχαΐας
κατεπέστησαν [aor] ὁμοθυμαδὸν
οἱ Ἰουδαῖοι τῷ Παύλῳ
καὶ ἤγαγον [aor] αὐτὸν ἐπὶ τὸ βῆμα,
13 λέγοντες [ptc pres] ὅτι
Παρὰ τὸν νόμον
ἀναπείθει [pres] οὗτος τοὺς ἀνθρώπους
σέβεσθαι [inf pres mid] τὸν θεόν.

14 μέλλοντος [ptc pres] δὲ τοῦ Παύλου ἀνοίγειν [inf pres] τὸ στόμα
εἶπεν [aor] ὁ Γαλλίων πρὸς τοὺς Ἰουδαίους,
Εἰ μὲν ἦν [impf] ἀδίκημά τι ἢ ῥᾳδιούργημα πονηρόν,
ὦ Ἰουδαῖοι,
κατὰ λόγον ἂν ἀνεσχόμην [aor] ὑμῶν·

다른 민족들에게로[/이방인들에게로] 갈 것입니다."

7 그리고 거기를[/회당을] 떠나
집으로[/가옥으로] 들어갔습니다.
디도 유스도라는 이의 {집이죠.}
하나님을 경외하던
그 사람의 집은 회당 옆에[/회당과 맞닿아] 있었습니다.

8 한편 그리스보 회당장이
주님을 믿었습니다.
그의 모든 식솔과[/집안 식구와] 함께요.
또한 고린도[코린트] 사람들 중 많은 이들이 듣고 믿으며
세례를 받았습니다.

9 그런데 주님께서 밤에 바울에게 환상을 통해 말씀하셨습니다.
"두려워하지 말아라.
오히려 얘기하고 침묵하지 말아라.
10 내가 너와 함께 있고[있기 때문이다],
아무도 네게 {손을} 대어
너를 해하지 못할 것이기 {때문이다.}
내게 {속한} 백성이 많기 때문이다,
이 도시에[/성에]."

11 그래서 바울은[그는] 일 년 육 개월을 지냈습니다. [데살로니가 전후서: 49-50년]
그들에게[/그들 가운데에서] 하나님의 말씀을 가르치면서요.

12 한편 갈리오가 아가야 {지역의} 총독일 때[51년 7월- 52년 10월, 델피 비문],
일제히 달려들었습니다.
유대인들이 바울에게요.
그리고 그를 재판석으로 데려가서
13 다음과 같이 말합니다.
"율법을 거역하는 {방식으로}[율법을 거역하여]
이 자가 사람들을 꾑니다.
{그런 방식으로} 하나님을 예배하라고요."

14 하나 바울이 입을 열려고 할 때,
갈리오가 유대인들에게 말했습니다.
"만일 무슨 위반이나 나쁜 범행이 있다면,
오! 유대인이여,
나는 여러분의 고소를 받아들일 것입니다.

15 εἰ δὲ ζητήματά ἐστιν [pres]
περὶ λόγου καὶ ὀνομάτων καὶ νόμου τοῦ καθ᾽ ὑμᾶς,
ὄψεσθε [fut] αὐτοί·

κριτὴς ἐγὼ τούτων
οὐ βούλομαι [pres] εἶναι [inf pres].

16 καὶ ἀπήλασεν [aor] αὐτοὺς
ἀπὸ τοῦ βήματος.

17 ἐπιλαβόμενοι [ptc aor] δὲ πάντες Σωσθένην τὸν ἀρχισυνάγωγον
ἔτυπτον [impf] ἔμπροσθεν τοῦ βήματος·
καὶ οὐδὲν τούτων τῷ Γαλλίωνι ἔμελεν [impf].

18 Ὁ δὲ Παῦλος
ἔτι προσμείνας [ptc aor] ἡμέρας ἱκανὰς
τοῖς ἀδελφοῖς ἀποταξάμενος [ptc aor]
ἐξέπλει [impf] εἰς τὴν Συρίαν,
καὶ σὺν αὐτῷ Πρίσκιλλα καὶ Ἀκύλας,
κειράμενος [ptc aor] ἐν Κεγχρεαῖς τὴν κεφαλήν,
εἶχεν [impf] γὰρ εὐχήν.

19 κατήντησαν [aor] δὲ εἰς Ἔφεσον,
κἀκείνους κατέλιπεν [aor] αὐτοῦ,
αὐτὸς δὲ εἰσελθὼν [ptc aor] εἰς τὴν συναγωγὴν
διελέξατο [aor] τοῖς Ἰουδαίοις.

20 ἐρωτώντων [ptc pres] δὲ αὐτῶν
ἐπὶ πλείονα χρόνον μεῖναι [inf aor]
οὐκ ἐπένευσεν [aor],
21 ἀλλὰ ἀποταξάμενος [ptc aor] καὶ εἰπών [ptc aor],
Πάλιν ἀνακάμψω [fut] πρὸς ὑμᾶς
τοῦ θεοῦ θέλοντος [ptc pres],
ἀνήχθη [aor] ἀπὸ τῆς Ἐφέσου.

22 καὶ κατελθὼν [ptc aor] εἰς Καισάρειαν,
ἀναβὰς [ptc aor] καὶ ἀσπασάμενος [ptc aor] τὴν ἐκκλησίαν,
κατέβη [aor] εἰς Ἀντιόχειαν.

23 καὶ ποιήσας [ptc aor] χρόνον τινὰ

15 그러나 문제[들]가 [있다면]
언어와 이름들과 여러분이 따르는 율법에 대한 것이라면,
여러분 스스로 살피십시오.

나는 이런 일들에 재판장이
되고 싶지는 않습니다."

16 그리고는 그들을 쫓아냈습니다.
재판석에서요.

17 그러자 모두가 소스데네 회당장을 붙잡아
재판석 앞에서 때리지만,
이러한 행동[것들] 중 어떤 것도 갈리오에게는 문제가 되지 않습니다.

18 바울이
상당한 기간을 더 머무른 뒤에[/머물다가]
형제들과 작별하고
수리아[시리아]로 항해하는데,
브리스길라와 아굴라도 그와 함께 {있었습니다.}
{바울이} 겐그레아(롬 16:1)에서 머리를 깎았는데,
이는 그가 서원을 했기 때문이었습니다.

19 그들이[/바울 일행이] 에베소에 도착했는데, [겐그레아-에베소: 약 380km(뱃)]
바울은[그는] 일행을[저희를] 거처에[거기에] 남겨두고
자신은 회당에 들어가서
유대인들과 이야기를 나누었습니다.

20 그들이[/유대인들이] 요청했으나,
더 오랜 기간 머물러 달라고요,
바울이[그가] 동의하지 않았습니다.
21 오히려 작별하며 말했습니다.
"제가 여러분에게로 다시 돌아오겠습니다.
하나님께서 원하시면요."
{이렇게 말하고} 에베소에서 출항했습니다. [바울의 유대와 수리아 방문: 52년 봄-여름]

22 가이사랴[카이사레아]에 상륙하고서는 [에베소-가이사랴: 약 990km(뱃)]
{예루살렘으로} 올라가 교회에 {방문} 인사하고 [가이사랴-예루살렘: 88km(직)]
안디옥[안티오키아]까지 내려갔습니다. [예루살렘-안디옥: 약 490km(직)]

23 그리고 얼마간[/일정 기간] 지내다

ἐξῆλθεν [aor],
διερχόμενος [ptc pres] καθεξῆς τὴν Γαλατικὴν χώραν καὶ Φρυγίαν,
ἐπιστηρίζων [ptc pres] πάντας τοὺς μαθητάς.

24 Ἰουδαῖος δέ τις Ἀπολλῶς ὀνόματι,
Ἀλεξανδρεὺς τῷ γένει,
ἀνὴρ λόγιος,
κατήντησεν [aor] εἰς Ἔφεσον.

δυνατὸς ὢν [ptc pres] ἐν ταῖς γραφαῖς
25 οὗτος ἦν [impf] κατηχημένος [ptc pf pass] τὴν ὁδὸν τοῦ κυρίου
καὶ ζέων [ptc pres] τῷ πνεύματι ἐλάλει [impf]
καὶ ἐδίδασκεν [impf] ἀκριβῶς τὰ περὶ τοῦ Ἰησοῦ,
ἐπιστάμενος [ptc pres] μόνον τὸ βάπτισμα Ἰωάννου·

26 οὗτός τε ἤρξατο [aor]
παρρησιάζεσθαι [inf pres] ἐν τῇ συναγωγῇ.

ἀκούσαντες [ptc aor] δὲ αὐτοῦ
Πρίσκιλλα καὶ Ἀκύλας προσελάβοντο [aor] αὐτὸν
καὶ ἀκριβέστερον αὐτῷ ἐξέθεντο [aor] τὴν ὁδὸν (τοῦ θεοῦ).

27 βουλομένου [ptc pres] δὲ αὐτοῦ
διελθεῖν [inf aor] εἰς τὴν Ἀχαΐαν,
προτρεψάμενοι [ptc aor] οἱ ἀδελφοὶ
ἔγραψαν [aor] τοῖς μαθηταῖς
ἀποδέξασθαι [inf aor] αὐτόν.

ὃς παραγενόμενος [ptc aor]
συνεβάλετο [aor] πολὺ τοῖς πεπιστευκόσιν [ptc pf]
διὰ τῆς χάριτος·

28 εὐτόνως γὰρ τοῖς Ἰουδαίοις διακατηλέγχετο [impf] δημοσίᾳ
ἐπιδεικνὺς [ptc pres] διὰ τῶν γραφῶν
εἶναι [inf pres] τὸν Χριστὸν Ἰησοῦν.

떠나

갈라디아와 브루기아[프리기아] 지역을 차례로 방문하며

모든 제자들을 굳건하게 세웠습니다.

24 그런데 아볼로[아폴로]라는 이름을 가진 한 유대인이 {있는데,}

알렉산드리아 태생이고[/태생이 알렉산드리아이고]

공부를 많이 한[/말을 유창하게 하는] 남자로

에베소까지 왔습니다.

성경에[/기록들에] 능통한

25 이 사람은 주님의 길에 대해 이미 상세히 배웠습니다.

그래서 뜨거운 심령으로 이야기하고

예수님에 관한 것들을 자세히 가르쳤으나

요한의 세례만 이해하고 있었습니다.

26 이에 이가[/이 유대인이] 시작했습니다.

회당에서 담대히 말하는 것을요.

그의 말을[그를] 듣고는

브리스길라와 아굴라가 그를 불러다가

하나님의 길을 그에게 더 자세히 설명해 주었습니다.

27 그런데 아볼로[아폴로]가[그가] [원하기를]

아가야 {지역으}로 건너가고 싶어 하므로

형제들이[/형제자매들이] 그를 격려하고[/격려하며]

그쪽 제자들에게 {편지를} 써 주었습니다.

아볼로[아폴로]를[그를] 영접하라고요.

그가 도착해서는

이미 믿은 이들에게 큰 도움을 주었습니다.

[거] 은혜를 통해서요[/은혜로 말미암아서요].

28 그가 유대인들을 대중 앞에서 맹렬히 반박했기 때문입니다.

성경을[거 기록들을] 통해 보이면서요.

그[게] 그리스도가 예수님이라고요.

Chapter 19

19:1 Ἐγένετο [aor] δὲ ἐν τῷ τὸν Ἀπολλῶ εἶναι [inf pres] ἐν Κορίνθῳ
Παῦλον διελθόντα [ptc aor] τὰ ἀνωτερικὰ μέρη
(κατ)ελθεῖν [inf aor] εἰς Ἔφεσον
καὶ εὑρεῖν [inf aor] τινας μαθητάς.

2 εἶπέν [aor] τε πρὸς αὐτούς,
Εἰ πνεῦμα ἅγιον ἐλάβετε [aor]
πιστεύσαντες [ptc aor];

οἱ δὲ πρὸς αὐτόν,
Ἀλλ᾽ οὐδ᾽ εἰ πνεῦμα ἅγιον ἔστιν [pres] ἠκούσαμεν [aor].

3 εἶπέν [aor] τε,
Εἰς τί οὖν ἐβαπτίσθητε [aor];

οἱ δὲ εἶπαν [aor],
Εἰς τὸ Ἰωάννου βάπτισμα.

4 εἶπεν [aor] δὲ Παῦλος,
Ἰωάννης ἐβάπτισεν [aor] βάπτισμα μετανοίας τῷ λαῷ
λέγων [ptc pres]
εἰς τὸν ἐρχόμενον [ptc pres] μετ᾽ αὐτὸν
ἵνα πιστεύσωσιν [subj aor],
τοῦτ᾽ ἔστιν [pres] εἰς τὸν Ἰησοῦν.

5 ἀκούσαντες [ptc aor] δὲ ἐβαπτίσθησαν [aor]
εἰς τὸ ὄνομα τοῦ κυρίου Ἰησοῦ.

6 καὶ ἐπιθέντος [ptc aor] αὐτοῖς τοῦ Παύλου (τὰς) χεῖρας
ἦλθε [aor] τὸ πνεῦμα τὸ ἅγιον ἐπ᾽ αὐτούς,
ἐλάλουν [impf] τε γλώσσαις
καὶ ἐπροφήτευον [impf].

7 ἦσαν [impf] δὲ οἱ πάντες ἄνδρες ὡσεὶ δώδεκα.

8 Εἰσελθὼν [ptc aor] δὲ εἰς τὴν συναγωγὴν
ἐπαρρησιάζετο [impf] ἐπὶ μῆνας τρεῖς

19장 [바울의 에베소 사역: 52년 가을-55년 여름] [고린도전서: 54/55년 봄; 고전 15:32; 16:8, 19]

19:1 아볼로[아폴로]가 고린도[코린트]에 있을 때였습니다[/있을 때 이런 일이 있었습니다].
바울이 위쪽 지방[들]을[/소아시아 내륙 관통길을] 통과하여
에베소까지 내려가서
어떤 제자들을 발견하게 {되었습니다.}

2 이에 바울이[그가] 그들에게 말했습니다.
"여러분은 거룩한 영을 받았는지요[받았습니까, 못 받았습니까]?
믿을 때요."

하니 그들이 그에게 {대답했습니다.}
"오히려 거룩한 영이 있다는 것도 들어보지 못했습니다."

3 마침내 바울이[그가] 물었습니다.
"그렇다면 무슨 세례를 받았습니까[/어디로 잠겼습니까]?"

하니 그들이 말했습니다.
"요한의 세례입니다[요한의 잠김으로]."

4 하니 바울이 말했습니다.
"요한은 백성에게 회개의 세례를 베풀면서
말했습니다.
자기[/자신의] 뒤에 오시는 분을
믿으라고요.
곧 예수님이죠."

5 그러자 그들이 듣고서 세례를 받았습니다[/잠겼습니다].
주님 예수님의 이름으로요.

6 그리고 바울이 그들에게 손을 얹었을 때
거룩한 영이 그들 위에 임했고,
그들은 방언하고[혀로 얘기하고]
예언했습니다.

7 그들은 모두 열두 사람[남자]쯤이었습니다.

8 한편 바울은[그는] 회당에 들어가서
3개월 동안 담대히 말했습니다.

διαλεγόμενος [ptc pres] καὶ πείθων [ptc pres]
(τὰ) περὶ τῆς βασιλείας τοῦ θεοῦ.

9 ὡς δέ τινες ἐσκληρύνοντο [impf pass] καὶ ἠπείθουν [impf]
κακολογοῦντες [ptc pres] τὴν ὁδὸν
ἐνώπιον τοῦ πλήθους,
ἀποστὰς [ptc aor] ἀπ' αὐτῶν
ἀφώρισεν [aor] τοὺς μαθητάς·
καθ' ἡμέραν διαλεγόμενος [ptc pres] ἐν τῇ σχολῇ Τυράννου.

10 τοῦτο δὲ ἐγένετο [aor] ἐπὶ ἔτη δύο,
ὥστε πάντας τοὺς κατοικοῦντας [ptc pres] τὴν Ἀσίαν
ἀκοῦσαι [inf aor] τὸν λόγον τοῦ κυρίου,
Ἰουδαίους τε καὶ Ἕλληνας.

11 Δυνάμεις τε οὐ τὰς τυχούσας [ptc aor]
ὁ θεὸς ἐποίει [impf] διὰ τῶν χειρῶν Παύλου,
12 ὥστε
καὶ ἐπὶ τοὺς ἀσθενοῦντας [ptc pres] ἀποφέρεσθαι [inf pres pass]
ἀπὸ τοῦ χρωτὸς αὐτοῦ σουδάρια ἢ σιμικίνθια
καὶ ἀπαλλάσσεσθαι [inf pres pass] ἀπ' αὐτῶν τὰς νόσους,
τά τε πνεύματα τὰ πονηρὰ
ἐκπορεύεσθαι [inf pres].

13 ἐπεχείρησαν [aor] δέ τινες
καὶ τῶν περιερχομένων [ptc pres] Ἰουδαίων ἐξορκιστῶν
ὀνομάζειν [inf pres] ἐπὶ τοὺς ἔχοντας [ptc pres] τὰ πνεύματα τὰ πονηρὰ
τὸ ὄνομα τοῦ κυρίου Ἰησοῦ
λέγοντες [ptc pres],
Ὁρκίζω [pres] ὑμᾶς τὸν Ἰησοῦν
ὃν Παῦλος κηρύσσει [pres].

14 ἦσαν [impf] δέ
τινος Σκευᾶ Ἰουδαίου ἀρχιερέως
ἑπτὰ υἱοὶ
τοῦτο ποιοῦντες [ptc pres].

15 ἀποκριθὲν [ptc aor] δὲ τὸ πνεῦμα τὸ πονηρὸν εἶπεν [aor] αὐτοῖς,
Τὸν (μὲν) Ἰησοῦν γινώσκω [pres]
καὶ τὸν Παῦλον ἐπίσταμαι [pres],

이야기를 나누고 설득하면서요.
하나님 나라에 관해서요[관한 것들을요].

9 그런데 어떤 이들이 고집스러워 신뢰하지 않으며
그[게] {구원의} 길에 대해 악담을 하였습니다.
회중 앞에서요.
{그러자} 바울이[그가] 그들에게서 떠나
제자들을 따로 세우고,
두란노 강당에서 날마다 이야기를 나누었습니다.

10 이 일이 2년 동안 지속되었습니다.
그 결과 아시아에 사는 모든 사람들이[이들이]
주님의 말씀을 들었습니다.
유대인[들]과 헬라인[들] 모두가요.

11 이에 좀처럼 만나기 힘든 권능을
하나님께서 바울의 손[들]을 통하여 이행하십니다.
12 그 결과
약한 자들 위에 얹어도[놓여도],
바울의[그의] 몸에서[/피부에서] 손수건이나 앞치마를요[손수건들이나 앞치마들이요],
그들의 병이 낫고[그들에게서 병들이 제거되고]
악한 영들마저
떠나갔습니다.

13 그런데 어떤 이들이 깐죽거립니다.
돌아다니며 귀신을 쫓아내는 유대인[들][/순회 축귀 유대인] 가운데에서도요.
악한 영[들]이 있는 자들에게 들먹입니다.
주님 예수님의 이름을요.
{그러면서} 말합니다.
"내가 그[게] 예수로 너희에게 경고한다[너희로 맹세시킨다].
바울이 전파하는 예수이다[자이다]."

14 한편 {사람들이} 있습니다.
유대인 대제사장이라고 {불리는} 스게와라는 사람의
일곱 아들[들]입니다.
{그들이} 이 일을 행합니다.

15 그런데 악한 영이 그들에게 대꾸하여 말했습니다.
"내가 진실로 예수를 알고,
바울에 대해서도 파악했다.

ὑμεῖς δὲ τίνες ἐστέ [pres];

16 καὶ ἐφαλόμενος [ptc aor] ὁ ἄνθρωπος ἐπ᾽ αὐτοὺς
ἐν ᾧ ἦν [impf] τὸ πνεῦμα τὸ πονηρόν,
κατακυριεύσας [ptc aor] ἀμφοτέρων
ἴσχυσεν [aor] κατ᾽ αὐτῶν
ὥστε γυμνοὺς καὶ τετραυματισμένους [ptc pf pass]
ἐκφυγεῖν [inf aor] ἐκ τοῦ οἴκου ἐκείνου.

17 τοῦτο δὲ ἐγένετο [aor] γνωστὸν
πᾶσιν Ἰουδαίοις τε καὶ Ἕλλησιν
τοῖς κατοικοῦσιν [ptc pres] τὴν Ἔφεσον
καὶ ἐπέπεσεν [aor] φόβος ἐπὶ πάντας αὐτοὺς
καὶ ἐμεγαλύνετο [impf pass] τὸ ὄνομα τοῦ κυρίου Ἰησοῦ.

18 πολλοί τε τῶν πεπιστευκότων [ptc pf]
ἤρχοντο [impf]
ἐξομολογούμενοι [ptc pres mid] καὶ ἀναγγέλλοντες [ptc pres]
τὰς πράξεις αὐτῶν.

19 ἱκανοὶ δὲ τῶν τὰ περίεργα πραξάντων [ptc aor]
συνενέγκαντες [ptc aor] τὰς βίβλους
κατέκαιον [impf] ἐνώπιον πάντων·
καὶ συνεψήφισαν [aor] τὰς τιμὰς αὐτῶν
καὶ εὗρον [aor] ἀργυρίου μυριάδας πέντε.

20 Οὕτως κατὰ κράτος
τοῦ κυρίου ὁ λόγος ηὔξανεν [impf] καὶ ἴσχυεν [impf].

21 Ὡς δὲ ἐπληρώθη [aor] ταῦτα,
ἔθετο [aor] ὁ Παῦλος ἐν τῷ πνεύματι
διελθὼν [ptc aor] τὴν Μακεδονίαν καὶ Ἀχαΐαν
πορεύεσθαι [inf pres] εἰς Ἱεροσόλυμα
εἰπὼν [ptc ptc] ὅτι
Μετὰ τὸ γενέσθαι [inf aor] με ἐκεῖ
δεῖ [pres] με καὶ Ῥώμην ἰδεῖν [inf aor].

22 ἀποστείλας [ptc aor] δὲ εἰς τὴν Μακεδονίαν
δύο τῶν διακονούντων [ptc pres] αὐτῷ,
Τιμόθεον καὶ Ἔραστον,

그런데 너희는 어떤 놈들이냐?"

16 그리고 그 사람이 그들에게 덤벼들었습니다.
악한 영 들린 사람이죠[악한 영이 안에 있던 자이죠].
전부를 꼼짝 못하게 해서
그들과의 대결에서 이겼습니다.
그래서 {그들이 옷이} 벗겨지고 다친 채로
그[저] 사람의 집에서 도망쳤습니다.

17 그러자 이 사건이[일이] 알려졌습니다.
모든 유대인[들]과 헬라인[들]에게요.
에베소에 거주하는 이들이죠.
그래서 그들 모두에게 두려움이 임했습니다.
그리고 주님 예수님의 이름이 드높여졌습니다.

18 그래서 이미 믿은 이들이 많이
와서,
자백하고 공표합니다.
그들의 행동을요.

19 한편 마술을[비본질적인 일을, 호기심에 기인한 일을] 행하는 이들의 상당수가
두루마리책을[책들을] 가져와서
{믿는} 모든 자들 앞에서 불살랐습니다.
또한 그들이 그 책값을 계산해보고
은 오만 {드라크마}인 것을 알았습니다.

20 이와 같이 강력하게
주님의 말씀이 자라가고 승리합니다.

21 한편 이 일들이 이뤄졌을 때,
바울이 그[거] 영 안에서[/성령 안에서] 작정하였습니다.
마게도냐[마케도니아]와 아가야 {지역}을 지나
예루살렘까지 갈 것을요[/가기로요].
다음과 같이 말하고요.
"내가 거기서 지낸 후에
나는 로마도 {가} 봐야 할 것입니다."

22 그러다가 마게도냐[마케도니아]로 보냈습니다.
자신을 섬기던 두 사람을요[둘을요]. [디모데와 에라스도 보냄: 55년 초]
디모데와 에라스도(딤후 4:20)를요.

αὐτὸς ἐπέσχεν [aor] χρόνον εἰς τὴν Ἀσίαν.

23 Ἐγένετο [aor] δὲ κατὰ τὸν καιρὸν ἐκεῖνον
τάραχος οὐκ ὀλίγος περὶ τῆς ὁδοῦ.

24 Δημήτριος γάρ τις ὀνόματι, ἀργυροκόπος,
ποιῶν [ptc pres] ναοὺς ἀργυροῦς Ἀρτέμιδος
παρείχετο [impf mid] τοῖς τεχνίταις οὐκ ὀλίγην ἐργασίαν,
25 οὓς συναθροίσας [ptc aor]
καὶ τοὺς περὶ τὰ τοιαῦτα ἐργάτας
εἶπεν [aor],
Ἄνδρες,
ἐπίστασθε [pres] ὅτι
ἐκ ταύτης τῆς ἐργασίας
ἡ εὐπορία ἡμῖν ἐστιν [pres]
26 καὶ θεωρεῖτε [pres] καὶ ἀκούετε [pres] ὅτι
οὐ μόνον Ἐφέσου ἀλλὰ σχεδὸν πάσης τῆς Ἀσίας
ὁ Παῦλος οὗτος πείσας [ptc aor] μετέστησεν [aor] ἱκανὸν ὄχλον
λέγων [ptc pres] ὅτι
Οὐκ εἰσὶν [pres] θεοὶ
οἱ διὰ χειρῶν γινόμενοι [ptc pres].

27 οὐ μόνον δὲ τοῦτο κινδυνεύει [pres] ἡμῖν τὸ μέρος
εἰς ἀπελεγμὸν ἐλθεῖν [inf aor]
ἀλλὰ καὶ τὸ τῆς μεγάλης θεᾶς Ἀρτέμιδος ἱερὸν
εἰς οὐθὲν λογισθῆναι [inf aor],
μέλλειν [inf pres] τε καὶ καθαιρεῖσθαι [inf pres pass] τῆς μεγαλειότητος αὐτῆς
ἣν ὅλη ἡ Ἀσία καὶ ἡ οἰκουμένη σέβεται [pres mid].

28 Ἀκούσαντες [ptc aor] δὲ καὶ γενόμενοι [ptc aor] πλήρεις θυμοῦ
ἔκραζον [impf] λέγοντες [ptc pres],
Μεγάλη ἡ Ἄρτεμις Ἐφεσίων.

29 καὶ ἐπλήσθη [aor] ἡ πόλις τῆς συγχύσεως,
ὥρμησάν [aor] τε ὁμοθυμαδὸν εἰς τὸ θέατρον
συναρπάσαντες [ptc aor]
Γάϊον καὶ Ἀρίσταρχον Μακεδόνας,
συνεκδήμους Παύλου.

30 Παύλου δὲ βουλομένου [ptc pres] εἰσελθεῖν [inf aor] εἰς τὸν δῆμον

자신은 아시아 지역에 한동안 {더} 머물렀습니다[/눌러 지냈습니다].

23 그런데 그[제] 기간에 있었습니다.
그[게] {구원의} 길에 관하여 작지 않은 소동이요.

24 이유는 이름이 데메드리오라고 하는 은세공사가
아데미[아르테미스] {여신}의 신당모형을[신당을][/전당을] 은으로 만들면서
기술자들에게 적지 않은 일감을 나눠 준 데 있었습니다.
25 그가 그들을[/기술자들을] 모았습니다.
이 업종에 종사하는[관계된] 일꾼들도요.
{그리고} 말했습니다.
"여러분[남자들]!
여러분도 다음 내용을 잘 알고 있습니다.
이 일거리 때문에
우리가 넉넉하다는[우리에게 넉넉함이 있다는] 것을요.
26 또한 여러분이 보고 듣는 대로,
에베소뿐 아니라 아시아의 거의 모든 {지역}에서
이 사람 바울은 상당히 많은 대중을 설득하여 생각을 바꿔 놓고 있습니다.
다음과 같이 말하면서요.
'신[들]이 아닙니다,
손으로 지은 것은요[손들로 된 것들은요].'

27 이제 우리의[우리에게] 이 영업이 우려될 뿐 아니라,
나쁜 평판에 빠질 {우려죠,}
위대한 여신 아데미[아르테미스]의 신전[가로 70m, 세로 130m]도
아무 것도 아닌 것으로 평가될 수 있습니다.
더불어 여신의[그녀의] 위엄조차 추락될 것입니다.
아시아 전체와 세계가 숭앙하는 여신을[그녀를] 말입니다."

28 하니 {모인 사람들이} 듣고는 격정이[/격한 감정이] 가득하게 되어
소리쳐 말합니다.
"크도다! 에베소 사람의 아데미[아르테미스]여!"

29 그래서 그 도시가[/성이] 온통 혼란스러워졌습니다[혼란으로 가득 찼습니다].
마침내 그들은[/시위 군중들의] 극장[2만 5천 석 규모]으로 우르르[/일제히] 몰려 들어갔습니다.
붙든 채로 말입니다.
마게도냐[마케도니아] 사람들인 가이오와 아리스다고(행 20:4; 27:2)를요.
바울의 길동무들이죠[/동행들이죠].

30 이에 바울이 시위 군중[/데모대] 안으로 들어가고 싶어하자

οὐκ εἴων [impf] αὐτὸν οἱ μαθηταί·

31 τινὲς δὲ καὶ τῶν Ἀσιαρχῶν,
ὄντες [ptc pres] αὐτῷ φίλοι,
πέμψαντες [ptc aor] πρὸς αὐτὸν
παρεκάλουν [impf]
μὴ δοῦναι [inf aor] ἑαυτὸν εἰς τὸ θέατρον.

32 ἄλλοι μὲν οὖν
ἄλλο τι ἔκραζον [impf]·

ἦν [impf] γὰρ ἡ ἐκκλησία συγκεχυμένη [ptc pf pass],
καὶ οἱ πλείους οὐκ ᾔδεισαν [plpf]
τίνος ἕνεκα συνεληλύθεισαν [plpf].

33 ἐκ δὲ τοῦ ὄχλου
συνεβίβασαν [aor] Ἀλέξανδρον,
προβαλόντων [ptc aor] αὐτὸν τῶν Ἰουδαίων·

ὁ δὲ Ἀλέξανδρος
κατασείσας [ptc aor] τὴν χεῖρα
ἤθελεν [impf] ἀπολογεῖσθαι [inf pres] τῷ δήμῳ.

34 ἐπιγνόντες [ptc aor] δὲ ὅτι Ἰουδαῖός ἐστιν [pres]
φωνὴ ἐγένετο [aor] μία ἐκ πάντων
ὡς ἐπὶ ὥρας δύο κραζόντων [ptc pres],
Μεγάλη ἡ Ἄρτεμις Ἐφεσίων.

35 καταστείλας [ptc aor] δὲ ὁ γραμματεὺς τὸν ὄχλον
φησίν [pres],
Ἄνδρες Ἐφέσιοι,
τίς γάρ ἐστιν [pres] ἀνθρώπων
ὃς οὐ γινώσκει [pres]
τὴν Ἐφεσίων πόλιν
νεωκόρον οὖσαν [ptc pres]
τῆς μεγάλης Ἀρτέμιδος καὶ τοῦ διοπετοῦς;

36 ἀναντιρρήτων οὖν ὄντων τούτων
δέον [ptc pres] ἐστὶν [pres]
ὑμᾶς κατεσταλμένους [ptc pf pass] ὑπάρχειν [inf pres]

제자들이 그를 말렸습니다.

31 마침 몇몇 아시아 고관들도,
　　바울의[그에게] 친구들이죠,
　　그에게 {사람을} 급파하여
설득합니다.
　　스스로를 극장으로 내몰지[극장에 들이지] 말라고요.

32 그래서[/한편 극장에서는] 사람들이 저마다[다른 이들이]
다른 소리를[무언가를] 외쳐대고 있었습니다.

모임이 혼란스러웠고,
대다수가 몰랐기 때문입니다.
　　무엇 때문에 모였는지를요.

　　33 그러다가 무리 중 일부가
알렉산더를 내세웠습니다.
　　유대인들이 그를 앞으로 밀어냈기 때문입니다.

이에 알락산더가
　　손짓하며
시위 군중에게 변명하려고 했습니다.

　　34 그런데 그가 유대인인 것을 알아보고
모두들 한 목소리를 냈습니다[모두로부터 하나의 소리가 나왔습니다].
　　두 시간 가량이나 소리지릅니다.
　　　　"크도다! 에베소의 아데미[아르테미스]여!"

35 그러자 서기장이 무리를 달래고서
이릅니다.
　　"에베소 장정들아!
　　사람들 중에 누가 있겠느냐?
　　알지 못하는 자가 {말이다.}
　　　　에베소인[들]의 성이
　　　　신전 관리인이라는 것을 {말이다.}
　　　　　　위대한 아데미[아르테미스]와 하늘에서 내려온 것의 {관리인 말이다.}

　　　　36 이[들]를 부인할 수 없으니,
　　마땅히[마땅하다]
　　　　너희는 진정하고

καὶ μηδὲν προπετὲς [sg acc] πράσσειν [inf pres].

37 ἠγάγετε [aor] γὰρ τοὺς ἄνδρας τούτους
οὔτε ἱεροσύλους
οὔτε βλασφημοῦντας [ptc pres] τὴν θεὸν ἡμῶν.

38 εἰ μὲν οὖν Δημήτριος καὶ οἱ σὺν αὐτῷ τεχνῖται
ἔχουσι [pres] πρός τινα λόγον,
ἀγοραῖοι ἄγονται [pres pass] καὶ ἀνθύπατοί εἰσιν [pres],
ἐγκαλείτωσαν [impv pres] ἀλλήλοις.

39 εἰ δέ τι περαιτέρω ἐπιζητεῖτε [pres],
ἐν τῇ ἐννόμῳ ἐκκλησίᾳ ἐπιλυθήσεται [fut].

40 καὶ γὰρ κινδυνεύομεν [pres]
ἐγκαλεῖσθαι [inf pres pass] στάσεως περὶ τῆς σήμερον,
μηδενὸς αἰτίου ὑπάρχοντος [ptc pres]
περὶ οὗ (οὐ) δυνησόμεθα [fut] ἀποδοῦναι [inf aor] λόγον
περὶ τῆς συστροφῆς ταύτης.

καὶ ταῦτα εἰπὼν [ptc aor]
ἀπέλυσεν [aor] τὴν ἐκκλησίαν.

Chapter 20

20:1 Μετὰ δὲ τὸ παύσασθαι [inf aor] τὸν θόρυβον
μεταπεμψάμενος [ptc aor] ὁ Παῦλος τοὺς μαθητὰς
καὶ παρακαλέσας [ptc aor],
ἀσπασάμενος [ptc aor] ἐξῆλθεν [aor]
πορεύεσθαι [inf pres] εἰς Μακεδονίαν.

2 διελθὼν [ptc aor] δὲ τὰ μέρη ἐκεῖνα
καὶ παρακαλέσας [ptc aor] αὐτοὺς λόγῳ πολλῷ
ἦλθεν [aor] εἰς τὴν Ἑλλάδα
3 ποιήσας [ptc aor] τε μῆνας τρεῖς·

γενομένης [ptc aor] ἐπιβουλῆς αὐτῷ ὑπὸ τῶν Ἰουδαίων
μέλλοντι [ptc pres] ἀνάγεσθαι [inf pres mid] εἰς τὴν Συρίαν,
ἐγένετο [aor] γνώμης

어떤 경솔한 짓도 하지 마라[해서는 안 된다].

37 너희가 이 남자들을 끌고 왔기 때문이다.
신전도둑도 아니고
우리 여신을 모독한 자도 아닌 자들을 {말이다.}

38 [이러므로] 만일 데메드리오와 그와 함께 한 기술자들이
누군가에 대해 고소거리가 있다면,
법정은 제 구실을 하고 있고[/배심원단은 소집되어 있고] 총독들도 있다.
{이러므로} 피차 송사하게 하라.

39 하니 만일 너희가 뭔가 더 추진하고 싶다면,
그것은 합법적인 모임에서 다뤄져야 할 것이다.

40 우리가 위험조차 있기 때문이다.
오늘 일에 관하여 소란죄로 기소될 {위험이다.}
자료로 내놓을 것도 없고
이에 관해 우리가 변명할 거리를 하나도 가지고 있지 않기 때문이다.
이 소요에 관한 {변명 거리를.}"

이런 점을[이것들을] 언급한 뒤
그가 그[게] 모임을 해산시켰습니다.

20장 [바울이 드로아에서: 55년 가을; 고후 2:12]

20:1 하니 소동이 멈춘 뒤에
바울이 제자들을 불러다가
용기를 돋우고
작별하고 떠나,
마게도냐[마케도니아]로 갔습니다. [고린도후서: 55/56년경]

2 하여 그[저] 지역[들]을 두루 다니며[마게도냐/일루리곤: 55년 겨울-56년 가을; 롬 15:19]
많은 말로 사람들을[그들을] 격려하고
헬라[그리스]로 가서, [바울이 아가야에서: 56년 겨울-57년; 롬 15:22-32]
3 세 달을[3개월을] 지냈습니다. [로마서: 57년 초]

그에[/바울에] 대한 음모가 유대인들에 의해 진행되자,
수리아[시리아]로 항해하려는 그에게요,
결정하였습니다[결정이 있었습니다].

τοῦ ὑποστρέφειν [inf pres] διὰ Μακεδονίας.

4 συνείπετο [impf] δὲ αὐτῷ
Σώπατρος Πύρρου Βεροιαῖος,
Θεσσαλονικέων δὲ Ἀρίσταρχος καὶ Σεκοῦνδος,
καὶ Γάϊος Δερβαῖος
καὶ Τιμόθεος,
Ἀσιανοὶ δὲ Τυχικὸς καὶ Τρόφιμος.

5 οὗτοι δὲ προελθόντες [ptc aor]
ἔμενον [impf] ἡμᾶς ἐν Τρῳάδι,
6 ἡμεῖς δὲ ἐξεπλεύσαμεν [aor]
μετὰ τὰς ἡμέρας τῶν ἀζύμων
ἀπὸ Φιλίππων,
καὶ ἤλθομεν [aor] πρὸς αὐτοὺς
εἰς τὴν Τρῳάδα ἄχρι ἡμερῶν πέντε,
ὅπου διετρίψαμεν [aor] ἡμέρας ἑπτά.

7 Ἐν δὲ τῇ μιᾷ τῶν σαββάτων
συνηγμένων [ptc pf pass] ἡμῶν κλάσαι [inf aor] ἄρτον,
ὁ Παῦλος διελέγετο [impf] αὐτοῖς
μέλλων [ptc pres] ἐξιέναι [inf pres] τῇ ἐπαύριον,
παρέτεινέν [impf] τε τὸν λόγον
μέχρι μεσονυκτίου.

8 ἦσαν [impf] δὲ λαμπάδες ἱκαναὶ
ἐν τῷ ὑπερῴῳ
οὗ ἦμεν [impf] συνηγμένοι [ptc pf pass].

9 καθεζόμενος [ptc pres] δέ τις νεανίας ὀνόματι Εὔτυχος
ἐπὶ τῆς θυρίδος,
καταφερόμενος [ptc pres pass] ὕπνῳ βαθεῖ
διαλεγομένου [ptc pres] τοῦ Παύλου ἐπὶ πλεῖον,
κατενεχθεὶς [ptc aor] ἀπὸ τοῦ ὕπνου
ἔπεσεν [aor] ἀπὸ τοῦ τριστέγου κάτω
καὶ ἤρθη [aor] νεκρός.

10 καταβὰς [ptc aor] δὲ ὁ Παῦλος
ἐπέπεσεν [aor] αὐτῷ
καὶ συμπεριλαβὼν [ptc aor] εἶπεν [aor],

마게도냐[마케도니아]로 우회하여[마게도냐를 통해] 귀환하기로요.

4 한편 그와 동행했습니다[/그를 따라갔습니다].
부로의 아들인[/부로에게 속한][부로의] 베뢰아 사람 소바더가요.
하여 데살로니가[데살로니카] 사람 아리스다고(골 4:10; 몬 24)와 세군도가요.
더베 사람 가이오도요.
디모데도요.
이에 아시아 사람 두기고(엡 6:21; 골 4:7; 딤후 4:12; 딛 3:12)와 드로비모(행 21:29)가요.

5 그런데 이들이 먼저 가서
드로아에서 우리를 기다리고,
6 한편 우리는 출항했습니다.
무교절 뒤에[무교병들의 날들 뒤에]
빌립보[필립포이]에서요.
그리고 우리가 그들과 합류했습니다[그들에게 갔습니다].
닷새만에 드로아에서요. [빌립보-드로아: 약 200km(육+뱃)]
거기서 우리는 일주일을[칠 일을] 유숙했습니다.

7 한편 안식 후[/안식일 사이의] 첫 날에(막 16:2; 눅 24:1; 요 20:1)
우리가 떡을 떼려고 모였을 때,
바울이 그들과 이야기를 나눕니다.
{그는} 이튿날 떠날 예정이었죠.
한데 얘기가 이어졌습니다.
밤중까지요.

8 그런데 꽤 많은 등불이 있었습니다.
윗다락에는요[/위층 방에는요].
우리가 모였던 곳에요[/거기에 우리가 모여 있었죠].

9 거기[그런데] 이름이 유두고['운이 좋은 사람']인 한 청년이 앉아 있습니다.
창틀에요.
{그가} 잠이 깊이 들더니[/깊은 잠에 빠지더니],
바울이 더 많이 얘기하자,
잠에 푹 빠져
3층에서 밑으로 떨어졌고,
일으켜보니 죽어 있었습니다.

10 그런데 바울이 내려가서
그 위에 엎드려[/그에게 달려들어]
끌어안고 말했습니다.

Μὴ θορυβεῖσθε [impv pres pass],
ἡ γὰρ ψυχὴ αὐτοῦ ἐν αὐτῷ ἐστιν [pres].

11 ἀναβὰς [ptc aor] δὲ
καὶ κλάσας [ptc aor] τὸν ἄρτον
καὶ γευσάμενος [ptc aor]
ἐφ᾽ ἱκανόν τε ὁμιλήσας [ptc aor] ἄχρι αὐγῆς
οὕτως ἐξῆλθεν [aor].

12 ἤγαγον [aor] δὲ τὸν παῖδα ζῶντα [ptc pres]
καὶ παρεκλήθησαν [aor] οὐ μετρίως.

13 Ἡμεῖς δὲ προελθόντες [ptc aor] ἐπὶ τὸ πλοῖον
ἀνήχθημεν [aor] ἐπὶ τὴν Ἆσσον
ἐκεῖθεν μέλλοντες [ptc pres] ἀναλαμβάνειν [inf pres] τὸν Παῦλον·

οὕτως γὰρ διατεταγμένος [ptc pf] ἦν [impf]
μέλλων [ptc pres] αὐτὸς πεζεύειν [inf pres].

14 ὡς δὲ συνέβαλλεν [impf] ἡμῖν εἰς τὴν Ἆσσον,
ἀναλαβόντες [ptc aor] αὐτὸν
ἤλθομεν [aor] εἰς Μιτυλήνην.

15 κἀκεῖθεν ἀποπλεύσαντες [ptc aor]
τῇ ἐπιούσῃ κατηντήσαμεν [aor] ἄντικρυς Χίου,
τῇ δὲ ἑτέρᾳ παρεβάλομεν [aor] εἰς Σάμον,
τῇ δὲ ἐχομένῃ [ptc pres] ἤλθομεν [aor] εἰς Μίλητον.

16 κεκρίκει [plpf] γὰρ ὁ Παῦλος
παραπλεῦσαι [inf aor] τὴν Ἔφεσον,
ὅπως μὴ γένηται [subj aor] αὐτῷ
χρονοτριβῆσαι [inf aor] ἐν τῇ Ἀσίᾳ·

ἔσπευδεν [impf] γὰρ
εἰ δυνατὸν εἴη [opt pres] αὐτῷ
τὴν ἡμέραν τῆς πεντηκοστῆς γενέσθαι [inf aor] εἰς Ἱεροσόλυμα.

17 Ἀπὸ δὲ τῆς Μιλήτου πέμψας [ptc aor] εἰς Ἔφεσον
μετεκαλέσατο [aor] τοὺς πρεσβυτέρους τῆς ἐκκλησίας.

"소란 피우지 마십시오.
목숨이 붙어 있습니다[그의 목숨이 그 안에 있기 때문입니다]."

11 이어 올라가서
떡을 떼고
성찬에 참여한 뒤[맛을 본 뒤],
동틀 때까지 충분히 얘기하고
그 다음에 출발했습니다.

12 한편 그들은 그 젊은이를 살아있는 채로 데려와서,
측량할 수 없는 위로를 받았습니다.

13 한편 우리는 전용선으로[거 배로][/빌린 배로](행 20:38) 먼저 가서
앗소로 출항했습니다. [드로아-앗소: 약 32km(직), 40km(육), 71km(뱃)]
거기서 바울을 데려갈 요량입니다.

그가 이렇게 지시하였기[/정하였기] 때문입니다.
자신은 도보로 가겠다고요.

14 이에 그가 앗소로 {와서} 우리와 합류했을 때,
그를 태우고[/모시고]
미둘레네[미틸레네]로 갔습니다. [고스-미둘레네: 약 70km(뱃)]

15 거기서 출항하여
이튿날 기오[키오스] {섬} 맞은 편에 닿았고, [미둘레네-기오: 약 160km(뱃)]
다음 날 사모[사모스] {섬}을 지나쳤고, [기오-사모스: 약 150km(뱃)]
이어지는 날 밀레도[밀레투스]에 도착했습니다[왔습니다].

16 바울이 결정했기 때문입니다.
에베소를 지나치기로요.
그에게 일어나지 않도록요.
아시아에서 지체하는[/시간 보내는] 일이요.

그가 급히 가고 있기 때문입니다.
그가[그에게] 가능할까 싶어서요.
오순절을 예루살렘에서 지내는 것이요.

17 이에 {바울이} 밀레도[밀레투스]에서 에베소로 {사람을} 급히 보내
교회의 장로들을 청했습니다. [밀레도-에베소: 약 85km(직)]

18 ὡς δὲ παρεγένοντο [aor] πρὸς αὐτὸν
εἶπεν [aor] αὐτοῖς,
Ὑμεῖς ἐπίστασθε [pres mid],
ἀπὸ πρώτης ἡμέρας
ἀφ' ἧς ἐπέβην [aor] εἰς τὴν Ἀσίαν
πῶς μεθ' ὑμῶν τὸν πάντα χρόνον ἐγενόμην [aor],
19 δουλεύων [ptc pres] τῷ κυρίῳ
μετὰ πάσης ταπεινοφροσύνης
καὶ δακρύων
καὶ πειρασμῶν τῶν συμβάντων [ptc aor] μοι
ἐν ταῖς ἐπιβουλαῖς τῶν Ἰουδαίων,
20 ὡς οὐδὲν ὑπεστειλάμην [aor] τῶν συμφερόντων [ptc pres]
τοῦ μὴ ἀναγγεῖλαι [inf aor] ὑμῖν καὶ διδάξαι [inf aor] ὑμᾶς
δημοσίᾳ καὶ κατ' οἴκους,
21 διαμαρτυρόμενος [ptc pres]
Ἰουδαίοις τε καὶ Ἕλλησιν
τὴν εἰς θεὸν μετάνοιαν καὶ πίστιν εἰς τὸν κύριον ἡμῶν Ἰησοῦν.

22 καὶ νῦν ἰδοὺ
δεδεμένος [ptc pf] ἐγὼ τῷ πνεύματι
πορεύομαι [pres] εἰς Ἰερουσαλὴμ
τὰ ἐν αὐτῇ συναντήσοντά [ptc fut] μοι μὴ εἰδώς [ptc pf],
23 πλὴν ὅτι τὸ πνεῦμα τὸ ἅγιον κατὰ πόλιν
διαμαρτύρεταί [pres] μοι λέγον [ptc pres]
ὅτι δεσμὰ καὶ θλίψεις με μένουσιν [pres].

24 ἀλλ' οὐδενὸς λόγου
ποιοῦμαι [pres mid] τὴν ψυχὴν τιμίαν ἐμαυτῷ
ὡς τελειῶσαι [inf aor]
τὸν δρόμον μου
καὶ τὴν διακονίαν ἣν ἔλαβον [aor] παρὰ τοῦ κυρίου Ἰησοῦ,
διαμαρτύρασθαι [inf aor] τὸ εὐαγγέλιον τῆς χάριτος τοῦ θεοῦ.

25 Καὶ νῦν ἰδοὺ
ἐγὼ οἶδα [pf]
ὅτι οὐκέτι ὄψεσθε [fut] τὸ πρόσωπόν μου
ὑμεῖς πάντες
ἐν οἷς διῆλθον [aor] κηρύσσων [ptc pres] τὴν βασιλείαν.

26 διότι μαρτύρομαι [pres] ὑμῖν ἐν τῇ σήμερον ἡμέρᾳ

18 해서 그들이 그에게 왔을 때
바울이[그가] 그들에게 말했습니다.
"여러분은 잘 알고 있습니다.
첫 날부터요.
내가 아시아로 올라 온 날부터요.
모든 기간을 여러분과 더불어 어떻게 지냈는지를요.
19 주님을 섬기면서요.
매우 겸손하게요[모든 겸손으로].
눈물을 흘리면서요[눈물들과 함께].
내게 닥쳐오는 시험이 있어도요[시험들과 함께].
유대인들의 계략[들]으로요.
20 그때 도움이 될 만한 것은 하나도 묻어 두지[/주저하지] 않았습니다.
여러분에게 전하고 [여러분을] 가르치지 않으려고 {묻어 두지를요}
전체 모임과 가정 모임에서요[공중에서와 집마다에서요].
21 그러면서 증언하였습니다.
유대인[들]과 이방인[들][헬라인들] 모두에게요.
하나님께로의 회개와 우리 주님 예수님께로의 믿음을요.

22 또한 이제 보십시오!
나는 그[게] 영에[/성령에] 매여
예루살렘으로 갑니다.
거기서 내게 닥칠 일들을 모른 채로요.
23 다만 성령께서[거룩한 영이] 각 도시에서[/성에서]
내게 말씀으로[말씀하며] 알려주실[/증언하실] 뿐입니다.
결박과 환란이 나를 기다린다고요.

24 그러나 어떻게 계산해도[어떤 손익계정에서도]
목숨이 내 자신에게는 가치가 없습니다[/나는 내 목숨에 가치를 부여하지 않습니다].
그러니 완수하렵니다[/완수할 때는요].
내 {인생} 달리기와
주님 예수님께 받은 사명을요.
하나님의 은혜의 복음을 증언하렵니다[/증언할 때는요].

25 또한 이제 보십시오!
나는 압니다.
여러분이 내 얼굴을 더 이상 못 볼 것을요.
여러분 모두가요.
{여러분} 가운데에서 나는 [게] {하나님} 나라를 전하며 두루 다녔습니다.

26 그러니 내가 오늘[오늘이란 날에] 여러분에게 확언합니다.

ὅτι καθαρός εἰμι [pres] ἀπὸ τοῦ αἵματος πάντων·

27 οὐ γὰρ ὑπεστειλάμην [aor]
τοῦ μὴ ἀναγγεῖλαι [inf aor] πᾶσαν τὴν βουλὴν τοῦ θεοῦ ὑμῖν.

28 προσέχετε [impv] ἑαυτοῖς
καὶ παντὶ τῷ ποιμνίῳ,
ἐν ᾧ ὑμᾶς τὸ πνεῦμα τὸ ἅγιον ἔθετο [aor] ἐπισκόπους
ποιμαίνειν [inf pres] τὴν ἐκκλησίαν τοῦ θεοῦ,
ἣν περιεποιήσατο [aor] διὰ τοῦ αἵματος τοῦ ἰδίου.

29 ἐγὼ οἶδα [pf]
ὅτι εἰσελεύσονται [fut] μετὰ τὴν ἄφιξίν μου
λύκοι βαρεῖς εἰς ὑμᾶς
μὴ φειδόμενοι [ptc pres] τοῦ ποιμνίου,
30 καὶ ἐξ ὑμῶν αὐτῶν ἀναστήσονται [fut]
ἄνδρες λαλοῦντες [ptc pres] διεστραμμένα [ptc pf]
τοῦ ἀποσπᾶν [inf pres] τοὺς μαθητὰς ὀπίσω αὐτῶν.

31 διὸ γρηγορεῖτε [impv pres]
μνημονεύοντες [ptc pres] ὅτι
τριετίαν νύκτα καὶ ἡμέραν
οὐκ ἐπαυσάμην [aor]
μετὰ δακρύων νουθετῶν [ptc pres] ἕνα ἕκαστον.

32 καὶ τὰ νῦν παρατίθεμαι [pres mid] ὑμᾶς
τῷ θεῷ
καὶ τῷ λόγῳ τῆς χάριτος αὐτοῦ,
τῷ δυναμένῳ [ptc pres] οἰκοδομῆσαι [inf aor]
καὶ δοῦναι [inf aor] τὴν κληρονομίαν
ἐν τοῖς ἡγιασμένοις [ptc pf pass] πᾶσιν.

33 ἀργυρίου ἢ χρυσίου ἢ ἱματισμοῦ οὐδενὸς
ἐπεθύμησα [aor]·

34 αὐτοὶ γινώσκετε [pres] ὅτι
ταῖς χρείαις μου καὶ τοῖς οὖσιν [ptc pres] μετ᾽ ἐμοῦ
ὑπηρέτησαν [aor] αἱ χεῖρες αὗται.

35 πάντα ὑπέδειξα [aor] ὑμῖν ὅτι

{여러분} 모두의 피에 대하여[피로부터] 내가 깨끗하다고요.(겔 3:16-21; 33:4)

27 내가 물러선 적이 없기[물러서지 않았기] 때문입니다.
하나님의 모든 경륜(행 2:23; 4:28)을 여러분에게 전하지 않으려고 {물러서기를요.}

28 여러분은 자신에게 주의를 기울이십시오.
모든 양무리에게도요.
그 {양무리} 가운데에서 여러분을 성령께서 감독자[들]로 세우셨습니다.
하나님의 교회를 목양하라고요.
그분은 교회를[그것을] 자기 것의 피를 통해 보전하셨습니다.

29 나는 알고 있습니다.
내가 떠난[나의 출항] 뒤에 들어올 것을요.
흉악한 이리들이 여러분 안으로요.
{들어와서} 양무리를 아끼지 않을 것을요.
30 또한 심지어 여러분[여러분 자신] 가운데에서 생겨날 것도 {압니다.}
그른 것들을 얘기할 사람들이요[남자들이요].
제자들을 꼬드겨 자신들을[그들을] 따르게 하려고요.

31 그러므로 깨어 있으십시오.
다음 내용을 기억하면서요.
삼 년간 밤낮으로
내가 멈추지 않은 것을요.
한 사람, 한 사람을[하나 각각을] 눈물[들]로 훈계하면서요.

32 그리고 이제 나는 여러분을 의탁합니다.
하나님께요.
또한 그분의 은혜의 말씀께요.
그 말씀은[그것은] {여러분을} 세우실 수 있습니다
또한 기업을 주실 수 {있습니다.}
거룩하게 된 모든 이들 가운데서요.

33 누구의 은이든, 금이든, 피륙이든[/옷이든]
내가 탐내지 않았습니다.

34 여러분 자신이 다음 내용을 압니다.
내 필요[들]이든, 나와 함께 한 이들을 위한 것이든
바로 이 손으로 마련했음을요.

35 이를 통해[모든 것들을] 나는 여러분에게 다음 내용을 보여 주었습니다.

οὕτως κοπιῶντας [ptc pres]
δεῖ [pres] ἀντιλαμβάνεσθαι [inf pres mid] τῶν ἀσθενούντων [ptc pres],
μνημονεύειν [inf pres] τε τῶν λόγων τοῦ κυρίου Ἰησοῦ
ὅτι αὐτὸς εἶπεν [aor],
Μακάριόν ἐστιν [pres] μᾶλλον
διδόναι [inf pres] ἢ λαμβάνειν [inf pres].

36 Καὶ ταῦτα εἰπὼν [ptc aor]
θεὶς [ptc aor] τὰ γόνατα αὐτοῦ
σὺν πᾶσιν αὐτοῖς προσηύξατο [aor].

37 ἱκανὸς δὲ κλαυθμὸς ἐγένετο [aor] πάντων
καὶ ἐπιπεσόντες [ptc aor] ἐπὶ τὸν τράχηλον τοῦ Παύλου
κατεφίλουν [impf] αὐτόν,
38 ὀδυνώμενοι [ptc pres pass] μάλιστα
ἐπὶ τῷ λόγῳ ᾧ εἰρήκει [plpf]
ὅτι οὐκέτι μέλλουσιν [pres]
τὸ πρόσωπον αὐτοῦ θεωρεῖν [inf pres].

προέπεμπον [impf] δὲ αὐτὸν εἰς τὸ πλοῖον.

Chapter 21

21:1 Ὡς δὲ ἐγένετο [aor] ἀναχθῆναι [inf aor] ἡμᾶς
ἀποσπασθέντας [ptc aor] ἀπ᾽ αὐτῶν,
εὐθυδρομήσαντες [ptc aor] ἤλθομεν [aor] εἰς τὴν Κῶ,
τῇ δὲ ἑξῆς εἰς τὴν Ῥόδον
κἀκεῖθεν εἰς Πάταρα·

2 καὶ εὑρόντες [ptc aor] πλοῖον
διαπερῶν [ptc pres] εἰς Φοινίκην
ἐπιβάντες [ptc aor] ἀνήχθημεν [aor].

3 ἀναφάναντες [ptc aor] δὲ τὴν Κύπρον
καὶ καταλιπόντες [ptc aor] αὐτὴν εὐώνυμον
ἐπλέομεν [impf] εἰς Συρίαν
καὶ κατήλθομεν [aor] εἰς Τύρον·

ἐκεῖσε γὰρ τὸ πλοῖον

이와 같이 수고하여
연약한 이들을 책임져야 한다는 것을요.
그러면 주님 예수님의 말씀[들]을 기억하게 되겠죠.
그분이 친히 말씀하신 바입니다.
'오히려 복이 있다,
취하는 것보다는 나누는 것이.'"

36 [이에] 이것[들]을 말하고
그의 무릎[들]을 꿇고
그들 모두와 함께 기도했습니다.

37 이후 모두가 목놓아 슬피 울었습니다[모두의 상당한 눈물이 있었습니다].
그리고 바울의 목을 끌어안으며
그들이 그에게 입을 맞춥니다.
38 {그러면서} 극도로 고통스러워합니다.
그가 한 말 때문에요.
그들이 더 이상 못할 것이라 했죠.
그의 얼굴 보는 것을요.

이에 그들이 그를 전용선으로[거 배로][/빌린 배로](행 20:13; 21:1) 배웅합니다.

21장 [바울의 예루살렘 도착과 체포: 57년 5월]

21:1 한편 우리는 출항하게 되었습니다.
그들과 헤어진 뒤에요.
{그때} 곧장 고스[코스]로 갔습니다. [밀레도-고스: 약 130km(직)]
해서 다음날에는 로도[로도스]로, [고스-로도스: 약 178km(직)]
거기서는 바다라[파타라]로 {갔습니다.} [로도스-바다라: 약 187km(직)]

2 그리고 배를 만났습니다.
베니게[페니키아]로 건너가는 {배를요.}
승선하여 우리는 출항했습니다.

3 한편 구브로[키프로스]가 보이자[드러나자] [바다라-구브로의 바보: 약 320km(뱃)]
그 섬을[그것을] 왼편에 두고
수리아[시리아]로 항해해서
두로에 다다랐습니다. [바다라-두로: 약 620km(뱃)]

거기서 그[게] 배가

ἦν [impf] ἀποφορτιζόμενον [ptc pres] τὸν γόμον.

4 ἀνευρόντες [ptc aor] δὲ τοὺς μαθητὰς
ἐπεμείναμεν [aor] αὐτοῦ ἡμέρας ἑπτά,
οἵτινες τῷ Παύλῳ ἔλεγον [impf] διὰ τοῦ πνεύματος
μὴ ἐπιβαίνειν [inf pres] εἰς Ἱεροσόλυμα.

5 ὅτε δὲ ἐγένετο [aor] ἡμᾶς ἐξαρτίσαι [inf aor] τὰς ἡμέρας,
ἐξελθόντες [ptc aor] ἐπορευόμεθα [impf]
προπεμπόντων [ptc pres] ἡμᾶς πάντων
σὺν γυναιξὶ καὶ τέκνοις
ἕως ἔξω τῆς πόλεως.

καὶ θέντες [ptc aor] τὰ γόνατα
ἐπὶ τὸν αἰγιαλὸν προσευξάμενοι [ptc aor]
6 ἀπησπασάμεθα [aor] ἀλλήλους
καὶ ἀνέβημεν [aor] εἰς τὸ πλοῖον.

ἐκεῖνοι δὲ ὑπέστρεψαν [aor] εἰς τὰ ἴδια.

7 Ἡμεῖς δὲ τὸν πλοῦν διανύσαντες [ptc aor] ἀπὸ Τύρου
κατηντήσαμεν [aor] εἰς Πτολεμαΐδα
καὶ ἀσπασάμενοι [ptc aor] τοὺς ἀδελφοὺς
ἐμείναμεν [aor] ἡμέραν μίαν παρ᾽ αὐτοῖς.

8 τῇ δὲ ἐπαύριον ἐξελθόντες [ptc aor]
ἤλθομεν [aor] εἰς Καισάρειαν
καὶ εἰσελθόντες [ptc aor] εἰς τὸν οἶκον
Φιλίππου τοῦ εὐαγγελιστοῦ,
ὄντος [ptc pres] ἐκ τῶν ἑπτά,
ἐμείναμεν [aor] παρ᾽ αὐτῷ.

9 τούτῳ δὲ ἦσαν [impf] θυγατέρες τέσσαρες
παρθένοι προφητεύουσαι [ptc pres].

10 ἐπιμενόντων [ptc pres] δὲ ἡμέρας πλείους
κατῆλθέν [aor] τις ἀπὸ τῆς Ἰουδαίας
προφήτης ὀνόματι Ἅγαβος,
11 ἐλθὼν [ptc aor] πρὸς ἡμᾶς
καὶ ἄρας [ptc aor] τὴν ζώνην τοῦ Παύλου,

수화물을 부려야 했기 때문입니다.

4 이에 제자들을 찾아다니다가 {만나}
거기서 7일을 머물렀는데,
그들이 바울에게 그[게] 영을[/성령을] 통해 말합니다.
예루살렘으로 올라가지 말 것을요.

5 그러다가 우리가 7일을 지내고[그 날들을 채웠을 때]
떠나가는데,
모두가 배웅합니다.
부인[들]과 자녀들과 함께
성 밖까지요.

그리고 무릎[들]을 꿇어
해변에서 기도한 뒤,
6 서로 작별하고
우리는 그[게] 배에[/베니게로 가는 배에] (행 21:2) 승선했습니다.

그리고 저들은 자기 처소로[곳들로] 돌아갔습니다.

7 한편 우리는 두로에서 항해를 계속하여[/항해를 마치고]
돌레마이[프톨레마이스]에 도착했고, [두로-돌레마이: 약 40km(직)]
형제들에게 {방문}인사하고
그들 곁에서 하루를 머물렀습니다.

8 그리고 이튿날 출발하여
가이사랴[카이사레야]에 왔습니다. [돌레마이-가이사랴: 약 50km(직)]
그리고 그[게] 집에 들어가서,
전도자 빌립의 {집에요,}
그[게] 7인 출신이죠,
그와[그의 곁에] 머물렀습니다.

9 한편 그에게는[이에게는] 딸 넷이 있었는데
처녀들로 예언을 합니다.

10 이에 {우리가} 여러 날 지낼 때
유대에서 어떤 사람이 내려왔는데
예언자로 이름이 아가보였습니다.
11 {그가} 우리에게 와서는
바울의 띠를 들고

δήσας [ptc aor] ἑαυτοῦ τοὺς πόδας καὶ τὰς χεῖρας εἶπεν [aor],
Τάδε λέγει [pres] τὸ πνεῦμα τὸ ἅγιον,
Τὸν ἄνδρα οὗ ἐστιν [pres] ἡ ζώνη αὕτη,
οὕτως δήσουσιν [fut] ἐν Ἰερουσαλὴμ οἱ Ἰουδαῖοι
καὶ παραδώσουσιν [fut] εἰς χεῖρας ἐθνῶν.

12 ὡς δὲ ἠκούσαμεν [aor] ταῦτα,
παρεκαλοῦμεν [impf] ἡμεῖς τε καὶ οἱ ἐντόπιοι
τοῦ μὴ ἀναβαίνειν [inf pres] αὐτὸν εἰς Ἰερουσαλήμ.

13 τότε ἀπεκρίθη [aor] ὁ Παῦλος,
Τί ποιεῖτε [pres]
κλαίοντες [ptc pres]
καὶ συνθρύπτοντές [ptc pres] μου τὴν καρδίαν;

ἐγὼ γὰρ
οὐ μόνον δεθῆναι [inf aor]
ἀλλὰ καὶ ἀποθανεῖν [inf aor] εἰς Ἰερουσαλὴμ
ἑτοίμως ἔχω [pres] ὑπὲρ τοῦ ὀνόματος τοῦ κυρίου Ἰησοῦ.

14 μὴ πειθομένου [ptc pres pass] δὲ αὐτοῦ
ἡσυχάσαμεν [aor] εἰπόντες [ptc aor],
Τοῦ κυρίου τὸ θέλημα γινέσθω [impv pres].

15 Μετὰ δὲ τὰς ἡμέρας ταύτας
ἐπισκευασάμενοι [ptc aor] ἀνεβαίνομεν [impf] εἰς Ἱεροσόλυμα·

16 συνῆλθον [aor] δὲ καὶ τῶν μαθητῶν ἀπὸ Καισαρείας σὺν ἡμῖν,
ἄγοντες [ptc pres] παρ᾽ ᾧ ξενισθῶμεν [subj aor]
Μνάσωνί τινι Κυπρίῳ, ἀρχαίῳ μαθητῇ.

17 Γενομένων [ptc aor] δὲ ἡμῶν εἰς Ἱεροσόλυμα
ἀσμένως ἀπεδέξαντο [aor] ἡμᾶς οἱ ἀδελφοί.

18 τῇ δὲ ἐπιούσῃ [ptc pres]
εἰσῄει [impf] ὁ Παῦλος σὺν ἡμῖν πρὸς Ἰάκωβον,
πάντες τε παρεγένοντο [aor] οἱ πρεσβύτεροι.

19 καὶ ἀσπασάμενος [ptc aor] αὐτοὺς
ἐξηγεῖτο [impf] καθ᾽ ἓν ἕκαστον,

자기 발[들]과 손[들]을 묶고 말했습니다.
"거룩한 영이[/성령께서] 이와 같이 말씀하십니다.
'이 띠가 속한 남자를
유대인들이 예루살렘에서 이와 같이 묶어,
이방인들의[/다른 민족들의] 손[들]에 넘겨줄 것이다.'"

12 하여 우리가 이것[들]을 들었을 때,
우리와 그[게] 지역민들까지도 촉구했습니다.
그가[/바울이] 예루살렘에 올라가지 않도록요.

13 그때 바울이 대답했습니다.
"왜 이러십니까?
울어
내 마음을 찢으시네요[/아프게 하시네요].

왜냐하면 저는
묶이는 것뿐 아니라
예루살렘에서 죽는 것까지도
주님 예수님의 이름을 위해 준비되어 있으니까요."

14 그가 설득되지 않자
우리가 {이렇게} 말하며 그쳤습니다.
"주님의 뜻이 이루어지이다[/실현되기를]."

15 하여 그 날들이 지나고[이 날들 뒤에]
우리는 짐을 꾸려 예루살렘으로 올라갑니다.

16 그런데 가이사랴[카이사레아] 출신 제자 가운데 몇몇도 우리와 함께 갑니다.
{그러면서} 함께 묵을까 하여 데려갑니다.
구브로[키프로스] 사람으로 오랜 제자인 나손[므나손]을요.

17 이에 우리가 예루살렘에 다다랐을 때, [가이사랴 - 예루살렘: 88km(직)]
형제들이 우리를 기쁘게 맞이했습니다.

18 그러다가 이튿날
바울이 우리와 함께 야고보에게로 들어갔습니다.
그래서 모든 장로들이 모습을 드러냈습니다.

19 그러자 {바울이} 그들에게 인사하고
낱낱이 보고합니다.

ὧν ἐποίησεν [aor] ὁ θεὸς
ἐν τοῖς ἔθνεσιν
διὰ τῆς διακονίας αὐτοῦ.

20 οἱ δὲ ἀκούσαντες [ptc aor] ἐδόξαζον [impf] τὸν θεὸν
εἶπόν [aor] τε αὐτῷ,
Θεωρεῖς [pres], ἀδελφέ,
πόσαι μυριάδες εἰσὶν [pres] ἐν τοῖς Ἰουδαίοις τῶν πεπιστευκότων [ptc pf]
καὶ πάντες ζηλωταὶ τοῦ νόμου ὑπάρχουσιν [pres]·

21 κατηχήθησαν [aor] δὲ περὶ σοῦ
ὅτι ἀποστασίαν διδάσκεις [pres] ἀπὸ Μωϋσέως
τοὺς κατὰ τὰ ἔθνη πάντας Ἰουδαίους
λέγων [ptc pres]
μὴ περιτέμνειν [inf pres] αὐτοὺς τὰ τέκνα
μηδὲ τοῖς ἔθεσιν περιπατεῖν [inf pres].

22 τί οὖν ἐστιν [pres];

πάντως ἀκούσονται [fut] ὅτι ἐλήλυθας [pf].

23 τοῦτο οὖν ποίησον [impv aor]
ὅ σοι λέγομεν [pres]·

εἰσὶν [pres] ἡμῖν ἄνδρες τέσσαρες
εὐχὴν ἔχοντες [ptc pres] ἐφ᾽ ἑαυτῶν.

24 τούτους παραλαβὼν [ptc aor]
ἁγνίσθητι [impv aor] σὺν αὐτοῖς
καὶ δαπάνησον [impv aor] ἐπ᾽ αὐτοῖς
ἵνα ξυρήσονται [fut] τὴν κεφαλήν,
καὶ γνώσονται [fut] πάντες
ὅτι ὧν κατήχηνται [pf pass] περὶ σοῦ οὐδέν ἐστιν [pres]
ἀλλὰ στοιχεῖς [pres] καὶ αὐτὸς φυλάσσων [ptc pres] τὸν νόμον.

25 περὶ δὲ τῶν πεπιστευκότων [ptc pf] ἐθνῶν
ἡμεῖς ἐπεστείλαμεν [aor] κρίναντες [ptc aor]
φυλάσσεσθαι [inf pres mid] αὐτοὺς
τό τε εἰδωλόθυτον καὶ αἷμα καὶ πνικτὸν καὶ πορνείαν.

하나님께서 이행하신 일들에 대해서요.
이방인들[/다른 민족들] 가운데서
자신의 사역을 통해서요.

20 이에 들은 자들이 하나님께 영광을 돌리고는
마침내 그에게 말했습니다.
"형제여, 그대도 주목하는 {바는}
유대인들 가운데 믿는[/믿게 된] 자들이 수만 명이고
그들 모두가 율법에 열심 있는 자들이라는 {것입니다.}

21 그런데 그들이 그대에 대해 전해 들었답니다.
모세에게서 벗어난 것을 가르친다는 거죠.
다른 민족들 가운데 퍼져있는 모든 유대인들에게요[유대인들을요].
{가르치며} 말한다는 거죠.
[그들이] 자식들에게 할례를 행하지도 말고
관습[들]대로 살지도 말 것을요.

22 그러니 어찌할까요?

그대가 온 것을 그들이 분명 듣게 될 것입니다.

23 그러므로 이것을 이행하십시오.
우리가 그대에게 말하는 것을요.

우리에게 남자 넷이 있습니다.
스스로에게 서원한 {이들입니다.}

24 이들을 데려다가
그대도 그들과 함께 성결하게 되십시오(요 11:55; 행 24:18; 약 4:8; 벧전 1:22; 요일 3:3).
그리고 그들에게 {부과된} 비용을 당신이 지불하십시오.
그들이 머리를 깎을 수 있도록요.
그러면 모두가 알게 될 것입니다.
그대에 대해 전해 들은 것들이 아무 것도 아니고,
오히려 당신 스스로도 율법을 지키며 살아간다는 것을요.

25 한편 믿는[/믿게 된] 이방인들에[/다른 민족들에] 대해서는,
우리가 결정하여 편지를 보냈습니다.
그들이 지키도록요.
결국 우상제물과 피와 목매단 것과 음행에 관한 법을요[것을요]."

26 τότε ὁ Παῦλος
παραλαβὼν [ptc aor] τοὺς ἄνδρας τῇ ἐχομένῃ [ptc pres] ἡμέρᾳ
σὺν αὐτοῖς ἁγνισθείς [ptc aor],
εἰσῄει [impf] εἰς τὸ ἱερὸν
διαγγέλλων [ptc pres] τὴν ἐκπλήρωσιν τῶν ἡμερῶν τοῦ ἁγνισμοῦ
ἕως οὗ προσηνέχθη [aor] ὑπὲρ ἑνὸς ἑκάστου αὐτῶν ἡ προσφορά.

27 Ὡς δὲ ἔμελλον [impf] αἱ ἑπτὰ ἡμέραι συντελεῖσθαι [inf pres mid],
οἱ ἀπὸ τῆς Ἀσίας Ἰουδαῖοι
θεασάμενοι [ptc aor] αὐτὸν ἐν τῷ ἱερῷ
συνέχεον [impf] πάντα τὸν ὄχλον
καὶ ἐπέβαλον [aor] ἐπ' αὐτὸν τὰς χεῖρας
28 κράζοντες [ptc pres],
Ἄνδρες Ἰσραηλῖται, βοηθεῖτε [impv pres]·
οὗτός ἐστιν [pres] ὁ ἄνθρωπος
ὁ κατὰ τοῦ λαοῦ καὶ τοῦ νόμου καὶ τοῦ τόπου τούτου
πάντας πανταχῇ
διδάσκων [ptc pres],
ἔτι τε καὶ Ἕλληνας εἰσήγαγεν [aor] εἰς τὸ ἱερὸν
καὶ κεκοίνωκεν [pf] τὸν ἅγιον τόπον τοῦτον.

29 ἦσαν [impf] γὰρ προεωρακότες [ptc pf]
Τρόφιμον τὸν Ἐφέσιον ἐν τῇ πόλει σὺν αὐτῷ,
ὃν ἐνόμιζον [impf] ὅτι εἰς τὸ ἱερὸν εἰσήγαγεν [aor] ὁ Παῦλος.

30 ἐκινήθη [aor] τε ἡ πόλις ὅλη
καὶ ἐγένετο [aor] συνδρομὴ τοῦ λαοῦ,
καὶ ἐπιλαβόμενοι [ptc aor] τοῦ Παύλου
εἷλκον [impf] αὐτὸν ἔξω τοῦ ἱεροῦ
καὶ εὐθέως ἐκλείσθησαν [aor] αἱ θύραι.

31 ζητούντων [ptc pres] τε αὐτὸν ἀποκτεῖναι [inf aor]
ἀνέβη [aor] φάσις τῷ χιλιάρχῳ τῆς σπείρης
ὅτι ὅλη συγχύννεται [pres pass] Ἰερουσαλήμ.

32 ὃς ἐξαυτῆς παραλαβὼν [ptc aor] στρατιώτας καὶ ἑκατοντάρχας
κατέδραμεν [aor 3 sg] ἐπ' αὐτούς.

οἱ δὲ ἰδόντες [ptc aor] τὸν χιλίαρχον καὶ τοὺς στρατιώτας
ἐπαύσαντο [aor] τύπτοντες [ptc pres] τὸν Παῦλον.

26 그제야 바울이
이어지는 날에 그[게] 남자들을 데리고
그들과 함께 정결 예식을 행한[성결하게 된] 뒤에
성전으로 들어갔습니다.
{그러면서} 정결 예식의 기한이[날들이] 찼음을 알립니다.
그들 각각을 위해 예물 드릴[예물이 드려질] 때까지요[/정결예식 일까지요].

27 그[게] 칠 일이 끝나 갈 무렵에
아시아에서 {온} 유대인들이
그가 성전 안에 {있는} 것을 눈여겨보고
모든 무리를 충동하여
바울을 붙잡고[그 위에 손들을 뻗고]
28 외칩니다.
"이스라엘 남자들! 도와주시오.
이 놈이[이개] 그[게] 자라오[사람이요].
백성과 율법과 이 곳을 대적하여
어디에서고 모든 사람들을
가르치는 자라오.
더욱이 헬라 사람들을 성전에 들이기까지도 하며
거룩한 이 곳을 더럽혔소."

29 그들이 전에 봤기 때문입니다.
에베소 사람 드로비모가 그와 함께 {예루살렘} 성 안에 있는 것을요.
바울이 그를 성전 안으로 들였다고 생각한 것입니다.

30 그래서 온 성이 소란하게 되었고
백성이 일제히 달려들어[백성의 달려듦이 있었습니다]
바울을 붙들어
성전 밖으로 그를 끌고 나갑니다.
그리고는 곧바로 문들이 닫혔습니다.

31 이어 그를 죽이려고 도모할 때,
보고가 군대의 천부장에게 올라갔습니다.
예루살렘 전체가 소란하다고요[/소란하다는 보고가요].

32 그러자 그가 즉시 군인들과 백부장들을 거느리고
그들에게 달려갔습니다.

하여 천부장과 군인들을 보자
그들이 바울 치기를 멈췄습니다.

33 τότε ἐγγίσας [ptc aor] ὁ χιλίαρχος ἐπελάβετο [aor] αὐτοῦ
καὶ ἐκέλευσεν [aor] δεθῆναι [inf aor] ἁλύσεσι δυσί,
καὶ ἐπυνθάνετο [impf]
τίς εἴη [opt pres 3 sg]
καὶ τί ἐστιν [pres] πεποιηκώς [ptc pf].

34 ἄλλοι δὲ ἄλλο τι ἐπεφώνουν [impf] ἐν τῷ ὄχλῳ.

μὴ δυναμένου [ptc pres] δὲ αὐτοῦ γνῶναι [inf aor] τὸ ἀσφαλὲς
διὰ τὸν θόρυβον
ἐκέλευσεν [aor] ἄγεσθαι [inf pres pass] αὐτὸν εἰς τὴν παρεμβολήν.

35 ὅτε δὲ ἐγένετο [aor] ἐπὶ τοὺς ἀναβαθμούς,
συνέβη [aor] βαστάζεσθαι [inf pres pass] αὐτὸν
ὑπὸ τῶν στρατιωτῶν
διὰ τὴν βίαν τοῦ ὄχλου.

36 ἠκολούθει [impf] γὰρ τὸ πλῆθος τοῦ λαοῦ
κράζοντες [ptc pres], Αἶρε [impv pres] αὐτόν.

37 Μέλλων [ptc pres] τε εἰσάγεσθαι [inf pres pass] εἰς τὴν παρεμβολὴν
ὁ Παῦλος λέγει [pres] τῷ χιλιάρχῳ,
Εἰ ἔξεστίν [pres] μοι
εἰπεῖν [inf aor] τι πρὸς σέ;

ὁ δὲ ἔφη [impf or aor],
Ἑλληνιστὶ γινώσκεις [pres];

38 οὐκ ἄρα σὺ εἶ [pres] ὁ Αἰγύπτιος
ὁ πρὸ τούτων τῶν ἡμερῶν
ἀναστατώσας [ptc aor] καὶ ἐξαγαγὼν [ptc aor] εἰς τὴν ἔρημον
τοὺς τετρακισχιλίους ἄνδρας τῶν σικαρίων;

39 εἶπεν [aor] δὲ ὁ Παῦλος,
Ἐγὼ ἄνθρωπος μέν εἰμι [pres] Ἰουδαῖος,
Ταρσεὺς τῆς Κιλικίας,
οὐκ ἀσήμου πόλεως πολίτης·

δέομαι [pres] δέ σου,
ἐπίτρεψόν [impv aor] μοι λαλῆσαι [inf aor] πρὸς τὸν λαόν.

33 그때 천부장이 다가와 그를 붙잡고,
두 사슬로 묶으라 명하고,
질문합니다.
그가 누구인지를,
무슨 일을 했는지를요.

34 하니 무리들이 저마다 다르게 소리칩니다[무리 중에서 다른 이들이 다른 것을 외쳤습니다].

그가[/천부장이] 확실한 것을 알 수 없어서,
소동 때문에요,
그가 바울을[그를] 병영으로[/안토니아 요새로] 끌고 가라 명했습니다.

35 그런데 그가[/바울이] 층계[들]에 다다랐을 때,
그가 둘러메졌습니다.
군인들에 의해서요.
무리의 격렬함 때문에요.

36 백성의 회중이 따라오기 때문입니다.
"그를 없애버려라!" 하고 소리 지르면서요.

37 마침내 병영 안으로 막 들어서려는데,
바울이 천부장에게 말합니다.
"내게 합당할까요,
당신에게 뭔가 말하는 것이요?"

그러자 그가 이릅니다.
"네가 헬라 말을 아느냐?

38 그렇다면 네가 그[게] 애굽[이집트]인이 아니냐?
[거시기] 일전에[이 날들 전에]
선동하여 광야로 데려갔던 이 {말이다.}
자객 4천 명을[남자들을] {선동했었지}."

39 이에 바울이 말했습니다.
"일단 나는 유대인입니다.
길리기아 {지역}의 다소[타르수스]인이면서
시시하지 않은 도시의 시민입니다.

그러니 그대에게 구합니다.
백성에게 말하는 것을 내게 허락해주십시오."

40 ἐπιτρέψαντος [ptc aor] δὲ αὐτοῦ
ὁ Παῦλος ἑστὼς [ptc pf] ἐπὶ τῶν ἀναβαθμῶν
κατέσεισεν [aor] τῇ χειρὶ τῷ λαῷ.

πολλῆς δὲ σιγῆς γενομένης [ptc aor]
προσεφώνησεν [aor] τῇ Ἑβραΐδι διαλέκτῳ λέγων [ptc pres],

Chapter 22

22:1 Ἄνδρες ἀδελφοὶ καὶ πατέρες,
ἀκούσατέ [impv aor] μου τῆς πρὸς ὑμᾶς νυνὶ ἀπολογίας.

2 ἀκούσαντες [ptc aor] δὲ ὅτι τῇ Ἑβραΐδι διαλέκτῳ προσεφώνει [impf] αὐτοῖς
μᾶλλον παρέσχον [aor] ἡσυχίαν,
καὶ φησίν [pres]·

3 Ἐγώ εἰμι [pres] ἀνὴρ Ἰουδαῖος,
γεγεννημένος [ptc pf pass] ἐν Ταρσῷ τῆς Κιλικίας,
ἀνατεθραμμένος [ptc pf pass] δὲ ἐν τῇ πόλει ταύτῃ,
παρὰ τοὺς πόδας Γαμαλιὴλ πεπαιδευμένος [ptc pf pass]
κατὰ ἀκρίβειαν τοῦ πατρῴου νόμου,
ζηλωτὴς ὑπάρχων [ptc pres] τοῦ θεοῦ
καθὼς πάντες ὑμεῖς ἐστε [pres] σήμερον·

4 ὃς ταύτην τὴν ὁδὸν ἐδίωξα [aor] ἄχρι θανάτου
δεσμεύων [ptc pres] καὶ παραδιδοὺς [ptc pres] εἰς φυλακὰς
ἄνδρας τε καὶ γυναῖκας,
5 ὡς καὶ ὁ ἀρχιερεὺς μαρτυρεῖ [pres] μοι καὶ πᾶν τὸ πρεσβυτέριον,
παρ᾽ ὧν
καὶ ἐπιστολὰς δεξάμενος [ptc aor] πρὸς τοὺς ἀδελφοὺς
εἰς Δαμασκὸν ἐπορευόμην [impf],
ἄξων [ptc fut] καὶ τοὺς ἐκεῖσε ὄντας [ptc pres]
δεδεμένους [ptc pf pass] εἰς Ἰερουσαλὴμ
ἵνα τιμωρηθῶσιν [subj aor].

6 Ἐγένετο [aor] δέ μοι πορευομένῳ [ptc pres] καὶ ἐγγίζοντι [ptc pres] τῇ Δαμασκῷ
περὶ μεσημβρίαν ἐξαίφνης ἐκ τοῦ οὐρανοῦ
περιαστράψαι [inf aor] φῶς ἱκανὸν περὶ ἐμέ,
7 ἔπεσά [aor] τε εἰς τὸ ἔδαφος

40 이에 천부장이[그가] 허락하자
바울이 층계[들] 위에 서서
백성에게 손짓합니다.

하여 잠잠해지자
히브리 언어로 {다음과 같이} 말하며 연설했습니다.

22장

22:1 "남자 형제들과 어르신들[아버지들]!
지금 여러분을 향한 제 변론에 귀 기울여 주십시오."

2 그가 히브리 언어로 그들에게 연설하는 것을 듣고
그들이 더욱 조용히 하자,
바울이[그가] 이릅니다.

3 "나는 유대 남자입니다.
길리기아 {지역}의 도시[/성] 다소[타르수스]에서 태어났으나
이 성[/도시]에서 양육되었고,
가말리엘 문하에서[발들 곁에서] 훈련 받았죠.
조상들[조상의] 율법의 정교함을 따라서요.
하나님의[/하나님께 속한] 열성분자랍니다.
여러분 모두가 오늘 그러한 것처럼요.

4 또한 이 {구원의} 길을 죽이기까지[죽음까지] 핍박하던 자입니다.
결박하여 감옥에 넘기면서요.
남자[들]든, 여자[들]든 {상관 없이요.}
5 대제사장과 모든 장로들도 나에 대해 증언할 것입니다.
그들에게서
형제들에게 {전달할}[형제들에게로의] 서신들을 받아가지고
내가 다메섹[다마스쿠스]까지 갔지요.
거기 있는 자들도 끌고 올 작정이었습니다.
결박된 채로 예루살렘으로요.
형벌 받도록요.

6 그런데 출발하여 다메섹[다마스쿠스] 가까이에 가던 내게 이런 일이 있었습니다.
정오쯤 느닷없이 하늘로부터
강렬한 빛이 내 둘레에서 번쩍였습니다.
7 그래서 나는 땅바닥에 쓰러졌고,

καὶ ἤκουσα [aor] φωνῆς λεγούσης [ptc pres] μοι,
Σαοὺλ Σαούλ,
τί με διώκεις [pres];

8 ἐγὼ δὲ ἀπεκρίθην [aor],
Τίς εἶ [pres], κύριε;

εἶπέν [aor] τε πρός με,
Ἐγώ εἰμι [pres] Ἰησοῦς ὁ Ναζωραῖος
ὃν σὺ διώκεις [pres].

9 οἱ δὲ σὺν ἐμοὶ ὄντες [ptc pres]
τὸ μὲν φῶς ἐθεάσαντο [aor]
τὴν δὲ φωνὴν οὐκ ἤκουσαν [aor]
τοῦ λαλοῦντός [ptc pres] μοι.

10 εἶπον [aor] δέ,
Τί ποιήσω [subj aor], κύριε;

ὁ δὲ κύριος εἶπεν [aor] πρός με,
Ἀναστὰς [ptc aor] πορεύου [impv pres] εἰς Δαμασκὸν
κἀκεῖ σοι λαληθήσεται [fut]
περὶ πάντων ὧν τέτακταί [pf pass] σοι ποιῆσαι [inf aor].

11 ὡς δὲ οὐκ ἐνέβλεπον [impf]
ἀπὸ τῆς δόξης τοῦ φωτὸς ἐκείνου,
χειραγωγούμενος [ptc pres pass] ὑπὸ τῶν συνόντων [ptc pres] μοι
ἦλθον [aor] εἰς Δαμασκόν.

12 Ἁνανίας δέ τις,
ἀνὴρ εὐλαβὴς κατὰ τὸν νόμον,
μαρτυρούμενος [ptc pres pass]
ὑπὸ πάντων τῶν κατοικούντων [ptc pres] Ἰουδαίων,
13 ἐλθὼν [ptc aor] πρός με καὶ ἐπιστὰς [ptc aor] εἶπέν [aor] μοι,
Σαοὺλ ἀδελφέ, ἀνάβλεψον [impv aor].

κἀγὼ αὐτῇ τῇ ὥρᾳ ἀνέβλεψα [aor] εἰς αὐτόν.

14 ὁ δὲ εἶπεν [aor],
Ὁ θεὸς τῶν πατέρων ἡμῶν

내게 말씀하시는 소리를 들었습니다.
'사울아, 사울아,
네가 왜 나를 핍박하느냐?' 고요.

8 그 바람에 나는 대답했습니다.
'당신은 누구세요, 주님?'

그래서 그분이 내게 말씀했습니다.
'나는 나사렛인[/나사렛 사람] 예수이다.
네가 핍박하는 자이지.'

9 한편 나와 함께 있던 자들은
그[게] 빛은 눈여겨봤지만,
그[게] 말소리는 알아듣지 못했습니다.
내게 분부하는 분의 {말소리는요.}

10 이에 내가 말했습니다.
'제가 무슨 일을 해야 하죠, 주님?'

하니 주님께서 내게 말씀했습니다.
'일어나 다메섹[다마스쿠스]으로 들어가라.
그러면 거기서 네게 분부될 것이다,
네가 행하도록[행하도록 네게] 정해진 모든 것들에 대해.'

11 그런데 내가 똑똑히 볼 수 없었습니다.
그[저] 빛의 영광 때문에요.
{그래서} 나와 함께 있던 자들의 손에 이끌려
다메섹[다마스쿠스]으로 들어갔습니다.

12 그런데 아나니아라는 이가[/어떤 아나니아가] 있습니다.
율법을 따라 경건하게 사는[율법대로 경건한] 남자죠.
증거를 받는 자입니다,
주변에 사는 모든 유대인들에 의해서요
13 그가 내게로 와 곁에 서서 내게 말했습니다.
'형제 사울이여, 다시 보십시오.'

그리고 바로 그때 나도 그를 쳐다보았습니다.

14 그러자 그가[거시기가] 말했습니다.
'우리 조상들의 하나님께서

προεχειρίσατό [aor] σε
γνῶναι [inf aor] τὸ θέλημα αὐτοῦ
καὶ ἰδεῖν [inf aor] τὸν δίκαιον
καὶ ἀκοῦσαι [inf aor] φωνὴν ἐκ τοῦ στόματος αὐτοῦ,
15 ὅτι ἔσῃ [fut] μάρτυς αὐτῷ
πρὸς πάντας ἀνθρώπους
ὧν ἑώρακας [pf] καὶ ἤκουσας [aor].

16 καὶ νῦν τί μέλλεις [pres];

ἀναστὰς [ptc aor] βάπτισαι [impv aor]
καὶ ἀπόλουσαι [impv aor] τὰς ἁμαρτίας σου
ἐπικαλεσάμενος [ptc aor] τὸ ὄνομα αὐτοῦ.

17 Ἐγένετο [aor] δέ μοι
ὑποστρέψαντι [ptc aor] εἰς Ἰερουσαλὴμ
καὶ προσευχομένου [ptc pres] μου ἐν τῷ ἱερῷ
γενέσθαι [inf aor] με ἐν ἐκστάσει
18 καὶ ἰδεῖν [inf aor] αὐτὸν λέγοντά [ptc pres] μοι,
Σπεῦσον [impv aor] καὶ ἔξελθε [impv aor] ἐν τάχει ἐξ Ἰερουσαλήμ,
διότι οὐ παραδέξονταί [fut] σου μαρτυρίαν περὶ ἐμοῦ.

19 κἀγὼ εἶπον [aor],
Κύριε, αὐτοὶ ἐπίστανται [pres]
ὅτι ἐγὼ ἤμην [impf] φυλακίζων [ptc pres] καὶ δέρων [ptc pres]
κατὰ τὰς συναγωγὰς
τοὺς πιστεύοντας [ptc pres] ἐπὶ σέ,
20 καὶ ὅτε ἐξεχύννετο [impf pass]
τὸ αἷμα Στεφάνου τοῦ μάρτυρός σου,
καὶ αὐτὸς ἤμην [impf] ἐφεστὼς [ptc pf]
καὶ συνευδοκῶν [ptc pres]
καὶ φυλάσσων [ptc pres]
τὰ ἱμάτια τῶν ἀναιρούντων [ptc pres] αὐτόν.

21 καὶ εἶπεν [aor] πρός με,
Πορεύου [impv pres],
ὅτι ἐγὼ εἰς ἔθνη μακρὰν ἐξαποστελῶ [fut] σε.

22 Ἤκουον [impf] δὲ αὐτοῦ ἄχρι τούτου τοῦ λόγου

당신을 선택하셨습니다.
그분의[/하나님의] 뜻을 알고
그 의인을 보고
그의[/그 의인의] 입으로부터 말소리를 듣도록요.
15 그러니 당신은 그분을 위해 증언하는 자가 될 것입니다.
모든 사람들에게요.
당신이 보고 들은 것들에 관해서요.

16 그러면 이제 왜 망설입니까?

일어나 세례 받으세요[/세례를 받아들이세요].
그리고 당신의 죄[들]를 씻으세요.
그분의 이름을 부르고서요.'

17 그런데 내게 {이런} 일이 있었습니다.
예루살렘으로 돌아간 {내게요.}
내가 성전에서 기도하는데
내가 무의식 상태가 되어
18 내게 말씀하시는 그분을 보게 {된 것입니다.}
'서두르라, 그리고 예루살렘에서 급히 나가라.
나에 관한 너의 증거를 그들이 받아들이지 않을 것이기 때문이다.'

19 나도 말했습니다.
'주님, 그들 자신도 알고 있습니다.
제가 투옥하고 매질한 것을요.
회당마다에서
주님을[당신을] 믿는 자들을요.
20 또한 쏟아질 때,
당신의 증인 스데반의 피가요.
저 자신도 곁에 서서
동의하고
지킨 것도요.
그를 처단하는 자들의 옷을 {지켰죠.}'

21 그러자 그분이 내게 말씀하셨습니다.
'가라!
내가 너를 멀리 이방인들에게로[/다른 민족들에게로] 파송할 것이다.'"

22 그런데 바울의 말을 여기까지 듣다가[그들이 이 말까지 바울을 듣다가]

καὶ ἐπῆραν [aor] τὴν φωνὴν αὐτῶν λέγοντες [ptc pres],
Αἶρε [impv pres] ἀπὸ τῆς γῆς τὸν τοιοῦτον,
οὐ γὰρ καθῆκεν [impf] αὐτὸν ζῆν [inf pres].

23 κραυγαζόντων [ptc pres] τε αὐτῶν
καὶ ῥιπτούντων [ptc pres] τὰ ἱμάτια
καὶ κονιορτὸν βαλλόντων [ptc pres] εἰς τὸν ἀέρα,
24 ἐκέλευσεν [aor] ὁ χιλίαρχος εἰσάγεσθαι [inf pres mid or pass] αὐτὸν εἰς τὴν παρεμβολήν,
εἴπας [ptc aor] μάστιξιν ἀνετάζεσθαι [inf pres pass] αὐτὸν
ἵνα ἐπιγνῷ [subj aor]
δι᾽ ἣν αἰτίαν οὕτως ἐπεφώνουν [impf] αὐτῷ.

25 ὡς δὲ προέτειναν [aor] αὐτὸν τοῖς ἱμᾶσιν,
εἶπεν [aor] πρὸς τὸν ἑστῶτα [ptc pf] ἑκατόνταρχον ὁ Παῦλος,
Εἰ ἄνθρωπον Ῥωμαῖον καὶ ἀκατάκριτον
ἔξεστιν [pres] ὑμῖν μαστίζειν [inf pres];

26 ἀκούσας [ptc aor] δὲ ὁ ἑκατοντάρχης
προσελθὼν [ptc aor] τῷ χιλιάρχῳ
ἀπήγγειλεν [aor] λέγων [ptc pres],
Τί μέλλεις [pres] ποιεῖν [inf pres];
ὁ γὰρ ἄνθρωπος οὗτος Ῥωμαῖός ἐστιν [pres].

27 προσελθὼν [ptc aor] δὲ ὁ χιλίαρχος εἶπεν [aor] αὐτῷ,
Λέγε [impv pres] μοι,
σὺ Ῥωμαῖος εἶ [pres];

ὁ δὲ ἔφη [aor or impf],
Ναί.

28 ἀπεκρίθη [aor] δὲ ὁ χιλίαρχος,
Ἐγὼ πολλοῦ κεφαλαίου
τὴν πολιτείαν ταύτην ἐκτησάμην [aor].

ὁ δὲ Παῦλος ἔφη [aor or impf],
Ἐγὼ δὲ καὶ γεγέννημαι [pf pass].

29 εὐθέως οὖν ἀπέστησαν [aor] ἀπ᾽ αὐτοῦ
οἱ μέλλοντες [ptc pres] αὐτὸν ἀνετάζειν [inf pres],
καὶ ὁ χιλίαρχος δὲ ἐφοβήθη [aor]

유대인들이 소리 높여 말했습니다[그들의 목소리를 높여 말했습니다].
"이런 놈은[/자는] 땅에서 없애버려라.
그 놈은 살 가치가 없다[그가 살아있는 것이 적절하지 않기 때문이다]."

23 결국 그들이 고함지르고
옷들을 패대기치며
티끌을 공중에 날리자,
24 천부장은 바울을[그를] 병영으로 들이라고 명했습니다.
그를 채찍질하여 심문하라고[그가 채찍들로 심문을 당하도록 하라고] 말하면서요.
그가 알아보기 위해서요.
그들이[/유대인들이] 그에게[/바울에게] 이처럼 소리치는 이유를요.

25 이에 그들이 그를 가죽 끈으로 {묶으려고} 그의 몸을 뻗게 할 때[가죽끈들에 뻗힐 때],
바울이 서있던 백부장에게 말했습니다.
"혹여 로마 사람이며 판결 없는 자를
채찍질하는 게 여러분에게는 합당한가?"

26 그러자 백부장이 듣고
천부장에게로 가서
말하며 전했습니다.
"어쩌시려고 그러십니까[당신은 무슨 일을 하려고 합니까]?
이 사람은 로마 사람입니다."

27 이에 천부장이 바울에게로[그에게로] 가서 말했습니다.
"내게 말하라.
너는 로마 사람이냐?"

그러자 그가[거시기가] 일렀습니다.
"맞다."

28 이에 천부장이 대답했습니다.
"나는 많은 밑천으로[/밑천을 들여]
이 시민권을 획득했다."

그러자 바울이 일렀습니다.
"한데 나는 {시민권자로} 태어나기까지 했다."

29 그러므로 그들이 즉시 그에게서 떠났습니다.
바울을[그를] 심문하려던 자들이요.
그리고 천부장은 두려워했습니다.

ἐπιγνοὺς [ptc aor]
ὅτι Ῥωμαῖός ἐστιν [pres]
καὶ ὅτι αὐτὸν ἦν [impf] δεδεκώς [ptc pf].

30 Τῇ δὲ ἐπαύριον βουλόμενος [ptc pres] γνῶναι [inf aor] τὸ ἀσφαλές,
τὸ τί κατηγορεῖται [pres pass] ὑπὸ τῶν Ἰουδαίων,
ἔλυσεν [aor] αὐτὸν
καὶ ἐκέλευσεν [aor] συνελθεῖν [inf aor] τοὺς ἀρχιερεῖς καὶ πᾶν τὸ συνέδριον,
καὶ καταγαγὼν [ptc aor] τὸν Παῦλον
ἔστησεν [aor] εἰς αὐτούς.

Chapter 23

23:1 ἀτενίσας [ptc aor] δὲ ὁ Παῦλος τῷ συνεδρίῳ εἶπεν [aor],
Ἄνδρες ἀδελφοί,
ἐγὼ πάσῃ συνειδήσει ἀγαθῇ
πεπολίτευμαι [pf] τῷ θεῷ ἄχρι ταύτης τῆς ἡμέρας.

2 ὁ δὲ ἀρχιερεὺς Ἁνανίας
ἐπέταξεν [aor] τοῖς παρεστῶσιν [ptc pf] αὐτῷ
τύπτειν [inf pres] αὐτοῦ τὸ στόμα.

3 τότε ὁ Παῦλος πρὸς αὐτὸν εἶπεν [aor],
Τύπτειν [inf pres] σε μέλλει [pres] ὁ θεός,
τοῖχε κεκονιαμένε [ptc pf pass]·

καὶ σὺ κάθῃ [pres] κρίνων [ptc pres] με κατὰ τὸν νόμον
καὶ παρανομῶν [ptc pres] κελεύεις [pres] με τύπτεσθαι [inf pres pass];

4 οἱ δὲ παρεστῶτες [ptc pf] εἶπαν [aor],
Τὸν ἀρχιερέα τοῦ θεοῦ λοιδορεῖς [pres];

5 ἔφη [aor or impf] τε ὁ Παῦλος,
Οὐκ ᾔδειν [plpf], ἀδελφοί,
ὅτι ἐστὶν [pres] ἀρχιερεύς·

γέγραπται [pf] γὰρ ὅτι
Ἄρχοντα τοῦ λαοῦ σου οὐκ ἐρεῖς [fut] κακῶς.

인지하고서요.
바울이[그가] 로마 사람인 것과
자신이[그가] 그를 묶게 한 것을요.

30 해서 이튿날 {천부장은} 확실한 것을 알고 싶었습니다.
바울이[그가] 왜 유대인들에 의해 기소되는지를요.
{그래서} 그가[/천부장이] 그를[/바울의 결박을] 풀었습니다.
그리고 대제사장들과 모든 공회가 모이도록 명하고,
바울을 데리고 내려가
그들 앞에 내세웠습니다.

23장

23:1 바울이 공회를 주목한 뒤 말했습니다.
"남자 형제들,
나는 온갖[모든] 선한 양심으로
이날까지 하나님의[하나님께] 시민으로 살아왔습니다."

2 그러자 대제사장 아나니아가
바울[그] 곁에 서있는 자들에게 명령했습니다.
그의 입을 치라고요.

3 그때 바울이 그에게[/대제사장에게] 말했습니다.
"하나님께서 그대를 치실 것이오,
하얗게 칠한[칠이 된] 벽이여.

그대는 율법을 따라 나를 심판한다고 앉아 있기까지 하면서,
율법을 어기며 나를 치라고[내가 얻어맞도록] 명한단 말이오?"

4 이에 곁에 서있던 자들이 말했습니다.
"하나님의 대제사장을 네가 모욕하느냐?"

5 그래서 바울이 일렀습니다.
"형제들, 나는 몰랐습니다.
그가 대제사장인 줄을요.

다음과 같이 기록되었기 때문입니다.
'네 백성의 관원을 비방하지 말라'고요.[출 22:28]"

[6] Γνοὺς [ptc aor] δὲ ὁ Παῦλος
ὅτι τὸ ἓν μέρος ἐστὶν [pres] Σαδδουκαίων
τὸ δὲ ἕτερον Φαρισαίων
ἔκραζεν [impf] ἐν τῷ συνεδρίῳ,
Ἄνδρες ἀδελφοί,
ἐγὼ Φαρισαῖός εἰμι [pres],
υἱὸς Φαρισαίων·

περὶ ἐλπίδος καὶ ἀναστάσεως νεκρῶν (ἐγὼ) κρίνομαι [pres].

[7] τοῦτο δὲ αὐτοῦ εἰπόντος [ptc aor]
ἐγένετο [aor] στάσις τῶν Φαρισαίων καὶ Σαδδουκαίων
καὶ ἐσχίσθη [aor] τὸ πλῆθος.

[8] Σαδδουκαῖοι μὲν γὰρ λέγουσιν [pres]
μὴ εἶναι [inf pres] ἀνάστασιν μήτε ἄγγελον μήτε πνεῦμα,
Φαρισαῖοι δὲ ὁμολογοῦσιν [pres] τὰ ἀμφότερα.

[9] ἐγένετο [aor] δὲ κραυγὴ μεγάλη,
καὶ ἀναστάντες [ptc aor] τινὲς τῶν γραμματέων τοῦ μέρους τῶν Φαρισαίων
διεμάχοντο [impf] λέγοντες [ptc pres],
Οὐδὲν κακὸν εὑρίσκομεν [pres] ἐν τῷ ἀνθρώπῳ τούτῳ·
εἰ δὲ πνεῦμα ἐλάλησεν αὐτῷ ἢ ἄγγελος;

[10] Πολλῆς δὲ γινομένης [ptc pres] στάσεως
φοβηθεὶς [ptc aor] ὁ χιλίαρχος
μὴ διασπασθῇ [subj aor] ὁ Παῦλος ὑπ᾽ αὐτῶν
ἐκέλευσεν [aor] τὸ στράτευμα
καταβὰν [ptc aor] ἁρπάσαι [inf aor] αὐτὸν ἐκ μέσου αὐτῶν
ἄγειν [inf pres] τε εἰς τὴν παρεμβολήν.

[11] Τῇ δὲ ἐπιούσῃ [ptc pres] νυκτὶ
ἐπιστὰς [ptc aor] αὐτῷ ὁ κύριος εἶπεν [aor],
Θάρσει [impv pres]
ὡς γὰρ διεμαρτύρω [aor] τὰ περὶ ἐμοῦ εἰς Ἰερουσαλήμ,
οὕτω σε δεῖ [pres] καὶ εἰς Ῥώμην μαρτυρῆσαι [inf aor].

[12] Γενομένης [ptc aor] δὲ ἡμέρας
ποιήσαντες [ptc aor] συστροφὴν
οἱ Ἰουδαῖοι ἀνεθεμάτισαν [aor] ἑαυτοὺς λέγοντες [ptc pres]

6 한편 바울은 알았습니다.
한 편은 사두개파요[사두개인들이요],
다른 편은 바리새파인[바리새인들인] 것을요.
{그래서} {산헤드린} 공회에서 외쳤습니다.
"남자 형제들,
나는 바리새인이고,
바리새파의[바리새인들의] 아들입니다.

죽은 자들의 부활 소망으로 인해[소망과 부활에 관해] 내가 심문을 받습니다."

7 해서 그가 이것을 말할 때
바리새인들과 사두개인들 사이에 분쟁이 일어났고,
회중은 갈렸습니다.

8 일단 사두개인들은 말하기 때문입니다.
부활도, 천사도, 영도 없다고요.
그리고 바리새인들은 전부 인정하기 때문입니다.

9 이에 큰 소란이 생겼고,
바리새파[바리새인들의 편의] 서기관[들] 가운데 몇 명이 일어나
항의하며 말했습니다.
"우리는 이 사람에게서 아무 악도 발견하지 못했소.
영이나 천사가 그에게 얘기했다면 {어쩔 것이요}?"

10 하여 심한[많은] 분쟁이 일어나니
천부장은 두려웠습니다.
바울이 그들에 의해[/그들에게] 찢길까봐요.
{그래서} 부대에게 명했습니다.
'내려가 그들 가운데에서 바울을[그를] 낚아채서
병영 안으로 데려가라.' 하고요[데려갈 것을요].

11 한데 그날[이튿날] 밤에
주님께서 그의 곁에 서서 말씀하셨습니다.
"분발하라!
네가 나에 관한 것들을 예루살렘에서 증언한 것과[것처럼]
똑같이[이와 같이], 네가 로마에서도 증언해야 할 것이기 때문이다."

12 한데 날이 날이 새자
함께 모의하더니
그[거] 유대인들이 {다음과 같이} 말하면서 자신들을 완전히 구별했습니다[/헤렘시켰습니다].

μήτε φαγεῖν [inf aor] μήτε πιεῖν [inf aor]
ἕως οὗ ἀποκτείνωσιν [subj aor] τὸν Παῦλον.

13 ἦσαν [impf] δὲ πλείους τεσσεράκοντα
οἱ ταύτην τὴν συνωμοσίαν ποιησάμενοι [ptc aor],
14 οἵτινες προσελθόντες [ptc aor] τοῖς ἀρχιερεῦσιν καὶ τοῖς πρεσβυτέροις εἶπαν [aor],
Ἀναθέματι ἀνεθεματίσαμεν [aor] ἑαυτοὺς
μηδενὸς γεύσασθαι [inf aor]
ἕως οὗ ἀποκτείνωμεν [subj aor] τὸν Παῦλον.

15 νῦν οὖν ὑμεῖς ἐμφανίσατε [impv aor] τῷ χιλιάρχῳ σὺν τῷ συνεδρίῳ
ὅπως καταγάγῃ [subj aor] αὐτὸν εἰς ὑμᾶς
ὡς μέλλοντας [ptc pres] διαγινώσκειν [inf pres] ἀκριβέστερον
τὰ περὶ αὐτοῦ·

ἡμεῖς δὲ πρὸ τοῦ ἐγγίσαι [inf aor] αὐτὸν
ἕτοιμοί ἐσμεν [pres] τοῦ ἀνελεῖν [inf aor] αὐτόν.

16 Ἀκούσας [ptc aor] δὲ ὁ υἱὸς τῆς ἀδελφῆς Παύλου τὴν ἐνέδραν
παραγενόμενος [ptc aor] καὶ εἰσελθὼν [ptc aor] εἰς τὴν παρεμβολὴν
ἀπήγγειλεν [aor] τῷ Παύλῳ.

17 προσκαλεσάμενος [ptc aor] δὲ ὁ Παῦλος ἕνα τῶν ἑκατονταρχῶν ἔφη [aor or impf],
Τὸν νεανίαν τοῦτον ἀπάγαγε [impv aor] πρὸς τὸν χιλίαρχον,
ἔχει [pres] γὰρ ἀπαγγεῖλαί [inf aor] τι αὐτῷ.

18 ὁ μὲν οὖν παραλαβὼν [ptc aor] αὐτὸν
ἤγαγεν [aor] πρὸς τὸν χιλίαρχον καὶ φησίν [pres],
Ὁ δέσμιος Παῦλος προσκαλεσάμενός [ptc aor] με
ἠρώτησεν [aor]
τοῦτον τὸν νεανίσκον ἀγαγεῖν [inf aor] πρὸς σέ,
ἔχοντά [ptc pres] τι λαλῆσαί [inf aor] σοι.

19 ἐπιλαβόμενος [ptc aor] δὲ τῆς χειρὸς αὐτοῦ ὁ χιλίαρχος καὶ ἀναχωρήσας [ptc aor]
κατ᾽ ἰδίαν ἐπυνθάνετο [impf],
Τί ἐστιν [pres] ὃ ἔχεις [pres] ἀπαγγεῖλαί [inf aor] μοι;

20 εἶπεν [aor] δὲ ὅτι
Οἱ Ἰουδαῖοι συνέθεντο [aor] τοῦ ἐρωτῆσαί [inf aor] σε
ὅπως αὔριον τὸν Παῦλον καταγάγῃς [subj aor] εἰς τὸ συνέδριον

먹지도, 마시지도 않겠다고요.
그들이 바울을 죽이기 전까지는요.

13 그런데 40명 이상이었습니다.
이 맹세를 함께 한 자들이요[이 동맹을 한 자들이요].
14 이들이 대제사장들과 장로들에게 가서 말했습니다.
"우리는 스스로를 온전히 바쳐진 것으로 완전히 구별했습니다[헤렘을 삼았습니다].
아무 것도 맛보지 않겠다고요[/않을 작정입니다]
우리가 바울을 죽일 때까지는요.

15 그러므로 이제 여러분은 공회와 함께 천부장에게 통지하십시오.
그가[/천부장이] 그를[/바울을] 여러분에게 데리고 내려오도록요.
{여러분이} 더 자세히 조사하려는 것처럼 하면서요.
바울에[그에] 관한 것들을요.

한편 우리는 바울이[그가] 가까이 오기 전에
그를 없애버릴 준비가 되어 있습니다."

16 그런데 바울의 누이의 아들이 그[게] 잠복에 대해 듣고
와서 병영에 들어와
바울에게 전했습니다.

17 이에 바울이 백부장들 가운데 하나를 불러 일렀습니다.
"이 청년을 천부장에게 안내하세요.
이가 그에게 전언할 뭔가가 있다고 하네요."

18 그래서 그 백부장이[그가] 그 청년을[그를] 데려다가
천부장에게 인도하고 이릅니다.
"묶여 있는[묶인 자] 바울이 나를 불러
요청했습니다.
이 젊은이를 당신에게 인도하라고요.
{이가} 당신에게[/지휘관님께] 얘기할 뭔가가 있다면서요."

19 이에 천부장이 젊은이의[그의] 손을 붙잡고 물러가서
내밀히 질문했습니다.
"네가 내게 전할[전하려고 가지고 있는] 것이 무엇이냐?"

20 그러자 그가 다음과 같이 말했습니다.
"유대인들이 당신에게 요청하기로 동조했습니다.
내일 당신이 바울을 공회로 데리고 내려오도록요.

ὡς μέλλον [ptc pres] τι ἀκριβέστερον πυνθάνεσθαι [inf pres] περὶ αὐτοῦ.

21 σὺ οὖν μὴ πεισθῇς [subj aor] αὐτοῖς·

ἐνεδρεύουσιν [pres] γὰρ αὐτὸν
ἐξ αὐτῶν ἄνδρες πλείους τεσσεράκοντα,
οἵτινες ἀνεθεμάτισαν [aor] ἑαυτοὺς
μήτε φαγεῖν [inf aor] μήτε πιεῖν [inf aor]
ἕως οὗ ἀνέλωσιν [subj aor] αὐτόν,
καὶ νῦν εἰσιν [pres] ἕτοιμοι
προσδεχόμενοι [ptc pres] τὴν ἀπὸ σοῦ ἐπαγγελίαν.

22 ὁ μὲν οὖν χιλίαρχος ἀπέλυσε [aor] τὸν νεανίσκον
παραγγείλας [ptc aor] μηδενὶ ἐκλαλῆσαι [inf aor]
ὅτι ταῦτα ἐνεφάνισας [aor] πρός με.

23 Καὶ προσκαλεσάμενος [ptc aor] δύο (τινὰς) τῶν ἑκατονταρχῶν εἶπεν [aor],
Ἑτοιμάσατε [impv aor]
στρατιώτας διακοσίους,
ὅπως πορευθῶσιν [subj aor] ἕως Καισαρείας,
καὶ ἱππεῖς ἑβδομήκοντα καὶ δεξιολάβους διακοσίους
ἀπὸ τρίτης ὥρας τῆς νυκτός,
24 κτήνη τε παραστῆσαι [inf aor]
ἵνα ἐπιβιβάσαντες [ptc aor] τὸν Παῦλον
διασώσωσι [subj aor] πρὸς Φήλικα τὸν ἡγεμόνα,
25 γράψας [ptc aor] ἐπιστολὴν ἔχουσαν [ptc pres] τὸν τύπον τοῦτον·

26 Κλαύδιος Λυσίας
τῷ κρατίστῳ ἡγεμόνι Φήλικι
χαίρειν [inf pres].

27 Τὸν ἄνδρα τοῦτον
συλλημφθέντα [ptc aor] ὑπὸ τῶν Ἰουδαίων
καὶ μέλλοντα [ptc pres] ἀναιρεῖσθαι [inf pres pass] ὑπ᾽ αὐτῶν
ἐπιστὰς [ptc aor] σὺν τῷ στρατεύματι ἐξειλάμην [aor]
μαθὼν [ptc aor] ὅτι Ῥωμαῖός ἐστιν [pres].

28 βουλόμενός [ptc pres] τε ἐπιγνῶναι [inf aor]
τὴν αἰτίαν δι᾽ ἣν ἐνεκάλουν [impf] αὐτῷ
κατήγαγον [aor] εἰς τὸ συνέδριον αὐτῶν.

그에 대해 더 자세히 뭔가를 질문하려는 것처럼 {준비된 공회로요.}

21 그러니 당신은 그들에게 넘어가지[설득되지] 마십시오.

그들이 그를 몰래 기다리고 있기 때문입니다.
그들 가운데 40명이 넘는 남자들이요.
그들은 자신들을 완전히 구별했습니다[헤렘시켰습니다].
먹지도, 마시지도 않겠다고요[않으려고요].
그들이 그를 없앨 때까지요.
또한 이제는 준비된 채로
당신으로부터 약속이[당신으로부터의 약속을] {떨어지기만을} 기다리고 있습니다."

22 이리하여 천부장은 한편으로는 그[게] 젊은이를 내보냈습니다.
아무에게도 말하지 말라고 지시한 뒤에요.
'[네가] 이것들을 내게 폭로했다'고요.

23 또한 백부장들 가운데 두 명을 불러 말했습니다.
"준비시켜라,
군인 200명을.
가이사랴[카이사레아]까지 갈 수 있도록,
기병 70명과 투척병 200명도 {준비시켜라,}
밤 9시까지[3시까지].
24 그뿐 아니라 나란히 설[/같이 갈] 짐승들도 {준비시켜라.}
그 짐승들이[그것들이] 바울을 태워
벨릭스[펠릭스] 지방수세관에게 도피시키도록."
25 {그러면서} 다음과 같은[이 형태를 가진] 편지를 썼습니다.

26 "글라우디오 루시아[클라우디오 리스아스]가
지방수세관 벨릭스[펠릭스] 각하께.
안녕하시길 {바랍니다.}

27 이 남자를,
유대인들에게 붙들려
그들에 의해 살해될 뻔한 자를
내가 부대와 함께 다가가서 구출하고,
그가 로마 시민이라는[로마 사람이라는] 것을 알게 되었습니다.

28 이에 알아보고 싶었습니다.
그들이 그를 송사하는 이유를요.
{그래서} 유대인들의[그들의] {산헤드린} 공회로 {그를} 데리고 내려갔습니다.

29 ὃν εὗρον [aor]
ἐγκαλούμενον [ptc pres pass] περὶ ζητημάτων τοῦ νόμου αὐτῶν,
μηδὲν δὲ ἄξιον θανάτου ἢ δεσμῶν ἔχοντα [ptc pres] ἔγκλημα.

30 μηνυθείσης [ptc aor] δέ μοι ἐπιβουλῆς εἰς τὸν ἄνδρα ἔσεσθαι [inf fut],
ἐξαυτῆς ἔπεμψα [aor] πρὸς σὲ
παραγγείλας [ptc aor] καὶ τοῖς κατηγόροις
λέγειν [inf pres] (τὰ) πρὸς αὐτὸν ἐπὶ σοῦ.

31 Οἱ μὲν οὖν στρατιῶται
κατὰ τὸ διατεταγμένον [ptc pf pass] αὐτοῖς
ἀναλαβόντες [ptc aor] τὸν Παῦλον
ἤγαγον [aor] διὰ νυκτὸς εἰς τὴν Ἀντιπατρίδα,
32 τῇ δὲ ἐπαύριον
ἐάσαντες [ptc aor] τοὺς ἱππεῖς ἀπέρχεσθαι [inf pres] σὺν αὐτῷ
ὑπέστρεψαν [aor] εἰς τὴν παρεμβολήν·

33 οἵτινες
εἰσελθόντες [ptc aor] εἰς τὴν Καισάρειαν
καὶ ἀναδόντες [ptc aor] τὴν ἐπιστολὴν τῷ ἡγεμόνι
παρέστησαν [aor] καὶ τὸν Παῦλον αὐτῷ.

34 ἀναγνοὺς [ptc aor] δὲ
καὶ ἐπερωτήσας [ptc aor] ἐκ ποίας ἐπαρχείας ἐστίν [pres],
καὶ πυθόμενος [ptc aor] ὅτι ἀπὸ Κιλικίας,
35 Διακούσομαί [fut] σου,
ἔφη [aor impf],
ὅταν καὶ οἱ κατήγοροί σου παραγένωνται [subj aor]
κελεύσας [ptc aor] ἐν τῷ πραιτωρίῳ τοῦ Ἡρῴδου φυλάσσεσθαι [inf pres pass] αὐτόν.

Chapter 24

24:1 Μετὰ δὲ πέντε ἡμέρας
κατέβη [aor] ὁ ἀρχιερεὺς Ἁνανίας
μετὰ πρεσβυτέρων τινῶν καὶ ῥήτορος Τερτύλλου τινός.

οἵτινες ἐνεφάνισαν [aor] τῷ ἡγεμόνι κατὰ τοῦ Παύλου.
2 κληθέντος [ptc aor] δὲ αὐτοῦ

29 그리고 그에 대해 깨달았습니다.
그들의 율법 문제들로 기소되나,
죽거나 감금될 만한 어떤 혐의도 없다는 것을요.

30 그런데 그 남자에 대해 있게 될 음모가 내게 은밀히 알려졌기에
각하께[당신에게] 급히 보냅니다.
기소자들에게도 지시하고서요.
각하[당신] 앞에서 그에 대한[그를 향한] 것들을 말하라고요."

31 그래서 일단 그[게] 군인들이
자신들에게[그들에게] 하달된 대로
바울을 태워
밤새 안디바드리로 이끌었습니다. [예루살렘-안디바드리: 약 47km(직), 약 56km(육)]
32 그리고 이튿날
기병들이 그와 함께 떠나도록 하고
군인들은[그들은] 병영으로 돌아갔습니다.

33 이후 기병들은[그들은]
가이사랴[카이사레아]에 들어서서 [안디바드리-가이사랴: 약 44km(직), 약 55km(육)]
편지를 지방수세관에게 전달하고
바울도 그에게 맡겼습니다.

34 이에 {지방수세관이 편지를} 읽고
어느 지방 출신인지 물어
길리기아 {지역} 출신임을 알아냈습니다.
35 {그러더니} "너의 주장을[너를] 경청하겠다."
{이렇게} 일렀습니다.
"너를 고발하는 자들도 도착하면[도착할 때에]."
{그러면서} 그가 헤롯{대왕의 궁전이었던 총독} 관저 내에 구금되도록 명했습니다.

24장 [바울의 가이사랴 감금: 57-59년; 행 23:33-26:32]

24:1 그러다가 닷새 뒤에
대제사장 아나니아가 내려왔습니다.
몇몇 장로[들] 및 더둘로라는 어느 변호사와 함께요.

그리고 그들은 지방수세관에게 바울에 대해 폭로했습니다.
2 이에 바울이[그가] 불려오자

ἤρξατο [aor] κατηγορεῖν [inf pres] ὁ Τέρτυλλος λέγων [ptc pres],
Πολλῆς εἰρήνης τυγχάνοντες [ptc pres]
διὰ σοῦ
καὶ διορθωμάτων γινομένων [ptc pres] τῷ ἔθνει τούτῳ
διὰ τῆς σῆς προνοίας,
3 πάντῃ τε καὶ πανταχοῦ ἀποδεχόμεθα [pres],
κράτιστε Φῆλιξ,
μετὰ πάσης εὐχαριστίας.

4 ἵνα δὲ μὴ ἐπὶ πλεῖόν σε ἐγκόπτω [subj pres],
παρακαλῶ [pres] ἀκοῦσαί [inf aor] σε ἡμῶν
συντόμως τῇ σῇ ἐπιεικείᾳ.

5 εὑρόντες [ptc aor] γὰρ τὸν ἄνδρα τοῦτον
λοιμὸν
καὶ κινοῦντα [ptc pres] στάσεις πᾶσιν τοῖς Ἰουδαίοις τοῖς κατὰ τὴν οἰκουμένην
πρωτοστάτην τε τῆς τῶν Ναζωραίων αἱρέσεως.

6 ὃς καὶ τὸ ἱερὸν ἐπείρασεν [aor] βεβηλῶσαι [inf aor]
ὃν καὶ ἐκρατήσαμεν [aor],
8 παρ᾽ οὗ δυνήσῃ [fut] αὐτὸς
ἀνακρίνας [ptc aor] περὶ πάντων τούτων
ἐπιγνῶναι [inf aor] ὧν ἡμεῖς κατηγοροῦμεν [pres] αὐτοῦ.

9 συνεπέθεντο [aor] δὲ καὶ οἱ Ἰουδαῖοι
φάσκοντες [ptc pres] ταῦτα οὕτως ἔχειν [inf pres].

10 Ἀπεκρίθη [aor] τε ὁ Παῦλος
νεύσαντος [ptc aor] αὐτῷ τοῦ ἡγεμόνος λέγειν [inf pres],
Ἐκ πολλῶν ἐτῶν ὄντα [ptc pres] σε κριτὴν τῷ ἔθνει τούτῳ
ἐπιστάμενος [ptc pres]
εὐθύμως τὰ περὶ ἐμαυτοῦ ἀπολογοῦμαι [pres],
11 δυναμένου [ptc pres] σου ἐπιγνῶναι [inf aor]
ὅτι οὐ πλείους εἰσίν [pres] μοι ἡμέραι δώδεκα
ἀφ᾽ ἧς ἀνέβην [aor] προσκυνήσων [ptc fut] εἰς Ἰερουσαλήμ.

12 καὶ οὔτε ἐν τῷ ἱερῷ εὗρόν [aor] με πρός τινα διαλεγόμενον [ptc pres]
ἢ ἐπίστασιν ποιοῦντα [ptc pres] ὄχλου
οὔτε ἐν ταῖς συναγωγαῖς
οὔτε κατὰ τὴν πόλιν,

더둘로가 {다음과 같이} 말하여 고소를 시작했습니다.
"{우리는} 두루 평안을 얻습니다.
각하를[당신을] 통해서요.
이 민족에게 개선[들]이 이뤄지고 있습니다.
각하의[당신의] 예지를 통해서요.
3 그래서 우리는 각처에서 각양각색으로 반가워합니다.
벨릭스[펠릭스] 각하여,
무척 감사하면서요[모든 감사와 함께요].

4 이에 많은 것으로 각하를[당신을] 괴롭히지 않겠으니,
각하가[당신이] 우리의 말을[우리를] 들어주시기 바랍니다.
잠시 각하의[당신의] 관용으로요.

5 {우리가} 이 남자에 대해 깨달았기 때문입니다.
전염병이라는 것을요.
거주지마다에서 모든 유대인들 가운데[유대인들에게] 분쟁[들]을 야기하고,
그뿐 아니라 나사렛[나사렛인들의] 분파의 우두머리라는 것을요.

6 그런데 그가 성전 더럽히는 것을 꾀하기까지 해서,
그를 우리가 억류하기까지 했습니다.
8 각하[당신] 자신도 그에 대해 할[/알] 수 있을 것입니다.
이 모든 것들에 관해 조사하시면
우리가 그를 고소하는 것들에 대해 알아채는 것을요."

9 그러자 유대인들도 거들었습니다[/협공했습니다].
사실이 그와 같다고[이것들이 이와 같다고] 단언하면서요.

10 결국 바울이 답변했습니다.
지방수세관이 그에게 끄덕이자 {다음과 같이} 말하면서요.
"당신이 여러 해 전부터 이 민족에게 재판장 된 것을
파악하고[/알아차리고]
내 자신에 관한 것들을 기꺼이 항변합니다.
11 당신도 알아챌 수 있을 것이기 때문입니다.
내가 12일을 초과하지[내게 12일이 넘지] 않았다는 것을요.
예배 드리러 예루살렘에 올라온 때로부터요.

12 또한 그들은 성전에서 내가 누군가와 얘기하는 것을 본[/발견한] 적이 없습니다.
[그것이 아니라면] 무리를 결집하는 것도요[것을요].
회당[들]에서든,
성내에서든[/성 아래에서든] 없습니다.

13 οὐδὲ παραστῆσαι [inf aor] δύνανταί [pres] σοι
περὶ ὧν νυνὶ κατηγοροῦσίν [pres] μου.

14 ὁμολογῶ [pres] δὲ τοῦτό σοι
ὅτι κατὰ τὴν ὁδὸν ἣν λέγουσιν [pres] αἵρεσιν,
οὕτως λατρεύω [pres] τῷ πατρῴῳ θεῷ
πιστεύων [ptc pres] πᾶσι τοῖς κατὰ τὸν νόμον
καὶ τοῖς ἐν τοῖς προφήταις γεγραμμένοις [ptc pf pass],
15 ἐλπίδα ἔχων [ptc pres] εἰς τὸν θεὸν
ἣν καὶ αὐτοὶ οὗτοι προσδέχονται [pres],
ἀνάστασιν μέλλειν [inf pres] ἔσεσθαι [inf fut]
δικαίων τε καὶ ἀδίκων.

16 ἐν τούτῳ καὶ αὐτὸς ἀσκῶ [pres]
ἀπρόσκοπον συνείδησιν ἔχειν [inf pres]
πρὸς τὸν θεὸν καὶ τοὺς ἀνθρώπους
διὰ παντός.

17 δι᾽ ἐτῶν δὲ πλειόνων
ἐλεημοσύνας ποιήσων [ptc fut] εἰς τὸ ἔθνος μου παρεγενόμην [aor]
καὶ προσφοράς,
18 ἐν αἷς εὗρόν [aor] με ἡγνισμένον [ptc pf pass] ἐν τῷ ἱερῷ
οὐ μετὰ ὄχλου
οὐδὲ μετὰ θορύβου,
19 τινὲς δὲ ἀπὸ τῆς Ἀσίας Ἰουδαῖοι,
οὓς ἔδει [impf] ἐπὶ σοῦ παρεῖναι [inf pres] καὶ κατηγορεῖν [inf pres]
εἴ τι ἔχοιεν [opt pres] πρὸς ἐμέ.

20 ἢ αὐτοὶ οὗτοι εἰπάτωσαν [impv aor]
τί εὗρον ἀδίκημα
στάντος [ptc aor] μου ἐπὶ τοῦ συνεδρίου,
21 ἢ περὶ μιᾶς ταύτης φωνῆς
ἧς ἐκέκραξα [aor] ἐν αὐτοῖς ἑστὼς [ptc pf] ὅτι
Περὶ ἀναστάσεως νεκρῶν
ἐγὼ κρίνομαι [pres pass] σήμερον ἐφ᾽ ὑμῶν.

22 Ἀνεβάλετο [aor] δὲ αὐτοὺς ὁ Φῆλιξ,
ἀκριβέστερον εἰδὼς [ptc pf] τὰ περὶ τῆς ὁδοῦ εἴπας [ptc aor],
Ὅταν Λυσίας ὁ χιλίαρχος καταβῇ [subj aor],
διαγνώσομαι [fut] τὰ καθ᾽ ὑμᾶς,

13 저들은[그들은] 당신께 아무 것도 내놓을 수 없습니다.
지금 나를 고소하는 것들에 관해서요.

14 하나 내가 당신께 이것을 고백합니다.
실은, 그들이 분파라 부르는[/말하는] {구원의} 길을 따라
나는 조상의 하나님을 이렇게 섬깁니다.
율법에서 비롯된 모든 것들을[/모든 것을 율법대로] 믿으면서요.
선지자들에 의해 기록된 것들도[/선지서에 기록된 대로] {믿으면서요.}
15 하나님께 소망을 가지고서요.
그런데 이는[/이 소망은] 이들 자신도 고대하는 것으로,
장차 있게 될 부활입니다.
의로운 자들과 불의한 자들의 {부활이죠.}

16 이러므로 나 자신도 최선을 다합니다.
흠이 없는 양심을 가지려고요.
하나님과 사람들을 향해서요.
항상 {그렇죠.}

17 그러다가 여러 해 만에
구제하려고[구제들을 실행하려고] 내가 동족에게[/내 민족에게] 모습을 드러냈습니다.
예물들도 {드리려고요.}
18 그것들로[/예물들로] 내가 성전에서 성결하게 되는 것을 그들은 보았습니다.
무리를 동반하지 않고서요.
소동도 없이요.(21:26)
19 행여 아시아에서 {온}[아시아로부터의] 유대인들 몇몇이라면,
그들이 참석해서 당신께[당신 앞에] 고소해야 할 것입니다.
내게 연연해하는 것이 있다면요.

20 아니면 이들 스스로 말하게 하십시오.
내가 무슨 어긋난 행동을 했는지를요[그들이 무슨 어긋난 행동을 발견했는지를요].
내가 공회 앞에 섰을 때요.
21 그것이 아니라면, 이 한 소리에 대해서겠죠.
내가 그들 가운데 서서 다음과 같이 외친 것입니다[/소리입니다].
'죽은 자들의 부활에 관해[/부활로 인해]
내가 오늘 여러분에 의해 심문받습니다.'"

22 결국 벨릭스[펠릭스]가 그들을 해산시켰습니다.
그[게] {구원의} 길에 대한 것들을 확실히[더 자세히] 알고 있기에 {이같이} 말하면서요.
"천부장 루시아[리시아스]가 내려오면 그때
내가 너희에 대한 것들을 조사하겠다."

23 διαταξάμενος [ptc aor] τῷ ἑκατοντάρχῃ
τηρεῖσθαι [inf pres pass] αὐτὸν
ἔχειν [inf pres] τε ἄνεσιν
καὶ μηδένα κωλύειν [inf pres] τῶν ἰδίων αὐτοῦ
ὑπηρετεῖν [inf pres] αὐτῷ.

24 Μετὰ δὲ ἡμέρας τινὰς
παραγενόμενος [ptc aor] ὁ Φῆλιξ
σὺν Δρουσίλλῃ τῇ ἰδίᾳ γυναικὶ οὔσῃ [ptc pres] Ἰουδαίᾳ
μετεπέμψατο [aor] τὸν Παῦλον
καὶ ἤκουσεν [aor] αὐτοῦ
περὶ τῆς εἰς Χριστὸν Ἰησοῦν πίστεως.

25 διαλεγομένου [ptc pres] δὲ αὐτοῦ
περὶ δικαιοσύνης καὶ ἐγκρατείας
καὶ τοῦ κρίματος τοῦ μέλλοντος [ptc pres]
ἔμφοβος γενόμενος [ptc aor] ὁ Φῆλιξ ἀπεκρίθη [aor],
Τὸ νῦν ἔχον [ptc pres] πορεύου [impv pres],
καιρὸν δὲ μεταλαβὼν μετακαλέσομαί [fut] σε,
26 ἅμα καὶ ἐλπίζων [ptc pres]
ὅτι χρήματα δοθήσεται [fut] αὐτῷ ὑπὸ τοῦ Παύλου·

διὸ καὶ πυκνότερον αὐτὸν μεταπεμπόμενος [ptc pres mid]
ὡμίλει [impf] αὐτῷ.

27 Διετίας δὲ πληρωθείσης [ptc aor]
ἔλαβεν [aor] διάδοχον ὁ Φῆλιξ
Πόρκιον Φῆστον.

θέλων [ptc pres] τε χάριτα καταθέσθαι [inf aor] τοῖς Ἰουδαίοις
ὁ Φῆλιξ κατέλιπε [aor] τὸν Παῦλον δεδεμένον [ptc pf pass].

Chapter 25

25:1 Φῆστος οὖν ἐπιβὰς [ptc aor] τῇ ἐπαρχείᾳ
μετὰ τρεῖς ἡμέρας ἀνέβη [aor]
εἰς Ἱεροσόλυμα ἀπὸ Καισαρείας.

2 ἐνεφάνισάν [aor] τε αὐτῷ

23 {그러면서} 그[게] 백부장에게 지시했습니다.
바울을[그를] 구류하라고요.
그러면서도 쉬게 하라고요.
또한 그가[/바울이] 아는 사람[들] 가운데 아무도 금하지 말라고요.
그에게 {필요한 것} 마련해 주는 것을요.

24 그러다가 며칠 뒤
벨릭스[펠릭스]가 왔습니다.
자신의 유대인 아내인 드루실라와 함께요.
{그러더니} 바울을 불러왔습니다.
그리고 그의 말을[그를] 들었습니다.
그리스도 예수를 믿는 것에 대해서요.

25 하나 바울이[그가] 얘기하자,
의와 절제에 대해서요,
장차 임할 심판{에 대해서}도요,
두려워진 벨릭스[펠릭스]가 대답했습니다.
"당분간 가 있으라.
하면 한동안 함께 지낸 뒤에 내가 너를 불러올 것이다."
26 동시에 바라기도 합니다.
바울에 의해 재물들이 자신에게 주어지기를요.

그러므로 그를[/바울을] 더 빈번히 불러와
그와 대화하기도 합니다.

27 그러다가 2년이 만료되자
벨릭스[펠릭스]는 후임자를 맞이했습니다.
보르기오 베스도를요.

결국 유대인들에게 특전을 베풀기 원하여
벨릭스[펠릭스]는 바울을 매인 채로 남겨 두었습니다.

25장

25:1 그리하여 임지에[거 지방에] 부임한 베스도는
사흘 뒤에 올라 왔습니다.
가이사라[카이사레아]에서 예루살렘으로요.

2 그래서 그에게[/베스도에게] 고했습니다.

οἱ ἀρχιερεῖς καὶ οἱ πρῶτοι τῶν Ἰουδαίων
κατὰ τοῦ Παύλου
καὶ παρεκάλουν [impf] αὐτὸν
3 αἰτούμενοι [ptc pres] χάριν κατ' αὐτοῦ
ὅπως μεταπέμψηται [subj aor] αὐτὸν εἰς Ἰερουσαλήμ,
ἐνέδραν ποιοῦντες [ptc pres]
ἀνελεῖν [inf aor] αὐτὸν κατὰ τὴν ὁδόν.

4 ὁ μὲν οὖν Φῆστος ἀπεκρίθη [aor]
τηρεῖσθαι [inf pres pass] τὸν Παῦλον εἰς Καισάρειαν,
ἑαυτὸν δὲ μέλλειν [inf pres] ἐν τάχει ἐκπορεύεσθαι [inf pres]·

5 Οἱ οὖν ἐν ὑμῖν,
φησίν [pres],
δυνατοὶ συγκαταβάντες [ptc aor]
εἴ τί ἐστιν [pres] ἐν τῷ ἀνδρὶ ἄτοπον
κατηγορείτωσαν [impv pres] αὐτοῦ.

6 Διατρίψας [ptc aor] δὲ ἐν αὐτοῖς
ἡμέρας οὐ πλείους ὀκτὼ ἢ δέκα,
καταβὰς [ptc aor] εἰς Καισάρειαν,
τῇ ἐπαύριον καθίσας [ptc aor] ἐπὶ τοῦ βήματος
ἐκέλευσεν [aor] τὸν Παῦλον ἀχθῆναι [inf aor].

7 παραγενομένου [ptc aor] δὲ αὐτοῦ
περιέστησαν [aor] αὐτὸν
οἱ ἀπὸ Ἱεροσολύμων καταβεβηκότες [ptc pf] Ἰουδαῖοι
πολλὰ καὶ βαρέα αἰτιώματα καταφέροντες [ptc pres]
ἃ οὐκ ἴσχυον [impf] ἀποδεῖξαι [inf aor],
8 τοῦ Παύλου ἀπολογουμένου [ptc pres] ὅτι
Οὔτε εἰς τὸν νόμον τῶν Ἰουδαίων
οὔτε εἰς τὸ ἱερὸν
οὔτε εἰς Καίσαρά
τι ἥμαρτον [aor].

9 ὁ Φῆστος δὲ
θέλων [ptc pres] τοῖς Ἰουδαίοις χάριν καταθέσθαι [inf aor]
ἀποκριθεὶς [ptc aor] τῷ Παύλῳ εἶπεν [aor],
Θέλεις [pres] εἰς Ἱεροσόλυμα ἀναβὰς [ptc aor]
ἐκεῖ περὶ τούτων κριθῆναι [inf aor] ἐπ' ἐμοῦ;

대제사장들과 유대인[들]의 지도자들이요.
바울에 반대하여서요[/바울에 대해 적대적인 태도로요].
그러면서 그를[/베스도를] 설득합니다.
3 {그러면서} 그를[/바울을] 대적하는 데 특전을 요청합니다.
바울을[그를] 예루살렘으로 불러오도록요.
{특전을 요청하면서} 매복 조치를 취합니다.
길에서 그를[/바울을] 처단하도록요.

4 이에 베스도가 대답했습니다.
[거] 바울은 가이사랴[카이사레아]에 감금되어 있고
자신은 곧 {가이사랴로} 떠나갈 예정이라고요.

5 "그러니 여러분 가운데,"
그가 이릅니다.
"자격이 있는 이들이 {나와} 함께 내려가세요[내려가서]
그[거] 남자에게 불합리한 무언가가 있다면요.
{그 다음에} 그들로 그를 고소하게 하세요."

6 하여 {베스도가} 그들 가운데 유숙합니다[유숙하다가].
여드레 혹은 열흘을 넘지 않는 날 동안이요.
{그 뒤에} 가이사랴[카이사레아]로 내려가서
이튿날 재판석에 앉아
명하여 바울이 끌려오게 하였습니다[바울이 끌려오도록 명했습니다].

7 후에 그가[/바울이] 모습을 드러내자
그를[바울을] 둘러섰습니다.
예루살렘에서 내려온 유대인들이요.
{그러면서} 다양하고 중대한 비난[들]을 퍼붓습니다.
그들이 입증하지도 못하는 것들을요.
8 {이 때} 바울은 다음과 같이 항변합니다.
"유대인들의 율법에 대해서든,
성전에 대해서든,
가이사[카이사르]에게든,
아무 죄도 저지르지 않았습니다."

9 이에 베스도가
유대인들에게 특전을 베풀고자 하여
바울에게 답변했습니다[/대답했습니다][대꾸하며 말했습니다].
"예루살렘에 올라가[기를 원하느냐?]
이 고소에[이것들에] 대하여 거기서 내게 판단 받겠느냐?"

10 εἶπεν [aor] δὲ ὁ Παῦλος,
Ἐπὶ τοῦ βήματος Καίσαρος ἑστώς [ptc pf] εἰμι [pres],
οὗ με δεῖ [pres] κρίνεσθαι [inf pres pass].

Ἰουδαίους οὐδὲν ἠδίκησα [aor]
ὡς καὶ σὺ κάλλιον ἐπιγινώσκεις [pres].

11 εἰ μὲν οὖν ἀδικῶ [pres]
καὶ ἄξιον θανάτου πέπραχά [pf] τι,
οὐ παραιτοῦμαι [pres] τὸ ἀποθανεῖν [inf aor]·

εἰ δὲ οὐδέν ἐστιν [pres] ὧν οὗτοι κατηγοροῦσίν [pres] μου,
οὐδείς με δύναται [pres] αὐτοῖς χαρίσασθαι [inf aor]·

Καίσαρα ἐπικαλοῦμαι [pres mid].

12 τότε ὁ Φῆστος
συλλαλήσας [ptc aor] μετὰ τοῦ συμβουλίου ἀπεκρίθη [aor],
Καίσαρα ἐπικέκλησαι [pf mid],
ἐπὶ Καίσαρα πορεύσῃ [fut].

13 Ἡμερῶν δὲ διαγενομένων [ptc aor] τινῶν
Ἀγρίππας ὁ βασιλεὺς καὶ Βερνίκη
κατήντησαν [aor] εἰς Καισάρειαν
ἀσπασάμενοι [ptc aor] τὸν Φῆστον.

14 ὡς δὲ πλείους ἡμέρας διέτριβον [impf] ἐκεῖ,
ὁ Φῆστος τῷ βασιλεῖ ἀνέθετο [aor]
τὰ κατὰ τὸν Παῦλον λέγων [ptc pres].

Ἀνήρ τίς ἐστιν [pres]
καταλελειμμένος [ptc pf pass] ὑπὸ Φήλικος δέσμιος,
15 περὶ οὗ
γενομένου [ptc aor] μου εἰς Ἱεροσόλυμα
ἐνεφάνισαν [aor] οἱ ἀρχιερεῖς καὶ οἱ πρεσβύτεροι τῶν Ἰουδαίων
αἰτούμενοι [ptc pres] κατ᾽ αὐτοῦ καταδίκην.

16 πρὸς οὓς ἀπεκρίθην [aor]
ὅτι οὐκ ἔστιν [pres] ἔθος Ῥωμαίοις
χαρίζεσθαί [inf pres] τινα ἄνθρωπον

10 이에 바울이 말했습니다.
"가이사[카이사르]의 재판석 앞에 내가 서 있으니,
내가 거기에서 판단 받는 것이 마땅합니다.

나는 유대인들은 전혀 해치지 않았습니다.
그대도[/총독께서도] 한층 더 잘 알게 된 것처럼요.

11 그러므로 만일 내가 해를 입히고
죽을 만한 짓을 행했다면,
나는 죽는 것을 사양하지 않습니다.

하나 만일 이들이 나를 기소하는 것들이[것들 가운데 하나도] 아무 것도 아니라면,
누구라도 나를 그들에게 내놓을 수 없습니다.

내가 가이사[카이사르]에게 호소합니다[/상소합니다]."

12 그 때 베스도가
배심원과 재협의하고 대답했습니다.
"네가 가이사[카이사르]에게 호소했으니[/상소했으니][호소했다],
너는 가이사[카이사르]에게 갈 것이다."

13 그 후 몇 날[들]이 지나고
{헤롯 아그립바 1세(행 12:1)의 자녀인} 아그립바 왕과 버니게[베르니게]가
가이사랴[카이사레아]에 도착하여
베스도를 {방문} 인사했습니다.

14 한편 그들이 거기에서 여러 날[들]을 유숙하는데,
베스도가 왕에게 들먹였습니다.
바울에게서 비롯된 것들을 말하면서요.

"어떤 남자가 있는데,
벨릭스[펠릭스]에 의해 묶여 남겨진 자입니다.
15 그런데 그에 대해
내가 예루살렘에 있게 되었을 때,
대제사장들과 유대인의 장로들이 고했습니다.
{그러면서} 그에게 적대적인 판결을[/유죄판결을] 요청했습니다.

16 그래서 그들에게 내가 대답했습니다.
로마 사람의 관습이 아니라고요.
어떤 사람을[/피고를] 내놓는 것이요.

πρὶν ἢ ὁ κατηγορούμενος [ptc pres pass]
κατὰ πρόσωπον ἔχοι [opt pres] τοὺς κατηγόρους
τόπον τε ἀπολογίας λάβοι [opt aor] περὶ τοῦ ἐγκλήματος.

17 συνελθόντων [ptc aor] οὖν (αὐτῶν) ἐνθάδε
ἀναβολὴν μηδεμίαν ποιησάμενος [ptc aor]
τῇ ἑξῆς καθίσας [ptc aor] ἐπὶ τοῦ βήματος
ἐκέλευσα [aor] ἀχθῆναι [inf aor] τὸν ἄνδρα·

18 περὶ οὗ
σταθέντες [ptc aor] οἱ κατήγοροι
οὐδεμίαν αἰτίαν ἔφερον [impf]
ὧν ἐγὼ ὑπενόουν [impf] πονηρῶν.

19 ζητήματα δέ τινα
περὶ τῆς ἰδίας δεισιδαιμονίας
εἶχον [impf] πρὸς αὐτὸν
καὶ περί τινος Ἰησοῦ τεθνηκότος [ptc pf]
ὃν ἔφασκεν [impf] ὁ Παῦλος ζῆν [inf pres].

20 ἀπορούμενος [ptc pres mid] δὲ ἐγὼ τὴν περὶ τούτων ζήτησιν
ἔλεγον [impf]
εἰ βούλοιτο [opt pres] πορεύεσθαι [inf pres] εἰς Ἱεροσόλυμα
κἀκεῖ κρίνεσθαι [inf pres pass] περὶ τούτων.

21 τοῦ δὲ Παύλου ἐπικαλεσαμένου [ptc aor mid]
τηρηθῆναι [inf aor] αὐτὸν εἰς τὴν τοῦ Σεβαστοῦ διάγνωσιν,
ἐκέλευσα [aor] τηρεῖσθαι [inf pres pass] αὐτὸν
ἕως οὗ ἀναπέμψω [subj aor] αὐτὸν πρὸς Καίσαρα.

22 Ἀγρίππας δὲ πρὸς τὸν Φῆστον,
Ἐβουλόμην [impf] καὶ αὐτὸς τοῦ ἀνθρώπου ἀκοῦσαι [inf aor].

Αὔριον, φησίν [pres], ἀκούσῃ [fut] αὐτοῦ.

23 Τῇ οὖν ἐπαύριον ἐλθόντος [ptc aor] τοῦ Ἀγρίππα καὶ τῆς Βερνίκης
μετὰ πολλῆς φαντασίας
καὶ εἰσελθόντων [ptc aor] εἰς τὸ ἀκροατήριον
σύν τε χιλιάρχοις καὶ ἀνδράσιν τοῖς κατ᾽ ἐξοχὴν τῆς πόλεως
καὶ κελεύσαντος [ptc aor] τοῦ Φήστου

피고가
원고들을 대면하게 되고
결국 혐의에 관한 항변의 기회를 얻기 전에요.

17 그리하여 그들이 여기까지 함께 오기에,
전혀 미루지 않고
다음 날 재판석에 앉아
명하여 그[거] 남자가 끌려오게 하였습니다[거 남자가 끌려오도록 명했습니다].

18 그런데 그에 대해서
원고들이 서서
어떤 이유도 제출하지 않습니다.
내가 악하다고 여길 만한 {이유들} 중에서요.

19 다만 어떤 문제들을,
자기 종교에 관해서요,
그들이 그를[/바울을] 향해 가지고 있습니다.
즉, 예수라는 죽은 자에 대해서요.
바울이 살아 있다고 단언하는 자이죠.

20 한데 내가 이것들에 관한 논쟁을 {처리하기가} 난처하여,
내가 물었습니다[말합니다].
예루살렘에 가고 싶은지를요.
그래서 이것들에 관해 거기서 재판을 받으려는 지를요.

21 하나 바울이 호소하기에[/상소하기에],
황제의 판결을 위해 자신이[그가] 수감되기를요,
그를 수감하라고[그가 수감되도록] 명했습니다.
내가 그를 가이사[카이사르]에게 올려 보낼 때까지요."

22 그러자 아그립바가 베스도에게 {말했습니다.}
"나 자신도 그[거] 사람의 말을[거 사람을] 듣고 싶습니다."

{하니} 그가[/베스도가] "내일 그의 말을[그를] 들으실 것입니다." 하고 말합니다.

23 그래서 이튿날 아그립바와 버니게가 등장하는데
무척 화려하게 {등장하고서}
접견실로 입장했습니다.
천부장들뿐만 아니라 그[거] 도시의 걸출한 남자들과 더불어요.
이어, 베스도가 명하자

ἤχθη [aor] ὁ Παῦλος.

24 καί φησιν [pres] ὁ Φῆστος,
'Αγρίππα βασιλεῦ
καὶ πάντες οἱ συμπαρόντες [ptc pres voc] ἡμῖν ἄνδρες,
θεωρεῖτε [impv pres] τοῦτον
περὶ οὗ ἅπαν τὸ πλῆθος τῶν 'Ιουδαίων
ἐνέτυχόν [aor] μοι ἔν τε 'Ιεροσολύμοις καὶ ἐνθάδε
βοῶντες [ptc pres] μὴ δεῖν [inf pres] αὐτὸν ζῆν [inf pres] μηκέτι.

25 ἐγὼ δὲ κατελαβόμην [aor]
μηδὲν ἄξιον αὐτὸν θανάτου πεπραχέναι [inf pf].

αὐτοῦ δὲ τούτου ἐπικαλεσαμένου [ptc aor] τὸν Σεβαστὸν
ἔκρινα [aor] πέμπειν [inf pres].

26 περὶ οὗ
ἀσφαλές τι γράψαι [inf aor] τῷ κυρίῳ
οὐκ ἔχω [pres].

διὸ προήγαγον [aor] αὐτὸν ἐφ' ὑμῶν
καὶ μάλιστα ἐπὶ σοῦ, βασιλεῦ 'Αγρίππα,
ὅπως τῆς ἀνακρίσεως γενομένης [ptc aor]
σχῶ [subj aor] τί γράψω [subj aor]·

27 ἄλογον [masc acc] γάρ μοι δοκεῖ [pres]
πέμποντα [ptc pres] δέσμιον
μὴ καὶ τὰς κατ' αὐτοῦ αἰτίας σημᾶναι [inf aor].

Chapter 26

26:1 'Αγρίππας δὲ πρὸς τὸν Παῦλον ἔφη [impf or aor],
'Επιτρέπεταί [pres pass] σοι περὶ σεαυτοῦ λέγειν [inf pres].

τότε ὁ Παῦλος ἐκτείνας [ptc aor] τὴν χεῖρα ἀπελογεῖτο [impf],
2 Περὶ πάντων ὧν ἐγκαλοῦμαι [pres pass] ὑπὸ 'Ιουδαίων,
βασιλεῦ 'Αγρίππα,
ἥγημαι [pf] ἐμαυτὸν μακάριον
ἐπὶ σοῦ μέλλων [ptc pres] σήμερον ἀπολογεῖσθαι [inf pres].

바울이 인도되었습니다.

24 그러자 베스도가 이릅니다.
"아그립바 임금님[/왕이여],
또한 우리와 동석한 모든 남자들{이여},
이를[/이 사람을] 주목하십시오.
그에 관해서는 유대[유대인들의] 군중 전체가
예루살렘뿐만 아니라 여기에서도 내게 청원했습니다.
'그는 더 이상 살아서는 안 된다'고 소리치면서요.

25 하나 나는 확보했습니다.
사형에 처하게 될 만한 아무 짓도 그가 하지 않았다는 것을요.

그런데 이 자가[이 자 자신이] 황제에게 상소하기에[/호소하기에]
내가 급히 보내기로 결정했습니다.

26 그러나 그에 관해
황제께[주께] 쓸 확실한 무언가를
나는 갖고 있지 않습니다.

그러므로 나는 그를 여러분 앞에 이끌어 내었습니다.
특히 아그립바 왕 그대 앞에도요.
그렇게 하면 조사가 이뤄져
내가 뭔가를 쓸 수 있게[뭔가 쓸 거리를 갖게] 되겠죠.

27 내게는 이치에 맞지 않다고 생각되기 때문입니다.
묶인 자를 {황제께} 급히 보내면서
그를 고소하는[대적하는] 이유[들]도 표시하지 않는 것이요."

26장

26:1 이에 아그립바가 바울에게 이릅니다.
"네 자신에 대해 말하는 것을 네게 허용한다[말하는 것이 네게 허용된다]."

그제야 바울이 손을 내뻗고 항변합니다.
2 "유대인들이 나를 기소한[내가 유대인들에 의해 기소된] 모든 것들에 관해서는,
아그립바 임금님[/왕이여],
내 자신에게 복되다고 간주합니다.
오늘 당신 앞에서 항변하게 된 것이요.

3 μάλιστα γνώστην ὄντα [ptc pres] σε
πάντων τῶν κατὰ Ἰουδαίους ἐθῶν τε καὶ ζητημάτων,
διὸ δέομαι [pres] μακροθύμως ἀκοῦσαί [inf aor] μου.

4 Τὴν μὲν οὖν βίωσίν μου (τὴν) ἐκ νεότητος
τὴν ἀπ᾽ ἀρχῆς γενομένην [ptc aor]
ἐν τῷ ἔθνει μου
ἔν τε Ἱεροσολύμοις
ἴσασι [pf] πάντες (οἱ) Ἰουδαῖοι
5 προγινώσκοντές [ptc pres] με ἄνωθεν,
ἐὰν θέλωσι [subj pres] μαρτυρεῖν [inf pres],
ὅτι κατὰ τὴν ἀκριβεστάτην αἵρεσιν τῆς ἡμετέρας θρησκείας
ἔζησα [aor] Φαρισαῖος.

6 καὶ νῦν ἐπ᾽ ἐλπίδι
τῆς εἰς τοὺς πατέρας ἡμῶν ἐπαγγελίας
γενομένης [ptc aor] ὑπὸ τοῦ θεοῦ
ἕστηκα [pf] κρινόμενος [ptc pres pass].

7 εἰς ἣν τὸ δωδεκάφυλον ἡμῶν
ἐν ἐκτενείᾳ νύκτα καὶ ἡμέραν λατρεῦον [ptc pres]
ἐλπίζει [pres] καταντῆσαι [inf aor].

περὶ ἧς ἐλπίδος ἐγκαλοῦμαι [pres pass] ὑπὸ Ἰουδαίων,
βασιλεῦ.

8 τί ἄπιστον κρίνεται [pres pass] παρ᾽ ὑμῖν
εἰ ὁ θεὸς νεκροὺς ἐγείρει [pres];

9 ἐγὼ μὲν οὖν ἔδοξα [aor] ἐμαυτῷ
πρὸς τὸ ὄνομα Ἰησοῦ τοῦ Ναζωραίου
δεῖν [inf pres] πολλὰ ἐναντία πρᾶξαι [inf aor].

10 ὃ καὶ ἐποίησα [aor] ἐν Ἱεροσολύμοις.

καὶ πολλούς τε τῶν ἁγίων
ἐγὼ ἐν φυλακαῖς κατέκλεισα [aor].

τὴν παρὰ τῶν ἀρχιερέων ἐξουσίαν λαβὼν [ptc aor]
ἀναιρουμένων [ptc pres pass] τε αὐτῶν
κατήνεγκα [aor] ψῆφον.

3 특히 당신이 전문가이기에,
유대인들이 따르는 모든 관행뿐 아니라 문제들에 대해서요,
그러므로 내 말을[나를] 진드근하게 들어주시기를 구합니다.

4 그러니까 한편으론 젊은 시절[부터의] 내 삶의 방식이[방식을]
처음부터 어떠했는지[를],
동족[/내 민족] 가운데에서와
또한 예루살렘에서요,
모든 유대인들이 압니다.
5 당초부터 나를 이미 알았었죠.
그들이 증언하려고 하면,
사실, 우리 종파 가운데 가장 엄격한 분파를 따라
{내가} 바리새인으로 살았다고 {할 것입니다.}

6 지금도 소망으로 인해,
우리 조상들에게 {부여된} 약속에서 비롯된 {소망이죠,}
하나님에 의해 실현된 {약속이죠,}
재판을 받으며 서 있습니다.

7 그것에[/그 약속에] 우리 열두 지파는
끈질기게 밤낮으로 {하나님을} 섬기면서
{그 약속에} 도달하기를 소망합니다.

그런데 내가 그 소망과 관련하여 유대인들에 의해 기소된 것입니다,
임금님.

8 여러분에게는 왜 믿을 수 없다고 생각될까요?
'하나님이 죽은 자들을 일으키신다[면]'는 말이요.

9 한때는 나 자신도 생각했죠.
나사렛 사람 예수의 이름에
반하는 일을 많이[반대하는 많은 일들을] 해야 하다고요.

10 그래서 그런 것을 예루살렘에서 시행하기도 했습니다.

결국 성도들 가운데 많은 이들을
내가 감옥에 가두기까지 했습니다.

대제사장들에게서 권세를 얻어
그들이 처단될 때는
찬성표를 던졌습니다[조약돌을 내던졌습니다].

11 καὶ κατὰ πάσας τὰς συναγωγὰς
πολλάκις τιμωρῶν [ptc pres] αὐτοὺς
ἠνάγκαζον [impf] βλασφημεῖν [inf pres]
περισσῶς τε ἐμμαινόμενος [ptc pres] αὐτοῖς
ἐδίωκον [impf] ἕως καὶ εἰς τὰς ἔξω πόλεις.

12 Ἐν οἷς πορευόμενος [ptc pres] εἰς τὴν Δαμασκὸν
μετ᾽ ἐξουσίας καὶ ἐπιτροπῆς τῆς τῶν ἀρχιερέων
13 ἡμέρας μέσης κατὰ τὴν ὁδὸν εἶδον [aor], βασιλεῦ,
οὐρανόθεν
ὑπὲρ τὴν λαμπρότητα τοῦ ἡλίου
περιλάμψαν [ptc aor] με φῶς
καὶ τοὺς σὺν ἐμοὶ πορευομένους [ptc pres].

14 πάντων τε καταπεσόντων [ptc aor] ἡμῶν εἰς τὴν γῆν
ἤκουσα [aor] φωνὴν λέγουσαν [ptc pres] πρός με τῇ Ἑβραΐδι διαλέκτῳ,
Σαοὺλ Σαούλ, τί με διώκεις [pres];

σκληρόν σοι πρὸς κέντρα λακτίζειν [inf pres].

15 ἐγὼ δὲ εἶπα [aor],
Τίς εἶ [pres], κύριε;

ὁ δὲ κύριος εἶπεν [aor],
Ἐγώ εἰμι [pres] Ἰησοῦς ὃν σὺ διώκεις [pres].

16 ἀλλὰ ἀνάστηθι [impv aor]
καὶ στῆθι [impv aor] ἐπὶ τοὺς πόδας σου·

εἰς τοῦτο γὰρ ὤφθην [aor] σοι,
προχειρίσασθαί [inf aor] σε ὑπηρέτην καὶ μάρτυρα
ὧν τε εἶδές [aor] (με)
ὧν τε ὀφθήσομαί [fut] σοι,
17 ἐξαιρούμενός [ptc pres mid] σε
ἐκ τοῦ λαοῦ καὶ ἐκ τῶν ἐθνῶν.

εἰς οὓς ἐγὼ ἀποστέλλω [pres] σε
18 ἀνοῖξαι [inf aor] ὀφθαλμοὺς αὐτῶν,
τοῦ ἐπιστρέψαι [inf aor]
ἀπὸ σκότους εἰς φῶς

11 또한 회당마다에서
자주 그들을 벌하면서
억지로 {그 이름을} 모독하도록 했습니다.
마침내 그들에게 대단히 분노하여
{예루살렘} 바깥에 있는 도시[들]까지 {가서}[바깥 도시에서까지도] 핍박했습니다.

12 그러다가 그것들[/바깥 도시] 가운데 다메섹[다마스쿠스]에 갈 때는
대제사장들의 부탁을 받아 권세를 가지고 있었습니다[권세와 부탁과 함께].
13 한낮에 길을 가는데[거 길을 따라] 내가 보았습니다, 임금님.
하늘에서
빛살 세기가 태양보다 강한[태양을 넘어서는] {빛이 내리쬐는 것을요.}
{그} 빛이 나를 내리비췄습니다.
나와 함께 가던 이들도요.

14 그래서 우리 모두가 땅에 꼬꾸라졌고,
나는 히브리 언어로 내게 말씀하시는 소리를 들었습니다.
'사울아, 사울아, 네가 왜 나를 핍박하느냐?

작대기[들]에[/가축 몰이 막대기에] 발길질하는[/대드는] 것이 너에게는 고된 일이다.'

15 이에 내가 말했습니다.
'당신은 누구세요, 주님?'

그러자 그[거] 주님이 말씀하셨습니다.
'나는 네가 핍박하는 예수다[나는 예수, 네가 핍박하는 자이다].

16 그러나 일어나라!
그리고 너의 발[들]로 서라!

이것을 위해 내가 네게 나타났기 때문이다.
너를 조력자와 증인으로 선택하는 것을 {위해서다.}
{너는} 네가 나를 본 것들에 대해서뿐 아니라
내가 네게 보여줄 일들에 대한 {증인이다.}
17 {내가} 너를 보호할[구출할] 것이다,
유대인과 다른 민족들로부터[거 백성과 민족들로부터].

그들에게[/그 백성과 민족들에게] 내가 너를 보낸 것은[그들에게 내가 너를 보낸다].
18 그들이 눈을 뜨도록 돕기 위함이다[그들의 눈들이 뜨이도록].
그러면 방향을 바꿀 것이다.
어둠에서 빛으로,

καὶ τῆς ἐξουσίας τοῦ Σατανᾶ ἐπὶ τὸν θεόν,
τοῦ λαβεῖν [inf aor] αὐτοὺς
ἄφεσιν ἁμαρτιῶν
καὶ κλῆρον ἐν τοῖς ἡγιασμένοις [ptc pf pass] πίστει τῇ εἰς ἐμέ.

19 Ὅθεν, βασιλεῦ Ἀγρίππα,
οὐκ ἐγενόμην [aor] ἀπειθὴς τῇ οὐρανίῳ ὀπτασίᾳ
20 ἀλλὰ τοῖς ἐν Δαμασκῷ πρῶτόν τε καὶ Ἱεροσολύμοις,
πᾶσάν τε τὴν χώραν τῆς Ἰουδαίας
καὶ τοῖς ἔθνεσιν
ἀπήγγελλον [impf] μετανοεῖν [inf pres] καὶ ἐπιστρέφειν [inf pres] ἐπὶ τὸν θεόν,
ἄξια τῆς μετανοίας ἔργα πράσσοντας [ptc pres].

21 ἕνεκα τούτων
με Ἰουδαῖοι συλλαβόμενοι [ptc aor] (ὄντα [ptc pres]) ἐν τῷ ἱερῷ
ἐπειρῶντο [impf mid] διαχειρίσασθαι [inf aor].

22 ἐπικουρίας οὖν τυχὼν [ptc aor] τῆς ἀπὸ τοῦ θεοῦ
ἄχρι τῆς ἡμέρας ταύτης ἕστηκα [pf]
μαρτυρόμενος [ptc pres] μικρῷ τε καὶ μεγάλῳ
οὐδὲν ἐκτὸς λέγων [ptc pres]
ὧν τε οἱ προφῆται ἐλάλησαν [aor]
μελλόντων [ptc pres] γίνεσθαι [inf pres]
καὶ Μωϋσῆς.

23 εἰ παθητὸς ὁ Χριστός,
εἰ πρῶτος ἐξ ἀναστάσεως νεκρῶν
φῶς μέλλει [pres] καταγγέλλειν [inf pres] τῷ τε λαῷ καὶ τοῖς ἔθνεσιν.

24 Ταῦτα δὲ αὐτοῦ ἀπολογουμένου [ptc pres]
ὁ Φῆστος μεγάλῃ τῇ φωνῇ φησιν [pres],
Μαίνῃ [pres], Παῦλε·
τὰ πολλά σε γράμματα
εἰς μανίαν περιτρέπει [pres].

25 ὁ δὲ Παῦλος,
Οὐ μαίνομαι [pres],
φησίν [pres],
κράτιστε Φῆστε,
ἀλλὰ ἀληθείας καὶ σωφροσύνης ῥήματα ἀποφθέγγομαι [pres].

또한 사탄의 권세에서 하나님께로.
그러면 그들이 받아 가질 것이다.
죄[들] 사함을 {받고}
나를 믿음으로 거룩하게 된 자들 가운데에서 몫을 {얻을 것이다.}'

19 그러한 까닭으로, 왕 아그립바님,
내가 하늘에서 보이신 것을 따랐습니다[하늘 광경에 불순종하지 않았습니다].
20 오히려 먼저는 다메섹[다마스쿠스]뿐만 아니라 예루살렘 안에 {있는} 자들과,
유대 모든 지역뿐만 아니라
이방인들에게까지[/다른 민족들에게까지]
전해 왔습니다. 회개하고 하나님께로 돌이키되,
그[게] 회개에 합당한 일[들]을 하라고요.

21 이런 것들 때문에
유대인들이 성전에 있는 나를 붙들어서
처치하려고 애쓰고 있습니다.

22 그러므로 하나님으로부터의 도움을 얻어
이 날까지 견디며,
하찮은[작은] 사람뿐 아니라 지체 높은[큰] 사람에게도 확언합니다.
{다음} 것 말고는 아무 말도 하지 않으면서요.
선지자들이 얘기했을 뿐만 아니라,
'장차 이뤄지리라'고요,
모세까지도 {얘기한 것들이죠}.

23 그리스도가 수난을 당하면,
죽은 자들 부활의 첫째{가 되면,}
유대인뿐[겨 백성뿐] 아니라 이방인들에게도[/다른 민족들에게도] 빛을 알릴 것이라는 거죠."

24 그런데 바울이[그가] 이렇게[이것들을] 항변하자
베스도가 큰 소리로 이릅니다.
"실성했구나, 바울아.
많은 학문[들]이 너를
실성으로 몰아가는구나."

25 그러자 바울이,
"내가 실성하지 않았습니다." 하고
이릅니다.
"베스도 각하,
오히려 진솔하고 합당한 이야기[들]를 털어놓고 있습니다.

26 ἐπίσταται [pres] γὰρ περὶ τούτων ὁ βασιλεὺς
πρὸς ὃν καὶ παρρησιαζόμενος [ptc pres] λαλῶ [pres].

λανθάνειν [inf pres] γὰρ αὐτὸν (τι) τούτων
οὐ πείθομαι [pres pass]
οὐθέν·

οὐ γάρ ἐστιν [pres] ἐν γωνίᾳ πεπραγμένον [ptc pf pass]
τοῦτο.

27 πιστεύεις [pres], βασιλεῦ Ἀγρίππα, τοῖς προφήταις;

οἶδα [pf] ὅτι πιστεύεις [pres].

28 ὁ δὲ Ἀγρίππας πρὸς τὸν Παῦλον,
Ἐν ὀλίγῳ με πείθεις [pres] Χριστιανὸν ποιῆσαι [inf aor].

29 ὁ δὲ Παῦλος,
Εὐξαίμην [opt aor] ἂν τῷ θεῷ
καὶ ἐν ὀλίγῳ καὶ ἐν μεγάλῳ
οὐ μόνον σὲ
ἀλλὰ καὶ πάντας τοὺς ἀκούοντάς [ptc pres] μου σήμερον
γενέσθαι [inf aor] τοιούτους
ὁποῖος καὶ ἐγώ εἰμι [pres]
παρεκτὸς τῶν δεσμῶν τούτων.

30 Ἀνέστη [aor] τε ὁ βασιλεὺς καὶ ὁ ἡγεμὼν
ἥ τε Βερνίκη καὶ οἱ συγκαθήμενοι [ptc pres] αὐτοῖς.

31 καὶ ἀναχωρήσαντες [ptc aor]
ἐλάλουν [impf] πρὸς ἀλλήλους λέγοντες [ptc pres] ὅτι
Οὐδὲν θανάτου ἢ δεσμῶν ἄξιον (τι) πράσσει [pres]
ὁ ἄνθρωπος οὗτος.

32 Ἀγρίππας δὲ τῷ Φήστῳ ἔφη [impf or aor],
Ἀπολελύσθαι [inf pf pass] ἐδύνατο [impf]
ὁ ἄνθρωπος οὗτος
εἰ μὴ ἐπεκέκλητο [plpf mid] Καίσαρα.

26 왕께서는 이것들에 관해 이해하고 계시기 때문입니다.
그에게 내가 담대하게 말하며 얘기합니다.

왕께서[그가] 이것들 가운데 어느 것에라도 주의를 기울이지 못했다고 내가 여길 수는 없기 때문입니다.
하나에라도요.

구석에서 행해지지 않았기 때문입니다.
이것이요.

27 아그립바 임금님, 당신은 선지자들을 믿으시지요?

당신이 믿는다는 걸 압니다."

28 이에 아그립바가 바울에게 {말합니다.}
"하찮은 것으로 네가 나를 그리스도인 삼으려고 설득하는구나."

29 그러자 바울이 {이릅니다.}
"내가 하나님께 기원하렵니다.
하찮은[작은] 것으로든, 훌륭한[큰] 것으로든,
당신뿐 아니라
오늘 내 말을[나를] 들은 모든 이들이
이와 같이[/나처럼] 되기를요.
현재 내 모습처럼요[나도 그러한 것처럼요].
이 결박된 것을[결박들을] 제외하고는요."

30 결국 왕과 총독이[/지방수세관이] 일어났습니다.
결국 베니게[베르니게]와 그들과 함께 앉아 있던 이들도요.

31 그리고 물러가며
다음과 같이 서로서로 [말하며] 얘기합니다.
"죽거나 묶일 만한 아무 짓도 하지 않는다,
이 사람은."

32 한편 아그립바가 베스도에게 이릅니다.
"풀려날 수 있겠소,
이 사람은,
그가 가이사[카이사르]에게 상소하지[/호소하지] 않았다면."

Chapter 27

27:1 Ὡς δὲ ἐκρίθη [aor]
τοῦ ἀποπλεῖν [inf pres] ἡμᾶς εἰς τὴν Ἰταλίαν,
παρεδίδουν [impf] τόν τε Παῦλον καί τινας ἑτέρους δεσμώτας
ἑκατοντάρχῃ ὀνόματι Ἰουλίῳ
σπείρης Σεβαστῆς.

2 ἐπιβάντες [ptc aor] δὲ πλοίῳ Ἀδραμυττηνῷ
μέλλοντι [ptc pres] πλεῖν [inf pres]
εἰς τοὺς κατὰ τὴν Ἀσίαν τόπους
ἀνήχθημεν [aor]
ὄντος [ptc pres] σὺν ἡμῖν
Ἀριστάρχου Μακεδόνος Θεσσαλονικέως.

3 τῇ τε ἑτέρᾳ
κατήχθημεν [aor] εἰς Σιδῶνα,
φιλανθρώπως τε ὁ Ἰούλιος τῷ Παύλῳ χρησάμενος [ptc aor]
ἐπέτρεψεν [aor] πρὸς τοὺς φίλους πορευθέντι [ptc aor]
ἐπιμελείας τυχεῖν [inf aor].

4 κἀκεῖθεν ἀναχθέντες [ptc aor]
ὑπεπλεύσαμεν [aor] τὴν Κύπρον
διὰ τὸ τοὺς ἀνέμους εἶναι [inf pres] ἐναντίους.

5 τό τε πέλαγος τὸ κατὰ τὴν Κιλικίαν καὶ Παμφυλίαν διαπλεύσαντες [ptc aor]
κατήλθομεν [aor] εἰς Μύρα τῆς Λυκίας.

6 κἀκεῖ εὑρὼν [ptc aor] ὁ ἑκατοντάρχης
πλοῖον Ἀλεξανδρῖνον
πλέον [ptc pres] εἰς τὴν Ἰταλίαν
ἐνεβίβασεν [aor] ἡμᾶς εἰς αὐτό.

7 ἐν ἱκαναῖς δὲ ἡμέραις βραδυπλοοῦντες [ptc pres]
καὶ μόλις γενόμενοι [ptc aor] κατὰ τὴν Κνίδον,
μὴ προσεῶντος [ptc pres] ἡμᾶς τοῦ ἀνέμου
ὑπεπλεύσαμεν [aor] τὴν Κρήτην κατὰ Σαλμώνην.

8 μόλις τε παραλεγόμενοι [ptc pres] αὐτὴν
ἤλθομεν [aor] εἰς τόπον τινὰ καλούμενον [ptc pres pass] Καλοὺς Λιμένας

27장 [바울의 이달리야로의 항해: 59년 9월]

27:1 하여 결정되었을 때,
우리가 이달리야[이탈리아]로 출항할 것이요,
그들이[/베스도와 아그립바가] 바울뿐 아니라 몇몇 다른 피고인[/수감자, 재소자]들을 넘겨줍니다.
이름이 율리오[율리우스]라는 백부장에게요.
황제 군대의 {백부장이죠.}

2 이에 {무시아의 항구도시} 아드라뭇데노의 배에 승선합니다[/승선하여].
항해할 예정인 {배에요.}
아시아 각지를요[아시아에 퍼져있는 곳들로].
{승선한 뒤} 우리가 떠났습니다.
{그런데} 우리와 함께 합니다.
마게도냐[마케도니아]의 데살로니가[데살로니카] 사람인 아리스다고가요.

3 하여 다음 날
우리는 시돈에 정박했고, [가이사랴-시돈: 약 120km(직)]
율리오[율리우스]는 바울을 상냥하게 대하며
벗들에게 가는 것을 허락했습니다.
보살핌을 받도록요.

4 그곳으로부터 출항한 뒤,
우리는 구브로[키프로스] {섬}에 바짝 붙어 항해했습니다.
바람이 거슬러 불어와서요[거슬러 부는 바람들이 있어서요].

5 결국 길리기아와 밤빌리아 앞쪽 넓은 바다를 관통하여 항해한 뒤,
루기아[리키아]의 무라에 다다랐습니다. [시돈-무라: 약 700km(직)]

6 그리고 거기서 백부장이 찾았습니다[/찾아]
알렉산드리아 배를요.
이달리야[이탈리아]로 항해하는 {배입니다.}
{배를 찾아} 우리를 거기 태웠습니다.

7 하나 꽤 긴 시간을[상당한 날들을] 더디더디 항해하여,
간신히 니도[크니도스] 맞은편에 이르렀습니다. [무라-니도: 약 210km(뱃)]
{한데} 우리가 순풍을 맞지 못해[바람이 우리를 허락하지 않아],
살모네 앞쪽으로 그레데[크레타] {섬}에 바짝 붙어 항해했습니다. [니도-살모네: 약 160km(뱃)]

8 결국 가까스로 그것을[/그 섬을] 끼고 돌아
우리가 미항[칼로이리메네스]이라 불리는 곳에 당도했는데, [살모네-미항: 약 176km(뱃)]

ᾧ ἐγγὺς πόλις ἦν [impf] Λασαία.

9 Ἱκανοῦ δὲ χρόνου διαγενομένου [ptc aor]
καὶ ὄντος [ptc pres] ἤδη ἐπισφαλοῦς τοῦ πλοὸς
διὰ τὸ καὶ τὴν νηστείαν ἤδη παρεληλυθέναι [inf pf]
παρῄνει [impf] ὁ Παῦλος 10 λέγων [ptc pres] αὐτοῖς,
Ἄνδρες, θεωρῶ [pres]
ὅτι μετὰ ὕβρεως καὶ πολλῆς ζημίας
οὐ μόνον τοῦ φορτίου καὶ τοῦ πλοίου
ἀλλὰ καὶ τῶν ψυχῶν ἡμῶν
μέλλειν [inf pres] ἔσεσθαι [inf fut] τὸν πλοῦν.

11 ὁ δὲ ἑκατοντάρχης
τῷ κυβερνήτῃ καὶ τῷ ναυκλήρῳ
μᾶλλον ἐπείθετο [impf pass]
ἢ τοῖς ὑπὸ Παύλου λεγομένοις [ptc pres pass].

12 ἀνευθέτου δὲ τοῦ λιμένος ὑπάρχοντος [ptc pres] πρὸς παραχειμασίαν
οἱ πλείονες ἔθεντο [aor] βουλὴν ἀναχθῆναι [inf aor] ἐκεῖθεν,
εἴ πως δύναιντο [opt pres] καταντήσαντες [ptc aor] εἰς Φοίνικα παραχειμάσαι [inf aor]
λιμένα τῆς Κρήτης βλέποντα [ptc pres] κατὰ λίβα καὶ κατὰ χῶρον.

13 Ὑποπνεύσαντος [ptc aor] δὲ νότου
δόξαντες [ptc aor] τῆς προθέσεως κεκρατηκέναι [inf pf],
ἄραντες [ptc aor] ἆσσον παρελέγοντο [impf] τὴν Κρήτην.

14 μετ᾽ οὐ πολὺ δὲ
ἔβαλεν [aor] κατ᾽ αὐτῆς ἄνεμος τυφωνικὸς
ὁ καλούμενος [ptc pres pass] Εὐρακύλων·

15 συναρπασθέντος [ptc aor] δὲ τοῦ πλοίου
καὶ μὴ δυναμένου [ptc pres] ἀντοφθαλμεῖν [inf pres]
τῷ ἀνέμῳ ἐπιδόντες [ptc aor] ἐφερόμεθα [impf pass].

16 νησίον δέ τι ὑποδραμόντες [ptc aor] καλούμενον [ptc pres pass] Καῦδα
ἰσχύσαμεν [aor] μόλις
περικρατεῖς γενέσθαι [inf aor] τῆς σκάφης.

17 ἣν ἄραντες [ptc aor]
βοηθείαις ἐχρῶντο [impf] ὑποζωννύντες [ptc pres] τὸ πλοῖον,

그곳은 라새아 성에서 가깝습니다. [미항-라새아: 약 8km(직)]

9 그러다가 꽤 시간이[상당한 기간이] 지났고
항해하기가 벌써 위태위태합니다[위태위태해서].
금식하는 날[59년 10월 5일]도 이미 넘어섰기 때문이죠.
{그래서} 바울이 조언하며 10 그들에게 말합니다.
"여러분[남자들아], 내가 보니[주의 깊게 살펴보니]
실은, 손상과 많은 손해가[손상 및 많은 손해와 함께]
뱃짐과 배뿐 아니라
우리 목숨에도
항해하면[항해가] 있을 것입니다."

11 하나 백부장이
선장과 선주에게[/선장과 선주의 말에]
오히려 넘어갔습니다.
바울이 말한[바울에 의해 언급된] 것[들]보다는요.

12 하여 그[게] 정박소가 겨울나기에 부적당한 면이 있어서
다수가 그곳으로부터 떠나자는 합의를 이끌어 냈습니다.
어떻게든 뵈닉스에 도달하여 월동할 수 있기를 바랐던 것입니다. [미항-뵈닉스: 약 48km]
남서쪽과 북서쪽이[토지가 있는 곳이] 틘[보이는], 그레데[크레타] 섬의 정박소이죠.

13 한데 남풍이 가벼이 불어
뜻한 바를 이룬 것 같아,
{닻을} 올리고 그레데[크레타] 섬을 바싹 끼고 돌기 시작했습니다.

14 하나 오래지 않아
거센 북동풍이[바람이] 섬[그] 쪽으로[섬에 맞서] 불어 닥쳤습니다.
유라굴로라고 불리는 바람이죠[것이죠].

15 이에 배가 {바람에} 붙들려
헤쳐 나갈 수 없어서,
바람에 실려 떠다니기 시작했습니다[/떠다닙니다].

16 그러다가 가우다라 불리는 한 작은 섬 언저리에 피하여, [뵈닉스-가우다: 남쪽으로 약 36km]
가까스로 우리가[/선원들과 승객들이] 할 수 있었습니다.
거룻배[/돛이 없는 작은 배] 제어하는 일을요.

17 그것을[/거룻배를] 들어 올린 뒤,
선체를[/배의 밑쪽을] 단단히 묶느라 그들은[/선원들은] 보조설비[들]를 사용합니다.

φοβούμενοί [ptc pres mid] τε μὴ εἰς τὴν Σύρτιν ἐκπέσωσιν [subj aor].

χαλάσαντες [ptc aor] τὸ σκεῦος
οὕτως ἐφέροντο [impf pass].

18 σφοδρῶς δὲ χειμαζομένων [ptc pres pass] ἡμῶν
τῇ ἑξῆς ἐκβολὴν ἐποιοῦντο [impf mid]
19 καὶ τῇ τρίτῃ αὐτόχειρες τὴν σκευὴν τοῦ πλοίου ἔρριψαν [aor].

20 μήτε δὲ ἡλίου μήτε ἄστρων
ἐπιφαινόντων [ptc pres] ἐπὶ πλείονας ἡμέρας,
χειμῶνός τε οὐκ ὀλίγου ἐπικειμένου [ptc pres],
λοιπὸν περιῃρεῖτο [impf pass] ἐλπὶς πᾶσα
τοῦ σῴζεσθαι [inf pres pass] ἡμᾶς.

21 Πολλῆς τε ἀσιτίας ὑπαρχούσης [ptc pres]
τότε σταθεὶς [ptc aor] ὁ Παῦλος ἐν μέσῳ αὐτῶν εἶπεν [aor],
Ἔδει [impf] μέν, ὦ ἄνδρες, πειθαρχήσαντάς [ptc aor] μοι
μὴ ἀνάγεσθαι [inf pres pass] ἀπὸ τῆς Κρήτης
κερδῆσαί [inf aor] τε τὴν ὕβριν ταύτην καὶ τὴν ζημίαν.

22 καὶ τὰ νῦν παραινῶ [pres] ὑμᾶς εὐθυμεῖν [inf pres]·

ἀποβολὴ γὰρ ψυχῆς οὐδεμία ἔσται [fut] ἐξ ὑμῶν
πλὴν τοῦ πλοίου.

23 παρέστη [aor] γάρ μοι ταύτῃ τῇ νυκτὶ τοῦ θεοῦ,
οὗ εἰμι [pres] (ἐγὼ) ᾧ καὶ λατρεύω [pres],
ἄγγελος 24 λέγων [ptc pres],
Μὴ φοβοῦ [impv pres mid], Παῦλε,
Καίσαρί σε δεῖ [pres] παραστῆναι [inf aor],
καὶ ἰδοὺ κεχάρισταί [pf] σοι ὁ θεὸς
πάντας τοὺς πλέοντας [ptc pres] μετὰ σοῦ.

25 διὸ εὐθυμεῖτε [impv pres], ἄνδρες·

πιστεύω [pres] γὰρ τῷ θεῷ
ὅτι οὕτως ἔσται [fut]
καθ᾽ ὃν τρόπον λελάληταί [pf pass] μοι.
26 εἰς νῆσον δέ τινα δεῖ [pres] ἡμᾶς ἐκπεσεῖν [inf pres].

{리비아 북쪽 해안} 스르디스 {모래톱에} 걸릴까 염려해서죠[가우다-스르디스: 약 700km].

뱃기구를[거 기구를] 늦추고는
그 상태로 떠다니기 시작했습니다.

18 그러다가 폭풍이 우리를 태질하듯 세차게 불자[우리가 폭풍에 세차게 태질 당하자],
다음 날 그들은 {화물을} 내버립니다[내버리기를 실행합니다].
19 이어 3일째에는 그들 스스로 배의 연장을 내던졌습니다.

20 한데 태양도, 별들도
한참 동안이나 비추지 않을뿐더러
하찮지 않은 태질이 지속되자,
소망이 마침내 모두[모든 소망이 마침내] 사라집니다.
우리가 구원되리라는 {소망이요.}

21 결국 식욕부진이 심해지자[심한 식욕부진 상태일 때]
그때에 바울이 그들 가운데 서서 말했습니다.
"오, 여러분[남자들]! 내 말을[나를] 따랐어야[/내 말대로 했어야] 했습니다.
그레데[크레타] 섬을 떠나지 않고
이 손상과 손해를 입지 않도록요.

22 그런데도 이제는 힘내라고 여러분에게 조언합니다.

여러분 가운데 인명 손실이 전혀 없을 것이기 때문입니다.
배 말고는요.

23 간밤에[이밤에] 하나님께 속한 자가 내 옆에 섰습니다.
내가 속해 있으며 내가 섬기기도[/내가 딸려 있으면서 섬기기도] 하는 분이죠.
{하나님의} 천사가 24 {서서} 말했습니다.
'바울아, 두려워하지 말아라.
너는 가이사[카이사르] 옆에 서야 한다.
또한 보라, 하나님께서 네게 맡기셨다,
너와 함께 항해하는 모든 자들을.'

25 그러므로 여러분[남자들], 힘내십시오.

나는 하나님을 믿습니다.
이렇게 될 것이라고요.
내게 일러 주신 것과[언급된 바와] 같은 방식으로요.
26 하니 우리가 어떤 섬에 걸리는 것을 피할 수 없습니다."

27 Ὡς δὲ τεσσαρεσκαιδεκάτη νὺξ ἐγένετο [aor]
διαφερομένων [ptc pres pass] ἡμῶν ἐν τῷ Ἀδρίᾳ,
κατὰ μέσον τῆς νυκτὸς ὑπενόουν [impf] οἱ ναῦται
προσάγειν [inf pres] τινὰ αὐτοῖς χώραν.

28 καὶ βολίσαντες [ptc aor] εὗρον [aor] ὀργυιὰς εἴκοσι,
βραχὺ δὲ διαστήσαντες [ptc aor]
καὶ πάλιν βολίσαντες [ptc aor] εὗρον [aor] ὀργυιὰς δεκαπέντε·

29 φοβούμενοί [ptc pres mid] τε
μή που κατὰ τραχεῖς τόπους ἐκπέσωμεν [subj aor],
ἐκ πρύμνης ῥίψαντες [ptc aor] ἀγκύρας τέσσαρας
ηὔχοντο [impf] ἡμέραν γενέσθαι [inf aor].

30 τῶν δὲ ναυτῶν ζητούντων [ptc pres] φυγεῖν [inf aor] ἐκ τοῦ πλοίου
καὶ χαλασάντων [ptc aor] τὴν σκάφην εἰς τὴν θάλασσαν
προφάσει ὡς ἐκ πρῴρης ἀγκύρας μελλόντων [ptc pres] ἐκτείνειν [inf pres],
31 εἶπεν [aor] ὁ Παῦλος τῷ ἑκατοντάρχῃ καὶ τοῖς στρατιώταις,
Ἐὰν μὴ οὗτοι μείνωσιν [subj aor] ἐν τῷ πλοίῳ,
ὑμεῖς σωθῆναι [inf aor] οὐ δύνασθε [pres].

32 τότε ἀπέκοψαν [aor] οἱ στρατιῶται τὰ σχοινία τῆς σκάφης
καὶ εἴασαν [aor] αὐτὴν ἐκπεσεῖν [inf aor].

33 Ἄχρι δὲ οὗ ἡμέρα ἤμελλεν [impf] γίνεσθαι [inf pres],
παρεκάλει [impf] ὁ Παῦλος ἅπαντας μεταλαβεῖν [inf aor] τροφῆς λέγων [ptc pres],
Τεσσαρεσκαιδεκάτην σήμερον ἡμέραν προσδοκῶντες [ptc pres]
ἄσιτοι διατελεῖτε [pres] μηθὲν προσλαβόμενοι [ptc aor].

34 διὸ παρακαλῶ [pres] ὑμᾶς μεταλαβεῖν [inf aor] τροφῆς·

τοῦτο γὰρ πρὸς τῆς ὑμετέρας σωτηρίας ὑπάρχει [pres],
οὐδενὸς γὰρ ὑμῶν θρὶξ ἀπὸ τῆς κεφαλῆς ἀπολεῖται [fut].

35 εἴπας [ptc aor] δὲ ταῦτα
καὶ λαβὼν [ptc aor] ἄρτον
εὐχαρίστησεν [aor] τῷ θεῷ ἐνώπιον πάντων
καὶ κλάσας [ptc aor] ἤρξατο [aor] ἐσθίειν [inf pres].
36 εὔθυμοι δὲ γενόμενοι [ptc aor] πάντες

27 그러다가 열네 번째 밤이 되었을 때
우리는 아드리아 {바다}에서 떠다니고 있었습니다.
{한데} 한밤중에 선원들은 어렴풋이 느꼈습니다.
그들이 어떤 지역으로 다가가고[어떤 지역이 그들에게 다가오고] 있다는 것을요.

28 이어 그들이 수심을 재보니 20길[20오르기아][/36m 정도]이었습니다.
한데 조금 간격을 두고
다시 수심을 재보니 15길[15오르기아][/27m 정도]이었습니다.

29 결국 염려되었습니다[염려되어].
우리가 울퉁불퉁한 어떤 곳에 걸릴까봐요[/걸리지 않기를 바라면서요].
배 뒤쪽에[/고물에] 닻 넷을[네 개의 닻들을] 던지고
날이 밝기를[낮 되기를] 기원합니다.

30 한데 선원들이 배에서 달아나려고 도모하고
거룻배를 바다에 풀어 놓으면서,
표면적으로는 뱃머리에[/이물에서] 닻[들]을 내려뜨리는 체합니다[체하는데].
31 {그 때} 바울이 백부장과 군인들에게 말했습니다.
"이들이 배에 붙어 있지 않으면
여러분은 구원될 수 없습니다."

32 그제야 군인들이 거룻배의 밧줄[들]을 잘라 버리고,
그들이 그것을 떠내려 보냈습니다[떠내려가게 했습니다].

33 한편 날이 새려[낮이 되려] 할 때까지
바울이 모든 이들에게 음식을 함께 먹자고 설득하며 말합니다.
"14일째인 오늘까지 기다리며
아무 것도 섭취하지 못하고 여러분은 배를 곯며 지냈습니다.

34 그러므로 음식을 함께 먹자고 여러분을 권합니다.

이것은 여러분의 구원을 위한 것입니다.
여러분 가운데 아무의 머리카락도 상하지 않을 것입니다."

35 해서 이것들을 말하고
떡을 가져다가
모든 이들 앞에서 하나님께 감사했습니다.
그리고 쪼개서 먹기 시작했습니다.
36 이에 모두가 상쾌한 기분이 되어

καὶ αὐτοὶ προσελάβοντο [aor] τροφῆς.

37 ἤμεθα [impf] δὲ αἱ πᾶσαι ψυχαὶ ἐν τῷ πλοίῳ
διακόσιαι ἑβδομήκοντα ἕξ.

38 κορεσθέντες [ptc aor] δὲ τροφῆς
ἐκούφιζον [impf] τὸ πλοῖον
ἐκβαλλόμενοι [ptc pres mid] τὸν σῖτον εἰς τὴν θάλασσαν.

39 Ὅτε δὲ ἡμέρα ἐγένετο [aor],
τὴν γῆν οὐκ ἐπεγίνωσκον [impf],
κόλπον δέ τινα κατενόουν [impf]
ἔχοντα [ptc pres] αἰγιαλὸν
εἰς ὃν ἐβουλεύοντο [impf mid] εἰ δύναιντο [opt pres]
ἐξῶσαι [inf aor] τὸ πλοῖον.

40 καὶ τὰς ἀγκύρας περιελόντες [ptc aor]
εἴων [impf] εἰς τὴν θάλασσαν,
ἅμα ἀνέντες [ptc aor] τὰς ζευκτηρίας τῶν πηδαλίων.

καὶ ἐπάραντες [ptc aor] τὸν ἀρτέμωνα τῇ πνεούσῃ [ptc pres]
κατεῖχον [impf] εἰς τὸν αἰγιαλόν.

41 περιπεσόντες [ptc aor] δὲ εἰς τόπον διθάλασσον
ἐπέκειλαν [aor] τὴν ναῦν
καὶ ἡ μὲν πρῷρα ἐρείσασα [ptc aor] ἔμεινεν [aor] ἀσάλευτος,
ἡ δὲ πρύμνα ἐλύετο [impf pass] ὑπὸ τῆς βίας (τῶν κυμάτων).

42 τῶν δὲ στρατιωτῶν βουλὴ ἐγένετο [aor]
ἵνα τοὺς δεσμώτας ἀποκτείνωσιν [subj aor],
μή τις ἐκκολυμβήσας [ptc aor] διαφύγῃ [subj aor]·

43 ὁ δὲ ἑκατοντάρχης βουλόμενος [ptc pres] διασῶσαι [inf aor] τὸν Παῦλον
ἐκώλυσεν [aor] αὐτοὺς τοῦ βουλήματος,
ἐκέλευσέν [aor] τε
τοὺς δυναμένους [ptc pres] κολυμβᾶν [inf pres]
ἀπορίψαντας [ptc aor] πρώτους ἐπὶ τὴν γῆν ἐξιέναι [inf pres]
44 καὶ τοὺς λοιποὺς
οὓς μὲν ἐπὶ σανίσιν,
οὓς δὲ ἐπί τινων τῶν ἀπὸ τοῦ πλοίου.

자신들도 음식을 받아먹었습니다.

37 한데 배 안에 있는 우리 모두의 수는[우리 모든 사람은]
276이었습니다.

38 하여 음식이 채워지자
그들이 배를 가볍게 합니다.
밀을 바다에 던져서요.

39 그러다가 날이 밝았을 때,
그들이 그 땅이 {어디인지를} 알아보지 못하나[그 땅을 알아보지 못하나]
해만[/만][/바다가 육지 속으로 파고들어 와 있는 곳] 하나가[어떤 해만이] 있음에 주목합니다.
해변이 있는 {해만이죠.}
할 수만 있으면 그곳에[/해변에] 하고 싶어합니다.
배를 들이대는 것을요.

40 이어 닻[들]을 떼어 내고
바다로 나아갑니다.
동시에 키[들]의 줄[들]을 늦추고서요.

또한 큰 돛대의 돛을 바람이 부는 쪽으로 높이고
[그들이] 해변으로 몰고 갑니다.

41 그러다가 물이 합쳐진 곳에 부닥쳐
배가 좌초되었습니다[그들이 배를 좌초되게 하였습니다].
이에 뱃머리는[/이물은] 틀어박혀 꼼짝없이 멈춰 섰고,
배 뒤쪽은[/고물은] 파도의 격렬함 때문에 부서집니다.

42 그러자 군인들은 마음이 생겼습니다.
피고인들을 죽이려는 {마음이요.}
아무도 헤엄쳐 도망하지 못하도록요.

43 하나 백부장이 바울을 살리고자
그들을 막아 뜻대로 못하게 했습니다.
그리하여 명령했습니다.
헤엄할 수 있는 자들이
뛰어내려 먼저 육지로 건너라고요.
44 그리고 남은 자들은
혹은 널빤지를,
혹은 배에 있던 것들을 {의지하라고요.}

καὶ οὕτως ἐγένετο [aor] πάντας διασωθῆναι [inf aor] ἐπὶ τὴν γῆν.

Chapter 28

28:1 Καὶ διασωθέντες [ptc aor] τότε ἐπέγνωμεν [aor]
ὅτι Μελίτη ἡ νῆσος καλεῖται [pres pass].

2 οἵ τε βάρβαροι παρεῖχον [impf]
οὐ τὴν τυχοῦσαν [ptc aor] φιλανθρωπίαν ἡμῖν.

ἅψαντες [ptc aor] γὰρ πυρὰν προσελάβοντο [aor] πάντας ἡμᾶς
διὰ τὸν ὑετὸν τὸν ἐφεστῶτα [ptc pf]
καὶ διὰ τὸ ψῦχος.

3 συστρέψαντος [ptc aor] δὲ τοῦ Παύλου φρυγάνων τι πλῆθος
καὶ ἐπιθέντος [ptc aor] ἐπὶ τὴν πυράν,
ἔχιδνα ἀπὸ τῆς θέρμης ἐξελθοῦσα [ptc aor]
καθῆψεν [aor] τῆς χειρὸς αὐτοῦ.

4 ὡς δὲ εἶδον [aor] οἱ βάρβαροι
κρεμάμενον [ptc pres] τὸ θηρίον ἐκ τῆς χειρὸς αὐτοῦ,
πρὸς ἀλλήλους ἔλεγον [impf],
Πάντως φονεύς ἐστιν [pres] ὁ ἄνθρωπος οὗτος
ὃν διασωθέντα [ptc aor] ἐκ τῆς θαλάσσης
ἡ δίκη ζῆν [inf pres] οὐκ εἴασεν [aor].

5 ὁ μὲν οὖν ἀποτινάξας [ptc aor] τὸ θηρίον εἰς τὸ πῦρ
ἔπαθεν [aor] οὐδὲν κακόν.

6 οἱ δὲ προσεδόκων [impf] αὐτὸν μέλλειν [inf pres]
πίμπρασθαι [inf pres pass] ἢ καταπίπτειν [inf pres] ἄφνω νεκρόν.

ἐπὶ πολὺ δὲ αὐτῶν προσδοκώντων [ptc pres]
καὶ θεωρούντων [ptc pres] μηδὲν ἄτοπον εἰς αὐτὸν γινόμενον [ptc pres]
μεταβαλόμενοι [ptc aor] ἔλεγον [impf]
αὐτὸν εἶναι [inf pres] θεόν.

7 Ἐν δὲ τοῖς περὶ τὸν τόπον ἐκεῖνον
ὑπῆρχεν [impf] χωρία

그러면서도 이렇게 해서 모두가 육지에 {도달하여} 살아났습니다.

28장 [바울이 멜리데에서: 59년 겨울-60년 초]

28:1 살아난 다음에야[그리고 살아난 다음 그제야] 우리는 알게 되었습니다.
그[거] 섬이 멜리데[몰타]라 불린다는 것을요. [미항-몰타: 약 1,000km]

2 그뿐 아니라 섬 사람들이[거 원주민들이] 베풉니다.
좀처럼 만나기 어려운 친절을 우리에게요.

불[/모닥불]을 피우고서 우리 모두를 맞이했던 것입니다.
내리는 비 때문에요.
그리고 추위 때문에요.

3 하여 바울이 나뭇가지[들] 한 뭇을 모아
불[/모닥불] 위에 얹으니,
열기에 독사가 나와
그의 손에 매달렸습니다.

4 하니 섬 사람들이[거 원주민들이] 봤습니다[보고].
그[거] 야생동물이 그의 손에 달라붙어 있는 것을요.
서로 말합니다.
"분명 이 사람은 살인자이다.
비록 바다에서는 살아났지만
정의가 {그를} 살지 못하게 한다."

5 그럼에도 그가[거시기가] 그[거] 야생동물을 불 속으로 떨어 버리니
아무 해도 입지 않았습니다.

6 한데 그들은[거시기들은] 그가 하게 될 것이라고 예상합니다.
붓거나 갑자기 꼬꾸라져 죽을 걸로요.

하여 그들이 한참이나 기다리지만
어떤 이상한 일도 그에게 일어나지 않는 것을 주목하고
바꿔 말합니다.
그가 신이라고요.

7 한편 그[저] 곳 주변에
토지가 있습니다.

τῷ πρώτῳ τῆς νήσου ὀνόματι Ποπλίῳ,
ὃς ἀναδεξάμενος [ptc aor] ἡμᾶς
τρεῖς ἡμέρας φιλοφρόνως ἐξένισεν [aor].

8 ἐγένετο [aor] δὲ τὸν πατέρα τοῦ Ποπλίου
πυρετοῖς καὶ δυσεντερίῳ συνεχόμενον [ptc pres pass] κατακεῖσθαι [inf pres],
πρὸς ὃν ὁ Παῦλος εἰσελθὼν [ptc aor] καὶ προσευξάμενος [ptc aor]
ἐπιθεὶς [ptc aor] τὰς χεῖρας αὐτῷ
ἰάσατο [aor] αὐτόν.

9 τούτου δὲ γενομένου [ptc aor]
καὶ οἱ λοιποὶ οἱ ἐν τῇ νήσῳ ἔχοντες [ptc pres] ἀσθενείας
προσήρχοντο [impf] καὶ ἐθεραπεύοντο [impf pass].

10 οἳ καὶ πολλαῖς τιμαῖς ἐτίμησαν [aor] ἡμᾶς
καὶ ἀναγομένοις [ptc pres pass] ἐπέθεντο [aor] τὰ πρὸς τὰς χρείας.

11 Μετὰ δὲ τρεῖς μῆνας
ἀνήχθημεν [aor]
ἐν πλοίῳ παρακεχειμακότι [ptc pf] ἐν τῇ νήσῳ,
Ἀλεξανδρίνῳ,
παρασήμῳ Διοσκούροις.

12 καὶ καταχθέντες [ptc aor] εἰς Συρακούσας
ἐπεμείναμεν [aor] ἡμέρας τρεῖς.

13 ὅθεν περιελόντες [ptc aor]
κατηντήσαμεν [aor] εἰς Ῥήγιον.

καὶ μετὰ μίαν ἡμέραν ἐπιγενομένου [ptc aor] νότου
δευτεραῖοι ἤλθομεν [aor] εἰς Ποτιόλους,
14 οὗ εὑρόντες [ptc aor] ἀδελφοὺς
παρεκλήθημεν [aor] παρ᾽ αὐτοῖς
ἐπιμεῖναι [inf aor] ἡμέρας ἑπτά·

καὶ οὕτως εἰς τὴν Ῥώμην ἤλθαμεν [aor].

15 κἀκεῖθεν οἱ ἀδελφοὶ ἀκούσαντες [ptc aor] τὰ περὶ ἡμῶν
ἦλθαν [aor] εἰς ἀπάντησιν ἡμῖν
ἄχρι Ἀππίου Φόρου καὶ Τριῶν Ταβερνῶν.

그[게] 섬에서 첫째 가는 이로 이름이 보블리오라는 사람에게 {속한 것입니다.}
그런데 그가 우리를 반기어
사흘이나 넉넉히 대접했습니다.

8 한데 보블리오의 아버지에게[아버지가] 일이 있었습니다.
열병[들]과 설사병에 걸려 몸져눕게 된 것입니다.
그러자 바울이 그에게로 가서 기도합니다[기도하여].
그에게 손[들]을 얹어서요.
그가 그를 고쳤습니다.

9 일이 이렇게 되자[이 일이 일어나자]
약한 데가 있는 섬 사람들이[거 섬 안의 남은 이들이]
와서 고침을 받습니다.

10 또한 많은 가치물로 우리에게 보답하고,
떠나는 자들을 위해[/떠날 때 {우리에게}] 필요한 것들을 보태주었습니다.

11 그러다가 석 달 뒤에
우리는 떠났습니다.
그[게] 섬에서 겨울을 보낸 배로요.
알렉산드리아 {배였죠.}
앞쪽에[이물장식으로] 쌍둥이 신[/카스토르와 폴리데우케스] 장식이 있는 {배였죠.}

12 이어 {배가} {시실리 섬의} 수라구사[시라쿠사]에 정박했고[수라구사로 데려다 주자]
우리는 사흘을 지냈습니다. [멜리데-수라구사: 약 120km(뱃)]

13 거기에서 벗어나
우리는 레기온에 도달했습니다. [수라구사-레기온: 약 130km(뱃)]

이어 하루만에 남풍이 일어나서
둘째 날[들]에 우리는 보디올[보디올리]에 다다랐습니다. [보디올-로마: 약 208km(육)]
14 거기서 형제들을 만났는데,
그들의 요청이 있어서[우리가 그들에게서 요청을 받았습니다]
일주일을 머물렀습니다.

그리고 이렇게 우리는 로마에 당도했습니다. [바울의 로마 도착: 60년 2/3월]

15 그곳으로부터 형제들이 우리에 대한 일들을 듣고
우리를 마중하러 나왔습니다.
{상업 중심지} 압비오 광장(로마에서 65km)과 트레이스 타베르네(로마에서 50km)까지요.

οὓς ἰδὼν [ptc aor] ὁ Παῦλος εὐχαριστήσας [ptc aor] τῷ θεῷ
ἔλαβε [aor] θάρσος.

16 Ὅτε δὲ εἰσήλθομεν [aor] εἰς Ῥώμην,
ἐπετράπη [aor] τῷ Παύλῳ
μένειν [inf pres] καθ᾽ ἑαυτὸν
σὺν τῷ φυλάσσοντι [ptc pres] αὐτὸν στρατιώτῃ.

17 Ἐγένετο [aor] δὲ μετὰ ἡμέρας τρεῖς
συγκαλέσασθαι [inf aor] αὐτὸν τοὺς ὄντας [ptc pres] τῶν Ἰουδαίων πρώτους·

συνελθόντων [ptc aor] δὲ αὐτῶν
ἔλεγεν [impf] πρὸς αὐτούς,
Ἐγώ, ἄνδρες ἀδελφοί,
οὐδὲν ἐναντίον ποιήσας [ptc aor] τῷ λαῷ ἢ τοῖς ἔθεσι τοῖς πατρῴοις
δέσμιος ἐξ Ἱεροσολύμων παρεδόθην [aor] εἰς τὰς χεῖρας τῶν Ῥωμαίων,
18 οἵτινες ἀνακρίναντές [ptc aor] με
ἐβούλοντο [impf] ἀπολῦσαι [inf aor]
διὰ τὸ μηδεμίαν αἰτίαν θανάτου ὑπάρχειν [inf pres] ἐν ἐμοί·

19 ἀντιλεγόντων [ptc pres] δὲ τῶν Ἰουδαίων
ἠναγκάσθην [aor] ἐπικαλέσασθαι [inf aor mid] Καίσαρα
οὐχ ὡς τοῦ ἔθνους μου ἔχων [ptc pres] τι κατηγορεῖν [inf pres].

20 διὰ ταύτην οὖν τὴν αἰτίαν παρεκάλεσα [aor] ὑμᾶς
ἰδεῖν [inf aor] καὶ προσλαλῆσαι [inf aor].

ἕνεκεν γὰρ τῆς ἐλπίδος τοῦ Ἰσραὴλ
τὴν ἅλυσιν ταύτην περίκειμαι [pres].

21 οἱ δὲ πρὸς αὐτὸν εἶπαν [aor],
Ἡμεῖς οὔτε γράμματα περὶ σοῦ ἐδεξάμεθα [aor] ἀπὸ τῆς Ἰουδαίας
οὔτε παραγενόμενός [ptc aor] τις τῶν ἀδελφῶν
ἀπήγγειλεν [aor] ἢ ἐλάλησέν [aor] τι περὶ σοῦ πονηρόν.

22 ἀξιοῦμεν [pres] δὲ παρὰ σοῦ ἀκοῦσαι [inf aor] ἃ φρονεῖς [pres],
περὶ μὲν γὰρ τῆς αἱρέσεως ταύτης γνωστὸν ἡμῖν ἐστιν [pres]
ὅτι πανταχοῦ ἀντιλέγεται [pres pass].

그들을 보자 바울이 하나님께 감사하고
용기를 얻었습니다.

16 하여 우리가 로마에 들어가자,
바울에게 허용되었습니다.
따로 머무는 것이요.
그를 지키는 군인과 함께요.

17 한데 사흘 뒤에 이런 일이 있었습니다.
바울이[그가] 유대인들의 지도자들을 초대하는 일이요.

하여 그들이 모이자
그가 그들에게 말합니다.
"남자 형제들, 내가
백성이나 조상들의 관습[들]에 반대하여 아무 짓도 하지 않았는데도
예루살렘에서 로마인들의 손[들]에 형사 피고인으로 내준 바 되었습니다.
18 하지만 그들은[/로마인들은] 나를 조사하더니
풀어 주고 싶어했습니다[싶어합니다].
죽일 이유가 내게 하나도 없었기 때문입니다.

19 한데 유대인들이 반대하므로,
나는 가이사[카이사르]에게 상소하는[호소하는] 수밖에 없었습니다.
내 민족을 고소할 거리를 가진 것은 아니지만요.

20 그래서 이 이유 때문에 여러분에게 오라는 기별을 하였습니다.
만나 함께 이야기하려고요.

이스라엘의 소망 때문에
내가 이 사슬에 동여매어져 있기 때문입니다."

21 이에 그들이[거시기들이] 그에게 말했습니다.
"우리는 유대로부터 당신에 대한 문서[들]을 받지도 않았고,
형제들 가운데 누가 와서
당신에 관해 악한 일을 전하거나 얘기하지도 않았습니다.

22 하나 당신이 생각하는 바[들]를 당신에게서 듣는 것이 우리에게 가치가 있습니다.
이 분파에 대해 우리에게 알려진 바로는
그 분파가[그것이] 각처에서 배척을 받고 있기 때문입니다."

23 Ταξάμενοι [ptc aor] δὲ αὐτῷ ἡμέραν
ἦλθον [aor] πρὸς αὐτὸν εἰς τὴν ξενίαν πλείονες
οἷς ἐξετίθετο [impf] διαμαρτυρόμενος [ptc pres] τὴν βασιλείαν τοῦ θεοῦ,
πείθων [ptc pres] τε αὐτοὺς περὶ τοῦ Ἰησοῦ
ἀπό τε τοῦ νόμου Μωϋσέως καὶ τῶν προφητῶν,
ἀπὸ πρωῒ ἕως ἑσπέρας.

24 καὶ οἱ μὲν ἐπείθοντο [impf pass] τοῖς λεγομένοις [ptc pres pass],
οἱ δὲ ἠπίστουν [impf]·

25 ἀσύμφωνοι δὲ ὄντες [ptc pres] πρὸς ἀλλήλους
ἀπελύοντο [impf mid] εἰπόντος [ptc aor] τοῦ Παύλου ῥῆμα ἓν ὅτι
Καλῶς τὸ πνεῦμα τὸ ἅγιον ἐλάλησεν [aor]
διὰ Ἠσαΐου τοῦ προφήτου
πρὸς τοὺς πατέρας ὑμῶν
26 λέγων [ptc pres],
Πορεύθητι [impv aor] πρὸς τὸν λαὸν τοῦτον
καὶ εἰπόν [impv aor],

Ἀκοῇ ἀκούσετε [fut] καὶ οὐ μὴ συνῆτε [subj aor]
καὶ βλέποντες [ptc pres] βλέψετε [fut] καὶ οὐ μὴ ἴδητε [subj aor]·

27 ἐπαχύνθη [aor] γὰρ ἡ καρδία τοῦ λαοῦ τούτου
καὶ τοῖς ὠσὶν βαρέως ἤκουσαν [aor]
καὶ τοὺς ὀφθαλμοὺς αὐτῶν ἐκάμμυσαν [aor]·

μήποτε ἴδωσιν [subj aor] τοῖς ὀφθαλμοῖς
καὶ τοῖς ὠσὶν ἀκούσωσιν [subj aor]
καὶ τῇ καρδίᾳ συνῶσιν [subj aor]
καὶ ἐπιστρέψωσιν [subj aor],
καὶ ἰάσομαι [fut] αὐτούς.

28 γνωστὸν οὖν ἔστω [impv pres] ὑμῖν
ὅτι τοῖς ἔθνεσιν ἀπεστάλη [aor] τοῦτο τὸ σωτήριον τοῦ θεοῦ·

αὐτοὶ καὶ ἀκούσονται [fut].

30 Ἐνέμεινεν [aor] δὲ διετίαν ὅλην ἐν ἰδίῳ μισθώματι
καὶ ἀπεδέχετο [impf] πάντας τοὺς εἰσπορευομένους [ptc pres] πρὸς αὐτόν,
31 κηρύσσων [ptc pres] τὴν βασιλείαν τοῦ θεοῦ

23 이에 그에게 {약속} 날짜를 정해 주고
그들 가운데 많은 수가[그들이 많이] 그의[그에게] 숙소로 왔습니다.
그리고 그들에게 바울은[그는] 하나님의 나라를 증언하여 설명하면서,
예수님에 관하여 그들을 설득합니다.
모세의 율법뿐 아니라 선지자들{의 글}로요.
아침부터 저녁까지요.

24 그러자 어떤 이들은 언급된 바에 설득되나
어떤 이들은 믿지 않습니다.

25 그 바람에 서로서로 {생각이} 일치하지 않아
흩어지는데, 바울이 다음과 같이 한마디 했습니다.
"거룩한 영이[/성령께서] 매우 잘 얘기하셨습니다.
이사야 선지자를 통해서
우리 조상들에게요.
26 말씀하시되,
'이 백성에게 가서
말하라.

너희가 청력을 가지고 들을 것이나 이해하지 못할 것이다.
또한 [보고] 보기는 하겠으나 분별하지는 못할 것이다.

27 이 백성의 마음이 둔해지고
귀로는 더디 들으며
그들의 눈[들]을 감았기 때문이다.

그들이 눈[들]으로 분별하고
그들이 귀로 듣고
그들이 마음으로 이해하고
그들이 돌이킬까[/돌아올까] 봐.
그래서 내가 그들을 고칠까 봐.' [사 6:9-10]

28 그러므로 여러분은 명심하십시오[그것이 여러분에게 알려지게 하십시오].
하나님의 이 구원이 이방인들에게[/다른 민족들에게] 허락된[보냄을 받은] 것을요.

그들은 듣기도 할 것입니다." [29절 없음]

30 그러다가 그는 자기 셋집에서 온 이태를 묵었습니다. [바울의 로마 1차 투옥: 60-61/62년]
그러면서도 그에게 찾아오는 모든 이들을 반가워하며,
31 하나님의 나라를 전하고

καὶ διδάσκων [ptc pres] τὰ περὶ τοῦ κυρίου Ἰησοῦ Χριστοῦ
μετὰ πάσης παρρησίας
ἀκωλύτως.

주 예수 그리스도에 관한 일들을 가르칩니다.
매우 담대하게
막힘없이요. [골로새서, 빌레몬서, 에베소서, 빌립보서: 60-61/62]

롬

8 만일(εἰ)
우리가 죽었으면(조건절, if)
/그리스도와 함께
또한 **믿노니**
/[우리가] ——— 함께 살 줄을
/그와

9 //이는(이유: 완료분사, for- NIV)
[우리가] ——— **앎이로라**
/그리스도께서 — 다시 죽지 아니하시고
사망이——— 다시 그를 주장하지 못할 줄을

//(이유: 과거분사, since-NIV)
[그가]——— 사셨으매
/죽은 자 가운데서

10 //(이유 γάρ, for)
그의 죽으심은——— **죽으심이요**
/죄에 대하여
/단번에
그의 살으심은——— **살으심이니**
/하나님께 대하여

11 너희도 **여길지어다**
/너희 자신을
/이와 같이
/죽은 자요
/죄에 대하여는
/산 자로
/하나님을 대하여는
/그리스도 예수 안에서

12 그러므로(οὖν)
죄로(=가) **(너희는)왕 노릇 하지 못하게 하여**
/몸에
/너희
/죽을

//(목적: εἰς + 부정사, so that)
몸의 사욕을 ——— 순종치 말고

13 또한
[너희는] **드리지 말고**
/너희 지체를
/불의의 병기로
/죄에게
오직 드리며
/너희 자신을
/의의 병기로
/하나님께

8 만일 우리가 그리스도와 함께 죽었으면 또한 그와 함께 살 줄을 믿노니 9 이는 그리스도께서 죽은 자 가운데서 사셨으매 다시 죽지 아니하시고 사망이 다시 그를 주장하지 못할 줄을 앎이로라 10 그의 죽으심은 죄에 대하여 단번에 죽으심이요 그의 살으심은 하나님께 대하여 살으심이니 11 이와 같이 너희도 너희 자신을 죄에 대하여는 죽은 자요 그리스도 예수 안에서 하나님을 대하여는 산 자로 여길지어다 12 그러므로 너희는 죄로 너희 죽을 몸에 왕 노릇 하지 못하게 하여 몸의 사욕을 순종치 말고 13 또한 너희 지체를 불의의 병기로 죄에게 드리지 말고 오직 너희 자신

shall also live with Him, 9 knowing that Christ, having been raised from the dead, is never to die again; death no longer is master over Him. 10 For the death that He died, He died to sin, once for all; but the life that He lives, He lives to God. 11 Even so consider yourselves to be dead to sin, but alive to God in Christ Jesus. 12 Therefore do not let sin reign in your mortal body that you should obey its lusts, 13 and do not go on presenting the members of your body to sin as instruments of unrighteousness; but present yourselves to God as those alive from the

성경 66권 원문강독 시리즈 32

사도행전 원문강독

제Ⅲ부

단어장

단어장 사용하기 안내

변화형이 사도행전에 나오는 성경구절

변화형 빈도수

사전 표제어 빈도수

'Ααρών; 'Ααρών 1/1; [명사] 남성 단수 여격(7:40); 아론.

'Αβραάμ; 'Αβραάμ 2/7; [명사] 남성 단수 대격(3:25), 남성 단수 여격(7:17); 아브라함.

'Αβραὰμ; 'Αβραάμ 5/7; [명사] 남성 단수 주격(3:13; 7:16), 남성 단수 속격(7:32; 13:26), 남성 단수 여격 (7:2).

῞Αγαβος; ῞Αγαβος 2/2; [명사] 남성 단수 주격(11:28; 21:10); 아가보.

ἀγαγεῖν; ἄγω 1/26; 부정사 부정과거 능동태(23:18b); 데려오다[함께 거느리고 오다], 인도[인도6: 이끌어 지도함]하다2, 이끌다[목적하는 곳으로 바로 가도록 같이 가면서 따라오게 하다], 끌어 오다, 끌고 가다; [수동태] 인도되다2, 소집[단체나 소식체의 구성원을 불러서 모음]되다, 제 구실[구실1: 자기가 마땅히 해야 할 맡은 바 책임]을 하다.

단어의 의미 (표준국어대사전)

사전 표제어 번호 (표준국어대사전)

ἀγαθουργῶν; ἀγαθοεργέω; ἀγαθός, ἔργον 1/1; 분사 현재 능동태 남성 단수 주격(14:17); 선한 일을 하다.

ἀγαθῶν; ἀγαθός 1/3; [형용사] 중성 복수 속격(9:36); 선한.

ἀγαλλιάσει; ἀγαλλίασις; ἀγάλλομαι 1/1; [명사] 여성 단수 여격 (2:46); 환희2[큰 기쁨, 매우 기뻐함].

변화형

악센트와 대/소문자까지 구별했음

사전 표제어

어근

문법사항

α

῞Α; ὅς 2/225; [관계 대명사] 중성 복수 대격(10:15; 11:9); [접속사+대명사]로 번역.

ἅ; ὅς 8/225; [관계 대명사] 중성 복수 대격(3:18; 4:20; 6:14; 8:6, 30; 16:21; 25:7; 28:22).

᾽Ααρών; ᾽Ααρών 1/1; [명사] 남성 단수 여격(7:40); 아론.

᾽Αβραάμ; ᾽Αβραάμ 2/7; [명사] 남성 단수 대격(3:25), 남성 단수 여격(7:17); 아브라함.

᾽Αβραὰμ; ᾽Αβραάμ 5/7; [명사] 남성 단수 주격(3:13; 7:16), 남성 단수 속격(7:32; 13:26), 남성 단수 여격(7:2).

῞Αγαβος; ῞Αγαβος 2/2; [명사] 남성 단수 주격(11:28; 21:10); 아가보.

ἀγαγεῖν; ἄγω 1/26; 부정사 부정과거 능동태(23:18b); 데려오다[함께 거느리고 오다], 인도[인도6: 이끌어 지도함]하다2, 이끌다[목적하는 곳으로 바로 가도록 같이 가면서 따라오게 하다], 끌어 오다, 끌고 가다; [수동태] 인도되다2, 소집[단체나 조직체의 구성원을 불러서 모음]되다, 제 구실[구실1: 자기가 마땅히 해야 할 맡은 바 책임]을 하다.

ἀγάγῃ; ἄγω 2/26; 가정법 부정과거 능동태 3인칭 단수(9:2, 21).

᾽Αγαγόντες; ἄγω 1/26; 분사 부정과거 능동태 남성 복수 주격(5:27).

ἀγαθῇ; ἀγαθός 1/3; [형용사] 여성 단수 여격(23:1); 선[선10: 올바르고 착하여 도덕적 기준에 맞음, 또는 그런 것]한[선하다4].

ἀγαθὸς; ἀγαθός 1/3; [형용사] 남성 단수 주격(11:24).

ἀγαθουργῶν; ἀγαθοεργέω; ἀγαθός, ἔργον 1/1; 분사 현재 능동태 남성 단수 주격(14:17); 선한 일을 하다.

ἀγαθῶν; ἀγαθός 1/3; [형용사] 중성 복수 속격(9:36); 선한.

ἀγαλλιάσει; ἀγαλλίασις; ἀγάλλομαι 1/1; [명사] 여성 단수 여격(2:46); 환희2[큰 기쁨, 매우 기뻐함].

ἀγαπητοῖς; ἀγαπητός; ἀγάπη 1/1; [형용사] 남성 복수 여격(15:25); 사랑하는.

ἄγγελον; ἄγγελος 4/21; [명사] 남성 단수 대격(10:3; 11:13; 12:11; 23:8); 천사5[천국에서 인간 세계에 파견되어 신과 인간의 중간에서 신의 뜻을 인간에게 전하고, 인간의 기원을 신에게 전하는 사자(使者)].

῎Αγγελος; ἄγγελος 1/21; [명사] 남성 단수 주격(8:26).

ἄγγελος; ἄγγελος 9/21; [명사] 남성 단수 주격(5:19; 7:30; 10:7; 12:7, 8, 10, 23; 23:9; 27:23).

ἄγγελός; ἄγγελος 1/21; [명사] 남성 단수 주격(12:15).

ἀγγέλου; ἄγγελος 5/21; [명사] 남성 단수 속격(6:15; 7:35, 38; 10:22; 12:9).

ἀγγέλων; ἄγγελος 1/21; [명사] 남성 복수 속격(7:53).

ἄγειν; ἄγω 1/26; 부정사 현재 능동태(23:10); 데려오다, 인도하다2, 이끌다, 끌어 오다, 끌고 가다; [수동태] 인도되다2, 소집되다, 제 구실을 하다.

ἄγεσθαι; ἄγω 1/26; 부정사 현재 수동태(21:34).

ἁγία; ἅγιος; ἅγος 1/53; [형용사] 여성 단수 주격(7:33); 거룩한.

ἁγίοις; ἅγιος; ἅγος 1/53; [형용사] 남성 복수 여격(9:13).

ἅγιον; ἅγιος; ἅγος 21/53; [형용사] 남성 단수 대격(3:14; 4:27; 10:44; 11:15; 21:28), 중성 단수 주격(1:16; 5:32; 13:2; 19:2[2회], 6; 20:23, 28; 28:25), 중성 단수 대격(5:3; 8:15, 17, 19; 10:47; 15:8; 21:22).

ἁγίου; ἅγιος; ἅγος 21/53; [형용사] 남성 단수 속격(4:30; 6:13; 10:22), 중성 단수 속격(1:2, 8; 2:4, 33, 38; 4:8, 25, 31; 6:5; 7:55; 9:17, 31; 10:45; 11:24; 13:4, 9, 52; 16:6).

ἁγίους; ἅγιος; ἅγος 2/53; [형용사] 남성 복수 대격(9:32, 41).

ἁγίῳ; ἅγιος; ἅγος 5/53; [형용사] 중성 단수 여격(1:5; 7:51; 10:38; 11:16; 15:28).

ἁγίων; ἅγιος; ἅγος 2/53; [형용사] 남성 복수 속격(3:21; 26:10).

ἀγκύρας; ἄγκυρα 3/3; [명사] 여성 복수 대격(27:29, 30, 40); 닻[배를 한곳에 멈추어 있게 하기 위하여 줄에 매어 물 밑바닥으로 가라앉히는, 갈고리가 달린 기구].

ἁγνισθείς; ἁγνίζω; ἅγος 1/3; 분사 부정과거 수동태 남성 단수 주격(21:26); 성결하게 하다, 정결예식을 하다; [수동태] 성결하게 되다.

ἁγνίσθητι; ἁγνίζω; ἅγος 1/3; 명령법 부정과거 수동태 2인칭 단수(21:24).

ἁγνισμοῦ; ἁγνισμός; ἅγος 1/1; [명사] 남성 단수 속격(21:26); 정결 예(禮), 정결 예식2[예법에 따라 치르는 의식].

ἀγνοήσαντες; ἀγνοέω; α, γινώσκω 1/2; 분사 부정과거 능동태 남성 복수 주격(13:27); 알지 못하다.

ἄγνοιαν; ἄγνοια; α, γινώσκω 1/2; [명사] 여성 단수 대격(3:17); 모름.

ἀγνοίας; ἄγνοια; α, γινώσκω 1/2; [명사] 여성 단수 속격(17:30).

ἀγνοοῦντες; ἀγνοέω; α, γινώσκω 1/2; 분사 현재 능동태 남성 복수 주격(17:23); 알지 못하다.

Ἀγνώστῳ; ἄγνωστος; α, γινώσκω 1/2; [형용사] 남성 단수 여격(17:23); 알려지지 않은.

ἄγονται; ἄγω 1/26; 직설법 현재 수동태 3인칭 복수(19:38); 데려오다[함께 거느리고 오다], 인도[인도6: 이끌어 지도함]하다2, 이끌다[목적하는 곳으로 바로 가도록 같이 가면서 따라오게 하다], 끌어 오다, 끌고 가다; [수동태] 인도되다2, 소집[단체나 조직체의 구성원을 불러서 모음]되다, 제 구실[구실1: 자기가 마땅히 해야 할 맡은 바 책임]을 하다.

ἄγοντες; ἄγω 1/26; 분사 현재 능동태 남성 복수 주격(21:16).

ἀγορᾷ; ἀγορά 1/2; [명사] 여성 단수 여격(17:17); 장터[장이 서는 터].

ἀγοραῖοι; ἀγοραῖος; ἀγορά 1/2; [형용사] 여성[ἡμέραι나 σύνοδοι가 뒤따라 올 것으로 볼 때 여성일 가능성이 높다.] 복수 주격(19:38); 장터의, 법정[법원이 소송 절차에 따라 송사를 심리하고 판결하는 곳]의, 배심원[법률 전문가가 아닌 일반 국민 가운데 선출되어 심리나 재판에 참여하고 사실 인정에 대하여 판단을 내리는 사람]의.

ἀγοραίων; ἀγοραῖος; ἀγορά 1/2; [형용사] 남성 복수 속격(17:5).

ἀγορὰν; ἀγορά 1/2; [명사] 여성 단수 대격(16:19); 장터[장이 서는 터].

ἀγράμματοί; ἀγράμματος; α, γράφω 1/1; [형용사] 남성 복수 주격(4:13); 배운 것이 없는.

Ἀγρίππα; Ἀγρίππας 6/11; [명사] 남성 단수 속격(25:23), 남성 단수 호격(25:24, 26; 26:2, 19, 27); 아그립바[헤롯대왕의 증손자인 헤롯 아그립바 2세, 28-92/93 AD].

Ἀγρίππας; Ἀγρίππας 5/11; [명사] 남성 단수 주격(25:13, 22; 26:1, 28, 32); 아그립바.

ἀγροῦ; ἀγρός 1/1; [명사] 남성 단수 속격(4:37); 경작지.

ἀδελφέ; ἀδελφός 3/57; [명사] 남성 단수 호격(9:17; 21:20; 22:13); 형제1[형과 아우를 아울러 이르는 말], 곤제[=형제1], 동기3[형제와 자매, 남매를 통틀어 이르는 말].

ἀδελφῆς; ἀδελφή; ἀδελφός 1/1; [명사] 여성 단수 속격(23:16); 누이1[같은 부모에게서 태어난 사이거나 일가 친척 가운데 항렬이 같은 사이에서 남자가 여자 형제를 이르는 말], 누나1[같은 부모에게서 태어난 사이거나 일가친척 가운데 항렬이 같은 사이에서, 남자가 나이가 위인 여자를 이르거나 부르는 말], 누님['누나'1의 높임말].

ἀδελφοί; ἀδελφός 16/57; [명사] 남성 복수 주격(1:16; 2:29, 37; 3:17; 6:3; 7:26; 13:15, 26, 38; 15:7, 13; 21:17; 23:1, 5, 6; 28:17); 형제1, 곤제, 동기3.

ἀδελφοὶ; ἀδελφός 10/57; [명사] 남성 복수 주격(7:2; 9:30; 11:1, 12; 15:23; 17:10, 14; 18:27; 22:1; 28:15).

ἀδελφοῖς; ἀδελφός 8/57; [명사] 남성 복수 여격(1:14; 7:13; 11:29; 12:17; 15:3, 22, 23; 18:18).

ἀδελφὸν; ἀδελφός 1/57; [명사] 남성 단수 대격(12:2).

ἀδελφοὺς; ἀδελφός 10/57; [명사] 남성 복수 대격(7:23, 25; 15:1, 32, 36; 16:40; 17:6; 21:7; 22:5; 28:14).

ἀδελφῶν; ἀδελφός 9/57; [명사] 남성 복수 속격(1:15; 3:22; 7:37; 10:23; 14:2; 15:33, 40; 16:2; 28:21).

ᾅδην; ᾅδης; α, εἶδος 2/2; [명사] 남성 단수 대격(2:27, 31); 음부(陰府)4, 하데스, 저승.

ἀδικεῖτε; ἀδικέω; α, δίκη 1/5; 직설법 현재 능동태 2인칭 복수(7:26); 해치다, 해를 입히다; [수동태] 해를 입다, 당하다.

ἀδίκημα; ἀδίκημα; α, δίκη 1/2; [명사] 중성 단수 대격(24:20); 위반3[법률, 명령, 약속 따위를 지키지 않고 어김], 위반 행위, 어긋난 행동.

ἀδίκημά; ἀδίκημα; α, δίκη 1/2; [명사] 중성 단수 주격(18:14).

ἀδικίας; ἀδικία; α, δίκη 2/2; [명사] 여성 단수 속격(1:18; 8:23); 불의2[의리, 도의, 정의 따위에 어긋남].

ἀδικούμενον; ἀδικέω; α, δίκη 1/5; 분사 현재 수동태 남성 단수 대격(7:24); 해치다, 해를 입히다; [수동태] 해를 입다, 당하다.

ἀδικῶ; ἀδικέω; α, δίκη 1/5; 직설법 현재 능동태 1인칭 단수(25:11).

ἀδικῶν; ἀδικέω; α, δίκη 1/5; 분사 현재 능동태 남성 단수 주격(7:27).

ἀδίκων; ἄδικος; α, δίκη 1/1; [형용사] 남성 복수 속격(24:15); 불의한.

᾿Αδραμυττηνῷ; ᾿Αδραμυττηνός 1/1; [명사] 중성 단수 여격(27:2); 아드라뭇데노[무시아(16:7, 8) 지방의 항구 도시로 앗소(20:13, 14)에서 동쪽으로 96km 떨어져 있다.].

᾿Αδρίᾳ; ᾿Αδρίας 1/1; [명사] 남성 단수 여격(27:27); 아드리아[그리스 반도와 이탈리아 반도 사이의 해협을 '아드리아 바다'라 부르는데, 남쪽으로는 시실리 섬과 그레데 섬까지, 서쪽으로는 멜리데 섬까지의 해역을 포함한다.].

ἀδύνατος; α, δύναμαι 1/1; [형용사] 남성 단수 주격(14:8); 쓸 수 없는, 쓰지 못하는.

ἀεὶ; ἀεί 1/1; [부사] (7:51); 항상[언제나 변함없이].

ἀέρα; ἀήρ; ἄημι 1/1; [명사] 남성 단수 대격(22:23); 공중3[하늘과 땅 사이의 빈 곳].

ἀζύμων; ἄζυμος; α, ζέω 2/2; [명사] 중성 복수 속격(12:3; 20:6); 무교병[누룩을 넣지 않고 만든 빵].

–ἡμέραι ἀζύμων (12:3; 20:6) 무교절[유대인 달력으로 유월절 다음 날인 1월 15일부터 21일까지의 한 주일].

῎Αζωτον; ῎Αζωτος 1/1; [명사] 여성 단수 대격(8:40); 아소도[아스돗: 블레셋 다섯 방백의 도시

가운데 하나로, 가사에서 북북동으로 약 34km, 가이사랴에서 남쪽으로 약 87km 가량 떨어져 있다.].

ἀθέμιτόν; ἀθέμιτος; α, θέμις 1/1; [형용사] 중성 단수 주격(10:28); 허용되지 않는.

᾿Αθηναῖοι; ᾿Αθηναῖος; ᾿Αθῆναι 2/2; [형용사] 남성 복수 주격(17:21, 22); 아덴[아테네] 사람/시민.

᾿Αθήναις; ᾿Αθῆναι 1/3; [명사] 여성 복수 여격(17:16); 아덴[아테네: 고대 그리스 아티카/아틀란티스 지방의 수도].

᾿Αθηνῶν; ᾿Αθῆναι 2/3; [명사] 여성 복수 속격(17:15; 18:1).

Αἱ; ὁ 1/2709; [관사] 여성 복수 주격(10:4a); 거시기[이름이 얼른 생각나지 않거나 바로 말하기 곤란한 사람 또는 사물을 가리키는 대명사로, 지시 · 한정 · 대용의 기능을 한다], 거1['그거'의 준말], 그[듣는 이에게 가까이 있거나 듣는 이가 생각하고 있는 대상을 가리킬 때 쓰는 말, 앞에서 이미 이야기한 대상을 가리킬 때 쓰는 말, 확실하지 아니하거나 밝히고 싶지 아니한 일을 가리킬 때 쓰는 말], 그분['그 사람'을 아주 높여 이르는 삼인칭 대명사], 곧1[다름 아닌 바로], 일1[어떤 내용을 가진 상황이나 장면], 거리2[내용이 될 만한 재료].

αἱ; ὁ 15/2709; [관사] 여성 복수 주격(2:17; 3:7, 25; 6:1; 9:39; 10:4b, 31; 12:3, 7; 16:5, 26; 20:34; 21:27, 30; 27:37).

αἰγιαλόν; αἰγιαλός; ἅλας 1/3; [명사] 남성 단수 대격(27:40); 해변, 바닷가.

αἰγιαλὸν; αἰγιαλός; ἅλας 2/3; [명사] 남성 단수 대격(21:5; 27:39).

Αἰγύπτιον; Αἰγύπτιος; Αἴγυπτος 2/4; [형용사] 남성 단수 대격(7:24, 28); 애굽[이집트] 사람의.

Αἰγύπτιος; Αἰγύπτιος; Αἴγυπτος 1/4; [형용사] 남성 단수 주격(21:38).

Αἰγυπτίων; Αἰγύπτιος; Αἴγυπτος 1/4; [형용사] 남성 복수 속격(7:22).

Αἴγυπτον; Αἴγυπτος 9/15; [명사] 여성 단수 대격(2:10; 7:9; 7:10b, 11, 12, 15, 18, 34b, 39); 애굽[이집트].

Αἰγύπτου; Αἴγυπτος 3/15; [명사] 여성 단수 속격(7:10a, 40; 13:17).

Αἰγύπτῳ; Αἴγυπτος 3/15; [명사] 여성 단수 여격(7:17, 34a, 36).

Αἰθιόπων; Αἰθίοψ 1/2; [명사] 남성 복수 속격(8:27b); 에디오피아[에티오피아] 사람.

Αἰθίοψ; Αἰθίοψ 1/2; [명사] 남성 단수 주격(8:27a).

αἷμα; αἷμα 6/11; [명사] 중성 단수 주격(18:6), 중성 단수 대격(2:19, 20; 5:28; 21:25; 22:20); 피2[사람이나 동물의 몸 안의 혈관을 돌며 산소와 영양분을 공급하고, 노폐물을 운반하는 붉은색의 액체; 혈액].

Αἵματος; αἷμα 1/11; [명사] 중성 단수 속격(1:19).

αἵματος; αἷμα 4/11; [명사] 중성 단수 속격(15:20, 29; 20:26, 28).

Αἰνέα; Αἰνέας 1/2; [명사] 남성 단수 호격(9:34); 애니아.

Αἰνέαν; Αἰνέας 1/2; [명사] 남성 단수 대격(9:33).

αἰνοῦντα; αἰνέω; αἶνος 1/3; 분사 현재 능동태 남성 단수 대격(3:9); 찬송하다.

αἰνοῦντες; αἰνέω; αἶνος 1/3; 분사 현재 능동태 남성 복수 주격(2:47).

αἰνῶν; αἰνέω; αἶνος 1/3; 분사 현재 능동태 남성 단수 주격(3:8).

Αἶρε; αἴρω 2/9; 명령법 현재 능동태 2인칭 단수(21:36; 22:22); 일으키다, 들다4[아래에 있는 것을 위로 올리다], 올리다, 들어 올리다, 높이다['높다'의 사동사],

거머들다[마구 움켜잡아서 들다], 거머채다[휘감아 잡아채다], 없애버리다; [수동태] 적용되지 않다, 잘려 나가다.

αἱρέσεως; αἵρεσις; αἱρέω 3/6; [명사] 여성 단수 속격(15:5; 24:5; 28:22); 분파1[학설이나 정당 따위의 주류에서 갈라져 나와 한 파를 이룸. 또는 그렇게 이룬 파].

αἵρεσιν; αἵρεσις; αἱρέω 2/6; [명사] 여성 단수 대격(24:14; 26:5).

αἵρεσις; αἵρεσις; αἱρέω 1/1; [명사] 여성 단수 주격(5:17).

αἴρεται; αἴρω 1/9; 직설법 현재 수동태 3인칭 단수(8:33b); 일으키다, 들다4, 올리다, 들어올리다, 높이다, 거머들다, 거머채다, 없애버리다; [수동태] 적용되지 않다, 잘려 나가다.

αἷς; ὅς 2/225; [관계 대명사] 여성 복수 여격(15:36; 24:18); [접속사+대명사]로 번역.

αἰτεῖν; αἰτέω 1/10; 부정사 현재 능동태(3:2); 요청[필요한 일이 이루어지도록 요긴하게 부탁함, 또는 그런 부탁]하다, 청[청8: 어떤 일을 이루기 위하여 남에게 부탁을 함, 또는 그 부탁]하다.

αἰτήσας; αἰτέω 1/10; 분사 부정과거 능동태 남성 단수 주격(16:29).

αἰτία; αἰτία 1/8; [명사] 여성 단수 주격(10:21); 이유4[어떠한 결론이나 결과에 이른 까닭이나 근거].

αἰτίαν; αἰτία 6/8; [명사] 여성 단수 대격(13:28; 22:24; 23:28; 25:18; 28:18, 20).

αἰτίας; αἰτία 1/8; [명사] 여성 복수 대격(25:27).

αἰτίου; αἴτιος; αἰτία 1/1; [형용사] 중성 단수 속격(19:40); 자료로 내놓을.

αἰτιώματα; αἰτίωμα; αἰτία 1/1; [명사] 중성 복수 대격(25:7); 비난.

αἰτούμενοι; αἰτέω 2/10; 분사 현재 중간태 남성 복수 주격(25:3, 15); 요청하다, 청하다.

αἰώνιον; αἰώνιος; αἰών 1/2; [형용사] 여성 단수 주격(13:48); 영원한[영원2: 어떤 상태가 끝없이 이어짐. 또는 시간을 초월하여 변하지 아니함].

αἰωνίου; αἰώνιος; αἰών 1/2; [형용사] 여성 단수 속격(13:46).

αἰῶνος; αἰώνιος; αἰών 2/2; [형용사] 남성 단수 속격(3:21; 15:18); 오래전[상당한 시간이 지나간 과거].

–ἀπ᾽ αἰῶνος (3:21; 15:18); 오래전부터.

ἀκάθαρτα; ἀκάθαρτος; α, καθαρός 1/5; [형용사] 중성 복수 대격(8:7); 더러운.

ἀκάθαρτον; ἀκάθαρτος; α, καθαρός 3/5; [형용사] 남성 단수 대격(10:28), 중성 단수 대격(10:14; 11:8).

ἀκαθάρτων; ἀκάθαρτος; α, καθαρός 1/5; [형용사] 중성 복수 속격(5:16).

ἀκατάκριτον; ἀκατάκριτος; α, κατά, κρίνω 1/2; 형용사] 남성 단수 대격(22:25); 판결 없는, 판결 없이.

ἀκατακρίτους; ἀκατάκριτος; α, κατά, κρίνω 1/2; [형용사] 남성 복수 대격(16:37).

῾Ακελδαμάχ; ῾Ακελδαμάχ 1/1; [명사] 중성 단수 대격(1:19); 아겔다마[아람어로 '피의 밭'이란 뜻이다.].

᾽Ακηκόαμεν; ἀκούω 1/89; 직설법 완료 능동태 1인칭 복수(6:11); 듣다, 전해 듣다, 새겨듣다[잊지 아니하도록 주의해서 듣다], 들어보다, 헤아려 듣다, 알아듣다, 경청하다, 귀 기울여 듣다; [수동태] 전해지다, 알려지다.

ἀκηκόαμεν; ἀκούω 1/89; 직설법 완료 능동태 1인칭 복수(6:14).

ἀκοὰς; ἀκοή; ἀκούω 1/2; [명사] 여성 복수 대격(17:20); 귀, 들음, 청력2[귀로 소리를 듣는 힘, 듣는힘, 이력2].

᾽Ακοῇ; ἀκοή; ἀκούω 1/2; [명사] 여성 단수 여격(28:26).
ἀκολούθει; ἀκολουθέω; ἀκόλουθος 1/1; 명령법 현재 능동태 2인칭 단수(12:8); 따라오다 [다른 사람이나 동물의 뒤에서, 그가 오는 대로 오다], 좇다[남의 말이나 뜻을 따르다].
ἀκούειν; ἀκούω 3/89; 부정사 현재 능동태(4:19; 8:6; 17:21); 듣다1[사람이나 동물이 소리를 감각 기관을 통해 알아차리다], 전해 듣다, 새겨듣다[말하고자 하는 본뜻을 잘 헤아려 듣다], 들어보다, 헤아려 듣다, 알아듣다[남의 말을 듣고 그 뜻을 알다], 경청[경청1: 귀를 기울여 들음]하다1, 귀 기울여 듣다; [수동태] 전해지다, 알려지다.
ἀκούετε; ἀκούω 2/89; 직설법 현재 능동태 2인칭 복수(2:33; 19:26).
ἀκούομεν; ἀκούω 2/89; 직설법 현재 능동태 1인칭 복수(2:8, 11).
ἀκούοντα; ἀκούω 1/89; 분사 현재 능동태 중성 복수 주격(13:48).
ἀκούοντας; ἀκούω 4/89; 분사 현재 능동태 남성 복수 대격(5:5, 11; 10:44; 17:8).
ἀκούοντάς; ἀκούω 1/89; 분사 현재 능동태 남성 복수 대격(26:29).
᾽Ακούοντες; ἀκούω 1/89; 분사 현재 능동태 남성 복수 주격(7:54).
ἀκούοντες; ἀκούω 3/89; 분사 현재 능동태 남성 복수 주격(9:7, 21; 18:8).
ἀκοῦσαι; ἀκούω 9/89; 부정사 부정과거 능동태(10:22, 33; 13:7, 44; 15:7; 19:10; 22:14; 25:22; 28:22).
ἀκοῦσαί; ἀκούω 2/89; 부정사 부정과거 능동태(24:4; 26:3).
᾽Ακούσαντες; ἀκούω 4/89; 분사 부정과거 능동태 남성 복수 주격(2:37; 8:14; 17:32; 19:28).
ἀκούσαντες; ἀκούω 12/89; 분사 부정과거 능동태 남성 복수 주격(4:24; 5:21, 33; 9:38; 11:18; 14:14; 16:38; 18:26; 19:5; 21:20; 22:2; 28:15).
ἀκουσάντων; ἀκούω 1/89; 분사 부정과거 능동태 남성 복수 속격(4:4).
᾽Ακούσας; ἀκούω 1/89; 분사 부정과거 능동태 남성 단수 주격(23:16).
ἀκούσας; ἀκούω 2/89; 분사 부정과거 능동태 남성 단수 주격(7:12; 22:26).
ἀκούσατε; ἀκούω 3/89; 명령법 부정과거 능동태 2인칭 복수(2:22; 7:2; 13:16).
ἀκούσατέ; ἀκούω 2/89; 명령법 부정과거 능동태 2인칭 복수(15:13; 22:1).
ἀκούσεσθε; ἀκούω 1/89; 직설법 미래 중간태 2인칭 복수(3:22).
ἀκούσετε; ἀκούω 1/89; 직설법 미래 능동태 2인칭 복수(28:26).
ἀκούσῃ; ἀκούω 2/89; 가정법 부정과거 능동태 3인칭 단수(3:23; 25:22).
᾽Ακουσόμεθά; ἀκούω 1/89; 직설법 미래 중간태 1인칭 복수(17:32).
ἀκούσονται; ἀκούω 2/89; 직설법 미래 중간태 3인칭 복수(21:22; 28:28).
ἀκούσωσιν; ἀκούω 1/89; 가정법 부정과거 능동태 3인칭 복수(28:27).
ἀκούων; ἀκούω 1/89; 분사 현재 능동태 남성 단수 주격(5:5).
ἀκρίβειαν; ἀκρίβεια; ἀκριβής 1/1; [명사] 여성 단수 대격(22:3); 정교함[정교하다2: 솜씨나 기술 따위가 정밀하고 교묘하다.].
ἀκριβεστάτην; ἀκριβής 1/1; [형용사] 여성 단수 대격 최상급(26:5); 엄격한[엄격하다2: 말, 태도, 규칙 따위가 매우 엄하고 철저하다.].
ἀκριβέστερον; ἀκριβῶς; ἀκριβής 4/5; [부사] (18:26; 23:15, 20; 24:22); 자세히; [비교급] 더 자세히.
ἀκριβῶς; ἀκριβῶς; ἀκριβής 1/5; [부사] (18:25).
ἀκροατήριον; ἀκροατήριον; ἀκροάομαι 1/1; [명사] 중성 단수 대격(25:23); 접견실[공식적으로 손님을 맞아들여 만나 보는 방].

ἀκροβυστίαν; ἀκροβυστία; ἀκή, πόσθη 1/1; [명사] 여성 단수 대격(11:3); 포피1[남성 성기의 귀두 부위를 싸고 있는 가죽], 양피2[귀두를 덮은 살가죽], 무할례.

Ἀκύλαν; Ἀκύλας 1/3; [명사] 남성 단수 대격(18:2); 아굴라.

Ἀκύλας; Ἀκύλας 2/3; [명사] 남성 단수 주격(18:18, 26).

ἀκωλύτως; ἀκωλύτως; α, κωλύω 1/1; [부사] (28:31); 막힘없이.

Ἀλεξανδρεὺς; Ἀλεξανδρεύς 1/2; [명사] 남성 단수 주격(18:24); 알렉산드리아[프톨레미 왕조의 수도로 신약 당시 세계 3대 도시 가운데 하나였다.] 사람.

Ἀλεξανδρέων; Ἀλεξανδρεύς 1/2; [명사] 남성 복수 속격(6:9).

Ἀλεξανδρῖνον; Ἀλεξανδρῖνος 1/2; [형용사] 중성 단수 대격(27:6); 알렉산드리아의.

Ἀλεξανδρίνῳ; Ἀλεξανδρῖνος 1/2; [형용사] 중성 단수 여격(28:11).

Ἀλέξανδρον; Ἀλέξανδρος 1/3; [명사] 남성 단수 대격(19:33a); 알렉산더.

Ἀλέξανδρος; Ἀλέξανδρος 2/3; [명사] 남성 단수 주격(4:6; 19:33b).

ἀληθείας; ἀλήθεια; α, λανθάνω 3/3; [명사] 여성 단수 속격(4:27; 10:34; 26:25); 진실, 진솔2[진솔하다: 진실하고 솔직하다.].

–ἐπ' ἀληθείας (4:27; 10:34); 진실로.

ἀληθές; ἀληθής; α, λανθάνω 1/1; [형용사] 중성 단수 주격(12:9); 실제로 존재하는, 현실인[현실2: 현재 실제로 존재하는 사실이나 상태].

ἀληθῶς; ἀληθῶς; α, λανθάνω 1/1; [부사] (12:11); 진실로.

ἀλισγημάτων; ἀλίσγημα 1/1; [명사] 중성 복수 속격(15:20); 더러운 것, 부정한 것.

Ἀλλ'; ἀλλά; ἄλλος 1/30; [등위 접속사] (19:2); 그러나[앞의 내용과 뒤의 내용이 상반될 때 쓰는 접속 부사], 하지만[서로 일치하지 아니하거나 상반되는 사실을 나타내는 두 문장을 이어 줄 때 쓰는 접속 부사], 오히려[일반적인 기준이나 예상, 짐작, 기대와는 전혀 반대가 되거나 다르게], 도리어[예상이나 기대 또는 일반적인 생각과는 반대되거나 다르게].

ἀλλ'; ἀλλά; ἄλλος 7/30; [등위 접속사] (4:17, 32; 5:13; 7:48; 10:35; 13:25; 20:24).

ἀλλὰ; ἀλλά; ἄλλος 22/30; [등위 접속사].

–ἀλλὰ καί (19:27; 21:13; 26:29; 27:10); ~도, ~조차, ~까지도.

ἀλλάξει; ἀλλάσσω; ἄλλος 1/1; 직설법 미래 능동태 3인칭 단수(6:14); 고치다1[이름, 제도 따위를 바꾸다.].

ἀλλήλοις; ἀλλήλων; ἄλλος 1/8; [상호 대명사] 남성 복수 여격(19:38); 서로1[관계를 이루는 둘 이상의 대상 사이에서, 각각 그 상대에 대하여. 또는 쌍방이 번갈아서], 서로서로['서로1'를 강조하여 이르는 말].

ἀλλήλους; ἀλλήλων; ἄλλος 6/8; [상호 대명사] 남성 복수 대격(4:15; 7:26; 21:6; 26:31; 28:4, 25).

ἀλλήλων; ἀλλήλων; ἄλλος 1/8; [상호 대명사] 남성 복수 속격(15:39).

ἄλλο; ἄλλος 2/8; [지시 대명사] 중성 단수 대격(19:32b; 21:34b); 다른[다르다1: 비교가 되는 두 대상이 서로 같지 아니하다].

–ἄλλος πρὸς ἄλλον (2:12); 서로서로['서로1: 관계를 이루는 두 이상의 대상 사이에서, 각각 그 상대에 대하여, 또는 쌍방이 번갈아서'강조하여 이르는 말], 서로끔[서로서로 저마다.], 호상간[서로의 사이].

ἄλλοι; ἄλλος 2/8; [지시 대명사] 남성 복수 주격(19:32a; 21:34a).

ἀλλόμενος; ἅλλομαι 1/2; 분사 현재 이태중간 남성 단수 주격(3:8); 깡충거리다[짧은 다리를

모으고 힘 있게 자꾸 솟구쳐 뛰다. '강중거리다'보다 세고 거센 느낌을 준다.], 깡충대다.

ἄλλον; ἄλλος 1/8; [지시 대명사] 남성 단수 대격(2:12b); 다른.

ἄλλος; ἄλλος 1/8; [지시 대명사] 남성 단수 주격(2:12a).

ἀλλοτρίᾳ; ἀλλότριος; ἄλλος 1/1; [형용사] 여성 단수 여격(7:6); 낯선.

ἄλλους; ἄλλος 1/8; [지시 대명사] 남성 복수 대격(15:2); 다른.

ἀλλοφύλῳ; ἀλλόφυλος; ἄλλος, φύω 1/1; [형용사] 남성 단수 여격(10:28); 타민족, 외민족.

ἄλλῳ; ἄλλος 1/8; [지시 대명사] 남성 단수 여격(4:12); 다른.

ἄλογον; ἄλογος; α, λέγω 1/1; [형용사] 중성 단수 주격(25:27); 이치[이치6: 사물의 정당한 조리(條理), 또는 도리에 맞는 취지]에 맞지 않는.

ἁλύσεις; ἅλυσις 1/4; [명사] 여성 복수 주격(12:7); 사슬[사슬1=쇠사슬].

ἁλύσεσι; ἅλυσις 1/4; [명사] 여성 복수 여격(21:33).

ἁλύσεσιν; ἅλυσις 1/4; [명사] 여성 복수 여격(12:6).

ἅλυσιν; ἅλυσις 1/4; [명사] 여성 단수 대격(28:20).

Ἁλφαίου; Ἁλφαῖος 1/1; [명사] 남성 단수 속격(1:13); 알패오.

ἅμα; ἅμα 2/2; [부사] (24:26; 27:40); 동시에.

ἁμαρτίαν; ἁμαρτία; ἁμαρτάνω 1/8; [명사] 여성 단수 대격(7:60); 죄.

ἁμαρτίας; ἁμαρτία; ἁμαρτάνω 2/8; [명사] 여성 복수 대격(3:19; 22:16).

ἁμαρτιῶν; ἁμαρτία; ἁμαρτάνω 5/8; [명사] 여성 복수 속격(2:38; 5:31; 10:43; 13:38; 26:18).

ἀμάρτυρον; ἀμάρτυρος; α, μάρτυς 1/1; [형용사] 남성 단수 대격(14:17); 증것거리[증거가 될 만한 것]도 없이.

ἀμνὸς; ἀμνός 1/1; [명사] 남성 단수 주격(8:32); 어린양3[젖 뗀 후 쌍붙임하기 전까지의 양].

Ἀμφίπολιν; Ἀμφίπολις 1/1; [명사] 여성 단수 대격(17:1); 암비볼리[암피폴리스: 빌립보(필립포이)에서 서남쪽으로 50km 떨어진 도시이다. 스트리몬(Strymon) 강가에 있는데, 에게해로부터는 내륙으로 5km 정도 들어간 곳에 위치한다. 비아 에그나티아 도로가 지난다.].

ἀμφότερα; ἀμφότεροι; ἄμφω 1/3; [형용사] 중성 복수 대격(23:8); 전부, 둘 다.

ἀμφότεροι; ἀμφότεροι; ἄμφω 1/3; [형용사] 남성 복수 주격(8:38).

ἀμφοτέρων; ἀμφότεροι; ἄμφω 1/3; [형용사] 남성 복수 속격(19:16).

ἄν; ἄν 3/15; [불변화사] (2:45; 4:35; 7:3); '혹 있을 수 있는' 개연성을 표현하는 단어로, 혹시1[그러할 리는 없지만 만일에, 어쩌다가 우연히, 짐작대로 어쩌면, 그러리라 생각하지만 다소 미심쩍은 데가 있어 말하기를 주저할 때 쓰는 말], 혹5, 혹야, 혹여, 혹자1와 같이 번역할 수 있지만 번역하지 않는 게 더 자연스러울 때가 많다.

ἂν; ἄν 12/15; [불변화사].

ἀναβαθμούς; ἀναβαθμός; ἀνά, βαίνω 1/2; [명사] 남성 복수 대격(21:35); 층계.

ἀναβαθμῶν; ἀναβαθμός; ἀνά, βαίνω 1/2; [명사] 남성 복수 속격(21:40).

ἀναβαίνειν; ἀναβαίνω; ἀνά, βαίνω 2/19; 부정사 현재 능동태(15:2; 21:12); 올라가다, 올라오다, 올려 보내다.

ἀναβάντα; ἀναβαίνω; ἀνά, βαίνω 1/19; 분사 부정과거 능동태 남성 단수 대격(8:31).

ἀναβὰς; ἀναβαίνω; ἀνά, βαίνω 3/19; 분사 부정과거 능동태 남성 단수 주격(18:22; 20:11; 25:9).

ἀναβλέψῃ; ἀναβλέπω; ἀνά, βλέπω 1/5; 가정법 부정과거 능동태 3인칭 단수(9:12); 시력을 회복하다, 다시 보다, 쳐다보다.

ἀναβλέψῃς; ἀναβλέπω; ἀνά, βλέπω 1/5; 가정법 부정과거 능동태 2인칭 단수(9:17).

ἀνάβλεψον; ἀναβλέπω; ἀνά, βλέπω 1/5; 명령법 부정과거 능동태 2인칭 단수(22:13a).

ἀναβολὴν; ἀναβολή; ἀνά, βάλλω 1/1; [명사] 여성 단수 대격(25:17); 연기5[정해진 기한을 뒤로 물려서 늘림].

ἀναγαγεῖν; ἀνάγω; ἀνά, ἄγω 1/17; 부정사 부정과거 능동태(12:4); 떠나다, 출항하다, ~으로 안내하다, 바치다, 선보이다['선보다: 인물의 좋고 나쁨, 마땅함과 마땅하지 않음을 알아보기 위하여 만나서 살펴보다, 물건의 좋고 나쁨을 가려 보다'의 사동사].

ἀναγαγών; ἀνάγω; ἀνά, ἄγω 1/17; 분사 부정과거 능동태 남성 단수 주격(16:34).

ἀναγγεῖλαι; ἀναγγέλλω; ἀνά, ἄγγελος 2/5; 부정사 부정과거 능동태(20:20, 27); 전하다.

ἀναγγέλλοντες; ἀναγγέλλω; ἀνά, ἄγγελος 1/5; 분사 현재 능동태 남성 복수 주격 (19:18).

ἀνάγεσθαι; ἀνάγω; ἀνά, ἄγω 2/17; 부정사 현재 중간태(20:3), 부정사 현재 수동태(27:21; 비교 13:13); 떠나다, 출항하다, ~으로 안내하다, 바치다, 선보이다['선보다'의 사동사].

ἀναγινώσκεις; ἀναγινώσκω; ἀνά, γινώσκω 1/8; 직설법 현재 능동태 2인칭 단수(8:30b); 읽다; [수동태] 읽히다, 읽혀 오다[완료].

ἀναγινωσκομένας; ἀναγινώσκω; ἀνά, γινώσκω 1/8; 분사 현재 수동태 여성 복수 대격 (13:27).

ἀναγινωσκόμενος; ἀναγινώσκω; ἀνά, γινώσκω 1/8; 분사 현재 수동태 남성 단수 주격 (15:21).

ἀναγινώσκοντος; ἀναγινώσκω; ἀνά, γινώσκω 1/8; 분사 현재 능동태 남성 단수 속격 (8:30a).

ἀναγκαῖον; ἀναγκαῖος; ἀνάγκη 1/2; [형용사] 중성 단수 주격(13:46); 절친한, ~되어야 하는.

ἀναγκαίους; ἀναγκαῖος; ἀνάγκη 1/2; [형용사] 남성 복수 대격(10:24).

ἀναγνόντες; ἀναγινώσκω; ἀνά, γινώσκω 1/8; 분사 부정과거 능동태 남성 복수 주격(15:31); 읽다; [수동태] 읽히다, 읽혀 오다[완료].

ἀναγνοὺς; ἀναγινώσκω; ἀνά, γινώσκω 1/8; 분사 부정과거 능동태 남성 단수 주격 (23:34).

ἀνάγνωσιν; ἀνάγνωσις; ἀνά, γινώσκω 1/1; [명사] 여성 단수 대격(13:15); 봉독[남의 글을 받들어 읽음].

ἀναγομένοις; ἀνάγω; ἀνά, ἄγω 1/17; 분사 현재 수동태 남성 복수 여격(28:10); 떠나다, 출항하다, ~으로 안내하다, 바치다, 선보이다['선보다'의 사동사].

ἀνάδειξον; ἀναδείκνυμι; ἀνά, δείκνυμι 1/1; 명령법 부정과거 능동태 2인칭 단수(1:24); 보이다, 보여 주다.

ἀναδεξάμενος; ἀναδέχομαι; ἀνά, δέχομαι 1/1; 분사 부정과거 중간태 남성 단수 주격 (28:7); 반기다[반가워하거나 반갑게 맞다.].

ἀναδόντες; ἀναδίδωμι; ἀνά, δίδωμι 1/1; 분사 부정과거 능동태 남성 복수 주격(23:33);

전달하다.

ἀναζητῆσαι; ἀναζητέω; ἀνά, ζητέω 1/1; 부정사 부정과거 능동태(11:25); 찾아 나서다.

Ἀναθέματι; ἀνάθεμα; ἀνά, τίθημι 1/1; [명사] 중성 단수 여격(23:14); 온전히 바쳐진 것, 헤렘.

ἀναθεωρῶν; ἀναθεωρέω; ἀνά, θεάομαι 1/1; 분사 현재 능동태 남성 단수 주격(17:23); 눈여겨 둘러보다.

ἀναιρεθῆναι; ἀναιρέω; ἀνά, αἱρέω 1/19; 부정사 부정과거 수동태(13:28); 없애다, 살해하다, 처단하다, 자결하다; [중간태] 데려가다; [수동태] 살해되다, 처단되다.

ἀναιρεῖν; ἀναιρέω; ἀνά, αἱρέω 1/19; 부정사 현재 능동태(16:27).

ἀναιρεῖσθαι; ἀναιρέω; ἀνά, αἱρέω 1/19; 부정사 현재 수동태(23:27).

ἀναιρέσει; ἀναίρεσις; ἀνά, αἱρέω 1/1; [명사] 여성 단수 여격(8:1); 처단[결단을 내려 처치하거나 처분함].

ἀναιρουμένων; ἀναιρέω; ἀνά, αἱρέω 1/19; 분사 현재 수동태 남성 복수 속격(26:10); 없애다, 살해하다, 처단하다, 자결하다; [중간태] 데려가다; [수동태] 살해되다, 처단되다.

ἀναιρούντων; ἀναιρέω; ἀνά, αἱρέω 1/19; 분사 현재 능동태 남성 복수 속격(22:20).

ἀνακάμψω; ἀνακάμπτω; ἀνά, κάμπτω 1/19; 직설법 미래 능동태 1인칭 단수(18:21); 돌아오다.

ἀνακρίναντές; ἀνακρίνω; ἀνά, κρίνω 1/5; 분사 부정과거 능동태 남성 복수 주격(28:18); 조사하다12, 헤아려 보다, 살피다; [수동태] 조사를 받다.

ἀνακρίνας; ἀνακρίνω; ἀνά, κρίνω 2/5; 분사 부정과거 능동태 남성 단수 주격(12:19; 24:8).

ἀνακρινόμεθα; ἀνακρίνω; ἀνά, κρίνω 1/5; 직설법 현재 수동태 1인칭 복수(4:9).

ἀνακρίνοντες; ἀνακρίνω; ἀνά, κρίνω 1/5; 분사 현재 능동태 남성 복수 주격(17:11).

ἀνακρίσεως; ἀνάκρισις; ἀνά, κρίνω 1/1; [명사] 여성 단수 속격(25:26); 조사30[사물의 내용을 명확히 알기 위하여 자세히 살펴보거나 찾아봄].

ἀναλαβόντες; ἀναλαμβάνω; ἀνά, λαμβάνω 2/8; 분사 부정과거 능동태 남성 복수 주격(20:14; 23:31); 데려가다, 가지고 다니다, 태우다; [수동태] ~에게서 올려지다.

ἀναλαμβάνειν; ἀναλαμβάνω; ἀνά, λαμβάνω 1/8; 부정사 현재 능동태(20:13).

ἀναλημφθεὶς; ἀναλαμβάνω; ἀνά, λαμβάνω 1/8; 분사 부정과거 수동태 남성 단수 주격(1:11).

Ἁνανία; Ἁνανίας 2/11; [명사] 남성 단수 호격(5:3; 9:10b); [삽비라의 남편] 아나니아(5:3), [다메섹 사람] 아나니아(9:10b).

Ἁνανίαν; Ἁνανίας 1/11; [명사] 남성 단수 대격(9:12); [다메섹 사람] 아나니아.

Ἁνανίας; Ἁνανίας 8/11; [명사] 남성 단수 주격(5:1, 5; 9:10a, 13, 17; 22:12; 23:2; 24:1); [삽비라의 남편] 아나니아(5:1, 5), [다메섹 사람] 아나니아(9:10a, 13, 17; 22:12), 대제사장 아나니아[47-59 AD](23:2; 24:1).

ἀναντιρρήτων; ἀναντίρρητος; α, ἀντί, ῥῆμα 1/1; [형용사] 중성 복수 속격(19:36); 부인[부인2: 어떤 내용이나 사실을 옳거나 그러하다고 인정하지 아니함]할 수 없는.

ἀναντιρρήτως; ἀναντιρρήτως; α, ἀντί, ῥῆμα 1/1; [부사] (10:29); 군말[하지 않아도 좋을 쓸데없는 군더더기 말] 없이.

ἀναπείθει; ἀναπείθω; ἀνά, πείθω 1/1; 직설법 현재 능동태 3인칭 단수(18:13); 꾀다3[그럴듯한 말이나 행동으로 남을 속이거나 부추겨서 자기 생각대로 끌다.], 부추기다.

ἀναπέμψω; ἀναπέμπω; ἀνά, πέμπω 1/1; 가정법 부정과거 능동태 1인칭 단수(25:21); 올려 보내다.

ἀνασκευάζοντες; ἀνασκευάζω; ἀνά, σκεῦος 1/1; 분사 현재 능동태 남성 복수 주격(15:24); 얼떨떨해[얼떨떨하다: 뜻밖의 일로 당황하거나 여러 가지 일이 복잡하여 정신이 매우 얼떨하다]지다[지다4: 앞말이 뜻하는 상태로 됨을 나타내는 말], 얼떨떨하게 만들다.

᾿Ανάστα; ἀνίστημι; ἀνά, ἵστημι 1/45; 명령법 부정과거 능동태 2인칭 단수(12:7); 일어나다, 일으키다, 생기다[어떤 일이 일어나다].

ἀναστάντες; ἀνίστημι; ἀνά, ἵστημι 2/45; 분사 부정과거 능동태 남성 복수 주격(5:6; 23:9).

᾿Αναστάς; ἀνίστημι; ἀνά, ἵστημι 2/45; 분사 부정과거 능동태 남성 단수 주격(10:13; 11:7).

᾿Αναστὰς; ἀνίστημι; ἀνά, ἵστημι 3/45; 분사 부정과거 능동태 남성 단수 주격(5:17; 9:11; 22:10).

ἀναστὰς; ἀνίστημι; ἀνά, ἵστημι 12/45; 분사 부정과거 능동태 남성 단수 주격(1:15; 5:34; 8:27; 9:18, 39; 10:20, 23; 11:28; 13:16; 14:20; 15:7; 22:16).

ἀναστάσεως; ἀνάστασις; ἀνά, ἵστημι 6/11; [명사] 여성 단수 속격(1:22; 2:31; 4:33; 23:6; 24:21; 26:23); 부활.

ἀνάστασιν; ἀνάστασις; ἀνά, ἵστημι 5/11; [명사] 여성 단수 대격(4:2; 17:18, 32; 23:8; 24:15).

ἀναστατώσαντες; ἀναστατόω; ἀνά, ἵστημι 1/2; 분사 부정과거 능동태 남성 복수 주격(17:6); 선동[선동4: 남을 부추겨 어떤 일이나 행동에 나서도록 함]하다.

ἀναστατώσας; ἀναστατόω; ἀνά, ἵστημι 1/2; 분사 부정과거 능동태 남성 단수 주격(21:38).

᾿Ανάστηθι; ἀνίστημι; ἀνά, ἵστημι 3/45; 명령법 부정과거 능동태 2인칭 단수; 일어나다, 일으키다, 생기다.

ἀνάστηθι; ἀνίστημι; ἀνά, ἵστημι 4/45; 명령법 부정과거 능동태 2인칭 단수(9:6, 34, 40; 26:16).

ἀναστῆναι; ἀνίστημι; ἀνά, ἵστημι 2/45; 부정사 부정과거 능동태(10:41; 17:3).

ἀναστήσας; ἀνίστημι; ἀνά, ἵστημι 3/45; 분사 부정과거 능동태 남성 단수 주격(3:26; 13:33; 17:31).

ἀναστήσει; ἀνίστημι; ἀνά, ἵστημι 2/45; 직설법 미래 능동태 3인칭 단수(3:22; 7:37).

ἀναστήσονται; ἀνίστημι; ἀνά, ἵστημι 1/45; 직설법 미래 중간태 3인칭 복수(20:30).

ἀναστρέψαντες; ἀναστρέφω; ἀνά, στρέφω 1/2; 분사 부정과거 능동태 남성 복수 주격(5:22); 되돌아오다.

ἀναστρέψω; ἀναστρέφω; ἀνά, στρέφω 1/2; 직설법 미래 능동태 1인칭 단수(15:16).

ἀνατεθραμμένος; ἀνατρέφω; ἀνά, τρέφω 1/3; 분사 완료 수동태 남성 단수 주격(22:3); 양육하다; [수동태] 양육되다.

ἀναφάναντες; ἀναφαίνω; ἀνά, φαίνω 1/1; 분사 부정과거 능동태 남성 복수 주격(21:3); 드러나다, 보이다, 관측하다, 목격하다.

᾿Αναχθέντες; ἀνάγω; ἀνά, ἄγω 2/17; 분사 부정과거 수동태 남성 복수 주격(13:13; 16:11);

떠나다, 출항하다, ~으로 안내하다, 바치다, 선보이다['선보다'의 사동사].

ἀναχθέντες; ἀνάγω; ἀνά, ἄγω 1/17; 분사 부정과거 수동태 남성 복수 주격(27:4).

ἀναχθῆναι; ἀνάγω; ἀνά, ἄγω 2/17; 부정사 부정과거 수동태(21:1; 27:12).

ἀναχωρήσαντες; ἀναχωρέω; ἀνά, χωρέω 1/2; 분사 부정과거 능동태 남성 복수 주격(26:31); 물러가다.

ἀναχωρήσας; ἀναχωρέω; ἀνά, χωρέω 1/2; 분사 부정과거 능동태 남성 단수 주격(23:19).

ἀναψύξεως; ἀνάψυξις; ἀνά, ψύχω 1/1; [명사] 여성 단수 속격(3:20); 상쾌함, 새로워짐.

ἄνδρα; ἀνήρ 14/100; [명사] 남성 단수 대격(2:22; 3:14; 5:9, 10; 6:5; 9:12; 13:6, 21, 22; 21:11; 23:27, 30; 24:5; 25:17); 남자2[남성으로 태어난 사람], 남성1[성의 측면에서 남자를 이르는 말], 장정1[나이가 젊고 기운이 좋은 남자], 자18['놈' 또는 '사람'이라는 뜻을 나타내는 말], 여러분[듣는 이가 여러 사람일 때 그 사람들을 높여 이르는 이인칭 대명사].

ἄνδρας; ἀνήρ 16/100; [명사] 남성 복수 대격(6:3, 11; 8:3; 9:2, 38; 10:5, 21; 11:3; 15:22[2회], 25; 17:5; 19:37; 21:26, 38; 22:4).

ἀνδράσιν; ἀνήρ 1/100; [명사] 남성 복수 여격(25:23).

Ἀνδρέας; Ἀνδρέας 1/1; [명사] 남성 단수 주격(1:13); 안드레.

Ἄνδρες; ἀνήρ 23/100; [명사] 남성 복수 호격(1:11, 16; 2:14, 22, 29; 3:12; 5:35; 7:2, 26; 13:15, 16, 26; 14:15; 15:7, 13; 17:22; 19:25, 35; 21:28; 22:1; 23:1, 6; 27:10); 남자2, 남성1, 장정1, 자18, 여러분.

ἄνδρες; ἀνήρ 21/100; [명사] 남성 복수 주격(1:10; 2:5; 5:25; 8:2, 12; 9:7; 10:17, 19; 11:11, 20; 17:34; 19:7; 20:30; 21:23; 23:21), 남성 복수 호격(2:37; 13:38; 25:24; 27:21, 25; 28:17).

ἀνδρὶ; ἀνήρ 4/100; [명사] 남성 단수 여격(10:28; 13:7; 17:31; 25:5).

ἀνδρός; ἀνήρ 1/100; [명사] 남성 단수 속격(11:12).

ἀνδρὸς; ἀνήρ 1/100; [명사] 남성 단수 속격(9:13).

ἀνδρῶν; ἀνήρ 5/100; [명사] 남성 복수 속격(1:21; 4:4; 5:14, 36; 17:12).

ἀνεβαίνομεν; ἀναβαίνω; ἀνά, βαίνω 1/19; 직설법 미완료 능동태 1인칭 복수(21:15); 올라가다, 올라오다, 올려 보내다.

ἀνέβαινον; ἀναβαίνω; ἀνά, βαίνω 1/19; 직설법 미완료 능동태 3인칭 복수(3:1).

Ἀνεβάλετο; ἀναβάλλω; ἀνά, βάλλω 1/1; 직설법 부정과거 능동태 3인칭 단수(24:22); 연기하다, 미루다, 해산시키다.

ἀνέβη; ἀναβαίνω; ἀνά, βαίνω 6/19; 직설법 부정과거 능동태 3인칭 단수(2:34; 7:23; 10:9; 11:2; 21:31; 25:1); 올라가다, 올라오다, 올려 보내다.

ἀνέβημεν; ἀναβαίνω; ἀνά, βαίνω 1/19; 직설법 부정과거 능동태 1인칭 복수(21:6).

ἀνέβην; ἀναβαίνω; ἀνά, βαίνω 1/19; 직설법 부정과거 능동태 1인칭 단수(24:11).

ἀνέβησαν; ἀναβαίνω; ἀνά, βαίνω 3/19; 직설법 부정과거 능동태 3인칭 복수(1:13; 8:39; 10:4).

ἀνέβλεψα; ἀναβλέπω; ἀνά, βλέπω 1/5; 직설법 부정과거 능동태 1인칭 단수(22:13b); 시력을 회복하다, 다시 보다, 쳐다보다.

ἀνέβλεψέν; ἀναβλέπω; ἀνά, βλέπω 1/5; 직설법 부정과거 능동태 3인칭 단수(9:18).

ἀνεγίνωσκεν; ἀναγινώσκω; ἀνά, γινώσκω 2/8; 직설법 미완료 능동태 3인칭 단수(8:28, 32); 읽다; [수동태] 읽히다, 읽혀 오다[완료].

ἀνεγνωρίσθη; ἀναγνωρίζω; ἀνά, γινώσκω 1/1; 직설법 부정과거 수동태 3인칭 단수 (7:13); 드러나다[알려지지 않은 사실이 널리 밝혀지다.].

ἀνεθεματίσαμεν; ἀναθεματίζω; ἀνά, τίθημι 1/3; 직설법 부정과거 능동태 1인칭 복수 (23:14); 완전히 구별하다, 헤렘을 삼다.

ἀνεθεμάτισαν; ἀναθεματίζω; ἀνά, τίθημι 2/3; 직설법 부정과거 능동태 3인칭 복수(23:12, 21).

ἀνέθετο; ἀνατίθημι; ἀνά, τίθημι 1/1; 직설법 부정과거 중간태 3인칭 단수(25:14); 들먹이다 [남에 대하여 들추어 말하다].

ἀνέθη; ἀνίημι; ἀνά, ἵημι 1/2; 직설법 부정과거 수동태 3인칭 단수(16:26); 헐겁다[낄 물건보다 낄 자리가 꼭 맞지 아니하고 크다], 늦추다; [수동태] 헐거워지다.

ἀνεθρέψατο; ἀνατρέφω; ἀνά, τρέφω 1/3; 직설법 부정과거 중간태 3인칭 단수(7:21); 양육하다; [수동태] 양육되다.

ἀνεῖλαν; ἀναιρέω; ἀνά, αἱρέω 1/19; 직설법 부정과거 능동태 3인칭 복수(10:39); 없애다, 살해하다, 처단하다, 자결하다; [중간태] 데려가다; [수동태] 살해되다, 처단되다.

ἀνείλατε; ἀναιρέω; ἀνά, αἱρέω 1/19; 직설법 부정과거 능동태 2인칭 복수(2:23).

ἀνείλατο; ἀναιρέω; ἀνά, αἱρέω 1/19; 직설법 부정과거 중간태 3인칭 단수(7:21).

ἀνεῖλεν; ἀναιρέω; ἀνά, αἱρέω 1/19; 직설법 부정과거 능동태 3인칭 단수(12:2).

ἀνεῖλες; ἀναιρέω; ἀνά, αἱρέω 1/19; 직설법 부정과거 능동태 2인칭 단수(7:28).

ἀνεκάθισεν; ἀνακαθίζω; ἀνά, κατά, ἵζω 1/1; 직설법 부정과거 능동태 3인칭 단수(9:40); 일어앉다[누웠다가 일어나 앉다], 일어나 앉다.

ἀνελάβετε; ἀναλαμβάνω; ἀνά, λαμβάνω 1/8; 직설법 부정과거 능동태 2인칭 복수(7:43); 데려가다, 가지고 다니다, 태우다; [수동태] ~에게서 올려지다.

ἀνελεῖν; ἀναιρέω; ἀνά, αἱρέω 6/19; 부정사 부정과거 능동태(5:33; 7:28; 9:23, 29; 23:15; 25:3); 없애다, 살해하다, 처단하다, 자결하다; [중간태] 데려가다; [수동태] 살해되다, 처단되다.

ἀνελήμφθη; ἀναλαμβάνω; ἀνά, λαμβάνω 3/8; 직설법 부정과거 수동태 3인칭 단수(1:2, 22; 10:16); 데려가다, 가지고 다니다, 태우다; [수동태] ~에게서 올려지다.

ἀνέλωσιν; ἀναιρέω; ἀνά, αἱρέω 2/19; 가정법 부정과거 능동태 3인칭 복수(9:24; 23:21); 없애다, 살해하다, 처단하다, 자결하다; [중간태] 데려가다; [수동태] 살해되다, 처단되다.

ἄνεμος; ἄνεμος 1/4; [명사] 남성 단수 주격(27:14); 바람.

ἀνέμου; ἄνεμος 1/4; [명사] 남성 단수 속격(27:7).

ἀνέμους; ἄνεμος 1/4; [명사] 남성 복수 대격(27:4).

ἀνέμῳ; ἄνεμος 1/4; [명사] 남성 단수 여격(27:15).

ἀνέντες; ἀνίημι; ἀνά, ἵημι 1/2; 분사 부정과거 능동태 남성 복수 주격(27:40); 헐겁다, 늦추다; [수동태] 헐거워지다.

ἄνεσιν; ἄνεσις; α, ἵημι 1/1; [명사] 여성 단수 대격(24:23); 쉼.

ἀνεσπάσθη; ἀνασπάω; ἀνά, σπάω 1/1; 직설법 부정과거 수동태 3인칭 단수(11:10); 잡아당기다; [수동태] 잡아당겨지다.

᾿Ανέστη; ἀνίστημι; ἀνά, ἵστημι 1/45; 직설법 부정과거 능동태 3인칭 단수(26:30); 일어나다, 일으키다, 생기다[어떤 일이 일어나다].

ἀνέστη; ἀνίστημι; ἀνά, ἵστημι 4/45; 직설법 부정과거 능동태 3인칭 단수(5:36, 37; 7:18;

9:34).

ἀνέστησαν; ἀνίστημι; ἀνά, ἵστημι 1/45; 직설법 부정과거 능동태 3인칭 복수(6:9).

ἀνέστησεν; ἀνίστημι; ἀνά, ἵστημι 4/45; 직설법 부정과거 능동태 3인칭 단수(2:24, 32; 9:41; 13:34).

ἀνεσχόμην; ἀνέχω; ἀνά, ἔχω 1/1; 직설법 부정과거 중간태 1인칭 단수(18:14); 받아들이다.

ἀνετάζειν; ἀνετάζω; ἀνά, ἐτάζω 1/2; 부정사 현재 능동태(22:29); 심문['심문3': 자세히 따져서 물음]하다.

ἀνετάζεσθαι; ἀνετάζω; ἀνά, ἐτάζω 1/2; 부정사 현재 수동태(22:24).

ἀνετράφη; ἀνατρέφω; ἀνά, τρέφω 1/3; 직설법 부정과거 수동태 3인칭 단수(7:20); 양육하다; [수동태] 양육되다.

ἀνευθέτου; ἀνεύθετος; α, εὖ, τίθημι 1/1; [형용사] 남성 단수 속격(27:12); 부적당한.

ἀνευρόντες; ἀνευρίσκω; α, εὑρίσκω 1/1; 분사 부정과거 능동태 남성 복수 주격(21:4); 찾아다니다[어떤 사람을 만나거나 어떤 곳을 보러 여기저기로 옮겨 움직이다.].

ἀνεῳγμένας; ἀνοίγω 1/16; 분사 완료 수동태 여성 복수 대격(16:27); 뜨다5[감았던 눈을 벌리다.], 열다2[닫히거나 잠긴 것을 트거나 벗기다.]; [수동태] 뜨이다2['뜨다5'의 피동사], 열리다.

ἀνεῳγμένον; ἀνοίγω 1/16; 분사 완료 수동태 남성 단수 대격(10:11).

ἀνεῳγμένων; ἀνοίγω 1/16; 분사 완료 수동태 남성 복수 속격(9:8).

ἀνήγαγον; ἀνάγω; ἀνά, ἄγω 2/17; 직설법 부정과거 능동태 3인칭 복수(7:41); 떠나다, 출항하다, ~으로 안내하다, 바치다, 선보이다['선보다'의 사동사].

ἀνήγγειλάν; ἀναγγέλλω; ἀνά, ἄγγελος 1/5; 직설법 부정과거 능동태 3인칭 복수(15:4); 전하다.

ἀνήγγελλον; ἀναγγέλλω; ἀνά, ἄγγελος 1/5; 직설법 미완료 능동대 3인칭 복수(14:27).

᾽Ανήρ; ἀνήρ 1/100; [명사] 남성 단수 주격(25:14); 남자2[남성으로 태어난 사람], 남성1[성의 측면에서 남자를 이르는 말], 장정1[나이가 젊고 기운이 좋은 남자], 자18['놈' 또는 '사람'이라는 뜻을 나타내는 말], 여러분[듣는 이가 여러 사람일 때 그 사람들을 높여 이르는 이인칭 대명사].

᾽Ανὴρ; ἀνήρ 3/100; [명사] 남성 단수 주격(5:1; 8:9; 10:1).

ἀνὴρ; ἀνήρ 10/100; [명사] 남성 단수 주격(3:2; 8:27; 10:22, 30; 11:24; 14:8; 16:9; 18:24; 22:3, 12).

ἀνῃρέθη; ἀναιρέω; ἀνά, αἱρέω 1/19; 직설법 부정과거 수동태 3인칭 단수(5:36); 없애다, 살해하다, 처단하다, 자결하다; [중간태] 데려가다; [수동태] 처단되다.

ἀνήχθη; ἀνάγω; ἀνά, ἄγω 1/17; 직설법 부정과거 수동태 3인칭 단수(18:21); 떠나다, 출항하다, ~으로 안내하다, 바치다, 선보이다['선보다'의 사동사].

ἀνήχθημεν; ἀνάγω; ἀνά, ἄγω 4/17; 직설법 부정과거 수동태 1인칭 복수(20:13; 21:2; 27:2; 28:11).

ἀνθ᾽; ἀντί 1/1; [전치사] (12:23); [+속격] 반대하여, 대신[대신3: 명사, 대명사 뒤에 쓰여 어떤 대상과 자리를 바꾸어서 있게 되거나 어떤 대상이 하게 될 구실을 바꾸어서 하게 됨, 또는 그렇게 되는 새로운 대상]하여.

ἀνθίστατο; ἀνθίστημι; ἀντί, ἵστημι 1/2; 직설법 미완료 중간태 3인칭 단수(13:8); 맞서다, 방해하다.

ἀνθρωπίνων; ἀνθρώπινος; ἄνθρωπος 1/1; [형용사] 여성 복수 속격(17:25); 사람의.

ἄνθρωποι; ἄνθρωπος 4/46; [명사] 남성 복수 주격(4:13; 14:15; 16:17, 20); 사람[생각을 하고 언어를 사용하며, 도구를 만들어 쓰고 사회를 이루어 사는 동물; 인간1].

ἀνθρώποις; ἄνθρωπος 8/46; [명사] 남성 복수 여격(4:12, 16; 5:4, 29, 35; 14:11; 15:26; 17:30).

ἄνθρωπον; ἄνθρωπος 4/46; [명사] 남성 단수 대격(4:14; 10:28; 22:25; 25:16).

ἄνθρωπόν; ἄνθρωπος 1/46; [명사] 남성 단수 대격(9:33).

ἄνθρωπος; ἄνθρωπος 9/46; [명사] 남성 단수 주격(4:22; 6:13; 19:16; 21:28, 39; 22:26; 26:31, 32; 28:4).

ἄνθρωπός; ἄνθρωπος 1/46; [명사] 남성 단수 주격(10:26).

ἀνθρώπου; ἄνθρωπος 6/46; [명사] 남성 단수 속격(4:9; 5:28; 7:56; 12:22; 17:29; 25:22).

ἀνθρώπους; ἄνθρωπος 6/46; [명사] 남성 복수 대격(5:34; 16:35, 37; 18:13; 22:15; 24:16).

ἀνθρώπῳ; ἄνθρωπος 1/46; [명사] 남성 단수 여격(23:9).

ἀνθρώπων; ἄνθρωπος 6/46; [명사] 남성 복수 속격(4:17; 5:38[2회]; 15:17; 17:26; 19:35).

ἀνθύπατοί; ἀνθύπατος 1/5; [명사] 남성 복수 주격(19:38); 총독[로마 원로원 파송 총독, proconsul].

ἀνθύπατον; ἀνθύπατος 1/5; [명사] 남성 단수 대격(13:8).

ἀνθύπατος; ἀνθύπατος 1/5; [명사] 남성 단수 주격(13:12).

ἀνθυπάτου; ἀνθύπατος 1/5; [명사] 남성 단수 속격(18:12).

ἀνθυπάτῳ; ἀνθύπατος 1/5; [명사] 남성 단수 여격(13:7).

Ἅννας; Ἅννας 1/1; [명사] 남성 단수 주격(4:6); 안나스[대제사장, 6-15 AD].

ἀνοίγει; ἀνοίγω 1/16; 직설법 현재 능동태 3인칭 단수(8:32); 뜨다5[감았던 눈을 벌리다], 열다2[닫히거나 잠긴 것을 트거나 벗기다]; [수동태] 뜨이다2['뜨다5'의 피동사], 열리다2['열다2'의 피동사].

ἀνοίγειν; ἀνοίγω 1/16; 부정사 현재 능동태(18:14).

ἀνοικοδομήσω; ἀνοικοδομέω; ἀνά, οἶκος, δῶμα 1/1; 직설법 미래 능동태 1인칭 단수(15:16); 다시 세우다, 재건하다, 메우다2['메다1: 뚫려 있거나 비어 있던 곳이 묻히거나 막히다'의 사동사].

ἀνοῖξαι; ἀνοίγω 1/16; 부정사 부정과거 능동태(26:18); 뜨다5, 열다2; [수동태] 뜨이다2, 열리다.

ἀνοίξαντες; ἀνοίγω 2/16; 분사 부정과거 능동태 남성 복수 주격(5:23; 12:16).

Ἀνοίξας; ἀνοίγω 1/16; 분사 부정과거 능동태 남성 단수 주격(10:34).

ἀνοίξας; ἀνοίγω 2/16; 분사 부정과거 능동태 남성 단수 주격(5:19; 8:35).

ἀνόμων; ἄνομος; α, νόμος 1/1; [명사] 남성 복수 속격(2:23); 무법[무법1: 법이나 제도가 확립되지 않고 질서가 문란함, 도리에 어긋나고 예의가 없음]한. 여기서는 '율법과 상관없이 사는'을 의미한다.

ἀνορθώσω; ἀνορθόω; ἀνά, ὀρθός 1/1; 직설법 미래 능동태 1인칭 단수(15:16); 곧게 세우다, 곧추 세우다.

ἀντειπεῖν; ἀντιλέγω; ἀντί, λέγω 1/4; 부정사 부정과거 능동태(4:14); 따지다1[문제가 되는 일을 상대에게 캐묻고 분명한 답을 요구하다.], 반대하다, 배척하다; [수동태] 배척을 받다.

ἀντέλεγον; ἀντιλέγω; ἀντί, λέγω 1/4; 직설법 미완료 능동태 3인칭 복수(13:45).

ἄντικρυς; ἄντικρυς; ἀντί 1/1; [부사; 비본래적인 전치사] (20:15); [+속격] 맞은 편에.

ἀντιλαμβάνεσθαι; ἀντιλαμβάνω; ἀντί, λαμβάνω 1/1; 부정사 현재 중간태(20:35); 책임지다.

ἀντιλέγεται; ἀντιλέγω; ἀντί, λέγω 1/4; 직설법 현재 수동태 3인칭 단수(28:22); 따지다1, 반대하다, 배척하다; [수동태] 배척을 받다.

ἀντιλεγόντων; ἀντιλέγω; ἀντί, λέγω 1/4; 분사 현재 능동태 남성 복수 속격(28:19).

'Αντιοχέα; 'Αντιοχεύς 1/1; [명사] 남성 단수 대격(6:5); 안디옥[안티오키아] 사람, 안디옥의.

'Αντιοχείᾳ; 'Αντιόχεια 3/16; [명사] 여성 단수 여격(11:26b; 13:1; 15:35); 안디옥[안티오키아: 셀류쿠스 왕조의 수도로 신약 당시 세계 3대 도시 가운데 하나였다.].

'Αντιόχειαν; 'Αντιόχεια 10/16; [명사] 여성 단수 대격(11:20, 26a, 27; 13:14; 14:21, 26; 15:22, 23, 30; 18:22).

'Αντιοχείας; 'Αντιόχεια 3/16; [명사] 여성 단수 속격(11:19, 22; 14:19).

'Αντιπατρίδα; 'Αντιπατρίς 1/1; [명사] 여성 단수 대격(23:31); 안디바드리[구약의 아벡으로 헤롯대왕이 건설하고 아버지 '안티파테르'의 이름을 따라 명명했는데, 욥바의 동쪽, 룻다의 북쪽에 위치하고 예루살렘에서 직선거리로는 약 47km, 육로로는 약 56km이다.].

ἀντιπίπτετε; ἀντιπίπτω; ἀντί, πίπτω 1/1; 직설법 현재 능동태 2인칭 복수(7:51); 거스르다1[일이 돌아가는 상황이나 흐름과 반대되거나 어긋나는 태도를 취하다], 거역하다[윗사람의 뜻이나 지시 따위를 따르지 않고 거스르다].

ἀντιστῆναι; ἀνθίστημι; ἀντί, ἵστημι 1/2; 부정사 부정과거 능동태(6:10); 맞서다[서로 굽히지 아니하고 마주 겨루어 버티다], 방해[방해1: 남의 일에 헤살을 놓아 해를 끼침]하다.

ἀντιτασσομένων; ἀντιτάσσω; ἀντί, τάσσω 1/1; 분사 현재 중간태 남성 복수 속격(18:6); 대들다[요구하거나 반항하느라고 맞서서 달려들다].

ἀντοφθαλμεῖν; ἀντοφθαλμέω; ἀντί, ὁράω 1/1; 부정사 현재 능동태(27:15); 헤쳐[헤치다: 앞에 걸리는 것을 좌우로 물리치다] 나가다.

ἄνω; ἄνω; ἀνα 1/1; [부사] (2:19); 위로.

ἄνωθεν; ἄνωθεν; ἀνά, θεν 1/1; [부사] (26:5); 당초[당초3: 일이 생기기 시작한 처음]부터.

ἀνωτερικὰ; ἀνωτερικός; ἀνα 1/1; [형용사] 중성 복수 대격(19:1); 위쪽.

ἄξια; ἄξιος 1/7; [형용사] 중성 복수 대격(26:20); 쓸모[쓸 만한 가치] 있는, 가치 있는, 받을 만한, 만한[만하다: 어떤 대상이 앞말이 뜻하는 행동을 할 타당한 이유를 가질 정도로 가치가 있음을 나타내는 말].

ἄξιον; ἄξιος 4/7; [형용사] 남성 단수 대격(23:29; 25:11, 25; 26:31).

ἄξιος; ἄξιος 1/7; [형용사] 남성 단수 주격(13:25).

ἀξιοῦμεν; ἀξιόω; ἄξιος 1/2; 직설법 현재 능동태 1인칭 복수(28:22); 가치가 있다, 적합하다, 맞다고 여기다.

ἀξίους; ἄξιος 1/7; [형용사] 남성 복수 대격(13:46); 쓸모 있는, 가치 있는, 받을 만한, 만한.

ἄξων; ἄγω 1/26; 분사 미래 능동태 남성 단수 주격(22:5); 데려오다, 인도하다, 이끌다, 끌어 오다, 끌고 가다; [수동태] 인도되다, 소집되다, 제 구실을 하다.

ἀπ'; ἀπό 12/114; [전치사] (3:21; 12:10; 13:13; 15:18, 38, 39; 16:18; 19:9, 12; 21:1; 22:29; 26:4); [+속격] 에게서[사람이나 동물 따위의 체언 뒤에 붙어, 어떤 행동의 출발점이나 비롯되는 대상임을 나타내는 격 조사], 에서2[체언 뒤에 붙어, 앞말이 행동이 이루어지고 있는 처소의 부사어임을 나타내는 격 조사] 온, 출신[어떤 지방이나 파벌, 학교, 직업 따위에서 규정되는 사회적인 신분이나 이력 관계], 속한[속하다2: 관계되어 딸리다], ~해서, ~때문[어떤

일의 원인이나 까닭]에.

ἀπάγαγε; ἀπάγω; ἀπό, ἄγω 1/2; 명령법 부정과거 능동태 2인칭 단수(23:17); 안내하다, 처형하다; [수동태] 처형되다.

ἀπαγγεῖλαί; ἀπαγγέλλω; ἀπό, ἄγγελος 2/15; 부정사 부정과거 능동태(23:17, 19); 전하다, 전언하다, 알려 주다, 보고하다.

᾿Απαγγείλατε; ἀπαγγέλλω; ἀπό, ἄγγελος 1/15; 명령법 부정과거 능동태 2인칭 복수(12:17).

ἀπαγγέλλοντας; ἀπαγγέλλω; ἀπό, ἄγγελος 1/15; 분사 현재 능동태 남성 복수 대격 (15:27).

ἀπαλλάσσεσθαι; ἀπαλλάσσω; ἀπό, ἄλλος 1/1; 부정사 현재 수동태(19:12); 제거하다; [수동태] 제거되다, 낫다[낫다1: 병이나 상처 따위가 고쳐져 본래대로 되다].

ἅπαν; ἅπας; πᾶς 1/12; [형용사] 중성 단수 주격(25:24); 모두, 모든 것, 전체, 전부, 전원3[소속된 인원의 전체].

ἅπαντα; ἅπας; πᾶς 4/12; [형용사] 중성 복수 주격(4:32; 11:10), 중성 복수 대격(2:44; 10:8).

ἅπαντας; ἅπας; πᾶς 1/12; [형용사] 남성 복수 대격(27:33).

ἅπαντες; ἅπας; πᾶς 6/12; [형용사] 남성 복수 주격(2:7; 4:31; 5:12, 16; 16:3, 28).

ἀπάντησιν; ἀπάντησις; ἀπό, ἀντί 1/1; [명사] 여성 단수 대격(28:15); 만남[만나는 일].

–εἰς ἀπάντησιν (28:15); 마중[마중1: 오는 사람을 나가서 맞이함]하러, 만나러.

ἀπαχθῆναι; ἀπάγω; ἀπό, ἄγω 1/2; 부정사 부정과거 수동태(12:19); 안내하다, 처형하다; [수동태] 처형되다.

ἀπεδέξαντο; ἀποδέχομαι; ἀπό, δέχομαι 1/5; 직설법 부정과거 이태중간 3인칭 복수 (21:17); 영접하다, 맞이하다, 반기다, 반가워하다.

ἀπεδέχετο; ἀποδέχομαι; ἀπό, δέχομαι 1/5; 직설법 미완료 이태중간 3인칭 단수(28:30).

ἀπεδίδουν; ἀποδίδωμι; ἀπό, δίδωμι 1/4; 직설법 미완료 능동태 3인칭 복수(4:33); 되돌리다, 되받아치다, 갚아 주다, 물어 주다; [중간태] 받고 팔다.

ἀπέδοντο; ἀποδίδωμι; ἀπό, δίδωμι 1/4; 직설법 부정과거 중간태 3인칭 복수(7:9).

ἀπέδοσθε; ἀποδίδωμι; ἀπό, δίδωμι 1/4; 직설법 부정과거 중간태 2인칭 복수(5:8).

ἀπέθεντο; ἀποτίθημι; ἀπό, τίθημι 1/1; 직설법 부정과거 중간태 3인칭 복수(7:58); 벗어 놓다.

ἀπειθῆς; ἀπειθής; α, πείθω 1/1; [형용사] 남성 단수 주격(26:19); 불순종하는.

ἀπειθήσαντες; ἀπειθέω; α, πείθω 1/2; 분사 부정과거 능동태 남성 복수 주격(14:2); 신뢰하지 않다.

ἀπειλὰς; ἀπειλή 1/2; [명사] 여성 복수 대격(4:29); 으름장[말과 행동으로 위협하는 짓].

ἀπειλῆς; ἀπειλή 1/2; [명사] 여성 단수 속격(9:1).

ἀπειλησώμεθα; ἀπειλέω; ἀπειλή 1/1; 가정법 부정과거 중간태 1인칭 복수(4:17); 위협하다, 협박하다, 으르다2[상대편이 겁을 먹도록 무서운 말이나 행동으로 위협하다].

ἀπέκοψαν; ἀποκόπτω; ἀπό, κόπτω 1/1; 직설법 부정과거 능동태 3인칭 복수(27:32); 잘라 버리다.

᾿Απεκρίθη; ἀποκρίνομαι; ἀπό, κρίνω 1/20; 직설법 부정과거 이태수동 3인칭 단수(24:10); 반응하다, 대답하다, 대꾸하다, 되묻다3[동일한 질문을 다시 하다].

ἀπεκρίθη; ἀποκρίνομαι; ἀπό, κρίνω 10/20; 직설법 부정과거 이태수동 3인칭 단수(5:8; 9:13; 10:46; 11:9; 15:13; 21:13; 22:28; 24:25; 25:4, 12).

ἀπεκρίθην; ἀποκρίνομαι; ἀπό, κρίνω 2/20; 직설법 부정과거 이태수동 1인칭 단수(22:8;

25:16).

ἀπεκρίνατο; ἀποκρίνομαι; ἀπό, κρίνω 1/20; 직설법 부정과거 이태중간 3인칭 단수(3:12).

ἀπέκτειναν; ἀποκτείνω; ἀπό, κτείνω 1/6; 직설법 부정과거 능동태 3인칭 복수(7:52); 죽이다1['죽다1: 생명이 없어지거나 끊어지다'의 사동사].

ἀπεκτείνατε; ἀποκτείνω; ἀπό, κτείνω 1/6; 직설법 부정과거 능동태 2인칭 복수(3:15).

ἀπελεγμὸν; ἀπελεγμός; ἀπό, ἐλέγχω 1/1; [명사] 남성 단수 대격(19:27); 나쁜 평판[평판3: 세상 사람들의 비평].

ἀπελθεῖν; ἀπέρχομαι; ἀπό, ἔρχομαι 2/6; 부정사 부정과거 이태능동; 나가다, 떠나다.

ἀπελθὼν; ἀπέρχομαι; ἀπό, ἔρχομαι 1/6; 분사 부정과거 이태능동 남성 단수 주격(5:26).

ἀπελογεῖτο; ἀπολογέομαι; ἀπό, λέγω 1/6; 직설법 미완료 이태중간 3인칭 단수(26:1); 변명하다, 변호하다, 항변[항변2: 대항하여 변론함, 또는 그런 변론]하다.

ἀπελύθησαν; ἀπολύω; ἀπό, λύω 1/15; 직설법 부정과거 수동태 3인칭 복수(15:33); 보내주다, 내보내다, 풀어주다, 해산시키다, 흩어지다; [수동태] 풀려나다, 떠나다.

ἀπελύοντο; ἀπολύω; ἀπό, λύω 1/15; 직설법 미완료 중간태 3인칭 복수(28:25).

ἀπέλυσαν; ἀπολύω; ἀπό, λύω 4/15; 직설법 부정과거 능동태 3인칭 복수(4:21; 5:40; 13:3; 17:9).

ἀπέλυσε; ἀπολύω; ἀπό, λύω 1/15; 직설법 부정과거 능동태 3인칭 단수(23:22).

ἀπέλυσεν; ἀπολύω; ἀπό, λύω 1/15; 직설법 부정과거 능동태 3인칭 단수(19:40).

ἀπέναντι; ἀπέναντι; ἀπό, ἐν, ἀντί 2/2; [비본래적인 전치사] (3:16; 17:7); [+속격] 거슬러[거스르다1: 남의 말이나 가르침, 명령 따위와 어긋나는 태도를 취하다], 보는 데서.

ἀπέπεσαν; ἀποπίπτω; ἀπό, πίπτω 1/1; 직설법 부정과거 능동태 3인칭 복수(9:18); 떨어지다.

ἀπέπλευσαν; ἀποπλέω; ἀπό, πλέω 2/4; 직설법 부정과거 능동태 3인칭 복수(13:4; 14:26); 출항하다.

ἀπερίτμητοι; ἀπερίτμητος; α, περί, τομός 1/1; [형용사] 남성 복수 호격(7:51); 할례 받지 못한.

ἀπέρχεσθαι; ἀπέρχομαι; ἀπό, ἔρχομαι 1/6; 부정사 현재 이태중간(23:32); 나가다, 떠나다.

ἀπεστάλη; ἀποστέλλω; ἀπό, στέλλω 1/24; 직설법 부정과거 수동태 3인칭 단수(28:28); 보내다, 파견하다, 보내오다, 허하다; [수동태] 파견되다, 허락되다.

ἀπέσταλκα; ἀποστέλλω; ἀπό, στέλλω 1/24; 직설법 완료 능동태 1인칭 단수(10:20).

ἀπεστάλκαμεν; ἀποστέλλω; ἀπό, στέλλω 1/24; 직설법 완료 능동태 1인칭 복수(15:27).

᾿Απέσταλκαν; ἀποστέλλω; ἀπό, στέλλω 1/24; 직설법 완료 능동태 3인칭 복수(16:36).

ἀπέσταλκεν; ἀποστέλλω; ἀπό, στέλλω 1/24; 직설법 완료 능동태 3인칭 단수(7:35).

ἀπέσταλκέν; ἀποστέλλω; ἀπό, στέλλω 1/24; 직설법 완료 능동태 3인칭 단수(9:17).

ἀπεσταλμένοι; ἀποστέλλω; ἀπό, στέλλω 2/24; 분사 완료 수동태 남성 복수 주격(10:17; 11:11).

ἀπέστειλαν; ἀποστέλλω; ἀπό, στέλλω 5/24; 직설법 부정과거 능동태 3인칭 복수(5:21; 8:14; 9:38; 13:15; 16:35).

ἀπέστειλεν; ἀποστέλλω; ἀπό, στέλλω 3/24; 직설법 부정과거 능동태 3인칭 단수(3:26; 10:8, 36).

ἀπέστη; ἀφίστημι; ἀπό, ἵστημι 1/6; 직설법 부정과거 능동태 3인칭 단수(12:10); 떠나다,

떠나 있다, 떠나게 하다, 떨어지다.

ἀπέστησαν; ἀφίστημι; ἀπό, ἵστημι 1/6; 직설법 부정과거 능동태 3인칭 복수(22:29).

ἀπέστησεν; ἀφίστημι; ἀπό, ἵστημι 1/6; 직설법 부정과거 능동태 3인칭 단수(5:37).

ἀπεφθέγξατο; ἀποφθέγγομαι; ἀπό, φθέγγομαι 1/3; 직설법 부정과거 이태중간 3인칭 단수(2:14); 털어놓다, 소리[를] 내다, 발음하다.

ἀπέχεσθαι; ἀπέχω; ἀπό, ἔχω 2/2; 부정사 현재 중간태(15:20, 29); 그만두다, 금하다, ~지 말다.

ἀπήγγειλαν; ἀπαγγέλλω; ἀπό, ἄγγελος 3/15; 직설법 부정과거 능동태 3인칭 복수(4:23; 5:22; 16:38); 전하다, 전언하다, 알려 주다, 보고하다.

ἀπήγγειλεν; ἀπαγγέλλω; ἀπό, ἄγγελος 7/15; 직설법 부정과거 능동태 3인칭 단수(5:25; 11:13; 12:14; 16:36; 22:26; 23:16; 28:21).

ἀπήγγελλον; ἀπαγγέλλω; ἀπό, ἄγγελος 1/15; 직설법 미완료 능동태 1인칭 단수(26:20).

ἀπῄεσαν; ἄπειμι; ἀπό, εἶμι 1/1; 직설법 미완료 능동태 3인칭 복수(17:10); [~에, ~로] 들어가다.

ἀπήλασεν; ἀπελαύνω; ἀπό, ἐλαύνω 1/1; 직설법 부정과거 능동태 3인칭 단수(18:16); 쫓아내다.

Ἀπῆλθεν; ἀπέρχομαι; ἀπό, ἔρχομαι 1/6; 직설법 부정과거 이태능동 3인칭 단수(9:17); 나가다, 떠나다.

ἀπῆλθεν; ἀπέρχομαι; ἀπό, ἔρχομαι 1/6; 직설법 부정과거 이태능동 3인칭 단수.

ἀπησπασάμεθα; ἀπασπάζομαι; ἀπό, ἀσπάζομαι 1/1; 직설법 부정과거 이태중간 1인칭 복수(21:6); 작별하다.

ἄπιστον; ἄπιστος; α, πείθω 1/1; [형용사] 중성 단수 주격(26:8); 믿을 수 없는.

Ἀπὸ; ἀπό 2/114; [전치사] (10:30; 20:17); [+속격] 에게서[사람이나 동물 따위의 체언 뒤에 붙어, 어떤 행동의 출발점이나 비롯되는 대상임을 나타내는 격 조사], 에서2[체언 뒤에 붙어, 앞말이 행동이 이루어지고 있는 처소의 부사어임을 나타내는 격 조사] 온, 출신[어떤 지방이나 파벌, 학교, 직업 따위에서 규정되는 사회적인 신분이나 이력 관계], 속한[속하다2: 관계되어 딸리다], ~해서, ~때문[어떤 일의 원인이나 까닭]에.

ἀπό; ἀπό 1/114; [전치사] (28:23).

ἀπὸ; ἀπό 93/114; [전치사].

ἀποβολὴ; ἀποβολή; ἀπό, βάλλω 1/1; [명사] 여성 단수 주격(27:22); 손실[잃어버리거나 축가서 손해를 봄, 또는 그 손해].

ἀπογραφῆς; ἀπογραφή; ἀπό, γράφω 1/1; [명사] 여성 단수 속격(5:37); 인구 조사, 호구[호구2: 호적상 집의 수효와 식구 수] 조사.

ἀποδεδειγμένον; ἀποδείκνυμι; ἀπό, δείκνυμι 1/2; 분사 완료 수동태 남성 단수 대격(2:22); 내세우다, 입증하다.

ἀποδεῖξαι; ἀποδείκνυμι; ἀπό, δείκνυμι 1/2; 부정사 부정과거 능동태(25:7).

ἀποδεξάμενοι; ἀποδέχομαι; ἀπό, δέχομαι 1/5; 분사 부정과거 이태중간 남성 복수 주격(2:41); 영접하다, 맞이하다, 반기다, 반가워하다.

ἀποδέξασθαι; ἀποδέχομαι; ἀπό, δέχομαι 1/5; 부정사 부정과거 이태중간(18:27).

ἀποδεχόμεθα; ἀποδέχομαι; ἀπό, δέχομαι 1/5; 직설법 현재 이태중간 1인칭 복수(24:3).

ἀποδοῦναι; ἀποδίδωμι; ἀπό, δίδωμι 1/4; 부정사 부정과거 능동태(19:40); 되돌리다, 되받

아치다, 갚아 주다, 물어 주다; [중간태] 받고 팔다.

ἀποθανεῖν; ἀποθνῄσκω; ἀπό, θνῄσκω 4/4; 부정사 부정과거 능동태(7:4; 9:37; 21:13; 25:11); 죽다, 돌아가시다.

ἀποκαθιστάνεις; ἀποκαθίστημι; ἀπό, κατά, ἵστημι 1/1; 직설법 현재 능동태 2인칭 단수(1:6); 돌려주다, 되돌려 주다, 되돌리다['되돌다; 향하던 곳에서 반대쪽으로 방향을 바꾸다'의 사동사].

ἀποκαταστάσεως; ἀποκατάστασις; ἀπό, κατά, ἵστημι 1/1; [명사] 여성 단수 속격(3:21); 회복[원래의 상태로 돌이키거나 원래의 상태를 되찾음].

᾿Αποκριθεὶς; ἀποκρίνομαι; ἀπό, κρίνω 1/20; 분사 부정과거 이태수동 남성 단수 주격(8:34); 반응하다, 대답하다, 대꾸하다, 되묻다3[동일한 질문을 다시 하다].

ἀποκριθεὶς; ἀποκρίνομαι; ἀπό, κρίνω 3/20; 분사 부정과거 이태수동 남성 단수 주격(5:29; 8:24; 25:9).

ἀποκριθὲν; ἀποκρίνομαι; ἀπό, κρίνω 1/20; 분사 부정과거 이태수동 중성 단수 주격(19:15).

ἀποκριθέντες; ἀποκρίνομαι; ἀπό, κρίνω 1/20; 분사 부정과거 이태수동 남성 복수 주격(4:19).

ἀποκτεῖναι; ἀποκτείνω; ἀπό, κτείνω 1/6; 부정사 부정과거 능동태(21:31); 죽이다1['죽다1: 생명이 없어지거나 끊어지다'의 사동사].

ἀποκτείνωμεν; ἀποκτείνω; ἀπό, κτείνω 1/6; 가정법 부정과거 능동태 1인칭 복수(23:14).

ἀποκτείνωσιν; ἀποκτείνω; ἀπό, κτείνω 2/6; 가정법 부정과거 능동태 3인칭 복수(23:12; 27:42).

ἀπολεῖται; ἀπόλλυμι; ἀπό, ὄλλυμι 1/2; 직설법 미래 중간태 3인칭 단수(27:34); 잃다, 상하다, 망하다, 끝장이 나다.

᾿Απολελύσθαι; ἀπολούω; ἀπό, λούω 1/15; 부정사 완료 수동태(26:32); 보내주다, 내보내다, 풀어주다, 해산시키다, 흩어지다; [수동태] 풀려나다, 떠나다.

᾿Απολλῶ; ᾿Απολλῶς 1/2; [명사] 남성 단수 대격(19:1); 아볼로[아폴로].

᾿Απολλωνίαν; ᾿Απολλωνία 1/1; [명사] 여성 단수 대격(17:1); 아볼로니아[아폴로니아: 암비볼리에서 서남쪽으로 40km 정도 떨어진 내륙도시로 비아 에그나티아 도로가 지난다.].

᾿Απολλῶς; ᾿Απολλῶς 1/2; [명사] 남성 단수 주격(18:24); 아볼로[아폴로].

ἀπολογεῖσθαι; ἀπολογέομαι; ἀπό, λέγω 2/6; 부정사 현재 이태중간(19:33; 26:2); 변명하다, 변호하다, 항변하다.

ἀπολογίας; ἀπολογία; ἀπό, λέγω 2/2; [명사] 여성 단수 속격(22:1; 25:16); 항변2[대항하여 변론함, 또는 그런 변론].

ἀπολογοῦμαι; ἀπολογέομαι; ἀπό, λέγω 1/6; 직설법 현재 이태중간 1인칭 단수(24:10).

ἀπολογουμένου; ἀπολογέομαι; ἀπό, λέγω 2/6; 분사 현재 이태중간 남성 단수 속격(25:8).

ἀπόλουσαι; ἀπολούω; ἀπό, λούω 1/1; 명령법 부정과거 중간태 2인칭 단수(22:16); 씻다.

ἀπολύειν; ἀπολούω; ἀπό, λούω 1/15; 부정사 현재 능동태(3:13); 보내주다, 내보내다, 풀어주다, 해산시키다, 흩어지다; [수동태] 풀려나다, 떠나다.

᾿Απολυθέντες; ἀπολύω; ἀπό, λύω 1/15; 분사 부정과거 수동태 남성 복수 주격(4:23).

ἀπολυθέντες; ἀπολύω; ἀπό, λύω 1/15; 분사 부정과거 수동태 남성 복수 주격(15:30).

ἀπολυθῆτε; ἀπολύω; ἀπό, λύω 1/15; 가정법 부정과거 수동태 2인칭 복수(16:36).

ἀπολῦσαι; ἀπολύω; ἀπό, λύω 1/15; 부정사 부정과거 능동태(28:18).

Ἀπόλυσον; ἀπολύω; ἀπό, λύω 1/15; 명령법 부정과거 능동태 2인칭 단수(16:35).
ἀποπλεῖν; ἀποπλέω; ἀπό, πλέω 1/4; 부정사 현재 능동태(27:1); 출항하다.
ἀποπλεύσαντες; ἀποπλέω; ἀπό, πλέω 1/4; 분사 부정과거 능동태 남성 복수 주격(20:15).
ἀπορίψαντας; ἀπορίπτω; ἀπό, ῥίπτω 1/1; 분사 부정과거 능동태 남성 복수 대격(27:43); 뛰어내리다.
ἀπορούμενος; ἀπορέω; ἀπό, πορεύομαι 1/1; 분사 현재 중간태 남성 단수 주격(25:20); 난처하다.
ἀποσπᾶν; ἀποσπάω; ἀπό, σπάω 1/2; 부정사 현재 능동태(20:30); 꼬드기다[어떠한 일을 하도록 남의 마음을 꾀어 부추기다], 꼬드겨 떠나게 하다.
ἀποσπασθέντας; ἀποσπάω; ἀπό, σπάω 1/2; 분사 부정과거 수동태 남성 복수 대격(21:1).
ἀποστάντα; ἀφίστημι; ἀπό, ἵστημι 1/6; 분사 부정과거 능동태 남성 단수 대격(15:38); 떠나다, 떠나 있다, 떠나게 하다, 떨어지다.
ἀποστὰς; ἀφίστημι; ἀπό, ἵστημι 1/6; 분사 부정과거 능동태 남성 단수 주격(19:9).
ἀποστασίαν; ἀποστασία; ἀπό, ἵστημι 1/1; [명사] 여성 단수 대격(21:21); 벗어난 것.
ἀποστείλαντας; ἀποστέλλω; ἀπό, στέλλω 1/24; 분사 부정과거 능동태 남성 복수 대격(15:33); 보내다, 파견하다, 보내오다, 허하다; [수동태] 파견되다, 허락되다.
ἀποστείλαντες; ἀποστέλλω; ἀπό, στέλλω 1/24; 분사 부정과거 능동태 남성 복수 주격(11:30).
ἀποστείλας; ἀποστέλλω; ἀπό, στέλλω 2/24; 분사 부정과거 능동태 남성 단수 주격(7:14; 19:22).
ἀποστείλῃ; ἀποστέλλω; ἀπό, στέλλω 1/24; 가정법 부정과거 능동태 3인칭 단수(3:20).
Ἀπόστειλον; ἀποστέλλω; ἀπό, στέλλω 1/24; 명령법 부정과거 능동태 2인칭 단수(11:13).
ἀποστείλω; ἀποστέλλω; ἀπό, στέλλω 1/24; 가정법 부정과거 능동태 2인칭 단수(7:34).
ἀποστέλλω; ἀποστέλλω; ἀπό, στέλλω 1/24; 직설법 현재 능동태 1인칭 단수(26:17).
ἀπόστητε; ἀφίστημι; ἀπό, ἵστημι 1/6; 명령법 부정과거 능동태 2인칭 복수(5:38); 떠나다, 떠나 있다, 떠나게 하다, 떨어지다.
ἀποστολῆς; ἀποστολή; ἀπό, στέλλω 1/1; [명사] 여성 단수 속격(1:25); 파송, 사도직.
ἀπόστολοι; ἀπόστολος; ἀπό, στέλλω 7/28; [명사] 남성 복수 주격(4:33; 5:29; 8:14; 11:1; 14:4; 15:6, 23); 파송된 자, 사도.
ἀποστόλοις; ἀπόστολος; ἀπό, στέλλω 3/28; [명사] 남성 복수 여격(1:2; 14:4; 15:22).
ἀποστόλους; ἀπόστολος; ἀπό, στέλλω 5/28; [명사] 남성 복수 대격(2:37; 5:18, 40; 9:27; 15:2).
ἀποστόλων; ἀπόστολος; ἀπό, στέλλω 13/28; [명사] 남성 복수 속격(1:26; 2:42, 43; 4:35, 36, 37; 5:2, 12; 6:6; 8:1, 18; 15:4; 16:4).
ἀποστρέφειν; ἀποστρέφω; ἀπό, στρέφω 1/1; 부정사 현재 능동태(3:26); 돌아서다.
ἀποταξάμενος; ἀποτάσσω; ἀπό, τάσσω 2/2; 분사 부정과거 중간태 남성 단수 주격(18:18, 21); 작별[인사를 나누고 헤어짐]하다.
ἀποτινάξας; ἀποτινάσσω; ἀπό, τείνω 1/1; 분사 부정과거 능동태 남성 단수 주격(28:5); 떨어 버리다.
ἀποφέρεσθαι; ἀποφέρω; ἀπό, φέρω 1/1; 부정사 현재 수동태(19:12); 숨김없이 말하다.
ἀποφθέγγεσθαι; ἀποφθέγγομαι; ἀπό, φθέγγομαι 1/3; 부정사 현재 이태중간(2:4); 털어놓다, 소리[를] 내다, 발음하다.

ἀποφθέγγομαι; ἀποφθέγγομαι; ἀπό, φθέγγομαι 1/3; 직설법 현재 이태중간 1인칭 단수 (26:25).

ἀποφορτιζόμενον; ἀποφορτίζομαι; ἀπό, φέρω 1/1; 분사 현재 이태중간 중성 단수 주격 (21:3); 부리다1[사람의 등에 지거나 자동차나 배 따위에 실었던 것을 내려 놓다].

ἀποχωρήσας; ἀποχωρέω; ἀπό, χωρέω 1/1; 분사 부정과거 능동태 남성 단수 주격(13:13); 이탈[어떤 범위나 대열 따위에서 떨어져 나오거나 떨어져 나감]하다.

ἀποχωρισθῆναι; ἀποχωρίζω; ἀπό, χωρίς 1/1; 부정사 부정과거 수동태(15:39); 결별[기약 없는 이별을 함]하다.

Ἀππίου; Ἄππιος 1/1; [명사] 남성 단수 속격(28:15); 압비오[로마에서 남쪽으로 65km 정도 떨어진 상업 중심지].

ἀπρόσκοπον; ἀπρόσκοπος; α, πρός, κόπτω 1/1; [형용사] 여성 단수 대격(24:16); 흠이 없는.

ἀπωθεῖσθε; ἀπωθέω; ἀπό, ὠθέω 1/3; 직설법 현재 중간태 2인칭 복수(13:46); 밀어내다, 밀뜨리다[갑자기 힘 있게 밀어 버리다].

ἀπώλειαν; ἀπώλεια; ἀπό, ὄλλυμι 1/1; [명사] 여성 단수 대격(8:20); 몰락[재물이나 세력 따위가 쇠하여 보잘것없이 됨].

ἀπώλετο; ἀπόλλυμι; ἀπό, ὄλλυμι 1/2; 직설법 부정과거 중간태 3인칭 단수(5:37); 잃다, 상하다, 망하다, 끝장이 나다.

ἀπώσαντο; ἀπωθέω; ἀπό, ὠθέω 1/3; 직설법 부정과거 중간태 3인칭 복수(7:39); 밀어내다, 밀뜨리다[갑자기 힘 있게 밀어 버리다].

ἀπώσατο; ἀπωθέω; ἀπό, ὠθέω 1/3; 직설법 부정과거 중간태 3인칭 단수(7:27).

Ἆρά; ἆρα; ἀρά 1/1; [불변화사, 걱정이나 안타까움을 표현하거나 부정의 대답을 기대하는 의문문에 사용하는 단어] (8:30); 우리말 '겠[미래의 일이나 추측을 나타내는 어미, 화자의 의지를 나타내는 어미, 가능성이나 능력을 나타내는 어미, 완곡하게 말하는 태도를 나타내는 어미, 헤아리거나 따져 보면 그렇게 된다는 뜻을 나타내는 어미]'으로 표현할 수 있겠다.

Ἄρα; ἄρα; ἀρά 1/5; [불변화사, 추론을 이끄는 단어] (11:18); 그리하여, 그렇다면, 도대체.

ἄρα; ἄρα; ἀρά 4/4; [불변화사, 추론을 이끄는 단어] (8:22; 12:18; 17:27; 21:38).

–εἰ ἄρα (17:27); 아마도.

Ἄραβες; Ἄραψ 1/1; [명사] 남성 복수 주격(2:11); 아라비아인, 아라비아 사람.

ἄραντες; αἴρω 2/9; 분사 부정과거 능동태 남성 복수 주격(27:13, 17); 일으키다, 들다, 올리다, 들어 올리다, 높이다['높다'의 사동사], 거머들다[마구 움켜잡아서 들다], 거머채다[휘감아 잡아채다], 없애버리다; [수동태] 적용되지 않다, 잘려 나가다.

ἄρας; αἴρω 1/9; 분사 부정과거 능동태 남성 단수 주격(21:11).

Ἀργύριον; ἀργύριον; ἄργυρος 1/5; [명사] 중성 단수 주격(3:6); 은4[금속 원소의 하나로, 흰 광택이 있고 무르며 늘어나고 펴지는 성질이 금 다음으로 강하고, 전기 전도율과 열전도율은 금속 가운데 가장 높으며, 공기 중에서는 산화하지 않으나 유황 화합물에 닿으면 검은색으로 변한다].

ἀργύριόν; ἀργύριον; ἄργυρος 1/5; [명사] 중성 단수 주격(8:20).

ἀργυρίου; ἀργύριον; ἄργυρος 3/5; [명사] 중성 단수 속격(7:16; 19:19; 20:33).

ἀργυροκόπος; ἀργυροκόπος; ἄργυρος, κόπτω 1/1; [명사] 남성 단수 주격(19:24); 은세공사.

ἀργυροῦς; ἀργυροῦς; ἄργυρος 1/1; [형용사] 남성 복수 대격(19:24); 은으로 만든.

ἀργύρῳ; ἄργυρος 1/1; [명사] 남성 단수 여격(17:29); 은4, 빛나는 것.

Ἄρειον; Ἄρειος 1/2; [형용사] 남성 단수 대격(17:19); 아레스[그리스 신화에 나오는 군신인데, 제우스와 헤라의 아들로 야만적인 전투를 좋아하며 언제나 그리스가 아닌 다른 민족의 편에 섰다고 한다.]의, 아레오[음역].

Ἀρείου; Ἄρειος 1/2; [형용사] 남성 단수 속격(17:22).

Ἄρειος πάγος (17:19, 22); 아레오바고['아레스의 언덕'이라는 의미로, 고대 아덴/아테네의 최고 재판소였다.].

Ἀρεοπαγίτης; Ἀρεοπαγίτης 1/1; [명사] 남성 단수 주격(17:34); 아레오바고 의원[의원5: 국회나 지방 의회와 같은 합의체의 구성원으로 의결권을 가진 사람].

ἀρεστόν; ἀρεστός; ἀρέσκω 2/2; [형용사] 중성 단수 주격(6:2; 12:3); 바람직한, 바람직스러운, 기쁨[욕구가 충족되었을 때의 즐거운 마음이나 느낌]을 주는, 유쾌스러운[유쾌스럽다: 즐겁고 상쾌한 느낌이 있다].

ἀριθμὸς; ἀριθμός 4/5; [명사] 남성 단수 주격(4:4; 5:36; 6:7; 11:21); 수효3[낱낱의 수], 수26[셀 수 있는 사물의 크기를 나타내는 값], 숫자.

ἀριθμῷ; ἀριθμός 1/5; [명사] 남성 단수 여격(16:5).

Ἀρίσταρχον; Ἀρίσταρχος 1/3; [명사] 남성 단수 대격(19:29); 아리스다고.

Ἀρίσταρχος; Ἀρίσταρχος 1/3; [명사] 남성 단수 주격(20:4).

Ἀριστάρχου; Ἀρίσταρχος 1/3; [명사] 남성 단수 속격(27:2).

ἅρμα; ἅρμα 1/3; [명사] 중성 단수 대격(8:38); 마차, 병거.

ἅρματι; ἅρμα 1/3; [명사] 중성 단수 여격(8:29).

ἅρματος; ἅρμα 1/3; [명사] 중성 단수 속격(8:28).

ἀρνεῖσθαι; ἀρνέομαι 1/4; 부정사 현재 이태중간(4:16); 부인[부인2: 어떤 내용이나 사실을 옳거나 그러하다고 인정하지 아니함]하다.

ἀρξάμενος; ἄρχω 4/10; 분사 부정과거 중간태 남성 단수 주격(1:22; 8:35; 10:37; 11:4); 시작하다[어떤 일이나 행동의 처음 단계를 이루거나 그렇게 하게 하다], 출발하다[어떤 일을 시작하다], 말을 꺼내다[마음속의 생각 따위를 말로 드러내놓기 시작하다], 다스리다[국가나 사회, 단체, 집안의 일을 보살펴 관리하고 통제하다].

ἄρξασθαί; ἄρχω 1/10; 부정사 부정과거 중간태(11:15).

ἁρπάσαι; ἁρπάζω 1/2; 부정사 부정과거 능동태(23:10); 낚아채다[무엇을 갑자기 세차게 잡아당기다].

Ἀρτέμιδος; Ἄρτεμις 3/5; [명사] 여성 단수 속격(19:24, 27, 35); 아데미[아르테미스: 제우스와 레토의 딸로 달의 여신으로, 사냥의 규칙을 정해주는 야생동물 수호신이자 다산과 출산을 돕는 신].

Ἄρτεμις; Ἄρτεμις 2/5; [명사] 여성 단수 주격(19:28, 34).

ἀρτέμωνα; ἀρτέμων 1/1; [명사] 남성 단수 대격(27:40); 큰 돛대의 돛.

ἄρτον; ἄρτος 4/5; [명사] 남성 단수 대격(2:46; 20:7, 11; 27:35); 떡1[곡식 가루를 찌거나, 그 찐 것을 치거나 빚어서 만든 음식을 통틀어 이르는 말], 빵1[밀가루를 주원료로 하여 소금, 설탕, 버터, 효모 따위를 섞어 반죽하여 발효한 뒤에

불에 굽거나 찐 음식].

ἄρτου; ἄρτος 1/5; [명사] 남성 단수 속격(2:42).

ἀρχαῖς; ἀρχή; ἄρχω 2/4; [명사] 여성 복수 여격(10:11; 11:5); 처음, 귀1[모가 난 물건의 모서리], 귀퉁이[물건의 모퉁이나 삐죽 나온 부분].

ἀρχαίῳ; ἀρχαῖος; ἄρχω 1/3; [형용사] 남성 단수 여격(21:16); 옛, 이전3[이제보다 전], 지나간.

ἀρχαίων; ἀρχαῖος; ἄρχω 2/3; [형용사] 여성 복수 속격(15:7, 21).

ἀρχῇ; ἀρχή; ἄρχω 1/4; [명사] 여성 단수 여격(11:15); 처음, 귀1[모가 난 물건의 모서리].

ἀρχηγὸν; ἀρχηγός; ἄρχω, ἄγω 2/2; [명사] 남성 단수 대격(3:15; 5:31); 조물주[우주의 만물을 만들고 다스리는 신], 조물자.

ἀρχῆς; ἀρχή; ἄρχω 1/4; [명사] 여성 단수 속격(26:4); 처음, 귀1[모가 난 물건의 모서리].

ἀρχιερατικοῦ; ἀρχιερατικός; ἄρχω, ἱερός 1/1; [형용사] 중성 단수 속격(4:6); 대제사장[의].

ἀρχιερέα; ἀρχιερεύς; ἄρχω, ἱερός 1/22; [명사] 남성 단수 대격(23:4); 대제사장.

ἀρχιερεῖ; ἀρχιερεύς; ἄρχω, ἱερός 1/22; [명사] 남성 단수 여격(9:1).

ἀρχιερεῖς; ἀρχιερεύς; ἄρχω, ἱερός 6/22; [명사] 남성 복수 주격(4:23; 5:24; 25:2, 15), 남성 복수 대격(9:21; 22:30).

ἀρχιερεύς; ἀρχιερεύς; ἄρχω, ἱερός 2/22; [명사] 남성 단수 주격(7:1; 23:5).

ἀρχιερεὺς; ἀρχιερεύς; ἄρχω, ἱερός 7/22; [명사] 남성 단수 주격(4:6; 5:17, 21, 27; 22:5; 23:2; 24:1).

ἀρχιερεῦσιν; ἀρχιερεύς; ἄρχω, ἱερός 1/22; [명사] 남성 복수 여격(23:14).

ἀρχιερέων; ἀρχιερεύς; ἄρχω, ἱερός 3/22; [명사] 남성 복수 속격(9:14; 26:10, 12).

ἀρχιερέως; ἀρχιερεύς; ἄρχω, ἱερός 1/22; [명사] 남성 단수 속격(19:14).

ἀρχισυνάγωγοι; ἀρχισυνάγωγος; ἄρχω, σύν, ἄγω 1/3; [명사] 남성 복수 주격(13:15); 회당장.

ἀρχισυνάγωγον; ἀρχισυνάγωγος; ἄρχω, σύν, ἄγω 1/3; [명사] 남성 단수 대격(18:17).

ἀρχισυνάγωγος; ἀρχισυνάγωγος; ἄρχω, σύν, ἄγω 1/3; [명사] 남성 단수 주격(18:8).

Ἄρχοντα; ἄρχων; ἄρχω 1/11; [명사] 남성 단수 대격(23:5); 관원, 산헤드린공회[고대 유대의 최고 의결 기관으로 종교 및 사법상의 재판권을 가지며 71명의 의원으로 구성되었다]의 의원.

ἄρχοντα; ἄρχων; ἄρχω 3/11; [명사] 남성 단수 대격(7:27, 35[2회]).

ἄρχοντας; ἄρχων; ἄρχω 2/11; [명사] 남성 복수 대격(4:5; 16:19).

Ἄρχοντες; ἄρχων; ἄρχω 1/11; [명사] 남성 복수 주격(4:8).

ἄρχοντες; ἄρχων; ἄρχω 3/11; [명사] 남성 복수 주격(3:17; 4:26; 13:27).

ἄρχουσιν; ἄρχων; ἄρχω 1/11; [명사] 남성 복수 여격(14:5).

ἀσάλευτος; ἀσάλευτος; α, σάλος 1/1; [형용사] 여성 단수 주격(27:41); 꼼짝[몸을 둔하고 느리게 조금 움직이는 모양]도 않는, 꼼짝없이.

ἀσήμου; ἄσημος; α, σημεῖον 1/1; [형용사] 여성 단수 속격(21:39); 시시한[신통한 데가 없고 하찮은].

ἀσθενείας; ἀσθένεια; α, σθενόω 1/1; [명사] 여성 복수 대격(28:9); 약해진 상태, 약한 데.

ἀσθενεῖς; ἀσθενής; α, σθενόω 2/3; [형용사] 남성 복수 대격(5:15, 16); 약해진.

ἀσθενήσασαν; ἀσθενέω; α, σθενόω 1/3; 분사 부정과거 능동태 여성 단수 대격(9:37); 약해지다.

ἀσθενοῦντας; ἀσθενέω; α, σθενόω 1/3; 분사 부정과거 능동태 남성 복수 대격(19:12).
ἀσθενούντων; ἀσθενέω; α, σθενόω 1/3; 분사 현재 능동태 남성 복수 속격(20:35).
ἀσθενοῦς; ἀσθενής; α, σθενόω 1/3; [형용사] 남성 단수 속격(4:9); 약해진.
᾿Ασία; ᾿Ασία 1/12; [명사] 여성 단수 주격(19:27); 아시아[현재 소아시아 서쪽 지역으로, 아구스도/아우구스투스 황제 때 에베소가 수도가 되었다. 아시아 북쪽에는 비두니아가, 동쪽에는 갈라디아가, 남쪽에는 루기아/리키아가 있다. 신약성경에는 아시아에 속했던 다섯 개의 섬에 관한 명칭이 나온다. 가장 북쪽에 있었던 레스보스 섬의 수도였던 미둘레네/미틸레네, 그 남쪽에 있는 기오 섬(20:15), 에베소 서쪽에 있던 사모 섬(20:15), 사도 요한이 유배되었던 밧모 섬, 그리고 가장 남쪽에 있던 고스 섬(21:1)이다. 요한계시록에 나오는 일곱 교회도 이 아시아 지역에 있던 교회들이다. 관련 구절, 행 6:9; 16:6; 19:10, 22, 26, 27; 20:16, 18; 21:27; 24:19; 27:2; 롬 16:5; 고전 16:19; 고후 1:8; 딤후 1:15; 벧전 1:1; 계 1:4].
᾿Ασίᾳ; ᾿Ασία 2/12; [명사] 여성 단수 여격(16:6; 20:16).
᾿Ασίαν; ᾿Ασία 5/12; [명사] 여성 단수 대격(2:9; 19:10, 22; 20:18; 27:2).
᾿Ασιανοὶ; ᾿Ασιανός 1/1; [명사] 남성 복수 주격(20:4); 아시아 사람.
᾿Ασιαρχῶν; ᾿Ασιάρχης 1/1; [명사] 남성 복수 속격(19:31); 아시아 고관[고관4: 지위가 높은 벼슬이나 관리].
᾿Ασίας; ᾿Ασία 4/12; [명사] 여성 단수 속격(6:9; 21:27).
ἀσιτίας; ἀσιτία; α, σῖτος 1/1; [명사] 여성 단수 속격(27:21); 입맛을 잃음, 식욕부진[음식을 먹고 싶어 하는 욕망이 줄어듦, 또는 그런 증상].
ἄσιτοι; ἄσιτος; α, σῖτος 1/1; [형용사] 남성 복수 주격(27:33); 굶주린, 배[를] 곯고/곯며.
ἀσκῶ; ἀσκέω 1/1; 직설법 현재 능동태 1인칭 단수(24:16); 최선을 다하다.
ἀσμένως; ἀσμένως; ἥδομαι 1/1; [부사] (21:17); 기쁘게.
ἀσπασάμενοι; ἀσπάζομαι 2/5; 분사 부정과거 중간태 남성 복수 주격(21:7; 25:13); 인사[인사2: 마주 대하거나 헤어질 때에 예를 표함, 또는 그런 말이나 행동]하다, 방문 인사하다, 작별[인사를 나누고 헤어짐, 또는 그 인사]하다.
ἀσπασάμενος; ἀσπάζομαι 3/5; 분사 부정과거 중간태 남성 단수 주격(18:22; 20:1; 21:19).
῏Ασσον; ῏Ασσος 2/2; [명사] 여성 단수 대격(20:13, 14); 앗소[미시아/무시아의 항구도시로 드로아에서 남동쪽으로 32km 정도 떨어져 있는데, 드로아에서 육로로는 40km, 뱃길로는 71km 가량 가야한다.].
ἆσσον; ἆσσον 1/1; [부사] (27:13); 바싹1[아주 가까이 달라붙거나 죄는 모양].
ἀστεῖος; ἀστεῖος; ἄστυ 1/1; [형용사] 남성 단수 주격(7:20); 잘생긴, 돋보이는[돋보이다: '도두보다: 실상보다 좋게 보다'의 피동사인 '도두보이다'의 준말].
ἄστρον; ἄστρον; ἀστήρ 1/2; [명사] 중성 단수 대격(7:43); 별1[빛을 관측할 수 있는 천체 가운데 성운처럼 퍼지는 모양을 가진 천체를 제외한 모든 천체].
ἄστρων; ἄστρον; ἀστήρ 1/2; [명사] 중성 복수 속격(27:20).
ἀσύμφωνοι; ἀσύμφωνος; α, σύν, φωνη 1/1; [형용사] 남성 복수 주격(28:25); 일치하지 않는.
ἀσφαλείᾳ; ἀσφάλεια; α, σφάλλω 1/1; [명사] 여성 단수 여격(5:23); 든든.
–ἐν ἀσφαλείᾳ (5:23) 든든하게.
ἀσφαλές; ἀσφαλής; α, σφάλλω 2/3; [형용사] 중성 단수 대격(22:30; 25:26); 확실한.

ἀσφαλὲς; ἀσφαλής; α, σφάλλω 1/3; [형용사] 중성 단수 대격(21:34).

ἀσφαλῶς; ἀσφαλῶς; α, σφάλλω 2/2; [부사] (2:36; 16:23); 단단히, 야무지게[야무지다: 사람의 성질이나 행동, 생김새 따위가 빈틈이 없이 꽤 단단하고 굳세다].

ἀτενίζετε; ἀτενίζω; α, τείνω 1/10; 직설법 현재 능동태 2인칭 복수(3:12); 주목하다[주목3: 관심을 가지고 주의 깊게 살핌, 또는 그 시선].

ἀτενίζοντες; ἀτενίζω; α, τείνω 1/10; 분사 현재 능동태 남성 복수 주격(1:10).

ἀτενίσαντες; ἀτενίζω; α, τείνω 1/10; 분사 부정과거 능동태 남성 복수 주격(6:15).

ἀτενίσας; ἀτενίζω; α, τείνω 7/10; 분사 부정과거 능동태 남성 단수 주격(3:4; 7:55; 10:4; 11:6; 13:9; 14:9; 23:1).

ἀτιμασθῆναι; ἀτιμάζω; α, τιμή 1/1; 부정사 부정과거 수동태(5:41); [수동태] 망신하다[망신2: 말이나 행동을 잘못하여 자기의 지위, 명예, 체면 따위를 손상함], 망신을 당하다.

ἀτμίδα; ἀτμίς; ἄω 1/1; [명사] 여성 단수 대격(2:19); 기둥1[어떤 물건을 밑에서 위로 곧게 받치거나 버티는 나무, 또는 그런 형상으로 보이는 것].

ἄτοπον; ἄτοπος; α, τόπος 2/2; [형용사] 중성 단수 주격(25:5), 중성 단수 대격(28:6); 불합리한, 이상한.

᾿Αττάλειαν; ᾿Αττάλεια 1/1; [명사] 여성 단수 대격(14:25); 앗달리아[아탈리아: 밤빌리아 지방에 속한 항구 도시로 소아시아 남쪽 해안에 있다. 버가에서 육로로 약 20km 정도 떨어져있다. 현재 지명은 Antalya이다.].

αὐγῆ; αὐγής 1/1; [명사] 여성 단수 속격(20:11); 동틀[동트다: 동쪽 하늘이 훤하게 밝아오다] 무렵, 동틀 때.

Αὔριον; αὔριον 1/4; [부사] (25:22); 내일[오늘의 바로 다음날], 이튿날[어떤 일이 있은 그 다음의 날].

αὔριον; αὔριον 3/4; [부사] (4:3, 5; 23:20).

αὐτά; αὐτός 1/703; [인칭 대명사, 3인칭] 중성 복수 대격(15:27); 그1[말하는 이와 듣는 이가 아닌 사람을 가리키는 삼인칭 대명사로, 앞에서 이미 이야기하였거나 듣는 이가 생각하고 있는 사람을 가리킨다; 앞에서 이미 이야기하였거나 듣는 이가 생각하고 있는 대상을 가리키는 지시 대명사], 저3[앞에서 이미 말하였거나 나온 바 있는 사람을 도로 가리키는 삼인칭 대명사], 자신[자신1: 사람을 가리키는 말 뒤에 쓰여, 다름이 아니고 앞에서 가리킨 바로 그 사람임을 강조하여 이르는 말]도, 직접[중간에 아무것도 개재시키지 아니하고 바로 연결되는 관계], 친히[=몸소: 직접 제 몸으로], 스스로[남이 시키지 아니하였는데도 자기의 결심에 따라서], 스스로가, 같은[같다: 크기, 생김새 따위가 서로 다르지 않고 한 모양이다].

αὐτὰ; αὐτός 1/703; [인칭 대명사, 3인칭] 중성 복수 대격(2:45).

αὗται; οὗτος 1/703; [지시 대명사] 3인칭 여성 복수 주격(20:34); 이 사람, 이분1['이 사람'을 아주 높여 이르는 삼인칭 대명사], 이자2['이 사람'을 조금 낮잡아 이르는 삼인칭 대명사], 이제1[바로 이때], 이러2['이러하다'의 어근], 간['간밤: 지난밤'의 간].

αὕτη; οὗτος 7/703; [지시 대명사] 3인칭 여성 단수 주격(5:38; 8:26, 32; 9:36; 16:17; 17:19; 21:11).

αὐτῇ; αὐτός 7/703; [인칭 대명사, 3인칭] 여성 복수 여격.

αὐτήν; αὐτός 3/703; [인칭 대명사, 3인칭] 여성 복수 대격.
αὐτὴν; αὐτός 10/703; [인칭 대명사, 3인칭] 여성 복수 대격.
αὐτῆς; αὐτός 11/703; [인칭 대명사, 3인칭] 여성 복수 속격.
αὐτό; αὐτός 3/703; [인칭 대명사, 3인칭] 중성 단수 대격(2:1, 47; 27:6)
αὐτὸ; αὐτός 5/703; [인칭 대명사, 3인칭] 중성 단수 대격(1:15; 2:44; 4:26; 7:6; 14:1).
−εἰμὶ ἐπὶ τὸ αὐτό (1:15; 2:1, 44); 함께하다, 같이하다[서로 어떤 뜻이나 행동 또는 때 따위를 동일하게 가지다].
−ἐπὶ τὸ αὐτό (1:15; 2:1, 44, 47; 4:26); 함께, 한자리에, 갈수록, 한번에, 일제히.
Αὐτοὶ; αὐτός 1/703; [인칭 대명사, 3인칭] 남성 복수 주격(13:4).
αὐτοί; αὐτός 1/703; [인칭 대명사, 3인칭] 남성 복수 주격(18:15).
αὐτοὶ; αὐτός 10/703; [인칭 대명사, 3인칭] 남성 복수 주격.
αὐτοῖς; αὐτός 77/703; [인칭 대명사] 3인칭 남성 복수 여격.
αὐτομάτη; αὐτόματος; αὐτός 1/1; [형용사] 여성 단수 주격(12:10); 저절로[다른 힘을 빌리지 아니하고 제 스스로, 또는 인공의 힘을 더하지 아니하고 자연적으로].
αὐτόν; αὐτός 29/703; [인칭 대명사, 3인칭] 남성 단수 대격; 그, 저3, 자신도, 직접, 친히, 스스로[가], 같은.
αὐτὸν; αὐτός 124/703; [인칭 대명사, 3인칭] 남성 단수 대격.
αὐτός; αὐτός 1/703; [인칭 대명사, 3인칭] 남성 단수 주격(2:34).
αὐτὸς; αὐτός 16/703; [인칭 대명사, 3인칭] 남성 단수 주격.
αὐτοῦ; αὐτός 127/703; [인칭 대명사, 3인칭] 남성 단수 속격[중성 단수 속격은 없음].
αὐτοῦ; αὐτοῦ; αὐτός 2/2; [부사] (18:19; 21:4); 거기서, 거기에.
αὐτούς; αὐτός 34/703; [인칭 대명사, 3인칭] 남성 복수 대격; 그, 저3, 자신도, 직접, 친히, 스스로[가], 같은.
αὐτοὺς; αὐτός 63/703; [인칭 대명사, 3인칭] 남성 복수 대격.
αὐτόχειρες; αὐτόχειρ; αὐτός, χείρ 1/1; [명사] 남성 복수 주격(27:19); 자기 손으로, 스스로.
αὐτῷ; αὐτός 86/703; [인칭 대명사, 3인칭] 남성 단수 여격[중성 단수 여격은 없음]; 그, 저3, 자신도, 직접, 친히, 스스로[가], 같은.
αὐτῶν; αὐτός 92/703; [인칭 대명사, 3인칭] 남성 복수 속격[86회], 여성 복수 속격(9:39; 19:19), 중성 복수 속격(13:19; 14:16; 15:9[2회]).
ἀφ'; ἀπό 6/114; [전치사]; [+속격] ~에게서, ~에서 온, 출신, 속한, ~해서, ~때문에.
ἀφανίσθητε; ἀφανίζω; α, φαίνω 1/1; 명령법 부정과거 수동태 2인칭 복수(13:41); 사라지다[현상이나 물체의 자취 따위가 없어지다].
ἀφεθήσεταί; ἀφίημι; ἀπό, ἵημι 1/3; 직설법 미래 수동태 3인칭 단수(8:22); 놓아주다, 그냥 내버려 두다; [수동태] 벗어나다, 벗겨지다.
ἀφελότητι; ἀφελότης 1/1; [명사] 여성 단수 여격(2:46); 천진난만함[천진난만: 말이나 행동에 아무런 꾸밈이 없이 그대로 나타날 만큼 순진하고 천진함; 천진: 꾸밈이나 거짓이 없이 자연 그대로 깨끗하고 순진함].
ἄφεσιν; ἄφεσις; ἀπό, ἵημι 4/5; [명사] 여성 단수 대격(2:38; 5:31; 10:43; 26:18); 사함[사하다3: 지은 죄나 허물을 용서하다].
ἄφεσις; ἄφεσις; ἀπό, ἵημι 1/5; [명사] 여성 단수 주격(13:38).
ἄφετε; ἀφίημι; ἀπό, ἵημι 1/3; 명령법 부정과거 능동태 2인칭 복수(5:38); 놓아주다, 그냥 내버려 두다; [수동태] 벗어나다, 벗겨지다.

ἀφῆκεν; ἀφίημι; ἀπό, ἵημι 1/3; 직설법 부정과거 능동태 3인칭 단수(14:17).

ἄφιξίν; ἄφιξις; ἀπό, ἱκανός 1/1; [명사] 여성 단수 대격(20:29); 출항1[선박이나 항공기가 출발함], 떠남[떠나다: 있던 곳에서 다른 곳으로 옮기다].

ἄφνω; ἄφνω 3/3; [부사] (2:2; 16:26; 28:6); 갑자기[미처 생각할 겨를도 없이 급히].

Ἀφορίσατε; ἀφορίζω; ἀπό, ὅρος 1/2; 명령법 부정과거 능동태 2인칭 복수(13:2); 따로 세우다.

ἄφωνος; ἄφωνος; α, φωνή 1/1; [형용사] 남성 단수 주격(8:32); 잠잠히.

ἀφώρισεν; ἀφορίζω; ἀπό, ὅρος 1/2; 직실법 부정과거 능동태 3인칭 단수(19:9); 따로 세우다.

Ἀχαΐαν; Ἀχαΐα 2/3; [명사] 여성 단수 대격(18:27); 아가야[기원전 27년 아구스도/아우구스투스 황제는 그리스 반도를 마게도냐/마케도니아와 아가야 지역으로 나누고 아가야 지역을 원로원 영지로 지정하였다. 아가야 지역의 수도는 고린도/코린트였다. 관련 구절, 행 18:12, 27; 19:21; 롬 15:26; 고전 16:15; 고후 1:1; 9:2; 11:10; 살전 1:7, 8].

Ἀχαΐας; Ἀχαΐα 1/3; [명사] 여성 단수 속격(18:12).

ἀχθῆναι; ἄγω 3/26; 부정사 부정과거 수동태(5:21; 25:6, 17); 데려오다, 인도하다, 이끌다, 끌어 오다, 끌고 가다; [수동태] 인도되다, 소집되다, 제 구실을 하다.

ἀχλὺς; ἀχλύς 1/1; [명사] 여성 단수 주격(13:11); 안개[지표면 가까이에 아주 작은 물방울이 부옇게 떠 있는 현상].

Ἄχρι; ἄχρι; ἀκή 1/15; [종위 접속사] (27:33); 까지, 하기까지, 때까지, 만에, 에게, 그러다가 하다.

ἄχρι; ἄχρι; ἀκή 14/15; [비본래적인 전치사] (1:2; 2:29; 3:21; 11:5; 13:6, 11; 20:6, 11; 22:4, 22; 23:1; 26:22; 28:15); [종위 접속사] (7:18).

ἅψαντες; ἅπτω 1/1; 분사 부정과거 능동태 남성 복수 주격(28:2); 피우다1['피다1: 연탄이나 숯 따위에 불이 일어나 스스로 타다'의 사동사].

β

Βαβυλῶνος; Βαβυλών 1/1; [명사] 여성 단수 속격(7:43); 바벨론[바빌론].

βαθεῖ; βαθύς 1/1; [형용사] 남성 단수 여격(20:9); 푹1[잠이 푸근하게 깊이 들거나 곤한 몸을 매우 흡족하게 쉬는 모양].

βαλλόντων; βάλλω 1/5; 분사 현재 능동태 남성 복수 속격(22:23); 던지다[손에 든 물건을 다른 곳에 떨어지게 팔과 손목을 움직여 공중으로 내보내다], 날리다2[어떤 물체가 바람에 나부끼어 움직이게 하다], 처넣다[마구 집어넣다], 불어 닥치다1[어떤 일이나 대상 따위가 가까이 다다르다].

βάπτισαι; βαπτίζω; βάπτω 1/21; 명령법 부정과거 중간태 2인칭 단수(22:16); 잠그다2[물속에 물건을 넣거나 가라앉게 하다], 세례를 베풀다; [수동태] 세례를 받다.

βαπτισθεὶς; βαπτίζω; βάπτω 1/21; 분사 부정과거 수동태 남성 단수 주격(8:13).

βαπτισθῆναι; βαπτίζω; βάπτω 3/21; 부정사 부정과거 수동태(8:36; 10:47, 48).

βαπτισθήσεσθε; βαπτίζω; βάπτω 2/21; 직설법 미래 수동태 2인칭 복수(1:5; 11:16).

βαπτισθήτω; βαπτίζω; βάπτω 1/21; 명령법 부정과거 수동태 3인칭 단수(2:38).

βάπτισμα; βάπτισμα; βάπτω 5/6; [명사] 중성 단수 대격(10:37; 13:24; 18:25; 19:3, 4); 세례.

βαπτίσματος; βάπτισμα; βάπτω 1/6; [명사] 중성 단수 속격(1:22).

βάρβαροι; βάρβαρος 2/2; [형용사] 남성 복수 주격(28:2, 4); 원주민[그 지역에 본디부터 살고 있는 사람들].

βαρέα; βαρύς 1/2; [형용사] 중성 복수 대격(25:7); 무거운[무겁다: 비중이나 책임 따위가 크거나 중대하다], 흉악[성질이 악하고 모짊]한.

βαρεῖς; βαρύς 1/2; [형용사] 남성 복수 주격(20:29).

βαρέως; βαρέως; βαρύς 1/1; [부사] (28:27); 더디[움직임이 느리고 시간이 걸리는 모양].

Βαρθολομαῖος; Βαρθολομαῖος 1/1; [명사] 남성 단수 주격(1:13); 바돌로매.

Βαριησοῦ; Βαριησοῦς 1/1; [명사] 남성 단수 속격(13:6); 바예수[바르예수: '예수의 아들' 혹은 '여호수아/예수아의 아들'이란 뜻].

Βαρναβᾷ; Βαρναβᾶς 5/23; [명사] 남성 단수 여격(13:43; 14:20; 15:2a, 22, 25); 바나바.

Βαρναβᾶ; Βαρναβᾶς 2/23; [명사] 남성 단수 속격(11:30; 15:12).

Βαρναβᾶν; Βαρναβᾶς 8/23; [명사] 남성 단수 대격(11:22; 13:2, 7, 50; 14:12; 15:2b, 36, 39).

Βαρναβᾶς; Βαρναβᾶς 8/23; [명사] 남성 단수 주격(4:36; 9:27; 12:25; 13:1, 46; 14:14; 15:35, 37).

βάρος; βάρος; βαρύς 1/1; [명사] 중성 단수 대격(15:28); 짐1[맡겨진 임무나 책임].

Βαρσαββᾶν; Βαρσαββᾶς 2/2; [명사] 남성 단수 대격(1:23; 15:22); 바사바[바르삽바].

βάσεις; βάσις; βαίνω 1/1; [명사] 여성 복수 주격(3:7); 발1[사람이나 동물의 다리 맨 끝 부분].

βασιλέα; βασιλεύς 3/20; [명사] 남성 단수 대격(13:21, 22; 17:7); 왕4[=임금], 임금1[군주 국가에서 나라를 다스리는 우두머리].

βασιλεῖ; βασιλεύς 1/20; [명사] 남성 단수 여격(25:14).

βασιλείαν; βασιλεία; βασιλεύς 5/8; [명사] 여성 단수 대격(1:6; 14:22; 20:25; 28:23, 31); 나라1[=국가].

βασιλείας; βασιλεία; βασιλεύς 3/8; [명사] 여성 단수 속격(1:3; 8:12; 19:8).

βασιλεῖς; βασιλεύς 1/20; [명사] 남성 복수 주격(4:26); 왕4, 임금1.

βασιλεῦ; βασιλεύς 7/20; [명사] 남성 단수 호격(25:24, 26; 26:2, 7, 13, 19, 27).

βασιλεὺς; βασιλεύς 5/20; [명사] 남성 단수 주격(7:18; 12:1; 25:13; 26:26, 30).

βασιλέων; βασιλεύς 1/20; [명사] 남성 복수 속격(9:15).

βασιλέως; βασιλεύς 2/20; [명사] 남성 단수 속격(7:10; 12:20).

βασιλικὴν; βασιλικός; βασιλεύς 1/2; [명사] 여성 단수 대격(12:21); 왕의, 왕실[왕실: 임금의 집안]의.

βασιλικῆς; βασιλικός; βασιλεύς 1/2; [명사] 여성 단수 속격(12:20).

βασιλίσσης; βασίλισσα; βασιλεύς 1/1; [명사] 여성 단수 속격(8:27).

βαστάζεσθαι; βαστάζω 1/4; 부정사 현재 수동태(21:35); 짊어지다, 메다, 떠메다, 둘러메다, 견디다; [수동태] 떠메져 옮겨지다[옮기다: '옮다'의 사동사; 지다4: 동사 뒤에서 '어지다' 구성으로 쓰여 남의 힘에 의하여 앞말이 뜻하는 행동을 입음을 나타내는 말].

βαστάσαι; βαστάζω 2/4; 부정사 부정과거 능동태(9:15; 15:10).

βάτου; βάτος 1/2; [명사] 남성 단수 속격(7:30); 가시나무 떨기.

βάτῳ; βάτος 1/2; [명사] 여성 단수 여격(7:35).

βεβαπτισμένοι; βαπτίζω; βάπτω 1/21; 분사 완료 수동태 남성 복수 주격(8:16); 잠그다2[물속에 물건을 넣거나 가라앉게 하다], 세례를 베풀다; [수동태] 세례를 받다.

βεβηλῶσαι; βεβηλόω; βαίνω 1/1; 부정사 부정과거 능동태(24:6); 더럽히다.

Βενιαμίν; Βενιαμίν 1/1; [명사] 남성 단수 속격(13:21); 베냐민.

Βερνίκη; Βερνίκη 2/3; [명사] 여성 단수 주격(25:13; 26:30); 버니게[베르니게; 사도행전 12장에 나오는 헤롯 아그립비 1세의 딸].

Βερνίκης; Βερνίκη 1/3; [명사] 여성 단수 속격(25:23).

Βεροίᾳ; Βέροια 1/2; [명사] 여성 단수 여격(17:13); 베뢰아[데살로니가에서 서쪽으로 63km 정도 떨어진 도시로 기원전 5세기경에 세워진 것으로 추정된다. 육로로는 데살로니가에서 약 75km이다. 힐리아크몬 강을 따라 가면 베뢰아에서 바닷가까지는 약 45km이다. 베뢰아 동쪽 바닷가에서 아테네까지 육로로는 약 357km이고, 바닷길로는 약 460km이다. 관련 구절, 행 17:10, 13.].

Βεροιαῖος; Βεροιαῖος 1/1; [형용사] 남성 단수 주격(20:4); 베뢰아 사람.

Βέροιαν; Βέροια 1/2; [명사] 여성 단수 대격(17:10); 베뢰아.

βῆμα; βῆμα; βαίνω 2/8; [명사] 중성 단수 대격(7:5; 18:12); 재판석, 걸음, 발자국[발을 한 번 떼어 놓은 걸음을 세는 단위].

βήματος; βῆμα; βαίνω 6/8; [명사] 중성 단수 속격(12:21; 18:16, 17; 25:6, 10, 17).

βιαίας; βίαιος; βία 1/1; [명사] 여성 단수 속격(2:2); 거친, 거칠게.

βίαν; βία 1/3; [명사] 여성 단수 대격(21:35); 격렬함[격렬하다: 말이나 행동이 세차고 사납다], 강제1[권력이나 위력으로 남의 자유의사를 억눌러 원하지 않는 일을 억지로 시킴], 억제[정도나 한도를 넘어서 나아가려는 것을 억눌러 그치게 함], 우격다짐[억지로 우겨서 남을 굴복시킴, 또는 그런 행위].

βίας; βία 2/3; [명사] 여성 단수 속격(5:26; 27:41).

βίβλους; βίβλος 1/3; [명사] 여성 복수 대격(19:19); 두루마리, 책.

βίβλῳ; βίβλος 2/3; [명사] 여성 단수 여격(1:20; 7:42).

Βιθυνίαν; Βιθυνία 1/1; [명사] 여성 단수 대격(16:7); 비두니아[비티니아: 당시 아시아와 갈라디아와 갑바도기아의 북쪽지역으로 현재는 터키 영토이다. 관련 구절, 벧전 1:1].

βίωσίν; βίωσις; βίος 1/1; [명사] 여성 단수 대격(26:4); 삶의 방식.

Βλάστον; Βλάστος 1/1; [명사] 남성 단수 대격(12:20); 블라스도.

βλάσφημα; βλάσφημος; βλάπτω, φημί 1/1; [형용사] 중성 복수 대격(6:11); 모독[말이나 행동으로 더럽혀 욕되게 함]하는.

βλασφημεῖν; βλασφημέω; βλάπτω, φημί 1/4; 부정사 현재 능동태(26:11); 모독하다1, 심히 멸시하다.

βλασφημοῦντας; βλασφημέω; βλάπτω, φημί 1/4; 분사 현재 능동태 남성 복수 대격(19:37).

βλασφημοῦντες; βλασφημέω; βλάπτω, φημί 1/4; 분사 현재 능동태 남성 복수 주격(13:45).

βλασφημούντων; βλασφημέω; βλάπτω, φημί 1/4; 분사 현재 능동태 남성 복수 속격(18:6).

βλέπειν; βλέπω 2/13; 부정사 현재 능동태(8:6; 12:9); 보다1[눈으로 대상의 존재나 형태적 특징을 알다], 보이다1['보다1'의 피동사], 트이다['트다2: 막혀 있던 것을 치우고 통하게 하다'의 피동사], 지켜보다, 주의하다, 분별[분별1: 세상 물정에 대한 바른 생각이나 판단]하다.

βλέπετε; βλέπω 2/13; 직설법 현재 능동태 2인칭 복수(2:33; 13:40).

βλέποντα; βλέπω 1/13; 분사 현재 능동태 남성 단수 대격(27:12).

βλέποντες; βλέπω 2/13; 분사 현재 능동태 남성 복수 주격(4:14; 28:26a).

βλεπόντων; βλέπω 1/13; 분사 현재 능동태 남성 복수 속격(1:9).

βλέπων; βλέπω 2/13; 분사 현재 능동태 남성 단수 주격(9:9; 13:11).

βλέψετε; βλέπω 1/13; 직설법 미래 능동태 2인칭 복수(28:26b).

Βλέψον; βλέπω 1/13; 명령법 부정과거 능동태 2인칭 단수(3:4).

βοηθείαις; βοήθεια; βοή 1/1; [명사] 여성 복수 여격(27:17); 보조 설비[설비2: 필요한 것을 베풀어서 갖춤, 또는 그런 시설].

βοηθεῖτε; βοηθέω; βοή 1/2; 명령법 현재 능동태 2인칭 복수(21:28); 도와주다.

βοήθησον; βοηθέω; βοή 1/2; 명령법 부정과거 능동태 2인칭 단수(16:9).

βολίσαντες; βολίζω; βάλλω 2/2; 분사 부정과거 능동태 남성 복수 주격(27:28[2회]); 수심[수심3: 강이나 바다, 호수 따위의 물의 깊이]을 재다.

βούλεσθε; βούλομαι 1/14; 직설법 현재 이태중간 2인칭 복수(5:28); ~고 싶다[앞말이 뜻하는 행동을 하고자 하는 마음이나 욕구를 갖고 있음을 나타내는 말], ~고 싶어하다, ~려고 한다.

βουλή; βουλή; βούλομαι 1/7; [명사] 여성 단수 주격(4:28); 뜻[무엇을 하겠다고 속으로 먹는 마음], 경륜2[일정한 포부를 가지고 일을 조직적으로 계획함, 또는 그 계획이나 포부], 마음, 합의1[서로 의견이 일치함, 또는 그 의견].

βουλῇ; βουλή; βούλομαι 2/7; [명사] 여성 단수 여격(2:23; 13:36)

βουλὴ; βουλή; βούλομαι 2/7; [명사] 여성 단수 주격(5:38; 27:42).

βουλήματος; βούλημα; βούλομαι 1/1; [명사] 중성 단수 속격(27:43); 의도2[무엇을 하고자 하는 생각이나 계획, 또는 무엇을 하려고 꾀함].

βουλὴν; βουλή; βούλομαι 2/7; [명사] 여성 단수 대격(20:27; 27:12); 뜻, 경륜2, 마음, 합의1.

βούλοιτο; βούλομαι 1/14; 희구법 현재 이태중간 3인칭 단수(25:20); ~고 싶다, ~고 싶어하다, ~려고 한다.

βούλομαι; βούλομαι 1/14; 직설법 현재 이태중간 1인칭 단수(18:15).

βουλόμεθα; βούλομαι 1/14; 직설법 현재 이태중간 1인칭 복수(17:20).

βουλόμενος; βούλομαι 3/14; 분사 현재 이태중간 남성 단수 주격(12:4; 22:30; 27:43).

βουλόμενός; βούλομαι 1/14; 분사 현재 이태중간 남성 단수 주격(23:28).

βουλομένου; βούλομαι 2/14; 분사 현재 이태중간 남성 단수 속격(18:27; 19:30)

βοῶντα; βοάω; βοή 1/3; 분사 현재 능동태 중성 복수 대격(8:7); 소리치다, 지르다3[목청을 높여 소리를 크게 내다].

βοῶντες; βοάω; βοή 2/3; 분사 현재 능동태 남성 복수 주격(17:6; 25:24).

βραδυπλοοῦντες; βραδυπλοέω; βραδύς, πλέω 1/1; 분사 현재 능동태 남성 복수 주격(27:7); 더디더디[움직임이 느리고 시간이 몹시 걸리는 모양] 항해하다.

βραχίονος; βραχίων 1/1; [명사] 남성 단수 속격(13:17); 팔1[어깨와 손목 사이의 부분].

βραχὺ; βραχύς 2/2; [부사, 혹은 형용사 중성 단수 대격] (5:34; 27:28); 잠시[짧은 시간, 일삽시,

편시1], 조금.

βρέφη; βρέφος 1/1; [명사] 중성 복수 대격(7:19); 젖먹이[젖을 먹는 어린아이], 영아2[=젖먹이], 유아1[생후 1년부터 만 6세까지의 어린아이].

βυρσεῖ; βυρσεύς 2/3; [명사] 남성 단수 여격(9:43; 10:6); 무두장이[짐승의 날가죽에서 털과 기름을 뽑아 가죽을 부드럽게 만드는 일을 직업으로 하는 사람], 피색장[짐승의 가죽으로 물건 만드는 일을 맡아 하던 사람], 피장[=피색장].

βυρσέως; βυρσεύς 1/3; [명사] 남성 단수 속격(10:32).

βωμὸν; βωμός; βαίνω 1/1; [명사] 남성 단수 대격(17:23); 제단2[제물을 바치기 위하여 다른 곳과 구별하여 마련한 신성한 단].

γ

Γάζαν; Γάζα; γάζα 1/1; [명사] 여성 단수 대격(8:26); 가사[가자: 이집트의 북동부, 팔레스타인 남서부에 있는 도시. 예로부터 지중해와 이집트를 잇는 중요한 무역 중계지이며 군사 요충지였다. 제2차 세계 대전 후 이집트와 이스라엘 사이의 국경분쟁이 끊이지 않았는데, 1967년 제3차 중동 전쟁으로 이스라엘이 점령하였다. 이때 맺은 협정 조항에 따라 1994년부터 이스라엘군이 단계적으로 철수하고 있다.].

γάζης; γάζα 1/1; [명사] 여성 단수 속격(8:27); 귀중품.

Γάϊον; Γάϊος 1/2; [명사] 남성 단수 대격(19:29); 가이오[마게도냐 사람 가이오(19:29)와 더베 사람 가이오(20:4)].

Γάϊος; Γάϊος 1/2; [명사] 남성 단수 주격(20:4).

Γαλατικὴν; Γαλατικός 2/2; [명사] 여성 단수 대격(16:6; 18:23); 갈라디아[북쪽에는 비두니아가, 동쪽에는 갑바도기아가, 서쪽에는 아시아가, 남쪽에는 리키아(루시아)와 밤빌리아와 길리기아가 있었다. 본래 북갈라디아만이 갈라디아에 속했었으나 이 당시 로마행정구역으로는 갈라디아가 비시디아 안티오키아가 있는 남갈라디아까지 포함하고 있었다. 관련 구절, 행 16:6; 18:23; 고전 16:1; 갈 1:2; 딤후 4:10; 벧전 1:1].

Γαλιλαίας; Γαλιλαία 3/3; [형용사] 여성 단수 속격(9:31; 10:37; 13:31); 갈릴리.

Γαλιλαῖοι; Γαλιλαῖος 2/3; [형용사] 남성 복수 주격(2:7), 남성 복수 호격(1:11); 갈릴리의, 갈릴리 사람.

Γαλιλαῖος; Γαλιλαῖος 1/3; [형용사] 남성 단수 주격(5:37).

Γαλλίων; Γαλλίων 1/3; [명사] 남성 단수 주격(18:14); 갈리오[Lucius Junius Gallio: 수사학자 세네카<c. 50 BC-c. AD 40>의 아들이자, 네로의 스승이었던 철학자 세네카<c. 3 BC-AD 65>의 형제로 본명은 Marcus Annaeus Novatus였으나, 수사학자 Lucius Junius Gallio에 의해 입양되어 양아버지와 같은 이름을 갖게 되었다. 51-52년경에 아가야 지역 총독이었다. 65년에 네로에 의해 숙청되었다.].

Γαλλίωνι; Γαλλίων 1/3; [명사] 남성 단수 여격(18:17).

Γαλλίωνος; Γαλλίων 1/3; [명사] 남성 단수 속격(18:12).

Γαμαλιήλ; Γαμαλιήλ 1/2; [명사] 남성 단수 주격(5:34); 가말리엘[힐렐<c. 50 BC-AD 10>의

손자로 1세기 중반에 힐렐 학파의 지도자였다. 랍비 문헌은 예루살렘 파괴 후에 힐렐 학파/가말리엘 학파에 의해 형성되었다.].

Γαμαλιὴλ; Γαμαλιήλ 1/2; [명사] 남성 단수 속격(22:3).

γάρ; γάρ 9/80; [등위 접속사]; 왜냐하면[왜 그러냐 하면] ~때문이다, 이는 ~때문이다, 이유는 ~에 있었다, ~아서3[이유나 근거를 나타내는 연결 어미], 때문[어떤 일의 원인이나 까닭]에, 이로 인하여[인하다1: 어떤 사실로 말미암다], 까닭[일이 생기게 된 원인이나 조건; 소이2]이다, ~입니다, ~것이다.

γὰρ; γάρ 71/80; [등위 접속사].

γε; γέ 4/4; [불변화사] (2:18; 8:30; 17:27[2회]); 적어도.

γεγέννηκά; γεννάω; γίνομαι 1/7; 직설법 완료 능동태 1인칭 단수(7:20); 낳다1[배 속의 아이, 새끼, 알을 몸 밖으로 내놓다]; [수동태] 태어나다.

γεγέννημαι; γεννάω; γίνομαι 1/7; 직설법 완료 수동태 1인칭 단수(22:28).

γεγεννημένος; γεννάω; γίνομαι 1/7; 분사 완료 수동태 남성 단수 주격(22:3).

γεγόνει; γίνομαι 1/125; 직설법 과거완료 능동태 3인칭 단수(4:22); 생기다, 삼다2[무엇을 무엇이 되게 하거나 여기다], 일어나다[어떤 현상이 발생하다], 실현되다, 하게/있게 되다, 이르다1[어떤 장소나 시간에 닿다, 어떤 정도나 범위에 미치다], 지내다[사람이 어떤 장소에서 생활을 하면서 시간이 지나가는 상태가 되게 하다], 지나다[시간이 흘러 과거가 되다], 지속되다, [날이] 새다2[날이 밝아 오다], [소리가] 나다/내다, 이뤄지다, 차오르다[어떤 한도나 높이에 다다라 오르다], 무르익다[시기나 일이 충분히 성숙되다], [정신을] 차리다, [기쁨이] 흐르다, 흘러가다, 고여오르다, 남다1[다 쓰지 않거나 정해진 수준에 이르지 않아 나머지가 있게 되다], ~하기에 이른, ~할 때였다.

γέγονεν; γίνομαι 1/125; 직설법 현재완료 능동태 3인칭 단수(4:16).

γεγονὸς; γίνομαι 2/125; 분사 완료 능동태 중성 단수 대격(5:7; 13:12).

γεγονότι; γίνομαι 1/125; 분사 완료 능동태 중성 단수 여격(4:21).

γεγραμμένα; γράφω 1/12; 분사 완료 수동태 중성 복수 대격(13:29); 쓰다, 편지를 부치다[부치다2: 편지나 물건 따위를 일정한 수단이나 방법을 써서 상대에게로 보내다], 편지를 보내다; [수동태] 적히다['적다1'의 피동사].

γεγραμμένοις; γράφω 1/12; 분사 완료 수동태 중성 복수 여격(24:14).

Γέγραπται; γράφω 1/12; 직설법 완료 수동태 3인칭 단수(1:20).

γέγραπται; γράφω 4/12; 직설법 완료 수동태 3인칭 단수(7:42; 13:33; 15:15; 23:5).

γενεᾷ; γενεά; γίνομαι 1/5; [명사] 여성 단수 여격(13:36); 세대2[어린아이가 성장하여 부모 일을 계승할 때까지의 약 30년 정도 되는 기간], 시대2[역사적으로 어떤 표준에 의하여 구분한 일정한 기간].

γενεαῖς; γενεά; γίνομαι 1/5; [명사] 여성 복수 여격(14:16).

γενεὰν; γενεά; γίνομαι 1/5; [명사] 여성 단수 대격(8:33).

γενεᾶς; γενεά; γίνομαι 1/5; [명사] 여성 단수 속격(2:40).

γένει; γένος; γίνομαι 3/9; [명사] 중성 단수 여격(4:36; 18:2, 24); 태생[어떠한 곳에 태어남], 혈통[같은 핏줄의 계통], 핏줄[=혈통], 겨레1[같은 핏줄을 이어받은 민족].

γενέσθαι; γίνομαι 10/125; 부정사 부정과거 이태중간(1:22; 4:28; 7:39; 10:40; 19:21; 20:16; 22:17; 26:29; 27:16; 27:29); 생기다, 삼다2, 일어나다, 실현되다, 하게/있게 되다, 이르다1, 지내다, 지나다, 지속되다, [날이] 새다2, [소리가] 나다/내다, 이뤄

지다, 차오르다, 무르익다, [정신을] 차리다, [기쁨이] 흐르다, 흘러가다, 고여오르다, 남다1, ~하기에 이른, ~할 때였다.

γενεῶν; γενεά; γίνομαι 1/5; [명사] 여성 복수 속격(15:21); 세대2, 시대2.

Γενηθήτω; γίνομαι 1/125; 명령법 부정과거 이태수동 3인칭 단수(1:20); 생기다, 삼다2, 일어나다, 실현되다, 하게/있게 되다, 이르다1, 지내다, 지나다, 지속되다, [날이] 새다2, [소리가] 나다/내다, 이뤄지다, 차오르다, 무르익다, [정신을] 차리다, [기쁨이] 흐르다, 흘러가다, 고여오르다, 남다1, ~하기에 이른, ~할 때였다.

γένηται; γίνομαι 1/125; 가정법 부정과거 이태중간 3인칭 단수(20:16).

γένοιτο; γίνομαι 1/125; 희구법 부정과거 이태중간 3인칭 단수(5:24).

γενομένην; γίνομαι 2/125; 분사 부정과거 이태중간 여성 단수 대격(13:32; 26:4).

Γενομένης; γίνομαι 2/125; 분사 부정과거 이태중간 여성 단수 속격(12:18; 23:12).

γενομένης; γίνομαι 9/125; 분사 부정과거 이태중간 여성 단수 속격(2:6; 11:19; 15:2, 7; 16:35; 20:3; 21:40; 25:26; 26:6).

γενόμενοι; γίνομαι 4/125; 분사 부정과거 이태중간 남성 복수 주격(13:5; 19:28; 27:7, 36).

γενομένοις; γίνομαι 1/125; 분사 부정과거 이태중간 남성 복수 여격(15:25).

γενόμενον; γίνομαι 1/125; 분사 부정과거 이태중간 중성 단수 대격(10:37).

γενόμενος; γίνομαι 10/125; 분사 부정과거 이태중간 남성 단수 주격(1:18; 4:11; 7:32, 38; 10:4; 12:11, 23; 16:27, 29; 24:25).

γενομένου; γίνομαι 3/125; 분사 부정과거 이태중간 남성 단수 속격(1:16; 25:15; 28:9).

Γενομένων; γίνομαι 1/125; 분사 부정과거 이태중간 남성 단수 속격(21:17).

γένος; γένος; γίνομαι 4/9; [명사] 중성 단수 주격(7:13; 17:28, 29), 중성 단수 대격(7:19); 태생, 혈통, 핏줄, 겨레1.

γένους; γένος; γίνομαι 2/9; [명사] 중성 단수 속격(4:6; 13:26).

γερουσίαν; γερουσία; γέρων 1/1; [명사] 여성 단수 대격(5:21); 장로회, 지도급 연장자[나이가 많은 사람].

γευσάμενος; γεύομαι 1/3; 분사 부정과거 이태중간 남성 단수 주격(20:11); 맛보다, 맛을 보다, 성찬에 참여하다, 식사하다.

γεύσασθαι; γεύομαι 2/3; 부정사 부정과거 이태중간(10:10; 23:14).

γῇ; γῆ 5/33; [명사] 여성 단수 여격(7:6, 29, 36; 13:17, 19); 땅, 육지, 지상1[땅의 위], 지면1[=땅바닥], 땅바닥, 땅 위.

γῆ; γῆ 2/33; [명사] 여성 단수 주격(7:33, 49).

γῆν; γῆ 10/33; [명사] 여성 단수 대격(4:24; 7:3b; 7:4b; 9:4; 13:19b; 14:15; 26:14; 27:39, 43, 44).

γῆς; γῆ 16/33; [명사] 여성 단수 속격(1:8; 2:19; 3:25; 4:26; 7:3a, 4a, 40; 8:33; 9:8; 10:11, 12; 11:6; 13:47; 17:24, 26; 22:22).

γίνεσθαι; γίνομαι 4/125; 부정사 현재 이태중간(4:30; 14:3; 26:22; 27:33); 생기다, 삼다2, 일어나다, 실현되다, 하게/있게 되다, 이르다1, 지내다, 지나다, 지속되다, [날이] 새다2, [소리가] 나다/내다, 이뤄지다, 차오르다, 무르익다, [정신을] 차리다, [기쁨이] 흐르다, 흘러가다, 고여오르다, 남다1, ~하기에 이른, ~할 때였다.

γινέσθω; γίνομαι 1/125; 명령법 현재 이태중간 3인칭 단수(21:14).

γινομένας; γίνομαι 1/125; 분사 현재 이태중간 여성 복수 대격(8:13).

γινομένη; γίνομαι 1/125; 분사 현재 이태중간 여성 단수 주격(12:5).

γινομένης; γίνομαι 1/125; 분사 현재 이태중간 여성 단수 속격(23:10).

γινόμενοι; γίνομαι 1/125; 분사 현재 이태중간 남성 복수 주격(19:26).

γινόμενον; γίνομαι 2/125; 분사 현재 이태중간 중성 단수 주격(12:9), 중성 단수 대격(28:6).

γινομένων; γίνομαι 1/125; 분사 현재 이태중간 중성 복수 속격(24:2).

γινώσκει; γινώσκω 1/16; 직설법 현재 능동태 3인칭 단수(19:35); 알다, 배우다; [수동태] 알려지다.

γινώσκεις; γινώσκω 2/16; 직설법 현재 능동태 2인칭 단수(8:30; 21:37).

γινώσκετε; γινώσκω 1/16; 직설법 현재 능동태 2인칭 복수(20:34).

γινωσκέτω; γινώσκω 1/16; 명령법 현재 능동태 3인칭 단수(2:36).

γινώσκω; γινώσκω 1/16; 직설법 현재 능동태 1인칭 단수(19:15).

Γλεύκους; γλεῦκος; γλυκύς 1/1; [명사] 중성 단수 속격(2:13); 새 포도주.

γλῶσσά; γλῶσσα 1/6; [명사] 여성 단수 주격(2:26); 혀1[동물의 입 안 아래쪽에 있는 길고 둥근 살덩어리로, 맛을 느끼며 소리를 내는 구실을 한다; 설2], 언어1[생각, 느낌 따위를 나타내거나 전달하는 데에 쓰는 음성, 문자 따위의 수단].

γλῶσσαι; γλῶσσα 1/6; [명사] 여성 복수 주격(2:3).

γλώσσαις; γλῶσσα 4/6; [명사] 여성 복수 여격(2:4, 11; 10:46; 19:6).

Γνοὺς; γινώσκω 1/16; 분사 부정과거 능동태 남성 단수 주격(23:6); 알다[교육이나 경험, 사고 행위를 통하여 사물이나 상황에 대한 정보나 지식을 갖추다; 어떤 사실이나 존재, 상태에 대해 의식이나 감각으로 깨닫거나 느끼다], 배우다1[새로운 지식이나 교양을 얻다]; [수동태] 알려지다[어떤 사물 또는 사람의 이름, 특징, 업적 따위를 다른 사람들이 널리 알게 되다].

γνώμης; γνώμη; γινώσκω 1/1; [명사] 여성 단수 속격(20:3); 결정1[행동이나 태도를 분명하게 정함, 또는 그렇게 정해진 내용].

γνῶναι; γινώσκω 6/16; 부정사 부정과거 능동태(1:7; 17:19, 20; 21:34; 22:14, 30); 알다, 배우다1; [수동태] 알려지다.

γνώσονται; γινώσκω 1/16; 직설법 미래 중간 3인칭 복수(21:24).

γνωστὰ; γνωστός; γινώσκω 1/10; [형용사] 중성 복수 대격(15:18); 알려진, 명심하는.

γνώστην; γνώστης; γινώσκω 1/1; [명사] 남성 단수 대격(26:3); 전문가.

γνωστὸν; γνωστός; γινώσκω 9/10; [형용사] 중성 단수 주격(1:19; 2:14; 4:10, 16; 9:42; 13:38; 19:17; 28:22, 28); 알려진, 명심하는.

γογγυσμὸς; γογγυσμός; γογγύζω 1/1; [명사] 남성 단수 주격(6:1); 불평1[마음에 들지 아니하여 못마땅하게 여김, 또는 못마땅한 것을 말이나 행동으로 드러냄].

γόμον; γόμος; γέμω 1/1; [명사] 남성 단수 대격(21:3); 화물[운반할 수 있는 유형의 재화나 물품을 통틀어 이르는 말].

γόνατα; γόνυ 4/4; [명사] 중성 복수 대격(7:60; 9:40; 20:36; 21:5); 무릎[넓적다리와 정강이 사이에 있는 관절의 앞부분].

γράμματα; γράμμα; γράφω 2/2; [명사] 중성 복수 주격(26:24), 중성 복수 대격(28:21); 학문2[어떤 분야를 체계적으로 배워서 익힘, 또는 그런 지식], 문서[글이나 기호 따위로 일정한 의사나 관념 또는 사상을 나타낸 것].

γραμματεῖς; γραμματεύς; γράφω 2/4; [명사] 남성 복수 대격(4:5; 6:12); 서기관.

γραμματεὺς; γραμματεύς; γράφω 1/4; [명사] 남성 단수 주격(19:35).

γραμματέων; γραμματεύς; γράφω 1/4; [명사] 남성 복수 속격(23:9).

γραφαῖς; γραφή; γράφω 1/7; [명사] 여성 복수 여격(18:24); 기록2[주로 후일에 남길 목적으로 어떤 사실을 적음, 또는 그런 글; 서록2], 기록된 바, 성경.

γραφὰς; γραφή; γράφω 1/7; [명사] 여성 복수 대격(17:11).

γραφὴν; γραφή; γράφω 1/7; [명사] 여성 단수 대격(1:16).

γραφῆς; γραφή; γράφω 2/7; [명사] 여성 단수 속격(8:32, 35).

γραφῶν; γραφή; γράφω 2/7; [명사] 여성 복수 속격(17:2; 18:28).

γράψαι; γράφω 1/12; 부정사 부정과거 능동태(25:26); 쓰다1[붓, 펜, 연필과 같이 선을 그을 수 있는 도구로 종이나 다른 편평한 면 위에 획을 그어서 일정한 글자의 모양이 이루어지게 하다], 편지를 부치다[부치다2: 편지나 물건 따위를 일정한 수단이나 방법을 써서 상대에게로 보내다], 편지를 보내다; [수동태] 적히다['적다1'의 피동사].

γράψαντες; γράφω 1/12; 분사 부정과거 능동태 남성 복수 주격(15:23).

γράψας; γράφω 1/12; 분사 부정과거 능동태 남성 단수 주격(23:25).

γράψω; γράφω 1/12; 가정법 부정과거 능동태 1인칭 단수(25:26).

γρηγορεῖτε; γρηγορέω; ἐγείρω 1/1; 명령법 현재 능동태 2인칭 복수(20:31); 깨어[깨다1: 생각이나 지혜 따위가 사리를 가릴 수 있게 되다] 있다.

γυμνοὺς; γυμνός 1/1; [형용사] 남성 복수 대격(19:16); [옷이] 벗겨진 [채로].

γυναῖκα; γυνή 1/19; [명사] 여성 단수 대격(18:2); 아내1[혼인하여 남자의 짝이 된 여자], 부인1[남의 아내를 높여 부르는 말; 현합], 여자[여성으로 태어난 사람].

γυναῖκας; γυνή 4/19; [명사] 여성 복수 대격(8:3; 9:2; 13:50; 22:4).

γυναῖκες; γυνή 1/19; [명사] 여성 복수 주격(8:12).

γυναικὶ; γυνή 2/19; [명사] 여성 단수 여격(5:1; 24:24).

γυναικός; γυνή 1/19; [명사] 여성 단수 속격(5:2).

γυναικὸς; γυνή 1/19; [명사] 여성 단수 속격(16:1).

γυναικῶν; γυνή 3/19; [명사] 여성 복수 속격(5:14; 17:4, 12).

γυναιξὶ; γυνή 1/19; [명사] 여성 복수 여격(21:5).

γυναιξίν; γυνή 1/19; [명사] 여성 복수 여격(1:14).

γυναιξὶν; γυνή 1/19; [명사] 여성 복수 여격(16:13).

γυνὴ; γυνή 3/19; [명사] 여성 단수 주격(5:7; 16:14; 17:34).

γωνίᾳ; γωνία 1/2; [명사] 여성 단수 여격(26:26); 구석1[모퉁이의 안쪽], 모퉁이[구부러지거나 꺾어져 돌아간 자리, 변두리나 구석진 곳].

γωνίας; γωνία 1/2; [명사] 여성 단수 속격(4:11).

δ

δαιμονίων; δαιμόνιον 1/1; [명사] 중성 복수 속격(17:18); 다이몬[그리스 사람들은 '다이몬'을 산천초목과 인간 생활에 영향을 미치는 초자연적인 존재라고 여겼다. 이들은 바울의 말을 듣고 예수님은 남자 다이몬으로, 부활은 여자 다이몬으로 생각한 것이다.], 신적인 권능, 신성3[신의 성격, 또는 신과 같은 성격].

δακρύων; δάκρυον; δάκρυ 2/2; [명사] 중성 복수 속격(20:19, 31); 눈물1[눈알 바깥 면의 위

에 있는 눈물샘에서 나오는 분비물].

Δάμαρις; Δάμαρις 1/1; [명사] 여성 단수 주격(17:34); 다마리[다마리스].

Δαμασκόν; Δαμασκός 2/13; [명사] 여성 단수 대격(9:8; 22:11); 다메섹[다마스쿠스].

Δαμασκὸν; Δαμασκός 4/13; [명사] 여성 단수 대격(9:2; 22:5, 10; 26:12).

Δαμασκῷ; Δαμασκός 7/13; [명사] 여성 단수 여격(9:3, 10, 19, 22, 27; 22:6; 26:20).

δαπάνησον; δαπανάω; δαπάνη 1/1; 명령법 부정과거 능동태 2인칭 단수(21:24); 비용[비용3: 어떤 일을 하는 데 드는 돈]을 지불하다.

Δαυίδ; Δαυίδ 1/11; [명사] 남성 단수 속격(7:45); 다윗.

Δαυὶδ; Δαυίδ 10/11; [명사] 남성 단수 주격(2:25, 34; 13:36), 남성 단수 속격(1:16; 2:29; 4:25; 13:34; 15:16), 남성 단수 대격(13:22[2회]).

δέ; δέ 33/554; [등위 접속사]; 하나['그러하나'의 줄임말], 하니['그러하니'의 줄임말], 하면['그러하면'의 줄임말], 하여['그러하여'의 줄임말], 한데['그러한데'의 줄임말], 해서['그러해서'의 줄임말], 한편[어떤 일에 대하여, 앞에서 말한 측면과 다른 측면을 말할 때 쓰는 말], 또 한편[어떤 일의 한 측면], 다른 한편으로는, 그런데[화제를 앞의 내용과 관련시키면서 다른 방향으로 이끌어 나갈 때 쓰는 접속 부사], 그러다가, 그러자, 후에, 그 바람[바람1: 뒷말의 근거나 원인을 나타내는 말]에, 바야흐로[이제 한창, 또는 지금 바로], 다만1[다른 것이 아니라 오로지], 당시2[일이 있었던 바로 그때, 또는 이야기하고 있는 그 시기], 행여[어쩌다가 혹시], 마침2[어떤 경우나 기회에 알맞게, 또는 공교롭게], 채9[이미 있는 상태 그대로 있다는 뜻을 나타내는 말].

δὲ; δέ 521/554; [등위 접속사].

δέδεκται; δέχομαι 1/8; 직설법 완료 이태중간 3인칭 단수(8:14); 받다1, 받아 주다, 모시다[웃어른이나 존경하는 이를 가까이에서 받들다].

δεδεκώς; δέω 1/12; 분사 완료 능동태 남성 단수 주격(22:29); 매다1[끈이나 줄 따위의 두 끝을 엇걸고 잡아당기어 풀어지지 아니하게 마디를 만들다], 묶다[끈, 줄 따위를 매듭으로 만들다; 끈, 줄 따위를 어떤 사람이나 사물에 단단히 잡아 매다.], 동이어 묶다, 결박하다; [수동태] 묶이다['묶다'의 피동사].

δεδεμένον; δέω 1/12; 분사 완료 수동태 남성 단수 대격(24:27).

δεδεμένος; δέω 2/12; 분사 완료 수동태 남성 단수 주격(12:6).

δεδεμένους; δέω 3/12; 분사 완료 수동태 남성 복수 대격(9:2).

δεδομένον; δίδωμι 1/35; 분사 완료 수동태 중성 단수 주격(4:12); 주다1[물건 따위를 남에게 건네어 가지거나 누리게 하다], 드리다, 나누다, 나눠 주다, 허락하다, 내밀다[신체나 물건의 일부분이 밖이나 앞으로 나가게 하다], 내버려 두다, 허락하다; [수동태] 주어지다.

δεηθέντων; δέομαι 1/7; 분사 부정과거 수동태 남성 복수 속격(4:31); 묻다, 여쭙다, 구하다1[상대편이 어떻게 하여 주기를 청하다], 간구[간구2: 간절히 바람]하다2.

Δεήθητε; δέομαι 1/7; 명령법 부정과거 이태수동 2인칭 복수(8:24).

δεήθητι; δέομαι 1/7; 명령법 부정과거 이태수동 2인칭 단수(8:22).

δεθῆναι; δέω 2/12; 부정사 부정과거 수동태(21:13, 33); 매다1, 묶다; [수동태] 묶이다.

δεῖ; δεῖ; δέω 15/22; 직설법 현재 능동태 3인칭 단수(1:21; 3:21; 4:12; 5:29; 9:6, 16; 14:22; 15:5; 16:30; 19:21; 20:35; 23:11; 25:10; 27:24, 26); 마땅히, 해야

한다.

δεῖν; δεῖ; δέω 2/22; 부정사 현재 능동태(25:24; 26:9).

δείξω; δείκνυμι 1/2; 가정법 부정과거 능동태 1인칭 단수(7:3); 보여 주다, 꼭 집어서 보여 주다, 보이다1['보다1'의 피동사].

Δείραντες; δέρω 1/3; 분사 부정과거 능동태 남성 복수 주격(16:37); 매질[매질1: 매로 때리는 일]하다.

δείραντες; δέρω 1/3; 분사 부정과거 능동태 남성 복수 주격(5:40).

δεισιδαιμονεστέρους; δεισιδαίμων; δέος, δαιμόνιον 1/1; [형용사] 남성 복수 대격 비교급(17:22); 종교적인.

δεισιδαιμονίας; δεισιδαιμονία; δέος, δαιμόνιον 1/1; [명사] 여성 단수 속격(25:19); 종교.

δέκα; δέκα 1/1; [형용사, 기수사] (25:6); 열3[아홉에 하나를 더한 수, 또는 그런 수의], 십, 10.

δεκαπέντε; δεκαπέντε; δέκα, πέντε 1/1; [형용사, 기수사] (27:28); 열다섯, 십오, 15.

δεκτὸς; δεκτός; δέχομαι 1/1; [형용사] 남성 단수 주격(10:35); 기꺼이 받아들여지는.

δέξαι; δέχομαι 1/8; 명령법 부정과거 이태중간 2인칭 단수(7:59); 받다1, 받아 주다, 모시다.

δεξάμενος; δέχομαι 1/8; 분사 부정과거 이태중간 남성 단수 주격(22:5).

δέξασθαι; δέχομαι 1/8; 부정사 부정과거 이태중간(3:21).

δεξιᾷ; δεξιός 2/7; [형용사] 여성 단수 여격(2:33; 5:31); 오른[오른쪽을 이를 때 쓰는 말; 바른], 오른쪽.

δεξιᾶς; δεξιός 1/7; [형용사] 여성 단수 속격(3:7).

δεξιολάβους; δεξιολάβος; δεξιός, λαμβάνω 1/1; [명사] 남성 복수 대격(23:23); 투척[물건 따위를 던짐]병.

δεξιῶν; δεξιός 4/7; [형용사] 중성 복수 속격(2:25, 34; 7:55, 56); 오른, 오른쪽.

Δέομαί; δέομαι 1/7; 직설법 현재 이태중간 1인칭 단수(8:34); 묻다, 여쭙다, 구하다1[상대편이 어떻게 하여 주기를 청하다], 간구[간구2: 간절히 바람]하다2.

δέομαι; δέομαι 2/7; 직설법 현재 이태중간 1인칭 단수(21:39; 26:3).

δεόμενος; δέομαι 1/7; 분사 현재 이태중간 남성 단수 주격(10:2).

δέον; δεῖ; δέω 1/22; 분사 현재 능동태 중성 단수 주격(19:36); 마땅히, 해야 한다.

Δερβαῖος; Δερβαῖος 1/1; [형용사] 남성 단수 주격(20:4); 더베 사람.

Δέρβην; Δέρβη 3/3; [명사] 여성 단수 대격(14:6, 20; 16:1); 더베[길리기야 지역에 속해 있던 도시].

δέρων; δέρω 1/3; 분사 현재 능동태 남성 단수 주격(22:19); 매질[매질1: 매로 때리는 일]하다.

δεσμὰ; δεσμός; δέω 2/5; [명사] 중성[복수에는 중성형태도 쓰임] 복수 주격(16:26; 20:23); 결박, 감금[드나들지 못하도록 일정한 곳에 가둠].

δεσμεύων; δεσμεύω; δέω 1/1; 분사 현재 능동태 남성 단수 주격(22:4); 결박[몸이나 손 따위를 움직이지 못하도록 동이어 묶음; 계박2]하다.

δέσμιοι; δέσμιος; δέω 1/6; [명사] 남성 복수 주격(16:25); 수감자[구치소나 교도소에 갇혀 있는 사람], 형사 피고인[범죄의 혐의가 있어 검사에게 기소되어 법원의 심리를 받고 있는 피의자], 묶인 자, 묶여 있는.

δέσμιον; δέσμιος; δέω 1/6; [명사] 남성 단수 대격(25:27).

δέσμιος; δέσμιος; δέω 3/6; [명사] 남성 단수 주격(23:18; 25:14; 28:17).

δεσμίους; δέσμιος; δέω 1/6; [명사] 남성 복수 대격(16:27).

δεσμοφύλακι; δεσμοφύλαξ; δέω, φυλάσσω 1/3; [명사] 남성 단수 여격(16:23); 교도관1[교도소에서 행형에 관한 사무에 종사하는 공무원].

δεσμοφύλαξ; δεσμοφύλαξ; δέω, φυλάσσω2/3; [명사] 남성 단수 주격(16:27, 36).

δεσμῶν; δεσμός; δέω 3/5; [명사] 남성 복수 속격(23:29; 26:29, 31); 결박, 감금.

δεσμώτας; δεσμώτης; δέω 2/2; [명사] 남성 복수 대격(27:1, 42); 피고인[형사 소송에서, 검사에 의하여 형사 책임을 져야 할 자로 고소 제기를 받은 사람; 피고].

δεσμωτήριον; δεσμωτήριον; δέω 2/3; [명사] 중성 단수 대격(5:21, 23); 옥4[감옥2], 가둔 곳, 수용소[많은 사람을 집단적으로 한곳에 가두거나 모아 넣는 곳], 교도소[행형 사무를 맡아보는 기관. 징역형이나 금고형, 노역장 유치나 구류 처분을 받은 사람, 재판 중에 있는 사람 등을 수용하는 시설이다.].

δεσμωτηρίου; δεσμωτήριον; δέω 1/3; [명사] 중성 단수 속격(16:26).

Δέσποτα; δεσπότης; δέω 1/1; [명사] 남성 단수 호격(4:24); 최고 통치자.

δεῦρο; δεῦρο 2/2; [감탄사] 오너라.

δευτεραῖοι; δευτεραῖος; δύο 1/1; [형용사] 남성 복수 주격(28:13); 둘째 날에.

δευτέραν; δεύτερος; δύο 1/5; [형용사, 서수사] 중성 단수 대격(12:10); 두 번째, 둘째, 제2.

δευτέρου; δεύτερος; δύο 2/5; [형용사, 서수사] 중성 단수 속격(10:15; 11:9).

δευτέρῳ; δεύτερος; δύο 2/5; [형용사, 서수사] 남성 단수 여격(13:33), 중성 단수 여격(7:13).

δή; δή 1/2; [불변화사] (13:2; 15:36); 각설[각설2: 말이나 글 따위에서, 이제까지 다루던 내용을 그만두고 화제를 다른 쪽으로 돌림]하고, 정말[정말1: 거짓이 없이 말 그대로임, 또는 그런 말]이지.

δὴ; δή 1/2; [불변화사] (15:36).

Δημήτριος; Δημήτριος 2/2; [명사] 남성 단수 주격(19:24, 38); 데메드리오[에베소의 은세공사].

δῆμον; δῆμος 2/4; [명사] 남성 단수 대격(17:5; 19:30); 대중2[수많은 사람의 무리], 시위[시위4=시위운동: 많은 사람이 공공연하게 의사를 표시하여 집회나 행진을 하며 위력을 나타내는 일; 데모] 군중, 데모대[시위를 벌이는 군중].

δῆμος; δῆμος 1/4; [명사] 남성 단수 주격(12:22).

δημοσίᾳ; δημόσιος; δῆμος 4/4; [형용사] 여성 단수 여격(5:18); [부사] (16:37; 18:28; 20:20); 공공2[국가나 사회의 구성원에게 두루 관계되는 것], 공공의, 전체 모임에서, 대중 앞에서, 공중[공중2: 사회의 대부분의 사람들]에서.

δήμῳ; δῆμος 1/4; [명사] 남성 단수 여격(19:33); 대중2, 시위 군중, 데모대.

δῆσαι; δέω 1/12; 부정사 부정과거 능동태(9:14); 매다1[끈이나 줄 따위의 두 끝을 엇걸고 잡아당기어 풀어지지 아니하게 마디를 만들다], 묶다[끈, 줄 따위를 매듭으로 만들다; 끈, 줄 따위를 어떤 사람이나 사물에 단단히 잡아매다.], 동이어 묶다, 결박하다; [수동태] 묶이다['묶다'의 피동사].

δήσας; δέω 1/12; 분사 부정과거 능동태 남성 단수 주격(21:11).

δήσουσιν; δέω 1/12; 직설법 미래 능동태 3인칭 복수(21:11).

δι'; διά 11/74; [전치사] (1:3; 2:22; 3:16; 4:16; 10:21; 13:49; 15:12; 18:9; 22:24; 23:28; 24:17); [+속격] ~을 통해[통하다: 어떤 사람이나 물체를 매개로 하거나 중개하게 하다], 동안1[어느 한때에서 다른 한때까지 시간의 길이];

[+대격] ~때문에.

Διὰ; διά 1/74; [전치사] (5:12).

Δία; Ζεύς 1/2; [명사] 남성 단수 대격(14:12); 제우스[그리스 신화에 나오는 최고의 신으로, 천지의 모든 현상을 주재하고 인간 사회의 정치, 법률, 도덕을 지키는 존재이다. 로마 신화의 유피테르(Jupiter)에 해당한다.].

διὰ; διά 62/74; [전치사]; [+속격] ~을 통해, ~동안; [+대격] ~때문에.

–διὰ παντός (2:25; 10:2; 24:16); 항상[언제나 변함없이; 상상6; 늘; 매상1].

–διὰ τί (5:3); 무잇 때문에, 어찌하여, 어떠한 이유 때문에.

Διαβὰς; διαβαίνω; διά, βαίνω 1/1; 분사 부정과거 능동태 남성 단수 주격(16:9); 건너오다[건너서 이쪽으로 오다].

διαβόλου; διάβολος; διά, βάλλω 2/2; [형용사] 남성 단수 속격(10:38; 13:10); 마귀[요사스럽고 못된 잡귀를 통틀어 이르는 말].

διαγγέλλων; διαγγέλλω; διά, ἄγγελος 1/1; 분사 현재 능동태 남성 단수 주격(21:26); 알리다[다른 사람에게 어떤 것을 소개하여 알게 하다].

διαγενομένου; διαγίνομαι; διά, γίνομαι 1/2; 분사 부정과거 이태중간 남성 단수 속격(27:9); [때가] 지나다[시간이 흘러 과거가 되다].

διαγενομένων; διαγίνομαι; διά, γίνομαι 1/2; 분사 부정과거 이태중간 여성 복수 속격(25:13).

διαγινώσκειν; διαγινώσκω; διά, γινώσκω 1/2; 부정사 현재 능동태(23:15); 조사[조사28: 대조하여 조사함]하다.

διάγνωσιν; διάγνωσις; διά, γινώσκω 1/1; [명사] 여성 단수 대격(25:21); 판결[시비나 선악을 판단하여 결정함].

διαγνώσομαι; διαγινώσκω; διά, γινώσκω 1/2; 직설법 미래 중간태 1인칭 단수(24:22); 조사하다.

διαδεξάμενοι; διαδέχομαι; διά, δέχομαι 1/1; 분사 부정과거 이태중간 남성 복수 주격(7:45); 넘겨받다[물건, 권리, 책임, 일 따위를 남으로부터 받아 맡다].

διάδοχον; διάδοχος; διά, δέχομαι 1/1; [명사] 남성 단수 대격(24:27); 후임자[앞서 맡아보던 사람에 뒤이어 일을 맡아보는 사람; 뒷사람].

διαθήκην; διαθήκη; διά, τίθημι 1/2; [명사] 여성 단수 대격(7:8); 언약[말로 약속함, 또는 그런 약속; 언상약].

διαθήκης; διαθήκη; διά, τίθημι 1/2; [명사] 여성 단수 속격(3:25).

διακατηλέγχετο; διακατελέγχομαι; διά, κατά, ἐλέγχω 1/1; 직설법 미완료 이태중간 3인칭 단수(18:28); 반박[반박1: 어떤 의견, 주장, 논설 따위에 반대하여 말함]하다.

διακονεῖν; διακονέω; διά, κόνις 1/2; 부정사 현재 능동태(6:2); 섬기다[신이나 윗사람을 잘 모시어 받들다, 사회적으로 보람 있는 일이 이루어지도록 힘이나 정성을 기울이다].

διακονίᾳ; διακονία; διά, κόνις 2/8; [명사] 여성 단수 여격(6:1, 4); 섬김, 직무[직책이나 직업상에서 책임을 지고 담당하여 맡은 사무], 직임2[직무상 맡은 임무], 임무, 맡은 일, 사역7[사람을 부리어 일을 시킴, 또는 시킴을 받아 어떤 작업을 함], 사명6[맡겨진 임무], 분량[수효, 무게 따위의 많고 적음이나 부피의 크고 작은 정도].

διακονίαν; διακονία; διά, κόνις 3/8; [명사] 여성 단수 대격(11:29; 12:25; 20:24).
διακονίας; διακονία; διά, κόνις 3/8; [명사] 여성 단수 속격(1:17, 25; 21:19).
διακονούντων; διακονέω; διά, κόνις 1/2; 분사 현재 능동태 남성 복수 속격(19:22); 섬기다.
διακόσιαι; διακόσιοι; δύο, ἑκατόν 1/3; [형용사] 여성 복수 주격(27:37); 이백, 200.
διακοσίους; διακόσιοι; δύο, ἑκατόν 2/3; [형용사] 남성 복수 대격(23:23[2회]).
Διακούσομαί; διακούω; διά, ἀκούω 1/1; 직설법 미래 중간태 1인칭 단수(23:35); 경청[경청1: 귀를 기울여 들음; 동청3]하다.
διακρίναντα; διακρίνω; διά, κρίνω 1/4; 분사 부정과거 능동태 남성 단수 대격(11:12); 차별[둘 이상의 대상을 각각 등급이나 수준 따위의 차이를 두어서 구별함]하다, 차별을 두다, 차별 대우하다.
διακρινόμενος; διακρίνω; διά, κρίνω 1/4; 분사 현재 중간태 남성 단수 주격(10:20).
διαλεγόμενον; διαλέγομαι; διά, λέγω 1/10; 분사 현재 이태중간 남성 단수 대격(24:12); 얘기하다, 이야기를 나누다, 대화하다, 따지다, 따져 말하다.
διαλεγόμενος; διαλέγομαι; διά, λέγω 2/10; 분사 현재 이태중간 남성 단수 주격(19:8, 9).
διαλεγομένου; διαλέγομαι; διά, λέγω 2/10; 분사 현재 이태중간 남성 단수 속격(20:9; 24:25).
διαλέκτῳ; διάλεκτος; διά, λέγω 6/6; [명사] 여성 단수 여격(1:19; 2:6, 8; 21:40; 22:2; 26:14); 언어1[생각, 느낌 따위를 나타내거나 전달하는 데에 쓰는 음성, 문자 따위의 수단, 또는 그 음성이나 문자 따위의 사회 관습적인 체계], 지방언어.
διαμαρτυράμενοι; διαμαρτύρομαι; διά, μάρτυς 1/9; 분사 부정과거 이태중간 남성 복수 주격(8:25); 증언[어떤 사실을 증명함, 또는 그런 말]하다, 알려주다.
διαμαρτύρασθαι; διαμαρτύρομαι; διά, μάρτυς 2/9; 부정사 부정과거 이태중간(10:42; 20:24).
διαμαρτύρεταί; διαμαρτύρομαι; διά, μάρτυς 1/9; 직설법 현재 이태중간 3인칭 단수(20:23).
διαμαρτυρόμενος; διαμαρτύρομαι; διά, μάρτυς 3/9; 분사 현재 이태중간 남성 단수 주격(18:5; 20:21; 28:23).
διαμεριζόμεναι; διαμερίζω; διά, μέρος 1/2; 분사 현재 수동태 여성 복수 주격(2:3); 가르다[쪼개거나 나누어 따로따로 구별하다]; [수동태] 갈라지다.
διανεμηθῇ; διανέμω; διά, νέμω 1/1; 가정법 부정과거 수동태 3인칭 단수(4:17); 퍼뜨리다; [수동태] 퍼지다.
διανοίγων; διανοίγω; διά, ἀνοίγω 1/3; 분사 현재 능동태 남성 단수 주격(17:3); 열다2[닫히거나 잠긴 것을 트거나 벗기다], 드러내다['드러나다: 가려 있거나 보이지 않던 것이 보이게 되다'의 사동사]; [수동태] 활짝 열리다.
διανύσαντες; διανύω; διά, ἀνά, ἀνύω 1/1; 분사 부정과거 능동태 남성 복수 주격(21:7); 마치다2[어떤 일이나 과정, 절차 따위가 끝나다, 또는 그렇게 하다], 계속[계속4: 끊이지 않고 이어 나감]하다.
διαπερῶν; διαπεράω; διά, πέραν 1/1; 분사 현재 능동태 중성 단수 대격(21:2); 건너가다[건너서 저쪽으로 가다].
διαπλεύσαντες; διαπλέω; διά, πλέω 1/1; 분사 부정과거 능동태 남성 복수 주격(27:5); 관통[관통2: 꿰뚫어서 통함]하여 항해하다.
διαπονηθεὶς; διαπονέομαι; διά, πόνος 1/2; 분사 부정과거 이태수동 남성 단수 주격

(16:18); 괴롭다[몸이나 마음이 편하지 않고 고통스럽다], 난처하다[이럴 수도 없고 저럴 수도 없어 처신하기 곤란하다].

διαπονούμενοι; διαπονέομαι; διά, πόνος 1/2; 분사 현재 이태중간 남성 복수 주격(4:2).

διαρρήξαντες; διαρήγνυμι; διά, ῥήγνυμι 1/1; 분사 부정과거 능동태 남성 복수 주격(14:14); 잡아 뜯다[붙거나 닫힌 것을 떼거나 찢거나 하다].

διασπαρέντες; διασπείρω; διά, σπείρω 2/3; 분사 부정과거 수동태 남성 복수 주격(8:4; 11:19); 흩다1[한데 모였던 것을 따로따로 떨어지게 하다]; [수동태] 흩어지다.

διασπασθῇ; διασπάω; διά, σπάω 1/1; 가정법 부정과거 수동태 3인칭 단수(23:10); 찢다[물체를 잡아당기어 가르다]; [수동태] 찢기다.

διάστημα; διάστημα; διά, ἵστημι 1/1; [명사] 중성 단수 주격(5:7); 틈1, 겨를[어떤 일을 하다가 생각 따위를 다른 데로 돌릴 수 있는 시간적인 여유], 간격2[시간적으로 벌어진 사이].

διαστήσαντες; διΐστημι; διά, ἵστημι 1/1; 분사 부정과거 능동태 남성 복수 주격(27:28); 간격[간격2: 시간적으로 벌어진 사이]을 두다.

διαστρέφων; διαστρέφω; διά, στρέφω 1/3; 분사 현재 능동태 남성 단수 주격(13:10); 곱새기다1[남의 말이나 행동 따위를 그 본뜻과는 달리 좋지 않게 해석하거나 잘못 생각하다]; [수동태] 그르다1[어떤 일이 사리에 맞지 아니하다].

διαστρέψαι; διαστρέφω; διά, στρέφω 1/3; 부정사 부정과거 능동태(13:8).

διασωθέντα; διασῴζω; διά, σῴζω 1/5; 분사 부정과거 수동태 남성 단수 대격(28:4); 살리다, 도피[도피2: 도망하여 몸을 피함]시키다; [수동태] 살아나다.

διασωθέντες; διασῴζω; διά, σῴζω 1/5; 분사 부정과거 수동태 남성 복수 주격(28:1).

διασωθῆναι; διασῴζω; διά, σῴζω 1/5; 부정사 부정과거 수동태(27:44).

διασῶσαι; διασῴζω; διά, σῴζω 1/5; 부정사 부정과거 능동태(27:43).

διασώσωσι; διασῴζω; διά, σῴζω 1/5; 가정법 부정과거 능동태 3인칭 복수(23:24).

διαταγὰς; διαταγή; διά, τάσσω 1/1; [명사] 여성 복수 대격(7:53); 지시2[일러서 시킴, 또는 그 내용], 법령2[법률과 명령을 아울러 이르는 말].

διαταξάμενος; διατάσσω; διά, τάσσω 1/5; 분사 부정과거 중간태 남성 단수 주격(24:23); 칙령[=칙명: 임금이 내린 명령]을 내리다, 지시하다, 하달[상부나 윗사람의 명령, 지시, 결정 및 의사 따위를 하부나 아랫사람에게 내리거나 전달함]하다, 임무[임무1: 맡은 일, 또는 맡겨진 일]를 주다; [수동태] 하달되다.

διατελεῖτε; διατελέω; διά, τέλος 1/1; 직설법 현재 능동태 2인칭 복수(27:33); 지내다1[사람이 어떤 장소에서 생활을 하면서 시간이 지나가는 상태가 되게 하다].

διατεταγμένον; διατάσσω; διά, τάσσω 1/5; 분사 완료 수동태 중성 단수 대격(23:31); 칙령을 내리다, 지시하다, 하달하다, 임무를 주다; [수동태] 하달되다.

διατεταγμένος; διατάσσω; διά, τάσσω 1/5; 분사 완료 중간태 남성 단수 주격(20:13).

διατεταχέναι; διατάσσω; διά, τάσσω 1/5; 부정사 완료 능동태(18:2).

διατηροῦντες; διατηρέω; διά, τηρέω 1/1; 분사 현재 능동태 남성 복수 주격(15:29); 멀리하다[어떤 사물을 삼가거나 기피하다], 멀리하여 [자신을] 지키다.

διατρίβοντες; διατρίβω; διά, τρίβος 1/8; 분사 현재 능동태 남성 복수 주격(16:12); 머무르다[도중에 멈추거나 일시적으로 어떤 곳에 묵다], 유숙[유숙3: 남의 집에

서 묶음]하다, 비비다[많은 사람 틈에서 부대끼며 살아가다].

Διατρίψας; διατρίβω; διά, τρίβος 1/8; 분사 부정과거 능동태 남성 단수 주격(25:6).

διαφερομένων; διαφέρω; διά, φέρω 1/2; 분사 현재 수동태 남성 복수 속격(27:27); [수동태] 퍼지다[어떤 물질이나 현상 따위가 넓은 범위에 미치다], 떠다니다[공중이나 물 위에 떠서 다니다], 표류[물 위에 떠서 정처 없이 흘러감]하다.

διαφθοράν; διαφθορά; διά, φθείρω 6/6; [명사] 여성 단수 대격(2:27, 31; 13:34, 35, 36, 37); 썩는[썩다: 유기물이 부패균에 의하여 분해됨으로써 원래의 성질을 잃어 나쁜 냄새가 나고 형체가 뭉개지는 상태가 되다] 상태.

διαφύγῃ; διαφεύγω; διά, φεύγω 1/1; 가정법 부정과거 능동태 3인칭 단수(27:42); 도망[도망2: 피하거나 쫓기어 달아남]하다, 도망치다.

διαχειρίσασθαι; διαχειρίζω; διά, χείρ 1/2; 부정사 부정과거 중간태(26:21); 처치[처리하여 없애거나 죽여 버림]하다.

διαχλευάζοντες; διαχλευάζω; διά, χλευάζω 1/1; 분사 현재 능동태 남성 복수 주격(2:13); 빈정거리다[남은 은근히 비웃는 태도로 자꾸 놀리다], 빈정대다, 야유[야유5: 남을 빈정거려 놀림, 또는 그런 말이나 몸짓]하다.

διδάξαι; διδάσκω 2/16; 부정사 부정과거 능동태(11:26; 20:20); 가르치다1[지식이나 기능, 이치 따위를 깨닫거나 익히게 하다, 사람의 도리나 바른길을 일깨우다].

διδάσκαλοι; διδάσκαλος; διδάσκω 1/1; [명사] 남성 복주 주격(13:1); 교사9['주로 초등학교, 중학교, 고등학교 따위에서 일정한 자격을 가지고 학생을 가르치는 사람'으로 정의되지만, 여기서는 '가르치는 사람'이라는 의미로 사용함].

διδάσκειν; διδάσκω 4/16; 부정사 현재 능동태(1:1; 4:2, 18; 5:28); 가르치다1.

διδάσκεις; διδάσκω 1/16; 직설법 현재 능동태 2인칭 단수(21:21).

διδάσκοντες; διδάσκω 3/16; 분사 현재 능동태 남성 복수 주격(5:25, 42; 15:35).

διδάσκων; διδάσκω 3/16; 분사 현재 능동태 남성 단수 주격(18:11; 21:28; 28:31).

διδαχή; διδαχή; διδάσκω 1/4; [명사] 여성 단수 주격(17:19); 가르침.

διδαχῇ; διδαχή; διδάσκω 2/4; [명사] 여성 단수 여격(2:42; 13:12).

διδαχῆς; διδαχή; διδάσκω 1/4; [명사] 여성 단수 속격(55:28).

διδόναι; δίδωμι 1/35; 부정사 현재 능동태(20:35); 주다1[물건 따위를 남에게 건네어 가지거나 누리게 하다], 드리다, 나누다, 나눠 주다, 허락하다, 내밀다[신체나 물건의 일부분이 밖이나 앞으로 나가게 하다], 내버려 두다, 허락하다; [수동태] 주어지다.

διδόντι; δίδωμι 1/35; 분사 현재 능동태 남성 단수 여격(14:3).

δίδοται; δίδωμι 1/35; 직설법 현재 수동태 3인칭 단수(8:18).

διδοὺς; δίδωμι 2/35; 분사 현재 능동태 남성 단수 주격(14:17; 17:25).

δίδωμι; δίδωμι 1/35; 직설법 현재 능동태 1인칭 단수(3:6).

δίδωσιν; δίδωμι 1/35; 직설법 현재 능동태 3인칭 단수(7:25).

διεδίδετο; διαδίδωμι; διά, δίδωμι 1/1; 직설법 미완료 수동태 3인칭 단수(4:35); 나눠 주다, 배분[몫몫이 별러 나눔]하다; [수동태] 배분되다.

διέθετο; διατίθημι; διά, τίθημι 1/1; 직설법 부정과거 중간태 3인칭 단수(3:25); 맺다[관계나 인연 따위를 이루거나 만들다].

διέκρινεν; διακρίνω; διά, κρίνω 1/4; 직설법 부정과거 능동태 3인칭 단수(15:9); 차별[둘 이상의 대상을 각각 등급이나 수준 따위의 차이를 두어서 구별함]하다, 차

별을 두다, 차별 대우하다.

διεκρίνοντο; διακρίνω; διά, κρίνω 1/4; 직설법 미완료 중간태 3인칭 복수(11:2).

διελέγετο; διαλέγομαι; διά, λέγω 3/10; 직설법 미완료 이태중간 3인칭 단수(17:17; 18:4; 20:7); 얘기하다, 이야기를 나누다, 대화하다, 따지다, 따져 말하다.

διελέξατο; διαλέγομαι; διά, λέγω 2/10; 직설법 부정과거 이태중간 3인칭 단수(17:2; 18:19).

διελθεῖν; διέρχομαι; διά, ἔρχομαι 3/21; 부정사 부정과거 능동태(9:38; 11:22; 18:27); 두루[두루1: 빠짐없이 골고루] 다니다, 방문[방문3: 어떤 사람이나 장소를 찾아가서 만나거나 봄]하다, 건너가다, 건너오다, 통과[어떤 곳이나 때를 거쳐서 지나감]하다, 지나다.

διελθόντα; διέρχομαι; διά, ἔρχομαι 1/21; 분사 부정과거 능동태 남성 단수 대격(19:1).

διελθόντες; διέρχομαι; διά, ἔρχομαι 4/21; 분사 부정과거 능동태 남성 복수 주격(12:10; 13:6, 14; 14:24).

διελθὼν; διέρχομαι; διά, ἔρχομαι 2/21; 분사 부정과거 능동태 남성 단수 주격(19:21; 20:2).

διελύθησαν; διαλύω; διά, λύω 1/1; 직설법 부정과거 수동태 3인칭 복수(5:36); 산산조각[아주 잘게 깨어진 여러 조각]이 나다.

διεμαρτύρατο; διαμαρτύρομαι; διά, μάρτυς 1/9; 직설법 부정과거 이태중간 3인칭 단수(2:40); 증언[어떤 사실을 증명함, 또는 그런 말]하다, 알려주다.

διεμαρτύρω; διαμαρτύρομαι; διά, μάρτυς 1/9; 직설법 부정과거 이태중간 2인칭 단수(23:11).

διεμάχοντο; διαμάχομαι; διά, μάχη 1/1; 직설법 미완료 이태중간 3인칭 복수(23:9); 항의[항의1: 반대의 뜻을 주장함]하다.

διεμέριζον; διαμερίζω; διά, μέρος 1/2; 직설법 미완료 능동태 3인칭 복수(2:45); 가르다[쪼개거나 나누어 따로따로 구별하다]; [수동태] 갈라지다.

διενθυμουμένου; διενθυμέομαι; διά, ἐν, θυμός 1/1; 분사 현재 이태중간 남성 단수 속격(10:19); 곰곰 생각하다, 숙고[곰곰 잘 생각함]하다.

διεπορεύοντο; διαπορεύομαι; διά, πορεύομαι 1/1; 직설법 미완료 이태중간 3인칭 복수(16:4); 거쳐[거치다1: 오가는 도중에 어디를 지나거나 들르다] 가다.

διεπρίοντο; διαπρίω; διά, πρίων 2/2; 직설법 미완료 수동태 3인칭 복수(5:33; 7:54); [수동태] 노발대발[몹시 노하여 펄펄 뛰며 성을 냄]하다, 부글거리다[착잡하거나 언짢은 생각이 뒤섞여 마음이 자꾸 들볶이다].

διερμηνευομένη; διερμηνεύω; διά, ἑρμηνεύω 1/1; 분사 현재 수동태 여성 단수 주격(9:36); 번역[어떤 언어로 된 글을 다른 언어의 글로 옮김]하다.

διερχόμενον; διέρχομαι; διά, ἔρχομαι 1/21; 분사 현재 이태중간 남성 단수 대격(9:32); 두루[두루1: 빠짐없이 골고루] 다니다, 방문[방문3: 어떤 사람이나 장소를 찾아가서 만나거나 봄]하다, 건너가다, 건너오다, 통과[어떤 곳이나 때를 거쳐서 지나감]하다, 지나다[어디를 거치어 가거나 오거나 하다].

διερχόμενος; διέρχομαι; διά, ἔρχομαι 3/21; 분사 현재 이태중간 남성 단수 주격(8:40; 17:23; 18:23).

διερωτήσαντες; διερωτάω; διά, ἐρωτάω 1/1; 분사 부정과거 능동태 남성 복수 주격(10:17); ~에 대하여 묻다[묻다3: 무엇을 밝히거나 알아내기 위하여 상대편

의 대답이나 설명을 요구하는 내용으로 말하다].

διεσκορπίσθησαν; διασκορπίζω; διά, σκορπίζω 1/1; 직설법 부정과거 수동태 3인칭 복수(5:37); 뿔뿔이[제각기 따로따로 흩어지는 모양] 흩어지다.

διεσπάρησαν; διασπείρω; διά, σπείρω 1/3; 직설법 부정과거 수동태 3인칭 복수(8:1); 흩다1[한데 모였던 것을 따로따로 떨어지게 하다]; [수동태] 흩어지다.

διεστειλάμεθα; διαστέλλω; διά, στέλλω 1/1; 직설법 부정과거 중간태 1인칭 복수(15:24); 지시[지시2: 일러서 시킴, 또는 그 내용]하다, 일러주다.

διεστραμμένα; διαστρέφω; διά, στρέφω 1/3; 분사 완료 수동태 중성 복수 대격(20:30); 곱새기다1[남의 말이나 행동 따위를 그 본뜻과는 달리 좋지 않게 해석하거나 잘못 생각하다]; [수동태] 그르다1[어떤 일이 사리에 맞지 아니하다].

διετάξατο; διατάσσω; διά, τάσσω 1/5; 직설법 부정과거 중간태 3인칭 단수(7:44); 칙령[=칙명: 임금이 내린 명령]을 내리다, 지시하다, 하달[상부나 윗사람의 명령, 지시, 결정 및 의사 따위를 하부나 아랫사람에게 내리거나 전달함]하다, 임무[임무1: 맡은 일, 또는 맡겨진 일]를 주다; [수동태] 하달되다.

διετίαν; διετία; δύο, ἔτος 1/2; [명사] 여성 단수 대격(28:30); 이태1[두 해], 2년.

Διετίας; διετία; δύο, ἔτος 1/2; [명사] 여성 단수 속격(24:27).

διέτριβεν; διατρίβω; διά, τρίβος 1/8; 직설법 미완료 능동태 3인칭 단수(12:19); 머무르다[도중에 멈추거나 일시적으로 어떤 곳에 묵다], 유숙[유숙3: 남의 집에서 묵음]하다, 비비다[많은 사람 틈에서 부대끼며 살아가다].

διέτριβον; διατρίβω; διά, τρίβος 3/8; 직설법 미완료 능동태 3인칭 복수(14:28; 15:35; 25:14).

διετρίψαμεν; διατρίβω; διά, τρίβος 1/8; 직설법 부정과거 능동태 1인칭 복수(20:6).

διέτριψαν; διατρίβω; διά, τρίβος 1/8; 직설법 부정과거 능동태 3인칭 복수(14:3).

διεφέρετο; διαφέρω; διά, φέρω 1/2; 직설법 미완료 수동태 3인칭 단수(13:49); [수동태] 퍼지다[어떤 물질이나 현상 따위가 넓은 범위에 미치다], 떠다니다[공중이나 물 위에 떠서 다니다], 표류[물 위에 떠서 정처 없이 흘러감]하다.

διεχειρίσασθε; διαχειρίζω; διά, χείρ 1/2; 직설법 부정과거 중간태 2인칭 복수(5:30); 처치[처리하여 없애거나 죽여 버림]하다.

διηγήσατο; διηγέομαι; διά, ἄγω2/3; 직설법 부정과거 이태중간 3인칭 단수(9:27; 12:17); 진술[일이나 상황에 대하여 자세하게 이야기함, 또는 그런 이야기]하다, 자세히 얘기하다.

διηγήσεται; διηγέομαι; διά, ἄγω 1/3; 직설법 미래 이태중간 3인칭 단수(8:33).

διῆλθεν; διέρχομαι; διά, ἔρχομαι1/21; 직설법 부정과거 능동태 3인칭 단수(10:38); 두루[두루1: 빠짐없이 골고루] 다니다, 방문[방문3: 어떤 사람이나 장소를 찾아가서 만나거나 봄]하다, 건너가다, 건너오다, 통과[어떤 곳이나 때를 거쳐서 지나감]하다, 지나다.

Διῆλθον; διέρχομαι; διά, ἔρχομαι 1/21; 직설법 부정과거 능동태 3인칭 복수(16:6).

διῆλθον; διέρχομαι; διά, ἔρχομαι 3/21; 직설법 부정과거 능동태 1인칭 단수(20:25), 직설법 부정과거 능동태 3인칭 복수(8:4; 11:19).

διηνοιγμένους; διανοίγω; διά, ἀνοίγω 1/3; 분사 완료 수동태 남성 복수 대격(7:56); 열다2[닫히거나 잠긴 것을 트거나 벗기다], 드러내다['드러나다: 가려 있거나 보이지 않던 것이 보이게 되다'의 사동사]; [수동태] 활짝 열리다.

διήνοιξεν; διανοίγω; διά, ἀνοίγω 1/3; 직설법 부정과거 능동태 3인칭 단수(16:14).

διηπόρει; διαπορέω; διά, πορεύομαι 1/3; 직설법 미완료 능동태 3인칭 단수(10:17); 미심쩍이[미심쩍다: 분명하지 못하여 마음이 놓이지 않다] 생각하다, 미심쩍이 생각되다.

διηπόρουν; διαπορέω; διά, πορεύομαι 2/3; 직설법 미완료 능동태 3인칭 복수(2:12; 5:24).

διήρχετο; διέρχομαι; διά, ἔρχομαι 1/21; 직설법 미완료 이태중간 3인칭 단수(15:41); 두루[두루1: 빠짐없이 골고루] 다니다, 방문[방문3: 어떤 사람이나 장소를 찾아가서 만나거나 봄]하다, 건너가다, 건너오다, 통과[어떤 곳이나 때를 거쳐서 지나감]하다, 지나다[어디를 거치어 가거나 오거나 하다].

διήρχοντο; διέρχομαι; διά, ἔρχομαι 1/21; 직설법 미완료 이태중간 3인칭 복수(15:3).

διθάλασσον; διθάλασσος; δύο, ἅλας 1/1; [형용사] 남성 단수 대격(27:41); 물이 합쳐진.

διϊσχυρίζετο; διϊσχυρίζομαι; διά, ἰσχύς 1/1; 직설법 미완료 이태중간 3인칭 단수(12:15); 버티다[자기의 주장을 굽히지 않다].

δίκαιον; δίκαιος; δίκη 2/6; [형용사] 남성 단수 대격(3:14; 22:14); 의로운, 올바른[올바르다: 말이나 생각, 행동 따위가 이치나 규범에서 벗어남이 없이 옳고 바르다; 똑바르다].

δίκαιόν; δίκαιος; δίκη 1/6; [형용사] 중성 단수 주격(4:19).

δίκαιος; δίκαιος; δίκη 1/6; [형용사] 남성 단수 주격(10:22).

δικαιοσύνῃ; δικαιοσύνη; δίκη 1/4; [명사] 여성 단수 여격(17:31); 의5.

δικαιοσύνην; δικαιοσύνη; δίκη 1/4; [명사] 여성 단수 대격(10:35).

δικαιοσύνης; δικαιοσύνη; δίκη 2/4; [명사] 여성 단수 속격(13:10; 24:25).

δικαίου; δίκαιος; δίκη 1/6; [형용사] 남성 단수 속격(7:52); 의로운, 올바른.

δικαιοῦται; δικαιόω; δίκη 1/2; 직설법 현재 수동태 3인칭 단수(13:39); 의롭다 하심을 받다, 용서[를] 받다.

δικαιωθῆναι; δικαιόω; δίκη 1/2; 부정사 부정과거 수동태(13:38).

δικαίων; δίκαιος; δίκη 1/6; [형용사] 남성 복수 속격(24:15); 의로운, 올바른.

δικαστήν; δικαστής; δίκη 1/2; [명사] 남성 단수 대격(7:35); 재판장.

δικαστὴν; δικαστής; δίκη 1/2; [명사] 남성 단수 대격(7:27).

δίκη; δίκη 1/1; [명사] 여성 단수 주격(28:4); 정의3[진리에 맞는 올바른 도리; 여기서는 제우스와 테미스 여신의 딸인 '정의의 여신 디케'를 가리킬 수 있다.].

διὸ; διό; διά, ὅς 8/8; [등위 접속사] (10:29; 15:19; 20:31; 24:26; 25:26; 26:3; 27:25, 34); 그러므로[앞의 내용이 뒤의 내용의 이유나 원인, 근거가 될 때 쓰는 접속 부사; 고로1], ~이기에.

Διοδεύσαντες; διοδεύω; διά, ὁδός 1/1; 분사 부정과거 능동태 남성 복수 주격(17:1); 지나가다, 거치다1[오가는 도중에 어디를 지나거나 들르다], 통과하여 가다.

Διονύσιος; Διονύσιος 1/1; [명사] 남성 단수 주격(17:34); 디오누시오[디오니시오].

διοπετοῦς; διοπετής; Ζεύς, πίπτω 1/1; [형용사] 중성 단수 속격(19:35); 하늘에서 내려온.

διορθωμάτων; διόρθωμα; διά, ὀρθός 1/1; [명사] 중성 복수 속격(24:2); 개선1[잘못된 것이나 부족한 것, 나쁜 것 따위를 고쳐 더 좋거나 착하게 만듦].

Διὸς; Ζεύς 1/2; [명사] 남성 단수 속격(14:13); 제우스[그리스 신화에 나오는 최고의 신. 천지의 모든 현상을 주재하고 인간 사회의 정치, 법률, 도덕을 지키는

존재로, 로마 신화의 유피테르(Jupiter)에 해당한다].

Διοσκούροις; Διόσκουροι 1/1; [명사] 남성 복수 여격(28:11); 디오스구로, 쌍둥이 신[그리스 신화에 나오는 쌍둥이 형제 카스토르/Castor와 폴룩스/Pollux].

διότι; διότι; διά, ὅς 5/5; [등위 접속사] (13:35; 18:10[2회]; 20:26; 22:18); [왜냐하면] 때문이다, 그러니, 이래서['이리하여서/이러하여서'가 줄어든 말].

διωγμὸν; διωγμός; διώκω 1/2; [명사] 남성 단수 대격(13:50); 핍박[바싹 죄어서 몹시 괴롭게 굶].

διωγμὸς; διωγμός; διώκω 1/2; [명사] 남성 단수 주격(8:1).

διώκεις; διώκω 6/9; 직설법 현재 능동태 2인칭 단수(9:4, 5; 22:7, 8; 26:14, 15); 핍박[바싹 죄어서 몹시 괴롭게 굶]하다.

δόγματα; δόγμα; δοκέω 1/2; [명사] 중성 복수 대격(16:4); 결정1[행동이나 태도를 분명하게 정함, 또는 그렇게 정해진 내용], 칙령, 칙명[임금이 내린 명령], 왕명.

δογμάτων; δόγμα; δοκέω 1/2; [명사] 중성 복수 속격(17:7).

δοθήσεται; δίδωμι 1/35; 직설법 미래 수동태 3인칭 단수(24:26); 주다1[물건 따위를 남에게 건네어 가지거나 누리게 하다], 드리다, 나누다, 나눠 주다, 허락하다, 내밀다[신체나 물건의 일부분이 밖이나 앞으로 나가게 하다], 내버려 두다, 허락하다; [수동태] 주어지다.

δοκεῖ; δοκέω 2/8; 직설법 현재 능동태 3인칭 단수(17:18; 25:27); 생각하다, 생각되다, 적절하다고 생각되다, 한 가지 생각이 떠올랐다, 것 같다.

δόλου; δόλος 1/1; [명사] 남성 단수 속격(13:10); 잔꾀[약고도 얕은 꾀].

δόξαν; δόξα; δοκέω 2/4; [명사] 여성 단수 대격(7:55; 12:23); 영광[빛나고 아름다운 영예].

δόξαντες; δοκέω 1/8; 분사 부정과거 능동태 남성 복수 주격(27:13); 생각하다, 생각되다, 적절하다고 생각되다, 한 가지 생각이 떠올랐다, 것 같다.

δόξης; δόξα; δοκέω 2/4; [명사] 여성 단수 속격(7:2; 22:11); 영광.

Δορκάς; Δορκάς; δορκάς 2/2; [명사] 여성 단수 주격(9:36, 39); 도르가.

δὸς; δίδωμι 1/35; 명령법 부정과거 능동태 2인칭 단수(4:29); 주다1, 드리다, 나누다, 나눠 주다, 허락하다, 내밀다, 내버려 두다, 허락하다; [수동태] 주어지다.

Δότε; δίδωμι 1/35; 명령법 부정과거 능동태 2인칭 복수(8:19).

δούλας; δούλη; δοῦλος 1/1; [명사] 여성 복수 대격(2:18); 여종1[여자인 종; 계집종].

δουλεύσουσιν; δουλεύω; δοῦλος 1/2; 직설법 미래 능동태 3인칭 복수(7:7); 종살이[예전에, 남의 종노릇을 하던 일]하다, 섬기다[신이나 윗사람을 잘 모시어 받들다].

δουλεύων; δουλεύω; δοῦλος 1/2; 분사 현재 능동태 남성 단수 주격(20:19).

δοῦλοι; δοῦλος 1/3; [명사] 남성 복수 주격(16:17); 종3[남의 집에서 대대로 천한 일을 하던 사람].

δούλοις; δοῦλος 1/3; [명사] 남성 복수 여격(4:29).

δούλους; δοῦλος 1/3; [명사] 남성 복수 대격(2:18).

δουλώσουσιν; δουλόω; δοῦλος 1/1; 직설법 미래 능동태 3인칭 복수(7:6); 종으로 삼다[삼다 2: 어떤 대상과 인연을 맺어 자기와 관계 있는 사람으로 만들다].

δοῦναι; δίδωμι 5/35; 부정사 부정과거 능동태(5:31; 7:5, 38; 19:31; 20:32); 주다1, 드리다, 나누다, 나눠 주다, 허락하다, 내밀다, 내버려 두다, 허락하다; [수동태] 주어지다.

δοὺς; δίδωμι 2/35; 분사 부정과거 능동태 남성 단수 주격(9:41; 15:8).

δρόμον; δρόμος; τρέχω 2/2; [명사] 남성 단수 대격(13:25; 20:24); 달리기[달음질하는 일].
Δρουσίλλῃ; Δρούσιλλα 1/1; [명사] 여성 단수 여격(24:24); 드루실라[헤롯 아그립바 1세의 딸].
δυναίμην; δύναμαι 1/21; 희구법 현재 이태중간 1인칭 단수(8:31); ~수 있다, 위험조차 있다.
δύναιντο; δύναμαι 2/21; 희구법 현재 이태중간 3인칭 복수(27:12, 39).
Δυνάμεθα; δύναμαι 1/21; 직설법 현재 이태중간 1인칭 복수(17:19).
δυνάμεθα; δύναμαι 2/21; 직설법 현재 이태중간 1인칭 복수(4:16, 20).
δυνάμει; δύναμις; δύναμαι 4/10; [명사] 여성 단수 여격(3:12; 4:7, 33; 10:38); 권능[권세와 능력을 아울러 이르는 말].
Δυνάμεις; δύναμις; δύναμαι 1/10; [명사] 여성 복수 대격(19:11).
δυνάμεις; δύναμις; δύναμαι 1/10; [명사] 여성 복수 대격(8:13).
δυναμένου; δύναμαι 3/21; 분사 현재 이태중간 남성 단수 속격(21:34; 24:11), 중성 단수 속격(27:15); ~수 있다, 위험조차 있다.
δυναμένους; δύναμαι 1/21; 분사 현재 이태중간 남성 복수 대격(27:43).
δυναμένῳ; δύναμαι 1/21; 분사 현재 이태중간 남성 단수 여격(20:32).
δυνάμεσι; δύναμις; δύναμαι 1/10; [명사] 여성 복수 여격(2:22); 권능.
δυνάμεως; δύναμις; δύναμαι 1/10; [명사] 여성 단수 속격(6:8).
δύναμιν; δύναμις; δύναμαι 1/10; [명사] 여성 단수 대격(1:8).
δύναμις; δύναμις; δύναμαι 1/10; [명사] 여성 단수 주격(8:10).
δύνανταί; δύναμαι 1/21; 직설법 현재 이태중간 3인칭 복수(24:13); ~수 있다, 위험조차 있다.
δύνασθε; δύναμαι 2/21; 직설법 현재 이태중간 2인칭 복수(15:1; 27:31).
δυνάστης; δυνάστης; δύναμαι 1/1; [명사] 남성 단수 주격(8:27); 벼슬아치[관청에 나가서 나랏일을 맡아보는 사람; 관원1].
δύναται; δύναμαι 2/21; 직설법 현재 이태중간 3인칭 단수(10:47; 25:11); ~수 있다, 위험조차 있다.
δυνατοὶ; δυνατός; δύναμαι 1/6; [형용사] 남성 복수 주격(25:5); 가능한, 능통한, ~할 수(있는).
δυνατὸν; δυνατός; δύναμαι 2/6; [형용사] 중성 단수 주격(2:24; 20:26).
δυνατὸς; δυνατός; δύναμαι 3/6; [형용사] 남성 단수 주격(7:22; 11:17; 18:24).
δυνήσεσθε; δύναμαι 1/21; 직설법 미래 이태중간 2인칭 복수(5:39); ~수 있다, 위험조차 있다.
δυνήσῃ; δύναμαι 1/21; 직설법 미래 이태중간 2인칭 단수(24:8).
δυνησόμεθα; δύναμαι 1/21; 직설법 미래 이태중간 1인칭 복수(19:40).
δύο; δύο 11/13; [형용사, 양수사] 남성 복수 주격(1:10), 남성 복수 속격(1:24; 12:6a), 남성 복수 대격(1:23; 7:29; 9:38; 10:7; 19:22; 23:23), 여성 복수 대격(19:34), 중성 복수 대격(19:10); 둘1[하나에 하나를 더한 수], 두1[일부 단위를 나타내는 말 앞에 쓰여 그 수량이 둘임을 나타내는 말], 2.
δυσεντερίῳ; δυσεντέριον; δυσ−, ἔντερον 1/1; [명사] 중성 단수 여격(28:8); 설사병[설사를 하는 병].
δυσί; δύο 1/13; [형용사, 양수사] 여성 복수 여격(21:33); 둘1,두1, 2.
δυσὶν; δύο 1/13; [형용사, 양수사] 여성 복수 여격(12:6b).
δώδεκα; δώδεκα; δύο, δέκα 4/4; [형용사, 양수사] 남성 복수 주격(6:2; 19:7), 남성 복수 대격(7:8), 여성 복수 주격(24:11).
δωδεκάφυλον; δωδεκάφυλον; δύο, δέκα, φύω 1/1; [명사] 중성 단수 주격(26:7); 열두 지파[이스라엘의 12지파를 이르는 말].

δῶμα; δῶμα 1/1; [명사] 중성 단수 대격(10:9); 지붕[집의 맨 꼭대기 부분을 덮어 씌우는 덮개; 옥개].

δωρεὰ; δωρεά; δίδωμι 1/4; [명사] 여성 단수 주격(10:45); 선물3[남에게 어떤 물건 따위를 선사함, 또는 그 물건; 물선].

δωρεὰν; δωρεά; δίδωμι 3/4; [명사] 여성 단수 대격(2:38; 8:20; 11:17).

δώσεις; δίδωμι 2/35; 직설법 미래 능동태 2인칭 단수(2:27; 13:35); 주다1, 드리다, 나누다, 나눠 주다, 허락하다, 내밀다, 내버려 두다, 허락하다; [수동태] 주어지다.

Δώσω; δίδωμι 1/35; 직설법 미래 능동태 1인칭 단수(13:34).

δώσω; δίδωμι 1/35; 직설법 미래 능동태 1인칭 단수(2:19).

ε

Ἐὰν; ἐάν; εἰ, ἄν 2/10; [종위 접속사, 조건] (15:1; 27:31); 면9[불확실하거나 아직 이루어지지 않은 사실을 가정하여 말할 때 쓰는 연결 어미, 현실과 다른 사실을 가정하여 나타내는 연결 어미, 뒤의 사실이 실현되기 위한 단순한 근거 따위를 나타내거나 수시로 반복되는 상황에서 그 조건을 말할 때 쓰는 연결 어미].

ἐάν; ἐάν; εἰ, ἄν 2/10; [종위 접속사, 조건] (9:2; 13:41).

ἐὰν; ἐάν; εἰ, ἄν 6/10; [종위 접속사, 조건] (5:38; 8:31; 26:5); [불변화사] (3:23; 7:7; 8:19).

ἐάσαντες; ἐάω 1/7; 분사 부정과거 능동태 남성 복수 주격(23:32); 허락[청하는 일을 하도록 들어줌; 긍가]하다, 하도록 하다, 나아가다[목적하는 방향을 향하여 가다]; [부정] 말리다2[다른 사람이 하고자 하는 어떤 행동을 못하게 방해하다].

ἑαυτῇ; ἑαυτοῦ; αὐτός 1/20; [재귀 대명사, 3인칭] 여성 단수 여격(7:21); 자신1[사람을 가리키는 말 뒤에 쓰여 다름이 아니고 앞에서 가리킨 바로 그 사람임을 강조하여 이르는 말], 스스로[자기 자신, 제 힘으로], 자~.

ἑαυτοῖς; ἑαυτοῦ; αὐτός 2/20; [재귀 대명사, 3인칭] 남성 복수 여격(5:35; 20:28).

ἑαυτόν; ἑαυτοῦ; αὐτός 1/20; [재귀 대명사, 3인칭] 남성 단수 대격(5:36).

ἑαυτὸν; ἑαυτοῦ; αὐτός 6/20; [재귀 대명사, 3인칭] 남성 단수 대격(1:3; 8:9; 16:27; 19:31; 25:4; 28:16).

ἑαυτοῦ; ἑαυτοῦ; αὐτός 2/20; [재귀 대명사, 3인칭] 남성 단수 속격(8:34; 21:11).

ἑαυτοὺς; ἑαυτοῦ; αὐτός 5/20; [재귀 대명사, 3인칭] 남성 복수 대격(13:46; 15:29; 23:12, 14, 21).

ἑαυτῷ; ἑαυτοῦ; αὐτός 2/20; [재귀 대명사, 3인칭] 남성 단수 여격(10:17; 12:11).

ἑαυτῶν; ἑαυτοῦ; αὐτός 1/20; [재귀 대명사, 3인칭] 남성 복수 속격(21:23).

–ἐν ἑαυτῷ (10:17); 스스로.

–ἐν ἑαυτῷ γίνομαι (12:11); 정신을 차리다.

ἔβαλαν; βάλλω 1/5; 직설법 부정과거 능동태 3인칭 복수(16:37); 던지다[손에 든 물건을 다른 곳에 떨어지게 팔과 손목을 움직여 공중으로 내보내다], 날리다2[어떤 물체가 바람에 나부끼어 움직이게 하다], 처넣다[마구 집어넣다], 불어 닥치다1[어떤 일이나 대상 따위가 가까이 다다르다].

ἔβαλεν; βάλλω 2/5; 직설법 부정과거 능동태 3인칭 단수(16:24; 17:14).

ἔβαλον; βάλλω 1/5; 직설법 부정과거 능동태 3인칭 복수(16:23).

ἐβαπτίζοντο; βαπτίζω; βάπτω 2/21; 직설법 미완료 수동태 3인칭 복수(8:12; 18:8); 잠그다, 세례를 베풀다; [수동태] 세례를 받다.

ἐβάπτισεν; βαπτίζω; βάπτω 4/21; 직설법 부정과거 능동태 3인칭 단수(1:5; 8:38; 11:16; 19:4).

ἐβαπτίσθη; βαπτίζω; βάπτω 3/21; 직설법 부정과거 수동태 3인칭 단수(9:18; 16:15, 33).

ἐβαπτίσθησαν; βαπτίζω; βάπτω 2/21; 직설법 부정과거 수동태 3인칭 복수(2:41; 19:5).

ἐβαπτίσθητε; βαπτίζω; βάπτω 1/21; 직설법 부정과거 수동태 2인칭 복수(19:3).

ἐβαστάζετο; βαστάζω 1/4; 직설법 미완료 수동태 3인칭 단수(3:2); 짊어지다, 메다, 떠메다, 둘러메다, 견디다; [수동태] 떠메져 옮겨지다.

ἑβδομήκοντα; ἑβδομήκοντα; ἑπτά 3/3; [형용사, 양수사] 남성 복수 대격(23:23), 여성 복수 주격(27:37), 여성 복수 여격(7:14); 일흔[열의 일곱 배가 되는 수, 또는 그런 수의], 칠십[십의 일곱 배가 되는 수, 일부 단위를 나타내는 말 앞에 쓰여 그 수량이 일흔임을 나타내는 말], 70.

ἔβλεπεν; βλέπω 1/13; 직설법 미완료 능동태 3인칭 단수(9:8); 보다1[눈으로 대상의 존재나 형태적 특징을 알다], 보이다1['보다1'의 피동사], 트이다['트다2: 막혀 있던 것을 치우고 통하게 하다'의 피동사], 지켜보다, 주의하다, 분별하다.

ἐβούλετο; βούλομαι 1/14; 직설법 미완료 이태중간 3인칭 단수(15:37); ~고 싶다, ~고 싶어하다, ~려고 한다.

ἐβουλεύοντο; βουλεύω; βούλομαι 1/1; 직설법 미완료 중간태 3인칭 복수(27:39); 싶다, 싶어하다, 원하다.

Ἐβουλόμην; βούλομαι 1/14; 직설법 미완료 이태중간 1인칭 단수(25:22); ~고 싶다, ~고 싶어하다, ~려고 한다.

ἐβούλοντο; βούλομαι 2/14; 직설법 미완료 이태중간 3인칭 복수(5:33; 28:18).

Ἑβραΐδι; Ἑβραΐς 3/3; [형용사] 여성 단수 여격(21:40; 22:2; 26:14); 히브리[어의].

Ἑβραίους; Ἑβραῖος 1/1; [명사] 남성 복수 대격(6:1); 히브리파 사람.

ἔβρυχον; βρύχω 1/1; 직설법 미완료 능동태 3인칭 복수(7:54); 갈다2[윗니와 아랫니를 마주 대고 문지르다].

ἐγγίζειν; ἐγγίζω; ἐγγύς 1/6; 부정사 현재 능동태(9:3); 다가오다[어떤 대상이 있는 쪽으로 더 가까이 옮기어 오다], 가까이 오다, 가까이에 있다, 가까이에 가다.

ἐγγίζοντι; ἐγγίζω; ἐγγύς 1/6; 분사 현재 능동태 남성 단수 여격(22:6).

ἐγγιζόντων; ἐγγίζω; ἐγγύς 1/6; 분사 현재 능동태 남성 복수 속격(10:9).

ἐγγίσαι; ἐγγίζω; ἐγγύς 1/6; 부정사 부정과거 능동태(23:15).

ἐγγίσας; ἐγγίζω; ἐγγύς 1/6; 분사 부정과거 능동태 남성 단수 주격(21:33).

ἐγγὺς; ἐγγύς 3/3; [부사, 비본래적인 전치사] (1:12; 9:38; 27:8); [+속격] 가까운[가깝다: 어느 한 곳에서 다른 곳까지의 거리가 짧다], 가까워.

ἔγειρε; ἐγείρω 1/13; 명령법 현재 능동태 2인칭 단수(3:6); 일으키다[일어나게 하다], 뽑아 세우다, 일으켜 세우다; [수동태] 일어나다, 일으켜 세워지다.

ἐγείρει; ἐγείρω 1/13; 직설법 현재 능동태 3인칭 단수(26:8).

ἐγένεσθε; γίνομαι 1/125; 직설법 부정과거 이태중간 2인칭 복수(7:52); 생기다, 삼다2, 일어나다, 실현되다, 하게/있게 되다, 이르다1, 지내다, 지나다, 지속되다, [날이]

새다2, [소리가] 나다/내다, 이뤄지다, 차오르다, 무르익다, [정신을] 차리다, [기쁨이] 흐르다, 흘러가다, 고여오르다, 남다1, ~하기에 이른, ~할 때였다.

Ἐγένετο; γίνομαι 13/125; 직설법 부정과거 이태중간 3인칭 단수(4:5; 5:7; 8:1; 9:19, 32, 43; 14:1; 16:16; 19:1, 23; 22:6, 17; 28:17).

ἐγένετο; γίνομαι 40/125; 직설법 부정과거 이태중간 3인칭 단수(1:19; 2:2; 5:5, 11; 6:1; 7:13, 29, 31, 40; 8:8; 9:3, 37, 42; 10:10, 13, 16, 25; 11:10, 26, 28; 12:18; 14:5; 15:39; 16:26; 19:10, 17, 34; 20:3, 37; 21:1, 5, 30, 35; 23:7, 9; 27:27, 39, 42, 44; 28:8).

ἐγενήθη; γίνομαι 1/125; 직설법 부정과거 이태수동 3인칭 단수(4:4).

ἐγεννήθη; γεννάω; γίνομαι 1/7; 직설법 부정과거 수동태 3인칭 단수(7:20); 낳다1[배 속의 아이, 새끼, 알을 몸 밖으로 내놓다]; [수동태] 태어나다.

ἐγεννήθημεν; γεννάω; γίνομαι 1/7; 직설법 부정과거 수동태 1인칭 복수(2:8).

ἐγέννησεν; γεννάω; γίνομαι 2/7; 직설법 부정과거 능동태 3인칭 단수(7:8, 29).

ἐγενόμην; γίνομαι 2/125; 직설법 부정과거 이태중간 1인칭 단수(20:18; 26:19).

ἐγένοντο; γίνομαι 1/125; 직설법 부정과거 이태중간 3인칭 복수(5:36).

Ἐγίνετο; γίνομαι 1/125; 직설법 미완료 이태중간 3인칭 단수(2:43).

ἐγίνετο; γίνομαι 2/125; 직설법 미완료 이태중간 3인칭 단수(2:43; 5:12).

ἐγκαλεῖσθαι; ἐγκαλέω; ἐν, καλέω 1/6; 부정사 현재 수동태(19:40); 송사[송사3: 백성끼리 분쟁이 있을 때, 관부에 호소하여 판결을 구하던 일; 소송1]하다, 송사를 벌이다, 기소[기소3: 검사가 특정한 형사 사건에 대하여 법원에 심판을 요구하는 일; 공소의 제기]하다; [수동태] 기소되다.

ἐγκαλείτωσαν; ἐγκαλέω; ἐν, καλέω 1/6; 명령법 현재 능동태 3인칭 복수(19:38).

ἐγκαλοῦμαι; ἐγκαλέω; ἐν, καλέω 2/6; 직설법 현재 수동태 1인칭 단수(26:2, 7).

ἐγκαλούμενον; ἐγκαλέω; ἐν, καλέω 1/6; 분사 현재 수동태 남성 단수 대격(23:29).

ἐγκαταλείψεις; ἐγκαταλείπω; ἐν, κατά, λείπω 1/2; 직설법 미래 능동태 2인칭 단수(2:27); 내버리다[관심을 가지지 아니하고 돌보지 아니하다]; [수동태] 버려지다.

ἐγκατελείφθη; ἐγκαταλείπω; ἐν, κατά, λείπω 1/2; 직설법 부정과거 수동태 3인칭 단수(2:31).

ἔγκλημα; ἔγκλημα; ἐν, καλέω 1/2; [명사] 중성 단수 대격(23:29); 혐의[범죄를 저지른 사실이 있을 가능성].

ἐγκλήματος; ἔγκλημα; ἐν, καλέω 1/2; [명사] 중성 단수 속격(25:16).

ἐγκόπτω; ἐγκόπτω; ἐν, κόπτω 1/1; 가정법 현재 능동태 1인칭 단수(24:4); 괴롭히다['괴롭다: 몸이나 마음이 편하지 않고 고통스럽다'의 사동사].

ἐγκρατείας; ἐγκράτεια; ἐν, κράτος 1/1; [명사] 여성 단수 속격(24:25); 절제2[정도에 넘지 아니하도록 알맞게 조절하여 제한함].

ἐγνώρισάς; γνωρίζω; γινώσκω 1/1; 직설법 부정과거 능동태 2인칭 단수(2:28); 알게 하다, 알리다['알다'의 사동사].

ἔγνωσαν; γινώσκω 1/16; 직설법 부정과거 능동태 3인칭 복수(17:13); 알다, 배우다; [수동태] 알려지다.

ἐγνώσθη; γινώσκω 1/16; 직설법 부정과거 수동태 3인칭 단수(9:24).

ἔγραψαν; γράφω 1/12; 직설법 부정과거 능동태 3인칭 복수(18:27); 쓰다, 편지를 부치다[부

치다2: 편지나 물건 따위를 일정한 수단이나 방법을 써서 상대에게로 보내다], 편지를 보내다; [수동태] 적히다['적다1'의 피동사].

᾽Εγώ; ἐγώ 5/314; [인칭 대명사, 1인칭] 단수 주격(9:5; 22:3, 8; 26:15; 28:17); 나3[말하는 이가 대등한 관계에 있는 사람이나 아랫사람을 상대하여 자기를 가리키는 일인칭 대명사], 저3[말하는 이가 윗사람이나 그다지 가깝지 아니한 사람을 상대하여 자기를 낮추어 가리키는 일인칭 대명사].

᾽Εγὼ; ἐγώ 5/314; [인칭 대명사, 1인칭] 단수 주격(7:32; 11:5; 21:39; 22:28[2회]).

ἐγώ; ἐγώ 7/314; [인칭 대명사, 1인칭] 단수 주격.

ἐγὼ; ἐγώ 28/314; [인칭 대명사, 1인칭] 단수 주격.

ἔδαφος; ἔδαφος 1/1; [명사] 중성 단수 대격(22:7); 땅바닥[아무것도 깔지 않은 땅의 맨바닥]

῎Εδει; δεῖ; δέω 1/22; 직설법 미완료 능동태 3인칭 단수(27:21); 마땅히, 해야 한다.

ἔδει; δεῖ; δέω 3/22; 직설법 미완료 능동태 3인칭 단수(1:16; 17:3; 24:19).

ἔδειξεν; δείκνυμι 1/2; 직설법 부정과거 능동태 3인칭 단수(10:28); 보여 주다, 꼭 집어서 보여 주다, 보이다1['보다1'의 피동사].

ἐδεξάμεθα; δέχομαι 1/8; 직설법 부정과거 이태중간 1인칭 복수(28:21); 받다1, 받아 주다, 모시다.

ἐδέξαντο; δέχομαι 2/8; 직설법 부정과거 이태중간 3인칭 복수(11:1; 17:11).

ἐδέξατο; δέχομαι 1/8; 직설법 부정과거 이태중간 3인칭 단수(7:38).

ἐδημηγόρει; δημηγορέω; δῆμος, ἀγορά 1/1; 직설법 미완료 능동태 3인칭 단수(12:21); 연설[연설2: 여러 사람 앞에서 자기의 주의나 주장 또는 의견을 진술함]하다.

ἐδίδασκεν; διδάσκω 1/16; 직설법 미완료 능동태 3인칭 단수(18:25); 가르치다1[지식이나 기능, 이치 따위를 깨닫거나 익히게 하다, 사람의 도리나 바른길을 일깨우다].

ἐδίδασκον; διδάσκω 2/16; 직설법 미완료 능동태 3인칭 복수(5:21; 15:1).

ἐδίδου; δίδωμι 1/35; 직설법 미완료 능동태 3인칭 단수(2:4); 주다1[물건 따위를 남에게 건네어 가지거나 누리게 하다], 드리다, 나누다, 나눠 주다, 허락하다, 내밀다[신체나 물건의 일부분이 밖이나 앞으로 나가게 하다], 내버려 두다, 허락하다; [수동태] 주어지다.

ἐδίωκον; διώκω 1/9; 직설법 미완료 능동태 1인칭 단수(26:11); 핍박[바싹 죄어서 몹시 괴롭게 굶]하다.

ἐδίωξα; διώκω 1/9; 직설법 부정과거 능동태 1인칭 단수(22:4).

ἐδίωξαν; διώκω 1/9; 직설법 부정과거 능동태 3인칭 복수(7:52).

ἐδόκει; δοκέω 1/8; 직설법 미완료 능동태 3인칭 단수(12:9); 생각[생각1: 사람이 머리를 써서 사물을 헤아리고 판단하는 작용; 의려2, 지려1]하다, 생각되다, 적절하다고 생각되다, 한 가지 생각이 떠올랐다, 것 같다.

ἔδοξα; δοκέω 1/8; 직설법 부정과거 능동태 1인칭 단수(26:9).

ἐδόξαζον; δοξάζω; δοκέω 3/5; 직설법 미완료 능동태 3인칭 복수(4:21; 13:48; 21:20); 영광을 돌리다, 영화롭게 하다.

ἐδόξασαν; δοξάζω; δοκέω 1/5; 직설법 부정과거 능동태 3인칭 복수(11:18).

ἐδόξασεν; δοξάζω; δοκέω 1/5; 직설법 부정과거 능동태 3인칭 단수(3:13).

ἔδοξε; δοκέω 1/8; 직설법 부정과거 능동태 3인칭 단수(15:22); 생각하다, 생각되다, 적절하다고 생각되다, 한 가지 생각이 떠올랐다, 것 같다.

ἔδοξεν; δοκέω 2/8; 직설법 부정과거 능동태 3인칭 단수(15:25, 28).

ἐδύνατο; δύναμαι 1/21; 직설법 미완료 이태중간 3인칭 단수(26:32); ~수 있다, 위험조차

있다.

ἔδωκαν; δίδωμι 1/35; 직설법 부정과거 능동태 3인칭 복수(1:26); 주다1[물건 따위를 남에게 건네어 가지거나 누리게 하다], 드리다, 나누다, 나눠 주다, 허락하다, 내밀다[신체나 물건의 일부분이 밖이나 앞으로 나가게 하다], 내버려 두다, 허락하다; [수동태] 주어지다.

ἔδωκεν; δίδωμι 11/35; 직설법 부정과거 능동태 3인칭 단수(3:16; 5:32; 7:5a, 8, 10; 10:40; 11:17, 18; 12:23; 13:20, 21).

ἔζησα; ζάω 1/12; 직설법 부정과거 능동태 1인칭 단수(26:5); 살다1[생명을 지니고 있다], 살아 있다, 살아나다[죽었거나 거의 죽게 되었다가 다시 살게 되다], 숨이 붙어 있다.

ἐζήτει; ζητέω 1/10; 직설법 미완료 능동태 3인칭 단수(13:11); 찾다[현재 주변에 없는 것을 얻거나 사람을 만나려고 여기저기를 뒤지거나 살피다], 도모[도모5: 어떤 일을 이루기 위하여 대책과 방법을 세움]하다, 채비[어떤 일을 하기 위하여 필요한 물건, 자세 따위를 미리 갖추어 차림, 또는 그 물건이나 자세]를 하다, ~할 작정이다.

ἐζητήσαμεν; ζητέω 1/10; 직설법 부정과거 능동태 1인칭 복수(16:10).

ἐζήτουν; ζητέω 1/10; 직설법 미완료 능동태 3인칭 복수(17:5).

ἐθαύμαζεν; θαυμάζω 1/5; 직설법 미완료 능동태 3인칭 단수(7:31); 놀라다[뜻밖의 일로 가슴이 두근거리다, 갑자기 강하게 무서움을 느끼다, 뛰어나거나 신기한 것을 보고 매우 감동하다], 당황[놀라거나 다급하여 어찌할 바를 모름]하다, 당황해하다.

ἐθαύμαζον; θαυμάζω 2/5; 직설법 미완료 능동태 3인칭 복수(2:7; 4:13).

ἔθαψαν; θάπτω 2/4; 직설법 부정과거 능동태 3인칭 복수(5:6, 10); 묻다2[물건을 흙이나 다른 물건 속에 넣어 보이지 않게 쌓아 덮다]; [수동태] 묻히다2['묻다2'의 피동사].

ἐθεάσαντο; θεάομαι 1/3; 직설법 부정과거 이태중간 3인칭 복수(22:9); 눈여겨보다[주의 깊게 잘 살펴보다].

ἐθεάσασθε; θεάομαι 1/3; 직설법 부정과거 이태중간 2인칭 복수(1:11).

ἔθει; ἔθος 1/7; [명사] 중성 단수 여격(15:1); 관습[어떤 사회에서 오랫동안 지켜 내려와 그 사회 성원들이 널리 인정하는 질서나 풍습], 관행2[오래전부터 해 오는 대로 함, 또는 관례에 따라서 함], 풍습11[풍속과 습관을 아울러 이르는 말].

ἔθεντο; τίθημι 3/23; 직설법 부정과거 중간태 3인칭 복수(4:3; 5:18; 27:12); 두다1[일정한 곳에 놓다], 삼다2[무엇을 무엇이 되게 하거나 여기다], 세우다1['서다1: 사람이나 동물이 발을 땅에 대고 다리를 쭉 뻗으며 몸을 곧게 하다'의 사동사], 작정하다1[일을 어떻게 하기로 결정하다], 이끌어 내다, 처넣다[마구 집어넣다], 꿇다[무릎을 구부려 바닥에 대다]; [수동태] 묻히다2['묻다2: 물건을 흙이나 다른 물건 속에 넣어 보이지 않게 쌓아 덮다'의 피동사].

ἐθεραπεύθησαν; θεραπεύω; θεράπων 1/5; 직설법 부정과거 수동태 3인칭 복수(8:7); [수동태] 도움[남을 돕는 일]을 받다, 고침[고치다1: 병 따위를 낫게 하다]을 받다, 수리[수리14: 고장 나거나 허름한 데를 손보아 고침]되다2.

ἐθεραπεύοντο; θεραπεύω; θεράπων 2/5; 직설법 미완료 수동태 3인칭 복수(5:16; 28:9).

ἔθεσθε; τίθημι 1/23; 직설법 부정과거 중간태 2인칭 복수(5:25); 두다1, 삼다2, 세우다1, 작정하다1, 이끌어 내다, 처넣다, 꿇다; [수동태] 묻히다2.

ἔθεσι; ἔθος 1/7; [명사] 중성 복수 여격(28:17); 관습, 관행2, 풍습1.

ἔθεσιν; ἔθος 1/7; [명사] 중성 복수 여격(21:21).

ἔθετο; τίθημι 4/23; 직설법 부정과거 중간태 3인칭 단수(1:7; 12:4; 19:21; 20:28); 두다1, 삼다2, 세우다1, 작정하다1, 이끌어 내다, 처넣다, 꿇다; [수동태] 묻히다2.

ἔθη; ἔθος 2/7; [명사] 중성 복수 대격(6:14; 16:21); 관습, 관행2, 풍습1.

ἔθηκαν; τίθημι 2/23; 직설법 부정과거 능동태 3인칭 복수(9:37; 13:29); 두다1, 삼다2, 세우다1, 작정하다1, 이끌어 내다, 처넣다, 꿇다; [수동태] 묻히다2.

ἔθηκεν; τίθημι 2/23; 직설법 부정과거 능동태 3인칭 단수(4:37; 5:2).

ἔθνει; ἔθνος 4/43; [명사] 중성 단수 여격(10:35; 24:2, 10; 26:4); 민족[일정한 지역에서 오랜 세월 동안 공동생활을 하면서 언어와 문화상의 공통성에 기초하여 역사적으로 형성된 사회 집단], 다른 민족, 여러 다른 민족, 다른 여러 민족.

ἔθνεσιν; ἔθνος 8/43; [명사] 중성 복수 여격(4:27; 11:18; 14:27; 15:12; 21:19; 26:20, 23; 28:28).

ἔθνη; ἔθνος 12/43; [명사] 중성 복수 주격(4:25; 11:1; 13:48; 15:17), 중성 복수 대격(10:45; 13:19, 46; 14:16; 15:7; 18:6; 21:21; 22:21).

ἔθνος; ἔθνος 4/43; [명사] 중성 단수 대격(7:7; 8:9; 17:26; 24:17).

ἔθνους; ἔθνος 3/43; [명사] 중성 단수 속격(2:5; 10:22; 28:19).

ἐθνῶν; ἔθνος 12/43; [명사] 중성 복수 속격(7:45; 9:15; 13:47; 14:2, 5; 15:3, 14, 19, 23; 21:11, 25; 26:17).

ἐθορύβουν; θορυβέω; θόρυβος 1/2; 직설법 미완료 능동태 3인칭 복수(17:5); 소란[소란4: 시끄럽고 어수선함]을 피우다[피우다1: 일부 명사와 함께 쓰여 그 명사가 뜻하는 행동이나 태도를 나타내다], 소동[소동2: 사람들이 놀라거나 흥분하여 시끄럽게 법석거리고 떠들어 대는 일]을 피우다, 난리[난리2: 분쟁, 재해 따위로 세상이 소란하고 질서가 어지러워진 상태]를 피우다; [수동태] 소동하다.

ἔθος; ἔθος 1/7; [명사] 중성 단수 주격(25:16); 관습[어떤 사회에서 오랫동안 지켜 내려와 그 사회 성원들이 널리 인정하는 질서나 풍습], 관행2[오래전부터 해 오는 대로 함, 또는 관례에 따라서 함], 풍습1[풍속과 습관을 아울러 이르는 말].

ἔθου; τίθημι 1/23; 직설법 부정과거 중간태 2인칭 단수(5:4); 두다1[일정한 곳에 놓다], 삼다2[무엇을 무엇이 되게 하거나 여기다], 세우다1['서다1: 사람이나 동물이 발을 땅에 대고 다리를 쭉 뻗으며 몸을 곧게 하다'의 사동사], 작정하다1[일을 어떻게 하기로 결정하다], 이끌어 내다, 처넣다[마구 집어넣다], 꿇다[무릎을 구부려 바닥에 대다]; [수동태] 묻히다2['묻다2: 물건을 흙이나 다른 물건 속에 넣어 보이지 않게 쌓아 덮다'의 피동사].

ἐθῶν; ἔθος 1/7; [명사] 중성 복수 속격(26:3); 관습, 관행2, 풍습1.

Εἰ; εἰ 7/35; [종위 접속사, 조건] (4:19; 7:1; 16:15; 18:14; 19:2; 21:37; 22:25); 면9[뒤의 사실이 실현되기 위한 단순한 근거 따위를 나타내거나 수시로 반복되는 상황에서 그 조건을 말할 때 쓰는 연결 어미, 일반적으로 분명한 사실을 어떤 일에 대한 조건으로 말할 때 쓰는 연결 어미, 현실과 다른 사실을 가정하여 나타내는 연결 어미, 불확실하거나 아직 이루어지지 않은 사실을

가정하여 말할 때 쓰는 연결 어미], 혹여[혹시1], 만일1[있을지도 모르는 뜻 밖의 경우].

εἰ; εἰ 24/35; [종위 접속사, 조건] (1:6; 4:9; 5:8, 39; 8:22; 10:18; 11:17, 19; 17:11, 27; 18:15; 19:2, 38, 39; 20:16; 23:9; 25:11, 20; 26:8, 23, 32; 27:39).

εἴ; εἰ 4/35; [종위 접속사, 조건] (13:15; 24:19; 25:5; 27:12).

εἶ; εἰμί 6/278; 직설법 현재 2인칭 단수(9:5; 13:33; 21:38; 22:8, 27; 26:15); 이다3, 있다1, 지니고 있다, 나다1, 접어들다, 다8; [미래] 있게 되다.

εἴασαν; ἐάω 1/7; 직설법 부정과거 능동태 3인칭 복수(27:32); 허락[청하는 일을 하도록 들어줌; 긍가]하다, 하도록 하다, 나아가다[목적하는 방향을 향하여 가다]; [부정] 말리다2[다른 사람이 하고자 하는 어떤 행동을 못하게 방해하다].

εἴασεν; ἐάω 3/7; 직설법 부정과거 능동태 3인칭 단수(14:16; 16:7; 28:4).

εἴδαμεν; ὁράω 1/66; 직설법 부정과거 능동태 1인칭 복수(4:20); 보다1[눈으로 대상의 존재나 형태적 특징을 알다], 살피다1[두루두루 주의하여 자세히 보다], 분별[분별1: 세상 물정에 대한 바른 생각이나 판단]하다, 헤아리다[짐작하여 가늠하거나 미루어 생각하다], 헤아려 보다, 보이다1['보다1: 대상을 평가하다'의 피동사], 뵈다1['보이다1'의 준말], 뵙다[웃어른을 대하여 보다, '뵈다1'보다 더 겸양의 뜻을 나타낸다], ~와 만나다[누군가 가거나 와서 둘이 서로 마주 보다], 이르다1[어떤 정도나 범위에 미치다]; [수동태] 나타나다[보이지 아니하던 어떤 대상의 모습이 드러나다], 보이다1['보다1'의 피동사].

εἶδαν; ὁράω 2/66; 직설법 부정과거 능동태 3인칭 복수(9:35; 12:16).

εἶδεν; ὁράω 12/66; 직설법 부정과거 능동태 3인칭 단수(2:31; 3:9; 7:55; 8:39; 9:12, 27; 10:3, 17; 11:13; 13:36, 37; 16:10).

εἶδές; ὁράω 1/66; 직설법 부정과거 능동태 2인칭 단수(26:16).

εἶδον; ὁράω 6/66; 직설법 부정과거 능동태 1인칭 단수(7:34; 11:5, 6; 26:13), 3인칭 복수(6:15; 28:4).

εἰδυῖα; ὁράω 1/66; 분사 완료 능동태 여성 단수 주격(5:7).

εἰδωλόθυτον; εἰδωλόθυτος; εἶδος, θύω 1/2; [형용사] 중성 단수 대격(21:25); 우상제물.

εἰδωλοθύτων; εἰδωλόθυτος; εἶδος, θύω 1/2; [형용사] 중성 복수 속격(15:29).

εἰδώλῳ; εἴδωλον; εἶδος 1/2; [명사] 중성 단수 여격(7:41); 우상4[하나님 이외에 인위적으로 만들어 놓은 신의 형상].

εἰδώλων; εἴδωλον; εἶδος 1/2; [명사] 중성 복수 속격(15:20).

εἰδώς; οἶδα 1/19; 분사 완료 능동태 남성 단수 주격(20:22); 알고[알다: 어떠한 사실에 대해 의식이나 감각으로 깨닫거나 느끼다, 심리적 상태를 마음속으로 느끼거나 깨닫다] 있다, 알겠[겠: 가능성이나 능력을 나타내는 어미]다; [부정] 알지 못하다[일정한 수준에 못 미치거나 할 능력이 없다].

εἰδὼς; οἶδα 2/19; 분사 완료 능동태 남성 단수 주격(2:30; 24:22).

εἴη; εἰμί 4/278; 희구법 현재 3인칭 단수(8:20; 10:17; 20:16; 21:33); 이다3, 있다1, 지니고 있다, 나다1, 접어들다, 다8; [미래] 있게 되다.

εἴκοσι; εἴκοσι 2/2; [형용사, 양수사] (1:15; 27:28); 스물[열의 두 배가 되는 수], 이십[십의 두 배가 되는 수], 20.

εἷλκον; ἕλκω 1/2; 직설법 미완료 능동태 3인칭 복수(21:30); 끌고 가다, 끌고 나가다.

εἵλκυσαν; ἕλκω 1/2; 직설법 부정과거 능동태 3인칭 복수(16:19).

εἰμι; εἰμί 13/278; 직설법 현재 1인칭 단수(9:5; 10:21, 26; 18:10; 20:26; 21:39; 22:3, 8; 23:6; 25:10; 26:15, 29; 27:23); 이다3[주어가 지시하는 대상의 속성이나 부류를 지정하는 뜻을 나타내는 서술격 조사], 있다1[사람이나 사물 또는 어떤 사실이나 현상 따위가 어떤 곳에 자리나 공간을 차지하고 존재하는 상태이다], 지니고[지니다: 몸에 간직하여 가지다] 있다, 나다1[어떤 현상이나 사건이 일어나다], 접어들다[일정한 지점이나 길로 들어서다], 다8['다가 3: 어떤 동작이나 상태 따위가 중단되고 다른 동작이나 상태로 바뀜을 나타내는 연결 어미'의 준말]; [미래] 있게 되다.

εἰμὶ; εἰμί 2/278; 직설법 현재 1인칭 단수(13:25[2회]).

εἶναι; εἰμί 17/278; 부정사 현재(2:12; 4:32; 13:25; 16:13, 15; 17:7, 18, 20, 29; 18:3, 5, 15, 28; 19:1; 23:8; 27:4; 28:6).

εἶναί; εἰμί 3/278; 부정사 현재(5:36; 8:9; 13:47).

εἶπα; λέγω 1/234; 직설법 부정과거 능동태 1인칭 단수(26:15); 말하다[생각이나 느낌 따위를 말로 나타내다], 부르다1[무엇이라고 가리켜 말하거나 이름을 붙이다]; [분사] 말[말1: 사람의 생각이나 느낌 따위를 표현하고 전달하는데 쓰는 음성 기호]로; [수동태] 언급[어떤 문제에 대하여 말함]되다, 불리다4['부르다1'의 피동사].

εἶπαν; λέγω 16/234; 직설법 부정과거 능동태 3인칭 복수(1:11, 24; 4:23, 24; 5:29; 6:2; 10:22; 12:15; 13:46; 16:20, 31; 17:32; 19:3; 23:4, 14; 28:21).

εἴπας; λέγω 4/234; 분사 부정과거 능동태 남성 단수 주격(7:37; 22:24; 24:22; 27:35).

εἰπάτωσαν; λέγω 1/234; 명령법 부정과거 능동태 3인칭 복수(24:20).

Εἰπέ; λέγω 1/234; 명령법 부정과거 능동태 2인칭 단수(5:8).

εἰπεῖν; λέγω 2/234; 부정사 부정과거 능동태(2:29; 21:37).

Εἶπεν; λέγω 2/234; 직설법 부정과거 능동태 3인칭 단수(2:34; 7:1).

εἶπεν; λέγω 69/234; 직설법 부정과거 능동태 3인칭 단수.

εἶπέν; λέγω 6/234; 직설법 부정과거 능동태 3인칭 단수(5:35; 12:17; 19:2, 3; 22:8, 13).

εἰπόν; λέγω 1/234; 명령법 부정과거 능동태 2인칭 단수(28:26).

εἶπον; λέγω 4/234; 직설법 부정과거 능동태 1인칭 단수(11:8; 22:10, 19), 3인칭 복수(4:19).

εἶπόν; λέγω 2/234; 직설법 부정과거 능동태 3인칭 복수(2:37; 21:20).

εἰπόντα; λέγω 2/234; 분사 부정과거 능동태 남성 단수 대격(10:3; 11:13).

εἰπόντες; λέγω 3/234; 분사 부정과거 능동태 남성 복수 주격(7:35, 40; 21:14).

εἰπόντος; λέγω 2/234; 분사 부정과거 능동태 남성 단수 속격(23:7; 28:25).

εἰπών; λέγω 4/234; 분사 부정과거 능동태 남성 단수 주격(4:25; 7:26, 27; 18:21).

εἰπὼν; λέγω 5/234; 분사 부정과거 능동태 남성 단수 주격(1:9; 7:60; 19:21, 40; 20:36).

εἰρήκασιν; λέγω 1/234; 직설법 완료 능동태 3인칭 복수(17:28).

εἰρήκατε; λέγω 1/234; 직설법 완료 능동태 2인칭 복수(8:24).

εἰρήκει; λέγω 1/234; 직설법 과거완료 능동태 3인칭 단수(20:38).

εἴρηκεν; λέγω 1/234; 직설법 완료 능동태 3인칭 단수(13:34).

εἰρημένον; λέγω 2/234; 분사 완료 능동태 중성 단수 주격(2:16; 13:40).

εἰρήνῃ; εἰρήνη 1/7; 여성 단수 여격(16:36); 샬롬, 화평[화목하고 평온함], 평안1, 평강1.

εἰρήνην; εἰρήνη 4/7; 여성 단수 대격(7:26; 9:31; 10:36; 12:20).

εἰρήνης; εἰρήνη 2/7; 여성 단수 속격(15:33; 24:2).

–ἔχω εἰρήνην (9:31); 평안하다, 평강하다.

Εἰς; εἰς 2/302; [전치사] (19:3[2회]); [+대격] ~에4[앞말이 처소, 진행방향, 목표나 목적 대상의 부사어임을 나타내는 격 조사], ~까지3[체언이나 부사어 뒤에 붙어 어떤 일이나 상태 따위에 관련되는 범위의 끝임을 나타내는 보조사], ~에 이를[이르다1: 어떤 장소나 시간에 닿다].

εἰς; εἰς 300/302; [전치사].

εἷς; εἷς 3/21; [형용사, 양수사] 남성 단수 주격(2:6; 4:32; 11:28); 하나[수효를 세는 맨 처음 수], 각1[낱낱의], 누구[가리키는 대상을 굳이 밝혀서 말하지 않을 때 쓰는 인칭 대명사], 어느1[여럿 가운데 똑똑히 모르거나 꼭 집어 말할 필요가 없는 막연한 사람이나 사물을 이를 때 쓰는 말].

εἰσάγεσθαι; εἰσάγω; εἰς, ἄγω 2/6; 부정사 현재 중간태(22:24), 부정사 현재 중간태 혹은 수동태(21:37); 들이다['들다1'의 사동사], 들여오다, 끌어들이다; [수동태] 들어서다.

εἰσδραμοῦσα; εἰστρέχω; εἰς, τρέχω 1/1; 분사 부정과거 능동태 여성 단수 주격(12:14); 뛰어들다[날쌔게 움직여 갑자기 들어가거나 들어오다].

εἰσελεύσονται; εἰσέρχομαι; εἰς, ἔρχομαι 1/34; 직설법 미래 이태중간 3인칭 복수(20:29); 들어오다[일정한 지역이나 공간의 범위와 관련하여 밖에서 안으로 향하여 오다], 들어서다[밖에서 안쪽으로 옮겨 서다], 들어가다1[밖에서 안으로 향하여 가다], 입장[입장2: 장내로 들어가는 것]하다, 찾아오다[어떤 사람을 만나거나 다른 볼일을 보러 그와 관련된 곳에 오다].

εἴσελθε; εἰσέρχομαι; εἰς, ἔρχομαι 1/34; 명령법 부정과거 능동태 2인칭 단수(9:6).

εἰσελθεῖν; εἰσέρχομαι; εἰς, ἔρχομαι 4/34; 부정사 부정과거 능동태(10:25; 14:1, 22; 19:30).

εἰσελθόντα; εἰσέρχομαι; εἰς, ἔρχομαι 2/34; 분사 부정과거 능동태 남성 단수 대격(9:12; 10:3).

εἰσελθόντες; εἰσέρχομαι; εἰς, ἔρχομαι 5/34; 분사 부정과거 능동태 남성 복수 주격(5:10; 13:14; 16:15; 21:8; 23:33).

εἰσελθόντων; εἰσέρχομαι; εἰς, ἔρχομαι 1/34; 분사 부정과거 능동태 남성 복수 속격(25:23).

Εἰσελθὼν; εἰσέρχομαι; εἰς, ἔρχομαι 1/34; 분사 부정과거 능동태 남성 단수 주격(19:8).

εἰσελθὼν; εἰσέρχομαι; εἰς, ἔρχομαι 3/34; 분사 부정과거 능동태 남성 단수 주격(18:19; 23:16; 28:8).

εἰσεπήδησεν; εἰσπηδάω; εἰς, πηδάω 1/1; 직설법 부정과거 능동태 3인칭 단수(16:29); 달려들다[사나운 기세로 무섭게 다가들다].

εἰσήγαγεν; εἰσάγω; εἰς, ἄγω 2/6; 직설법 부정과거 능동태 3인칭 단수(21:28, 29); 들이다['들다1: 밖에서 속이나 안으로 향해 가거나 오거나 하다'의 사동사], 들여오다[밖에서 안으로 가져오다], 끌어들이다[남을 권하거나 꾀어서 자기편이 되게 하다]; [수동태] 들어서다[밖에서 안쪽으로 옮겨 서다].

εἰσήγαγον; εἰσάγω; εἰς, ἄγω 2/6; 직설법 부정과거 능동태 3인칭 복수(7:45; 9:8).

εἰσῄει; εἴσειμι; εἰς, εἶμι 2/3; 직설법 미완료 능동태 3인칭 단수(21:18, 26); 들어가다, 접어들다[일정한 지점이나 길로 들어서다].

εἰσηκούσθη; εἰσακούω; εἰς, ἀκούω 1/1; 직설법 부정과거 수동태 3인칭 단수(10:31); [수동태] 상달[상달2: 윗사람에게 말이나 글로 여쭈어 알려 드림]되다.

εἰσῆλθεν; εἰσέρχομαι; εἰς, ἔρχομαι 10/34; 직설법 부정과거 능동태 3인칭 단수(1:21; 3:8; 5:7; 9:17; 10:24, 27; 11:8; 14:20; 17:2; 18:7); 들어오다, 들어가다1, 입장[입장2: 장내로 들어가는 것]하다, 찾아오다.

Εἰσῆλθες; εἰσέρχομαι; εἰς, ἔρχομαι 1/34; 직설법 부정과거 능동태 2인칭 단수(11:3).

εἰσήλθομεν; εἰσέρχομαι; εἰς, ἔρχομαι 2/34; 직설법 부정과거 능동태 1인칭 복수(11:12; 28:16).

εἰσῆλθον; εἰσέρχομαι; εἰς, ἔρχομαι 3/34; 직설법 부정과거 능동태 3인칭 복수(1:13; 5:21; 16:40).

εἰσιέναι; εἴσειμι; εἰς, εἶμι 1/3; 부정사 현재 능동태(3:3); 들어가다, 접어들다.

εἰσιν; εἰμί 6/278; 직설법 현재 3인칭 복수(2:7; 4:13; 13:31; 16:38; 19:38; 23:21); 이다3, 있다1, 지니고 있다, 나다1, 접어들다, 다8; [미래] 있게 되다.

εἰσίν; εἰμί 3/278; 직설법 현재 3인칭 복수(2:13; 16:17; 24:11).

εἰσὶν; εἰμί 4/278; 직설법 현재 3인칭 복수(5:25; 19:26; 21:20, 23).

εἰσκαλεσάμενος; εἰσκαλέομαι; εἰς, καλέω 1/1; 분사 부정과거 이태중간 남성 단수 주격(10:23); 불러들이다[불러서 안으로 들어오게 하다].

εἰσόδου; εἴσοδος; εἰς, ὁδός 1/1; [명사] 여성 단수 속격(13:24); 등장1[무대나 연단 따위에 나옴].

εἰσπορευόμενος; εἰσπορεύομαι; εἰς, πορεύομαι 2/4; 분사 현재 이태중간 남성 단수 주격(8:3; 9:28); 들어가다, 찾아오다, 찾아다니다[어떤 사람을 만나거나 어떤 곳을 보러 여기저기로 옮겨 움직이다].

εἰσπορευομένους; εἰσπορεύομαι; εἰς, πορεύομαι 1/4; 분사 현재 이태중간 남성 복수 대격(28:30).

εἰσπορευομένων; εἰσπορεύομαι; εἰς, πορεύομαι 1/4; 분사 현재 이태중간 남성 복수 속격(3:2).

–εἰσπορεύομαι καὶ ἐκπορεύομαι (9:28); 드나들다, 출입하다.

εἱστήκεισαν; ἵστημι 1/35; 직설법 과거완료 능동태 3인칭 복수(9:7); 세우다1['서다1'의 사동사], 앞에 내세우다[나와 서게 하다], 배치[배치3: 사람이나 물자 따위를 일정한 자리에 알맞게 나누어 둠]하다2, 얹다[위에 올려놓다], 지우다5['지다5: 물건을 짊어서 등에 얹다'의 사동사], 견디다[사람이나 생물이 어려운 환경에 굴복하거나 죽지 않고 버티면서 살아 나가는 상태가 되다], 정하다3[여럿 가운데 선택하거나 판단하여 결정하다]; [수동태] 서다1[사람이나 동물이 발을 땅에 대고 다리를 쭉 뻗으며 몸을 곧게 하다], 서 있다, 일어서다, 들어서다[밖에서 안쪽으로 옮겨 서다].

εἰσφέρεις; εἰσφέρω; εἰς, φέρω 1/1; 직설법 현재 능동태 2인칭 단수(17:20); 가져오다[무엇을 한 지점에서 다른 지점으로 옮겨 오다].

εἶχεν; ἔχω 4/44; 직설법 미완료 능동태 3인칭 단수(2:45; 4:35; 9:31; 18:18); 가지다, 갖다, 받아 가지다, 연연해하다[연연하다7: 집착하여 미련을 가지다], 있다, 그렇다, 그러하다, 들리다1[병이 걸리다, 귀신이나 넋 따위가 덮치다], 대하다, 제기[제기6: 의견이나 문제를 내어 놓음, 소송을 일으킴]하다3, 두다1[직책이나 조직, 기구 따위를 설치하다], 끼치다2[영향, 해, 은혜 따위를 당하거나 입게 하다].

εἶχον; ἔχω 4/44; 직설법 미완료 능동태 3인칭 복수(2:44; 4:14; 13:5; 25:19).

εἰωθὸς; εἴωθα 1/1; 분사 완료 능동태 중성 단수 대격(17:2); 익숙하다[어떤 일을 여러 번

하여 서투르지 않은 상태에 있다; 유습하다].

εἴων; ἐάω 2/7; 직설법 미완료 능동태 3인칭 복수(19:30; 27:40); 허락[청하는 일을 하도록 들어줌; 긍가]하다, 하도록 하다, 나아가다[목적하는 방향을 향하여 가다]; [부정] 말리다2[다른 사람이 하고자 하는 어떤 행동을 못하게 방해하다].

Ἐκ; ἐκ 1/84; [전치사] (24:10); [+속격] 부터[체언이나 부사어 뒤에 붙어 어떤 일이나 상태 따위에 관련된 범위의 시작임을 나타내는 보조사], 출신[어떤 지방이나 파벌, 학교, 직업 따위에서 규정되는 사회적인 신분이나 이력 관계].

ἐκ; ἐκ 62/84; [전치사].

ἐκαθάρισεν; καθαρίζω; καθαρός 2/3; 직설법 부정과거 능동태 3인칭 단수(10:15; 11:9); 깨끗이 하다.

ἐκάθητο; κάθημαι; κατά, ἧμαι 1/6; 직설법 미완료 이태중간 3인칭 단수(14:8); 앉다[사람이나 동물이 윗몸을 바로 한 상태에서 엉덩이에 몸무게를 실어 다른 물건 위에 몸을 올려놓거나 무릎을 구부려 엉덩이를 다리나 발 위에 올려놓다].

ἐκάθισαν; καθίζω; κατά, ἵζω 1/9; 직설법 부정과거 능동태 3인칭 복수(13:14); 앉아 있다, 앉히다['앉다1'의 사동사], 앉다.

Ἐκάθισεν; καθίζω; κατά, ἵζω 1/9; 직설법 부정과거 능동태 3인칭 단수(18:11).

ἐκάθισεν; καθίζω; κατά, ἵζω 1/9; 직설법 부정과거 능동태 3인칭 단수(2:3).

ἐκάκωσαν; κακόω; κακός 1/5; 직설법 부정과거 능동태 3인칭 복수(14:2); 해치다[사람의 마음이나 몸에 해를 입히다], 해[해11: 이롭지 아니하거나 손상을 입힘, 또는 그런 것]하다2, 해를 끼치다[끼치다2: 영향, 해, 은혜 따위를 당하거나 입게 하다], 손상[병이 들거나 다침]을 입히다.

ἐκάκωσεν; κακόω; κακός 1/5; 직설법 부정과거 능동태 3인칭 단수(7:19).

ἐκάλουν; καλέω 1/18; 직설법 미완료 능동태 3인칭 복수(14:12); 부르다1[무엇이라고 가리켜 말하거나 이름을 붙이다], 일컫다[이름 지어 부르다], 불러오다[불러서 오게 하다]; [수동태] 불리다4['부르다1'의 피동사].

ἐκάμμυσαν; καμμύω; κατά, μύω 1/1; 직설법 부정과거 능동태 3인칭 복수(28:27); 감다1[눈꺼풀을 내려 눈동자를 덮다].

ἕκαστον; ἕκαστος 4/11; [형용사] 남성 단수 대격(2:3; 3:26; 20:31), 중성 단수 대격(21:19); 각1[낱낱의], 각각1[저마다, 사람이나 물건의 하나하나], 각자2[각각의 자기 자신], 제각기[저마다 각기], 제가끔[저마다 따로따로], 저마다[각각의 사람이나 사물마다].

ἕκαστος; ἕκαστος 4/11; [형용사] 남성 단수 주격(2:6, 8, 38; 11:29).

ἑκάστου; ἕκαστος 2/11; [형용사] 남성 단수 속격(17:27; 21:26).

ἑκάστῳ; ἕκαστος 1/11; [형용사] 남성 단수 여격(4:35).

–εἷς ἕκαστος (2:3, 6; 17:27; 20:31; 21:26); 각각, 제각각, 제각기, 저마다.

–καθ' ἓν ἕκαστον (21:19); 낱낱이[하나하나 빠짐없이 모두].

ἑκατὸν; ἑκατόν 1/1; [형용사, 양수사] 남성 복수 주격(1:15); 백5[십의 열 배가 되는 수, 또는 그런 수의; 일백5], 100.

ἑκατοντάρχας; ἑκατοντάρχης; ἑκατόν, ἄρχω 1/13; [명사] 남성 복수 대격(21:32); 백부장1[로마 군대의 조직 가운데 100명으로 조직된 단위 부대의 우두머리; 백인대장].

ἑκατοντάρχῃ; ἑκατοντάρχης; ἑκατόν, ἄρχω 3/13; [명사] 남성 단수 여격(24:23; 27:1, 31).

ἑκατοντάρχης; ἑκατοντάρχης; ἑκατόν, ἄρχω 6/13; [명사] 남성 단수 주격(10:1, 22; 22:26; 27:6, 11, 43).

ἑκατόνταρχον; ἑκατοντάρχης; ἑκατόν, ἄρχω 1/13; [명사] 남성 단수 대격(22:25).

ἑκατονταρχῶν; ἑκατοντάρχης; ἑκατόν, ἄρχω 2/13; [명사] 남성 복수 속격(23:17, 23).

ἐκβαλλόμενοι; ἐκβάλλω; ἐκ, βάλλω 1/5; 분사 현재 중간태 남성 복수 주격(27:38); 던지다[손에 든 물건을 다른 곳에 떨어지게 팔과 손목을 움직여 공중으로 내보내다], 내몰다[일정한 지역 밖으로 몰아 쫓아내다], 내쫓다[밖으로 몰아내다].

ἐκβάλλουσιν; ἐκβάλλω; ἐκ, βάλλω 1/5; 직설법 현재 능동태 3인칭 복수(16:37).

ἐκβαλόντες; ἐκβάλλω; ἐκ, βάλλω 1/5; 분사 부정과거 능동태 남성 복수 주격(7:58).

ἐκβαλὼν; ἐκβάλλω; ἐκ, βάλλω 1/5; 분사 부정과거 능동태 남성 단수 주격(9:40).

ἐκβολὴν; ἐκβολή; ἐκ, βάλλω 1/1; [명사] 여성 단수 대격(27:18); 내버리기.

ἐκδεχομένου; ἐκδέχομαι; ἐκ, δέχομαι 1/1; 분사 현재 이태중간 남성 단수 속격(17:16); 기다리다[어떤 사람이나 때가 오기를 바라다].

ἐκδιηγῆται; ἐκδιηγέομαι; ἐκ, ἄγω 1/2; 가정법 현재 이태중간 3인칭 단수(13:41); 설명하다[어떤 일이나 대상의 내용을 상대편이 잘 알 수 있도록 밝혀 말하다].

ἐκδιηγούμενοι; ἐκδιηγέομαι; ἐκ, ἄγω 1/2; 분사 현재 이태중간 남성 복수 주격(15:3).

ἐκδίκησιν; ἐκδίκησις; ἐκ, δίκη 1/1; [명사] 여성 단수 대격(7:24); 앙갚음[남이 저에게 해를 준 대로 저도 그에게 해를 줌].

ἔκδοτον; ἔκδοτος; ἐκ, δίδωμι 1/1; [형용사] 남성 단수 대격(2:23); 넘겨진.

ἐκεῖ; ἐκεῖ 6/6; [부사] (9:33; 16:1; 17:14; 19:21; 25:9, 14); 거기[거기1: 앞에서 이미 이야기한 곳을 가리키는 지시 대명사]에서.

ἐκεῖθεν; ἐκεῖθεν; ἐκεῖ, θεν 3/4; [부사] (18:7; 20:13; 27:12); 그곳으로부터, 거기서는.

ἐκεῖθέν; ἐκεῖθεν; ἐκεῖ, θεν 1/4; [부사] (13:4).

ἐκεῖνα; ἐκεῖνος; ἐκεῖ 1/22; [지시 대명사] 중성 복수 대격(20:2); 저4[말하는 이와 듣는 이로부터 멀리 있는 대상을 가리키는 지시 대명사, '저 사람'을 가리키는 삼인칭 대명사], 저3[앞에서 이미 말하였거나 나온 바 있는 사람을 도로 가리키는 삼인칭 대명사], 저 사람.

ἐκείναις; ἐκεῖνος; ἐκεῖ 3/22; [지시 대명사] 여성 복수 여격(2:18; 7:41; 9:37).

ἐκείνῃ; ἐκεῖνος; ἐκεῖ 5/22; [지시 대명사] 여성 단수 여격(2:41; 8:1, 8; 12:6; 16:33).

ἐκείνην; ἐκεῖνος; ἐκεῖ 1/22; [지시 대명사] 여성 단수 대격(14:21).

ἐκεῖνο; ἐκεῖνος; ἐκεῖ 1/22; [지시 대명사] 중성 단수 대격(1:19).

ἐκεῖνοι; ἐκεῖνος; ἐκεῖ 1/22; [지시 대명사] 남성 복수 주격(21:6).

ἐκείνοις; ἐκεῖνος; ἐκεῖ 1/22; [지시 대명사] 남성 복수 여격(16:3).

ἐκεῖνον; ἐκεῖνος; ἐκεῖ 3/22; [지시 대명사] 남성 단수 대격(12:1; 19:23; 28:7).

ἐκείνου; ἐκεῖνος; ἐκεῖ 4/22; [지시 대명사] 남성 단수 속격(3:13, 23; 19:16), 중성 단수 속격(22:11).

ἐκείνους; ἐκεῖνος; ἐκεῖ 1/22; [지시 대명사] 남성 복수 대격(16:35).

ἐκείνων; ἐκεῖνος; ἐκει 1/22; [지시 대명사] 남성 복수 속격(10:9).

ἐκεῖσε; ἐκεῖσε; ἐκεῖ 2/2; [부사] (21:3; 22:5); 거기1[앞에서 이미 이야기한 곳을 가리키는 지시 대명사], 거기서.

ἐκέκραξα; κράζω 1/11; 직설법 부정과거 능동태 1인칭 단수(24:21); 소리치다[소리를 크게 지르다], 외치다1[남의 주의를 끌거나 다른 사람에게 어떤 행동을 하도록 하기 위하여 큰 소리를 지르다], 소리 지르다.

ἐκέλευον; κελεύω 1/17; 직설법 미완료 능동태 3인칭 복수(16:22); 명[명5=명령1]하다2, 명령[명령1: 윗사람이나 상위 조직이 아랫사람에게나 하위 조직에 무엇을 하게 함, 또는 그런 내용]하다.

ἐκέλευσα; κελεύω 2/17; 직설법 부정과거 능동태 1인칭 단수(25:17 , 21).

ἐκέλευσεν; κελεύω 9/17; 직설법 부정과거 능동태 3인칭 단수(5:34; 8:38; 12:19; 21:33, 34; 22:24, 30; 23:10; 25:6).

ἐκέλευσέν; κελεύω 1/17; 직설법 부정과거 능동태 3인칭 단수(27:43).

ἐκζητήσωσιν; ἐκζητέω; ἐκ, ζητέω 1/1; 가정법 부정과거 능동태 3인칭 복수(15:17); 갈구하다[간절히 바라며 구하다], 간절히 찾다.

ἐκήρυξεν; κηρύσσω 1/8; 직설법 부정과거 능동태 3인칭 단수(10:37); 전파[전파3: 전하여 널리 퍼뜨림]하다2, 전하다[어떤 사실을 상대에게 알리다].

ἐκήρυσσεν; κηρύσσω 2/8; 직설법 미완료 능동태 3인칭 단수(8:5; 9:20).

ἔκθαμβοι; ἔκθαμβος; ἐκ, θάμβος 1/1; [형용사] 남성 복수 주격(3:11); 깜짝 놀라.

ἔκθετα; ἔκθετος; ἐκ, τίθημι 1/1; [형용사] 중성 복수 대격(7:19); 유기된, 내다 버려진.

ἐκινήθη; κινέω 1/3; 직설법 부정과거 수동태 3인칭 단수(21:30); 소란[소란4: 시끄럽고 어수선함]하게 하다, 돌아다니다[여기저기 여러 곳으로 다니다], 야기[야기3: 일이나 사건 따위를 끌어 일으킴]하다, 일으키다[어떤 사태나 일을 벌이거나 터뜨리다].

ἐκκέχυται; ἐκχύννω 1/3; 직설법 완료 수동태 3인칭 단수(10:45); 쏟다[눈물이나 땀, 피 따위를 많이 흘리다]; [수동태] 부어내리다[비, 햇빛 따위가 쏟아붓듯이 한꺼번에 많이 내리거나 비치다].

ἐκκλησία; ἐκκλησία; ἐκ, καλέω 2/23; [명사] 여성 단수 주격(9:31; 19:32); 교회, 모임1[어떤 목적 아래 여러 사람이 모이는 일].

ἐκκλησίᾳ; ἐκκλησία; ἐκ, καλέω 4/23; [명사] 여성 단수 여격(7:38; 11:26; 15:22; 19:39).

ἐκκλησίαι; ἐκκλησία; ἐκ, καλέω 1/23; [명사] 여성 복수 주격(16:5).

ἐκκλησίαν; ἐκκλησία; ἐκ, καλέω 9/23; [명사] 여성 단수 대격(5:11; 8:1, 3; 13:1; 14:23, 27; 18:22; 19:40; 20:28).

ἐκκλησίας; ἐκκλησία; ἐκ, καλέω 7/23; [명사] 여성 단수 속격(11:22; 12:1, 5; 15:3, 4; 20:17), 여성 복수 대격(15:41).

ἐκκολυμβήσας; ἐκκολυμβάω; ἐκ, κολυμβάω 1/1; 분사 부정과거 능동태 남성 단수 주격(27:42); 헤엄치다[사람이나 물고기 따위가 물속에서 나아가기 위하여 팔다리나 지느러미를 움직이다].

ἐκλαλῆσαι; ἐκλαλέω; ἐκ, λάλος 1/1; 부정사 부정과거 능동태(23:22); 말하다[어떠한 사실을 말로 알려 주다].

ἐκλείσθησαν; κλείω 1/2; 직설법 부정과거 수동태 3인칭 복수(21:30); 닫다2[열린 문짝, 뚜껑, 서랍 따위를 도로 제자리로 가게 하여 막다]; [수동태] 닫히다['닫다2'의 피동사].

ἐκλεξαμένοις; ἐκλέγομαι; ἐκ, λέγω 1/7; 분사 부정과거 이태중간 남성 복수 여격(15:25); 선택하다[여럿 가운데서 필요한 것을 골라 뽑다], 정하다3[여럿 가운데 선

택하거나 판단하여 결정하다].

ἐκλεξαμένους; ἐκλέγομαι; ἐκ, λέγω 1/7; 분사 부정과거 이태중간 남성 복수 대격(15:22).

ἐκλογῆς; ἐκλογή; ἐκ, λέγω 1/1; [명사] 여성 단수 속격(9:15); 훌륭[한][훌륭하다: 썩 좋아서 나무랄 곳이 없다].

ἐκοιμήθη; κοιμάω; κεῖμαι 2/3; 직설법 부정과거 수동태 3인칭 단수(7:60; 13:36); 잠자다[자는 상태에 있다]; [수동태] 잠들다[잠을 자는 상태가 되다].

ἐκούφιζον; κουφίζω; κοῦφος 1/1; 직설법 미완료 능동태 3인칭 복수(27:38); 가볍게[가볍다: 무게가 일반적이거나 기준이 되는 대상의 것보다 적다] 하다.

ἐκπεμφθέντες; ἐκπέμπω; ἐκ, πέμπω 1/2; 분사 부정과거 수동태 남성 복수 주격(13:4); 떠나보내다[다른 곳으로 떠나게 하다].

ἐκπεπλήρωκεν; ἐκπληρόω; ἐκ, πληρόω 1/1; 직설법 현재완료 능동태 3인칭 단수(13:33); 실현되게[실현되다: 꿈, 기대 따위가 실제로 이루어지다] 하다.

ἐκπεσεῖν; ἐκπίπτω; ἐκ, πίπτω 2/5; 부정사 부정과거 능동태(27:26, 32); 떨어지다[위에서 아래로 내려지다, 어떤 상태나 처지에 빠지다], 걸리다1['걸다2: 벽이나 못 따위에 어떤 물체를 떨어지지 않도록 매달아 올려놓다'의 피동사, 떠내려가다[물 위에 떠서 물결을 따라 옮겨 가다].

ἐκπέσωμεν; ἐκπίπτω; ἐκ, πίπτω 1/5; 가정법 부정과거 능동태 1인칭 복수(27:29).

ἐκπέσωσιν; ἐκπίπτω; ἐκ, πίπτω 1/5; 가정법 부정과거 능동태 3인칭 복수(27:17).

ἐκπεφευγέναι; ἐκφεύγω; ἐκ, φεύγω 1/2; 부정사 완료 능동태(16:27); 도망치다[피하거나 쫓기어 달아나다].

ἐκπλεῦσαι; ἐκπλέω; ἐκ, πλέω 1/3; 부정사 부정과거 능동태(15:39); 항해하다[배를 타고 바다 위를 다니다; 주항하다1, 해항하다], 출항하다2[배가 항구를 떠나가다].

ἐκπλήρωσιν; ἐκπλήρωσις; ἐκ, πληρόω 1/1; [명사] 여성 단수 대격(21:26); 만료[기한이 다 차서 끝남], 찼음[차다1: 정한 수량, 나이, 기간 따위가 다 되다].

ἐκπλησσόμενος; ἐκπλήσσω; ἐκ, πλήσσω 1/1; 분사 현재 수동태 남성 단수 주격(13:12); 깜짝 놀라게 하다; [수동태] 아연하다[너무 놀라거나 어이가 없어서 또는 기가 막혀서 입을 딱 벌리고 말을 못하는 상태이다], 깜짝 놀라다.

ἐκπορεύεσθαι; ἐκπορεύομαι; ἐκ, πορεύομαι 2/3; 부정사 현재 이태중간(19:12; 25:4); 떠나가다[있던 곳에서 다른 곳으로 옮겨 가다], 나오다[안에서 밖으로 오다].

ἐκπορευόμενος; ἐκπορεύομαι; ἐκ, πορεύομαι 1/3; 분사 현재 이태중간 남성 단수 주격(9:28).

ἔκραζεν; κράζω 2/11; 직설법 미완료 능동태 3인칭 단수(16:17; 23:6); 소리치다[소리를 크게 지르다], 외치다1[남의 주의를 끌거나 다른 사람에게 어떤 행동을 하도록 하기 위하여 큰 소리를 지르다], 소리 지르다.

ἔκραζον; κράζω 2/11; 직설법 미완료 능동태 3인칭 복수(19:28, 32).

ἔκραξεν; κράζω 1/11; 직설법 부정과거 능동태 3인칭 단수(7:60).

ἐκρατήσαμεν; κρατέω; κράτος 1/4; 직설법 부정과거 능동태 1인칭 복수(24:6); 움켜잡다[손가락을 우그리어 힘 있게 꽉 잡다], 움켜쥐다[손가락을 우그리어 손안에 꽉 잡고 놓지 아니하다], 통제[통제2: 일정한 방침이나 목적에 따라 행위를 제한하거나 제약함]하다, 억류[억류2: 억지로 머무르게 함, 잡아 둠, 가둠]하다, 이루다1[뜻한 대로 되게 하다].

ἐκρίθη; κρίνω 1/21; 직설법 부정과거 수동태 3인칭 단수(27:1); 결정[결정1: 행동이나 태

도를 분명하게 정함, 또는 그렇게 정해진 내용]하다1, 판단[사물을 인식하여 논리나 기준 등에 따라 판정을 내림]하다, 심판[심판2: 문제가 되는 안건을 심의하여 판결을 내리는 일]하다, 정죄[정죄1: 죄가 있다고 단정함]하다, 심문[심문3: 자세히 따져서 물음]하다2, 마음먹다[무엇을 하겠다고 생각을 하다]; [수동태] 정해지다, 판정되다, 재판을 받다, 생각되다.

ἔκρινα; κρίνω 1/21; 직설법 부정과거 능동태 1인칭 단수(25:25).

ἐκστάσει; ἔκστασις; ἐκ, ἵστημι 2/4; [명사] 여성 단수 여격(11:5; 22:17); 무의식 상태, 당황[놀라거나 다급하여 어찌할 바를 모름].

ἐκστάσεως; ἔκστασις; ἐκ, ἵστημι 1/4; [명사] 여성 단수 속격(3:10).

ἔκστασις; ἔκστασις; ἐκ, ἵστημι 1/4; [명사] 여성 단수 주격(10:10).

ἐκταράσσουσιν; ἐκταράσσω; ἐκ, ταράσσω 1/1; 직설법 현재 능동태 3인칭 복수(16:20); 문제를 일으키다.

ἐκτεθέντος; ἐκτίθημι; ἐκ, τίθημι 1/3; 분사 부정과거 수동태 남성 단수 속격(7:21); 설명하다, 내맡기다[아주 맡겨 버리다, 되는대로 내버려 두다].

ἐκτείνας; ἐκτείνω; ἐκ, τείνω 1/3; 분사 부정과거 능동태 남성 단수 주격(26:1); 내뻗다[앞이나 밖으로 뻗다], 내려뜨리다[위에 놓인 것이나 손에 쥔 것을 아래로 내려서 떨어뜨리다].

ἐκτείνειν; ἐκτείνω; ἐκ, τείνω 2/3; 부정사 현재 능동태(27:30).

ἐκτενείᾳ; ἐκτένεια; ἐκ, τείνω 1/1; [명사] 여성 단수 여격(26:7); 끈기3[쉽게 단념하지 아니하고 끈질기게 견디어 나가는 기운].

–ἐν ἐκτενείᾳ (26:7); 끈질기게[끈질기다: 끈기 있게 검질기다].

ἐκτενῶς; ἐκτενῶς; ἐκ, τείνω 1/1; [부사] (12:5); 지속적[어떤 상태가 오래 계속되는]으로, 한창1[어떤 일이 가장 활기 있고 왕성하게 일어나는 모양, 또는 어떤 상태가 가장 무르익은 모양].

ἕκτην; ἕκτος; ἕξ 1/1; [형용사, 서수사] 여성 단수 대격(10:9); 제6, 여섯 번째.

ἐκτησάμην; κτάομαι 1/3; 직설법 부정과거 이태중간 1인칭 단수(22:28); 획득[얻어 내거나 얻어 가짐]하다, 취득[자기 것으로 만들어 가짐]하다, 얻어 가지다, 손에 넣다.

ἐκτήσατο; κτάομαι 1/3; 직설법 부정과거 이태중간 3인칭 단수(1:18).

ἐκτιναξάμενοι; ἐκτινάσσω; ἐκ, τείνω 1/2; 분사 부정과거 중간태 남성 복수 주격(13:51); [먼지를] 떨어내다.

ἐκτιναξάμενος; ἐκτινάσσω; ἐκ, τείνω 1/2; 분사 부정과거 중간태 남성 단수 주격(18:6).

ἐκτὸς; ἐκτός; ἐκ 1/1; [부사, 비본래적인 전치사] (26:22); 것 말고는.

ἐκφέρειν; ἐκφέρω; ἐκ, φέρω 1/4; 부정사 현재 능동태(5:15); 떠메다[무거운 짐 따위를 쳐들어서 어깨에 걸치거나 올려놓다].

ἐκφυγεῖν; ἐκφεύγω; ἐκ, φεύγω 1/2; 부정사 부정과거 능동태(19:16); 도망치다[피하거나 쫓기어 달아나다].

ἐκχεῶ; ἐκχέω; ἐκ, χέω 2/3; 직설법 미래 능동태 1인칭 단수(2:17, 18); 내리붓다1[위에서 아래로 퍼붓다].

ἐκώλυσεν; κωλύω 1/6; 직설법 부정과거 능동태 3인칭 단수(27:43); 금하다2[어떤 일을 하지 못하게 말리다], 막다1[어떤 일이나 행동을 못하게 하다], 저지[저지3: 막아서 못하게 함]하다2, 못하게 막다.

ἔλαβε; λαμβάνω 1/29; 직설법 부정과거 능동태 3인칭 단수(28:15); 받다1[다른 사람이 주거

나 보내오는 물건 따위를 가지다], 얻다1[구하거나 찾아서 가지다], 가져가다[무엇을 한 지점에서 다른 지점으로 옮겨 가다], 집어[집다1: 손가락이나 발가락으로 물건을 잡아서 들다] 들다, 받아 가지다, 맞이하다[오는 것을 맞다], 모시고[모시다: '데리다'의 높임말] 오다.

ἔλαβεν; λαμβάνω 1/29; 직설법 부정과거 능동태 3인칭 단수(24:27).

ἐλάβετε; λαμβάνω 2/29; 직설법 부정과거 능동태 2인칭 복수(7:53; 19:2).

ἔλαβον; λαμβάνω 2/29; 직설법 부정과거 능동태 1인칭 단수(20:24), 3인칭 복수(10:47).

Ἐλαιῶνος; ἐλαιών; ἐλαία 1/1; [명사] 남성 단수 속격(1:12); 감람원[감람나무를 심어 가꾸는 밭], 올리브[물푸레나뭇과의 상록 교목으로, 높이는 5-10미터이며, 잎은 마주나고 긴 타원형이다. 늦은 봄에 누런 흰색의 향기로운 꽃이 피고 열매는 타원형의 핵과로 검은 자줏빛으로 익으며 열매로 기름을 짠다.] 과수원.

ἐλάκησεν; λακάω 1/1; 직설법 부정과거 능동태 3인칭 단수(1:18); 찢어지다[찢기어 갈라지다], 터지다[거죽이나 겉이 벌어져 갈라지다].

ἐλάλει; λαλέω; λάλος 3/59; 직설법 미완료 능동태 3인칭 단수(6:10; 9:29; 18:25); 얘기['이야기'의 준말]하다, 이야기[어떤 사물이나 사실, 현상에 대하여 일정한 줄거리를 가지고 하는 말이나 글]하다, 얘기해 주다, 지껄이다[약간 큰 소리로 떠들썩하게 이야기하다], 분부[분부1: 윗사람이 아랫사람에게 명령이나 지시를 내림, 또는 그 명령이나 지시]하다1; [수동태] 얘기되다, 분부되다, 분부가 내리다.

ἐλάλησαν; λαλέω; λάλος 3/59; 직설법 부정과거 능동태 3인칭 복수(3:24; 16:32; 26:22).

ἐλάλησεν; λαλέω; λάλος 7/59; 직설법 부정과거 능동태 3인칭 단수(2:31; 3:21; 7:6; 8:26; 9:27; 23:9; 28:25).

ἐλάλησέν; λαλέω; λάλος 1/59; 직설법 부정과거 능동태 3인칭 단수(28:21).

ἐλαλοῦμεν; λαλέω; λάλος 1/59; 직설법 미완료 능동태 1인칭 복수(16:13).

ἐλάλουν; λαλέω; λάλος 4/59; 직설법 미완료 능동태 3인칭 복수(4:31; 11:20; 19:6; 26:31).

ἐλάμβανον; λαμβάνω 1/29; 직설법 미완료 능동태 3인칭 복수(8:17); 받다1[다른 사람이 주거나 보내오는 물건 따위를 가지다], 얻다1[구하거나 찾아서 가지다], 가져가다[무엇을 한 지점에서 다른 지점으로 옮겨 가다], 집어[집다1: 손가락이나 발가락으로 물건을 잡아서 들다] 들다, 받아 가지다, 맞이하다[오는 것을 맞다], 모시고[모시다: '데리다'의 높임말] 오다.

Ἐλαμῖται; Ἐλαμίτης 1/1; [명사] 남성 복수 주격(2:9); 엘람인, 엘람[메소포타미아의 티그리스 강 동부에 있는 산지. 지금의 이란 고원으로, 독자적인 문화와 언어를 가진 엘람 족이 거주하였다.] 사람.

ἔλαμψεν; λάμπω 1/1; 직설법 부정과거 능동태 3인칭 단수(12:7); 비추다[빛을 내는 대상이 다른 대상에 빛을 보내어 밝게 하다].

ἔλαχεν; λαγχάνω 1/1; 직설법 부정과거 능동태 3인칭 단수(1:17); 몫[여럿으로 나누어 가지는 각 부분]으로 받다.

ἔλεγεν; λέγω 4/234; 직설법 미완료 능동태 3인칭 단수(4:32; 11:16; 13:25; 28:17); 말하다[생각이나 느낌 따위를 말로 나타내다], 부르다1[무엇이라고 가리켜 말하거나 이름을 붙이다]; [분사] 말[말1: 사람의 생각이나 느낌 따위를 표현하고 전달하는데 쓰는 음성 기호]로; [수동태] 언급[어떤 문제에 대하여 말함]되다, 불리다4['부르다1'의 피동사].

ἔλεγον; λέγω 8/234; 직설법 미완료 능동태 3인칭 복수(2:13; 9:21; 12:15; 17:18; 21:4; 25:20; 28:4, 6).

ἐλεημοσύναι; ἐλεημοσύνη; ἔλεος 2/8; [명사] 여성 복수 주격(10:4, 31); 구제1[자연적인 재해나 사회적인 피해를 당하여 어려운 처지에 있는 사람을 도와줌].

ἐλεημοσύνας; ἐλεημοσύνη; ἔλεος 2/8; [명사] 여성 복수 대격(10:2; 24:17).

ἐλεημοσύνην; ἐλεημοσύνη; ἔλεος 3/8; [명사] 여성 단수 대격(3:2, 3, 10).

ἐλεημοσυνῶν; ἐλεημοσύνη; ἔλεος 1/8; [명사] 여성 복수 속격(9:36).

ἐλεύσεται; ἔρχομαι 1/50; 직설법 미래 이태중간 3인칭 단수(1:11); 오다1[어떤 사람이 말하는 사람 혹은 기준이 되는 사람이 있는 쪽으로 움직여 위치를 옮기다], 가다1[한 곳에서 다른 곳으로 장소를 이동하다], 다다르다[목적한 곳에 이르다, 어떤 수준이나 한계에 미치다], 당도[당도1: 어떤 곳에 다다름]하다1, 닿다1[어떤 곳에 이르다], 등장[등장1: 무대나 연단 따위에 나옴]하다1, 나오다[일정한 목적으로 어떠한 곳에 오다], 바로 이어지는, 들다1[어떤 일이나 기상 현상이 일어나다].

ἐλεύσεως; ἔλευσις; ἔρχομαι 1/1; [명사] 여성 단수 속격(7:52); 출현[나타나거나 또는 나타나서 보임], 도래7[어떤 시가나 기회가 닥쳐옴], 오실 것.

ἐλήλυθας; ἔρχομαι 1/50; 직설법 완료 능동태 2인칭 단수(21:22); 오다1, 가다1, 다다르다, 당도하다1, 닿다1, 등장하다1, 나오다, 바로 이어지는, 들다1.

ἐληλύθει; ἔρχομαι 2/50; 직설법 과거완료 능동태 3인칭 단수(8:27; 9:21).

ἐληλυθότα; ἔρχομαι 1/50; 분사 완료 능동태 남성 단수 대격(18:2).

ἐλθεῖν; ἔρχομαι 3/50; 부정사 부정과거 능동태(2:20; 8:40; 19:27).

ἐλθόντες; ἔρχομαι 4/50; 분사 부정과거 능동태 남성 복수 주격(11:20; 16:7, 37, 39).

ἐλθόντος; ἔρχομαι 1/50; 분사 부정과거 능동태 남성 단수 속격(25:23).

ἐλθὼν; ἔρχομαι 2/50; 분사 부정과거 능동태 남성 단수 주격(21:11; 22:13).

ἔλθωσιν; ἔρχομαι 2/50; 가정법 부정과거 능동태 3인칭 복수(3:20; 17:15).

ἐλιθοβόλουν; λιθοβολέω; λίθος, βάλλω 2/3; 직설법 미완료 능동태 3인칭 복수(7:58, 59); 돌을 던지다, 돌질[돌질1=돌멩이질]하다, 돌팔매질[무엇을 맞히려고 돌멩이를 던지는 짓]하다.

Ἑλλάδα; Ἑλλάς 1/1; [명사] 여성 단수 대격(20:2); 헬라[여기서는 아가야 지역을 가리킨다], 그리스2[유럽 남동부 발칸 반도의 남쪽 끝에 위치한 공화국으로 수도는 아덴/아테네이다].

Ἕλλην; Ἕλλην 1/9; [명사] 남성 단수 주격(16:3); 헬라인, 그리스 사람, 이방인, 다른 민족.

Ἕλληνας; Ἕλλην 3/9; [명사] 남성 복수 대격(18:4; 19:10; 21:28).

Ἑλληνίδων; Ἑλληνίς; Ἑλλάς 1/1; [명사] 여성 복수 속격(17:12); 헬라 [여성], 그리스 [여성].

Ἑλληνιστάς; Ἑλληνιστής 1/3; [명사] 남성 복수 대격(9:29); 헬라[그리스]파 사람.

Ἑλληνιστὰς; Ἑλληνιστής 1/3; [명사] 남성 복수 대격(11:20).

Ἑλληνιστὶ; Ἑλληνιστί 1/1; [부사] (21:37); 헬라[그리스] 말/언어.

Ἑλληνιστῶν; Ἑλληνιστής 1/3; [명사] 남성 복수 속격(6:1); 헬라[그리스]파 사람.

Ἕλληνος; Ἕλλην 1/9; [명사] 남성 단수 속격(16:1); 헬라인, 그리스 사람, 이방인, 다른 민족.

Ἑλλήνων; Ἕλλην 2/9; [명사] 남성 복수 속격(14:1; 17:4).

Ἕλλησιν; Ἕλλην 2/9; [명사] 남성 복수 여격(19:17; 20:21).

ἔλουσεν; λούω 1/2; 직설법 부정과거 능동태 3인칭 단수(16:33); 씻기다1['씻다1: 물이나 휴지 따위로 때나 더러운 것을 없게 하다'의 피동사], 씻어 주다.

ἐλπίδα; ἐλπίς 1/8; [명사] 여성 단수 대격(24:15); 소망3[어떤 일을 바람, 또는 그 바라는 것; 의망1].

ἐλπίδι; ἐλπίς 2/8; [명사] 여성 단수 여격(2:26; 26:6).

ἐλπίδος; ἐλπίς 3/8; [명사] 여성 단수 속격(23:6; 26:7; 28:20).

ἐλπίζει; ἐλπίζω; ἐλπίς 1/2; 직설법 현재 능동태 3인칭 단수(26:7); 바라다1[생각이나 바람대로 어떤 일이나 상태가 이루어지기나 그렇게 되었으면 하고 생각하다], 소망하다.

ἐλπίζων; ἐλπίζω; ἐλπίς 1/2; 분사 현재 능동태 남성 단수 주격(24:26).

ἐλπὶς; ἐλπίς 2/8; [명사] 여성 단수 주격(16:19; 27:20); 소망3.

ἐλύετο; λύω 1/6; 직설법 미완료 수동태 3인칭 단수(27:41); 결박을 풀다, (끈을) 풀다, 벗다[사람이 자기 몸 또는 몸의 일부에 착용한 물건을 몸에서 떼어 내다], 흩다1[한데 모였던 것을 따로따로 떨어지게 하다], 부서지다[단단한 물체가 깨어져 여러 조각이 나다].

ἐλυμαίνετο; λυμαίνω; λύμη 1/1; 직설법 미완료 중간태 3인칭 단수(8:3); 잔멸[쇠잔하여 다 없어짐, 또는 그렇게 만듦]하다, 깨뜨리다['깨다2'를 강조하여 이르는 말], 흩어지게 하다, 해산[해산4: 모였던 사람이 흩어짐, 또는 흩어지게 함]하다2.

Ἐλύμας; Ἐλύμας 1/1; [명사] 남성 단수 주격(13:8); 엘루마.

ἔλυσεν; λύω 1/6; 직설법 부정과거 능동태 3인칭 단수(22:30); 결박을 풀다, [끈을] 풀다, 벗다, 흩다1, 부서지다.

ἐμαρτυρεῖτο; μαρτυρέω; μάρτυς 1/11; 직설법 미완료 수동태 3인칭 단수(16:2); 증언[어떤 사실을 증명함, 또는 그런 말]하다; [수동태] 증거[어떤 사실을 증명할 수 있는 근거]를 받다, 좋은 평가[평가3: 사물의 가치나 수준 따위를 평함, 또는 그 가치나 수준]를 받다.

ἐμαρτύρησεν; μαρτυρέω; μάρτυς 1/11; 직설법 부정과거 능동태 3인칭 단수(15:8).

ἐμαυτὸν; ἐμαυτοῦ; ἐγώ, αὐτός 1/4; [재귀 대명사, 1인칭] 남성 단수 대격(26:2); 내 자신[자신1: 사람을 가리키는 말 뒤에 쓰여 다름이 아니고 앞에서 가리킨 바로 그 사람임을 강조하여 이르는 말].

ἐμαυτοῦ; ἐμαυτοῦ; ἐγώ, αὐτός 1/4; [재귀 대명사, 1인칭] 남성 단수 속격(24:10).

ἐμαυτῷ; ἐμαυτοῦ; ἐγώ, αὐτός 2/4; [재귀 대명사, 1인칭] 남성 단수 여격(20:24; 26:9).

ἐμβλέποντες; ἐμβλέπω; ἐν, βλέπω 1/2; 분사 현재 능동태 남성 복수 주격(1:11); 똑똑히 보다, 집중하여 보다, 응시하다1[응시1: 눈길을 모아 한 곳을 똑바로 바라봄; 응망], 주시하다[주시4: 어떤 목표물에 주의를 집중하여 봄].

ἐμέ; ἐγώ 5/314; [인칭 대명사, 1인칭] 단수 대격; 나3, 저3.

ἐμὲ; ἐγώ 3/314; [인칭 대명사, 1인칭] 단수 대격; 나3, 저3.

ἐμεγάλυνεν; μεγαλύνω; μέγας 1/3; 직설법 미완료 능동태 3인칭 단수(5:13); 우러르다[마음속으로 공경하여 떠받들다], 존중[높이어 귀중하게 대함]하다, 귀하게 생각하다.

ἐμεγαλύνετο; μεγαλύνω; μέγας 1/3; 직설법 미완료 수동태 3인칭 단수(19:17).

ἐμείναμεν; μένω 2/13; 직설법 부정과거 능동태 1인칭 복수(21:7, 8); 머물다['머무르다: 도중에 멈추거나 일시적으로 어떤 곳에 묵다'의 준말], 기다리다[어떤 사람이나

때가 오기를 바라다], 멈춰[멈추다: 사물의 움직임이나 동작을 그치게 하다] 서다, 점유[점유1: 물건이나 영역, 지위 따위를 차지함]하다1, 가지고 있다, 붙어[붙다: 어떤 장소에 오래 머무르다] 있다, 차지[차지1: 사물이나 공간, 지위 따위를 자기 몫으로 가짐, 또는 그 사물이나 공간]이다.

ἔμεινεν; μένω 1/13; 직설법 부정과거 능동태 3인칭 단수(27:41).

ἔμελεν; μέλει; μέλω 1/1; 직설법 미완료 능동태 3인칭 단수(18:17); 문제[문제6: 논쟁, 논의, 연구 따위의 대상이 되는 것]가 되다.

ἐμελέτησαν; μελετάω; μέλω 1/1; 직설법 부정과거 능동태 3인칭 복수(4:25); 꾸미다[어떤 일을 짜고 만들다], 도모[도모5: 어떤 일을 이루기 위하여 대책과 방법을 세움]하다.

ἔμελλον; μέλλω 1/34; 직설법 미완료 능동태 3인칭 복수(21:27); 하려[-려4: 어떤 행동을 할 의도나 욕망을 가지고 있음을 나타내는 연결 어미] 하다, 할 것이다, 하게 되다, 예정[예정3: 미리 정한 갈 길이나 진행 과정]이다, 할 때이다, 막1[바로 그때] ~하려 하다, 할 뻔하다, 요량[요량1: 앞일을 잘 헤아려 생각함, 또는 그런 생각]이다, 망설이다[이리저리 생각만 하고 태도를 결정하지 못하다]; 장차2[앞으로의 뜻으로, 미래의 어느 때를 나타내는 말] ~할, 장차 임할[임하다2: 하늘의 신성이 인간이나 인간 세계에 미치다], ~하려는.

ἔμενεν; μένω 2/13; 직설법 미완료 능동태 3인칭 단수(5:4b; 18:3); 머물다, 기다리다, 멈춰 서다, 점유하다1, 가지고 있다, 붙어 있다, 차지이다.

ἔμενον; μένω 1/13; 직설법 미완료 능동태 3인칭 복수(20:5).

ἐμμαινόμενος; ἐμμαίνομαι; ἐν, μαίνομαι 1/1; 분사 현재 이태중간 남성 단수 주격(26:11); 분노[분개하여 몹시 성을 냄, 또는 그렇게 내는 성; 분에]하다

ἐμμένειν; ἐμμένω; ἐν, μένω 1/2; 부정사 현재 능동태(14:22); 묵다2[일정한 곳에서 나그네로 머무르다], 안에 계속 머물다['머무르다: 도중에 멈추거나 일시적으로 어떤 곳에 묵다'의 준말].

Ἑμμὼρ; Ἑμμώρ 1/1; [명사] 남성 단수 속격(7:16); 하몰.

ἐμνήσθην; μιμνῄσκομαι 1/2; 직설법 부정과거 수동태 1인칭 단수(11:16); 기억[기억2: 이전의 인상이나 경험을 의식 속에 간직하거나 도로 생각해 냄]하다2; [수동태] 기억나다[이전의 인상이나 경험이 의식 속에서 떠오르다], 기억되다.

ἐμνήσθησαν; μιμνῄσκομαι 1/2; 직설법 부정과거 수동태 3인칭 복수(10:31).

ἐμοί; ἐγώ 1/314; [인칭 대명사, 1인칭] 단수 여격; 나3, 저3.

ἐμοὶ; ἐγώ 3/314; [인칭 대명사, 1인칭] 단수 여격.

ἐμοσχοποίησαν; μοσχοποιέω; μόσχος, ποιέω 1/1; 직설법 부정과거 능동태 3인칭 복수(7:41); 송아지를 만들다.

ἐμοῦ; ἐγώ 6/314; [인칭 대명사, 1인칭] 단수 속격; 나3, 저3.

ἐμπιπλῶν; ἐμπίπλημι; ἐν, πίπλημι 1/1; 분사 현재 능동태 남성 단수 주격(14:17); 채우다3['차다1: 일정한 공간에 사람, 사물, 냄새 따위가 더 들어갈 수 없이 가득하게 되다'의 사동사].

ἐμπνέων; ἐμπνέω; ἐν, πνέω 1/1; 분사 현재 능동태 남성 단수 주격(9:1); 분출하다3[분출3: 요구나 욕구 따위가 한꺼번에 터져 나옴, 또는 그렇게 되게 함], 쏟다[마음 속에 품고 있는 생각이나 말을 밖으로 드러내다].

ἔμπροσθεν; ἔμπροσθεν; ἐν, πρός, θεν 2/2; [부사, 비본래적인 전치사] (10:4; 18:17); [+속

격] 앞에서, 에게[어떤 행동이 미치는 대상을 나타내는 격 조사].

ἐμφανῆ; ἐμφανής; ἐν, φαίνω 1/1; [형용사] 남성 단수 대격(10:40); 보이는[보이다1: '보다1: 눈으로 대상의 존재나 형태적 특징을 알다'의 피동사].

ἐμφανίσατε; ἐμφανίζω; ἐν, φαίνω 1/5; 명령법 부정과거 능동태 2인칭 복수(23:15); 통지하다, 고하다1[어떤 사실을 알리거나 말하다], 폭로[알려지지 않았거나 감춰져 있던 사실을 드러냄]하다, 까밝히다[드러내어 밝히다].

ἔμφοβος; ἔμφοβος; ἐν, φόβος 2/2; [형용사] 남성 단수 주격(10:4; 24:25); 두려워하는.

–ἔμφοβος γίνομαι (10:4; 24:25); 두려워지다.

᾿Εν; ἐν 11/279; [전치사] (4:7; 6:1; 8:33; 9:36; 11:27; 17:16, 28; 20:7; 26:12, 28; 28:7); [+여격] 안에서, 내에, 내부[내부4: 안쪽의 부분, 어떤 조직에 속하는 범위의 안]에서, 밑에, 인해, 두르고, 걸치고[걸치다: 옷이나 착용구 또는 이불 따위를 아무렇게나 입거나 덮다].

ἕν; εἷς 1/21; [형용사, 양수사] 중성 단수 대격 (28:25); 하나[수효를 세는 맨 처음 수], 각1[낱낱의], 누구[가리키는 대상을 굳이 밝혀서 말하지 않을 때 쓰는 인칭 대명사], 어느1[여럿 가운데 똑똑히 모르거나 꼭 집어 말할 필요가 없는 막연한 사람이나 사물을 이를 때 쓰는 말].

ἓν; εἷς 2/21; [형용사, 양수사] 중성 단수 주격(23:6), 중성 단수 대격(21:19).

ἐν; ἐν 264/279; [전치사]; [+여격] 안에서, 내에, 내부에서, 밑에, 인해, 두르고, 걸치고.

ἔν; ἐν 4/279; [전치사] (1:8; 10:39; 25:24; 26:4).

ἕνα; εἷς 5/21; [형용사, 양수사] 남성 단수 대격(1:22, 24; 2:3; 20:31; 23:17); 하나, 각1, 누구, 어느1.

ἔναντι; ἔναντι; ἐν, ἀντί 1/1; [부사, 비본래적인 전치사] (8:21); [+속격] 앞에[서].

ἐναντία; ἐναντίος; ἐν, ἀντί 1/3; [형용사] 중성 복수 대격(26:9); 반하는[반하다3: 반대가 되다, 남의 의견이나 규정 따위를 거스르거나 어기다], 거스르는[거스르다1; 일이 돌아가는 상황이나 흐름과 반대되거나 어긋나는 태도를 취하다], 반대하여.

ἐναντίον; ἐναντίον; ἐν, ἀντί 2/2; [비본래적인 전치사] (7:10; 8:32); 앞에 선, 앞에 설 만한.

ἐναντίον; ἐναντίος; ἐν, ἀντί 1/3; [형용사] 중성 단수 대격(28:17); 반하는, 거스르는, 반대하여.

ἐναντίους; ἐναντίος; ἐν, ἀντί 1/3; [형용사] 남성 복수 대격(27:4).

ἐνάτην; ἔνατος; ἐννέα 3/3; [형용사] 여성 단수 대격(3:1; 10:3, 30); 제9, 아홉째[순서가 아홉 번째가 되는 차례, 또는 그런 차례의].

ἐνδεής; ἐνδεής; ἐν, δέομαι 1/1; [형용사] 남성 단수 주격(4:34); 궁핍[몹시 가난함]한.

ἕνδεκα; ἕνδεκα; εἷς, δέκα 2/2; [형용사, 양수사] 남성 복수 속격(1:26), 남성 복수 여격(2:14); 열하나, 11.

ἐνδυσάμενος; ἐνδύω; ἐν, δύω 1/1; 분사 부정과거 중간태 남성 단수 주격(12:21); 입다1[옷을 몸에 꿰거나 두르다].

ἐνεβίβασεν; ἐμβιβάζω; ἐν, βαίνω 1/1; 직설법 부정과거 능동태 3인칭 단수(27:6); 태우다['타다2: 탈것이나 짐승의 등 따위에 몸을 얹다'의 사동사]

ἐνέβλεπον; ἐμβλέπω; ἐν, βλέπω 1/2; 직설법 미완료 능동태 1인칭 단수(22:11); 똑똑히 보다, 집중하여 보다, 응시하다1[응시1: 눈길을 모아 한 곳을 똑바로 바라봄;

응망], 주시하다[주시4: 어떤 목표물에 주의를 집중하여 봄].

ἐνέγκας; φέρω 2/10; 분사 부정과거 능동태 남성 단수 주격(5:2; 14:13); 가져오다[무엇을 한 지점에서 다른 지점으로 옮겨 오다], 갖다 놓다, 제출[제출2: 문안이나 의견, 법안 따위를 냄]하다2, 데리다[아랫사람이나 동물 따위를 자기 몸 가까이 있게 하다], 이어지다[끊어졌거나 본래 따로 있던 것이 서로 잇대어지다], 통하다[어떤 곳으로 이어지다], 내뱉다[입 안에 있던 것을 입 밖으로 뱉어 내보내다].

ἐνέδραν; ἐνέδρα; ἐν, ἕζομαι 2/2; [명사] 여성 단수 대격(23:16; 25:3); 잠복2[드러나지 않게 숨음; 숨어 있음], 매복2[상대편의 동태를 살피거나 불시에 공격하려고 일정한 곳에 몰래 숨어 있음].

ἐνεδρεύουσιν; ἐνεδρεύω; ἐν, ἕζομαι 1/1; 직설법 현재 능동태 3인칭 복수(23:21); 몰래[몰래1: 남이 모르게 살짝, 또는 가만히] 기다리다.

ἐνεδυναμοῦτο; ἐνδυναμόω; ἐν, δύναμαι 1/1; 직설법 미완료 수동태 3인칭 단수(9:22); 확신[확신1: 굳게 믿음, 또는 그런 마음]하다, 확신을 가지다.

ἕνεκα; ἕνεκα 2/3; [비본래적인 전치사] (19:32; 26:21); 때문에.

ἐνεκάλουν; ἐγκαλέω; ἐν, καλέω 1/6; 직설법 미완료 능동태 3인칭 복수(23:28); 송사[송사3: 백성끼리 분쟁이 있을 때, 관부에 호소하여 판결을 구하던 일; 소송1]하다, 송사를 벌이다, 기소[기소3: 검사가 특정한 형사 사건에 대하여 법원에 심판을 요구하는 일; 공소의 제기]하다; [수동태] 기소되다.

ἕνεκεν; ἕνεκα 1/3; [비본래적인 전치사] (28:20); 때문에.

᾿Ενέμεινεν; ἐμμένω; ἐν, μένω 1/2; 직설법 부정과거 능동태 3인칭 단수(28:30); 묵다2[일정한 곳에서 나그네로 머무르다], 안에 계속 머물다['머무르다: 도중에 멈추거나 일시적으로 어떤 곳에 묵다'의 준말].

ἐνεοί; ἐνεός; ἐν 1/1; [형용사] 남성 복수 주격(9:7); 말을 못하는.

ἐνέτυχόν; ἐντυγχάνω; ἐν, τυγχάνω 1/1; 직설법 부정과거 능동태 3인칭 복수(25:24); 청원[청원2: 일이 이루어지도록 청하고 원함]하다.

ἐνευλογηθήσονται; ἐνευλογέω; ἐν, εὖ, λέγω 1/1; 직설법 미래 수동태 3인칭 복수(3:25); [수동태] 축복을 받다.

ἐνεφάνισαν; ἐμφανίζω; ἐν, φαίνω 2/5; 직설법 부정과거 능동태 3인칭 복수(24:1; 25:15); 통지하다, 고하다1[어떤 사실을 알리거나 말하다], 폭로[알려지지 않았거나 감춰져 있던 사실을 드러냄]하다, 까밝히다[드러내어 밝히다].

ἐνεφάνισάν; ἐμφανίζω; ἐν, φαίνω 1/5; 직설법 부정과거 능동태 3인칭 복수(25:2).

ἐνεφάνισας; ἐμφανίζω; ἐν, φαίνω 1/5; 직설법 부정과거 능동태 2인칭 단수(23:22).

ἐνθάδε; ἐνθάδε; ἔνθα 5/5; [부사, 장소] (10:18; 16:28; 17:6; 25:17, 24); 여기에, 여기까지.

ἐνθυμήσεως; ἐνθύμησις; ἐν, θυμός 1/1; [명사] 여성 단수 속격(17:29); 상상7[실제로 경험하지 않은 현상이나 사물에 대하여 마음속으로 그려 봄].

ἐνιαυτὸν; ἐνιαυτός; ἔνος, αὐτός 2/2; [명사] 남성 단수 대격(11:26; 18:11); 일 년, 그해[앞에서 이미 이야기하였거나 말하는 이와 듣는 이가 알고 있는 과거의 어느 해].

ἐνίσχυσεν; ἐνισχύω; ἐν, ἰσχύς 1/1; 직설법 부정과거 능동태 3인칭 단수(9:19); 기운[기운1: 생물이 살아 움직이는 힘]이 나다.

ἐννόμῳ; ἔννομος; ἐν, νόμος 1/1; [형용사] 여성 단수 여격(19:39); 합법[법령이나 규범에 맞

음; 합법칙]적인.

ἐνόμιζεν; νομίζω; νόμος 1/7; 직설법 미완료 능동태 3인칭 단수(7:25); 간주[간주2: 상태, 모양, 성질 따위가 그와 같다고 봄, 또는 그렇다고 여김]하다, 여기다[마음속으로 그러하다고 인정하거나 생각하다], 생각[생각1: 사람이 머리를 써서 사물을 헤아리고 판단하는 작용]하다, ㄴ/는 것 같다[추측, 불확실한 단정을 나타내는 말], ㄹ/을 것 같다.

ἐνομίζομεν; νομίζω; νόμος 1/7; 직설법 미완료 능동태 1인칭 복수(16:13).

ἐνόμιζον; νομίζω; νόμος 1/7; 직설법 미완료 능동태 3인칭 복수(21:29).

ἐνόμισας; νομίζω; νόμος 1/7; 직설법 부정과거 능동태 2인칭 단수(8:20).

ἑνὸς; εἷς 3/21; [형용사, 양수사] (17:26, 27; 21:26); 하나[수효를 세는 맨 처음 수], 각1[낱낱의], 누구[가리키는 대상을 굳이 밝혀서 말하지 않을 때 쓰는 인칭 대명사], 어느1[여럿 가운데 똑똑히 모르거나 꼭 집어 말할 필요가 없는 막연한 사람이나 사물을 이를 때 쓰는 말].

ἐνοσφίσατο; νοσφίζω; νόσφι 1/2; 직설법 부정과거 중간태 3인칭 단수(5:2); 감추다[남이 보거나 찾아내지 못하도록 가리거나 숨기다].

ἐντειλάμενος; ἐντέλλω; ἐντολή 1/2; 분사 부정과거 중간태 남성 단수 주격(1:2); 명[명5]하다2, 명령[명령1: 윗사람이나 상위 조직이 아랫사람에게나 하위 조직에 무엇을 하게 함, 또는 그런 내용]하다.

ἐντέταλται; ἐντέλλω; ἐντολή 1/2; 직설법 완료 중간태 3인칭 단수(13:47).

ἐντολὴν; ἐντολή 1/1; [명사] 여성 단수 대격(17:15); 전갈2[사람을 시켜 말을 전하거나 안부를 물음, 또는 전하는 말이나 안부], 전할 말.

ἐντόπιοι; ἐντόπιος; ἐν, τόπος 1/1; [형용사] 남성 복수 주격(21:12); 지역[지역3: 일정하게 구획된 어느 범위의 토지]의, 지역민.

ἔντρομος; ἔντρομος; ἐν, τρέμω 2/2; [형용사] 남성 단수 주격(7:32; 16:29); 떠는[떨다1: 몹시 두려워하다].

ἐνυπνιασθήσονται; ἐνυπνιάζομαι; ἐν, ὕπνος 1/1; 직설법 미래 수동태 3인칭 복수(2:17); [꿈을] 꾸다1['꿈'과 관련된 명사와 함께 쓰여, 꿈을 보다]; [수동태] 꾸이다2['꾸다1'의 피동사], 뀌다['꾸이다2'의 준말].

ἐνυπνίοις; ἐνύπνιον; ἐν, ὕπνος 1/1; [명사] 중성 복수 여격(2:17); 꿈1[실현하고 싶은 희망이나 이상, 잠자는 동안에 깨어 있을 때와 마찬가지로 여러 가지 사물을 보고 듣는 정신 현상]

ἐνώπιον; ἐνώπιον; ἐν, ὁράω 11/13; [비본래적인 전치사] (4:10, 19; 6:5, 6; 7:46; 9:15; 10:31, 33; 19:9, 19; 27:35); [+속격] 앞에서, 앞에.

ἐνώπιόν; ἐνώπιον; ἐν, ὁράω 2/13; [비본래적인 전치사] (2:25; 10:30).

ἐνωτίσασθε; ἐνωτίζομαι; ἐν, οὖς 1/1; 명령법 부정과거 이태중간 2인칭 복수(2:14); 귀를 기울이다['기울다: 마음이나 생각 따위가 어느 한쪽으로 쏠리다'의 사동사], 귀를 강구다[주의하여 듣느라고 귀를 기울이다], 주의를 기울이다.

ἕξ; ἕξ 1/3; [형용사, 양수사] 여성 복수 주격(27:37); 여섯[다섯에 하나를 더한 수, 또는 그런 수의], 육2[오에 일을 더한 수], 6.

ἓξ; ἕξ 2/3; [형용사, 양수사] 남성 복수 주격(11:12), 남성 복수 대격(18:11).

ἐξ; ἐκ 21/84; [전치사]; [+속격] 부터, 출신.

ἐξαγαγέτωσαν; ἐξάγω; ἐκ, ἄγω 1/8; 명령법 부정과거 능동태 3인칭 복수(16:37); 끌어내

다[사람이나 짐승을 억지로 나오게 하다], 빼내다[얽매인 사람을 자유롭게 해 주다].

ἐξαγαγόντες; ἐξάγω; ἐκ, ἄγω 1/8; 분사 부정과거 능동태 남성 복수 주격(16:39).

ἐξαγαγών; ἐξάγω; ἐκ, ἄγω 1/8; 분사 부정과거 능동태 남성 단수 주격(5:19).

ἐξαγαγὼν; ἐξάγω; ἐκ, ἄγω 1/8; 분사 부정과거 능동태 남성 단수 주격(21:38).

ἐξαιρούμενός; ἐξαιρέω; ἐκ, αἱρέω 1/5; 분사 현재 중간태 남성 단수 주격(26:17); 구출하다1[구출1: 위험한 상태에서 구하여 냄], 보호[보호1: 위험이나 곤란 따위가 미치지 아니하도록 잘 보살펴 돌봄]하다.

ἐξαίφνης; ἐξαίφνης; ἐκ, ἄφνω 2/2; [부사] (9:3; 22:6); 느닷없이[느닷없다: 나타나는 모양이 아주 뜻밖이고 갑작스럽다], 급자기[미처 생각할 겨를도 없이 매우 급히], 갑자기, 홀연히[뜻하지 아니하게 갑자기; 홀연].

ἐξαλειφθῆναι; ἐξαλείφω; ἐκ, ἀλείφω 1/1; 부정사 부정과거 수동태(3:19); 지우다1[쓰거나 그리거나 묻은 글씨, 그림, 흔적 따위를 지우개나 천 따위로 보이지 않게 없애다]; [수동태] 지워지다.

ἐξαλλόμενος; ἐξάλλομαι; ἐκ, ἅλλομαι 1/1; 분사 현재 이태중간 남성 단수 주격(3:8); 껑충[껑충1: 긴 다리를 모으고 힘 있게 높이 솟구쳐 뛰는 모양] 뛰다, 껑충거리다[긴 다리를 모으고 힘 있게 자꾸 솟구쳐 뛰다; 껑충대다], 껑충껑충하다, 깡충[깡충1: 짧은 다리를 모으고 힘 있게 솟구쳐 뛰는 모양]거리다, 깡충대다.

ἐξανέστησαν; ἐξανίστημι; ἐκ, ἵστημι 1/1; 직설법 부정과거 능동태 3인칭 복수(15:5); 나서다[앞이나 밖으로 나와 서다].

ἐξαπεστάλη; ἐξαποστέλλω; ἐκ, ἀπό, στέλλω 1/7; 직설법 부정과거 수동태 3인칭 단수(13:26); 파송하다, 파견[파견1: 일정한 임무를 주어 사람을 보냄]하다, 떠나보내다, 임무를 주어 보내다; [수동태] 전달[전달3: 지시, 명령, 물품 따위를 다른 사람이나 기관에 전하여 이르게 함]되다.

ἐξαπέστειλαν; ἐξαποστέλλω; ἐκ, ἀπό, στέλλω 3/7; 직설법 부정과거 능동태 3인칭 복수(9:30; 11:22; 17:14).

ἐξαπέστειλεν; ἐξαποστέλλω; ἐκ, ἀπό, στέλλω 2/7; 직설법 부정과거 능동태 3인칭 단수(7:12; 12:11).

ἐξαποστελῶ; ἐξαποστέλλω; ἐκ, ἀπό, στέλλω 1/7; 직설법 미래 능동태 1인칭 단수(22:21).

ἐξαρτίσαι; ἐξαρτίζω; ἐκ, ἄρτι 1/1; 부정사 부정과거 능동태(21:5); 지내다1[사람이 어떤 장소에서 생활을 하면서 시간이 지나가는 상태가 되게 하다], 채우다['차다1: 정한 수량, 나이, 기간 따위가 다 되다'의 사동사].

ἐξαυτῆς; ἐξαυτῆς; ἐκ, αὐτός 4/4; [부사] (10:33; 11:11; 21:32; 23:30); 즉시[어떤 일이 행하여지는 바로 그때; 즉기시].

ἐξέβαλον; ἐκβάλλω; ἐκ, βάλλω 1/5; 직설법 부정과거 능동태 3인칭 복수(13:50); 던지다, 내몰다, 밖으로 내쫓다.

ἐξέθεντο; ἐκτίθημι; ἐκ, τίθημι 1/4; 직설법 부정과거 중간태 3인칭 복수(18:26); 설명하다, 내맡기다[아주 맡겨 버리다, 되는대로 내버려 두다].

ἐξειλάμην; ἐξαιρέω; ἐκ, αἱρέω 1/5; 직설법 부정과거 중간태 1인칭 단수(23:27); 구출하다1[구출1: 위험한 상태에서 구하여 냄], 보호[보호1: 위험이나 곤란 따위가 미치지 아니하도록 잘 보살펴 돌봄]하다.

ἐξείλατο; ἐξαιρέω; ἐκ, αἱρέω 1/5; 직설법 부정과거 중간태 3인칭 단수(7:10).

ἐξείλατό; ἐξαιρέω; ἐκ, αἱρέω 1/5; 직설법 부정과거 중간태 3인칭 단수(12:11).

ἐξελέξαντο; ἐκλέγομαι; ἐκ, λέγω 1/7; 직설법 부정과거 이태중간 3인칭 복수(6:5); 선택하다[여럿 가운데서 필요한 것을 골라 뽑다], 정하다3[여럿 가운데 선택하거나 판단하여 결정하다].

ἐξελέξατο; ἐκλέγομαι; ἐκ, λέγω 3/7; 직설법 부정과거 이태중간 3인칭 단수(1:2; 6:5; 15:7).

ἐξελέξω; ἐκλέγομαι; ἐκ, λέγω 1/7; 직설법 부정과거 이태중간 2인칭 단수(1:24).

ἐξελέσθαι; ἐξαιρέω; ἐκ, αἱρέω 1/5; 부정사 부정과거 중간태(7:34); 구출하다1, 보호하다.

ἐξελεύσονται; ἐξέρχομαι; ἐκ, ἔρχομαι 1/30; 직설법 미래 이태중간 3인칭 복수(7:7); 나가다[일정한 지역이나 공간의 범위와 관련하여 그 안에서 밖으로 이동하다], 나오다, 출발하다, 떠나가다, 떠나다.

Ἔξελθε; ἐξέρχομαι; ἐκ, ἔρχομαι 1/30; 명령법 부정과거 능동태 2인칭 단수(7:3).

ἔξελθε; ἐξέρχομαι; ἐκ, ἔρχομαι 1/30; 명령법 부정과거 능동태 2인칭 단수(22:18).

ἐξελθεῖν; ἐξέρχομαι; ἐκ, ἔρχομαι 3/30; 부정사 부정과거 능동태(16:3, 10, 18a).

ἐξελθόντες; ἐξέρχομαι; ἐκ, ἔρχομαι 6/30; 분사 부정과거 능동태 남성 복수 주격(12:10; 15:24; 16:36, 40a; 21:5, 8).

ἐξελθοῦσα; ἐξέρχομαι; ἐκ, ἔρχομαι 1/30; 분사 부정과거 능동태 여성 단수 주격(28:3).

ἐξελθὼν; ἐξέρχομαι; ἐκ, ἔρχομαι 3/30; 분사 부정과거 능동태 남성 단수 주격(7:4; 12:9, 17).

ἐξενέγκαντες; ἐκφέρω; ἐκ, φέρω 2/4; 분사 부정과거 능동태 남성 복수 주격(5:6, 10); 떠메다[무거운 짐 따위를 쳐들어서 어깨에 걸치거나 올려놓다].

ἐξένισεν; ξενίζω; ξένος 2/7; 직설법 부정과거 능동태 3인칭 단수(10:23; 28:7); 낯설다[사물이 눈에 익지 아니하다], 대접[대접5: 마땅한 예로 대함]하다; [수동태] 묵다2[일정한 곳에서 나그네로 머무르다], 나그네로 머무르다.

ἐξέπεμψαν; ἐκπέμπω; ἐκ, πέμπω 1/2; 직설법 부정과거 능동태 3인칭 복수(17:10); 떠나보내다[다른 곳으로 떠나게 하다].

ἐξέπεσαν; ἐκπίπτω; ἐκ, πίπτω 1/5; 직설법 부정과거 능동태 3인칭 복수(12:7); 떨어지다[위에서 아래로 내려지다, 어떤 상태나 처지에 빠지다], 걸리다1['걸다2: 벽이나 못 따위에 어떤 물체를 떨어지지 않도록 매달아 올려놓다'의 피동사], 떠내려가다[물 위에 떠서 물결을 따라 옮겨 가다].

ἐξεπήδησαν; ἐκπηδάω; ἐκ, πηδάω 1/1; 직설법 부정과거 능동태 3인칭 복수; 뛰어들다[날쌔게 움직여 갑자기 들어가거나 들어오다].

ἐξέπλει; ἐκπλέω; ἐκ, πλέω 1/3; 직설법 미완료 능동태 3인칭 단수(18:18); 항해하다[배를 타고 바다 위를 다니다; 주항하다1, 해항하다], 출항하다2[배가 항구를 떠나가다].

ἐξεπλεύσαμεν; ἐκπλέω; ἐκ, πλέω 1/3; 직설법 부정과거 능동태 1인칭 복수(20:6).

ἐξεστακέναι; ἐξίστημι; ἐκ, ἵστημι 1/8; 부정사 완료 능동태(8:11); 깜짝 놀라게 하다, 깜짝 놀라다, 깜짝 놀래다.

ἐξέστησαν; ἐξίστημι; ἐκ, ἵστημι 2/8; 직설법 부정과거 능동태 3인칭 복수(10:45; 12:16).

ἔξεστιν; ἔξεστιν 2/4; 직설법 현재 능동태 3인칭 단수(16:21; 22:25); 합당하다1[어떤 기준, 조건, 용도, 도리 따위에 꼭 알맞다], ~수 있다.

ἔξεστίν; ἔξεστιν 1/4; 직설법 현재 능동태 3인칭 단수(21:37).

ἐξετίθετο; ἐκτίθημι; ἐκ, τίθημι 2/4; 직설법 미완료 중간태 3인칭 단수(11:4; 28:23); 설명하다, 내맡기다[아주 맡겨 버리다, 되는대로 내버려 두다].

ἐξέχεεν; ἐκχέω; ἐκ, χέω 1/3; 직설법 부정과거 능동태 3인칭 단수(2:33); 내리붓다1[위에서 아래로 퍼붓다].

ἐξεχύθη; ἐκχύννω 1/3; 직설법 부정과거 수동태 3인칭 단수(1:18); 쏟다[눈물이나 땀, 피 따위를 많이 흘리다]; [수동태] 부어내리다[비, 햇빛 따위가 쏟아붓듯이 한꺼번에 많이 내리거나 비치다].

ἐξεχύννετο; ἐκχύννω 1/3; 직설법 미완료 수동태 3인칭 단수(22:20).

ἐξέψυξεν; ἐκψύχω; ἐκ, ψύχω 3/3; 직설법 부정과거 능동태 3인칭 단수(5:5, 10; 12:23); 숨을 거두다.

ἐξήγαγεν; ἐξάγω; ἐκ, ἄγω 4/8; 직설법 부정과거 능동태 3인칭 단수(7:36, 40; 12:17; 13:17); 끌어내다[사람이나 짐승을 억지로 나오게 하다], 빼내다[얽매인 사람을 자유롭게 해 주다].

ἐξηγεῖτο; ἐξηγέομαι; ἐκ, ἄγω 1/4; 직설법 미완료 이태중간 3인칭 단수(21:19); 보고하다2[보고3: 일에 관한 내용이나 결과를 말이나 글로 알림], 알리다['알다: 교육이나 경험, 사고 행위를 통하여 사물이나 상황에 대한 정보나 지식을 갖추다'의 사동사].

ἐξηγησάμενος; ἐξηγέομαι; ἐκ, ἄγω 1/4; 분사 부정과거 이태중간 남성 단수 주격(10:8).

ἐξηγήσατο; ἐξηγέομαι; ἐκ, ἄγω 1/4; 직설법 부정과거 이태중간 3인칭 단수(15:14).

ἐξηγουμένων; ἐξηγέομαι; ἐκ, ἄγω 1/4; 분사 현재 이태중간 남성 복수 속격(15:12).

ἐξῄεσαν; ἔξειμι; ἐκ, εἶμι 1/4; 직설법 미완료 능동태 3인칭 복수(17:15); 떠나다[있던 곳에서 다른 곳으로 옮기다], 건너다[무엇을 사이에 두고 한편에서 맞은편으로 가다].

ἐξῆλθαν; ἐξέρχομαι; ἐκ, ἔρχομαι 1/30; 직설법 부정과거 능동태 3인칭 복수(16:40b); 나가다[일정한 지역이나 공간의 범위와 관련하여 그 안에서 밖으로 이동하다], 나오다, 출발하다, 떠나가다, 떠나다.

ἐξῆλθεν; ἐξέρχομαι; ἐκ, ἔρχομαι 11/30; 직설법 부정과거 능동태 3인칭 단수(1:21; 10:23; 11:25; 14:20; 15:40; 16:18b, 19; 17:33; 18:23; 20:1, 11).

ἐξήλθομεν; ἐξέρχομαι; ἐκ, ἔρχομαι 1/30; 직설법 부정과거 능동태 1인칭 복수(16:13).

ἐξήρχοντο; ἐξέρχομαι; ἐκ, ἔρχομαι 1/30; 직설법 미완료 이태중간 3인칭 복수(8:7).

ἑξῆς; ἑξῆς; ἔχω 3/3; [부사] (21:1; 25:17; 27:18); 다음1[어떤 차례의 바로 뒤].

ἐξιέναι; ἔξειμι; ἐκ, εἶμι 2/4; 부정사 현재 능동태(20:7; 27:43); 떠나다[있던 곳에서 다른 곳으로 옮기다], 건너다[무엇을 사이에 두고 한편에서 맞은편으로 가다].

Ἐξιόντων; ἔξειμι; ἐκ, εἶμι 1/4; 분사 현재 능동태 남성 복수 속격(13:42).

ἐξίσταντο; ἐξίστημι; ἐκ, ἵστημι 3/8; 직설법 미완료 중간태 3인칭 복수(2:7, 12; 9:21); 깜짝 놀라게 하다, 깜짝 놀라다, 깜짝 놀래다.

ἐξιστάνων; ἐξίστημι; ἐκ, ἵστημι 1/8; 분사 현재 능동태 남성 단수 주격(8:9).

ἐξίστατο; ἐξίστημι; ἐκ, ἵστημι 1/8; 직설법 미완료 중간태 3인칭 단수(8:13).

ἐξοίσουσίν; ἐκφέρω; ἐκ, φέρω 1/4; 직설법 미래 능동태 3인칭 복수(5:9); 떠메다[무거운 짐 따위를 쳐들어서 어깨에 걸치거나 올려놓다].

ἐξολεθρευθήσεται; ἐξολεθρεύω; ἐκ, ὄλλυμι 1/1; 직설법 미래 수동태 3인칭 단수(3:23); 멸하다, 진멸하다2[진멸2: 모두 멸망하거나 멸망시켜 없앰]; [수동태] 멸망하

다, 진멸되다2, 끊어지다[관계가 이어지지 아니하게 되다].

ἐξομολογούμενοι; ἐξομολογέω; ἐκ, ὁμός, λέγω 1/1; 분사 현재 중간태 남성 복수 주격(19:18); 자백[자백1: 자기가 저지른 죄나 자기의 허물을 남들 앞에서 스스로 고백함, 또는 그 고백]하다.

ἐξὸν; ἔξεστιν 1/4; 분사 현재 능동태 중성 단수 주격(2:29); 합당하다1[어떤 기준, 조건, 용도, 도리 따위에 꼭 알맞다], ~수 있다.

ἐξορκιστῶν; ἐξορκιστής; ἐκ, ὅρκος 1/1; [명사] 남성 복수 속격(19:13); 귀신을 쫓아내는 자, 축귀[잡귀를 쫓음]하는 자.

ἐξουθενηθεὶς; ἐξουθενέω; ἐκ, οὐ, εἷς 1/1; 분사 부정과거 수동태 남성 단수 주격(4:11); 업신여기다[교만한 마음에서 남을 낮추어 보거나 하찮게 여기다], 경멸[깔보아 업신여김]하다, 멸시[업신여기거나 하찮게 여겨 깔봄]하다.

ἐξουσίᾳ; ἐξουσία; ἐκ, εἰμί 2/7; [명사] 여성 단수 여격(1:7; 5:4); 권세[권세와 세력을 아울러 이르는 말], 권한[어떤 사람이나 기관의 권리나 권련이 미치는 범위], 관할[일정한 권한에 의하여 통제하거나 지배함, 또는 그런 지배가 미치는 범위; 담당].

ἐξουσίαν; ἐξουσία; ἐκ, εἰμι 3/7; [명사] 여성 단수 대격(8:19; 9:14; 26:10).

ἐξουσίας; ἐξουσία; ἐκ, εἰμί 2/7; [명사] 여성 단수 속격(26:12, 18).

ἐξοχὴν; ἐξοχή; ἐκ, ἔχω 1/1; [명사] 여성 단수 대격(25:23); 걸출[남보다 훨씬 뛰어남, 또는 그런 사람].

ἔξυπνος; ἔξυπνος; ἐκ, ὕπνος 1/1; [형용사] 남성 단수 주격(16:27); 잠에서 깬.

ἔξω; ἔξω; ἐκ 10/10; [부사, 장소; 비본래적인 전치사] (4:15; 5:34; 7:58; 9:40; 14:19; 16:13, 30; 21:5, 30; 26:11); 바깥[밖이 되는 곳]으로, 밖[어떤 선이나 금을 넘어선 쪽]으로, 밖에까지.

ἐξῶσαι; ἐξωθέω; ἐκ, ὠθέω 1/2; 부정사 부정과거 능동태(27:39); 들이대다2[바싹 가져다 대다], 쫓아내다[강제로 어떤 곳에서 밖으로 내몰다].

ἐξῶσεν; ἐξωθέω; ἐκ, ὠθέω 1/2; 직설법 부정과거 능동태 3인칭 단수(7:45).

Ἐπ'; ἐπί 1/169; [전치사] (10:34); ~에 근거하여; [+속격] ~을 의지하여, 걸쳐[걸치다: 일정한 횟수나 시간, 공간을 거쳐 이어지다], ~때에; [+여격] 맡은, 쪽; [+대격] ~에 맞서, 대들려고[대들다: 요구하거나 반항하느라고 맞서서 달려들다], 덤비려고[덤비다: 마구 대들거나 달려들다]; [+숫자] ~번4[일의 횟수를 세는 단위].

ἐπ'; ἐπί 23/169; [전치사].

ἐπαγαγεῖν; ἐπάγω; ἐπί, ἄγω 1/1; 부정사 부정과거 능동태(5:28); 돌리다4[다른 사람에게 책임이나 공로를 넘기다].

ἐπαγγελία; ἐπαγγελία; ἐπί, ἄγγελος 1/8; [명사] 여성 단수 주격(2:39); 약속[다른 사람과 앞으로의 일을 어떻게 할 것인가를 미리 정하여 둠, 또는 그렇게 정한 내용; 권약].

ἐπαγγελίαν; ἐπαγγελία; ἐπί, ἄγγελος 5/8; [명사] 여성 단수 대격(1:4; 2:33; 13:23, 32; 23:21).

ἐπαγγελίας; ἐπαγγελία; ἐπί, ἄγγελος 2/8; [명사] 여성 단수 속격(7:17; 26:6).

ἔπαθεν; πάσχω 1/5; 직설법 부정과거 능동태 3인칭 단수(28:5); 고난[괴로움과 어려움을 아울러 이르는 말]을 겪다, 해[해11: 이롭지 아니하거나 손상을 입힘, 또는 그

런 것]를 입다.

ἐπαιδεύθη; παιδεύω; παῖς 1/2; 직설법 부정과거 수동태 3인칭 단수(7:22); 훈련[가르쳐서 익히게 함]하다; [수동태] 훈련받다.

ἐπάναγκες; ἐπάναγκες; ἐπί, ἀνάγκη 1/1; [부사] (15:28); 긴요한[긴요하다: 꼭 필요하고 중요하다; 매우 중요하다], 요긴한.

ἐπάραντες; ἐπαίρω; ἐπί, αἴρω 1/5; 분사 부정과거 능동태 남성 복수 주격(27:40); 높이다['높다'의 사동사]; [수동태] 들려[들리다4: '들다4'의 피동사] 올라가다.

ἐπαρρησιάζετο; παρρησιάζομαι; παρά, ῥῆμα 1/7; 직설법 미완료 이태중간 3인칭 단수(19:8); 담대히[담대하다: 겁이 없고 배짱이 두둑하다] 말하다.

ἐπαρρησιάσατο; παρρησιάζομαι; παρά, ῥῆμα 1/7; 직설법 부정과거 이태중간 3인칭 단수(9:27).

ἐπαρχείᾳ; ἐπαρχεία; ἐπί, ἄρχω 1/2; [명사] 여성 단수 여격(25:1); 지방5[어느 방면의 땅], 임지1[임무를 받아 근무하는 곳; 부임지].

ἐπαρχείας; ἐπαρχεία; ἐπί, ἄρχω 1/2; [명사] 여성 단수 속격(23:34).

ἐπάταξεν; πατάσσω 1/3; 직설법 부정과거 능동태 3인칭 단수(12:23); 강타[세게 침]하다, 세게 치다.

ἔπαυλις; ἔπαυλις; ἐπί, αὐλή 1/1; [명사] 여성 단수 주격(1:20); 거처2[일정하게 자리를 잡고 사는 일, 또는 그 장소], 처소[사람이 기거하거나 임시로 머무는 곳].

ἐπαύοντο; παύω 1/6; 직설법 미완료 중간태 3인칭 복수(5:42); 멈추다[사물의 움직임이나 동작이 그치다, 사물의 움직임이나 동작을 그치게 하다], 그치다[계속되던 일이나 움직임이 멈추거나 끝나다, 또는 그렇게 하다].

ἐπαύριον; ἐπαύριον; ἐπί, αὔριον 10/10; [부사, 시간] (10:9, 23, 24; 14:20; 20:7; 21:8; 22:30; 23:32; 25:6, 23); 이튿날[어떤 일이 있은 그 다음의 날].

ἐπαυσάμην; παύω 1/6; 직설법 부정과거 중간태 1인칭 단수(20:31); 멈추다, 그치다.

ἐπαύσαντο; παύω 1/6; 직설법 부정과거 중간태 3인칭 복수(21:32).

ἐπαχύνθη; παχύνω; παχύς 1/1; 직설법 부정과거 수동태 3인칭 단수(28:27); 둔하다[감각이나 느낌이 예리하지 못하다]; [수동태] 둔해지다.

ἐπέβαλεν; ἐπιβάλλω; ἐπί, βάλλω 1/4; 직설법 부정과거 능동태 3인칭 단수(12:1); 뻗다[어떤 것에 미치게 길게 내밀다], 쓰다3[어떤 일을 하는 데에 재료나 도구, 수단을 이용하다].

ἐπέβαλον; ἐπιβάλλω; ἐπί, βάλλω 3/4; 직설법 부정과거 능동태 3인칭 복수(4:3; 5:18; 21:27).

ἐπέβην; ἐπιβαίνω; ἐπί, βαίνω 1/5; 직설법 부정과거 능동태 1인칭 단수(20:18); 올라오다[낮은 곳에서 높은 곳으로 옮아오다], 올라가다[낮은 곳에서 높은 곳으로 또는 아래에서 위로 가다], 승선[승선2: 배를 탐; 탑선]하다, 부임[임명이나 발령을 받아 근무할 곳으로 감]하다.

ἐπεγέγραπτο; ἐπιγράφω; ἐπί, γράφω 1/1; 직설법 과거완료 수동태 3인칭 단수(17:23); 쓰다1[붓, 펜, 연필과 같이 선을 그을 수 있는 도구로 종이나 다른 편평한 면 위에 획을 그어서 일정한 글자의 모양이 이루어지게 하다], 적다1[어떤 내용을 글로 쓰다]; [수동태] 쓰이다['쓰다1'의 피동사], 적히다['적다1'의 피동사].

ἐπεγίνωσκον; ἐπιγινώσκω; ἐπί, γινώσκω 2/13; 직설법 미완료 능동태 3인칭 복수(3:10;

27:39); 알아보다[조사하거나 살펴보다], 인지[인지8: 어떤 사실을 인정하여 앎]하다2, 알아채다[낌새를 미리 알다], 알게 되다.

ἐπεγίνωσκόν; ἐπιγινώσκω; ἐπί, γινώσκω 1/13; 직설법 미완료 능동태 3인칭 복수(4:13).

ἐπέγνωμεν; ἐπιγινώσκω; ἐπί, γινώσκω 1/13; 직설법 부정과거 능동태 1인칭 복수(28:1).

ἐπέδωκαν; ἐπιδίδωμι; ἐπί, δίδωμι 1/2; 직설법 부정과거 능동태 3인칭 복수(15:30); [바람에] 실리다1['싣다1: 다른 기운을 함께 품거나 띠다'의 피동사], 전달[전달3: 지시, 명령, 물품 따위를 다른 사람이나 기관에 전하여 이르게 함]하다2.

ἐπεζήτησεν; ἐπιζητέω; ἐπί, ζητέω 1/3; 직설법 부정과거 능동태 3인칭 단수(13:7); 추진[추진2: 목표를 향하여 밀고 나아감]하고 싶다, 싶어[싶다: 앞말이 뜻하는 행동을 하고자 하는 마음이나 욕구를 갖고 있음을 나타내는 말] 하다, 잡아내다[결점이나 틀린 곳을 찾아내다].

ἐπέθεντο; ἐπιτίθημι; ἐπί, τίθημι 1/14; 직설법 부정과거 중간태 3인칭 복수(28:10); 얹다[위에 올려놓다], 보태[보태다: 모자라는 것을 더하여 채우다] 주다, [짐을] 지우다5['지다5: 책임이나 의무를 맡다'의 사동사], [손을] 대다1[무엇을 어디에 닿게 하다], [멍에를] 메우다1[말이나 소의 목에 멍에를 얹어서 매다], [상처를] 입히다['입다1: 도움, 손해 따위와 같은 말을 목적어로 하여, 받거나 당하다'의 사동사].

ἐπέθηκαν; ἐπιτίθημι; ἐπί, τίθημι 1/14; 직설법 부정과거 능동태 3인칭 복수(6:6).

ἐπεθύμησα; ἐπιθυμέω; ἐπί, θυμός 1/1; 직설법 부정과거 능동태 1인칭 단수(20:33); 탐내다[가지거나 차지하고 싶어 하다].

᾿Επειδὴ; ἐπειδή; ἐπί, δή 1/3; [종위 접속사, 인과] (15:24); 까닭[일이 생기게 된 원인이나 조건]에.

ἐπειδὴ; ἐπειδή; ἐπί, δή 2/3; [종위 접속사, 인과] (13:46; 14:12).

ἔπειθέν; πείθω 1/17; 직설법 미완료 능동태 3인칭 단수(18:4); 설득하다[상대편이 이쪽 편의 이야기를 따르도록 여러 가지로 깨우쳐 말하다]; [수동태] 설득되다[상대편의 이야기에 따르도록 깨우쳐지다], 넘어가다[사람, 물건, 권리, 책임, 일 따위가 한쪽에서 다른 쪽으로 옮아가다], 납득하다[다른 사람의 말이나 행동, 형편 따위를 잘 알아서 긍정하고 이해하다; 알아듣다, 이해하다2], 여기다[마음속으로 그러하다고 인정하거나 생각하다].

ἐπείθετο; πείθω 1/17; 직설법 미완료 수동태 3인칭 단수(27:11).

ἔπειθον; πείθω 1/17; 직설법 미완료 능동태 3인칭 복수(13:43).

ἐπείθοντο; πείθω 3/17; 직설법 미완료 수동태 3인칭 복수(5:36, 37; 28:24).

ἐπείραζεν; πειράζω; πεῖρα 1/5; 직설법 미완료 능동태 3인칭 단수(9:26); 떠보다[남의 속뜻을 넌지시 알아보다], 시험하다3[사람의 됨됨이를 알기 위하여 떠보다], 시도하다[어떤 것을 이루어 보려고 계획하거나 행동하다], 노력하다[목적을 이루기 위하여 몸과 마음을 다하여 애를 쓰다], 꾀하다[목적을 이루기 위하여 몸과 마음을 다하여 애를 쓰다].

ἐπείραζον; πειράζω; πεῖρα 1/5; 직설법 미완료 능동태 3인칭 복수(16:7).

ἐπείρασεν; πειράζω; πεῖρα 1/5; 직설법 부정과거 능동태 3인칭 단수(24:6).

ἐπειρῶντο; πειράω; πεῖρα 1/1; 직설법 미완료 중간태 3인칭 복수(26:21); 애쓰다[마음과 힘을 다하여 무엇을 이루려고 힘쓰다].

ἐπείσθησαν; πείθω 2/17; 직설법 부정과거 수동태 3인칭 복수(5:39; 17:4); 설득하다; [수동태]

설득되다, 넘어가다, 납득하다, 여기다.

ἐπεῖχεν; ἐπέχω; ἐπί, ἔχω 1/2; 직설법 미완료 능동태 3인칭 단수(3:5); 눌러[누르다1: '눌러 있다, 눌러 살다' 따위의 구성으로 쓰여 계속 머물다] 지내다, 머무르다[도중에 멈추거나 일시적으로 어떤 곳에 묵다], 쳐다보다[얼굴을 들고 올려다 보다].

ἐπέκειλαν; ἐπικέλλω; ἐπί, κελεύω 1/1; 직설법 부정과거 능동태 3인칭 복수(27:41); 좌초[배가 암초에 얹힘]되게 하다.

ἐπέκεινα; ἐπέκεινα; ἐπί, ἐκεῖ 1/1; [부사, 비본래적인 전치사] (7:43); 너머[높이나 경계를 나타내는 명사 다음에 쓰여, 높이나 경계로 가로막은 사물의 저쪽, 또는 그 공간]로.

ἐπεκέκλητο; ἐπικαλέω; ἐπί, καλέω 1/20; 직설법 과거완료 중간태 3인칭 단수(26:32); 부르다1[말이나 행동 따위로 다른 사람의 주의를 끌거나 오라고 하다], 이름 지어 부르다, 가리켜 부르다; [중간태] 호소[호소1: 억울하거나 딱한 사정을 남에게 하소연함]하다1, 상소[상소3: 하급 법원의 판결에 따르지 않고 상급 법원에 재심을 요구하는 일]하다2; [수동태] 일컬어지다.

ἐπεκλήθη; ἐπικαλέω; ἐπί, καλέω 1/20; 직설법 부정과거 수동태 3인칭 단수(1:23).

ἐπελάβετο; ἐπιλαμβάνομαι; ἐπί, λαμβάνω 1/7; 직설법 부정과거 이태중간 3인칭 단수(21:33); 붙잡다[놓치지 않도록 단단히 쥐다], 붙들다[놓치지 않게 꽉 쥐다].

ἐπέλθῃ; ἐπέρχομαι; ἐπί, ἔρχομαι 2/4; 가정법 부정과거 능동태 3인칭 단수(8:24; 13:40); 임하다2[어떤 장소에 도달하다], 닥치다1[어떤 일이나 대상 따위가 가까이 다다르다], 들이닥치다[갑자기 바싹 다다르다].

ἐπελθόντος; ἐπέρχομαι; ἐπί, ἔρχομαι 1/4; 분사 부정과거 능동태 중성 단수 속격(1:8).

ἐπεμείναμεν; ἐπιμένω; ἐπί, μένω 2/6; 직설법 부정과거 능동태 1인칭 복수(21:4; 28:12); 머물다['머무르다: 도중에 멈추거나 일시적으로 어떤 곳에 묵다'의 준말], 지내다1[사람이 어떤 장소에서 생활을 하면서 시간이 지나가는 상태가 되게 하다], 계속[계속4: 끊이지 않고 이어 나감]하다3.

ἐπέμενεν; ἐπιμένω; ἐπί, μένω 1/6; 직설법 미완료 능동태 3인칭 단수(12:16).

ἔπεμψα; πέμπω 2/11; 직설법 부정과거 능동태 1인칭 단수(10:33; 23:30); 급히 보내다[일정한 임무나 목적으로 가게 하다], 급파하다[급히 파견하다], 보내다[일정한 임무나 목적으로 가게 하다].

ἐπένευσεν; ἐπινεύω; ἐπί, νεύω 1/1; 직설법 부정과거 능동태 3인칭 단수(18:20); 동의[동의2: 의사나 의견을 같이함]하다1.

ἐπέπεσεν; ἐπιπίπτω; ἐπί, πίπτω 4/6; 직설법 부정과거 능동태 3인칭 단수(10:44; 11:15; 19:17; 20:10); 임하다2[하늘의 신성이 인간이나 인간 세계에 미치다], 엎드리다[상반신을 아래로 매우 굽히거나 바닥에 대다], 달려들다[갑자기 달려와 안기거나 매달리다], 끌어안다[끌어당기어 안다; 끌안다].

ἐπερίσσευον; περισσεύω; περί 1/1; 직설법 미완료 능동태 3인칭 복수(16:5); 늘다1[수나 분량, 시간 따위가 본디보다 많아지다], 늘어나다[부피나 분량 따위가 본디보다 커지거나 길어지거나 많아지다].

ἐπερωτήσας; ἐπερωτάω; ἐπί, ἐρωτάω 1/2; 분사 부정과거 능동태 남성 단수 주격(23:34); 묻다3[무엇을 밝히거나 알아내기 위하여 상대편의 대답이나 설명을 요구하는 내용으로 말하다].

ἔπεσα; πίπτω 1/9; 직설법 부정과거 능동태 1인칭 단수(22:7); 떨어지다[위에서 아래로 내려지다], 쓰러지다[힘이 빠지거나 외부의 힘에 의하여 서 있던 상태에서 바닥에 눕는 상태가 되다], 엎드리다[배를 바닥에 붙이거나 팔다리를 짚고 몸 전체를 길게 뻗다], 내리다1[어둠, 안개 따위가 짙어지거나 덮여 오다], 주저앉다[서 있던 자리에 그대로 힘없이 앉다].

ἔπεσεν; πίπτω 4/9; 직설법 부정과거 능동태 3인칭 단수(1:26; 5:10; 13:11; 20:9).

ἐπεσκέψατο; ἐπισκέπτομαι; ἐπί, σκοπός 1/4; 직설법 부정과거 이태중간 3인칭 단수(15:14); 살피다1[형편이나 사정 따위를 자세히 알아보다], 보살피다[이리저리 보아서 살피다], 살펴보다[두루두루 자세히 보다].

ἐπεστείλαμεν; ἐπιστέλλω; ἐπί, στέλλω 1/2; 직설법 부정과거 능동태 1인칭 복수(21:25); 편지[편지2: 안부, 소식, 용무 따위를 적어 보내는 글]를 보내다, 서신[서신2]을 보내다.

ἐπέστη; ἐφίστημι; ἐπί, ἵστημι 1/11; 직설법 부정과거 능동태 3인칭 단수(12:7); 곁에 서다, 다가가다[어떤 대상 쪽으로 가까이 가다], 들이닥치다[갑자기 바싹 다다르다], 몰아닥치다[한꺼번에 세게 들이닥치다], 몰려가다[떼를 지어서 여럿이 한쪽으로 가다], 몰려오다, 내리다1[눈, 비, 서리, 이슬 따위가 오다].

ἐπεστήριξαν; ἐπιστηρίζω; ἐπί, στηρίζω 1/4; 직설법 부정과거 능동태 3인칭 복수(15:32); 굳건하게/굳건히 세우다.

ἐπέστησαν; ἐφίστημι; ἐπί, ἵστημι 3/11; 직설법 부정과거 능동태 3인칭 복수(4:1; 10:17; 11:11); 곁에 서다, 다가가다, 들이닥치다, 몰아닥치다, 몰려가다, 몰려오다, 내리다1.

ἐπέστρεψαν; ἐπιστρέφω; ἐπί, στρέφω 1/11; 직설법 부정과거 능동태 3인칭 복수(9:35); 돌이키다[원래 향하고 있던 방향에서 반대쪽으로 돌리다], 방향을 바꾸다, 돌아가다, 돌아오다, 고개를 돌려 보다.

ἐπέστρεψεν; ἐπιστρέφω; ἐπί, στρέφω 1/11; 직설법 부정과거 능동태 3인칭 단수(11:21).

ἐπέσχεν; ἐπέχω; ἐπί, ἔχω 1/2; 직설법 부정과거 능동태 3인칭 단수(19:22); 눌러[누르다1: '눌러 있다, 눌러 살다' 따위의 구성으로 쓰여 계속 머물다] 지내다, 머무르다[도중에 멈추거나 일시적으로 어떤 곳에 묵다], 쳐다보다[얼굴을 들고 올려다보다].

ἐπέτακεν; ἐπιτάσσω; ἐπί, τάσσω 1/1; 직설법 부정과거 능동태 3인칭 단수(23:2); 명령[명령1: 윗사람이나 상위 조직이 아랫사람에게나 하위 조직에 무엇을 하게 함, 또는 그런 내용]하다.

ἐπετίθεσαν; ἐπιτίθημι; ἐπί, τίθημι 1/14; 직설법 미완료 능동태 3인칭 복수(8:17); 얹다[위에 올려놓다], 보태[보태다: 모자라는 것을 더하여 채우다] 주다, [짐을] 지우다5['지다5: 책임이나 의무를 맡다'의 사동사], [손을] 대다1[무엇을 어디에 닿게 하다], [멍에를] 메우다1[말이나 소의 목에 멍에를 얹어서 매다], [상처를] 입히다['입다1: 도움, 손해 따위와 같은 말을 목적어로 하여, 받거나 당하다'의 사동사].

ἐπετράπη; ἐπιτρέπω; ἐπί, τρέπω 1/5; 직설법 부정과거 수동태 3인칭 단수(28:16); 허락[청하는 일을 하도록 들어줌; 긍가]하다; [수동태] 허용되다.

ἐπέτρεψεν; ἐπιτρέπω; ἐπί, τρέπω 1/5; 직설법 부정과거 능동태 3인칭 단수(27:3).

ἐπεφώνει; ἐπιφωνέω; ἐπί, φωνή 1/3; 직설법 미완료 능동태 3인칭 단수(12:22); 소리치다

[소리를 크게 지르다].

ἐπεφώνουν; ἐπιφωνέω; ἐπί, φωνή 2/3; 직설법 미완료 능동태 3인칭 복수(21:34; 22:24).

ἐπεχείρησαν; ἐπιχειρέω; ἐπί, χείρ 1/2; 직설법 부정과거 능동태 3인칭 복수(19:13); 건드리다[상대를 자극하는 말이나 행동으로 마음을 상하게 하거나 기분을 나쁘게 만들다], 지분거리다[짓궂은 말이나 행동 따위로 자꾸 남을 귀찮게 하다], 지분대다, 깐죽거리다[쓸데없는 소리를 밉살스럽고 짓궂게 들러붙어 계속 지껄이다], 깐죽대다.

ἐπεχείρουν; ἐπιχειρέω; ἐπί, χείρ 1/2; 직설법 미완료 능동태 3인칭 복수(9:29).

ἐπηγγείλατο; ἐπαγγέλλομαι; ἐπί, ἄγγελος 1/1; 직설법 부정과거 이태중간 3인칭 단수(7:5); 약속[다른 사람과 앞으로의 일을 어떻게 할 것인가를 미리 정하여 둠, 또는 그렇게 정한 내용; 권약]하다.

ἐπήγειραν; ἐπεγείρω; ἐπί, ἐγείρω 2/2; 직설법 부정과거 능동태 3인칭 복수(13:50; 14:2); 야기[야기3: 일이나 사건 따위를 끌어 일으킴]하다, 일어나게 하다, 자극[자극1: 외부에서 작용을 주어 감각이나 마음에 반응이 일어나게 함, 또는 그런 작용을 하는 사물]하다.

ἐπηκροῶντο; ἐπακροάομαι; ἐπί, ἀκροάομαι 1/1; 직설법 미완료 이태중간 3인칭 복수(16:25); 귀 기울여 듣다.

Ἐπῆλθαν; ἐπέρχομαι; ἐπί, ἔρχομαι 1/4; 직설법 부정과거 능동태 3인칭 복수(14:19); 임하다2[어떤 장소에 도달하다], 닥치다1[어떤 일이나 대상 따위가 가까이 다다르다], 들이닥치다[갑자기 바싹 다다르다].

ἐπῆραν; ἐπαίρω; ἐπί, αἴρω 2/5; 직설법 부정과거 능동태 3인칭 복수(14:11; 22:22); 높이다['높다'의 사동사]; [수동태] 들려[들리다4: '들다4'의 피동사] 올라가다.

ἐπῆρεν; ἐπαίρω; ἐπί, αἴρω 1/5; 직설법 부정과거 능동태 3인칭 단수(2:14).

ἐπήρθη; ἐπαίρω; ἐπί, αἴρω 1/5; 직설법 부정과거 수동태 3인칭 단수(1:9).

ἐπηρώτησεν; ἐπερωτάω; ἐπί, ἐρωτάω 1/2; 직설법 부정과거 능동태 3인칭 단수(5:27); 묻다3[무엇을 밝히거나 알아내기 위하여 상대편의 대답이나 설명을 요구하는 내용으로 말하다].

Ἐπὶ; ἐπί 1/169; [전치사] (25:10); ~에 근거하여; [+속격] ~을 의지하여, 걸쳐[걸치다: 일정한 횟수나 시간, 공간을 거쳐 이어지다], ~때에; [+여격] 맡은, 쪽; [+대격] ~에 맞서, 대들려고[대들다: 요구하거나 반항하느라고 맞서서 달려들다], 덤비려고[덤비다: 마구 대들거나 달려들다]; [+숫자] ~번4[일의 횟수를 세는 단위].

ἐπί; ἐπί 2/169; [전치사]

ἐπὶ; ἐπί 125/169; [전치사].

–εἰμὶ ἐπὶ τὸ αὐτό(1:15; 2:1, 44); 함께하다, 같이하다[서로 어떤 뜻이나 행동 또는 때 따위를 동일하게 가지다].

–ἐπὶ τὸ αὐτό (1:15; 2:1, 44, 47; 4:26); 함께, 한자리에, 갈수록, 한번에, 일제히.

ἐπιβαίνειν; ἐπιβαίνω; ἐπί, βαίνω 1/5; 부정사 현재 능동태(21:4); 올라오다[낮은 곳에서 높은 곳으로 옮아오다], 올라가다[낮은 곳에서 높은 곳으로 또는 아래에서 위로 가다], 승선[승선2: 배를 탐; 탑선]하다, 부임[임명이나 발령을 받아 근무할 곳으로 감]하다.

ἐπιβάντες; ἐπιβαίνω; ἐπί, βαίνω 2/5; 분사 부정과거 능동태 남성 복수 주격(21:2; 27:2).

ἐπιβὰς; ἐπιβαίνω; ἐπί, βαίνω 1/5; 분사 부정과거 능동태 남성 단수 주격(25:1).
ἐπιβιβάσαντες; ἐπιβιβάζω; ἐπί, βαίνω 1/1; 분사 부정과거 능동태 남성 복수 주격(23:24); 태우다2['타다2: 탈것이나 짐승의 등 따위에 몸을 얹다'의 사동사]
ἐπιβουλαῖς; ἐπιβουλή; ἐπί, βούλομαι 1/4; [명사] 여성 복수 여격(20:19); 음모4[나쁜 목적으로 몰래 흉악한 일을 꾸밈, 또는 그런 꾀], 계략[어떤 일을 이루기 위한 꾀나 수단; 계모2].
ἐπιβουλὴ; ἐπιβουλή; ἐπί, βούλομαι 1/4; [명사] 여성 단수 주격(9:24).
ἐπιβουλῆς; ἐπιβουλή; ἐπί, βούλομαι 2/4; [명사] 여성 단수 속격(20:3; 23:30).
ἐπιγενομένου; ἐπιγίνομαι; ἐπί, γίνομαι 1/1; 분사 부정과거 이태중간 남성 단수 속격(28:13); 일어나다[자연이나 인간 따위에게 어떤 현상이 발생하다].
ἐπιγινώσκεις; ἐπιγινώσκω; ἐπί, γινώσκω 1/13; 직설법 현재 능동태 2인칭 단수(25:10); 알아보다[조사하거나 살펴보다], 인지[인지8: 어떤 사실을 인정하여 앎]하다2, 알아채다[낌새를 미리 알다], 알게 되다.
ἐπιγνόντες; ἐπιγινώσκω; ἐπί, γινώσκω 2/13; 분사 부정과거 능동태 남성 복수 주격(9:30; 19:34).
ἐπιγνοὺς; ἐπιγινώσκω; ἐπί, γινώσκω 1/13; 분사 부정과거 능동태 남성 단수 주격(22:29).
ἐπιγνοῦσα; ἐπιγινώσκω; ἐπί, γινώσκω 1/13; 분사 부정과거 능동태 여성 단수 주격(12:14).
ἐπιγνῷ; ἐπιγινώσκω; ἐπί, γινώσκω 1/13; 가정법 부정과거 능동태 3인칭 단수(22:24).
ἐπιγνῶναι; ἐπιγινώσκω; ἐπί, γινώσκω 3/13; 부정사 부정과거 능동태(23:28; 24:8, 11).
ἔπιδε; ἐφοράω; ἐπί, ὁράωv1/1; 명령법 부정과거 능동태 2인칭 단수(4:29); 주시[주시4: 어떤 일에 온 정신을 모아 자세히 살핌]하다, 자세히 살펴보다.
ἐπιδεικνύμεναι; ἐπιδείκνυμι; ἐπί, δείκνυμι 1/2; 분사 현재 중간태 여성 복수 주격(9:39); 보이다1['보다1: 눈으로 대상의 존재나 형태적 특징을 알다'의 피동사], 보여 주다.
ἐπιδεικνὺς; ἐπιδείκνυμι; ἐπί, δείκνυμι 1/2; 분사 현재 능동태 남성 단수 주격(18:28).
ἐπιδημοῦντες; ἐπιδημέω; ἐπί, δῆμος 2/2; 분사 현재 능동태 남성 복수 주격(2:10; 17:21); 방문[방문3: 어떤 사람이나 장소를 찾아가서 만나거나 봄]하다.
ἐπιδόντες; ἐπιδίδωμι; ἐπί, δίδωμι 1/2; 분사 부정과거 능동태 남성 복수 주격(27:15); [바람에] 실리다1['싣다1: 다른 기운을 함께 품거나 띠다'의 피동사], 전달[전달3: 지시, 명령, 물품 따위를 다른 사람이나 기관에 전하여 이르게 함]하다2.
ἐπιεικείᾳ; ἐπιείκεια; ἐπί, εἰκών 1/1; [명사] 여성 단수 여격(24:4); 관용3[남의 잘못을 너그럽게 받아들이거나 용서함, 또는 그런 용서; 아용].
ἔπιεν; πίνω 1/3; 직설법 부정과거 능동태 3인칭 단수(9:9); 마시다[물이나 술 따위의 액체를 목구멍으로 넘기다].
ἐπιζητεῖτε; ἐπιζητέω; ἐπί, ζητέω 1/3; 직설법 현재 능동태 2인칭 복수(19:39); 추진[추진2: 목표를 향하여 밀고 나아감]하고 싶다, 싶어[싶다: 앞말이 뜻하는 행동을 하고자 하는 마음이나 욕구를 갖고 있음을 나타내는 말] 하다, 잡아내다[결점이나 틀린 곳을 찾아내다].
ἐπιζητήσας; ἐπιζητέω; ἐπί, ζητέω 1/3; 분사 부정과거 능동태 남성 단수 주격(12:19).
ἐπιθεῖναι; ἐπιτίθημι; ἐπί, τίθημι 1/14; 부정사 부정과거 능동태(15:10); 얹다[위에 올려놓

다], 보태[보태다: 모자라는 것을 더하여 채우다] 주다, [짐을] 지우다5['지다5: 책임이나 의무를 맡다'의 사동사], [손을] 대다1[무엇을 어디에 닿게 하다], [멍에를] 메우다1[말이나 소의 목에 멍에를 얹어서 매다], [상처를] 입히다['입다1: 도움, 손해 따위와 같은 말을 목적어로 하여, 받거나 당하다'의 사동사].

ἐπιθεὶς; ἐπιτίθημι; ἐπί, τίθημι 2/14; 분사 부정과거 능동태 남성 단수 주격(9:17; 28:8).

ἐπιθέντα; ἐπιτίθημι; ἐπί, τίθημι 1/14; 분사 부정과거 능동태 남성 단수 대격(9:12).

ἐπιθέντες; ἐπιτίθημι; ἐπί, τίθημι 2/14; 분사 부정과거 능동태 남성 복수 주격(13:3; 16:23).

ἐπιθέντος; ἐπιτίθημι; ἐπί, τίθημι 2/14; 분사 부정과거 능동태 남성 단수 속격(19:6; 28:3).

ἐπιθέσεως; ἐπίθεσις; ἐπί, τίθημι 1/1; [명사] 여성 단수 속격(8:18); 얹음[얹다: 위에 올려놓다].

ἐπιθήσεταί; ἐπιτίθημι; ἐπί, τίθημι 1/14; 직설법 미래 중간태 3인칭 단수(18:10); 얹다, 보태 주다, [짐을] 지우다5, [손을] 대다1, [멍에를] 메우다1, [상처를] 입히다.

ἐπιθῶ; ἐπιτίθημι; ἐπί, τίθημι 1/14; 가정법 부정과거 능동태 1인칭 단수(8:19).

ἐπικαλεῖται; ἐπικαλέω; ἐπί, καλέω 2/20; 직설법 현재 수동태 3인칭 단수(10:5, 32); 부르다1[말이나 행동 따위로 다른 사람의 주의를 끌거나 오라고 하다], 이름 지어 부르다, 가리켜 부르다; [중간태] 호소[호소1: 억울하거나 딱한 사정을 남에게 하소연함]하다1, 상소[상소3: 하급 법원의 판결에 따르지 않고 상급 법원에 재심을 요구하는 일]하다2; [수동태] 일컬어지다.

ἐπικαλεσάμενος; ἐπικαλέω; ἐπί, καλέω 1/20; 직설법 부정과거 중간태 남성 단수 주격 (22:16).

ἐπικαλεσαμένου; ἐπικαλέω; ἐπί, καλέω 2/20; 직설법 부정과거 중간태 남성 단수 속격 (25:21, 25).

ἐπικαλέσασθαι; ἐπικαλέω; ἐπί, καλέω 1/20; 부정사 부정과거 중간태(28:19).

ἐπικαλέσηται; ἐπικαλέω; ἐπί, καλέω 1/20; 가정법 부정과거 중간태 3인칭 단수(2:21).

ἐπικαλοῦμαι; ἐπικαλέω; ἐπί, καλέω 1/20; 직설법 현재 중간태 1인칭 단수(25:11).

ἐπικαλούμενον; ἐπικαλέω; ἐπί, καλέω 2/20; 분사 현재 중간태 남성 단수 대격(7:59), 분사 현재 수동태 남성 단수 대격(11:13).

ἐπικαλούμενος; ἐπικαλέω; ἐπί, καλέω 1/20; 분사 현재 수동태 남성 단수 주격(10:18).

ἐπικαλουμένου; ἐπικαλέω; ἐπί, καλέω 1/20; 분사 현재 수동태 남성 단수 속격(12:12).

ἐπικαλουμένους; ἐπικαλέω; ἐπί, καλέω 2/20; 분사 현재 중간태 남성 복수 대격(9:14, 21).

ἐπικειμένου; ἐπίκειμαι; ἐπί, κεῖμαι 1/1; 분사 현재 이태중간 남성 단수 속격(27:20); 지속[지속1: 어떤 상태가 오래 계속됨, 또는 어떤 상태를 오래 계속함]되다.

ἐπικέκλησαι; ἐπικαλέω; ἐπί, καλέω 1/20; 직설법 완료 중간태 2인칭 단수(25:12); 부르다1, 이름 지어 부르다, 가리켜 부르다; [중간태] 호소하다1, 상소하다2; [수동태] 일컬어지다.

ἐπικέκληται; ἐπικαλέω; ἐπί, καλέω 1/20; 직설법 완료 수동태 3인칭 단수(15:17).

ἐπικληθεὶς; ἐπικαλέω; ἐπί, καλέω 1/20; 분사 부정과거 수동태 남성 단수 주격(4:36).

ἐπικληθέντα; ἐπικαλέω; ἐπί, καλέω 1/20; 분사 부정과거 수동태 남성 단수 대격(12:25).

᾿Επικουρείων; ᾿Επικούρειος 1/1; [명사] 남성 복수 속격(17:18); 에피쿠로스[고대 그리스의 철학자, 341-270 BC]학파.

ἐπικουρίας; ἐπικουρία; ἐπί, κείρω 1/1; [명사] 여성 단수 속격(26:22); 도움[남을 돕는 일; 우조3].

ἐπιλαβόμενοι; ἐπιλαμβάνομαι; ἐπί, λαμβάνω 3/7; 분사 부정과거 이태중간 남성 복수 주격(16:19; 18:17; 21:30); 붙잡다[놓치지 않도록 단단히 쥐다], 붙들다[놓치지 않게 꽉 쥐다].

ἐπιλαβόμενοί; ἐπιλαμβάνομαι; ἐπί, λαμβάνω 1/7; 분사 부정과거 이태중간 남성 복수 주격(17:19).

ἐπιλαβόμενος; ἐπιλαμβάνομαι; ἐπί, λαμβάνω 2/7; 분사 부정과거 이태중간 남성 단수 주격(9:27; 23:19).

ἐπιλεξάμενος; ἐπιλέγω; ἐπί, λέγω 1/1; 분사 부정과거 중간태 남성 단수 주격(15:40); 뽑다[여럿 가운데에서 골라내다], 선임[선임3: 여러 사람 가운데에서 어떤 직무나 임무를 맡을 사람을 골라냄; 임명함]하다2.

ἐπιλυθήσεται; ἐπιλύω; ἐπί, λύω 1/1; 직설법 미래 수동태 3인칭 단수(19:39); 다루다1[일거리를 처리하다]; [수동태] 다뤄지다.

ἐπιμεῖναι; ἐπιμένω; ἐπί, μένω 2/6; 부정사 부정과거 능동태(10:48; 28:14); 머물다['머무르다: 도중에 멈추거나 일시적으로 어떤 곳에 묵다'의 준말], 지내다1[사람이 어떤 장소에서 생활을 하면서 시간이 지나가는 상태가 되게 하다], 계속[계속4: 끊이지 않고 이어 나감]하다3.

ἐπιμελείας; ἐπιμέλεια; ἐπί, μέλω 1/1; [명사] 여성 단수 속격(27:3); 보살핌[보살피다: 정성을 기울여 보호하며 돕다].

ἐπιμενόντων; ἐπιμένω; ἐπί, μένω 1/6; 분사 현재 능동태 남성 복수 속격(21:10); 머물다, 지내다1, 계속하다3.

ἐπίνοια; ἐπίνοια; ἐπί, νοῦς 1/1; [명사] 여성 단수 주격(8:22); 본뜻[=본심: 본디부터 변함없이 그대로 가지고 있는 마음; 본마음, 본의], 의도2[무엇을 하고자 하는 생각이나 계획, 또는 무엇을 하려고 꾀함].

ἐπιούσῃ; ἔπειμι; ἐπί, εἶμι 5/5; 분사 현재 여성 단수 여격(7:26; 16:11; 20:15; 21:18; 23:11); 다가오다[일정한 때가 가까이 닥쳐오다].

–τῇ ἐπιούσῃ (7:26; 16:11; 20:15; 21:18; 23:11); 이튿날[어떤 일이 있은 그 다음의 날].

ἐπιπεπτωκός; ἐπιπίπτω; ἐπί, πίπτω 1/6; 분사 완료 능동태 중성 단수 주격(8:16); 임하다2[하늘의 신성이 인간이나 인간 세계에 미치다], 엎드리다[상반신을 아래로 매우 굽히거나 바닥에 대다], 달려들다[갑자기 달려와 안기거나 매달리다], 끌어안다[끌어당기어 안다; 끌안다].

ἐπιπεσόντες; ἐπιπίπτω; ἐπί, πίπτω 1/6; 분사 부정과거 능동태 남성 복수 주격(20:37).

ἐπίπρασκον; πιπράσκω 1/3; 직설법 미완료 능동태 3인칭 복수(2:45); 팔다[값을 받고 물건이나 권리 따위를 남에게 넘기거나 노력 따위를 제공하다].

ἐπισκευασάμενοι; ἐπισκευάζομαι; ἐπί, σκεῦος 1/1; 분사 부정과거 이태중간 남성 복수 주격(21:15); 짐을 꾸리다1[짐이나 물건 따위를 싸서 묶다].

ἐπισκέψασθαι; ἐπισκέπτομαι; ἐπί, σκοπός 1/4; 부정사 부정과거 이태중간(7:23); 살피다1[형편이나 사정 따위를 자세히 알아보다], 보살피다[이리저리 보아서 살피다], 살펴보다[두루두루 자세히 보다].

ἐπισκέψασθε; ἐπισκέπτομαι; ἐπί, σκοπός 1/4; 명령법 부정과거 이태중간 2인칭 복수(6:3).

ἐπισκεψώμεθα; ἐπισκέπτομαι; ἐπί, σκοπός 1/4; 가정법 부정과거 이태중간 1인칭 복수 (15:36).

ἐπισκιάσῃ; ἐπισκιάζω; ἐπί, σκιά 1/1; 가정법 부정과거 능동태 3인칭 단수(5:15); 드리우다1[빛, 어둠, 그늘, 그림자 따위가 깃들거나 뒤덮이다, 또는 그렇게 되게 하다].

ἐπισκοπὴν; ἐπισκοπή; ἐπί, σκοπός 1/1; [명사] 여성 단수 대격(1:20); 자리1[일정한 조건의 사람을 필요로 하는 곳], 직위[직무에 따라 규정되는 사회적, 행정적 위치], 지위4[개인의 사회적 신분에 따르는 위치나 자리; 위4].

ἐπισκόπους; ἐπίσκοπος; ἐπί, σκοπός 1/1; [명사] 남성 복수 대격(20:28); 감독자[감독하는 사람].

ἐπίσταμαι; ἐπίσταμαι; ἐπί, ἵστημι 1/9; 직설법 현재 이태중간 1인칭 단수(19:15); 이해[이해6: 사리를 분별하여 해석함, 깨달아 앎]하다2, 파악[파악1: 어떤 대상의 내용이나 본질을 확실하게 이해하여 앎]하다, 알다[교육이나 경험, 사고 행위를 통하여 사물이나 상황에 대한 정보나 지식을 갖추다], 알고 있다.

ἐπιστάμενος; ἐπίσταμαι; ἐπί, ἵστημι 2/9; 분사 현재 이태중간 남성 단수 주격(18:25; 24:10).

ἐπίστανται; ἐπίσταμαι; ἐπί, ἵστημι 1/9; 직설법 현재 이태중간 3인칭 복수(22:19).

ἐπιστάντες; ἐφίστημι; ἐπί, ἵστημι 2/11; 분사 부정과거 능동태 남성 복수 주격(6:12; 17:5); 곁에 서다, 다가가다[어떤 대상 쪽으로 가까이 가다], 들이닥치다[갑자기 바싹 다다르다], 몰아닥치다[한꺼번에 세게 들이닥치다], 몰려가다[떼를 지어서 여럿이 한쪽으로 가다], 몰려오다, 내리다1[눈, 비, 서리, 이슬 따위가 오다].

ἐπιστὰς; ἐφίστημι; ἐπί, ἵστημι 3/11; 분사 부정과거 능동태 남성 단수 주격(22:13; 23:11, 27).

ἐπίστασθε; ἐπίσταμαι; ἐπί, ἵστημι 4/9; 직설법 현재 이태중간 2인칭 복수(10:28; 15:7; 19:25; 20:18); 이해하다2, 파악하다, 알다, 알고 있다.

ἐπίστασιν; ἐπίστασις; ἐπί, ἵστημι 1/1; [명사] 여성 단수 대격(24:12); 부추김[부추기다: 남을 이리저리 들쑤셔서 어떤 일을 하게 만들다; 추키다], 결집[한곳에 모여 뭉침, 또는 한곳에 모아 뭉침].

ἐπίσταται; ἐπίσταμαι; ἐπί, ἵστημι 1/9; 직설법 현재 이태중간 3인칭 단수(26:26); 이해하다2, 파악하다, 알다, 알고 있다.

ἐπιστεῖλαι; ἐπιστέλλω; ἐπί, στέλλω 1/2; 부정사 부정과거 능동태(15:20); 편지[편지2: 안부, 소식, 용무 따위를 적어 보내는 글]를 보내다, 서신[서신2]을 보내다.

ἐπίστευον; πιστεύω; πείθω 1/37; 직설법 미완료 능동태 3인칭 복수(18:8); 믿다[절대자나 종교적 이념 따위를 받들고 따르다].

ἐπίστευσαν; πιστεύω; πείθω 6/37; 직설법 부정과거 능동태 3인칭 복수(4:4; 8:12; 9:42; 13:48; 17:12, 34).

ἐπίστευσεν; πιστεύω; πείθω 3/37; 직설법 부정과거 능동태 3인칭 단수(8:13; 13:12; 18:8).

ἐπιστηρίζοντες; ἐπιστηρίζω; ἐπί, στηρίζω 1/4; 분사 현재 능동태 남성 복수 주격(14:22); 굳건하게/굳건히 세우다.

ἐπιστηρίζων; ἐπιστηρίζω; ἐπί, στηρίζω 2/4; 분사 현재 능동태 남성 단수 주격(15:41; 18:23).

ἐπιστολὰς; ἐπιστολή; ἐπί, στέλλω 2/5; [명사] 여성 복수 대격(9:2; 22:5); 서신2[=편지2].
ἐπιστολήν; ἐπιστολή; ἐπί, στέλλω 1/4; [명사] 여성 단수 대격(15:30).
ἐπιστολὴν; ἐπιστολή; ἐπί, στέλλω 2/4; [명사] 여성 단수 대격(23:25, 33).
ἐπιστρέφειν; ἐπιστρέφω; ἐπί, στρέφω 2/11; 부정사 현재 능동태(14:15; 26:20); 돌이키다 [원래 향하고 있던 방향에서 반대쪽으로 돌리다], 방향을 바꾸다, 돌아가다, 돌아오다, 고개를 돌려 보다.
ἐπιστρέφουσιν; ἐπιστρέφω; ἐπί, στρέφω 1/11; 분사 현재 능동태 남성 복수 여격(15:19).
ἐπιστρέψαι; ἐπιστρέφω; ἐπί, στρέφω 1/11; 부정사 부정과거 능동태(26:18).
᾿Επιστρέψαντες; ἐπιστρέφω; ἐπί, στρέφω 1/11; 분사 부정과거 능동태 남성 복수 주격(15:36).
ἐπιστρέψας; ἐπιστρέφω; ἐπί, στρέφω 2/11; 분사 부정과거 능동태 남성 단수 주격(9:40; 16:18).
ἐπιστρέψατε; ἐπιστρέφω; ἐπί, στρέφω 1/11; 명령법 부정과거 능동태 2인칭 복수(3:19).
ἐπιστρέψωσιν; ἐπιστρέφω; ἐπί, στρέφω 1/11; 가정법 부정과거 능동태 3인칭 복수(28:27).
ἐπιστροφὴν; ἐπιστροφή; ἐπί, στρέφω 1/1; [명사] 여성 단수 대격(15:3); 돌이킴.
ἐπισφαλοῦς; ἐπισφαλής; ἐπί, σφάλλω 1/1; [형용사] 남성 단수 속격(27:9); 위태위태한[위태위태하다: 매우 위태하다].
ἐπιτίθεσθαι; ἐπιτίθημι; ἐπί, τίθημι 1/14; 부정사 현재 중간태(15:28); 얹다[위에 올려놓다], 보태[보태다: 모자라는 것을 더하여 채우다] 주다, [짐을] 지우다5['지다5: 책임이나 의무를 맡다'의 사동사], [손을] 대다1[무엇을 어디에 닿게 하다], [멍에를] 메우다1[말이나 소의 목에 멍에를 얹어서 매다], [상처를] 입히다 ['입다1: 도움, 손해 따위와 같은 말을 목적어로 하여, 받거나 당하다'의 사동사].
᾿Επιτρέπεταί; ἐπιτρέπω; ἐπί, τρέπω 1/5; 직설법 현재 수동태 3인칭 단수(26:1); 허락[청하는 일을 하도록 들어줌; 긍가]하다; [수동태] 허용되다.
ἐπιτρέψαντος; ἐπιτρέπω; ἐπί, τρέπω 1/5; 분사 부정과거 능동태 남성 단수 속격(21:40).
ἐπίτρεψόν; ἐπιτρέπω; ἐπί, τρέπω 1/5; 명령법 부정과거 능동태 2인칭 단수(21:39).
ἐπιτροπῆς; ἐπιτροπή; ἐπί, τρέπω 1/1; [명사] 여성 단수 속격(26:12); 부탁[어떤 일을 해 달라고 청하거나 맡김, 또는 그 일거리].
ἐπιφαινόντων; ἐπιφαίνω; ἐπί, φαίνω 1/1; 분사 현재 능동태 중성 복수 속격(27:20); 비추다[빛을 내는 대상이 다른 대상에 빛을 보내어 밝게 하다].
ἐπιφανῆ; ἐπιφανής; ἐπί, φαίνω 1/1; [형용사] 여성 단수 대격(2:20); 멋진[멋지다: 매우 멋이 있다].
ἐπλέομεν; πλέω 1/4; 직설법 미완료 능동태 1인칭 복수(21:3); 항해하다[배를 타고 바다 위를 다니다].
ἐπληθύνετο; πληθύνω; πληρόω 3/5; 직설법 미완료 수동태 3인칭 단수(6:7; 9:31; 12:24); 많아지다, 늘다; [수동태] 확충[늘리고 넓혀 충실하게 함; 넓혀 보충함]되다, 뻗어 나가다.
ἐπληθύνθη; πληθύνω; πληρόω 1/5; 직설법 부정과거 수동태 3인칭 단수(7:17).
ἐπλήρου; πληρόω 1/16; 직설법 미완료 능동태 3인칭 단수(13:25); 차다1[일정한 공간에 사람, 사물, 냄새 따위가 더 들어갈 수 없이 가득하게 되다], 가득하게 되다, 끝마치다[일을 끝내어 마치다], 이루다1[뜻한 대로 되게 하다]; [수동태] 채우다3['차다1'의 사동사], 충만[가득하게 참; 가득 참]하다, 가득 차다, 이뤄지다, 만

료되다[기한이 다 차서 끝남], 지나다[시간이 흘러 과거가 되다].

ἐπληροῦντο; πληρόω 2/16; 직설법 미완료 수동태 3인칭 복수(9:23; 13:52).

ἐπληροῦτο; πληρόω 1/16; 직설법 미완료 수동태 3인칭 단수(7:23).

ἐπληρώθη; πληρόω 1/16; 직설법 부정과거 수동태 3인칭 단수(19:21).

ἐπλήρωσαν; πληρόω 2/16; 직설법 부정과거 능동태 3인칭 복수(13:27; 14:26).

ἐπλήρωσεν; πληρόω 3/16; 직설법 부정과거 능동태 3인칭 단수(2:2; 3:18; 5:3).

ἐπλήσθη; πίμπλημι; πληρόω 1/9; 직설법 부정과거 수동태 3인칭 단수(19:29); 가득1[분량이나 수효 따위가 어떤 범위나 한도에 꽉 찬 모양] 차다, ~에게 ~이 충만[충만: 한껏 차서 가득함; 가득 참]하다, 온통[있는 전부] ~해지다; [수동태] ~이 ~으로 충만되다.

ἐπλήσθησαν; πίμπλημι; πληρόω 5/9; 직설법 부정과거 수동태 3인칭 복수(2:4; 3:10; 4:31; 5:17; 13:45).

ἐποίει; ποιέω 6/68; 직설법 미완료 능동태 3인칭 단수(6:8; 8:6; 9:36, 39; 16:18; 19:11); 만들다[노력이나 기술 따위를 들여 목적하는 사물을 이루다], 삼다2[무엇을 무엇이 되게 하거나 여기다], 짓다1[재료를 들여 밥, 옷, 집 따위를 만들다], 행하다[어떤 일을 실제로 해 나가다], 실행하다2[실제로 행하다], [일을] 하다, 시행하다1[실지로 행하다], 이루다1[어떤 대상이 일정한 상태나 결과를 생기게 하거나 일으키거나 만들다], 조치[조치4: 벌어지는 사태를 잘 살펴서 필요한 대책을 세워 행함, 또는 그 대책]를 취하다, 선사하다5[존경, 친근, 애정의 뜻을 나타내기 위하여 남에게 선물을 주다], ~게 하다, 계산하다[수를 헤아리다], 이러하다['이렇다: 상태, 모양, 성질 따위가 이와 같다'의 본말], 지내다1[사람이 어떤 장소에서 생활을 하면서 시간이 지나가는 상태가 되게 하다].

ἐποίησα; ποιέω 1/68; 직설법 부정과거 능동태 1인칭 단수(26:10).

ἐποιησάμην; ποιέω 1/68; 직설법 부정과거 중간태 1인칭 단수(1:1).

ἐποίησαν; ποιέω 2/68; 직설법 부정과거 능동태 3인칭 복수(8:2; 11:30).

ἐποίησας; ποιέω 1/68; 직설법 부정과거 능동태 2인칭 단수(10:33).

ἐποιήσατε; ποιέω 2/68; 직설법 부정과거 능동태 2인칭 복수(4:7; 7:43).

ἐποίησεν; ποιέω 13/68; 직설법 부정과거 능동태 3인칭 단수(2:22, 36; 7:24, 50; 9:13; 10:39; 12:8; 14:11, 15, 27; 15:4, 12; 21:19).

ἐποίησέν; ποιέω 1/68; 직설법 부정과거 능동태 3인칭 단수(17:26).

ἐποίουν; ποιέω 1/68; 직설법 미완료 능동태 3인칭 복수(15:3).

ἐποιοῦντο; ποιέω 1/68; 직설법 미완료 중간태 3인칭 복수(27:18).

ἐπορεύετο; πορεύομαι 1/37; 직설법 미완료 이태중간 3인칭 단수(8:39); 가다1[한 곳에서 다른 곳으로 장소를 이동하다], 나가다[일정한 지역이나 공간의 범위와 관련하여 그 안에서 밖으로 이동하다], 길을 떠나다, 가 있다, 진행[진행2: 앞으로 향하여 나아감]하다, 진보[진보2: 정도나 수준이 나아지거나 높아짐]하다.

ἐπορεύθη; πορεύομαι 2/37; 직설법 부정과거 수동태 3인칭 단수(8:27; 12:17).

ἐπορευόμεθα; πορεύομαι 1/37; 직설법 미완료 이태중간 1인칭 복수(21:5).

ἐπορευόμην; πορεύομαι 1/37; 직설법 미완료 이태중간 1인칭 단수(22:5).

ἐπορεύοντο; πορεύομαι 2/37; 직설법 미완료 이태중간 3인칭 복수(5:41; 8:36).

ἐπράξατε; πράσσω 1/13; 직설법 부정과거 능동태 2인칭 복수(3:17); 하다1[사람이나 동물,

물체 따위가 행동이나 작용을 이루다], 행동하다[몸을 움직여 동작을 하거나 어떤 일을 하다], 행동을 하다, 처하다[어떤 형편이나 처지에 놓이다].

ἐπροφήτευον; προφητεύω; πρό, φημί 1/4; 직설법 미완료 능동태 3인칭 복수(19:6); 예언[신탁을 받은 사람이 하나님으로부터 직접 계시된 진리를 사람들에게 전하는 일, 또는 그런 말]하다, 예언을 하다.

ἑπτά; ἑπτά 5/8; [형용사, 양수사] (6:3; 20:6; 21:4, 8; 28:14); 일곱[여섯에 하나를 더한 수, 또는 그런 수의], 칠1[육에 일을 더한 수], 7.

ἑπτὰ; ἑπτά 3/8; [형용사, 양수사] (13:19; 19:14; 21:27).

ἐπυνθάνετο; πυνθάνομαι 2/7; 직설법 미완료 이태중간 3인칭 단수(21:33; 23:19); 여쭈다[웃어른에게 말씀을 올리다; 여쭙다], 질문[모르거나 의심나는 점을 물음]하다, 알아내다[방법이나 수단을 써서 모르던 것을 알 수 있게 되다], 심문[심문3: 자세히 따져서 물음]하다2.

ἐπυνθάνοντο; πυνθάνομαι 2/7; 직설법 미완료 이태중간 3인칭 복수(4:7; 10:18).

ἐπώλησεν; πωλέω 1/3; 직설법 부정과거 능동태 3인칭 단수(5:1); 매각[물건을 팔아 버림]하다, 처분[처리하여 치움]하다1.

Ἔραστον; Ἔραστος 1/1; [명사] 남성 단수 대격(19:22); 에라스도.

ἔργα; ἔργον 1/10; [명사] 중성 복수 대격(26:20); 일1, 행동[몸을 움직여 동작을 하거나 어떤 일을 함], 행위[사람이 의지를 가지고 하는 짓], 만든[만들다: 노력이나 기술 따위를 들여 목적하는 사물을 이루다] 것.

ἐργάζομαι; ἐργάζομαι; ἔργον 1/3; 직설법 현재 이태중간 1인칭 단수(13:41); 일[일1: 무엇을 이루려고 어떤 장소에서 일정한 시간 동안 몸을 움직이거나 머리를 쓰는 활동, 또는 그 활동의 대상]을 하다, 이루다1[뜻한 대로 되게 하다].

ἐργαζόμενος; ἐργάζομαι; ἔργον 1/3; 분사 현재 이태중간 남성 단수 주격(10:35).

ἐργασίαν; ἐργασία; ἔργον 2/4; [명사] 여성 단수 대격(16:16; 19:24); 일감, 일거리[일할 거리].

ἐργασίας; ἐργασία; ἔργον 2/4; [명사] 여성 단수 속격(16:19; 19:25).

ἐργάτας; ἐργάτης; ἔργον 1/1; [명사] 남성 복수 대격(19:25); 일꾼[삯을 받고 남의 일을 해 주는 사람].

ἔργοις; ἔργον 2/10; [명사] 중성 복수 여격(7:22, 41); 일1, 행동, 행위, 만든 것.

ἔργον; ἔργον 6/10; [명사] 중성 단수 주격(5:38), 중성 단수 대격(13:2, 41[2회]; 14:26; 15:38)

ἔργων; ἔργον 1/10; [명사] 중성 복수 속격(9:36).

ἐρεῖς; λέγω 1/234; 직설법 미래 능동태 2인칭 단수(23:5); 말하다[생각이나 느낌 따위를 말로 나타내다], 부르다1[무엇이라고 가리켜 말하거나 이름을 붙이다]; [분사] 말[말1: 사람의 생각이나 느낌 따위를 표현하고 전달하는데 쓰는 음성 기호]로; [수동태] 언급[어떤 문제에 대하여 말함]되다, 불리다4['부르다1'의 피동사].

ἐρείσασα; ἐρείδω 1/1; 분사 부정과거 능동태 여성 단수 주격(27:41); 틀어박히다['틀어박다: 비좁은 자리에 억지로 쑤시고 들이밀다'의 피동사].

ἔρημον; ἔρημος 1/9; [형용사] 여성 단수 대격(21:38); 광야[텅 비고 아득한 넓은 들], 황량한[황량하다: 황폐하여 거칠고 쓸쓸하다] 곳.

ἔρημος; ἔρημος 2/9; [형용사] 여성 단수 주격(1:20; 8:26)

ἐρήμῳ; ἔρημος 6/9; [형용사] 여성 단수 여격(7:30, 36, 38, 42, 44; 13:18).

Ἑρμῆν; Ἑρμῆς 1/1; [명사] 남성 단수 대격(14:12); 헤르메스[그리스 신화에 나오는 신. 신들의 심부름꾼이며 목부, 나그네, 상인, 도둑의 수호신으로, 날개 달린 모자와 신을 신고 뱀을 감은 단장을 짚으며 죽은 사람의 망령을 저승으로 인도한다고 한다. 로마 신화의 메르쿠리우스에 해당한다.].

ἑρπετὰ; ἑρπετόν; ἕρπω 2/2; [명사] 중성 복수 주격(10:12), 중성 복수 대격(11:6); 길짐승[기어 다니는 짐승을 통틀어 이르는 말; 주수5], 기어 다니는 짐승.

ἔρριψαν; ῥίπτω 1/2; 직설법 부정과거 능동태 3인칭 복수(27:19); 내던지다[아무렇게나 힘차게 던지다], 던지다[손에 든 물건을 다른 곳에 떨어지게 팔과 손목을 움직여 공중으로 내보내다].

Ἔρρωσθε; ῥώννυμι 1/1; 명령법 완료 수동태 2인칭 복수(15:29); 건강하다2[정신적으로나 육체적으로 아무 탈이 없고 튼튼하다], 안녕하다[몸이 건강하고 마음이 편안하다. 안부를 전하거나 물을 때에 쓴다.].

Ἐρυθρᾷ; ἐρυθρός 1/1; [형용사] 여성 단수 여격(7:36); 홍3[붉은색].

ἔρχεται; ἔρχομαι 1/50; 직설법 현재 이태중간 3인칭 단수(13:25); 오다1[어떤 사람이 말하는 사람 혹은 기준이 되는 사람이 있는 쪽으로 움직여 위치를 옮기다], 가다1[한 곳에서 다른 곳으로 장소를 이동하다], 다다르다[목적한 곳에 이르다, 어떤 수준이나 한계에 미치다], 당도[당도1: 어떤 곳에 다다름]하다1, 닿다1[어떤 곳에 이르다], 등장[등장1: 무대나 연단 따위에 나옴]하다1, 나오다[일정한 목적으로 어떠한 곳에 오다], 바로 이어지는, 들다1[어떤 일이나 기상 현상이 일어나다].

ἐρχόμενον; ἔρχομαι 1/50; 분사 현재 이태중간 남성 단수 대격(19:4).

ἐρχομένου; ἔρχομαι 1/50; 분사 현재 이태중간 남성 단수 속격(5:15).

ἐρχομένῳ; ἔρχομαι 1/50; 분사 현재 이태중간 중성 단수 여격(13:44).

ἐρωτῆσαί; ἐρωτάω 1/7; 부정사 부정과거 능동태(23:20); 요청[필요한 일이 이루어지도록 요긴하게 부탁함, 또는 그런 부탁]하다, 달라고 간청[간절히 청함, 또는 그런 청]하다, 간절히 청하다.

ἐρωτώντων; ἐρωτάω 1/7; 분사 현재 능동태 남성 복수 속격(18:20).

ἐσαλεύθη; σαλεύω; σάλος 1/4; 직설법 부정과거 수동태 3인칭 단수(4:31); 뒤흔들다[큰 파문을 일으키다]; [수동태] 흔들리다['흔들다: 큰 소리나 충격이 물체를 울리게 하다'의 피동사].

ἔσεσθαι; εἰμί 4/278; 부정사 미래(11:28; 23:30; 24:15; 27:10); 이다3, 있다1, 지니고 있다, 나다1, 접어들다, 다8; [미래] 있게 되다.

ἔσεσθέ; εἰμί 1/278; 직설법 미래 2인칭 복수(1:8).

ἔσῃ; εἰμί 2/278; 직설법 미래 2인칭 단수(13:11; 22:15).

ἐσήμανεν; σημαίνω; σημεῖον 1/2; 직설법 부정과거 능동태 3인칭 단수(11:28); 표시[표시1: 겉으로 드러내 보임]하다1, 드러내 보이다.

ἐσθήσεσι; ἐσθής; ἕννυμι 1/3; [명사] 여성 복수 여격(1:10); 옷1[몸을 싸서 가리거나 보호하기 위하여 피륙 따위로 만들어 입는 물건], 걸치개.

ἐσθῆτα; ἐσθής; ἕννυμι 1/3; [명사] 여성 단수 대격(12:21).

ἐσθῆτι; ἐσθής; ἕννυμι 1/3; [명사] 여성 단수 여격(10:30).

ἐσθίειν; ἐσθίω 1/7; 부정사 현재 능동태(27:35); 먹다2[음식 따위를 입을 통하여 배 속에

들여보내다], 먹어 보다.

᾿Εσίγησεν; σιγάω; σιγή 1/3; 직설법 부정과거 능동태 3인칭 단수(15:12); 잠잠하다[분위기나 활동 따위가 소란하지 않고 조용하다, 말 없이 가만히 있다], 조용해지다.

ἐσκληρύνοντο; σκληρύνω; σκληρός 1/1; 직설법 미완료 수동태 3인칭 복수(19:9); 완고하게[완고하다: 융통성이 없이 올곧고 고집이 세다] 하다; [수동태] 고집스럽다[보기에 고집을 부리는 태도가 있다].

ἐσμεν; εἰμί 6/278; 직설법 현재 1인칭 복수(2:32; 3:15; 5:32; 14:15; 16:28; 23:15); 이다3, 있다1, 지니고 있다, 나다1, 접어들다, 다8; [미래] 있게 되다.

ἐσμέν; εἰμί 2/278; 직설법 현재 1인칭 복수(17:28[2회]).

ἑσπέρα; ἑσπέρα; ἕσπερος 1/2; [명사] 여성 단수 주격(4:3); 저녁[해가 질 무렵부터 밤이 되기까지의 사이].

ἑσπέρας; ἑσπέρα; ἕσπερος 1/2; [명사] 여성 단수 속격(28:23).

ἔσπευδεν; σπεύδω 1/2; 직설법 미완료 능동태 3인칭 단수(20:16); 서두르다[일을 빨리 해치우려고 급하게 바삐 움직이다], 급히[시간의 여유가 없어 일을 서두르거나 다그쳐 매우 빠르게] 가다.

ἔσται; εἰμί 6/278; 직설법 미래 3인칭 단수(2:17, 21; 3:23; 7:6; 27:22, 25); 이다3, 있다1, 지니고 있다, 나다1, 접어들다, 다8; [미래] 있게 되다.

ἑστάναι; ἵστημι 1/35; 부정사 완료 능동태(12:14); 세우다1['서다1'의 사동사], 앞에 내세우다[나와 서게 하다], 배치[배치3: 사람이나 물자 따위를 일정한 자리에 알맞게 나누어 둠]하다2, 얹다[위에 올려놓다], 지우다5['지다5: 물건을 짊어서 등에 얹다'의 사동사], 견디다[사람이나 생물이 어려운 환경에 굴복하거나 죽지 않고 버티면서 살아 나가는 상태가 되다], 정하다3[여럿 가운데 선택하거나 판단하여 결정하다]; [수동태] 서다1[사람이나 동물이 발을 땅에 대고 다리를 쭉 뻗으며 몸을 곧게 하다], 서 있다, 일어서다, 들어서다[밖에서 안쪽으로 옮겨 서다].

ἐσταυρώσατε; σταυρόω 2/2; 직설법 부정과거 능동태 2인칭 복수(2:36; 4:10); 십자가에 매달다.

ἐστε; εἰμί 3/278; 직설법 현재 2인칭 복수(3:25; 7:26; 22:3); 이다3, 있다1, 지니고 있다, 나다1, 접어들다, 다8; [미래] 있게 되다.

ἐστέ; εἰμί 1/278; 직설법 현재 2인칭 복수(19:15).

ἐστερεοῦντο; στερεόω; στερέω 1/3; 직설법 미완료 수동태 3인칭 복수(16:5); 튼튼하게 만들어 주다, 견고하다[사상이나 의지 따위가 동요됨이 없이 확고하다]; [수동태] 견고해지다.

ἐστερεώθησαν; στερεόω; στερέω 1/3; 직설법 부정과거 수동태 3인칭 복수(3:7).

ἐστερέωσεν; στερεόω; στερέω 1/3; 직설법 부정과거 능동태 3인칭 단수(3:16).

ἔστη; ἵστημι 2/35; 직설법 부정과거 능동태 3인칭 단수(3:8; 10:30); 세우다1, 앞에 내세우다, 배치하다2, 얹다, 지우다5, 견디다, 정하다3; [수동태] 서다1, 서 있다, 일어서다, 들어서다.

ἕστηκα; ἵστημι 2/35; 직설법 완료 능동태 1인칭 단수(26:6, 22).

ἕστηκας; ἵστημι 1/35; 직설법 완료 능동태 2인칭 단수(7:33).

ἑστήκατε; ἵστημι 1/35; 직설법 완료 능동태 2인칭 복수(1:11).

ἔστησαν; ἵστημι 3/35; 직설법 부정과거 능동태 3인칭 복수(1:23; 5:27; 6:6).

ἔστησάν; ἵστημι 1/35; 직설법 부정과거 능동태 3인칭 복수(6:13).

ἔστησεν; ἵστημι 2/35; 직설법 부정과거 능동태 3인칭 단수(17:31; 22:30).

ἐστί; εἰμί 1/278; 직설법 현재 3인칭 단수(18:10); 이다3, 있다1, 지니고 있다, 나다1, 접어들다, 다8; [미래] 있게 되다.

ἐστιν; εἰμί 49/278; 직설법 현재 3인칭 단수.

ἐστίν; εἰμί 3/278; 직설법 현재 3인칭 단수(7:33; 9:15; 23:34).

ἐστὶν; εἰμί 7/278; 직설법 현재 3인칭 단수(8:26; 9:26, 38; 16:12; 19:36; 23:5, 6).

ἔστιν; εἰμί 10/278; 직설법 현재 3인칭 단수(1:19; 2:15, 29; 4:12; 8:21[2회]; 10:34; 19:2, 4; 25:16).

ἐστράφησαν; στρέφω 1/3; 직설법 부정과거 수동태 3인칭 복수(7:39); 향하다[어느 한쪽을 목표로 하여 나아가다], 기울이다['기울다: 마음이나 생각 따위가 어느 한쪽으로 쏠리다'의 사동사], 등지다[관계를 끊고 멀리하거나 떠나다].

ἔστρεψεν; στρέφω 1/3; 직설법 부정과거 능동태 3인칭 단수(7:42).

ἔστω; εἰμί 5/278; 명령법 현재 3인칭 단수(1:20; 2:14; 4:10; 13:38; 28:28); 이다3, 있다1, 지니고 있다, 나다1, 접어들다, 다8; [미래] 있게 되다.

ἑστώς; ἵστημι 1/35; 분사 완료 능동태 남성 단수 주격(25:10); 세우다1, 앞에 내세우다, 배치하다2, 얹다, 지우다5, 견디다, 정하다3; [수동태] 서다1, 서 있다, 일어서다, 들어서다.

ἑστὼς; ἵστημι 3/35; 분사 완료 능동태 남성 단수 주격(16:9; 21:40; 24:21).

ἑστῶτα; ἵστημι 4/35; 분사 완료 능동태 남성 단수 대격(4:14; 7:55, 56; 22:25).

ἑστῶτας; ἵστημι 1/35; 분사 완료 능동태 남성 복수 대격(5:23).

ἑστῶτες; ἵστημι 1/35; 분사 완료 능동태 남성 복수 주격(5:25).

ἔσυρον; σύρω; σύν, σύρω 2/3; 직설법 미완료 능동태 3인칭 복수(14:19; 17:6); 끌어내다[당겨서 밖으로 내다; 사람이나 짐승을 억지로 나오게 하다].

ἐσχάταις; ἔσχατος 1/3; [형용사] 여성 복수 여격(2:17); 끝1[시간, 공간, 사물 따위에서 마지막 한계가 되는 곳], 마지막[시간상이나 순서상의 맨 끝].

ἐσχάτου; ἔσχατος 2/3; [형용사] 중성 단수 속격(1:8; 13:47).

ἐσχίσθη; σχίζω 2/2; 직설법 부정과거 수동태 3인칭 단수(14:4; 23:7); 가르다[쪼개거나 나누어 따로따로 되게 하다]; [수동태] 갈리다2['가르다'의 피동사].

ἔσω; ἔσω; εἰς 1/1; [부사] (5:23); 안에.

ἐσωτέραν; ἐσώτερος; εἰς 1/1; [형용사, 비교급] 여성 단수 대격(16:24); 안쪽[안으로 향한 부분이나 안에 있는 부분], 깊은[깊다: 겉에서 속까지의 거리가 멀다].

ἔταξαν; τάσσω 1/4; 직설법 부정과거 능동태 3인칭 복수(15:2); 정하다3[여럿 가운데 선택하거나 판단하여 결정하다], 정해 주다1[다른 사람을 위하여 어떤 행동을 함을 나타내는 말], 결정[결정1: 행동이나 태도를 분명하게 정함, 또는 그렇게 정해진 내용]하다1.

ἐτάραξαν; ταράσσω 2/3; 직설법 부정과거 능동태 3인칭 복수(15:24; 17:8); 쥐어흔들다[마음대로 휘두르다], 쥐흔들다['쥐어흔들다'의 준말], 마음을 흔들다[어떤 일이나 말이 사람의 마음을 동요하게 하거나 약한 상태가 되게 하다].

ἐτάφη; θάπτω 1/4; 직설법 부정과거 수동태 3인칭 단수(2:29); 묻다2[물건을 흙이나 다른 물건 속에 넣어 보이지 않게 쌓아 덮다]; [수동태] 묻히다2['묻다2'의 피동사].

ἐτέθησαν; τίθημι 1/23; 직설법 부정과거 수동태 3인칭 복수(7:16); 두다1[일정한 곳에 놓다], 삼다2[무엇을 무엇이 되게 하거나 여기다], 세우다1['서다1: 사람이나 동물이 발을 땅에 대고 다리를 쭉 뻗으며 몸을 곧게 하다'의 사동사], 작정하다1[일을 어떻게 하기로 결정하다], 이끌어 내다, 처넣다[마구 집어넣다], 꿇다[무릎을 구부려 바닥에 대다]; [수동태] 묻히다2['묻다2: 물건을 흙이나 다른 물건 속에 넣어 보이지 않게 쌓아 덮다'의 피동사].

ἐτέλεσαν; τελέω; τέλος 1/1; 직설법 부정과거 능동태 3인칭 복수(13:29); 끝내다['끝나다: 일이 다 이루어지다'의 사동사].

ἐτελεύτησεν; τελευτάω; τέλος 2/2; 직설법 부정과거 능동태 3인칭 단수(2:29; 7:15); [일생을] 끝마치다[일을 끝내어 마치다].

ἑτέρᾳ; ἕτερος 2/17; [형용사] 여성 단수 여격(20:15; 27:3); 전혀[전혀1: 주로 부정하는 뜻을 나타내는 낱말고 함께 쓰여 '도무지', '아주', '완전히'의 뜻을 나타낸다] 다른, 다른, 그밖에 ~이들.

ἑτέραις; ἕτερος 1/17; [형용사] 여성 복수 여격(2:4).

ἕτεροι; ἕτερος 2/17; [형용사] 남성 복수 주격(2:13; 17:34).

ἑτέροις; ἕτερος 1/17; [형용사] 남성 복수 여격(2:40).

ἕτερον; ἕτερος 5/17; [형용사] 남성 단수 대격(12:17; 17:7), 중성 단수 주격(4:12; 23:6), 중성 단수 대격(17:21).

ἕτερος; ἕτερος 2/17; [형용사] 남성 단수 주격(1:20; 7:18).

ἑτέρου; ἕτερος 1/17; [형용사] 남성 단수 속격(8:34).

ἑτέρους; ἕτερος 1/17; [형용사] 남성 복수 대격(27:1).

ἑτέρῳ; ἕτερος 1/17; [형용사] 남성 단수 여격(13:35).

ἑτέρων; ἕτερος 1/17; [형용사] 남성 복수 속격(15:35).

–τῇ ἑτέρᾳ (20:15; 27:3); 다음 날.

ἔτεσιν; ἔτος 1/11; [명사] 중성 복수 여격(13:20); 년2[주로 한자어 수 뒤에 쓰여 해를 세는 단위].

ἔτη; ἔτος 5/11; [명사] 중성 복수 대격(7:6, 36, 42; 13:21; 19:10)

ἐτηρεῖτο; τηρέω 1/8; 직설법 미완료 수동태 3인칭 단수(12:5); 구금하다[피고인 또는 피의자를 구치소나 교도소 따위에 가두어 신체의 자유를 구속하는 강제 처분을 하다. 형이 확정되지 않은 사람에 대하여 집행하며, 형이 확정되면 구금 일수를 계산하여 형을 집행한 것과 동일하게 취급한다; 구류하다2], 단속하다1[규칙이나 법령, 명령 따위를 지키도록 통제하다], 준수하다3[전례나 규칙, 명령 따위를 그대로 좇아서 지키다]; [수동태] 감금되다[드나들지 못하도록 일정한 곳에 갇히다], 수감되다[사람이 구치소나 교도소에 수용되다; 입감되다].

ἐτήρουν; τηρέω 1/8; 직설법 미완료 능동태 3인칭 복수(12:6).

Ἔτι; ἔτι 1/5; [부사, 시간] (10:44); 아직1[어떤 일이나 상태 또는 어떻게 되기까지 시간이 더 지나야 함을 나타내거나, 어떤 일이나 상태가 끝나지 아니하고 지속되고 있음을 나타내는 말], 여전히[여전하다: 전과 같다], 더1[계속하여, 또는 그 위에 보태어].

ἔτι; ἔτι 4/5; [부사, 시간] (2:26; 9:1; 18:18; 21:28).

–ἔτι τε (21:28); 더욱이[그러한 데다가 더].

ἐτίθουν; τίθημι 2/23; 직설법 미완료 능동태 3인칭 복수(3:2; 4:35); 두다1[일정한 곳에 놓다], 삼다2[무엇을 무엇이 되게 하거나 여기다], 세우다1['서다1: 사람이나 동물이 발을 땅에 대고 다리를 쭉 뻗으며 몸을 곧게 하다'의 사동사], 작정하다1[일을 어떻게 하기로 결정하다], 이끌어 내다, 처넣다[마구 집어넣다], 꿇다[무릎을 구부려 바닥에 대다]; [수동태] 묻히다2['묻다2: 물건을 흙이나 다른 물건 속에 넣어 보이지 않게 쌓아 덮다'의 피동사].

ἐτίμησαν; τιμάω; τιμή 1/1; 직설법 부정과거 능동태 3인칭 복수(28:10); 보답하다[남의 호의나 은혜를 갚다].

Ἑτοιμάσατε; ἑτοιμάζω; ἕτοιμος 1/1; 명령법 부정과거 능동태 2인칭 복수(23:23); 준비시키다[시키다2: 서술성을 가지는 일부 명사 뒤에 붙어 '사동'의 뜻을 더하고 동사를 만드는 접미사].

ἕτοιμοι; ἕτοιμος 1/2; [형용사] 남성 복수 주격(23:21); 준비[미리 마련하여 갖춤]된, 준비가 된.

ἕτοιμοί; ἕτοιμος 1/2; [형용사] 남성 복수 주격(23:15).

ἑτοίμως; ἑτοίμως; ἕτοιμος 1/1; [부사] (21:13); 준비되어.

ἐτόλμα; τολμάω 2/2; 직설법 미완료 능동태 3인칭 단수(5:13; 7:32); 감히['함부로', '만만하게'의 뜻을 나타내는 말] [못]하다.

ἐτροποφόρησεν; τροποφορέω; τρέπω, φέρω 1/1; 직설법 부정과거 능동태 3인칭 단수(13:18); 받아[받다1: 다른 사람이나 대상이 가하는 행동, 심리적인 작용 따위를 당하거나 입다] 주다.

ἔτυπτον; τύπτω; τύπος 1/5; 직설법 미완료 능동태 3인칭 복수(18:17); 치다2[손이나 손에 든 물건으로 세게 부딪게 하다]; [수동태] 얻어맞다[비교적 심하게 맞다].

ἐτῶν; ἔτος 5/11; [명사] 중성 복수 속격(4:22; 7:30; 9:33; 24:10, 17); 년2.

εὖ; εὖ 1/1; [부사] (15:29); 잘2[좋고 훌륭하게].

εὐαγγελιζόμεθα; εὐαγγελίζω; εὖ, ἄγγελος 1/15; 직설법 현재 중간태 1인칭 복수(13:32); 전하다[어떤 사실을 상대에게 알리다], 복음을 전하다, 기쁜 소식을 전하다.

εὐαγγελιζόμενοι; εὐαγγελίζω; εὖ, ἄγγελος 6/15; 분사 현재 중간태 남성 복수 주격(5:42; 8:4; 11:20; 14:7, 15; 15:35).

εὐαγγελιζόμενος; εὐαγγελίζω; εὖ, ἄγγελος 1/15; 분사 현재 중간태 남성 단수 주격(10:36).

εὐαγγελιζομένῳ; εὐαγγελίζω; εὖ, ἄγγελος 1/15; 분사 현재 중간태 남성 단수 여격(8:12).

εὐαγγέλιον; εὐαγγέλιον; εὖ, ἄγγελος 1/2; [명사] 중성 단수 대격(20:24); 복음2[기쁜 소식, 예수의 가르침, 또는 예수에 의한 인간 구원의 길; 가스펠].

εὐαγγελίου; εὐαγγέλιον; εὖ, ἄγγελος 1/2; [명사] 중성 단수 속격(15:7).

Εὐαγγελισάμενοί; εὐαγγελίζω; εὖ, ἄγγελος 1/15; 분사 부정과거 중간태 남성 복수 주격(14:21); 전하다, 복음을 전하다, 기쁜 소식을 전하다.

εὐαγγελίσασθαι; εὐαγγελίζω; εὖ, ἄγγελος 1/15; 부정사 부정과거 중간태(16:10).

εὐαγγελιστοῦ; εὐαγγελιστής; εὖ, ἄγγελος 1/1; [명사] 남성 단수 속격(21:8); 전도자2[종교에서, 믿지 아니하는 사람에게 신앙을 갖도록 권유하는 사람].

εὐγενέστεροι; εὐγενής; εὖ, γίνομαι 1/1; [형용사] 남성 복수 주격 비교급(17:11); 고상한[고상하다2: 품위나 몸가짐이 속되지 아니하고 훌륭하다], 너그러운[너그럽다: 마음이 넓고 아량이 있다].

εὐεργεσίᾳ; εὐεργεσία; εὖ, ἔργον 1/1; [명사] 여성 단수 여격(4:9); 착한 행동.

εὐεργετῶν; εὐεργετέω; εὖ, ἔργον 1/1; 분사 현재 능동태 남성 단수 주격(10:38); 보살피다[정성을 기울여 보호하며 돕다], 돌보다[관심을 가지고 보살피다; 돌아보다], 섬기다[사회적으로 보람 있는 일이 이루어지도록 힘이나 정성을 기울이다].

εὐηγγελίζετο; εὐαγγελίζω; εὖ, ἄγγελος 2/15; 직설법 미완료 중간태 3인칭 단수(8:40; 17:18); 전하다, 복음을 전하다, 기쁜 소식을 전하다.

εὐηγγελίζοντο; εὐαγγελίζω; εὖ, ἄγγελος 1/15; 직설법 미완료 중간태 3인칭 복수(8:25).

εὐηγγελίσατο; εὐαγγελίζω; εὖ, ἄγγελος 1/15; 직설법 부정과거 중간태 3인칭 단수(8:35).

εὐθεῖα; εὐθύς 1/3; [형용사] 여성 단수 주격(8:21); 곧은[곧다1: 굽거나 비뚤어지지 아니하고 똑바르다], 큰길[크고 넓은 길], 곧은 거리.

Εὐθεῖαν; εὐθύς 1/3; [형용사] 여성 단수 대격(9:11).

εὐθείας; εὐθύς 1/3; [형용사] 여성 복수 대격(13:10).

εὐθέως; εὐθέως; εὐθύς 9/9; [부사, 시간] (9:18, 20, 34; 12:10; 16:10; 17:10, 14; 21:30; 22:29); 곧바로[바로 그 즉시에], 즉시[어떤 일이 행하여지는 바로 그때; 즉기시], 바로2[시간적인 간격을 두지 아니하고 곧].

εὐθυδρομήσαμεν; εὐθυδρομέω; εὖ, εὐθύς, τρέχω 1/2; 직설법 부정과거 능동태 1인칭 복수(16:11); 직행[도중에 다른 곳에 머무르거나 들르지 아니하고 바로 감]하다.

εὐθυδρομήσαντες; εὐθυδρομέω; εὖ, εὐθύς, τρέχω 1/2; 분사 부정과거 능동태 남성 복수 주격(21:1).

εὐθυμεῖν; εὐθυμέω; εὖ, θυμός 1/2; 부정사 현재 능동태(27:22); 힘내다[꾸준히 힘을 써서 어떤 일을 해내다].

εὐθυμεῖτε; εὐθυμέω; εὖ, θυμός 1/2; 명령법 현재 능동태 2인칭 복수(27:25)

εὔθυμοι; εὔθυμος; εὖ, θυμός 1/1; [형용사] 남성 복수 주격(27:36); 기분[기분1: 대상, 환경 따위에 따라 마음에 절로 생기며 한동안 지속되는, 유쾌함이나 불쾌함 따위의 감정]이 상쾌한[상쾌하다: 느낌이 시원하고 산뜻하다; 상활하다].

εὐθύμως; εὐθύμως; εὖ, θυμός 1/1; [부사] 기꺼이[마음속으로 은근히 기쁘게].

εὐθὺς; εὐθύς 1/1; [부사] (10:16); 곧바로[바로 그 즉시에], 즉시[어떤 일이 행하여지는 바로 그때; 즉기시], 바로2[시간적인 간격을 두지 아니하고 곧].

εὐλαβεῖς; εὐλαβής; εὖ, λαμβάνω 2/3; [형용사] 남성 복수 주격(2:5; 8:2); 경건하게[경건하다2: 공경하며 삼가고 엄숙하다] 사는.

εὐλαβὴς; εὐλαβής; εὖ, λαμβάνω 1/3; [형용사] 남성 단수 주격(22:12).

εὐλογοῦντα; εὐλογέω; εὖ, λέγω 1/1; 분사 현재 능동태 남성 단수 대격(3:26); 축복[하나님이 복을 내림]하다.

εὐνοῦχος; εὐνοῦχος; εὖ, ἔχω 5/5; [명사] 남성 단수 주격(8:27, 34, 36, 38, 39); 내시3, 환관1.

Εὐξαίμην; εὔχομαι 1/2; 희구법 부정과거 중간태 1인칭 단수(26:29); 기원[기원2: 바라는 일이 이루어지기를 빎]하다1.

εὐπορεῖτό; εὐπορέω; εὖ, πορεύομαι 1/1; 직설법 미완료 중간태 3인칭 단수(11:29); 넉넉하다[살림살이가 모자라지 않고 여유가 있다].

εὐπορία; εὐπορία; εὖ, πορεύομαι 1/1; [명사] 여성 단수 주격(19:25); 넉넉함.

Εὐρακύλων; εὐρακύλων 1/1; [명사] 남성 단수 주격(27:14); 유라굴로['유로스'라는 헬라어와 '아퀼로'라는 라틴어의 합성어로 '북동풍'을 지칭한다.].

εὑρέθη; εὑρίσκω 1/35; 직설법 부정과거 수동태 3인칭 단수(8:40); 찾다, 찾아내다, 만나다, 발견하다, 알다, 보다; [수동태] 발견되다, 모습을 드러내다, 깨닫다, 귀결되다, 결론이 내려지다.
εὑρεθῆτε; εὑρίσκω 1/35; 가정법 부정과거 수동태 2인칭 복수(5:39).
εὑρεῖν; εὑρίσκω 2/35; 부정사 부정과거 능동태(7:46; 19:1).
εὗρεν; εὑρίσκω 2/35; 직설법 부정과거 능동태 3인칭 단수(7:46; 9:33).
εὕρῃ; εὑρίσκω 1/35; 가정법 부정과거 능동태 3인칭 단수(9:2).
εὑρίσκει; εὑρίσκω 1/35; 직설법 현재 능동태 3인칭 단수(10:27).
εὑρίσκομεν; εὑρίσκω 1/35; 직설법 현재 능동태 1인칭 복수(23:9).
εὑρίσκοντες; εὑρίσκω 1/35; 분사 현재 능동태 남성 복수 주격(4:21).
εὕροιεν; εὑρίσκω 1/35; 희구법 부정과거 능동태 3인칭 복수(17:27).
εὕρομεν; εὑρίσκω 2/35; 직설법 부정과거 능동태 1인칭 복수(5:23[2회]).
Εὗρον; εὑρίσκω 1/35; 직설법 부정과거 능동태 1인칭 단수(13:22).
εὗρον; εὑρίσκω 9/35; 직설법 부정과거 능동태 1인칭 단수(17:23; 23:29), 3인칭 복수(5:10, 22; 13:6; 19:19; 24:20; 27:28[2회])
εὗρόν; εὑρίσκω 2/35; 직설법 부정과거 능동태 3인칭 복수(24:12, 18).
εὑρόντες; εὑρίσκω 5/35; 분사 부정과거 능동태 남성 복수 주격(13:28; 17:6; 21:2; 24:5; 28:14).
εὑρών; εὑρίσκω 2/35; 분사 부정과거 능동태 남성 단수 주격(12:19; 18:2).
εὑρὼν; εὑρίσκω 2/35; 분사 부정과거 능동태 남성 단수 주격(11:26; 27:6).
εὐσεβείᾳ; εὐσέβεια; εὖ, σέβω 1/1; [명사] 여성 단수 여격(3:12); 경건['경건하다2: 공경하며 삼가고 엄숙하다'의 어근].
εὐσεβεῖτε; εὐσεβέω; εὖ, σέβω 1/1; 직설법 현재 능동태 2인칭 복수(17:23); 숭배[우러러 공경함]하다, 우러러 신앙[믿고 받드는 일]하다.
εὐσεβῆ; εὐσεβής; εὖ, σέβω 1/2; [형용사] 남성 단수 대격(10:7); 경건한.
εὐσεβὴς; εὐσεβής; εὖ, σέβω 1/2; [형용사] 남성 단수 주격(10:2).
εὐσχήμονας; εὐσχήμων; εὖ, ἔχω 1/2; [형용사] 여성 복수 대격(13:50); 신분[신분2: 개인의 사회적인 위치나 계급]이 높은.
εὐσχημόνων; εὐσχήμων; εὖ, ἔχω 1/2; [형용사] 여성 복수 속격(17:12).
εὐτόνως; εὐτόνως; εὖ, τείνω 1/1; [부사] (18:28); 맹렬히[맹렬하다: 기세가 몹시 사납고 세차다].
Εὔτυχος; Εὔτυχος 1/1; [명사] 남성 단수 주격(20:9); 유두고['운이 좋은 사람'이라는 의미].
εὐφραίνοντο; εὐφραίνω; εὖ, φρήν 1/2; 직설법 미완료 수동태 3인칭 복수(7:41); 기뻐하다[기쁘게 여기다].
εὐφροσύνης; εὐφροσύνη; εὖ, φρήν 2/2; [명사] 여성 단수 속격(2:28; 14:17); 즐거움[즐거운 느낌이나 마음].
εὐχαριστήσας; εὐχαριστέω; εὖ, χάρις 1/2; 분사 부정과거 능동태 남성 단수 주격(28:15); 감사[감사8: 고마움을 나타내는 인사]하다5; 감사하는 기도를 드리다.
εὐχαρίστησεν; εὐχαριστέω; εὖ, χάρις 1/2; 직설법 부정과거 능동태 3인칭 단수(27:35).
εὐχαριστίας; εὐχαριστία; εὖ, χάρις 1/1; [명사] 여성 단수 속격(24:3); 감사8[고마움을 나타내는 인사. 고맙게 여김. 또는 그런 마음].
εὐχήν; εὐχή; εὔχομαι 1/2; [명사] 여성 단수 대격(18:18); 서원5.
εὐχὴν; εὐχή; εὔχομαι 1/2; [명사] 여성 단수 대격(21:23).

εὐώνυμον; εὐώνυμος; εὖ, ὄνομα 1/1; [형용사] 여성 단수 대격(21:3); 왼편[=왼쪽].

ἐφ'; ἐπί 17/169; [전치사] (1:8, 21; 2:3; 4:22; 5:11, 28; 7:10, 11, 27, 33; 11:15, 28; 15:17; 20:11; 21:23; 24:21; 25:26); ~에 근거하여; [+속격] ~을 의지하여, 걸쳐[걸치다: 일정한 횟수나 시간, 공간을 거쳐 이어지다], ~때에; [+여격] 맡은, 쪽; [+대격] ~에 맞서, 대들려고[대들다: 요구하거나 반항하느라고 맞서서 달려들다], 덤비려고[덤비다: 마구 대들거나 달려들다]; [+숫자] ~번4[일의 횟수를 세는 단위].

ἔφαγεν; ἐσθίω 1/7; 직실법 부정과거 능동태 3인칭 단수(9:9); 먹다2[음식 따위를 입을 통하여 배 속에 들여보내다], 먹어 보다.

ἔφαγον; ἐσθίω 1/7; 직설법 부정과거 능동태 1인칭 단수(10:14).

ἐφαλόμενος; ἐφάλλομαι; ἐπί, ἅλλομαι 1/1; 분사 부정과거 중간태 남성 단수 주격(19:16); 덤벼들다[함부로 대들거나 달려들다].

ἔφασκεν; φάσκω; φαίνω 1/2; 직설법 미완료 능동태 3인칭 단수(25:19); 단언[단언2: 주저하지 아니하고 딱 잘라 말함]하다2, 딱 잘라 말하다, 명언[명언2: 분명히 말함]하다.

ἐφερόμεθα; φέρω 1/10; 직설법 미완료 수동태 1인칭 복수(27:15); 가져오다[무엇을 한 지점에서 다른 지점으로 옮겨 오다], 갖다 놓다, 제출[제출2: 문안이나 의견, 법안 따위를 냄]하다2, 데리다[아랫사람이나 동물 따위를 자기 몸 가까이 있게 하다], 이어지다[끊어졌거나 본래 따로 있던 것이 서로 잇대어지다], 통하다[어떤 곳으로 이어지다], 내뱉다[입 안에 있던 것을 입 밖으로 뱉어 내보내다].

ἔφερον; φέρω 2/10; 직설법 미완료 능동태 3인칭 복수(4:34; 25:18).

ἐφέροντο; φέρω 1/10; 직설법 미완료 수동태 3인칭 복수(27:17).

Ἐφέσιοι; Ἐφέσιος 1/5; [형용사] 남성 복수 호격(19:35a); 에베소 사람, 에베소인.

Ἐφέσιον; Ἐφέσιος 1/5; [형용사] 남성 단수 대격(221:29).

Ἐφεσίων; Ἐφέσιος 3/5; [형용사] 남성 복수 속격(19:28, 34, 35b).

Ἔφεσον; Ἔφεσος 6/8; [명사] 여성 단수 대격(18:19, 24; 19:1, 17; 20:16, 17); 에베소[겐그레아에서 동쪽으로 약 380km 떨어진 항구도시. 관련 구절, 행 19:1-41; 20:17-38; 엡 1:1; 딤전 1:3; 딤후 1:18; 4:12; 계 1:11; 2:1. 에베소에서 가이사랴까지는 뱃길로 약 990km 정도이다.].

Ἐφέσου; Ἔφεσος 2/8; [명사] 여성 단수 속격(18:21; 19:26).

ἐφεστὼς; ἐφίστημι; ἐπί, ἵστημι 1/11; 분사 완료 능동태 남성 단수 주격(22:20); 곁에 서다, 다가가다[어떤 대상 쪽으로 가까이 가다], 들이닥치다[갑자기 바싹 다다르다], 몰아닥치다[한꺼번에 세게 들이닥치다], 몰려가다[떼를 지어서 여럿이 한쪽으로 가다], 몰려오다, 내리다1[눈, 비, 서리, 이슬 따위가 오다].

ἐφεστῶτα; ἐφίστημι; ἐπί, ἵστημι 1/11; 분사 완료 능동태 남성 단수 대격(28:2).

ἔφη; φημί 14/25; 직설법 미완료/부정과거 능동태 3인칭 단수(7:2; 10:28, 30; 16:30, 37; 17:22; 21:37; 22:27, 28; 23:5, 17, 35; 26:1, 32); 이르다2[무엇이라고 말하다].

ἐφοβήθη; φοβέω; φόβος 1/12; 직설법 부정과거 수동태 3인칭 단수(22:29); 두려워하다[꺼려하거나 무서워하는 마음을 갖다], 두렵다1[마음에 꺼리거나 염려스럽다], 경외[경외2: 공경하면서 두려워함]하다, 무서워하다[무섭게 여기다], 염려

[염려1: 앞일에 대하여 여러 가지로 마음을 써서 걱정함, 또는 그런 걱정]하다1.

ἐφοβήθησαν; φοβέω; φόβος 1/12; 직설법 부정과거 수동태 3인칭 복수(16:38).

ἐφοβοῦντο; φοβέω; φόβος 2/12; 직설법 미완료 중간태 3인칭 복수(5:26; 9:26).

ἐφρύαξαν; φρυάσσω 1/1; 직설법 부정과거 능동태 3인칭 복수(4:25); 코웃음[콧소리를 내거나 코끝으로 가볍게 웃는 비난조의 웃음; 비소6]을 치다, 비소하다5[비난하여 코웃음을 치다].

ἔφυγεν; φεύγω 1/2; 직설법 부정과거 능동태 3인칭 단수(7:29); 달아나다[위험을 피하여 도망가다].

ἐφυλάξατε; φυλάσσω 1/8; 직설법 부정과거 능동태 2인칭 복수(7:53); 지키다1[규정, 약속, 법, 예의 따위를 어기지 아니하고 그대로 실행하다], 구금[구금5: 피고인 또는 피의자를 구치소나 교도소 따위에 가두어 신체의 자유를 구속하는 강제 처분; 구류3]하다.

ἐφώνησεν; φωνέω; φωνή 1/4; 직설법 부정과거 능동태 3인칭 단수(16:28); 부르다1[말이나 행동 따위로 다른 사람의 주의를 끌거나 오라고 하다].

ἔχαιρον; χαίρω; χάρις 1/7; 직설법 미완료 능동태 3인칭 복수(13:48); 기뻐하다[기쁘게 여기다], 못내[이루 다 말할 수 없이] 기뻐하다, 안녕하다[몸이 건강하고 마음이 편안하다].

ἐχάρη; χαίρω; χάρις 1/7; 직설법 부정과거 수동태 3인칭 단수(11:23).

ἐχάρησαν; χαίρω; χάρις 1/7; 직설법 부정과거 수동태 3인칭 복수(15:31).

ἔχει; ἔχω 5/44; 직설법 현재 능동태 3인칭 단수(7:1; 9:14; 14:9; 15:21; 23:17); 가지다, 갖다, 받아 가지다, 연연해하다[연연하다7: 집착하여 미련을 가지다], 있다, 그렇다, 그러하다, 들리다1[병이 걸리다, 귀신이나 넋 따위가 덮치다], 대하다, 제기[제기6: 의견이나 문제를 내어 놓음, 소송을 일으킴]하다3, 두다1[직책이나 조직, 기구 따위를 설치하다], 끼치다2[영향, 해, 은혜 따위를 당하거나 입게 하다].

ἔχειν; ἔχω 4/44; 부정사 현재 능동태(12:15; 24:9, 16, 23).

ἔχεις; ἔχω 1/44; 직설법 현재 능동태 2인칭 단수(23:19).

ἐχθὲς; ἐχθές; χθές 1/1; [부사] (7:28); 어제1[오늘의 바로 하루 전날].

ἐχθρὲ; ἐχθρός 1/2; [형용사] 남성 단수 호격(13:10); 원수4[원한이 맺힐 정도로 자기에게 해를 끼친 사람이나 집단].

ἐχθρούς; ἐχθρός 1/2; [형용사] 남성 복수 대격(2:35).

ἔχιδνα; ἔχιδνα 1/1; [명사] 여성 단수 주격(28:3); 독사3[이빨에 독이 있어 독액을 분비하는 뱀, 독사뱀].

ἐχλεύαζον; χλευάζω 1/1; 직설법 미완료 능동태 3인칭 복수(17:32); 비웃다[어떤 사람, 또는 그의 행동을 터무니없거나 어처구니없다고 여겨 얕잡거나 업신여기다. 또는 그런 태도로 웃다.], 업신여기다[교만한 마음에서 남을 낮추어 보거나 하찮게 여기다].

ἔχοι; ἔχω 2/44; 희구법 현재 능동태 3인칭 단수(17:11; 25:16); 가지다, 갖다['가지다'의 준말], 받아 가지다, 연연해하다[연연하다7: 집착하여 미련을 가지다], 있다, 그렇다, 그러하다, 들리다1[병이 걸리다, 귀신이나 넋 따위가 덮치다], 대하다, 제기[제기6: 의견이나 문제를 내어 놓음, 소송을 일으킴]하다3, 두

다1[직책이나 조직, 기구 따위를 설치하다], 끼치다2[영향, 해, 은혜 따위를 당하거나 입게 하다].

ἔχοιεν; ἔχω 1/44; 희구법 현재 능동태 3인칭 복수(24:19).

ἐχομένῃ; ἔχω 2/44; 분사 현재 중간태 여성 단수 여격(20:15; 21:26).

ἔχον; ἔχω 2/44; 분사 현재 중간태 중성 단수 주격(1:12), 중성 단수 대격(24:25).

ἔχοντα; ἔχω 2/44; 분사 현재 중간태 남성 단수 대격(23:29; 27:39).

ἔχοντά; ἔχω 1/44; 분사 현재 중간태 남성 단수 대격(23:18).

ἔχοντας; ἔχω 2/44; 분사 현재 중간테 남성 복수 대격(11:3; 19:13).

ἔχοντες; ἔχω 3/44; 분사 현재 중간태 남성 복수 주격(2:47; 21:23; 28:9).

ἐχόντων; ἔχω 1/44; 분사 현재 능동태 남성 복수 속격(8:7).

ἔχουσαν; ἔχω 2/44; 분사 현재 능동태 여성 단수 대격(16:16; 23:25).

ἔχουσι; ἔχω 1/44; 직설법 현재 능동태 3인칭 복수(19:38).

ἔχουσιν; ἔχω 1/44; 직설법 현재 능동태 3인칭 복수(15:36).

ἐχρηματίσθη; χρηματίζω; χράομαι 1/2; 직설법 부정과거 수동태 3인칭 단수(10:22); 취급[사람이나 사건을 어떤 태도로 대하거나 처리함; 다룸]하다; [수동태] 지도[지도9: 어떤 목적이나 방향으로 남을 가르쳐 이끎]되다, 지도를 받다, 인정[인정8: 확실히 그렇다고 여김]되다.

ἔχρισας; χρίω 1/2; 직설법 부정과거 능동태 2인칭 단수(4:27); 기름 붓다[직분을 줄 때 기름을 붓는 구약성경적 개념이 헬라어에 대입되었다], 들이붓다1[마구 붓다].

ἔχρισεν; χρίω 1/2; 직설법 부정과거 능동태 3인칭 단수(10:38).

ἐχρῶντο; χράομαι 1/2; 직설법 미완료 이태중간 3인칭 복수(27:17); 대하다2[어떤 태도로 상대하다], 사용[사용4: 일정한 목적이나 기능에 맞게 씀]하다3.

ἔχω; ἔχω 3/44; 직설법 현재 능동태 1인칭 단수(3:6; 21:13; 25:26); 가지다, 갖다['가지다'의 준말], 받아 가지다, 연연해하다[연연하다7: 집착하여 미련을 가지다], 있다, 그렇다, 그러하다, 들리다1[병이 걸리다, 귀신이나 넋 따위가 덮치다], 대하다, 제기[제기6: 의견이나 문제를 내어 놓음, 소송을 일으킴]하다3, 두다1[직책이나 조직, 기구 따위를 설치하다], 끼치다2[영향, 해, 은혜 따위를 당하거나 입게 하다].

ἔχων; ἔχω 2/44; 분사 현재 능동태 남성 단수 주격(24:15; 28:19).

ἐψεύσω; ψεύδομαι 1/2; 직설법 부정과거 중간태 2인칭 단수(5:4); 속이다['속다1: 남의 거짓이나 꾀에 넘어가다'의 사동사], 거짓말하다[사실이 아닌 것을 사실인 것처럼 꾸며 대어 말하다].

ἑώρακας; ὁράω 1/66; 직설법 완료 능동태 2인칭 단수(22:15); 보다1[눈으로 대상의 존재나 형태적 특징을 알다], 살피다1[두루두루 주의하여 자세히 보다], 분별[분별1: 세상 물정에 대한 바른 생각이나 판단]하다, 헤아리다[짐작하여 가늠하거나 미루어 생각하다], 헤아려 보다, 보이다1['보다1: 대상을 평가하다'의 피동사], 뵈다1['보이다1'의 준말], 뵙다[웃어른을 대하여 보다, '뵈다1'보다 더 겸양의 뜻을 나타낸다], ~와 만나다[누군가 가거나 와서 둘이 서로 마주보다], 이르다1[어떤 정도나 범위에 미치다]; [수동태] 나타나다[보이지 아니하던 어떤 대상의 모습이 드러나다], 보이다1['보다1'의 피동사].

ἑωράκει; ὁράω 1/66; 직설법 과거완료 능동태 3인칭 단수(7:44).

ἕως; ἕως 22/22; [접속사, 비본래적인 전치사] (1:8, 22; 2:35; 7:45; 8:10, 40; 9:38;

11:19, 22; 13:20, 47; 17:14, 15; 21:5, 26; 23:12, 14, 21, 23; 25:21; 26:11; 28:23); [+속격] 까지3[어떤 일이나 상태 따위에 관련되는 범위의 끝임을 나타내는 보조사].

ζ

ζευκτηρίας; ζευκτηρία; ζυγός 1/1; [명사] 여성 복수 대격(27:40); 줄1[노, 새끼 따위와 같이 무엇을 묶거나 동이는 데에 쓸 수 있는 가늘고 긴 물건을 통틀어 이르는 말].

ζέων; ζέω 1/1; 분사 현재 능동태 남성 단수 주격(18:25); 뜨겁다[감정이나 열정 따위가 격렬하다].

ζήλου; ζῆλος; ζέω 2/2; [명사] 남성 단수 속격(5:17; 13:45); 시샘['시새움'의 준말], 시새움[자기보다 잘되거나 나은 사람을 공연히 미워하고 싫어함, 또는 그런 마음].

Ζηλώσαντες; ζηλόω; ζέω 1/2; 분사 부정과거 능동태 남성 복수 주격(17:5); 시샘을 내다, 샘나다[샘하는 마음이 생기다], 시샘이 나다.

ζηλώσαντες; ζηλόω; ζέω 1/2; 분사 부정과거 능동태 남성 복수 주격(7:9).

ζηλωταὶ; ζηλωτής; ζέω 1/3; [명사] 남성 복수 주격(21:20); 열심 있는 자, 열성분자[어떠한 일에 열렬하게 정성을 다하는 사람], 열혈[열렬한 정신이나 격렬한 정열 따위를 비유적으로 이르는 말] 동지[동지5: 목적이나 뜻이 서로 같음, 또는 그런 사람].

ζηλωτὴς; ζηλωτής; ζέω 2/3; [명사] 남성 단수 주격(1:13; 22:3).

ζημίαν; ζημία 1/2; [명사] 여성 단수 대격(27:21); 손해[해를 입음].

ζημίας; ζημία 1/2; [명사] 여성 단수 속격(27:10).

ζῆν; ζάω 4/12; 부정사 현재 능동태(22:22; 25:19, 24; 28:4); 살다1[생명을 지니고 있다], 살아 있다, 살아나다[죽었거나 거의 죽게 되었다가 다시 살게 되다], 숨이 붙어 있다.

ζητεῖν; ζητέω 1/10; 부정사 현재 능동태(17:27); 찾다[현재 주변에 없는 것을 얻거나 사람을 만나려고 여기저기를 뒤지거나 살피다], 도모[도모5: 어떤 일을 이루기 위하여 대책과 방법을 세움]하다, 채비[어떤 일을 하기 위하여 필요한 물건, 자세 따위를 미리 갖추어 차림, 또는 그 물건이나 자세]를 하다, ~할 작정이다.

ζητεῖτε; ζητέω 1/10; 직설법 현재 능동태 2인칭 복수(10:21).

ζητήματα; ζήτημα; ζητέω 1/5; [명사] 중성 복수 대격(25:19); 문제[논쟁, 논의, 연구 따위의 대상이 되는 것].

ζητήματά; ζήτημα; ζητέω 1/5; [명사] 중성 복수 주격(18:15).

ζητήματος; ζήτημα; ζητέω 1/5; [명사] 중성 단수 속격(15:2).

ζητημάτων; ζήτημα; ζητέω 2/5; [명사] 중성 복수 속격(23:29; 26:3).

ζητήσεως; ζήτησις; ζητέω 2/3; [명사] 여성 단수 속격(15:2, 7); 논쟁[서로 다른 의견을 가진 사람들이 각각 자기의 주장을 말이나 글로 논하여 다툼], 논쟁거리.

ζήτησιν; ζήτησις; ζητέω 1/3; [명사] 여성 단수 대격(25:20).

ζήτησον; ζητέω 1/10; 명령법 부정과거 능동태 2인칭 단수(9:11); 찾다, 도모하다, 채비를

하다, ~할 작정이다.

ζητοῦντές; ζητέω 1/10; 분사 현재 능동태 남성 복수 주격(10:19).

ζητούντων; ζητέω 2/10; 분사 현재 능동태 남성 복수 속격(21:31; 27:30).

ζητῶν; ζητέω 1/10; 분사 현재 능동태 남성 단수 주격(13:8).

ζυγὸν; ζυγός 1/1; [명사] 남성 단수 대격(15:10); 멍에[수레나 쟁기를 끌기 위하여 마소의 목에 얹는 구부러진 막대, 쉽게 벗어날 수 없는 구속이나 억압을 비유적으로 이르는 말].

ζωὴ; ζωή; ζάω 1/8; [명사] 여성 단수 주격(8:33); 생명[동물과 식물의, 생물로서 살아 있게 하는 힘].

ζωὴν; ζωή; ζάω 3/8; [명사] 여성 단수 대격(11:18; 13:48; 17:25).

ζωῆς; ζωή; ζάω 4/8; [명사] 여성 단수 속격(2:28; 3:15; 5:20; 13:46).

ζῶμεν; ζάω 1/12; 직설법 현재 능동태 1인칭 복수(17:28); 살다1[생명을 지니고 있다], 살아 있다, 살아나다[죽었거나 거의 죽게 되었다가 다시 살게 되다], 숨이 붙어 있다.

ζώνη; ζώνη; ζώννυμι 1/2; [명사] 여성 단수 주격(21:11a); 띠1[옷 위로 허리를 둘러매는 끈].

ζώνην; ζώνη; ζώννυμι 1/2; [명사] 여성 단수 대격(21:11b)

ζῶντα; ζάω 4/12; 분사 현재 능동태 남성 단수 대격(1:3; 14:15; 20:12), 중성 복수 대격(7:38); 살다1, 살아 있다, 살아나다, 숨이 붙어 있다.

ζώντων; ζάω 1/12; 분사 현재 능동태 남성 복수 속격(10:42).

ζῳογονεῖσθαι; ζῳογονέω; ζάω, γίνομαι 1/1; 부정사 현재 수동태(7:19); 살아남다[여럿 가운데 일부가 죽음을 모면하여 살아서 남아 있게 되다].

Ζῶσαι; ζώννυμι 1/1; 명령법 부정과거 중간태 2인칭 단수(12:8); 허리띠를 동이다[끈이나 실 따위로 감거나 둘러 묶다].

ζῶσαν; ζάω 1/12; 분사 현재 능동태 여성 단수 대격(9:41); 살다1, 살아 있다, 살아나다, 숨이 붙어 있다.

η

Ἡ; ὁ 2/2709; [관사] 여성 단수 주격(7:44; 9:31); 거시기, 거1, 그, 그분, 곧1, 일1, 거리2.

ᾗ; ὅς 4/225; [관계 대명사] 여성 단수 여격(2:8; 9:17; 11:11; 17:31); [접속사+대명사]로 번역.

ᾖ; εἰμί 1/278; 가정법 현재 3인칭 단수(5:38); 이다3, 있다1, 지니고 있다, 나다1, 접어들다, 다8; [미래] 있게 되다.

ἡ; ὁ 56/2709; [관사] 여성 단수 주격; 거시기[이름이 얼른 생각나지 않거나 바로 말하기 곤란한 사람 또는 사물을 가리키는 대명사로, 지시 · 한정 · 대용의 기능을 한다], 거1['그거'의 준말], 그[듣는 이에게 가까이 있거나 듣는 이가 생각하고 있는 대상을 가리킬 때 쓰는 말, 앞에서 이미 이야기한 대상을 가리킬 때 쓰는 말, 확실하지 아니하거나 밝히고 싶지 아니한 일을 가리킬 때 쓰는 말], 그분['그 사람'을 아주 높여 이르는 삼인칭 대명사], 곧1[다름 아닌 바로], 일1[어떤 내용을 가진 상황이나 장면], 거리2[내용이 될 만

한 재료].

ἡ; ὁ 1/2709; [관사] 여성 단수 주격(26:30).

ἣ; ὅς 1/225; [관계 대명사] 여성 단수 주격(9:36); [접속사+대명사]로 번역.

ἢ; ἤ 35/35; [불변화사] (1:7; 3:12[2회]; 4:7, 19, 34; 5:29, 38; 7:2, 49; 8:34; 10:28[2회]; 11:8; 17:21[2회], 29[2회]; 18:14; 19:12; 20:33[2회], 35; 23:9, 29; 24:12, 20, 21; 25:6, 16; 26:31; 27:11; 28:6, 17, 21); 그것이 아니라면, 그렇지 아니하면, 바꿔 말하면, ~외에, 그것보다, 아니면.

ἤγαγεν; ἄγω 4/26; 직설법 부정과거 능동태 3인칭 단수(9:27; 11:26; 13:23; 23:18a); 데려오다, 인도하다, 이끌다, 끌어 오다, 끌고 가다; [수동태] 인도되다, 소집되다, 제 구실을 하다.

ἠγάγετε; ἄγω 1/26; 직설법 부정과거 능동태 2인칭 복수(19:37).

ἤγαγον; ἄγω 6/26; 직설법 부정과거 능동태 3인칭 복수(6:12; 17:15, 19; 18:12; 20:12; 23:31).

ἠγαλλιάσατο; ἀγαλλιάω; ἀγάλλομαι 2/2; 직설법 부정과거 이태 3인칭 단수(2:26; 16:34); 몹시 기뻐 날뛰다.

ἤγγιζεν; ἐγγίζω; ἐγγύς 1/6; 직설법 미완료 능동태 3인칭 단수(7:17); 다가오다[어떤 대상이 있는 쪽으로 더 가까이 옮기어 오다], 가까이 오다, 가까이에 있다, 가까이에 가다.

ἤγειρεν; ἐγείρω 10/13; 직설법 부정과거 능동태 3인칭 단수(3:7, 15; 4:10; 5:30; 10:26, 40; 12:7; 13:22, 30, 37); 일으키다[일어나게 하다], 뽑아 세우다, 일으켜 세우다; [수동태] 일어나다, 일으켜 세워지다.

ἡγεμόνα; ἡγεμών; ἄγω 1/6; [명사] 남성 단수 대격(23:24); 지방수세관.

ἡγεμόνι; ἡγεμών; ἄγω 3/6; [명사] 남성 단수 여격(23:26, 33; 24:1).

ἡγεμόνος; ἡγεμών; ἄγω 1/6; [명사] 남성 단수 속격(24:10).

ἡγεμὼν; ἡγεμών; ἄγω 1/6; [명사] 남성 단수 주격(26:30).

ἦγεν; ἄγω 1/26; 직설법 미완료 능동태 3인칭 단수(5:26); 데려오다, 인도하다, 이끌다, 끌어 오다, 끌고 가다; [수동태] 인도되다, 소집되다, 제 구실을 하다.

ἠγέρθη; ἐγείρω 1/13; 직설법 부정과거 수동태 3인칭 단수(9:8); 일으키다, 뽑아 세우다, 일으켜 세우다; [수동태] 일어나다, 일으켜 세워지다.

ἥγημαι; ἡγέομαι; ἄγω 1/4; 직설법 완료 이태중간 1인칭 단수(26:2); 주도[주도2: 주동적인 처지가 되어 이끎]하다1, 주도적인 위치에 있다, 간주[간주2: 상태, 모양, 성질 따위가 그와 같다고 봄, 또는 그렇다고 여김]하다.

ἡγιασμένοις; ἁγιάζω; ἅγος 2/2; 분사 완료 수동태 남성 복수 여격(20:32; 26:18); 거룩하게 하다; [수동태] 거룩하게 되다.

ἡγνισμένον; ἁγνίζω; ἅγος 1/3; 분사 완료 수동태 남성 단수 대격(24:18).

ἡγούμενον; ἡγέομαι; ἄγω 1/4; 분사 현재 이태중간 남성 단수 대격(7:10); 주도하다1, 주도적인 위치에 있다, 간주하다.

ἡγούμενος; ἡγέομαι; ἄγω 1/4; 분사 현재 이태중간 남성 단수 주격(14:12).

ἡγουμένους; ἡγέομαι; ἄγω 1/4; 분사 현재 이태중간 남성 복수 대격(15:22).

ᾔδει; οἶδα 2/19; 직설법 과거완료 능동태 3인칭 단수(7:18; 12:9); 알고[알다: 어떠한 사실에 대해 의식이나 감각으로 깨닫거나 느끼다, 심리적 상태를 마음속으로 느끼거나 깨닫다] 있다, 알겠[겠: 가능성이나 능력을 나타내는 어미]다; [부정] 알지 못하다[일정한 수준에 못 미치거나 할 능력이 없다].

ᾔδειν; οἶδα　1/19; 직설법 과거완료 능동태 1인칭 단수(23:5).

ᾔδεισαν; οἶδα　2/19; 직설법 과거완료 능동태 3인칭 복수(16:3; 19:32).

ἤδη; ἤδη　3/3; [부사] (4:3; 27:9[2회]); 이미1[다 끝나거나 지난 일을 이를 때 쓰는 말], 벌써[예상보다 빠르게 어느새].

ἠδίκησα; ἀδικέω; α, δίκη　1/5; 직설법 부정과거 능동태 1인칭 단수(25:10); 해치다, 해를 입히다; [수동태] 해를 입다, 당하다.

ἠδυνήθητε; δύναμαι　1/21; 직설법 부정과거 수동태 2인칭 복수(13:38); ~수 있다. 위험조차 있다.

ἤθελεν; θέλω　3/14; 직설법 미완료 능동태 3인칭 단수(10:10; 14:13; 19:33); 원[원14=소원4: 바라고 원함, 또는 바라고 원하는 일]하다2, 하려고 하다, 뜻하다[무엇을 할 마음을 먹다], 바라다1[생각이나 바람대로 어떤 일이나 상태가 이루어지거나 그렇게 되었으면 하고 생각하다]; [과거] 바랐다.

ἠθέλησαν; θέλω　1/14; 직설법 부정과거 능동태 3인칭 복수(7:39).

ἠθέλησεν; θέλω　1/14; 직설법 부정과거 능동태 3인칭 단수(16:3).

ἠκολούθει; ἀκολουθέω; ἀκόλουθος　2/4; 직설법 미완료 능동태 3인칭 단수(12:9; 21:36); 따라오다, 좇다.

ἠκολούθησαν; ἀκολουθέω; ἀκόλουθος　1/4; 직설법 부정과거 능동태 3인칭 복수(13:43).

ἤκουεν; ἀκούω　1/89; 직설법 미완료 능동태 3인칭 단수(16:14); 듣다, 전해 듣다, 새겨듣다[잊지 아니하도록 주의해서 듣다], 들어보다, 헤아려 듣다, 알아듣다, 경청하다, 귀 기울여 듣다; [수동태] 전해지다, 알려지다.

Ἤκουον; ἀκούω　1/89; 직설법 미완료 능동태 3인칭 복수(22:22).

ἤκουον; ἀκούω　3/89; 직설법 미완료 능동태 3인칭 복수(2:6; 10:46; 15:12).

ἤκουσα; ἀκούω　5/89; 직설법 부정과거 능동태 1인칭 단수(7:34; 9:13; 11:7; 22:7; 26:14).

ἠκούσαμεν; ἀκούω　4/89; 직설법 부정과거 능동태 1인칭 복수(4:20; 15:24; 19:2; 21:12).

Ἤκουσαν; ἀκούω　1/89; 직설법 부정과거 능동태 3인칭 복수(11:1).

ἤκουσαν; ἀκούω　3/89; 직설법 부정과거 능동태 3인칭 복수(5:24; 22:9; 28:27).

ἤκουσας; ἀκούω　1/89; 직설법 부정과거 능동태 2인칭 단수(22:15).

ἠκούσατέ; ἀκούω　1/89; 직설법 부정과거 능동태 2인칭 복수(1:4).

ἤκουσεν; ἀκούω　4/89; 직설법 부정과거 능동태 3인칭 단수(8:30; 9:4; 14:9; 24:24).

ἠκούσθη; ἀκούω　1/89; 직설법 부정과거 수동태 3인칭 단수(11:22).

ἥλατο; ἅλλομαι　1/2; 직설법 부정과거 이태중간 3인칭 단수(14:10); 깡충거리다[짧은 다리를 모으고 힘 있게 자꾸 솟구쳐 뛰다. '강중거리다'보다 세고 거센 느낌을 준다.], 깡충대다.

ἤλθαμεν; ἔρχομαι　1/50; 직설법 부정과거 능동태 1인칭 복수(28:14); 오다1[어떤 사람이 말하는 사람 혹은 기준이 되는 사람이 있는 쪽으로 움직여 위치를 옮기다], 가다1[한 곳에서 다른 곳으로 장소를 이동하다], 다다르다[목적한 곳에 이르다, 어떤 수준이나 한계에 미치다], 당도[당도1: 어떤 곳에 다다름]하다1, 닿다1[어떤 곳에 이르다], 등장[등장1: 무대나 연단 따위에 나옴]하다1, 나오다[일정한 목적으로 어떠한 곳에 오다], 바로 이어지는, 들다1[어떤 일이나 기상 현상이 일어나다].

ἦλθαν; ἔρχομαι　2/50; 직설법 부정과거 능동태 3인칭 복수(12:10; 28:15).

ἦλθε; ἔρχομαι　1/50; 직설법 부정과거 능동태 3인칭 단수(19:6).

ἦλθεν; ἔρχομαι 5/50; 직설법 부정과거 능동태 3인칭 단수(7:11; 11:5; 12:12; 18:1; 20:2).

ἤλθομεν; ἔρχομαι 7/50; 직설법 부정과거 능동태 1인칭 복수(20:6, 14, 15; 21:1, 8; 27:8; 28:13).

ἦλθον; ἔρχομαι 11/50; 직설법 부정과거 능동태 1인칭 단수(10:29; 22:11), 3인칭 복수(4:23; 8:36; 11:12; 13:13, 51; 14:24; 17:1, 13; 28:23)

ἥλιον; ἥλιος 1/4; [명사] 남성 단수 대격(13:11); 태양2[태양계의 중심이 되는 별].

ἥλιος; ἥλιος 1/4; [명사] 남성 단수 주격(2:20).

ἡλίου; ἥλιος 2/4; [명사] 남성 단수 속격(26:13; 27:20).

ἥμαρτον; ἁμαρτάνω 1/1; 직설법 부정과거 능동태 1인칭 단수(25:8); 죄를 저지르다[죄를 짓거나 잘못이 생겨나게 행동하다].

ἡμᾶς; ἐγώ 28/314; [인칭 대명사, 1인칭] 복수 대격; 우리3.

ἤμεθα; εἰμί 1/278; 직설법 미완료 1인칭 복수(27:37); 이다3, 있다1, 지니고 있다, 나다1, 접어들다, 다8; [미래] 있게 되다.

Ἡμεῖς; ἐγώ 3/314; [인칭 대명사, 1인칭] 복수 주격(20:13; 21:7; 28:21); 우리3[말하는 이가 자기와 듣는 이, 또는 자기와 듣는 이를 포함한 여러 사람을 가리키는 일인칭 대명사].

ἡμεῖς; ἐγώ 18/314; [인칭 대명사, 1인칭] 복수 주격.

ἤμελλεν; μέλλω 3/34; 직설법 미완료 능동태 3인칭 단수(12:6; 16:27; 27:33); 하려[-려4: 어떤 행동을 할 의도나 욕망을 가지고 있음을 나타내는 연결 어미] 하다, 할 것이다, 하게 되다, 예정[예정3: 미리 정한 갈 길이나 진행 과정]이다, 할 때이다, 막1[바로 그때] ~하려 하다, 가다1[말하는 이, 또는 말하는 이가 정하는 어떤 기준점에서 멀어지면서 앞말이 뜻하는 행동이나 상태가 계속 진행됨을 나타내는 말], 할 뻔하다, 요량[요량1: 앞일을 잘 헤아려 생각함, 또는 그런 생각]이다, 망설이다[이리저리 생각만 하고 태도를 결정하지 못하다]; 장차2[앞으로의 뜻으로, 미래의 어느 때를 나타내는 말] ~할, 장차 임할[임하다2: 하늘의 신성이 인간이나 인간 세계에 미치다], ~하려는.

ἦμεν; εἰμί 3/278; 직설법 미완료 1인칭 복수(11:11; 16:12; 20:8); 이다3, 있다1, 지니고 있다, 나다1, 접어들다, 다8; [미래] 있게 되다.

ἡμέρα; ἡμέρα 2/94; [명사] 여성 단수 주격(27:33, 39); 날1[하루 중 환한 동안, 어떠한 시절이나 때], 낮[해가 뜰 때부터 질 때까지의 동안], 기간1[어느 때부터 다른 어느 때까지의 동안], 날짜1[어느 날이라고 정한 날], 약속 날짜, 무렵[대략 어떤 시기와 일치하는 즈음], ~절, ~일.

ἡμέρᾳ; ἡμέρα 10/94; [명사] 여성 단수 여격(2:41; 7:8, 26; 8:1; 10:40; 12:21; 13:14; 16:13; 20:26; 21:26).

ἡμέραι; ἡμέρα 4/94; [명사] 여성 복수 주격(9:23; 12:3; 21:27; 24:11).

ἡμέραις; ἡμέρα 10/94; [명사] 여성 복수 여격(1:15; 2:17, 18; 5:37; 6:1; 7:41; 9:37; 11:27; 13:41; 27:7).

ἡμέραν; ἡμέρα 19/94; [명사] 여성 단수 대격(2:1, 20, 46, 47; 3:2; 5:42; 16:5; 17:11, 17, 31; 19:9; 20:16, 31; 21:7; 26:7; 27:29, 33; 28:13, 23).

Ἡμέρας; ἡμέρα 1/94; [명사] 여성 단수 속격(16:35).

ἡμέρας; ἡμέρα 39/94; [명사] 여성 단수 속격(1:2, 22, 15, 29; 9:24; 10:3, 30; 12:18; 20:18; 23:1, 12; 26:13, 22), 복수 대격(1:5; 3:24; 9:9, 19, 43; 10:48; 13:31; 15:36;

16:12, 18; 18:18; 20:6[2회]; 21:4, 5, 10, 15; 24:1, 24; 25:1, 6, 14; 27:20; 28:7, 12, 14, 17).

ʽΗμερῶν; ἡμέρα 1/94; [명사] 여성 복수 속격(25:13).

ἡμερῶν; ἡμέρα 7/94; [명사] 여성 복수 속격(1:3; 5:36; 7:45; 15:7; 20:6; 21:26, 38).

–καθ᾽ ἡμέραν (2:46, 47; 3:2; 16:5; 17:11; 19:9); 날마다.

–ἡμέρας τινάς (9:19; 10:48; 16:12; 24:24); 며칠[몇 날].

ἡμετέραις; ἡμέτερος; ἐγώ 1/2; [형용사, 소유] 여성 복수 여격(2:11); 우리, 우리의.

ἡμετέρας; ἡμέτερος; ἐγώ 1/2; [형용사, 소유] 여성 단수 속격(26:5).

ἤμην; εἰμί 5/278; 직설법 미완료 1인칭 단수(10:30; 11:5, 17; 22:19, 20); 이다3, 있다1, 지니고 있다, 나다1, 접어들다, 다8; [미래] 있게 되다.

ἡμῖν; ἐγώ 33/314; [인칭 대명사, 1인칭] 복수 여격; 우리3.

ἠμύνατο; ἀμύνομαι; ἀμύνω 1/1; 직설법 부정과거 이태중간 3인칭 단수(7:24); 막아서다[앞을 가로막고 서다].

ἡμῶν; ἐγώ 43/314; [인칭 대명사, 1인칭] 복수 속격; 우리3.

ʼΗν; εἰμί 2/278; 직설법 미완료 3인칭 단수(9:10; 12:20); 이다3, 있다1, 지니고 있다, 나다1, 접어들다, 다8; [미래] 있게 되다.

ἦν; εἰμί 47/278; 직설법 미완료 3인칭 단수.

ἣν; ὅς 17/225; [관계 대명사] 여성 단수 대격(1:4, 16; 7:3, 4, 45; 8:32; 10:21; 11:6; 19:27; 20:24, 28; 22:24; 23:28; 24:14, 15; 26:7; 27:17); [접속사+대명사]로 번역.

ἠνάγκαζον; ἀναγκάζω; ἀνάγκη 1/2; 직설법 미완료 능동태 1인칭 단수(26:11); 억지로 ~시키다; [수동태] 수밖에 없다.

ἠναγκάσθην; ἀναγκάζω; ἀνάγκη 1/2; 직설법 부정과거 수동태 1인칭 단수(28:19).

ἤνεγκεν; φέρω 1/10; 직설법 부정과거 능동태 3인칭 단수(4:37); 가져오다[무엇을 한 지점에서 다른 지점으로 옮겨 오다], 갖다 놓다, 제출[제출2: 문안이나 의견, 법안 따위를 냄]하다2, 데리다[아랫사람이나 동물 따위를 자기 몸 가까이 있게 하다], 이어지다[끊어졌거나 본래 따로 있던 것이 서로 잇대어지다], 통하다[어떤 곳으로 이어지다], 내뱉다[입 안에 있던 것을 입 밖으로 뱉어 내보내다].

ἠνεῴχθησαν; ἀνοίγω 1/16; 직설법 부정과거 수동태 3인칭 복수(16:26); 뜨다5[감았던 눈을 벌리다], 열다2[닫히거나 잠긴 것을 트거나 벗기다]; [수동태] 뜨이다2['뜨다5'의 피동사], 열리다.

ἠνοίγη; ἀνοίγω 1/16; 직설법 부정과거 수동태 3인칭 단수(12:10).

ἤνοιξεν; ἀνοίγω 3/16; 직설법 부정과거 능동태 3인칭 단수(9:40).

ἠξίου; ἀξιόω; ἄξιος 1/2; 직설법 미완료 능동태 3인칭 단수(15:38); 가치가 있다, 적합하다, 맞다고 여기다.

ἠπείθουν; ἀπειθέω; α, πείθω 1/2; 직설법 미완료 능동태 3인칭 복수(19:9); 신뢰하지 않다.

ἠπίστουν; ἀπιστέω; α, πείθω 1/1; 직설법 미완료 능동태 3인칭 복수(28:24); 믿지 않다.

ἦραν; αἴρω 1/9; 직설법 부정과거 수동태 3인칭 복수(4:24); 일으키다, 들다4[아래에 있는 것을 위로 올리다], 올리다, 들어 올리다, 높이다['높다'의 사동사], 거머들다[마구 움켜잡아서 들다], 거머채다[휘감아 잡아채다], 없애버리다; [수동태] 적용되지 않다, 잘려 나가다.

ἠργάζετο; ἐργάζομαι; ἔργον 1/3; 직설법 미완료 이태중간 3인칭 단수(18:3); 일[일1: 무엇을 이루려고 어떤 장소에서 일정한 시간 동안 몸을 움직이거나 머리를 쓰는 활동, 또는 그 활동의 대상]을 하다, 이루다1[뜻한 대로 되게 하다].

ἤρεσεν; ἀρέσκω 1/1; 직설법 부정과거 능동태 3인칭 단수(6:5); 호감[=호감정: 좋게 여기는 감정]을 사다, 마음에 들다1[어떤 물건이나 사람이 좋게 받아들여지다].

ἤρθη; αἴρω 2/9; 직설법 부정과거 수동태 3인칭 단수(8:33a; 20:9); 일으키다, 들다4, 올리다, 들어 올리다, 높이다, 거머들다, 거머채다, 없애버리다; [수동태] 적용되지 않다, 잘려 나가다.

ἠρνήσαντο; ἀρνέομαι 1/4; 직설법 부정과거 이태중간 3인칭 복수(7:35); 부인[부인2: 어떤 내용이나 사실을 옳거나 그러하다고 인정하지 아니함]하다.

ἠρνήσασθε; ἀρνέομαι 2/4; 직설법 부정과거 이태중간 2인칭 복수(3:13, 14).

ἤρξαντο; ἄρχω 1/10; 직설법 부정과거 중간태 3인칭 복수(2:4); 시작하다[어떤 일이나 행동의 처음 단계를 이루거나 그렇게 하게 하다], 출발하다[어떤 일을 시작하다], 말을 꺼내다[마음속의 생각 따위를 말로 드러내 놓기 시작하다], 다스리다[국가나 사회, 단체, 집안의 일을 보살펴 관리하고 통제하다].

ἤρξατο; ἄρχω 4/10; 직설법 부정과거 중간태 3인칭 단수(1:1; 18:26; 24:2; 27:35).

ἥρπασεν; ἁρπάζω 1/2; 직설법 부정과거 능동태 3인칭 단수(8:39); 낚아채다[무엇을 갑자기 세차게 잡아당기다].

ἤρχοντο; ἔρχομαι 1/50; 직설법 미완료 이태중간 3인칭 복수(19:18); 오다1, 가다1, 다다르다, 당도하다1, 닿다1, 등장하다1, 나오다, 바로 이어지는, 들다1.

ἤρχου; ἔρχομαι 1/50; 직설법 미완료 이태중간 2인칭 단수(9:17).

Ἡρῴδης; Ἡρῴδης 5/8; [명사] 남성 단수 주격(4:27; 12:1, 6, 19, 21); 헤롯 안티파스[갈릴리 분봉왕 헤롯, 4:27], 헤롯 아그립바 1세[헤롯대왕의 손자, 12:1, 6, 19, 21].

Ἡρῴδου; Ἡρῴδης 3/8; [명사] 남성 단수 속격(12:11; 13:1; 23:35); 헤롯 아그립바 1세[헤롯대왕의 손자, 12:11], 헤롯 안티파스[갈릴리 분봉왕 헤롯, 13:1], 헤롯대왕[23:35].

ἠρώτα; ἐρωτάω 1/7; 직설법 미완료 능동태 3인칭 단수(3:3); 요청[필요한 일이 이루어지도록 요긴하게 부탁함, 또는 그런 부탁]하다, 달라고 간청[간절히 청함, 또는 그런 청]하다, 간절히 청하다.

ἠρώτησαν; ἐρωτάω 1/7; 직설법 부정과거 능동태 3인칭 복수(10:48).

ἠρώτησεν; ἐρωτάω 1/7; 직설법 부정과거 능동태 3인칭 단수(23:18).

ἠρώτων; ἐρωτάω 2/7; 직설법 미완료 능동태 3인칭 복수(1:6; 16:39).

ἧς; ὅς 10/225; [관계 대명사] 여성 단수 속격(1:2, 22, 25; 3:25; 7:17; 16:14; 20:18; 24:11, 21; 26:7); [접속사+대명사]로 번역.

Ἠσαΐαν; Ἠσαΐας 2/3; [명사] 남성 단수 대격(8:28, 30); 이사야.

Ἠσαΐου; Ἠσαΐας 1/3; [명사] 남성 단수 속격(28:25).

Ἦσαν; εἰμί 2/278; 직설법 미완료 3인칭 복수(2:5; 13:1); 이다3, 있다1, 지니고 있다, 나다1, 접어들다, 다8; [미래] 있게 되다.

ἦσαν; εἰμί 26/278; 직설법 미완료 3인칭 복수.

ἡσυχάσαμεν; ἡσυχάζω; ἥσυχος 1/2; 직설법 부정과거 능동태 1인칭 복수(21:14); 그치다[계속되던 일이나 움직임이 멈추거나 끝나다, 또는 그렇게 하다], 누그러지다[딱딱한 성질이 부드러워지거나 약하여지다], 누그러들다.

ἡσύχασαν; ἡσυχάζω; ἥσυχος 1/2; 직설법 부정과거 능동태 3인칭 복수(11:18).

ἡσυχίαν; ἡσυχία; ἥσυχος 1/1; [명사] 여성 단수 대격(22:2); 조용1['조용하다1: 아무런 소리도 들리지 않고 고요하다'의 어근], 조용히.

ἠσφαλίσατο; ἀσφαλίζω; α, σφάλλω 1/1; 직설법 부정과거 중간태 3인칭 단수(16:24); 단단히 채우다[채우다1: 자물쇠 따위로 잠가서 문이나 서랍 따위를 열지 못하게 하다].

ᾐτήσαντο; αἰτέω 2/10; 직설법 부정과거 중간태 3인칭 복수(13:21, 28); 요청하다, 청하다.

ᾐτήσασθε; αἰτέω 1/10; 직설법 부정과거 중간태 2인칭 복수(3:14).

ᾐτήσατο; αἰτέω 2/10; 직설법 부정과거 중간태 3인칭 단수(7:46; 9:2).

ἥτις; ὅστις; ὅς, τίς 5/23; [관계 대명사] 여성 단수 주격(3:23; 11:28; 12:10; 16:12, 16); 누구[특정한 사람이 아닌 막연한 사람을 가리키는 인칭 대명사]라도, 그것이, 그 일은.

ᾐτοῦντο; αἰτέω 1/10; 직설법 미완료 중간태 3인칭 복수(12:20); 요청하다, 청하다.

ηὐκαίρουν; εὐκαιρέω; εὖ, καιρός 1/1; 직설법 미완료 능동태 3인칭 복수(17:21); 소일[소일2: 어떠한 것에 재미를 붙여 심심하지 아니하게 세월을 보냄]하다1, 소일거리[그럭저럭 세월을 보내기 위하여 심심풀이로 하는 일; 소견거리] 삼다.

ηὔξανεν; αὐξάνω 3/4; 직설법 미완료 능동태 3인칭 단수(6:7; 12:24; 19:20); 자라가다, 늘다1[힘이나 기운, 세력 따위가 이전보다 큰 상태가 되다].

ηὔξησεν; αὐξάνω 1/4; 직설법 부정과거 능동태 3인칭 단수(7:17).

ηὕρισκον; εὑρίσκω 1/35; 직설법 미완료 능동태 3인칭 복수(7:11); 찾다, 찾아내다, 만나다, 발견하다, 알다, 보다; [수동태] 발견되다, 모습을 드러내다, 깨닫다, 귀결되다, 결론이 내려지다.

ηὐφράνθη; εὐφραίνω; εὖ, φρήν 1/2; 직설법 부정과거 수동태 3인칭 단수(2:26); 기뻐하다[기쁘게 여기다].

ηὔχοντο; εὔχομαι 1/2; 직설법 미완료 중간태 3인칭 복수(27:29); 기원[기원2: 바라는 일이 이루어지기를 빎]하다1.

ἤχθη; ἄγω 2/26; 직설법 부정과거 수동태 3인칭 단수(8:32; 25:23); 데려오다, 인도하다, 이끌다, 끌어 오다, 끌고 가다; [수동태] 인도되다, 소집되다, 제 구실을 하다.

ἦχος; ἦχος; ἠχή 1/1; [명사] 남성 단수 주격(2:2); 굉음2[몹시 요란하게 울리는 소리], 요란한 소리.

θ

θάλασσαν; θάλασσα; ἅλας 8/10; [명사] 여성 단수 대격(4:24; 10:6, 32; 14:15; 17:14; 27:30, 38, 40; 28:4); 바다[지구 위에서 육지를 제외한 부분으로 짠물이 괴어 하나로 이어진 넓고 큰 부분, 지구 표면적의 약 70.8%를 차지하는데, 이는 육지 면적의 2.43배이다].

Θαλάσσῃ; θάλασσα; ἅλας 1/10; [명사] 여성 단수 여격(7:36).

θαλάσσης; θάλασσα; ἅλας 1/10; [명사] 여성 단수 속격(28:4).

–παρὰ θάλασσαν (10:6, 32); 바닷가[바닷물과 땅이 서로 닿은 곳이나 그 근처; 해반, 해변, 해빈, 해안가].

θάμβους; θάμβος 1/1; [명사] 중성 단수 속격(3:10); 경악[소스라치게 깜짝 놀람; 놀라움].

θανάτου; θάνατος; θνῄσκω 8/8; [명사] 남성 단수 속격(2:24; 13:28; 22:4; 23:29; 25:11, 25; 26:31, 28:18); 죽음1[죽는 일, 생물의 생명이 없어지는 현상을 이른다], 죽이기, 사망[추상화된 실존으로서의 사망으로 국어사전에는 정리되지 않은 개념이다].

Θάρσει; θαρσέω; θρασύς 1/1; 명령법 현재 능동태 2인칭 단수(23:11); 분발[분발3: 마음과 힘을 다하여 떨쳐 일어남; 발분1]하다3.

θάρσος; θάρσος; θρασύς 1/1; [명사] 중성 단수 대격(28:15); 용기2[씩씩하고 굳센 기운, 또는 사물을 겁내지 아니하는 기개].

θαυμάζετε; θαυμάζω 1/5; 명령법 현재 능동태 2인칭 복수(3:12); 놀라다[뜻밖의 일로 가슴이 두근거리다, 갑자기 강하게 무서움을 느끼다, 뛰어나거나 신기한 것을 보고 매우 감동하다], 당황[놀라거나 다급하여 어찌할 바를 모름]하다, 당황해하다.

θαυμάσατε; θαυμάζω 1/5; 명령법 부정과거 능동태 2인칭 복수(13:41).

θαψάντων; θάπτω 1/4; 분사 부정과거 능동태 남성 복수 속격(5:9); 묻다2[물건을 흙이나 다른 물건 속에 넣어 보이지 않게 쌓아 덮다]; [수동태] 묻히다2['묻다2'의 피동사].

θεᾶς; θεά 1/1; [명사] 여성 단수 속격(19:27); 여신3[여성의 신].

θεασάμενοι; θεάομαι 1/3; 분사 부정과거 이태중간 남성 복수 주격(21:27); 눈여겨보다[주의 깊게 잘 살펴보다].

θέατρον; θέατρον; θεάομαι 2/2; [명사] 중성 단수 대격(19:29, 31); 극장[에베소의 극장은 2만 5천 석 규모로 대극장이었다].

θεῖον; θεῖος; θεός 1/1; [형용사] 중성 단수 대격(17:29); 신성[신성4: 매우 거룩하고 성스러움]한, 신9[종교의 대상으로 초인간적, 초자연적 위력을 가지고 인간에게 화복을 내린다고 믿어지는 존재].

θεὶς; τίθημι 3/23; 분사 부정과거 능동태 남성 단수 주격(7:60; 9:40; 20:36); 두다1[일정한 곳에 놓다], 삼다2[무엇을 무엇이 되게 하거나 여기다], 세우다1['서다1: 사람이나 동물이 발을 땅에 대고 다리를 쭉 뻗으며 몸을 곧게 하다'의 사동사], 작정하다1[일을 어떻게 하기로 결정하다], 이끌어 내다, 처넣다[마구 집어넣다], 꿇다[무릎을 구부려 바닥에 대다]; [수동태] 묻히다2['묻다2: 물건을 흙이나 다른 물건 속에 넣어 보이지 않게 쌓아 덮다'의 피동사].

θέλει; θέλω 2/14; 직설법 현재 능동태 3인칭 단수(2:12; 17:20); 원[원14=소원4: 바라고 원함, 또는 바라고 원하는 일]하다2, 뜻하다[무엇을 할 마음을 먹다], 바라다1[생각이나 바람대로 어떤 일이나 상태가 이루어지거나 그렇게 되었으면 하고 생각하다], 하려고 하다; [과거] 바랐다.

Θέλεις; θέλω 1/14; 직설법 현재 능동태 2인칭 단수(25:9b).

θέλεις; θέλω 1/14; 직설법 현재 능동태 2인칭 단수(7:28).

θέλημα; θέλημα; θέλω 2/3; [명사] 중성 단수 주격(21:14), 단수 대격(22:14); 뜻[무엇을 하겠다고 속으로 먹은 마음].

θελήματά; θέλημα; θέλω 1/3; [명사] 중성 복수 대격(13:22).

θέλοι; θέλω 1/14; 희구법 현재 능동태 3인칭 단수(17:18); 원하다2, 하려고 하다, 뜻하다, 바라다1; [과거] 바랐다.

θέλοντος; θέλω 1/14; 분사 현재 능동태 남성 단수 속격(18:21).

θέλων; θέλω 2/14; 분사 현재 능동태 남성 단수 주격(24:27; 25:9a).

θέλωσι; θέλω 1/14; 가정법 현재 능동태 3인칭 복수(26:5).

θεμέλια; θεμέλιον; τίθημι 1/1; [명사] 중성 단수 대격(16:26); 터1[집이나 건물을 지었거나 지을 자리].

θέντες; τίθημι 1/23; 분사 부정과거 능동태 남성 복수 주격(21:5); 두다1[일정한 곳에 놓다], 삼다2[무엇을 무엇이 되게 하거나 여기다], 세우다1['서다1: 사람이나 동물이 발을 땅에 대고 다리를 쭉 뻗으며 몸을 곧게 하다'의 사동사], 작정하다1[일을 어떻게 하기로 결정하다], 이끌어 내다, 처넣다[마구 집이넣다], 꿇다[무릎을 구부려 바닥에 대다]; [수동태] 묻히다2['묻다2: 물건을 흙이나 다른 물건 속에 넣어 보이지 않게 쌓아 덮다'의 피동사].

θεοὶ; θεός 2/167; [명사] 남성 복수 주격(14:11; 19:26); 하나님[=하느님], 신9[종교의 대상으로 초인간적, 초자연적 위력을 가지고 인간에게 화복을 내린다고 믿어지는 존재].

θεομάχοι; θεομάχος; θεός, μάχη 1/1; [형용사] 남성 복수 주격(5:39); 하나님과 다투는 자.

θεόν; θεός 17/167; [명사] 남성 단수 대격(3:8, 9; 6:11; 10:22, 46; 11:17; 13:16, 26; 15:19; 16:14, 25; 17:27; 18:7, 13; 26:18, 20; 28:6); 하나님, 신9.

θεὸν; θεός 13/167; [명사, 공성] 남성 단수 대격(2:47; 4:21, 24; 10:2; 11:18; 12:5; 14:15; 15:10; 20:21; 21:20; 24:15, 16), 여성 단수 대격(19:37).

θεός; θεός 7/167; [명사] 남성 단수 주격(2:17, 32, 36; 3:18; 10:34; 17:30; 23:3).

θεὸς; θεός 56/167; [명사] 남성 단수 주격.

Θεοῦ; θεός 1/167; [명사] 남성 단수 속격(12:22).

θεοῦ; θεός 57/167; [명사] 남성 단수 속격.

θεοὺς; θεός 1/167; [명사] 남성 복수 대격(7:40).

Θεόφιλε; Θεόφιλος; θεός, φίλος 1/1; [명사] 남성 단수 호격(1:1); 데오빌로['하나님이 사랑하는 자' 혹은 '하나님을 사랑하는 자'].

θεραπεύεται; θεραπεύω; θεράπων 1/5; 직설법 현재 수동태 3인칭 단수(17:25); [수동태] 도움[남을 돕는 일]을 받다, 고침[고치다1: 병 따위를 낫게 하다]을 받다, 수리[수리14: 고장 나거나 허름한 데를 손보아 고침]되다2.

θέρμης; θέρμη 1/1; [명사] 여성 단수 속격(28:3); 열기7[뜨거운 기운].

Θεσσαλονικέων; Θεσσαλονικεύς 1/2; [명사] 남성 복수 속격(20:4); 데살로니가[테살로니카] 사람.

Θεσσαλονικέως; Θεσσαλονικεύς 1/2; [명사] 남성 단수 속격(17:13).

Θεσσαλονίκῃ; Θεσσαλονίκη 1/3; [명사] 여성 단수 여격(17:11); 데살로니가[테살로니카; 마게도냐(마케도니아)의 수도로 비아 에그나티아 도로가 지난다. 관련 구절, 행 17:1, 11, 13; 빌 4:16; 딤후 4:10].

Θεσσαλονίκην; Θεσσαλονίκη 1/3; [명사] 여성 단수 대격(17:1).

Θεσσαλονίκης; Θεσσαλονίκη 1/3; [명사] 여성 단수 속격(17:13).

Θευδᾶς; Θευδᾶς 1/1; [명사] 남성 단수 주격(5:36); 드다[튜다].

θεῷ; θεός 13/167; [명사] 남성 단수 여격(5:4, 29; 7:20; 12:23; 16:34; 17:23; 20:32; 23:1; 24:14; 26:29; 27:25, 35; 28:15); 하나님, 신9.

θεωρεῖ; θεωρέω; θεάομαι 1/14; 직설법 현재 능동태 3인칭 단수(10:11); 주목[주목3: 관심을 가지고 주의 깊게 살핌, 또는 그 시선]하다, 목도하다2, 보다.

θεωρεῖν; θεωρέω; θεάομαι 1/14; 부정사 현재 능동태(20:38).
Θεωρεῖς; θεωρέω; θεάομαι 1/14; 직설법 현재 능동태 2인칭 단수(21:20).
θεωρεῖτε; θεωρέω; θεάομαι 3/14; 직설법 현재 능동태 2인칭 복수(3:16; 19:26), 명령법 현재 능동태 2인칭 복수(25:24).
Θεωροῦντες; θεωρέω; θεάομαι 1/14; 분사 현재 능동태 남성 복수 주격(4:13).
θεωροῦντες; θεωρέω; θεάομαι 1/14; 분사 현재 능동태 남성 복수 주격(9:7).
θεωροῦντος; θεωρέω; θεάομαι 1/14; 분사 현재 능동태 남성 단수 속격(17:16).
θεωρούντων; θεωρέω; θεάομαι 1/14; 분사 현재 능동태 남성 복수 속격(28:6).
θεωρῶ; θεωρέω; θεάομαι 3/14; 직설법 현재 능동태 1인칭 단수(7:56; 17:22; 27:10).
θεωρῶν; θεωρέω; θεάομαι 1/14; 분사 현재 능동태 남성 단수 주격(8:13).
θηρία; θηρίον; θήρ 1/3; [명사] 중성 복수 대격(11:6); 야생동물[산이나 들에서 저절로 나서 자라는 동물].
θηρίον; θηρίον; θήρ 2/3; [명사] 중성 단수 대격(28:4, 5).
θλίψεις; θλῖψις; θλίβω 1/5; [명사] 여성 복수 주격(20:23); 환란[근심과 재앙을 통틀어 이르는 말].
θλίψεων; θλῖψις; θλίβω 2/5; [명사] 여성 복수 속격(7:10; 14:22).
θλίψεως; θλῖψις; θλίβω 1/5; [명사] 여성 단수 속격(11:19).
θλῖψις; θλῖψις; θλίβω 1/5; [명사] 여성 단수 주격(7:11).
θορυβεῖσθε; θορυβέω; θόρυβος 1/2; 명령법 현재 수동태 2인칭 복수(20:10); 소란[소란4: 시끄럽고 어수선함]을 피우다[피우다1: 일부 명사와 함께 쓰여 그 명사가 뜻하는 행동이나 태도를 나타내다], 소동[소동2: 사람들이 놀라거나 흥분하여 시끄럽게 법석거리고 떠들어 대는 일]을 피우다, 난리[난리2: 분쟁, 재해 따위로 세상이 소란하고 질서가 어지러워진 상태]를 피우다; [수동태] 소동하다.
θόρυβον; θόρυβος 2/3; [명사] 남성 단수 대격(20:1; 21:34); 소동2[사람들이 놀라거나 흥분하여 시끄럽게 법석거리고 떠들어 대는 일].
θορύβου; θόρυβος 1/3; [명사] 남성 단수 속격(24:18).
θρησκείας; θρησκεία; θρησκός 1/1; [명사] 여성 단수 속격(26:5); 종파2[교파: 같은 종교의 갈린 갈래].
θρὶξ; θρίξ 1/1; [명사] 여성 단수 주격(27:34); 머리카락[머리털의 낱개], 털[사람이나 동물의 피부에 나는 가느다란 실 모양의 것].
θρόνον; θρόνος 1/2; [명사] 남성 단수 대격(2:30); 왕좌2[임금이 앉는 자리], 깔개1[눕거나 앉을 곳에 까는 물건], 앉을 곳.
θρόνος; θρόνος 1/2; [명사] 남성 단수 주격(7:49).
Θυατείρων; Θυάτειρα 1/1; [명사] 중성 복수 속격(16:14); 두아디라[미시아(무시아) 남쪽에 있던 리디아에 속한 도시로, 셀류쿠스 니카토르(Seleucus Nicator, 301-281 BC)에 의해 재건된 후 버가모(계 1:11; 2:12)와 사데(계 1:11; 3:1)를 잇는 상업도시로 발전하였다. 관련 구절, 행 16:14; 계 1:11; 2:18, 24].
θυγατέρες; θυγάτηρ 2/3; [명사] 여성 복수 주격(2:17; 21:9); 딸1[여자로 태어난 자식].
θυγάτηρ; θυγάτηρ 1/3; [명사] 여성 단수 주격(7:21).
θύειν; θύω 2/4; 부정사 현재 능동태(14:13, 18); 제물을 바치다, 제사하다, 잡다1[짐승을 죽이다], 제물로 바치다.
θυμομαχῶν; θυμομαχέω; θυμός, μάχη 1/1; 분사 현재 능동태 남성 단수 주격(12:20); 격

노[몹시 분하고 노여운 감정이 북받쳐 오름]하다, 격분[격분1=격노]하다1.

θυμοῦ; θυμός 1/1; [명사] 남성 단수 속격(19:28); 격정[강렬하고 갑작스러워 누르기 어려운 감정], 격한 감정.

θύρᾳ; θύρα 1/10; [명사] 여성 단수 여격(5:9); 문5[드나들거나 물건을 넣었다 꺼냈다 하기 위하여 틔워 놓은 곳, 또는 그곳에 달아 놓고 여닫게 만든 시설].

θύραι; θύρα 2/10; [명사] 여성 복수 주격(16:26; 21:30).

θύραν; θύρα 3/10; [명사] 여성 단수 대격(3:2; 12:13; 14:27).

θύρας; θύρα 3/10; [명사] 여성 단수 속격(12:6), 복수 대격(5:19; 16:27).

θυρίδος; θυρίς; θύρα 1/1; [명사] 여성 단수 속격(20:9); 창9[=창문], 창문[공기나 햇빛을 받을 수 있고, 밖을 내다볼 수 있도록 벽이나 지붕에 낸 작은 문].

θυρῶν; θύρα 1/10; [명사] 여성 복수 속격(5:23); 문5.

θυσίαν; θυσία; θύω 1/2; [명사] 여성 단수 대격(7:41); 제물3[제사에 쓰는 음식물].

θυσίας; θυσία; θύω 1/2; [명사] 여성 복수 대격(7:42).

θῦσον; θύω 2/4; 명령법 부정과거 능동태 2인칭 단수(10:13; 11:7); 제물을 바치다, 제사하다, 잡다1[짐승을 죽이다], 제물로 바치다.

θῶ; τίθημι 1/23; 가정법 부정과거 능동태 1인칭 단수(2:35); 두다1[일정한 곳에 놓다], 삼다2[무엇을 무엇이 되게 하거나 여기다], 세우다1['서다1: 사람이나 동물이 발을 땅에 대고 다리를 쭉 뻗으며 몸을 곧게 하다'의 사동사], 작정하다1[일을 어떻게 하기로 결정하다], 이끌어 내다, 처넣다[마구 집어넣다], 꿇다[무릎을 구부려 바닥에 대다]; [수동태] 묻히다2['묻다2: 물건을 흙이나 다른 물건 속에 넣어 보이지 않게 쌓아 덮다'의 피동사].

Θωμᾶς; Θωμᾶς 1/1; [명사] 남성 단수 주격(1:13); 도마.

Ι

Ἰακώβ; Ἰακώβ 4/8; [명사] 남성 단수 속격(3:13; 7:32, 46), 단수 대격(7:8); 야곱.

Ἰακὼβ; Ἰακώβ 4/8; [명사] 남성 단수 주격(7:8, 12, 15), 단수 대격(7:14).

Ἰάκωβον; Ἰάκωβος 2/7; [명사] 남성 단수 대격(12:2; 21:18); 야고보[세베대의 아들: 12:2; 예수님의 동생: 21:18]

Ἰάκωβος; Ἰάκωβος 3/7; [명사] 남성 단수 주격(1:13[2회]; 15:13); 야고보[세베대의 아들: 1:13a; 알패오의 아들: 1:13b; 예수님의 동생: 15:13].

Ἰακώβου; Ἰάκωβος 1/7; [명사] 남성 단수 속격(1:13c); 야고보[유다의 아버지].

Ἰακώβῳ; Ἰάκωβος 1/7; [명사] 남성 단수 여격(12:17); 야고보[예수님의 동생].

ἰάσατο; ἰάομαι 1/4; 직설법 부정과거 이태중간 3인칭 단수(28:8); 고치다1[병 따위를 낫게 하다].

ἰάσεως; ἴασις; ἰάομαι 1/2; [명사] 여성 단수 속격(4:22); 치유1[치료하여 병을 낫게 함].

ἴασιν; ἴασις; ἰάομαι 1/2; [명사] 여성 단수 대격(4:30).

ἰάσομαι; ἰάομαι 1/4; 직설법 미래 이태중간 1인칭 단수(28:27); 고치다1.

Ἰάσονα; Ἰάσων 1/4; [명사] 남성 단수 대격(17:6); 야손.

Ἰάσονος; Ἰάσων 2/4; [명사] 남성 단수 속격(17:5, 9).

Ἰάσων; Ἰάσων 1/4; [명사] 남성 단수 주격(17:7).

ἰᾶταί; ἰάομαι 1/4; 직설법 현재 이태중간 3인칭 단수(9:34); 고치다1.

ἰδεῖν; ὁράω 7/66; 부정사 부정과거 능동태(2:27; 13:35; 15:6; 19:21; 22:14, 18; 28:20); 보다1[눈으로 대상의 존재나 형태적 특징을 알다], 살피다1[두루두루 주의하여 자세히 보다], 분별[분별1: 세상 물정에 대한 바른 생각이나 판단]하다, 헤아리다[짐작하여 가늠하거나 미루어 생각하다], 헤아려 보다, 보이다1['보다1: 대상을 평가하다'의 피동사], 뵈다1['보이다1'의 준말], 뵙다[웃어른을 대하여 보다, '뵈다1'보다 더 겸양의 뜻을 나타낸다], ~와 만나다[누군가 가거나 와서 둘이 서로 마주 보다], 이르다1[어떤 정도나 범위에 미치다]; [수동태] 나타나다[보이지 아니하던 어떤 대상의 모습이 드러나다], 보이다1['보다1'의 피동사].

Ἴδετε; ὁράω 1/66; 명령법 부정과거 능동태 2인칭 복수(13:41).

ἴδητε; ὁράω 1/66; 가정법 부정과거 능동태 2인칭 복수(28:26).

ἰδίᾳ; ἴδιος 7/16; [형용사] 여성 단수 여격(1:7, 19; 2:6, 8; 3:12; 13:36; 24:24); 자기[자기4: 그 사람 자신]의, 자신[자신1: 다름이 아니고 앞에서 가리킨 바로 그 사람임을 강조하여 이르는 말]의, 당신[우리말 어법에는 없는 용례로 성경 번역에서 사용되는 이인칭 존칭 대명사]의, 자기네, 아는 사람, 동료[같은 직장이나 같은 부문에서 함께 일하는 사람].

ἴδια; ἴδιος 1/16; [형용사] 중성 복수 대격(21:6).

ἰδίαν; ἴδιος 1/16; [형용사] 여성 단수 대격(23:19).

ἰδίας; ἴδιος 1/16; [형용사] 여성 단수 속격(25:19).

ἴδιον; ἴδιος 2/16; [형용사] 남성 단수 대격(1:25; 4:32).

ἰδίου; ἴδιος 1/16; [형용사] 남성 단수 속격(20:28)

ἰδίους; ἴδιος 1/16; [형용사] 남성 복수 대격(4:23).

ἰδίῳ; ἴδιος 1/16; [형용사] 중성 단수 여격(28:30).

ἰδίων; ἴδιος 1/16; [형용사] 남성 복수 속격(24:23).

ἰδιῶται; ἰδιώτης; ἴδιος 1/1; [명사] 남성 복수 주격(4:13); 직분[직무상의 본분]이 없는 자, 평신도[교직을 가지지 않은 일반 신자].

ἰδόντες; ὁράω 5/66; 분사 부정과거 능동태 남성 복수 주격(13:45; 14:11; 16:19, 40; 21:32); 보다1, 살피다1, 분별하다, 헤아리다, 헤아려 보다, 보이다1, 뵈다1, 뵙다, ~와 만나다, 이르다1; [수동태] 나타나다, 보이다1.

Ἰδοὺ; ἰδού; εἶδος 6/23; [부사 혹은 감탄사로 쓰이는 형태상으로는 명령법 부정과거 중간태 2인칭 단수임] (5:25; 7:56; 8:36; 9:10; 10:19, 21); 보라, 보십시오, 자4[남에게 어떤 행동을 권하거나 재촉할 때 하는 말, 말이나 행동을 할 때 남의 주의를 불러일으키기 위하여 하는 말].

ἰδοὺ; ἰδού; εἶδος 17/23; [부사 혹은 감탄사로 쓰이는 형태상으로는 명령법 부정과거 중간태 2인칭 단수임] (1:10; 2:7; 5:9, 28; 8:27; 9:11; 10:17, 30; 11:11; 12:7; 13:11, 25, 46; 16:1; 20:22, 25; 27:24).

ἰδοῦσα; ὁράω 1/66; 분사 부정과거 능동태 여성 단수 주격(9:40); 보다1, 살피다1, 분별하다, 헤아리다, 헤아려 보다, 보이다1, 뵈다1, 뵙다, ~와 만나다, 이르다1; [수동태] 나타나다, 보이다1.

ἰδών; ὁράω 1/66; 분사 부정과거 능동태 남성 단수 주격(7:24).

ἰδὼν; ὁράω 11/66; 분사 부정과거 능동태 남성 단수 주격(3:3, 12; 7:31, 34; 8:18; 11:23; 12:3; 13:12; 14:9; 16:27; 28:15).
–ἰδὼν εἶδον (7:34); 똑똑히[똑똑하다: 또렷하고 분명하다] 보다.
ἴδωσιν; ὁράω 1/66; 가정법 부정과거 능동태 3인칭 복수(28:27).
ἱερεῖς; ἱερεύς; ἱερός 1/3; [명사] 남성 복수 주격(4:1); 제사장1.
ἱερεὺς; ἱερεύς; ἱερός 1/3; [명사] 남성 단수 주격(14:13).
ἱερέων; ἱερεύς; ἱερός 1/3; [명사] 남성 복수 속격(6:7).
ἱερόν; ἱερόν; ἱερός 2/25; [명사] 중성 단수 대격(3:2, 3); 신전11[신령을 모신 전각], 성전8[예루살렘 성전을 이르는 말].
ἱερὸν; ἱερόν; ἱερός 9/25; [명사] 중성 단수 대격(3:1, 8; 5:21; 19:27; 21:26, 28, 29; 24:6; 25:8).
Ἱεροσόλυμα; Ἱεροσόλυμα; ἱερός 11/22; [명사] 중성 복수 대격(8:25; 13:13; 19:21; 20:16; 21:4, 15, 17; 25:1, 9, 15, 20); 예루살렘, 히에로솔뤼마.
Ἱεροσολύμοις; Ἱεροσόλυμα; ἱερός 7/22; [명사] 중성 복수 여격(8:1, 14; 16:4; 25:24; 26:4, 10, 20).
Ἱεροσολύμων; Ἱεροσόλυμα; ἱερός 4/22; [명사] 중성 복수 속격(1:4; 11:27; 25:7; 28:17).
ἱεροσύλους; ἱερόσυλος; ἱερός, συλάω 1/1; [명사] 남성 복수 대격(19:37); 신전도둑.
ἱεροῦ; ἱερόν; ἱερός 5/25; [명사] 중성 단수 속격(3:2, 10; 4:1; 5:24; 21:30); 신전11, 성전8.
Ἰερουσαλήμ; Ἰερουσαλήμ 15/37; [명사] 여성 단수 주격(21:31), 속격(22:18), 여격(4:5; 9:13; 10:39), 대격(1:19; 8:27; 9:2, 28; 11:2; 13:31; 21:12; 23:11; 24:11; 25:3); 예루살렘.
Ἰερουσαλὴμ; Ἰερουσαλήμ 22/37; [명사] 여성 단수 속격(1:12b; 5:16, 28; 8:26), 여격(1:8; 6:7; 11:22; 13:27; 21:11), 대격(1:12a; 2:5, 14; 4:16; 9:21, 26; 12:25; 15:2, 4; 20:22; 21:13; 22:5, 17).
ἱερῷ; ἱερόν; ἱερός 9/25; [명사] 중성 단수 여격(2:46; 5:20, 25, 42; 21:27; 22:17; 24:12, 18; 26:21); 신전11, 성전8.
Ἰεσσαί; Ἰεσσαί 1/1; [명사] 남성 단수 속격(13:22); 이새.
Ἰησοῦ; Ἰησοῦς 32/69; [명사] 남성 단수 호격(7:59), 속격(1:14; 2:38; 3:6; 4:10, 18, 30, 33; 5:40; 7:45; 8:12, 16; 9:27; 10:36, 48; 15:11, 26; 16:7, 18; 18:25; 19:5, 13, 17; 20:24, 35; 21:13; 25:19; 26:9; 28:23), 여격(4:2, 13); 예수님, 여호수아(7:45).
Ἰησοῦν; Ἰησοῦς 27/69; [명사] 남성 단수 대격(1:16; 2:22, 32, 36; 3:13, 20; 4:27; 5:30, 42; 7:55; 8:35; 9:20; 10:38; 11:17, 20; 13:23, 33; 16:31; 17:7, 18; 18:5, 28; 19:4, 13, 15; 20:21; 24:24).
Ἰησοῦς; Ἰησοῦς 10/69; [명사] 남성 단수 주격(1:1, 11, 21; 6:14; 9:5, 17, 34; 17:3; 22:8; 26:15).
ἱκαναί; ἱκανός 1/18; [형용사] 여성 복수 주격(9:23); 상당한[상당하다2: 어지간히 많다, 또는 적지 아니하다], 꽤[꽤1: 보통보다 조금 더한 정도로] 긴, 꽤 많은, 상당히 많은, 충분히[충분하다1: 모자람이 없이 넉넉하다], 상당수, 강렬한[강렬하다2: 강하고 세차다].
ἱκαναὶ; ἱκανός 1/18; [형용사] 여성 복수 주격(20:8).
ἱκαναῖς; ἱκανός 1/18; [형용사] 여성 복수 여격(27:7).
ἱκανὰς; ἱκανός 2/18; [형용사] 여성 복수 대격(9:43; 18:18).

ἱκανοὶ; ἱκανός 2/18; [형용사] 남성 복수 주격(12:12; 19:19).
ἱκανόν; ἱκανός 2/18; [형용사] 남성 단수 대격(11:26; 20:11).
ἱκανὸν; ἱκανός 4/18; [형용사] 남성 단수 대격(14:3; 19:26), 중성 단수 대격(17:9; 22:6).
ἱκανὸς; ἱκανός 2/18; [형용사] 남성 단수 주격(11:24; 20:37).
Ἱκανοῦ; ἱκανός 1/18; [형용사] 남성 단수 속격(27:9).
ἱκανοὺς; ἱκανός 1/18; [형용사] 남성 복수 대격(14:21).
ἱκανῷ; ἱκανός 1/18; [형용사] 남성 단수 여격(8:11).
Ἰκόνιον; Ἰκόνιον 2/5; [명사] 중성 단수 대격(13:51; 14:21); 이고니온.
Ἰκονίου; Ἰκόνιον 1/5; [명사] 중성 단수 속격(14:19).
Ἰκονίῳ; Ἰκόνιον 2/5; [명사] 중성 단수 여격(14:1; 16:2).
ἱμᾶσιν; ἱμάς; ἱμάτιον 1/1; [명사] 남성 복수 여격(22:25); 가죽끈.
ἱμάτια; ἱμάτιον 7/8; [명사] 중성 복수 대격(7:58; 9:39; 14:14; 16:22; 18:6; 22:20, 23); 의복1, 옷1[몸을 싸서 가리거나 보호하기 위하여 피륙 따위로 만들어 입는 물건], 겉옷[겉에 입는 옷, 외의, 표의].
ἱμάτιόν; ἱμάτιον 1/8; [명사] 중성 단수 대격(12:8).
ἱματισμοῦ; ἱματισμός; ἱμάτιον 1/1; [명사] 남성 단수 속격(20:33); 피륙[아직 끊지 아니한 베, 무명, 비단 따위의 천을 통틀어 이르는 말], 옷1.
ἵνα; ἵνα 15/15; [종위 접속사] (2:25; 4:17; 5:15; 8:19; 9:21; 16:30, 36; 17:15; 19:4; 21:24; 22:5, 24; 23:24; 24:4; 27:42); 부디1['바라건대', '꼭', '아무쪼록'의 뜻으로, 남에게 청하거나 부탁할 때 바라는 마음이 간절함을 나타내는 말], 아무쪼록[=모쪼록], 어떻게든, ~하기 위함이라.
Ἱνατί; ἱνατί; ἵνα, τίς 1/2; [등위 접속사, 의문] (4:25); 무슨 까닭에, 무엇 때문에.
ἱνατί; ἱνατί; ἵνα, τίς 1/2; [등위 접속사, 의문] (7:26).
Ἰόππῃ; Ἰόππη 4/10; [명사] 여성 단수 여격(9:36, 38, 43; 11:5); 욥바[지금의 텔아비브].
Ἰόππην; Ἰόππη 4/10; [명사] 여성 단수 대격(10:5, 8, 32; 11:13).
Ἰόππης; Ἰόππη 2/10; [명사] 여성 단수 속격(9:42; 10:23).
Ἰούδα; Ἰούδας 2/8; [명사] 남성 단수 속격(1:16; 9:11); [가룟] 유다(1:16), [다메섹의] 유다(9:11).
Ἰουδαίᾳ; Ἰουδαία 2/12; [명사] 여성 단수 여격(1:8; 11:29); 유대, 유대 지방.
Ἰουδαίᾳ; Ἰουδαῖος 1/79; [형용사] 여성 단수 여격(24:24); 유대인, 유대의, 유대 지역의.
Ἰουδαίαν; Ἰουδαία 2/12; [명사] 여성 단수 대격(2:9; 11:1); 유대, 유대 지방.
Ἰουδαίας; Ἰουδαία 8/12; [명사] 여성 단수 속격(8:1; 9:31; 10:37; 12:19; 15:1; 21:10; 26:20; 28:21).
Ἰουδαίας; Ἰουδαῖος 1/79; [형용사] 여성 단수 속격(16:1); 유대인, 유대의, 유대 지역의.
Ἰουδαῖοι; Ἰουδαῖος 21/79; [형용사] 남성 복수 주격(2:5, 14; 9:23; 13:45, 50; 14:2, 19; 16:20; 17:5, 13; 18:12, 14; 21:11, 27; 23:12, 20; 24:9, 19; 25:7; 26:4, 21).
Ἰουδαῖοί; Ἰουδαῖος 1/79; [형용사] 남성 복수 주격(2:11).
Ἰουδαίοις; Ἰουδαῖος 13/79; [형용사] 남성 복수 여격(11:19; 12:3; 14:4; 17:17; 18:5, 19, 28; 19:17; 20:21; 21:20; 24:5, 27; 25:9).
Ἰουδαῖον; Ἰουδαῖος 2/79; [형용사] 남성 단수 대격(13:6; 18:2).
Ἰουδαῖος; Ἰουδαῖος 3/79; [형용사] 남성 단수 주격(18:24; 21:39; 22:3).
Ἰουδαῖός; Ἰουδαῖος 1/79; [형용사] 남성 단수 주격(19:34).
Ἰουδαίου; Ἰουδαῖος 1/79; [형용사] 남성 단수 속격(19:14).

'Ιουδαίους; 'Ιουδαῖος 9/79; [형용사] 남성 복수 대격(9:22; 16:3; 18:2, 4, 14; 19:10; 21:21; 25:10; 26:3).
'Ιουδαίῳ; 'Ιουδαῖος 1/79; [형용사] 남성 단수 대격(10:28).
'Ιουδαίων; 'Ιουδαῖος 24/79; [형용사] 남성 복수 속격(10:22, 39; 12:11; 13:5, 43; 14:1[2회], 5; 17:1, 10; 19:13, 33; 20:3, 19; 22:12, 30; 23:27; 25:2, 8, 15, 24; 26:2, 7; 28:17, 19).
'Ιούδαν; 'Ιούδας 2/8; [명사] 남성 단수 대격(15:22, 27); [바사바라고 불리는] 유다.
'Ιούδας; 'Ιούδας 4/8; [명사] 남성 단수 주격(1:13, 25; 5:37; 15:32); [야고보의 아들] 유다(1:13), [가룟] 유다(1:25), [갈릴리 사람] 유다(5:37), [바사바라고 불리는] 유다(15:32).
'Ιούλιος; 'Ιούλιος 1/2; [명사] 남성 단수 주격(27:3); [백부장] 율리오.
'Ιουλίῳ; 'Ιούλιος 1/2; [명사] 남성 단수 여격(27:1).
'Ιοῦστος; 'Ιοῦστος 1/2; [명사] 남성 단수 주격(1:23); [바사바라 불리는 요셉] 유스도.
'Ιούστου; 'Ιοῦστος 1/2; [명사] 남성 단수 속격(18:7); [디도] 유스도.
ἱππεῖς; ἱππεύς; ἵππος 2/2; [명사] 남성 복수 대격(23:23, 32); 기병7[말을 타고 싸우는 병사, 기마병].
'Ισαὰκ; 'Ισαάκ 4/4; [명사] 남성 단수 주격(7:8a), 속격(3:13; 7:32), 대격(7:8a); 이삭2[구약 성경에 나오는 아브라함의 아들, 야곱의 아버지이다].
ἴσασι; οἶδα 1/19; 직설법 완료 능동태 3인칭 복수(26:4); 알고[알다: 어떠한 사실에 대해 의식이나 감각으로 깨닫거나 느끼다, 심리적 상태를 마음속으로 느끼거나 깨닫다] 있다, 알겠[겠: 가능성이나 능력을 나타내는 어미]다; [부정] 알지 못하다[일정한 수준에 못 미치거나 할 능력이 없다].
ἴσην; ἴσος 1/1; [형용사] 여성 단수 대격(11:17); 동등[동등2: 등급이나 정도가 같음, 또는 그런 등급이나 정도]한, 정도[정도11: 사물의 성질이나 가치를 양부, 우열 따위에서 본 분량이나 수준]가 같은, 등급[높고 낮음이나 좋고 나쁨 따위의 차이를 여러 층으로 구분한 단계]이 같은, 같은 등급의.
'Ισραήλ; 'Ισραήλ 7/15; [명사] 남성 단수 속격(4:27; 7:23, 37, 42; 9:15; 13:24), 여격(1:6); 이스라엘.
'Ισραὴλ; 'Ισραήλ 8/15; [명사] 남성 단수 속격(2:36; 4:10; 5:21; 10:36; 13:17; 28:20), 여격(5:31; 13:23).
'Ισραηλῖται; 'Ισραηλίτης 5/5; [명사] 남성 복수 호격(2:22; 3:12; 5:35; 13:16; 21:28); 이스라엘 사람.
ἴσχυεν; ἰσχύω; ἰσχύς 1/6; 직설법 미완료 능동태 3인칭 단수(19:20); 이기다1[내기나 시합, 싸움 따위에서 재주나 힘을 겨루어 상대를 꺾다], 승리[겨루어서 이김]하다, 할 수 있다; [부정] 못하다[일정한 수준에 못 미치거나 할 능력이 없다].
ἴσχυον; ἰσχύω; ἰσχύς 2/6; 직설법 미완료 능동태 3인칭 복수(6:10; 25:7).
ἰσχύσαμεν; ἰσχύω; ἰσχύς 2/6; 직설법 부정과거 능동태 1인칭 복수(15:10; 27:16).
ἴσχυσεν; ἰσχύω; ἰσχύς 1/6; 직설법 부정과거 능동태 3인칭 단수(19:16).
'Ιταλίαν; 'Ιταλία 2/3; [명사] 여성 단수 대격(27:1, 6); 이달리야[이탈리아: 유럽 남부의 지중해에 돌출한 반도와 그 부근의 섬으로 이루어진 공화국(현재)].
'Ιταλίας; 'Ιταλία 1/3; [명사] 여성 단수 속격(18:2).
'Ιταλικῆς; 'Ιταλικός 1/1; [형용사] 여성 단수 속격(10:1); 이달리야의[이탈리야의].

᾿Ιωάννῃ; ᾿Ιωάννης 1/24; [명사] 남성 단수 여격(3:4); [사도] 요한.
᾿Ιωάννην; ᾿Ιωάννης 6/24; [명사] 남성 단수 대격(3:3, 11; 8:14; 12:25; 13:5; 15:37); [사도] 요한(3:3, 11; 8:14), [마가] 요한(12:25; 13:5; 15:37).
᾿Ιωάννης; ᾿Ιωάννης 10/24; [명사] 남성 단수 주격(1:5, 13; 3:1; 4:6, 19; 10:37; 11:16; 13:13, 25; 19:4); [세례] 요한(1:5; 10:37; 11:16; 13:25; 19:4), [사도] 요한(1:13; 3:1; 4:19), [대제사장 집안의] 요한, [마가] 요한(13:13).
᾿Ιωάννου; ᾿Ιωάννης 7/24; [명사] 남성 단수 속격(1:22; 4:13; 12:2, 12; 13:24; 18:25; 19:3); [세례] 요한(1:22), [사도] 요한(4:13; 12:2), [마가] 요한(12:12), [세례] 요한(13:24; 18:25; 19:3).
᾿Ιωήλ; ᾿Ιωήλ 1/1; [명사] 남성 단수 속격(2:16); [선지자] 요엘.
ἰώμενος; ἰάομαι 1/4; 분사 현재 이태중간 남성 단수 주격(10:38); 고치다1[병 따위를 낫게 하다].
᾿Ιωσήφ; ᾿Ιωσήφ 2/7; [명사] 남성 단수 속격(7:13b), 대격(7:18); [야곱의 아들] 요셉(7:13b, 18).
᾿Ιωσὴφ; ᾿Ιωσήφ 5/7; [명사] 남성 단수 주격(4:36; 7:13a, 14), 대격(1:23; 7:9); [바사바 유스도] 요셉(1:23), [바나바] 요셉(4:36), [야곱의 아들] 요셉(7:9, 13a, 14).

Κ

κἀγὼ; ἐγώ 2/314; [인칭 대명사, 1인칭] 단수 주격(22:13, 19); 접속사+인칭 대명사 형태로, ‘나3’[말하는 이가 대등한 관계에 있는 사람이나 아랫사람을 상대하여 자기를 가리키는 일인칭 대명사] 혹은 ‘저3’[말하는 이가 윗사람이나 그다지 가깝지 아니한 사람을 상대하여 자기를 낮추어 가리키는 일인칭 대명사]와 ‘도’를 합하여 ‘나도, 저도’라고 번역하면 된다.
καθ᾿; κατά 16/90; [전치사] (2:46, 47; 3:2; 9:31, 42; 10:37; 15:11; 16:5; 17:11, 28; 18:15; 19:9; 21:19; 24:22; 27:25; 28:16); [+속격] 아래로, ~와/과 맞서; [+대격] 맞은편[서로 마주 바로보이는 편], 앞쪽, 아랫녘[=앞대: 어떤 지방에서 그 남쪽의 지방을 이르는 말], 퍼져 있는, 가운데, 본떠서[본뜨다: 무엇을 본보기로 삼아 그대로 좇아 하다], 따르는[따르다1: 관례, 유행이나 명령, 의견 따위를 그대로 실행하다], 대로1[어떤 모양이나 상태와 같이], 각~(로), 쯤2[일부 명사 또는 명사구 뒤에 붙어 ‘정도’의 뜻을 더하는 접미사].
–καθ᾿ ἑαυτόν (28:16); 따로[한데 섞이거나 함께 있지 아니하고 혼자 떨어져서].
καθαιρεῖσθαι; καθαιρέω; κατά, αἱρέω 1/3; 부정사 현재 수동태(19:27); 내리다1[위에 있는 것을 낮은 곳 또는 아래로 끌어당기거나 늘어뜨리다], 깔아뭉개다[억눌러 버리거나 무시하다].
καθαρίσας; καθαρίζω; καθαρός 1/3; 분사 부정과거 능동태 남성 단수 주격(15:9); 깨끗이 하다.
καθαρός; καθαρός 1/2; [형용사] 남성 단수 주격(20:26); 깨끗한[깨끗하다: 마음씨나 행동 따위가 허물이 없이 떳떳하고 올바르다].
καθαρὸς; καθαρός 1/2; [형용사] 남성 단수 주격(18:6).
καθεζόμενοι; καθέζομαι; κατά, ἕζομαι 1/2; 분사 현재 이태중간 남성 복수 주격(6:15); 걸

터앉다[어떤 물체에 온 몸의 무게를 실어 걸치고 앉다], 착석[자리에 앉음]하다, 참석[모임이나 회의 따위의 자리에 참여함]하다.

καθεζόμενος; καθέζομαι; κατά, ἕζομαι 1/2; 분사 현재 이태중간 남성 단수 주격(20:9).

καθελόντες; καθαιρέω; κατά, αἱρέω 1/3; 분사 부정과거 능동태 남성 단수 주격(13:29); 내리다, 깔아뭉개다.

καθελὼν; καθαιρέω; κατά, αἱρέω 1/3; 분사 부정과거 능동태 남성 단수 주격(13:19).

καθεξῆς; καθεξῆς; κατά, ἔχω 3/3; [부사] (3:24; 11:4; 18:23); 차례[순서 있게 구분하여 벌여 나기는 관계, 또는 그 구분에 따라 각각에게 돌아오는 기회]로, 그 뒤를 잇는[잇다1: 끊어지지 않게 계속하다]/이은.

κάθῃ; κάθημαι; κατά, ἧμαι 1/6; 직설법 현재 이태중간 2인칭 단수(23:3); 앉다[사람이나 동물이 윗몸을 바로 한 상태에서 엉덩이에 몸무게를 실어 다른 물건 위에 몸을 올려놓거나 무릎을 구부려 엉덩이를 다리나 발 위에 올려놓다].

καθῆκαν; καθίημι; κατά, ἵημι 1/3; 직설법 부정과거 능동태 3인칭 복수(9:25); 아래로 내리다[내리다1: 위에 있는 것을 낮은 곳 또는 아래로 끌어당기거나 늘어뜨리다], 드리우다1[한쪽이 위에 고정된 천이나 줄 따위가 아래로 늘어지다, 또는 그렇게 되게 하다].

καθῆκεν; καθήκω; κατά, ἥκω 1/1; 직설법 미완료 능동태 3인칭 단수(22:22); 적절하다[꼭 알맞다].

καθήμενοι; κάθημαι; κατά, ἧμαι 1/6; 분사 현재 이태중간 남성 복수 주격(2:2); 앉다.

καθήμενος; κάθημαι; κατά, ἧμαι 2/6; 분사 현재 이태중간 남성 단수 주격(3:10).

καθημερινῇ; καθημερινός; κατά, ἡμέρα 1/1; [형용사] 여성 단수 여격(6:1); 매일[하루하루마다].

καθῆψεν; καθάπτω; κατά, ἅπτω 1/1; 직설법 부정과거 능동태 3인칭 단수(28:3); 매달리다[어떤 것을 붙잡고 늘어지다].

καθιεμένην; καθίημι; κατά, ἵημι 1/3; 분사 현재 수동태 여성 단수 대격(11:5); 아래로 내리다, 드리우다1.

καθιέμενον; καθίημι; κατά, ἵημι 1/3; 분사 현재 수동태 중성 단수 대격(10:11).

καθίσαι; καθίζω; κατά, ἵζω 2/9; 부정사 부정과거 능동태(2:30; 8:31); 앉아 있다, 앉히다['앉다1'의 사동사], 앉다.

καθίσαντες; καθίζω; κατά, ἵζω 1/9; 분사 부정과거 능동태 남성 복수 주격(16:13).

καθίσας; καθίζω; κατά, ἵζω 3/9; 분사 부정과거 능동태 남성 단수 주격(12:21; 25:6, 17).

καθιστάνοντες; καθίστημι; κατά, ἵστημι 1/5; 분사 현재 능동태 남성 복수 주격(17:15); 맡기다['맡다1: 어떤 일에 대한 책임을 지고 담당하다'의 사동사], 골라내다[여럿 가운데서 어떤 것을 골라서 따로 집어내다], 골라내어 ~위에 세우다, 안내[안내1: 사정을 잘 모르는 어떤 사람을 가고자 하는 곳까지 데려다 주거나 그에게 여러 가지 사정을 알려 줌]하다.

καθόλου; καθόλου; κατά, ὅλος 1/1; [부사] (4:18); 전혀1[주로 부정하는 뜻을 나타내는 낱말과 함께 쓰여, '도무지', '아주', '완전히'의 뜻을 나타낸다, 전연1].

καθότι; καθότι; κατά, ὅς 4/4; [종위 접속사, 원인] (2:24, 45; 4:35; 17:31); 때문[어떤 일의 원인이나 까닭], 때문에, 때문이다, 까닭[일이 생기게 된 원인이나 조건, 소이2]이다.

Κάθου; κάθημαι; κατά, ἧμαι 1/6; 명령법 현재 이태중간 2인칭 단수(2:34); 앉다.

Καθὼς; καθώς; κατά, ὡς 1/11; [종위 접속사, 시간] (7:17); 따라[따르다1: 어떤 경우, 사실이나 기준 따위에 의거하다], 것을 따라, 만큼[앞의 내용에 상당하는 수량이나 정도임을 나타내는 말, 만치], 대로1[어떤 모양이나 상태와 같이], 그대로이다, ㄹ수록[앞 절 일의 어떤 정도가 그렇게 더하여 가는 것이, 뒤 절 일의 어떤 정도가 더하거나 덜하게 되는 조건이 됨을 나타내는 연결 어미], 어떻게[어떻다: 의견, 성질, 형편, 상태 따위가 어찌 되어 있다].

καθὼς; καθώς; κατά, ὡς 10/11; [종위 접속사, 시간] (2:4, 22; 7:42, 44, 48; 11:29; 15:8, 14, 15; 22:3).

Καί; καί 2/1110; [등위 접속사, 계합 접속사] (14:8; 15:1); 그리고[단어, 구, 절, 문장 따위를 병렬적으로 연결할 때 쓰는 접속 부사], 그리고는, 또한[어떤 것을 전제로 하고 그것과 같게; 그 위에 더, 또는 거기에다 더], 며[며1: 둘 이상의 사물을 같은 자격으로 이어 주는 접속 조사; -며2: 두 가지 이상의 동작이나 상태 따위를 나열할 때 쓰는 연결 어미], 및['그리고', '그 밖에', '또'의 뜻으로, 문장에서 같은 종류의 성분을 연결할 때 쓰는 말], 도15[어미 어떤 것이 포함되고 그 위에 더함의 뜻을 나타내는 보조사], 이어1[앞의 말이나 행동 따위에 잇대어, 또는 계속하여], 그런데[화제를 앞의 내용과 관련시키면서 다른 방향으로 이끌어 나갈 때 쓰는 접속 부사], 그런데도, 그러고도, 그러면서, 그러면서도, 까지3[이미 어떤 것이 포함되고 그 위에 더함의 뜻을 나타내는 보조사], ~까지도, 그러면, 그러더니, 그러자, -자26[한 동작이 막 끝남과 동시에 다른 동작이나 사실이 잇따라 일어남을 나타내는 연결 어미], 그래서[앞의 내용이 뒤의 내용의 원인이나 근거, 조건 따위가 될 때 쓰는 접속 부사], 그러니, 즉1[다른 것이 아니라 곧, 또는 다시 말하여].

Καὶ; καί 16/1110; [등위 접속사, 계합 접속사] (1:15; 2:1, 17; 3:25; 4:18; 6:7; 7:9, 30; 13:32; 14:24; 20:22, 25, 32, 36; 23:23; 28:1).

καί; καί 14/1110; [등위 접속사, 계합 접속사] (1:20; 2:18; 3:2; 8:36; 10:23; 15:2; 16:14; 17:4, 6, 18, 27, 28; 25:24; 27:1).

καὶ; καί 1078/1110; [등위 접속사, 계합 접속사].

Καϊάφας; Καϊάφας 1/1; [명사] 남성 단수 주격(4:6); 가야바[안나스의 사위로 주후 18년부터 36년까지 대제사장이었다. 관련 구절, 마 26:3, 57; 눅 3:2; 요 11:49; 18:13, 14, 24, 28].

καινὴ; καινός 1/2; [형용사] 여성 단수 주격(17:19); 새로운[새롭다: 지금까지 있은 적이 없다]; [비교급] 더 새로운.

καινότερον; καινός 1/2; [형용사] 중성 단수 대격 비교급(17:21).

καιροὶ; καιρός 1/9; [명사] 남성 복수 주격(3:20); 때1[시간의 어떤 순간이나 부분], 시기4[어떤 일이나 현상이 진행되는 시점], 한동안[꽤 오랫동안], 기간1[어느 때부터 다른 어느 때까지의 동안].

καιρὸν; καιρός 3/9; [명사] 남성 단수 대격(12:1; 19:23; 24:25).

καιροῦ; καιρός 1/9; [명사] 남성 단수 속격(13:11).

καιροὺς; καιρός 3/9; [명사] 남성 복수 대격(1:1; 14:17; 17:26).

καιρῷ; καιρός 1/9; [명사] 남성 단수 여격(7:20).

–ἐν ᾧ καιρῷ (7:20); 그런 때에.

Καίσαρα; Καῖσαρ 6/10; [명사] 남성 단수 대격(25:11, 12[2회], 21; 26:32; 28:19); 가이사[카이사르: 율리우스 카이사르<100-44 BC>의 집안 이름으로 황제를 지칭하는 단어가 되었다].

Καίσαρά; Καῖσαρ 1/10; [명사] 남성 단수 대격(25:8).

Καισαρείᾳ; Καισάρεια 1/15; [명사] 여성 단수 여격(10:1); 가이사랴[카이사레아: 헤롯대왕이 샤론평야 해안가에 세운 팔레스타인의 국제 항구도시].

Καισάρειαν; Καισάρεια 10/15; [명사] 여성 단수 대격(8:40; 9:30; 10:24; 12:19; 18:22; 21:8; 23:33; 25:4, 6, 13).

Καισαρείας; Καισάρεια 4/15; [명사] 여성 단수 속격(11:11; 21:16; 23:23; 25:1).

Καίσαρί; Καῖσαρ 1/10; [명사] 남성 단수 여격(27:24); 가이사[카이사르].

Καίσαρος; Καῖσαρ 2/10; [명사] 남성 단수 속격(17:7; 25:10).

καίτοι; καίτοι; καί, τοι 1/1; [종위 접속사, 양보] (14:17); 그럼에도.

κακὰ; κακός 1/4; [형용사] 중성 복수 대격(9:13); 해치는, 해11, 해악1[해가 되는 나쁜 일], 악4.

κἀκεῖ; καὶ ἐκεῖ 5/5; [부사] (14:7; 17:13; 22:10; 25:20; 27:6); 그러면 거기서, 거기서.

κἀκεῖθεν; καὶ ἐκεῖθεν; ἐκεῖ, θεν 8/8; [부사] (7:4; 13:21; 14:26; 16:12; 20:15; 21:1; 27:4; 28:15); 그곳으로부터, 그때부터.

κἀκεῖνοι; καὶ ἐκεῖνος; ἐκεῖ 1/3; [지시 대명사] 남성 복수 주격(15:11); 저 사람도, 저와/저들과.

κἀκεῖνος; καὶ ἐκεῖνος; ἐκεῖ 1/3; [지시 대명사] 남성 단수 주격(5:37).

κἀκείνους; καὶ ἐκεῖνος; ἐκεῖ 1/3; [지시 대명사] 남성 복수 대격(18:19).

κακίας; κακία; κακός 1/1; [명사] 여성 단수 속격(8:22); 그릇[그릇2: 그르게, 또는 잘못되게] 된 점, 악4[도덕률이나 양심을 어기거나 남에게 피해를 주는 일].

κακολογοῦντες; κακολογέω; κακός, λέγω 1/1; 분사 현재 능동태 남성 복수 주격(19:9); 악담[남을 비방하거나, 잘되지 못하도록 저주하는 말]하다.

κακόν; κακός 2/4; [형용사] 중성 단수 대격(16:28; 28:5); 해치는[해치다: 어떤 상태에 손상을 입혀 망가지게 하다, 다치게 하거나 죽이다], 해11[이롭지 아니하거나 손상을 입힘, 또는 그런 것], 해악1[해가 되는 나쁜 일], 악4.

κακὸν; κακός 1/4; [형용사] 중성 단수 대격(23:9).

κακῶς; κακῶς; κακός 1/1; [부사] (23:5); 나쁘게.

–λέγω κακῶς (23:5) 비방[비방4: 남을 비웃고 헐뜯어서 말함]하다.

κακῶσαί; κακόω; κακός 2/5; 부정사 부정과거 능동태(12:1; 18:10); 해치다[사람의 마음이나 몸에 해를 입히다], 해[해11: 이롭지 아니하거나 손상을 입힘, 또는 그런 것]하다2, 해를 끼치다[끼치다2: 영향, 해, 은혜 따위를 당하거나 입게 하다], 손상[병이 들거나 다침]을 입히다.

κάκωσιν; κάκωσις; κακός 1/1; [명사] 여성 단수 대격(7:34); 혹사[혹사2: 혹독하게 일을 시킴]당함.

κακώσουσιν; κακόω; κακός 1/5; 직설법 미래 능동태 3인칭 복수(7:6); 해치다, 해하다2, 해를 끼치다, 손상을 입히다.

καλεῖται; καλέω 1/18; 직설법 현재 수동태 3인칭 단수(28:1); 부르다1[무엇이라고 가리켜 말하거나 이름을 붙이다], 일컫다[이름 지어 부르다], 불러오다[불러서 오게 하다]; [수동태] 불리다4['부르다1'의 피동사].

καλέσαντες; καλέω 1/18; 분사 부정과거 능동태 남성 복수 주격(4:18).

κάλλιον; καλῶς; καλός 1/3; [부사, 비교급] (25:10); 매우 잘; [비교급] 한층 더 잘.
καλουμένη; καλέω 1/18; 분사 현재 수동태 여성 단수 주격(8:10); 부르다1, 일컫다, 불러오다; [수동태] 불리다4.
καλουμένῃ; καλέω 1/18; 분사 현재 수동태 여성 단수 여격(3:11).
καλουμένην; καλέω 1/18; 분사 현재 수동태 여성 단수 대격(9:11).
καλουμένης; καλέω 1/18; 분사 현재 수동태 여성 단수 속격(10:1).
καλούμενον; καλέω 5/18; 분사 현재 수동태 남성 단수 대격(1:23; 15:22, 37; 27:8), 중성 단수 대격(27:16).
καλούμενος; καλέω 2/18; 분사 현재 수동태 남성 단수 주격(13:1).
καλουμένου; καλέω 2/18; 분사 현재 수동태 남성 단수 속격(7:58), 중성 단수 속격(1:12).
Καλοὺς; Καλός; καλός 1/1; [형용사] 남성 복수 대격(27:8); 아름다운[그레데/크레타 섬에 있는 항구 이름으로 '미항'의 '미', '칼로이리메네스'의 '칼로이'에 해당하는 부분이다].
Καλῶς; καλῶς; καλός 1/3; [부사] (28:25); 매우 잘[잘2: 자세하고 정확하게, 또는 분명하고 또렷이]; [비교급] 한층 더 잘.
καλῶς; καλῶς; καλός 1/3; [부사] (10:33).
κἀμοὶ; ἐγώ 2/314; [인칭 대명사, 1인칭] 단수 여격(8:19; 10:28); 접속사+인칭 대명사 형태로, '나3'[말하는 이가 대등한 관계에 있는 사람이나 아랫사람을 상대하여 자기를 가리키는 일인칭 대명사] 혹은 '저3'[말하는 이가 윗사람이나 그다지 가깝지 아니한 사람을 상대하여 자기를 낮추어 가리키는 일인칭 대명사]와 '도'를 합하여 '내게도, 제게도, 그런데도 제게'라고 번역하면 된다.
κἂν; κἄν, καὶ ἐάν 1/1; [등위 접속사+종위 접속사] (5:15); ~도[도15: 이미 어떤 것이 포함되고 그 위에 더함의 뜻을 나타내는 보조사] ~면[면 9: 불확실하거나 아직 이루어지지 않은 사실을 가정하여 말할 때 쓰는 연결 어미].
Κανδάκης; Κανδάκη 1/1; [명사] 여성 단수 속격(8:27); 간다게[에디오피아 여왕의 직함].
καπνοῦ; καπνός 1/1; [명사] 남성 단수 속격(2:19); 연기9[무엇이 불에 탈 때에 생겨나는 흐릿한 기체나 기운].
Καππαδοκίαν; Καππαδοκία 1/1; [명사] 여성 단수 대격(2:9); 가바도기아[카파도키아: 터키 동쪽에 있는 고원의 옛 이름].
καρδία; καρδία 4/20; [명사] 여성 단수 주격(2:26; 4:32; 8:21; 28:27a); 마음1[사람의 생각, 감정, 기억 따위가 생기거나 자리 잡는 공간이나 위치], 속1[품고 있는 마음이나 생각].
καρδίᾳ; καρδία 2/20; [명사] 여성 단수 여격(5:4; 28:27b).
καρδίαις; καρδία 3/20; [명사] 여성 복수 여격(7:39, 51, 54).
καρδίαν; καρδία 6/20; [명사] 여성 단수 대격(2:37; 5:3; 7:23; 13:22; 16:14; 21:13).
καρδίας; καρδία 5/20; [명사] 여성 단수 속격(2:46; 8:22; 11:23), 복수 대격(14:17; 15:9).
καρδιογνῶστα; καρδιογνώστης; καρδία, γινώσκω 1/2; [명사] 남성 단수 호격(1:24); 마음을 아시는 분.
καρδιογνώστης; καρδιογνώστης; καρδία, γινώσκω 1/2; [명사] 남성 단수 주격(15:8).
καρποῦ; καρπός 1/1; [명사] 남성 단수 속격(2:30); 열매1[식물이 수정한 후 씨방이 자라서 생기는 것].
–ἐκ καρποῦ τῆς ὀσφύος (2:30); 핏줄[=혈통]에서.

καρποφόρους; καρποφόρος; καρπός, φέρω 1/1; [형용사] 남성 복수 대격(14:17); 열매를 거두는.

Κατ᾽; κατά 1/90; [전치사] (12:1); [+속격] ~와/과 맞서, 쪽으로; [+대격] 맞은편[서로 마주 바로보이는 편], 앞쪽, 아랫녘[=앞대: 어떤 지방에서 그 남쪽의 지방을 이르는 말], 퍼져 있는, 가운데, 본떠서[본뜨다: 무엇을 본보기로 삼아 그대로 좇아 하다], 따르는[따르다1: 관례, 유행이나 명령, 의견 따위를 그대로 실행하다], 비롯된[비롯되다: 처음으로 시작되다], 대로1[어떤 모양이나 상태와 같이], 각~ (로), 쯤2[일부 명사 또는 명사구 뒤에 붙어 '정도'의 뜻을 더하는 접미사].

κατ᾽; κατά 13/90; [전치사] (2:46; 5:42; 13:23; 14:23; 16:22; 19:16; 20:20; 23:19; 25:3, 15, 23, 27; 27:14).

–κατ᾽ ἰδίαν (23:19); 내밀[어떤 일이 겉으로 드러나지 아니함, 또는 그런 일]히.

Κατὰ; κατά 1/90; [전치사] (16:25).

κατὰ; κατά 59/90; [전치사].

–κατὰ τὸ αὐτό (14:1); 전과 마찬가지[사물의 모양이나 일의 형편이 서로 같음]로.

–εἰμὶ κατά (11:1); 흩어져 있다.

καταβαῖνον; καταβαίνω; κατά, βαίνω 2/19; 분사 현재 능동태 중성 단수 대격(10:11; 11:5); 내려오다[높은 곳에서 낮은 곳으로 또는 위에서 아래로 가다, 서울 따위의 중앙에서 지방으로 오다], 내려가다.

καταβαίνουσαν; καταβαίνω; κατά, βαίνω 1/19; 분사 현재 능동태 여성 단수 대격(8:26).

καταβὰν; καταβαίνω; κατά, βαίνω 1/19; 분사 부정과거 능동태 중성 단수 대격(23:10).

καταβάντες; καταβαίνω; κατά, βαίνω 1/19; 분사 부정과거 능동태 남성 복수 주격 (8:15).

καταβὰς; καταβαίνω; κατά, βαίνω 3/19; 분사 부정과거 능동태 남성 단수 주격(10:21; 20:10; 25:6).

καταβεβηκότες; καταβαίνω; κατά, βαίνω 1/19; 분사 완료 능동태 남성 복수 주격(25:7).

καταβῇ; καταβαίνω; κατά, βαίνω 1/19; 가정법 부정과거 능동태 3인칭 단수(24:22).

κατάβηθι; καταβαίνω; κατά, βαίνω 1/19; 명령법 부정과거 능동태 2인칭 단수(10:20).

καταγάγῃ; κατάγω; κατά, ἄγω 1/7; 가정법 부정과거 능동태 3인칭 단수(23:15); 데려다 주다, 데리고[데리다: 아랫사람이나 동물 따위를 자기 몸 가까이 있게 하다] 내려가다, 정박[배가 닻을 내리고 머무름]하다.

καταγάγῃς; κατάγω; κατά, ἄγω 1/7; 가정법 부정과거 능동태 2인칭 단수(23:20).

καταγαγὼν; κατάγω; κατά, ἄγω 1/7; 분사 부정과거 능동태 남성 단수 주격(22:30).

καταγγελεὺς; καταγγελεύς; κατά, ἄγγελος 1/1; [명사] 남성 단수 주격(17:18); 전하는 [전하다: 어떤 사실을 상대에게 알리다] 자.

καταγγέλλειν; καταγγέλλω; κατά, ἄγγελος 2/11; 부정사 현재 능동태(4:2; 26:23); 알리다[다른 사람에게 어떤 것을 소개하여 알게 하다], 알려 드리다, 퍼뜨리다[널리 퍼지게 하다, 퍼트리다1], 선포[선포1: 세상에 널리 알림]하다, 널리 전하다; [수동태] 선포되다.

καταγγέλλεται; καταγγέλλω; κατά, ἄγγελος 1/11; 직설법 현재 수동태 3인칭 단수 (13:38).

καταγγέλλουσιν; καταγγέλλω; κατά, ἄγγελος 2/11; 직설법 현재 능동태 3인칭 복수

(16:17, 21).

καταγγέλλω; καταγγέλλω; κατά, ἄγγελος 2/11; 직설법 현재 능동태 1인칭 단수(17:3, 23).

καταδίκην; καταδίκη; κατά, δίκη 1/1; [명사] 여성 단수 대격(25:15); 판결[시비나 선악을 판단하여 결정함].

καταδυναστευομένους; καταδυναστεύω; κατά, δύναμαι 1/1; 분사 현재 수동태 남성 복수 대격(10:38); 누르다1[마음대로 행동하지 못하도록 힘이나 규제를 가하다]; [수동태] 눌리다1['누르다1'의 피동사].

καταθέσθαι; κατατίθημι; κατά, τίθημι 2/2; 부정사 부정과거 중간태(24:27; 25:9); [특전을] 베풀다[남에게 돈을 주거나 일을 도와주어서 혜택을 받게 하다].

κατακείμενον; κατάκειμαι; κατά, κεῖμαι 1/2; 분사 현재 이태중간 남성 단수 대격(9:33); 몸져눕다[병이나 고통이 심하여 몸을 가누지 못하고 누워 있다].

κατακεῖσθαι; κατάκειμαι; κατά, κεῖμαι 1/2; 부정사 현재 이태중간(28:8).

κατακολουθοῦσα; κατακολουθέω; κατά, ἀκόλουθος 1/1; 분사 현재 능동태 여성 단수 주격(16:17); 따라다니다[남의 뒤를 좇아서 다니다].

κατακυριεύσας; κατακυριεύω; κατά, κύριος 1/1; 분사 부정과거 능동태 남성 단수 주격(19:16); 꼼짝[몸을 둔하고 느리게 조금 움직이는 모양] 못하게 하다.

καταλαβόμενοι; καταλαμβάνω; κατά, λαμβάνω 1/3; 분사 부정과거 중간태 남성 복수 주격(4:13); 확인[확인2: 틀림없이 그러한가를 알아보거나 인정함, 또는 그런 인정]하다, 인정[인정8: 확실히 그렇다고 여김]하다, 확보[확보1: 확실히 보증하거나 가지고 있음]하다.

καταλαμβάνομαι; καταλαμβάνω; κατά, λαμβάνω 1/3; 직설법 현재 중간태 1인칭 단수(10:34).

καταλείψαντας; καταλείπω; κατά, λείπω 1/5; 분사 부정과거 능동태 남성 복수 대격(6:2); 두다1[어떤 상황이나 상태 속에 놓다], 남겨['남다1: 다른 사람과 함께 떠나지 않고 있던 그대로 있다'의 사동사] 두다, 제쳐[제치다1: 일정한 대상이나 범위에서 빼다] 두다.

καταλελειμμένος; καταλείπω; κατά, λείπω 1/5; 분사 완료 수동태 남성 단수 주격(25:14).

καταλιπόντες; καταλείπω; κατά, λείπω 1/5; 분사 부정과거 능동태 남성 복수 주격(21:3).

κατάλοιποι; κατάλοιπος; κατά, λείπω 1/1; [형용사] 남성 복수 주격(15:17); 남은[남다1: 다른 사람과 함께 떠나지 않고 있던 그대로 있다].

καταλυθήσεται; καταλύω; κατά, λύω 1/3; 직설법 미래 수동태 3인칭 단수(5:38); 깨뜨리다['깨다2: 단단한 물체를 쳐서 조각이 나게 하다'를 강조하여 이르는 말], 부수다[단단한 물체를 여러 조각이 나게 두드려 깨뜨리다]; [수동태] 깨어지다[단단한 물건이 여러 조각이 나다].

καταλῦσαι; καταλύω; κατά, λύω 1/3; 부정사 부정과거 능동태(5:39).

καταλύσει; καταλύω; κατά, λύω 1/3; 직설법 미래 능동태 3인칭 단수(6:14).

καταμένοντες; καταμένω; κατά, μένω 1/1; 분사 현재 능동태 남성 복수 주격(1:13); 묵다2[일정한 곳에서 나그네로 머무르다].

κατανοῆσαι; κατανοέω; κατά, νοῦς 2/4; 부정사 부정과거 능동태(7:31, 32); 주목[주목3:

관심을 가지고 주의 깊게 살핌, 또는 그 시선]하다.

καταντῆσαι; καταντάω; κατά, ἀντί 1/9; 부정사 부정과거 능동태(26:7); 도착[도착1: 목적한 곳에 다다름]하다1, 도달[도달1: 목적한 곳이나 수준에 다다름]하다1, ~까지 오다, ~에 닿다1[어떤 곳에 이르다].

καταντήσαντες; καταντάω; κατά, ἀντί 1/9; 분사 부정과거 능동태 남성 복수 주격(27:12).

καταπαύσεώς; κατάπαυσις; κατά, παύω 1/1; [명사] 여성 단수 속격(7:49); 쉼1[쉬다3: 피로를 풀려고 몸을 편안히 두다].

καταπεσόντων; καταπίπτω; κατά, πίπτω 1/2; 분사 부정과거 능동태 남성 복수 속격(26:14); 꼬꾸라지다[앞으로 고부러져 쓰러지다, '고꾸라지다'보다 센 느낌을 준다].

καταπίπτειν; καταπίπτω; κατά, πίπτω 1/2; 부정사 현재 능동태(28:6).

καταπονουμένῳ; καταπονέω; κατά, πόνος 1/1; 분사 현재 수동태 남성 단수 여격(7:24); 짓밟다[남의 인격이나 권리 따위를 침해하다]; [수동태] 짓밟히다['짓밟다'의 피동사].

κατασείσας; κατασείω; κατά, σείω 3/4; 분사 부정과거 능동태 남성 단수 주격(12:17; 13:16; 19:33); [손짓으로] 신호[신호1: 일정한 부호, 표지, 소리, 몸짓 따위로 특정한 내용 또는 정보를 전달하거나 지시를 함, 또는 그렇게 하는 데 쓰는 부호]하다.

–κατασείω τῇ χειρί (12:17; 13:16; 21:40); 손짓[손을 놀려 어떤 사물을 가리키거나 자기의 생각을 남에게 전달하는 일]하다.

κατασκηνώσει; κατασκηνόω; κατά, σκηνή 1/1; 직설법 미래 능동태 3인칭 단수(2:26); 깃들다[아늑하게 서려 들다; 감정, 생각, 노력 따위가 어리거나 스며 있다].

κατασοφισάμενος; κατασοφίζομαι; κατά, σοφός 1/1; 분사 부정과거 이태중간 남성 단수 주격(7:19); 등치다[옳지 못한 방법으로 남의 재물을 빼앗다], 등쳐 먹다.

καταστείλας; καταστέλλω; κατά, στέλλω 1/2; 분사 부정과거 능동태 남성 단수 주격(19:35); 달래다1[슬프거나 고통스럽거나 흥분한 감정 따위를 가라앉게 하다], 억누르다[어떤 감정이나 심리 현상 따위가 일어나거나 나타나지 아니하도록 스스로 참다]; [수동태] 진정[진정15: 격앙된 감정이나 아픔 따위를 가라앉힘]하다5.

καταστήσομεν; καθίστημι; κατά, ἵστημι 1/5; 직설법 미래 능동태 1인칭 복수(6:3); 맡기다['맡다1'의 사동사], 골라내다, 골라내어 ~위에 세우다, 안내하다.

κατασχέσει; κατάσχεσις; κατά, ἔχω 1/2; [명사] 여성 단수 여격(7:45); 영지4, 봉토[제후를 봉하여 땅을 내줌, 또는 그 땅], 영토3[국제법에서, 국가의 통치권이 미치는 구역].

κατάσχεσιν; κατάσχεσις; κατά, ἔχω 1/2; [명사] 여성 단수 대격(7:5).

καταφερόμενος; καταφέρω; κατά, φέρω 1/4; 분사 현재 수동태 남성 단수 주격(20:9a); 내던지다[아무렇게나 힘차게 던지다], 퍼붓다[저주, 욕설, 비난 따위를 마구 하다], (잠이) 들다1[잠이 생기어 몸과 의식에 작용하다]; [수동태] (잠에) 푹 빠지다2[잠이나 혼수상태에 들게 되다].

καταφέροντες; καταφέρω; κατά, φέρω 1/4; 분사 현재 능동태 남성 복수 주격(25:7).

καταφρονηταί; καταφρονητής; κατά, φρήν 1/1; [명사] 남성 복수 호격(13:41); 깔보는

[깔보다: 얕잡아 보다] 자.

καταχθέντες; κατάγω; κατά, ἄγω 1/7; 분사 부정과거 수동태 남성 복수 주격(28:12); 데려다 주다, 데리고[데리다: 아랫사람이나 동물 따위를 자기 몸 가까이 있게 하다] 내려가다, 정박[배가 닻을 내리고 머무름]하다.

κατέβη; καταβαίνω; κατά, βαίνω 3/19; 직설법 부정과거 능동태 3인칭 단수(7:15; 18:22; 24:1); 내려오다[높은 곳에서 낮은 곳으로 또는 위에서 아래로 가다, 서울 따위의 중앙에서 지방으로 오다], 내려가다.

κατέβην; καταβαίνω; κατά, βαίνω 1/19; 직설법 부정과거 능동태 1인칭 단수(7:34).

κατέβησαν; καταβαίνω; κατά, βαίνω 4/19; 직설법 부정과거 능동태 3인칭 복수(8:38; 14:11, 25; 16:8).

κατέδραμεν; κατατρέχω; κατά, τρέχω 1/1; 직설법 부정과거 능동태 3인칭 단수(21:32); 달려가다[달음질하여 빨리 가다].

κατείδωλον; κατείδωλος; κατά, εἶδος 1/1; [형용사] 여성 단수 대격(17:16); 우상이 꽉 들어찬.

κατεῖχον; κατέχω; κατά, ἔχω 1/1; 직설법 미완료 능동태 3인칭 복수(27:40); 몰고[몰다1: 어떤 대상을 바라는 처지나 방향으로 움직여 가게 하다] 가다.

κατέκαιον; κατακαίω; κατά, καίω 1/1; 직설법 미완료 능동태 3인칭 복수(19:19); 불사르다[불에 태워 없애다, 사르다1].

κατέκλεισα; κατακλείω; κατά, κλείω 1/1; 직설법 부정과거 능동태 1인칭 단수(26:10); 가두다1[사람이나 동물을 벽으로 둘러싸거나 울타리가 있는 일정한 장소에 넣고 밖으로 나오지 못하게 하다].

κατεκληρονόμησεν; κατακληρονομέω; κατά, κληρόω, νόμος 1/1; 직설법 부정과거 능동태 3인칭 단수(13:19); 제비[제비1: 여럿 가운데 어느 하나를 골라잡게 하여 거기에 미리 적어 놓은 기호나 글에 따라 승부나 차례 따위를 결정하는 방법, 또는 그것에 쓰는 종이나 물건]를 뽑아 나눠 주다.

κατελαβόμην; καταλαμβάνω; κατά, λαμβάνω 1/3; 직설법 부정과거 중간태 1인칭 단수(25:25); 확인[확인2: 틀림없이 그러한가를 알아보거나 인정함, 또는 그런 인정]하다, 인정[인정8: 확실히 그렇다고 여김]하다, 확보[확보1: 확실히 보증하거나 가지고 있음]하다.

κατελθεῖν; κατέρχομαι; κατά, ἔρχομαι 2/13; 부정사 부정과거 능동태(9:32; 19:1); 내려오다, 내려가다, 상륙[상륙1: 배에서 육지에 오름]하다, 다다르다[목적한 곳에 이르다], 발견하다.

κατελθόντες; κατέρχομαι; κατά, ἔρχομαι 1/13; 분사 부정과거 능동태 남성 복수 주격(15:1).

κατελθὼν; κατέρχομαι; κατά, ἔρχομαι 3/13; 분사 부정과거 능동태 남성 단수 주격(8:5; 12:19; 18:22).

κατέλιπε; καταλείπω; κατά, λείπω 1/5; 직설법 부정과거 능동태 3인칭 단수(24:27); 두다1[어떤 상황이나 상태 속에 놓다], 남겨['남다1: 다른 사람과 함께 떠나지 않고 있던 그대로 있다'의 사동사] 두다, 제쳐[제치다1: 일정한 대상이나 범위에서 빼다] 두다.

κατέλιπεν; καταλείπω; κατά, λείπω 1/5; 직설법 부정과거 능동태 3인칭 단수(18:19).

κατενεχθεὶς; καταφέρω; κατά, φέρω 1/4; 분사 직설법 수동태 남성 단수 주격(20:9b); 내

던지다[아무렇게나 힘차게 던지다], 퍼붓다[저주, 욕설, 비난 따위를 마구 하다], (잠이) 들다1[잠이 생기어 몸과 의식에 작용하다]; [수동태] (잠에) 푹 빠지다2[잠이나 혼수상태에 들게 되다].

κατενόουν; κατανοέω; κατά, νοῦς 2/4; 직설법 미완료 능동태 1인칭 단수(11:6), 3인칭 복수(27:39); 주목[주목3: 관심을 가지고 주의 깊게 살핌, 또는 그 시선]하다.

κατενύγησαν; κατανύσσομαι; κατά, νύσσω 1/1; 직설법 부정과거 수동태 3인칭 복수(2:37); 찌르다[감정 따위를 세게 자극하다]; [수동태] 찔리다['찌르다'의 피동사].

κατέπαυσαν; καταπαύω; κατά, παύω 1/1; 직설법 부정과거 능동태 3인칭 복수(14:18); 제지[제지1: 말려서 못하게 함]하다1.

κατεπέστησαν; κατεφίσταμαι; κατά, ἐπί, ἵστημι 1/1; 직설법 부정과거 능동태 3인칭 복수(18:12); 달려들다[사나운 기세로 무섭게 다가들다].

κατέσεισεν; κατασείω; κατά, σείω 1/4; 직설법 부정과거 능동태 3인칭 단수(21:40); [손짓으로] 신호[신호1: 일정한 부호, 표지, 소리, 몸짓 따위로 특정한 내용 또는 정보를 전달하거나 지시를 함, 또는 그렇게 하는 데 쓰는 부호]하다.

κατεσκαμμένα; κατασκάπτω; κατά, σκάπτω 1/1; 분사 완료 수동태 중성 복수 대격(15:16); 파헤치다[속에 있는 것을 드러나도록 파서 젖히다].

κατεσταλμένους; καταστέλλω; κατά, στέλλω 1/2; 분사 완료 수동태 남성 복수 대격(19:36); 달래다1[슬프거나 고통스럽거나 흥분한 감정 따위를 가라앉게 하다], 억누르다[어떤 감정이나 심리 현상 따위가 일어나거나 나타나지 아니하도록 스스로 참다]; [수동태] 진정[진정15: 격앙된 감정이나 아픔 따위를 가라앉힘]하다5.

κατέστησεν; καθίστημι; κατά, ἵστημι 3/5; 직설법 부정과거 능동태 3인칭 단수(7:10, 27, 35); 맡기다['맡다1: 어떤 일에 대한 책임을 지고 담당하다'의 사동사], 골라내다[여럿 가운데서 어떤 것을 골라서 따로 집어내다], 골라내어 ~위에 세우다, 안내[안내1: 사정을 잘 모르는 어떤 사람을 가고자 하는 곳까지 데려다 주거나 그에게 여러 가지 사정을 알려 줌]하다.

κατεφίλουν; καταφιλέω; κατά, φίλος 1/1; 직설법 미완료 능동태 3인칭 복수(20:37); 입을 맞추다.

κατέφυγον; καταφεύγω; κατά, φεύγω 1/1; 직설법 부정과거 능동태 3인칭 복수(14:6); 피하다[몸을 숨기거나 다른 곳으로 옮기어 드러나지 않도록 하다].

κατήγαγον; κατάγω; κατά, ἄγω 2/7; 직설법 부정과거 능동태 1인칭 단수(23:28), 3인칭 복수(9:30); 데려다 주다, 데리고[데리다: 아랫사람이나 동물 따위를 자기 몸 가까이 있게 하다] 내려가다, 정박[배가 닻을 내리고 머무름]하다.

κατηγγείλαμεν; καταγγέλλω; κατά, ἄγγελος 1/11; 직설법 부정과거 능동태 1인칭 복수(15:36); 알리다[다른 사람에게 어떤 것을 소개하여 알게 하다], 알려 드리다, 퍼뜨리다[널리 퍼지게 하다, 퍼트리다1], 선포[선포1: 세상에 널리 알림]하다, 널리 전하다; [수동태] 선포되다.

κατήγγειλαν; καταγγέλλω; κατά, ἄγγελος 1/11; 직설법 부정과거 능동태 3인칭 복수(3:24).

κατηγγέλη; καταγγέλλω; κατά, ἄγγελος 1/11; 직설법 부정과거 수동태 3인칭 단수(17:13).

κατήγγελλον; καταγγέλλω; κατά, ἄγγελος 1/11; 직설법 미완료 능동태 3인칭 복수 (13:5).

κατηγορεῖν; κατηγορέω; κατά, ἄγω 3/9; 부정사 현재 능동태(24:2, 19; 28:19); 기소[기소3: 검사가 특정한 형사 사건에 대하여 법원에 심판을 요구하는 일]하다1, 고소[고소3: 범죄의 피해자나 다른 고소권자가 범죄 사실을 수사 기관에 신고하여 그 수사와 범인의 기소를 요구하는 일]하다2; [수동태] 기소되다.

κατηγορεῖται; κατηγορέω; κατά, ἄγω 1/9; 직설법 현재 수동태 3인칭 단수(22:30).

κατηγορείτωσαν; κατηγορέω; κατά, ἄγω 1/9; 명령법 현재 능동태 3인칭 복수(25:5).

κατήγοροι; κατήγορος; κατά, ἄγω 1/4; [명사] 남성 복수 주격(25:18); 고발[고발2: 피해자나 고소권자가 아닌 제삼자가 수사 기관에 범죄 사실을 신고하여 수사 및 범인의 기소를 요구하는 일]하는 자, 원고2[법원에 민사 소송을 제기한 사람].

κατήγοροί; κατήγορος; κατά, ἄγω 1/4; [명사] 남성 복수 주격(23:35).

κατηγόροις; κατήγορος; κατά, ἄγω 1/4; [명사] 남성 복수 여격(23:30).

κατηγοροῦμεν; κατηγορέω; κατά, ἄγω 1/9; 직설법 현재 능동태 1인칭 복수(24:8); 기소하다1, 고소하다2; [수동태] 기소되다.

κατηγορούμενος; κατηγορέω; κατά, ἄγω 1/9; 분사 현재 수동태 남성 단수 주격(25:16).

κατηγόρους; κατήγορος; κατά, ἄγω 1/4; [명사] 남성 복수 대격(25:16); 고발하는 자, 원고.

κατηγοροῦσίν; κατηγορέω; κατά, ἄγω 2/9; 직설법 현재 능동태 3인칭 복수(24:13; 25:11); 기소하다1, 고소하다2; [수동태] 기소되다.

κατῆλθέν; κατέρχομαι; κατά, ἔρχομαι 1/13; 직설법 부정과거 능동태 3인칭 단수(21:10); 내려오다, 내려가다, 상륙[상륙1: 배에서 육지에 오름]하다, 다다르다[목적한 곳에 이르다], 발견하다.

κατήλθομεν; κατέρχομαι; κατά, ἔρχομαι 2/13; 직설법 부정과거 능동태 1인칭 복수(21:3; 27:5).

κατῆλθον; κατέρχομαι; κατά, ἔρχομαι 4/13; 직설법 부정과거 능동태 3인칭 복수(11:27; 13:4; 15:30; 18:5).

κατήνεγκα; καταφέρω; κατά, φέρω 1/4; 직설법 부정과거 능동태 1인칭 단수(26:10); 내던지다[아무렇게나 힘차게 던지다], 퍼붓다[저주, 욕설, 비난 따위를 마구 하다], (잠이) 들다1[잠이 생기어 몸과 의식에 작용하다]; [수동태] (잠에) 푹 빠지다2[잠이나 혼수상태에 들게 되다].

κατηντήσαμεν; καταντάω; κατά, ἀντί 3/9; 직설법 부정과거 능동태 1인칭 복수(20:15; 21:7; 28:13); 도착[도착1: 목적한 곳에 다다름]하다1, 도달[도달1: 목적한 곳이나 수준에 다다름]하다1, ~까지 오다, ~에 닿다1[어떤 곳에 이르다].

κατήντησαν; καταντάω; κατά, ἀντί 2/9; 직설법 부정과거 능동태 3인칭 복수(18:19; 25:13).

Κατήντησεν; καταντάω; κατά, ἀντί 1/9; 직설법 부정과거 능동태 3인칭 단수(16:1).

κατήντησεν; καταντάω; κατά, ἀντί 1/9; 직설법 부정과거 능동태 3인칭 단수(18:24).

κατηξιώθησαν; καταξιόω; κατά, ἄξιος 1/1; 직설법 부정과거 수동태 3인칭 복수(5:41); ~할 만하다고 여기다; [수동태] ~할 만하다고 생각되다.

κατηριθμημένος; καταριθμέω; κατά, ἀριθμός 1/1; 분사 완료 수동태 남성 단수 주격

(1:17); ~가운데 하나로 열거[여러 가지 예나 사실을 낱낱이 죽 늘어놓음]하다; [수동태] 열거되다.

κατηχήθησαν; κατηχέω; κατά, ἠχή 1/3; 직설법 부정과거 수동태 3인칭 복수(21:21); 가르치다1[지식이나 기능, 이치 따위를 깨닫거나 익히게 하다]; [수동태] 상세히 배우다1[새로운 지식이나 교양을 얻다], 전해 듣다.

κατηχημένος; κατηχέω; κατά, ἠχή 1/3; 분사 완료 수동태 남성 단수 주격(18:25).

κατήχηνται; κατηχέω; κατά, ἠχή 1/3; 직설법 완료 수동태 3인칭 복수(21:24).

κατήχθημεν; κατάγω; κατά, ἄγω 1/7; 직설법 부정과거 수동태 1인칭 복수(27:3); 데려다주다, 데리고[데리다: 아랫사람이나 동물 따위를 자기 몸 가까이 있게 하다] 내려가다, 정박[배가 닻을 내리고 머무름]하다.

κατοικεῖ; κατοικέω; κατά, οἶκος 2/20; 직설법 현재 능동태 3인칭 단수(7:48; 17:24); 머무르다[도중에 멈추거나 일시적으로 어떤 곳에 묵다], 머물다['머무르다'의 준말], 거주[거주2: 일정한 곳에 머물러 삶]하다, 주변[주변4: 어떤 대상의 둘레]에 살다, 살다1[어느 곳에 거주하거나 거처하다].

κατοικεῖν; κατοικέω; κατά, οἶκος 1/20; 부정사 현재 능동태(17:26).

κατοικεῖτε; κατοικέω; κατά, οἶκος 1/20; 직설법 현재 능동태 2인칭 복수(7:4).

κατοικῆσαι; κατοικέω; κατά, οἶκος 1/20; 부정사 부정과거 능동태(7:2).

κατοικίας; κατοικία; κατά, οἶκος 1/1; [명사] 여성 단수 속격(17:26); 거주2[=주거2: 일정한 곳에 머물러 삶, 또는 그런 집].

κατοικοῦντας; κατοικέω; κατά, οἶκος 3/20; 분사 현재 능동태 남성 복수 대격(9:22, 32; 19:10); 머무르다, 머물다, 거주하다, 주변에 살다, 살다1.

κατοικοῦντες; κατοικέω; κατά, οἶκος 5/20; 분사 현재 능동태 남성 복수 주격(2:5, 9, 14; 9:35; 13:27).

κατοικούντων; κατοικέω; κατά, οἶκος 1/20; 분사 현재 능동태 남성 복수 속격(22:12).

κατοικοῦσιν; κατοικέω; κατά, οἶκος 4/20; 분사 현재 능동태 남성 복수 여격(1:19; 4:16; 11:29; 19:17).

κατοικῶν; κατοικέω; κατά, οἶκος 1/20; 분사 현재 능동태 남성 단수 주격(1:20).

κάτω; κάτω; κατα΄ 2/2; [부사, 장소] (2:19; 20:9); 아래[아래1: 어떤 기준보다 낮은 위치]로

κατῴκησεν; κατοικέω; κατά, οἶκος 1/20; 직설법 부정과거 능동태 3인칭 단수(7:4); 머무르다, 머물다, 거주하다, 주변에 살다, 살다1.

Καῦδα; Καῦδα 1/1; [명사] 여성 단수 대격(27:16); 가우다[그레데 섬의 뵈닉스에서 남쪽으로 약 36km 떨어진 작은 섬].

Κεγχρεαῖς; Κεγχρεαί 1/1; [명사] 여성 복수 여격(18:18); 겐그레아[고린도에서 동쪽으로 10km 떨어진 항구도시. 관련 구절, 롬 16:1].

κειράμενος; κείρω 1/2; 분사 부정과거 중간태 남성 단수 주격(18:18); 깎다[풀이나 털 따위를 잘라 내다], 털을 깎다.

κείραντος; κείρω 1/2; 분사 부정과거 능동태 남성 단수 속격(8:32).

κεκλεισμένον; κλείω 1/2; 분사 완료 수동태 중성 단수 대격(5:23); 닫다2[열린 문짝, 뚜껑, 서랍 따위를 도로 제자리로 가게 하여 막다]; [수동태] 닫히다['닫다2'의 피동사].

κεκοίνωκεν; κοινόω; κοινός 1/3; 직설법 완료 능동태 3인칭 단수(21:28); 더럽히다['더럽다: 때나 찌꺼기 따위가 있어 지저분하다'의 사동사].

κεκονιαμένε; κονιάω 1/1; 분사 완료 수동태 남성 단수 호격(23:3); 칠[칠2: 물체의 겉에 발

라 썩는 것을 막거나 광택이나 색깔을 내는 데 쓰는 물질, 또는 그것을 바르는 일]하다; [수동태] 칠이 되다.

κεκρατηκέναι; κρατέω; κράτος 1/4; 부정사 완료 능동태(27:13); 움켜잡다[손가락을 우그리어 힘 있게 꽉 잡다], 움켜쥐다[손가락을 우그리어 손안에 꽉 잡고 놓지 아니하다], 통제[통제2: 일정한 방침이나 목적에 따라 행위를 제한하거나 제약함]하다, 억류[억류2: 억지로 머무르게 함, 잡아 둠, 가둠]하다, 이루다1[뜻한 대로 되게 하다].

κεκρίκατέ; κρίνω 1/21; 직설법 완료 능동태 2인칭 복수(16:15); 결정[결정1: 행동이나 태도를 분명하게 정함, 또는 그렇게 정해진 내용]하다1, 판단[사물을 인식하여 논리나 기준 등에 따라 판정을 내림]하다, 심판[심판2: 문제가 되는 안건을 심의하여 판결을 내리는 일]하다, 정죄[정죄1: 죄가 있다고 단정함]하다, 심문[심문3: 자세히 따져서 물음]하다2, 마음먹다[무엇을 하겠다고 생각을 하다]; [수동태] 정해지다, 판정되다, 재판을 받다, 생각되다.

κεκρίκει; κρίνω 1/21; 직설법 과거완료 능동태 3인칭 단수(20:16).

κεκριμένα; κρίνω 1/21; 분사 완료 수동태 중성 복수 대격(16:4).

κελεύεις; κελεύω 1/17; 직설법 현재 능동태 2인칭 단수(23:3); 명[명5=명령1]하다2, 명령[명령1: 윗사람이나 상위 조직이 아랫사람에게나 하위 조직에 무엇을 하게 함, 또는 그런 내용]하다.

κελεύσαντες; κελεύω 1/17; 분사 부정과거 능동태 남성 복수 주격(4:15).

κελεύσαντος; κελεύω 1/17; 분사 부정과거 능동태 남성 단수 속격(25:23).

κελεύσας; κελεύω 1/17; 분사 부정과거 능동태 남성 단수 주격(23:35).

κενά; κενός 1/1; [형용사] 중성 복수 대격(4:25); 헛된[헛되다: 아무 보람이나 실속이 없다, 한갓되다], 공허한[공허하다2: 실속이 없고 헛되다].

κέντρα; κέντρον 1/1; [명사] 중성 복수 대격(26:14); 작대기['작대기에 발길질'은 목자가 사용하는 가축 몰이 막대기에 가축이 대드는 모양을 표현한 것].

κερδῆσαί; κερδαίνω; κέρδος 1/1; 부정사 부정과거 능동태(27:21); 입다1[받거나 당하다].

κεφαλαίου; κεφάλαιον; κεφαλή 1/1; [명사] 중성 단수 속격(22:28); 밑천[어떤 일을 하는 데 바탕이 되는 돈이나 물건, 기술, 재주 따위를 이르는 말].

κεφαλήν; κεφαλή 2/5; [명사] 여성 단수 대격(18:18; 21:24); 머리1[사람이나 동물의 목 위의 부분], 머릿돌[정초식 때, 연월일 따위를 새겨서 일정한 자리에 앉히는 돌, 귓돌1].

κεφαλὴν; κεφαλή 2/5; [명사] 여성 단수 대격(4:11; 18:6).

κεφαλῆς; κεφαλή 1/5; [명사] 여성 단수 속격(27:34).

κεχάρισταί; χαρίζομαι; χάρις 1/4; 직설법 완료 이태중간 3인칭 단수(27:24); 호의[호의2: 친절한 마음씨, 또는 좋게 생각하여 주는 마음]를 베풀다, 호의로 주다, 내놓다[붙잡아 두었던 사람이나 짐승 따위를 자유롭게 활동할 수 있도록 해 주다], 맡기다['맡다1: 어떤 일에 대한 책임을 지고 담당하다'의 사동사].

κηρύξαι; κηρύσσω 1/8; 부정사 부정과거 능동태(10:42); 전파[전파3: 전하여 널리 퍼뜨림]하다2, 전하다[어떤 사실을 상대에게 알리다].

κηρύσσει; κηρύσσω 1/8; 직설법 현재 능동태 3인칭 단수(19:13).

κηρύσσοντας; κηρύσσω 1/8; 분사 현재 능동태 남성 복수 대격(15:21).

κηρύσσων; κηρύσσω 2/8; 분사 현재 능동태 남성 단수 주격(20:25; 28:31).

Κιλικίαν; Κιλικία 3/7; [명사] 여성 단수 대격(15:23, 41; 27:5); 길리기아[수리아와 소아시아를 연결하는 무역로에 해당하는 로마의 속주로, 갈리디아와 갑바도기아의 남쪽에 있다].

Κιλικίας; Κιλικία 4/7; [명사] 여성 단수 속격(6:9; 21:39; 22:3; 23:34).

κινδυνεύει; κινδυνεύω; κίνδυνος 1/2; 직설법 현재 능동태 3인칭 단수(19:27); 우려[우려1: 근심하거나 걱정함, 또는 그 근심과 걱정]되다, 위험[해로움이나 손실이 생길 우려가 있음, 또는 그런 상태]에 빠지다.

κινδυνεύομεν; κινδυνεύω; κίνδυνος 1/2; 직설법 현재 능동태 1인칭 복수(19:40).

κινούμεθα; κινέω 1/3; 직설법 현재 중간태 1인칭 복수(17:28); 소란[소란4: 시끄럽고 어수선함]하게 하다, 돌아다니다[여기저기 여러 곳으로 다니다], 야기[야기3: 일이나 사건 따위를 끌어 일으킴]하다, 일으키다[어떤 사태나 일을 벌이거나 터뜨리다].

κινοῦντα; κινέω 1/3; 분사 현재 능동태 남성 단수 대격(24:5).

Κίς; Κίς 1/1; [명사] 남성 단수 속격(13:21); 기스[이스라엘 초대 왕 사울의 아버지]

κλαίοντες; κλαίω 1/2; 분사 현재 능동태 남성 복수 주격(21:13); 울다1[슬프거나 아프거나 너무 좋아서 견디다 못하여 소리를 내면서 눈물을 흘리다].

κλαίουσαι; κλαίω 1/2; 분사 현재 능동태 여성 복수 주격(9:39).

κλάσαι; κλάω 1/4; 부정사 부정과거 능동태(20:7); 쪼개다[둘 이상으로 나누다], 떼다1[붙어 있거나 잇닿은 것을 떨어지게 하다].

κλάσας; κλάω 2/4; 분사 부정과거 능동태 남성 단수 주격(20:11; 27:35).

κλάσει; κλάσις; κλάω 1/1; [명사] 여성 단수 여격(2:42); 떼는[떼다1: 붙어 있거나 잇닿은 것을 떨어지게 하다] 것.

Κλαύδιον; Κλαύδιος 1/3; [명사] 남성 단수 대격(18:2); 글라우디오[클라우디오: 로마의 네 번째 황제로 41-54년에 통치함].

Κλαύδιος; Κλαύδιος 1/3; [명사] 남성 단수 주격(23:26); 글라우디오[클라우디오: 천부장].

Κλαυδίου; Κλαύδιος 1/3; [명사] 남성 단수 속격(11:28); 글라우디오[클라우디오: 로마의 네 번째 황제로 41-54년에 통치함].

κλαυθμὸς; κλαυθμός; κλαίω 1/1; [명사] 남성 단수 주격(20:37); 눈물1[눈알 바깥 면의 위에 있는 눈물샘에서 나오는 분비물].

κληθέντος; καλέω 1/18; 분사 부정과거 수동태 남성 단수 속격(24:2); 부르다1[무엇이라고 가리켜 말하거나 이름을 붙이다], 일컫다[이름 지어 부르다], 불러오다[불러서 오게 하다]; [수동태] 불리다4['부르다1'의 피동사].

κληθῆναι; καλέω 1/18; 부정사 부정과거 수동태(1:19).

κλῆρον; κλῆρος; κληρόω 2/5; [명사] 남성 단수 대격(1:17; 26:18); 몫[여럿으로 나누어 가지는 각 부분], 분깃[유산을 한 몫 나누어 줌, 또는 그 몫], 받을 것, 한 부분, 제비1[여럿 가운데 어느 하나를 골라잡게 하여 거기에 미리 적어 놓은 기호나 글에 따라 승부나 차례 따위를 결정하는 방법, 또는 그것에 쓰는 종이나 물건].

κληρονομίαν; κληρονομία; κληρόω, νόμος 2/2; [명사] 여성 단수 대격(7:5; 20:32); 기업3[대대로 물려 내려오는 재산과 사업].

κλῆρος; κλῆρος; κληρόω 2/5; [명사] 남성 단수 주격(1:26b; 8:21); 몫, 분깃, 받을 것, 한 부분, 제비1.

κλήρους; κλῆρος; κληρόω 1/5; [명사] 남성 복수 대격(1:26a).
κλιναρίων; κλινάριον; κλίνω 1/1; [명사] 중성 복수 속격(5:15); 간이침대[간단한 구조의 침대].
κλῶντές; κλάω 1/4; 분사 현재 능동태 남성 복수 주격(2:46); 쪼개다[둘 이상으로 나누다], 떼다1[붙어 있거나 잇닿은 것을 떨어지게 하다].
Κνίδον; Κνίδος 1/1; [명사] 여성 단수 대격(27:7); 니도[크니도스: 행 21:2에 나오는 고스 섬과 로도 섬 사이에 있는 반도 끝 항구도시].
κοιλίας; κοιλία; κοῖλος 2/2; [명사] 여성 단수 속격(3:2; 14:8); 배1[사람이나 동물의 몸에서 위장, 창자, 콩팥 따위의 내장이 들어 있는 곳으로 가슴과 엉덩이 사이의 부위], 자궁2[여성의 수정관의 일부가 발달하여 된 것으로 태아가 착상하여 자라는 기관], 태8[태아를 둘러싸고 있는 조직, 태반과 탯줄을 이른다].
κοιμώμενος; κοιμάω; κεῖμαι 1/3; 분사 현재 중간태 남성 단수 주격(12:6); 잠자다[자는 상태에 있다]; [수동태] 잠들다[잠을 자는 상태가 되다].
κοινά; κοινός 1/5; [형용사] 중성 복수 주격(4:32); 공유[공유2: 두 사람 이상이 한 물건을 공동으로 소유함]하는, 함께 갖는, 공용[공용5: 함께 씀, 또는 그런 물건]하는, 함께 쓰는, 속된[속되다: 평범하고 세속적이다].
κοινὰ; κοινός 1/5; [형용사] 중성 복수 대격(2:44).
κοινὸν; κοινός 3/5; [형용사] 남성 단수 대격(10:28), 중성 단수 주격(11:8), 중성 단수 대격(10:14).
κοίνου; κοινόω; κοινός 2/3; 명령법 현재 능동태 2인칭 단수(10:15; 11:9); 더럽히다['더럽다: 때나 찌꺼기 따위가 있어 지저분하다'의 사동사].
κοινωνίᾳ; κοινωνία; κοινός 1/1; [명사] 여성 단수 여격(2:42); 사귐[사귀다: 서로 얼굴을 익히고 친하게 지내다], 사귀는 일, 교제1[서로 사귀어 가까이 지냄].
κοιτῶνος; κοιτών; κεῖμαι 1/1; [명사] 남성 단수 속격(12:20); 침실[잠을 자는 방], 침소[사람이 잠을 자는 곳].
κολάσωνται; κολάζω; κωλύω 1/1; 가정법 부정과거 중간태 3인칭 복수(4:21); 처벌[형벌에 처함, 또는 그 벌]하다
κολλᾶσθαι; κολλάω 3/5; 부정사 현재 중간태(5:13; 9:26; 10:28); (바싹1[아주 가까이 달라붙거나 죄는 모양]) 가까이[사람과 사람의 사이가 친밀한 상태로]하다, 가까이 다가가다, 딱3[빈틈없이 맞닿거나 들어맞는 모양] 붙다[맞닿아 떨어지지 아니하다], 꽉2[야무지게 힘을 주어 누르거나 죄는 모양] 붙다.
κολληθέντες; κολλάω 1/5; 분사 부정과거 수동태 남성 복수 주격(17:34).
κολλήθητι; κολλάω 1/5; 명령법 부정과거 수동태 2인칭 단수(8:29).
κόλπον; κόλπος 1/1; [명사] 남성 단수 대격(27:39); 해만2[바다와 만을 아울러 이르는 말].
κολυμβᾶν; κολυμβάω 1/1; 부정사 현재 능동태(27:43); 헤엄[사람이나 물고기 따위가 물속에서 나아가기 위하여 팔다리나 지느러미를 움직이는 일]하다.
κολωνία; κολωνία 1/1; [명사] 여성 단수 주격(16:12); 거점[어떤 활동의 근거가 되는 중요한 지점, 근거, 근거지] 도시, 식민시[고대의 도시 국가가 식민을 목적으로 하여 새로 건설한 도시].
κονιορτὸν; κονιορτός; κονιάω, ὁρμή 2/2; [명사] 남성 단수 대격(13:51; 22:23); 티끌[티와 먼지를 통틀어 이르는 말].
κοπετὸν; κοπετός; κόπτω 1/1; [명사] 남성 단수 대격(8:2); 통곡2[소리를 높여 슬피 욺].

κοπιῶντας; κοπιάω; κόπτω 1/1; 분사 현재 능동태 남성 복수 대격(20:35); 수고[수고1: 일을 하느라고 힘을 들이고 애를 씀, 또는 그런 어려움]하다1.

κορεσθέντες; κορέννυμι 1/1; 분사 부정과거 수동태 남성 복수 주격(27:38); 채우다3['차다1: 일정한 공간에 사람, 사물, 냄새 따위가 더 들어갈 수 없이 가득하게 되다'의 사동사]

Κορινθίων; Κορίνθιος 1/1; [형용사] 남성 복수 속격(18:8); 고린도[코린트] 사람.

Κόρινθον; Κόρινθος 1/2; [명사] 여성 단수 대격(18:1); 고린도[코린트: 당시 로마 원로원 영지인 아가야 지역의 수도였다. 관련 구절, 행 18:1; 19:1; 고전 1:2; 고후 1:1, 23; 딤후 4:20].

Κορίνθῳ; Κόρινθος 1/2; [명사] 여성 단수 여격(19:1).

Κορνήλιε; Κορνήλιος 2/8; [명사] 남성 단수 호격(10:3, 31); 고넬료.

Κορνήλιος; Κορνήλιος 5/8; [명사] 남성 단수 주격(10:1, 22, 24, 25, 30).

Κορνηλίου; Κορνήλιος 1/8; [명사] 남성 단수 속격(10:17).

κόσμον; κόσμος 1/1; [명사] 남성 단수 대격(17:24); 세계2[지구상의 모든 나라, 또는 인류 사회 전체].

κραβάττου; κράβαττος 1/2; [명사] 남성 단수 속격(9:33); 자리2[앉거나 누울 수 있도록 바닥에 까는 물건], 돗자리[왕골이나 골풀의 줄기를 재료로 하여 만든 자리].

κραβάττων; κράβαττος 1/2; [명사] 남성 복수 속격(5:15).

κράζοντες; κράζω 3/11; 분사 현재 능동태 남성 복수 주격(14:14; 21:28, 36); 소리치다[소리를 크게 지르다], 외치다1[남의 주의를 끌거나 다른 사람에게 어떤 행동을 하도록 하기 위하여 큰 소리를 지르다], 소리 지르다.

κραζόντων; κράζω 1/11; 분사 현재 능동태 남성 복수 속격(19:34).

κράξαντες; κράζω 1/11; 분사 부정과거 능동태 남성 복수 주격(7:57).

κρατεῖσθαι; κρατέω; κράτος 1/4; 부정사 현재 중간태(2:24); 움켜잡다[손가락을 우그리어 힘 있게 꽉 잡다], 움켜쥐다[손가락을 우그리어 손안에 꽉 잡고 놓지 아니하다], 통제[통제2: 일정한 방침이나 목적에 따라 행위를 제한하거나 제약함]하다, 억류[억류2: 억지로 머무르게 함, 잡아 둠, 가둠]하다, 이루다1[뜻한 대로 되게 하다].

κράτιστε; κράτιστος; κράτος 2/3; [형용사] 남성 단수 호격 최상급(24:3; 26:25); 각하5[특정한 고급 관료에 대한 경칭].

κρατίστῳ; κράτιστος; κράτος 1/3; [형용사] 남성 단수 여격 최상급(23:26).

κράτος; κράτος 1/1; [명사] 중성 단수 대격(19:20); 권능[권세와 능력을 아울러 이르는 말].

Κρατοῦντος; κρατέω; κράτος 1/4; 분사 현재 능동태 남성 단수 속격(3:11); 움켜잡다, 움켜쥐다, 통제하다, 억류하다, 이루다.

κραυγαζόντων; κραυγάζω; κράζω 1/1; 분사 현재 능동태 남성 복수 속격(22:23); 고함지르다[크게 부르짖다].

κραυγὴ; κραυγή; κράζω 1/1; [명사] 여성 단수 주격(23:9); 소란4[시끄럽고 어수선함, 쟁란].

κρεμάμενον; κρεμάννυμι 1/3; 분사 현재 이태중간 중성 단수 대격(28:4); 매달다[줄이나 끈, 실 따위로 잡아매어서 달려 있게 하다], 달라붙다[끈기 있게 찰싹 붙다].

κρεμάσαντες; κρεμάννυμι 2/3; 분사 부정과거 능동태 남성 복수 주격(5:30; 10:39).

Κρῆτες; Κρής 1/1; [명사] 남성 복수 주격(2:11); 그레데[크레타] 사람, 그레데[크레타]인.

Κρήτην; Κρήτη 2/4; [명사] 여성 단수 대격(27:7, 13); 그레데[크레타: 구약성경의 갑돌로

블레셋 사람들의 출신지이다. 관련 구절, 렘 47:4; 암 9:7; 딛 1:5.].

Κρήτης; Κρήτη 2/4; [명사] 여성 단수 속격(27:12, 21).

κριθῆναι; κρίνω 1/21; 부정사 부정과거 수동태(25:9); 결정하다1, 판단하다, 심판하다, 정죄하다, 심문하다2, 마음먹다; [수동태] 정해지다, 판정되다, 재판을 받다, 생각되다.

κρίματος; κρίμα; κρίνω 1/1; [명사] 중성 단수 속격(24:25); 심판2[하나님이 인간과 세상의 죄를 제재함, 또는 그런 일].

κρίναντες; κρίνω 2/21; 분사 부정과거 능동태 남성 복수 주격(13:27; 21:25); 결정[결정1: 행동이나 태도를 분명하게 정함, 또는 그렇게 정해진 내용]하다1, 판단[사물을 인식하여 논리나 기준 등에 따라 판정을 내림]하다, 심판[심판2: 문제가 되는 안건을 심의하여 판결을 내리는 일]하다, 정죄[정죄1: 죄가 있다고 단정함]하다, 심문[심문3: 자세히 따져서 물음]하다2, 마음먹다[무엇을 하겠다고 생각을 하다]; [수동태] 정해지다, 판정되다, 재판을 받다, 생각되다.

κρίναντος; κρίνω 1/21; 분사 부정과거 능동태 남성 단수 속격(3:13).

κρίνατε; κρίνω 1/21; 명령법 부정과거 능동태 2인칭 복수(4:19).

κρίνειν; κρίνω 1/21; 부정사 현재 능동태(17:31).

κρίνεσθαι; κρίνω 2/21; 부정사 현재 수동태(25:10, 20).

κρίνεται; κρίνω 1/21; 직설법 현재 수동태 3인칭 단수(26:8).

κρίνετε; κρίνω 1/21; 직설법 현재 능동태 2인칭 복수(13:46).

κρίνομαι; κρίνω 2/21; 직설법 현재 수동태 1인칭 단수(23:6; 24:21).

κρινόμενος; κρίνω 1/21; 분사 현재 수동태 남성 단수 주격(26:6).

κρινῶ; κρίνω 1/21; 직설법 미래 능동태 1인칭 단수(7:7).

κρίνω; κρίνω 1/21; 직설법 현재 능동태 1인칭 단수(15:19).

κρίνων; κρίνω 1/21; 분사 현재 능동태 남성 단수 주격(23:3).

κρίσις; κρίσις; κρίνω 1/1; [명사] 여성 단수 주격(8:33); 공정함[공정하다1: 공평하고 올바르다].

Κρίσπος; Κρίσπος 1/1; [명사] 남성 단수 주격(18:8); 그리스보[고린도 회당장].

κριτὰς; κριτής; κρίνω 1/4; [명사] 남성 복수 대격(13:20); 재판장.

κριτὴν; κριτής; κρίνω 1/4; [명사] 남성 단수 대격(24:10).

κριτὴς; κριτής; κρίνω 2/4; [명사] 남성 단수 주격(10:42; 18:15).

κρούσαντος; κρούω 1/2; 분사 부정과거 능동태 남성 단수 속격(12:13); 두드리다[소리가 나도록 잇따라 치거나 때리다].

κρούων; κρούω 1/2; 분사 현재 능동태 남성 단수 주격(12:16).

κτᾶσθαι; κτάομαι 1/3; 부정사 현재 이태중간(8:20); 획득[얻어 내거나 얻어 가짐]하다, 취득[자기 것으로 만들어 가짐]하다, 얻어 가지다, 손에 넣다.

κτῆμα; κτῆμα; κτάομαι 1/2; [명사] 중성 단수 대격(5:1); 소유3[가지고 있음, 또는 그 물건].

κτήματα; κτῆμα; κτάομαι 1/2; [명사] 중성 복수 대격(2:45).

κτήνη; κτῆνος; κτάομαι 1/1; [명사] 중성 복수 대격(23:24); 태울[태우다2: '타다2: 탈것이나 짐승의 등 따위에 몸을 얹다'의 사동사] 짐승.

κτήτορες; κτήτωρ; κτάομαι 1/1; [명사] 남성 복수 주격(4:34); 소유자[어떤 것을 자기의 것으로 가지고 있는 자], 소유한 사람.

κυβερνήτῃ; κυβερνήτης; κυβέρνησις 1/1; [명사] 남성 단수 여격(27:11); 선장6[배의 항해와

배 안의 모든 사무를 책임지고 선원들을 통솔하는 최고 책임자].

κυκλωσάντων; κυκλόω 1/1; 분사 부정과거 능동태 남성 복수 속격(14:20); 에워싸다[둘레를 빙 둘러싸다].

κυμάτων; κῦμα; κύω 1/1; [명사] 중성 복수 속격(27:41); 파도[바다에 이는 물결].

Κύπριοι; Κύπριος 1/3; [명사] 남성 복수 주격(11:20); 구브로[키프로스] 사람, 구브로[키프로스]의.

Κύπριος; Κύπριος 1/3; [명사] 남성 단수 주격(4:36).

Κυπρίῳ; Κύπριος 1/3; [명사] 남성 단수 여격(21:16).

Κύπρον; Κύπρος 4/5; [명사] 여성 단수 대격(13:4; 15:39; 21:3; 27:4); 구브로[키프로스: 구약성경 지명이 깃딤이었던 구브로는 지중해에서 세 번째로 큰 섬(동서로 220km, 남북으로 132km)으로 길리기아 남쪽, 수리아 서쪽에 위치해있었다. 그리스 식민지(주전 1400년경), 페니키아 식민지(주전 850년경)였다가, 주전 3세기 이후 프톨레미 왕조의 통치를 받았다. 로마제국과 관련해서는 황제의 영지(주전 27-22년)였다가 원로원 영지가 되었다(주전 22년). 바나바와 나손의 고향으로 바울의 1차 전도여행지였다. 당시 구브로의 총독은 서기오 바울이었다(46 혹은 47년). 관련 구절, 행 11:19; 13:4; 15:39; 21:3; 27:4.].

Κύπρου; Κύπρος 1/5; [명사] 여성 단수 속격(11:19).

Κυρηναῖοι; Κυρηναῖος 1/3; [명사] 남성 복수 주격(11:20); 구레네[키레네] 사람.

Κυρηναῖος; Κυρηναῖος 1/3; [명사] 남성 단수 주격(13:1).

Κυρηναίων; Κυρηναῖος 1/3; [명사] 남성 복수 속격(6:9).

Κυρήνην; Κυρήνη 1/1; [명사] 여성 단수 대격(2:10); 구레네[키레네: 그레데 섬 남서쪽으로 300km 정도 떨어진 리비아의 항구도시].

Κύριε; κύριος 5/107; [명사] 남성 단수 호격(1:6; 7:59, 60; 9:13; 22:19); 주4[만백성의 주인이라는 뜻으로, 하나님 또는 예수님을 이르는 말], 주님['주4'를 높여 이르는 말], 주인1[대상이나 물건 따위를 소유한 사람].

κύριε; κύριος 10/107; [명사] 남성 단수 호격(1:24; 4:29; 9:5, 10; 10:4, 14;11:8; 22:8, 10; 26:15).

Κύριοι; κύριος 1/107; [명사] 남성 복수 호격(16:30).

κύριοι; κύριος 1/107; [명사] 남성 복수 주격(16:19).

κυρίοις; κύριος 1/107; [명사] 남성 복수 여격(16:16).

κύριον; κύριος 12/107; [명사] 남성 단수 대격(2:25, 36; 8:24; 9:27, 35, 42; 11:17, 20, 21; 15:17; 16:31; 20:21).

κύριος; κύριος 22/107; [명사] 남성 단수 주격(1:21; 2:34, 39, 47; 3:22; 7:33, 49; 9:10, 11, 15, 17; 10:36; 12:11, 17; 13:47; 15:17; 16:14; 17:24; 18:9; 22:10; 23:11; 26:15).

κυρίου; κύριος 44/107; [명사] 남성 단수 속격(2:20, 21; 3:20; 4:26, 33; 5:9, 19; 7:31; 8:16, 22, 25, 26, 39; 9:1, 28, 31; 10:33; 11:16, 21; 12:7, 23; 13:10, 11, 12, 44, 48, 49; 15:11, 26, 35, 36, 40; 16:32; 18:25; 19:5, 10, 13, 17, 20; 20:24, 35; 21:13, 14; 28:31).

κυρίῳ; κύριος 11/107; [명사] 남성 단수 여격(2:34; 5:14; 11:23, 24; 13:2; 14:3, 23; 16:15; 18:8; 20:19; 25:26).

Κῶ; Κῶς 1/1; [명사] 여성 단수 대격(21:1); 고스[코스: 산(약 760미터)이 있고 풍경

이 아름다운 고스는 바울 당시 아시아에 속했던 섬으로 포도주, 밀, 연고, 견직물이 생산되었다. 당시 수도 이름도 고스였는데, 수도 고스는 '현대의학의 아버지'라 불리는 히포크라테스(주전 460-375년)의 출생지로 섬 동쪽 끝의 항구도시이다. 3차 전도여행을 마치고 예루살렘으로 향하던 바울은 밀레도에서 고스로 직항하였다. 현재는 그리스 영토이다. 관련 구절, 행 21:1.].

κωλύει; κωλύω 1/6; 직설법 현재 능동태 3인칭 단수(8:36); 금하다2[어떤 일을 하지 못하게 말리다], 막다1[어떤 일이나 행동을 못하게 하다], 저지[저지3: 막아서 못하게 함]하다2, 못하게 막다.

κωλύειν; κωλύω 1/6; 부정사 현재 능동태(24:23).

κωλυθέντες; κωλύω 1/6; 분사 부정과거 수동태 남성 복수 주격(16:6).

κωλῦσαι; κωλύω 1/6; 부정사 부정과거 능동태(11:17).

κωλῦσαί; κωλύω 1/6; 부정사 부정과거 능동태(10:47).

κώμας; κώμη 1/1; [명사] 여성 복수 대격(8:25); 마을1[주로 시골에서, 여러 집이 모여 사는 곳], 촌락[시골의 작은 마을].

λ

λαβεῖν; λαμβάνω 6/29; 부정사 부정과거 능동태(1:25; 3:3, 5; 10:43; 15:14; 26:18); 받다1[다른 사람이 주거나 보내오는 물건 따위를 가지다], 얻다1[구하거나 찾아서 가지다], 가져가다[무엇을 한 지점에서 다른 지점으로 옮겨 가다], 집어[집다1: 손가락이나 발가락으로 물건을 잡아서 들다] 들다, 받아 가지다, 맞이하다[오는 것을 맞다], 모시고[모시다: '데리다'의 높임말] 오다.

λαβέτω; λαμβάνω 1/29; 명령법 부정과거 능동태 3인칭 단수(1:20).

λάβοι; λαμβάνω 1/29; 희구법 부정과거 능동태 3인칭 단수(25:16).

λαβόντες; λαμβάνω 3/29; 분사 부정과거 능동태 남성 복수 주격(9:25; 17:9, 15).

λαβὼν; λαμβάνω 6/29; 분사 부정과거 능동태 남성 단수 주격(2:33; 9:19; 16:3, 24; 26:10; 27:35).

λάβωσιν; λαμβάνω 1/29; 가정법 부정과거 능동태 3인칭 복수(8:15).

λάθρᾳ; λάθρᾳ; λανθάνω 1/1; [부사] (16:37); 은밀히[은밀하다: 숨어 있어서 겉으로 드러나지 아니하다], 몰래1[남이 모르게 살짝], 가만히[남이 모르게 살그머니].

λακτίζειν; λακτίζω 1/1; 부정사 현재 능동태(26:14); 발길질[발로 걷어차는 짓, 발질]하다, 발질하다.

λάλει; λαλέω; λάλος 1/59; 명령법 현재 능동태 2인칭 단수(18:9); 얘기['이야기'의 준말]하다, 이야기[어떤 사물이나 사실, 현상에 대하여 일정한 줄거리를 가지고 하는 말이나 글]하다, 얘기해 주다, 지껄이다[약간 큰 소리로 떠들썩하게 이야기하다], 분부[분부1: 윗사람이 아랫사람에게 명령이나 지시를 내림, 또는 그 명령이나 지시]하다1; [수동태] 얘기되다, 분부되다, 분부가 내리다.

λαλεῖν; λαλέω; λάλος 6/59; 부정사 현재 능동태(2:4; 4:17, 20, 29; 5:40; 11:15).

λαλεῖτε; λαλέω; λάλος 1/59; 명령법 현재 능동태 2인칭 복수(5:20).

λαληθῆναι; λαλέω; λάλος 2/59; 부정사 부정과거 수동태(13:42, 46).

λαληθήσεται; λαλέω; λάλος 1/59; 직설법 미래 수동태 3인칭 단수(22:10).
λαληθήσεταί; λαλέω; λάλος 1/59; 직설법 미래 수동태 3인칭 단수(9:6).
λαλῆσαι; λαλέω; λάλος 3/59; 부정사 부정과거 능동태(14:1; 16:6; 21:39).
λαλῆσαί; λαλέω; λάλος 1/59; 부정사 부정과거 능동태(23:18).
λαλήσαντες; λαλέω; λάλος 2/59; 분사 부정과거 능동태 남성 복수 주격(8:25; 14:25).
λαλήσει; λαλέω; λάλος 1/59; 직설법 미래 능동태 3인칭 단수(11:14).
λαλήσῃ; λαλέω; λάλος 1/59; 가정법 부정과거 능동태 3인칭 단수(3:22).
λαλουμένη; λαλέω; λάλος 1/59; 분사 현재 수동태 여성 단수 주격(17:19).
λαλουμένοις; λαλέω; λάλος 2/59; 분사 현재 수동태 중성 복수 여격(13:45; 16:14).
λαλοῦντες; λαλέω; λάλος 3/59; 분사 현재 능동태 남성 복수 주격(2:7; 11:19; 20:30).
λαλοῦντος; λαλέω; λάλος 4/59; 분사 현재 능동태 남성 단수 속격(6:11; 7:38; 10:44; 14:9).
λαλοῦντός; λαλέω; λάλος 1/59; 분사 현재 능동태 남성 단수 속격(22:9).
Λαλούντων; λαλέω; λάλος 1/59; 분사 현재 능동태 남성 복수 속격(4:1).
λαλούντων; λαλέω; λάλος 3/59; 분사 현재 능동태 남성 복수 속격(2:6, 11; 10:46).
λαλῶ; λαλέω; λάλος 1/59; 직설법 현재 능동태 1인칭 단수(26:26).
λαλῶν; λαλέω; λάλος 3/59; 분사 현재 능동태 남성 단수 주격(6:13; 7:44; 10:7).
λαμβάνειν; λαμβάνω 1/29; 부정사 현재 능동태(20:35); 받다1[다른 사람이 주거나 보내오는 물건 따위를 가지다], 얻다1[구하거나 찾아서 가지다], 가져가다[무엇을 한 지점에서 다른 지점으로 옮겨 가다], 집어[집다1: 손가락이나 발가락으로 물건을 잡아서 들다] 들다, 받아 가지다, 맞이하다[오는 것을 맞다], 모시고 오다.
λαμβάνῃ; λαμβάνω 1/29; 가정법 현재 능동태 3인칭 단수(8:19).
λαμπάδες; λαμπάς; λάμπω 1/1; [명사] 여성 복수 주격(20:8); 등불[등에 켠 불, 등잔불]
λαμπρᾷ; λαμπρός; λάμπω 1/1; [형용사] 여성 단수 여격(10:30); 빛나는[빛나다: 빛이 환하게 비치다].
λαμπρότηατ; λαμπρότης; λάμπω 1/1; [명사] 여성 단수 대격(26:13); 빛살[=광선1: 빛의 줄기] 세기[=강도5: 센 정도].
λανθάνειν; λανθάνω 1/1; 부정사 현재 능동태(26:26); 주의[주의7: 어떤 한 곳이나 일에 관심을 집중하여 기울임]를 기울이지 못하다, 관심[관심1: 어떤 것에 마음이 끌려 주의를 기울임, 또는 그런 마음이나 주의]을 끌지 못하다, 잊다1[한번 알았던 것을 기억하지 못하거나 기억해 내지 못하다].
λαοὶ; λαός 1/48; [명사] 남성 복수 주격(4:25); 백성[나라의 근본을 이루는 일반 국민을 예스럽게 이르는 말].
λαοῖς; λαός 1/48; [명사] 남성 복수 여격(4:27).
λαόν; λαός 7/48; [명사] 남성 단수 대격(2:47; 3:12; 4: 21; 5:25; 13:15, 31; 21:39).
λαὸν; λαός 9/48; [명사] 남성 단수 대격(4:1, 2, 17; 5:26, 37; 6:12; 13:17; 15:14; 28:26).
λαός; λαός 2/48; [명사] 남성 단수 주격(5:13; 18:10).
λαὸς; λαός 3/48; [명사] 남성 단수 주격(3:9, 11; 7:17).
λαοῦ; λαός 11/48; [명사] 남성 단수 속격(3:23; 4:8; 7:34; 12:11; 13:17; 21:28, 30, 36; 23:5; 26:17; 28:27).
Λασαία; Λασαία 1/1; [명사] 여성 단수 주격(27:8); 라새아[그레데 섬 남쪽 해안에 있는 도시

로, 미항에서 동쪽으로 약 8km 정도 떨어져 있다.].

λατρεύειν; λατρεύω 1/5; 부정사 현재 능동태(7:42); 섬기다[신이나 윗사람을 잘 모시어 받들다], 예배[초월적 존재 앞에 경배하는 의식, 또는 그런 의식을 행함]하다.

λατρεῦον; λατρεύω 1/5; 분사 현재 능동태 중성 단수 주격(26:7).

λατρεύσουσίν; λατρεύω 1/5; 직설법 미래 능동태 3인칭 복수(7:7).

λατρεύω; λατρεύω 2/5; 직설법 현재 능동태 1인칭 단수(24:14; 27:23).

λαῷ; λαός 14/48; [명사] 남성 단수 여격(4:10; 5:12, 20, 34; 6:8; 10:2, 41, 42; 12:4; 13:24; 19:4; 21:40; 26:23; 28:17); 백성.

Λέγε; λέγω 1/234; 명령법 현재 능동태 2인칭 단수(22:27); 말하다[생각이나 느낌 따위를 말로 나타내다], 부르다1[무엇이라고 가리켜 말하거나 이름을 붙이다]; [분사] 말[말1: 사람의 생각이나 느낌 따위를 표현하고 전달하는데 쓰는 음성 기호]로; [수동태] 언급[어떤 문제에 대하여 말함]되다, 불리다4['부르다1'의 피동사].

λέγει; λέγω 11/234; 직설법 현재 능동태 3인칭 단수(2:17, 25, 34; 7:48, 49; 8:34; 12:8; 13:35; 15:17; 21:11, 37).

λέγειν; λέγω 6/234; 부정사 현재 능동태(10:28; 17:18, 21; 23:30; 24:10; 26:1).

λέγεται; λέγω 1/234; 직설법 현재 수동태(9:36).

λέγετε; λέγω 1/234; 명령법 현재 능동태 2인칭 복수(13:15).

λέγομεν; λέγω 1/234; 직설법 현재 능동태 1인칭 복수(21:23).

λεγομένην; λέγω 1/234; 분사 현재 수동태 여성 단수 대격(3:2).

λεγομένης; λέγω 1/234; 분사 현재 수동태 여성 단수 속격(6:9).

λεγομένοις; λέγω 3/234; 분사 현재 수동태 중성 복수 여격(8:6; 27:11; 28:24).

λέγον; λέγω 1/234; 분사 현재 능동태 중성 단수 주격(20:23).

λέγοντα; λέγω 1/234; 분사 현재 능동태 남성 단수 대격(7:59).

λέγοντά; λέγω 1/234; 분사 현재 능동태 남성 단수 대격(22:18).

λέγοντας; λέγω 2/234; 분사 현재 능동태 남성 복수 대격(6:11, 13).

λέγοντες; λέγω 23/234; 분사 현재 능동태 남성 복수 주격(1:6; 2:7, 12; 4:16; 5:23; 8:10; 11:3, 18; 13:15; 14:11, 15, 18; 15:5; 16:35; 17:7, 19; 18:13; 19:13, 28; 22:22; 23:9, 12; 26:31).

λέγοντος; λέγω 1/234; 분사 현재 능동태 남성 단수 속격(6:14).

λέγουσα; λέγω 2/234; 분사 현재 능동태 여성 단수 주격(16:15, 17).

λέγουσαν; λέγω 2/234; 분사 현재 능동태 여성 단수 대격(9:4; 26:14).

λεγούσης; λέγω 2/234; 분사 현재 능동태 여성 단수 속격(11:7; 22:7).

λέγουσιν; λέγω 2/234; 직설법 현재 능동태 3인칭 복수(23:8; 24:14).

λέγω; λέγω 1/234; 직설법 현재 능동태 1인칭 단수(5:38).

λέγων; λέγω 26/234; 분사 현재 능동태 남성 단수 주격(1:3; 2:40; 3:25; 5:28, 36; 8:9, 19, 26; 10:26; 11:4; 12:7; 15:13; 16:9, 28; 19:4, 26; 21:21, 40; 22:26; 24:2; 25:14; 26:22; 27:10, 24, 33; 28:26).

λειτουργούντων; λειτουργέω; λαός, ἔργον 1/1; 분사 현재 능동태 남성 복수 속격(13:2); 예배[초월적 존재 앞에 경배하는 의식, 또는 그런 의식을 행함]하다.

λελάληταί; λαλέω; λάλος 1/59; 직설법 완료 수동태 3인칭 단수(27:25); 얘기['이야기'의 준말]하다, 이야기[어떤 사물이나 사실, 현상에 대하여 일정한 줄거리를 가지

고 하는 말이나 글]하다, 얘기해 주다, 지껄이다[약간 큰 소리로 떠들썩하게 이야기하다], 분부[분부1: 윗사람이 아랫사람에게 명령이나 지시를 내림, 또는 그 명령이나 지시]하다1; [수동태] 얘기되다, 분부되다, 분부가 내리다.

λεπίδες; λεπίς 1/1; [명사] 여성 복수 주격(9:18); 딱지1[헌데나 상처에서 피, 고름, 진물 따위가 나와 말라 붙어 생긴 껍질], 비늘1[물고기나 뱀 따위의 표피를 덮고 있는 얇고 단단하게 생긴 작은 조각].

Λευίτης; Λευίτης 1/1; [명사] 남성 단수 주격(4:36); 레위 사람.

λευκαῖς; λευκός 1/1; [형용사] 여성 복수 여격(1:10); 흰[희다: 눈이나 우유의 빛깔과 같이 밝고 선명하다], 흰색[=백색1: 눈이나 우유의 빛깔과 같이 밝고 선명한 색].

λήμψεσθε; λαμβάνω 2/29; 직설법 미래 중간태 2인칭 복수(1:8; 2:38); 받다1[다른 사람이 주거나 보내오는 물건 따위를 가지다], 얻다1[구하거나 찾아서 가지다], 가져가다[무엇을 한 지점에서 다른 지점으로 옮겨 가다], 집어[집다1: 손가락이나 발가락으로 물건을 잡아서 들다] 들다, 받아 가지다, 맞이하다[오는 것을 맞다], 모시고 오다.

λίβα; λίψ 1/1; [명사] 남성 단수 대격(27:12); 남서쪽[남쪽을 기준으로 남쪽과 서쪽 사이의 방위, 남서1].

Λιβερτίνων; Λιβερτῖνος 1/1; [명사] 남성 복수 속격(6:9); 자유민[정당한 행위에 대하여 자유권을 행사할 수 있는 국민, 자유인], 해방 노예, 리버티노.

Λιβύης; Λιβύη 1/1; [명사] 여성 단수 속격(2:10); 리비야[리비아: 애굽 서쪽 지역으로, 애굽을 제외한 아프리카 대륙을 지칭하는 말로 사용되기도 하였다.].

λιθάσαντες; λιθάζω; λίθος 1/2; 분사 부정과거 능동태 남성 복수 주격(14:19); 돌멩이질[돌멩이를 던지는 짓, 돌질1]하다; [수동태] 돌팔매[무엇을 맞히려고 던지는 돌멩이]를 맞다.

λιθασθῶσιν; λιθάζω; λίθος 1/2; 가정법 부정과거 수동태 3인칭 복수(5:26).

λιθοβολῆσαι; λιθοβολέω; λίθος, βάλλω 1/3; 부정사 부정과거 능동태(14:5); 돌을 던지다, 돌질[돌질1=돌멩이질]하다, 돌팔매질[무엇을 맞히려고 돌멩이를 던지는 짓]하다.

λίθος; λίθος 1/2; [명사] 남성 단수 주격(4:11); 돌2[흙 따위가 굳어서 된 광물질의 단단한 덩어리, 바위보다는 작고 모래보다는 큰 것을 이른다].

λίθῳ; λίθος 1/2; [명사] 남성 단수 여격(17:29).

λιμένα; λιμήν; λιμός 1/2; [명사] 남성 단수 대격(27:12b); 겨울나기[=월동: 겨울을 남].

Λιμένας; Λιμήν; λιμός 1/1; [명사] 남성 복수 대격(27:8); 항7[리메네스: 그레데 섬에 있는 항구 이름으로 '미항'의 '항', '칼로이리메네스'의 '리메네스'에 해당하는 부분이다.], 항구3[배가 안전하게 드나들도록 바닷가에 부두 따위를 설비한 곳].

λιμένος; λιμήν; λιμός 1/2; [명사] 남성 단수 속격(27:12a); 겨울나기.

λιμὸν; λιμός 1/2; [명사] 여성 단수 대격(11:28); 기근3[흉년으로 먹을 양식이 모자라 굶주림], 흉년[농작물이 예년에 비하여 잘되지 아니하여 굶주리게 된 해].

λιμὸς; λιμός 1/2; [명사] 남성 단수 주격(7:11).

λόγια; λόγιον; λέγω 1/1; [명사] 중성 복수 대격(7:38); 신탁4[신이 사람을 매개자로 하여 그의 뜻을 나타내거나 인간의 물음에 대답하는 일].

λόγιος; λόγιος; λέγω 1/1; [형용사] 남성 단수 주격(18:24); 말을 유창하게[유창하다: 말을 하거나 글을 읽는 것이 물 흐르듯이 거침이 없다] 하는, 공부를 많이 한.

λογισθῆναι; λογίζομαι; λέγω 1/1; 부정사 부정과거 수동태(19:27); 평가[평가3: 사물의 가치나 수준 따위를 평함, 또는 그 가치나 수준]하다; [수동태] 평가되다.

λόγοι; λόγος; λέγω 1/65; [명사] 남성 복수 주격(15:15); 말씀[하나님이 자신의 계획과 목적을 인간에게 알리고 그것을 성취시키는 데 쓴 수단], 말1[일정한 주제나 줄거리를 가진 이야기], 설명[어떤 일이나 대상의 내용을 상대편이 잘 알 수 있도록 밝혀 말함, 또는 그런 말], 소식4[안부나 어떤 형세 따위를 알리거나 통지함], 이야기[어떤 사물이나 사실, 현상에 대하여 일정한 줄거리를 가지고 하는 말이나 글], 변명1[어떤 잘못이나 실수에 대하여 구실을 대며 그 까닭을 말함], 안건[토의하거나 조사하여야 할 사실], 일1[해결하거나 처리해야 할 문제, 또는 처리하여야 할 행사].

λόγοις; λόγος; λέγω 3/65; [명사] 남성 복수 여격(2:40; 7:22; 15:24).

λόγον; λόγος; λέγω 31/65; [명사] 남성 단수 대격(1:1; 2:41; 4:4, 29, 31; 6:2; 8:4, 14, 25; 10:36, 44; 11:1, 19; 13:5, 7, 44, 46, 48; 14:25; 15:7, 35, 36; 16:6, 32; 17:11; 18:11, 14; 19:10, 38, 40; 20:7).

λόγος; λόγος; λέγω 9/65; [명사] 남성 단수 주격(6:5, 7; 11:22; 12:24; 13:15, 26, 49; 17:13; 19:20).

λόγου; λόγος; λέγω 8/65; [명사] 남성 단수 속격(6:4; 14:12; 15:6, 27, 32; 18:15; 20:24; 22:22).

λόγους; λόγος; λέγω 4/65; [명사] 남성 복수 대격(2:22; 5:5, 24; 16:36).

λόγῳ; λόγος; λέγω 8/65; [명사] 남성 단수 여격(7:29; 8:21; 10:29; 14:3; 18:5; 20:2, 32, 38).

λόγων; λόγος; λέγω 1/65; [명사] 남성 복수 속격(20:35).

–διὰ λόγου (15:27, 32); 말로, 구두로, 마주 대하여 입으로

λοιδορεῖς; λοιδορέω; λοίδορος 1/1; 직설법 현재 능동태 2인칭 단수(23:4); 모욕[모욕2: 깔보고 욕되게 함]하다

λοιμὸν; λοιμός 1/1; [명사] 남성 단수 대격(24:5); 전염병[전염성을 가진 병들을 통틀어 이르는 말], 전염병이 있는.

λοιποὶ; λοιπός; λείπω 1/6; [형용사] 남성 복수 주격(28:9); 남은[남다1: 다른 사람과 함께 떠나지 않고 있던 그대로 있다], 여타1[그 밖의 다른 것], 그 밖의 다른; [부사] 마침내[드디어 마지막에는, 급기1].

λοιπὸν; λοιπός; λείπω 1/6; [형용사 중성 대격, 부사] (27:20).

λοιποὺς; λοιπός; λείπω 2/6; [형용사] 남성 복수 대격(2:37; 27:44).

λοιπῶν; λοιπός; λείπω 2/6; [형용사] 남성 복수 속격(5:13; 17:9).

Λούκιος; Λούκιος 1/1; [명사] 남성 단수 주격(13:1); 루기오.

λούσαντες; λούω 1/2; 분사 부정과거 능동태 남성 복수 주격(9:37); 씻기다1['씻다1: 물이나 휴지 따위로 때나 더러운 것을 없게 하다'의 피동사], 씻어 주다.

Λύδδα; Λύδδα 2/3; [명사] 여성 단수 대격(9:32, 35); 룻다[예루살렘에서 북서쪽으로 약 38km(직) 떨어져 있는 성읍으로 구약성경에서 롯(대상 8:12) 혹은 로드(느 7:37; 11:35)로 불렸다.].

Λύδδας; Λύδδα 1/3; [명사] 여성 단수 속격(9:38).

Λυδία; Λυδία 1/2; [명사] 여성 단수 주격(16:14); 루디아.

Λυδίαν; Λυδία 1/2; [명사] 여성 단수 대격(16:40).

λυθείσης; λύω 1/6; 분사 부정과거 수동태 여성 단수 속격(13:43); 결박을 풀다, (끈을) 풀다, 벗다, 흩다1, 부서지다.

Λυκαονίας; Λυκαονία 1/1; [명사] 여성 단수 속격(14:6); 루가오니아[신약 당시 루가오니아 서쪽 지역은 갈라디아에 속해 있었다.].

Λυκαονιστὶ; Λυκαονιστί 1/1; [부사] (14:11); 루가오니아어로.

Λυκίας; Λυκία 1/1; [명사] 여성 단수 속격(27:5); 루기아[리키아: 아시아와 갈라디아와 밤빌리아 남쪽지역으로 현재 터키 영토이다. 53년 글라우디오 황제 때 로마령이 되었다.].

λύκοι; λύκος 1/1; [명사] 남성 복수 주격(20:29); 이리3[갯과의 포유동물].

λῦσαι; λύω 1/6; 부정사 부정과거 능동태(13:25); 결박을 풀다, (끈을) 풀다, 벗다[사람이 자기 몸 또는 몸의 일부에 착용한 물건을 몸에서 떼어 내다], 흩다1[한데 모였던 것을 따로따로 떨어지게 하다], 부서지다[단단한 물체가 깨어져 여러 조각이 나다].

λύσας; λύω 1/6; 분사 부정과거 능동태 남성 단수 주격(2:24).

Λυσίας; Λυσίας 2/2; [명사] 남성 단수 주격(23:26; 24:22); 루시아[천부장].

Λῦσον; λύω 1/6; 명령법 부정과거 능동태 2인칭 단수(7:33); 결박을 풀다, (끈을) 풀다, 벗다, 흩다1, 부서지다.

Λύστραν; Λύστρα 3/5; [명사] 여성 단수 대격(14:6, 21; 16:1); 루스드라.

Λύστροις; Λύστρα 2/5; [명사] 중성 복수 여격(14:8; 16:2).

λυτρωτὴν; λυτρωτής; λύω 1/1; [명사] 남성 단수 대격(7:35); 속량[속량3: =속죄, 몸값을 받고 노비의 신분을 풀어 주어서 양민이 되게 하던 일]하는 자.

μ

μαγείαις; μαγεία; μάγος 1/1; [명사] 여성 복수 여격(8:11); 마술2[재빠른 손놀림이나 여러 가지 장치, 속임수 따위를 써서 불가사의한 일을 하여 보이는 술법, 또는 그런 구경거리].

μαγεύων; μαγεύω; μάγος 1/1; 분사 현재 능동태 남성 단수 주격(8:9); 마술을 부리다2[재주나 꾀 따위를 피우다].

μάγον; μάγος 1/2; [명사] 남성 단수 대격(13:6); 점성술사[별의 빛이나 위치, 운행 따위를 보고 점을 치는 복술가, 점성가].

μάγος; μάγος 1/2; [명사] 남성 단수 주격(13:8).

Μαδιάμ; Μαδιάμ 1/1; [명사] 남성 단수 속격(7:29); 미디안.

μαθηταί; μαθητής; μανθάνω 1/28; [명사] 남성 복수 주격(19:30); 제자1[예수의 가르침을 받아 그의 뒤를 따르는 사람].

μαθηταὶ; μαθητής; μανθάνω 3/28; [명사] 남성 복수 주격(9:25, 38, 52).

μαθηταῖς; μαθητής; μανθάνω 3/28; [명사] 남성 복수 여격(9:26; 14:28; 18:27).

μαθητάς; μαθητής; μανθάνω 1/28; [명사] 남성 복수 대격(18:23).

μαθητὰς; μαθητής; μανθάνω 7/28; [명사] 남성 복수 대격(9:1; 11:26; 19:1, 9; 20:1, 30; 21:4).

μαθητεύσαντες; μαθητεύω; μανθάνω 1/1; 분사 부정과거 능동태 남성 복수 주격(14:21);

제자로 삼다2[어떤 대상과 인연을 맺어 자기와 관계 있는 사람으로 만들다].

μαθητῇ; μαθητής; μανθάνω 1/28; [명사] 남성 단수 여격(21:16); 제자1.

μαθητής; μαθητής; μανθάνω 2/28; [명사] 남성 단수 주격(9:26; 16:1).

μαθητὴς; μαθητής; μανθάνω 1/28; [명사] 남성 단수 주격(9:10).

μαθήτρια; μαθήτρια; μανθάνω 1/1; [명사] 여성 단수 주격(9:36); 여자 제자, 여제자.

μαθητῶν; μαθητής; μανθάνω 9/28; [명사] 남성 복수 속격(6:1, 2, 7; 9:19; 11:29; 14:20, 22; 15:10; 21:16); 제자1.

Μαθθαῖος; Μαθθαῖος 1/1; [명사] 남성 단수 주격(1:13); 마태.

Μαθθίαν; Μαθθίας 2/2; [명사] 남성 단수 대격(1:23, 26); 맛디아.

μαθὼν; μανθάνω 1/1; 분사 부정과거 능동태 남성 단수 주격(23:27); 배우다1[새로운 지식이나 교양을 얻다], 알아차리다[알고 정신을 차려 깨닫다].

Μαίνῃ; μαίνομαι 2/3; 직설법 현재 이태중간 2인칭 단수(12:15; 26:24); 실성[실성1: 정신에 이상이 생겨 본정신을 잃음]하다.

μαίνομαι; μαίνομαι 1/3; 직설법 현재 이태중간 1인칭 단수(26:25).

Μακάριόν; μακάριος 1/2; [형용사] 중성 단수 주격(20:35); 복된[복되다: 복을 받아 기쁘고 즐겁다].

μακάριον; μακάριος 1/2; [형용사] 중성 단수 대격(26:2).

Μακεδόνας; Μακεδών 1/3; [명사] 남성 복수 대격(19:29); 마게도냐[마케도니아] 사람, 마게도냐인.

Μακεδονίαν; Μακεδονία 5/8; [명사] 여성 단수 대격(16:9, 10; 19:21, 22; 20:1); 마게도냐[마케도니아: 당시 북쪽에는 일루리곤(롬 15:19)이, 남쪽에는 아가야(행 18:12, 27; 19:21)가 있었다. 현재 이 지역은 알바니아 중부지역, 마케도니아, 불가리아 남서쪽지역, 그리스 북쪽지역에 해당된다. 관련 구절, 행 16:9, 10, 12; 18:5; 19:21, 22; 20:1, 3; 롬 15:26; 고전 16:5; 고후 1:16; 2:13; 7:5; 8:1; 11:9; 빌 4:15; 살전 1:7, 8; 4:10; 딤전 1:3.].

Μακεδονίας; Μακεδονία 3/8; [명사] 여성 단수 속격(16:12; 18:5; 20:3).

Μακεδόνος; Μακεδών 1/3; [명사] 남성 단수 속격(27:2); 마게도냐[마케도니아] 사람, 마게도냐인.

Μακεδών; Μακεδών 1/3; [명사] 남성 단수 주격(16:9).

μακράν; μακράν; μῆκος 1/3; [부사, 장소] (2:39); 멀리1[한 지점에서 거리가 몹시 떨어져 있는 상태로].

μακρὰν; μακράν; μῆκος 2/3; [부사, 장소] (17:27; 22:21).

μακροθύμως; μακροθύμως; μῆκος, θυμός 1/1; [부사] (26:3); 진드근하게[진드근하다: 태도와 행동이 매우 침착하고 참을성이 많다].

μάλιστα; μάλιστα; μᾶλλον 3/3; [부사, 최상급] (20:38; 25:26; 26:3); 특히[보통과 다르게], 극도[극도1: 더할 수 없는 정도]로.

μᾶλλον; μᾶλλον 7/7; [부사, 비교급] (4:19; 5:14, 29; 9:22; 20:35; 22:2; 27:11); 더욱[정도나 수준 따위가 한층 심하거나 높게], 오히려[일반적인 기준이나 예상, 짐작, 기대와는 전혀 반대가 되거나 다르게].

Μαναήν; Μαναήν 1/1; [명사] 남성 단수 주격(13:1); 마나엔.

μανίαν; μανία; μαίνομαι 1/1; [명사] 여성 단수 대격(26:24); 실성1[정신에 이상이 생겨 본정

신을 잃음].

μαντευομένη; μαντεύομαι; μαίνομαι 1/1; 분사 현재 이태중간 여성 단수 주격(16:16); 점치다1[길흉과 화복을 판단하기 위하여 점괘를 내어 보다], 점하다2[점을 보다], 점을 치다.

Μαριὰμ; Μαριάμ 1/1; [명사] 여성 단수 여격(1:14); [예수님의 어머니] 마리아.

Μαρίας; Μαρία 1/1; [명사] 여성 단수 속격(12:12); [마가의 어머니] 마리아.

Μᾶρκον; Μᾶρκος 3/4; [명사] 남성 단수 대격(12:25; 15:37, 39); 마가.

Μάρκου; Μᾶρκος 1/4; [명사] 남성 단수 속격(12:12).

μάρτυρα; μάρτυς 2/13; [명사] 남성 단수 대격(1:22; 26:16); 증인1[어떤 사실을 증명하는 사람].

μάρτυρας; μάρτυς 1/13; [명사] 남성 복수 대격(6:13).

μαρτυρεῖ; μαρτυρέω; μάρτυς 1/11; 직설법 현재 능동태 3인칭 단수(22:5); 증언[어떤 사실을 증명함, 또는 그런 말]하다; [수동태] 증거[어떤 사실을 증명할 수 있는 근거]를 받다, 좋은 평가[평가3: 사물의 가치나 수준 따위를 평함, 또는 그 가치나 수준]를 받다.

μαρτυρεῖν; μαρτυρέω; μάρτυς 1/11; 부정사 현재 능동태(26:5).

μάρτυρες; μάρτυς 6/13; [명사] 남성 복수 주격(1:8; 2:32; 5:32; 7:58; 10:39; 13:31); 증인1[어떤 사실을 증명하는 사람].

μάρτυρές; μάρτυς 1/13; [명사] 남성 복수 주격(3:15).

μαρτυρῆσαι; μαρτυρέω; μάρτυς 1/11; 부정사 부정과거 능동태(23:11); 증언하다; [수동태] 증거를 받다, 좋은 평가를 받다.

μαρτυρήσας; μαρτυρέω; μάρτυς 1/11; 분사 부정과거 능동태 남성 단수 주격(13:22).

μαρτυρίαν; μαρτυρία; μάρτυς 1/1; [명사] 여성 단수 대격(22:18); 증거[어떤 사실을 증명할 수 있는 근거].

μαρτύριον; μαρτύριον; μάρτυς 1/2; [명사] 중성 단수 대격(4:33); 빙거[사실을 증명할 근거를 댐, 또는 그 근거], 증거[어떤 사실을 증명할 수 있는 근거].

μαρτυρίου; μαρτύριον; μάρτυς 1/2; [명사] 중성 단수 속격(7:44).

μαρτύρομαι; μαρτύρομαι; μάρτυς 1/2; 직설법 현재 이태중간 1인칭 단수(20:26); 확언[확실하게 말함, 또는 그런 말]하다.

μαρτυρόμενος; μαρτύρομαι; μάρτυς 1/2; 분사 현재 이태중간 남성 단수 주격(26:22).

μάρτυρός; μάρτυς 1/13; [명사] 남성 단수 속격(22:20); 증인1.

μαρτυρούμενος; μαρτυρέω; μάρτυς 1/11; 분사 현재 수동태 남성 단수 주격(22:12); 증언하다; [수동태] 증거를 받다, 좋은 평가를 받다.

μαρτυρούμενός; μαρτυρέω; μάρτυς 1/11; 분사 현재 수동태 남성 단수 주격(10:22).

μαρτυρουμένους; μαρτυρέω; μάρτυς 1/11; 분사 현재 수동태 남성 복수 대격(6:3),

μαρτυροῦντι; μαρτυρέω; μάρτυς 1/11; 분사 현재 수동태 남성 단수 여격(14:3).

μαρτυροῦσιν; μαρτυρέω; μάρτυς 1/11; 직설법 현재 능동태 3인칭 복수(10:43).

μάρτυς; μάρτυς 1/13; [명사] 남성 단수 주격(22:15); 증인1.

μάρτυσιν; μάρτυς 1/13; [명사] 남성 복수 여격(10:41).

μαστίζειν; μαστίζω; μαστιγόω 1/1; 부정사 현재 능동태(22:24); 채찍질[채찍으로 치는 일, 채질1]하다.

μάστιξιν; μάστιξ; μαστιγόω 1/1; [명사] 여성 복수 여격(22:24); 채찍[말이나 소 따위를 때

려 모는 데에 쓰기 위하여, 가는 나무 막대나 대가지 끝에 노끈이나 가죽 오리 따위를 달아 만든 물건], 채찍질.

ματαίων; μάταιος 1/1; [형용사] 중성 복수 속격(14:15); 헛된[헛되다: 아무 보람이나 실속이 없다].

μάχαιραν; μάχαιρα; μάχη 1/2; [명사] 여성 단수 대격(16:27); 칼1[물건을 베거나 썰거나 깎는 데 쓰는 도구].

μαχαίρῃ; μάχαιρα; μάχη 1/2; [명사] 여성 단수 여격(12:2).

μαχομένοις; μάχομαι; μάχη 1/1; 분사 현재 이태중간 남성 복수 여격(7:26); 싸우다[말, 힘, 무기 따위를 가지고 서로 이기려고 다투다].

με; ἐγώ 37/314; [인칭 대명사, 1인칭] 단수 대격; 나3, 저3.

μεγάλα; μέγας 1/31; [형용사] 중성 복수 대격(6:8); 커다란, 큰, 훌륭한, 대단한, 지체 높은.

μεγάλας; μέγας 1/31; [형용사] 여성 복수 대격(8:13).

μεγαλεῖα; μεγαλεῖος; μέγας 1/1; [형용사] 중성 복수 대격(2:11); 위대한[위대하다1: 도량이나 능력, 업적 따위가 뛰어나고 훌륭하다].

μεγαλειότητος; μεγαλειότης; μέγας 1/1; [명사] 여성 단수 속격(19:27); 위엄[존경할 만한 위세가 있어 점잖고 엄숙함, 또는 그런 태도나 기세].

Μεγάλη; μέγας 3/31; [형용사] 여성 단수 주격(8:10b; 19:28, 34); 커다란[커다랗다: 매우 크다, 또는 아주 큼직하다], 큰[크다1: 사람이나 사물의 외형적 길이, 넓이, 높이, 부피 따위가 보통 정도를 넘다], 훌륭한[훌륭하다: 썩 좋아서 나무랄 곳이 없다], 대단한[대단하다: 출중하게 뛰어나다], 지체[지체1: 어떤 집안이나 개인이 사회에서 차지하고 있는 신분이나 지위] 높은.

μεγάλη; μέγας 4/31; [형용사] 여성 단수 주격(4:33b; 7:11; 8:10a; 23:9).

μεγάλῃ; μέγας 7/31; [형용사] 여성 단수 여격(4:33a; 7:57, 60; 8:7; 14:10; 16:28; 26:24).

μεγάλην; μέγας 5/31; [형용사] 여성 단수 대격(2:20; 10:11; 11:5, 28; 15:3).

μεγάλης; μέγας 2/31; [형용사] 여성 단수 속격(19:27, 35).

μεγάλου; μέγας 1/31; [형용사] 남성 단수 속격(8:10).

μεγαλυνόντων; μεγαλύνω; μέγας 1/3; 분사 현재 능동태 남성 복수 속격(10:46); 우러르다[마음속으로 공경하여 떠받들다], 존중[높이어 귀중하게 대함]하다, 귀하게 생각하다.

μεγάλῳ; μέγας 2/31; [형용사] 남성 단수 여격(26:22), 중성 단수 여격(26:29); 커다란, 큰, 훌륭한, 대단한, 지체 높은.

μέγαν; μέγας 2/31; [형용사] 남성 단수 대격(8:2, 9).

μέγας; μέγας 4/31; [형용사] 남성 단수 주격(5:5, 11; 8:1; 16:26).

μεθ'; μετά 1/65; [전치사] (20:18); [+속격] ~와 함께, ~을 다해[다하다: 어떤 일을 위하여 힘, 마음 따위를 모두 들이다]; [+목적격] 후에, 뒤에, 지나지[지나다: 시간이 흘러 과거가 되다] (않아).

μεθερμηνεύεται; μεθερμηνεύω; μετά, ἑρμηνεύω 1/2; 직설법 현재 수동태 3인칭 단수(13:8); 번역[어떤 언어로 된 글을 다른 언어의 글로 옮김]하다; [수동태] 번역되다.

μεθερμηνευόμενον; μεθερμηνεύω; μετά, ἑρμηνεύω 1/2; 분사 현재 수동태 중성 단수 주격(4:36).

μεθύουσιν; μεθύω 1/1; 직설법 현재 능동태 3인칭 복수(2:15); 취하다3[어떤 기운으로 정신이

흐려지고 몸을 제대로 가눌 수 없게 되다].

μεῖναι; μένω 2/13; 부정사 부정과거 능동태(9:43; 18:20); 머물다, 기다리다, 멈춰 서다, 점유하다1, 가지고 있다, 붙어 있다, 차지이다.

μείνωσιν; μένω 1/13; 가정법 부정과거 능동태 3인칭 복수(27:31).

Μελίτη; Μελίτη 1/1; [명사] 여성 단수 주격(28:1); 멜리데[몰타: 이태리 반도 남쪽에 있는 시실리(시칠리아) 섬 남쪽의 작은 섬으로 그레데 섬에서 1,000km 가량 떨어져 있다.].

μέλλει; μέλλω 3/34; 직설법 현재 능동태 3인칭 단수(17:31; 23:3; 26:23); 하려[-려4: 어떤 행동을 할 의도나 욕망을 가지고 있음을 나타내는 연결 어미] 하다, 할 것이다, 하게 되다, 예정[예정3: 미리 정한 갈 길이나 진행 과정]이다, 할 때이다, 막1[바로 그때] ~하려 하다, 가다1[말하는 이, 또는 말하는 이가 정하는 어떤 기준점에서 멀어지면서 앞말이 뜻하는 행동이나 상태가 계속 진행됨을 나타내는 말], 할 뻔하다, 요량[요량1: 앞일을 잘 헤아려 생각함, 또는 그런 생각]이다, 망설이다[이리저리 생각만 하고 태도를 결정하지 못하다]; 장차2[앞으로의 뜻으로, 미래의 어느 때를 나타내는 말] ~할, 장차 임할[임하다2: 하늘의 신성이 인간이나 인간 세계에 미치다], ~하려는.

μέλλειν; μέλλω 6/34; 부정사 현재 능동태(11:28; 19:27; 24:15; 25:4; 27:10; 28:6).

μέλλεις; μέλλω 2/34; 직설법 현재 능동태 2인칭 단수(22:16, 26).

μέλλετε; μέλλω 1/34; 직설법 현재 능동태 2인칭 복수(5:35).

μέλλον; μέλλω 1/34; 분사 현재 능동태 중성 단수 대격(23:20).

μέλλοντα; μέλλω 2/34; 분사 현재 능동태 남성 단수 대격(13:34; 23:27).

μέλλοντας; μέλλω 2/34; 분사 현재 능동태 남성 복수 대격(3:3; 23:15).

μέλλοντες; μέλλω 2/34; 분사 현재 능동태 남성 복수 주격(20:13a; 22:29).

μέλλοντι; μέλλω 2/34; 분사 현재 능동태 남성 단수 여격(20:3), 중성 단수 여격(27:2).

μέλλοντος; μέλλω 2/34; 분사 현재 능동태 남성 단수 속격(18:14), 중성 단수 속격(24:25).

μελλόντων; μέλλω 2/34; 분사 현재 능동태 남성 복수 속격(27:30), 중성 복수 속격(26:22).

μέλλουσιν; μέλλω 1/34; 직설법 현재 능동태 3인칭 복수(20:38).

Μέλλων; μέλλω 1/34; 분사 현재 능동태 남성 단수 주격(21:37).

μέλλων; μέλλω 3/34; 분사 현재 능동태 남성 단수 주격(20:7, 13b; 26:2).

μεμεστωμένοι; μεστόω; μεστός 1/1; 분사 완료 수동태 남성 복수 주격(2:13); [수동태] 만취[만취3: 술에 잔뜩 취함]하다.

μέν; μέν 2/48; [불변화사, 교체하여 바꾸는 역할을 하는 일종의 접속사] (21:39; 27:21); 혹은[더러는] ~ 혹은, 한편[어떤 일에 대하여, 앞에서 말한 측면과 다른 측면을 말할 때 쓰는 말] ~ 또 한편, 일단1[우선 먼저] ~ 그리고.

μὲν; μέν 46/48; [불변화사] (1:1, 5, 6, 18; 2:41; 3:13, 21, 22; 4:16; 5:41; 8:4, 25; 9:7, 31; 11:16, 19; 12:5; 13:4, 36; 14:3, 4; 15:3, 30; 16:5; 17:12, 17, 30, 32; 18:14; 19:15, 32, 38; 22:9; 23:8, 18, 22, 31; 25:4, 11; 26:4, 9; 27:41, 44; 28:5, 22, 24).

–μὲν οὖν (1:16, 18; 2:41; 5:41; 8:4, 25; 9:31; 11:19; 12:5; 13:4; 14:3; 15:3, 30; 16:5; 17:12, 17, 30; 19:32, 38; 23:18, 22, 31; 25:4, 11; 26:4, 9; 28:5); 그래서, 그럼에도, 한때[어느 한 시기]는.

–οἱ μέν, οἱ δέ 몇몇[몇몇: '몇: 그리 많지 않은 얼마만큼의 수를 막연하게 이르는 말'을 강

조하여 이르는 말]은, 몇몇은.

μένειν; μένω 1/13; 부정사 현재 능동태(28:16); 머물다['머무르다: 도중에 멈추거나 일시적으로 어떤 곳에 묵다'의 준말], 기다리다[어떤 사람이나 때가 오기를 바라다], 멈춰[멈추다: 사물의 움직임이나 동작을 그치게 하다] 서다, 점유[점유1: 물건이나 영역, 지위 따위를 차지함]하다1, 가지고 있다, 붙어[붙다: 어떤 장소에 오래 머무르다] 있다, 차지[차지1: 사물이나 공간, 지위 따위를 자기 몫으로 가짐, 또는 그 사물이나 공간]이다.

μένετε; μένω 1/13; 명령법 현재 능동태 2인칭 복수(16:15).

μένον; μένω 1/13; 분사 현재 능동태 중성 단수 주격(5:4a).

μένουσιν; μένω 1/13; 직설법 현재 능동태 3인칭 복수(20:23).

μέρη; μέρος 3/7; [명사] 중성 복수 대격(2:10; 19:1; 20:2); 지방5[어느 방면의 땅], 지역3[일정하게 구획된 어느 범위의 토지], 영업[영리를 목적으로 하는 사업, 또는 그런 행위], 편4[여래 패로 나누었을 때 그 하나하나의 쪽], 파4[주의, 사상, 또는 행동 따위의 차이에 따라 갈라진 사람의 집단].

μερίδος; μερίς; μέρος 1/2; [명사] 여성 단수 속격(16:12); 구역4[갈라놓은 지역], 구실2[핑계를 삼을 만한 재료, 핑계], 역할[자기가 마땅히 하여야 할 맡은 바 직책이나 임무, 구실, 소임, 할 일], 맡을[맡다1: 어떤 일에 대한 책임을 지고 담당하다] 것.

μερὶς; μερίς; μέρος 1/2; [명사] 여성 단수 주격(8:21).

μέρος; μέρος 3/7; [명사] 중성 단수 주격(23:6), 대격(5:2; 19:27); 지방5, 지역3, 영업, 편4, 파4.

μέρους; μέρος 1/7; [명사] 중성 단수 속격(23:9).

−μέρος τι (5:2); 얼마[뚜렷이 밝힐 필요가 없는 비교적 적은 수량이나 값 또는 정도].

μεσημβρίαν; μεσημβρία; μέσος, ἡμέρα 2/2; [명사] 여성 단사 대격(8:26; 22:6); 정오1[낮 열두 시, 곧 태양이 표준 자오선을 지나는 순간을 이른다].

μέσης; μέσος 1/10; [형용사] 여성 단수 속격(26:13); 중앙1, 한가운데, 중4, 가운데, 배1, 한-13.

μέσον; μέσος 1/10; [형용사] 중성 단수 대격(27:27).

μεσονύκτιον; μεσονύκτιον; μέσος, νύξ 1/2; [명사] 중성 단수 대격(16:25); 밤중[밤이 깊은 때].

μεσονυκτίου; μεσονύκτιον; μέσος, νύξ 1/2; [명사] 중성 단수 속격(20:7).

Μεσοποταμίᾳ; Μεσοποταμία; μέσος, πόταμος 1/2; [명사] 여성 단수 여격(7:2); 메소보다미아[메소포타미아: 서남아시아의 티그리스 강과 유프라테스 강 사이에 있는 지역으로 이라크를 중심으로 시리아 북동부와 이란 남서부를 포함한다].

Μεσοποταμίαν; Μεσοποταμία; μέσος, πόταμος 1/2; [명사] 여성 단수 대격(2:9).

μέσος; μέσος 1/10; [부사] (1:18); 중앙1[사방의 중심이 되는 한가운데], 한가운데[공간이나 시간, 상황 따위의 바로 가운데], 중4[여럿의 가운데], 가운데[여럿으로 이루어진 일정한 범위의 안], 배1[사람이나 동물의 몸에서 위장, 창자, 콩팥 따위의 내장이 들어 있는 곳으로 가슴과 엉덩이 사이의 부위], 한-13['정확한' 또는 '한창인'의 뜻을 더하는 접두사].

μέσου; μέσος 2/10; [형용사] 중성 단수 속격(17:33; 23:10).

μέσῳ; μέσος 5/10; [형용사] 중성 단수 여격(1:15; 2:22; 4:7; 17:22; 27:21).
μετ᾽; μετά 14/65; [전치사] (7:5, 9; 9:28, 39; 10:38; 11:21; 13:25; 14:27; 15:4, 33; 19:4; 20:34; 26:12; 27:14); [+속격] ~와 함께, ~을 다해[다하다: 어떤 일을 위하여 힘, 마음 따위를 모두 들이다]; [+목적격] 후에, 뒤에, 지나지[지나다: 시간이 흘러 과거가 되다] (않아).
Μετὰ; μετά 10/65; [전치사] (15:13, 16, 36; 18:1; 19:21; 20:1; 21:15; 24:1, 24; 28:11).
μετὰ; μετά 40/65; [전치사] (1:3, 5, 26; 2:28, 29; 4:29, 31; 5:26, 37; 7:4, 7, 38, 45; 9:19; 10:37, 41; 12:4; 13:15, 17, 20; 14:23; 15:35; 17:11; 18:10; 20:6, 19, 29, 31; 24:1, 3, 18[2회]; 25:1, 12, 23; 27:10, 24; 28:13, 17, 31).
μεταβαλόμενοι; μεταβάλλω; μετά, βάλλω 1/1; 분사 부정과거 중간태 남성 복수 주격(28:6); 바꾸다[원래의 내용이나 상태를 다르게 고치다].
μεταβὰς; μεταβαίνω; μετά, βαίνω 1/1; 분사 부정과거 능동태 남성 단수 주격(18:7); 떠나다[있던 곳에서 다른 곳으로 옮기다].
μετακάλεσαι; μετακαλέω; μετά, καλέω 1/4; 명령법 부정과거 중간태 2인칭 단수(10:32); 청하다[사람을 따로 부르거나 잔치 따위에 초대하다], 불러오다[불러서 오게 하다].
μετακαλέσομαί; μετακαλέω; μετά, καλέω 1/4; 직설법 미래 중간태 1인칭 단수(24:25).
μεταλαβεῖν; μεταλαμβάνω; μετά, λαμβάνω 2/4; 부정사 부정과거 능동태(27:33, 34); 함께 지내다1[사람이 어떤 장소에서 생활을 하면서 시간이 지나가는 상태가 되게 하다], 함께 먹다2[음식 따위를 입을 통하여 배 속에 들여보내다].
μεταλαβὼν; μεταλαμβάνω; μετά, λαμβάνω 1/4; 분사 부정과거 능동태 남성 단수 주격(24:25).
μετανοεῖν; μετανοέω; μετά, νοῦς 2/5; 부정사 현재 능동태(17:30; 26:20); 회개하다, 뉘우치다[스스로 제 잘못을 깨닫고 마음속으로 가책을 느끼다], 생각을 바꾸다.
Μετανοήσατε; μετανοέω; μετά, νοῦς 1/5; 명령법 부정과거 능동태 2인칭 복수(2:38).
μετανοήσατε; μετανοέω; μετά, νοῦς 1/5; 명령법 부정과거 능동태 2인칭 복수(3:19).
μετανόησον; μετανοέω; μετά, νοῦς 1/5; 명령법 부정과거 능동태 2인칭 단수(8:22).
μετάνοιαν; μετάνοια; μετά, νοῦς 3/6; [명사] 여성 단수 대격(5:31; 11:18; 20:21); 회개[신앙생활로 들어가는 데 필요한 요건의 하나로, 살아온 삶이 잘못되었음을 자각하여 죄인임을 반성하고 그로부터 벗어나려는 뜻을 세워 새로운 생활로 들어가는 일을 이른다].
μετανοίας; μετάνοια; μετά, νοῦς 3/6; [명사] 여성 단수 속격(13:24; 19:4; 26:20).
μεταξὺ; μεταξύ; μετά, σύν 3/3; [비본래적인 전치사] (12:6; 13:42; 15:9); [+속격] 사이1[한 곳에서 다른 곳까지, 또는 한 물체에서 다른 물체까지의 거리나 공간, 한 때로부터 다른 때까지의 동안], 사이에서, 다음1[어떤 차례의 바로 뒤].
μεταπεμπόμενος; μεταπέμπω; μετά, πέμπω 1/9; 분사 현재 중간태 남성 단수 주격(24:26); 불러오다[불러서 오게 하다], 불러내다[불러서 밖으로 나오게 하다], 데리다[아랫사람이나 동물 따위를 자기 몸 가까이 있게 하다], 모시다['데리다'의 높임말]; [수동태] 부름[어떤 일을 위하여 불러들임]을 받다.
μεταπεμφθείς; μεταπέμπω; μετά, πέμπω 1/9; 분사 부정과거 수동태 남성 단수 주격(10:29a).
μετάπεμψαι; μεταπέμπω; μετά, πέμπω 2/9; 명령법 부정과거 중간태 2인칭 단수(10:5;

11:13).

μεταπεμψάμενος; μεταπέμπω; μετά, πέμπω 1/9; 분사 부정과거 중간태 남성 단수 주격 (20:1).

μεταπέμψασθαί; μεταπέμπω; μετά, πέμπω 1/9; 부정사 부정과거 중간태(10:22).

μεταπέμψηται; μεταπέμπω; μετά, πέμπω 1/9; 가정법 부정과거 중간태 3인칭 단수(25:3).

μεταστήσας; μεθίστημι; μετά, ἵστημι 1/2; 분사 부정과거 능동태 남성 단수 주격(13:22); 바꿔 놓다, 폐하다[사람을 어떤 지위에서 몰아내다].

μεταστραφήσεται; μεταστρέφω; μετά, στρέφω 1/1; 직설법 미래 수동태 3인칭 단수 (2:20); 변하다[무엇이 다른 것이 되거나 혹은 다른 성질로 달라지다].

μετεκαλέσατο; μετακαλέω; μετά, καλέω 2/4; 직설법 부정과거 중간태 3인칭 단수(7:14; 20:17); 청하다[사람을 따로 부르거나 잔치 따위에 초대하다], 불러오다[불러서 오게 하다].

μετελάμβανον; μεταλαμβάνω; μετά, λαμβάνω 1/4; 직설법 미완료 능동태 3인칭 복수 (2:46); 함께 지내다1[사람이 어떤 장소에서 생활을 하면서 시간이 지나가는 상태가 되게 하다], 함께 먹다2[음식 따위를 입을 통하여 배 속에 들여보내다].

μετεπέμψασθέ; μεταπέμπω; μετά, πέμπω 1/9; 직설법 부정과거 중간태 2인칭 복수 (10:29b); 불러오다, 불러내다, 데리다, 모시다; [수동태] 부름을 받다.

μετεπέμψατο; μεταπέμπω; μετά, πέμπω 1/9; 직설법 부정과거 중간태 3인칭 단수(24:24).

μετέστησεν; μεθίστημι; μετά, ἵστημι 1/2; 직설법 부정과거 능동태 3인칭 단수(19:26); 바꿔 놓다, 폐하다.

μετετέθησαν; μετατίθημι; μετά, τίθημι 1/1; 직설법 부정과거 수동태 3인칭 복수(7:16); 나르다1[물건을 한 곳에서 다른 곳으로 옮기다]; [수동태] 옮겨지다.

μετοικιῶ; μετοικίζω; μετά, οἶκος 1/2; 직설법 미래 능동태 1인칭 단수(7:43); 옮기다['옮다: 어떤 곳에서 다른 곳으로 움직여 자리를 바꾸다'의 사동사].

μετρίως; μετρίως; μέτρον 1/1; [부사] (20:12); 측량[기기를 써서 물건의 높이, 깊이, 넓이, 방향 따위를 잼]할 수 있는.

μετῴκισεν; μετοικίζω; μετά, οἶκος 1/2; 직설법 부정과거 능동태 3인칭 단수(7:4); 옮기다.

μέχρι; μέχρι 2/2; [비본래적인 전치사] (10:30; 20:7); [+속격] 까지3[어떤 일이나 상태 따위에 관련되는 범위의 끝임을 나타내는 보조사].

Μὴ; μή 5/64; [불변화사, 부정] (7:42; 9:38; 18:9; 20:10; 27:24); 말다3[어떤 일이나 행동을 하지 않거나 그만두다], 않다[앞 말이 뜻하는 행동이나 상태를 부정하는 뜻을 나타내는 말], 금하다2[어떤 일을 하지 못하게 말리다].

μή; μή 3/64; [불변화사, 부정] (8:31; 27:29, 42).

μὴ; μή 56/64; [불변화사, 부정] (1:4, 20; 2:25; 3:23; 4:17, 18, 20; 5:7, 26, 28, 40; 7:19, 28, 60; 9:9, 26; 10:15, 47; 11:9, 19; 12:19; 13:11, 40, 41; 14:18; 15:1, 19, 38; 17:6; 18:9; 19:31; 20:16, 20, 22, 27, 29; 21:4, 12, 14, 21, 34; 23:8, 10, 21; 24:4; 25:24, 27; 26:32; 27:7, 15, 17, 21, 31; 28:26).

Μηδαμῶς; μηδαμῶς; μή, δέ, ἀμός 2/2; [부사] (10:14; 11:8); (절대로) 안 된다.

μηδὲ; μηδέ; μή, δέ 2/2; [등위 접속사, 이접적] (4:18; 21:21); ~도 말다3, ~도 않다.

μηδεμίαν; μηδείς; μή, δέ, εἷς 3/22; [형용사] 여성 단수 대격(13:28; 25:17; 28:18); 아무[아무1: 어떤 사람을 특별히 정하지 않고 이르는 인칭 대명사]도, 아무 ~말고.

Μηδὲν; μηδείς; μή, δέ, εἷς 1/22; [형용사] 중성 단수 대격(16:28).

μηδὲν; μηδείς; μή, δέ, εἷς 9/22; [형용사] 중성 단수 주격(8:24), 대격(4:21; 10:20; 11:12; 15:28; 19:36; 23:29; 25:25; 28:6).

μηδένα; μηδείς; μή, δέ, εἷς 3/22; [형용사] 남성 단수 대격(9:7; 10:28; 24:23).

μηδενὶ; μηδείς; μή, δέ, εἷς 3/22; [형용사] 남성 단수 여격(4:17; 11:19; 23:22).

μηδενὸς; μηδείς; μή, δέ, εἷς 2/22; [형용사] 중성 단수 속격(19:40; 23:14).

Μῆδοι; Μῆδος 1/1; [명사] 남성 복수 주격(2:9); 메대[관련구절, 창 10:2; 왕하 17:6; 18:11; 사 13:17; 21:2; 렘 25:25; 51:11, 28; 에 1:3, 14, 18, 19; 10:2; 단 5:31(6:1, MT); 8:20; 9:1; 대상 1:5.]인, 메대 사람.

μηθὲν; μηδείς; μή, δέ, εἷς 1/22; [형용사] 중성 단수 대격(27:33); 아무도, 아무 ~말고.

μηκέτι; μηκέτι; μή, ἔτι 3/3; [부사, 시간] (4:17; 13:34; 25:24); 더 이상 않다.

μῆνας; μήν 5/5; [명사] 남성 복수 대격(7:20; 18:11; 19:8; 20:3; 28:11); 달5[한 해를 열둘로 나눈 것 가운데 하나의 기간], 개월[달을 세는 단위, 삭3].

μηνυθείσης; μηνύω 1/1; 분사 부정과거 수동태 여성 단수 속격(23:30); 알리다['알다'의 사동사]; [수동태] 알려지다.

μήποτε; μήποτε; μή, ποῦ 2/2; [종위접속사, 목적] (5:39; 28:27); ~할까 봐, ~하면 안/아니 되기 때문이다.

μήτε; μήτε; μή, τέ 8/8; [등위접속사, 이접적] (23:8[2회], 12[2회], 21[2회]; 27:20[2회]); ~도 아니고 ~도 아니다.

Μήτι; μήτι; μή, τις 1/1; [불변화사, 의문사] (10:47); 누가1['누구가'가 줄어든 말] 있겠느냐/하겠느냐'

μητρὶ; μήτηρ 1/4; [명사] 여성 단수 여격(1:14); 어머니1[여자인 어버이].

μητρὸς; μήτηρ 3/4; [명사] 여성 단수 속격(3:2; 12:12; 14:8).

μιᾷ; εἷς 1/21; [형용사, 양수사] 여성 단수 여격(20:7); 하나[수효를 세는 맨 처음 수], 각1[낱낱의], 누구[가리키는 대상을 굳이 밝혀서 말하지 않을 때 쓰는 인칭 대명사], 어느1[여럿 가운데 똑똑히 모르거나 꼭 집어 말할 필요가 없는 막연한 사람이나 사물을 이를 때 쓰는 말].

μία; εἷς 2/21; [형용사, 양수사] 여성 단수 주격(4:32; 19:34).

μίαν; εἷς 3/21; [형용사, 양수사] 여성 단수 대격(12:10; 21:7; 28:13).

μιᾶς; εἷς 1/21; [형용사, 양수사] 여성 단수 속격(24:21).

μικροῦ; μικρός 1/2; [형용사] 남성 단수 속격(8:10); 작은, 하찮은[하찮다: 그다지 훌륭하지 아니하다].

μικρῷ; μικρός 1/2; [형용사] 남성 단수 여격(26:22).

Μίλητον; Μίλητος 1/2; [명사] 여성 단수 대격(20:15); 밀레도[밀레투스: 에베소 남쪽으로 70km 떨어진 이오니아의 항구도시이다. 관련 구절, 딤후 4:20.].

Μιλήτου; Μίλητος 1/2; [명사] 여성 단수 속격(20:17).

μισθοῦ; μισθός 1/1; [명사] 남성 단수 속격(1:18); 값[물건을 사고팔 때 주고받는 돈].

μισθώματι; μίσθωμα; μισθός 1/1; [명사] 중성 단수 여격(28:30); 셋집[세를 내고 빌려 사는 집, 대가7, 세가3].

Μιτυλήνην; Μιτυλήνη 1/1; [명사] 여성 단수 대격(20:14); 미둘레네[미틸레네: 당시 아시아에 속했던 레스보스 섬의 수도이다. 현재는 그리스 땅이다.].

Μνάσωνί; Μνάσων 1/1; [명사] 남성 단수 여격(21:16); 나손[므나손].

μνῆμα; μνῆμα; μιμνῄσκομαι 1/2; [명사] 중성 단수 주격(2:29); 뫼1[사람의 무덤], 묘6[=뫼1].
μνήματι; μνῆμα; μιμνῄσκομαι 1/2; [명사] 중성 단수 여격(7:16).
μνημεῖον; μνημεῖον; μιμνῄσκομαι 1/1; [명사] 중성 단수 대격(13:29); 무덤[송장이나 유골을 땅에 묻어 놓은 곳].
μνημονεύειν; μνημονεύω; μιμνῄσκομαι 1/2; 부정사 현재 능동태(20:35); 기억[기억2: 이전의 인상이나 경험을 의식 속에 간직하거나 도로 생각해 냄]하다2; [수동태] 기억되다.
μνημονεύοντες; μνημονεύω; μιμνῄσκομαι 1/2; 분사 현재 능동태 남성 복수 주격(20:31).
μνημόσυνον; μνημόσυνον; μιμνῄσκομαι 1/1; [명사] 중성 단수 대격(10:4); 기억2.
μοι; ἐγώ 35/314; [인칭 대명사, 1인칭] 단수 여격(2:28; 3:6; 5:8; 7:7, 42, 49[2회]; 9:15; 11:7, 12; 12:8; 13:2; 18:10; 20:19, 22, 23; 21:37, 39; 22:5, 6, 7, 9, 11, 13, 17, 18, 27; 23:19, 30; 24:11; 25:24, 27; 27:21, 23, 25); 나3[말하는 이가 대등한 관계에 있는 사람이나 아랫사람을 상대하여 자기를 가리키는 일인칭 대명사], 저3[말하는 이가 윗사람이나 그다지 가깝지 아니한 사람을 상대하여 자기를 낮추어 가리키는 일인칭 대명사].
μόλις; μόλις; μόγος 4/4; [부사] 간신히[겨우 또는 가까스로], 가까스로[애를 써서 간신히, 겨우 빠듯하게].
Μολὸχ; Μόλοχ 1/1; [명사] 남성 단수 속격(7:43); 몰록[가나안의 태양신으로 암몬 족속이 섬겼다. 특별한 제사방식으로 보는 견해도 있다. 관련 구절, 레 18:21; 20:2, 3, 4, 5; 왕상 11:7; 왕하 17:31; 23:10; 렘 7:31; 19:5; 32:35.].
μόνον; μόνος 8/8; [부사] (8:16; 11:19; 18:25; 19:26, 27; 21:13; 26:29; 27:10); 만14[다른 것으로부터 제한하여 어느 것을 한정함을 나타내는 보조사], 뿐2['그것만이고 더는 없음' 또는 '오직 그렇게 하거나 그러하다는 것'을 나타내는 보조사], 다만1[다른 것이 아니라 오로지], 단지4[=다만1].
–οὐ μόνον (19:26, 27; 21:13; 26:29; 27:10); 뿐 아니라.
μου; ἐγώ 48/314; [인칭 대명사, 1인칭] 단수 속격(1:4, 8; 2:14, 17, 18[3회], 25, 26[3회], 27, 34[2회]; 7:34, 49[2회], 50, 59; 9:15, 16; 10:30[2회]; 11:8; 13:22[2회], 33; 15:7, 13, 17; 16:15; 20:24, 25, 29, 34; 21:13; 22:1, 17; 24:13, 17, 20; 25:11, 15; 26:3, 4[2회], 29; 28:19); 나3, 저3.
μού; ἐγώ 1/314; [인칭 대명사, 1인칭] 단수 속격(2:25).
Μύρα; Μύρα 1/1; [명사] 중성 복수 대격(27:5); 무라[루기아의 남쪽 해안도시이다.].
μυριάδας; μυριάς; μυρίος 1/2; [명사] 여성 복수 대격(19:19); 만6[천의 열 배가 되는 수, 또는 그런 수의].
μυριάδες; μυριάς; μυρίος 1/2; [명사] 여성 복수 주격(21:20).
Μυσίαν; Μυσία 2/2; [명사] 여성 단수 대격(16:7, 8); 무시아[미시아: 당시 아시아의 서북쪽 끝에 있던 지방의 이름이다.].
Μωϋσέως; Μωϋσῆς 5/19; [명사] 남성 단수 속격(13:38; 15:1, 5; 21:21; 28:23); 모세.
Μωϋσῇ; Μωϋσῆς 1/19; [명사] 남성 단수 여격(7:44).
Μωϋσῆν; Μωϋσῆς 2/19; [명사] 남성 단수 대격(6:11; 7:35).
Μωϋσῆς; Μωϋσῆς 11/19; [명사] 남성 단수 주격(3:22; 6:14; 7:20, 22, 29, 31, 32, 37, 40; 15:21; 26:22).

ν

Ναζαρέθ; Ναζαρά 1/1; [명사] 여성 단수 속격(10:38); 나사렛[예수님이 자라나신 동네로 스불론 지파에게 속했던 곳이다.].

Ναζωραῖον; Ναζωραῖος 1/7; [명사] 남성 단수 대격(2:22); 나사렛인, 나사렛 사람, 나사렛(의).

Ναζωραῖος; Ναζωραῖος 2/7; [명사] 남성 단수 주격(6:14; 22:8).

Ναζωραίου; Ναζωραῖος 3/7; [명사] 남성 단수 속격(3:6; 4:10; 26:9).

Ναζωραίων; Ναζωραῖος 1/7; [명사] 남성 복수 속격(24:5).

Ναί; ναί 2/2; [불변화사] (5:8; 22;27); 맞다1[(앞 사람의 말에 동의하는 데 쓰여) '그렇다' 또는 '옳다'의 뜻을 나타내는 말].

ναοῖς; ναός 1/2; [명사] 남성 복수 여격(17:24); 신전11[신령을 모신 전각], 신당1[신령을 모셔 놓는 집], 전당7[높고 크게 지은 화려한 집], 신당모형.

ναοὺς; ναός 1/2; [명사] 남성 복수 대격(19:24).

ναυκλήρῳ; ναύκληρος; ναῦς, κληρόω 1/1; [명사] 남성 단수 여격(27:11); 선주6[배의 주인].

ναῦν; ναῦς 1/1; [명사] 여성 단수 대격(27:41); 배2[사람이나 짐 따위를 싣고 물 위로 떠다니도록 나무나 쇠로 만든 물건].

ναῦται; ναύτης; ναῦς 1/2; [명사] 남성 복수 주격(27:27); 선원6[배의 승무원], 뱃사람[배를 부리거나 배에서 일을 하는 사람, 선인5, 수부2].

ναυτῶν; ναύτης; ναῦς 1/2; [명사] 남성 복수 속격(27:30).

Νέαν; νέος 1/2; [형용사] 여성 단수 대격(16:11); 새로운[새롭다: 지금까지 있은 적이 없다], 새내기['신입생' 또는 '신출내기'의 뜻으로 새로 만들어 쓰는 말], 신참[단체나 부류에 새로 참가하거나 들어옴, 또는 그런 사람]; 첫글자가 대문자로 쓰인 이 단어는 '새로운 도시'라는 의미를 가진 네압볼리[네아폴리스: 빌립보에서 동남쪽으로 15km 정도 떨어진 항구도시로 현재 그리스 영토이다. 오늘날 카발라(Kavalla)라고 불린다.]의 '네압'에 해당하는 단어이다.

νεανίαν; νεανίας; νέος 1/3; [명사] 남성 단수 대격(23:17); 청년[신체적 · 정신적으로 한창 성장하거나 무르익은 시기에 있는 사람].

νεανίας; νεανίας; νέος 1/3; [명사] 남성 단수 주격(20:9).

νεανίου; νεανίας; νέος 1/3; [명사] 남성 단수 속격(7:58).

νεανίσκοι; νεανίσκος; νέος 2/4; [명사] 남성 복수 주격(2:17; 5:10); 젊은이[나이가 젊은 사람].

νεανίσκον; νεανίσκος; νέος 2/4; [명사] 남성 단수 대격(23:18, 22).

νεκρὰν; νεκρός 1/17; [형용사] 여성 단수 대격(5:10); 죽은[죽다1: 생명이 없어지거나 끊어지다], 죽은 자.

νεκρόν; νεκρός 1/17; [형용사] 남성 단수 대격(28:6).

νεκρός; νεκρός 1/17; [형용사] 남성 단수 주격(20:9).

νεκροὺς; νεκρός 1/17; [형용사] 남성 복수 대격(26:8).

νεκρῶν; nekro&j 13/17; [형용사] 남성 복수 속격(3:15; 4:2, 10; 10:41, 42; 13:30, 34; 17:3, 31, 32; 23:6; 24:21; 26:23).

–ἐκ νεκρῶν (3:15; 4:2, 10; 10:41; 13:30, 34; 17:3, 31); 죽은 자들 가운데에서.

νεότητος; νεότης; νέος 1/1; [명사] 여성 단수 속격(26:4); 젊은[젊다: 나이가 한창때에 있다] 시절1[일정한 시기나 때].

νεύσαντος; νεύω 1/1; 분사 부정과거 능동태 남성 단수 속격(24:10); 머리를 끄덕이다[고개 따위를 아래위로 가볍게 움직이다].

νεφέλη; νεφέλη; νέφος 1/1; [명사] 여성 단수 주격(1:9); 구름1[공기 중의 수분이 엉기어서 미세한 물방울이나 얼음 결정의 덩어리가 되어 공중에 떠 있는 것].

νεωκόρον; νεωκόρος; ναός, κόρος 1/1; [명사] 남성 단수 대격(19:35); 신전11[신령을 모신 전각] 관리인[소유자로부터 위탁을 받아 시설을 관리하는 사람].

νεώτεροι; νέος 1/2; [형용사] 남성 복수 주격 비교급(5:6); 새로운[새롭다: 지금까지 있은 적이 없다], 새내기['신입생' 또는 '신출내기'의 뜻으로 새로 만들어 쓰는 말], 신참[단체나 부류에 새로 참가하거나 들어옴, 또는 그런 사람], 청년[신체적 · 정신적으로 한창 성장하거나 무르익은 시기에 있는 사람].

νησίον; νησίον; νῆσος 1/1; [명사] 중성 단수 대격(27:16); 작은 섬3[주위가 수역으로 완전히 둘러싸인 육지의 일부].

νῆσον; νῆσος 2/6; [명사] 여성 단수 대격(13:6; 27:26); 섬3.

νῆσος; νῆσος 1/6; [명사] 여성 단수 주격(28:1).

νήσου; νῆσος 1/6; [명사] 여성 단수 속격(28:7).

νηστείαν; νηστεία; νη-, ἐσθίω 1/2; [명사] 여성 단수 대격(27:9); 금식[금식2: 치료나 종교, 또는 그 밖의 이유로 일정 기간 음식을 먹지 않거나 먹지 못하게 함]일

νηστειῶν; νηστεία; νη-, ἐσθίω 1/2; [명사] 여성 복수 속격(14:23).

νηστευόντων; νηστεύω; νη-, ἐσθίω 1/2; 분사 현재 능동태 남성 복수 속격(13:2); 금식하다2.

νηστεύσαντες; νηστεύω; νη-, ἐσθίω 1/2; 분사 부정과거 능동태 남성 복수 주격(13:3).

νήσῳ; νῆσος 2/6; [명사] 여성 단수 여격(28:9, 11); 섬3.

Νίγερ; Νίγερ 1/1; [명사] 남성 단수 주격(13:1); 니게르.

Νικάνορα; Νικάνωρ 1/1; [명사] 남성 단수 대격(6:5); 니가노르[니카노르].

Νικόλαον; Νικόλαος 1/1; [명사] 남성 단수 대격(6:5); 니골라[니카노르].

νομίζειν; νομίζω; νόμος 1/7; 부정사 현재 능동태(17:29); 간주[간주2: 상태, 모양, 성질 따위가 그와 같다고 봄, 또는 그렇다고 여김]하다, 여기다[마음속으로 그러하다고 인정하거나 생각하다], 생각[생각1: 사람이 머리를 써서 사물을 헤아리고 판단하는 작용]하다, ㄴ/는 것 같다[추측, 불확실한 단정을 나타내는 말], ㄹ/을 것 같다.

νομίζοντες; νομίζω; νόμος 1/7; 분사 현재 능동태 남성 복수 주격(14:19).

νομίζων; νομίζω; νόμος 1/7; 분사 현재 능동태 남성 단수 주격(16:27).

νομοδιδάσκαλος; νομοδιδάσκαλος; νόμος, διδάσκω 1/1; [명사] 남성 단수 주격(5:34); 율법교사.

νόμον; νόμος 8/17; [명사] 남성 단수 대격(7:53; 15:5; 18:13; 21:24; 22:12; 23:3; 24:14; 25:8); 율법[종교적 · 사회적 · 도덕적 생활과 행동에 관하여 신의 이름으로 규정한 규범으로, 모세의 십계명을 중심으로 모세 오경을 이르는 것이 일반적이다].

νόμου; νόμος 8/17; [명사] 남성 단수 속격(6:13; 13:15; 18:15; 21:20, 28; 22:3; 23:29; 28:23).

νόμῳ; νόμος 1/17; [명사] 남성 단수 여격(13:38).

νόσους; νόσος 1/1; [명사] 여성 복수 대격(19:12); 병4[생물체의 전신이나 일부분에 이상이 생겨 정상적 활동이 이루어지지 않아 괴로움을 느끼게 되는 현상].

νοσφίσασθαι; νοσφίζω; νόσφι 1/2; 부정사 부정과거 중간태(5:3); 감추다[남이 보거나 찾아내지 못하도록 가리거나 숨기다].

νότου; νότος 2/2; [명사] 남성 단수 속격(27:13; 28:13); 남풍1[남쪽에서 불어오는 바람].

νουθετῶν; νουθετέω; νοῦς, τίθημι 1/1; 분사 현재 능동태 남성 단수 주격(20:31); 훈계[훈계1: 타일러서 잘못이 없도록 주의를 줌, 또는 그런 말]하다.

νύκτα; νύξ 2/16; [명사] 여성 단수 대격(20:31; 26:7); 밤1[해가 져서 어두워진 때로부터 다음 날 해가 떠서 밝아지기 전까지의 동안].

νυκτὶ; νύξ 4/16; [명사] 여성 단수 여격(12:6; 18:9; 23:11; 27:23).

νυκτός; νύξ 1/16; [명사] 여성 단수 속격(23:23).

νυκτὸς; νύξ 8/16; [명사] 여성 단수 속격(5:19; 9:24, 25; 16:9, 33; 17:10; 23:31; 27:27b).

Νῦν; νῦν 1/25; [부사, 시간] (12:11); 이제1[바로 이때에. 지나간 때와 단절된 느낌을 준다], 이제야[말하고 있는 이때에 이르러서야 비로소], 이제는, 이제 와서, 지금3[말하는 바로 이때에, 시방3], 당분간[앞으로 얼마간의 시간에, 또는 잠시 동안에, 얼마 동안].

νῦν; νῦν 24/25; [부사, 시간] (3:17; 4:29; 5:38; 7:4, 34, 52; 10:5, 33; 13:11, 31; 15:10; 16:36, 37; 17:30; 18:6; 20:22, 25, 32; 22:16; 23:15, 21; 24:25; 26:6; 27:22).

–τὰ νῦν (4:29; 5:38; 17:30; 18:6; 20:32; 24:25; 27:22); 현재2[지금의 시간, 지금 이 시점에], 현재 일.

νυνὶ; νυνί; νῦν 2/2; [부사, 시간] (22:1; 24:13); 지금3[말하는 바로 이때에, 시방3].

νὺξ; νύξ 1/16; [명사] 여성 단수 주격(27:27a); 밤1.

ξ

ξενίαν; ξενία; ξένος 1/1; [명사] 여성 단수 대격(28:23); 숙소2[집을 떠난 사람이 임시로 묵는 곳, 숙처].

ξενίζεται; ξενίζω; ξένος 3/7; 직설법 현재 수동태 3인칭 단수(10:6, 18, 32); 낯설다[사물이 눈에 익지 아니하다], 대접[대접5: 마땅한 예로 대함]하다; [수동태] 묵다2[일정한 곳에서 나그네로 머무르다], 나그네로 머무르다.

ξενίζοντα; ξενίζω; ξένος 1/7; 분사 현재 능동태 중성 복수 대격(17:20).

ξενισθῶμεν; ξενίζω; ξένος 1/7; 가정법 부정과거 수동태 1인칭 복수(21:16).

ξένοι; ξένος 1/2; [형용사] 남성 복수 주격(17:21); 객1[집을 떠나 여행길을 가는 사람], 외국2[자기 나라가 아닌 다른 나라], 외국의.

Ξένων; ξένος 1/2; [형용사] 중성 복수 속격(17:18).

ξύλον; ξύλον 1/4; [명사] 중성 단수 대격(16:24); 나무1[집을 짓거나 가구, 그릇 따위를 만들 때 재료로 사용하는 재목], 차꼬1[죄수를 가두어 둘 때 쓰던 형구로, 두 개의 기다란 나무토막을 맞대어 그 사이에 구멍을 파서 죄인의 두 발목을 넣고 자물쇠를 채우게 되어 있다].

ξύλου; ξύλον 3/4; [명사] 중성 단수 속격(5:30; 10:39; 13:29).

ξυρήσονται; ξυράω; ξύω 1/1; 직설법 미래 중간태 3인칭 복수(21:24); 깎다[풀이나 털 따위를 잘라 내다].

O

Ὁ; ὁ 10/2709; [관사] 남성 단수 주격(6:13; 7:2, 49; 9:1; 12:15, 24; 18:18; 22:14; 23:18; 25:9); 거시기[이름이 얼른 생각나지 않거나 바로 말하기 곤란한 사람 또는 사물을 가리키는 대명사로, 지시 · 한정 · 대용의 기능을 한다], 거1['그거'의 준말], 그[듣는 이에게 가까이 있거나 듣는 이가 생각하고 있는 대상을 가리킬 때 쓰는 말, 앞에서 이미 이야기한 대상을 가리킬 때 쓰는 말, 확실하지 아니하거나 밝히고 싶지 아니한 일을 가리킬 때 쓰는 말], 그분['그 사람'을 아주 높여 이르는 삼인칭 대명사], 곧1[다름 아닌 바로], 일1[어떤 내용을 가진 상황이나 장면], 거리2[내용이 될 만한 재료].

ὁ; ὁ 298/2709; [관사] 남성 단수 주격.

ὅ; ὁ 7/2709; [관사] 남성 단수 주격(1:13; 5:24; 8:38; 13:1; 14:13; 17:14; 18:5).

ὅ; ὅς 4/225; [관계 대명사] 중성 단수 주격(1:12; 4:36), 대격(9:6; 21:23); [접속사+대명사]로 번역.

ὃ; ὅς 13/225; [관계 대명사] 중성 단수 대격(2:33; 3:6; 5:32; 10:17, 37; 11:30; 13:2, 41; 14:11, 26; 17:23; 23:19; 26:10).

ὀγδόῃ; ὄγδοος; ὀκτώ 1/1; [형용사] 여성 단수 여격(7:8); 여드레[여덟 날, 여드렛날].

ὁδηγήσει; ὁδηγέω; ὁδός, ἄγω 1/1; 직설법 미래 능동태 3인칭 단수(8:31); 이끌다[목적하는 곳으로 바로 가도록 같이 가면서 따라오게 하다], 지도[지도9: 어떤 목적이나 방향으로 남을 가르쳐 이끎]하다.

ὁδηγοῦ; ὁδηγός; ὁδός, ἄγω 1/1; [명사] 남성 단수 속격(1:16); 길잡이[길을 인도해 주는 사람이나 사물], 길라잡이.

ὁδοιπορούντων; ὁδοιπορέω; ὁδός, πορεύομαι 1/1; 분사 현재 능동태 남성 복수 속격(10:9); 이동[이동3: 움직여 옮김, 또는 움직여 자리를 바꿈]하다

ὁδοῖς; ὁδός 1/20; [명사] 여성 복수 여격(14:16); 길1[사람이나 동물 또는 자동차 따위가 지나갈 수 있게 땅 이에 낸 일정한 너비의 공간], 구원의 길1[사람이 삶을 살아가거나 사회가 발전해 가는 데에 지향하는 방향, 지침, 목적이나 전문 분야].

ὁδόν; ὁδός 3/20; [명사] 여성 단수 대격(1:12; 8:36; 25:3).

ὁδὸν; ὁδός 9/20; [명사] 여성 단수 대격(8:26, 39; 16:17; 18:25, 26; 19:9; 22:4; 24:14; 26:13).

ὀδόντας; ὀδούς 1/1; [명사] 남성 복수 대격(7:54); 이3[척추동물의 입 안에 있으며 무엇을 물거나 음식물을 씹는 역할을 하는 기관], 치아2['이3'를 점잖게 이르는 말].

ὁδοῦ; ὁδός 3/20; [명사] 여성 단수 속격(9:2; 19:23; 24:22); 길1, 구원의 길1.

ὁδοὺς; ὁδός 2/20; [명사] 여성 복수 대격(2:28; 13:10).

ὀδυνώμενοι; ὀδυνάω; ὀδύνη 1/1; 분사 현재 수동태 남성 복수 주격(20:38); [수동태] 고통스럽다[몸이나 마음이 괴롭고 아픈 느낌이 있다].

ὁδῷ; ὁδός 2/20; [명사] 여성 단수 여격(9:17, 27); 길1, 구원의 길1.

Ὅθεν; ὅθεν; ὅς, θεν 1/3; [등위접속사, 추론] (26:19); 그러한 까닭[일이 생기게 된 원인이나 조건]으로, 거기에.

ὅθεν; ὅθεν; ὅς, θεν 2/3; [등위접속사, 추론] (14:26; 28:13).

ὀθόνην; ὀθόνη 2/2; [명사] 여성 단수 대격(10:11; 11:5); 천1[실로 짠, 옷이나 이부자리 따위의 감이 되는 물건].

Οἱ; ὁ 15/2709; [관사] 남성 복수 주격(1:6; 5:33, 41; 8:4, 25; 11:19; 14:11; 15:3, 23, 30; 17:6, 10; 23:20, 31; 25:5); 거시기, 거1, 그, 그분, 곧1, 일1, 거리2.

οἱ; ὁ 146/2709; [관사] 남성 복수 주격.

οἵ; ὁ 3/2709; [관사] 남성 복수 주격(13:52; 14:11; 28:2).

οἳ; ὅς 3/225; [관계 대명사] 남성 복수 주격(1:11; 7:40; 28:10); [접속사+대명사]로 번역.

οἶδα; οἶδα 5/19; 직설법 완료 능동태 1인칭 단수(3:17; 12:11; 20:25, 29; 26:27); 알고[알다: 어떠한 사실에 대해 의식이나 감각으로 깨닫거나 느끼다, 심리적 상태를 마음속으로 느끼거나 깨닫다] 있다, 알겠[겠: 가능성이나 능력을 나타내는 어미]다; [부정] 알지 못하다[일정한 수준에 못 미치거나 할 능력이 없다].

οἴδαμεν; οἶδα 1/19; 직설법 완료 능동태 1인칭 복수(7:40).

οἴδατε; οἶδα 3/19; 직설법 완료 능동태 2인칭 복수(2:22; 3:16; 10:37).

οἰκετῶν; οἰκέτης; οἶκος 1/1; [명사] 남성 복수 속격(10:7); 사내종[종살이를 하는 남자; 남종1, 노복1], 종복.

οἰκήματι; οἴκημα; οἶκος 1/1; [명사] 중성 단수 여격(12:7); 방7[사람이 살거나 일을 하기 위하여 벽 따위로 막아 만든 칸].

οἰκία; οἰκία; οἶκος 2/12; [명사] 여성 단수 주격(10:6; 18:7); 주택[사람이 들어가 살 수 있게 지은 건물].

οἰκίᾳ; οἰκία; οἶκος 4/12; [명사] 여성 단수 여격(9:11; 10:32; 16:32; 17:5).

οἰκίαν; οἰκία; οἶκος 5/12; [명사] 여성 단수 대격(9:17; 10:17; 11:11; 12:12; 18:7).

οἰκιῶν; οἰκία; οἶκος 1/12; [명사] 여성 복수 속격(4:34).

οἰκοδομῆσαι; οἰκοδομέω; οἶκος, δῶμα 1/4; 부정사 부정과거 능동태(20:32); 지어[짓다1: 재료를 들여 밥, 옷, 집 따위를 만들다] 주다; [수동태] 지어지다.

οἰκοδόμησεν; οἰκοδομέω; οἶκος, δῶμα 1/4; 직설법 부정과거 능동태 3인칭 단수(7:47).

οἰκοδομήσετέ; οἰκοδομέω; οἶκος, δῶμα 1/4; 직설법 미래 능동태 2인칭 단수(7:49).

οἰκοδομουμένη; οἰκοδομέω; οἶκος, δῶμα 1/4; 분사 현재 수동태 여성 단수 주격(9:31).

οἰκοδόμων; οἰκοδόμος; οἶκος, δῶμα 1/1; [명사] 남성 복수 속격(4:11); 건축자[건축물을 설계하거나 짓는 사람].

οἶκον; οἶκος 10/25; [명사] 남성 단수 대격(2:2, 46; 5:42; 7:10, 47, 49; 10:22; 11:12; 16:34; 21:8); 집1[사람이나 동물이 추위, 더위, 비바람 따위를 막고 그 속에 들어 살기 위하여 지은 건물, 가정을 이루고 생활하는 집안], 가정6[한 가족이 생활하는 집, 가까운 혈연 관계에 있는 사람들의 생활 공동체], 식솔[한 집안에 딸린 구성원; 가족, 식구, 가속2, 가솔2], 집안 식구, 가정 모임.

οἶκόν; οἶκος 1/25; [명사] 남성 단수 대격(16:15b).

–κατ᾽ οἶκον (2:46; 5:42; 20:20); 집집마다.

οἶκος; οἶκος 3/25; [명사] 남성 단수 주격(2:36; 7:42; 16:15a).

οἶκός; οἶκος 2/25; [명사] 남성 단수 주격(11:14; 16:31).

οἴκου; οἶκος 1/25; [명사] 남성 단수 속격(19:16).

οἰκουμένη; οἰκουμένη; οἶκος 1/5; [명사] 여성 단수 주격(19:27); 세계2[지구상의 모든 나라, 또는 인류 사회 전체], 온 세상1[사람이 살고 있는 모든 사회를 통틀어 이르는 말], 주거지2[사람이 살고 있거나 살았던 지역].

οἰκουμένην; οἰκουμένη; οἶκος 4/5; [명사] 여성 단수 대격(11:28; 17:6, 31; 24:5).

οἴκους; οἶκος 2/25; [명사] 남성 복수 대격(8:3; 20:20); 집1, 가정6, 식솔, 집안 식구, 가정 모임.

οἴκῳ; οἶκος 6/25; [명사] 남성 단수 여격(7:20, 46; 10:2, 30; 11:13; 18:8).

οἷς; ὅς 8/225; [관계 대명사] 남성 복수 여격(1:3; 15:24; 17:34; 20:25; 28:23), 중성 복수 여격(2:22; 11:14; 26:12); [접속사+대명사]로 번역.

οἵτινες; ὅστις; ὅς, τίς 18/23; [관계 대명사] 남성 복수 주격(5:16; 7:53; 8:15; 9:35; 10:41, 47; 11:20; 13:31, 43; 16:17; 17:10, 11; 21:4; 23:14, 21, 33; 24:1; 28:18); 누구[특정한 사람이 아닌 막연한 사람을 가리키는 인칭 대명사]라도, 그것이, 그 일은.

ὀκνήσῃς; ὀκνέω; ὄκνος 1/1; 가정법 부정과거 능동태 2인칭 단수(9:38); 망설이다[이리저리 생각만 하고 태도를 결정하지 못하다], 주저[주저5: 머뭇거리며 망설임]하다2, 머뭇거리다['머무적거리다: 말이나 행동 따위를 선뜻 결단하여 행하지 못하고 자꾸 망설이다'의 준말], 머뭇대다[=머뭇거리다].

ὀκτὼ; ὀκτώ 2/2; [형용사] 중성 복수 속격(9:33), 여성 복수 속격(25:6); 여덟[일곱에 하나를 더한 수. 또는 그런 수의], 팔3['여"을 이르는 말], 8, 여드레[여덟 날; 여드렛날].

ὅλη; ὅλος 3/19; [형용사] 여성 단수 주격(19:27; 21:30; 21:31); 전체1[개개 또는 부분의 집합으로 구성된 것을 몰아서 하나의 대상으로 삼는 경우에 바로 그 대상], 내내1[처음부터 끝까지 계속해서].

ὅλῃ; ὅλος 1/19; [형용사] 여성 단수 여격(15:22).

ὅλην; ὅλος 5/19; [형용사] 여성 단수 대격(5:11; 7:11; 11:28; 13:6; 28:30).

ὅλης; ὅλος 4/19; [형용사] 여성 단수 속격(9:31, 42; 10:37; 13:49).

ὀλίγαι; ὀλίγος 1/10; [형용사] 여성 복수 주격(17:4); 적은[적다2: 수효나 분량, 정도가 일정한 기준에 미치지 못하다], 작은[작다1: 길이, 넓이, 부피 따위가 비교 대상이나 보통보다 덜하다], 가벼운[가볍다: 무게가 일반적이거나 기준이 되는 대상의 것보다 적다], 짧은[짧다: 이어지는 시간상의 한 때에서 다른 때까지의 동안이 오래지 않다], 하찮은[하찮다: 그다지 훌륭하지 아니하다].

ὀλίγην; ὀλίγος 1/10; [형용사] 여성 단수 대격(19:24).

ὀλίγης; ὀλίγος 1/10; [형용사] 여성 단수 속격(15:2).

ὀλίγοι; ὀλίγος 1/10; [형용사] 남성 복수 주격(17:12).

ὀλίγον; ὀλίγος 1/10; [형용사] 남성 단수 대격(14:28).

ὀλίγος; ὀλίγος 2/10; [형용사] 남성 단수 주격(12:18; 19:23).

ὀλίγου; ὀλίγος 1/10; [형용사] 남성 단수 속격(27:20).

ὀλίγῳ; ὀλίγος 2/10; [형용사] 중성 단수 여격(26:28, 29).

ὁλοκληρίαν; ὁλοκληρία; ὅλος, κληρόω 1/1; [명사] 여성 단수 대격(3:16); 실함[실하다:

든든하고 튼튼하다].

ὅλον; ὅλος 4/19; [형용사] 남성 단수 대격(2:2, 47; 7:10; 11:26); 전체1, 내내1.

ὅλου; ὅλος 1/19; [형용사] 중성 단수 속격(10:22).

ὅλῳ; ὅλος 1/19; [형용사] 남성 단수 여격(18:8).

ὁμιλήσας; ὁμιλέω; ὁμός, εἴλω 1/2; 분사 부정과거 능동태 남성 단수 주격(20:11); 대화[대화6: 마주 대하여 이야기를 주고받음, 또는 그 이야기]하다2.

ὁμοθυμαδὸν; ὁμοθυμαδόν; ὁμός, θυμός 10/10; [부사] 일치[일치1: 비교되는 대상들이 서로 어긋나지 아니하고 같거나 들어맞음]된 마음으로, 한꺼번에[몰아서 한차례에, 또는 죄다 동시에].

ὅμοιον; ὅμοιος; ὁμός 1/1; [형용사] 중성 단수 대격(17:29); 마찬가지[사물의 모양이나 일의 형편이 서로 같음], 마찬가지로.

ὁμοιοπαθεῖς; ὁμοιοπαθής; ὁμός, πάσχω 1/1; [형용사] 남성 복수 주격(14:15); 성정[성정2: 성질과 심정, 또는 타고난 본성]이 같은.

ὁμοιωθέντες; ὁμοιόω; ὁμός 1/1; 분사 부정과거 수동태 남성 복수 주격(14:11); ~같이[체언 뒤에 붙어, '앞말이 보이는 전형적인 어떤 특징처럼'의 뜻을 나타내는 격조사] 되다.

ὁμολογοῦσιν; ὁμολογέω; ὁμός, λέγω 1/3; 직설법 현재 능동태 3인칭 복수(23:8); 고백[마음속에 생각하고 있는 것이나 감추어 둔 것을 사실대로 숨김없이 말함]하다, 터놓고[터놓다: 마음에 숨기는 것이 없이 드러내다] 얘기하다, 인정하다, 공언[공언1: 여러 사람 앞에 명백하게 공개하여 말함, 또는 그렇게 하는 말]하다1, 내놓고 말하다, 공개적으로 말하다.

ὁμολογῶ; ὁμολογέω; ὁμός, λέγω 1/3; 직설법 현재 능동태 1인칭 단수(24:14).

ὁμότεχνον; ὁμότεχνος; ὁμός, τίκτω 1/1; [형용사] 중성 단수 대격(18:3); 생업[살아가기 위하여 하는 일]이 같은, 기술[기술1: 과학 이론을 실제로 적용하여 자연의 사물을 인간 생활에 유용하도록 가공하는 수단]이 같은.

ὁμοῦ; ὁμοῦ; ὁμός 1/1; [부사, 장소] 한자리[같은 자리]에.

ὅν; ὅς 40/225; [관계 대명사] 남성 단수 대격(1:11, 24; 2:24, 36; 3:2, 13, 15, 16, 21; 4:10[2회], 22, 27; 5:30; 7:28, 35, 44; 9:5, 39; 10:21, 36, 39; 12:4; 13:37; 14:23; 15:10, 11; 17:3; 19:13; 21:29; 22:8; 23:29; 24:6; 25:19; 26:15, 26; 27:25, 39; 28:4, 8); [접속사+대명사]로 번역.

ὄνομα; ὄνομα 11/60; [명사] 중성 단수 주격(3:16; 13:6, 8; 19:17), 대격(2:21; 8:16; 9:21; 19:5, 13; 22:16; 26:9); 이름[다른 것과 구별하기 위하여 사물, 단체, 현상 따위에 붙여서 부르는 말], 호명[호명2: 이름을 부름]된 사람.

ὄνομά; ὄνομα 4/60; [명사] 중성 단수 주격(4:12; 15:17), 대격(9:14, 15).

ὀνομάζειν; ὀνομάζω; ὄνομα 1/1; 부정사 현재 능동태(19:13); 호명[호명2: 이름을 부름; 창명1]하다2.

–ἐπιχειρέω ὀνομάζειν 들먹이다[남에 대하여 들추어 말하다].

ὀνόματι; ὄνομα 35/60; [명사] 중성 단수 여격(2:38; 3:6; 4:7, 10, 17, 18; 5:1, 28, 34, 40; 8:9; 9:10, 11, 12, 27, 28, 33, 36; 10:1, 48; 11:28; 12:13; 15:14; 16:1, 14, 18; 17:34; 18:2, 7, 24; 19:24; 20:9; 21:10; 27:1; 28:7); 이름, 호명된 사람.

ὀνόματος; ὄνομα 7/60; [명사] 중성 단수 속격(3:16; 4:30; 5:41; 8:12; 10:43; 15:26; 21:13).

ὀνόματός; ὄνομα 1/60; [명사] 중성 단수 속격(9:16).

ὀνομάτων; ὄνομα 2/60; [명사] 중성 복수 속격(1:15; 18:15).

ὄντα; εἰμί 5/278; 분사 현재 남성 단수 대격(8:23; 24:10; 26:3, 21), 중성 복수 대격(7:12); 이다3[주어가 지시하는 대상의 속성이나 부류를 지정하는 뜻을 나타내는 서술격 조사], 있다1[사람이나 사물 또는 어떤 사실이나 현상 따위가 어떤 곳에 자리나 공간을 차지하고 존재하는 상태이다], 지니고[지니다: 몸에 간직하여 가지다] 있다, 나다1[어떤 현상이나 사건이 일어나다], 접어들다[일정한 지점이나 길로 들어서다], 다8['다가3: 어떤 동작이나 상태 따위가 중단되고 다른 동작이나 상태로 바뀜을 나타내는 연결 어미'의 준말]; [미래] 있게 되다.

ὄντας; εἰμί 4/278; 분사 현재 남성 복수 대격(9:2; 16:3; 22:5; 28:17).

ὄντες; εἰμί 5/278; 분사 현재 남성 복수 주격(11:1; 15:32; 19:31; 22:9; 28:25).

ὄντι; εἰμί 1/278; 분사 현재 남성 단수 여격(7:2).

ὄντος; εἰμί 6/278; 분사 현재 남성 단수 속격(14:13; 18:12; 21:8; 27:2, 9), 중성 단수 속격(7:5).

ὄντων; εἰμί 1/278; 분사 현재 중성 복수 속격(19:36).

ὀπίσω; ὀπίσω 2/2; [비본래적인 전치사] (5:37; 20:30); [+속격] 따라[따르다1: 다른 사람이나 동물의 뒤에서, 그가 가는 대로 같이 가다, 좋아하거나 존경하여 가까이 좇다].

ὁποῖος; ὁποῖος; ὅς, ποῦ 1/1; [상호 관계 대명사] (26:29); 그러한[그러하다: '그렇다: 상태, 모양, 성질 따위가 그와 같다'의 본말] 것처럼.

ὅπου; ὅπου; ποῦ 2/2; [종위 접속사, 위치] (17:1; 20:6); 거기[거기1: 앞에서 이미 이야기한 곳을 가리키는 지시 대명사]에는.

ὀπτανόμενος; ὀπτάνομαι; ὁράω 1/1; 분사 현재 이태중간 남성 단수 주격(1:3); 나타나다[보이지 아니하던 어떤 대상의 모습이 드러나다].

ὀπτασίᾳ; ὀπτασία; ὁράω 1/1; [명사] 여성 단수 여격(26:19); 광경[벌어진 일의 형편과 모양].

ὅπως; ὅπως; ποῦ 14/14; [종위 접속사, 목적] (3:20; 8:15, 24; 9:2, 12, 17, 24; 15:17; 20:16; 23:15, 20, 23; 25:3, 26); 그리하여[앞의 내용이 뒤의 내용의 원인이거나 앞의 내용이 발전하여 뒤의 내용이 전개될 때 쓰는 접속 부사], 그렇게['그러하게'가 줄어든 말] 하면, 하도록[-도록5: 앞의 내용이 뒤에서 가리키는 사태의 목적이나 결과, 방식, 정도 따위가 됨을 나타내는 연결 어미], 하도록 하여, 식[-식9: '방식'의 뜻을 더하는 접미사]으로, 위함[위하다1: 이롭게 하거나 돕다]이다.

ὅραμα; ὅραμα; ὁράω 6/11; [명사] 중성 단수 주격(10:17; 16:9), 대격(7:31; 11:5; 12:9; 16:10); 모습1[자연이나 사물 따위의 겉으로 나타난 모양], 환상[사전에는 없는 뜻으로 '하나님께서 보여주시는 광경'을 지칭할 때 사용한다], 광경[벌어진 일의 형편과 모양].

ὁράματι; ὅραμα; ὁράω 3/11; [명사] 중성 단수 여격(9:10, 12; 10:3).

ὁράματος; ὅραμα; ὁράω 2/11; [명사] 중성 단수 속격(10:19; 18:9).

ὁράσεις; ὅρασις; ὁράω 1/1; [명사] 여성 복수 대격(2:17); 비전11[내다보이는 장래의 상황; 이상, 전망], 이상9[생각할 수 있는 범위 안에서 가장 완전하다고 여겨지는 상태].

ὀργυιὰς; ὀργυιά; ὀρέγω 2/2; [명사] 여성 복수 대격(27:28[2회]); 오르기아[1.8미터 정도],

길6[길이의 단위로, 사람의 키 정도의 길이를 의미하기도 하고, 여덟 자 또는 열 자로 약 2.4미터 또는 3미터에 해당한다].

ὄρει; ὄρος 1/3; [명사] 중성 단수 여격(7:38); 산1[평지보다 높이 솟아 있는 땅의 부분].

ὀρθός; ὀρθός 1/1; [형용사] 남성 단수 주격(14:10); 똑바로[어느 쪽으로도 기울지 않고 곧게].

ὄρθρον; ὄρθρος 1/1; [명사] 남성 단수 대격(5:21); 새벽녘[날이 샐 무렵], 동틀[동트다: 동쪽 하늘이 훤하게 밝아 오다] 무렵[대략 어떤 시기와 일치하는 즈음].

ὁρίσας; ὁρίζω; ὅρος 1/5; 분사 부정과거 능동태 남성 단수 주격(17:26); 정하다3[여럿 가운데 선택하거나 판단하여 결정하다], 결정[결정1: 행동이나 태도를 분명하게 정함, 또는 그렇게 정해진 내용]하다1, 할당[몫을 갈라 나눔, 또는 그 몫; 몫 나누기, 배정, 벼름]하다, 몫[여럿으로 나누어 가지는 각 부분; 쿼터2]으로 주다.

ὁρίων; ὅριον; ὅρος 1/1; [명사] 중성 복수 속격(13:50); 영역4[일정한 울안이나 지경의 안].

῾Ορκίζω; ὁρκίζω; ὅρκος 1/1; 직설법 현재 능동태 1인칭 단수(19:13); 서약[맹세하고 약속함]하다.

ὅρκῳ; ὅρκος 1/1; [명사] 남성 단수 여격(2:30); 맹세2[일정한 약속이나 목표를 꼭 실천하겠다고 다짐함; 서맹].

ὁρμὴ; ὁρμή 1/1; [명사] 여성 단수 주격(14:5); 열의[어떤 일을 이루기 위하여 온갖 정성을 다하는 마음].

ὁροθεσίας; ὁροθεσία; ὅρος, τίθημι 1/1; [명사] 여성 복수 대격(17:26); 경계4[지역이 구분되는 한계]; [복수] 범위[어떤 것이 미치는 한계; 테두리].

ὄρους; ὄρος 2/3; [명사] 중성 단수 속격(1:12; 7:30); 산1[평지보다 높이 솟아 있는 땅의 부분].

ὁρῶ; ὁράω 1/66; 직설법 현재 능동태 1인칭 단수(8:23); 보다1[눈으로 대상의 존재나 형태적 특징을 알다], 살피다1[두루두루 주의하여 자세히 보다], 분별[분별1: 세상 물정에 대한 바른 생각이나 판단]하다, 헤아리다[짐작하여 가늠하거나 미루어 생각하다], 헤아려 보다, 보이다1['보다1: 대상을 평가하다'의 피동사], 뵈다1['보이다1'의 준말], 뵙다[웃어른을 대하여 보다, '뵈다1'보다 더 겸양의 뜻을 나타낸다], ~와 만나다[누군가 가거나 와서 둘이 서로 마주 보다], 이르다1[어떤 정도나 범위에 미치다]; [수동태] 나타나다[보이지 아니하던 어떤 대상의 모습이 드러나다], 보이다1['보다1'의 피동사].

ὅς; ὅς 32/225; [관계 대명사] 남성 단수 주격(1:23; 2:21; 3:3; 5:36; 7:18, 20, 38, 40, 46; 8:27; 9:33; 10:5, 32, 38; 11:14, 23; 13:7, 22, 31; 14:8, 9, 15, 16; 16:2, 24; 18:27; 19:35; 21:32; 22:4; 24:6; 28:7); [접속사+대명사]로 번역.

ὅσα; ὅσος; ὅς 9/17; [상호 관계 대명사] 중성 복수 대격(3:22; 4:23, 28; 9:13, 16, 39; 14:27; 15:4, 12); 한결같이[한결같다: 여럿이 모두 꼭 같이 하나와 같다], 모두1[일정한 수효나 양을 기준으로 하여 빠짐이나 넘침이 없는 전체], 모두 예외[일반적 규칙이나 정례에서 벗어나는 일]없이, 예외없이 다, 빠짐없이[빠짐없다: 하나도 빠뜨리지 아니하고 모두 다 있다] 모두.

ὅσια; ὅσιος 1/3; [형용사] 중성 복수 대격(13:34); 경건한[경건하다2: 공경하며 삼가고 엄숙하다], 경건성.

ὅσιόν; ὅσιος 2/3; [형용사] 남성 단수 대격(2:27; 13:35).

ὅσοι; ὅσος; ὅς 7/17; [상호 관계 대명사] 남성 복수 주격(3:24; 4:6, 34; 5:36, 37; 10:45; 13:48); 한결같이, 모두1, 모두 예외없이, 예외없이 다, 빠짐없이 모두.

ὅσους; ὅσος; ὅς 1/17; [상호 관계 대명사] 남성 복수 대격(2:39).

ὀσφύος; ὀσφῦς 1/1; [명사] 여성 단수 속격(2:30); 허리1[사람이나 동물의 갈빗대 아래에서부터 엉덩이까지의 잘록한 부분].

Ὅταν; ὅταν; ὅς, ἄν 1/2; [종위 접속사, 시간] (24:22); ~할 때1[일정한 일이나 현상이 일어나는 시간], ~하면[-면9: 일반적으로 분명한 사실을 어떤 일에 대한 조건으로 말할 때 쓰는 연결 어미]

ὅταν; ὅταν; ὅς, ἄν 1/2; [종위 접속사, 시간] (23:35).

Ὅτε; ὅτε; ὅς, τέ 3/10; [종위 접속사, 시간] (12:6; 27:39; 28:16); 하자[-자26: 한 동작이 막 끝남과 동시에 다른 동작이나 사실이 잇따라 일어남을 나타내는 연결 어미, 그 상태와 더불어 다른 일이 일어남을 나타내는 연결 어미], 순간3[어떤 일이 일어난 바로 그때, 또는 두 사건이나 행동이 거의 동시에 이루어지는 바로 그때].

ὅτε; ὅτε; ὅς, τέ 7/10; [종위 접속사, 시간] (1:13; 8:12, 39; 11:2; 21:5, 35; 22:20).

ὅτι; ὅτι; ὅς, τίς 123/123; [종위 접속사, 인과]; 다시 말해서, 다음과 같이, 사실, 사실상[실지에 있어서], 실은[실제로는, 또는 사실대로 말하자면], 다음 내용을, 때문이다, ~한 것이다, ~라며['-라면서'의 준말], ~라면서['-라고 하면서'가 줄어든 말], ~한 것을, ~한 바[바3: 앞에서 말한 내용 그 자체나 일 따위를 나타내는 말]를.

Οὐ; οὐ 3/111; [불변화사, 부정] (5:28; 13:35; 26:25); 아니다, 않다, 안 될 말이다.

οὗ; ὅς 20/225; [관계 대명사] 남성 단수 속격(2:32; 7:18, 52; 13:25; 18:7; 21:11; 24:8; 25:15, 18, 24, 26; 27:23, 33), 중성 단수 속격(3:15b; 19:40; 21:26; 23:12, 14, 21; 25:21); [접속사+대명사]로 번역.

οὗ; οὗ; ὅς 8/8; [부사, 장소] (1:13; 2:2; 7:29; 12:12; 16:13; 20:8; 25:10; 28:14); 거기[거기1: 앞에서 이미 이야기한 곳을 가리키는 지시 대명사]서, 거기에서.

οὐ; οὐ 40/111; [불변화사, 부정] (1:5; 2:15, 34; 4:16, 20; 5:26, 39; 6:13; 7:25; 10:41; 13:10, 41; 15:1, 24; 16:37; 17:27; 18:15; 19:11, 26, 27, 35, 40; 20:12, 27; 21:13; 22:18, 22; 24:11, 18; 25:6, 11; 26:26[2회], 29; 27:10, 14, 31; 28:2, 26[2회]); 아니다[어떤 사실을 부정하는 뜻을 나타내는 말; 물음이나 짐작의 뜻을 나타내는 말로 사실을 긍정적으로 강조하는 효과가 있다], 않다[어떤 행동을 아니 하다. 앞말이 뜻하는 행동이나 상태를 부정하는 듯을 나타내는 말], 안 될 말이다.

οὐδ᾽; οὐδέ; οὐ, δέ 1/12; [등위 접속사, 이접적] (19:2); 없다1[사람, 동물, 물체 따위가 실제로 존재하지 않다, 어떤 사실이나 현상이 현실로 존재하지 않다, 어떤 일이나 현상이나 증상 따위가 생겨 나타나지 않다], 않다[어떤 행동을 아니 하다, 앞말이 뜻하는 행동이나 상태를 부정하는 뜻을 나타내는 말].

οὐδὲ; οὐδέ; οὐ, δέ 11/11; [등위 접속사, 이접적] (2:27; 4:12, 32, 34; 7:5; 8:21; 9:9; 16:21; 17:25; 24:13, 18).

οὐδείς; οὐδείς; οὐ, δέ, εἷς 1/25; [형용사] 남성 단수 주격(25:11); 아무[어떤 사람을 특별히 정하지 않고 이르는 인칭 대명사]/아무 짓1[몸을 놀려 움직이는 동작]/아무 일/아무 것/어느 누구도 ~않다/없다.

οὐδεὶς; οὐδείς; οὐ, δέ, εἷς 2/25; [형용사] 남성 단수 주격(5:13; 18:10).

οὐδεμία; οὐδείς; οὐ, δέ, εἷς 1/25; [형용사] 여성 단수 주격(27:22).

οὐδεμίαν; οὐδείς; οὐ, δέ, εἷς 1/25; [형용사] 여성 단수 대격(25:18).

Οὐδὲν; οὐδείς; οὐ, δέ, εἷς 2/25; [형용사] 중성 단수 대격(23:9; 26:31).

οὐδέν; οὐδείς; οὐ, δέ, εἷς 3/25; [형용사] 중성 단수 주격(21:24; 25:11), 대격(5:36).

οὐδὲν; οὐδείς; οὐ, δέ, εἷς 9/25; [형용사] 중성 단수 주격(18:17), 대격(4:14, 9:8; 17:21; 20:20; 25:10; 26:22; 28:5, 17).

οὐδένα; οὐδείς; οὐ, δέ, εἷς 1/25; [형용사] 남성 단수 대격(5:23).

οὐδενὶ; οὐδείς; οὐ, δέ, εἷς 2/25; [형용사] 남성 단수 여격(4:12; 8:16).

οὐδενὸς; οὐδείς; οὐ, δέ, εἷς 3/25; [형용사] 남성 단수 속격(20:24, 33; 27:34).

οὐδέποτε; οὐδέποτε; οὐ, δέ, ποῦ 3/3; [부사, 시간] (10:14; 11:8; 14:8); 한번도 ~한 적[적3: 그 동작이 진행되거나 그 상태가 나타나 있는 때, 또는 지나간 어떤 때]이 없다.

οὐδέπω; οὐδέπω; οὐ, δέ, πῶ 1/1; [부사, 시간] (8:16); 아직1[어떤 일이나 상태 또는 어떻게 되기까지 시간이 더 지나야 함을 나타내거나, 어떤 일이나 상태가 끝나지 아니하고 지속되고 있음을 나타내는 말] ~하지 않는다/않았다.

οὐθέν; οὐθείς; οὐ, εἷς 1/3; [형용사] 중성 단수 대격(26:26); 아무1[=아무런: '전혀 어떠한'의 뜻을 나타내는 말] 것도 아닌 것, 어느1[관련되는 대상이 특별히 제한되지 않음을 이를 때 쓰는 말] 것 하나도 않다, 어떤[관련되는 대상이 특별히 제한되지 아니할 때 쓰는 말] 것도 않다,

οὐθὲν; οὐθείς; οὐ, εἷς 2/3; [형용사] 중성 단수 대격(15:9; 19:27).

Οὐκ; οὐ 2/111; [불변화사, 부정] (6:2; 23:5); 아니다[어떤 사실을 부정하는 뜻을 나타내는 말; 물음이나 짐작의 뜻을 나타내는 말로 사실을 긍정적으로 강조하는 효과가 있다], 않다[어떤 행동을 아니 하다. 앞말이 뜻하는 행동이나 상태를 부정하는 뜻을 나타내는 말], 안 될 말이다.

οὐκ; οὐ 58/111; [불변화사, 부정] (2:24, 27; 4:12; 5:4, 42; 6:10; 7:5[2회], 18, 32, 39, 40, 52, 53; 8:21[2회], 32, 39; 9:9; 10:34; 12:9, 14, 18, 22, 23; 13:25[2회], 37, 38, 46; 14:17, 28; 15:2; 16:7, 21; 17:4, 12, 24, 29; 18:20; 19:23, 24, 26, 30, 32; 20:31; 21:38, 39; 22:9, 11; 23:5; 25:7, 16, 26; 26:19; 27:20, 39; 28:4).

οὐκέτι; οὐκέτι; οὐ, ἔτι 3/3; [부사, 시간] (8:39; 20:25, 38); 더1[어떤 기준보다 정도가 심하게, 또는 그 이상으로] 이상 못~.

οὖν; οὖν 61/61; [등위 접속사, 추론]; 그래서[앞의 내용이 뒤의 내용의 원인이나 근거, 조건 따위가 될 때 쓰는 접속 부사], 그러므로[앞의 내용이 뒤의 내용의 원인, 근거가 될 때 쓰는 접속 부사], 그러니, 그러니까[앞의 내용이 뒤의 내용의 이유나 근거 따위가 될 때 쓰는 접속 부사].

οὐρανίῳ; οὐράνιος; οὐρανός 1/1; [형용사] 여성 단수 여격(26:19); 하늘[하늘1: 지평선이나 수평선 위로 보이는 무한대의 넓은 공간]의.

οὐρανόθεν; οὐρανόθεν; οὐρανός, θεν 2/2; [부사, 장소] (14:17; 26:13); 하늘에서.

οὐρανόν; οὐρανός 4/26; [명사] 남성 단수 대격(1:11; 2:5; 10:16; 11:10); 하늘1[지평선이나 수평선 위로 보이는 무한대의 넓은 공간].

οὐρανὸν; οὐρανός 8/26; [명사] 남성 단수 대격(1:10, 11; 3:21; 4:12, 24; 7:55; 10:11; 14:15).

οὐρανός; οὐρανός 1/26; [명사] 남성 단수 주격(7:49).

οὐρανοῦ; οὐρανός 9/26; [명사] 남성 단수 속격(2:2; 7:42; 9:3; 10:12; 11:5, 6, 9; 17:24; 22:6).

οὐρανούς; οὐρανός 1/26; [명사] 남성 복수 대격(2:34).

οὐρανοὺς; οὐρανός 1/26; [명사] 남성 복수 대격(7:56).

οὐρανῷ; οὐρανός 1/26; [명사] 남성 단수 여격(2:19).

οὓς; ὅς 15/225; [관계 대명사] 남성 복수 대격(1:2, 7; 5:25; 6:3, 6; 7:43; 15:17; 17:7; 19:25; 24:19; 25:16; 26:17; 27:44[2회]; 28:15); [접속사+대명사]로 번역.

οὖσα; εἰμί 2/278; 분사 현재 여성 단수 주격(5:17; 9:39); 이다3[주어가 지시하는 대상의 속성이나 부류를 지정하는 뜻을 나타내는 서술격 조사], 있다1[사람이나 사물 또는 어떤 사실이나 현상 따위가 어떤 곳에 자리나 공간을 차지하고 존재하는 상태이다], 지니고[지니다: 몸에 간직하여 가지다] 있다, 나다1[어떤 현상이나 사건이 일어나다], 접어들다[일정한 지점이나 길로 들어서다], 다8['다가3: 어떤 동작이나 상태 따위가 중단되고 다른 동작이나 상태로 바뀜을 나타내는 연결 어미'의 준말]; [미래] 있게 되다.

οὖσαν; εἰμί 3/278; 분사 현재 여성 단수 대격(13:1; 17:16; 19:35).

οὔσῃ; εἰμί 1/278; 분사 현재 여성 단수 여격(24:24).

οὔσης; εἰμί 2/278; 분사 현재 여성 단수 속격(9:38; 11:22).

οὖσιν; εἰμί 2/278; 분사 현재 남성 복수 여격(16:21; 20:34).

Οὔτε; οὔτε; οὐ, τέ 1/14; [등위 접속사, 상호 관계] (25:8a); ~도 않고 ~도 않다, ~과 ~도 못하다, ~도 아니고 ~도 아니다, ~도 ~도 없다, ~에 대해서든 ~에 대해서든 않다,

οὔτε; οὔτε; οὐ, τέ 13/14; [등위 접속사, 상호 관계] (2:31[2회]; 15:10[2회]; 19:37[2회]; 24:12[3회]; 25:8b, 8c; 28:21[2회]).

Οὗτοι; οὗτος 2/236; [지시 대명사] 남성 복수 주격(16:17, 20); 이 사람, 이분1['이 사람'을 아주 높여 이르는 삼인칭 대명사], 이자2['이 사람'을 조금 낮잡아 이르는 삼인칭 대명사], 이제1[바로 이때], 이러2['이러하다'의 어근], 간['간밤: 지난밤'의 간].

οὗτοι; οὗτος 11/236; [지시 대명사] 남성 복수 주격(1:14; 2:15; 11:12; 17:6, 7, 11; 20:5; 24:15, 20; 25:11; 27:31).

οὗτοί; οὗτος 1/236; [지시 대명사] 남성 복수 주격(2:7).

Οὗτος; οὗτος 1/236; [지시 대명사] 남성 단수 주격(1:18).

Οὗτός; οὗτος 1/236; [지시 대명사] 남성 단수 주격(8:10).

οὗτος; οὗτος 22/236; [지시 대명사] 남성 단수 주격(1:11; 4:9, 10; 6:13, 14; 7:19, 36, 40; 9:15; 10:6, 32; 13:7; 14:9; 17:18, 24; 18:13, 25; 19:26; 22:26; 26:31, 32; 28:4).

οὗτός; οὗτος 11/236; [지시 대명사] 남성 단수 주격(4:11; 7:37, 38; 9:20, 21, 22; 10:36, 42; 17:3; 18:26; 21:28).

οὕτω; οὕτως; οὗτος 1/27; [부사, 지시] (23:11); 그런 까닭에, 과연1[아닌게 아니라 정말로], 참으로[사실이나 이치에 조금도 어긋남이 없이 과연], 정말1[=정말로: 거짓이 없이 말 그대로], 그렇게['그러하게'가 줄어든 말], 이렇게['이러하게'가 줄어든 말] 해서, 이렇게, 이처럼, 이와 같이, 그 상태로, 전과 같이, 그 다

음에.

Οὕτως; οὕτως; οὗτος 1/27; [부사, 지시] (19:20).

οὕτως; οὕτως; οὗτος 25/27; [부사, 지시] (1:11; 3:18; 7:1, 6, 8; 8:32; 12:8, 1513:8, 34, 47; 14:1; 17:11, 33; 20:11, 13, 35; 21:11; 22:24; 24:9, 14; 27:17, 25, 44; 28:14).

Οὐχ; οὐ 3/111; [불변화사, 부정] (1:7; 2:7; 9:21); 아니다[어떤 사실을 부정하는 뜻을 나타내는 말; 물음이나 짐작의 뜻을 나타내는 말로 사실을 긍정적으로 강조하는 효과가 있다], 않다[어떤 행동을 아니 하다. 앞말이 뜻하는 행동이나 상태를 부정하는 뜻을 나타내는 말], 안 될 말이다.

οὐχ; οὐ 5/111; [불변화사, 부정] (3:6; 5:22; 7:11, 48; 28:19).

οὐχὶ; οὐχί; οὐ 2/2; [불변화사, 의문] (5:4; 7:50); 아닌가[-가: 의문사가 없는 의문문에 쓰여 물음을 나타내는 종결 어미], 않느냐[-냐: 해라할 자리에 쓰여, 물음을 나타내는 종결 어미], 않았느냐.

ὀφείλομεν; ὀφείλω 1/1; 직설법 현재 능동태 1인칭 복수(17:29); 해야 한다; [부정] 말아야[말다 3: 앞말이 뜻하는 행동을 하지 못하게 함을 나타내는 말] 한다.

ὀφθαλμοῖς; ὀφθαλμός; ὁράω 1/7; [명사] 남성 복수 여격(28:27b); 눈1[빛의 자극을 받아 물체를 볼 수 있는 감각 기관], 보는.

ὀφθαλμοὺς; ὀφθαλμός; ὁράω 3/7; [명사] 남성 복수 대격(9:40; 26:18; 28:27a).

ὀφθαλμῶν; ὀφθαλμός; ὁράω 3/7; [명사] 남성 복수 속격(1:9; 9:8, 18).

ὀφθείς; ὁράω 1/66; 분사 부정과거 수동태 남성 단수 주격(9:17); 보다1[눈으로 대상의 존재나 형태적 특징을 알다], 살피다1[두루두루 주의하여 자세히 보다], 분별[분별1: 세상 물정에 대한 바른 생각이나 판단]하다, 헤아리다[짐작하여 가늠하거나 미루어 생각하다], 헤아려 보다, 보이다1['보다1: 대상을 평가하다'의 피동사], 뵈다1['보이다1'의 준말], 뵙다[웃어른을 대하여 보다, '뵈다 1'보다 더 겸양의 뜻을 나타낸다], ~와 만나다[누군가 가거나 와서 둘이 서로 마주 보다], 이르다1[어떤 정도나 범위에 미치다]; [수동태] 나타나다[보이지 아니하던 어떤 대상의 모습이 드러나다], 보이다1['보다1'의 피동사].

ὀφθέντος; ὁράω 1/66; 분사 부정과거 수동태 남성 단수 속격(7:35).

ὀφθήσομαί; ὁράω 1/66; 직설법 미래 수동태 1인칭 단수(26:16).

ὄχλοι; ὄχλος 2/22; [명사] 남성 복수 주격(8:6; 14:11); 무리1[사람이나 짐승이 모여서 뭉친 한 동아리].

ὄχλοις; ὄχλος 1/22; [명사] 남성 복수 여격(14:13).

ὄχλον; ὄχλος 6/22; [명사] 남성 단수 대격(11:26; 14:14; 17:8; 19:26, 35; 21:27).

ὀχλοποιήσαντες; ὀχλοποιέω; ὄχλος, ποιέω 1/1; 분사 부정과거 능동태 남성 복수 주격(17:5); 무리[무리1: 사람이나 짐승이 모여서 뭉친 한 동아리]를 짓다1[한데 모여 줄이나 대열 따위를 이루다].

ὄχλος; ὄχλος 4/22; [명사] 남성 단수 주격(1:15; 6:7; 11:24; 16:22); 무리1.

ὄχλου; ὄχλος 4/22; [명사] 남성 단수 속격(19:33; 21:35; 24:12, 18).

ὀχλουμένους; ὀχλέω; ὄχλος 1/1; 분사 현재 수동태 남성 복수 대격(5:16); 애먹이다['애먹다: 속이 상할 정도로 어려움을 겪다'의 사동사]; [수동태] 애먹다, 시달리다[괴로움이나 성가심을 당하다].

ὄχλους; ὄχλος 4/22; [명사] 남성 복수 대격(13:45; 14:18, 19; 17:13).

ὄχλῳ; ὄχλος 1/22; [명사] 남성 단수 여격(21:34).

ὄψεσθε; ὁράω 2/66; 직설법 미래 중간태 2인칭 복수(18:15; 20:25); 보다1, 살피다1, 분별하다, 헤아리다, 헤아려 보다, 보이다1, 뵈다1, 뵙다, ~와 만나다, 이르다1; [수동태] 나타나다, 보이다1.

ὄψονται; ὁράω 1/66; 직설법 미래 중간태 3인칭 복수(2:17).

π

Πάγον; πάγος; πήγνυμι 1/2; [명사] 남성 단수 대격(17:19); 바위산[바위가 뒤덮여 풀과 나무가 자라지 못하는 산], 언덕[땅이 비탈지고 조금 높은 곳], 바고['아레오바고'의 '바고'에 해당하는 말이다. '아레오바고'는 '아레스의 바위산' 혹은 '아레스의 언덕'이라는 의미로 아레스는 그리스의 전쟁신을 가리키는데, 여기에서는 고대 아테네의 최고 재판소의 이름이다.].

Πάγου; πάγος; πήγνυμι 1/2; [명사] 남성 단수 속격(17:22).

παθεῖν; πάσχω 4/5; 부정사 부정과거 능동태(1:3; 3:18; 9:16; 17:3); 고난[괴로움과 어려움을 아울러 이르는 말]을 겪다, 해[해11: 이롭지 아니하거나 손상을 입힘, 또는 그런 것]를 입다.

παθητὸς; παθητός; πάσχω 1/1; [형용사] 남성 단수 주격(26:23); 수난[수난2: 견디기 힘든 어려운 일을 당함]을 당하는.

παῖδα; παῖς 3/6; [명사] 남성 단수 대격(3:13, 26; 20:12); 친밀[지내는 사이가 매우 친하고 가까움]한 종, 친종[우리말 사전에 '친종'이라는 낱말은 없지만 '친한(친하다: 가까이 사귀어 정이 두텁다) 종'이라는 의미로 '친종'이라는 단어를 만들어 보았다. 창세기 15장 2-3절을 보면, 아브람은 집에서 기른 다메섹 사람 엘리에셀로 상속자를 삼겠노라고 하나님께 말씀드렸다. 엘리에셀 같은 종을 친종이라 부를 수 있다고 생각한다.], 아끼는[아끼다: 물건이나 사람을 소중하게 여겨 보살피거나 위하는 마음을 가지다] 종.

παῖδά; παῖς 1/6; [명사] 남성 단수 대격(4:27).

παιδίσκη; παιδίσκη; παῖς 1/2; [명사] 여성 단수 주격(12:13); 아끼는[아끼다: 물건이나 사람을 소중하게 여겨 보살피거나 위하는 마음을 가지다] 여종.

παιδίσκην; παιδίσκη; παῖς 1/2; [명사] 여성 단수 대격(16:16).

παιδός; παῖς 2/6; [명사] 남성 단수 속격(4:25, 30); 아끼는 종, 친종.

Πάλιν; πάλιν 1/5; [부사, 연속] (18:21); 다시1[하던 것을 되풀이해서 또].

πάλιν; πάλιν 4/5; [부사, 연속] (10:15; 11:10; 17:32; 27:28).

–καὶ πάλιν (17:32; 27:28); 또다시[거듭하여 다시].

Παμφυλίαν; Παμφυλία 3/5; [명사] 여성 단수 대격(2:10; 14:24; 27:5); 밤빌리아[현재 소아시아 남쪽에 있는 지역으로, 서쪽으로는 루기아가, 북쪽으로는 갈라디아가, 동쪽으로는 길리기아가 있다].

Παμφυλίας; Παμφυλία 2/5; [명사] 여성 단수 속격(13:13; 15:38).

πᾶν; πᾶς 8/171; [형용사] 중성 단수 주격(15:12; 22:5), 대격(10:14; 13:27; 15:21; 17:26; 18:4; 22:30); 온1[전부의, 또는 모두의], 온갖[이런저런 여러 가지의] 종류의, 매13[하나하나의 모든, 또는 각각의], 어떤 것이든, 마다4['낱낱이

모두'의 뜻을 나타내는 보조사], 모두1[일정한 수효나 양을 기준으로 하여 빠짐이나 넘침이 없는 전체], 많이들, 범사, 모든 일, 만물2[세상에 있는 모든 것], 만유1[우주에 존재하는 모든 것].

πανοικεὶ; πανοικεί; πᾶς, οἶκος 1/1; [부사] (16:34); 집안 전체와 더불어, 전가[전가2: 집안 전체, 가족 전체]/전호[전호2: 한 집안 전체, 또는 온 집안]와 더불어.

πάντα; πᾶς 19/171; [형용사] 중성 복수 주격(1:18; 3:22; 4:24; 5:20; 7:50; 10:12, 33, 43; 13:22, 29; 14:15, 16; 15:17; 17:22, 24, 25; 20:18, 35; 21:27); 온1, 온갖 종류의, 매13, 어떤 것이든, 마다4, 모두1, 많이들, 범사, 모든 일, 만물2, 만유1.

πάντας; πᾶς 21/171; [형용사] 남성 복수 대격(4:33; 5:5, 11; 9:14, 40; 10:38, 44; 11:23; 17:30; 18:2, 23; 19:10, 17; 21:21, 28; 22:15; 26:29; 27:24, 44; 28:2, 30).

πανταχῇ; πανταχῇ; πᾶς 1/1; [부사, 장소] (21:28); 어디서든, 어디에서고.

πανταχοῦ; πανταχοῦ; πᾶς 3/3; [부사, 장소] (17:30; 24:3; 28:22); 각처[각각의 곳, 또는 여러 곳]에서, 어디에서나.

πάντες; πᾶς 33/171; [형용사] 남성 복수 주격(1:14; 2:1, 4, 12, 14, 32, 44; 3:24; 4:21; 5:17, 36, 37; 6:15; 8:1, 10; 9:21, 26, 35; 10:33, 43, 16:33; 17:7, 21; 18:17; 19:7; 20:25; 21:18, 20, 24; 22:3; 25:24; 26:4; 27:36): 온1, 온갖 종류의, 매13, 어떤 것이든, 마다4, 모두1, 많이들, 범사, 모든 일, 만물2, 만유1.

πάντῃ; πάντῃ; πᾶς 1/1; [부사] (24:3); 각양각색[각기 다른 여러 가지 모양과 빛깔; 각색각양]으로.

παντὶ; πᾶς 8/171; [형용사] 남성 단수 여격(1:21; 4:10; 5:34; 10:2, 41; 13:24), 중성 단수 여격(10:35; 20:28); 온1, 온갖 종류의, 매13, 어떤 것이든, 마다4, 모두1, 많이들, 범사, 모든 일, 만물2, 만유1.

παντός; πᾶς 3/171; [형용사] 남성 단수 속격(2:25; 10:2; 24:16).

παντὸς; πᾶς 4/171; [형용사] 남성 단수 속격(13:10), 중성 단수 속격(2:5; 6:5; 17:26).

–διὰ παντός (2:25; 9:32; 10:2; 24:16); 항상[언제나 변함없이].

πάντων; πᾶς 22/171; [형용사] 남성 복수 속격(1:24; 3:16, 18; 10:36; 16:26; 19:19, 34; 20:26, 37; 21:5; 22:12; 26:14; 27:35), 중성 복수 속격(1:1; 3:21; 9:32; 10:39; 13:38; 22:10; 24:8; 26:2, 3).

Πάντως; πάντως; πᾶς 1/2; [부사] (28:4); 분명1[틀림없이 확실하게].

πάντως; πάντως; πᾶς 1/2; [부사] (21:22).

παρ'; παρά 10/29; [전치사] (3:5; 9:2; 18:3; 21:7, 8, 16; 22:5; 24:8; 26:8; 28:14); [+속격] 으로부터[어떤 행동의 출발점이나 비롯되는 대상임을 나타내는 격 조사], 에게서[어떤 행동의 출발점이나 비롯되는 대상임을 나타내는 격 조사], 에게[어떤 행동을 일으키는 대상임을 나타내는 격 조사]; [+여격] 곁[곁1: 어떤 대상의 옆]에; [+대격] [발]치[발치1: 발이 있는 쪽], 문하2[가르침을 받는 스승의 아래], 가1[경계에 가까운 바깥쪽 부분], 거역하여[거역하다: 윗사람의 뜻이나 지시 따위를 따르지 않고 거스르다].

Παρὰ; παρά 1/29; [전치사] (18:13).

παρά; παρά 2/29; [전치사] (9:43; 10:6).

παρὰ; παρά 16/29; [전치사] (2:33; 3:2; 4:35; 5:2; 7:16, 58; 9:14; 10:6, 22, 32; 16:13; 17:9; 20:24; 22:3; 26:10; 28:22).

παραγγείλαντες; παραγγέλλω; παρά, ἄγγελος 1/11; 분사 부정과거 능동태 남성 복수 주격(16:23); 지시[지시2: 일러서 시킴, 또는 그 내용]하다, 내리다1[명령이나 지시 따위를 선포하거나 알려 주다, 또는 그렇게 하다].
παραγγείλας; παραγγέλλω; παρά, ἄγγελος 2/11; 분사 부정과거 능동태 남성 단수 주격(23:22, 30).
παραγγελίᾳ; παραγγελία; παρά, ἄγγελος 1/2; [명사] 여성 단수 여격(5:28); 지시2[일러서 시킴, 또는 그 내용].
παραγγελίαν; παραγγελία; παρά, ἄγγελος 1/2; [명사] 여성 단수 대격(16:24).
παραγγέλλει; παραγγέλλω; παρά, ἄγγελος 1/11; 직설법 현재 능동태 3인칭 단수(17:30); 지시하다, 내리다1.
παραγγέλλειν; παραγγέλλω; παρά, ἄγγελος 1/11; 부정사 현재 능동태(15:5).
Παραγγέλλω; παραγγέλλω; παρά, ἄγγελος 1/11; 직설법 현재 능동태 1인칭 단수(16:18).
παραγενόμενοι; παραγίνομαι; παρά, γίνομαι 4/20; 분사 부정과거 이태중간 남성 복수 주격(5:22; 14:27; 15:4; 17:10); 도착[도착1: 목적한 곳에 다다름]하다1, 오다1[가고자 하는 곳에 이르다], 모습을 드러내다['드러나다: 가려 있거나 보이지 않던 것이 보이게 되다'의 사동사].
παραγενόμενον; παραγίνομαι; παρά, γίνομαι 1/20; 분사 부정과거 이태중간 남성 단수 대격(9:39).
Παραγενόμενος; παραγίνομαι; παρά, γίνομαι 2/20; 분사 부정과거 이태중간 남성 단수 주격(5:21; 9:26).
παραγενόμενος; παραγίνομαι; παρά, γίνομαι 6/20; 분사 부정과거 이태중간 남성 단수 주격(5:25; 10:33; 11:23; 18:27; 23:16; 24:24).
παραγενόμενός; παραγίνομαι; παρά, γίνομαι 1/20; 분사 부정과거 이태중간 남성 단수 주격(28:21).
παραγενομένου; παραγίνομαι; παρά, γίνομαι 1/20; 분사 부정과거 이태중간 남성 단수 속격(25:7).
παραγένωνται; παραγίνομαι; παρά, γίνομαι 1/20; 가정법 부정과거 이태중간 3인칭 복수(23:35).
παραδεδομένοι; παραδίδωμι; παρά, δίδωμι 1/13; 분사 완료 수동태 남성 복수 주격(14:26); 넘겨주다[물건, 권리, 책임, 일 따위를 남에게 주거나 맡기다], 내주다[가지고 있던 것을 남에게 넘겨주다], 맡기다['맡다: 어떤 일에 대한 책임을 지고 담당하다'의 사동사], 넘기다[물건, 권리, 책임, 일 따위를 맡기다], 내놓다[목숨, 명예 따위의 희생을 무릅쓰다]; [수동태] 내준 바 되다, 맡겨지다.
παραδεδωκόσι; παραδίδωμι; παρά, δίδωμι 1/13; 분사 완료 능동태 남성 복수 여격(15:26).
παραδέξονταί; παραδέχομαι; παρά, δέχομαι 1/3; 직설법 미래 이태중간 3인칭 복수(22:18); 받아들이다[다른 문화, 문물을 받아서 자기 것으로 되게 하다]; [수동태] 환영[환영2: 오는 사람을 기쁜 마음으로 반갑게 맞음]을 받다.
παραδέχεσθαι; παραδέχομαι; παρά, δέχομαι 1/3; 부정사 현재 이태중간(16:21).
παραδιδοὺς; παραδίδωμι; παρά, δίδωμι 1/13; 분사 현재 능동태 남성 단수 주격(22:4);

넘겨주다, 내주다, 맡기다, 넘기다, 내놓다; [수동태] 내준 바 되다, 맡겨지다.

παραδοθεὶς; παραδίδωμι; παρά, δίδωμι 1/13; 분사 현재 수동태 남성 단수 주격(15:40).

παραδοὺς; παραδίδωμι; παρά, δίδωμι 1/13; 분사 현재 능동태 남성 단수 주격(12:4).

παραδώσουσιν; παραδίδωμι; παρά, δίδωμι 1/13; 직설법 미래 능동태 3인칭 복수(21:11).

παραινῶ; παραινέω; παρά, αἶνος 1/2; 직설법 현재 능동태 1인칭 단수(27:22); 조언[조언1: 말로 거들거나 깨우쳐 주어서 도움, 또는 그 말; 도움말]하다1.

παραιτοῦμαι; παραιτέομαι; παρά, αἰτέω 1/1; 직설법 현재 이태중간 1인칭 단수(25:11); 사양[사양5: 겸손하여 반지 아니하거나 응하지 아니함, 또는 남에게 양보함]하다3.

παρακαλέσας; παρακαλέω; παρά, καλέω 2/22; 분사 부정과거 능동태 남성 단수 주격(20:1, 2); 권[권2: 어떤 일을 하도록 부추김, 또는 그런 말이나 행동]하다, 격려[용기나 의욕이 솟아나도록 북돋워 줌]하다, 용기를 돋우다1['돋다1: 감정이나 기색 따위가 생겨나다'의 사동사], 위로하다, 설득하다, 촉구[급하게 재촉하여 요구함]하다, 바라다1[생각이나 바람대로 어떤 일이나 상태가 이루어지거나 그렇게 되었으면 하고 생각하다], 오라고 기별[기별1: 다른 곳에 있는 사람에게 소식을 전함, 또는 소식을 적은 종이]하다, 오라는 기별을 하다; [수동태] 요청이 있다.

παρακαλοῦντες; παρακαλέω; παρά, καλέω 2/22; 분사 현재 능동태 남성 복수 주격(9:38; 14:22).

παρακαλῶ; παρακαλέω; παρά, καλέω 2/22; 직설법 현재 능동태 1인칭 단수(24:4; 27:34).

παρακαλῶν; παρακαλέω; παρά, καλέω 1/22; 분사 현재 능동태 남성 단수 주격(16:9).

παρακεχειμακότι; παραχειμάζω; παρά, χιών 1/2; 분사 완료 능동태 중성 단수 여격(28:11); 겨울을 보내다[시간이나 세월을 지나가게 하다], 겨울을 나나1[철이나 기간을 보내다], 월동하다[겨울을 나다; 겨울나다].

παρακλήσει; παράκλησις; παρά, καλέω 2/4; [명사] 여성 단수 여격(9:31; 15:31); 격려[용기나 의욕이 솟아나도록 북돋워 줌], 북돋워[북돋우다: 기운이나 정신 따위를 더욱 높여 주다] 주는 말, 위로2[따뜻한 말이나 행동으로 괴로움을 덜어 주거나 슬픔을 달래 줌].

παρακλήσεως; παράκλησις; παρά, καλέω 2/4; [명사] 여성 단수 속격(4:36; 13:15).

παραλαβόντα; παραλαμβάνω; παρά, λαμβάνω 1/6; 분사 부정과거 능동태 남성 단수 대격(15:39); 데리다[아랫사람이나 동물 따위를 자기 몸 가까이 있게 하다], 거느리다[누구를 데리고 함께 행동하다], 데려오다[함께 거느리고 오다].

παραλαβὼν; παραλαμβάνω; παρά, λαμβάνω 5/6; 분사 부정과거 능동태 남성 단수 주격(16:33; 21:24, 26, 32; 23:18).

παραλεγόμενοι; παραλέγομαι; παρά, λέγω 1/2; 분사 현재 이태중간 남성 복수 주격(27:8); 끼고[끼다3: 곁에 두거나 가까이 하다] 돌다[어떤 장소의 가장자리를 따라 움직이다].

παραλελυμένοι; παραλύω; παρά, λύω 1/2; 분사 완료 수동태 남성 복수 주격(8:7); [수동태] 중풍[뇌혈관의 장애로 갑자기 정신을 잃고 넘어져서 구안괘사, 반신불수, 언어 장애 따위의 후유증을 남기는 병]에 걸리다.

παραλελυμένος; παραλύω; παρά, λύω 1/2; 분사 완료 수동태 남성 단수 주격(9:33).

παρανομῶν; παρανομέω; παρά, νόμος 1/1; 분사 현재 능동태 남성 단수 주격(23:3); 율법을 어기다1[규칙, 명령, 약속, 시간 따위를 지키지 아니하고 거스르다].

παραπλεῦσαι; παραπλέω; παρά, πλέω 1/1; 부정사 부정과거 능동태(20:16); 지나쳐[지나치다: 어떤 곳을 머무르거나 들르지 않고 지나가거나 지나오다] 항해[항해2: 배를 타고 바다 위를 다님; 주항1, 해항1]하다.

παρασήμῳ; παράσημος; παρά, σημεῖον 1/1; [형용사] 중성 단수 여격(28:11); 장식5[옷이나 액세서리 따위로 치장함, 또는 그 꾸밈새].

παρασκευαζόντων; παρασκευάζω; παρά, σκεῦος 1/1; 분사 현재 능동태 남성 복수 속격(10:10); 준비[미리 마련하여 갖춤]하다.

παραστῆναι; παρίστημι; παρά, ἵστημι 1/13; 부정사 부정과거 능동태(27:24); 옆에 서다, 나란히[나란하다: 여럿이 줄지어 늘어선 모양이 가지런하다] 서다, 보이다, 보여 주다, 내놓다[물건을 밖으로 옮기거나 꺼내 놓다], 맡기다.

παραστῆσαι; παρίστημι; παρά, ἵστημι 2/13; 부정사 부정과거 능동태(23:24; 24:13).

παρασχὼν; παρέχω; παρά, ἔχω 1/5; 분사 부정과거 능동태 남성 단수 주격(17:31); 나눠주다, 베풀다[남에게 돈을 주거나 일을 도와주어서 혜택을 받게 하다], 제공[제공4: 갖다 주어 이바지함]하다2, 갖다 주어 이바지[이바지1: 도움이 되게 함]하다1.

παρατίθεμαι; παρατίθημι; παρά, τίθημι 1/4; 직설법 현재 중간태 1인칭 단수(20:32); 나타내어 보이다, 차리다[음식 따위를 장만하여 갖추다], 제시[제시2: 어떠한 의사를 말이나 글로 나타내어 보임]하다1, 맡기다['맡다1: 어떤 일에 대한 책임을 지고 담당하다'의 사동사], 의탁[어떤 것에 몸이나 마음을 의지하여 맡김]하다.

παρατιθέμενος; παρατίθημι; παρά, τίθημι 1/4; 분사 현재 중간태 남성 단수 주격(17:3).

παρατυγχάνοντας; παρατυγχάνω; παρά, τυγχάνω 1/1; 분사 현재 능동태 남성 복수 대격(17:17); 마주치다[우연히 서로 만나다].

παραχειμάσαι; παραχειμάζω; παρά, χιών 1/2; 부정사 부정과거 능동태(27:12); 겨울을 보내다[시간이나 세월을 지나가게 하다], 겨울을 나다1[철이나 기간을 보내다], 월동하다[겨울을 나다; 겨울나다].

παραχειμασίαν; παραχειμασία; παρά, χιών 1/1; [명사] 여성 단수 대격(27:12); 겨울나기, 월동[겨울을 남], 과동.

παραχρῆμα; παραχρῆμα; παρά, χράομαι 5/6; [부사] (3:7; 5:10; 12:23; 16:26, 33); 즉시[어떤 일이 행하여지는 바로 그때; 즉기시], 즉시로, 즉시에, 지체[지체4: 때를 늦추거나 질질 끎]없이 곧.

παραχρῆμά; παραχρῆμα; παρά, χράομαι 1/6; [부사] (13:11).

παρεβάλομεν; παραβάλλω; παρά, βάλλω 1/1; 직설법 부정과거 능동태 1인칭 복수(20:15); 지나치다[어떤 곳을 머무르거나 들르지 않고 지나가거나 지나오다].

παρέβη; παραβαίνω; παρά, βαίνω 1/1; 직설법 부정과거 능동태 3인칭 단수(1:25); 벗어나다[동아리나 어떤 집단에서 빠져나오다].

παρεβιάσατο; παραβιάζομαι; παρά, βία 1/1; 직설법 부정과거 이태중간 3인칭 단수(16:15); 꺾다[생각이나 기운 따위를 제대로 펴지 못하게 억누르다], 이기다1[내기나 시합, 싸움 따위에서 재주나 힘을 겨루어 상대를 꺾다].

παρεγενόμην; παραγίνομαι; παρά, γίνομαι 1/20; 직설법 부정과거 이태중간 1인칭 단수(24:17); 도착[도착1: 목적한 곳에 다다름]하다1, 오다1[가고자 하는 곳에 이르다], 모습을 드러내다['드러나다: 가려 있거나 보이지 않던 것이 보이게 되다'의 사동사].

παρεγένοντο; παραγίνομαι; παρά, γίνομαι 3/20; 직설법 부정과거 이태중간 3인칭 복수(13:14; 20:18; 21:18).

παρεδέχθησαν; παραδέχομαι; παρά, δέχομαι 1/3; 직설법 부정과거 이태수동 3인칭 복수(15:4); 받아들이다[다른 문화, 문물을 받아서 자기 것으로 되게 하다]; [수동태] 환영[환영2: 오는 사람을 기쁜 마음으로 반갑게 맞음]을 받다.

παρεδίδοσαν; παραδίδωμι; παρά, δίδωμι 1/13; 직설법 미완료 능동태 3인칭 복수(16:4); 넘겨주다[물건, 권리, 책임, 일 따위를 남에게 주거나 맡기다], 내주다[가지고 있던 것을 남에게 넘겨주다], 맡기다['맡다: 어떤 일에 대한 책임을 지고 담당하다'의 사동사], 넘기다[물건, 권리, 책임, 일 따위를 맡기다], 내놓다[목숨, 명예 따위의 희생을 무릅쓰다]; [수동태] 내준 바 되다, 맡겨지다.

παρεδίδου; παραδίδωμι; παρά, δίδωμι 1/13; 직설법 미완료 능동태 3인칭 단수(8:3).

παρεδίδουν; παραδίδωμι; παρά, δίδωμι 1/13; 직설법 미완료 능동태 3인칭 복수(27:1).

παρεδόθην; παραδίδωμι; παρά, δίδωμι 1/13; 직설법 부정과거 수동태 1인칭 단수(28:17).

παρεδώκατε; παραδίδωμι; παρά, δίδωμι 1/13; 직설법 부정과거 능동태 2인칭 복수(3:13).

παρέδωκεν; παραδίδωμι; παρά, δίδωμι 2/13; 직설법 부정과거 능동태 3인칭 단수(6:14; 7:42).

παρέθεντο; παρατίθημι; παρά, τίθημι 1/4; 직설법 부정과거 중간태 3인칭 복수(14:23); 나타내어 보이다, 차리다[음식 따위를 장만하여 갖추다], 제시[제시2: 어떠한 의사를 말이나 글로 나타내어 보임]하다1, 맡기다['맡다1: 어떤 일에 대한 책임을 지고 담당하다'의 사동사], 의탁[어떤 것에 몸이나 마음을 의지하여 맡김]하다.

παρεθεωροῦντο; παραθεωρέω; παρά, θεάομαι 1/1; 직설법 미완료 수동태 3인칭 복수(6:1); [수동태] 간과[간과2: 큰 관심 없이 대강 보아 넘김]되다, 무시[무시4: 사물의 존재 의의나 가치를 알아주지 아니함]되다.

παρέθηκεν; παρατίθημι; παρά, τίθημι 1/4; 직설법 부정과거 능동태 3인칭 단수(16:34); 나타내어 보이다, 차리다, 제시하다1, 맡기다, 의탁하다.

παρεῖναι; πάρειμι; παρά, εἰμί 1/5; 부정사 현재(24:19); 참석[모임이나 회의 따위의 자리에 참여함]하다, 이르다1[어떤 장소나 시간에 닿다], 미치다2[공간적 거리나 수준 따위가 일정한 선에 닿다], 도달[도달1: 목적한 곳이나 수준에 다다름; 이름]하다1.

πάρεισιν; πάρειμι; παρά, εἰμί 1/5; 직설법 현재 3인칭 복수(17:6).

παρειστήκεισαν; παρίστημι; παρά, ἵστημι 1/13; 직설법 과거완료 능동태 3인칭 복수(1:10); 옆에 서다, 나란히[나란하다: 여럿이 줄지어 늘어선 모양이 가지런하다] 서다, 보이다, 보여 주다, 내놓다[물건을 밖으로 옮기거나 꺼내 놓다], 맡기다.

παρεῖχεν; παρέχω; παρά, ἔχω 1/5; 직설법 미완료 능동태 3인칭 단수(16:16); 나눠 주다, 베풀다[남에게 돈을 주거나 일을 도와주어서 혜택을 받게 하다], 제공[제공

4: 갖다 주어 이바지함]하다2, 갖다 주어 이바지[이바지1: 도움이 되게 함] 하다1.

παρείχετο; παρέχω; παρά, ἔχω 1/5; 직설법 미완료 중간태 3인칭 단수(19:24).

παρεῖχον; παρέχω; παρά, ἔχω 1/5; 직설법 미완료 능동태 3인칭 복수(28:2).

παρεκάλει; παρακαλέω; παρά, καλέω 3/22; 직설법 미완료 능동태 3인칭 단수(2:40; 11:23; 27:33); 권[권2: 어떤 일을 하도록 부추김, 또는 그런 말이나 행동]하다, 격려[용기나 의욕이 솟아나도록 북돋워 줌]하다, 용기를 돋우다1['돋다1: 감정이나 기색 따위가 생겨나다'의 사동사], 위로하다, 설득하다, 촉구[급하게 재촉하여 요구함]하다, 바라다1[생각이나 바람대로 어떤 일이나 상태가 이루어지거나 그렇게 되었으면 하고 생각하다], 오라고 기별[기별1: 다른 곳에 있는 사람에게 소식을 전함, 또는 소식을 적은 종이]하다, 오라는 기별을 하다; [수동태] 요청이 있다.

παρεκάλεσα; παρακαλέω; παρά, καλέω 1/22; 직설법 부정과거 능동태 1인칭 단수(28:20).

παρεκάλεσαν; παρακαλέω; παρά, καλέω 3/22; 직설법 부정과거 능동태 3인칭 복수(15:32; 16:39, 40).

παρεκάλεσεν; παρακαλέω; παρά, καλέω 1/22; 직설법 부정과거 능동태 3인칭 단수(16:15).

παρεκάλεσέν; παρακαλέω; παρά, καλέω 1/22; 직설법 부정과거 능동태 3인칭 단수(8:31).

παρεκαλοῦμεν; παρακαλέω; παρά, καλέω 1/22; 직설법 미완료 능동태 1인칭 복수(21:12).

παρεκάλουν; παρακαλέω; παρά, καλέω 3/22; 직설법 미완료 능동태 3인칭 복수(13:42; 19:31; 25:2).

παρεκλήθημεν; παρακαλέω; παρά, καλέω 1/22; 직설법 부정과거 수동태 1인칭 복수(28:14).

παρεκλήθησαν; παρακαλέω; παρά, καλέω 1/22; 직설법 부정과거 수동태 3인칭 복수(20:12).

παρεκτὸς; παρεκτός; παρά, ἐκ 1/1; [비본래적인 전치사] (26:29); [+속격] 제외[제외2: 따로 떼어 내어 한데 헤아리지 않음]하고는.

παρελέγοντο; παραλέγομαι; παρά, λέγω 1/2; 직설법 미완료 이태중간 3인칭 복수(27:13); 끼고[끼다3: 곁에 두거나 가까이 하다] 돌다[어떤 장소의 가장자리를 따라 움직이다].

παρεληλυθέναι; παρέρχομαι; παρά, ἔρχομαι 1/2; 부정사 완료 능동태(27:9); 건너다[무엇을 사이에 두고 한편에서 맞은편으로 가다], 넘어서다[다음 순서나 시기, 또는 다른 경우로 옮아가다].

παρελθόντες; παρέρχομαι; παρά, ἔρχομαι 1/2; 분사 부정과거 능동태 남성 복수 주격(16:8).

παρεμβολήν; παρεμβολή; παρά, ἐν, βάλλω 4/6; [명사] 여성 단수 대격(21:34; 22:24; 23:10; 23:32); 병영1[=병사6: 군대가 집단적으로 거처하는 집; 영채2].

παρεμβολὴν; παρεμβολή; παρά, ἐν, βάλλω 2/6; [명사] 여성 단수 대격(21:37; 23:16).

παρενοχλεῖν; παρενοχλέω; παρά, ἐν, ὄχλος 1/1; 부정사 현재 능동태(15:19); 어수선하다[마음이나 분위가가 안정되지 못하여 불안하고 산란하다], 부산스럽다[보기에 급하게 서두르거나 시끄럽게 떠들어 어수선한 데가 있다].

πάρεσμεν; πάρειμι; παρά, εἰμί 1/5; 직설법 현재 1인칭 복수(10:33); 참석[모임이나 회의 따위의 자리에 참여함]하다, 이르다1[어떤 장소나 시간에 닿다], 미치다2[공

간적 거리나 수준 따위가 일정한 선에 닿다], 도달[도달1: 목적한 곳이나 수준에 다다름; 이름]하다1.

πάρεστε; πάρειμι; παρά, εἰμί 1/5; 직설법 현재 2인칭 복수(10:21).

παρέστη; παρίστημι; παρά, ἵστημι 1/13; 직설법 부정과거 능동태 3인칭 단수(27:23); 옆에 서다, 나란히[나란하다: 여럿이 줄지어 늘어선 모양이 가지런하다] 서다, 보이다, 보여 주다, 내놓다[물건을 밖으로 옮기거나 꺼내 놓다], 맡기다.

παρέστηκεν; παρίστημι; παρά, ἵστημι 1/13; 직설법 완료 능동태 3인칭 단수(4:10).

παρέστησαν; παρίστημι; παρά, ἵστημι 3/13; 직설법 부정과거 능동태 3인칭 복수(4:26; 9:39; 23:33).

παρέστησεν; παρίστημι; παρά, ἵστημι 2/13; 직설법 부정과거 능동태 3인칭 단수(1:3; 9:41).

παρεστῶσιν; παρίστημι; παρά, ἵστημι 1/13; 분사 완료 능동태 남성 복수 여격(23:2).

παρεστῶτες; παρίστημι; παρά, ἵστημι 1/13; 분사 완료 능동태 남성 복수 주격(23:4).

παρέσχον; παρέχω; παρά, ἔχω 1/5; 직설법 부정과거 능동태 3인칭 복수(22:2); 나눠 주다, 베풀다[남에게 돈을 주거나 일을 도와주어서 혜택을 받게 하다], 제공[제공4: 갖다 주어 이바지함]하다2, 갖다 주어 이바지[이바지1: 도움이 되게 함]하다1.

παρέτεινέν; παρατείνω; παρά, τείνω 1/1; 직설법 미완료 능동태 3인칭 단수(20:7); 이어지다[끊어지지 않고 계속되다].

παρετηροῦντο; παρατηρέω; παρά, τηρέω 1/1; 직설법 미완료 중간태 3인칭 복수(9:24); 주시[주시4: 어떤 목표물에 주의를 집중하여 봄]하다, 집중하여 보다.

παρηγγείλαμεν; παραγγέλλω; παρά, ἄγγελος 1/11; 직설법 부정과거 능동태 1인칭 단수(5:28); 지시[지시2: 일러서 시킴, 또는 그 내용]하다, 내리다1[명령이나 지시 따위를 선포하거나 알려 주다, 또는 그렇게 하다].

παρήγγειλαν; παραγγέλλω; παρά, ἄγγελος 2/11; 직설법 부정과거 능동태 3인칭 복수(4:18; 5:40).

παρήγγειλεν; παραγγέλλω; παρά, ἄγγελος 2/11; 직설법 부정과거 능동태 3인칭 단수(1:4; 10:42).

παρῄνει; παραινέω; παρά, αἶνος 1/2; 직설법 미완료 능동태 3인칭 단수(27:9); 조언[조언1: 말로 거들거나 깨우쳐 주어서 도움, 또는 그 말; 도움말]하다1.

παρῆσαν; πάρειμι; παρά, εἰμί 1/5; 직설법 미완료 3인칭 복수(12:10); 참석[모임이나 회의 따위의 자리에 참여함]하다, 이르다1[어떤 장소나 시간에 닿다], 미치다2[공간적 거리나 수준 따위가 일정한 선에 닿다], 도달[도달1: 목적한 곳이나 수준에 다다름; 이름]하다1.

παρθένοι; παρθένος 1/1; [명사] 여성 복수 주격(21:9); 처녀[결혼하지 아니한 성년 여자].

Πάρθοι; Πάρθοι 1/1; [명사] 남성 복수 주격(2:9); 바대['바사'(구약성경), '파사' 혹은 '페르시아'로도 불리는 바대 제국은 현재 이라크 동쪽과 이란에 해당한다] 사람, 바대인.

Παρμενᾶν; Παρμενᾶς 1/1; [명사] 남성 단수 대격(6:5); 바메나.

παροικίᾳ; παροικία; παρά, οἶκος 1/1; [명사] 여성 단수 여격(13:17); 머무름[머무르다: 도중에 멈추거나 일시적으로 어떤 곳에 묵다].

πάροικον; πάροικος; παρά, οἶκος 1/2; [형용사] 중성 단수 주격(7:6); 나그네[자기 고장을 떠나 다른 곳에 잠시 머물거나 떠도는 사람; 객려1, 유자8, 행객].

πάροικος; πάροικος; παρά, οἶκος 1/2; [형용사] 남성 단수 주격(7:29).

παροξυσμὸς; παροξυσμός; παρά, ὀξύς 1/1; [명사] 남성 단수 주격(15:39); 마찰[이해나 의견이 서로 다른 사람이나 집단이 충돌함].

παρρησιάζεσθαι; παρρησιάζομαι; παρά, ῥῆμα 1/7; 부정사 현재 이태중간(18:26); 담대히[담대하다: 겁이 없고 배짱이 두둑하다] 말하다.

παρρησιαζόμενοι; παρρησιάζομαι; παρά, ῥῆμα 1/7; 분사 현재 이태중간 남성 복수 주격(14:3).

παρρησιαζόμενος; παρρησιάζομαι; παρά, ῥῆμα 2/7; 분사 현재 이태중간 남성 단수 주격(9:28; 26:26).

παρρησίαν; παρρησία; παρά, ῥῆμα 1/5; [명사] 여성 단수 대격(4:13); 대담2[담력이 크고 용감함], 담대['담대하다: 겁이 없고 배짱이 두둑하다'의 어근].

παρρησίας; παρρησία; παρά, ῥῆμα 4/5; [명사] 여성 단수 속격(2:29; 4:29, 31; 28:31).
–μετὰ πάσης παρρησίας, μετὰ παρρησίας πάσης (4:29; 28:31); 매우 담대하게.

παρρησιασάμενοί; παρρησιάζομαι; παρά, ῥῆμα 1/7; 분사 부정과거 이태중간 남성 복수 주격(13:46); 담대히 말하다.

παρωξύνετο; παροξύνω; παρά, ὀξύς 1/1; 직설법 미완료 수동태 3인칭 단수(17:16); [수동태] 극도로 격동[격동2: 감정 따위가 몹시 흥분하여 충동을 느낌, 또는 그렇게 되게 함]되다.

παρώτρυναν; παροτρύνω 1/1; 직설법 부정과거 능동태 3인칭 복수(13:50); 부추기다[남을 이리저리 들쑤셔서 어떤 일을 하게 만들다; 추키다].

παρῳχημέναις; παροίχομαι 1/1; 분사 완료 이태중간 여성 복수 여격(14:16); 지나가다[시간이 흘러가서 과거가 되다].

πᾶς; πᾶς 6/171; [형용사] 남성 단수 주격(2:21, 36; 3:9, 11; 11:14; 13:39); 온1[전부의, 또는 모두의], 온갖[이런저런 여러 가지의] 종류의, 매13[하나하나의 모든, 또는 각각의], 어떤 것이든, 마다4['낱낱이 모두'의 뜻을 나타내는 보조사], 모두1[일정한 수효나 양을 기준으로 하여 빠짐이나 넘침이 없는 전체], 많이들, 범사, 모든 일, 만물2[세상에 있는 모든 것], 만유1[우주에 존재하는 모든 것].

πᾶσα; πᾶς 3/171; [형용사] 여성 단수 주격(3:23; 13:44, 27:20).

πᾶσαι; πᾶς 4/171; [형용사] 여성 복수 주격(3:25; 9:39; 16:26; 27:37).

πᾶσαν; πᾶς 6/171; [형용사] 여성 단수 대격(2:17; 5:21; 7:14; 15:36; 17:17; 20:27).

πᾶσάν; πᾶς 2/171; [형용사] 여성 단수 대격(5:42; 26:20).

πάσας; πᾶς 2/171; [형용사] 여성 복수 대격(8:40; 26:11).

πάσῃ; πᾶς 5/171; [형용사] 여성 단수 여격(1:8; 2:43; 5:23; 7:22; 23:1).

πάσης; πᾶς 10/171; [형용사] 여성 단수 속격(4:29; 8:27; 12:11; 13:10[2회]; 17:11; 19:26; 20:19; 24:3; 28:31).

πᾶσι; πᾶς 3/171; [형용사] 남성 복수 여격(1:19; 17:25), 중성 복수 여격(24:14).

πᾶσιν; πᾶς 11/171; [형용사] 남성 복수 여격(2:39, 45; 4:10, 16; 15:3; 16:32; 17:31; 19:17; 20:32, 36; 24:5).

πάσχα; πάσχα; πάσχω 1/1; [명사] 중성 단수 대격(12:4); 유월절[이스라엘 민족이 이집트에서 탈출한 일을 기념하는 유대교의 축제일].

πασῶν; πᾶς 1/171; [형용사] 여성 복수 속격(7:10); 온1, 온갖 종류의, 매13, 어떤 것이

든, 마다4, 모두1, 많이들, 범사, 모든 일, 만물2, 만유1.

πατάξας; πατάσσω 2/3; 분사 부정과거 능동태 남성 단수 주격(7:24; 12:7); 강타[세게 침]하다, 세게 치다.

Πάταρα; Πάταρα 1/1; [명사] 중성 복수 대격(21:1); 바다라[파타라: 당시 루시아의 해안 도시로, 항구로써 좋은 조건을 가지고 있어서 많은 무역선들이 정박했다. 3차 전도여행을 마치고 예루살렘으로 가던 바울이 로도 다음에 들린 곳이다.].

πατέρα; πατήρ 3/35; [명사] 남성 단수 대격(7:4, 14; 28:8); 아버지[남자인 어버이], 조상7[자기세대 이전의 모든 세대].

πατέρας; πατήρ 8/35; [명사] 남성 복수 대격(3:25; 7:12, 19; 13:17, 32, 36; 26:6; 28:25).

πατέρες; πατήρ 9/35; [명사] 남성 복수 주격(7:11, 15, 39, 45, 51, 52; 15:10), 호격(7:2; 22:1).

πατέρων; πατήρ 6/35; [명사] 남성 복수 속격(3:13; 5:30; 7:32, 38, 45; 22:14).

πατὴρ; πατήρ 2/35; [명사] 남성 단수 주격(1:7; 16:3).

πατράσιν; πατήρ 1/35; [명사] 남성 복수 여격(7:44).

πατρὶ; πατήρ 1/35; [명사] 남성 단수 여격(7:2).

πατριαὶ; πατριά; πατήρ 1/1; [명사] 여성 복수 주격(3:25); 족속[같은 문중이나 계통에 속하는 겨레붙이; 족당], 겨레붙이[혈연관계가 있는 사람].

πατριάρχαι; πατριάρχης; πατήρ, ἄρχω 1/3; [명사] 남성 복수 주격(7:9); 선조2[먼 윗대의 조상], 조상7[돌아간 어버이 위로 대대의 어른].

πατριάρχας; πατριάρχης; πατήρ, ἄρχω 1/3; [명사] 남성 복수 대격(7:8).

πατριάρχου; πατριάρχης; πατήρ, ἄρχω 1/3; [명사] 남성 단수 속격(2:29).

πατρός; πατήρ 2/35; [명사] 남성 단수 속격(2:33; 7:20); 아버지, 조상7.

πατρὸς; πατήρ 3/35; [명사] 남성 단수 속격(1:4; 4:25; 16:1).

πατρῴοις; πατρῷος; πατήρ 1/3; [형용사] 중성 복수 여격(28:17); 조상[조상7: 돌아간 어버이 위로 대대의 어른, 자기세대 이전의 모든 세대]의, 조상들.

πατρῴου; πατρῷος; πατήρ 1/3; [형용사] 남성 단수 속격(22:3).

πατρῴῳ; πατρῷος; πατήρ 1/3; [형용사] 남성 단수 여격(24:14).

παύεται; παύω 1/6; 직설법 현재 중간태 3인칭 단수(6:13); 멈추다[사물의 움직임이나 동작이 그치다, 사물의 움직임이나 동작을 그치게 하다], 그치다[계속되던 일이나 움직임이 멈추거나 끝나다, 또는 그렇게 하다].

Παῦλε; Παῦλος 2/128; [명사] 남성 단수 호격(26:24; 27:24); 바울[사도], 바울(13:7)['서기오 바울, Quintus Sergius Paullus'의 셋째 이름으로 집안 이름이다].

Παῦλον; Παῦλος 30/128; [명사] 남성 단수 대격(13:13, 50; 14:12, 19; 15:2; 16:19, 36; 17:10, 14, 15; 19:1, 15; 20:13; 21:32; 22:30; 23:12, 14, 20, 24, 31, 33; 24:24, 27; 25:4, 6, 14; 26:1, 28; 27:1, 43).

Παῦλος; Παῦλος 55/128; [명사] 남성 단수 주격(13:9, 16, 46; 14:11, 14; 15:35, 36, 38, 40; 16:3, 18, 25, 28, 37; 17:22, 33; 18:5, 18; 19:4, 13, 21, 26; 20:1, 7, 10, 16; 21:13, 18, 26, 29, 37, 39, 40; 22:25, 28; 23:1, 3, 5, 6, 10, 17, 18; 24:10; 25:10, 19, 23; 26:1, 25, 29; 27:9, 21, 31, 33; 28:8, 15).

Παύλου; Παῦλος 24/128; [명사] 남성 단수 속격(13:45; 14:9; 15:12; 16:14; 17:13, 16; 18:14; 19:6, 11, 29, 30; 20:9, 37; 21:11, 30; 23:16; 24:1, 26; 25:2, 8, 21; 27:11; 28:3, 25).

Παύλῳ; Παῦλος 17/128; [명사] 남성 단수 여격(13:7, 43; 15:2, 22, 25; 16:9, 17, 29; 17:2, 4; 18:9, 12; 21:4; 23:16; 25:9; 27:3; 28:16).

παύσασθαι; παύω 1/6; 부정사 부정과거 중간태(20:1); 멈추다, 그치다.

παύσῃ; παύω 1/6; 직설법 미래 중간태 2인칭 단수(13:10).

Πάφου; Πάφος 2/2; [명사] 여성 단수 속격(13:6, 13); 바보[파포스: 구브로 섬 남서쪽 해안에 있던 항구도시로 로마 총독이 머물렀다. 그리스 신화에 나오는 미와 사랑의 여신 아프로디테가 이곳 바다 거품에서 태어났다고 하여 아프로디테 숭배의 중심지가 되었다.]

πεζεύειν; πεζεύω; πούς 1/1; 부정사 현재 능동태(20:13); 걸어가다[목적지를 향하여 발로 걸어서 나아가다], 도보[도보1: 탈것을 타지 않고 걸어감; 걷기, 걸음]로 가다, 도보하다1.

Πειθαρχεῖν; πειθαρχέω; πείθω, ἄρχω 1/3; 부정사 현재 능동태(5:29); 순종[순종5: 순순히 따름]하다, 말대로 하다, 말을 따르다1[관례, 유행이나 명령, 의견 따위를 그대로 실행하다].

πειθαρχήσαντάς; πειθαρχέω; πείθω, ἄρχω 1/3; 분사 부정과거 능동태 남성 복수 대격(27:21).

πειθαρχοῦσιν; πειθαρχέω; πείθω, ἄρχω 1/3; 분사 현재 능동태 남성 복수 여격(5:32).

πείθεις; πείθω 1/17; 직설법 현재 능동태 2인칭 단수(26:28); 설득하다[상대편이 이쪽 편의 이야기를 따르도록 여러 가지로 깨우쳐 말하다]; [수동태] 설득되다[상대편의 이야기에 따르도록 깨우쳐지다], 넘어가다[사람, 물건, 권리, 책임, 일 따위가 한쪽에서 다른 쪽으로 옮아가다], 납득하다[다른 사람의 말이나 행동, 형편 따위를 잘 알아서 긍정하고 이해하다; 알아듣다, 이해하다2], 여기다[마음속으로 그러하다고 인정하거나 생각하다].

πείθομαι; πείθω 1/17; 직설법 현재 수동태 1인칭 단수(26:26).

πειθομένου; πείθω 1/17; 분사 현재 수동태 남성 단수 속격(21:14).

πείθων; πείθω 2/17; 분사 현재 능동태 남성 단수 주격(19:8; 28:23).

πειράζετε; πειράζω; πεῖρα 1/5; 직설법 현재 능동태 2인칭 복수(15:10); 떠보다[남의 속뜻을 넌지시 알아보다], 시험하다3[사람의 됨됨이를 알기 위하여 떠보다], 시도하다[어떤 것을 이루어 보려고 계획하거나 행동하다], 노력하다[목적을 이루기 위하여 몸과 마음을 다하여 애를 쓰다], 꾀하다[목적을 이루기 위하여 몸과 마음을 다하여 애를 쓰다].

πειράσαι; πειράζω; πεῖρα 1/5; 부정사 부정과거 능동태(5:9).

πειρασμῶν; πειρασμός; πεῖρα 1/1; [명사] 남성 복수 속격(20:19); 시험3[사람의 됨됨이를 알기 위하여 떠보는 일. 또는 그런 상황].

πείσαντες; πείθω 2/17; 분사 부정과거 능동태 남성 복수 주격(12:20); 설득하다; [수동태] 설득되다, 넘어가다, 납득하다, 여기다.

πείσας; πείθω 1/17; 분사 부정과거 능동태 남성 단수 주격(19:26).

πεισθῇς; πείθω 1/17; 가정법 부정과거 수동태 2인칭 단수(23:21).

πέλαγος; πέλαγος 1/1; [명사] 중성 단수 대격(27:5); 넓은 바다.

πέμπειν; πέμπω 1/11; 부정사 현재 능동태(25:25); 급히 보내다[일정한 임무나 목적으로 가게 하다], 급파하다[급히 파견하다], 보내다[일정한 임무나 목적으로 가게 하다].

πέμποντα; πέμπω 1/11; 분사 현재 능동태 남성 단수 대격(25:27).

πέμψαι; πέμπω 3/11; 부정사 부정과거 능동태(11:29; 15:22, 25).

πέμψαντες; πέμπω 1/11; 분사 부정과거 능동태 남성 복수 주격(19:31).

πέμψας; πέμπω 1/11; 분사 부정과거 능동태 남성 단수 주격(20:17).

πέμψον; πέμπω 2/11; 명령법 부정과거 능동태 2인칭 단수(10:5, 32).

πέντε; πέντε 5/5; [형용사, 기수사] 여성 복수 주격(4:4; 7:14; 19:19; 20:6; 24:1); 다섯[넷에 하나를 더한 수. 또는 그런 수의], 오4[사에 일을 더한 수], 5.

πεντήκοντα; πεντήκοντα; πέντε 1/1; [형용사, 기수사] 중성 복수 여격(13:20); 쉰[열의 다섯 배가 되는 수, 또는 그런 수의], 오십[십의 다섯 배가 되는 수], 50.

πεντηκοστῆς; πεντηκοστή; πέντε 2/2; [명사] 여성 단수 속격(2:1; 20:16); 오순절[고대 팔레스타인에서 히브리 인들이 지내던 추수 감사절로, 보릿단을 바치고 난 후 50일째 되는 날에 지낸다].

πεπαιδευμένος; παιδεύω; παῖς 1/2; 분사 완료 수동태 남성 단수 주격(22:3); 훈련[가르쳐서 익히게 함]하다; [수동태] 훈련받다.

πεπιστεύκεισαν; πιστεύω; πείθω 1/37; 직설법 과거완료 능동태 3인칭 복수(14:23); 믿다[절대자나 종교적 이념 따위를 받들고 따르다].

πεπιστευκόσιν; πιστεύω; πείθω 1/37; 분사 완료 능동태 남성 복수 여격(18:27).

πεπιστευκότες; πιστεύω; πείθω 1/37; 분사 완료 능동태 남성 복수 주격(15:5).

πεπιστευκότων; πιστεύω; πείθω 3/37; 분사 완료 능동태 남성 복수 속격(19:18; 21:20), 중성 복수 속격(21:25).

πεπιστευκὼς; πιστεύω; πείθω 1/37; 분사 완료 능동태 남성 단수 주격(16:34).

πεπληρώκατε; πληρόω 1/16; 직설법 완료 능동태 2인칭 복수(5:28); 차다1[일정한 공간에 사람, 사물, 냄새 따위가 더 들어갈 수 없이 가득하게 되다], 가득하게 되다, 끝마치다[일을 끝내어 마치다], 이루다1[뜻한 대로 되게 하다]; [수동태] 채우다3['차다1'의 사동사], 충만[가득하게 참; 가득 참]하다, 가득 차다, 이뤄지다, 만료되다[기한이 다 차서 끝남], 지나다[시간이 흘러 과거가 되다].

πεποιηκόσιν; ποιέω 1/68; 분사 완료 능동태 남성 복수 여격(3:12); 만들다, 삼다2, 짓다1, 행하다, 실행하다2, [일을] 하다, 시행하다1, 이루다1, 조치를 취하다, 선사하다5, ~게 하다, 계산하다, 이러하다, 지내다1.

πεποιηκώς; ποιέω 1/68; 분사 완료 능동태 남성 단수 주격(21:33).

πεπολίτευμαι; πολιτεύομαι; πόλις 1/1; 직설법 완료 중간태 1인칭 단수(23:1); 시민으로 살아오다.

πεπραγμένον; πράσσω 1/13; 분사 완료 수동태 중성 단수 주격(26:26); 하다1[사람이나 동물, 물체 따위가 행동이나 작용을 이루다], 행동하다[몸을 움직여 동작을 하거나 어떤 일을 하다], 행동을 하다, 처하다[어떤 형편이나 처지에 놓이다].

πέπραχά; πράσσω 1/13; 직설법 완료 능동태 1인칭 단수(25:11).

πεπραχέναι; πράσσω 1/13; 부정사 완료 능동태(25:25).

πεπτωκυῖαν; πίπτω 1/9; 분사 완료 능동태 여성 단수 대격(15:16); 떨어지다[위에서 아래로 내려지다] , 쓰러지다[힘이 빠지거나 외부의 힘에 의하여 서 있던 상태에서 바닥에 눕는 상태가 되다] , 엎드리다[배를 바닥에 붙이거나 팔다리를 짚고 몸 전체를 길게 뻗다] , 내리다1[어둠, 안개 따위가 짙어지거나 덮여 오다], 주저앉다[서 있던 자리에 그대로 힘없이 앉다].

περαιτέρω; περαιτέρω; πέραν 1/1; [부사, 비교] (19:39); 더1[어떤 기준보다 정도가 심하게, 또는 그 이상으로].

Πέργῃ; Πέργη 1/3; [명사] 여성 단수 여격(14:25); 버가[밤빌리아의 남쪽 해안도시로 현재는 터키 영토이다. 서쪽으로는 올림포스 산맥이, 북동쪽으로는 타우루스 산맥이 있다].

Πέργην; Πέργη 1/3; [명사] 여성 단수 대격(13:13).

Πέργης; Πέργη 1/3; [명사] 여성 단수 속격(13:14).

Περὶ; περί 2/72; [전치사] (26:2); [+속격] ~으로 인해[인하다1: 어떤 사실로 말미암다], 즈음[일이 어찌 될 무렵]하여; [+대격] ~과 관련하여, ~와 관계하여, ~에 관하여, 일행1[함께 길을 가는 사람들의 무리].

περί; περί 1/72; [전치사] (25:19).

περὶ; περί 70/72; [전치사].

περιάγων; περιάγω;περί, ἄγω 1/1; 분사 현재 능동태 남성 단수 주격(13:11); 돌아다니다[여기저기 여러 곳으로 다니다].

περιαστράψαι; περιαστράπτω; περί, ἀστραπή 1/2; 부정사 부정과거 능동태(22:6); 번쩍이다[큰 빛이 잠깐 나타났다가 사라지다, 또는 그렇게 되게 하다].

Περιβαλοῦ; περιβάλλω; περί, βάλλω 1/1; 명령법 부정과거 중간태 2인칭 단수(12:8); 걸치다[옷이나 착용구 또는 이불 따위를 아무렇게나 입거나 덮다], 두르다[띠나 수건, 치마 따위를 몸에 휘감다].

περιελόντες; περιαιρέω; περί, αἱρέω 2/3; 분사 부정과거 능동태 남성 복수 주격(27:40; 28:13); 벗어나다[어떤 힘이나 영향 밖으로 빠져나오다], 떼어[떼다1: 붙어 있거나 잇닿은 것을 떨어지게 하다] 내다.

περιεπάτει; περιπατέω; περί, πατέω 2/8; 직설법 미완료 능동태 3인칭 단수(3:8; 14:10); 걷다2[다리를 움직여 바닥에서 발을 번갈아 떼어 옮기다].

περιεπάτησεν; περιπατέω; περί, πατέω 1/8; 직설법 부정과거 능동태 3인칭 단수(14:8).

περιεποιήσατο; περιποιέω; περί, ποιέω 1/1; 직설법 부정과거 중간태 3인칭 단수(20:28); 보전하다[온전하게 보호하여 유지하다].

περίεργα; περίεργος; περί, ἔργον 1/1; [형용사] 중성 복수 대격(19:19); 비본질적[본래의 바탕에 어긋나는, 또는 그런 것]인, 마술2.

περιερχομένων; περιέρχομαι; περί, ἔρχομαι 1/1; 분사 현재 이태중간 남성 복수 속격(19:13); 순회하다[여러 곳을 돌아다니다], 돌아다니다[여기저기 여러 곳으로 다니다].

περιέστησαν; περιΐστημι; περί, ἵστημι 1/1; 직설법 부정과거 능동태 3인칭 복수(25:7); 둘러서다[여럿이 둥글게 늘어서다].

περιέτεμεν; περιτέμνω; περί, τομός 2/5; 직설법 부정과거 능동태 3인칭 단수(7:8; 16:3); 할례를 행하다.

περιῃρεῖτο; περιαιρέω; περί, αἱρέω 1/3; 직설법 미완료 수동태 3인칭 단수(27:20); 벗어나다[어떤 힘이나 영향 밖으로 빠져나오다], 떼어[떼다1: 붙어 있거나 잇닿은 것을 떨어지게 하다] 내다.

περιήστραψεν; περιαστράπτω; περί, ἀστραπή 1/2; 직설법 부정과거 능동태 3인칭 단수(9:3); 번쩍이다[큰 빛이 잠깐 나타났다가 사라지다, 또는 그렇게 되게 하다].

περίκειμαι; περίκειμαι; περί, κεῖμαι 1/1; 직설법 현재 이태중간 1인칭 단수(28:20); 동여매어져[동여매다: 끈이나 새끼, 실 따위로 두르거나 감거나 하여 묶다] 있다.

περικρατεῖς; περικρατής; περί, κράτος 1/1; [형용사] 남성 복수 주격(27:16); 제어하는[제어하다: 기계나 설비 또는 화학 반응 따위가 목적에 알맞은 작용을 하도록 조절하다].

περιλάμψαν; περιλάμπω; περί, λάμπω 1/1; 분사 부정과거 능동태 중성 단수 대격(26:13); 내리비추다[위에서 아래로 비추다].

περιμένειν; περιμένω; περί, μένω 1/1; 부정사 현재 능동태(1:4); 기다리다[어떤 사람이나 때가 오기를 바라다].

πέριξ; πέριξ; περί 1/1; [부사, 장소] (5:16); 가까운 곳, 부근3[어떤 곳을 중심으로 하여 가까운 곳].

περιοχὴ; περιοχή; περί, ἔχω 1/1; [명사] 여성 단수 주격(8:32); 구절3[한 토막의 말이나 글].

περιπάτει; περιπατέω; περί, πατέω 1/8; 명령법 현재 능동태 2인칭 단수(3:6); 걷다2.

περιπατεῖν; περιπατέω; περί, πατέω 2/8; 부정사 현재 능동태(3:12; 21:21).

περιπατοῦντα; περιπατέω; περί, πατέω 1/8; 분사 현재 능동태 남성 단수 대격(3:9).

περιπατῶν; περιπατέω; περί, πατέω 1/8; 분사 현재 능동태 남성 단수 주격(3:8).

περιπεσόντες; περιπίπτω; περί, πίπτω 1/1; 분사 부정과거 능동태 남성 복수 주격(27:41); 부닥치다[세게 부딪치다].

περιρήξαντες; περιρήγνυμι; περί, ῥήγνυμι 1/1; 분사 부정과거 능동태 남성 복수 주격(16:22); 찢어 벗기다['벗다: 사람이 자기 몸 또는 몸의 일부에 착용한 물건을 몸에서 떼어 내다'의 피동사].

περισσῶς; περισσῶς; περί 1/1; [부사] (26:11); 대단히[매우 심한 정도로].

περιτέμνειν; περιτέμνω; περί, τομός 2/5; 부정사 현재 능동태(15:5; 21:21); 할례를 행하다.

περιτμηθῆτε; περιτέμνω; περί, τομός 1/5; 가정법 부정과거 수동태 2인칭 복수(15:1).

περιτομῆς; περιτομή; περί, τέμνω 3/3; [명사] 여성 단수 속격(7:8; 10:45; 11:2); 할례[고대부터 많은 민족 사이에서 행하여져 온 의식의 하나로, 남자의 성기 끝 살가죽을 끊어 내는 풍습. 지금도 유대교도, 이슬람교도, 아프리카의 여러 종족들이 행하고 있다].

περιτρέπει; περιτρέπω; περί, τρέπω 1/1; 직설법 현재 능동태 3인칭 단수(26:24); 몰아가다[몰아서 일정한 방향으로 이끌다].

περίχωρον; περίχωρος; περί, χωρέω 1/1; [형용사] 여성 단수 대격(14:6); 인근[이웃한 가까운 곳] 지역.

πεσὼν; πίπτω 3/9; 분사 부정과거 능동태 남성 단수 주격(5:5; 9:4; 10:25); 떨어지다[위에서 아래로 내려지다] , 쓰러지다[힘이 빠지거나 외부의 힘에 의하여 서 있던 상태에서 바닥에 눕는 상태가 되다] , 엎드리다[배를 바닥에 붙이거나 팔다리를 짚고 몸 전체를 길게 뻗다] , 내리다1[어둠, 안개 따위가 짙어지거나 덮여 오다], 주저앉다[서 있던 자리에 그대로 힘없이 앉다].

πετεινὰ; πετεινόν; πέτομαι 2/2; [명사] 중성 복수 주격(10:12), 대격(11:6); 새3[몸에 깃털이 있고 다리가 둘이며, 하늘을 자유로이 날 수 있는 짐승을 통틀어 이르는 말].

Πέτρε; Πέτρος; πέτρα 2/56; [명사] 남성 단수 호격(10:13; 11:7); 베드로.

Πέτρον; Πέτρος; πέτρα 10/56; [명사] 남성 단수 대격(2:37; 3:3, 11; 8:14; 9:32, 40; 10:25; 11:13; 12:3, 14).

Πέτρος; Πέτρος; πέτρα 37/56; [명사] 남성 단수 주격(1:13, 15; 2:14, 38; 3:1, 4, 6, 12; 4:8, 19; 5:3, 8, 9, 29; 8:20; 9:34, 38, 39, 40; 10:5, 9, 14, 17, 18, 21, 26, 32, 34, 36; 11:2, 4; 12:5, 6, 11, 16, 18; 15:7).

Πέτρου; Πέτρος; πέτρα 6/56; [명사] 남성 단수 속격(44:13; 5:15; 10:19, 44; 12:7, 14).

Πέτρῳ; Πέτρος; πέτρα 1/56; [명사] 남성 단수 여격(10:45).

πηδαλίων; πηδάλιον 1/1; [명사] 중성 복수 속격(27:40); 키3[배의 방향을 조종하는 장치; 방향키, 방향타].

πιάσας; πιάζω; πιέζω 2/2; 분사 부정과거 능동태 남성 단수 주격(3:7; 12:4); 붙잡다[놓치지 않도록 단단히 쥐다].

πιεῖν; πίνω 2/3; 부정사 부정과거 능동태(23:12, 21); 마시다[물이나 술 따위의 액체를 목구멍으로 넘기다].

πικρίας; πικρία; πικρός 1/1; [명사] 여성 단수 속격(8:23); 신랄함[신랄하다: 사물의 분석이나 비평 따위가 매우 날카롭고 예리하다].

Πιλᾶτον; Πιλᾶτος 1 /3; [명사] 남성 단수 대격(13:28); 빌라도.

Πιλᾶτος; Πιλᾶτος 1/3; [명사] 남성 단수 주격(4:27).

Πιλάτου; Πιλᾶτος 1/3; [명사] 남성 단수 속격(3:13).

πίμπρασθαι; πίμπρημι 1/1; 분사 현재 수동태(28:6); 붓다1[살가죽이나 어떤 기관이 부풀어 오르다].

πιπρασκομένων; πιπράσκω 1/3; 분사 현재 수동태 중성 복수 속격(4:34); 팔다[값을 받고 물건이나 권리 따위를 남에게 넘기거나 노력 따위를 제공하다].

Πισιδίαν; Πισιδία 1/1; [명사] 여성 단수 대격(14:24); 비시디아[갈라디아 남부의 산악지역으로 밤빌리아 북쪽에 있다].

Πισιδίαν; Πισιδίος 1/1; [형용사] 여성 단수 대격(13:14); 비시디아의.

πιστά; πιστός; πείθω 1/4; [형용사] 중성 복수 대격(13:34); 신실한, 믿는.

πίστει; πίστις; πείθω 6/15; [명사] 여성 단수 여격(3:16; 6:7; 14:22; 15:9; 6:5; 26:18); 믿음, 믿을 만한 근거.

πιστεύεις; πιστεύω; πείθω 2/37; 직설법 현재 능동태 2인칭 단수(26:27[2회]); 믿다[절대자나 종교적 이념 따위를 받들고 따르다].

πιστεύομεν; πιστεύω; πείθω 1/37; 직설법 현재 능동태 1인칭 복수(15:11).

πιστεύοντα; πιστεύω; πείθω 1/37; 분사 현재 능동태 남성 단수 대격(10:43).

πιστεύοντας; πιστεύω; πείθω 1/37; 분사 현재 능동태 남성 복수 대격(22:19).

πιστεύοντες; πιστεύω; πείθω 3/37; 분사 현재 능동태 남성 복수 주격(2:44; 5:14; 9:26).

πιστεῦσαι; πιστεύω; πείθω 2/37; 부정사 부정과거 능동태(14:1; 15:7).

πιστεύσαντες; πιστεύω; πείθω 1/37; 분사 부정과거 능동태 남성 복수 주격(19:2).

πιστευσάντων; πιστεύω; πείθω 1/37; 분사 부정과거 능동태 남성 복수 속격(4:32).

πιστεύσας; πιστεύω; πείθω 1/37; 분사 부정과거 능동태 남성 단수 주격(11:21).

πιστεύσασιν; πιστεύω; πείθω 1/37; 분사 부정과거 능동태 남성 복수 여격(11:17).

πιστεύσητε; πιστεύω; πείθω 1/37; 가정법 부정과거 능동태 2인칭 복수(13:41).

Πίστευσον; πιστεύω; πείθω 1/37; 명령법 부정과거 능동태 2인칭 단수(16:31).

πιστεύσωσιν; πιστεύω; πείθω 1/37; 가정법 부정과거 능동태 3인칭 복수(19:4).

πιστεύω; πιστεύω; πείθω 1/37; 직설법 현재 능동태 1인칭 단수(27:25).

πιστεύων; πιστεύω; πείθω 2/37; 분사 현재 능동태 남성 단수 주격(13:39; 24:14).

πίστεως; πίστις; πείθω 5/15; [명사] 여성 단수 속격(6:5; 11:24; 13:8; 14:27; 24:24); 믿음, 믿을 만한 근거[어떤 일이나 의논, 의견에 그 근본이 됨, 또는 그런 까닭].

πιστὴν; πίστις; πείθω 1/15; [명사] 여성 단수 대격(16:15).

πιστῆς; πιστός; πείθω 1/4; [형용사] 여성 단수 속격(16:1); 신실한[신실하다: 믿음직하고 착실하다], 믿는.

πίστιν; πίστις; πείθω 3/15; [명사] 여성 단수 대격(14:9; 17:31; 20:21).

πίστις; πίστις; πείθω 1/15; [명사] 여성 단수 주격(3:16).

πιστοὶ; πιστός; πείθω 1/4; [형용사] 남성 복수 주격(10:45); 신실한, 믿는.

πλατείας; πλατεῖα; πλατύς 1/1; [명사] 여성 복수 대격(5:15); 넓은 길, 큰 거리, 넓은 거리[예루살렘에서 '넓은 거리'라 불릴 수 있는 길은 북서쪽에 있는 북문('다메섹 문')에서 튀로포에온 계곡을 따라 윌쓴 아치와 로빈슨 아치를 지나 실로암 못 옆의 남쪽 문('분문')까지의 거리이다].

πλεῖν; πλέω 1/4; 부정사 현재 능동태(27:2); 항해하다[배를 타고 바다 위를 다니다].

πλεῖον; πολύς 2/65; [형용사] 중성 단수 대격 비교급(4:17); [부사] 비교급(20:9); 많은, 많이, 여러[수효가 한둘이 아니고 많은], 다양한[다양하다1: 모양, 빛깔, 형태, 양식 따위가 여러 가지로 많다], 큰, 두루[빠짐없이 골고루], 무척1[다른 것과 견줄 수 없이], 심한[심하다: 정도가 지나치다], 한참[시간이 상당히 지나는 동안], 매우1[보통 정도보다 훨씬 더]; [비교급] 한참 동안이나, 추가[추가2: 나중에 더 보탬]적인, 더 많이.

πλεῖόν; πολύς 1/65; [부사] 비교급(24:4).

πλείονα; πολύς 1/65; [형용사] 남성 단수 대격 비교급(18:20).

πλείονας; πολύς 1/65; [형용사] 여성 복수 대격 비교급(27:20).

πλείονες; πολύς 2/65; [형용사] 남성 복수 주격 비교급(27:12; 28:23).

πλειόνων; πολύς 2/65; [형용사] 중성 복수 속격 비교급(4:22; 24:17).

πλείοσιν; πολύς 1/65; [형용사] 남성 복수 여격 비교급(2:40).

πλείους; πολύς 8/65; [형용사] 남성 복수 주격 비교급(19:32; 23:13, 21), 여성 복수 주격 비교급(24:11), 여성 복수 대격 비교급(13:31; 21:10; 25:6, 14).

πλέον; πολύς 1/65; [형용사] 중성 단수 대격 비교급(15:28).

πλέον; πλέω 1/4; 분사 현재 능동태 중성 단수 대격(27:6); 항해하다.

πλέοντας; πλέω 1/4; 분사 현재 능동태 남성 복수 대격(27:24).

πλευρὰν; πλευρά 1/1; [명사] 여성 단수 대격(12:7); 옆구리[가슴과 등 사이의 갈빗대가 있는 부분].

πληγὰς; πληγή; πλήσσω 1/2; [명사] 여성 복수 대격(16:23); 상처2[몸을 다쳐서 부상을 입은 자리], 상처 난 곳.

πληγῶν; πληγή; πλήσσω 1/2; [명사] 여성 복수 속격(16:33).

πλήθη; πλῆθος; πληρόω 1/16; [명사] 중성 복수 주격(5:14); 군중3[한곳에 모인 많은 사람], 회중2[많이 모여 있는 사람들], 청중[강연이나 설교, 음악 따위를 듣기 위하여 모인 사람들], 동아리2[같은 뜻을 가지고 모여서 한패를 이룬 무리], 뭇2[짚, 장작, 채소 따위의 작은 묶음을 세는 단위], 모인 사람.

πλῆθος; πλῆθος; πληρόω 12/16; [명사] 중성 단수 주격(2:6; 5:16; 14:4; 15:12; 17:4; 21:36;

23:7; 25:24), 대격(6:2; 14:1; 15:30; 28:3).

πλήθους; πλῆθος; πληρόω 3/16; [명사] 중성 단수 속격(4:32; 6:5; 19:9).

πληθυνόντων; πληθύνω; πληρόω 1/5; 분사 현재 능동태 남성 복수 속격(6:1); 많아지다, 늘다; [수동태] 확충[늘리고 넓혀 충실하게 함; 넓혀 보충함]되다, 뻗어 나가다.

πλὴν; πλήν; πληρόω 4/4; [비본래적인 전치사; 접속사] (8:1; 15:28; 20:23; 27:22); [+속격] 말고는, 외에는; [접속사] 다만1[다른 것이 아니라 오로지; 단지4] 뿐입니다.

πλήρεις; πλήρης; πληρόω 2/8; [형용사] 남성 복수 주격(19:28), 대격(6:3); 가득[가득1: 감정이나 정서, 생각 따위가 많거나 강한 모양]한, 충만[가득하게 참; 가득 참]한, 열중[한 가지 일에 정신을 쏟음]하는, 정신을 쏟는.

πλήρης; πλήρης; πληρόω 6/8; [형용사] 남성 단수 주격(6:8; 7:55; 11:24), 남성 단수 대격(6:5), 남성 단수 호격(13:10), 여성 단수 주격(9:36).

πληρωθείσης; πληρόω 1/16; 분사 부정과거 수동태 여성 단수 주격(24:27); 차다1[일정한 공간에 사람, 사물, 냄새 따위가 더 들어갈 수 없이 가득하게 되다], 가득하게 되다, 끝마치다[일을 끝내어 마치다], 이루다1[뜻한 대로 되게 하다]; [수동태] 채우다3['차다1'의 사동사], 충만[가득하게 참; 가득 참]하다, 가득 차다, 이뤄지다, 만료되다[기한이 다 차서 끝남], 지나다[시간이 흘러 과거가 되다].

πληρωθέντων; πληρόω 1/16; 분사 부정과거 수동태 중성 복수 속격(7:30).

πληρωθῆναι; πληρόω 1/16; 부정사 부정과거 수동태(1:16).

πληρώσαντες; πληρόω 1/16; 분사 부정과거 능동태 남성 복수 주격(12:25).

πληρώσεις; πληρόω 1/16; 직설법 미래 능동태 2인칭 단수(2:28).

πλησθεὶς; πίμπλημι; πληρόω 2/9; 분사 부정과거 수동태 남성 단수 주격(4:8; 13:9); 가득1[분량이나 수효 따위가 어떤 범위나 한도에 꽉 찬 모양] 차다, ~에게 ~이 충만[충만: 한껏 차서 가득함; 가득 참]하다, 온통[있는 전부] ~해지다; [수동태] ~이 ~으로 충만되다.

πλησθῇς; πίμπλημι; πληρόω 1/9; 가정법 부정과거 수동태 2인칭 단수(9:17).

πλησίον; πλησίον 1/1; [부사, 장소] (7:27); 이웃[가까이 사는 집, 또는 그런 사람].

πλοῖον; πλοῖον; πλέω 9/19; [명사] 중성 단수 주격(21:3), 대격(20:13, 38; 21:2, 6; 27:6, 17, 38, 39); 배2[사람이나 짐 따위를 싣고 물 위로 떠다니도록 나무나 쇠로 만든 물건], 선박2.

πλοίου; πλοῖον; πλέω 6/19; [명사] 중성 단수 속격(27:10, 15, 19, 22, 30, 44).

πλοίῳ; πλοῖον; πλέω 4/19; [명사] 중성 단수 여격(27:2, 31, 37; 28:11).

πλοὸς; πλόος; πλέω 1/3; [명사] 남성 단수 속격(27:9); 항해2[배를 타고 바다 위를 다님; 주항1, 해항1], 항해하기.

πλοῦν; πλόος; πλέω 2/3; [명사] 남성 단수 대격(21:7; 27:10).

πνεούσῃ; πνέω 1/1; 분사 현재 능동태 여성 단수 여격(27:40); 불다1[바람이 일어나서 어느 방향으로 움직이다].

πνεῦμα; πνεῦμα; πνέω 30/70; [명사] 중성 단수 주격(1:16; 2:4; 5:32; 8:18, 29, 39; 10:19, 44; 11:15; 13:2; 16:7; 17:16; 19:2b, 6, 15, 16; 20:23, 28; 21:11; 23:9; 28:25), 대격(5:3, 9; 8:15, 17, 19; 10:47; 15:8; 16:16; 19:2a; 23:8); 영22[=영혼2], 성령2[성삼위 중의 하나인 하나님의 영을 이르는 말로, 기독교 신

자의 영적 생활의 근본적인 힘이 되는 본체이다], 심령[정신의 근원이 되는 의식의 본바탕].

πνεῦμά; πνεῦμα; πνέω 2/70; [명사] 중성 단수 주격(11:12), 대격(7:59).

πνεύματα; πνεῦμα; πνέω 3/70; [명사] 중성 복수 대격(8:7; 19:12, 13).

πνεύματι; πνεῦμα; πνέω 10/70; [명사] 중성 단수 여격(1:5; 6:10; 7:51; 10:38; 11:16; 15:28; 16:18; 18:25; 19:21; 20:22).

πνεύματος; πνεῦμα; πνέω 21/70; [명사] 중성 단수 속격(1:2, 8; 2:4, 33, 38; 4:8, 25, 31; 6:3, 5; 7:55; 9:17, 31; 10:45; 11:24, 28; 13:4, 9, 52; 16:6; 21:4).

πνεύματός; πνεῦμα; πνέω 2/70; [명사] 중성 단수 속격(2:17, 18).

πνευμάτων; πνεῦμα; πνέω 1/70; [명사] 중성 복수 속격(5:16).

πνικτὸν; πνικτός; πνίγω 1/3; [형용사] 중성 단수 대격(21:25); 목매단[목매달다: 죽거나 죽이려고 끈이나 줄 같은 것으로 높은 곳에 목을 걸어 매달다; 목매다].

πνικτοῦ; πνικτός; πνίγω 1/3; [형용사] 중성 단수 속격(15:20).

πνικτῶν; πνικτός; πνίγω 1/3; [형용사] 중성 복수 속격(15:29).

πνοὴν; πνοή; πνέω 1/2; [명사] 여성 단수 대격(17:25); 숨1[사람이나 동물이 코 또는 입으로 공기를 들이마시고 내쉬는 기운, 또는 그렇게 하는 일], 호흡[숨을 쉼, 또는 그 숨], 숨소리[숨을 쉬는 소리].

πνοῆς; πνοή; πνέω 1/2; [명사] 여성 단수 속격(2:2).

πόδας; πούς 11/19; [명사] 남성 복수 대격(4:35, 37; 5:2, 10; 7:58; 10:25; 14:10; 16:24; 21:11; 22:3; 26:16); 발1[사람이나 동물의 다리 맨 끝 부분].

–ἐπὶ τοὺς πόδας (10:25; 14:10; 26:16); 발로, 납작1[몸을 바닥에 바짝 대고 냉큼 엎드리는 모양].

–παρὰ τοὺς πόδας (4:35; 5:2; 7:58; 22:3); 발치[발치1: 발이 있는 쪽]에.

πόδες; πούς 1/19; [명사] 남성 복수 주격(5:9).

ποδὸς; πούς 1/19; [명사] 남성 단수 속격(7:5).

ποδῶν; πούς 5/19; [명사] 남성 복수 속격(2:35; 7:33, 49; 13:25, 51).

ποίᾳ; ποῖος; οἷος 1/4; [의문 대명사] 여성 단수 여격(4:7a); 어느1[여럿 가운데 대상이 되는 것이 무엇인지 물을 때 쓰는 말], 무슨[무엇인지 모르는 일이나 대상, 물건 따위를 물을 때 쓰는 말], 누구[잘 모르는 사람을 가리키는 인칭 대명사].

ποίας; ποῖος; οἷος 1/4; [의문 대명사] 여성 단수 속격(23:34).

ποιεῖν; ποιέω 6/68; 부정사 현재 능동태(1:1; 7:19; 9:6; 16:21, 30; 22:26); 만들다[노력이나 기술 따위를 들여 목적하는 사물을 이루다], 삼다2[무엇을 무엇이 되게 하거나 여기다], 짓다1[재료를 들여 밥, 옷, 집 따위를 만들다], 행하다[어떤 일을 실제로 해 나가다], 실행하다2[실제로 행하다], [일을] 하다, 시행하다1[실지로 행하다], 이루다1[어떤 대상이 일정한 상태나 결과를 생기게 하거나 일으키거나 만들다], 조치[조치4: 벌어지는 사태를 잘 살펴서 필요한 대책을 세워 행함, 또는 그 대책]를 취하다, 선사하다5[존경, 친근, 애정의 뜻을 나타내기 위하여 남에게 선물을 주다], ~게 하다, 계산하다[수를 헤아리다], 이러하다['이렇다: 상태, 모양, 성질 따위가 이와 같다'의 본말], 지내다1[사람이 어떤 장소에서 생활을 하면서 시간이 지나가는 상태가 되게 하다].

ποιεῖτε; ποιέω 2/68; 직설법 현재 능동태 2인칭 복수(14:15; 21:13).

ποιῆσαι; ποιέω 5/68; 부정사 부정과거 능동태(4:28; 5:34; 7:44; 22:10; 26:28).

ποιησάμενοι; ποιέω 1/68; 분사 부정과거 중간태 남성 복수 주격(23:13).

ποιησάμενος; ποιέω 1/68; 분사 부정과거 중간태 남성 단수 주격(25:17).

ποιήσαντες; ποιέω 2/68; 분사 부정과거 능동태 남성 복수 주격(15:33; 23:12).

ποιήσας; ποιέω 6/68; 분사 부정과거 능동태 남성 단수 주격(4:24; 7:36; 17:24; 18:23; 20:3; 28:17).

ποιήσει; ποιέω 1/68; 직설법 미래 능동태 3인칭 단수(13:22).

Ποίησον; ποιέω 1/68; 명령법 부정과거 능동태 2인칭 단수(7:40).

ποίησον; ποιέω 1/68; 명령법 부정과거 능동태 2인칭 단수(21:23).

ποιήσω; ποιέω 1/68; 가정법 부정과거 능동태 1인칭 단수(22:10).

ποιήσωμεν; ποιέω 2/68; 가정법 부정과거 능동태 1인칭 복수(2:37; 4:16).

ποιήσων; ποιέω 1/68; 분사 미래 능동태 남성 단수 주격(24:17).

ποιητῶν; ποιητής; ποιέω 1/1; [명사] 남성 복수 속격(17:28); 시인10[시를 전문적으로 짓는 사람].

ποιμαίνειν; ποιμαίνω; ποιμήν 1/1; 부정사 현재 능동태(20:28); 목양[목양2: 양을 침]하다1.

ποιμνίου; ποίμνιον; ποιμήν 1/2; [명사] 중성 단수 속격(20:29); 양 떼1[목적이나 행동을 같이하는 무리], 양무리[사전에 없는 표현이지만, 가축이 아니라 성도들을 가리키는 것을 부각시키려고 '양무리'라는 표현을 사용한다].

ποιμνίῳ; ποίμνιον; ποιμήν 1/2; [명사] 중성 단수 여격(20:28).

ποῖον; ποῖος; οἶος 1/4; [의문 대명사] 남성 단수 대격(7:49); 어느1[여럿 가운데 대상이 되는 것이 무엇인지 물을 때 쓰는 말], 무슨[무엇인지 모르는 일이나 대상, 물건 따위를 물을 때 쓰는 말], 누구[잘 모르는 사람을 가리키는 인칭 대명사].

ποιοῦμαι; ποιέω 1/68; 직설법 현재 중간태 1인칭 단수(20:24); 만들다, 삼다2, 짓다1, 행하다, 실행하다2, [일을] 하다, 시행하다1, 이루다1, 조치를 취하다, 선사하다5, ~게 하다, 계산하다, 이러하다, 지내다1.

ποιοῦντα; ποιέω 1/68; 분사 현재 능동태 남성 단수 대격(24:12).

ποιοῦντες; ποιέω 2/68; 분사 현재 능동태 남성 복수 주격(19:14; 25:3).

ποίῳ; ποῖος; οἶος 1/4; [의문 대명사] 중성 단수 여격(4:7b); 어느1, 무슨, 누구.

ποιῶν; ποιέω 3/68; 분사 현재 능동태 남성 단수 주격(10:2; 15:17; 19:24); 만들다, 삼다2, 짓다1, 행하다, 실행하다2, [일을] 하다, 시행하다1, 이루다1, 조치를 취하다, 선사하다5, ~게 하다, 계산하다, 이러하다, 지내다1.

πόλει; πόλις 9/43; [명사] 여성 단수 여격(4:27; 8:8, 9; 10:9; 11:5; 16:12; 18:10; 21:29; 22:3); 성8[예전에, 적을 막기 위하여 흙이나 돌 따위로 높이 쌓아 만든 담, 또는 그런 담으로 둘러싼 구역], 도시3[일정한 지역의 정치·경제·문화의 중심이 되는, 사람이 많이 사는 지역], 시6[도시를 중심으로 하는 지방 행정 구역의 하나].

πόλεις; πόλις 4/43; [명사] 여성 복수 대격(8:40; 14:6; 16:4; 26:11).

πόλεων; πόλις 1/43; [명사] 여성 복수 속격(5:16).

πόλεως; πόλις 10/43; [명사] 여성 단수 속격(7:58; 13:50; 14:4, 13, 19; 16:14, 39; 21:5, 39; 25:23).

Πόλιν; πόλις 1/43; [명사] 여성 단수 대격(16:11); 첫글자가 대문자로 쓰인 이 단어는 '새로운 도시'라는 의미를 가진 네압볼리[네아폴리스: 빌립보에서 동남쪽으로 15km 정도 떨어진 항구도시로 현재 그리스 영토이다. 오늘날 카발라(Kavalla)

라고 불린다.]의 '볼리'에 해당하는 단어이다.

πόλιν; πόλις 13/43; [명사] 여성 단수 대격(8:5; 9:6; 12:10; 14:20, 21; 15:21, 36; 16:20; 17:5, 16; 19:35; 20:23; 24:12).

πόλις; πόλις 5/43; [명사] 여성 단수 주격(13:44; 16:12; 19:29; 21:30; 27:8).

πολιτάρχας; πολιτάρχης; πόλις, ἄρχω 2/2; [명사] 남성 복수 대격(17:6, 8); 도시 행정관1[국가의 행정 사무를 맡아보는 모든 관리].

πολιτείαν; πολιτεία; πόλις 1/1; [명사] 여성 단수 대격(22:28); 시민권[시민으로서의 행동, 사상, 재산, 신앙의 자유가 보장되고 정치에 참여할 수 있는 권리].

πολίτης; πολίτης; πόλις 1/1; [명사] 남성 단수 주격(21:39); 시민[그 시에 사는 사람].

πολλά; πολύς 2/65; [형용사] 중성 복수 주격(2:43; 26:24); 많은, 많이, 여러[수효가 한둘이 아니고 많은], 다양한[다양하다1: 모양, 빛깔, 형태, 양식 따위가 여러 가지로 많다], 큰, 두루[빠짐없이 골고루], 무척1[다른 것과 견줄 수 없이], 심한[심하다: 정도가 지나치다], 한참[시간이 상당히 지나는 동안], 매우1[보통 정도보다 훨씬 더]; [비교급] 한참 동안이나, 추가[추가2: 나중에 더 보탬]적인, 더 많이.

πολλὰ; πολύς 3/65; [형용사] 중성 복수 주격(5:12), 대격(25:7; 26:9).

πολλαῖς; πολύς 1/65; [형용사] 여성 복수 여격(28:10).

πολλάκις; πολλάκις; πολύς 1/1; [부사] (26:11); 자주1[같은 일을 잇따라 잦게].

πολλάς; πολύς 2/65; [형용사] 여성 복수 대격(8:25; 16:23); 많은, 많이, 여러, 다양한, 큰, 두루, 무척1, 심한, 한참, 매우1; [비교급] 한참 동안이나, 추가적인, 더 많이.

πολλὰς; πολύς 3/65; [형용사] 여성 복수 대격(1:5; 10:2; 16:18).

πολλὴ; πολύς 1/65; [형용사] 여성 단수 주격(8:8).

πολλὴν; πολύς 1/65; [형용사] 여성 단수 대격(16:16).

Πολλῆς; πολύς 3/65; [형용사] 여성 단수 속격(23:10; 24:2; 27:21).

πολλῆς; πολύς 4/65; [형용사] 여성 단수 속격(15:7; 21:40; 25:23; 27:10).

πολλοί; πολύς 1/65; [형용사] 남성 복수 주격(19:18).

πολλοὶ; πολύς 7/65; [형용사] 남성 복수 주격(4:4; 8:7[2회]; 9:42; 13:43; 17:12; 18:8).

πολλοῖς; πολύς 1/65; [형용사] 중성 복수 여격(1:3).

πολλοῦ; πολύς 2/65; [형용사] 남성 단수 속격(15:32), 중성 단수 속격(22:28).

πολλούς; πολύς 2/65; [형용사] 남성 복수 대격(10:27; 26:10).

πολλῷ; πολύς 1/65; [형용사] 남성 단수 여격(20:2).

πολλῶν; πολύς 4/65; [형용사] 남성 복수 속격(9:13; 15:35), 여성 복수 속격(14:22), 중성 복수 속격(24:10).

πολύ; πολύς 1/65; [형용사] 중성 단수 주격(17:4).

πολὺ; πολύς 4/65; [형용사] 중성 단수 대격(14:1; 27:14; 28:6); [부사] (18:27).

πολύς; πολύς 2/65; [형용사] 남성 단수 주격(6:7; 11:21).

πολὺς; πολύς 1/65; [형용사] 명사 단수 주격(18:10).

πονηρὰ; πονηρός; πόνος 2/8; [형용사] 중성 복수 대격(19:12, 13); 나쁜[나쁘다1: 좋지 아니하다], 악한[악하다: 인간의 도덕적 기준에 어긋나 나쁘다].

πονηριῶν; πονηρία; πόνος 1/1; [명사] 여성 복수 속격(3:26); 불의2[의리, 도의, 정의 따위에 어긋남], 불의한 짓1[몸을 놀려 움직이는 동작으로, 주로 좋지 않은 행

위나 행동을 이른다].

πονηρόν; πονηρός; πόνος 3/8; [형용사] 중성 단수 주격(18:14; 19:16), 대격(28:21).

πονηρὸν; πονηρός; πόνος 1/8; [형용사] 중성 단수 주격(19:15).

πονηροὺς; πονηρός; πόνος 1/8; [형용사] 남성 복수 대격(17:5).

πονηρῶν; πονηρός; πόνος 1/8; [형용사] 중성 복수 속격(25:18).

Ποντικὸν; Ποντικός 1/1; [형용사] 남성 단수 대격(18:2); 본도의.

Πόντιος; Πόντιος 1/1; [명사] 남성 단수 주격(4:27); 본디오['바다의, 바다에서'라는 의미로 '본디오 빌라도'의 둘째 이름 즉, 족명으로 족벌을 나타낸다].

Πόντον; Πόντος; πόντος 1/1; [명사] 남성 단수 대격(2:9); 본도['바다'라는 의미를 가진 본도는 현재 터키 북쪽지방으로 흑해 남쪽 해안지역이다].

Ποπλίου; Πόπλιος 1/2; [명사] 남성 단수 속격(28:8); 보블리오[첫째 이름으로 개인 이름이다].

Ποπλίῳ; Πόπλιος 1/2; [명사] 남성 단수 여격(28:7).

πορεύεσθαι; πορεύομαι 6/37; 부정사 현재 이태중간(9:3; 14:16; 17:14; 19:21; 20:1; 25:20); 가다1[한 곳에서 다른 곳으로 장소를 이동하다], 나가다[일정한 지역이나 공간의 범위와 관련하여 그 안에서 밖으로 이동하다], 길을 떠나다, 가 있다, 진행[진행2: 앞으로 향하여 나아감]하다, 진보[진보2: 정도나 수준이 나아지거나 높아짐]하다.

Πορεύεσθε; πορεύομαι 1/37; 명령법 현재 이태중간 2인칭 복수(5:20).

πορεύεσθε; πορεύομαι 1/37; 명령법 현재 이태중간 2인칭 복수(16:36).

πορευθέντι; πορεύομαι 1/37; 분사 부정과거 이태수동 남성 단수 여격(27:3).

πορευθῆναι; πορεύομαι 2/37; 부정사 부정과거 이태수동(1:25; 16:7).

Πορεύθητι; πορεύομαι 1/37; 명령법 부정과거 이태수동 2인칭 단수(28:26).

πορεύθητι; πορεύομαι 1/37; 명령법 부정과거 이태수동 2인칭 단수(9:11).

πορευθῶσιν; πορεύομαι 1/37; 가정법 부정과거 이태수동 3인칭 복수(23:23).

πορεύομαι; πορεύομαι 1/37; 직설법 현재 이태중간 1인칭 단수(20:22).

πορευομένη; πορεύομαι 1/37; 분사 현재 이태중간 여성 단수 주격(9:31).

πορευόμενον; πορεύομαι 1/37; 분사 현재 이태중간 남성 단수 대격(1:11).

πορευόμενος; πορεύομαι 1/37; 분사 현재 이태중간 남성 단수 주격(26:12).

πορευομένου; πορεύομαι 1/37; 분사 현재 이태중간 남성 단수 속격(1:10).

πορευομένους; πορεύομαι 1/37; 분사 현재 이태중간 남성 복수 대격(26:13).

πορευομένῳ; πορεύομαι 1/37; 분사 현재 이태중간 남성 단수 여격(22:6).

πορευομένων; πορεύομαι 1/37; 분사 현재 이태중간 남성 복수 속격(16:16).

Πορεύου; πορεύομαι 2/37; 명령법 현재 이태중간 2인칭 단수(9:15; 22:21).

πορεύου; πορεύομαι 4/37; 명령법 현재 이태중간 2인칭 단수(8:26; 10:20; 22:10; 24:25).

πορεύσῃ; πορεύομαι 1/37; 직설법 미래 이태중간 2인칭 단수(25:12).

πορεύσομαι; πορεύομαι 1/37; 직설법 미래 이태중간 1인칭 단수(18:6).

πορθήσας; πορθέω 1/1; 분사 부정과거 능동태 남성 단수 주격(9:21); 짓밟다[남의 인격이나 권리 따위를 침해하다].

Πόρκιον; Πόρκιος 1/1; [명사] 남성 단수 대격(24:27); 보르기오['보르기오 베스도'의 둘째 이름으로 고대 로마 씨족의 이름이다].

πορνείαν; πορνεία; πόρνη 1/3; [명사] 여성 단수 대격(21:25); 음행[음란한 짓을 함, 또는 그런 행실].

πορνείας; πορνεία; πόρνη 2/3; [명사] 여성 단수 속격(15:20, 29).

πορφυρόπωλις; πορφυρόπωλις; πορφύρα, πωλέω 1/1; [명사] 여성 단수 주격(16:14); 자주색 옷감 장수.

πόσαι; πόσος; ὅς 1/1; [의문 대명사] 여성 복수 주격(21:20); 수26['몇', '여러', '약간'의 뜻을 나타내는 말], 수-35['몇', '여러', '약간'의 뜻을 더하는 접두사].

ποσὶν; πούς 1/19; [명사] 남성 복수 여격(14:8); 발1[사람이나 동물의 다리 맨 끝 부분].

ποταμὸν; ποταμός; πίνω 1/1; [명사] 남성 단수 대격(16:13); 강1[넓고 길게 흐르는 큰 물줄기].

Ποτιόλους; Ποτίολοι 1/1; [명시] 남성 복수 대격(28:13); 보디올[보디올리: 이탈리아 서쪽 해안 도시로 로마에서 남쪽으로 208km 정도 떨어져 있다].

που; πού; ποῦ 1/1; [불변화사] (27:29); 어떤 곳.

πρᾶγμα; πρᾶγμα; πράσσω 1/1; [명사] 중성 단수 대격(5:4); 소행1[이미 해 놓은 일이나 짓; 소위5], 짓1[몸을 놀려 움직이는 동작으로, 주로 좋지 않은 행위나 행동을 이른다].

πραθὲν; πιπράσκω 1/3; 분사 부정과거 수동태 중성 단수 주격(5:4); 팔다[값을 받고 물건이나 권리 따위를 남에게 넘기거나 노력 따위를 제공하다].

πραιτωρίῳ; πραιτώριον 1/1; [명사] 중성 단수 여격(23:35); 관저[정부에서 장관급 이상의 고관들이 살도록 마련한 집; '헤롯 관저'는 헤롯대왕이 가이사랴에 세운 궁전으로 총독 관저로 사용되던 건물을 지칭한다].

πρᾶξαι; πράσσω 1/13; 부정사 부정과거 능동태(26:9); 하다1[사람이나 동물, 물체 따위가 행동이나 작용을 이루다], 행동하다[몸을 움직여 동작을 하거나 어떤 일을 하다], 행동을 하다, 처하다[어떤 형편이나 처지에 놓이다].

πραξάντων; πράσσω 1/13; 분사 부정과거 능동태 남성 복수 속격(19:19).

πράξεις; πρᾶξις; πράσσω 1/1; [명사] 여성 복수 대격(19:18); 행동[몸을 움직여 동작을 하거나 어떤 일을 함].

πράξετε; πράσσω 1/13; 직설법 미래 능동태 2인칭 복수(15:29); 하다1, 행동하다, 행동을 하다, 처하다.

πράξῃς; πράσσω 1/13; 가정법 부정과거 능동태 2인칭 단수(16:28).

πράσσει; πράσσω 1/13; 직설법 현재 능동태 3인칭 단수(26:31).

πράσσειν; πράσσω 2/13; 부정사 현재 능동태(5:35; 19:36).

πράσσοντας; πράσσω 1/13; 분사 현재 능동태 남성 복수 대격(26:20).

πράσσουσιν; πράσσω 1/13; 직설법 현재 능동태 3인칭 복수(17:7).

πρεσβυτέριον; πρεσβυτέριον; πρεσβύτης 1/1; [명사] 중성 단수 주격(22:5); 장로의 회, 장로 회의[산헤드린 공회].

πρεσβύτεροι; πρεσβύτερος; πρεσβύτης 7/18; [형용사, 비교급] 남성 복수 주격(2:17; 4:8, 23; 15:6, 23; 21:18; 25:15); 장로1[나이가 많고 학문과 덕이 높은 사람], 늙은이[나이가 많아 중년이 지난 사람; 노인네], 노인장['노인1'을 높여 이르는 말].

πρεσβυτέροις; πρεσβύτερος; πρεσβύτης 2/18; [형용사, 비교급] 남성 복수 여격(15:22; 23:14).

πρεσβυτέρους; πρεσβύτερος; πρεσβύτης 6/18; [형용사, 비교급] 남성 복수 대격(4:5; 6:12; 11:30; 14:23; 15:2; 20:17).

πρεσβυτέρων; πρεσβύτερος; πρεσβύτης 3/18; [형용사, 비교급] 남성 복수 속격(15:4; 16:4; 24:1).

πρηνὴς; πρηνής; πρό 1/1; [형용사] 남성 단수 주격(1:18); 곤두박질[몸이 뒤집혀 갑자기 거꾸로 내리박히는 일]하다, 거꾸로 내리박히다.

πρὶν; πρίν; πρό 3/3; [종위 접속사, 시간] (2:20; 7:2; 25:16); 전에, 전이다.

−πρὶν ἤ (7:2; 25:16); 이전3[기준이 되는 때를 포함하여 그 전].

Πρίσκιλλα; Πρίσκιλλα 2/3; [명사] 여성 단수 주격(18:18, 26); 브리스길라.

Πρίσκιλλαν; Πρίσκιλλα 1/3; [명사] 여성 단수 대격(18:2).

πρὸ; πρό 7/7; [전치사] (5:36; 12:6, 14; 13:24; 14:13; 21:38; 23:15); [+속격] 앞에서, 앞에.

προαγαγεῖν; προάγω; πρό, ἄγω 2/4; 부정사 부정과거 능동태(12:6; 17:5); 이끌어[이끌다: 사람, 단체, 사물, 현상 따위를 인도하여 어떤 방향으로 나가게 하다] 내다, 끌어[끌다: =이끌다] 내다.

προαγαγὼν; προάγω; πρό, ἄγω 1/4; 분사 부정과거 능동태 남성 단수 주격(16:30).

προβαλόντων; προβάλλω; πρό, βάλλω 1/1; 분사 부정과거 능동태 남성 복수 속격(19:33); 앞으로 밀어내다[힘이나 압력을 가하여 물러나게 하다].

πρόβατον; πρόβατον; πρό, βαίνω 1/1; [명사] 중성 단수 주격(8:32); 양5[가축인 양과 야생의 양을 통틀어 이르는 말이다].

προγινώσκοντές; προγινώσκω; πρό, γινώσκω 1/1; 분사 현재 능동태 남성 복수 주격(26:5); 이미1[다 끝나거나 지난 일을 이를 때 쓰는 말; 벌써, 앞서] 알다.

προγνώσει; πρόγνωσις; πρό, γινώσκω 1/1; [명사] 여성 단수 여격(2:23); 예지4[어떤 일이 일어나기 전에 미리 앎], 미리 앎.

προδόται; προδότης; πρό, δίδωμι 1/1; [명사] 남성 복수 주격(7:52); 배반자[배반한 사람].

προεῖπεν; προλέγω; πρό, λέγω 1/1; 직설법 부정과거 능동태 3인칭 단수(1:16); 미리1[어떤 일이 생기기 전에, 또는 어떤 일을 하기에 앞서] 말하다.

προελθόντες; προέρχομαι; πρό, ἔρχομαι 2/3; 분사 부정과거 능동태 남성 복수 주격(20:5, 13); 먼저[시간적으로나 순서상으로 앞서서] 가다.

προέπεμπον; προπέμπω; πρό, πέμπω 1/3; 직설법 미완료 능동태 3인칭 복수(20:38); 배웅하다[떠나가는 손님을 일정한 곳까지 따라 나가서 작별하여 보내다]; [수동태] 배웅을 받은.

προέτειναν; προτείνω; πρό, τείνω 1/1; 직설법 부정과거 능동태 3인칭 복수(22:25); 뻗다[어떤 것에 미치게 길게 내밀다], 펴다[굽은 것을 곧게 하다, 또는 움츠리거나 구부리거나 오므라든 것을 벌리다], 뻗히다['뻗다: 오므렸던 것을 펴다'의 피동사].

προεχειρίσατό; προχειρίζω; πρό, χείρ 1/3; 직설법 부정과거 중간태 3인칭 단수(22:14); 선택하다[여럿 가운데서 필요한 것을 골라 뽑다]; [수동태] 선택되다.

προεωρακότες; προοράω; πρό, ὁράω 1/3; 분사 완료 능동태 남성 복수 주격(21:29); 전[전8: '이전'의 뜻을 나타내는 말]에 보다, 미리 보다.

προήγαγον; προάγω; πρό, ἄγω 1/4; 직설법 부정과거 능동태 1인칭 단수(25:26); 이끌어 내다.

προῆλθον; προέρχομαι; πρό, ἔρχομαι 1/3; 직설법 부정과거 능동태 3인칭 복수(12:10); 먼저 가다.

προθέσει; πρόθεσις; πρό, τίθημι 1/2; [명사] 여성 단수 여격(11:23); 뜻한 바.

προθέσεως; πρόθεσις; πρό, τίθημι 1/2; [명사] 여성 단수 속격(27:13).

προθυμίας; προθυμία; πρό, θυμός 1/1; [명사] 여성 단수 속격(17:11); 열정2[어떤 일에 열

렬한 애정을 가지고 열중하는 마음].

προϊδὼν; προοράω; πρό, ὁράω 1/3; 분사 부정과거 능동태 남성 단수 주격(2:31); 전[전8: '이전'의 뜻을 나타내는 말]에 보다, 미리 보다.

προκαταγγείλαντας; προκαταγγέλλω; πρό, κατά, ἄγγελος 1/2; 분사 부정과거 능동태 남성 복수 대격(7:52); 예고하다[미리 알리다].

προκατήγγειλεν; προκαταγγέλλω; πρό, κατά, ἄγγελος 1/2; 직설법 부정과거 능동태 3인칭 단수(3:18).

προκεχειρισμένον; προχειρίζω; πρό, χείρ 1/3; 분사 완료 수동태 남성 단수 대격(3:20); 선택하다[여럿 가운데서 필요한 것을 골라 뽑다]; [수동태] 선택되다.

προκεχειροτονημένοις; προχειροτονέω; πρό, χείρ, τείνω 1/1; 분사 완료 수동태 남성 복수 여격(10:41); 미리[어떤 일이 생기기 전에, 또는 어떤 일을 하기에 앞서] 선택하다.

προκηρύξαντος; προκηρύσσω; πρό, κηρύσσω 1/1; 분사 부정과거 능동태 남성 단수 속격(13:24); 공개적으로 전하다.

προνοίας; πρόνοια; πρό, νοῦς 1/1; [명사] 여성 단수 속격(24:2); 예지3[사물의 이치를 꿰뚫어 보는 지혜롭고 밝은 마음].

Προορώμην; προοράω; πρό, ὁράω 1/3; 직설법 미완료 중간태 1인칭 단수(2:25); 전[전8: '이전'의 뜻을 나타내는 말]에 보다, 미리 보다.

προπεμπόντων; προπέμπω; πρό, πέμπω 1/3; 분사 현재 능동태 남성 복수 속격(21:5); 배웅하다[떠나가는 손님을 일정한 곳까지 따라 나가서 작별하여 보내다]; [수동태] 배웅을 받은

προπεμφθέντες; προπέμπω; πρό, πέμπω 1/3; 분사 부정과거 수동태 남성 복수 주격(15:3).

προπετὲς; προπετής; πρό, πίπτω 1/1; [형용사] 중성 단수 대격(19:36); 경솔한[경솔하다: 말이나 행동이 조심성 없이 가볍다].

προπορεύσονται; προπορεύομαι; πρό, πορεύομαι 1/1; 직설법 미래 이태중간 3인칭 복수(7:40); 앞서[남보다 먼저] 가다.

πρός; πρός 9/133; [전치사] (11:11; 19:38; 22:8, 10, 13, 21; 23:22; 24:12; 26:14); [+대격] 로7[움직임의 방향을 나타내는 격 조사].

πρὸς; πρός 124/133; [전치사].

προσαγαγόντες; προσάγω; πρός, ἄγω 1/2; 분사 부정과거 능동태 남성 복수 주격(16:20); 데려가다[함께 거느리고 가다], 모시고 나가다, 다가오다[어떤 대상이 있는 쪽으로 더 가까이 옮기어 오다].

προσάγειν; προσάγω; πρός, ἄγω 1/2; 부정사 현재 능동태(27:27).

προσαπειλησάμενοι; προσαπειλέω; πρός, ἀπειλή 1/1; 분사 부정과거 중간태 남성 복수 주격(4:21); 으름장[말과 행동으로 위협하는 짓]을 놓다.

προσδεόμενός; προσδέομαι; πρός, δέομαι 1/1; 분사 현재 이태중간 남성 단수 주격(17:25); [+속격] 고대하다1[몹시 기다리다].

προσδεχόμενοι; προσδέχομαι; πρός, δέχομαι 1/2; 분사 현재 이태중간 남성 복수 주격(23:21); 받아들이다[다른 사람의 요구, 성의, 말 따위를 들어주다], 기다리다[어떤 사람이나 때가 오기를 바라다].

προσδέχονται; προσδέχομαι; πρός, δέχομαι 1/2; 직설법 현재 이태중간 3인칭 복수

(24:15).

προσδοκίας; προσδοκία; πρός, δοκέω 1/1; [명사] 여성 단수 속격(12:11); 기대3[어떤 일이 이루어지기를 바라고 기다림].

προσδοκῶν; προσδοκάω; πρός, δοκέω 2/5; 분사 현재 능동태 남성 단수 주격(3:5; 10:24); 예상하다[어떤 일을 직접 당하기 전에 미리 생각하여 두다], 기다리다[어떤 사람이나 때가 오기를 바라다].

προσδοκῶντες; προσδοκάω; πρός, δοκέω 1/5; 분사 현재 능동태 남성 복수 주격(27:33).

προσδοκώντων; προσδοκάω; πρός, δοκέω 1/5; 분사 현재 능동태 남성 복수 속격(28:6).

προσδραμὼν; προστρέχω; πρός, τρέχω 1/1; 분사 부정과거 능동태 남성 단수 주격(8:30); 달려가다[달음질하여 빨리 가다].

προσεδόκων; προσδοκάω; πρός, δοκέω 1/5; 직설법 미완료 능동태 3인칭 복수(28:6); 예상하다, 기다리다.

προσέθετο; προστίθημι; πρός, τίθημι 1/6; 직설법 부정과거 중간태 3인칭 단수(12:3); 보태다[이미 있던 것을 더하여 많아지게 하다], 더하다[더 보태어 늘리거나 많게 하다], 착수[착수3: 어떤 일에 손을 댐, 또는 어떤 일을 시작함]하다2, 일을 시작하다; [수동태] 보태지다, 합류[일정한 목적을 위하여 다른 사람, 단체, 당파 따위와 하나로 합쳐 행동을 같이함]되다.

προσεῖχον; προσέχω; πρός, ἔχω 3/6; 직설법 미완료 능동태 3인칭 복수(8:6, 10, 11); 주의를 기울이다[정성이나 노력 따위를 한곳으로 모으다].

προσεκληρώθησαν; προσκληρόω; πρός, κληρόω 1/1; 직설법 부정과거 수동태 3인칭 복수(17:4); 합류하다[일정한 목적을 위하여 다른 사람, 단체, 당파 따위와 하나로 합쳐 행동을 같이하다]; [수동태] 합류되다.

προσεκλίθη; προσκλίνω; πρός, κλίνω 1/1; 직설법 부정과거 수동태 3인칭 단수(5:36); [수동태] 좇다1[남의 말이나 뜻을 따르다].

προσεκύνησεν; προσκυνέω; πρός, κυνέω 1/4; 직설법 부정과거 능동태 3인칭 단수(10:25); 예배[를] 드리다, 제사 지내다, 경배[경배2: 존경하여 공손히 절함]하다1, 절하다, 절을 올리다.

προσελάβοντο; προσλαμβάνω; πρός, λαμβάνω 3/5; 직설법 부정과거 중간태 3인칭 복수(18:26; 27:36; 28:2); 맞이하다[오는 것을 받다], 받아먹다[사람이나 동물이 남이 주는 것을 먹다], 섭취[생물체가 양분 따위를 몸속에 빨아들이는 일]하다, 부르다1[청하여 오게 하다].

Πρόσελθε; προσέρχομαι; πρός, ἔρχομαι 1/10; 명령법 부정과거 능동태 2인칭 단수(8:29); 에게로 가다, 에게로 오다, 다가가다[어떤 대상 쪽으로 가까이 가다], 다가오다, 가까이 가다, 접근하다[가까이 다가가다], 들어서다[밖에서 안쪽으로 옮겨 서다].

προσελθόντες; προσέρχομαι; πρός, ἔρχομαι 1/10; 분사 부정과거 능동태 남성 복수 주격(23:14).

προσελθὼν; προσέρχομαι; πρός, ἔρχομαι 3/10; 분사 부정과거 능동태 남성 단수 주격(9:1; 22:26, 27).

προσέπεσεν; προσπίπτω; πρός, πίπτω 1/1; 직설법 부정과거 능동태 3인칭 단수(16:29); 앞에 엎드리다[상반신을 아래로 매우 굽히거나 바닥에 대다].

προσέρχεσθαι; προσέρχομαι; πρός, ἔρχομαι 1/10; 부정사 현재 이태중간(10:28); 에게로

가다, 에게로 오다, 다가가다, 다가오다, 가까이 가다, 접근하다, 들어서다.

προσερχομένου; προσέρχομαι; πρός, ἔρχομαι 1/10; 분사 현재 이태중간 남성 단수 속격(7:31).

προσέταξεν; προστάσσω; πρός, τάσσω 1/3; 직설법 부정과거 능동태 3인칭 단수(10:48); 할당하다[몫을 갈라 나누다], 부여하다2[나누어 주다], 맡기다['맡다1'의 사동사]; [수동태] 부여되다2[나누어 주어지다].

προσετέθη; προστίθημι; πρός, τίθημι 2/6; 직설법 부정과거 수동태 3인칭 단수(11:24; 13:36); 보태다[이미 있던 것을 더하여 많아지게 하다], 더하다[더 보태어 늘리거나 많게 하다], 착수[착수3: 어떤 일에 손을 댐, 또는 어떤 일을 시작함]하다2, 일을 시작하다; [수동태] 보태지다, 합류[일정한 목적을 위하여 다른 사람, 단체, 당파 따위와 하나로 합쳐 행동을 같이함]되다, 함께하게[함께하다: =같이하다: 서로 어떤 뜻이나 행동 또는 때 따위를 동일하게 가지다] 되다.

προσετέθησαν; προστίθημι; πρός, τίθημι 1/6; 직설법 부정과거 수동태 3인칭 복수(2:41).

προσετίθει; προστίθημι; πρός, τίθημι 1/6; 직설법 미완료 능동태 3인칭 단수(2:47).

προσετίθεντο; προστίθημι; πρός, τίθημι 1/6; 직설법 미완료 수동태 3인칭 복수(5:14).

προσευξάμενοι; προσεύχομαι; πρός, εὔχομαι 5/16; 분사 부정과거 이태중간 남성 복수 주격(1:24; 6:6; 13:3; 14:23; 21:5); 기도하다, 기도를 드리다.

προσευξάμενος; προσεύχομαι; πρός, εὔχομαι 1/16; 분사 부정과거 이태중간 남성 단수 주격(28:8).

προσεύξασθαι; προσεύχομαι; πρός, εὔχομαι 1/16; 부정사 부정과거 이태중간(10:9).

προσευχαί; προσευχή; πρός, εὔχομαι 1/9; [명사] 여성 복수 주격(10:4); 기도3[인간보다 능력이 뛰어나다고 생각하는 어떠한 절대적 존재에게 빎, 또는 그런 의식], 기도 모임, 기도할 곳.

προσευχαῖς; προσευχή; πρός, εὔχομαι 1/9; [명사] 여성 복수 여격(2:42).

προσεύχεται; προσεύχομαι; πρός, εὔχομαι 1/16; 직설법 현재 이태중간 3인칭 단수(9:11); 기도하다, 기도를 드리다.

προσευχῇ; προσευχή; πρός, εὔχομαι 2/9; [명사] 여성 단수 여격(1:14; 6:4); 기도3, 기도 모임, 기도할 곳.

προσευχὴ; προσευχή; πρός, εὔχομαι 2/9; [명사] 여성 단수 주격(10:31; 12:5).

προσευχὴν; προσευχή; πρός, εὔχομαι 2/9; [명사] 여성 단수 대격(16:13, 16).

προσευχῆς; προσευχή; πρός, εὔχομαι 1/9; [명사] 여성 단수 속격(3:1).

προσευχόμενοι; προσεύχομαι; πρός, εὔχομαι 2/16; 분사 현재 이태중간 남성 복수 주격(12:12; 16:25); 기도하다, 기도를 드리다.

προσευχόμενος; προσεύχομαι; πρός, εὔχομα 2/16; 분사 현재 이태중간 남성 단수 주격(10:30; 11:5).

προσευχομένου; προσεύχομαι; πρός, εὔχομαι 1/16; 분사 현재 이태중간 남성 단수 속격(22:17).

προσεφώνει; προσφωνέω; πρός, φωνή 1/2; 직설법 미완료 능동태 3인칭 단수(22:2); 연설[연설2: 여러 사람 앞에서 자기의 주의나 주장 또는 의견을 진술함]하다2.

προσεφώνησεν; προσφωνέω; πρός, φωνή 1/2; 직설법 부정과거 능동태 3인칭 단수(21:40).

προσέχειν; προσέχω; πρός, ἔχω 1/6; 부정사 현재 능동태(16:14); 주의를 기울이다[정성이 나 노력 따위를 한곳으로 모으다].

προσέχετε; προσέχω; πρός, ἔχω 2/6; 명령법 현재 능동태 2인칭 복수(5:35; 20:28).

προσεῶντος; προσεάω; πρός, ἐάω 1/1; 분사 현재 능동태 남성 단수 속격(27:7); 허락하다[청하는 일을 하도록 들어주다].

προσῆλθεν; προσέρχομαι; πρός, ἔρχομαι 2/10; 직설법 부정과거 능동태 3인칭 단수(12:13; 18:2); 에게로 가다, 에게로 오다, 다가가다, 다가오다, 가까이 가다, 접근하다, 들어서다.

προσήλυτοι; προσήλυτος; πρός, ἔρχομαι 1/3; [명사] 남성 복수 주격(2:11); 개종자[믿던 종교를 바꾸어 다른 종교를 믿는 사람].

προσήλυτον; προσήλυτος; πρός, ἔρχομαι 1/3; [명사] 남성 단수 대격(6:5).

προσηλύτων; προσήλυτος; πρός, ἔρχομαι 1/3; [명사] 남성 복수 속격(13:43).

προσηνέγκατέ; προσφέρω; πρός, φέρω 1/3; 직설법 부정과거 능동태 2인칭 복수(7:42); 가져다 바치다, 드리다1['주다1: 물건 따위를 남에게 건네어 가지거나 누리게 하다'의 높임말].

προσήνεγκεν; προσφέρω; πρός, φέρω 1/3; 직설법 부정과거 능동태 3인칭 단수(8:18).

προσηνέχθη; προσφέρω; πρός, φέρω 1/3; 직설법 부정과거 수동태 3인칭 단수(21:26).

προσήρχοντο; προσέρχομαι; πρός, ἔρχομαι 1/10; 직설법 미완료 이태중간 3인칭 복수(28:9); 에게로 가다, 에게로 오다, 다가가다, 다가오다, 가까이 가다, 접근하다, 들어서다.

προσηύξαντο; προσεύχομαι; πρός, εὔχομαι 1/16; 직설법 부정과거 이태중간 3인칭 복수(8:15); 기도하다, 기도를 드리다.

προσηύξατο; προσεύχομαι; πρός, εὔχομαι 2/16; 직설법 부정과거 이태중간 3인칭 단수(9:40; 20:36).

προσκαλεσάμενοι; προσκαλέω; πρός, καλέω 2/9; 분사 부정과거 중간태 남성 복수 주격(5:40; 6:2); 부르다1[말이나 행동 따위로 다른 사람의 주의를 끌거나 오라고 하다].

προσκαλεσάμενος; προσκαλέω; πρός, καλέω 3/9; 분사 부정과거 중간태 남성 단수 주격(13:7; 23:17, 23).

προσκαλεσάμενός; προσκαλέω; πρός, καλέω 1/9; 분사 부정과거 중간태 남성 단수 주격(23:18).

προσκαλέσηται; προσκαλέω; πρός, καλέω 1/9; 가정법 부정과거 중간태 3인칭 단수(2:39).

προσκαρτερήσομεν; προσκαρτερέω; πρός, κάρτος 1/6; 직설법 미래 능동태 1인칭 복수(6:4); 지속하다[어떤 상태를 오래 계속하다], 전념하다[오직 한 가지 일에만 마음을 쓰다], 몰두하다[어떤 일에 온 정신을 다 기울여 열중하다], 집중하다2[한 가지 일에 모든 힘을 쏟아붓다], 지내다1[사람이 어떤 장소에서 생활을 하면서 시간이 지나가는 상태가 되게 하다], 시간을 보내다.

προσκαρτεροῦντες; προσκαρτερέω; πρός, κάρτος 3/6; 분사 현재 능동태 남성 복수 주격(1:14; 2:42, 46).

προσκαρτερούντων; προσκαρτερέω; πρός, κάρτος 1/6; 분사 현재 능동태 남성 복수 속격(10:7).

προσκαρτερῶν; προσκαρτερέω; πρός, κάρτος 1/6; 분사 현재 능동태 남성 단수 주격 (8:13).

προσκέκλημαι; προσκαλέω; πρός, καλέω 1/9; 직설법 완료 중간태 1인칭 단수(16:10); 부르다1.

προσκέκληται; προσκαλέω; πρός, καλέω 1/9; 직설법 완료 중간태 3인칭 단수(13:2).

προσκυνεῖν; προσκυνέω; πρός, κυνέω 1/4; 부정사 현재 능동태(7:43); 예배[를] 드리다, 제사 지내다, 경배[경배2: 존경하여 공손히 절함]하다1, 절하다, 절을 올리다.

προσκυνήσων; προσκυνέω; πρός, κυνέω 2/4; 분사 미래 능동태 남성 단수 주격(8:27; 24: 11).

προσλαβόμενοι; προσλαμβάνω; πρός, λαμβάνω 2/5; 분사 부정과거 중간태 남성 복수 주격(17:5; 27:33); 맞이하다[오는 것을 받다], 받아먹다[사람이나 동물이 남이 주는 것을 먹다], 섭취[생물체가 양분 따위를 몸속에 빨아들이는 일]하다, 부르다1[청하여 오게 하다].

προσλαλῆσαι; προσλαλέω; πρός, λάλος 1/2; 부정사 부정과거 능동태(28:20); 와 이야기하다, 함께 이야기하다.

προσλαλοῦντες; προσλαλέω; πρός, λάλος 1/2; 분사 현재 능동태 남성 복수 주격(13:43).

προσμείνας; προσμένω; πρός, μένω 1/3; 분사 부정과거 능동태 남성 단수 주격(18:18); 머무르다[도중에 멈추거나 일시적으로 어떤 곳에 묵다], 두다1[중요성이나 가치 따위를 부여하다].

προσμένειν; προσμένω; πρός, μένω 2/3; 부정사 현재 능동태(11:23; 13:43).

πρόσπεινος; πρόσπεινος; πρός, πεινάω 1/1; [형용사] 남성 단수 주격(10:10); 배가 고픈[고프다: 배 속이 비어 음식을 먹고 싶다].

προσπήξαντες; προσπήγνυμι; πρός, πήγνυμι 1/1; 분사 부정과거 능동태 남성 복수 주격(2:23); 못을 박다1[두들겨 치거나 틀어서 꽂히게 하다].

προστεταγμένα; προστάσσω; πρός, τάσσω 1/3; 분사 완료 수동태 중성 복수 대격 (10:33); 할당하다[몫을 갈라 나누다], 부여하다2[나누어 주다], 맡기다['맡다1'의 사동사]; [수동태] 부여되다2[나누어 주어지다].

προστεταγμένους; προστάσσω; πρός, τάσσω 1/3; 분사 완료 수동태 남성 복수 대격 (17:26).

προσφάτως; προσφάτως; πρός, φόνος 1/1; [부사, 시간] (18:2); 최근[얼마 되지 않은 지나간 날]에.

προσφορά; προσφορά; πρός, φέρω 1/2; [명사] 여성 단수 주격(21:26); 예물1[고마움을 나타내거나 예의를 갖추기 위하여 보내는 돈이나 물건], 헌물[바치는 물건].

προσφοράς; προσφορά; πρός, φέρω 1/2; [명사] 여성 복수 대격(24:17).

προσωπολήμπτης; προσωπολήμπτης; πρός, ὁράω, λαμβάνω 1/1; [명사] 남성 단수 주격(10:34); 편애하는[편애하다2: 어느 한 사람이나 한쪽만을 치우치게 사랑함], 치우치게 사랑하는.

πρόσωπον; πρόσωπον; πρός, ὁράω 5/12; [명사] 중성 단수 대격(3:13; 6:15[2회]; 20:38; 25:16); 얼굴1[눈, 코, 입이 있는 머리의 앞면], 면전1[보고 있는 앞], 표면[사물의 가장 바깥쪽, 또는 윗부분].

πρόσωπόν; πρόσωπον; πρός, ὁράω 1/12; [명사] 중성 단수 대격(20:25).

προσώπου; πρόσωπον; πρός, ὁράω 6/12; [명사] 중성 단수 속격(2:28; 3:20; 5:41; 7:45; 13:24; 17:26).

–ἀπὸ προσώπου (3:20; 5:41; 7:45); [면전]으로부터.
–πρό προσώπου (13:24); 앞서 [남보다 먼저].

προτρεψάμενοι; προτρέπω; πρό, τρέπω 1/1; 분사 부정과거 중간태 남성 복수 주격(18:27); 격려[용기나 의욕이 솟아나도록 북돋워 줌]하다.

προϋπῆρχεν; προϋπάρχω; πρό, ὑπό, ἄρχω 1/1; 직설법 미완료 능동태 3인칭 단수(8:9); 이전[이전3: 이제보다 전]부터 있다.

προφάσει; πρόφασις; πρό, φαίνω 1/1; [명사] 여성 단수 여격(27:30); 표면적1[겉으로 나타나거나 눈에 띄는, 또는 그런 것].

προφῆται; προφήτης; πρό, φημί 6/30; [명사] 남성 복수 주격(3:24; 10:43; 11:27; 13:1; 15:32; 26:22); 선지자; [관사+복수형] 선지서.

προφήταις; προφήτης; πρό, φημί 3/30; [명사] 남성 복수 여격(13:40; 24:14; 26:27).

προφητεύουσαι; προφητεύω; πρό, φημί 1/4; 분사 현재 능동태 여성 복수 주격(21:9); 예언[신탁을 받은 사람이 하나님으로부터 직접 계시된 진리를 사람들에게 전하는 일, 또는 그런 말]하다, 예언을 하다.

προφητεύσουσιν; προφητεύω; πρό, φημί 2/4; 직설법 미래 능동태 3인칭 복수(2:17, 18).

Προφήτην; προφήτης; πρό, φημί 2/30; [명사] 남성 단수 대격(3:22; 7:37); 선지자; [관사+복수형] 선지서.

προφήτην; προφήτης; πρό, φημί 2/30; [명사] 남성 단수 대격(8:28, 30).

προφήτης; προφήτης; πρό, φημί 4/30; [명사] 남성 단수 주격(2:30; 7:48; 8:34; 21:10).

προφήτου; προφήτης; πρό, φημί 4/30; [명사] 남성 단수 속격(2:16; 3:23; 13:20; 28:25).

προφητῶν; προφήτης; πρό, φημί 9/30; [명사] 남성 복수 속격(3:18, 21, 25; 7:42, 52; 13:15, 27; 15:15; 28:23).

προχειρίσασθαί; προχειρίζω; πρό, χείρ 1/3; 부정사 부정과거 중간태(26:16); 선택하다[여럿 가운데서 필요한 것을 골라 뽑다]; [수동태] 선택되다.

Πρόχορον; Πρόχορος 1/1; [명사] 남성 단수 대격(6:5); 브로고로.

προώρισεν; προορίζω; πρό, ὅρος 1/1; 직설법 부정과거 능동태 3인칭 단수(4:28); 예정하다[미리 정하거나 예상하다], 미리 정하다, 뜻하다[무엇을 할 마음을 먹다].

πρύμνα; πρύμνα 1/2; [명사] 여성 단수 주격(27:41); 고물2[배의 뒷부분; 꽁지부리, 뱃고물], 배 뒤쪽.

πρύμνης; πρύμνα 1/2; [명사] 여성 단수 속격(27:29).

πρωΐ; πρωΐ; πρό 1/1; [부사, 시간] (28:23); 아침[날이 새면서 오전 반나절쯤까지의 동안].

πρῷρα; πρῷρα; πρό 1/2; [명사] 여성 단수 주격(27:41); 이물1[배의 앞부분; 선두2, 선수3], 뱃머리.

πρῴρης; πρῷρα; πρό 1/2; [명사] 여성 단수 속격(27:30).

πρώτην; πρῶτος; πρό 1/16; [형용사, 서수사] 여성 단수 대격(12:10); 첫[맨 처음의], 첫째[순서가 가장 먼저인 차례, 또는 그런 차례의], 첫째가는[첫째가다: 무엇보다 우선적으로 꼽히거나 으뜸이 되다], 으뜸[많은 것 가운데 가장 뛰어난 것, 또는 첫째가는 것]이 되는, 지도자[남을 가르쳐 이끄는 사람], 지난번[말하는 때 이전의 지나간 차례나 때]; [부사] 먼저[시간적으로나 순서상으로 앞서서], 먼저는.

πρώτης; πρῶτος; πρό 2/16; [형용사, 서수사] 여성 단수 속격(16:12; 20:18).

πρῶτοι; πρῶτος; πρό 1/16; [형용사, 서수사] 남성 복수 주격(25:2).

πρῶτον; πρῶτος; πρό 5/16; [형용사, 서수사] 남성 단수 대격(1:1); [부사] (3:26; 7:12; 13:46; 15:14).

πρῶτόν; πρῶτος; πρό 1/16; [부사] (26:20).

πρῶτος; πρῶτος; πρό 1/16; [형용사, 서수사] 남성 단수 주격(26:23).

πρωτοστάτην; πρωτοστάτης; πρό, ἵστημι 1/1; [명사] (24:5); 우두머리[어떤 일이나 단체에서 으뜸인 사람].

πρώτους; πρῶτος; πρό 3/16; [형용사, 서수사] 남성 복수 대격(13:50; 27:43; 28:17); 첫, 첫째, 첫째가는, 으뜸이 되는, 시도자, 지난번; [부사] 먼저, 먼저는.

πρώτῳ; πρῶτος; πρό 1/16; [형용사, 서수사] 남성 단수 여격(28:7).

πρώτων; πρῶτος; πρό 1/16; [형용사, 서수사] 여성 복수 속격(17:4).

πρώτως; πρώτως; πρό 1/1; [부사] 처음[시간적으로나 순서상으로 맨 앞]으로.

Πτολεμαΐδα; Πτολεμαΐς 1/1; [명사] 여성 단수 대격(21:7); 돌레마이[프톨레마이스; 두로에서 남쪽으로 40km 떨어진 팔레스타인의 항구도시로, 글라우디오 황제 때 로마의 식민거점도시가 되었다.].

πυθόμενος; πυνθάνομαι 1/7; 분사 부정과거 이태중간 남성 단수 주격(23:34); 여쭈다[웃어른에게 말씀을 올리다; 여쭙다], 질문[모르거나 의심나는 점을 물음]하다, 알아내다[방법이나 수단을 써서 모르던 것을 알 수 있게 되다], 심문[심문3: 자세히 따져서 물음]하다2.

πύθωνα; πύθων 1/1; [명사] 남성 단수 대격(16:16); 퓌쏜[그리스 중부 파르나소스 산 중턱에 살던 뱀으로, 아폴로에게 죽임을 당했다고 한다], 점치는 영.

πυκνότερον; πυκνός; πύξ 1/1; [부사] 비교급(24:26); 빈번히[번거러울 정도로 도수가 잦다].

πύλας; πύλη 1/4; [명사] 여성 복수 대격(9:24); 문5[드나들거나 물건을 넣었다 꺼냈다 하기 위하여 틔워 놓은 곳, 또는 그곳에 달아 놓고 여닫게 만든 시설], 입구2[들어가는 통로; 들어오는 곳].

Πύλῃ; πύλη 1/4; [명사] 여성 단수 여격(3:10).

πύλην; πύλη 1/4; [명사] 여성 단수 대격(12:10).

πύλης; πύλη 1/4; [명사] 여성 단수 속격(16:13).

πυλῶνα; πυλών; πύλη 2/5; [명사] 남성 단수 대격(10:17; 12:14a); 어귀1[드나드는 목의 첫머리], 길목1[길의 중요한 통로가 되는 어귀], 출입구[나갔다가 들어왔다가 하는 어귀나 문], 출입[어느 곳을 드나듦], 들머리1[들어가는 맨 첫머리; 들목].

πυλῶνας; πυλών; πύλη 1/5; [명사] 남성 복수 대격(14:13).

πυλῶνος; πυλών; πύλη 2/5; [명사] 남성 단수 속격(12:13, 24b).

πυνθάνεσθαι; πυνθάνομαι 1/7; 부정사 현재 이태중간(23:20); 여쭈다, 여쭙다, 알아내다, 심문하다2.

πυνθάνομαι; πυνθάνομαι 1/7; 직설법 현재 이태중간 1인칭 단수(10:29).

πῦρ; πῦρ 2/4; [명사] 중성 단수 대격(2:19; 28:5); 불1[물질이 산소와 화합하여 높은 온도로 빛과 열을 내면서 타는 것].

πυράν; πυρά; πῦρ 1/2; [명사] 여성 단수 대격(28:3); 모닥불[잎나무나 검불 따위를 모아 놓고 피우는 불], 불1.

πυρὰν; πυρά; πῦρ 1/2; [명사] 여성 단수 대격(28:2).

πυρετοῖς; πυρετός; πῦρ 1/1; [명사] 남성 복수 여격(28:8); 열병1[열이 몹시 오르고 심하게 앓는 병].

πυρὸς; πῦρ 2/4; [명사] 중성 단수 속격(2:3; 7:30); 불1.

Πύρρου; Πύρρος; πῦρ 1/1; [명사] 남성 단수 속격(20:4); 부로.

πωλήσας; πωλέω 1/3; 분사 부정과거 능동태 남성 단수 주격(4:37); 매각[물건을 팔아 버림]하다, 처분[처리하여 치움]하다1.

πωλοῦντες; πωλέω 1/3; 분사 현재 능동태 남성 복수 주격(4:34).

Πῶς; πῶς; ὅς 1/9; [불변화사, 의문] (8:31); 어떻게, 얼마나[동작의 강도나 상태의 정도가 대단함을 나타내는 말], [~할] 거리2[내용이 될 만한 재료].

πως; πώς; ὅς 1/1; [불변화사] 어떻게든.

πῶς; πῶς; ὅς 8/9; [불변화사, 의문] (2:8; 4:21; 9:27[2회]; 11:13; 12:17; 15:36; 20:18).

ρ

ῥαβδίζειν; ῥαβδίζω; ῥάβδος 1/1; 부정사 현재 능동태(16:22); 매로 때리다1[손이나 손에 든 물건 따위로 아프게 치다].

ῥαβδοῦχοι; ῥαβδοῦχος; ῥάβδος, ἔχω 1/2; [명사] 남성 복수 주격(16:38); 경관6[=경찰관].

ῥαβδούχους; ῥαβδοῦχος; ῥάβδος, ἔχω 1/2; [명사] 남성 복수 대격(16:35).

ῥᾳδιούργημα; ῥᾳδιούργημα; ῥᾴδιος, ἔργον 1/1; [명사] 중성 단수 주격(18:14); 범행1[범죄 행위를 함, 또는 그 행위].

ῥᾳδιουργίας; ῥᾳδιουργία 1/1; [명사] 여성 단수 속격(13:10); 천박2[학문이나 생각 따위가 얕거나, 말이나 행동 따위가 상스러움].

῾Ραιφάν; ῾Ραιφάν 1/1; [명사] 남성 단수 속격(7:43); 레판[토성을 가리키는 말로, 어떤 이방신을 지칭하는 지는 분명하지 않다].

῾Ρήγιον; ῾Ρήγιον 1/1; [명사] 중성 단수 대격(28:13); 레기온[이탈리아 반도 남쪽 끝에 있는 항구도시로 시실리 섬에서 10km 정도밖에 떨어지지 않은 항구이다. 시실리 섬의 수라구사에서는 북쪽으로 130km 정도 떨어져 있다.].

ῥῆμα; ῥῆμα; ἐρῶ 2/14; [명사] 중성 단수 대격(10:37; 28:25); 이야기[어떤 사물이나 사실, 현상에 대하여 일정한 줄거리를 가지고 하는 말이나 글], 얘기['이야기'의 준말], 한마디[짧은 말. 또는 간단한 말], 말1[일정한 주제나 줄거리를 가진 이야기].

ῥήματα; ῥῆμα; ἐρῶ 9/14; [명사] 중성 복수 대격(5:20; 6:11, 13; 10:22, 44; 11:14; 13:42; 16:38; 26:25).

ῥήματά; ῥῆμα; ἐρῶ 1/14; [명사] 중성 복수 대격(2:14).

ῥήματος; ῥῆμα; ἐρῶ 1/14; [명사] 중성 단수 속격(11:16).

ῥημάτων; ῥῆμα; ἐρῶ 1/14; [명사] 중성 복수 속격(5:32).

ῥήτορος; ῥήτωρ; ῥῆμα 1/1; [명사] 남성 단수 속격(24:1); 변호사[법률에 규정된 자격을 가지고 소송 당사자나 관계인의 의뢰 또는 법원의 명령에 따라 피고나 원고를 변론하며 그 밖의 법률에 관한 업무에 종사하는 사람].

ῥιπτούντων; ῥιπτέω 1/1; 분사 현재 능동태 남성 복수 속격(22:23); 패대기치다[매우 짜증나거나 못마땅하여 어떤 일이나 물건을 거칠게 내던지다].

ῥίψαντες; ῥίπτω 1/2; 분사 부정과거 능동태 남성 복수 주격(27:29); 내던지다[아무렇게나 힘차게 던지다], 던지다[손에 든 물건을 다른 곳에 떨어지게 팔과 손목을 움

직여 공중으로 내보내다].
ʽΡόδη; ʽΡόδη 1/1; [명사] 여성 단수 주격(12:13); 로데['장미 넝쿨/덩굴'이라는 의미].
ʽΡόδον; ʽΡόδος 1/1; [명사] 여성 단수 대격(21:1); 로도[로도스: 에게 해 남동쪽 지역에서 가장 큰 섬으로, 당시 아시아 지역의 남서쪽 해안에 근접해 있다. 중요한 무역항이었던 수도 이름도 로도였다. 수도 로도에는 고대 7대 불가사의 중 하나인 태양신 헬리오스의 거상(32m)이 세워졌는데(주전 288년), 주전 224년 지진으로 무너졌다. 아리스토불루스 2세의 아들 안티고누스가 대제사장이 된 주전 40년 가을, 헤롯이 알렉산드리아에서 로마로 갈 때, 밤빌리아로 가려다가 폭풍을 만나 짐도 다 버리고 간신히 도달한 곳이 로도이다(『유대 고대사』 14.377). 안토니우스가 악티움 해전에서 옥타비아누스에게 패한 후, 헤롯이 옥타비아누스를 만나 충성을 맹세했던 곳이기도 하다. 3차 전도 여행을 마치고 예루살렘으로 가던 바울이 밀레도와 고스를 거쳐 들린 곳이다.].
ῥύμην; ῥύμη 2/2; [명사] 여성 단수 대격(9:11; 12:10); 길거리[사람이나 차가 많이 다니는 길].
ʽΡωμαῖοι; ʽΡωμαῖος 1/11; [형용사] 남성 복수 주격(2:10); 로마 사람, 로마인, 로마의, 로마 시민.
ʽΡωμαῖοί; ʽΡωμαῖος 1/11; [형용사] 남성 복수 주격(16:38).
ʽΡωμαίοις; ʽΡωμαῖος 2/11; [형용사] 남성 복수 여격(16:21; 25:16).
ʽΡωμαῖον; ʽΡωμαῖος 1/11; [형용사] 남성 단수 대격(22:25).
ʽΡωμαῖος; ʽΡωμαῖος 1/11; [형용사] 남성 단수 주격(22:27).
ʽΡωμαῖός; ʽΡωμαῖος 3/11; [형용사] 남성 단수 주격(22:26, 29; 23:27).
ʽΡωμαίους; ʽΡωμαῖος 1/11; [형용사] 남성 복수 대격(16:37).
ʽΡωμαίων; ʽΡωμαῖος 1/11; [형용사] 남성 복수 속격(28:17).
ʽΡώμην; ʽΡώμη; ῥώομαι 4/5; [명사] 여성 단수 대격(19:21; 23:11; 28:14, 16); 로마2[로마 제국의 수도].
ʽΡώμης; ʽΡώμη; ῥώομαι 1/5; [명사] 여성 단수 속격(18:2).

σ

σάββατα; σάββατον 1/10; [명사] 중성 복수 대격(17:2); 안식일[히브리어 '샤바트'의 헬라어 음역], 안식, 안식일 사이.
σάββατον; σάββατον 4/10; [명사] 중성 단수 대격(13:27, 42; 15:21; 18:4).
σαββάτου; σάββατον 1/10; [명사] 중성 단수 속격(1:12).
σαββάτῳ; σάββατον 1/10; [명사] 중성 단수 여격(13:44).
σαββάτων; σάββατον 3/10; [명사] 중성 복수 속격(13:14; 16:13; 20:7).
Σαδδουκαῖοι; Σαδδουκαῖος 2/5; [명사] 남성 복수 주격(4:1; 23:8); 사두개인.
Σαδδουκαίων; Σαδδουκαῖος 3/5; [명사] 남성 복수 속격(5:17; 23:6, 7).
Σαλαμῖνι; Σαλαμίς 1/1; [명사] 여성 단수 여격(13:5); 살라미[살라미스: 구브로 섬 동쪽에 있는 해안 도시로, 수리아와 길리기아 두 지역 사이 무역을 위한 중간 무역항이었다.].
σαλευθῆναι; σαλεύω; σάλος 1/4; 부정사 부정과거 수동태(16:26); 뒤흔들다[큰 파문을 일으키다]; [수동태] 흔들리다['흔들다: 큰 소리나 충격이 물체를 울리게 하다'의 피동사].

σαλευθῶ; σαλεύω; σάλος 1/4; 가정법 부정과거 수동태 1인칭 단수(2:25).

σαλεύοντες; σαλεύω; σάλος 1/4; 분사 현재 능동태 남성 복수 주격(17:13).

Σαλμώνην; Σαλμώνη 1/1; [명사] 여성 단수 대격(27:7); 살모네[그레데 섬 동쪽 끝에 있는 갑6(바다 쪽으로, 부리 모양으로 뾰족하게 뻗은 육지)].

Σαμαρείᾳ; Σαμάρεια 1/7; [명사] 여성 단수 여격(1:8); 사마리아.

Σαμάρεια; Σαμάρεια 1/7; [명사] 여성 단수 주격(8:14).

Σαμάρειαν; Σαμάρεια 1/7; [명사] 여성 단수 대격(15:3).

Σαμαρείας; Σαμάρεια 4/7; [명사] 여성 단수 속격(8:1, 5, 9; 9:31).

Σαμαριτῶν; Σαμαρίτης 1/1; [명사] 남성 복수 속격(8:25); 사마리아 사람, 사마리아인.

Σαμοθρᾴκην; Σαμοθρᾴκη 1/1; [명사] 여성 단수 대격(16:11); 사모드라게[사모트라케: 에게 해 북쪽에 위치한 섬으로 드로아에서 북서쪽으로 약 160km 떨어져있다.].

Σάμον; Σάμος 1/1; [명사] 여성 단수 대격(20:15); 사모[사모스: '높음'을 의미하는 사모는 에베소와 밀레도 중간에 위치한 섬으로 내륙 가까이에 있다. 피타고라스와 이솝의 고향이다. 당시 아시아에 속했던 섬으로 현재는 그리스 땅이다.].

Σαμουὴλ; Σαμουήλ 2/2; [명사] 남성 단수 속격(3:24; 13:20); 사무엘.

σανδάλιά; σανδάλιον; σάνδαλον 1/1; [명사] 중성 복수 대격(12:8); 샌들[나무, 가죽, 비닐 따위로 바닥을 만들고 이를 가느다란 끈으로 발등에 매어 신게 만든 신발], 신발.

σανίσιν; σανίς 1/1; [명사] 여성 복수 여격(27:44); 널빤지[판판하고 넓게 켠 나뭇조각].

Σαούλ; Σαούλ 3/9; [명사] 남성 단수 호격(9:4b; 22:7b; 26:14b); 사울[이스라엘의 초대 왕].

Σαοὺλ; Σαούλ 6/9; [명사] 남성 단수 대격(13:21), 호격(9:4a, 17; 22:7a, 13; 26:14a).

Σαπφίρῃ; Σάπφιρα 1/1; [명사] 여성 단수 여격(5:1); 삽비라.

σάρκα; σάρξ 1/3; [명사] 여성 단수 대격(2:17); 육체3[구체적인 물체로서 사람의 몸].

σάρξ; σάρξ 1/3; [명사] 여성 단수 주격(2:26).

σὰρξ; σάρξ 1/3; [명사] 여성 단수 주격(2:31).

Σαρῶνα; Σαρών 1/1; [명사] 남성 단수 대격(9:35); 사론[사론: 사론 평야는 룻다 북쪽에 있다].

Σατανᾶ; σατανᾶς 1/2; [명사] 남성 단수 속격(26:18); 사단[사탄], 대항자[대항하는 사람], 대적하는 자.

Σατανᾶς; σατανᾶς 1/2; [명사] 남성 단수 주격(5:3).

Σαῦλον; Σαῦλος 4/15; [명사] 남성 단수 대격(9:11; 11:25; 13:2, 7); 사울[바울 사도].

Σαῦλος; Σαῦλος 8/15; [명사] 남성 단수 주격(8:1, 3; 9:1, 8, 22; 12:25; 13:1, 9).

Σαύλου; Σαῦλος 2/15; [명사] 남성 단수 속격(7:58; 11:30).

Σαύλῳ; Σαῦλος 1/15; [명사] 남성 단수 여격(9:24).

σε; σύ 30/263; [인칭 대명사, 2인칭] 단수 대격(4:30; 5:3, 9; 7:27, 34, 35; 8:23; 9:6, 34; 10:19, 22; 13:33, 47[2회]; 18:10; 22:14, 21; 23:3, 11, 20; 24:4[2회], 10, 25; 26:3, 16, 17[2회], 24; 27:24); 너1[듣는 이가 친구나 아랫사람일 때, 그 사람을 가리키는 이인칭 대명사], 네1['너'에 주격 조사 '가'나 보격 조사 '가' 가 붙을 때의 형태], 당신2[듣는 이를 가리키는 이인칭 대명사로, 하오할 자리에 쓴다], 그대[듣는 이가 친구나 아랫사람인 경우, 그 사람을 높여 이르는 이인칭 대명사].

σέ; σύ 4/263; [인칭 대명사, 2인칭] 단수 대격(10:33; 21:37; 22:19; 23:18).

σὲ; σύ 4/263; [인칭 대명사, 2인칭] 단수 대격(11:14; 13:11; 23:30; 26:29).

σεαυτοῦ; σεαυτοῦ; σύ, αὐτός 1/3; [재귀 대명사, 2인칭] 남성 단수 속격(26:1); 네 자신1[다름이 아니고 앞에서 가리킨 바로 그 사람임을 강조하여 이르는 말], 너 자신, 당신 자신, 스스로[자신의 힘으로].

σεαυτῷ; σεαυτοῦ; σύ, αὐτός 2/3; [재귀 대명사, 2인칭] 남성 단수 여격(9:34; 16:28).

σεβάσματα; σέβασμα; σέβω 1/1; [명사] 중성 복수 대격(17:23); 제사를 지내는 곳.

Σεβαστῆς; σεβαστός; σέβω 1/3; [형용사] 여성 단수 속격(27:1); 숭앙할 자[옥타비아누스의 별명인 '아우구스투스/아구스도'의 헬라어 번역으로 네로 황제를 칭하는 말로 사용되었다], 황제2[왕이나 제후를 거느리고 나라를 통치하는 임금을 왕이나 제후와 구별하여 이르는 말], 황제의.

Σεβαστὸν; σεβαστός; σέβω 1/3; [형용사] 남성 단수 대격(25:25).

Σεβαστοῦ; σεβαστός; σέβω 1/3; [형용사] 남성 단수 속격(25:21).

σέβεσθαι; σέβω 1/8; 부정사 현재 중간태(18:13); 경건하다2[공경하며 삼가고 엄숙하다], 경외하다[공경하면서 두려워하다; 외경하다, 존외하다], 숭앙하다[공경하여 우러러보다], 예배하다[초월적 존재 앞에 경배하는 의식을 행하다].

σέβεται; σέβω 1/8; 직설법 현재 중간태 3인칭 단수(19:27).

σεβομένας; σέβω 1/8; 분사 현재 중간태 여성 복수 대격(13:50).

σεβομένη; σέβω 1/8; 분사 현재 중간태 여성 단수 주격(16:14).

σεβομένοις; σέβω 1/8; 분사 현재 중간태 남성 복수 여격(17:17).

σεβομένου; σέβω 1/8; 분사 현재 중간태 남성 단수 속격(18:7).

σεβομένων; σέβω 2/8; 분사 현재 중간태 남성 복수 속격(13:43; 17:4).

σεισμὸς; σεισμός; σείω 1/1; [명사] 남성 단수 주격(16:26); 지진2[오랫동안 누적된 변형 에너지가 갑자기 방출되면서 지각이 흔들리는 일. 지학(地學)에서는, 지구 내부의 한 곳에서 급격한 움직임이 일어나 그곳에서 지진파가 시작되어 지표(地表)까지 전하여지는 일을 이른다. 진도(震度)에 따라 미진, 경진, 약진, 중진, 강진, 열진, 격진으로 나눈다; 지동].

Σεκοῦνδος; Σεκοῦνδος 1/1; [명사] 남성 단수 주격(20:4); 세군도[데살로니가 출신 제자로 사도 바울이 3차 전도여행 뒤에 예루살렘으로 갈 때 함께 감].

Σελεύκειαν; Σελεύκεια 1/1; [명사] 여성 단수 대격(13:4); 실루기아[셀루키아: 안디옥에서 서쪽으로 약 23km 떨어진 항구도시].

σελήνη; σελήνη 1/1; [명사] 여성 단수 주격(2:20); 달5[지구의 위성으로, 햇빛을 반사하여 밤에 밝은 빛을 낸다. 표면에 많은 분화구가 있으며 대기는 없다. 공전 주기는 27.32일, 반지름은 1,738km이다.].

Σεργίῳ; Σέργιος 1/1; [명사] 남성 단수 여격(13:7); 서기오[세르기오: '서기오 바울, Quintus Sergius Paullus'의 둘째 이름으로 부족 이름이다].

σέσωται; σῴζω 1/13; 직설법 완료 수동태 3인칭 단수(4:9); 구원[구원5: 어려움이나 위험에 빠진 사람을 구하여 줌; 인류를 죽음과 고통과 죄악에서 건져 내는 일; 신약성경에서는 '정상적인 상태에 있는 것'을 기본적으로 가리킨다]하다2; [수동태] 구원되다, 구원을 받다, 회복[원래의 상태로 돌이키거나 원래의 상태를 되찾음]되다.

σῇ; σός; σύ 2/3; [형용사, 소유] 여성 단수 여격(5:4; 24:4); 너의, 당신의.

σημᾶναι; σημαίνω; σημεῖον 1/2; 부정사 부정과거 능동태(25:27); 표시[표시1: 겉으로 드러내 보임]하다1, 드러내 보이다.

σημεῖα; σημεῖον 10/13; [명사] 중성 복수 주격(2:43; 5:12), 대격(2:19; 4:30; 6:8; 7:36; 8:6, 13; 14:3; 15:12); 표적1[겉으로 드러난 자취; 사도행전에서는 하나님께서 일하셨다는 증표로 주어지는 것을 가리킨다], 증표[증명이나 증거가 될 만한 표].

σημείοις; σημεῖον 1/13; [명사] 중성 복수 여격(2:22).

σημεῖον; σημεῖον 2/13; [명사] 중성 단수 주격(4:16, 22).

σήμερον; σήμερον; ἡμέρα 9/9; [부사, 시간] (4:9; 13:33; 19:40; 20:26; 22:3; 24:21; 26:2, 29; 27:33); 오늘[지금 지나가고 있는 이날에, 지금 지나가고 있는 이날; 금일2].

σῆς; σός; σύ 1/3; [형용사, 소유] 여성 단수 속격(24:2); 너의, 당신의.

σιγᾶν; σιγάω; σιγή 1/3; 부정사 현재 능동태(12:17); 잠잠하다[분위기나 활동 따위가 소란하지 않고 조용하다, 말 없이 가만히 있다], 조용해지다.

σιγῆς; σιγή 1/1; [명사] 여성 단수 속격(21:40); 조용1['조용하다1: 아무런 소리도 들리지 않고 고요하다'의 어근].

σιγῆσαι; σιγάω; σιγή 1/3; 부정사 부정과거 능동태(15:13); 잠잠하다, 조용해지다.

σιδηρᾶν; σιδηροῦς; σίδηρος 1/1; [형용사] 여성 단수 대격(12:10); 쇠1['철6'을 일상적으로 이르는 말], 철6[금속 원소의 하나].

Σιδῶνα; Σιδών 1/1; [명사] 여성 단수 대격(27:3); 시돈[두로 북쪽에 있는 항구도시인데, 창세기 10장 15절에 따르면 시돈은 가나안의 큰 아들이다].

Σιδωνίοις; Σιδώνιος 1/1; [형용사] 남성 복수 여격(12:20); 시돈 사람.

σικαρίων; σικάριος 1/1; [명사] 남성 복수 속격(21:38); 자객[사람을 몰래 죽이는 일을 전문으로 하는 사람].

Σιλᾷ; Σιλᾶς 2/12; [명사] 남성 단수 여격(16:29; 17:4); 실라.

Σιλᾶν; Σιλᾶς 6/12; [명사] 남성 단수 대격(15:22, 27, 40; 16:19; 17:10, 15).

Σιλᾶς; Σιλᾶς 4/12; [명사] 남성 단수 주격(15:32; 16:25; 17:14; 18:5).

σιμικίνθια; σιμικίνθιον 1/1; [명사] 중성 복수 대격(19:12); 앞치마[몸 앞부분에 두르는 치마].

Σίμων; Σίμων 6/13; [명사] 남성 단수 주격(1:13; 8:9, 13, 18, 24; 10:18); 시몬[열두 사도 가운데 하나](1:13), 시몬[마술사](8:9, 13, 18, 24), 시몬[베드로](10:18).

Σίμωνα; Σίμων 2/13; [명사] 남성 단수 대격(10:32); 시몬[베드로].

Σίμωνά; Σίμων 1/13; [명사] 남성 단수 대격(10:5; 11:13); 시몬[베드로].

Σίμωνι; Σίμων 2/13; [명사] 남성 단수 여격(9:43; 10:6); 시몬[욥바의 무두장이].

Σίμωνος; Σίμων 2/13; [명사] 남성 단수 속격(10:17, 32); 시몬[욥바의 무두장이].

Σινᾶ; Σινά 2/2; [명사] 중성 단수 속격(7:30), 여격(7:38); 시내[시나이; 이스라엘 백성이 하나님과 언약을 체결한 산 이름].

σιτία; σιτίον; σῖτος 1/1; [명사] 중성 복수 대격(7:12); 곡식[곡물: 사람의 식량이 되는 쌀, 보리, 콩, 조, 기장, 수수, 밀, 옥수수 따위를 통틀어 이르는 말].

σῖτον; σῖτος 1/1; [명사] 남성 단수 대격(27:38); 밀2[볏과의 한해살이풀 또는 두해살이풀. 높이는 0.9~1.5미터로 마디가 있고 속은 비어 있다. 꽃이삭은 6~12cm이고 줄기 끝에 달리는데 방추형이다. 중요한 농산물의 하나로 기원전 3~4천 년부터 재배하여 왔으며, 현재 세계의 농작물 가운데 가장 넓은 재배 면적을 차지하고 있다. 간장, 된장, 빵, 과자 따위의 원료로 쓴다.], 곡물.

σιωπήσῃς; σιωπάω; σιωπή 1/1; 가정법 부정과거 능동태 2인칭 단수(18:9); 침묵하다[아무 말도 없이 잠잠히 있다].

σκάφην; σκάφη; σκάπτω 1/3; [명사] 여성 단수 대격(27:30); 거룻배[돛이 없는 작은 배; 거루, 소선1].

σκάφης; σκάφη; σκάπτω 2/3; [명사] 여성 단수 속격(27:16, 32).

Σκευᾶ; Σκευᾶς 1/1; [명사] 남성 단수 속격(19:14); 스게와[스게와라는 이름을 가진 대제사장은 없었다.].

σκευὴν; σκευή; σκεῦος 1/1; [명사] 여성 단수 대격(27:19); 연장1[어떠한 일을 하는 데에 사용하는 도구].

σκεῦος; σκεῦος 3/5; [명사] 중성 단수 주격(9:15; 10:16), 대격(27:17); 그릇1[음식이나 물건 따위를 담는 기구를 통틀어 이르는 말], 도구10[일을 할 때 쓰는 연장을 통틀어 이르는 말], 뱃기구[=선구3], 선구3[배에서 쓰는 기구. 노, 닻, 키, 돛 따위를 이른다].

σκεῦός; σκεῦος 2/5; [명사] 중성 단수 대격(10:11; 11:5).

σκηνὴ; σκηνή 1/3; [명사] 여성 단수 주격(7:44); 장막3[한데에서 볕 또는 비바람을 피할 수 있도록 둘러치는 막; 모세가 신의 계시로 시내 산에 만든 천막으로, 하나님을 예배하던 곳이다].

σκηνὴν; σκηνή 2/3; [명사] 여성 단수 대격(7:43; 15:16).

σκηνοποιοὶ; σκηνοποιός; σκηνή, ποιέω 1/1; [명사] 남성 복수 주격(18:3); 가죽 세공 기술자.

σκήνωμα; σκήνωμα; σκηνή 1/1; [명사] 중성 단수 대격(7:46); 계시는 곳, 어소1[임금이 계시는 곳을 이르던 말].

σκιὰ; σκιά 1/1; [명사] 여성 단수 주격(5:15); 그림자[물체가 빛을 가려서 그 물체의 뒷면에 드리워지는 검은 그늘].

σκληρόν; σκληρός 1/1; [형용사] 중성 단수 주격(26:14); 고된[고되다: 하는 일이 힘에 겨워 고단하다].

Σκληροτράχηλοι; σκληροτράχηλος; σκληρός, τράχηλος 1/1; [형용사] 남성 복수 호격(7:51); 목이 뻣뻣한.

σκολιᾶς; σκολιός 1/1; [형용사] 여성 단수 속격(2:40); 패역한[패역하다: 사람으로서 마땅히 하여야 할 도리에 어긋나고 순리를 거슬러 불순하다], 왜삐뚤게[왜삐뚤다: 몹시 왜뚤삐뚤하다], 왜뚤비뚤[이리저리 비뚤어진 모양]한, 왜곡[왜곡1: 사실과 다르게 해석하거나 그릇되게 함]된.

σκότος; σκότος 2/3; [명사] 중성 단수 주격(13:11), 대격(2:20); 어두움.

σκότους; σκότος 1/3; [명사] 중성 단수 속격(26:18).

σκωληκόβρωτος; σκωληκόβρωτος; σκώληξ, βιβρώσκω 1/1; [형용사] 남성 단수 주격(12:23); 기생충[다른 동물체에 붙어서 양분을 빨아먹고 사는 벌레; 버러지, 충5]에게 먹힌.

σοι; σύ 20/263; [인칭 대명사, 2인칭] 단수 여격(3:6; 7:3; 8:21, 22; 9:6, 17; 10:33; 16:18; 18:10; 21:23; 22:10[2회]; 23:18; 24:13, 14; 26:1, 14, 16[2회]; 27:24); 너1[듣는 이가 친구나 아랫사람일 때, 그 사람을 가리키는 이인칭 대명사], 네1['너'에 주격 조사 '가'나 보격 조사 '가'가 붙을 때의 형태], 당신2[듣는 이를 가리키는 이인칭 대명사로, 하오할 자리에 쓴다], 그대[듣는 이가 친

구나 아랫사람인 경우, 그 사람을 높여 이르는 이인칭 대명사].

σοὶ; σύ 2/263; [인칭 대명사, 2인칭] 단수 여격(5:4; 8:20).

Σολομῶν; Σολομών 1/3; [명사] 남성 단수 주격(7:47); 솔로몬.

Σολομῶντος; Σολομών 2/3; [명사] 남성 단수 속격(3:11; 5:12).

σου; σύ 47/263; [인칭 대명사, 2인칭] 단수 속격(2:27, 28, 35[2회]; 3:25; 4:25, 27, 28[2회], 29[2회], 30[2회]; 5:3, 4, 9; 7:3[2회], 32, 33; 8:20, 21, 22[2회], 34; 9:13, 14; 10:4[2회], 31[2회]; 11:14; 12:8[2회]; 13:35; 14:10; 16:31; 17:32; 21:39; 22:16, 18, 20; 23:5, 35[2회]; 24:11; 26:16); 너1, 네1, 당신2, 그대.

σοῦ; σύ 15/263; [인칭 대명사, 2인칭] 단수 속격(10:22; 17:19; 18:10; 21:21, 24; 23:21, 30; 24:2, 19; 25:26; 26:2; 27:24; 28:21[2회], 22).

σουδάρια; σουδάριον 1/1; [명사] 중성 복수 대격(19:12); 손수건[몸에 지니고 다니며 쓰는 얇고 자그마한 수건].

σοφίᾳ; σοφία; σοφός 2/4; [명사] 여성 단수 여격(6:10; 7:22); 지혜2[사물의 이치를 빨리 깨닫고 사물을 정확하게 처리하는 정신적 능력].

σοφίαν; σοφία; σοφός 1/4; [명사] 여성 단수 대격(7:10).

σοφίας; σοφία; σοφός 1/4; [명사] 여성 단수 속격(6:3).

σπασάμενος; σπάω 1/1; 분사 부정과거 중간태 남성 단수 주격(16:27); 빼어[빼다1: 속에 들어 있거나 끼여 있거나, 박혀 있는 것을 밖으로 나오게 하다] 들다4[손에 가지다].

σπείρης; σπεῖρα 3/3; [명사] 여성 단수 속격(10:1; 21:31; 27:1); 군대3[일정한 규율과 질서를 가지고 조직된 군인의 집단].

σπέρμα; σπέρμα; σπείρω 1/4; [명사] 중성 단수 주격(7:6); 씨1[앞으로 커질 수 있는 근원을 비유적으로 이르는 말].

σπέρματι; σπέρμα; σπείρω 1/4; [명사] 중성 단수 여격(7:5).

σπέρματί; σπέρμα; σπείρω 1/4; [명사] 중성 단수 여격(3:25).

σπέρματος; σπέρμα; σπείρω 1/4; [명사] 중성 단수 속격(13:23).

σπερμολόγος; σπερμολόγος; σπείρω, λέγω 1/1; [명사] 남성 단수 주격(17:18); 떠버리[자주 수다스럽게 떠드는 사람을 낮잡아 이르는 말], 말쟁이[말이 많거나 말을 잘하는 사람을 낮잡아 이르는 말], 잔말쟁이[쓸데없이 자질구레하게 늘어놓는 말을 잘하는 버릇이 있는 사람].

Σπεῦσον; σπεύδω 1/2; 명령법 부정과거 능동태 2인칭 단수(22:18); 서두르다[일을 빨리 해치우려고 급하게 바삐 움직이다], 급히[시간의 여유가 없어 일을 서두르거나 다그쳐 매우 빠르게] 가다.

σπλάγχνα; σπλάγχνον 1/1; [명사] 중성 복수 주격(1:18); 내장6[척추동물의 가슴안이나 배안 속에 있는 여러 가지 기관을 통틀어 이르는 말].

σπυρίδι; σπυρίς 1/1; [명사] 여성 단수 여격(9:25); 광주리1[대, 싸리, 버들 따위를 재료로 하여 바닥은 둥글고 촘촘하게, 전은 성기게 엮어 만든 그릇. 일반적으로 바닥보다 위쪽이 더 벌어졌다.].

Σταθεὶς; ἵστημι 2/35; 분사 부정과거 수동태 남성 단수 주격(2:14; 17:22); 세우다1['서다1'의 사동사], 앞에 내세우다[나와 서게 하다], 배치[배치3: 사람이나 물자 따위를 일정한 자리에 알맞게 나누어 둠]하다2, 얹다[위에 올려놓다], 지우다5['지

다5: 물건을 짊어서 등에 얹다'의 사동사], 견디다[사람이나 생물이 어려운 환경에 굴복하거나 죽지 않고 버티면서 살아 나가는 상태가 되다], 정하다3[여럿 가운데 선택하거나 판단하여 결정하다]; [수동태] 서다1[사람이나 동물이 발을 땅에 대고 다리를 쭉 뻗으며 몸을 곧게 하다], 서 있다, 일어서다, 들어서다[밖에서 안쪽으로 옮겨 서다].

σταθεὶς; ἵστημι 1/35; 분사 부정과거 수동태 남성 단수 주격(27:21).

σταθέντα; ἵστημι 1/35; 분사 부정과거 수동태 남성 단수 대격(11:13).

σταθέντες; ἵστημι 2/35; 분사 부정과거 수동태 남성 복수 주격(5:20; 25:18).

στάντος; ἵστημι 1/35; 분사 부정과거 능동태 남성 단수 속격(24:20).

στάσεις; στάσις; ἵστημι 1/5; [명사] 여성 복수 대격(24:5); 분쟁1[갈라져 다툼], 다툼[의견이나 이해의 대립으로 서로 따지며 싸우는 일], 소란[소란4: 시끄럽고 어수선함]죄.

στάσεως; στάσις; ἵστημι 3/5; [명사] 여성 단수 속격(15:2; 19:40; 23:10).

στάσις; στάσις; ἵστημι 1/5; [명사] 여성 단수 주격(23:7).

στέμματα; στέμμα; στέφανος 1/1; [명사] 중성 복수 대격(14:13); 꽃다발[꽃으로 만든 다발].

στεναγμοῦ; στεναγμός; στενός 1/1; [명사] 남성 단수 속격(7:34); 신음1[앓는 소리를 냄, 또는 그 소리] 소리.

Στέφανον; Στέφανος; στέφανος 3/7; [명사] 남성 단수 대격(6:5; 7:59; 8:2); 스데반.

Στέφανος; Στέφανος; στέφανος 1/7; [명사] 남성 단수 주격(6:8).

Στεφάνου; Στέφανος; στέφανος 1/7; [명사] 남성 단수 속격(22:20).

Στεφάνῳ; Στέφανος; στέφανος 2/7; [명사] 남성 단수 여격(6:9; 11:19).

στῆθι; ἵστημι 1/ 35; 명령법 부정과거 능동태 2인칭 단수(26:16); 세우다1, 앞에 내세우다, 배치하다2, 얹다, 지우다5, 견디다, 정하다3; [수동태] 서다1, 서 있다, 일어서다, 들어서다.

στῆναι; ἵστημι 1/35; 부정사 부정과거 능동태(8:38).

στήσαντες; ἵστημι 1/35; 분사 부정과거 능동태 남성 복수 주격(4:7).

στήσῃς; ἵστημι 1/35; 가정법 부정과거 능동태 2인칭 단수(7:60).

Στοᾷ; στοά; ἵστημι 1/2; [명사] 여성 단수 여격(5:12); 주랑2[콜로네이드: 건축에서, 수평의 들보를 지른 줄기둥이 있는 회랑(回廊). 고대 이집트 시대부터 썼으며 그리스, 로마 시대에 발달하였고 바로크 및 고전주의 건축에 많이 보인다], 행각[우리말 사전에 없는 의미로, 한쪽이 트인, 포장된 주랑을 가리킨다].

στοᾷ; στοά; ἵστημι 1/2; [명사] 여성 단수 여격(3:11).

Στοϊκῶν; Στοϊκός 1/1; [형용사] 남성 복수 속격(17:18); 스토아 학파.

στοιχεῖς; στοιχέω 1/1; 직설법 현재 능동태 2인칭 단수(21:24); 살아가다[어떤 종류의 인생이나 생애, 시대 따위를 견디며 생활해 나가다].

στόμα; στόμα 6/12; [명사] 중성 단수 대격(8:32, 35; 10:34; 11:8; 18:14; 23:2); 입[입술에서 후두까지의 부분으로, 음식이나 먹이를 섭취하며, 소리를 내는 기관이다].

στόματος; στόμα 5/12; [명사] 중성 단수 속격(1:16; 3:18, 21; 4:25; 22:14).

στόματός; στόμα 1/12; [명사] 중성 단수 속격(15:7).

στράτευμα; στράτευμα; στρατιά 1/2; [명사] 중성 단수 대격(23:10); 부대8[일정한 규모로

편성된 군대 조직을 일반적으로 이르는 말].

στρατεύματι; στράτευμα; στρατιά 1/2; [명사] 중성 단수 여격(23:27).

στρατηγοὶ; στρατηγός; στρατιά, ἄγω 3/8; [명사] 남성 복수 주격(16:22, 35, 36); 치안 경찰.

στρατηγοῖς; στρατηγός; στρατιά, ἄγω 2/8; [명사] 남성 복수 여격(16:20, 38).

στρατηγὸς; στρατηγός; στρατιά, ἄγω 3/8; [명사] 남성 복수 주격(4:1; 5:24, 26).

στρατιᾷ; στρατιά 1/1; [명사] 여성 단수 여격(7:42); 군대3[일정한 규율과 질서를 가지고 조직된 군인의 집단].

στρατιῶται; στρατιώτης; στρατιά 2/13; [명사] 남성 복수 주격(23:31; 27:32); 군인[군대에서 복무하는 사람].

στρατιώταις; στρατιώτης; στρατιά 2/13; [명사] 남성 복수 여격(12:18; 27:31).

στρατιώτας; στρατιώτης; στρατιά 2/13; [명사] 남성 복수 대격(21:32; 23:23).

στρατιώτῃ; στρατιώτης; στρατιά 1/13; [명사] 남성 단수 여격(28:16).

στρατιώτην; στρατιώτης; στρατιά 1/13; [명사] 남성 단수 대격(10:7).

στρατιωτῶν; στρατιώτης; στρατιά 4/13; [명사] 남성 복수 속격(12:4, 6; 21:35; 27:42).

στρεφόμεθα; στρέφω 1/3; 직설법 현재 중간태 1인칭 복수(13:46); 향하다[어느 한쪽을 목표로 하여 나아가다], 기울이다['기울다: 마음이나 생각 따위가 어느 한쪽으로 쏠리다'의 사동사], 등지다[관계를 끊고 멀리하거나 떠나다].

στρῶσον; στρωννύω 1/1; 명령법 부정과거 능동태 2인칭 단수(9:34); 정돈하다2[어지럽게 흩어진 것을 규모 있게 고쳐 놓거나 가지런히 바로잡아 정리하다], 가지런히 정리하다.

Σὺ; σύ 1/263; [인칭 대명사, 2인칭] 단수 주격(1:24); 너1[듣는 이가 친구나 아랫사람일 때, 그 사람을 가리키는 이인칭 대명사], 네1['너'에 주격 조사 '가'나 보격 조사 '가' 가 붙을 때의 형태], 당신2[듣는 이를 가리키는 이인칭 대명사로, 하오할 자리에 쓴다], 그대[듣는 이가 친구나 아랫사람인 경우, 그 사람을 높여 이르는 이인칭 대명사].

σύ; σύ 2/263; [인칭 대명사, 2인칭] 단수 주격(10:33; 13:33).

σὺ; σύ 14/263; [인칭 대명사, 2인칭] 단수 주격(4:24; 7:28; 9:5; 10:15; 11:9, 14; 16:31; 21:38; 22:8, 27; 23:3, 21; 25:10; 26:15).

συγγένειαν; συγγένεια; σύν, γίνομαι 1/2; [명사] 여성 단수 대격(7:14); 혈족[같은 조상으로부터 갈려 나온 친족], 친척[친족과 외척을 아울러 이르는 말].

συγγενείας; συγγένεια; σύν, γίνομαι 1/2; [명사] 여성 단수 속격(7:3).

συγγενεῖς; συγγενής; σύν, γίνομαι 1/1; [형용사] 남성 복수 대격(10:24); 일가2[=한집안], 일가 친척.

συγκαθήμενοι; συγκάθημαι; σύν, ἧμαι 1/1; 분사 현재 이태중간 남성 복수 주격(26:30); 함께 앉다.

συγκαλεσάμενος; συγκαλέω; σύν, καλέω 1/3; 분사 부정과거 중간태 남성 단수 주격(10:24); 초대[초대6: 어떤 모임에 참가해 줄 것을 청함]하다2, 소집[단체나 조직체의 구성원을 불러서 모음]하다, 불러 모으다.

συγκαλέσασθαι; συγκαλέω; σύν, καλέω 1/3; 부정사 부정과거 중간태(28:17).

συγκαταβάντες; συγκαταβαίνω; σύν, κατά, βαίνω 1/1; 분사 부정과거 능동태 남성 복수 주격(25:5); 함께 내려가다.

συγκατεψηφίσθη; συγκαταψηφίζομαι; σύν, κατά, ψάω 1/1; 직설법 부정과거 수동태 3인칭 단수(1:26); 계산되다, 포함[포함2: 어떤 사물이나 현상 가운데 함께 들어 있거나 함께 넣음]되다1, 공동체의 구성원이 되다.

συγκεχυμένη; συγχέω; σύν, χέω 1/5; 분사 완료 수동태 여성 단수 주격(19:32); 충동하다2[어떤 일을 하도록 남을 부추기거나 심하게 마음을 흔들어 놓다]; [수동태] 혼란스럽다1[보기에 뒤죽박죽이 되어 어지럽고 질서가 없는 데가 있다], 소란하다[시끄럽고 어수선하다].

συγχύννεται; συγχέω; σύν, χέω 1/5; 직설법 현재 수동태 3인칭 단수(21:31).

συγχύσεως; σύγχυσις; σύν, χέω 1/1; [명사] 여성 단수 속격(19:29); 혼란2[뒤죽박죽이 되어 어지럽고 질서가 없음].

συζητοῦντες; συζητέω; σύν, ζητέω 1/2; 분사 현재 능동태 남성 복수 주격(6:9); 논쟁하다[서로 다른 의견을 가진 사람들이 각각 자기의 주장을 말이나 글로 논하여 다투다].

συλλαβεῖν; συλλαμβάνω; σύν, λαμβάνω 1/4; 부정사 부정과거 능동태(12:3); 붙들다[놓치지 않게 꽉 쥐다].

συλλαβόμενοι; συλλαμβάνω; σύν, λαμβάνω 1/4; 분사 부정과거 중간태 남성 복수 주격(26:21).

συλλαβοῦσιν; συλλαμβάνω; σύν, λαμβάνω 1/4; 분사 부정과거 능동태 남성 복수 여격(1:16).

συλλαλήσας; συλλαλέω; σύν, λάλος 1/1; 분사 부정과거 능동태 남성 단수 주격(25:12); 재협의하다[여러 사람이 모여 다시 의논하다].

συλλημφθέντα; συλλαμβάνω; σύν, λαμβάνω 1/4; 분사 부정과거 수동태 남성 단수 대격(23:27); 붙들다.

συμβάντων; συμβαίνω; σύν, βαίνω 1/3; 분사 부정과거 능동태 남성 복수 속격(20:19); 닥쳐오다[어떤 일이나 대상 따위가 가까이 다다라 오다], 생기다[어떤 일이 일어나다], 하게 되다.

συμβεβηκότι; συμβαίνω; σύν, βαίνω 1/3; 분사 완료 능동태 중성 단수 여격(3:10).

συμβιβάζοντες; συμβιβάζω; σύν, βαίνω 1/3; 분사 현재 능동태 남성 복수 주격(16:10); 내세우다[나와 서게 하다], 결론짓다[최종적으로 판단을 내리다], 결론하다2[최종적으로 판단을 내리다].

συμβιβάζων; συμβιβάζω; σύν, βαίνω 1/3; 분사 현재 능동태 남성 단수 주격(9:22).

συμβουλίου; συμβούλιον; σύν, βούλομαι 1/1; [명사] 중성 단수 속격(25:12); 배심원[법률 전문가가 아닌 일반 국민 가운데 선출되어 심리(審理)나 재판에 참여하고 사실 인정에 대하여 판단을 내리는 사람].

Συμεὼν; Συμεών 2/2; [명사] 남성 단수 주격(13:1; 15:14); 시므온[안디옥 교회 지도자 니게르](13:1), 시므온[시몬 베드로](15:14).

συμπαραλαβεῖν; συμπαραλαμβάνω; σύν, παρά, λαμβάνω 1/3; 부정사 부정과거 능동태(15:37); 데려가다[함께 거느리고 가다].

συμπαραλαβόντες; συμπαραλαμβάνω; σύν, παρά, λαμβάνω 1/3; 분사 부정과거 능동태 남성 복수 주격(12:25).

συμπαραλαμβάνειν; συμπαραλαμβάνω; σύν, παρά, λαμβάνω 1/3; 부정사 현재 능동태(15:38).

συμπαρόντες; συμπάρειμι; σύν, εἰμί 1/1; 분사 현재 남성 복수 호격(25:24); 동석[동석1: 자리를 같이함, 또는 같은 자리]하다.

συμπεριλαβὼν; συμπεριλαμβάνω; σύν, περί, λαμβάνω 1/1; 분사 부정과거 능동태 남성 단수 주격(20:10); 끌어안다[끌어당기어 안다; 끌안다].

συμπληροῦσθαι; συμπληρόω; σύν, πληρόω 1/1; 부정사 현재 수동태(2:1); 차다1[어떤 높이나 한도에 이르는 상태가 되다; 정한 수량, 나이, 기간 따위가 다 되다], 다 되다; [수동태] 채우다3['차다1'의 사동사].

συμφερόντων; συμφέρω; σύν, φέρω 1/2; 분사 현재 능동태 중성 복수 속격(20:20); 가져오다[무엇을 한 지점에서 다른 지점으로 옮겨 오다], 유익[유익1: 이롭거나 도움이 됨]하다1, 도움[남을 돕는 일]이 되다.

συμφωνοῦσιν; συμφωνέω; σύν, φωνή 1/2; 직설법 현재 능동태 3인칭 복수(15:15); 서로 꼭 맞다1[어떤 행동, 의견, 상황 따위가 다른 것과 서로 어긋나지 아니하고 일치하다]; [수동태] 작당[떼를 지음, 또는 무리를 이룸]하다, 서로 하나가 되다.

σύν; σύν 1/51; [전치사] (25:23); [+여격] 함께[한꺼번에 같이, 또는 서로 더불어], 더불어[더불다: 둘 이상의 사람이 함께하다], 같이한[같이하다: 경험이나 생활 따위를 얼마 동안 더불어 하다; 서로 어떤 뜻이나 행동 또는 때 따위를 동일하게 가지다], 함께한[함께하다: =같이하다].

σὺν; σύν 50/51; [전치사] (1:14, 22; 2:14; 3:4, 8; 4:13, 14, 27; 5:1, 17, 21, 26; 7:35; 8:20, 31; 10:2, 20, 23; 11:12; 13:7; 14:4, 5, 13, 20, 28; 15:22, 25; 16:3, 32; 17:34; 18:8, 18; 19:38; 20:36; 21:5, 16, 18, 24, 26, 29; 22:9; 23:15, 27, 32; 24:24; 26:13; 27:2; 28:16).

συναγαγόντες; συνάγω; σύν, ἄγω 2/11; 분사 부정과거 능동태 남성 복수 주격(14:27; 15:30); 모으다[여러 사람을 한곳에 오게 하거나 한 단체에 들게 하다]; [수동태] 소집되다, 모이다['모으다'의 피동사].

συναγωγαῖς; συναγωγή; σύν, ἄγω 4/19; [명사] 여성 복수 여격(9:20; 13:5; 15:21; 24:12); 회당, 회당 모임.

συναγωγάς; συναγωγή; σύν, ἄγω 1/19; [명사] 여성 복수 대격(9:2).

συναγωγὰς; συναγωγή; σύν, ἄγω 2/19; [명사] 여성 복수 대격(22:19; 26:11).

συναγωγῇ; συναγωγή; σύν, ἄγω 4/19; [명사] 여성 단수 여격(17:17; 18:4, 7, 26).

συναγωγὴ; συναγωγή; σύν, ἄγω 1/19; [명사] 여성 단수 주격(17:1).

συναγωγὴν; συναγωγή; σύν, ἄγω 5/19; [명사] 여성 단수 대격(13:14; 14:1; 17:10; 18:19; 19:8).

συναγωγῆς; συναγωγή; σύν, ἄγω 2/19; [명사] 여성 단수 속격(6:9; 13:43).

συναθροίσας; συναθροίζω; σύν, α, θρόος 1/2; 분사 부정과거 능동태 남성 단수 주격(19:25); 모으다[정신, 의견 따위를 한곳에 집중하다]; [중간태] 집결[한군데로 모임, 또는 한군데로 모여 뭉침]하다; [수동태] 집결되다.

συναλιζόμενος; συναλίζω; σύν, ἅλας 1/1; 분사 현재 수동태/중간태 남성 단수 주격(1:4); 모이다['모으다'의 피동사]; [수동태] 함께 식사[식사3: 끼니로 음식을 먹음, 또는 그 음식]하다, 함께 소금을 치다.

συναναβᾶσιν; συναναβαίνω; σύν, ἀνά, βαίνω 1/1; 분사 부정과거 능동태 남성 복수 여격(13:31); 따라오다[다른 사람이나 동물의 뒤에서, 그가 오는 대로 오다],

수행[수행3: 일정한 임무를 띠고 가는 사람을 따라감, 또는 그 사람]하다3.

συναντήσας; συναντάω; σύν, ἀντί 1/2; 분사 부정과거 능동태 남성 단수 주격(10:25); 닥치다1[어떤 일이나 대상 따위가 가까이 다다르다], 맞이하다[오는 것을 맞다].

συναντήσοντά; συναντάω; σύν, ἀντί 1/2; 분사 미래 능동태 중성 복수 대격(20:22).

συναρπάσαντες; συναρπάζω; σύν, ἁρπάζω 1/3; 분사 부정과거 능동태 남성 복수 주격(19:29); 붙들다[사람이나 사물 따위가 달아나지 못하도록 잡다]; [수동태] 붙들리다['붙들다'의 피동사].

συναρπασθέντος; συναρπάζω; σύν, ἁρπάζω 1/3; 분사 부정과거 수동태 중성 단수 속격(27:15).

συναχθῆναι; συνάγω; σύν, ἄγω 2/11; 부정사 부정과거 수동태(4:5; 11:26); 모으다[여러 사람을 한곳에 오게 하거나 한 단체에 들게 하다], 모이다; [수동태] 소집되다, 모이다['모으다'의 피동사].

σύνδεσμον; σύνδεσμος; σύν, δέω 1/1; [명사] 남성 단수 대격(8:23); 얽어맴[얽어매다: 얽어서 동여 묶다; 얽매다], 묶임[묶다: 사람이나 물건을 기둥, 나무 따위에 붙들어 매다], 속박[어떤 행위나 권리의 행사를 자유로이 하지 못하도록 강압적으로 얽어매거나 제한함]됨.

συνδρομὴ; συνδρομή; σύν, τρέχω 1/1; [명사] 여성 단수 주격(21:30); 달려듦[달려들다: 사나운 기세로 무섭게 다가들다].

συνεβάλετο; συμβάλλω; σύν, βάλλω 1/4; 직설법 부정과거 중간태 3인칭 복수(18:27); 토론하다[어떤 문제에 대하여 여러 사람이 각각 의견을 말하며 논의하다], 도움을 주다, 합류하다[일정한 목적을 위하여 다른 사람, 단체, 당파 따위와 하나로 합쳐 행동을 같이하다].

συνέβαλλεν; συμβάλλω; σύν, βάλλω 1/4; 직설법 미완료 능동태 3인칭 단수(20:14).

συνέβαλλον; συμβάλλω; σύν, βάλλω 2/4; 직설법 미완료 능동태 3인칭 복수(4:15; 17:18).

συνέβη; συμβαίνω; σύν, βαίνω 1/3; 직설법 부정과거 능동태 3인칭 단수(21:35); 닥쳐오다[어떤 일이나 대상 따위가 가까이 다다라 오다], 생기다[어떤 일이 일어나다], 하게 되다.

συνεβίβασαν; συμβιβάζω; σύν, βαίνω 1/3; 직설법 부정과거 능동태 3인칭 복수(19:33); 내세우다[나와 서게 하다], 결론짓다[최종적으로 판단을 내리다], 결론하다2[최종적으로 판단을 내리다].

συνεβουλεύσαντο; συμβουλεύω; σύν, βούλομαι 1/1; 직설법 부정과거 중간태 3인칭 복수(9:23); 협의하다1[여러 사람이 모여 서로 의논하다], 서로 의논하다.

συνέδραμεν; συντρέχω; σύν, τρέχω 1/1; 직설법 부정과거 능동태 3인칭 단수(3:11); 몰려가다[떼를 지어서 여럿이 한쪽으로 가다].

συνέδριον; συνέδριον; σύν, ἕζομαι 5/14; [명사] 중성 단수 대격(5:21; 6:12; 22:30; 23:20, 28); 공회1[공적인 문제를 의논하기 위하여 열리는 모임], 산헤드린[고대 유대의 최고 의결 기관으로, 종교상 · 사법상의 재판권을 가지며 71명의 의원으로 구성되었다] 공회, 이스라엘 자손 가운데 모든 지도급 연장자들.

συνεδρίου; συνέδριον; σύν, ἕζομαι 3/14; [명사] 중성 단수 속격(4:15; 5:41; 24:20).

συνεδρίῳ; συνέδριον; σύν, ἕζομαι 6/14; [명사] 중성 단수 여격(5:27, 34; 6:15; 23:1, 6, 15).

συνεζήτει; συζητέω; σύν, ζητέω 1/2; 직설법 미완료 능동태 3인칭 단수(9:29); 논쟁하다

[서로 다른 의견을 가진 사람들이 각각 자기의 주장을 말이나 글로 논하여 다투다].

συνέθεντο; συντίθημι; σύν, τίθημι 1/1; 직설법 부정과거 중간태 3인칭 복수(23:20); 동조[동조3: 남의 주장에 자기의 의견을 일치시키거나 보조를 맞춤]하다.

συνειδήσει; συνείδησις; σύν, εἶδος 1/2; [명사] 여성 단수 여격(23:1); 양심2[사물의 가치를 변별하고 자기의 행위에 대하여 옳고 그름과 선과 악의 판단을 내리는 도덕적 의식].

συνείδησιν; συνείδησις; σύν, εἶδος 1/2; [명사] 여성 단수 대격(24:16).

συνειδυίης; σύνοιδα; σύν, οἶδα 1/1; 분사 완료 능동태 여성 단수 속격(5:2); 의식하다2[생각이 미치어 어떤 일이나 현상 따위를 깨닫거나 느끼다], 느낌으로 알다.

συνείπετο; συνέπομαι; σύν, ἕπω 1/1; 직설법 미완료 이태중간 3인칭 단수(20:4); 동행[동행1: 같이 길을 감]하다1, 따라가다[다른 사람이나 동물의 뒤에서, 그가 가는 대로 가다].

συνείχετο; συνέχω; σύν, ἔχω 1/3; 직설법 미완료 수동태 3인칭 단수(18:5); 틀어막다[억지로 들이밀어 넣어 통하지 못하게 하다]; [수동태] 걸리다1[병이 들다], 붙들리다['붙들다: 놓치지 않게 꽉 쥐다'의 피동사].

συνεκάλεσαν; συγκαλέω; σύν, καλέω 1/3; 직설법 부정과거 능동태 3인칭 복수(5:21); 초대[초대6: 어떤 모임에 참가해 줄 것을 청함]하다2, 소집[단체나 조직체의 구성원을 불러서 모음]하다, 불러 모으다.

συνεκδήμους; συνέκδημος; σύν, ἐκ, δῆμος 1/1; [명사] 남성 복수 대격(19:29); 동행1[같이 길을 가는 사람; 동행자1], 길동무[길을 함께 가는 동무, 또는 같은 길을 가는 사람; 길벗, 동행친구].

συνεκίνησάν; συγκινέω; σύν, κινέω 1/1; 직설법 부정과거 능동태 3인칭 복수(6:12); 선동[선동4: 남을 부추겨 어떤 일이나 행동에 나서도록 함]하다.

συνεκόμισαν; συγκομίζω; σύν, κομίζω 1/1; 직설법 부정과거 능동태 3인칭 복수(8:2); 장사 지내다, 장사[장사12: 죽은 사람을 땅에 묻거나 화장하는 일]하다4, 매장[매장2: 시체나 유골 따위를 땅속에 묻음]하다1, 묻다2[물건을 흙이나 다른 물건 속에 넣어 보이지 않게 쌓아 덮다].

συνεληλύθεισαν; συνέρχομαι; σύν, ἔρχομαι 1/16; 직설법 과거완료 능동태 3인칭 복수(19:32); 함께 다니다[이리저리 오고 가고 하다], 함께 가다, 함께 오다, 함께 마치다2[어떤 일이나 과정, 절차 따위가 끝나다, 또는 그렇게 하다], 모이다1['모으다'의 피동사].

συνεληλυθότας; συνέρχομαι; σύν, ἔρχομαι 1/16; 분사 완료 능동태 남성 복수 대격(10:27).

συνελθεῖν; συνέρχομαι; σύν, ἔρχομαι 2/16; 부정사 부정과거 능동태(11:12; 22:30).

συνελθόντα; συνέρχομαι; σύν, ἔρχομαι 1/16; 분사 부정과거 능동태 남성 단수 대격(15:38).

συνελθόντες; συνέρχομαι; σύν, ἔρχομαι 1/16; 분사 부정과거 능동태 남성 복수 주격(1:6).

συνελθόντων; συνέρχομαι; σύν, ἔρχομαι 3/16; 분사 부정과거 능동태 남성 복수 속격(1:21; 25:17; 28:17).

συνελθούσαις; συνέρχομαι; σύν, ἔρχομαι 1/16; 분사 부정과거 능동태 여성 복수 여격

(16:13).

συνενέγκαντες; συμφέρω; σύν, φέρω 1/2; 분사 부정과거 능동태 남성 복수 주격(19:19); 가져오다[무엇을 한 지점에서 다른 지점으로 옮겨 오다], 유익[유익1: 이롭거나 도움이 됨]하다1, 도움[남을 돕는 일]이 되다.

συνεπέθεντο; συνεπιτίθημι; σύν, ἐπί, τίθημι 1/1; 직설법 부정과거 중간태 3인칭 복수(24:9); 거들다1[남이 하는 일을 함께 하면서 돕다], 협공하다[양쪽에서 끼고 공격함].

συνεπέστη; συνεφίστημι; σύν, ἐπί, ἵστημι 1/1; 직설법 부정과거 능동태 3인칭 단수(16:22); 떼 지어 일어나다, 함께 봉기[봉기1: 벌떼처럼 떼 지어 세차게 일어남]하다.

συνεπίομεν; συμπίνω; σύν, πίνω 1/1; 직설법 부정과거 능동태 1인칭 복수(10:41); 함께 마시다[무이나 술 따위의 액체를 목구멍으로 넘기다].

συνέστειλαν; συστέλλω; σύν, στέλλω 1/1; 직설법 부정과거 능동태 3인칭 복수(5:6); 둘러싸다[둘러서 감싸다].

συνέσχον; συνέχω; σύν, ἔχω 1/3; 직설법 부정과거 능동태 3인칭 복수(7:57); 틀어막다[억지로 들이밀어 넣어 통하지 못하게 하다]; [수동태] 걸리다1[병이 들다], 붙들리다['붙들다: 놓치지 않게 꽉 쥐다'의 피동사].

συνετῷ; συνετός; σύν, ἵημι 1/1; [형용사] 남성 단수 여격(13:7); 지성적[지성과 관련되거나 지성을 지닌, 또는 그런 것], 지적[지적1: 지식이나 지성에 관한, 또는 그런 것]인.

συνευδοκῶν; συνευδοκέω; σύν, εὖ, δοκέω 2/2; 분사 현재 능동태 남성 단수 주격(8:1; 22:20); 기껍게[기껍다: 마음속으로 은근히 기쁘다] 받아들이다, 동의[동의2: 다른 사람의 행위를 승인하거나 시인함]하다1.

συνέφαγες; συνεσθίω; σύν, ἐσθίω 1/2; 직설법 부정과거 능동태 2인칭 단수(11:3); 함께 먹다.

συνεφάγομεν; συνεσθίω; σύν, ἐσθίω 1/2; 직설법 부정과거 능동태 1인칭 복수(10:41).

συνεφωνήθη; συμφωνέω; σύν, φωνή 1/2; 직설법 부정과거 수동태 3인칭 단수(5:9); 서로 꼭 맞다1[어떤 행동, 의견, 상황 따위가 다른 것과 서로 어긋나지 아니하고 일치하다]; [수동태] 작당[떼를 지음, 또는 무리를 이룸]하다, 서로 하나가 되다.

συνέχεον; συγχέω; σύν, χέω 1/5; 직설법 미완료 능동태 3인칭 복수(21:27); 충동하다2[어떤 일을 하도록 남을 부추기거나 심하게 마음을 흔들어 놓다]; [수동태] 혼란스럽다1[보기에 뒤죽박죽이 되어 어지럽고 질서가 없는 데가 있다], 소란하다[시끄럽고 어수선하다].

συνεχόμενον; συνέχω; σύν, ἔχω 1/3; 분사 현재 수동태 남성 단수 대격(28:8); 틀어막다[억지로 들이밀어 넣어 통하지 못하게 하다]; [수동태] 걸리다1[병이 들다], 붙들리다['붙들다: 놓치지 않게 꽉 쥐다'의 피동사].

συνεχύθη; συγχέω; σύν, χέω 1/5; 직설법 부정과거 수동태 3인칭 단수(2:6); 충동하다2; [수동태] 혼란스럽다1, 소란하다.

συνέχυννεν; συγχέω; σύν, χέω 1/5; 직설법 미완료 능동태 3인칭 단수(9:22).

συνεψήφισαν; συμψηφίζω; σύν, ψάω 1/1; 직설법 부정과거 능동태 3인칭 복수(19:19); 계산[계산1: 수를 헤아림]하다.

συνηγμένοι; συνάγω; σύν, ἄγω 2/11; 분사 완료 수동태 남성 복수 주격(4:31; 20:8); 모으

다[여러 사람을 한곳에 오게 하거나 한 단체에 들게 하다]; [수동태] 소집되다, 모이다['모으다'의 피동사].

συνηγμένων; συνάγω; σύν, ἄγω 1/11; 분사 완료 수동태 남성 복수 속격(20:7).

συνηθροισμένοι; συναθροίζω; σύν, α, θρόος 1/2; 분사 완료 중간태 남성 복수 주격(12:12); 모으다[정신, 의견 따위를 한곳에 집중하다]; [중간태] 집결[한군데로 모임, 또는 한군데로 모여 뭉침]하다; [수동태] 집결되다.

συνῆκαν; συνίημι; σύν, ἵημι 1/4; 직설법 부정과거 능동태 3인칭 복수(7:25b); 이해[이해6: 깨달아 앎]하다2.

συνῆλθαν; συνέρχομαι; σύν, ἔρχομαι 1/16; 직설법 부정과거 능동태 3인칭 복수(10:45); 함께 다니다[이리저리 오고 가고 하다], 함께 가다, 함께 오다, 함께 마치다2[어떤 일이나 과정, 절차 따위가 끝나다, 또는 그렇게 하다], 모이다1['모으다'의 피동사].

συνῆλθεν; συνέρχομαι; σύν, ἔρχομαι 2/16; 직설법 부정과거 능동태 3인칭 단수(2:6; 9:39).

συνῆλθον; συνέρχομαι; σύν, ἔρχομαι 2/16; 직설법 부정과거 능동태 3인칭 복수(10:23; 21:16).

συνήλλασσεν; συναλλάσσω; σύν, ἄλλος 1/1; 직설법 미완료 능동태 3인칭 단수(7:26); 화해[화해2: 싸움하던 것을 멈추고 서로 가지고 있던 안 좋은 감정을 풀어 없앰]시키다.

συνήρπασαν; συναρπάζω; σύν, ἁρπάζω 1/3; 직설법 부정과거 능동태 3인칭 복수(6:12); 붙들다[사람이나 사물 따위가 달아나지 못하도록 잡다]; [수동태] 붙들리다['붙들다'의 피동사].

συνήρχετο; συνέρχομαι; σύν, ἔρχομαι 1/16; 직설법 미완료 이태중간 3인칭 단수(5:16); 함께 다니다, 함께 가다, 함께 오다, 함께 마치다2, 모이다1.

συνῆτε; συνίημι; σύν, ἵημι 1/4; 가정법 부정과거 능동태 2인칭 복수(28:26); 이해하다2.

συνήχθη; συνάγω; σύν, ἄγω 1/11; 직설법 부정과거 수동태 3인칭 단수(13:44); 모으다[여러 사람을 한곳에 오게 하거나 한 단체에 들게 하다]; [수동태] 소집되다, 모이다['모으다'의 피동사].

Συνήχθησάν; συνάγω; σύν, ἄγω 1/11; 직설법 부정과거 수동태 3인칭 복수(15:6).

συνήχθησαν; συνάγω; σύν, ἄγω 2/11; 직설법 부정과거 수동태 3인칭 복수(4:26, 27).

συνθρύπτοντές; συνθρύπτω; σύν, τρυφή 1/1; 분사 현재 능동태 남성 복수 주격(21:13); 찢다[물체를 잡아당기어 가르다], 아프게 하다.

συνιδόντες; συνοράω; σύν, ὁράω 1/2; 분사 부정과거 능동태 남성 복수 주격(14:6); 알아차리다[알고 정신을 차려 깨닫다], 알아채다[낌새를 미리 알다; 알아차리다].

συνιδών; συνοράω; σύν, ὁράω 1/2; 분사 부정과거 능동태 남성 단수 주격(12:12).

συνιέναι; συνίημι; σύν, ἵημι 1/4; 부정사 현재 능동태(7:25a); 이해하다2.

συνοδεύοντες; συνοδεύω; σύν, ὁδός 1/1; 분사 현재 능동태 남성 복수 주격(9:7); 동행하다1, 같이 길을 가다.

συνομιλῶν; συνομιλέω; σύν, ὁμός, εἴλω 1/1; 분사 현재 능동태 남성 단수 주격(10:27); 얘기['이야기'의 준말]를 나누다, 얘기를 주고받다.

συνομοροῦσα; συνομορέω; σύν, ὁμός, ὅρος 1/1; 분사 현재 능동태 여성 단수 주격(18:7); 맞닿다[마주 닿다], 옆에 있다.

συνόντων; σύνειμι; σύν, εἰμί 1/1; 분사 현재 남성 복수 속격(22:11); 함께 있다.

συντελεῖσθαι; συντελέω; σύν, τέλος 1/1; 부정사 현재 중간태(21:27); 끝나다[시간이나 공간에서 이어져 있던 것이 다 되어 없어지다].

συντόμως; συντόμως; σύν, τομός 1/1; [부사] (24:4); 잠시[짧은 시간에; 일삽시].

σύντροφος; σύντροφος; σύν, τρέφω 1/1; [명사] 남성 단수 주격(13:1); 젖형제[젖을 얻어 먹는 아이와, 젖어머니의 소생과의 관계, 또는 그런 관계에 있는 사람; 유형제], 같이 자란 사람.

συνωμοσίαν; συνωμοσία; σύν, ὀμνύω 1/1; [명사] 여성 단수 대격(23:13); 동맹1[둘 이상의 개인이나 단체, 또는 국가가 서로의 이익이나 목적을 위하여 동일하게 행동하기로 맹세하여 맺는 약속이나 조직체, 또는 그런 관계를 맺음], 맹세를 함께 함.

συνῶσιν; συνίημι; σύν, ἵημι 1/4; 가정법 부정과거 능동태 3인칭 복수(28:27); 이해[이해6: 깨달아 앎]하다2.

Συρακούσας; Συράκουσαι 1/1; [명사] 여성 복수 대격(28:12); 수라구사[시라쿠사: 시실리섬 동쪽 해안에 있는 항구도시로 멜리데 섬에서 약 120km 떨어져있다.].

Συρίαν; Συρία 5/5; [명사] 여성 단수 대격(15:23, 41; 18:18; 20:3; 21:3); 수리아[신약 당시 팔레스타인 지역은 수리아 총독 관할 하에 있었다.].

Σύρτιν; Σύρτις 1/1; [명사] 여성 단수 대격(27:17); 스르디스[수르디스: 리비아 북쪽 해안가의 넓은 모래톱으로, 가우다 섬에서 약 700km 떨어져있다.].

σύρων; σύρω; σύν, σύρω 1/3; 분사 현재 능동태 남성 단수 주격(8:3); 끌어내다[당겨서 밖으로 내다; 사람이나 짐승을 억지로 나오게 하다].

συστρέψαντος; συστρέφω; σύν, στρέφω 1/1; 분사 부정과거 능동태 남성 단수 속격(28:3); 모으다[한데 합치다].

συστροφὴν; συστροφή; σύν, στρέφω 1/2; [명사] 여성 단수 대격(23:12); 소요4[여럿이 떠들썩하게 들고일어남, 또는 그런 술렁거림과 소란], 함께 모의[모의4: 어떤 일을 꾀하고 의논함]함.

συστροφῆς; συστροφή; σύν, στρέφω 1/2; [명사] 여성 단수 속격(19:40).

Συχέμ; Συχέμ 1/2; [명사] 여성 단수 여격(7:16a); 세겜[므낫세 지파가 기업으로 받은 땅으로, 신약 당시에는 사마리아 지역에 속해 있었다.].

Συχὲμ; Συχέμ 1/2; [명사] 여성 단수 대격(7:16b).

σφαγὴν; σφαγή; σφάζω 1/1; [명사] 여성 단수 대격(8:32); 도살[도살1: 짐승을 잡아 죽임]하는 자.

σφάγια; σφάγιον; σφάζω 1/1; [명사] 중성 복수 대격(7:42); 희생물[희생이 된 물건이나 사람], 희생 제물.

σφόδρα; σφόδρα 1/1; [부사] 심히[정도가 지나치게].

σφοδρῶς; σφοδρῶς; σφόδρα 1/1; [부사] (27:18); 세차게[세차다: 기세나 형세 따위가 힘있고 억세다].

σφυδρά; σφυδρόν 1/1; [명사] 중성 복수 주격(3:7); 발목1[다리와 발이 잇닿는 부분].

σχεδὸν; σχεδόν; ἔχω 2/2; [부사] (13:44; 19:26); 거의1[어느 한도에 매우 가까운 정도로].

σχοινία; σχοινίον; σχοῖνος 1/1; [명사] 중성 복수 대격(27:32); 밧줄[삼 따위로 세 가닥을 지어 굵다랗게 꼰 줄].

σχολῇ; σχολή 1/1; [명사] 여성 단수 여격(19:9); 강당[강연이나 강의, 의식 따위를 할 때

에 쓰는 건물이나 큰 방].

σχῶ; ἔχω 1/44; 가정법 부정과거 능동태 1인칭 단수(25:26b); 가지다, 갖다, 받아 가지다, 연연해하다[연연하다7: 집착하여 미련을 가지다], 있다, 그렇다, 그러하다, 들리다1[병이 걸리다, 귀신이나 넋 따위가 덮치다], 대하다, 제기[제기6: 의견이나 문제를 내어 놓음, 소송을 일으킴]하다3, 두다1[직책이나 조직, 기구 따위를 설치하다], 끼치다2[영향, 해, 은혜 따위를 당하거나 입게 하다].

σῴζεσθαι; σῴζω 1/13; 부정사 현재 수동태(27:20); 구원[구원5: 어려움이나 위험에 빠진 사람을 구하여 줌; 인류를 죽음과 고통과 죄악에서 건져 내는 일; 신약성경에서는 '정상적인 상태에 있는 것'을 기본적으로 가리킨다]하다2; [수동태] 구원되다, 구원을 받다, 회복[원래의 상태로 돌이키거나 원래의 상태를 되찾음]되다.

σῳζομένους; σῴζω 1/13; 분사 현재 수동태 남성 복수 대격(2:47).

σωθῆναι; σῴζω 5/13; 부정사 부정과거 수동태(4:12; 14:9; 15:1, 11; 27:31).

σωθήσεται; σῴζω 1/13; 직설법 미래 수동태 3인칭 단수(2:21).

σωθήσῃ; σῴζω 2/13; 직설법 미래 수동태 2인칭 단수(11:14; 16:31).

Σώθητε; σῴζω 1/13; 명령법 부정과거 수동태 2인칭 복수(2:40).

σωθῶ; σῴζω 1/13; 가정법 부정과거 수동태 1인칭 단수(16:30).

σῶμα; σῶμα 1/1; [명사] 중성 단수 대격(9:40); 몸1[사람이나 동물의 형상을 이루는 전체, 또는 그것의 활동 기능이나 상태], 시체2[=송장1: 죽은 사람의 몸을 이르는 말; 시신2; 주검].

Σώπατρος; Σώπατρος 1/1; [명사] 남성 단수 주격(20:4); 소바더[부로의 아들인 베뢰아 사람].

Σωσθένην; Σωσθένης 1/1; [명사] 남성 단수 대격(18:17); 소스데네[고린도 회당의 회당장].

σωτῆρα; σωτήρ; σῴζω 2/2; [명사] 남성 단수 대격(5:31; 13:23); 구원자[어려움이나 위험에 빠진 사람을 구하여 주는 사람; 사도행전에서는 하나님께서 계획하신 구원을 이루신 예수님을 가리키는 호칭만으로 사용되었다].

σωτηρία; σωτηρία; σῴζω 1/6; [명사] 여성 단수 주격(4:12); 구원5[어려움이나 위험에 빠진 사람을 구하여 줌; 인류를 죽음과 고통과 죄악에서 건져 내는 일].

σωτηρίαν; σωτηρία; σῴζω 2/6; [명사] 여성 단수 대격(7:25; 13:47).

σωτηρίας; σωτηρία; σῴζω 3/6; [명사] 여성 단수 속격(13:26; 16:17; 27:34).

σωτήριον; σωτήριος; σῴζω 1/1; [형용사] 중성 단수 주격(28:28); 구원하는[구원하다2], 구원5.

σωφροσύνης; σωφροσύνη; σῶς, φρήν 1/1; [명사] 여성 단수 속격(26:25); 합당1['합당하다1: 어떤 기준, 조건, 용도, 도리 따위에 꼭 알맞다'의 어근].

τ

τά; ὁ 1/2709; [관사] 중성 복수 대격(19:12); 거시기, 거1, 그, 그분, 곧1, 일1, 거리2.

τὰ; ὁ 87/2709; [관사] 중성 복수 주격[8회], 대격[79회].

Ταβερνῶν; ταβέρναι 1/1; [명사] 여성 복수 속격(28:15); 여관, 타베르네[본래 '여관'이란 뜻으로, 로마에서 남쪽으로 50km 정도 떨어져있던 '트레이스 타베르네'의

'타베르네'에 해당함].

Ταβιθά; Ταβιθά 2/2; [명사] 여성 단수 주격(9:36), 호격(9:40); 다비다.

Τάδε; ὅδε; ὅς 1/1; [지시대명사] 중성 복수 대격(21:11); 이와 같이.

ταῖς; ὁ 24/2709; [관사] 여성 복수 여격; 거시기, 거1, 그, 그분, 곧1, 일1, 거리2.

τακτῇ; τακτός; τάσσω 1/1; [형용사] 여성 단수 여격(12:21); 정해[정하다3: 여럿 가운데 선택하거나 판단하여 결정하다]진.

Ταξάμενοι; τάσσω 1/4; 분사 부정과거 중간태 남성 복수 주격(28:23); 정하다3[여럿 가운데 선택하거나 판단하여 결정하다], 정해 주다1[다른 사람을 위하여 어떤 행동을 함을 나타내는 말], 결정[결정1: 행동이나 태도를 분명하게 정함, 또는 그렇게 정해진 내용]하다1.

ταπεινοφροσύνης; ταπεινοφροσύνη; ταπεινός, φρήν 1/1; [명사] 여성 단수 속격(20:19); 겸손[남을 존중하고 자기를 내세우지 않는 태도가 있음; 손순].

ταπεινώσει; ταπείνωσις; ταπεινός 1/1; [명사] 여성 단수 여격(8:33); 굴욕[남에게 억눌리어 업신여김을 받음], 업신여김을 받음.

ταράσσοντες; ταράσσω 1/3; 분사 현재 능동태 남성 복수 주격(17:13); 쥐어흔들다[마음대로 휘두르다], 쥐흔들다['쥐어흔들다'의 준말], 마음을 흔들다[어떤 일이나 말이 사람의 마음을 동요하게 하거나 약한 상태가 되게 하다].

τάραχος; τάραχος; ταράσσω 2/2; [명사] 남성 단수 주격(12:18; 19:23); 소동2[사람들이 놀라거나 흥분하여 시끄럽게 법석거리고 떠들어 대는 일].

Ταρσέα; Ταρσεύς 1/2; [명사] 남성 단수 대격(9:11); 다소[타르수스] 사람, 다소[타르수스]인.

Ταρσεὺς; Ταρσεύς 1/2; [명사] 남성 단수 주격(21:39).

Ταρσόν; Ταρσός; τέρσομαι 1/3; [명사] 여성 단수 대격(9:30); 다소[타르수스: 길리기아 지역 중앙에 있는 수도로 서쪽의 산악지대와 동쪽의 평야지대를 연결한다. 시저의 부관이었던 안토니오와 애굽 여왕 클레오파드라가 만난 것을 기념하여 세워진 '클레우파트라 게이트'가 있고, 북쪽 약 50km에는 '길리기아 출입구'가 있다. 학문과 교육으로 유명하다.].

Ταρσὸν; Ταρσός; τέρσομαι 1/3; [명사] 여성 단수 대격(11:25).

Ταρσῷ; Ταρσός; τέρσομα 1/3; [명사] 여성 단수 여격(22:3).

τὰς; ὁ 63/2709; [관사] 여성 복수 대격(2:18, 24, 45; 3:19, 24; 4:3, 29, 34; 5:15, 18, 19; 6:6; 8:1, 17, 19, 40; 9:2, 12, 17, 24, 41; 12:1; 13:3; 13:10[2회], 27[2회], 50[2회]; 14:2, 6, 17, 22; 15:9, 24, 26, 41; 16:4, 2717:11, 20, 26; 19:6, 11, 12, 18, 19[2회]; 20:6; 21:5, 11, 15, 27; 22:16, 19; 25:27; 26:11[2회]; 27:40[2회]; 28:8, 10, 17); 거시기, 거1, 그, 그분, 곧1, 일1, 거리2.

ταύρους; ταῦρος 1/1; [명사] 남성 복수 대격(14:13); 수소1[소의 수컷].

Ταῦτα; οὗτος 1/236; [지시 대명사] 중성 복수 대격(26:24); 이 사람, 이분1['이 사람'을 아주 높여 이르는 삼인칭 대명사], 이자2['이 사람'을 조금 낮잡아 이르는 삼인칭 대명사], 이제1[바로 이때], 이러2['이러하다'의 어근], 간['간밤: 지난밤'의 간].

ταῦτα; οὗτος 27/236; [지시 대명사] 중성 복수 주격(17:11; 19:21), 대격(1:9; 5:11; 7:1, 7, 50, 54; 10:44; 11:18; 12:17; 13:20, 42; 14:15, 18; 15:16, 17; 16:38; 17:8, 20; 18:1; 19:40; 20:36; 21:12; 23:22; 24:9; 27:35).

ταύταις; οὗτος 3/236; [지시 대명사] 여성 복수 여격(1:15; 6:1; 11:27).

ταύτας; οὗτος 3/236; [지시 대명사] 여성 복수 대격(1:5; 3:24; 21:15).

ταύτῃ; οὗτος 5/236; [지시 대명사] 여성 단수 여격(4:27; 16:12; 18:10; 22:3; 27:23).

ταύτην; οὗτος 11/236; [지시 대명사] 여성 단수 대격(3:16; 7:4, 60; 8:19; 13:33; 22:4, 28; 23:13; 27:21; 28:20[2회]).

ταύτης; οὗτος 17/236; [지시 대명사] 여성 단수 속격(1:17, 25; 2:6, 29, 40; 5:20; 6:3; 8:22, 35; 10:30; 13:26; 19:25, 40; 23:1; 24:21; 26:22; 28:22).

τάχει; τάχος; ταχύς 3/3; [명사] 중성 단수 여격(12:7; 22:18; 25:4); 신속4[매우 날쌔고 빠름].

–ἐν τάχει (12:7; 22:18; 25:4); 곧1[때를 넘기지 아니하고 지체 없이], 지체4[때를 늦추거나 질질 끎] 없이.

τάχιστα; ταχέως; ταχύς 1/1; [부사] 최상급(17:15); 급히[급하다: 시간의 여유가 없어 일을 서두르거나 다그쳐 매우 빠르다].

τε; τέ 151/151; [등위 접속사, 계합 접속사]; 결국[일이 마무리되는 마당이나 일의 결과가 그렇게 돌아감을 이르는 말], 마침내[드디어 마지막에는; 급기1], 그 결과2[어떤 원인으로 결말이 생김, 또는 그런 결말의 상태], 결과적[어떤 원인으로 생기는 결말의 생태로 되는, 또는 그런 것]으로, 그리하여[그리하다: 상태, 모양, 성질 따위가 그렇게 되게 하다], 그래서[앞의 내용이 뒤의 내용의 원인이나 근거, 조건 따위가 될 때 쓰는 접속 부사], 그러다가, 그러면[앞의 내용이 뒤의 내용의 조건이 될 때 쓰는 접속 부사], 그럼1['그러면'의 준말], 그뿐[뿐2: '그것만이고 더는 없음' 또는 '오직 그렇게 하거나 그러하다는 것'을 나타내는 보조사] 아니라, 뿐[만] 아니라, 뿐더러, 조차8[이미 어떤 것이 포함되고 그 위에 더함의 뜻을 나타내는 보조사].

Τέθεικά; τίθημι 1/23; 직설법 완료 능동태 1인칭 단수(13:47); 두다1[일정한 곳에 놓다], 삼다2[무엇을 무엇이 되게 하거나 여기다], 세우다1['서다1: 사람이나 동물이 발을 땅에 대고 다리를 쭉 뻗으며 몸을 곧게 하다'의 사동사], 작정하다1[일을 어떻게 하기로 결정하다], 이끌어 내다, 처넣다[마구 집어넣다], 꿇다[무릎을 구부려 바닥에 대다]; [수동태] 묻히다2['묻다2: 물건을 흙이나 다른 물건 속에 넣어 보이지 않게 쌓아 덮다'의 피동사].

τεθεραπευμένον; θεραπεύω; θεράπων 1/5; 분사 완료 수동태 남성 단수 대격(4:14); [수동태] 도움[남을 돕는 일]을 받다, 고침[고치다1: 병 따위를 낫게 하다]을 받다, 수리[수리14: 고장 나거나 허름한 데를 손보아 고침]되다2.

τεθνηκέναι; θνῄσκω 1/2; 부정사 완료 능동태(14:19); 죽다1[생명이 없어지거나 끊어지다].

τεθνηκότος; θνῄσκω 1/2; 분사 완료 능동태 남성 단수 속격(25:19).

τείχους; τεῖχος 1/1; [명사] 중성 단수 속격(9:25); 바깥벽[건물 바깥쪽을 둘러싸고 있는 벽; 밭벽], 외벽1.

τεκμηρίοις; τεκμήριον; τέκμαρ 1/1; [명사] 중성 복수 여격(1:3); 증거[어떤 사실을 증명할 수 있는 근거].

τέκνα; τέκνον; τίκτω 1/5; [명사] 중성 복수 대격(21:21); 자식1[아들과 딸], 자녀1[아들과 딸을 통틀어 이르는 말].

τέκνοις; τέκνον; τίκτω 3/5; [명사] 중성 복수 여격(2:39; 13:33; 21:5).

τέκνου; τέκνον; τίκτω 1/5; [명사] 중성 단수 속격(7:5).

τελειῶσαι; τελειόω; τέλος 1/1; 부정사 부정과거 능동태(20:24); 완수[완수1: 뜻한 바를 완전히 이루거나 다 해냄]하다1.

τέρασι; τέρας 1/9; [명사] 중성 복수 여격(2:22); 기사6[기이한 일], 기이한 일, 기현상[기이한 현상], 기이한 현상.

τέρατα; τέρας 8/9; [명사] 중성 복수 주격(2:43; 5:12), 대격(2:19; 4:30; 6:8; 7:36; 14:3; 14:12).

Τέρτυλλος; Τέρτυλλος 1/1; [명사] 남성 단수 주격(24:2); 더둘로.

Τερτύλλου; Τέρτυλλος 1/1; [명사] 남성 단수 속격(24:1).

τέσσαρας; τέσσαρες 1/6; [형용사, 기수사] 여성 복수 대격(27:29); 넷1[셋에 하나를 더한 수], 사11[삼에 일을 더한 수], 4.

τέσσαρες; τέσσαρες 2/6; [형용사, 기수사] 남성 복수 주격(21:23), 여성 복수 주격(21:9).

τεσσαρεσκαιδεκάτη; τεσσαρεσκαιδέκατος; τέσσαρες, καί, δέκα 1/2; [형용사, 서수사] 여성 단수 주격(27:27); 열네 번째[-째: '차례'의 뜻을 더하는 접미사], 14일째.

Τεσσαρεσκαιδεκάτην; τεσσαρεσκαιδέκατος; τέσσαρες, καί, δέκα 1/2; [형용사, 서수사] 여성 단수 대격(27:33).

τέσσαρσιν; τέσσαρες 3/6; [형용사, 기수사] 여성 복수 여격(10:11; 11:5), 중성 복수 여격(12:4); 넷1, 사11, 4.

τεσσεράκοντα; τεσσεράκοντα; τέσσαρες, ἑκατόν 8/8; [형용사] 남성 복수 주격(23:13, 21), 여성 복수 속격(1:3), 중성 복수 속격(4:22; 7:30), 중성 복수 대격(7:36, 42; 13:21); 사십[십의 네 배가 되는 수], 40.

τεσσερακονταετῆ; τεσσερακονταετής; τέσσαρες, ἔτος 1/2; [형용사] 남성 단수 대격(13:18); 사십 년, 40년.

τεσσερακονταετὴς; τεσσερακονταετής; τέσσαρες, ἔτος 1/2; [형용사] 남성 단수 주격(7:23).

τεταγμένοι; τάσσω 1/4; 분사 완료 수동태 남성 복수 주격(13:48); 정하다3[여럿 가운데 선택하거나 판단하여 결정하다], 정해 주다1[다른 사람을 위하여 어떤 행동을 함을 나타내는 말], 결정[결정1: 행동이나 태도를 분명하게 정함, 또는 그렇게 정해진 내용]하다1.

τέτακται; τάσσω 1/4; 직설법 완료 수동태 3인칭 단수(22:10).

τετάρτης; τέταρτος; τέσσαρες 1/1; [형용사] 여성 단수 속격(10:30); 네[네2: 그 수량이 넷임을 나타내는 말] 번째의.

–τετάρτης ἡμέρας (10:30); 나흘[네 날], 나흗날[넷째 날].

τετραάρχου; τετραάρχης; τέσσαρες, ἄρχω 1/1; [명사] 남성 단수 속격(13:1); 분봉 왕[네 부분으로 나눠진 지역 가운데 한 부분을 통치하는 사람을 지칭하는 말이다].

τετραδίοις; τετράδιον; τέσσαρες 1/1; [명사] 중성 복수 여격(12:4); 네 패3[무리를 세는 단위], 4인 1조.

τετρακισχιλίους; τετρακισχίλιοι; τέσσαρες, χίλιοι 1/1; [형용사] 남성 복수 대격(21:38); 사천, 4천, 4,000.

τετρακόσια; τετρακόσιοι; τέσσαρες, ἑκατόν 1/3; [명사] 중성 복수 대격(7:6); 사백, 4백, 400.

τετρακοσίοις; τετρακόσιοι; τέσσαρες, ἑκατόν 1/3; [명사] 중성 복수 여격(13:20).

τετρακοσίων; τετρακόσιοι; τέσσαρες, ἑκατόν 1/3; [명사] 남성 복수 속격(5:36).

τετράποδα; τετράπους; τέσσαρες, πούς 2/2; [형용사] 중성 복수 주격(10:12), 대격(11:6); 네발짐승[발이 넷인 짐승을 통틀어 이르는 말], 사지동물[=네발짐

승], 사족동물[=네발짐승].

τετραυματισμένους; τραυματίζω; τραῦμα 1/1; 분사 완료 수동태 남성 복수 대격(19:16); 상처를 입히다; [수동태] 다치다1[부딪치거나 맞거나 하여 신체에 상처를 입다, 또는 입히게 하다].

τέχνῃ; τέχνη; τίκτω 1/2; [명사] 여성 단수 여격(18:3); 기술1[사물을 잘 다룰 수 있는 방법이나 능력].

τέχνης; τέχνη; τίκτω 1/2; [명사] 여성 단수 속격(17:29).

τεχνῖται; τεχνίτης; τίκτω 1/2; [명사] 남성 복수 주격(19:38); 기술자[어떤 분야에 전문적 기술을 가진 사람].

τεχνίταις; τεχνίτης; τίκτω 1/2; [명사] 남성 복수 여격(19:24).

Τῇ; ὁ 5/2709; [관사] 여성 단수 여격(10:9, 23; 22:30; 23:11; 25:23); 거시기, 거1, 그, 그분, 곧1, 일1, 거리2.

τῇ; ὁ 134/2709; [관사] 여성 단수 여격.

Τὴν; ὁ 2/2709; [관사] 여성 단수 대격(1:20; 26:4).

τήν; ὁ 2/2709; [관사] 여성 단수 대격(2:33; 15:3).

τὴν; ὁ 230/2709; [관사] 여성 단수 대격.

τηρεῖν; τηρέω 2/8; 부정사 현재 능동태(15:5; 16:23); 구금하다[피고인 또는 피의자를 구치소나 교도소 따위에 가두어 신체의 자유를 구속하는 강제 처분을 하다. 형이 확정되지 않은 사람에 대하여 집행하며, 형이 확정되면 구금 일수를 계산하여 형을 집행한 것과 동일하게 취급한다; 구류하다2], 단속하다1[규칙이나 법령, 명령 따위를 지키도록 통제하다], 준수하다3[전례나 규칙, 명령 따위를 그대로 좇아서 지키다]; [수동태] 감금되다[드나들지 못하도록 일정한 곳에 갇히다], 수감되다[사람이 구치소나 교도소에 수용되다; 입감되다].

τηρεῖσθαι; τηρέω 3/8; 부정사 현재 수동태(24:23; 25:4, 21b).

τηρηθῆναι; τηρέω 1/8; 부정사 부정과거 수동태(25:21a).

τηρήσει; τήρησις; τηρέω 1/2; [명사] 여성 단수 여격(5:18); 구치소[형사 피의자 또는 형사 피고인으로서, 구속 영장에 의하여 구속된 사람을 판결이 내려질 때까지 수용하는 시설].

τήρησιν; τήρησις; τηρέω 1/2; [명사] 여성 단수 대격(4:3).

τῆς; ὁ 188/2709; [관사] 여성 단수 속격; 거시기, 거1, 그, 그분, 곧1, 일1, 거리2.

Τί; τίς 11/55; [의문 대명사] 중성 단수 주격(10:4; 23:19), 대격(2:12, 37; 4:16; 5:9; 13:25; 17:18; 21:13; 22:10, 26); 누구[잘 모르는 사람을 가리키는 인칭 대명사], 누구라고, 무엇[모르는 사실을 가리키는 지시 대명사], 어떤 일, 무엇을, 뭘, 무슨[무엇인지 모르는 일이나 대상, 물건 따위를 물을 때 쓰는 말], 무슨 의미2[의미나 현상이 지닌 뜻], 왜2[무슨 까닭으로, 또는 어째서], 어떻게[어떻다: 의견, 성질, 형편, 상태 따위가 어찌 되어 있다].

τι; τις 27/115; [부정 대명사] 중성 단수 대격(3:5; 4:32; 5:2; 8:36; 9:6; 10:11; 11:5; 17:21[2회]; 18:14; 19:32, 39; 21:34, 37; 23:17, 18; 23:20; 24:19; 25:8, 11, 26; 26:26, 31; 27:16; 28:3, 19, 21); 어느1[여럿 가운데 똑똑히 모르거나 꼭 집어 말할 필요가 없는 막연한 사람이나 사물을 이를 때 쓰는 말], 어떤[대상을 뚜렷이 밝히지 아니하고 이를 때 쓰는 말], 한1['어떤'의

뜻을 나타내는 말], 몇[그리 많지 않은 얼마만큼의 수를 막연하게 이르는 말]; 말1[음성 기호로 생각이나 느낌을 표현하고 전달하는 행위, 또는 그런 결과물; 소리1], 짓1[몸을 놀려 움직이는 동작], 사람[생각을 하고 언어를 사용하며, 도구를 만들어 쓰고 사회를 이루어 사는 동물], 하나[여러 가지로 구분한 것들 가운데 어떤 것을 가리키는 말], 자18['놈' 또는 '사람'이라는 듯을 나타내는 말로, 사람을 좀 낮잡아 이르거나 일상적으로 이를 때 쓴다], 거리2[내용이 될 만한 재료]; 누구든지, 누군가가; 대단한 인물, 각자2[각각의 자기 자신]; [복수] 몇몇['몇'을 강조하여 이르는 말], 하나['전혀', '조금도'의 뜻을 나타내는 말].

τί; τίς 26/55; [의문 대명사] 중성 단수 주격(5:4, 24; 7:40; 8:36; 10:17; 12:18; 21:22; 25:5), 대격(1:11; 3:12[2회]; 5:3, 35; 9:4; 14:15; 15:10; 16:30; 19:3; 21:33; 22:7, 16, 30; 24:20; 25:26; 26:8, 14); 누구, 누구라고, 무엇, 어떤 일, 무엇을, 뭘, 무슨, 무슨 의미2, 왜2, 어떻게.

–τί ὅτι (5:4, 9); 왜 ~한 것이냐.

τιθέναι; τίθημι 1/23; 부정사 현재 능동태(5:15); 두다1[일정한 곳에 놓다], 삼다2[무엇을 무엇이 되게 하거나 여기다], 세우다1['서다1: 사람이나 동물이 발을 땅에 대고 다리를 쭉 뻗으며 몸을 곧게 하다'의 사동사], 작정하다1[일을 어떻게 하기로 결정하다], 이끌어 내다, 처넣다[마구 집어넣다], 꿇다[무릎을 구부려 바닥에 대다]; [수동태] 묻히다2['묻다2: 물건을 흙이나 다른 물건 속에 넣어 보이지 않게 쌓아 덮다'의 피동사].

τιμαῖς; τιμή 1/6; [명사] 여성 복수 여격(28:10); 값[사고파는 물건에 일정하게 매겨진 액수, 물건을 사고팔 때 주고받는 돈], 가치물[어떤 일에 사용할 만한 가치를 지니고 있는 물건].

τιμὰς; τιμή 2/6; [명사] 여성 복수 대격(4:34; 19:19).

τιμῆς; τιμή 3/6; [명사] 여성 단수 속격(5:2, 3; 7:16).

τιμίαν; τίμιος; τιμή 1/2; [형용사] 여성 단수 대격(20:24); 존경[남의 인격, 사상, 행위 따위를 받들어 공경함]을 받는.

τίμιος; τίμιος; τιμή 1/2; [형용사] 남성 단수 주격(5:34).

Τιμόθεον; Τιμόθεος; τιμή, θεός 2/6; [명사] 남성 단수 대격(17:15; 19:22); 디모데.

Τιμόθεος; Τιμόθεος; τιμή, θεός 4/6; [명사] 남성 단수 주격(16:1; 17:14; 18:5; 20:4).

Τίμωνα; Τίμων 1/1; [명사] 남성 단수 대격(6:5); 디몬[티몬: 일곱 집사 가운데 하나].

τιμωρηθῶσιν; τιμωρέω; τιμή, αἴρω 1/2; 가정법 부정과거 수동태 3인칭 복수(22:5); 벌하다[잘못하거나 죄를 지은 사람에게 벌을 주다]; [수동태] 형벌[범죄에 대한 법률의 효과로서 국가 따위가 범죄자에게 제재를 가함, 또는 그 제재] 받다.

τιμωρῶν; τιμωρέω; τιμή, αἴρω 1/2; 분사 현재 능동태 남성 단수 주격(26:11).

τινα; τις 13/115; [부정 대명사] 남성 단수 대격(5:36; 7:24; 8:9; 9:33; 10:5; 18:2; 19:38; 24:12; 25:16; 27:39), 여성 단수 대격(27:26), 중성 복수 대격(17:20; 25:19); 어느1, 어떤, 한1, 몇; 말1, 짓1, 사람, 하나, 자18, 거리2; 누구든지, 누군가가; 대단한 인물, 각자2; [복수] 몇몇, 하나.

τινὰ; τις 5/115; [부정 대명사] 남성 단수 대격(13:6; 18:23; 27:8), 여성 단수 대격(16:16; 27:27).

τίνα; τίς 2/55; [의문 대명사] 남성 단수 대격(7:52), 중성 복수 대격(17:20); 누구, 누구라고, 무엇, 어떤 일, 무엇을, 뭘, 무슨, 무슨 의미2, 왜2, 어떻게

τινας; τις 7/115; [부정 대명사] 남성 복수 대격(9:2; 12:1; 15:2, 36; 17:6; 19:1; 27:1); 어느1, 어떤, 한1, 몇; 말1, 짓1, 사람, 하나, 자18, 거리2; 누구든지, 누군가가; 대단한 인물, 각자2; [복수] 몇몇, 하나.

τινάς; τις 2/115; [부정 대명사] 여성 복수 대격(10:48; 16:12).

τινὰς; τις 4/115; [부정 대명사] 남성 복수 대격(17:5; 23:23), 여성 복수 대격(9:19; 24:24).

τινες; τις 10/115; [부정 대명사] 남성 복수 주격(6:9; 10:23; 11:20; 15:1, 5; 17:4, 18, 28; 19:9, 13).

τινὲς; τις 6/115; [부정 대명사] 남성 복수 주격(15:24; 17:18, 34; 19:31; 23:9; 24:19); 어느1, 어떤, 한1, 몇; 말1, 짓1, 사람, 하나, 자18, 거리2; 누구든지, 누군가가; 대단한 인물, 각자2; [복수] 몇몇, 하나.

τίνες; τίς 1/55; [의문 대명사] 남성 복수 주격(19:15); 누구, 누구라고, 무엇, 어떤 일, 무엇을, 뭘, 무슨, 무슨 의미2, 왜2, 어떻게.

τινι; τις 3/115; [부정 대명사] 남성 단수 여격(9:43; 10:6; 21:16); 어느1, 어떤, 한1, 몇; 말1, 짓1, 사람, 하나, 자18, 거리2; 누구든지, 누군가가; 대단한 인물, 각자2; [복수] 몇몇, 하나.

τινὶ; τις 1/115; [부정 대명사] 남성 단수 여격(5:15).

τίνι; τίς 2/55; [의문 대명사] 남성 단수 여격(10:29), 중성 단수 여격(4:9); 누구, 누구라고, 무엇, 어떤 일, 무엇을, 뭘, 무슨, 무슨 의미2, 왜2, 어떻게.

τινος; τις 3/115; [부정 대명사] 남성 단수 속격(19:14; 25:19), 중성 단수 속격(17:25); 어느1, 어떤, 한1, 몇; 말1, 짓1, 사람, 하나, 자18, 거리2; 누구든지, 누군가가; 대단한 인물, 각자2; [복수] 몇몇, 하나.

τινός; τις 2/115; [부정 대명사] 남성 단수 속격(8:34; 24:1).

τινὸς; τις 1/115; [부정 대명사] 남성 단수 속격(18:7).

τίνος; τίς 2/55; [의문 대명사] 남성 단수 속격(8:34), 중성 단수 속격(19:32); 누구, 누구라고, 무엇, 어떤 일, 무엇을, 뭘, 무슨, 무슨 의미2, 왜2, 어떻게.

τινων; τις 1/115; [부정 대명사] 중성 복수 속격(27:44); 어느1, 어떤, 한1, 몇; 말1, 짓1, 사람, 하나, 자18, 거리2; 누구든지, 누군가가; 대단한 인물, 각자2; [복수] 몇몇, 하나.

τινῶν; τις 2/115; [부정 대명사] 남성 복수 속격(24:1), 여성 복수 속격(25:13).

Τίς; τίς 5/55; [의문 대명사] 남성 단수 주격(7:27, 35; 9:5; 22:8; 26:15); 누구, 누구라고, 무엇, 어떤 일, 무엇을, 뭘, 무슨, 무슨 의미2, 왜2, 어떻게.

τις; τις 26/115; [부정 대명사] 남성 단수 주격(2:45; 3:2; 4:34, 35; 5:1, 25, 34; 8:9, 31; 9:10, 36; 10:1, 47; 11:29; 13:41; 14:8; 16:1, 9, 14; 18:24; 19:24; 20:9; 21:10; 22:12; 27:42; 28:21); 어느1, 어떤, 한1, 몇; 말1, 짓1, 사람, 하나, 자18, 거리2; 누구든지, 누군가가; 대단한 인물, 각자2; [복수] 몇몇, 하나.

τίς; τίς 9/55; [의문 대명사] 남성 단수 주격(7:49; 8:33; 11:17; 13:15; 19:35; 21:33; 25:14), 여성 단수 주격(10:21; 17:19); 누구, 누구라고, 무엇, 어떤 일, 무엇을, 뭘, 무슨, 무슨 의미2, 왜2, 어떻게.

Τιτίου; Τίτιος 1/1; [명사] 남성 단수 속격(18:7); 디도[유스도].

Τὸ; ὁ 4/2709; [관사] 중성 단수 주격(8:20; 18:6), 대격(5:23; 24:25); 거시기[이름이 얼른 생각나지 않거나 바로 말하기 곤란한 사람 또는 사물을 가리키는 대명사로, 지시 · 한정 · 대용의 기능을 한다], 거1['그거'의 준말], 그[듣는 이에게 가까이 있거나 듣는 이가 생각하고 있는 대상을 가리킬 때 쓰는 말, 앞에서 이미 이야기한 대상을 가리킬 때 쓰는 말, 확실하지 아니하거나 밝히고 싶지 아니한 일을 가리킬 때 쓰는 말], 그분['그 사람'을 아주 높여 이르는 삼인칭 대명사], 곧1[다름 아닌 바로], 일1[어떤 내용을 가진 상황이나 장면], 거리2[내용이 될 만한 재료].

τό; ὁ 2/2709; [관사] 중성 단수 대격(21:25; 27:5).

τὸ; ὁ 196/2709; [관사] 중성 단수 주격[61회], 대격[135회].

τοιαῦτα; τοιοῦτος; τοι, οὗτος 1/4; [지시 대명사] 중성 복수 대격(19:25); 이러한[이러하다: '이렇다: 상태, 모양, 성질 따위가 이와 같다'의 본말], 이런 자, 이런 놈, 이렇게.

τοιαύτην; τοιοῦτος; τοι, οὗτος 1/4; [지시 대명사] 여성 단수 대격(16:24).

τοιοῦτον; τοιοῦτος; τοι, οὗτος 1/4; [지시 대명사] 남성 단수 대격(22:22).

τοιούτους; τοιοῦτος; τοι, οὗτος 1/4; [지시 대명사] 남성 복수 대격(26:29).

τοῖς; ὁ 98/2709; [관사] 남성 복수 여격[74회], 중성 복수 여격[24회]; 거시기, 거1, 그, 그분, 곧1, 일1, 거리2.

τοῖχε; τοῖχος; τεῖχος 1/1; [명사] 남성 단수 호격(23:3); 벽6[집이나 방 따위의 둘레를 막은 수직 건조물].

Τὸν; ὁ 6/2709; [관사] 남성 단수 대격(1:1; 19:15; 21:11; 23:4, 17, 27); 거시기, 거1, 그, 그분, 곧1, 일1, 거리2.

τόν; ὁ 4/2709; [관사] 남성 단수 대격(4:14; 15:39; 17:10; 27:1).

τὸν; ὁ 267/2709; [관사] 남성 단수 대격.

τόποις; τόπος 1/18; [명사] 남성 복수 여격(16:3); 곳1[공간적인 또는 추상적인 일정한 자리나 지역], 자리1[사람이나 물체가 차지하고 있는 공간], 터1[집이나 건물을 지었거나 지을 자리], -지25['장소'의 뜻을 더하는 접미사], 기회3[어떠한 일을 하는 데 적절한 시기나 경우].

τόπον; τόπος 9/18; [명사] 남성 단수 대격(1:25[2회]; 6:14; 12:17; 21:28; 25:16; 27:8, 41; 28:7).

τόπος; τόπος 3/18; [명사] 남성 단수 주격(4:31; 7:33, 49).

τόπου; τόπος 2/18; [명사] 남성 단수 속격(6:13; 21:28).

τόπους; τόπος 2/18; [명사] 남성 복수 대격(27:2, 29).

τόπῳ; τόπος 1/18; [명사] 남성 단수 여격(7:7).

τοσούτου; τοσοῦτος; οὗτος 2/2; [지시 대명사] 중성 단수 속격(5:8[2회]); 이만큼[만큼: 앞의 내용에 상당한 수량이나 정도임을 나타내는 말; 만치].

Τότε; τότε; ὅς, τέ 2/21; [부사, 시간] (1:12; 15:22); 그때[그때: 앞에서 이미 이야기한 시간상의 어떤 점이나 부분; 이시2]에, 그제야[앞에서 이미 이야기한 바로 그때에 이르러서야 비로소].

τότε; τότε; ὅς, τέ 19/21; [부사, 시간] (4:8; 5:26; 6:11; 7:4; 8:17; 10:46, 48; 13:3, 12; 17:14; 21:13, 26, 33; 23:3; 25:12; 26:1; 27:21, 32; 28:1).

Τοῦ; ὁ 3/2709; [관사] 남성 단수 속격(17:28; 21:14), 중성 단수 속격(4:32); 거시기, 거1, 그, 그분, 곧1, 일1, 거리2.

τοῦ; ὁ 324/2709; [관사] 남성 단수 속격[220회], 중성 단수 속격[104회].

τοὺς; ὁ 134/2709; [관사] 남성 복수 대격.

τοῦτ'; οὗτος 2/236; [지시 대명사] 중성 단수 주격(1:19; 19:4); 이 사람, 이분1['이 사람'을 아주 높여 이르는 삼인칭 대명사], 이자2['이 사람'을 조금 낮잡아 이르는 삼인칭 대명사], 이제1[바로 이때], 이러2['이러하다'의 어근], 간[밤에].

τοῦτο; οὗτος 27/236; [지시 대명사] 중성 단수 주격(2:12, 14; 4:22; 5:24, 38; 10:16; 11:10; 19:10, 17; 26:26; 27:34; 28:28), 대격(2:26, 33; 4:7; 5:4; 7:60; 8:34; 9:21[2회]; 16:18; 17:23; 19:14, 27; 21:23; 23:7; 26:16).

τοῦτό; οὗτος 3/236; [지시 대명사] 중성 단수 주격(2:16), 대격(3:6; 24:14).

τούτοις; οὗτος 2/236; [지시 대명사] 남성 복수 여격(4:16; 5:35).

Τοῦτον; οὗτος 1/236; [지시 대명사] 남성 단수 대격(7:35).

τοῦτον; οὗτος 20/236; [지시 대명사] 남성 단수 대격(2:23, 32, 36; 3:16; 5:31, 37; 6:14; 7:35; 10:40; 13:27; 15:38; 16:3; 21:28; 23:17, 18, 25, 27; 24:5; 25:24; 28:26).

τούτου; οὗτος 14/236; [지시 대명사] 남성 단수 속격(5:28; 6:13; 9:13; 13:17, 23, 38; 15:6; 21:28; 22:22; 25:25; 28:27), 중성 단수 속격(15:2; 17:32; 28:9).

τούτους; οὗτος 7/236; [지시 대명사] 남성 복수 대격(2:22; 5:5, 24; 10:47; 16:36; 19:37; 21:24).

τούτῳ; οὗτος 17/236; [지시 대명사] 남성 단수 대격(1:6; 7:7, 29; 8:21; 10:43; 13:39; 21:9; 23:9), 중성 단수 대격(3:12; 4:10, 17; 5:28; 8:29; 15:15; 24:2, 10, 16).

τούτων; οὗτος 19/236; [지시 대명사] 남성 복수 속격(1:22, 24; 5:38; 26:29), 여성 복수 속격(5:36; 21:38), 중성 복수 속격(5:32; 14:15; 15:28; 18:15, 17; 19:36; 24:8; 25:9, 20[2회]; 26:21, 26[2회]).

τραπέζαις; τράπεζα; τέσσαρες, πούς 1/2; [명사] 여성 복수 여격(6:2); 밥상[음식을 차리는 데 쓰는 상, 또는 음식을 갖추어 차린 상], 식탁[음식을 차려 놓고 둘러앉아 먹게 만든 탁자].

τράπεζαν; τράπεζα; τέσσαρες, πούς 1/2; [명사] 여성 단수 대격(16:34).

τραχεῖς; τραχύς 1/1; [형용사] 남성 복수 대격(27:29); 울퉁불퉁[물체의 거죽이나 면이 고르지 않게 여기저기 몹시 나오고 들어간 모양]한.

τράχηλον; τράχηλος 2/2; [명사] 남성 단수 대격(15:10; 20:37); 목1[척추동물의 머리와 몸통을 잇는 잘록한 부분].

τρεῖς; τρεῖς 11/14; [형용사, 기수사] 남성 복수 주격(10:19; 11:11), 남성 복수 대격(7:20; 19:8; 20:3; 28:11), 여성 복수 대격(9:9; 25:1; 28:7, 12, 17); 셋[둘에 하나를 더한 수], 삼6[이에 일을 더한 수], 3.

τρέφεσθαι; τρέφω 1/1; 부정사 현재 수동태(12:20); 먹을거리를 장만하다; [수동태] 먹을거리가 장만되다.

τρία; τρεῖς 1/14; [형용사, 기수사] 중성 복수 대격(17:2); 셋, 삼6, 3.

τριετίαν; τριετία; τρεῖς, ἔτος 1/1; [명사] 여성 단수 대격(20:31); 삼 년간, 3년간[-간16: '동안'의 뜻을 더하는 접미사].

τρίς; τρίς; τρεῖς 1/2; [부사] (11:10); 셋[둘에 하나를 더한 수], 세1[그 수량이 셋임을 나타내는 말]

τρὶς; τρίς; τρεῖς 1/2; [부사] (10:16).

τριστέγου; τρίστεγον; τρεῖς, στέγω 1/1; [명사] 중성 단수 속격(20:9); 삼층[층2: 위로 포개어 지은 건물에서, 같은 높이의 켜를 세는 단위], 3층.

τρισχίλιαι; τρισχίλιοι; τρεῖς, χίλιοι 1/1; [형용사] 여성 복수 주격(2:41); 삼천, 3천, 3,000.

τρίτη; τρίτος; τρεῖς 1/4; [형용사] 여성 단수 주격(2:15); 세번째, 3[일]째, 제3.

τρίτῃ; τρίτος; τρεῖς 2/4; [형용사] 여성 단수 여격(10:40; 27:19).

τρίτης; τρίτος; τρεῖς 1/4; [형용사] 여성 단수 속격(23:23).

Τριῶν; τρεῖς 1/14; [형용사, 기수사] 여성 복수 속격(28:15); 셋, 삼6, 3.

τριῶν; τρεῖς 1/14; [형용사, 기수사] 여성 복수 속격(5:7).

τρόπον; τρόπος; τρέπω 4/4; [명사] 남성 단수 대격(1:11; 7:28; 15:11; 27:25); 방식1[일정한 방법이나 형식].

τροφὴν; τροφή; τρέφω 1/7; [명사] 여성 단수 대격(9:19); 음식[사람이 먹을 수 있도록 만든, 밥이나 국 따위의 물건], 음식물[사람이 먹고 마시는 것을 통틀어 이르는 말].

τροφῆς; τροφή; τρέφω 6/7; [명사] 여성 단수 속격(2:46; 14:17; 27:33, 34, 36, 38).

Τρόφιμον; Τρόφιμος 1/2; [명사] 남성 단수 대격(21:29); 드로비모[관, 딤후 4:20].

Τρόφιμος; Τρόφιμος 1/2; [명사] 남성 단수 주격(20:4).

Τρῳάδα; Τρῳάς 2/4; [명사] 여성 단수 대격(16:8; 20:6); 드로아[무시아(행 16:7, 8)의 북서쪽 해안도시로, 당시 로마의 식민도시였다. 호머의 『트로이 전쟁』의 무대로 유명한 고대 도시 트로이로부터 남쪽으로 약 45km 떨어져있다. 관련 구절, 행 16:11; 20:5, 6; 고후 2:12; 딤후 4:13.].

Τρῳάδι; Τρῳάς 1/4; [명사] 여성 단수 여격(20:5).

Τρῳάδος; Τρῳάς 1/4; [명사] 여성 단수 속격(16:11).

τυγχάνοντες; τυγχάνω 1/5; 분사 현재 능동태 남성 복수 주격(24:2); 얻다1[긍정적인 태도 · 반응 · 상태 따위를 가지거나 누리게 되다], 받다1[다른 사람이 주거나 보내오는 물건 따위를 가지다], 만나다[어떤 일을 당하다].

τύπον; τύπος 2/3; [명사] 남성 단수 대격(7:44; 23:25); [세게 쳐서 얻어진 결과로서의] 형상4[사물의 생긴 모양이나 상태], 모양2[겉으로 나타나는 생김새나 모습], 형태[사물의 생김새나 모양], 과 같은.

τύπους; τύπος 1/3; [명사] 남성 복수 대격(7:43).

Τύπτειν; τύπτω; τύπος 1/5; 부정사 현재 능동태(23:3a); 치다2[손이나 손에 든 물건으로 세게 부딪게 하다]; [수동태] 얻어맞다[비교적 심하게 맞다].

τύπτειν; τύπτω; τύπος 1/5; 부정사 현재 능동태(23:2).

τύπτεσθαι; τύπτω; τύπος 1/5; 부정사 현재 수동태(23:3b).

τύπτοντες; τύπτω; τύπος 1/5; 분사 현재 능동태 남성 복수 주격(21:32).

Τυράννου; Τύραννος; τύραννος 1/1; [명사] 남성 단수 속격(19:9); 두란노[본래 '절대군주' 또는 '왕족'이라는 의미이다].

Τυρίοις; Τύριος 1/1; [명사] 남성 복수 여격(12:20); 두로 사람.

Τύρον; Τύρος; τυρός 1/2; [명사] 여성 단수 대격(21:3); 두로[이스라엘 백성이 기업으로 받은 땅 가운데 지중해변으로 가장 북쪽에 있는 항구도시로 아셀 지파에게

주어졌다. 헬라어로 두로는 '치즈'라는 의미이다.].

Τύρου; Τύρος; τυρός 1/2; [명사] 여성 단수 속격(21:7).

τυφλὸς; τυφλός 1/1; [형용사] 남성 단수 주격(13:11); 시각 장애인, 맹인['시각 장애인'을 달리 이르는 말], 눈먼[눈멀다: 눈이 나빠져 아무것도 보이지 않게 되다] 사람.

τυφωνικὸς; τυφωνικός 1/1; [형용사] 남성 단수 주격(27:14); 거센[거세다: 사물의 기세 따위가 몹시 거칠고 세차다].

τυχεῖν; τυγχάνω 1/5; 부정사 부정과거 능동태(27:3); 얻다1[긍정적인 태도 · 반응 · 상태 따위를 가지거나 누리게 되다], 받다1[다른 사람이 주거나 보내오는 물건 따위를 가지다], 만나다[어떤 일을 당하다].

Τυχικὸς; Τυχικός 1/1; [명사] 남성 단수 주격(20:4); 두기고[관련구절, 엡 6:21; 골 4:7; 딤후 4:12; 딛 3:12].

τυχοῦσαν; τυγχάνω 1/5; 분사 부정과거 능동태 여성 단수 대격(28:2); 얻다1, 받다1, 만나다.

τυχούσας; τυγχάνω 1/5; 분사 부정과거 능동태 여성 복수 대격(19:11).

τυχὼν; τυγχάνω 1/5; 분사 부정과거 능동태 남성 단수 주격(26:22).

Τῷ; ὁ 1/2709; [관사] 중성 단수 여격(13:44); 거시기, 거1, 그, 그분, 곧1, 일1, 거리2.

τῷ; ὁ 188/2709; [관사] 중성 단수 여격.

τῶν; ὁ 191/2709; [관사] 남성 복수 속격[141회], 여성 복수 속격[23회], 중성 복수 속격[27회].

υ

ὕβρεως; ὕβρις 1/2; [명사] 여성 단수 속격(27:10); 손상[물체가 깨지거나 상함].

ὕβριν; ὕβρις 1/2; [명사] 여성 단수 대격(27:21).

ὑβρίσαι; ὑβρίζω; ὕβρις 1/1; 부정사 부정과거 능동태(14:5); 모욕하다[깔보고 욕되게 하다].

ὑγιής; ὑγιής 1/1; [형용사] 남성 단수 주격(4:10); 건강한[건강하다2: 정신적으로나 육체적으로 아무 탈이 없고 튼튼하다], 건강한 모습으로.

ὕδατι; ὕδωρ 2/7; [명사] 중성 단수 여격(1:5; 11:16); 물1[자연계에 강, 호수, 바다, 지하수 따위의 형태로 널리 분포하는 액체. 순수한 것은 빛깔, 냄새, 맛이 없고 투명하다. 산소와 수소의 화학적 결합물로, 어는점 이하에서는 얼음이 되고 끓는점 이상에서는 수증기가 된다. 공기와 더불어 생물이 살아가는 데 없어서는 안 될 중요한 물질이다.].

ὕδατος; ὕδωρ 1/7; [명사] 중성 단수 속격(8:39).

ὕδωρ; ὕδωρ 4/7; [명사] 중성 단수 주격(8:36b), 대격(8:36a, 38; 10:47).

ὑετὸν; ὑετός; ὕω 1/2; [명사] 남성 단수 대격(28:2); 비1[대기 중의 수증기가 높은 곳에서 찬 공기를 만나 식어서 엉기어 땅 위로 떨어지는 물방울].

ὑετοὺς; ὑετός; ὕω 1/2; [명사] 남성 복수 대격(14:17).

υἱὲ; υἱός 1/21; [명사] 남성 단수 호격(13:10); 아들[남자로 태어난 자식], 자식1[아들과 딸], 자손1[자식과 손자를 아울러 이르는 말].

υἱοὶ; υἱός 4/21; [명사] 남성 복수 주격(2:17; 3:25; 19:14), 호격(13:26).

υἱοῖς; υἱός 2/21; [명사] 남성 복수 여격(7:37; 10:36).

υἱόν; υἱός　1/21; [명사] 남성 단수 대격(7:21).
υἱὸν; υἱός　2/21; [명사] 남성 단수 대격(7:56; 13:21).
Υἱός; υἱός　1/21; [명사] 남성 단수 주격(13:33).
υἱὸς; υἱός　5/21; [명사] 남성 단수 주격(4:36; 9:20; 16:1; 23:6, 16).
υἱοὺς; υἱός　2/21; [명사] 남성 복수 대격(7:23, 29).
υἱῶν; υἱός　3/21; [명사] 남성 복수 속격(5:21; 7:16; 9:15).
ὑμᾶς; σύ　26/263; [인칭 대명사, 2인칭] 복수 대격(1:8; 2:22, 29; 3:22, 26; 7:43; 13:32; 14:15; 15:24, 25; 17:22, 28; 18:15, 21; 19:13, 36; 20:20, 28, 29, 32; 22:1; 23:15; 24:22; 27:22, 34; 28:20); 너1[듣는 이가 친구나 아랫사람일 때, 그 사람을 가리키는 이인칭 대명사], 네1['너'에 주격 조사 '가'나 보격 조사 '가' 가 붙을 때의 형태], 당신2[듣는 이를 가리키는 이인칭 대명사로, 하오할 자리에 쓴다], 그대[듣는 이가 친구나 아랫사람인 경우, 그 사람을 높여 이르는 이인칭 대명사].
῾Υμεῖς; σύ　2/263; [인칭 대명사, 2인칭] 복수 주격(10:28; 20:18).
ὑμεῖς; σύ　23/263; [인칭 대명사, 2인칭] 복수 주격(1:5; 2:15, 33, 36; 3:13, 14, 25; 4:7, 10; 5:30; 7:4, 51[2회], 52; 8:24; 10:37; 11:16; 15:7; 19:15; 20:25; 22:3; 23:15; 27:31).
ὑμετέρας; ὑμέτερος; σύ　1/1; [형용사, 소유] 여성 단수 속격(27:34); 너희[듣는 이가 친구나 아랫사람일 때, 그 사람들을 가리키는 이인칭 대명사]의, 여러분[듣는 이가 여러 사람일 때 그 사람들을 높여 이르는 이인칭 대명사]의.
῾Υμῖν; σύ　1/263; [인칭 대명사, 2인칭] 복수 여격(13:46); 너1, 네1, 당신2.
ὑμῖν; σύ　32/263; [인칭 대명사, 2인칭] 복수 여격(2:14, 39; 3:14, 20, 22, 26; 4:10; 5:9, 28, 38; 7:37; 13:15, 26, 34, 38[2회], 41; 14:15, 17; 15:7, 28; 16:17; 17:3, 23; 20:20, 26, 27, 35; 22:25; 25:5; 26:8; 28:28).
ὕμνουν; ὑμνέω; ὕμνος　1/1; 직설법 미완료 능동태 3인칭 복수(16:25); 찬송[찬송2: 하나님의 은혜를 기리고 찬양함, 또는 그런 일]하다2.
ὑμῶν; σύ　40/263; [인칭 대명사, 2인칭] 복수 속격(1:7, 11; 2:17[4회], 22, 38[2회], 39; 3:16, 17, 19, 22[2회], 25, 26; 4:10, 11, 19; 5:28; 6:3; 7:37, 43, 51, 52; 13:41; 14:17; 15:24; 17:23; 18:6[2회], 14; 20:18, 30; 24:21; 25:26; 27:22, 34; 28:25); 너1, 네1, 당신1, 그대.
ὑπ᾽; ὑπό　3/41; [전치사] (2:24; 23:10; 23:27b); [+속격] 의해[의하다1: 무엇에 의거하거나 기초하다, 또는 무엇으로 말미암다], 의한, 의하면, 의하여; [+대격] 밑[밑1: 물체의 아래나 아래쪽]에.
ὑπακοῦσαι; ὑπακούω; ὑπό, ἀκούω　1/2; 부정사 부정과거 능동태(12:13); 따르다1[관례, 유행이나 명령, 의견 따위를 그대로 실행하다], 복종[복종1: 남의 명령이나 의사를 그대로 따라서 좇음]하다.
ὑπαντῆσαι; ὑπαντάω; ὑπό, ἀντί　1/1; 부정사 부정과거 능동태(16:16); 맞닥뜨리다[서로 부딪칠 정도로 마주 대하여 닥치다; 맞다닥뜨리다, 맞닥트리다].
ὑπάρξεις; ὕπαρξις; ὑπό, ἄρχω　1/1; [명사] 여성 복수 대격(2:45); 생계2[살림을 살아 나갈 방도, 또는 현재 살림을 살아가고 있는 형편] 수단.
ὑπάρχει; ὑπάρχω; ὑπό, ἄρχω　2/25; 직설법 현재 능동태 3인칭 단수(3:6; 27:34); 가지고 있다, 이다3[주어가 지시하는 대사의 속성이나 부류를 지정하는 뜻을 나타

내는 서술격 조사], 계시다['있다1'의 높임말], 있다1[어떤 처지나 상황, 수준, 단계에 놓이거나 처한 상태이다], 속하다2[관계되어 딸리다], 인 주제[주제1: 변변하지 못한 처지]에, 상태[상태1: 사물 · 현상이 놓여 있는 모양이나 형편]로.

ὑπάρχειν; ὑπάρχω; ὑπό, ἄρχω 2/25; 부정사 현재 능동태(19:36; 28:18).

ὑπάρχοντα; ὑπάρχω; ὑπό, ἄρχω 1/25; 분사 현재 능동태 남성 단수 대격(17:27).

ὑπάρχοντας; ὑπάρχω; ὑπό, ἄρχω 1/25; 분사 현재 능동태 남성 복수 대격(16:37).

ὑπάρχοντες; ὑπάρχω; ὑπό, ἄρχω 2/25; 분사 현재 능동태 남성 복수 주격(16:20; 17:29).

ὑπάρχοντος; ὑπάρχω; ὑπό, ἄρχω 3/25; 분사 현재 능동태 남성 단수 속격(4:37; 27:12), 중성 단수 속격(19:40).

ὑπαρχόντων; ὑπάρχω; ὑπό, ἄρχω 1/25; 분사 현재 능동태 중성 복수 속격(4:32).

ὑπαρχούσης; ὑπάρχω; ὑπό, ἄρχω 1/25; 분사 현재 능동태 여성 단수 속격(27:21).

ὑπάρχουσιν; ὑπάρχω; ὑπό, ἄρχω 1/25; 직설법 현재 능동태 3인칭 복수(21:20).

ὑπάρχων; ὑπάρχω; ὑπό, ἄρχω 5/25; 분사 현재 능동태 남성 단수 주격(2:30; 3:2; 7:55; 17:24; 22:3).

ὑπέβαλον; ὑποβάλλω; ὑπό, βάλλω 1/1; 직설법 부정과거 능동태 3인칭 복수(6:11); 부추기다[남을 이리저리 들쑤셔서 어떤 일을 하게 만들다].

ὑπέδειξα; ὑποδείκνυμι; ὑπό, δείκνυμι 1/2; 직설법 부정과거 능동태 1인칭 단수(20:35); 보여 주다.

ὑπέλαβεν; ὑπολαμβάνω; ὑπό, λαμβάνω 1/2; 직설법 부정과거 능동태 3인칭 단수(1:9); 간주[간주2: 상태, 모양, 성질 따위가 그와 같다고 봄, 또는 그렇다고 여김]하다, 그렇다고 여기다, 영접[손님을 맞아서 대접하는 일]하다.

ὑπέμεινάν; ὑπομένω; ὑπό, μένω 1/1; 직설법 부정과거 능동태 3인칭 복수(17:14); 남다1[다른 사람과 함께 떠나지 않고 있던 그대로 있다].

ὑπενόουν; ὑπονοέω; ὑπό, νοῦς 2/3; 직설법 미완료 능동태 1인칭 단수(25:18), 3인칭 복수(27:27); 여기다[마음속으로 그러하다고 인정하거나 생각하다], 어렴풋이[어렴풋하다: 기억이나 생각 따위가 뚜렷하지 아니하고 흐릿하다] 느끼다.

ὑπεπλεύσαμεν; ὑποπλέω; ὑπό, πλέω 2/2; 직설법 부정과거 능동태 1인칭 복수(27:4, 7); 바싹1[아주 가까이 달라붙거나 죄는 모양] 붙어 항해하다.

ὑπὲρ; ὑπέρ 7/7; [전치사] (5:41; 8:24; 9:16; 15:26; 21:13, 26; 26:13); [+속격] 위하여[위하다1: 이롭게 하거나 돕다], 위해; [+대격] 넘어서는[넘어서다: 일정한 기준이나 한계 따위를 넘어서 지나다].

ὑπεριδὼν; ὑπεροράω; ὑπέρ, ὁράω 1/1; 분사 부정과거 능동태 남성 단수 주격(17:30); 문제시[논의하거나 해결해야 할 문제의 대상으로 삼음]하지 않다.

ὑπερῷον; ὑπερῷον; ὑπέρ 2/4; [명사] 중성 단수 대격(1:13; 9:39); 윗다락, 위층 방.

ὑπερῴῳ; ὑπερῷον; ὑπέρ 2/4; [명사] 중성 단수 여격(9:37; 20:8).

ὑπεστειλάμην; ὑποστέλλω; ὑπό, στέλλω 2/2; 직설법 부정과거 중간태 1인칭 단수(20:20, 27); 물러서다[맞서서 버티던 일을 그만두다], 주저[주저5: 머뭇거리며 망설임]하다2, 묻어[묻다2: 일을 드러내지 아니하고 속 깊이 숨기어 감추다] 두다.

ὑπέστρεφον; ὑποστρέφω; ὑπό, στρέφω 1/11; 직설법 미완료 능동태 3인칭 복수(8:25); 되돌아가다[도로 돌아가다; 다시 본디의 상태로 되다], 돌아가다[원래의 있던 곳으로 다시 가거나 다시 그 상태가 되다], 귀환[다른 곳으로 떠나 있던

사람이 본래 있던 곳으로 돌아오거나 돌아감]하다.

ὑπέστρεψαν; ὑποστρέφω; ὑπό, στρέφω 5/11; 직설법 부정과거 능동태 3인칭 복수(1:12; 12:25; 14:21; 21:6; 23:32).

ὑπέστρεψεν; ὑποστρέφω; ὑπό, στρέφω 1/11; 직실법 부정과기 능동태 3인칭 단수(13:13).

ὑπήκοοι; ὑπήκοος; ὑπό, ἀκούω 1/1; [형용사] 남성 복수 주격(7:39); 고분고분[말이나 행동이 공손하고 부드러운 모양]한.

ὑπήκουον; ὑπακούω; ὑπό, ἀκούω 1/2; 직설법 미완료 능동태 3인칭 복수(6:7); 따르다1[관례, 유행이나 명령, 의견 따위를 그대로 실행하다], 복종[복종1: 남의 명령이나 의사를 그대로 따라서 좇음]하다.

ὑπηρέται; ὑπηρέτης; ὑπέρ, ἐρέσσω 1/4; [명사] 남성 복수 주격(5:22); 조력자[도와주는 사람; 조력꾼], 돕는 자, 부하4[직책상 자기보다 더 낮은 자리에 있는 사람; 수하1].

ὑπηρέταις; ὑπηρέτης; ὑπέρ, ἐρέσσω 1/4; [명사] 남성 복수 여격(5:26).

ὑπηρετεῖν; ὑπηρετέω; ὑπέρ, ἐρέσσω 1/3; 부정사 현재 능동태(24:23); 마련[헤아려서 갖춤]하다, 받들어[받들다: 공경하여 모시다, 또는 소중히 대하다] 섬기다.

ὑπηρέτην; ὑπηρέτης; ὑπέρ, ἐρέσσω 2/4; [명사] 남성 단수 대격(13:5; 26:16); 조력자, 돕는 자, 부하4.

ὑπηρέτησαν; ὑπηρετέω; ὑπέρ, ἐρέσσω 1/3; 직설법 부정과거 능동태 3인칭 복수(20:34); 마련하다, 받들어 섬기다.

ὑπηρετήσας; ὑπηρετέω; ὑπέρ, ἐρέσσω 1/3; 분사 부정과거 능동태 남성 단수 주격(13:36).

ὑπῆρχεν; ὑπάρχω; ὑπό, ἄρχω 4/25; 직설법 미완료 능동태 3인칭 단수(5:4; 10:12; 16:3; 28:7); 가지고 있다, 이다3[주어가 지시하는 대사의 속성이나 부류를 지정하는 뜻을 나타내는 서술격 조사], 계시다['있다1'의 높임말], 있다1[어떤 처지나 상황, 수준, 단계에 놓이거나 처한 상태이다], 속하다2[관계되어 딸리다], 인 주제[주제1: 변변하지 못한 처지]에, 상태[상태1: 사물 · 현상이 놓여 있는 모양이나 형편]로.

ὑπῆρχον; ὑπάρχω; ὑπό, ἄρχω 2/25; 직설법 미완료 능동태 3인칭 복수(4:34; 8:16).

ὕπνου; ὕπνος 1/2; [명사] 남성 단수 속격(20:9b); 잠1[눈이 감긴 채 의식 활동이 쉬는 상태].

ὕπνῳ; ὕπνος 1/2; [명사] 남성 단수 여격(20:9a).

ὑπὸ; ὑπό 37/41; [전치사] (2:5; 4:12; 5:16, 21; 8:6; 10:17, 22[2회], 33, 38, 41, 42; 12:5; 13:4, 45; 15:3, 40; 16:2, 4, 6, 14; 17:13, 19, 25; 20:3; 21:35; 22:11, 12, 30; 23:27a; 24:26; 25:14; 26:2, 6, 7; 27:11, 41); [+속격] 의해[의하다1: 무엇에 의거하거나 기초하다, 또는 무엇으로 말미암다], 의한, 의하면, 의하여; [+대격] 밑[밑1: 물체의 아래나 아래쪽]에.

ὑποδέδεκται; ὑποδέχομαι; ὑπό, δέχομαι 1/1; 직설법 완료 이태중간 3인칭 단수(17:7); 받아들이다[조직체나 가정 따위에서 어떤 사람을 구성원으로 들어오게 하다].

ὑποδείξω; ὑποδείκνυμι; ὑπό, δείκνυμι 1/2; 직설법 미래 능동태 1인칭 단수(9:16); 보여주다.

ὑπόδημα; ὑπόδημα; ὑπό, πούς, δέω 2/2; [명사] 중성 단수 대격(7:33; 13:25); 신발[=신1: 땅을 딛고 서거나 걸을 때 발에 신는 물건을 통틀어 이르는 말].

ὑπόδησαι; ὑποδέω; ὑπό, δέω 1/1; 명령법 부정과거 중간태 2인칭 단수(12:8); 끈을 죄다

1[느슨하거나 헐거운 것이 단단하거나 팽팽하게 되다, 또는 그렇게 되게 하다], 신다[신, 버선, 양말 따위를 발에 꿰다].

ὑποδραμόντες; ὑποτρέχω; ὑπό, τρέχω 1/1; 분사 부정과거 능동태 남성 복수 주격(27:16); 언저리[둘레의 가 부분]에 피하다.

ὑποζωννύντες; ὑποζώννυμι; ὑπό, ζώννυμι 1/1; 분사 현재 능동태 남성 복수 주격(27:17); 단단히 묶다[사람이나 물건을 기둥, 나무 따위에 붙들어 매다].

ὑπολαμβάνετε; ὑπολαμβάνω; ὑπό, λαμβάνω 1/2; 직설법 현재 능동태 2인칭 복수(2:15); 간주[간주2: 상태, 모양, 성질 따위가 그와 같다고 봄, 또는 그렇다고 여김]하다, 그렇다고 여기다, 영접[손님을 맞아서 대접하는 일]하다.

ὑπονοεῖτε; ὑπονοέω; ὑπό, νοῦς 1/2; 직설법 현재 능동태 2인칭 복수(13:25); 여기다[마음속으로 그러하다고 인정하거나 생각하다], 어렴풋이[어렴풋하다: 기억이나 생각 따위가 뚜렷하지 아니하고 흐릿하다] 느끼다.

Ὑποπνεύσαντος; ὑποπνέω; ὑπό, πνέω 1/1; 분사 부정과거 능동태 남성 단수 속격(27:13); 가벼이 불다1[바람이 일어나서 어느 방향으로 움직이다].

ὑποπόδιον; ὑποπόδιον; ὑπό, πούς 2/2; [명사] 중성 단수 주격(7:49), 대격(2:35); 발판1[어떤 곳을 오르내리거나 건너 다닐 때 발을 디디기 위하여 설치해 놓은 장치].

ὑποστρέφειν; ὑποστρέφω; ὑπό, στρέφω 2/11; 부정사 현재 능동태(13:34; 20:3); 되돌아가다[도로 돌아가다; 다시 본디의 상태로 되다], 돌아가다[원래의 있던 곳으로 다시 가거나 다시 그 상태가 되다], 귀환[다른 곳으로 떠나 있던 사람이 본래 있던 곳으로 돌아오거나 돌아감]하다.

ὑποστρέφων; ὑποστρέφω; ὑπό, στρέφω 1/11; 분사 현재 능동태 남성 단수 주격(8:28).

ὑποστρέψαντι; ὑποστρέφω; ὑπό, στρέφω 1/11; 분사 부정과거 능동태 남성 단수 여격(22:17).

ὑφ'; ὑπό 1/41; [전치사] (4:11); [+속격] 의해[의하다1: 무엇에 의거하거나 기초하다, 또는 무엇으로 말미암다], 의한, 의하면, 의하여; [+대격] 밑[밑1: 물체의 아래나 아래쪽]에.

ὑψηλοῦ; ὑψηλός; ὕψος 1/1; [형용사] 남성 단수 속격(13:17); 높이 치켜든[치켜들다: 위로 올려 들다].

ὕψιστος; ὕψιστος; ὕψος 1/2; [형용사, 최상급] 남성 단수 주격(7:48); 지극히[더할 나위 없이 아주] 높은.

ὑψίστου; ὕψιστος; ὕψος 1/2; [형용사, 최상급] 남성 단수 속격(16:17).

ὑψωθείς; ὑψόω; ὕψος 1/3; 분사 부정과거 수동태 남성 단수 주격(2:33); 높이다['높다'의 사동사], 번창[번화하게 창성함]하게 하다; [수동태] 높아지다.

ὕψωσεν; ὑψόω; ὕψος 2/3; 직설법 부정과거 능동태 3인칭 단수(5:31; 13:17).

Φ

φάγε; ἐσθίω 2/7; 명령법 부정과거 능동태 2인칭 단수(10:13; 11:7); 먹다2[음식 따위를 입을 통하여 배 속에 들여보내다], 먹어 보다.

φαγεῖν; ἐσθίω 2/7; 부정사 부정과거 능동태(23:12, 21).

φανερὸν; φανερός; φαίνω 2/2; [형용사] 중성 단수 주격(4;16; 7:13); 있는 그대로[그것과 똑같이].
–φανερὸς γίνομαι (7:13); 사실대로 밝혀지다.
φανερῶς; φανερῶς; φαίνω 1/1; [부사] (10:3); 똑똑히[똑똑하다: 또렷하고 분명하다].
φαντασίας; φαντασία; φαίνω 1/1; 화려2['화려하다: 어떤 일이나 생활 따위가 보통 사람들이 누리기 어려울 만큼 대단하거나 사치스럽다'의 어근].
Φαραὼ; Φαραώ 3/3; [명사] 남성 단수 속격(7:10, 21), 여격(7:13); 바로[파라오: 큰 집이라는 뜻으로, 고대 이집트의 왕을 이르던 말].
Φαρισαῖοι; Φαρισαῖος 1/9; [명사] 남성 복수 주격(23:8); 바리새인; [복수] 바리새파.
Φαρισαῖος; Φαρισαῖος 2/9; [명사] 남성 단수 주격(5:34; 26:5).
Φαρισαῖός; Φαρισαῖος 1/9; [명사] 남성 단수 주격(23:6b).
Φαρισαίων; Φαρισαῖος 4/9; [명사] 남성 복수 속격(15:5; 23:6a, 6c).
φάσις; φάσις; φαίνω 1/1; [명사] 여성 단수 주격(21:31); 보고3[일에 관한 내용이나 결과를 말이나 글로 알림].
φάσκοντες; φάσκω; φαίνω 1/2; 분사 현재 능동태 남성 복수 주격(24:9); 단언[단언2: 주저하지 아니하고 딱 잘라 말함]하다2, 딱 잘라 말하다, 명언[명언2: 분명히 말함]하다.
φειδόμενοι; φείδομαι 1/1; 분사 현재 이태중간 남성 복수 주격(20:29); 아끼다[물건이나 사람을 소중하게 여겨 보살피거나 위하는 마음을 가지다].
φερομένης; φέρω 1/10; 분사 현재 중간태/수동태 여성 단수 속격(2:2); 가져오다[무엇을 한 지점에서 다른 지점으로 옮겨 오다], 갖다 놓다, 제출[제출2: 문안이나 의견, 법안 따위를 냄]하다2, 데리다[아랫사람이나 동물 따위를 자기 몸 가까이 있게 하다], 이어지다[끊어졌거나 본래 따로 있던 것이 서로 잇대어지다], 통하다[어떤 곳으로 이어지다], 내뱉다[입 안에 있던 것을 입 밖으로 뱉어 내보내다].
φέροντες; φέρω 1/10; 분사 현재 능동태 남성 복수 주격(5:16).
φέρουσαν; φέρω 1/10; 분사 현재 능동태 여성 단수 대격(12:10).
Φήλικα; Φῆλιξ 1/9; [명사] 남성 단수 대격(23:24); 벨릭스[펠릭스: 유대 지역 지방수세관].
Φήλικι; Φῆλιξ 1/9; [명사] 남성 단수 여격(23:26).
Φήλικος; Φῆλιξ 1/9; [명사] 남성 단수 속격(25:14).
Φῆλιξ; Φῆλιξ 6/9; [명사] 남성 단수 주격(24:22, 24, 25, 27[2회]), 호격(24:3).
φησιν; φημί 3/25; 직설법 현재 능동태 3인칭 단수(8:36; 25:24; 26:24); 이르다2[무엇이라고 말하다].
φησίν; φημί 8/25; 직설법 현재 능동태 3인칭 단수(2:38; 10:31; 19:35; 22:2; 23:18; 25:5, 22; 26:25).
Φῆστε; Φῆστος 1/13; [명사] 남성 단수 호격(26:25); 베스도[유대 지역 지방수세관, '보르기오 베스도'의 셋째 이름으로 고대 로마 가문의 이름이다].
Φῆστον; Φῆστος 3/13; [명사] 남성 단수 대격(24:27; 25:13, 22).
Φῆστος; Φῆστος 7/13; [명사] 남성 단수 주격(25:1, 4, 9, 12, 14, 24; 26:24).
Φήστου; Φῆστος 1/13; [명사] 남성 단수 속격(25:23).
Φήστῳ; Φῆστος 1/13; [명사] 남성 단수 여격(26:32).
φθέγγεσθαι; φθέγγομαι 1/1; 부정사 현재 이태중간(4:18); 발화하다3[소리를 내어 말을 하는

현실적인 언어 행위를 하다], 소리 내어 말하다.

φιλανθρωπίαν; φιλανθρωπία; φίλος, ἄνθρωπος 1/1; [명사] 여성 단수 대격(28:2); 친절[대하는 태도가 매우 정겹고 고분고분함, 또는 그런 태도].

φιλανθρώπως; φιλανθρώπως; φίλος, ἄνθρωπος 1/3; [부사] (27:3); 상냥하게[상냥하다: 성질이 싹싹하고 부드럽다], 상냥히.

Φίλιππον; Φίλιππος; φίλος, ἵππος 4/16; [명사] 남성 단수 대격(6:5; 8:26, 31, 39); 빌립[일곱 집사 가운데 하나].

Φίλιππος; Φίλιππος; φίλος, ἵππος 6/16; [명사] 남성 단수 주격(1:13; 8:5, 30, 35, 38, 40); 빌립[열두 사도 가운데 하나](1:13); 빌립[일곱 집사 가운데 하나](8:5, 30, 35, 38, 40).

Φιλίππου; Φίλιππος; φίλος, ἵππος 2/16; [명사] 남성 단수 속격(8:6; 21:8); 빌립[일곱 집사 가운데 하나].

Φιλίππους; Φίλιπποι; φίλος, ἵππος 1/2; [명사] 남성 복수 대격(16:12); 빌립보[필립포이: 로마의 식민거점도시로 마게도냐 북동쪽에 있다].

Φιλίππῳ; Φίλιππος; φίλος, ἵππος 4/16; [명사] 남성 단수 여격(8:12, 13, 29, 34); 빌립[일곱 집사 가운데 하나].

Φιλίππων; Φίλιπποι; φίλος, ἵππος 1/2; [명사] 남성 복수 속격(20:6); 빌립보.

φίλοι; φίλος 1/3; [형용사] 남성 복수 주격(19:31); 친구2[가깝게 오래 사귄 사람], 벗2[비슷한 또래로서 서로 친하게 사귀는 사람; 동붕, 붕우, 붕지, 붕집, 우인1].

φιλοσόφων; φιλόσοφος; φίλος, σοφός 1/1; [명사] 남성 복수 속격(17:18); 철학자[철학을 전문적으로 연구하는 사람].

φίλους; φίλος 2/3; [형용사] 남성 복수 대격(10:24; 27:3); 친구2, 벗2.

φιλοφρόνως; φιλοφρόνως; φίλος, φρήν 1/1; [부사] (28:7); 극진히[극진하다: 어떤 대상에 대하여 정성을 다하는 태도가 있다], 넉넉히[넉넉하다: 마음이 넓고 여유가 있다], 후하게[후하다: 마음 씀씀이나 태도가 너그럽다].

φλογὶ; φλόξ 1/1; [명사] 여성 단수 여격(7:30); 불꽃1[타는 불에서 일어나는 붉은빛을 띤 기운].

φοβηθεὶς; φοβέω; φόβος 1/12; 분사 부정과거 수동태 남성 단수 주격(23:10); 두려워하다[꺼려하거나 무서워하는 마음을 갖다], 두렵다1[마음에 꺼리거나 염려스럽다], 경외[경외2: 공경하면서 두려워함]하다, 무서워하다[무섭게 여기다], 염려[염려1: 앞일에 대하여 여러 가지로 마음을 써서 걱정함, 또는 그런 걱정]하다1.

φόβος; φόβος 4/5; [명사] 남성 단수 주격(2:43; 5:5, 11; 19:17); 두려움[두려운 느낌], 경외2[공경하면서 두려워함; 경구4, 외경5, 존외].

φοβοῦ; φοβέω; φόβος 2/12; 명령법 현재 중간태 2인칭 단수(18:9; 27:24); 두려워하다, 두렵다1, 경외하다, 무서워하다, 염려하다1.

φοβούμενοι; φοβέω; φόβος 2/12; 분사 현재 중간태 남성 복수 주격(13:16, 26).

φοβούμενοί; φοβέω; φόβος 2/12; 분사 현재 중간태 남성 복수 주격(27:17, 29).

φοβούμενος; φοβέω; φόβος 3/12; 분사 현재 중간태 남성 단수 주격(10:2, 22, 35).

φόβῳ; φόβος 1/5; [명사] 남성 단수 호격(9:31); 두려움, 경외2.

Φοίνικα; Φοῖνιξ; φοῖνιξ 1/1; [명사] 남성 단수 대격(27:12); 뵈닉스[그레데 섬의 미항에서 서쪽으로 약 48km 떨어진 정박소로, 현재의 루드로라는 견해와 피니카라

는 견해가 있다.].

Φοινίκην; Φοινίκη 2/3; [명사] 여성 단수 대격(15:3; 21:2); 베니게[페니키아: 팔레스타인 북쪽이면서 수리아 남쪽에 위치한 지중해 해안으로, 시돈, 사렙다, 두로, 돌레마이 등 도시국가로 형성된 지역을 일컫는 말이다. 관련 구절, 행 11:19; 15:3; 21:2.].

Φοινίκης; Φοινίκη 13; [명사] 여성 단수 속격(11:19).

φονέα; φονεύς; φόνος 1/3; [명사] 남성 단수 대격(3:14); 살인자[사람을 죽인 사람].

φονεῖς; φονεύς; φόνος 1/3; [명사] 남성 복수 주격(7:52).

φονεύς; φονεύς; φόνος 1/3; [명사] 남성 단수 주격(28:4).

φόνου; φόνος 1/1; [명사] 남성 단수 속격(9:1); 살기5[남을 해치거나 죽이려는 무시무시한 기운].

Φόρου; φόρον 1/1; [명사] 중성 단수 속격(28:15); 광장2[많은 사람이 모일 수 있게 거리에 만들어 놓은, 넓은 빈 터].

φορτίου; φορτίον; φέρω 1/1; [명사] 중성 단수 속격(27:10); 뱃짐[배에 싣는 짐; 선복3, 선하3, 선화5].

φρονεῖς; φρονέω; φρήν 1/1; 직설법 현재 능동태 2인칭 단수(28:22); 생각[생각1: 어떤 일에 대한 의견이나 느낌을 가짐, 또는 그 의견이나 느낌]하다.

φρυγάνων; φρύγανον; φρύγω 1/1; [명사] 중성 복수 속격(28:3); 나뭇가지[나무의 줄기에서 뻗어 나는 가지; 수지9].

Φρυγίαν; Φρυγία 3/3; [명사] 여성 단수 대격(2:10; 16:6; 18:23); 브루기아[프리기아: 비시디아 북서쪽에 있는 지역으로, 그리스도와 그리스도인을 상징하는 헬라어 '키'(영어의 '엑스'와 같은 모양)와 '(흐)로'(영어의 '피'와 같은 모양)가 함께 있는 상징적인 모양의 초기(200년경) 형태가 발견된 곳이기도 하다.].

φυγεῖν; φεύγω 1/2; 부정사 부정과거 능동태(27:30); 달아나다[위험을 피하여 도망가다].

φυλακαῖς; φυλακή; φυλάσσω 1/16; [명사] 여성 복수 여격(26:10); 감옥2[죄인을 가두어 두는 곳], 감방3[교도소에서, 죄수를 가두어 두는 방], 수용실.

φυλακὰς; φυλακή; φυλάσσω 1/16; [명사] 여성 복수 대격(22:4).

φύλακας; φύλαξ; φυλάσσω 2/3; [명사] 남성 복수 대격(5:23; 12:19); 옥졸[=옥사쟁이], 옥사쟁이[옥에 갇힌 사람을 맡아 지키던 사람; 금자6, 사쟁이, 옥사정, 옥정5, 옥졸].

φύλακές; φύλαξ; φυλάσσω 1/3; [명사] 남성 복수 주격(12:6).

φυλακῇ; φυλακή; φυλάσσω 3/16; [명사] 여성 단수 여격(5:22, 25; 12:5); 감옥2, 감방3, 수용실.

φυλακήν; φυλακή; φυλάσσω 4/16; [명사] 여성 단수 대격(8:3; 12:6; 16:37).

φυλακὴν; φυλακή; φυλάσσω 3/16; [명사] 여성 단수 대격(12:4, 10; 16:23, 24).

φυλακῆς; φυλακή; φυλάσσω 4/16; [명사] 여성 단수 속격(5:19; 12:17; 16:27, 40).

φυλακίζων; φυλακίζω; φυλάσσω 1/1; 분사 현재 능동태 남성 단수 주격(22:19); 투옥[옥에 가둠]하다

φυλάσσειν; φυλάσσω 2/8; 부정사 현재 능동태(12:4; 16:4); 지키다1[규정, 약속, 법, 예의 따위를 어기지 아니하고 그대로 실행하다], 구금[구금5: 피고인 또는 피의자를 구치소나 교도소 따위에 가두어 신체의 자유를 구속하는 강제 처분; 구류3]하다.

φυλάσσεσθαι; φυλάσσω 2/8; 부정사 현재 중간태(21:25), 수동태(23:35).
φυλάσσοντι; φυλάσσω 1/8; 분사 현재 능동태 남성 단수 여격(28:16).
φυλάσσων; φυλάσσω 2/8; 분사 현재 능동태 남성 단수 주격(21:24; 22:20).
φυλῆς; φυλή; φύω 1/1; [명사] 여성 단수 속격(13:21); 지파[이스라엘의 12지파를 이르는 말].
φωνὰς; φωνή 1/27; [명사] 여성 복수 대격(13:27); 소리1[물체의 진동에 의하여 생긴 음파가 귀청을 울리어 귀에 들리는 것; 사람의 목소리], 목소리[목구멍에서 나는 소리], 말소리[말하는 소리].
φωνῇ; φωνή 6/27; [명사] 여성 단수 여격(7:57, 60; 8:7; 14:10; 16:28; 26:24).
φωνὴ; φωνή 6/27; [명사] 여성 단수 주격(7:31; 10:13, 15; 11:9; 12:22; 19:34).
φωνὴν; φωνή 9/27; [명사] 여성 단수 대격(2:14; 4:24; 9:4; 12:14; 14:11; 22:9, 14, 22; 26:14).
φωνῆς; φωνή 5/27; [명사] 여성 단수 속격(2:6; 9:7; 11:7; 22:7; 24:21).
φωνήσαντες; φωνέω; φωνή 1/4; 분사 부정과거 능동태 남성 복수 주격(10:18); 부르다1[말이나 행동 따위로 다른 사람의 주의를 끌거나 오라고 하다].
φωνήσας; φωνέω; φωνή 2/4; 분사 부정과거 능동태 남성 단수 주격(9:41; 10:7).
φῶς; φῶς; φαίνω 8/10; [명사] 중성 단수 주격(9:3; 12:7), 대격(13:47; 22:6, 9; 26:13, 18, 23); 빛[시신경을 자극하여 물체를 볼 수 있게 하는 일종의 전자기파; 찬란하게 반짝이는 광채; 희망이나 영광 따위를 비유적으로 이르는 말], 등불[등에 켠 불; 앞날에 희망을 주는 존재를 비유적으로 이르는 말].
φῶτα; φῶς; φαίνω 1/10; [명사] 중성 복수 대격(16:29).
φωτὸς; φῶς; φαίνω 1/10; [명사] 중성 단수 속격(22:11)

Χ

χαίρειν; χαίρω; χάρις 2/7; 부정사 현재 능동태(15:23; 23:26); 기뻐하다[기쁘게 여기다], 못내[이루 다 말할 수 없이] 기뻐하다, 안녕하다[몸이 건강하고 마음이 편안하다].
χαίροντες; χαίρω; χάρις 1/7; 분사 현재 능동태 남성 복수 주격(5:41).
χαίρων; χαίρω; χάρις 1/7; 분사 현재 능동태 남성 단수 주격(8:39).
χαλάσαντες; χαλάω 2/3; 분사 부정과거 능동태 남성 복수 주격(9:25; 27:17); 늘어뜨리다[사물의 한쪽 끝을 아래로 처지게 하다; 늘어트리다], 늦추다[바싹 하지 아니하고 느슨하게 하다].
χαλασάντων; χαλάω 1/3; 분사 부정과거 능동태 남성 복수 속격(27:30).
Χαλδαίων; Χαλδαῖος 1/1; [명사] 남성 복수 속격(7:4); 갈대아[메소보다미아 중앙과 남동쪽 땅으로 티그리스 강과 유프라테스 강 하구에 속한다. 현재는 대부분이 이라크 땅이다.] 사람.
Χανάαν; Χανάαν 2/2; [명사] 여성 단수 속격(13:19), 대격(7:11); 가나안[팔레스타인 요단 강 서쪽 지역의 옛 이름].
χαρὰ; χαρά; χάρις 1/4; [명사] 여성 단수 주격(8:8); 기쁨[욕구가 충족되었을 때의 즐거운 마음이나 느낌].
χαράγματι; χάραγμα; χαράσσω 1/1; [명사] 중성 단수 여격(17:29); 표식1[무엇을 나타내

보이는 일정한 방식], 산물2[어떤 것에 의하여 생겨나는 사물이나 현상을 비유적으로 이르는 말].

χαρὰν; χαρά; χάρις 1/4; [명사] 여성 단수 대격(15:3); 기쁨.

χαρᾶς; χαρά; χάρις 2/4; [명사] 여성 단수 속격(12:14; 13:52).

χαρίζεσθαί; χαρίζομαι; χάρις 1/4; 부정사 현재 이태중간(25:16); 호의[호의2: 친절한 마음씨, 또는 좋게 생각하여 주는 마음]를 베풀다, 호의로 주다, 내놓다[붙잡아 두었던 사람이나 짐승 따위를 자유롭게 활동할 수 있도록 해 주다], 맡기다['맡다1: 어떤 일에 대한 책임을 지고 담당하다'의 사동사].

χάριν; χάρις 6/17; [명사] 여성 단수 대격(2:47; 7:10, 46; 11:23; 25:3, 9); 은혜[고맙게 베풀어 주는 신세나 혜택; 혜은, 혜의], 은총[높은 사람에게서 받는 특별한 은혜와 사랑; 인류에 대한 하나님의 사랑], 특혜[특별한 은혜나 혜택].

χάρις; χάρις 1/17; [명사] 여성 단수 주격(4:33).

χαρίσασθαι; χαρίζομαι; χάρις 1/4; 부정사 부정과거 이태중간(25:11); 호의를 베풀다, 호의로 주다, 내놓다, 맡기다.

χαρισθῆναι; χαρίζομαι; χάρις 1/4; 부정사 부정과거 수동태(3:14).

χάριτα; χάρις 1/17; [명사] 여성 단수 대격(24:27); 은혜, 은총, 특혜.

χάριτι; χάρις 3/17; [명사] 여성 단수 여격(13:43; 14:26; 15:40).

χάριτος; χάρις 6/17; [명사] 여성 단수 속격(6:8; 14:3; 15:11; 18:27; 20:24, 32).

Χαρράν; Χαρράν 1/2; [명사] 여성 단수 여격(7:4); 하란[히브리어로 '산지 사람', '말린[말리다3: '마르다1'의 사동사]', '길'의 의미를 가진다. 아브람이 아버지 데라와 함께 머문 곳이다.].

Χαρρὰν; Χαρράν 1/2; [명사] 여성 단수 여격(7:2).

χειμαζομένων; χειμάζω; χειμών 1/1; 분사 현재 수동태 남성 복수 속격(27:18); 폭풍이 태질[태질1: 세게 메어치거나 내던지는 짓]하듯 불다, 태질[태질1: 바람이나 물결 따위가 강하게 휘몰아치는 일]하다.

χειμῶνός; χειμών 1/1; [명사] 남성 단수 속격(27:20); 태질1[바람이나 물결 따위가 강하게 휘몰아치는 일].

χείρ; χείρ 2/45; [명사] 여성 단수 주격(4:28; 7:50); 손1[사람의 팔목 끝에 달린 부분], 손길[돌보아 주거나 도와주는 일], 손짓[손을 놀려 어떤 사물을 가리키거나 자기의 생각을 남에게 전달하는 일], 편4[여러 패로 나누었을 때 그 하나하나의 쪽], (붙잡다).

χεὶρ; χείρ 2/45; [명사] 여성 단수 주격(11:21; 13:11).

χεῖρα; χείρ 3/45; [명사] 여성 단수 대격(9:41; 19:33; 26:1).

χεῖρά; χείρ 1/45; [명사] 여성 단수 대격(4:30).

χειραγωγούμενος; χειραγωγέω; χείρ, ἄγω 1/2; 분사 현재 수동태 남성 단수 주격(22:11); 잡아끌다[손으로 잡고 끌다]; [수동태] 손에 이끌리다['이끌다: 목적하는 곳으로 바로 가도록 같이 가면서 따라오게 하다'의 피동사].

χειραγωγοῦντες; χειραγωγέω; χείρ, ἄγω 1/2; 분사 현재 능동태 남성 복수 주격(9:8).

χειραγωγούς; χειραγωγός; χείρ, ἄγω 1/1; [명사] 남성 복수 대격(13:11); 손 잡아줄 사람.

χεῖρας; χείρ 14/45; [명사] 여성 복수 대격(4:3; 5:18; 6:6; 8:17, 19; 9:12, 17; 12:1; 13:3; 19:6; 21:11[2회], 27; 28:8, 17); 손1, 손길, 손짓, 편4, (붙잡다).

χεῖρες; χείρ 1/45; [명사] 여성 복수 주격(20:34).

χειρὶ; χείρ 4/45; [명사] 여성 단수 여격(7:35; 12:17; 13:16; 21:40).

χειροποιήτοις; χειροποίητος; χείρ, ποιέω 2/2; [형용사] 남성 복수 여격(17:24), 중성 복수 여격(7:48); 손으로 만든.

χειρὸς; χείρ 9/45; [명사] 여성 단수 속격(2:23; 3:7; 7:25; 11:30; 12:11; 15:23; 23:19; 28:3, 4); 손1, 손길, 손짓, 편4, (붙잡다).

χειροτονήσαντες; χειροτονέω; χείρ, τείνω 1/1; 분사 부정과거 능동태 남성 복수 주격(14:23); 임명하다1[일정한 지위나 임무를 남에게 맡기다], 장립하다[안수 목사가 장로로 선정된 신자에게 그 교직을 주다; '장로로 세우다'라는 의미로 사용함].

χειρῶν; χείρ 8/45; [명사] 여성 복수 속격(5:12; 7:41; 8:18; 12:7; 14:3; 17:25; 19:11, 26); 손1, 손길, 손짓, 편4, (붙잡다).

χῆραι; χήρα 2/3; [명사] 여성 복수 주격(6:1; 9:39); 과부[=과붓집: 남편을 잃고 혼자 사는 여자; 과수6].

χήρας; χήρα 1/3; [명사] 여성 복수 대격(9:41).

χιλιάδες; χιλιάς; χίλιοι 1/1; [명사] 여성 복수 주격(4:4); 일천1, 천3[백의 열 배가 되는 수, 또는 그 수의].

χιλιάρχοις; χιλίαρχος; ἄρχω, χίλιοι 1/17; [명사] 남성 복수 여격(25:23); 천부장[천인대의 지휘관].

χιλίαρχον; χιλίαρχος; ἄρχω, χίλιοι 3/17; [명사] 남성 단수 대격(21:32; 23:17, 18).

χιλίαρχος; χιλίαρχος; ἄρχω, χίλιοι 9/17; [명사] 남성 단수 주격(21:33; 22:24, 27, 28, 29; 23:10, 19, 22; 24:22).

χιλιάρχῳ; χιλίαρχος; ἄρχω, χίλιοι 4/17; [명사] 남성 단수 여격(21:31, 37; 22:26; 23:15).

Χίου; Χίος 1/1; [명사] 여성 단수 속격(20:15); 기오[키오스: 당시 아시아에 속했던 섬으로 현재는 그리스 땅이다].

χιτῶνας; χιτών 1/1; [명사] 남성 복수 대격(9:39); 속옷[소매가 짧고 무릎까지 내려오는 속옷].

χολὴν; χολή 1/1; [명사] 여성 단수 대격(8:23); 쓸개즙[척추동물의 간에서 만들어져 쓸개에 저장되었다가 샘창자로 가는 소화액으로, 지방의 소화를 돕는다; 담액, 담즙, 쓸개진], 담즙[=쓸개즙], 성미1[성질, 마음씨, 비위, 버릇 따위를 통틀어 이르는 말].

χορτάσματα; χόρτασμα; χόρτος 1/1; [명사] 중성 복수 대격(7:11); 먹을거리[사람이 먹고 살 수 있는 온갖 것; 식물1].

χρείαις; χρεία; χράομαι 1/5; [명사] 여성 복수 여격(20:34); 필요[꼭 요구되는 바가 있음; 수요3], 업무2[직장 같은 곳에서 맡아서 하는 일].

χρείαν; χρεία; χράομαι 2/5; [명사] 여성 단수 대격(2:45; 4:35).

χρείας; χρεία; χράομαι 3/5; [명사] 여성 단수 속격(6:3), 복수 대격(28:10).

χρῆμα; χρῆμα; χράομαι 1/4; [명사] 중성 단수 대격(4:37); 재물3[돈이나 그 밖의 값나가는 모든 물건], 돈1[사물의 가치를 나타내며, 상품의 교환을 매개하고, 재산 축적의 대상으로도 사용하는 물건].

χρήματα; χρῆμα; χράομαι 2/4; [명사] 중성 복수 주격(24:26), 대격(8:18).

χρηματίσαι; χρηματίζω; χράομαι 1/2; 부정사 부정과거 능동태(11:26); 취급[사람이나 사건을 어떤 태도로 대하거나 처리함; 다룸]하다; [수동태] 지도[지도9: 어떤 목적이나 방향으로 남을 가르쳐 이끎]되다, 지도를 받다, 인정[인정8: 확실

히 그렇다고 여김]되다.

χρημάτων; χρῆμα; χράομαι 1/4; [명사] 중성 복수 속격(8:20); 재물3, 돈1.

χρησάμενος; χράομαι 1/2; 분사 부정과거 이태중간 남성 단수 주격(27:3); 대하다2[어떤 태도로 상대하다], 사용[사용4: 일정한 목적이나 기능에 맞게 씀]하다3.

Χριστιανὸν; Χριστιανός; χρίω 1/2; [명사] 남성 단수 대격(26:28); 그리스도인[=기독교인: 기독교를 믿는 사람; 기독교도, 기독자, 크리스천].

Χριστιανούς; Χριστιανός; χρίω 1/2; [명사] 남성 복수 대격(11:26).

Χριστόν; Χριστός; χρίω 4/25; [명사] 남성 단수 대격(3:20; 8:5; 11:17; 18:5); 그리스도[기름 부음을 받은 자, 즉 임직을 받은 자라는 뜻이다].

Χριστὸν; Χριστός; χρίω 6/25; [명사] 남성 단수 대격(2:36; 3:18; 5:42; 17:3; 18:28; 24:24).

Χριστός; Χριστός; χρίω 3/25; [명사] 남성 단수 주격(9:22, 34; 26:23).

Χριστὸς; Χριστός; χρίω 1/25; [명사] 남성 단수 주격(17:3b).

Χριστοῦ; Χριστός; χρίω 11/25; [명사] 남성 단수 속격(2:31, 38; 3:6; 4:10, 26; 8:12; 10:36, 48; 15:26; 16:18; 28:31).

χρόνον; χρόνος 8/17; [명사] 남성 단수 대격(13:18; 14:3, 28; 15:33; 18:20, 23; 19:22; 20:18); 기간1[어느 때부터 다른 어느 때까지의 동안], -간16['동안'의 뜻을 더하는 접미사], 한동안[오랫동안], 시간4[어떤 일을 하기로 정하여진 동안], 참[지시대명사와 함께, '이참에'와 같이 쓰임].

χρόνος; χρόνος 2/17; [명사] 남성 단수 주격(7:17, 23).

χρονοτριβῆσαι; χρονοτριβέω; χρόνος, τρίβος 1/1; 부정사 부정과거 능동태(20:16); 지체[지체4: 때를 늦추거나 질질 끎]하다, 시간 보내다.

χρόνου; χρόνος 1/17; [명사] 남성 단수 속격(27:9); 기간1, -간16, 한동안, 시간4, 참.

χρόνους; χρόνος 2/17; [명사] 남성 복수 대격(1:7; 17:30).

χρόνῳ; χρόνος 3/17; [명사] 남성 단수 여격(1:6, 21;8:11).

χρόνων; χρόνος 1/17; [명사] 남성 복수 속격(3:21).

χρυσίον; χρυσίον; χρυσός 1/2; [명사] 중성 단수 주격(3:6); 금붙이[금으로 만든 물건을 통틀어 이르는 말], 금6.

χρυσίου; χρυσίον; χρυσός 1/2; [명사] 중성 단수 속격(20:33).

χρυσῷ; χρυσός 1/1; [명사] 남성 단수 여격(17:29); 금6[황색의 광택이 있는 금속 원소로, 금속 가운데 퍼지는 성질과 늘어나는 성질이 가장 크다].

χρωτὸς; χρώς 1/1; [명사] 남성 단수 속격(19:12); 피부2[척추동물의 몸을 싸고 있는 조직으로, 신체 보호, 체온 조절, 배설, 피부 호흡 따위의 작용을 한다], 몸1.

χωλοὶ; χωλός 1/3; [형용사] 남성 복수 주격(8:7); 절뚝거리는[절뚝거리다: 한쪽 다리가 짧거나 탈이 나서 자꾸 뒤뚝뒤뚝 절다; 절뚝대다], 절뚝이는[한쪽 다리가 짧거나 탈이 나서 뒤뚝뒤뚝 절다], 다리를 저는[절다2: 한쪽 다리가 짧거나 다쳐서 걸을 때에 몸을 한쪽으로 기우뚱거리다].

χωλὸς; χωλός 2/3; [형용사] 남성 단수 주격(3:2; 14:8).

χώρᾳ; χώρα; χωρέω 1/8; [명사] 여성 단수 여격(10:39); 지역3[일정하게 구획된 어느 범위의 토지].

χώραν; χώρα; χωρέω 5/8; [명사] 여성 단수 대격(12:20; 16:6; 18:23; 26:20; 27:27).

χώρας; χώρα; χωρέω 2/8; [명사] 여성 단수 속격(13:49), 복수 대격(8:1).

χωρία; χωρίον; χωρέω 1/7; [명사] 중성 복수 주격(28:7); 토지2[경지나 주거지 따위의 사

람의 생활과 활동에 이용하는 땅], 농지[농사짓는 데 쓰는 땅; 농경지].

χωρίζεσθαι; χωρίζω; χωρίς 2/3; 부정사 현재 수동태(1:4; 18:2); 나누다[하나를 둘 이상으로 가르다], 분리[분리4: 서로 나뉘어 떨어짐, 또는 그렇게 되게 함]하다3; [수동태] 떠나다[있던 곳에서 다른 곳으로 옮기다].

Χωρίον; χωρίον; χωρέω 1/7; [명사] 중성 단수 대격(1:19b); 토지2, 농지.

χωρίον; χωρίον; χωρέω 3/7; [명사] 중성 단수 대격(1:18, 19a; 5:8).

χωρίου; χωρίον; χωρέω 1/7; [명사] 중성 단수 속격(5:3).

χωρισθεὶς; χωρίζω; χωρίς 1/3; 분사 부정과거 수동태 남성 단수 주격(18:1); 나누다, 분리하다3; [수동태] 떠나다.

χωρίων; χωρίον; χωρέω 1/7; [명사] 중성 복수 속격(4:34); 토지2, 농지.

χῶρον; χῶρος 1/1; [명사] 남성 단수 대격(27:12); 북서쪽[북쪽을 기준으로 북쪽과 서쪽 사이의 방위; 북서1].

ψ

ψαλμῷ; ψαλμός; ψάλλω 1/2; [명사] 남성 단수 여격(13:33); 시편5[150편의 종교시를 모은 구약 성경의 한 편].

ψαλμῶν; ψαλμός; ψάλλω 1/2; [명사] 남성 복수 속격(1:20).

ψευδεῖς; ψευδής; ψεύδομαι 1/1; [형용사] 남성 복수 대격(6:13); 거짓된[거짓되다: 사실과 어긋남이 있어 참되지 않다], 거짓[사실과 어긋난 것, 또는 사실이 아닌 것을 사실처럼 꾸민 것].

ψευδοπροφήτην; ψευδοπροφήτης; ψεύδομαι, πρό, φημί 1/1; [명사] 남성 단수 대격(13:6); 거짓 선지자.

ψεύσασθαί; ψεύδομαι 1/2; 부정사 부정과거 이태중간(5:3); 속이다['속다1: 남의 거짓이나 꾀에 넘어가다'의 사동사], 거짓말하다[사실이 아닌 것을 사실인 것처럼 꾸며 대어 말하다].

ψηλαφήσειαν; ψηλαφάω; ψάω 1/1; 희구법 부정과거 능동태 3인칭 복수(17:27); 더듬어[더듬다: 똑똑히 알지 못하는 것을 짐작하여 찾다] 찾다, 살피어 찾다.

ψῆφον; ψῆφος; ψάω 1/1; [명사] 여성 단수 대격(26:10); 조약돌[작고 동글동글한 돌], 찬성표[찬성의 뜻을 나타내는 표나 표지].

ψυχαὶ; ψυχή; ψύχω 2/15; [명사] 여성 복수 주격(2:41; 27:37); 속마음[겉으로 드러나지 아니한 실제의 마음; 내심1, 정심5], 내면[밖으로 드러나지 아니하는 사람의 속마음으로, 사람의 정신적·심리적 측면을 이른다], 본성2[사람이 본디부터 가진 성질], 정신12[육체나 물질에 대립되는 영혼이나 마음], 목숨[사람이나 동물이 숨을 쉬며 살아 있는 힘], 사람[생각을 하고 언어를 사용하며, 도구를 만들어 쓰고 사회를 이루어 사는 동물], 명3[사람을 세는 단위].

ψυχαῖς; ψυχή; ψύχω 1/15; [명사] 여성 복수 여격(7:14).

–ἐν ψυχαῖς (7:14); 모두1[일정한 수효나 양을 빠짐없이 다].

ψυχὰς; ψυχή; ψύχω 4/15; [명사] 여성 복수 대격(14:2, 22; 15:24, 26).

ψυχῇ; ψυχή; ψύχω 1/15; [명사] 여성 단수 여격(2:43).

ψυχὴ; ψυχή; ψύχω 3/15; [명사] 여성 단수 주격(3:23; 4:32; 20:10).

ψυχήν; ψυχή; ψύχω 1/15; [명사] 여성 단수 대격(2:27).
ψυχὴν; ψυχή; ψύχω 1/15; [명사] 여성 단수 대격(20:24).
ψυχῆς; ψυχή; ψύχω 1/15; [명사] 여성 단수 속격(27:22).
ψῦχος; ψῦχος; ψύχω 1/1; [명사] 중성 단수 대격(28:2); 추위1[추운 정도].
ψυχῶν; ψυχή; ψύχω 1/15; [명사] 여성 복수 속격(27:10); 속마음, 내면, 본성2, 정신12, 목숨, 사람, 명3.

ω

Ὦ; ὦ 1/4; [감탄사] (13:10); 오2[감탄할 때 내는 소리].
ᾧ; ὅς 24/225; [관계 대명사] 남성 단수 여격(1:21; 4:31; 5:36; 7:20, 33, 39; 8:10, 19; 10:6; 13:6, 22; 17:23, 31; 19:16; 20:38; 21:16; 27:8, 23), 중성 단수 여격(4:12; 6:10; 7:7, 16; 10:12; 20:28); [접속사+대명사]로 번역
ὦ; ὦ 3/4; [감탄사] (1:1; 18:14; 27:21); 오2.
ὧδε; ὧδε; ὁ 2/2; [부사, 장소] (9:14, 21); 여기[여기1: 말하는 이에게 가까운 곳을 가리키는 지시 대명사]서, 여기에.
ὠδῖνας; ὠδίν 1/1; [명사] 여성 복수 대격(2:24); 고통[몸이나 마음의 괴로움과 아픔].
ὡμίλει; ὁμιλέω; ὁμός, εἴλω 1/2; 직설법 미완료 능동태 3인칭 단수(24:26); 대화[대화6: 마주 대하여 이야기를 주고받음, 또는 그 이야기]하다2.
ὡμολόγησεν; ὁμολογέω; ὁμός, λέγω 1/3; 직설법 부정과거 능동태 3인칭 단수(7:17); 고백[마음속에 생각하고 있는 것이나 감추어 둔 것을 사실대로 숨김없이 말함]하다, 터놓고[터놓다: 마음에 숨기는 것이 없이 드러내다] 얘기하다, 인정하다, 공언[공언1: 여러 사람 앞에 명백하게 공개하여 말함, 또는 그렇게 하는 말]하다1, 내놓고 말하다, 공개적으로 말하다.
ὤμοσεν; ὀμνύω 1/1; 직설법 부정과거 능동태 3인칭 단수(2:30); 서약[맹세하고 약속함]하다.
ὧν; ὅς 22/225; [관계 대명사] 남성 복수 속격(22:5), 여성 복수 속격(9:36), 중성 복수 속격(1:1; 3:21; 7:45; 8:24; 10:39; 12:23; 13:38; 15:29; 21:19, 24; 22:10, 15; 24:8, 13; 25:11, 18; 26:2, 16[2회], 22); [접속사+대명사]로 번역.
ὢν; εἰμί 1/278; 분사 현재 남성 단수 주격(18:24); 이다3, 있다1, 지니고 있다, 나다1, 접어들다, 다8; [미래] 있게 되다.
ὠνήσατο; ὠνέομαι 1/1; 직설법 부정과거 이태중간 3인칭 단수(7:16); 매입하다[물품 따위를 사들이다; 매득하다1].
ὥρα; ὥρα 1/11; [명사] 여성 단수 주격(2:15); 시간4[어떤 시각에서 어떤 시각까지의 사이], 시10[차례가 정하여진 시각을 이르는 말], 때1[시간의 어떤 순간이나 부분].
ὥρᾳ; ὥρα 3/11; [명사] 여성 단수 여격(16:18, 22; 22:13).
Ὡραίᾳ; ὡραῖος; ὥρα 1/2; [형용사] 여성 단수 여격(3:10); 아름다운, 미14['아름다움'의 뜻을 나타내는 말], 호라이아.
Ὡραίαν; ὡραῖος; ὥρα 1/2; [형용사] 여성 단수 대격(3:2).
ὥραν; ὥρα 3/11; [명사] 여성 단수 대격(3:1; 10:3, 9); 시간4, 시10, 때1.

ὥρας; ὥρα 3/11; [명사] 여성 단수 속격(10:30; 19:34; 23:23).

ὥρισαν; ὁρίζω; ὅρος 1/5; 직설법 부정과거 능동태 3인칭 복수(11:29); 정하다3[여럿 가운데 선택하거나 판단하여 결정하다], 결정[결정1: 행동이나 태도를 분명하게 정함, 또는 그렇게 정해진 내용]하다1, 할당[몫을 갈라 나눔, 또는 그 몫; 몫나누기, 배정, 벼름]하다, 몫[여럿으로 나누어 가지는 각 부분; 쿼터2]으로 주다.

ὥρισεν; ὁρίζω; ὅρος 1/5; 직설법 부정과거 능동태 3인칭 단수(17:31).

ὡρισμένῃ; ὁρίζω; ὅρος 1/5; 분사 완료 수동태 여성 단수 여격(2:23).

ὡρισμένος; ὁρίζω; ὅρος 1/5; 분사 완료 수동태 남성 단수 주격(10:42).

ὥρμησαν; ὁρμάω; ὁρμή 1/2; 직설법 부정과거 능동태 3인칭 복수(7:57); 죄어치다[재촉하여 몰아대다].

ὥρμησάν; ὁρμάω; ὁρμή 1/2; 직설법 부정과거 능동태 3인칭 복수(19:29).

ὡρῶν; ὥρα 1/11; [명사] 여성 복수 속격(5:7); 시간4, 시10, 때1.

Ὡς; ὡς 11/63; [불변화사; 종위 접속사, 시간, 비교] (7:23; 8:32; 9:23; 10:17; 17:13; 18:5; 19:21; 21:1, 27; 27:1, 27); -쯤2[정도의 뜻을 더하는 접미사], 쯤은, 무렵[대략 어떤 시기와 일치하는 즈음]에, 정도11[그만큼가량의 분량], 가량5[어떤 일에 대하여 확실한 계산은 아니나 얼마쯤이나 정도가 되리라고 짐작하여 봄], 그때[앞에서 이미 이야기한 시간상의 어떤 점이나 부분], ㄹ 때, 하자[자26: 한 동작이 막 끝남과 동시에 다른 동작이나 사실이 잇따라 일어남을 나타내는 연결 어미], 매우1[보통 정도보다 훨씬 더], 같은, 처럼[모양이 서로 비슷하거나 같음을 나타내는 격 조사], 마치3[거의 비슷하게] 처럼, 바와 같다[다른 것과 비교하여 그것과 다르지 않다].

ὡς; ὡς 52/63; [불변화사; 종위 접속사, 시간, 비교] (1:10; 2:15; 3:12, 22; 4:4; 5:7, 24, 36; 7:37, 51; 8:32, 36; 9:18; 10:7, 11, 25, 28, 38, 47; 11:5, 16, 17; 13:18, 20, 25, 29, 33; 14:5; 16:4, 10, 15; 17:15, 22, 28; 19:9, 34; 20:14, 18, 20, 24; 21:12; 22:5, 11, 25; 23:11, 15, 20; 25:10, 14; 27:30; 28:4, 19).

–ὡς καί (10:47; 11:17; 13:33; 17:28; 22:5; 25:10); 와도 같이.

ὡσεὶ; ὡσεί; ὡς, εἰ 6/6; [불변화사] (1:15; 2:3, 41; 6:15; 10:3; 19:7); 약3['대강', '대략'의 뜻으로, 그 수량에 가까운 정도임을 나타내는 말], 대략[대충 어림잡아서], 어림잡아[어림잡다: 대강 짐작으로 헤아려 보다; 어림치다], 같이['앞말이 보이는 전형적인 어떤 특징처럼'의 뜻을 나타내는 격 조사].

–ὡσεὶ περί (10:3); 즈음[일이 어찌 될 무렵]하여.

ὠσίν; οὖς 1/5; [명사] 중성 복수 여격(7:51); 귀1[사람이나 동물의 머리 양옆에서 듣는 기능을 하는 감각 기관].

ὠσὶν; οὖς 2/5; [명사] 중성 복수 여격(28:27[2회]).

ὥσπερ; ὥσπερ; ὡς, περ3/3; [불변화사, 비교] (2:2; 3:17; 11:15); 마찬가지[사물의 모양이나 일의 형편이 서로 같음]로, 같은[같다: 서로 다르지 않고 하나이다].

ὥστε; ὥστε; ὡς, τέ 8/8; [종위 접속사, 결과] (1:19; 5:15; 14:1; 15:39; 16:26; 19:10, 12, 16); 그리하여[앞의 내용이 뒤의 내용의 원인이거나 앞의 내용이 발전하여 뒤의 내용이 전개될 때 쓰는 접속 부사].

ὦτα; οὖς 2/5; [명사] 중성 복수 대격(7:57; 11:22); 귀1.

ὤφθη; ὁράω 5/66; 직설법 부정과거 수동태 3인칭 단수(7:2, 26, 30; 13:31; 16:9); 보다

1[눈으로 대상의 존재나 형태적 특징을 알다], 살피다1[두루두루 주의하여 자세히 보다], 분별[분별1: 세상 물정에 대한 바른 생각이나 판단]하다, 헤아리다[짐작하여 가늠하거나 미루어 생각하다], 헤아려 보다, 보이다1['보다 1: 대상을 평가하다'의 피동사], 뵈다1['보이다1'의 준말], 뵙다[웃어른을 대하여 보다, '뵈다1'보다 더 겸양의 뜻을 나타낸다], ~와 만나다[누군가 가거나 와서 둘이 서로 마주 보다], 이르다1[어떤 정도나 범위에 미치다]; [수동태] 나타나다[보이지 아니하던 어떤 대상의 모습이 드러나다], 보이다1['보다1'의 피동사].

ὤφθην; ὁράω 1/66; 직설법 부정과거 수동태 1인칭 단수(26:16).

ὤφθησαν; ὁράω 1/66; 직설법 부정과거 수동태 3인칭 복수(2:3).

성경 66권 원문강독 시리즈 32

사도행전 원문강독

제 Ⅳ 부

어근 사전

α

α; ἀγνοέω, ἄγνοια, ἄγνωστος, ἀγράμματος, ᾅδης, ἀδικέω, ἀδίκημα, ἀδικία, ἄδικος, ἀδύνατος, ἄζυμος, ἀθέμιτος, ἀκάθαρτος, ἀκατάκριτος, ἀκωλύτως, ἀλήθεια, ἀληθής, ἀληθῶς, ἄλογος, ἀμάρτυρος, ἀναγνωρίζω, ἀνάγνωσις, ἀναντίρρητος, ἀναντιρρήτως, ἄνεσις, ἀνεύθετος, ἀνευρίσκω, ἄνομος, ἀπειθέω, ἀπειθής, ἀπερίτμητος, ἀπιστέω, ἄπιστος, ἀπρόσκοπος, ἄσημος, ἀσθένεια, ἀσθενέω, ἀσθενέω, ἀσιτία, ἄσιτος, ἀσύμφωνος, ἀσφάλεια, ἀσφαλής, ἀσφαλίζω, ἀσφαλῶς, ἄτοπος, ἀφανίζω, ἄφωνος, συναθροίζω 부족[부족1: 필요한 양이나 기준에 미치지 못함]이나 결핍[있어야 할 것이 없어지거나 모자람]을 표현하는 접두사(LSJ).

ἀγαθός; ἀγαθοεργέω 선[선10: 올바르고 착하여 도덕적 기준에 맞음, 또는 그런 것]한[선하다4].

ἀγάλλομαι; ἀγαλλίασις, ἀγαλλιάω 찬미[아름답고 훌륭한 것이나 위대한 것 따위를 기리어 칭송함]하다, 높이다['높다'의 사동사], 꾸미다[모양이 나게 매만져 차리거나 손질하다](LSJ).

ἀγάπη; ἀγαπητός 사랑1[부모나 스승, 또는 신(神)이나 윗사람이 자식이나 제자, 또는 인간이나 아랫사람을 아끼고 소중히 여기는 마음].

ἄγγελος; ἀπαγγέλλω, διαγγέλλω, ἐπαγγελία, ἐπαγγέλλομαι, εὐαγγελίζω, εὐαγγέλιον, εὐαγγελιστής, καταγγελεύς, καταγγέλλω, παραγγελία, παραγγέλλω, προκαταγγέλλω 천사5[천국에서 인간 세계에 파견되어 신과 인간의 중간에서 신의 뜻을 인간에게 전하고, 인간의 기원을 신에게 전하는 사자(使者)].

ἀγορά; ἀγοραῖος, δημηγορέω 장터[장이 서는 터].

ἅγος; ἁγιάζω, ἅγιος, ἁγνίζω, ἁγνισμός 선도자[앞에 서서 인도하는 사람](LSJ).

ἄγω; ἀνάγω, ἀπάγω, ἀρχηγός, ἀρχισυνάγωγος, διηγέομαι, εἰσάγω, ἐκδιηγέομαι, ἐξάγω, ἐξηγέομαι, ἐπάγω, ἡγεμών, ἡγέομαι, κατάγω, κατηγορέω, κατήγορος, ὁδηγέω, ὁδηγός, περιάγω, προσάγω, στρατηγός, συνάγω, συναγωγή, χειραγωγέω, χειραγωγός 데려오다[함께 거느리고 오다], 인도[인도6: 이끌어 지도함]하다2, 이끌다[목적하는 곳으로 바로 가도록 같이 가면서 따라오게 하다], 끌어 오다, 끌고 가다; [수동태] 인도되다2, 소집[단체나 조직체의 구성원을 불러서 모음]되다, 제 구실[구실1: 자기가 마땅히 해야 할 맡은 바 책임]을 하다.

ἀδελφός; ἀδελφή 형제1[형과 아우를 아울러 이르는 말], 곤제[=형제1], 동기3[형제와 자매, 남매를 통틀어 이르는 말].

ἄημι; ἀήρ 불다1[바람이 일어나서 어느 방향으로 움직이다](LSJ).

Ἀθῆναι; Ἀθηναῖος 아덴[아테네] 사람/시민.

Αἴγυπτος; Αἰγύπτιος 애굽[이집트].

αἶνος; αἰνέω, παραινέω 이야기, 속담, 수수께기(LSJ).

αἱρέω; αἵρεσις, ἀναίρεσις, ἀναιρέω, ἐξαιρέω, καθαιρέω, περιαιρέω [능동태] 잡

다, 쥐다; [중간태] 택하다.

αἴρω; τιμωρέω 일으키다, 들다4[아래에 있는 것을 위로 올리다], 올리다, 들어 올리다, 높이다['높다'의 사동사], 거머들다[마구 움켜잡아서 들다], 거머채다[휘감아 잡아채다], 없애버리다; [수동태] 적용되지 않다, 잘려 나가다.

αἰτέω; παραιτέομαι 요청[필요한 일이 이루어지도록 요긴하게 부탁함, 또는 그런 부탁]하다, 청[청8: 어떤 일을 이루기 위하여 남에게 부탁을 함, 또는 그 부탁]하다.

αἰτία; αἴτιος 이유4[어떠한 결론이나 결과에 이른 까닭이나 근거].

αἰών; αἰώνιος 오래전[상당한 시간이 지나간 과거].

ἀκή; ἀκροβυστία, ἄχρι 끝1[긴 물건에서 가느다란 쪽의 맨 마지막 부분], 뾰족한 끝(LSJ).

ἀκόλουθος; ἀκολουθέω, κατακολουθέω 따르는[따르다1: 다른 사람이나 동물의 뒤에서, 그가 가는 대로 같이 가다], 수반[수반7: 어떤 일과 더불어 생김]하는, 잇따르는[잇따르다: 움직이는 물체가 다른 물체의 뒤를 이어 따르다](LSJ).

ἀκούω; ἀκοή, διακούω, εἰσακούω, ὑπήκοος 듣다1[사람이나 동물이 소리를 감각 기관을 통해 알아차리다], 전해 듣다, 새겨듣다[말하고자 하는 본뜻을 잘 헤아려 듣다], 들어보다, 헤아려 듣다, 알아듣다[남의 말을 듣고 그 뜻을 알다], 경청[경청1: 귀를 기울여 들음]하다1, 귀 기울여 듣다; [수동태] 전해지다, 알려지다.

ἀκριβής; ἀκρίβεια, ἀκριβῶς 엄격한[엄격하다2: 말, 태도, 규칙 따위가 매우 엄하고 철저하다].

ἀκροάομαι; ἀκροατήριον, ἐπακροάομαι 귀를 기울이다, 경청[경청1: 귀를 기울여 들음]하다1(LSJ).

ἅλας; διθάλασσος, θάλασσα, συναλίζω 소금1[짠맛이 나는 백색의 결정체](LSJ).

ἀλείφω; ἐξαλείφω 바르다1[물이나 풀, 약, 화장품 따위를 물체의 표면에 문질러 묻히다].

ἅλλομαι; ἐξάλλομαι, ἐφάλλομαι 깡충거리다[짧은 다리를 모으고 힘 있게 자꾸 솟구쳐 뛰다. '강중거리다'보다 세고 거센 느낌을 준다.], 깡충대다.

ἄλλος; ἀλλά, ἀλλάσσω, ἀλλήλων, ἀλλότριος, ἀλλόφυλος, ἀπαλλάσσω, συναλλάσσω 다른[다르다1: 비교가 되는 두 대상이 서로 같지 아니하다].

ἁμαρτάνω; ἁμαρτία 죄를 저지르다[죄를 짓거나 잘못이 생겨나게 행동하다].

ἁμός; μηδαμῶς 우리의(LSJ).

ἀμύνω; ἀμύνομαι 막아서다[앞을 가로막고 서다][아티카 방언에서는 능동태를 사용함. BDF §316, 1].

ἄμφω; ἀμφότεροι 양쪽[두 쪽], 둘 다(LSJ).

ἄν; ἐάν, κἄν, ὅταν '혹 있을 수 있는' 개연성을 표현하는 단어로, 혹시1[그러할 리는 없지만 만일에, 어쩌다가 우연히, 짐작대로 어쩌면, 그러리라 생각하지만 다소 미심쩍은 데가 있어 말하기를 주저할 때 쓰는 말], 혹5, 혹야, 혹여, 혹자1와 같이 번역할 수 있지만 번역하지 않는 게 더 자연스러울 때가 많다.

ἀνά; ἀναβαθμός, ἀναβαίνω, ἀνάγω, ἀναδείκνυμι, ἀναδέχομαι, ἀναδίδωμι, ἀναζητέω, ἀνάθεμα, ἀναθεματίζω, ἀναθεωρέω, ἀναίρεσις, ἀναιρέω, ἀνακαθίζω, ἀνακάμπτω, ἀνακρίνω, ἀνάκρισις, ἀναπείθω, ἀναπέμπω, ἀνασκευάζω, ἀνασπάω, ἀνάστασις, ἀναστατόω, ἀναστρέφω, ἀνατίθημι, ἀνατρέφω, ἀναφαίνω, ἀναχωρέω, ἀνάψυξις, ἀνετάζω, ἀνέχω, ἀνίημι, ἀνοικοδομέω, ἀνορθόω, ἄνω, ἄνωθεν, ἀνωτερικός, διανύω, συναναβαίνω 다시1[하던 것을 되풀이해서 또; 하다가 그친 것을 계속하여; 이전 상태로

또], 위[위1: 어떤 기준보다 더 높은 쪽, 또는 사물의 중간 부분보다 더 높은 쪽]로, 줄곧[끊임없이 잇따라](LSJ).

ἀνάγκη; ἀναγκάζω, ἀναγκαῖος, ἐπάναγκες 강압2[강한 힘이나 권력으로 강제로 억누름], 강제1[권력이나 위력(威力)으로 남의 자유의사를 억눌러 원하지 않는 일을 억지로 시킴], 필요[꼭 요구되는 바가 있음](LSJ).

ἄνθρωπος; ἀνθρώπινος, φιλανθρωπία, φιλανθρώπως 사람[생각을 하고 언어를 사용하며, 도구를 만들어 쓰고 사회를 이루어 사는 동물; 인간1].

ἀνοίγω; διανοίγω 뜨다5[감았던 눈을 벌리다], 열다2[닫히거나 잠긴 것을 트거나 벗기다]; [수동태] 뜨이다2['뜨다5'의 피동사], 열리다2['열다2'의 피동사].

ἀντί; ἀναντίρρητος, ἀναντιρρήτως, ἀνθίστημι, ἄντικρυς, ἀντιλαμβάνω, ἀντιλέγω, ἀντιπίπτω, ἀντιτάσσω, ἀντοφθαλμέω, ἀπάντησις, ἀπέναντι, ἔναντι, ἐναντίον, ἐναντίος, καταντάω, ὑπαντάω [+속격] 반대하여, 대신[대신3: 명사, 대명사 뒤에 쓰여 어떤 대상과 자리를 바꾸어서 있게 되거나 어떤 대상이 하게 될 구실을 바꾸어서 하게 됨, 또는 그렇게 되는 새로운 대상]하여.

ἀνύω; διανύω 끼치다2[영향, 해, 은혜 따위를 당하거나 입게 하다], 끝장내다['끝장나다: 하는 일이 마무리되다; 본래의 상태가 결딴이 나서 무너지거나 없어지다'의 사동사](LSJ).

ἄξιος; καταξιόω 쓸모[쓸 만한 가치] 있는, 가치 있는, 받을 만한, 만한[만하다: 어떤 대상이 앞말이 뜻하는 행동을 할 타당한 이유를 가질 정도로 가치가 있음을 나타내는 말].

ἀπειλή; ἀπειλέω, προσαπειλέω 으름장[말과 행동으로 위협하는 짓].

ἀπό; ἀπαγγέλλω, ἀπάγω, ἀπαλλάσσω, ἀπάντησις, ἀπασπάζομαι, ἄπειμι, ἀπελαύνω, ἀπελεγμός, ἀπέναντι, ἀπέρχομαι, ἀπέχω, ἀποβολή, ἀπογραφή, ἀποδείκνυμι, ἀποδέχομαι, ἀποδίδωμι, ἀποθνῄσκω, ἀποκαθίστημι, ἀποκατάστασις, ἀποκόπτω, ἀποκρίνομαι, ἀποκτείνω, ἀπόλλυμι, ἀπολογέομαι, ἀπολογία, ἀπολούω, ἀπολύω, ἀποπίπτω, ἀποπλέω, ἀπορέω, ἀπορίπτω, ἀποσπάω, ἀποστασία, ἀποστέλλω, ἀποστολή, ἀπόστολος, ἀποστρέφω, ἀποτάσσω, ἀποτίθημι, ἀποτινάσσω, ἀποφθέγγομαι, ἀποφορτίζομαι, ἀποχωρίζω, ἀπωθέω, ἀπώλεια, ἄφεσις, ἀφίημι, ἄφιξις, ἀφίστημι, ἀφορίζω [+속격] 에게서[사람이나 동물 따위의 체언 뒤에 붙어, 어떤 행동의 출발점이나 비롯되는 대상임을 나타내는 격 조사], 에서2[체언 뒤에 붙어, 앞말이 행동이 이루어지고 있는 처소의 부사어임을 나타내는 격 조사] 온, 출신[어떤 지방이나 파벌, 학교, 직업 따위에서 규정되는 사회적인 신분이나 이력 관계], 속한[속하다2: 관계되어 딸리다], ~해서, ~때문[어떤 일의 원인이나 까닭]에.

ἅπτω; καθάπτω 피우다1['피다1: 연탄이나 숯 따위에 불이 일어나 스스로 타다'의 사동사](행); 묶다[사람이나 물건을 기둥, 나무 따위에 붙들어 매다], 합[합1: 여럿이 한데 모임, 또는 여럿을 한데 모음]하다(LSJ).

ἀρά; ἆρα, ἄρα 기도3[인간보다 능력이 뛰어나다고 생각하는 어떠한 절대적 존재에게 빎,

또는 그런 의식], 맹세2[일정한 약속이나 목표를 꼭 실천하겠다고 다짐함], 저주3[남에게 재앙이나 불행이 일어나도록 빌고 바람, 또는 그렇게 하여서 일어난 재앙이나 불행](LSJ).

ἄργυρος; ἀργύριον, ἀργυροκόπος, ἀργυροῦς 은4[금속 원소의 하나로, 흰 광택이 있고 무르며 늘어나고 펴지는 성질이 금 다음으로 강하고, 전기 전도율과 열전도율은 금속 가운데 가장 높으며, 공기 중에서는 산화하지 않으나 유황 화합물에 닿으면 검은색으로 변한다], 빛나는 것(BDAG).

ἀρέσκω; ἀρεστός 호감[=호감정: 좋게 여기는 감정]을 사다, 마음에 들다1[어떤 물건이나 사람이 좋게 받아들여지다].

ἀριθμός; καταριθμέω 수26[셀 수 있는 사물의 크기를 나타내는 값], 합1[둘 이상의 수나 식을 더함, 또는 그렇게 얻은 값](LSJ).

ἁρπάζω; συναρπάζω 낚아채다[무엇을 갑자기 세차게 잡아당기다].

ἄρτι; ἐξαρτίζω 정각4[시간을 나타내는 말의 앞이나 뒤에 쓰여, 틀림없는 바로 그 시각], 바로2[시간적인 간격을 두지 아니하고 곧] 지금(LSJ).

ἄρχω; ἀρχαῖος, ἀρχή; ἀρχηγός, ἀρχιερατικός, ἀρχιερεύς, ἀρχισυνάγωγος, ἄρχων, ἑκατοντάρχης, ἐπαρχεία, πατριάρχης, πειθαρχέω, πολιτάρχης, προϋπάρχω, τετραάρχης, ὕπαρξις, ὑπάρχω, χιλίαρχος 시작하다[어떤 일이나 행동의 처음 단계를 이루거나 그렇게 하게 하다], 출발하다[어떤 일을 시작하다], 말을 꺼내다[마음속의 생각 따위를 말로 드러내 놓기 시작하다], 다스리다[국가나 사회, 단체, 집안의 일을 보살펴 관리하고 통제하다].

ἀσπάζομαι; ἀπασπάζομαι 인사[인사2: 마주 대하거나 헤어질 때에 예를 표함, 또는 그런 말이나 행동]하다, 방문 인사하다, 작별[인사를 나누고 헤어짐, 또는 그 인사]하다.

ἀστήρ; ἄστρον 별[빛을 관측할 수 있는 천체 가운데 성운처럼 퍼지는 모양을 가진 천체를 제외한 모든 천체](LSJ).

ἀστραπή; περιαστράπτω 번개의 번쩍임, 번개1[구름과 구름, 구름과 대지 사이에서 공중 전기의 방전이 일어나 번쩍이는 불꽃](LSJ).

ἄστυ; ἀστεῖος 촌락[시골의 작은 마을](LSJ).

αὐλή; ἔπαυλις 안뜰[안채에 있는 뜰], 안마당[집 안의 안채 앞에 있는 마당](LSJ).

αὔριον; ἐπαύριον 내일[오늘의 바로 다음날], 이튿날[어떤 일이 있은 그 다음의 날].

αὐτός; αὐτόματος, αὐτου, αὐτόχειρ, ἑαυτοῦ, ἐμαυτοῦ, ἐνιαυτός, ἐξαυτῆς, σεαυτοῦ 그1[말하는 이와 듣는 이가 아닌 사람을 가리키는 삼인칭 대명사로, 앞에서 이미 이야기하였거나 듣는 이가 생각하고 있는 사람을 가리킨다; 앞에서 이미 이야기하였거나 듣는 이가 생각하고 있는 대상을 가리키는 지시 대명사], 저3[앞에서 이미 말하였거나 나온 바 있는 사람을 도로 가리키는 삼인칭 대명사], 자신[자신1: 사람을 가리키는 말 뒤에 쓰여, 다름이 아니고 앞에서 가리킨 바로 그 사람임을 강조하여 이르는 말]도, 직접[중간에 아무것도 개재시키지 아니하고 바로 연결되는 관계], 친히[=몸소: 직접 제 몸으로], 스스로[남이 시키지 아니하였는데도 자기의 결심에 따라서], 스스로가, 같은[같다: 크기, 생김새 따위가 서로 다르지 않고 한 모양이다].

ἄφνω; ἐξαίφνης 갑자기[미처 생각할 겨를도 없이 급히].

ἄω; ἀτμίς 불다1[바람이 일어나서 어느 방향으로 움직이다], 자다1[생리적인 요구에 따라 눈이 감기면서 한동안 의식 활동이 쉬는 상태가 되다](LSJ).

β

βαίνω; ἀναβαθμός, ἀναβαίνω, βάσις, βεβηλόω, βῆμα, βωμός, διαβαίνω, ἐμβιβάζω, ἐπιβαίνω, ἐπιβιβάζω, καταβαίνω, μεταβαίνω, παραβαίνω, πρόβατον, συγκαταβαίνω, συμβαίνω, συμβιβάζω, συναναβαίνω 걷다2[다리를 움직여 바닥에서 발을 번갈아 떼어 옮기다], 서다1[사람이나 동물이 발을 땅에 대고 다리를 쭉 뻗으며 몸을 곧게 하다], 오르다[사람이나 동물 따위가 아래에서 위쪽으로 움직여 가다](LSJ).

βάλλω; ἀποβολή, βολίζω, διάβολος, ἐκβάλλω, ἐκβολή, ἐπιβάλλω, λιθοβολέω, μεταβάλλω, παραβάλλω, παρεμβολή, περιβάλλω, προβάλλω, συμβάλλω, ὑποβάλλω 던지다[손에 든 물건을 다른 곳에 떨어지게 팔과 손목을 움직여 공중으로 내보내다], 날리다2[어떤 물체가 바람에 나부끼어 움직이게 하다], 처넣다[마구 집어넣다], 불어 닥치다1[어떤 일이나 대상 따위가 가까이 다다르다].

βάπτω; βαπτίζω, βάπτισμα 담그다[액체 속에 넣다], 물들이다['물들다: 빛깔이 스미거나 옮아서 묻다'의 사동사](LSJ).

βαρύς; βαρέως, βάρος 무거운[무겁다: 비중이나 책임 따위가 크거나 중대하다], 흉악[성질이 악하고 모질]한.

βασιλεύς; βασιλεία, βασιλικός, βασίλισσα 왕4[=임금], 임금1[군주 국가에서 나라를 다스리는 우두머리].

βία; παραβιάζομαι 격렬함[격렬하다: 말이나 행동이 세차고 사납다], 강제1[권력이나 위력으로 남의 자유의사를 억눌러 원하지 않는 일을 억지로 시킴], 억제[정도나 한도를 넘어서 나아가려는 것을 억눌러 그치게 함], 우격다짐[억지로 우겨서 남을 굴복시킴, 또는 그런 행위].

βιβρώσκω; σκωληκόβρωτος 먹다2[음식 따위를 입을 통하여 배 속에 들여보내다], 먹어치우다(LSJ).

βίος; βίωσις 삶[사는 일, 또는 살아 있음], 삶의 양식4[오랜 시간이 지나면서 자연히 정하여진 방식](LSJ).

βλάπτω; βλασφημέω, βλάσφημος 무력[무력3: 힘이 없음]하게 만들다, 방해[방해1: 남의 일에 헤살을 놓아 해를 끼침]하다(LSJ).

βλέπω; ἐμβλέπω 보다1[눈으로 대상의 존재나 형태적 특징을 알다], 보이다1['보다1'의 피동사], 트이다['트다2: 막혀 있던 것을 치우고 통하게 하다'의 피동사], 지켜보다, 주의하다, 분별[분별1: 세상 물정에 대한 바른 생각이나 판단]하다.

βοή; βοάω, βοήθεια, βοηθέω 외침[외치다: 남의 주의를 끌거나 다른 사람에게 어떤 행동을 하도록 하기 위하여 큰 소리를 지르다], 구조 요청(LSJ).

βούλομαι; βουλεύω, βουλή, βούλημα, ἐπιβουλή, συμβουλεύω, συμβούλιον ~고 싶다[앞말이 뜻하는 행동을 하고자 하는 마음이나 욕구를 갖고 있음을 나타

내는 말], ~고 싶어하다, ~려고 한다.

βραδύς; βραδυπλοέω 더딘[더디다1: 어떤 움직임이나 일에 걸리는 시간이 오래다], 둔한[둔하다: 동작이 느리고 굼뜨다](LSJ).

γ

γάζα; Γάζα 보배[아주 귀하고 소중한 물건](LSJ).

γέμω; γόμος 가득[가득1: 분량이나 수효 따위가 어떤 범위나 한도에 꽉 찬 모양]하다1(LSJ).

γέρων; γερουσία 노인1[나이가 들어 늙은 사람](LSJ).

γίνομαι; γενεά, γεννάω, γένος, διαγίνομαι, ἐπιγίνομαι, εὐγενής, ζῳογονέω, παραγίνομαι, συγγένεια, συγγενής 삼다2[무엇을 무엇이 되게 하거나 여기다], 일어나다[어떤 현상이 발생하다], 실현되다, 하게/있게 되다, 이르다1[어떤 장소나 시간에 닿다, 어떤 정도나 범위에 미치다], 지내다[사람이 어떤 장소에서 생활을 하면서 시간이 지나가는 상태가 되게 하다], 지나다[시간이 흘러 과거가 되다], 지속되다, [날이] 새다2[날이 밝아 오다], [소리] 나다/내다, 이뤄지다, 차오르다[어떤 한도나 높이에 다다라 오르다], 무르익다[시기나 일이 충분히 성숙되다], [정신을] 차리다, [기쁨이] 흐르다, 흘러가다, 고여오르다, 남다1[다 쓰지 않거나 정해진 수준에 이르지 않아 나머지가 있게 되다], ~하기에 이른, ~할 때였다.

γινώσκω; ἀγνοέω, ἄγνοια, ἄγνωστος, ἀναγνωρίζω, ἀνάγνωσις, γνώμη, γνωρίζω, γνώστης, γνωστός, διαγινώσκω, διάγνωσις, ἐπιγινώσκω, καρδιογνώστης; προγινώσκω, πρόγνωσις 알다[교육이나 경험, 사고 행위를 통하여 사물이나 상황에 대한 정보나 지식을 갖추다; 어떤 사실이나 존재, 상태에 대해 의식이나 감각으로 깨닫거나 느끼다], 배우다1[새로운 지식이나 교양을 얻다]; [수동태] 알려지다[어떤 사물 또는 사람의 이름, 특징, 업적 따위를 다른 사람들이 널리 알게 되다].

γλυκύς; γλεῦκος 단[달다7: 꿀이나 설탕의 맛과 같다; 흡족하여 기분이 좋다](LSJ).

γογγύζω; γογγυσμός 중얼거리다[남이 알아듣지 못할 정도의 작고 낮은 목소리로 혼잣말을 자꾸 하다], 불평[불평1: 마음에 들지 아니하여 못마땅하게 여김, 또는 못마땅한 것을 말이나 행동으로 드러냄]하다1(LSJ).

γράφω; ἀγράμματος, ἀπογραφή, γράμμα, γραμματεύς, γραφή, ἐπιγράφω 쓰다1[붓, 펜, 연필과 같이 선을 그을 수 있는 도구로 종이나 다른 편평한 면 위에 획을 그어서 일정한 글자의 모양이 이루어지게 하다], 편지를 부치다[부치다2: 편지나 물건 따위를 일정한 수단이나 방법을 써서 상대에게로 보내다], 편지를 보내다; [수동태] 적히다['적다1'의 피동사].

δ

δαιμόνιον; δεισιδαιμονία, δεισιδαίμων 다이몬[그리스 사람들은 '다이몬'을 산천초목과 인간 생활에 영향을 미치는 초자연적인 존재라고 여겼다. 이들은 바울의 말을 듣고 예수님은 남자 다이몬으로, 부활은 여자 다이몬으로 생각한 것

이다.], 신적인 권능, 신성3[신의 성격, 또는 신과 같은 성격].

δάκρυ; δάκρυον 눈물1[눈알 바깥 면의 위에 있는 눈물샘에서 나오는 분비물], 방울1[작고 둥글게 맺힌 액체 덩어리](LSJ).

δαπάνη; δαπανάω 비용3[어떤 일을 하는 네 드는 돈], 지출1[이떤 목적을 위하여 돈을 지급하는 일](LSJ).

δέ; μηδαμῶς, μηδέ, μηδείς, οὐδέ, οὐδείς, οὐδέποτε, οὐδέπω 하나['그러하나'의 줄임말], 하니['그러하니'의 줄임말], 하면['그러하면'의 줄임말], 하여['그러하여'의 줄임말], 한데['그러한데'의 줄임말], 해서['그러해서'의 줄임말], 한편[어떤 일에 대하여, 앞에서 말한 측면과 다른 측면을 말할 때 쓰는 말], 또 한편[어떤 일의 한 측면], 다른 한편으로는, 그런데[화제를 앞의 내용과 관련시키면서 다른 방향으로 이끌어 나갈 때 쓰는 접속 부사], 그러다가, 그러자, 후에, 그 바람[바람1: 뒷말의 근거나 원인을 나타내는 말]에, 바야흐로[이제 한창, 또는 지금 바로], 다만1[다른 것이 아니라 오로지], 당시2[일이 있었던 바로 그때, 또는 이야기하고 있는 그 시기], 행여[어쩌다가 혹시], 마침2[어떤 경우나 기회에 알맞게, 또는 공교롭게], 채9[이미 있는 상태 그대로 있다는 뜻을 나타내는 말].

δείκνυμι; ἀναδείκνυμι, ἀποδείκνυμι, ἐπιδείκνυμι, ἐπιδείκνυμι 보여 주다, 꼭 집어서 보여 주다, 보이다1['보다1'의 피동사].

δέκα; δεκαπέντε, δώδεκα, δωδεκάφυλον, ἕνδεκα, τεσσαρεσκαιδέκατος 열3[아홉에 하나를 더한 수, 또는 그런 수의], 십, 10.

δεξιός; δεξιολάβος 오른[오른쪽을 이를 때 쓰는 말; 바른], 오른쪽.

δέομαι; ἐνδεής, προσδέομαι 묻다, 여쭙다, 구하다1[상대편이 어떻게 하여 주기를 청하다], 간구[간구2: 간절히 바람]하다2.

δέος; δεισιδαιμονία, δεισιδαίμων 신9[종교의 대상으로 초인간적, 초자연적 위력을 가지고 인간에게 화복을 내린다고 믿어지는 존재](LSJ).

δέχομαι; ἀναδέχομαι, ἀποδέχομαι, δεκτός, διαδέχομαι, διάδοχος, ἐκδέχομαι, παραδέχομαι, προσδέχομαι, ὑποδέχομαι 받다1, 받아 주다, 모시다[웃어른이나 존경하는 이를 가까이에서 받들다].

δέω; δεῖ, δεσμεύω, δέσμιος, δεσμός, δεσμοφύλαξ, δεσμωτήριον, δεσμώτης, δεσπότης, σύνδεσμος, ὑποδέω, ὑπόδημα 매다1[끈이나 줄 따위의 두 끝을 엇걸고 잡아당기어 풀어지지 아니하게 마디를 만들다], 묶다[끈, 줄 따위를 매듭으로 만들다; 끈, 줄 따위를 어떤 사람이나 사물에 단단히 잡아매다.], 동이어 묶다, 결박하다; [수동태] 묶이다['묶다'의 피동사].

δή; ἐπειδή 각설[각설2: 말이나 글 따위에서, 이제까지 다루던 내용을 그만두고 화제를 다른 쪽으로 돌림]하고, 정말[정말1: 거짓이 없이 말 그대로임, 또는 그런 말]이지.

δῆμος; δημηγορέῳ, δημόσιος, ἐπιδημέω, συνέκδημος 대중2[수많은 사람의 무리], 시위[시위4=시위운동: 많은 사람이 공공연하게 의사를 표시하여 집회나 행진을 하며 위력을 나타내는 일; 데모] 군중, 데모대[시위를 벌이는 군중].

διά; διαβαίνω, διάβολος, διαγγέλλω, διαγίνομαι, διαγινώσκω, διάγνωσις, διαδέχομαι, διαδίδωμι, διάδοχος, διαθήκη, διακατελέγχομαι, διακονέω, διακονία, διακούω, διακρίνω, διαλέγομαι, διάλεκτος, διαλύω, διαμαρτύρομαι, διαμάχομαι, διαμερίζω, διανέμω, διανοίγω, διανύω, διαπεράω, διαπλέω, διαπονέομαι, διαπορεύομαι, διαπορέω, διαπρίω, διαρήγνυμι, διασκορπίζω, διασπάω, διασπείρω, διαστέλλω, διάστημα, διασῴζω, διαταγή, διατάσσω, διατελέω, διατηρέω, διατίθημι, διατρίβω, διαφέρω, διαφεύγω, διαφθορά, διαχειρίζω, διαχλευάζω, διενθυμέομαι, διερμηνεύω, διέρχομαι, διερωτάω, διηγέομαι, διΐστημι, διϊσχυρίζομαι, διό, διοδεύω, διόρθωμα, διότι [+속격] ~을 통해[통하다: 어떤 사람이나 물체를 매개로 하거나 중개하게 하다], 동안1[어느 한때에서 다른 한때까지 시간의 길이] ; [+대격] ~때문에.

διδάσκω; διδάσκαλος, διδαχή, νομοδιδάσκαλος 가르치다1[지식이나 기능, 이치 따위를 깨닫거나 익히게 하다, 사람의 도리나 바른길을 일깨우다].

δίδωμι; ἀναδίδωμι, ἀποδίδωμι, διαδίδωμι, δωρεά, ἔκδοτος, παραδίδωμι, προδότης 주다1[물건 따위를 남에게 건네어 가지거나 누리게 하다], 드리다, 나누다, 나눠 주다, 허락하다, 내밀다[신체나 물건의 일부분이 밖이나 앞으로 나가게 하다], 내버려 두다, 허락하다; [수동태] 주어지다.

δίκη; ἀδικέω, ἀδίκημα, ἀδικία; ἄδικος, δίκαιος, δικαιοσύνη, δικαιόω, δικαστής, ἐκδίκησις, καταδίκη 정의3[진리에 맞는 올바른 도리; 여기서는 제우스와 테미스 여신의 딸인 '정의의 여신 디케'를 가리킬 수 있다.].

διώκω; διωγμός 핍박[바싹 죄어서 몹시 괴롭게 굶]하다.

δοκέω; δόγμα, δόξα, προσδοκάω, προσδοκία, συνευδοκέω 생각하다, 생각되다, 적절하다고 생각되다, 한 가지 생각이 떠올랐다, 것 같다.

δορκάς; Δορκάς 가젤[아프리카 영양의 일종].

δοῦλος; δουλεύω, δούλη, δουλόω 종3[남의 집에서 대대로 천한 일을 하던 사람].

δύναμαι; ἀδύνατος, δύναμις, δυνάστης, δυνατός, ἐνδυναμόω, καταδυναστεύω ~수 있다. 위험조차 있다.

δύο; δευτεραῖος, δεύτερος, διακόσιοι, διετία, διθάλασσος, δώδεκα, δωδεκάφυλον 둘1[하나에 하나를 더한 수], 두1[일부 단위를 나타내는 말 앞에 쓰여 그 수량이 둘임을 나타내는 말], 2.

δυσ−; δυσεντέριον '좋지 않다'는 의미를 가지는 접두사(LSJ).

δύω; ἐνδύω 가라앉히다['가라앉다: 물 따위에 떠 있거나 섞여 있는 것이 밑바닥으로 내려앉다'의 사동사], 들어가다1[밖에서 안으로 향하여 가다]; 둘1(LSJ).

δῶμα; ἀνοικοδομέω, οἰκοδομέω, οἰκοδόμος 지붕[집의 맨 꼭대기 부분을 덮어 씌우는 덮개; 옥개].

ε

ἐάω; προσεάω 허락[청하는 일을 하도록 들어줌; 긍가]하다, 하도록 하다, 나아가다[목적하는 방향을 향하여 가다]; [부정] 말리다2[다른 사람이 하고자 하는 어떤 행동을 못하게 방해하다].

ἐγγύς; ἐγγίζω [+속격] 가까운[가깝다: 어느 한 곳에서 다른 곳까지의 거리가 짧다], 가까워.

ἐγείρω; γρηγορέω, ἐπεγείρω 일으키다[일어나게 하다], 뽑아 세우다, 일으켜 세우다; [수동태] 일어나다, 일으켜 세워지다.

ἐγώ; ἐμαυτοῦ, ἡμέτερος 나3[말하는 이가 대등한 관계에 있는 사람이나 아랫사람을 상대하여 자기를 가리키는 일인칭 대명사], 저3[말하는 이가 윗사람이나 그다지 가깝지 아니한 사람을 상대하여 자기를 낮추어 가리키는 일인칭 대명사].

ἕζομαι; ἐνέδρα, ἐνεδρεύω, καθέζομαι, συνέδριον 자리 잡고 앉다, 웅크리다[몸 따위를 움츠러들이다](LSJ).

εἰ; ἐάν, κἄν, ὡσεί 면9[뒤의 사실이 실현되기 위한 단순한 근거 따위를 나타내거나 수시로 반복되는 상황에서 그 조건을 말할 때 쓰는 연결 어미, 일반적으로 분명한 사실을 어떤 일에 대한 조건으로 말할 때 쓰는 연결 어미, 현실과 다른 사실을 가정하여 나타내는 연결 어미, 불확실하거나 아직 이루어지지 않은 사실을 가정하여 말할 때 쓰는 연결 어미], 혹여[혹시1], 만일1[있을지도 모르는 뜻밖의 경우].

εἶδος; ᾅδης, εἰδωλόθυτος, εἴδωλον, ἰδού, κατείδωλος 모양2[겉으로 나타나는 생김새나 모습], 외형2[사물의 겉모양], 보이는 바(LSJ).

εἰκών; ἐπιείκεια 닮음[닮다: 어떠한 것을 본떠 그와 같아지다], 상23[어떠한 것을 본떠 그와 같아지다], 흉상3[사람의 모습을 가슴까지만 표현한 그림이나 조각], 외관6[겉으로 드러난 모양](LSJ).

εἴλω; ὁμιλέω 닫다2[열린 문짝, 뚜껑, 서랍 따위를 도로 제자리로 가게 하여 막다], 막다1[어떤 일이나 행동을 못하게 하다](LSJ).

εἰμί; ἐξουσία, πάρειμι, συμπάρειμι, σύνειμι 이다3[주어가 지시하는 대상의 속성이나 부류를 지정하는 뜻을 나타내는 서술격 조사], 있다1[사람이나 사물 또는 어떤 사실이나 현상 따위가 어떤 곳에 자리나 공간을 차지하고 존재하는 상태이다], 지니고[지니다: 몸에 간직하여 가지다] 있다, 나다1[어떤 현상이나 사건이 일어나다], 접어들다[일정한 지점이나 길로 들어서다], 다8['다가3: 어떤 동작이나 상태 따위가 중단되고 다른 동작이나 상태로 바뀜을 나타내는 연결 어미'의 준말]; [미래] 있게 되다.

εἶμι; ἄπειμι, εἴσειμι, ἔξειμι, ἔπειμι 오다, 가다(LSJ).

εἰς; εἰσάγω, εἰσακούω, εἴσειμι, εἰσέρχομαι, εἰσκαλέομαι, εἴσοδος, εἰσπηδάω, εἰσπορεύομαι, εἰστρέχω, εἰσφέρω, ἔσω, ἐσώτερος [+대격] ~에4[앞말이 처소, 진행방향, 목표나 목적 대상의 부사어임을 나타내는 격조사], ~까지3[체언이나 부사어 뒤에 붙어 어떤 일이나 상태 따위에 관련되는 범위의 끝임을 나타내는 보조사], ~에 이를[이르다1: 어떤 장소나 시간에 닿다].

εἷς; ἕνδεκα, ἐξουθενέω, μηδείς, οὐδείς, οὐθείς 하나[수효를 세는 맨 처음 수], 각1[낱낱의], 누구[가리키는 대상을 굳이 밝혀서 말하지 않을 때 쓰는 인칭 대명사].

ἐκ; ἐκβάλλω, ἐκβολή, ἐκδέχομαι, ἐκδιηγέομαι, ἐκδίκησις, ἔκδοτος, ἐκζητέω, ἔκθαμβος, ἔκθετος, ἐκκλησία, ἐκκολυμβάω, ἐκλαλέω, ἐκλέγομαι, ἐκλογη, ἐκπηδάω, ἐκπίπτω, ἐκπλέω, ἐκπληρόω, ἐκπλήρωσις, ἐκπλήσσω, ἐκπορεύομαι, ἔκστασις, ἐκταράσσω, ἐκτείνω, ἐκτένεια, ἐκτενῶς, ἐκτίθημι, ἐκτινάσσω, ἐκτός, ἐκφέρω, ἐκφεύγω, ἐκχέω, ἐξάγω, ἐξαιρέω, ἐξαίφνης, ἐξαλείφω, ἐξάλλομαι, ἐξανίστημι, ἐξαρτίζω, ἐξαυτῆς, ἔξειμι, ἐξέρχομαι, ἐξηγέομαι, ἐξίστημι, ἐξολεθρεύω, ἐξομολογέω, ἐξορκιστής, ἐξουθενέω, ἐξουσία, ἐξουσία, ἐξοχή, ἔξυπνος, ἔξω, παρεκτός, συνέκδημος [+속격] 부터[체언이나 부사어 뒤에 붙어 어떤 일이나 상태 따위에 관련된 범위의 시작임을 나타내는 보조사], 출신[어떤 지방이나 파벌, 학교, 직업 따위에서 규정되는 사회적인 신분이나 이력 관계].

ἑκατόν; διακόσιοι, ἑκατοντάρχης; τεσσεράκοντα, τετρακόσιοι 백5[십의 열 배가 되는 수, 또는 그런 수의; 일백5], 100.

ἐκεῖ; ἐκεῖθεν; κἀκεῖθεν, ἐκεῖνος, ἐκεῖσε, κἀκεῖνος, ἐπέκεινα 거기[거기1: 앞에서 이미 이야기한 곳을 가리키는 지시 대명사]에서.

ἐλαία; ἐλαιών 올리브 나무, 감람나무, 올리브[물푸레나뭇과의 상록 교목. 높이는 5~10미터이며, 잎은 마주나고 긴 타원형이다. 늦은 봄에 누런 흰색의 향기로운 꽃이 피고 열매는 타원형의 핵과(核果)로 검은 자줏빛으로 익으며 열매로 기름을 짠다. 소아시아가 원산지로 지중해 연안, 에스파냐, 이탈리아, 프랑스, 미국 등지에 분포한다.], 반점4[동식물 따위의 몸에 박혀 있는 얼룩얼룩한 점](LSJ).

ἐλαύνω; ἀπελαύνω 몰다1[어떤 대상을 바라는 처지나 방향으로 움직여 가게 하다; 기계나 탈 것을 부리거나 운전하다](LSJ).

ἐλέγχω; ἀπελεγμός, διακατελέγχομαι 망신[망신2: 말이나 행동을 잘못하여 자기의 지위, 명예, 체면 따위를 손상함]을 주다, 힐문[트집을 잡아 따져 물음]하다, 시험[시험3: 사물의 성질이나 기능을 실지로 증험(證驗)하여 보는 일]하다3(LSJ).

ἔλεος; ἐλεημοσύνη 긍휼[불쌍히 여겨 돌보아 줌], 자비9[남을 깊이 사랑하고 가엾게 여김, 또는 그렇게 여겨서 베푸는 혜택], 동정5[남의 어려운 처지를 자기 일처럼 딱하고 가엾게 여김](LSJ).

Ἑλλάς; Ἑλληνίς 헬라[여기서는 아가야 지역을 가리킨다], 그리스2[유럽 남동부 발칸 반도의 남쪽 끝에 위치한 공화국으로 수도는 아텐/아테네이다].

ἐλπίς; ἐλπίζω 소망3[어떤 일을 바람, 또는 그 바라는 것; 의망1].

ἐν; ἀπέναντι, διενθυμέομαι, ἐγκαλέω, ἐγκαταλείπω, ἔγκλημα, ἐγκόπτω, ἐγκράτεια, ἐμβιβάζω, ἐμβλέπω, ἐμμαίνομαι, ἐμμένω, ἐμπίπλημι, ἐμπνέω, ἔμπροσθεν, ἐμφανής, ἐμφανίζω, ἔμφοβος, ἔναντι, ἐναντίον, ἐναντίος, ἐνδεής, ἐνδυναμόω, ἐνδύω, ἐνέδρα, ἐνεδρεύω, ἐνεός, ἐνευλογέω, ἐνθύμησις, ἐνισχύω, ἔννομος, ἐντόπιος, ἔντρομος, ἐντυγχάνω, ἐνυπνιάζομαι, ἐνύπνιον, ἐνώπιον, ἐνωτίζομαι, παρεμβολή, παρενοχλέω [+여격] 안에서, 내에, 내부[내부4: 안쪽의 부분, 어떤 조직에 속하는 범위의 안]에서, 밑에, 인해, 두르고, 걸치고[걸치다: 옷이나 착용구 또는 이불 따위를 아무렇게나 입거나 덮다].

ἔνθα; ἐνθάδε 거기1[앞에서 이미 이야기한 곳을 가리키는 지시 대명사], 그때[앞에서 이미 이야기한 시간상의 어떤 점이나 부분], 어디[어디1: 의문문에 쓰여, 잘 모르는 어느 곳을 가리키는 지시 대명사]에서, 언제1[의문문에 쓰여, 잘 모르는 때를 가리키는 지시 대명사](LSJ).

ἐννέα; ἔνατος 아홉[여덟에 하나를 더한 수, 또는 그런 수의], 구[팔에 일을 더한 수],

9(LSJ).

ἕννυμι; ἐσθής 입히다['입다1'의 사동사]; [중간태, 수동태] 입다1[옷을 몸에 꿰거나 두르다](LSJ).

ἔνος; ἐνιαυτός 일 년(LSJ).

ἔντερον; δυσεντέριον 내장6[척추동물의 흉강(胸腔)이나 복강(腹腔) 속에 있는 여러 가지 기관을 통틀어 이르는 말로, 위, 장, 간, 콩팥, 이자 따위가 있다; 장34](LSJ).

ἐντολή; ἐντέλλω 전갈2[사람을 시켜 말을 전하거나 안부를 물음, 또는 전하는 말이나 안부], 전할 말.

ἕξ; ἕκτος 여섯[다섯에 하나를 더한 수, 또는 그런 수의], 육2[오에 일을 더한 수], 6.

ἐπί; ἐπαγγελία, ἐπαγγέλλομαι, ἐπάγω, ἐπακροάομαι, ἐπάναγκες, ἐπαρχεία, ἔπαυλις, ἐπαύριον, ἐπεγείρω, ἐπειδή, ἔπειμι, ἐπέκεινα, ἐπέρχομαι, ἐπερωτάω, ἐπέχω, ἐπιβαίνω, ἐπιβάλλω, ἐπιβιβάζω, ἐπιβουλή, ἐπιγίνομαι, ἐπιγινώσκω, ἐπιγράφω, ἐπιδείκνυμι, ἐπιδημέω, ἐπιδείκνυμι, ἐπιείκεια, ἐπιζητέω, ἐπίθεσις, ἐπιθυμέω, ἐπικαλέω, ἐπίκειμαι, ἐπικέλλω, ἐπικουρία, ἐπιλαμβάνομαι, ἐπιλέγω, ἐπιλύω, ἐπιμέλεια, ἐπιμένω, ἐπινεύω, ἐπίνοια, ἐπιπίπτω, ἐπισκέπτομαι, ἐπισκευάζομαι, ἐπισκιάζω, ἐπισκοπή, ἐπίσκοπος, ἐπίσταμαι, ἐπίστασις, ἐπιστέλλω , ἐπιστηρίζω, ἐπιστολή, ἐπιστρέφω, ἐπιστροφή, ἐπισφαλής, ἐπιτάσσω, ἐπιτίθημι, ἐπιτρέπω, ἐπιτροπή, ἐπιφαίνω, ἐπιφανής, ἐπιφωνέω, ἐπιχειρέω, ἐφάλλομαι, ἐφοράω, κατεφίσταμαι, συνεπιτίθημι, συνεφίστημι ~에 근거하여; [+속격] ~을 의지하여, 걸쳐[걸치다: 일정한 횟수나 시간, 공간을 거쳐 이어지다], ~때에; [+여격] 맡은, 쪽; [+대격] ~에 맞서, 대들려고[대들다: 요구하거나 반항하느라고 맞서서 달려들다], 덤비려고[덤비다: 마구 대들거나 달려들다]; [+숫자] ~번4[일의 횟수를 세는 단위].

ἑπτά; ἑβδομήκοντα 일곱[여섯에 하나를 더한 수, 또는 그런 수의], 칠1[육에 일을 더한 수], 7.

ἕπω; συνέπομαι 따르다1[다른 사람이나 동물의 뒤에서, 그가 가는 대로 같이 가다](LSJ).

ἔργον; ἀγαθοεργέω, ἐργάζομαι, ἐργασία, ἐργάτης, εὐεργεσία, εὐεργετέω, λειτουργέω, περίεργος, ῥᾳδιούργημα 일1, 행동[몸을 움직여 동작을 하거나 어떤 일을 함], 행위[사람이 의지를 가지고 하는 짓], 만든[만들다: 노력이나 기술 따위를 들여 목적하는 사물을 이루다] 것.

ἐρέσσω; ὑπηρετέω, ὑπηρέτης 빠르게 움직이다, 바쁘게 움직이다(LSJ).

ἑρμηνεύω; διερμηνεύω, μεθερμηνεύω 해석[문장이나 사물 따위로 표현된 내용을 이해하고 설명함, 또는 그 내용]하다, 설명[어떤 일이나 대상의 내용을 상대편이 잘 알 수 있도록 밝혀 말함, 또는 그런 말]하다(LSJ).

ἕρπω; ἑρπετόν 천천히 움직이다, 걷다, 가다, 오다(LSJ).

ἔρχομαι; ἀπέρχομαι, διέρχομαι, εἰσέρχομαι, ἔλευσις, ἐξέρχομαι, ἐπέρχομαι, κατέρχομαι, παρέρχομαι, περιέρχομαι, προέρχομαι, προσέρχομαι, προσήλυτος, συνέρχομαι

오다1[어떤 사람이 말하는 사람 혹은 기준이 되는 사람이 있는 쪽으로 움직여 위치를 옮기다], 가다1[한 곳에서 다른 곳으로 장소를 이동하다], 다다르다[목적한 곳에 이르다, 어떤 수준이나 한계에 미치다], 당도[당도1: 어떤 곳에 다다름]하다1, 닿다1[어떤 곳에 이르다], 등장[등장1: 무대나 연단 따위에 나옴]하다1, 나오다[일정한 목적으로 어떠한 곳에 오다], 바로 이어지는, 들다1[어떤 일이나 기상 현상이 일어나다].

ἐρῶ; ῥῆμα 말할 것이다, 이야기할 것이다(LSJ).

ἐρωτάω; διερωτάω, ἐπερωτάω 요청[필요한 일이 이루어지도록 요긴하게 부탁함, 또는 그런 부탁]하다, 달라고 간청[간절히 청함, 또는 그런 청]하다, 간절히 청하다.

ἐσθίω; νηστεία, νηστεύω 먹다2[음식 따위를 입을 통하여 배 속에 들여보내다], 먹어 보다.

ἕσπερος; ἑσπέρα 저녁[해가 질 무렵부터 밤이 되기까지의 사이]의(LSJ).

ἐτάζω; ἀνετάζω 조사[조사30: 사물의 내용을 명확히 알기 위하여 자세히 살펴보거나 찾아봄]하다, 방문[방문3: 어떤 사람이나 장소를 찾아가서 만나거나 봄]하다(LSJ).

ἔτι; μηκέτι; οὐκέτι 아직1[어떤 일이나 상태 또는 어떻게 되기까지 시간이 더 지나야 함을 나타내거나, 어떤 일이나 상태가 끝나지 아니하고 지속되고 있음을 나타내는 말], 여전히[여전하다: 전과 같다], 더1[계속하여, 또는 그 위에 보태어].

ἕτοιμος; ἑτοιμάζω, ἑτοίμως 준비[미리 마련하여 갖춤]된, 준비가 된.

ἔτος; διετία, τεσσερακονταετής, τριετία 년2[주로 한자어 수 뒤에 쓰여 해를 세는 단위].

εὖ; ἀνεύθετος, ἐνευλογέω, εὐαγγελίζω, εὐαγγέλιον, εὐαγγελιστής, εὐγενής, εὐεργεσία, εὐεργετέω, εὔθυμος, εὐκαιρέω, εὐλαβής, εὐλογέω, εὐνοῦχος, εὐπορέω, εὐπορία, εὐσέβεια, εὐσεβέω, εὐσεβής, εὐσχήμων, εὐτόνως, εὐφραίνω, εὐφροσύνη, εὐχαριστέω, εὐχαριστία, εὐώνυμος, συνευδοκέω 잘2[좋고 훌륭하게].

εὑρίσκω; ἀνευρίσκω, εὐθυδρομέω, εὐθυμέω 잘2[좋고 훌륭하게], 철저[속속들이 꿰뚫어 미치어 빈틈이나 부족함이 없이 밑바닥까지 투철함]하게, 능숙하게[능숙하다: 능하고 익숙하다](LSJ).

εὐθύς; εὐθέως, εὐθυδρομέω 곧바로[바로 그 즉시에], 즉시[어떤 일이 행하여지는 바로 그때; 즉기시], 바로2[시간적인 간격을 두지 아니하고 곧].

εὔχομαι; εὐχή, προσευχή, προσεύχομαι 기원[기원2: 바라는 일이 이루어지기를 빎]하다1.

ἔχω; ἀνέχω, ἀπέχω, ἑξῆς, ἐξοχή, ἐπέχω, εὐνοῦχος, εὐσχήμων, καθεξῆς, κατάσχεσις, κατέχω, παρέχω, περιοχή, προσέχω, ῥαβδοῦχος, συνέχω, σχεδόν 가지다, 갖다['가지다'의 준말], 받아 가지다, 연연해하다[연연하다7: 집착하여 미련을 가지다], 있다, 그렇다, 그러하다, 들리다1[병이 걸리다, 귀신이나 넋 따위가 덮치다], 대하다, 제기[제기6: 의견이나 문제를 내어 놓음, 소송을 일으킴]하다3, 두다1[직책이나 조직, 기구 따위를 설치하다], 끼치다2[영향, 해, 은혜 따위를 당하거나 입게 하다].

ζ

ζάω; ζωή, ζῳογονέω 살다1[생명을 지니고 있다], 살아 있다, 살아나다[죽었거나 거의 죽게

되었다가 다시 살게 되다], 숨이 붙어 있다.

Ζεύς; διοπετής 제우스[그리스 신화에 나오는 최고의 신으로, 천지의 모든 현상을 주재하고 인간 사회의 정치, 법률, 도덕을 지키는 존재이다. 로마 신화의 유피테르(Jupiter)에 해당한다.].

ζέω; ἄζυμος, ζῆλος, ζηλόω, ζηλωτής 뜨겁다[감정이나 열정 따위가 격렬하다]; 끓이다['끓다'의 사동사], 끓여서 요리하다(GELS).

ζητέω; ἀναζητέω, ἐκζητέω, ἐπιζητέω, ζήτημα, ζήτησις 찾다[현재 주변에 없는 것을 얻거나 사람을 만나려고 여기저기를 뒤지거나 살피다], 도모[도모5: 어떤 일을 이루기 위하여 대책과 방법을 세움]하다, 채비[어떤 일을 하기 위하여 필요한 물건, 자세 따위를 미리 갖추어 차림, 또는 그 물건이나 자세]를 하다, ~할 작정이다.

ζυγός; ζευκτηρία 멍에[수레나 쟁기를 끌기 위하여 마소의 목에 얹는 구부러진 막대, 쉽게 벗어날 수 없는 구속이나 억압을 비유적으로 이르는 말].

ζώννυμι; ὑποζώννυμι 허리띠를 동이다[끈이나 실 따위로 감거나 둘러 묶다].

θ

θάμβος; ἔκθαμβος 경악[소스라치게 깜짝 놀람; 놀라움].

θεάομαι; ἀναθεωρέω, θέατρον, θεωρέω, παραθεωρέω 눈여겨보다[주의 깊게 잘 살펴보다].

θέλω; θέλημα 원[원14=소원4: 바라고 원함, 또는 바라고 원하는 일]하다2, 뜻하다[무엇을 할 마음을 먹다], 바라다1[생각이나 바람대로 어떤 일이나 상태가 이루어지거나 그렇게 되었으면 하고 생각하다], 하려고 하다; [과거] 바랐다.

θέμις; ἀθέμιτος 관습에 의해 형성된 법(BDAG).

θεν; ἄνωθεν, ἐκεῖθεν, κἀκεῖθεν, ἔμπροσθεν, ὅθεν, οὐρανόθεν 접미사로 '~으로부터'라는 뜻이다.

θεός; θεῖος, θεομάχος, Θεόφιλος, Τιμόθεος 하나님[=하느님], 신9[종교의 대상으로 초인간적, 초자연적 위력을 가지고 인간에게 화복을 내린다고 믿어지는 존재].

θεράπων; θεραπεύω 수행원[높은 지위의 사람을 따라다니면서 그를 돕거나 신변을 보호하는 사람], 측근1[=측근자: 곁에서 가까이 모시는 사람], 심복1[=심열성복: 마음속으로 기뻐하며 성심을 다하여 순종함], 전우3[전장(戰場)에서 승리를 위해 생활과 전투를 함께하는 동료].

θήρ; θηρίον 육식수[다른 동물을 잡아먹는 짐승], 생물1[생명을 가지고 스스로 생활 현상을 유지하여 나가는 물체], 괴물[괴상하게 생긴 물체](LSJ).

θλίβω; θλῖψις 압박[강한 힘으로 내리누름]하다, 핍박[바싹 죄어서 몹시 괴롭게 굶]하다(BDAG).

θνῄσκω; ἀποθνῄσκω, θάνατος 죽다1[생명이 없어지거나 끊어지다].

θόρυβος; θορυβέω 소동2[사람들이 놀라거나 흥분하여 시끄럽게 법석거리고 떠들어 대는 일].

θρασύς; θαρσέω, θάρσος 담대한[담대하다: 겁이 없고 배짱이 두둑하다](LSJ).

θρησκός; θρησκεία 종교적[종교에 딸리거나 종교와 관련되는, 또는 그런 것]인, 미신[미신6: 비과학적이고 종교적으로 망령되다고 판단되는 신앙, 또는 그런 신앙을 가지

는 것]적인(LSJ).

θρόος; συναθροίζω 소음6[불규칙하게 뒤섞여 불쾌하고 시끄러운 소리], 중얼거림[중얼거리다: 남이 알아듣지 못할 정도의 작고 낮은 목소리로 혼잣말을 자꾸 하다; 중얼대다](LSJ).

θυμός; διενθυμέομαι, ἐνθύμησις, ἐπιθυμέω, εὐθυμέω, εὔθυμος, θυμομαχέω, μακροθύμως, ὁμοθυμαδόν, προθυμία 격정[강렬하고 갑작스러워 누르기 어려운 감정], 격한 감정.

θύρα; θυρίς 문5[드나들거나 물건을 넣었다 꺼냈다 하기 위하여 틔워 놓은 곳, 또는 그 곳에 달아 놓고 여닫게 만든 시설].

θύω; εἰδωλόθυτος, θυσία 제물을 바치다, 제사하다, 잡다1[짐승을 죽이다], 제물로 바치다.

η

ἥδομαι; ἀσμένως 즐기다1[즐겁게 누리거나 맛보다](LSJ).

ἥκω; καθήκω 도달[도달1: 목적한 곳이나 수준에 다다름; 이름]하다1(LSJ).

ἧμαι; κάθημαι, συγκάθημαι 가만히 앉아 있다, 숨어 기다리다(LSJ).

ἡμέρα; καθημερινός, μεσημβρία, σήμερον 날1[하루 중 환한 동안, 어떠한 시절이나 때], 낮[해가 뜰 때부터 질 때까지의 동안], 기간1[어느 때부터 다른 어느 때까지의 동안], 날짜1[어느 날이라고 정한 날], 약속 날짜, 무렵[대략 어떤 시기와 일치하는 즈음], ~절, ~일.

ἥσυχος; ἡσυχάζω, ἡσυχία 고요[고요1: 조용하고 잠잠한 상태]한, 온화한[온화하다: 성격, 태도 따위가 온순하고 부드럽다](LSJ).

ἠχή; ἦχος, κατηχέω 소리1[물체의 진동에 의하여 생긴 음파가 귀청을 울리어 귀에 들리는 것], 소음6[불규칙하게 뒤섞여 불쾌하고 시끄러운 소리], 소문2[사람들 입에 오르내려 전하여 들리는 말](LSJ).

ι

ἰάομαι; ἴασις 고치다1[병 따위를 낫게 하다].

ἴδιος; ἰδιώτης 자기[자기4: 그 사람 자신]의, 자신[자신1: 다름이 아니고 앞에서 가리킨 바로 그 사람임을 강조하여 이르는 말]의, 당신[우리말 어법에는 없는 용례로 성경번역에서 사용되는 이인칭 존칭 대명사]의, 자기네, 아는 사람, 동료[같은 직장이나 같은 부문에서 함께 일하는 사람].

ἱερός; ἀρχιερατικός, ἀρχιερεύς, ἱερόν, Ἱεροσόλυμα, ἱερόσυλος 신성으로 가득한, 초자연적인, 거룩한[LSJ].

ἵζω; ἀνακαθίζω, καθίζω 앉히다['앉다1'의 사동사](LSJ).

ἵημι; ἄνεσις, ἀνίημι, ἄφεσις, ἀφίημι, καθίημι, συνετός, συνίημι 간절히 바라다(LSJ).

ἱκανός; ἄφιξις 상당한[상당하다2: 어지간히 많다, 또는 적지 아니하다], 꽤[꽤1: 보통보다 조금 더한 정도로] 긴, 꽤 많은, 상당히 많은, 충분히[충분하다1: 모자람이 없이 넉넉하다], 상당수, 강렬한[강렬하다2: 강하고 세차다].

ἱμάτιον; ἱμάς, ἱματισμός 의복1, 옷1[몸을 싸서 가리거나 보호하기 위하여 피륙 따위로 만들어 입는 물건], 겉옷[겉에 입는 옷, 외의, 표의].

ἵνα; ἱνατί 부디1['바라건대', '꼭', '아무쪼록'의 뜻으로, 남에게 청하거나 부탁할 때 바라는 마음이 간절함을 나타내는 말], 아무쪼록[=모쪼록], 어떻게든, ~하기 위함이라.

ἵππος; ἱππεύς, Φίλιπποι, Φίλιππος 말4[말과의 포유류. 어깨의 높이는 1.2~1.7미터이며, 갈색 · 검은색 · 붉은 갈색 · 흰색 따위가 있다. 네 다리와 목 · 얼굴이 길고 목덜미에는 갈기가 있으며, 꼬리는 긴 털로 덮여 있다. 초식성으로 3~4세에 성숙하고 16~20세까지 번식하는데, 4~6월이 번식기이고 수태한 후 335일 만에 한 마리의 새끼를 낳는다. 성질이 온순하고 잘 달리며 힘이 세어 농경, 운반, 승용, 경마 따위에 사용한다. 세계 각지에서 기른다.](LSJ).

ἵστημι; ἀνάστασις, ἀναστατόω, ἀνθίστημι, ἀποκαθίστημι, ἀποκατάστασις, ἀποστασία, ἀφίστημι, διάστημα, διΐστημι, ἔκστασις, ἐξανίστημι, ἐξίστημι, ἐπίσταμαι, ἐπίστασις, καθίστημι, κατεφίσταμαι, μεθίστημι, παρίστημι, περιΐστημι, πρωτοστάτης, στάσις, στοά, συνεφίστημι 세우다1['서다1'의 사동사], 앞에 내세우다[나와 서게 하다], 배치[배치3: 사람이나 물자 따위를 일정한 자리에 알맞게 나누어 둠]하다2, 얹다[위에 올려놓다], 지우다5['지다5: 물건을 짊어서 등에 얹다'의 사동사], 견디다[사람이나 생물이 어려운 환경에 굴복하거나 죽지 않고 버티면서 살아 나가는 상태가 되다], 정하다3[여럿 가운데 선택하거나 판단하여 결정하다]; [수동태] 서다1[사람이나 동물이 발을 땅에 대고 다리를 쭉 뻗으며 몸을 곧게 하다], 서 있다, 일어서다, 들어서다[밖에서 안쪽으로 옮겨 서다].

ἰσχύς; διϊσχυρίζομαι, ἐνισχύω, ἰσχύω 힘1[사람이나 동물이 몸에 갖추고 있으면서 스스로 움직이거나 다른 물건을 움직이게 하는 근육 작용; 파워](LSJ).

K

καθαρός; ἀκάθαρτος, καθαρίζω 깨끗한[깨끗하다: 마음씨나 행동 따위가 허물이 없이 떳떳하고 올바르다].

καί; καίτοι, τεσσαρεσκαιδέκατος 그리고[단어, 구, 절, 문장 따위를 병렬적으로 연결할 때 쓰는 접속 부사], 그리고는, 또한[어떤 것을 전제로 하고 그것과 같게; 그 위에 더, 또는 거기에다 더], 며[며1: 둘 이상의 사물을 같은 자격으로 이어 주는 접속 조사; -며2: 두 가지 이상의 동작이나 상태 따위를 나열할 때 쓰는 연결 어미], 및['그리고', '그 밖에', '또'의 뜻으로, 문장에서 같은 종류의 성분을 연결할 때 쓰는 말], 도15[어미 어떤 것이 포함되고 그 위에 더함의 뜻을 나타내는 보조사], 이어1[앞의 말이나 행동 따위에 잇대어, 또는 계속하여], 그런데[화제를 앞의 내용과 관련시키면서 다른 방향으로 이끌어 나갈 때 쓰는 접속 부사], 그런데도, 그러고도, 그러면서, 그러면서도, 까지3[이미 어떤 것이 포함되고 그 위에 더함의 뜻을 나타내는 보조사], ~까지도, 그러면, 그러더니, 그러자, -자26[한 동작이 막 끝남과 동시에 다른 동작이나 사실이 잇따라 일어남을 나타내는 연결 어미], 그래서[앞의 내용이 뒤의 내용의 원인이나 근거, 조건 따위가 될 때 쓰는 접속 부사], 그러니, 즉1[다른 것이 아니라 곧, 또는 다시 말하여].

καιρός; εὐκαιρέω 때1[시간의 어떤 순간이나 부분], 시기4[어떤 일이나 현상이 진행되는 시점], 한동안[꽤 오랫동안], 기간1[어느 때부터 다른 어느 때까지의 동안].

καίω; κατακαίω 태우다1['타다1: 불씨나 높은 열로 불이 붙어 번지거나 불꽃이 일어나다'의 사동사], 피우다1['피다1: 연탄이나 숯 따위에 불이 일어나 스스로 타다'의 사동사](LSJ).

κακός; κακία, κακολογέω, κακόω, κακῶς, κάκωσις 해치는[해치다: 어떤 상태에 손상을 입혀 망가지게 하다, 다치게 하거나 죽이다], 해11[이롭지 아니하거나 손상을 입힘, 또는 그런 것], 해악1[해가 되는 나쁜 일], 악4.

καλέω; ἐγκαλέω, ἔγκλημα, εἰσκαλέομαι, ἐκκλησία, ἐπικαλέω, μετακαλέω, παρακαλέω, παράκλησις, προσκαλέω, συγκαλέω 부르다1[무엇이라고 가리켜 말하거나 이름을 붙이다], 일컫다[이름 지어 부르다], 불러오다[불러서 오게 하다]; [수동태] 불리다4['부르다1'의 피동사].

καλός; Καλός 아름다운[아름답다: 보이는 대상이나 음향, 목소리 따위가 균형과 조화를 이루어 눈과 귀에 즐거움과 만족을 줄 만하다], 좋은[좋다1: 대상의 성질이나 내용 따위가 훌륭하여 만족할 만하다](LSJ).

κάμπτω; ἀνακάμπτω 휘다[꼿꼿하던 물체가 구부러지다, 또는 그 물체를 구부리다], 구부르다1[한쪽으로 구붓하게 굽히다], 돌리다4['돌다: 물체가 일정한 축을 중심으로 원을 그리면서 움직이다'의 사동사](LSJ).

καρδία; καρδιογνώστης 마음1[사람의 생각, 감정, 기억 따위가 생기거나 자리 잡는 공간이나 위치], 속1[품고 있는 마음이나 생각].

καρπός; καρποφόρος 열매1[식물이 수정한 후 씨방이 자라서 생기는 것].

κάρτος; προσκαρτερέω 힘1[사람이나 동물이 몸에 갖추고 있으면서 스스로 움직이거나 다른 물건을 움직이게 하는 근육 작용], 기운1[생물이 살아 움직이는 힘](LSJ).

κατά; ἀκατάκριτος, ἀνακαθίζω, ἀποκαθίστημι, ἀποκατάστασις, διακατελέγχομαι, ἐγκαταλείπω, καθαιρέω, καθάπτω, καθέζομαι, καθεξῆς, καθήκω, κάθημαι, καθημερινός, καθίζω, καθίημι, καθίστημι, καθόλου, καθότι, καθώς, καμμύω, καταβαίνω, καταγγελεύς, καταγγέλλω, κατάγω, καταδίκη, καταδυναστεύω, κατακαίω, κατάκειμαι, κατακλείω, κατακολουθέω, κατακυριεύω, καταλαμβάνω, καταλείπω, κατάλοιπος, καταμένω, κατανοέω, καταντάω, κατανύσσομαι, καταξιόω, κατάπαυσις, καταπαύω, καταπίπτω, καταπονέω, καταριθμέω, κατασείω, κατασκάπτω, κατασκηνόω, κατασοφίζομαι, καταστέλλω, κατάσχεσις, κατατίθημι, κατατρέχω, καταφέρω, καταφεύγω, καταφιλέω, καταφρονητής, κατείδωλος, κατέρχομαι, κατεφίσταμαι, κατέχω, κατηγορέω, κατήγορος, κατηχέω, κατοικέω, κατοικία, κάτω, προκαταγγέλλω, συγκαταβαίνω, συγκαταψηφίζομαι [+속격] ~와/과 맞서, 쪽으로; [+대격] 맞은편[서로 마주 바로보이는 편], 앞쪽, 아랫녘[=앞대: 어떤 지방에서 그 남쪽의 지방을 이르는 말], 퍼져 있는, 가운데, 본떠서[본뜨다: 무엇을 본보기로 삼아 그대로 좇아 하다], 따르는[따르다1:

관례, 유행이나 명령, 의견 따위를 그대로 실행하다], 대로1[어떤 모양이나 상태와 같이], 각~ (로), 쯤2[일부 명사 또는 명사구 뒤에 붙어 '정도'의 뜻을 더하는 접미사].

κεῖμαι; ἐπίκειμαι, κατάκειμαι, κοιμάω, κοιτών, περίκειμαι 두다1[일정한 곳에 놓다](BDAG).

κείρω; ἐπικουρία 깎다[풀이나 털 따위를 잘라 내다], 털을 깎다.

κελεύω; ἐπικέλλω 명[명5=명령1]하다2, 명령[명령1: 윗사람이나 상위 조직이 아랫사람에게나 하위 조직에 무엇을 하게 함, 또는 그런 내용]하다.

κέρδος; κερδαίνω 이득[이익을 얻음, 또는 그 이익], 이익[물질적으로나 정신적으로 보탬이 되는 것](LSJ).

κεφαλή; κεφάλαιον 머리1[사람이나 동물의 목 위의 부분], 머릿돌[정초식 때, 연월일 따위를 새겨서 일정한 자리에 앉히는 돌, 귓돌1].

κηρύσσω; προκηρύσσω 전파[전파3: 전하여 널리 퍼뜨림]하다2, 전하다[어떤 사실을 상대에게 알리다].

κίνδυνος; κινδυνεύω 위험[해로움이나 손실이 생길 우려가 있음, 또는 그런 상태] (LSJ).

κινέω; συγκινέω 소란[소란4: 시끄럽고 어수선함]하게 하다, 돌아다니다[여기저기 여러 곳으로 다니다], 야기[야기3: 일이나 사건 따위를 끌어 일으킴]하다, 일으키다[어떤 사태나 일을 벌이거나 터뜨리다].

κλαίω; κλαυθμός 울다1[슬프거나 아프거나 너무 좋아서 견디다 못하여 소리를 내면서 눈물을 흘리다].

κλάω; κλάσις 쪼개다[둘 이상으로 나누다], 떼다1[붙어 있거나 잇닿은 것을 떨어지게 하다].

κλείω; κατακλείω 닫다2[열린 문짝, 뚜껑, 서랍 따위를 도로 제자리로 가게 하여 막다]; [수동태] 닫히다['닫다2'의 피동사].

κληρόω; κατακληρονομέω; κληρονομία, κλῆρος, ναύκληρος, προσκληρόω 제비 뽑아 임명하다(LSJ).

κλίνω; κλινάριον, προσκλίνω 기대다1[몸이나 물건을 무엇에 의지하면서 비스듬히 대다](LSJ).

κοῖλος; κοιλία 속이 빈[비다1: 일정한 공간에 사람, 사물 따위가 들어 있지 아니하게 되다](LSJ).

κολυμβάω; ἐκκολυμβάω 헤엄[사람이나 물고기 따위가 물속에서 나아가기 위하여 팔다리나 지느러미를 움직이는 일]하다.

κοινός; κοινόω, κοινωνία 공유[공유2: 두 사람 이상이 한 물건을 공동으로 소유함]하는, 함께 갖는, 공용[공용5: 함께 씀, 또는 그런 물건]하는, 함께 쓰는, 속된[속되다: 평범하고 세속적이다].

κομίζω; συγκομίζω 돌보다[관심을 가지고 보살피다], 공급[공급2: 요구나 필요에 따라 물품 따위를 제공함]하다(LSJ).

κονιάω; κονιορτός 칠[칠2: 물체의 겉에 발라 썩는 것을 막거나 광택이나 색깔을 내는 데 쓰는 물질, 또는 그것을 바르는 일]하다; [수동태] 칠이 되다.

κόνις; διακονέω, διακονία 먼지1[가늘고 보드라운 티끌], 재1[불에 타고 남는 가루 모양의 물질](LSJ).

κόπτω; ἀποκόπτω, ἀπρόσκοπος, ἀργυροκόπος, ἐγκόπτω, κοπετός, κοπιάω 세게 때리다1[손이나 손에 든 물건 따위로 아프게 치다](LSJ).

κόρος; νεωκόρος 포만1[넘치도록 가득함], 포식3[배부르게 먹음](LSJ).

κοῦφος; κουφίζω 가벼운, 민첩한[민첩하다: 재빠르고 날쌔다](LSJ).
κράτος; ἐγκράτεια, κρατέω, περικρατής 권능[권세와 능력을 아울러 이르는 말].
κράζω; κραυγάζω, κραυγή 소리치다[소리를 크게 지르다](LSJ).
κρίνω; ἀκατάκριτος, ἀνακρίνω, ἀνάκρισις, ἀποκρίνομαι, διακρίνω, κρίμα, κρίσις 결정[결정1: 행동이나 태도를 분명하게 정함, 또는 그렇게 정해진 내용]하다1, 판단[사물을 인식하여 논리나 기준 등에 따라 판정을 내림]하다, 심판[심판2: 문제가 되는 안건을 심의하여 판결을 내리는 일]하다, 정죄[정죄1: 죄가 있다고 단정함]하다, 심문[심문3: 자세히 따져서 물음]하다2, 마음먹다[무엇을 하겠다고 생각을 하다]; [수동태] 정해지다, 판정되다, 재판을 받다, 생각되다.
κτάομαι; κτῆμα, κτῆνος, κτήτωρ 획득[얻어 내거나 얻어 가짐]하다, 취득[자기 것으로 만들어 가짐]하다, 얻어 가지다, 손에 넣다.
κτείνω; ἀποκτείνω 살해[살해1: 사람을 해치어 죽임]하다(LSJ).
κυβέρνησις; κυβερνήτης 조타2[배의 키를 조정함], 수로2[선박이 다닐 수 있는 수면 상의 일정한 길] 안내(LSJ).
κυνέω; προσκυνέω 입맞춤하다(LSJ).
κύριος; κατακυριεύω 주4[만백성의 주인이라는 뜻으로, 하나님 또는 예수님을 이르는 말], 주님['주4'를 높여 이르는 말], 주인1[대상이나 물건 따위를 소유한 사람].
κύω; κῦμα 임신하다, 수정시키다(LSJ).
κωλύω; ἀκωλύτως, κολάζω 금하다2[어떤 일을 하지 못하게 말리다], 막다1[어떤 일이나 행동을 못하게 하다], 저지[저지3: 막아서 못하게 함]하다2, 못하게 막다.

λ

λάλος; ἐκλαλέω, λαλέω, προσλαλέω, συλλαλέω 말 많은, 수다[수다1: 쓸데없이 말수가 많음, 또는 그런 말]스러운(LSJ).
λαμβάνω; ἀναλαμβάνω, ἀντιλαμβάνω, δεξιολάβος, ἐπιλαμβάνομαι, εὐλαβής, καταλαμβάνω, μεταλαμβάνω, παραλαμβάνω, προσλαμβάνω, προσωπολήμπτης, συλλαμβάνω, συμπαραλαμβάνω, συμπεριλαμβάνω, ὑπολαμβάνω 받다1[다른 사람이 주거나 보내오는 물건 따위를 가지다], 얻다1[구하거나 찾아서 가지다], 가져가다[무엇을 한 지점에서 다른 지점으로 옮겨 가다], 집어[집다1: 손가락이나 발가락으로 물건을 잡아서 들다] 들다, 받아 가지다, 맞이하다[오는 것을 맞다], 모시고 오다.
λάμπω; λαμπάς, λαμπρός, λαμπρότης, περιλάμπω 비추다[빛을 내는 대상이 다른 대상에 빛을 보내어 밝게 하다].
λανθάνω; ἀλήθεια, ἀληθής, ἀληθῶς, λάθρᾳ 주의[주의7: 어떤 한 곳이나 일에 관심을 집중하여 기울임]를 기울이지 못하다, 관심[관심1: 어떤 것에 마음이 끌려 주의를 기울임, 또는 그런 마음이나 주의]을 끌지 못하다, 잊다1[한번 알았던 것을 기억하지 못하거나 기억해 내지 못하다].
λαός; λειτουργέω 백성[나라의 근본을 이루는 일반 국민을 예스럽게 이르는 말].

λέγω; ἄλογος, ἀντιλέγω, ἀπολογέομαι, ἀπολογία, διαλέγομαι , διάλεκτος, ἐκλέγομαι, ἐκλογη, ἐνευλογέω, ἐξομολογέω, ἐπιλέγω, εὐλογέω, κακολογέω, λογίζομαι, λόγιον, λόγιος, λόγος, ὁμολογέω, παραλέγομαι, προλέγω, σπερμολόγος 말하다[생각이나 느낌 따위를 말로 나타내다], 부르다1[무엇이라고 가리켜 말하거나 이름을 붙이다]; [분사] 말[말1: 사람의 생각이나 느낌 따위를 표현하고 전달하는데 쓰는 음성 기호]로; [수동태] 언급[어떤 문제에 대하여 말함]되다, 불리다4['부르다1'의 피동사].

λείπω; ἐγκαταλείπω, καταλείπω, κατάλοιπος, λοιπός 남기다['남다1: 다 쓰지 않거나 정해진 수준에 이르지 않아 나머지가 있게 하다'의 사동사], 떠나다[있던 곳에서 다른 곳으로 옮기다](LSJ).

λίθος; λιθάζω, λιθοβολέω 돌2[흙 따위가 굳어서 된 광물질의 단단한 덩어리, 바위보다는 작고 모래보다는 큰 것을 이른다].

λιμός; Λιμήν, λιμήν 기근3[흉년으로 먹을 양식이 모자라 굶주림], 흉년[농작물이 예년에 비하여 잘되지 아니하여 굶주리게 된 해].

λοίδορος; λοιδορέω 매도[매도3: 심하게 욕하며 나무람, 욕함, 꾸짖음]하는(LSJ).

λούω; ἀπολούω 씻기다1['씻다1: 물이나 휴지 따위로 때나 더러운 것을 없게 하다'의 피동사], 씻어 주다.

λύμη; λυμαίνω 학대1[몹시 괴롭히거나 가혹하게 대우함](LSJ).

λύω; ἀπολύω, διαλύω, ἐπιλύω, λυτρωτής, παραλύω 결박을 풀다, (끈을) 풀다, 벗다[사람이 자기 몸 또는 몸의 일부에 착용한 물건을 몸에서 떼어 내다], 흩다1[한데 모였던 것을 따로따로 떨어지게 하다], 부서지다[단단한 물체가 깨어져 여러 조각이 나다].

μ

μάγος; μαγεία, μαγεύω 점성술사[별의 빛이나 위치, 운행 따위를 보고 점을 치는 복술가, 점성가].

μαίνομαι; ἐμμαίνομαι, μανία, μαντεύομαι 실성[실성1: 정신에 이상이 생겨 본정신을 잃음]하다.

μᾶλλον; μάλιστα 더욱[정도나 수준 따위가 한층 심하거나 높게], 오히려[일반적인 기준이나 예상, 짐작, 기대와는 전혀 반대가 되거나 다르게].

μανθάνω; μαθητεύω, μαθητής, μαθήτρια 배우다1[새로운 지식이나 교양을 얻다], 알아차리다[알고 정신을 차려 깨닫다].

μάρτυς; ἀμάρτυρος, διαμαρτύρομαι, μαρτυρέω, μαρτυρία, μαρτύριον, μαρτύρομαι 증인1[어떤 사실을 증명하는 사람].

μαστιγόω; μαστίζω, μάστιξ 채찍질[채찍으로 치는 일, 채질1]하다(LSJ).

μάχη; διαμάχομαι, θεομάχος, θυμομαχέω, μάχαιρα, μάχομαι 전투[두 편의 군대가 조직적으로 무장하여 싸움] (LSJ).

μέγας; μεγαλεῖος, μεγαλειότης, μεγαλύνω 커다란[커다랗다: 매우 크다, 또는 아주 큼직하다], 큰[크다1: 사람이나 사물의 외형적 길이, 넓이, 높이, 부피 따위가 보통 정도를 넘다], 훌륭한[훌륭하다: 썩 좋아서 나무랄 곳이 없다], 대단한

[대단하다: 출중하게 뛰어나다], 지체[지체1: 어떤 집안이나 개인이 사회에서 차지하고 있는 신분이나 지위] 높은.

μέλω; ἐπιμέλεια, μέλει, μελετάω 관심사[관심을 끄는 일, 관심거리]이다, 관심을 가지다, 주의를 기울이다(LSJ).

μένω; ἐμμένω, ἐπιμένω, καταμένω, περιμένω, προσμένω, ὑπομένω 머물다['머무르다: 도중에 멈추거나 일시적으로 어떤 곳에 묵다'의 준말], 기다리다[어떤 사람이나 때가 오기를 바라다], 멈춰[멈추다: 사물의 움직임이나 동작을 그치게 하다] 서다, 점유[점유1: 물건이나 영역, 지위 따위를 차지함]하다1, 가지고 있다, 붙어[붙다: 어떤 장소에 오래 머무르다] 있다, 차지[차지1: 사물이나 공간, 지위 따위를 자기 몫으로 가짐, 또는 그 사물이나 공간]이다.

μέρος; διαμερίζω, μερίς 지방5[어느 방면의 땅], 지역3[일정하게 구획된 어느 범위의 토지], 영업[영리를 목적으로 하는 사업, 또는 그런 행위], 편4[여래 패로 나누었을 때 그 하나하나의 쪽], 파4[주의, 사상, 또는 행동 따위의 차이에 따라 갈라진 사람의 집단].

μέσος; μεσημβρία, μεσονύκτιον, Μεσοποταμία 중앙1[사방의 중심이 되는 한가운데], 한가운데[공간이나 시간, 상황 따위의 바로 가운데], 중4[여럿의 가운데], 가운데[여럿으로 이루어진 일정한 범위의 안], 배1[사람이나 동물의 몸에서 위장, 창자, 콩팥 따위의 내장이 들어 있는 곳으로 가슴과 엉덩이 사이의 부위], 한-13['정확한' 또는 '한창인'의 뜻을 더하는 접두사].

μεστός; μεστόω 가득[가득1: 분량이나 수효 따위가 어떤 범위나 한도에 꽉 찬 모양]한(LSJ).

μετά; μεθερμηνεύω, μεθίστημι, μεταβαίνω, μεταβάλλω, μετακαλέω, μεταλαμβάνω, μετανοέω, μετάνοια, μεταξύ, μεταπέμπω, μεταστρέφω, μετοικίζω [+소유격] ~와 함께, ~을 다해[다하다: 어떤 일을 위하여 힘, 마음 따위를 모두 들이다]; [+목적격] 후에, 뒤에, 지나지[지나다: 시간이 흘러 과거가 되다] (않아).

μέτρον; μετρίως 측량 기기, 측량 결과(BDAG).

μή; μηδαμῶς, μηδέ, μηδείς, μηκέτι, μήποτε, μήτε, μήτι 말다3[어떤 일이나 행동을 하지 않거나 그만두다], 않다[앞 말이 뜻하는 행동이나 상태를 부정하는 뜻을 나타내는 말], 금하다2[어떤 일을 하지 못하게 말리다].

μῆκος; μακράν, μακροθύμως 길이1[한 끝에서 다른 한 끝까지의 거리], 높이1[높은 정도](LSJ).

μιμνῄσκομαι; μνῆμα, μνημεῖον, μνημονεύω, μνημόσυνον 기억[기억2: 이전의 인상이나 경험을 의식 속에 간직하거나 도로 생각해 냄]하다2; [수동태] 기억나다[이전의 인상이나 경험이 의식 속에서 떠오르다], 기억되다.

μισθός; μίσθωμα 값[물건을 사고팔 때 주고받는 돈].

μόγος; μόλις 수고1[일을 하느라고 힘을 들이고 애를 씀, 또는 그런 어려움](LSJ).

μόσχος; μοσχοποιέω 순9[나무의 가지나 풀의 줄기에서 새로 돋아 나온 연한 싹], 잔가지[풀과 나무의 작은 가지](LSJ).

μυρίος; μυριάς 셀 수 없는(LSJ).

μύω; καμμύω 감다1[눈꺼풀을 내려 눈동자를 덮다](LSJ).

ν

ναός; νεωκόρος 신진11[신령을 모신 전각], 신당1[신령을 모셔 놓는 집], 전당7[높고 크게 지은 화려한 집], 신당모형.

ναῦς; ναύκληρος, ναύτης 배2[사람이나 짐 따위를 싣고 물 위로 떠다니도록 나무나 쇠로 만든 물건].

νέμω; διανέμω 분배[=배분: 몫몫이 별러 나눔]하다, 나누다[하나를 둘 이상으로 가르다](LSJ).

νέος; νεανίας, νεανίσκος, νεότης 새로운[새롭다: 지금까지 있은 적이 없다], 새내기['신입생' 또는 '신출내기'의 뜻으로 새로 만들어 쓰는 말], 신참[단체나 부류에 새로 참가하거나 들어옴, 또는 그런 사람].

νεύω; ἐπινεύω 머리를 끄덕이다[고개 따위를 아래위로 가볍게 움직이다].

νέφος; νεφέλη 구름1[공기 중의 수분이 엉기어서 미세한 물방울이나 얼음 결정의 덩어리가 되어 공중에 떠 있는 것](LSJ).

νη-; νηστεία, νηστεύω 부정어[부정하는 뜻을 가진 말]를 만드는 접두사(LSJ).

νῆσος; νησίον 섬3[주위가 수역으로 완전히 둘러싸인 육지의 일부].

νόμος; ἄνομος, ἔννομος, κατακληρονομέω; κληρονομία, νομίζω, νομοδιδάσκαλος, παρανομέω 율법[종교적 · 사회적 · 도덕적 생활과 행동에 관하여 신의 이름으로 규정한 규범으로, 모세의 십계명을 중심으로 모세 오경을 이르는 것이 일반적이다].

νόσφι; νοσφίζω 멀리서, 떨어져서(LSJ).

νοῦς; ἐπίνοια, κατανοέω; μετανοέω, μετάνοια, νουθετέω, πρόνοια, ὑπονοέω 지성6[지각된 것을 정리하고 통일하여, 이것을 비탕으로 새로운 인식을 낳게 하는 정신 작용], 감각2[사물에서 받는 인상이나 느낌](LSJ).

νῦν; νυνί 이제1[바로 이때에. 지나간 때와 단절된 느낌을 준다], 이제야[말하고 있는 이때에 이르러서야 비로소], 이제는, 이제 와서, 지금3[말하는 바로 이때에, 시방3], 당분간[앞으로 얼마간의 시간에, 또는 잠시 동안에, 얼마 동안].

νύξ; μεσονύκτιον 밤1[해가 져서 어두워진 때로부터 다음 날 해가 떠서 밝아지기 전까지의 동안].

νύσσω; κατανύσσομαι 찌르다(GELS).

ξ

ξένος; ξενία, ξενίζω 객1[집을 떠나 여행길을 가는 사람], 외국2[자기 나라가 아닌 다른 나라], 외국의.

ξύω; ξυράω 긁다[손톱이나 뾰족한 기구 따위로 바닥이나 거죽을 문지르다], 문지르다[무엇을 서로 눌러 대고 이러저리 밀거나 비비다](LSJ).

ο

ὁ; ὧδε 거시기[이름이 얼른 생각나지 않거나 바로 말하기 곤란한 사람 또는 사물

을 가리키는 대명사로, 지시 · 한정 · 대용의 기능을 한다], 거1['그거'의 준말], 그[듣는 이에게 가까이 있거나 듣는 이가 생각하고 있는 대상을 가리킬 때 쓰는 말, 앞에서 이미 이야기한 대상을 가리킬 때 쓰는 말, 확실하지 아니하거나 밝히고 싶지 아니한 일을 가리킬 때 쓰는 말], 그분['그 사람'을 아주 높여 이르는 삼인칭 대명사], 곧1[다름 아닌 바로], 일1[어떤 내용을 가진 상황이나 장면], 거리2[내용이 될 만한 재료].

ὁδός; διοδεύω, εἴσοδος, ὁδηγέω, ὁδηγός, ὁδοιπορέω, συνοδεύω 길1[사람이나 동물 또는 자동차 따위가 지나갈 수 있게 땅 이에 낸 일정한 너비의 공간], 구원의 길1[사람이 삶을 살아가거나 사회가 발전해 가는 데에 지향하는 방향, 지침, 목적이나 전문 분야].

ὀδύνη; ὀδυνάω 고통[몸이나 마음의 괴로움과 아픔](LSJ).

οἶδα; σύνοιδα 알고[알다: 어떠한 사실에 대해 의식이나 감각으로 깨닫거나 느끼다, 심리적 상태를 마음속으로 느끼거나 깨닫다] 있다, 알겠[겠: 가능성이나 능력을 나타내는 어미]다; [부정] 알지 못하다[일정한 수준에 못 미치거나 할 능력이 없다].

οἶκος; ἀνοικοδομέω, κατοικέω, κατοικία, μετοικίζω, οἰκέτης, οἴκημα, οἰκία, οἰκοδομέω, οἰκοδόμος, οἰκουμένη, πανοικεί, παροικία, πάροικος 집1[사람이나 동물이 추위, 더위, 비바람 따위를 막고 그 속에 들어 살기 위하여 지은 건물, 가정을 이루고 생활하는 집안], 가정6[한 가족이 생활하는 집, 가까운 혈연 관계에 있는 사람들의 생활 공동체], 식솔[한 집안에 딸린 구성원; 가족, 식구, 가속2, 가솔2], 집안 식구, 가정 모임.

οἶος; ποῖος 홀로[자기 혼자서만], 유일한[유일하다3: 오직 하나밖에 없다](LSJ).

ὄκνος; ὀκνέω 수축1[근육 따위가 오그라듦], 주저5[머뭇거리며 망설임](LSJ).

ὀκτώ; ὄγδοος 여덟[일곱에 하나를 더한 수. 또는 그런 수의], 팔3['여'''을 이르는 말], 8, 여드레[여덟 날; 여드렛날].

ὄλλυμι; ἀπόλλυμι, ἀπώλεια, ἐξολεθρεύω 멸하다(BDAG).

ὅλος; καθόλου, ὁλοκληρία 전체1[개개 또는 부분의 집합으로 구성된 것을 몰아서 하나의 대상으로 삼는 경우에 바로 그 대상], 내내1[처음부터 끝까지 계속해서].

ὀμνύω; συνωμοσία 서약[맹세하고 약속함]하다.

ὁμός; ἐξομολογέω, ὁμιλέω, ὁμοθυμαδόν, ὁμοιοπαθής, ὅμοιος, ὁμοιόω, ὁμολογέω, ὁμότεχνος, ὁμοῦ, συνομορέω 하나같다[예외 없이 여럿이 모두 꼭 같다], 공통[둘 또는 그 이상의 여럿 사이에 두루 통하고 관계됨]의, 이음매[두 물체를 이은 자리](LSJ).

ὄνομα; εὐώνυμος, ὀνομάζω 이름[다른 것과 구별하기 위하여 사물, 단체, 현상 따위에 붙여서 부르는 말], 호명[호명2: 이름을 부름]된 사람.

ὀξύς; παροξύνω, παροξυσμός 날카로운[날카롭다: 끝이 뾰족하거나 날이 서 있다, 생각하는 힘이 빠르고 정확하다](LSJ).

ὁράω; ἀντοφθαλμέω, ἐνώπιον, ἐφοράω, ὀπτάνομαι, ὀπτασία, ὅραμα, ὅρασις, ὀφθαλμός, προοράω, προσωπολήμπτης, πρόσωπον, συνοράω, ὑπεροράω
보다1[눈으로 대상의 존재나 형태적 특징을 알다], 살피다1[두루두루 주의하여 자세히 보다], 분별[분별1: 세상 물정에 대한 바른 생각이나 판단]하다, 헤아리다[짐작하여 가늠하거나 미루어 생각하다], 헤아려 보다, 보이다1['보다1: 대상을 평가하다'의 피동사], 뵈다1['보이다1'의 준말], 뵙다[웃어른을 대하여 보다, '뵈다1'보다 더 겸양의 뜻을 나타낸다], ~와 만나다[누군가 가거나 와서 둘이 서로 마주 보다], 이르다1[어떤 정도나 범위에 미치다]; [수동태] 나타나다[보이지 아니하던 어떤 대상의 모습이 드러나다], 보이다1['보다1'의 피동사].

ὀρέγω; ὀργυιά 달하다1[일정한 표준, 수량, 정도 따위에 이르다], 뻗다[오므렸던 것을 펴다](LSJ).

ὀρθός; ἀνορθόω, διόρθωμα 똑바로[어느 쪽으로도 기울지 않고 곧게].

ὅρκος; ἐξορκιστής, ὁρκίζω 맹세2[일정한 약속이나 목표를 꼭 실천하겠다고 다짐함; 서맹].

ὁρμή; κονιορτός, ὁρμάω 열의[어떤 일을 이루기 위하여 온갖 정성을 다하는 마음].

ὅρος; ἀφορίζω, ὅριον, ὁροθεσία, προορίζω, συνομορέω 지경2[나라나 지역 따위의 구간을 가르는 경계](LSJ).

ὅς; διό, διότι, καθότι, ὅδε, ὅθεν, οὗ, ὁποῖος, ὅσος, ὅστις, ὅταν, ὅτε, ὅτι, πόσος, πώς, πῶς, τότε '관계 대명사'이기 때문에 [접속사+대명사]로 번역한다.

οὐ; ἐξουθενέω, οὐδέ, οὐδείς, οὐδέποτε; οὐδέπω, οὐθείς, οὐκέτι, οὔτε, οὐχί 아니다[어떤 사실을 부정하는 뜻을 나타내는 말; 물음이나 짐작의 뜻을 나타내는 말로 사실을 긍정적으로 강조하는 효과가 있다], 않다[어떤 행동을 아니 하다. 앞말이 뜻하는 행동이나 상태를 부정하는 듯을 나타내는 말], 안 될 말이다.

οὐρανός; οὐράνιος, οὐρανόθεν 하늘1[지평선이나 수평선 위로 보이는 무한대의 넓은 공간].

οὖς; ἐνωτίζομαι 귀1[사람이나 동물의 머리 양옆에서 듣는 기능을 하는 감각 기관].

οὗτος; οὕτως, τοιοῦτος, τοσοῦτος 이 사람, 이분1['이 사람'을 아주 높여 이르는 삼인칭 대명사], 이자2['이 사람'을 조금 낮잡아 이르는 삼인칭 대명사], 이제1[바로 이때], 이러2['이러하다'의 어근], 간['간밤: 지난밤'의 간].

ὄχλος; ὀχλέω, ὀχλοποιέω, παρενοχλέω 무리1[사람이나 짐승이 모여서 뭉친 한 동아리].

π

παῖς; παιδεύω, παιδίσκη 친밀[지내는 사이가 매우 친하고 가까움]한 종, 친종[우리말 사전에 '친종'이라는 낱말은 없지만 '친한(친하다: 가까이 사귀어 정이 두텁다) 종'이라는 의미로 '친종'이라는 단어를 만들어 보았다. 창세기 15장 2-3절을 보면, 아브람은 집에서 기른 다메섹 사람 엘리에셀로 상속자를 삼겠노라고 하나님께 말씀드렸다. 엘리에셀 같은 종을 친종이라 부를 수 있다고 생각한다.], 아끼는[아끼다: 물건이나 사람을 소중하게 여겨 보살피거나 위하는 마음을 가지다] 종.

παρά; παραβαίνω, παραβάλλω, παραβιάζομαι, παραγγελία, παραγγέλλω, παραγίνομαι, παραδέχομαι, παραδίδωμι, παραθεωρέω, παραινέω, παραιτέομαι, παρακαλέω, παράκλησις, παραλαμβάνω, παραλέγομαι, παραλύω, παρανομέω, παραπλέω, παράσημος, παρασκευάζω, παρατείνω, παρατηρέω, παρατίθημι, παρατυγχάνω, παραχειμάζω,

παραχειμασία, παραχρῆμα, πάρειμι, παρεκτός, παρεμβολή, παρενοχλέω, παρέρχομαι, παρέχω, παρίστημι, παροικία, πάροικος, παροξύνω, παροξυσμός, παρρησία, παρρησιάζομαι, συμπαραλαμβάνω
[+속격] 으로부터[어떤 행동의 출발점이나 비롯되는 대상임을 나타내는 격 조사], 에게서[어떤 행동의 출발점이나 비롯되는 대상임을 나타내는 격 조사], 에게[어떤 행동을 일으키는 대상임을 나타내는 격 조사]; [+여격] 곁[곁1: 어떤 대상의 옆]에; [+대격] [발]치[발치1: 발이 있는 쪽], 문하2[가르침을 받는 스승의 아래], 가1[경계에 가까운 바깥쪽 부분], 거역하여[거역하다: 윗사람의 뜻이나 지시 따위를 따르지 않고 거스르다].

πᾶς; ἅπας, πανοικεί, πανταχῇ, πανταχοῦ, πάντῃ, πάντως 온1[전부의, 또는 모두의], 온갖[이런저런 여러 가지의] 종류의, 매13[하나하나의 모든, 또는 각각의], 어떤 것이든, 마다4['낱낱이 모두'의 뜻을 나타내는 보조사], 모두1[일정한 수효나 양을 기준으로 하여 빠짐이나 넘침이 없는 전체], 많이들, 범사, 모든 일, 만물2[세상에 있는 모든 것], 만유1[우주에 존재하는 모든 것].

πάσχω; ὁμοιοπαθής; παθητός, πάσχα 고난[괴로움과 어려움을 아울러 이르는 말]을 겪다, 해[해11: 이롭지 아니하거나 손상을 입힘, 또는 그런 것]를 입다.

πατέω; περιπατέω 먹다2[음식 따위를 입을 통하여 배 속에 들여보내다], 맛보다1[음식의 맛을 알기 위하여 먹어 보다](LSJ).

πατήρ; πατριά, πατριάρχης, πατρῷος 아버지[남자인 어버이], 조상7[자기세대 이전의 모든 세대].

παύω; κατάπαυσις, καταπαύω 멈추다[사물의 움직임이나 동작이 그치다, 사물의 움직임이나 동작을 그치게 하다], 그치다[계속되던 일이나 움직임이 멈추거나 끝나다, 또는 그렇게 하다].

παχύς; παχύνω 두꺼운[두껍다: 두께가 보통의 정도보다 크다], 뚱뚱[뚱뚱2: 살이 쪄서 몸이 옆으로 퍼진 모양]한(LSJ).

πείθω; ἀναπείθω, ἀπειθέω, ἀπειθής, ἀπιστέω, ἄπιστος, πειθαρχέω, πιστεύω, πίστις, πιστός 설득하다[상대편이 이쪽 편의 이야기를 따르도록 여러 가지로 깨우쳐 말하다]; [수동태] 설득되다[상대편의 이야기에 따르도록 깨우쳐지다], 넘어가다[사람, 물건, 권리, 책임, 일 따위가 한쪽에서 다른 쪽으로 옮아가다], 납득하다[다른 사람의 말이나 행동, 형편 따위를 잘 알아서 긍정하고 이해하다; 알아듣다, 이해하다2], 여기다[마음속으로 그러하다고 인정하거나 생각하다].

πεινάω; πρόσπεινος 배가 고프다(LSJ).

πεῖρα; πειράζω, πειρασμός, πειράω 뾰족한 끝(LSJ).

πέμπω; ἀναπέμπω, μεταπέμπω, προπέμπω 급히 보내다[일정한 임무나 목적으로 가게 하다], 급파하다[급히 파견하다], 보내다[일정한 임무나 목적으로 가게 하다].

πέντε; δεκαπέντε, πεντήκοντα, πεντηκοστή 다섯[넷에 하나를 더한 수. 또는 그런 수의], 오4[사에 일을 더한 수], 5.

περ; ὥσπερ 매우1[보통 정도보다 훨씬 더], 훨씬[정도 이상으로 차이가 나게](LSJ).

πέραν; διαπεράω, περαιτέρω 맞은편[서로 마주 바라보이는 편]에, 가로질러서[가로지르다: 어

떤 곳을 가로 등의 방향으로 질러서 지나다](LSJ).

περί; ἀπερίτμητος, περιάγω, περιαιρέω, περιαστράπτω, περιβάλλω, περίεργος, περιέρχομαι, περιΐστημι, περίκειμαι, περικρατής, περιλάμπω, περιμένω, πέριξ, περιοχή, περιπατέω, περιπίπτω, περιποιέω, περιρήγνυμι, περισσεύω, περισσῶς, περιτομή, περιτρέπω, περίχωρος, συμπεριλαμβάνω [+속격] ~으로 인해[인하다1: 어떤 사실로 말미암다], 즈음[일이 어찌 될 무렵]하여; [+대격] ~과 관련하여, ~와 관계하어, ~에 관하여, 일행1[함께 길을 가는 사람들의 무리].

πέτομαι; πετεινόν 날다1[공중에 떠서 어떤 위치에서 다른 위치로 움직이다](LSJ).

πήγνυμι; πάγος, προσπήγνυμι 찌르다[끝이 뾰족하거나 날카로운 것으로 물체의 겉면이 뚫어지거나 쑥 들어가도록 세차게 들이밀다], 고정[고정6: 한곳에 꼭 붙어 있거나 또는 박혀 있음]하다5(LSJ).

πηδάω; εἰσπηδάω, ἐκπηδάω 뛰다1[있던 자리로부터 몸을 높이 솟구쳐 오르다], 튀다[탄력 있는 물체가 솟아오르다], 솟다1[연기와 같은 물질이나 비행기와 같은 물체가 아래에서 위로, 또는 속에서 겉으로 세차게 움직이다](LSJ).

πιέζω; πιάζω 누르다1[물체의 전체 면이나 부분에 대하여 힘이나 무게를 가하다], 죄다1[느슨하거나 헐거운 것이 단단하거나 팽팽하게 되다, 또는 그렇게 되게 하다](LSJ).

πικρός; πικρία 예리한[예리하다: 관찰이나 판단이 정확하고 날카롭다](LSJ).

πίνω; ποταμός, συμπίνω 마시다[물이나 술 따위의 액체를 목구멍으로 넘기다].

πίμπλημι; ἐμπίπλημι 채우다3['차다1: 일정한 공간에 사람, 사물, 냄새 따위가 더 들어갈 수 없이 가득하게 되다'의 사동사](LSJ).

πίπτω; ἀντιπίπτω, ἀποπίπτω, διοπετής, ἐκπίπτω, ἐπιπίπτω, καταπίπτω, περιπίπτω, προπετής, προσπίπτω 떨어지다[위에서 아래로 내려지다] , 쓰러지다[힘이 빠지거나 외부의 힘에 의하여 서 있던 상태에서 바닥에 눕는 상태가 되다] , 엎드리다[배를 바닥에 붙이거나 팔다리를 짚고 몸 전체를 길게 뻗다] , 내리다1[어둠, 안개 따위가 짙어지거나 덮여 오다], 주저앉다[서 있던 자리에 그대로 힘없이 앉다].

πλατύς; πλατεῖα 넓은(LSJ).

πλέω; ἀποπλέω, βραδυπλοέω, διαπλέω, ἐκπλέω, παραπλέω, πλοῖον, πλόος, ὑποπλέω 항해하다[배를 타고 바다 위를 다니다].

πληρόω; ἐκπληρόω, ἐκπλήρωσις, πίμπλημι, πλῆθος, πληθύνω, πλήν, πλήρης, συμπληρόω 차다1[일정한 공간에 사람, 사물, 냄새 따위가 더 들어갈 수 없이 가득하게 되다], 가득하게 되다, 끝마치다[일을 끝내어 마치다], 이루다1[뜻한 대로 되게 하다]; [수동태] 채우다3['차다1'의 사동사], 충만[가득하게 참; 가득 참]하다, 가득 차다, 이뤄지다, 만료되다[기한이 다 차서 끝남], 지나다[시간이 흘러 과거가 되다].

πλήσσω; ἐκπλήσσω, πληγή 때리다1[손이나 손에 든 물건 따위로 아프게 치다](LSJ).

πνέω; ἐμπνέω, πνεῦμα, πνοή, ὑποπνέω 불다1[바람이 일어나서 어느 방향으로 움직이다].

πνίγω; πνικτός 질식[숨통이 막히거나 산소가 부족하여 숨을 쉴 수 없게 됨]시키다(LSJ).

ποιέω; μοσχοποιέω, ὀχλοποιέω, περιποιέω, ποιητής, σκηνοποιός, χειροποίητος 만들다[노력이나 기술 따위를 들여 목적하는 사물을 이루다], 삼다2[무엇을

무엇이 되게 하거나 여기다], 짓다1[재료를 들여 밥, 옷, 집 따위를 만들다], 행하다[어떤 일을 실제로 해 나가다], 실행하다2[실제로 행하다], [일을] 하다, 시행하다1[실지로 행하다], 이루다1[어떤 대상이 일정한 상태나 결과를 생기게 하거나 일으키거나 만들다], 조치[조치4: 벌어지는 사태를 잘 살펴서 필요한 대책을 세워 행함, 또는 그 대책]를 취하다, 선사하다5[존경, 친근, 애정의 뜻을 나타내기 위하여 남에게 선물을 주다], ~게 하다, 계산하다[수를 헤아리다], 이러하다['이렇다: 상태, 모양, 성질 따위가 이와 같다'의 본말], 지내다1[사람이 어떤 장소에서 생활을 하면서 시간이 지나가는 상태가 되게 하다].

ποιμήν; ποιμαίνω, ποίμνιον 목자7[목축을 업으로 하는 사람], 목동[풀을 뜯기며 가축을 치는 아이](LSJ).

πόλις; πολιτάρχης, πολιτεία, πολιτεύομαι, πολίτης 성8[예전에, 적을 막기 위하여 흙이나 돌 따위로 높이 쌓아 만든 담, 또는 그런 담으로 둘러싼 구역], 도시3[일정한 지역의 정치·경제·문화의 중심이 되는, 사람이 많이 사는 지역], 시6[도시를 중심으로 하는 지방 행정 구역의 하나].

πολύς; πολλάκις 많은, 많이, 여러[수효가 한둘이 아니고 많은], 다양한[다양하다1: 모양, 빛깔, 형태, 양식 따위가 여러 가지로 많다], 큰, 두루[빠짐없이 골고루], 무척1[다른 것과 견줄 수 없이], 심한[심하다: 정도가 지나치다], 한참[시간이 상당히 지나는 동안], 매우1[보통 정도보다 훨씬 더]; [비교급] 한참 동안이나, 추가[추가2: 나중에 더 보탬]적인, 더 많이.

πόνος; διαπονέομαι, καταπονέω, πονηρία, πονηρός 고된[고되다: 하는 일이 힘에 겨워 고단하다] 일(LSJ).

πόντος; Πόντος 바다(LSJ).

πορεύομαι; ἀπορέω, διαπορεύομαι, διαπορέω, εἰσπορεύομαι, ἐκπορεύομαι, εὐπορέω, εὐπορία, ὁδοιπορέω, προπορεύομαι 가다1[한 곳에서 다른 곳으로 장소를 이동하다], 나가다[일정한 지역이나 공간의 범위와 관련하여 그 안에서 밖으로 이동하다], 길을 떠나다, 가 있다, 진행[진행2: 앞으로 향하여 나아감]하다, 진보[진보2: 정도나 수준이 나아지거나 높아짐]하다.

πόρνη; πορνεία 매춘부[돈을 받고 남자에게 몸을 파는 여자; 매소부, 매음녀, 매음부, 춘부1](LSJ).

πορφύρα; πορφυρόπωλις 뿔고둥, 뿔고둥에서 얻은 자주색 염료(LSJ).

πόσθη; ἀκροβυστία 음경2[귀두, 요도구, 고환 따위로 이루어진 남자의 외성기], 포피1[남성 성기의 귀두(龜頭) 부위를 싸고 있는 가죽](LSJ).

πόταμος; Μεσοποταμία 강1[넓고 길게 흐르는 큰 물줄기].

ποῦ; μήποτε, ὁποῖος, ὅπου, ὅπως, οὐδέποτε, πού 어디에(LSJ).

πούς; πεζεύω, τετράπους, τράπεζα, ὑπόδημα, ὑποπόδιον 발1[사람이나 동물의 다리 맨 끝 부분].

πράσσω; πρᾶγμα, πρᾶξις 하다1[사람이나 동물, 물체 따위가 행동이나 작용을 이루다], 행동하다[몸을 움직여 동작을 하거나 어떤 일을 하다], 행동을 하다, 처하다[어떤 형편이나 처지에 놓이다].

πρεσβύτης; πρεσβυτέριον, πρεσβύτερος 나이, 선임자의 특권(LSJ).

πρίων; διαπρίω 톱1[나무나 쇠붙이 따위를 자르거나 켜는 데 쓰는 연장], 톱니 모양으로 된 것(LSJ).

πρό; πρηνής, πρίν, προβάλλω, πρόβατον, προγινώσκω, πρόγνωσις, προδότης, προέρχομαι, προθυμία, προκαταγγέλλω, προκηρύσσω, προλέγω, πρόνοια, προοράω, προορίζω, προπέμπω, προπετής, προπορεύομαι, προτείνω, προτρέπω, προϋπάρχω, πρόφασις, προφητεύω, προφήτης, προχειρίζω, προχειροτονέω, πρῷρα, πρῶτος, πρωτοστάτης, πρώτως, ψευδοπροφήτης [+속격] 앞에서, 앞에.

πρός; ἀπρόσκοπος, ἔμπροσθεν, προσάγω, προσδέομαι, προσδέχομαι, προσδοκία, προσεάω, προσέρχομαι, προσευχή, προσεύχομαι, προσέχω, προσήλυτος, προσκαλέω, προσκαρτερέω, προσκληρόω, προσκλίνω, προσκυνέω, προσλαλέω, προσλαμβάνω, προσλαλέω, προσμένω, πρόσπεινος, προσπίπτω, προστάσσω, προστίθημι, προστρέχω, προσφάτως, προσφέρω, προσφωνέω, προσωπολήμπτης, πρόσωπον, προσαπειλέω 로7[움직임의 방향을 나타내는 격 조사].

πύλη; πυλών 문5[드나들거나 물건을 넣었다 꺼냈다 하기 위하여 틔워 놓은 곳, 또는 그 곳에 달아 놓고 여닫게 만든 시설], 입구2[들어가는 통로; 들어오는 곳].

πύξ; πυκνός 주먹[손가락을 모두 오므려 쥔 손]으로(LSJ).

πῦρ; πυρά, πυρετός, Πύρρος 불1[물질이 산소와 화합하여 높은 온도로 빛과 열을 내면서 타는 것].

πῶ; οὐδέπω 어디[어디1: 잘 모르는 어느 곳을 가리키는 지시 대명사]에(LSJ).

πωλέω; πορφυρόπωλις 매각[물건을 팔아 버림]하다, 처분[처리하여 치움]하다1.

ρ

ῥάβδος; ῥαβδίζω, ῥαβδοῦχος 막대기1[가늘고 기다란 나무나 대나무의 토막], 장대1[대나무나 나무로 다듬어 만든 긴 막대기; 장대기](LSJ).

ῥᾴδιος; ῥᾳδιούργημα 쉬운, 준비된(LSJ).

ῥήγνυμι; διαρήγνυμι, περιρήγνυμι 부수다[단단한 물체를 여러 조각이 나게 두드려 깨뜨리다], 쪼개다[둘 이상으로 나누다](LSJ).

ῥῆμα; ἀναντίρρητος, ἀναντιρρήτως, παρρησία, παρρησιάζομαι, ῥήτωρ 이야기[어떤 사물이나 사실, 현상에 대하여 일정한 줄거리를 가지고 하는 말이나 글], 얘기['이야기'의 준말], 한마디[짧은 말. 또는 간단한 말].

ῥίπτω; ἀπορίπτω 내던지다[아무렇게나 힘차게 던지다], 던지다[손에 든 물건을 다른 곳에 떨어지게 팔과 손목을 움직여 공중으로 내보내다].

ῥώομαι; Ῥώμη 빠르거나 맹렬하게 움직이다(LSJ).

σ

σάλος; ἀσάλευτος, σαλεύω 흔들림[흔들리다: 상하나 좌우 또는 앞뒤로 자꾸 움직이다](LSJ).

σάνδαλον; σανδάλιον 샌들[나무, 가죽, 비닐 따위로 바닥을 만들고 이를 가느다란 끈으로 발등에 매어 신게 만든 신발](LSJ).

σέβω; εὐσέβεια, εὐσεβέω, εὐσεβής, σέβασμα, σεβαστός 경건하다2[공경하며 삼가고 엄숙하다], 경외하다[공경하면서 두려워하다; 외경하다, 존외하다], 숭앙하다[공경하여 우러러보다], 예배하다[초월적 존재 앞에 경배하는 의식을 행하다].

σείω; κατασείω; σεισμός 흔들다[사람이나 동물 등이 몸의 일부나 전체, 또는 손에 잡은 물체 따위를 좌우 또는 앞뒤로 자꾸 움직이게 하다](LSJ).

σημεῖον; ἄσημος, παράσημος 표적1[겉으로 드러난 자취; 사도행전에서는 하나님께서 일하셨다는 증표로 주어지는 것을 가리킨다], 증표[증명이나 증거가 될 만한 표].

σθενόω; ἀσθένεια, ἀσθενέω, ἀσθενέω 강화[강화4: 세력이나 힘을 더 강하고 튼튼하게 함]하다2(LSJ).

σιγή; σιγάω 조용1['조용하다1: 아무런 소리도 들리지 않고 고요하다'의 어근].

σίδηρος; σιδηροῦς 철6[금속 원소의 하나].

σῖτος; ἀσιτία, ἄσιτος, σιτίον 밀2[볏과의 한해살이풀 또는 두해살이풀. 높이는 0.9~1.5미터로 마디가 있고 속은 비어 있다. 꽃이삭은 6~12cm이고 줄기 끝에 달리는데 방추형이다. 중요한 농산물의 하나로 기원전 3~4천 년부터 재배하여 왔으며, 현재 세계의 농작물 가운데 가장 넓은 재배 면적을 차지하고 있다. 간장, 된장, 빵, 과자 따위의 원료로 쓴다.], 곡물[사람의 식량이 되는 쌀, 보리, 콩, 조, 기장, 수수, 밀, 옥수수 따위를 통틀어 이르는 말].

σιωπή; σιωπάω 침묵[아무 말도 없이 잠잠히 있음, 또는 그런 상태](LSJ).

σκάπτω; κατασκάπτω, σκάφη 파다1[구멍이나 구덩이를 만들다](LSJ).

σκεῦος; ἀνασκευάζω, ἐπισκευάζομαι, παρασκευάζω, σκευή 그릇1[음식이나 물건 따위를 담는 기구를 통틀어 이르는 말], 도구10[일을 할 때 쓰는 연장을 통틀어 이르는 말], 뱃기구[=선구3], 선구3[배에서 쓰는 기구로 노, 닻, 키, 돛 따위를 이른다].

σκηνή; κατασκηνόω, σκηνοποιός, σκήνωμα 장막3[한데에서 볕 또는 비바람을 피할 수 있도록 둘러치는 막; 모세가 신의 계시로 시내 산에 만든 천막으로, 하나님을 예배하던 곳이다].

σκιά; ἐπισκιάζω 그림자[물체가 빛을 가려서 그 물체의 뒷면에 드리워지는 검은 그늘].

σκληρός; σκληροτράχηλος, σκληρύνω 고된[고되다: 하는 일이 힘에 겨워 고단하다].

σκοπός; ἐπισκέπτομαι, ἐπισκοπή, ἐπίσκοπος 파수꾼[경계하여 지키는 일을 하는 사람; 파수2], 문지기[드나드는 문을 지키는 사람](LSJ).

σκορπίζω; διασκορπίζω 흩다1[한데 모였던 것을 따로따로 떨어지게 하다], 흩뜨리다[흩어지게 하다; 흩어뜨리다, 흩어트리다, 흩트리다] (LSJ).

σκώληξ; σκωληκόβρωτος 벌레1[곤충을 비롯하여 기생충과 같은 하등 동물을 통틀어 이르는 말; 버러지, 충5], 기생충[다른 동물체에 붙어서 양분을 빨아먹고 사는 벌레; 붙어살이벌레](LSJ).

σοφός; κατασοφίζομαι, σοφία, φιλόσοφος 재주 있는, 영리한, 신중한(LSJ).

σπάω; ἀνασπάω, ἀποσπάω, διασπάω 빼어[빼다1: 속에 들어 있거나 끼여 있거나, 박혀 있는 것을 밖으로 나오게 하다] 들다4[손에 가지다].

σπείρω; διασπείρω, σπέρμα, σπερμολόγος 뿌리다[곳곳에 흩어지도록 던지거나 떨어지게 하다], 자식을 얻다(LSJ).

στέγω; τρίστεγον 방수하다1[스며들거나 새거나 넘쳐흐르는 물을 막다], 쫓아내다[강제로 어떤 곳에서 밖으로 내몰다], 지탱하다[오래 버티거나 배겨 내다], 보호하다(LSJ).

στέλλω; ἀποστέλλω, ἀπόστολος, διαστέλλω, ἐπιστέλλω, ἐπιστολή, καταστέλλω, συστέλλω, ὑποστέλλω 준비[미리 마련하여 갖춤]하다(LSJ).

στενός; στεναγμός 좁은(LSJ).

στερέω; στερεόω 빼앗다[남의 것을 억지로 제 것으로 만들다], 박탈하다2[남의 재물이나 권리, 자격 따위를 빼앗다](LSJ).

στέφανος; στέμμα, Στέφανος 둘러싼 것, 에워싼[에워싸다: 둘레를 빙 둘러싸다] 것, 면류관, 화관(LSJ).

στηρίζω; ἐπιστηρίζω 고정[고정6: 한곳에 꼭 붙어 있거나 또는 박혀 있음]하다5, 붙이다['붙다: 맞닿아 떨어지지 아니하다'의 사동사](LSJ).

στρατιά; στρατηγός, στρατιώτης 군대3[일정한 규율과 질서를 가지고 조직된 군인의 집단].

στρέφω; ἀναστρέφω, ἀποστολή, ἀποστρέφω, ἐπιστρέφω, ἐπιστροφή, μεταστρέφω, συστρέφω, συστροφή, ὑποστρέφω 돌리다4['돌다'의 사동사], 뒤집다[위가 밑으로 되고 밑이 위로 되게 하다], 회전[회전4: 한 점이나 축 또는 어떤 물체를 중심으로 하여 그 둘레를 빙빙 돎]시키다.

σύ; σεαυτοῦ, σός, ὑμέτερος 너1[듣는 이가 친구나 아랫사람일 때, 그 사람을 가리키는 이인칭 대명사], 네1['너'에 주격 조사 '가'나 보격 조사 '가'가 붙을 때의 형태], 당신2[듣는 이를 가리키는 이인칭 대명사로, 하오할 자리에 쓴다].

συλάω; ἱερόσυλος 해제[해제3: 설치하였거나 장비한 것 따위를 풀어 없앰]하다2, 벗기다1['벗다: 사람이 자기 몸 또는 몸의 일부에 착용한 물건을 몸에서 떼어 내다'의 피동사](LSJ).

σύν; ἀρχισυνάγωγος, ἀσύμφωνος, μεταξύ, συγγένεια, συγγενής, συγκάθημαι, συγκαλέω, συγκαταβαίνω, συγκαταψηφίζομαι, συγκινέω, συγκομίζω, συγχέω, σύγχυσις, συλλαλέω, συλλαμβάνω, συμβαίνω, συμβάλλω, συμβιβάζω, συμβουλεύω, συμβούλιον, συμπαραλαμβάνω, συμπάρειμι, συμπεριλαμβάνω, συμπίνω, συμπληρόω, συμφέρω, συμφωνέω, συμψηφίζω, συνάγω, συναγωγή, συναθροίζω, συναλίζω, συναλλάσσω, συναναβαίνω, συναρπάζω, σύνδεσμος, συνδρομή, συνέδριον, σύνειμι, συνέκδημος, συνεπιτίθημι, συνέπομαι, συνέρχομαι, συνευδοκέω, συνεφίστημι, συνέχω, συνθρύπτω, συνίημι, συνοδεύω, σύΝοιδα, συνομορέω, συνοράω, συντελέω, συντίθημι, συντόμως, συντρέχω, σύντροφος, συνωμοσία, σύρω, συστέλλω, συστρέφω, συστροφή [+여격] 함께[한꺼번에 같이, 또는 서로 더불어], 더불어[더불다: 둘 이상의 사람이 함께하다], 같이한[같이하다: 경험이나 생활 따위를 얼마 동안 더불어 하다; 서로 어떤 뜻이나 행동 또는 때 따위를 동일하게 가지다], 함께한[함께하다: =같이하다].

σύρω; σύρω 끌어내다[당겨서 밖으로 내다; 사람이나 짐승을 억지로 나오게 하다].

σφάζω; σφαγή, σφάγιον 죽이다1['죽다1: 생명이 없어지거나 끊어지다'의 사동사], 도살[도살1: 짐승을 잡아 죽임]하다1(LSJ).

σφάλλω; ἀσφάλεια, ἀσφαλής, ἀσφαλίζω, ἀσφαλῶς, ἐπισφαλής 떨어뜨리다[위에 있던 것을 아래로 내려가게 하다; 떨어트리다], 던지다[손에 든 물건을 다른 곳에 떨어지게 팔과 손목을 움직여 공중으로 내보내다], 엎다[물건 따위를 거꾸로 돌려 위가 밑을 향하게 하다; 어떤 일이나 체제 또는 질서 따위를 완전히 뒤바꾸기 위하여 없애다], 좌절[어떠한 계획이나 일 따위가 도중에 실패로 돌아감]되게 하다(LSJ).

σφόδρα; σφοδρῶς 심히[정도가 지나치게].

σχοῖνος; σχοινίον 골풀[골풀과의 여러해살이풀], 갈대[볏과의 여러해살이풀](LSJ).

σῴζω; διασῴζω, σωτήρ, σωτηρία, σωτήριον 구원[구원5: 어려움이나 위험에 빠진 사람을 구하여 줌; 인류를 죽음과 고통과 죄악에서 건져 내는 일; 신약성경에서는 '정상적인 상태에 있는 것'을 기본적으로 가리킨다]하다2; [수동태] 구원되다, 구원을 받다, 회복[원래의 상태로 돌이키거나 원래의 상태를 되찾음]되다.

σῶς; σωφροσύνη 안전한, 건강한, 확실한(LSJ).

τ

ταπεινός; ταπεινοφροσύνη, ταπείνωσις [위치가] 낮은[낮다: 아래에서 위까지의 높이가 기준이 되는 대상이나 보통 정도에 미치지 못하는 상태에 있다], 겸허[스스로 자신을 낮추고 비우는 태도가 있음]한, 풀[풀3: 세찬 기세나 활발한 기운]이 죽은(LSJ).

ταράσσω; ἐκταράσσω, τάραχος 쥐어흔들다[마음대로 휘두르다], 쥒흔들다['쥐어흔들다'의 준말], 마음을 흔들다[어떤 일이나 말이 사람의 마음을 동요하게 하거나 약한 상태가 되게 하다].

τάσσω; ἀντιτάσσω, ἀποτάσσω, διαταγή, διατάσσω, ἐπιτάσσω, προστάσσω, τακτός 정하다3[여럿 가운데 선택하거나 판단하여 결정하다], 정해 주다1[다른 사람을 위하여 어떤 행동을 함을 나타내는 말], 결정[결정1: 행동이나 태도를 분명하게 정함, 또는 그렇게 정해진 내용]하다1.

ταχύς; ταχέως, τάχος 빠른[빠르다: 어떤 동작을 하는 데 걸리는 시간이 짧다].

τέ; μήτε, ὅτε, οὔτε, τότε, ὥστε 결국[일이 마무리되는 마당이나 일의 결과가 그렇게 돌아감을 이르는 말], 마침내[드디어 마지막에는; 급기1], 그 결과2[어떤 원인으로 결말이 생김, 또는 그런 결말의 상태], 결과적[어떤 원인으로 생기는 결말의 생태로 되는, 또는 그런 것]으로, 그리하여[그리하다: 상태, 모양, 성질 따위가 그렇게 되게 하다], 그래서[앞의 내용이 뒤의 내용의 원인이나 근거, 조건 따위가 될 때 쓰는 접속 부사], 그러다가, 그러면[앞의 내용이 뒤의 내용의 조건이 될 때 쓰는 접속 부사], 그럼1['그러면'의 준말], 그뿐[뿐2: '그것만이고 더는 없음' 또는 '오직 그렇게 하거나 그러하다는 것'을 나타내는 보조사] 아니라, 뿐[만] 아니라, 뿐더러, 조차8[이미 어떤 것이 포함되고 그 위에 더함의 뜻을 나타내는 보조사].

τείνω; ἀποτινάσσω, ἀτενίζω, ἐκτείνω, ἐκτένεια, ἐκτενῶς, ἐκτινάσσω, εὐτόνως, παρατείνω, προτείνω, προχειροτονέω, χειροτονέω 잡아당기다[잡아서 자기 있는 쪽으로 끌어당기다], 끌어당기다[끌어서 가까이 오게 하다], 겨누다[활이나 총 따위를 쏠 때 목표물을 향해 방향과 거리를 잡다](LSJ).

τεῖχος; τοῖχος 바깥벽[건물 바깥쪽을 둘러싸고 있는 벽; 밭벽], 외벽1.

τέκμαρ; τεκμήριον 경계선1[경계가 되는 선], 목적지[목적으로 삼는 곳], 표징2[어떤 것과 다른 것을 드러내 보이는 뚜렷한 점; 징표2](LSJ).

τέλος; διατελέω, συντελέω, τελειόω, τελευτάω, τελέω 실현[꿈, 기대 따위를 실제로 이룸; 실제 이루어짐], 완결3[완전하게 끝을 맺음], 결단1[결정적인 판단을 하거나 단정을 내림, 또는 그런 판단이나 결정], 임무1[맡은 일, 또는 맡겨진 일], 세금1[=조세5], 지출1[어떤 목적을 위하여 돈을 지급하는 일](LSJ).

τέμνω; περιτομή 자르다1[동강을 내거나 끊어 내다](LSJ).

τέρσομαι; Ταρσός 마르다1[물기가 다 날아가서 없어지다; 입이나 목구멍에 물기가 적어져 갈증이 나다](LSJ).

τέσσαρες; τεσσαρεσκαιδέκατος, τεσσεράκοντα, τεσσερακονταετής, τέταρτος, τετραάρχης, τετράδιον, τετρακισχίλιοι, τετρακόσιοι, τετράπους, τράπεζα 넷1[셋에 하나를 더한 수], 사11[삼에 일을 더한 수], 4.

τηρέω; διατηρέω, παρατηρέω, τήρησις 구금하다[피고인 또는 피의자를 구치소나 교도소 따위에 가두어 신체의 자유를 구속하는 강제 처분을 하다. 형이 확정되지 않은 사람에 대하여 집행하며, 형이 확정되면 구금 일수를 계산하여 형을 집행한 것과 동일하게 취급한다; 구류하다2], 단속하다1[규칙이나 법령, 명령 따위를 지키도록 통제하다], 준수하다3[전례나 규칙, 명령 따위를 그대로 좇아서 지키다]; [수동태] 감금되다[드나들지 못하도록 일정한 곳에 갇히다], 수감되다[사람이 구치소나 교도소에 수용되다; 입감되다].

τίθημι; ἀνάθεμα, ἀναθεματίζω, ἀνατίθημι, ἀνεύθετος, ἀποτίθημι, διαθήκη, διατίθημι, ἔκθετος, ἐκτίθημι, ἐπίθεσις, ἐπιτίθημι, θεμέλιον, κατατίθημι, νουθετέω, ὁροθεσία, παρατίθημι, προστίθημι, συνεπιτίθημι, συντίθημι 두다1[일정한 곳에 놓다], 삼다2[무엇을 무엇이 되게 하거나 여기다], 세우다1['서다1: 사람이나 동물이 발을 땅에 대고 다리를 쭉 뻗으며 몸을 곧게 하다'의 사동사], 작정하다1[일을 어떻게 하기로 결정하다], 이끌어 내다, 처넣다[마구 집어넣다], 꿇다[무릎을 구부려 바닥에 대다]; [수동태] 묻히다2['묻다2: 물건을 흙이나 다른 물건 속에 넣어 보이지 않게 쌓아 덮다'의 피동사].

τίκτω; ὁμότεχνος, τέκνον, τέχνη, τεχνίτης 발생[어떤 일이나 사물이 생겨남; 생김, 일어남]시키다, 자식을 보다(LSJ).

τιμή; ἀτιμάζω, τιμάω, τίμιος, Τιμόθεος, τιμωρέω 값[사고파는 물건에 일정하게 매겨진 액수, 물건을 사고팔 때 주고받는 돈], 가치물[어떤 일에 사용할 만한 가치를 지니고 있는 물건].

τις; μήτι 어느1[여럿 가운데 똑똑히 모르거나 꼭 집어 말할 필요가 없는 막연한 사람이나 사물을 이를 때 쓰는 말], 어떤[대상을 뚜렷이 밝히지 아니하고 이를 때 쓰는 말], 한1['어떤'의 뜻을 나타내는 말], 몇[그리 많지 않은 얼마만

큼의 수를 막연하게 이르는 말]; 말1[음성 기호로 생각이나 느낌을 표현하고 전달하는 행위, 또는 그런 결과물; 소리1], 짓1[몸을 놀려 움직이는 동작], 사람[생각을 하고 언어를 사용하며, 도구를 만들어 쓰고 사회를 이루어 사는 동물], 하나[여러 가지로 구분한 것들 가운데 어떤 것을 가리키는 말], 자18['놈' 또는 '사람'이라는 뜻을 나타내는 말로, 사람을 좀 낮잡아 이르거나 일상적으로 이를 때 쓴다], 거리2[내용이 될 만한 재료]; 누구든지, 누군가가; 대단한 인물, 각자2[각각의 자기 자신]; [복수] 몇몇['몇'을 강조하여 이르는 말], 하나['전혀', '조금도'의 뜻을 나타내는 말].

τίς; ἱνατί, ὅστις, ὅτι 누구[잘 모르는 사람을 가리키는 인칭 대명사], 누구라고, 무엇[모르는 사실을 가리키는 지시 대명사], 어떤 일, 무엇을, 뭘, 무슨[무엇인지 모르는 일이나 대상, 물건 따위를 물을 때 쓰는 말], 무슨 의미2[의미나 현상이 지닌 뜻], 왜2[무슨 까닭으로, 또는 어째서], 어떻게[어떻다: 의견, 성질, 형편, 상태 따위가 어찌 되어 있다].

τοι; καίτοι, τοιοῦτος 2인칭 대명사(σύ)의 단수 여격으로 상대방을 정중하게 부르는 말이다(LSJ).

τομός; ἀπερίτμητος, περιτέμνω, συντόμως 날[날2: 연장의 가장 얇고 날카로운 부분]이 잘 드는, 예리한(LSJ).

τόπος; ἄτοπος, ἐντόπιος 곳1[공간적인 또는 추상적인 일정한 자리나 지역], 자리1[사람이나 물체가 차지하고 있는 공간], 터1[집이나 건물을 지었거나 지을 자리], -지25['장소'의 뜻을 더하는 접미사], 기회3[어떠한 일을 하는 데 적절한 시기나 경우].

τραῦμα; τραυματίζω 상처2[몸을 다쳐서 부상을 입은 자리], 타격[어떤 일에서 크게 기가 꺾이거나 손해 · 손실을 봄](LSJ).

τράχηλος; σκληροτράχηλος 목1[척추동물의 머리와 몸통을 잇는 잘록한 부분].

τρεῖς; τριετία, τρίς, τρίστεγον, τρισχίλιοι, τρίτος 셋[둘에 하나를 더한 수], 삼6[이에 일을 더한 수], 3.

τρέμω; ἔντρομος 떨다1[몹시 추워하거나 두려워하다; 물체가 작은 폭으로 빠르게 반복하여 흔들리다](LSJ).

τρέπω; ἐπιτρέπω, ἐπιτροπή, περιτρέπω, προτρέπω, τρόπος, τροποφορέω 돌다[물체가 일정한 축을 중심으로 원을 그리면서 움직이다], 향하다[어느 한쪽을 목표로 하여 나아가다](LSJ).

τρέφω; ἀνατρέφω, σύντροφος, τροφή 엉기게[엉기다1: 점성이 있는 액체나 가루 따위가 한 덩어리가 되면서 굳어지다] 하다, 자라게 하다(LSJ).

τρέχω; δρόμος, εἰστρέχω, εὐθυδρομέω, κατατρέχω, προστρέχω, συνδρομή, συντρέχω, ὑποτρέχω 달리다4[달음질쳐 빨리 가거나 오다], 빨리 움직이다(LSJ).

τρίβος; διατρίβω, χρονοτριβέω밟아 다져져 생긴 길, 마멸[갈려서 닳아 없어짐](LSJ).

τρυφή; συνθρύπτω 고상10['고상하다2: 품위나 몸가짐이 속되지 아니하고 훌륭하다'의 어근], 사치3[필요 이상의 돈이나 물건을 쓰거나 분수에 지나친 생활을 함](LSJ).

τυγχάνω; ἐντυγχάνω, παρατυγχάνω얻다1[긍정적인 태도 · 반응 · 상태 따위를 가지거나 누리게 되다], 받다1[다른 사람이 주거나 보내오는 물건 따위를 가지다], 만나다[어떤 일을 당하다].

τύπος; τύπτω 강타[세게 침]; [세게 쳐서 얻어진 결과로서의] 형상4[사물의 생긴 모양이나 상태], 모양2[겉으로 나타나는 생김새나 모습], 형태[사물의 생김새나 모양], 과 같은.

τύραννος; Τύραννος 절대군주[전제 군주], 왕족[임금의 일가](LSJ).

τυρός; Τύρος 치즈[우유 속에 있는 카세인을 뽑아 응고 · 발효시킨 식품](LSJ).

υ

ὕβρις; ὑβρίζω 손상[물체가 깨지거나 상함].

ὕμνος; ὑμνέω 찬송가[신성한 대상을 찬미하는 노래], 송시2[공덕을 기리는 시].

ὑπέρ; ὑπεροράω, ὑπηρετέω, ὑπηρέτης [+속격] 위하여[위하다1: 이롭게 하거나 돕다], 위해; [+대격] 넘어서는[넘어서다: 일정한 기준이나 한계 따위를 넘어서 지나다].

ὕπνος; ἐνυπνιάζομαι, ἐνύπνιον, ἔξυπνος 잠1[눈이 감긴 채 의식 활동이 쉬는 상태].

ὑπό; προϋπάρχω, ὑπαντάω, ὕπαρξις, ὑπάρχω, ὑπήκοος, ὑποβάλλω, ὑποδέχομαι, ὑποδέω, ὑπόδημα, ὑποζώννυμι, ὑπολαμβάνω, ὑπομένω, ὑπονοέω, ὑποπνέω, ὑποπόδιον, ὑποστέλλω, ὑποστρέφω, ὑποτρέχω [+속격] 의해[의하다1: 무엇에 의거하거나 기초하다, 또는 무엇으로 말미암다], 의한, 의하면, 의하여; [+대격] 밑[밑1: 물체의 아래나 아래쪽]에.

ὕψος; ὑψηλός, ὕψιστος, ὑψόω 높이1[높은 정도], 정상11[산 따위의 맨 꼭대기](LSJ).

ὕω; ὑετός 비가 오다; [수동태] 비에 흠뻑[물이 쭉 내배도록 몹시 젖은 모양] 젖다 (LSJ).

φ

φαίνω; ἀναφαίνω, ἀφανίζω, ἐμφανής, ἐμφανίζω, ἐπιφαίνω, ἐπιφανής, πρόφασις, φανερός, φανερῶς, φαντασία, φάσις, φάσκω, φῶς 밝히다[진리, 가치, 옳고 그름 따위를 판단하여 드러내 알리다, 드러나지 않거나 알려지지 않은 사실, 내용, 생각 따위를 드러내 알리다](LSJ).

φέρω; ἀποφέρω, ἀποφορτίζομαι, διαφέρω, εἰσφέρω, ἐκφέρω, καρποφόρος, καταφέρω, προσφέρω, συμφέρω, τροποφορέω, φορτίον 가져오다[무엇을 한 지점에서 다른 지점으로 옮겨 오다], 갖다 놓다, 제출[제출2: 문안이나 의견, 법안 따위를 냄]하다2, 데리다[아랫사람이나 동물 따위를 자기 몸 가까이 있게 하다], 이어지다[끊어졌거나 본래 따로 있던 것이 서로 잇대어지다], 통하다[어떤 곳으로 이어지다], 내뱉다[입 안에 있던 것을 입 밖으로 뱉어 내보내다].

φεύγω; διαφεύγω, ἐκφεύγω, καταφεύγω 달아나다[위험을 피하여 도망가다].

φημί; βλασφημέω, βλάσφημος, προφητεύω, προφήτης, ψευδοπροφήτης 이르다2[무엇이라고 말하다].

φθέγγομαι; ἀποφθέγγομαι 발화하다3[소리를 내어 말을 하는 현실적인 언어 행위를 하다],

소리 내어 말하다.

φθείρω; διαφθορά 파괴하다[때려 부수거나 깨뜨려 헐어 버림], 빠뜨리다[어려운 지경에 놓이게 하다; 빠트리다](LSJ).

φίλος; Θεόφιλος, καταφιλέω, φιλανθρωπία, φιλανθρώπως, Φίλιπποι, Φίλιππος, φιλόσοφος, φιλοφρόνως 친구2[가깝게 오래 사귄 사람], 벗2[비슷한 또래로서 서로 친하게 사귀는 사람; 동붕, 붕우, 붕지, 붕집, 우인1].

φόβος; ἔμφοβος, φοβέω 두려움[두려운 느낌], 경외2[공경하면서 두려워함; 경구4, 외경5, 존외].

φοῖνιξ; Φοῖνιξ 자줏빛[짙은 남빛을 띤 붉은빛], 심홍색[아주 짙은 다홍색](LSJ).

φόνος; προσφάτως, φονεύς 살기5[남을 해치거나 죽이려는 무시무시한 기운](행); 살인[사람을 죽임], 도륙[사람이나 짐승을 함부로 참혹하게 마구 죽임](LSJ).

φρήν; εὐφραίνω, εὐφροσύνη, καταφρονητής, σωφροσύνη, ταπεινοφροσύνη, φιλοφρόνως, φρονέω 횡격막[=가로막: 포유류의 배와 가슴 사이에 있는 막], 마음, 지성6[지각된 것을 정리하고 통일하여, 이것을 바탕으로 새로운 인식을 낳게 하는 정신 작용](LSJ).

φρύγω; φρύγανον 굽다1[불에 익히다], 말리다3['마르다1: 물기가 다 날아가서 없어지다'의 사동사](LSJ).

φυλάσσω; δεσμοφύλαξ, φυλακή, φυλακίζω, φύλαξ 지키다1[규정, 약속, 법, 예의 따위를 어기지 아니하고 그대로 실행하다], 구금[구금5: 피고인 또는 피의자를 구치소나 교도소 따위에 가두어 신체의 자유를 구속하는 강제 처분; 구류3]하다.

φύω; ἀλλόφυλος, δωδεκάφυλον, φυλή 내다2['나다1: 농산물이나 광물 따위가 산출되다; 생명체가 태어나다'의 사동사], 낳다1[배 속의 아이, 새끼, 알을 몸 밖으로 내놓다], 산출[산출1: 물건을 생산하여 내거나 인물 · 사상 따위를 냄]하다1(LSJ).

φωνή; ἀσύμφωνος, ἄφωνος, ἐπιφωνέω, προσφωνέω, συμφωνέω, φωνέω 소리1[물체의 진동에 의하여 생긴 음파가 귀청을 울리어 귀에 들리는 것; 사람의 목소리], 목소리[목구멍에서 나는 소리], 말소리[말하는 소리].

Χ

χαράσσω; χάραγμα 갈다2[날카롭게 날을 세우거나 표면을 매끄럽게 하기 위하여 다른 물건에 대고 문지르다], 갈다3[땅을 파서 뒤집다], 새기다1[물건의 바탕에 글씨나 형상을 파다](LSJ).

χάρις; εὐχαριστέω, εὐχαριστία, χαίρω, χαρά, χαρίζομαι 은혜[고맙게 베풀어 주는 신세나 혜택; 혜은, 혜의], 은총[높은 사람에게서 받는 특별한 은혜와 사랑; 인류에 대한 하나님의 사랑], 특혜[특별한 은혜나 혜택].

χειμών; χειμάζω 태질1[바람이나 물결 따위가 강하게 휘몰아치는 일](행), 겨울[한 해의 네 철 가운데 넷째 철](LSJ).

χείρ; αὐτόχειρ, διαχειρίζω, ἐπιχειρέω, προχειρίζω, προχειροτονέω, χειραγωγέω, χειραγωγός, χειροποίητος, χειροτονέω 손1[사람의 팔목 끝에 달린 부분], 손길[돌보아 주거나 도와주는 일], 손짓[손을 놀려 어떤 사물을 가리키거나 자기의 생각을 남에게 전달하는 일], 편4[여러 패로 나누었을

때 그 하나하나의 쪽], (붙잡다).

χέω; ἐκχέω, συγχέω, σύγχυσις 쏟다[액체나 물질을 그것이 들어 있는 용기에서 바깥으로 나오게 하다], 흐르게 하다(LSJ).

χθές; ἐχθές 어제[오늘의 바로 하루 전날; 어저께](LSJ).

χίλιοι; τετρακισχίλιοι, τρισχίλιοι, χιλίαρχος, χιλιάς 일천1, 천3[백의 열 배가 되는 수, 또는 그 수의].

χιών; παραχειμάζω, παραχειμασία 눈4[대기 중의 수증기가 찬 기운을 만나 얼어서 땅 위로 떨어지는 얼음의 결정체](LSJ).

χλευάζω; διαχλευάζω 비웃다[어떤 사람, 또는 그의 행동을 터무니없거나 어처구니없다고 여겨 얕잡거나 업신여기다. 또는 그런 태도로 웃다.], 업신여기다[교만한 마음에서 남을 낮추어 보거나 하찮게 여기다].

χόρτος; χόρτασμα 목장4[일정한 시설을 갖추어 소나 말, 양 따위를 놓아 기르는 곳; 목축장], 농장5[농사지을 땅과 농기구, 가축, 노동력 따위를 갖추고 농업을 경영하는 곳], 꼴2[말이나 소에게 먹이는 풀](LSJ).

χράομαι; παραχρῆμα, χρεία, χρῆμα, χρηματίζω 대하다2[어떤 태도로 상대하다], 사용[사용4: 일정한 목적이나 기능에 맞게 씀]하다3(행); 바라다1[생각이나 바람대로 어떤 일이나 상태가 이루어지거나 그렇게 되었으면 하고 생각하다], 부족[부족1: 필요한 양이나 기준에 미치지 못함]하다, 즐기다1[즐겁게 누리거나 맛보다], 사용하다3(LSJ).

χρίω; Χριστιανός, Χριστός 기름 붓다[직분을 줄 때 기름을 붓는 구약성경적 개념이 헬라어에 대입되었다], 들이붓다1[마구 붓다](행); 문지르다[무엇을 서로 눌러 대고 이리저리 밀거나 비비다], 바르다1[물이나 풀, 약, 화장품 따위를 물체의 표면에 문질러 묻히다], 덮다[일정한 범위나 공간을 빈틈없이 휩싸다](LSJ).

χρόνος; χρονοτριβέω 기간1[어느 때부터 다른 어느 때까지의 동안], -간16['동안'의 뜻을 더하는 접미사], 한동안[오랫동안], 시간4[어떤 일을 하기로 정하여진 동안], 참[지시대명사와 함께, '이참에'와 같이 쓰임].

χρυσός; χρυσίον 금6[황색의 광택이 있는 금속 원소로, 금속 가운데 퍼지는 성질과 늘어나는 성질이 가장 크다].

χωρέω; ἀναχωρέω, ἀποχωρέω; περίχωρος, χώρα, χωρίον 여지[여지2: 어떤 일을 하거나 어떤 일이 일어날 가능성이나 희망]를 주다, 양보하다[길이나 자리, 물건 따위를 사양하여 남에게 미루어 주다], 물러나다[있던 자리에서 뒷걸음으로 피하여 몸을 옮기다](LSJ).

χωρίς; ἀποχωρίζω, χωρίζω 따로따로1[한데 섞이거나 함께 있지 않고 여럿이 다 각각 떨어져서], 뿔뿔이[제각기 따로따로 흩어지는 모양], 없이[사람이나 사물 또는 어떤 사실이나 현상 따위가 어떤 곳에 자리나 공간을 차지하고 존재하지 않게](LSJ).

ψ

ψάλλω; ψαλμός 뜯다[현악기의 줄을 퉁겨서 소리를 내다], 당기다1[물건 따위를 힘을 주어 자기 쪽이나 일정한 방향으로 가까이 오게 하다], 잡아채다[재빠르게 잡고

서 당기거나 추켜올리다], 연주하다3[악기를 다루어 곡을 표현하거나 들려주다].

ψάω; συγκαταψηφίζομαι, συμψηφίζω, ψηλαφάω, ψῆφος 문지르다[무엇을 서로 눌러 대고 이리저리 밀거나 비비다], 사라지다[현상이나 물체의 자취 따위가 없어지다](LSJ).

ψεύδομαι; ψευδής, ψευδοπροφήτης 속이다['속다1: 남의 거짓이나 꾀에 넘어가다'의 사동사], 거짓말하다[사실이 아닌 것을 사실인 것처럼 꾸며 대어 말하다].

ψύχω; ἀνάψυξις, ψυχή, ψῦχος 차게[차다4] 하다; [수동태] 차다4[몸에 닿은 물체나 대기의 온도가 낮다](BDAG).

ω

ὠθέω; ἀπωθέω, ἐξωθέω 밀다1[일정한 방향으로 움직이도록 반대쪽에서 힘을 가하다] (BDAG).

ὥρα; ὡραῖος 시간4[어떤 시각에서 어떤 시각까지의 사이], 시10[차례가 정하여진 시각을 이르는 말], 때1[시간의 어떤 순간이나 부분].

ὡς; καθώς, ὡσεί, ὥσπερ, ὥστε -쯤2[정도의 뜻을 더하는 접미사], 쯤은, 무렵[대략 어떤 시기와 일치하는 즈음]에, 정도11[그만큼가량의 분량], 가량5[어떤 일에 대하여 확실한 계산은 아니나 얼마쯤이나 정도가 되리라고 짐작하여 봄], 그때[앞에서 이미 이야기한 시간상의 어떤 점이나 부분], ㄹ 때, 하자[자26: 한 동작이 막 끝남과 동시에 다른 동작이나 사실이 잇따라 일어남을 나타내는 연결 어미], 매우1[보통 정도보다 훨씬 더], 같은, 처럼[모양이 서로 비슷하거나 같음을 나타내는 격 조사], 마치3[거의 비슷하게] 처럼, 바와 같다[다른 것과 비교하여 그것과 다르지 않다].

[표4, 성경 공부를 위한 질문들의 예, 빌 4:4-9)]

▶ 문장의 주요소(특히 주어와 동사)에 초점을 맞춘다. **누가, 무엇을?** 바울은 무엇을 다시 강조하여 말하는가? '기뻐하라' **누가, 무엇을?** 바울은 무엇을 알게 하라고 하는가? '너희 관용을' **무엇을? 어떻게?** 모든 환경 속에서 어떻게 하라고 하는가? '염려하지 말고 기도하라'고 한다. 무엇을 하나님께 아뢰야 하는가? '너희 구할 것을' **누가? 무엇을?** 누가 마음과 생각을 지켜주는가? '하나님의 평강이' 하나님의 평강이 무엇을 지켜주는가? '너희 마음과 생각을'	4 주 안에서 항상 **기뻐하라** **내가** 다시 **말하노니** **기뻐하라** 5 너희 관용을 모든 사람에게 **알게 하라** **주께서** **가까우시니라** 6 아무 것도 **염려하지 말고** 다만 모든 일에 기도와 간구로, 너희 구할 것을 감사함으로 하나님께 **아뢰라** 7 그리하면 모든 지각에 뛰어난 하나님의 **평강이** 그리스도 예수 안에서 너희 마음과 생각을 **지키시리라**	▶ 문장의 다른 구성 요소(접속사, 목적어, 보어, 수식어)에 초점을 맞춘다. **어디서? 언제?** 어디서 기뻐해야 하는가? '주 안에서 기뻐해야 한다' 언제 기뻐해야 하는가? '항상' 기뻐해야 한다 **누구에게? 왜?** 너희 관용을 누구에게 알게 해야 하는가? '모든 사람에게' 왜 모든 사람에게 관용을 알게 해야 하는가? '주께서 가까우시기 때문이다' **누구에게? 어떻게?** 누구에게 아뢰야 하는가? '하나님께' 어떻게 하나님께 아뢰야 하는가? '기도와 간구로 또한 감사함으로 아뢰야' 한다 **어떤 하나님? 어디서?** 하나님을 어떻게 수식하는가? '모든 지각에 뛰어난 하나님' 이시다 하나님의 평강이 어디 안에서 마음과 생각을 지켜주시는가?